Hans Freiherr von Godin
Wettbewerbsrecht

Sammlung Guttentag

Wettbewerbsrecht

Kommentar zum Gesetz gegen den unlauteren Wettbewerb nebst Warenzeichenverletzungen, Zugabeverordnung und Rabattgesetz

von

Hans Freiherr von Godin
Rechtsanwalt in München

Zweite Auflage

1974

Walter de Gruyter · Berlin · New York

ISBN 3 11 002137 4

Printed in Germany.

Satz und Druck: Sellier GmbH, Freising
Bindearbeiten: Lüderitz & Bauer, Berlin 61

Vorwort

Anlaß der vorgelegten Arbeit war die Notwendigkeit, die 1. Auflage auf den neuesten Stand zu bringen. Der Verfasser war bemüht, ältere durch neueste Entscheidungen zu ersetzen und im Interesse einer Straffung und Übersichtlichkeit der Gesamtmaterie unnötig erscheinende Zitate zu vermeiden, insbesondere auf das Zitat von RG-Entscheidungen zu verzichten, soweit an ihre Stelle neueste BGH-Entscheidungen gesetzt werden konnten.

Im Interesse einer Übersichtlichkeit der Arbeit wird die Rechtsprechung mit Schwergewicht auf die Zeitschrift GRUR zitiert, worauf auch das Entscheidungsregister abgestimmt ist; hier sind sämtliche Entscheidungen in der Reihenfolge zu finden, in welcher sie in der GRUR zum Abdruck gekommen sind, so daß sich ihre Veröffentlichungen in den Zeitschriften WRP, MDR, NJW und in dem Sammelwerk BGHZ durch müheloses Nachschlagen unschwer finden lassen.

Das Warenzeichenrecht ist mit möglichster Vollständigkeit zu den Themen Eintragungsfähigkeit, Benutzungszwang, Zeichenverletzung und internationales Zeichenrecht bei § 16 zugleich miterläutert. Zugabe VO und Rabattrecht sind vollständig neu bearbeitet und auf den jüngsten Stand der Erkenntnisse gebracht worden.

Wo Ansichten dargestellt und Wege gegangen werden, die strittig sind, wird auf die herrschende Lehre und Rechtsprechung unübersehbar hingewiesen.

Als Stand des Schrifttums und der Rechtsprechung kann der 1. 7. 1974 angegeben werden.

München, im August 1974

Godin

Inhaltsverzeichnis

Literaturverzeichnis

Althammer, Warenzeichengesetz § 12 Rdn. 15, Kommentar, München 1973

Baumbach-Duden, Handelsgesetzbuch, Kommentar, 20. Auflage, München 1972

Baumbach-Hefermehl, Wettbewerbs- und Warenzeichenrecht Band II, 10. Auflage 1969

Baumbach-Hefermehl, Wettbewerbs- und Warenzeichenrecht Band I, 10. Auflage, München 1971

Becher, Kommentar zum UWG, 2. Auflage 1932

Brüggemann-Würdiger-Ratz, Handelsgesetzbuch, Kommentar, 3. Auflage, Band I und III, Berlin 1967

von Büren, Kommentar zum Bundesgesetz über den unlauteren Wettbewerb, Zürich 1957

Burmann, Das Werberecht der Wirtschaft 1955, Das Recht der Wertreklame, Berlin 1965

Busse, Warenzeichengesetz, 4. Auflage 1970

Bußmann-Droste, Werbung und Wettbewerb im Spiegel des Rechts, Band I der Buchreihe „Grundriß der Werbung", Essen 1951

Bußmann-Pietzcker-Kleine, Gewerblicher Rechtsschutz und Urheberrecht, Lehrbuch, 3. Auflage, Berlin 1962

Callmann, Der unlautere Wettbewerb, 2. Auflage, Mannheim 1932

Fikentscher, Die Preisunterbietung im Wettbewerbsrecht, 2. Auflage, Heidelberg 1962

Fikentscher, Preislistentreue im Recht der Werbeagenturen, 1968

Fikentscher, Wettbewerb und gewerblicher Rechtsschutz, München und Berlin 1958

Finger, Das Reichsgesetz gegen den unlauteren Wettbewerb vom 7. 6. 1909 nebst dem Recht am Namen, 4. Auflage 1911

von Gamm, Wettbewerbsrecht, Handbuch, Köln — Berlin — München 1964

Gaul-Bartenbach, Handbuch des gewerblichen Rechtsschutzes, 1969

Hartgen, Warenzeichengesetz 1968

Heinig, Rabatte und Zugaben, Frankfurt/Main und Stuttgart 1950

Hohenecker-Friedl, Wettbewerbsrecht, Allgemeines Wettbewerbsrecht, Zugabenrecht, Rabattrecht, Markenrecht, Grundrisse des kaufmännischen Rechts, II. Band, Graz und Köln 1959

Hubmann, Gewerblicher Rechtsschutz, Ein Studienbuch, 2. Auflage, 1969

Kamin/Schweitzer-Faust, Kommentar zu den Verkaufsveranstaltungen im Handel, Frankfurt/Main 1969

Kaufmann-Rautmann-Strickrodt, Kommentar zum Gesetz gegen Wettbewerbsbeschränkungen, Frankfurter Kommentar, Köln 1958 ff.

Klauer-Seydel, Das Zugabewesen, 3. Auflage, Berlin — Frankfurt 1954

Klosterfelde, Anzeigenpraxis, Beılin — Frankfurt/Main — Wien, 1968

Kohler, Der unlautere Wettbewerb, 1914

Kraft, Interessenabwägung und gute Sitten im Wettbewerbsrecht, München — Berlin 1963

Löffler, Presserecht, Band I, Allgemeines Presserecht, 2. Auflage, München 1969

Mahlmann, Genossenschaftsrecht und Wettbewerbsordnung, Band 2 der Schriften zum Wirtschafts-, Handels-, Industrierecht, Köln — Berlin — Bonn — München 1971

Meister, Wettbewerbsrechtliche Beurteilung des Zugabewesens, Diss. Heft 191, Zürcher Beiträge zur Rechtswissenschaft, Aarau 1954

Michel-Weber-Gries, Das Rabattgesetz, 2. Auflage, München — Berlin 1957

Müller-Gries-Gießler, Kommentar zum Gesetz gegen Wettbewerbsbeschränkungen, 2. Auflage, Frankfurt 1967 ff.

Müller-Henneberg-Schwartz, Gesetz gegen Wettbewerbsbeschränkungen und europäisches Kartellrecht, Gemeinschaftskommentar, 2. Auflage, Köln — Bonn — München 1963/1966

Nerreter, Allgemeine Grundlagen eines deutschen Wettbewerbsrechts, Berlin 1936

Nordemann, Wettbewerbsrecht, Grundriß mit Kurzkommentierung, Bonn 1971

Palandt, Kommentar zum BGB, 33. Auflage 1974

Pastor, Die Unterlassungsvollstreckung nach § 890 ZPO, Köln — Berlin — Bonn München 1969

Pastor, Der Wettbewerbsprozeß, Einstweilige Verfügung und Unterlassungsklage, Köln — Berlin — Bonn — München 1968

Raape, Deutsches Internationales Privatrecht, 5. Auflage 1961

Reimer (v. Gamm), Wettbewerbs- und Warenzeichenrecht, Kommentar, 4. Auflage, Band 2, Köln — Berlin — Bonn — München 1972

Reimer-Krieger, Zugabe- und Rabatttrecht, Kommentar, Köln — Berlin 1955

Reimer-Pastor, Wettbewerbs- und Warenzeichenrecht, 3. Band. Das wettbewerbsrechtliche Unterlassungs- und Schadensersatzrecht, 4. Auflage, Köln — Berlin — Bonn — München 1971

Richter, Sammlung der Spruchpraxis zur Warengleichartigkeit, 5. Auflage 1973

Rosenthal-Leffmann, Gesetz gegen den unlauteren Wettbewerb, Kommentar, 9. Auflage, Berlin und Frankfurt 1969

Schlegelberger, Handelsgesetzbuch, Kommentar, Berlin und Frankfurt 1960

Schönherr, Wettbewerbsrecht, Gesetz gegen den unlauteren Wettbewerb samt

DVOen, Zugabengesetz, Rabattgesetz und Ausverkaufsverordnung, 4. Auflage, Wien 1971

Schricker, Wirtschaftliche Tätigkeit der öffentlichen Hand und unlauterer Wettbewerb, München — Köln — Berlin 1964

Schröter, Das Tabaksteuergesetz, Kommentar, Berlin und Frankfurt 1956

Seelow, Gesetz gegen den unlauteren Wettbewerb, 4. Auflage 1925

Soergel-Siebert, Bürgerliches Gesetzbuch, Kommentar, 10. Auflage, Stuttgart — Berlin — Köln — Mainz

Spengler-Weber, Wettbewerb, Recht und Schranken, 2. Auflage, 1972

Storkebaum (-Kraft), Warenzeichengesetz 1967

Tetzner, Das Recht der Sonderveranstaltungen und Sonderangebote, Köln 1959

Tetzner, Gesetz gegen den unlauteren Wettbewerb, 2. Auflage, Kommentar, Köln 1957

Tetzner, Rabattgesetz, Kommentar unter Berücksichtigung der Rechtslage in Österreich, Berlin und Frankfurt 1963

Tetzner, Recht und Unrecht der Zugabe, Köln 1953

Troller, Das internationale Privatrecht des unlauteren Wettbewerbs

Ulmer, Das Recht des unlauteren Wettbewerbs in den Mitgliedsstaaten der Europäischen Wirtschaftsgemeinschaft.
Band I: Vergleichende Darstellung mit Vorschlägen zur Rechtsangleichung;
Band II: 1. Halbband: Belgien, Luxemburg (Schricker und Wunderlich);
Band II: 2. Halbband: Niederlande (Baeumer); Band III: Deutschland (reimer);
Band IV: Frankreich (Krasser); Band V: Italien (Schricker); München und Köln 1965—1968

Völp, Preisbindung für Markenartikel, Diss., Tübingen 1960

Wimer, Wettbewerbsrecht und internationales Privatrecht, München — Köln — Berlin — Bonn 1960

Abkürzungsverzeichnis

a. A.	anderer Ansicht
a. a. O.	am angeführten Ort
Abs.,	Absatz
a. E.	am Ende
AG	Aktiengesellschaft
AGBGB	Allgemeines bürgerliches Gesetzbuch (Österreich)
allg. M.	allgemeine Meinung
Ann.	Annales de la Proprieté Industrielle, Artistique et Littéraire
a. M.	anderer Meinung
Anh.	Anhang
Anm.	Anmerkung
AO	Anordnung
AO RWM	Anordnung des Reichswirtschaftsministers betreffend Sonderveranstaltungen vom 4. 7. 1935 RAnz. Nr. 158
Arb. Dok.	Arbeitsdokument der Kommission der europäischen Gemeinschaften (EWG). Brüsseler Kommission ... Kommission der europäischen Gemeinschaften, Generaldirektion Binnenmarkt und Rechtsangleichung
ArchPr	Archiv für Presserecht (Jahr und Seite)
Art.	Artikel
Aufl.	Auflage
AWR	Archiv für Wettbewerbsrecht (Jahr und Seite)
BAG (E)	Bundesarbeitsgericht (auch amtliche Sammlung seiner Entscheidungen, Band und Seite)
B.-Hefermehl	Baumbach-Hefermehl, 10. Auflage, Kommentar zum Wettbewerbsrecht
Bay.ObLG	Bayerisches Oberstes Landesgericht
BB	Der Betriebs-Berater (Jahr und Seite)
Bd.	Band
BBG	Bundesbeamtengesetz
BFH	Bundesfinanzhof
BGB	Bürgerliches Gesetzbuch
BGBl.	Bundesgesetzblatt (Jahr und Seite)

BGH	Bundesgerichtshof
BGHSt.	Entscheidungen des Bundesgerichtshofes in Strafsachen (Band und Seite)
BGHZ	Entscheidungen des Bundesgerichtshofes in Zivilsachen (Band und Seite)
BKA	Bundeskartellamt
Bl.	Blatt für Patent-, Muster- und Zeichenwesen (Jahr und Seite)
BMF	Bundesminister der Finanzen
BMI	Bundesminister des Inneren
BMJ	Bundesminister Justiz
BPatG	Bundespatentgericht
BPatGE	Entscheidungen des Bundespatentgerichts, Entscheidungssammlung
BRAGebO	Bundesrechtsanwaltsgebührenordnung
Börsenblatt	Börsenblatt für den deutschen Buchhandel
BstBl.	Bundessteuerblatt (Jahr und Seite)
BZBl.	Bundeszollblatt
BVerfG	Bundesverfassungsgericht
BVerwG	Bundesverwaltungsgericht
BWM	Bundesminister für Wirtschaft
Dalloz (D)	Recueil Dalloz
DB	Der Betrieb (Jahr und Seite)
Die AG	Die Aktiengesellschaft (Jahr und Seite)
DIHT	Deutscher Industrie- und Handelstag
Diss.	Dissertation
DJ	Deutsche Justiz (Jahr und Seite)
DJZ	Deutsche Juristen-Zeitung (Jahr und Seite)
Doctr.	Doctrine (in Gazette du Palais)
DR	Deutsches Recht (Jahr und Seite)
DVO	Durchführungsverordnung
DW	Der Wettbewerb (Jahr und Seite)
EA	Einigungsamt
Einf.	Einführung
Einl.	Einleitung
Erl.	Erlaß oder Erläuterung
EWGV	Vertrag zur Gründung der Europäischen Wirtschaftsgemeinschaft vom 25. 3. 57
Frankf. Komm.	Kommentar zum Gesetz gegen Wettbewerbsbeschränkungen (Kaufmann-Rautmann)
GBl.	Gesetzblatt
GG	Grundgesetz
gl. A.	gleicher Ansicht
GmbH	Gesellschaft mit beschränkter Haftung

GRUR	Zeitschrift der deutschen Vereinigung für gewerbl. Rechtsschutz und Urheberrecht (Jahr und Seite)
GRUR Int	Zeitschrift der deutschen Vereinigung für gewerblichen Rechtsschutz und Urheberrecht — Auslands- und Internationaler Teil (Jahr und Seite)
GrZS	Großer Zivilsenat (des RG oder des BGH)
GVBl.	Gesetz- und Verordnungsblatt
GWB	Gesetz gegen Wettbewerbsbeschränkungen
HGB	Handelsgesetzbuch
h.L.	herrschende Lehre
h.M.	herrschende Meinung
HRR	Höchstrichterliche Rechtsprechung (Band und Nr. der Entscheidung)
i.d.F.	in der Fassung
i.d.R.	in der Regel
IntWb	Internationaler Wettbewerb, Mitteilungen der Deutschen Landesgruppe der Internationalen Liga gegen unlauteren Wettbewerb e.V. Beilage der Zeitschrift WRP
IPR	Internationales Privatrecht
IR-Marke	International registrierte Marke
i.Zw.	im Zweifel
i.S.	im Sinne
JBlÖ	Juristische Blätter (Österreich — Jahrgang und Seite)
JO	Journal Officiel
JW	Juristische Wochenschrift (Jahr und Seite)
JR	Juristische Rundschau (Jahr und Seite)
JZ	Juristenzeitung (Jahr und Seite)
Kap.	Kapitel
KG	Kammergericht
Kom.G.	Kommandit-Gesellschaft
KGJ	Jahrbuch für Entscheidungen des Kammergerichts (Band und Seite)
KStDVO	Körperschaftssteuer-Durchführungsverordnung
LG	Landgericht
LM	Lindenmaier-Möhring
LMG	Gesetz über den Verkehr mit Lebensmitteln und Bedarfsgegenständen
AJW	Der Markenartikel (Jahr und Seite)
MDR	Monatsschrift für Deutsches Recht (Jahr und Seite)
Mitt.	Mitteilungen des Verbandes deutscher Patentanwälte
MuW	Markenschutz und Wettbewerb (Jahr und Seite)
n.F.	neue Fassung
NJW	Neue Juristische Wochenschrift (Jahr und Seite)

OLG	Oberlandesgericht
OVG	Oberverwaltungsgericht
ObLG	Oberstes Landesgericht
OGHÖ	Oberster Gerichtshof Österreich
OGHZ	Sammlung der Entscheidungen des Obersten Gerichtshofes für die britische Zone in Zivilsachen (Band und Seite)
ÖJZ	Österreichische Juristen-Zeitung
OLGRspr.	Sammlung der Rechtsprechung der Oberlandesgerichte
OLGZ	Entscheidungen der Oberlandesgerichte in Zivilsachen (Jahr und Seite)
PatG	Patentgesetz
PBlÖ	Österreichisches Patentblatt
RabG	Rabattgesetz
RAnz	Reichsanzeiger
RAO	Reichsabgabenordnung
RFM	Reichsfinanzminister
RG	Reichsgericht
RGBl.	Reichsgesetzblatt
RGSt.	Sammlung der Entscheidungen des Reichsgerichts in Strafsachen (Band und Seite)
RGZ	Sammlung der Entscheidungen des Reichsgerichts in Zivilsachen (Band und Seite)
RJM	Reichsjustizminister
Rspr.	Rechtsprechung
RWM	Reichswirtschaftsminister
RWP	Recht in Wirtschaft und Praxis, Forkel-Verlag, Loseblatt-Sammlung
S.	Seite
s.	siehe
StGB	Strafgesetzbuch
StGBl.	Staatsgesetzblatt (Österreich)
StPO	Strafprozeßordnung
str.	streitig
st. Rspr.	ständige Rechtsprechung
SZ	Entscheidungen des österreichischen Obersten Gerichtshofes in Zivil- und Justizverwaltungssachen, veröffentlicht von seinen Mitgliedern
TabStG	Tabaksteuergesetz
TabStDB	Durchführungsbestimmungen zum Tabaksteuergesetz
Tz.	Teilziffer
unstr.	unstreitig

UWG	Gesetz gegen den unlauteren Wettbewerb vom 7. Juni 1909 (RGBl. S. 499)
UWGÖ	Bundesgesetz (Österreich) gegen den unlauteren Wettbewerb vom 26. September 1923, BGBl. Nr. 531
VG	Verwaltungsgericht
VGH	Verwaltungsgerichtshof
VO	Verordnung
vgl.	vergleiche
Wb.	Wettbewerb
WbR	Wettbewerbsrecht
WM	Wertpapiermitteilungen (Jahr und Seite)
WRP	Wettbewerb in Recht und Praxis (Jahr und Seite)
WuW	Wirtschaft und Wettbewerb (Jahr und Seite)
WuW/E	WuW-Entscheidungssammlung
WZG	Warenzeichengesetz
Zentrale	Zentrale zur Bekämpfung des unlauteren Wettbewerbs
ZgGenW	Zeitschrift für das gesamte Genossenschaftswesen
Ziff.	Ziffer
ZPO	Zivilprozeßordnung
ZugVO	Zugabeverordnung
ZV	Zeitungsverlag und Zeitschriftenverlag; Zeitschrift des Bundesverbandes Deutscher Zeitungsverleger e.V. und des Verbandes Deutscher Zeitschriftenverleger e.V.

Entscheidungsregister

GRUR	WRP	MDR	NJW	BGHZ	SCHLAGWORT
1951 159		1951 225	1951 272	1 31	Störche
283		282	352		Möbelstoffe
314		348	561	1 194	Motorblock
324		348	521	1 241	Piekfein
410		349	520		Luppy
412					Graphia
452				2 387	Mülltonnen
1952 35			843	2 394	Widia/Ardia
141			1952 101	3 193	Tauchpumpe
193			221	3 339	Rasierklingen
235			34/ 673	2 79 (St)	Schneeballsystem
239			222		Farina
410		1952 91	660	3 270	Constanze I
416			223		Dauerdose
418			503	4 167	DUZ
419					Gumax
511				4 96	Farina/Urkölsch
516			784	5 1	Hummel-Figuren I
521					Minimax
562			302	3 365	Gummisohle
577			665	5 189	Zwilling
582					Sprechstunden
1953 34			1055	6 137	Lockwell
37			1056		Schlachtergenossenschaft
40					Goldzack
130		1953 158	1953 297	8 142	Schwarze Listen
175				8 202	Kabel-Kennstreifen
252					Weyland u. Hoever
290		417	900	8 387	Fernsprechnummer
293					Fleischbezug
385			1260	10 22	Konservendosen
446					Verein d. Steuerberater
486		617	1626	10 211	Nordona
1954 70					Rohrbogen

GRUR	WRP	MDR	NJW	BGHZ	SCHLAGWORT
1954 111					Repassiermaschine
121			**1954** 390	**11** 129	Zählkassetten
123					Auto-Fox
163			388		Bierlieferungsverträge
167		1954 292	475	**11** 286	Kundenzeitschrift
170		292	472	**11** 274	Orbis
174		288	469	**11** 260	Kunststoff-Figuren I
192					Dreikern/Dreiring
195			388	**11** 214	KfA
216				**11** 135	Schallplatte
271		**1953** 733	**1953** 1348	**10** 196	Dun-Europa
274					Goldwell
331					Alpah
333					Molkereizeitung
337					Radschutz
342		**1954** 408	**1954** 917	**13** 33	Warenkredit
346					Strahlenkranz
391			1238	**13** 210	Prallmühle
404					Fachmann
457					Irus/Urus
1955 37			1566	**13** 244	Cupresa/Kunstseide
42		731	1681	**14** 155	Farina/rote Blume
91		669	1565	**14** 15	Römer
95					Buchgemeinschaft
97			1682	**14** 163	Constanze II
101			1932		Blitzableiter
150		731	1931	**14** 286	Farina-Belgien
197			1404	**13** 334	Leserbriefe
201				**15** 249	Cosima Wagner
251	1955 64				Silberal
299			**1955** 137	**15** 107	Koma
346			377	**15** 356	Indeta
351			382	**15** 338	Gema
388	196		628	**16** 172	Düko-Geheimverfahren
390	196				Spezialpresse
402			463		Anreißgerät
406			380	**16** 82	Wickelsterne
409			379		Vampyrette
411	43	**1955** 286			Zahl 55
415	50		543		Arctuvan/Artesan

GRUR	WRP	MDR	NJW	BGHZ	SCHLAGWORT
1955 418	**1955** 80		**1955** 630	16 296	rote Herzwandvase
421	104				Forellenbild
424					Möbelpaste
468			829	17 41	Kokillenguß
479					Repassiernadel
481	98				Hamburger Kinderstube
484	193		1152		Luxor/Luxus
487	162				Alpha
490	165	599	1151	17 209	Heynemann
492			1276	17 266	Magnettonband
535		83			Zählwerkegetriebe
541	206				Bestattungswerbung
549			1356	17 376	Betriebsfeiern
575			1435	18 1	Hückel
579		218	1555		Sunpearl
598	280		1753	18 175	Matern (Werbeidee)
1956 88			1918	18 319	Bebauungsplan
93	1956 17				Bioglutan
118	110		1956 341	19 72	Gesangbuch
172	73		591	19 23	Magirus
179	135		54		Ettal-Flasche
183	171		54		Drei-Punkt-Farben
187	108				Englisch-Lavendel
212					Wirtschaftsarchiv
216	105		339	19 299	Bad Ems
219	199		828	19 367	W 5
223	99		588/ 1318	19 392	Anzeigenblatt
227	316				Reisebüro
238	238				Westfalen-Zeitung
265	246				Rheinmetall Borsig I
270	127		589		Rügenwalder Teewurst
273	162		909		Drahtverschluß
276	164		910		Desinfektionsapparat
279	167		911		Olivin
284	185				Rheinmetall Borsig II
321	221				Synochem
376	219		1920		Berliner Illustrierte
427			1554	20 345	Motorroller
550	251				Tiefenfurter Bauernbrot

GRUR	WRP	MDR	NJW	BGHZ	SCHLAGWORT
1956 553	1957 257				Coswig
558	24				Regensburger Karmelitergeist
1957 23	1956 244		**1956** 1556		Bünder-Glas
25	279		1557	21 66	Hausbücherei
29	275		1559	21 85	Spiegel
34	1957 122				Hadef
37	1956 333		1676	21 266	Uhrwerk
40	305		1559		Puppenservice
44					Firmenhandel
84	1957 156				Limonade-Flasche
87	1956 302		1713		Meisterbrand
88			1959	21 182	Ihr Funkberater
93	1957 19				Jugendfilmverleih
123	9				Lowitz
125	49				Troika
128	74		1957 182		Steinhäger
131	117		59	22 167	Arzneifertigwaren
195	7		1956 1873	22 88	Indrohag
215			1957 140	22 1	Flava-Erdgold
219					Westenberg
222	239		343		Sultan
224	210		462		Ex. Odor/Odorex
226	154		301		Sprechsaal II
228	275				Astra-Wolle
231			910	23 100	Pertussin I
274	249				nach Maß
275	184		1919		Spiegel der Woche
278	273	1957 354	827		Evidur
280					Kassa-Preis
281	180				Karo-As
285	173				Erstes Kulmbacher
287					Plasticummännchen
291			220	22 209	Europapost
339			142		Topostasin
342					Underberg
348	73				Klasen-Möbel
350	236				Raiffeisensymbol
352					Pertussin II
355	288		949	23 184	Spalttabletten
358	171				Kölnisch-Eis

GRUR	WRP	MDR	NJW	BGHZ	SCHLAGWORT
1957 360	**1957** 300				Phylax-Apparate
363	139				Sunil
365	134		**1957** 748	**22** 365	Suwa
369	306				Rosa-Weiß-Packung
372	201				2 DRP
378	54		219		Bilderschecks
380	142		749		Kunststoffiguren II
387				**22** 347	Clemens Laar
425	**1956** 591				Ratgeber
426			**1956** 1065		Schlepper
428					Bücherdienst
430					Havanna
433	**1957** 241				St. Hubertus
435					Extarin
488					MHZ
491	259				Wellaform
494			**1957** 1315	**24** 200	Spätheimkehrer
499					Wit/Wipp
506					Doppel Export
545			1318		Schraubstock
547	265			**24** 238	tabu I
550	264				tabu II
553	304		1557	**24** 257	Tintenkuli
558	294		1319		Bayern-Expreß
561	269				REI-Chemie
600	227				Westfalenblatt
603	308				Taschenstreifen
606	291				Heiltee
1958 25			1243	**10** 269 (St)	Vorzimmer
27			1604	**10** 358 (St)	Beschaffungsstelle
30	330		1676		Außenleuchte
32					Haferschleim
35	327				Fundstelle
39	332		1676		Rosenheimer Gummimäntel
78	367		1837		Stolper Jungchen
81	**1958** 116				Thymopect
86	**1957** 361		1762		Ei – fein
90	**1958** 22	**1958** 218	1761		Hähnel
97	122				Gartensessel
143	46		**1958** 217		Schwardmann

GRUR	WRP	MDR	NJW	BGHZ	SCHLAGWORT
1958 149					Bleicherde
179	**1958** 155				Resin
185		**1958** 212	**1958** 383		Wyeth
189	17	154	17		Zeis
200					Sonderveranstaltung
233	60	214	300	25 369	Wipp
240	88	215	289		Waldbaur
247		215	591		Verlagserzeugnisse
294		305			Essenzlimonaden
297	213	215	671		Petromax
302		303			Lego
328			19	11 85 (St)	Schlankheitsmittel
339		213			Technika
343	206	213			Bohnergerät
346	210	214	377		Spitzenmuster
351	138	304	789		Deutschlanddecke
354	243		459	26 52	Sherlock-Holmes
359	318				Sarex
393	154	481			Ankerzeichen
395	185	482/ 579	945		Sonderveranstaltung
402	144	305			Lili-Marleen
408		305	827	26 349	Herrenreiter
437	278	481			Tricoline
444	140	405	866	27 1	Emaillelack
448	208	482	1053		Blanko-Verordnung
455	151	405	789		Federkernmatratze
459	684	483			Schneidautomat
485	237	578	1235		Odol
487	202	576	1140		Antibiotica
492	239	578			Eis-Pralinen
500		579	1587		Mecki-Igel
544	221	404			Colonia
549	269	657	1486	27 264	Programmheft
553	238	660	1486		Saugrohr
555	276	660	1349	27 369	Elektrogeräte
557		658	1347	28 54	Direktabsatz
562		581	1565	27 351	Candida-Schrift
567	284	658			Sursum Corda
604	118				Wella-Perla

GRUR	WRP	MDR	NJW	BGHZ	SCHLAGWORT
1958 606	**1958** 311	**1958** 748			Kronenmarke
610	314	748			Zahnrad
615		679	**1958** 1344	27 284	Tonbandaufnahme
617	285	661	1395		Abitz
621	344	902	1868	28 208	Farina/4711
1959 25	338	834	1726		Triumph
31	302	749	2112		Feuerzeug
35	242	577	2112		Zahnprothetiker
38	337	834	1819	28 1	Buchgemeinschaft II
45	1959 54	836	1777		Deutsche Illustrierte
84	27	902	2112		Dentist
87	58	1959 184			Bierhaus Fischl
130	120	96			Vorrasur/Nachrasur
134	95	96			Calciduran
138	21	97	1959 195		Italienische Note
143	23	98			Blindenseife
151	123		252	28 397; 12 148 (St)	Verdingungskartell
152	191	183	388	28 203	Berliner Eisbein
182	93	271	675		Quick
240	79	273	576	28 387	Nelkenstecklinge
244	83	274			Versandbuchhandlung
277		272	675		Künstlerpostkarten
282		291	479	29 65	Stromunterbrechung
285	81	274			Bienenhonig
289	122	366	882	29 62	Rosenthal-Vase
293	193	275	575		Bremsmotoren
326	185	461			Kaffeeversandhandel
329	188	460/ 634	1182		Teilzahlungskauf
338	127	321	587	12 333 (St)	Nullpreis I
339	126	320	586	12 295 (St)	Bußgeld
340	154	366	880	29 344	Sanifa
360	189	548			Elektrotechnik
365					Englisch-Lavendel
367	178	549			Ernst Abbe
375	180	551			Doktortitel
420		633			Opal-Ekopal
423	239	634			Fußballstiefel
430	234	559	1269	30 7	Caterina Valente

GRUR		WRP		MDR		NJW		BGHZ		SCHLAGWORT
1959	484	**1959**	273	**1959**	726	**1959**	1678			Condux
	488		269		726					Konsumgenossenschaft
	494		243		636		1435	30	186	Markenschokolade II
	497									Cadbury
	541		276		909		2015			Nußknacker
	544/ 606		348	**1960**	373		2213			Modenschau
	599									Teekanne
	604									Sarotti
	613									Lesezirkel
1960	33	**1960**	314	**1960**	734	**1960**	1450	32	133	Drei-Tannen
	33									Zamek
	83		318		24	**1959**	2256	30	357	Nährbier
	93	**1959**	356		27/ 281		2209			Martinsberg
	124									Füllhalterclip
	126		351		26					Sternbild
	130				105					Sunpearl II
	135		304							Druckaufträge
	137	**1960**	23			**1960**	39			Astra
	144		17		27		37			Bambi
	183		163		201		628			Kosaken-Kaffee
	186		79		201		628			Arctos
	193		13		202		284			Verladeanlagen
	200									Abitz II
	231									Hapol
	232				107		145			Feuerzeug
	235				372		1103	31	374	Toscanella
	240		127		203		339			Süßbier
	244		72		202					Simili-Schmuck
	247		55		200					Krankenwagen
	261									Hörgeräte
	294				156		207	13	333 (St)	Kaltfließpreßverfahren
	296									Reiherstieg
	303				65	**1959**	2213			Nullpreis II
	304		84		107	**1960**	145/ 629	31	105	Glasglühkörner
	331		157		374					Schleuderpreise
	340				376		771			Tonbandgeräte
	346				471		768			Naher Osten

GRUR	WRP	MDR	NJW	BGHZ	SCHLAGWORT
1960 349	**1960** 52	**1960** 136	**1960** 41		Bierhaus
350		109	93	31 162	Malzflocken
353	112		723	32 123 14 55 (St)	Kohlenpreise
372	249	375			Kodak
379	161	372			Zentrale
382					Verbandsstoffe
384					Mampe halb und halb I
423		642	1154		Kreuzbodenventilsäcke
431	155	641	1294		Straßenhandel
434					Volksfeuerbestattung
449		300	476	31 308	Burschenschaft
490	191	470	1008	32 103	Vogeler
495	280	903			WIR-Rabatt
500		371	672		Plagiatsvorwurf
505					Inseratensperre
550	285	901			Promonta
554	227	903	2000		Handstrickverfahren
558	235	819	1853		Volkswagen
563	238	736	1856		Sektwerbung
567	268	902			Kunstglas
614		822	2043	33 20	Figaros Hochzeit
619		821	2051	33 1	Schallplatten-Künstler-Lizenz
627		823	2048	33 38	Rundfunk-Künstler-Lizenz
1961 40	241	902	1999		Wurftaubenpresse
85	**1961** 43	**1961** 113			Pfiffikus-Dose
142	22	114	**1961** 172/ 403	33 259	Molkereigenossenschaft
181		293	508	34 1	Mon Chéri I
189	79	294	508		Rippenstreckmetall I
193	152	295			Medaillenwerbung
200	20	29	170	33 222	RWE
203	130	205	403	34 47	IG Bergbau
232		388			Hobby
241					Lutin
244					natürlich in Revue
247	128		673	34 42	Buchprüfer
280	167	294			Tosca
283	229	386	829		Mon Chéri II
284	120	386	825		Buchgemeinschaft III

GRUR	WRP	MDR	NJW	BGHZ	SCHLAGWORT
1961 288	**1961** 113	**1961** 295			Zahnbürsten
294	192	296	**1961** 668	**34** 91	ESDE
301		206	405	**34** 53	Apotheke
307	26	27	**1960** 2332	**33** 163	Krankenwagen II
343	226	385			Meßmer Tee
347	248	479	**1961** 1018	**34** 299	Almglocke
354	228	480	1017	**34** 320	Vitasulfall
356	158	387	826		Pressedienst
361	154	387			Hautleim
367	223	389			Schlepper
413		570	1206		Dolex
418		576	1113		Rechtsschutzversicherung
420	254	569	1205	**34** 345	Cuypers
425	188	480			Möbelhaus d. Handwerks
482	212	570	1308		Spritzgußmaschine
485					Fleischereimaschinen
535					arko
538	214	663	1526		Feldstecher
541	217	663			Buschbohne
544					Hühnergegacker
545	420	830			Plastic-Folien
581	343	829			Hummelfiguren II
588	162	388	1207	**34** 264	Einpfennig-Süßwaren
630	318	912	1860		Fernsprechbuch
640	352	915	1815		Straßenleuchte
644					DEA-Erzeugnisse
1962 34					Torsana
36	277	914			C & A I
42	275	913	1768		C & A II
45	307	913	1916		Betonzusatzmittel
53					Baupreisabsprache
91	347	912	1919		Jenaer Glas
97	**1962** 93	**1962** 28	**1962** 40		Tafelwasser
105		**1961** 1008	**1961** 2059	**35** 363	Ginsengwurzel
108		**1962** 43	**1962** 32	**36** 77	Waffenhändler
144	51	**1961** 1001	**1961** 2107	**35** 341	Buntstreifensatin I
153		**1962** 123	**1962** 152		Bund der Vertriebenen
154	94	111	247/ 391	**36** 105	Speditionswerbung
159		108			Blockeis I

GRUR	WRP	MDR	NJW	BGHZ	SCHLAGWORT
1962 195	**1962** 49				Palettenbildzeichen
198	140	**1962** 292	**1962** 486		Franziskaner
211		194			Hochzeitslied
243	13	28	37	35 329	Kindersaugflasche
249	165	277	587		Schaumweinwerbung naturrein
254	163	369	629		Fußballprogrammheft
263	60	195	196	36 91	Gummistrümpfe
310	331	369	1103	36 252	Gründerbildnis
315	128	368			Dt. Mieterwoche
324		294	1004		Doppelmörder
354					Furniergitter
360					Trockenrasierer
382	175	993	731		Konstruktionsbüro
409					Wandsteckdose
411					Watti
415	200	370			Glockenpackung
419	366	543			Leona
423	207	460	1010	36 370	Rollfilme
426	306	461	1105	37 30	Selbstbedienungsgroßhändler
456		542	1247	37 107	Germataler Sprudel
459	261	635			Lichtkuppeln
461	233	542			Werbeveranstaltung
466	247	546	1099		Festgeldanlage
470		636	1295	37 1	AKI
479					Stukkateure
522					Ribana
537	334	799	1567		Radkappe
537					veritas vincit
599	100	195	392		DEA-Tankstelle
601		718	1508	37 160	Prüfungsverband
647	372	882			Strumpf-Zentrale
650	330	635	1390		Weinetikettierung
652		729/	1438	37 187	Eheversprechen
		977	1813		
653		371		36 357	Brauerbund
1963 34	1963 62				Werkstatt und Betrieb
36		963			Fichtennadelextrakt
43	1962 373	799	1955	37 194	SPAR
83					Staatskarossen
86	1963 53	1963 109	1963 293	38 90	Grote–Revers

GRUR	WRP	MDR	NJW	BGHZ	SCHLAGWORT
1963 146	**1963** 169	**1963** 108			Original Ersatzteile
152	87	195			Rotaprint
197	50		**1963** 107		Zahnprothesenpflegemittel
203	131	377			Vollreinigung
207					Kieselsäure
218	28	27			Mampe halb und halb II
255		196	531	38 200	Kindernähmaschinen
263		194	348		Formfit
270	**1962** 404	**1962** 963	**1962** 2149		Bärenfang
277	**1963** 183	**1963** 398	**1963** 484		Maris
320	136	298	649	39 1	Schmiergelder
322	140	378	537		Mal- und Zeichenschule
331		381			Basaltlava
367	138	377	856	38 391	Industrieböden
371	129	376	536		Wäschestärkemittel
378	211	474	1004		Deutsche Zeitung
382	177	380	646	38 306	Bonbonniere
423	198	472	855		coffeinfrei
430	244	536			Erdener Treppchen
434	240	564			Reiseverkäufer
438	242	563			Fotorabatt
469	215	471			Nola
473		470	1543		Filmfabrik Köpenick
478	247	469			Bleiarbeiter
482					Hollywood-Duftschaumbad
485	206	473			Micky-Maus-Orangen
490		491	902/ 1403	39 124	Fernsehansagerin
524		472			Digesta
527		656	1541		Waldes-Koh-i-noor
533		655			Windboy
536	203	564	1673		Iris
539	276	656			echt skai
572	216	472			Certo
575	299	822	1742	39 352	Vortragsabend
578	330	907	2021		Sammelbesteller
589					Lady Rose
622		657			Sunkist
630		906			Polymar
638		582	1155		Geisterreigen

GRUR	WRP	MDR	NJW	BGHZ	SCHLAGWORT
1963 643			**1963** 1558	**39** 351; **18** 352 (St)	Bußgeldbescheid
1964 26		**1963** 821			Milburan
31	**1963** 333	908	2120		Petromax II
33	**1964** 85				Bodenbeläge
38	**1963** 345	905	2267		Dortmund grüßt
71	**1964** 60	**1964** 26			Kaffeekanne
77	**1963** 393	24	**1964** 29		Blinkfüer
82		**1963** 906			Lesering
88	306	910			Verona Gerät
99	311	823	**1963** 2115	**39** 370	Osco Parat
105					Astra
136	**1964** 28	987			Schweizer Käse
140	**1963** 415	**1964** 26			Odol Flasche
144	400	116	**1964** 157		Sintex
146	**1964** 14	27	352		Rückvergütung
154	**1963** 402	28	152	**40** 135	Trockenrasierer II
162		**1963** 833	**1963** 1871		Orgeln
208	**1964** 237		**1964** 818		Fernsehinterview
210	85	**1964** 210			Landwirtschaftsausstellung
215	49	115	351		Milchfahrer
218	128	209	493		Düngekalkhandel
263	171	211			Unterkunde
269	128	210	447		Grobdessin
274	348				Möbelrabatt
314	131	392	819		Kiesbaggerei
316	122	390	969	**40** 391	Stahlexport
320	161	391	917		Maggi
325		480			Toastschnitten
334	167	394	925	**41** 42	Fensterglas
339	165	394	929	**41** 61	Zigaretten
372		388	972	**41** 84	Maja
376		478			Eppeleinsprung
381		479			WKS-Möbel
385	420	479			Kaffeetafelrunde
389	125	392			Fußbekleidung
392	204	480	1181		Weizenkeimöl
397	239	905			Damenmäntel
405		212			Mikrophos
454	213	570	1370	**41** 187	Palmolive

GRUR	WRP	MDR	NJW	BGHZ	SCHLAGWORT
1964 458		**1964** 571			Düssel
509		481	**1964** 1274		Wagenwaschplatz
515	**1964** 424	575	1617	**41** 271	Werkmilchabzug
562		589	1132		Uhren-Weiß
567	250	572	1369	**41** 314	Lavamat
621	208	389	920	**41** 55	Klemmbausteine
629	315	823	1955		Grauer Markt
682		736	1722		Climax
686	349	824			Glockenpackung II
693	388	576	1518	**41** 194	Apothekerkammer
1965 33	386	824	2252	**42** 44	Scholl
39					Ahlborn
86		989	2409		Schwarzer Kater
96	370	991	2247	**42** 134	20% unter dem empfohlenen Richtpreis
110	410	908	2208		Eu-Med
146	415	990	2410	**42** 151	Rippenstreckmetall II
155	**1965** 110	**1965** 112	**1965** 251		Werbefahrer
160	268	114	499		Abbauhammer
183	231	190	498		derma
256		371			Gretna Green
260		**1964** 908	**1964** 2343		Fußspat
267	117	**1965** 192	**1965** 500	**42** 318	Rinderbesamung
309					gemafrei
310					Speisekartoffeln
313	104	269			Umsatzauskunft
315	95	805	678		Werbewagen
317	152	363	630		Kölnisch Wasser
327		272	689	**42** 340	Gliedermaßstäbe
361	102	270	630		Taxi-Bestellung
363					Fertigbrei
365	146	363	967	**43** 140	Lavamat II
368	148	364	1077		Kaffee C
373	139	550			Blockeis II
377		367	859	**43** 245	GDP
381					Weinbrand
431		363	748		Wickel
438					Sinnbild und Maßstab
440					Milchboykott
485	140	550			Versehrtenbetrieb

GRUR	WRP	MDR	NJW	BGHZ	SCHLAGWORT
1965 489	1965 223	1965 454	1965 1325	43 278	Kleenex
495		553	1374		Wie uns die Anderen sehen
502		548	1332		Gaselan
504					Carla
540					Hudson
542	257	548	1329		OMO
547	298	636			Zonenbericht
558	235	533	1379	43 307	Linoleum
601					roter Punkt
607	326	727	1661		Funkmietwagen
610	329	729			Diplom-Ingenieur
612	253	638	1527	43 339	Warnschild
616					Esslinger Wolle
665	401	726	1859		Liquiderma
670					Basoderm
672	301	725	1591	44 60	Agyn
676	331	730	2150		Nevada-Skibindung
681	371	728	1853	44 16	de Paris
690		805	2007		Facharzt
1966 30	261	637			Konservenzeichen
35					multikord
38		807	1856		Centra/Renta
45	367	806	1963		Markenbenzin
47	369	726	1662		Indicator
92	1966 24	1966 35	1966 48		Bleistiftabsätze
97	1965 375	1965 808			Zündaufsatz
104		804	1965 1664		Pilsner Brauereien
150					Kim I
152					Vitrolingual
211		1966 119			Ölfilter
214	438	36			Einführungsangebot
259	1966 145	303			Napoléon
263	139	395			Bau-Chemie
267					White Horse
272	61	213			Arztschreiber
277	169	217	1966 652		Bierbezug
323	257	394	828	45 1	Ratio
327	172	478	977	45 115	Richtpreiswerbung I
333	179	479	982		Richtpreiswerbung II
338		216			Drogisten-Illustrierte

GRUR	WRP	MDR	NJW	BGHZ	SCHLAGWORT
1966 344	1966 270	1966 482	1966 975		Glühlampenkartell
375	262	393	823	44 372	Meßmer Tee II
382	184	480	975		Jubiläum
386					Wärmeschreiber II
386	215	309			Warentest
392	58	1965 977	1965 2249	44 279	Brotkrieg
394	211	1966 251	1966 450	20 333 (St)	Niedrigpreisgeschäft
399					Arzneispezialitäten
427	270	575			Prince Albert
432	277	574	1314	45 173	Epigran
436	310	574			Vita-Malz
445	340	577			Glutamal
456	266		842	45 313	Klinker
493	338	573			Lili
495	369	736	1560		Uniplast
499	372	736	1563	45 246	Merck
503	134	214	542	44 288	Apfel-Madonna
509	280	576			Assekuranz
515					Kukident
564	312	737	1558		Hausverbot
576	348	739			Zimcofot
615					King Size
617	397				Saxophon
623	30	118	343		Kupferberg
633		831	2010		Teppichkehrmaschine
676	254	574	1122	45 131	Shortening
681		478			Laternenflasche
693	383	831	1617	45 296	Höllenfeuer
1967 30	375	990			Rum-Verschnitt
36	400	990			Rollkostenzuschüsse
43	403	1967 110	2291	46 168	Bauindustrie
89	1967 16	1966 989	2208		Rose
94	23	1967 104			Stute
100	264				Edeka-Schloß-Export
104	21	27			Stubenhändler
138	26	105	1967 46		Streckenwerbung
143	63	108			Ewiglicht
158	54	28	343	46 74	Schallplatten
199					Napoléon II
202	60	105			Gratisverlosung

GRUR	WRP	MDR	NJW	BGHZ	SCHLAGWORT
1967 210	**1966** 356	**1966** 908	**1966** 1919		Flaschenbier
246	400	**1967** 103	**1967** 1182	46 152	Vitapur
253		382	1178		Conny
254	**1967** 274				Waschkugel
256					Stern
292	94	194			Zwillingspackung
294		280	1188		Triosorbin
298	49	28	495	46 130	Modess
304	90	107	413		Siroset
308	126	281			Backhilfsmittel
315	212	381	723		skai-cubana
355		378			Rabe
360	184	378			Maßkleidung
362	216	283	675	46 305	Spezialsalz
371	96	284	391		BSW
378	208	382		46 365	Schweißbolzen
419		381			Favorit
428		281	873		Anwaltsberatung
430		378	1420		Grabsteinaufträge
433	186	380	1182		Schrankwand
482					WKS-Möbel II
485	396	725			badedas
490	444	47			Pudelzeichen
495	269	378			Samo
526	319	985			Hörmittelhändler
530	222	378			Fahrschule
533		109	499		Myoplastik
540		753			Nächte der Birgit Malmström
592	271	561	1509	47 259	gesunder Genuß
596	311	737			Kuppelmuffenverbindung
600	315	737			Rhenodur
611	**1968** 15	563			Jägermeister
613	**1967** 436	907			Dixan
660	361	736	1470		Sirax
664		772			Baugeld
665	276	562			Fernsehprogramm
670	436	738	1715		Fischbearbeitungsmaschine
676					Gymnastiksandale
681		117			D-Tracetten
1968 44	357	905			Schwerbeschädigtenbetrieb

GRUR	WRP	MDR	NJW	BGHZ	SCHLAGWORT
1968 49	1968 54	1967 817			Zentralschloßanlagen
53					Probetube
59					Golden Toast
95	1967 367	818			Büchereinachlaß
106	405	987	1967 2402		Ratio-Markt I
148					Zwillingsfrischbeutel
159	399	989			Rinderbesamung II
195		1968 646	1968 1042	49 331	Voran
200	440	1967 986			Acrylglas
205		1968 118			Teppichreinigung
209		118			Lengede
212	1968 95	210	349		Hellige
218	66	121	351	49 33	Kugelschreiber
219	64	121	403		Getränkebezug
256		26			Zwillingskaffee
259	180	211			NZ
262	190	301	644		Fälschung
266	106	301			BSW II
268	68	213	400	49 90	Jägermeister II
272					Trockenrasierer III
314	188	301			fix und clever
329		211	392		Der kleine Tierfreund
333	183	300	593		Faber
365	62	210			praliné
367	193	381			Corrida
371	18	27			Maggi
382	363	905			Favorit II
387		383			Spezialreinigung
414	285	472			Fe
419	97	117			feuerfest I
425	103	211			feuerfest II
431					Unfallversorgung
433			279		Westfalen-Blatt II
437	180				Westfalen-Blatt III
440	288		1088		Luftfahrt-Fachzeitschrift
443	199	382	746	49 325	40% können Sie sparen
550	298	561	1183	50 77	Poropan
552		737	1773	50 133	Mephisto
581	57				Blunazit
587	292	561	1572		Bierexport

GRUR	WRP	MDR	NJW	BGHZ	SCHLAGWORT
1968 591	**1968** 327	**1968** 645	**1968** 1474	**50** 125	Pulverbehälter
595	440	646	1521	**50** 169	Wiederverkäufer
600					Ratio-Markt II
603					Ratio-Markt III
645	282	643	1419	**50** 1	Pelzversand
648	297	644			Farbbildangebot
649	196	384			Rocroni-Ascher
654	184	386			Shell-Tankstelle
659	222	562	1037	**49** 367	Fensterglas II
694	400	823	1628/ 2188	**50** 129	Polyestra
697					SR
698					Rekordspritzen
702					Hamburger Volksbank
707	330	739	1523	**50** 207	Rheinkaffee
710	325	824	1723		Fahrlehrerverband
1969 40	367	642	2191		Pentavenon
43		823	2188		Marpin
48		904	1827		Alcacyl
51	332	824			Glassteine
99	**1969** 65	**1969** 31	2376	**50** 357	ZVN
137					Aktion Rumpelkammer
186	108	118	**1969** 46	**51** 41	Reprint
190	**1968** 367	**1968** 905			Halazon
222			28		Le Galion
240	**1969** 72	**1969** 120	133		Filtertüten I
242	111	119	316		Landessportbund
274	343	457			Mokka-Express
277		**1968** 905			Whisky
280	197	**1969** 370	976	**51** 295	Scotch Whisky
283	113	288			Schornsteinauskleidung
287	193	369	744	**51** 236	Stuttgarter Wochenblatt
292		551			Buntstreifensatin
295	154		690		Goldener Oktober
299		119	134		Probierpaket
304		298			Kredithaie
308	68	203	323	**51** 21	Signal
345	149	455			red white
348		548	980	**51** 330	Anker Export
355		547			Kim II

GRUR	WRP	MDR	NJW	BGHZ	SCHLAGWORT
1969 357	**1969** 235	**1969** 549			Sihl
362	200	552			Rabatt für branchenfremde Wiederverkäufer
368		471			Unternehmensberater
409		552			Metallrahmen
413	341	551			Angélique II
415	239	639			Kaffeerösterei
418					Standesbeamte
422	241	639			Kaltverzinkung
429	151	371	**1969** 748	**51** 61	Taxiflüge
474	378	638	1293/ 1810		Bierbezug I
479	280	638	2046		Colle de Cologne
487					Ihagee
493		553	1247	**51** 263	Silobehälter
496	232	458	1024	**51** 163	Farbumkehrfilme
499	278	459	1027	**51** 371	Filtertüten II
501		459	978		Fruchtsäfte
538					Rheumalind
541		548			Grüne Vierkantflasche
546	375	733			med
555		651			Cellulitis
560	347	641	1810	**52** 55	Frischhaltegefäß
601		831			Canderhar
604	489	830			Slip
607	345	733	1534		Recrin
611	**1970** 64	828	2083	**52** 216	Champagner Weizenbier III
615	**1969** 486	829	2087		Champi-Krone
618					Kunststoffzähne
620	492				Auszeichnungspreis
624		918	**1970** 187		Hormoncreme
629	373	832	**1969** 1716	**52** 65	Sportartikelmesse
677		**1970** 45			Rübenverladeeinrichtung
681					Kochendwassergerät
683	283	**1969** 831			Isolierte Hand
686					Roth-Händle
690	443	732			Faber
694	408	732	**1969** 1485		Brillant
698	411	836	1662	**52** 171	Stationärvertrag
701					Auto-Lok

GRUR	WRP	MDR	NJW	BGHZ	SCHLAGWORT
1970 27		1970 24	1970 141	52 365	Ein-Tannen-Zeichen
31					Heinzelmännchen
33	1969 446	25	1969 2143	52 302	Lockvogel
75		1969 992	1970 139		Streifenmuster
77		993			Ovalumrandung
80	1970 108	1970 120	563	52 337	Dolan
85	111	211			Herba
87	1969 483	23	35	52 359	Muschi-Blix
138					Alemite
141	1970 140	212	605		Europharma
179		305	562		Lohnsteuerzahler
182		395	471		Bierfahrer
189	20			52 393	Fotowettbewerb
195	113	213	279		Bierbezug II
198	115	307			Grossisten-Verband
200		395			Tonbandgeräte-Importeur
244	117	306			Spritzgußengel
250					Hummelfiguren III
254		302	557		Remington
302					Hoffmann's Katze
305	178				Löscafé
308					Duraflex
311		394	611		Samos
315		306	997		Napoléon III
322	174	396	858		Schallplatten II
369		580	1077		Nachtigall
374	259			53 298	Tennisbälle
416					Turpo
420		569	513		DRT-Methode
422	264	657			Tauchkühler
425	306	909			Melitta-Kaffee
461	254	658	1364	53 339	Euro-Spirituosen
465					Prämixe
467		569	1186		Vertragswerkstatt
479	262	658	1365		Treppchen
481	271	741	1870		Weserklause
482	1970 256			53 304	Diskothek
510	308				Fußstützen
513	389	1970 742			Mini-Car
515	312		1970 1545		Selbstbedienung

GRUR	WRP	MDR	NJW	BGHZ	SCHLAGWORT
1970 517	**1970** 354	**1970** 910			Kölsch-Bier
521	435	742			Gema-frei II
523	305	826	**1970** 1738	**54** 188	Telefonwerbung
528					Migrol
552			568		Felina-Britta
557	66	743	1457		Erotik in der Ehe
558	391	990	1967		Sanatorium
563	310	744	1365		Beiderseitige Rabattverstöße
572	269			**23** 246 (St)	Context
609	267	657			Regulärer Preis
1971 29	357	990	2105		Deutscher Sekt
42	384	910	2157	**54** 145	Biesenkate
46	388				Bubi-Scholz
119	**1971** 67	**1971** 28	2294		Branchenverzeichnis
121	24				Gummischutzmittelautomaten
125	69	30	**1971** 37	**54** 311	Gummiartikel
153	26	111	323		Tampax
159	173	278	379		Motoryacht
162	29	111	190		Diagnose-Zentrum
164	125	197	378		Discount-Geschäft
168	219	196	237		Ärztekammer
223	261	277			clix-Mann
230	22	112	35	**54** 277	Zigaretten-Automaten
251	312	458			Oldtimer
255	120	279			Plym-Gin
259	222	558	804		W. A. Z.
305	320	555			Konservenzeichen II
309		556			Zamek II
313	266	559			Bocksbeutelflasche
317	226	556	1216	**56** 18	Grabsteinaufträge II
320	272	557			Schlankheitskur
322	437	28	**1970** 2245		Lichdi-Center
358	224	459			Textilspitzen
361	172				Vierfarb-Kugelschreiber
365	274	645			Wörterbuch
409		908			Stallmeister
477	269	644	**1971** 2025		Stuttgarter-Wochenblatt II
516	264				Brockhaus Enzyklopädie
517	323	646	1522		SWOPS
537		907	1936		Nocado

GRUR	WRP	MDR	NJW	BGHZ	SCHLAGWORT
1971 577	**1971** 419	**1971** 555			Raupentin
580		907			Johannisbeersaft
582	369		**1971** 1749		Kopplung im Kaffeehandel
585	469	989	1889		Spezialklinik
1972 40	472		2027	**56** 327	Verbandszeitschrift
97					Liebestropfen
122	**1972** 314	**1972** 28			Schablonen
125	**1971** 517	30			Sonderveranstaltung III
127	**1972** 38	211			Formulare
129	**1971** 519	29	**1972** 104		Der meistgekaufte der Welt
132	525	29			Spezial Zucker
135	527	123	105	**57** 216	Kunden-Einkaufsdienst
180	**1972** 309	123	198		Cheri
189	**1971** 520	28	102/ 482	**57** 116	Wandsteckdose II
360	**1972** 77	212			Kunststoffglas
364	83	211	291		Mehrwert-Fahrten
367	85	586	203		Besichtigungsreisen
377		31	486		IATA
379	131	213	483		Leasing
427					Mitgliederwerbung
428	140				Bilderpunkte
432		397			Schulbuch
435		227			Grundstücksgesellschaft
479	136				Vorführgeräte
546	193	396			Trainingsanzug
549	313	484			Messinetta
550	252	303			Spezialsalz II
553	195	396			Statt Blumen ONKO-Kaffee
555	137	302			Kaufausweis
558	198	484			Teerspritzmaschinen
603	366	843	1275		Kunden-Einzelbeförderung
607	134	844			Steuerbevollmächtigter
609	369	762	1469		Feierabend-Vergnügen
611	254	844			Cognac-Portionierer
663	365	678	1519		Vibrations-Massagekissen
666		314	431	**57** 325	Freispruch
709					Patentmark
718	427				Stromlieferung
721	326	761	1460	**59** 72	Kaffeewerbung

GRUR	WRP	MDR	NJW	BGHZ	SCHLAGWORT
1972 722	**1972** 327	**1972** 943	**1972** 1658	**59** 76	Geschäftsaufgabe
1973 78	525	1017	1988		Verbraucherverband
81	529	**1973** 30	2124		Gewinnübermittlung
144	527	29	2087		Mischbetrieb
146	**1973** 27	113			Flughafen-Zubringerdienst
152		44	1658		Madonna mit Kind
201					Trollinger
203	19	31	2302		Badische Rundschau
206	21	115	2125		Skibindungen
208	23	30			Neues aus der Medizin
210	29	113	**1973** 42	**59** 317	Telex-Werbung
212	85	112			Minicar-Numerierung
265					Charme & Chic
268	31	114	43		Verbraucher-Briefumfrage
270					Der sanfte Bitter
272			**1972** 1467		Fahrschul-Rabatt
277	149	295	**1973** 280		Ersatzteile für Registrierkassen
314					Gentry
320	212	383			Buchhaltungskraft
370	91	293			Tabac
371		382	279		Gesamtverband
375	213	383	622	**60** 206	Miss Petite
416	94	294			Porzellan-Umtausch
418	210	381	652		Das goldene A
429	216	482	803		Idee-Kaffee
468	401	562	1079	**60** 185	Cinzano
474	152/ 208	382	621		Preisausschreiben
477					Für den Osterkauf
478		481	800	**60** 168	Modeneuheit
481	406	997			Weingeist
483	335	649			Betriebsspionage
486					Bayerische Bank
530					Crailsheimer Stadtblatt
532					Millionen trinken . . .
534	88	203	93		Mehrwert II
538					Idee-Kaffee II
539		381			product-contact
541					contact + graphic
550		304			Halbseiden

GRUR	WRP	MDR	NJW	BGHZ	SCHLAGWORT
1973 552	**1973** 329	**1973** 648	**1973** 1119	**60** 296	Briefwerbung
591	333	649	1972		Schatzjagd
594	407	650			Skisicherheitsbindung
653	466	831	1607		Ferienpreis
655	467	740	1371		Möbelauszeichnung
658	470	831	1608		Probierpreis
661		998	2152		Metrix
1974 30					Protex
31	1973 145				Perserteppiche
53	520		**1973** 1837		Nebelscheinwerfer
84	578				Trumpf
93	**1974** 25	**1974** 25	2201		Räuber
97	**1973** 410	**1973** 739			Spielautomaten II
99	**1974** 30	**1974** 26	2285		Brünova
105					Kolloschlager
156	21	124	**1974** 45		Geldgewinnspiel
158	38	126			Rhenodur II
162					etirex
168	36	293	141		Büromaschinen
220	32	211	143		Club-Pilsener
225	27	127			„Lager"-Hinweiswerbung
276		210	142		King
280					Divi
281	40	292	140		Clipper
284					Bastelwettbewerb I
286					Bastelwettbewerb II
290	145		315	**62** 29	maschenfester Strumpf
337					Stonsdorfer
340					Privathandelsschule
341	149	380	461		Champagne
344					Intermarkt
345	23	125	46		geballtes Bunt
349					KKB
351	152	379			Frisiersalon
	85	380	460		Großhandelshaus
	200	557			Sweapstake
	202	472			Verschlußkapsel-Prämie
	264				Lockvogelangebot
	467	556			Lemonsoda
	271				Hausagentur

Gesetzestexte

1. Gesetz gegen den unlauteren Wettbewerb

Vom 7. Juni 1909

(RGBl. S. 499; BGBl. III 43—1)

Geändert durch Ges. vom 21. März 1925 (RGBl. II S. 115), VO vom 9. März 1932 (RGBl. I S. 121), Ges. vom 26. Februar 1935 (RGBl. I S. 311), VO vom 8. März 1940 (RGBl. I S. 480), Ges. vom 11. März 1957 (BGBl. I S. 172), Ges. vom 26. Juni 1969 BGBl. I 633 und durch Ges. vom 23. Juni 1970 BGBl. I S. 805

§ 1. [Generalklausel] Wer im geschäftlichen Verkehre zu Zwecken des Wettbewerbes Handlungen vornimmt, die gegen die guten Sitten verstoßen, kann auf Unterlassung und Schadensersatz in Anspruch genommen werden.

§ 2. [Waren und gewerbliche Leistungen] Unter Waren im Sinne dieses Gesetzes sind auch landwirtschaftliche Erzeugnisse, unter gewerblichen Leistungen und Interessen auch landwirtschaftliche zu verstehen.

§ 3. [Irreführende Werbung] Wer im geschäftlichen Verkehr zu Zwecken des Wettbewerbs über geschäftliche Verhältnisse, insbesondere über die Beschaffenheit, den Ursprung, die Herstellungsart oder die Preisbemessung einzelner Waren oder gewerblicher Leistungen oder des gesamten Angebots, über Preislisten, über die Art des Bezugs oder die Bezugsquelle von Waren, über den Besitz von Auszeichnungen, über den Anlaß oder den Zweck des Verkaufs oder über die Menge der Vorräte irreführende Angaben macht, kann auf Unterlassung der Angaben in Anspruch genommen werden.

§ 4. [Strafbare Werbung] (1) Wer in der Absicht, den Anschein eines besonders günstigen Angebots hervorzurufen, in öffentlichen Bekanntmachungen oder in Mitteilungen, die für einen größeren Kreis von Personen bestimmt sind, über geschäftliche Verhältnisse, insbesondere über die Beschaffenheit, den Ursprung, die Herstellungsart oder die Preisbemessung von Waren oder gewerblichen Leistungen, über die Art des Bezugs oder die Bezugsquelle von Waren, über den Besitz von Auszeichnungen, über den Anlaß oder den Zweck des Verkaufs oder über die Menge der Vorräte wissentlich unwahre und zur Irreführung geeignete Angaben macht, wird mit Freiheitsstrafe bis zu einem Jahre und mit Geldstrafe oder mit einer dieser Strafen bestraft.

(2) Werden die im Absatz 1 bezeichneten unrichtigen Angaben in einem geschäftlichen Betriebe von einem Angestellten oder Beauftragten gemacht, so ist der Inhaber oder Leiter des Betriebs neben dem Angestellten oder Beauftragten strafbar, wenn die Handlung mit seinem Wissen geschah.

§ 5. [Gattungsbezeichnungen; Bildwerbung] (1) Die Verwendung von Namen, die im geschäftlichen Verkehre zur Benennung gewisser Waren oder gewerblicher Leistungen dienen, ohne deren Herkunft bezeichnen zu sollen, fällt nicht unter die Vorschriften der §§ 3, 4.

(2) Im Sinne der Vorschriften der §§ 3, 4 sind den dort bezeichneten Angaben bildliche Darstellungen und sonstige Veranstaltungen gleichzuachten, die darauf berechnet und geeignet sind, solche Angaben zu ersetzen.

§ 6. [Konkurswaren] (1) Wird in öffentlichen Bekanntmachungen oder in Mitteilungen, die für einen größeren Kreis von Personen bestimmt sind, der Verkauf von Waren angekündigt, die aus einer Konkursmasse stammen, aber nicht mehr zum Bestande der Konkursmasse gehören, so ist dabei jede Bezugnahme auf die Herkunft der Waren aus einer Konkursmasse verboten.

(2) Zuwiderhandlungen gegen diese Vorschrift werden mit Geldstrafe bis zu fünfhundert Deutsche Mark oder mit Freiheitsstrafe bis zu sechs Wochen bestraft.

§ 6a. [Verkauf durch Hersteller oder Großhändler an Letztverbraucher] (1) Wer im geschäftlichen Verkehr mit dem letzten Verbraucher im Zusammenhang mit dem Verkauf von Waren auf seine Eigenschaft als Hersteller hinweist, kann auf Unterlassung in Anspruch genommen werden, es sei denn, daß er

1. ausschließlich an den letzten Verbraucher verkauft oder
2. an den letzten Verbraucher zu den seinen Wiederverkäufern oder gewerblichen Verbrauchern eingeräumten Preisen verkauft oder
3. unmißverständlich darauf hinweist, daß die Preise beim Verkauf an den letzten Verbraucher höher liegen als beim Verkauf an Wiederverkäufer oder gewerbliche Verbraucher, oder dies sonst für den letzten Verbraucher offenkundig ist.

(2) Wer im geschäftlichen Verkehr mit dem letzten Verbraucher im Zusammenhang mit dem Verkauf von Waren auf seine Eigenschaft als Großhändler hinweist, kann auf Unterlassung in Anspruch genommen werden, es sei denn, daß er überwiegend Wiederverkäufer oder gewerbliche Verbraucher beliefert und die Voraussetzungen des Absatzes 1 Nr. 2 oder Nr. 3 erfüllt.

§ 6b. [Kaufscheine] Wer im geschäftlichen Verkehr zu Zwecken des Wettbewerbs an letzte Verbraucher Berechtigungsscheine, Ausweise oder sonstige Bescheinigungen zum Bezug von Waren ausgibt oder gegen Vorlage solcher Bescheinigungen Waren verkauft, kann auf Unterlassung in Anspruch genommen werden, es sei denn, daß die Bescheinigungen nur zu einem einmaligen Einkauf berechtigen und für jeden Einkauf einzeln ausgegeben werden.

§ 7. [Ausverkaufsgründe] (1) Als Ausverkäufe dürfen in öffentlichen Bekanntmachungen oder in Mitteilungen, die für einen größeren Kreis von Personen bestimmt sind, nur solche Veranstaltungen angekündigt werden, die ihren Grund
a) in der Aufgabe des gesamten Geschäftsbetriebs oder
b) des Geschäftsbetriebs einer Zweigniederlassung oder
c) in der Aufgabe einer einzelnen Warengattung haben.

(2) [1]Bei der Ankündigung eines Ausverkaufs ist anzugeben, welcher der im Absatz 1 unter a bis c genannten Gründe für den Ausverkauf vorliegt. [2]Im Falle zu c ist die Warengattung anzugeben, auf die sich der Ausverkauf bezieht.

(3) Die Vorschriften im Absatz 2 gelten auch für Ankündigungen, die, ohne sich des Ausdrucks „Ausverkauf" zu bedienen, eine der im Absatz 1 bezeichneten Veranstaltungen betreffen.

§ 7a. [Ankündigung von Räumungsverkäufen] [1]Wer in öffentlichen Bekanntmachungen oder in Mitteilungen, die für einen größeren Kreis von Personen bestimmt sind, einen Verkauf zum Zwecke der Räumung eines bestimmten Warenvorrats ankündigt, ist gehalten, in der Ankündigung den Grund anzugeben, der zu dem Verkauf Anlaß gegeben hat. [2]Betrifft der Verkauf nur einzelne der in dem Geschäftsbetrieb geführten Warengattungen, so sind in der Ankündigung weiterhin die Warengattungen anzugeben, auf die sich der Verkauf bezieht.

§ 7b. [Verfahren bei Aus- und Räumungsverkäufen] (1) [1]Die unter §§ 7, 7a fallenden Veranstaltungen sind unter Einhaltung einer durch die höhere Verwaltungsbehörde festzusetzenden Frist vor der Ankündigung bei der von ihr bezeichneten Stelle anzuzeigen. [2]Der Anzeige ist ein Verzeichnis der zu verkaufenden Waren nach ihrer Art, Beschaffenheit und Menge beizufügen, dessen Erneuerung von den höheren Verwaltungsbehörden für den Fall vorgesehen werden kann, daß die Veranstaltung nach Ablauf einer bestimmten Frist nicht beendigt ist. [3]Die Anzeige muß die im § 7 Abs. 2, 3, § 7a vorgesehenen Angaben enthalten und den Beginn, das voraussichtliche Ende und den Ort der Veranstaltung bezeichnen. [4]Auf Verlangen der Stelle, bei der die Anzeige zu erstatten ist, sind für die den Grund der Veranstaltung bildenden Tatsachen Belege vorzulegen.

(2) [1]Die höhere Verwaltungsbehörde kann zur Ausführung der vorstehenden Vorschriften weitere Bestimmungen treffen. [2]Sie kann ferner Anordnungen über die Dauer der Veranstaltung erlassen. [3]Sie kann Veranstaltungen untersagen, die die zugelassene Dauer überschreiten, die nach der Vorschrift des § 7 Abs. 1 nicht zulässig sind oder die im Falle des § 7a durch den angegebenen Grund nach der

Verkehrsauffassung nicht gerechtfertigt werden. [4]Vor Erlaß ihrer Anordnungen hat sie die zuständigen amtlichen Berufsvertretungen von Handel, Handwerk und Industrie zu hören.

(3) [1]Die Einsicht in die Anzeige ist jedermann gestattet. [2]Zur Nachprüfung der Angaben sind außer den zuständigen Behörden die amtlich bestellten Vertrauensmänner der amtlichen Berufsvertretungen von Handel, Handwerk und Industrie befugt.

§ 7c. [Sperrfrist] (1) [1]Nach Beendigung eines Ausverkaufs (§ 7) ist es dem Geschäftsinhaber, seinem Ehegatten und den nahen Angehörigen beider verboten, den Geschäftsbetrieb oder den Teil davon, dessen Aufgabe angekündigt worden war, fortzusetzen, oder vor Ablauf eines Jahres an dem Ort, an dem der Ausverkauf stattgefunden hat, einen Handel mit den davon betroffenen Warengattungen zu eröffnen. [2]Der Fortsetzung des Geschäftsbetriebs oder der Eröffnung eines eigenen Handels steht es gleich, wenn der Geschäftsinhaber, sein Ehegatte oder ein naher Angehöriger beider sich zum Zwecke der Umgehung der Vorschrift des Satzes 1 an dem Geschäft eines anderen mittelbar oder unmittelbar beteiligt oder in diesem tätig wird. [3]Als Geschäftsinhaber gilt auch derjenige, der an einer Handelsgesellschaft mit eigener Rechtspersönlichkeit wirtschaftlich maßgebend beteiligt ist oder auf ihre Geschäftsführung maßgebenden Einfluß hat. [4]Nahe Angehörige sind die Verwandten in auf- und absteigender Linie und die voll- und halbbürtigen Geschwister sowie ihre Ehegatten.

(2) Nach Beginn eines Ausverkaufs ist es auch anderen als den im Absatz 1 genannten Personen verboten, mit Waren aus dem Bestand des von dem Ausverkauf betroffenen Unternehmens den Geschäftsbetrieb in denselben oder in unmittelbar benachbarten Räumen aufzunehmen.

(3) Ist der Verkauf des Warenbestandes einer unselbständigen Verkaufsstelle wegen ihrer Aufgabe gemäß § 7a angekündigt worden, so darf innerhalb eines Jahres nach Beendigung des Verkaufs keine neue Verkaufsstelle desselben Geschäftsbetriebes am gleichen Orte errichtet werden.

(4) Der *Reichswirtschaftsminister* kann bestimmen, daß benachbarte Gemeinden als ein Ort im Sinne der Vorschriften der Absätze 1 und 3 anzusehen sind.

(5) Die höhere Verwaltungsbehörde kann nach Anhörung der zuständigen amtlichen Berufsvertretungen von Handel, Handwerk und Industrie Ausnahmen von den Verboten in den Absätzen 1, 2 und 3 gestatten.

§ 8. [Vor- und Nachschieben von Waren] Mit Freiheitsstrafe bis zu einem Jahre und mit Geldstrafe oder mit einer dieser Strafen wird bestraft:

1. wer im Falle der Ankündigung eines Ausverkaufs (§ 7 Abs. 1 bis 3) oder eines Verkaufs gemäß § 7a Waren zum Verkauf stellt, die nur für diese Veranstaltung herbeigeschafft worden sind (sogenanntes Vorschieben oder Nachschieben von Waren);
2. wer den Vorschriften des § 7c Absätze 1 bis 3 zuwiderhandelt.

§ 9. [Saisonschlußverkäufe] [1]Die Vorschriften der §§ 7a, 7b und 8 finden keine Anwendung auf Verkäufe, die auf Grund allgemeiner Zulassung um die Wende eines Verbrauchsabschnitts stattfinden. [2]Die Zulassung kann durch den *Reichswirtschaftsminister* oder eine von ihm bestimmte Stelle erfolgen. [3]Dabei kann Bestimmung über Zahl, Zeit und Dauer dieser Verkäufe, über die Art ihrer Ankündigung und über die Waren getroffen werden, die darin einbezogen werden dürfen. [4]Auch kann das Vor- und Nachschieben von Waren (§ 8 Nr. 1) für diese Verkäufe verboten oder beschränkt werden. [5]Macht der *Reichswirtschaftsminister* oder die von ihm bestimmte Stelle von dieser Ermächtigung keinen Gebrauch, so kann die höhere Verwaltungsbehörde nach Anhörung der zuständigen amtlichen Berufsvertretungen von Handel, Handwerk und Industrie die Zulassung aussprechen und die näheren Bestimmungen treffen.

§ 9a. [Sonderveranstaltungen] [1]Zur Regelung von Verkaufsveranstaltungen besonderer Art, die nicht den Vorschriften der §§ 7 bis 9 unterliegen, kann der *Reichswirtschaftsminister* Bestimmungen treffen. [2]Sie sind im Bundesanzeiger bekanntzumachen.

§ 10. [Strafvorschriften] Mit Geldstrafe bis zu fünfhundert Deutsche Mark oder mit Freiheitsstrafe bis zu sechs Wochen wird bestraft:

1. wer es unterläßt, in der Ankündigung eines Ausverkaufs oder eines Verkaufs gemäß § 7a die im § 7 Abs. 2, 3, § 7a vorgeschriebenen Angaben zu machen;
2. wer den Vorschriften des § 7b oder den auf Grund dieser Vorschriften erlassenen Anordnungen zuwiderhandelt oder bei Befolgung der Vorschriften oder Anordnungen unrichtige Angaben macht;
3. wer den von dem *Reichswirtschaftsminister*, der von ihm bestimmten Stelle oder der höheren Verwaltungsbehörde auf Grund des § 9 getroffenen Bestimmungen zuwiderhandelt;
4. wer den von dem *Reichswirtschaftsminister* auf Grund des § 9a getroffenen Bestimmungen zuwiderhandelt;

§ 11. [Zahl- und Maßeinheiten] (1) Durch *Beschluß des Bundesrats* kann festgesetzt werden, daß bestimmte Waren im Einzelverkehre nur in vorgeschriebenen Einheiten der Zahl, des Maßes oder des Gewichts oder mit einer auf der Ware oder ihrer Aufmachung anzubringenden Angabe über Zahl, Maß, Gewicht, über den Ort der Erzeugung oder den Ort der Herkunft der Ware gewerbsmäßig verkauft oder feilgehalten werden dürfen.

(2) Für den Einzelverkehr mit Bier in Flaschen oder Krügen kann die Angabe des Inhalts unter Festsetzung angemessener Fehlergrenzen vorgeschrieben werden.

(3) Die durch *Beschluß des Bundesrats* getroffenen Bestimmungen sind durch das Bundesgesetzblatt zu veröffentlichen *und dem Reichstage sogleich oder bei seinem nächsten Zusammentritte vorzulegen.*

(4) Zuwiderhandlungen gegen die Bestimmungen des *Bundesrats* werden mit Geldstrafe bis zu fünfhundert Deutsche Mark oder mit Freiheitsstrafe bis zu sechs Wochen bestraft.

§ 12. [Bestechung] (1) Mit Freiheitsstrafe bis zu einem Jahre und mit Geldstrafe oder mit einer dieser Strafen wird, soweit nicht nach anderen Bestimmungen eine schwerere Strafe verwirkt wird, bestraft, wer im geschäftlichen Verkehre zu Zwecken des Wettbewerbes dem Angestellten oder Beauftragten eines geschäftlichen Betriebs Geschenke oder andere Vorteile anbietet, verspricht oder gewährt, um durch unlauteres Verhalten des Angestellten oder Beauftragten bei dem Bezuge von Waren oder gewerblichen Leistungen eine Bevorzugung für sich oder einen Dritten zu erlangen.

(2) Die gleiche Strafe trifft den Angestellten oder Beauftragten eines geschäftlichen Betriebs, der im geschäftlichen Verkehre Geschenke oder andere Vorteile fordert, sich versprechen läßt oder annimmt, damit er durch unlauteres Verhalten einem anderen bei dem Bezuge von Waren oder gewerblichen Leistungen im Wettbewerb eine Bevorzugung verschaffe.

(3) Im Urteil ist zu erklären, daß das Empfangene oder sein Wert dem Staate verfallen sei.

§ 13. [Aktivlegitimation von Gewerbetreibenden und Verbänden] (1) [1]In den Fällen der §§ 1, 3, 6a und 6b kann der Anspruch auf Unterlassung von jedem Gewerbetreibenden, der Waren oder Leistungen gleicher oder verwandter Art herstellt oder in den geschäftlichen Verkehr bringt, oder von Verbänden zur Förderung gewerblicher Interessen geltend gemacht werden, soweit die Verbände als solche in bürgerlichen Rechtsstreitigkeiten klagen können. [2]Auch können diese Gewerbetreibenden und Verbände denjenigen, welcher den §§ 6, 8, 10, 11, 12 zuwiderhandelt, auf Unterlassung in Anspruch nehmen.

(1a) [1]In den Fällen der §§ 3, 6, 6a, 6b, 7 Abs. 1 und des § 11 kann der Anspruch auf Unterlassung auch von Verbänden geltend gemacht werden, zu deren satzungsgemäßen Aufgaben es gehört, die Interessen der Verbraucher durch Aufklärung und Beratung wahrzunehmen, soweit die Verbände als solche in bürgerlichen Rechtsstreitigkeiten klagen können. [2]Das gleiche gilt in den Fällen des § 1, soweit der Anspruch irreführende Angaben über Waren oder gewerbliche Leistungen oder eine sonstige Handlung zu Zwecken des Wettbewerbs betrifft, durch die wesentliche Belange der Verbraucher berührt werden.

(2) Zum Ersatz des durch die Zuwiderhandlung entstehenden Schadens ist verpflichtet:

1. wer im Falle des § 3 wußte oder wissen mußte, daß die von ihm gemachten Angaben irreführend sind. Gegen Redakteure, Verleger, Drucker oder Verbreiter von periodischen Druckschriften kann der Anspruch auf Schadensersatz

nur geltend gemacht werden, wenn sie wußten, daß die von ihnen gemachten Angaben irreführend waren;

2. wer gegen die §§ 6, 6a, 6b, 8, 10, 11, 12 vorsätzlich oder fahrlässig verstößt.

(3) Werden in einem geschäftlichen Betriebe Handlungen, die nach §§ 1, 3, 6, 6a, 6b, 8, 10, 11, 12 unzulässig sind, von einem Angestellten oder Beauftragten vorgenommen, so ist der Unterlassungsanspruch auch gegen den Inhaber des Betriebs begründet.

§ 14. [Anschwärzung] (1) [1]Wer zu Zwecken des Wettbewerbs über das Erwerbsgeschäft eines anderen, über die Person des Inhabers oder Leiters des Geschäfts, über die Waren oder gewerblichen Leistungen eines anderen Tatsachen behauptet oder verbreitet, die geeignet sind, den Betrieb des Geschäfts oder den Kredit des Inhabers zu schädigen, ist, sofern die Tatsachen nicht erweislich wahr sind, dem Verletzten zum Ersatze des entstandenen Schadens verpflichtet. [2]Der Verletzte kann auch den Anspruch geltend machen, daß die Behauptung oder Verbreitung der Tatsachen unterbleibe.

(2) [1]Handelt es sich um vertrauliche Mitteilungen und hat der Mitteilende oder der Empfänger der Mitteilung an ihr ein berechtigtes Interesse, so ist der Anspruch auf Unterlassung nur zulässig, wenn die Tatsachen der Wahrheit zuwider behauptet oder verbreitet sind. [2]Der Anspruch auf Schadensersatz kann nur geltend gemacht werden, wenn der Mitteilende die Unrichtigkeit der Tatsachen kannte oder kennen mußte.

(3) Die Vorschrift des § 13 Abs. 3 findet entsprechende Anwendung.

§ 15. [Geschäftsverleumdung] (1) Wer wider besseres Wissen über das Erwerbsgeschäft eines anderen, über die Person des Inhabers oder Leiters des Geschäfts, über die Waren oder gewerblichen Leistungen eines anderen Tatsachen der Wahrheit zuwider behauptet oder verbreitet, die geeignet sind, den Betrieb des Geschäfts zu schädigen, wird mit Freiheitsstrafe bis zu einem Jahre und mit Geldstrafe oder mit einer dieser Strafen bestraft.

(2) Werden die in Absatz 1 bezeichneten Tatsachen in einem geschäftlichen Betriebe von einem Angestellten oder Beauftragten behauptet oder verbreitet, so ist der Inhaber des Betriebs neben dem Angestellten oder Beauftragten strafbar, wenn die Handlung mit seinem Wissen geschah.

§ 16. [Geschäftskennzeichnungsmittel] (1) Wer im geschäftlichen Verkehr, einen Namen, eine Firma oder die besondere Bezeichnung eines Erwerbsgeschäfts eines gewerblichen Unternehmens oder einer Druckschrift in einer Weise benutzt, welche geeignet ist, Verwechslungen mit dem Namen, der Firma oder der besonderen Bezeichnung hervorzurufen, deren sich ein anderer befugterweise bedient, kann von diesem auf Unterlassung der Benutzung in Anspruch genommen werden.

(2) Der Benutzende ist dem Verletzten zum Ersatze des Schadens verpflichtet,

wenn er wußte oder wissen mußte, daß die mißbräuchliche Art der Benutzung geeignet war, Verwechslungen hervorzurufen.

(3) [1]Der besonderen Bezeichnung eines Erwerbsgeschäfts stehen solche Geschäftsabzeichen und sonstigen zur Unterscheidung des Geschäfts von anderen Geschäften bestimmten Einrichtungen gleich, welche innerhalb beteiligter Verkehrskreise als Kennzeichen des Erwerbsgeschäfts gelten. [2]Auf den Schutz von Warenzeichen und Ausstattungen (*§§ 1,15 des Gesetzes zum Schutz der Warenbezeichnungen vom 12. Mai 1894, Reichsgesetzbl. S. 441*) finden diese Vorschriften keine Anwendung.

(4) Die Vorschrift des § 13 Abs. 3 findet entsprechende Anwendung.

§ 17. [Verrat von Geschäftsgeheimnissen] (1) Mit Freiheitsstrafe bis zu drei Jahren und mit Geldstrafe oder mit einer dieser Strafen wird bestraft, wer als Angestellter, Arbeiter oder Lehrling eines Geschäftsbetriebs ein Geschäfts- oder Betriebsgeheimnis, das ihm vermöge des Dienstverhältnisses anvertraut worden oder zugänglich geworden ist, während der Geltungsdauer des Dienstverhältnisses unbefugt an jemand zu Zwecken des Wettbewerbes oder aus Eigennutz oder in der Absicht, dem Inhaber des Geschäftsbetriebes Schaden zuzufügen, mitteilt.

(2) Ebenso wird bestraft, wer ein Geschäfts- oder Betriebsgeheimnis, dessen Kenntnis er durch eine der in Absatz 1 bezeichneten Mitteilungen oder durch eine gegen das Gesetz oder die guten Sitten verstoßende eigene Handlung erlangt hat, zu Zwecken des Wettbewerbs oder aus Eigennutz unbefugt verwertet oder an jemand mitteilt.

(3) Weiß der Täter bei der Mitteilung, daß das Geheimnis im Ausland verwertet werden soll, oder verwertet er es selbst im Ausland, so kann auf Freiheitsstrafe bis zu fünf Jahren erkannt werden.

(4) Die Vorschriften der Absätze 1 bis 3 gelten auch dann, wenn der Empfänger der Mitteilung, ohne daß der Täter dies weiß, das Geheimnis schon kennt oder berechtigt ist, es kennenzulernen.

§ 18. [Verwertung anvertrauter Vorlagen] [1]Mit Freiheitsstrafe bis zu zwei Jahren und mit Geldstrafe oder mit einer dieser Strafen wird bestraft, wer die ihm im geschäftlichen Verkehr anvertrauten Vorlagen oder Vorschriften technischer Art, insbesondere Zeichnungen, Modelle, Schablonen, Schnitte, Rezepte, zu Zwecken des Wettbewerbes oder aus Eigenutz unbefugt verwertet oder an jemand mitteilt. [2]§ 17 Abs. 4 gilt entsprechend.

§ 19. [Schadensersatzpflicht] [1]Zuwiderhandlungen gegen die Vorschriften der §§ 17, 18 verpflichten außerdem zum Ersatze des entstandenen Schadens. [2]Mehrere Verpflichtete haften als Gesamtschuldner.

§ 20. [Strafbares Verleiten und Erbieten zum Verrat] (1) Wer zu Zwecken des Wettbewerbes oder aus Eigennutz jemand zu einem Vergehen gegen die §§ 17 oder

18 zu verleiten sucht oder das Erbieten eines anderen zu einem solchen Vergehen annimmt, wird mit Freiheitsstrafe bis zu zwei Jahren oder mit Geldstrafe bestraft.

(2) Ebenso wird bestraft, wer zu Zwecken des Wettbewerbes oder aus Eigennutz sich zu einem Vergehen gegen die §§ 17 oder 18 erbietet oder sich auf das Ansinnen eines anderen zu einem solchen Vergehen bereit erklärt.

§ 20a. [Auslandshandlung] Auf die Vergehen gegen die §§ 17, 18 und 20 findet die Vorschrift des *§ 4 Abs. 2 Nr. 1 des Strafgesetzbuchs für das Deutsche Reich* Anwendung, wenn sich die Tat gegen das Geheimnis eines inländischen Geschäfts oder Betriebs richtet.

§ 21. [Verjährung] (1) Die in diesem Gesetze bezeichneten Ansprüche auf Unterlassung oder Schadensersatz verjähren in sechs Monaten von dem Zeitpunkt an, in welchem der Anspruchsberechtigte von der Handlung und von der Person des Verpflichteten Kenntnis erlangt, ohne Rücksicht auf diese Kenntnis in drei Jahren von der Begehung der Handlung an.

(2) Für die Ansprüche auf Schadensersatz beginnt der Lauf der Verjährung nicht vor dem Zeitpunkt, in welchem ein Schaden entstanden ist.

§ 22. [Strafantrag] (1) [1]Die Strafverfolgung tritt, mit Ausnahme der in den §§ 4, 6, 10, 11 bezeichneten Fälle, nur auf Antrag ein. [2] In den Fällen der §§ 8, 12 hat das Recht, den Strafantrag zu stellen, jeder der im § 13 Abs. 1 bezeichneten Gewerbetreibenden und Verbände.

(2) Die Zurücknahme des Antrags ist zulässig.

(3) Wegen der nach § 4 strafbaren Handlungen ist ebenso wie bei den nur auf Antrag verfolgbaren Handlungen (§§ 8, 12) neben dem Verletzten (§ 374 Abs. 1 Nr. 7 der Strafprozeßordnung) jeder der im § 13 Abs. 1 bezeichneten Gewerbetreibenden und Verbände zur Privatklage berechtigt.

§ 23. [Bekanntmachung des Urteils] (1) Wird in den Fällen des § 15 auf Strafe erkannt, so ist zugleich dem Verletzten die Befugnis zuzusprechen, die Verurteilung innerhalb bestimmter Frist auf Kosten des Verurteilten öffentlich bekannt zu machen.

(2) Ist auf Grund einer der Vorschriften dieses Gesetzes auf Unterlassung Klage erhoben, so kann in dem Urteile der obsiegenden Partei die Befugnis zugesprochen werden, den verfügenden Teil des Urteils innerhalb bestimmter Frist auf Kosten der unterliegenden Partei öffentlich bekannt zu machen.

(3) Die Art der Bekanntmachung ist im Urteil zu bestimmen.

§ 23a. [Streitwertherabsetzung] (1) [1]Macht in bürgerlichen Rechtsstreitigkeiten, in denen durch Klage ein Anspruch auf Grund dieses Gesetzes geltend gemacht wird, eine Partei glaubhaft, daß die Belastung mit den Prozeßkosten nach dem vollen Streitwert ihre wirtschaftliche Lage erheblich gefährden würde, so kann das Gericht auf ihren Antrag anordnen, daß die Verpflichtung dieser Partei zur Zahlung von Gerichtskosten sich nach einem ihrer Wirtschaftslage angepaßten Teil des Streitwerts bemißt. [2]Das Gericht kann die Anordnung davon abhängig machen, daß die Partei außerdem glaubhaft macht, daß die von ihr zu tragenden Kosten des Rechtsstreits weder unmittelbar noch mittelbar von einem Dritten übernommen werden. [3]Die Anordnung hat zur Folge, daß die begünstigte Partei die Gebühren ihres Rechtsanwalts ebenfalls nur nach diesem Teil des Streitwerts zu entrichten hat. [4]Soweit ihr Kosten des Rechtsstreits auferlegt werden oder soweit sie diese übernimmt, hat sie die von dem Gegner entrichteten Gerichtsgebühren und die Gebühren seines Rechtsanwalts nur nach dem Teil des Streitwerts zu erstatten. [5]Soweit die außergerichtlichen Kosten dem Gegner auferlegt oder von ihm übernommen werden, kann der Rechtsanwalt der begünstigten Partei seine Gebühren von dem Gegner nach dem für diesen geltenden Streitwert beitreiben.

(2) [1]Der Antrag nach Absatz 1 kann vor der Geschäftsstelle des Gerichts zur Niederschrift erklärt werden. [2]Er ist vor der Verhandlung zur Hauptsache anzubringen. [3]Danach ist er nur zulässig, wenn der angenommene oder festgesetzte Streitwert später durch das Gericht heraufgesetzt wird. [4]Vor der Entscheidung über den Antrag ist der Gegner zu hören.

§ 24. [Gerichtsstand] (1) [1]Für Klagen auf Grund dieses Gesetzes ist das Gericht zuständig, in dessen Bezirk der Beklagte seine gewerbliche Niederlassung oder in Ermangelung einer solchen seinen Wohnsitz hat. [2]Für Personen, die im Inland weder eine gewerbliche Niederlassung noch einen Wohnsitz haben, ist das Gericht des inländischen Aufenthaltsorts zuständig.

(2) Für Klagen auf Grund dieses Gesetzes ist außerdem nur das Gericht zuständig, in dessen Bezirk die Handlung begangen ist.

§ 25 [Einstweilige Verfügung] Zur Sicherung der in diesem Gesetze bezeichneten Ansprüche auf Unterlassung können einstweilige Verfügungen erlassen werden, auch wenn die in den §§ 935, 940 der Zivilprozeßordnung bezeichneten Voraussetzungen nicht zutreffen.

§ 26. [Buße] [1]Neben einer nach Maßgabe dieses Gesetzes verhängten Strafe kann auf Verlangen des Verletzten auf eine an ihn zu erlegende Buße bis zum Betrage von zehntausend Deutsche Mark erkannt werden. [2]Für diese Buße haften die dazu Verurteilten als Gesamtschuldner. [3]Eine erkannte Buße schließt die Geltendmachung eines weiteren Entschädigungsanspruchs aus.

§ 27. [Sachliche Zuständigkeit] (1) Bürgerliche Rechtsstreitigkeiten, in welchen durch die Klage ein Anspruch auf Grund dieses Gesetzes geltend gemacht wird, gehören, sofern in erster Instanz die Landgerichte zuständig sind, vor die Kammern für Handelssachen.

(2) [1]Die Landesregierungen werden ermächtigt, durch Rechtsverordnung für die Bezirke mehrerer Landgerichte eines von ihnen als Gericht für Wettbewerbsstreitsachen zu bestimmen, wenn dies der Rechtspflege in Wettbewerbsstreitsachen, insbesondere der Sicherung einer einheitlichen Rechtsprechung, dienlich ist. [2]Die Landesregierungen können diese Ermächtigung auf die Landesjustizverwaltung übertragen.

(3) [1]Die Parteien können sich vor dem Gericht für Wettbewerbsstreitsachen auch durch Rechtsanwälte vertreten lassen, die bei dem Gericht zugelassen sind, vor das die Klage ohne die Regelung nach Absatz 2 gehören würde. [2]Entsprechendes gilt für die Vertretung vor dem Berufungsgericht.

(4) Die Mehrkosten, die einer Partei dadurch erwachsen, daß sie sich nach Absatz 3 durch einen nicht beim Prozeßgericht zugelassenen Rechtsanwalt vertreten läßt, sind nicht zu erstatten.

§ 27a. [Einigungsstellen] (1) Die Landesregierungen errichten bei Industrie- und Handelskammern Einigungsstellen zur Beilegung von Wettbewerbsstreitigkeiten in der gewerblichen Wirtschaft (Einigungsstellen).

(2) [1]Die Einigungsstellen sind mit einem Rechtskundigen, der die Befähigung zum Richteramt nach dem *Gerichtsverfassungsgesetz* hat, als Vorsitzendem und mindestens zwei sachverständigen Gewerbetreibenden als Beisitzern zu besetzen, [2]Der Vorsitzende soll auf dem Gebiete des Wettbewerbsrechts erfahren sein. [3]Die Beisitzer werden von dem Vorsitzenden für den jeweiligen Streitfall aus einer alljährlich für das Kalenderjahr aufzustellenden Liste der Beisitzer berufen. [4]Die Berufung soll im Einvernehmen mit den Parteien erfolgen. [5]Für die Ausschließung und Ablehnung von Mitgliedern der Einigungsstelle sind §§ 41 bis 43 und § 44 Abs. 2 bis 4 der Zivilprozeßordnung entsprechend anzuwenden. [6]Über das Ablehnungsgesuch entscheidet das für den Sitz der Einigungsstelle zuständige Landgericht (Kammer für Handelssachen oder, falls es an einer solchen fehlt, Zivilkammer).

(3) [1]Die Einigungsstellen können bei bürgerlichen Rechtsstreitigkeiten aus § 13 von jeder Partei zu einer Aussprache mit dem Gegner über den Streitfall angerufen werden, soweit die Wettbewerbshandlungen den geschäftlichen Verkehr mit dem letzten Verbraucher betreffen. [2]Bei sonstigen bürgerlichen Rechtsstreitigkeiten aus § 13 können die Einigungsstellen angerufen werden, wenn der Gegner zustimmt.

(4) Für die Zuständigkeit der Einigungsstellen ist § 24 entsprechend anzuwenden.

(5) [1]Der Vorsitzende der Einigungsstelle kann das persönliche Erscheinen der Parteien anordnen. [2]Gegen eine unentschuldigt ausbleibende Partei kann die Einigungsstelle eine Ordnungsstrafe in Geld festsetzen. [3]Gegen die Anordnung des persönlichen Erscheinens und gegen die Straffestsetzung findet die sofortige

Beschwerde nach den Vorschriften der Zivilprozeßordnung an das für den Sitz der Einigungsstelle zuständige Landgericht (Kammer für Handelssachen oder, falls es an einer solchen fehlt, Zivilkammer) statt.

(6) [1]Die Einigungsstelle hat einen gütlichen Ausgleich anzustreben. [2]Sie kann den Parteien einen schriftlichen, mit Gründen versehenen Einigungsvorschlag machen. [3]Der Einigungsvorschlag und seine Begründung dürfen nur mit Zustimmung der Parteien veröffentlicht werden.

(7) [1]Kommt ein Vergleich zustande, so muß er in einem besonderen Schriftstück niedergelegt und unter Angabe des Tages seines Zustandekommens von den Mitgliedern der Einigungsstelle, welche in der Verhandlung mitgewirkt haben, sowie von den Parteien unterschrieben werden. [2]Aus einem vor der Einigungsstelle geschlossenen Vergleich findet die Zwangsvollstreckung statt; § 797a der Zivilprozeßordnung ist entsprechend anzuwenden.

(8) Die Einigungsstelle kann, wenn sie den geltend gemachten Anspruch von vornherein für unbegründet oder sich selbst für unzuständig erachtet, die Einleitung von Einigungsverhandlungen ablehnen.

(9) [1]Durch die Anrufung der Einigungsstelle wird die Verjährung in gleicher Weise wie durch Klageerhebung unterbrochen. [2]Die Unterbrechung dauert bis zur Beendigung des Verfahrens vor der Einigungsstelle fort. [3]Kommt ein Vergleich nicht zustande, so ist der Zeitpunkt, zu dem das Verfahren beendet ist, von der Einigungsstelle festzustellen. [4]Der Vorsitzende hat dies den Parteien mitzuteilen. [5]Wird die Anrufung der Einigungsstelle zurückgenommen, so gilt die Unterbrechung der Verjährung als nicht erfolgt.

(10) [1]Ist ein Rechtsstreit der in Absatz 3 Satz 1 bezeichneten Art ohne vorherige Anrufung der Einigungsstelle anhängig gemacht worden, so kann das Gericht auf Antrag den Parteien unter Anberaumung eines neuen Termins aufzugeben, vor diesem Termin die Einigungsstelle zur Herbeiführung eines gütlichen Ausgleichs anzurufen. [2]In dem Verfahren über den Antrag auf Erlaß einer einstweiligen Verfügung ist diese Anordnung nur zulässig, wenn der Gegner zustimmt. [3]Absatz 8 ist nicht anzuwenden. [4]Ist ein Verfahren vor der Einigungsstelle anhängig, so ist eine erst nach Anrufung der Einigungsstelle erhobene Klage des Antragsgegners auf Feststellung, daß der geltend gemachte Anspruch nicht bestehe, nicht zulässig.

(11) Die Landesregierungen werden ermächtigt, die zur Durchführung der vorstehenden Bestimmungen und zur Regelung des Verfahrens vor den Einigungsstellen erforderlichen Vorschriften zu erlassen, insbesondere über die Aufsicht über die Einigungsstellen, über ihre Besetzung unter angemessener Beteiligung der nicht den Industrie- und Handelskammern angehörenden Gewerbetreibenden (§ 2 Abs. 2 bis 6 des Gesetzes zur vorläufigen Regelung des Rechts der Industrie- und Handelskammern vom 18. Dezember 1956 — Bundesgesetzbl. I S. 920) und über die Vollstreckung von Ordnungsstrafen, sowie Bestimmungen über die Erhebung von Auslagen durch die Einigungsstelle zu treffen.

§ 28. [Zwischenstaatliches Recht] Wer im Inland eine Hauptniederlassung nicht besitzt, hat auf den Schutz dieses Gesetzes nur insoweit Anspruch, als in dem Staate, in welchem seine Hauptniederlassung sich befindet, nach einer im Bundesgesetzblatt enthaltenden Bekanntmachung deutsche Gewerbetreibende einen entsprechenden Schutz genießen.

§ 29. [Höhere Verwaltungsbehörde] Welche Behörden in jedem *Bundesstaat* unter der Bezeichnung höhere Verwaltungsbehörde im Sinne dieses Gesetzes zu verstehen sind, wird von der *Zentralbehörde* des *Bundesstaats* bestimmt.

§ 30. [Inkrafttreten] (1) Dieses Gesetz tritt am 1. Oktober 1909 in Kraft.

(2) Mit diesem Zeitpunkte tritt das Gesetz zur Bekämpfung des unlauteren Wettbewerbes vom 27. Mai 1896 (Reichsgesetzbl. S. 145) außer Kraft.

2. Warenzeichengesetz

In der Fassung vom 2. Januar 1968 (BGBl. I S. 29)
(BGBl. III 423—1)
mit nachfolgenden Änderungen

§ 1. [Schutzvoraussetzung] Wer sich in seinem Geschäftsbetrieb zur Unterscheidung seiner Waren von den Waren anderer eines Warenzeichens bedienen will, kann dieses Zeichen zur Eintragung in die Zeichenrolle anmelden.

§ 2. [Anmeldungserfordernis] (1) ^{1}Die Zeichenrolle wird beim Patentamt geführt. ^{2}Die Anmeldung eines Warenzeichens ist dort schriftlich einzureichen. ^{3}Jeder Anmeldung muß die Bezeichnung des Geschäftsbetriebs, in dem das Zeichen verwendet werden soll, ein Verzeichnis der Waren, für die es bestimmt ist, sowie eine deutliche Darstellung und, soweit erforderlich, eine Beschreibung des Zeichens beigefügt sein.

(2) ^{1}Der Bundesminister der Justiz wird ermächtigt, durch Rechtsverordnung Bestimmungen über die sonstigen Erfordernisse der Anmeldung zu erlassen. ^{2}Er kann diese Ermächtigung durch Rechtsverordnung auf den Präsidenten des Patentamts übertragen.

(3) ^{1}Bei der Anmeldung jedes Zeichens ist eine Anmeldegebühr und für jede Klasse oder Unterklasse der in der Anlage beigefügten Warenklasseneinteilung, für die der Schutz begehrt wird, eine Klassengebühr nach dem Tarif zu entrichten. Unterbleibt die Zahlung, so gibt das Patentamt dem Anmelder Nachricht, daß die Anmeldung als zurückgenommen gilt, wenn die Gebühren nicht bis zum Ablauf eines Monats nach Zustellung der Nachricht entrichtet werden.

(4) Wird die Anmeldung zurückgenommen, bevor das Patentamt die Bekanntmachung der Anmeldung nach § 5 Abs. 2 beschlossen oder einen Zurückweisungsbeschluß zugestellt hat, so wird die für mehr als eine Klasse oder Unterklasse gezahlte Gebühr erstattet.

(5) Der Bundesminister der Justiz wird ermächtigt, durch Rechtsverordnung die Warenklasseneinteilung zu ändern.

§ 3. [Zeichenrolle] (1) Die Zeichenrolle soll enthalten

1. den Zeitpunkt der Anmeldung,
2. die nach § 2 Abs. 1 der Anmeldung beizufügenden Angaben,
3. Namen und Wohnort des Zeicheninhabers und seines etwa bestellten Vertreters (§ 35 Abs. 2) sowie Änderungen in der Person, im Namen oder im Wohnort des Inhabers oder des Vertreters,
4. Verlängerungen der Schutzdauer,
5. den Zeitpunkt der Löschung des Zeichens.

(2) [1]Die Einsicht in die Zeichenrolle steht jedermann frei. [2]Das Patentamt gewährt jedermann auf Antrag Einsicht in die Akten, wenn und soweit ein berechtigtes Interesse glaubhaft gemacht wird.

(3) Jede Eintragung und jede Löschung wird vom Patentamt in regelmäßig erscheinenden Übersichten veröffentlicht (Warenzeichenblatt).

§ 4. [Schutzunfähige Zeichen] (1) Freizeichen können nicht in die Rolle eingetragen werden.

(2) Ferner sind von der Eintragung solche Zeichen ausgeschlossen,

1. die keine Unterscheidungskraft haben oder ausschließlich aus Zahlen, Buchstaben oder solchen Wörtern bestehen, die Angaben über Art, Zeit und Ort der Herstellung, über die Beschaffenheit, über die Bestimmung, über Preis-, Mengen- oder Gewichtsverhältnisse der Waren enthalten,
2. die Staatswappen, Staatsflaggen oder andere staatliche Hoheitszeichen oder Wappen eines inländischen Ortes, eines inländischen Gemeinde- oder weiteren Kommunalverbandes enthalten,
3. die amtliche Prüf- und Gewährzeichen enthalten, die nach einer Bekanntmachung im Bundesgesetzblatt im Inland oder in einem ausländischen Staate für bestimmte Waren eingeführt sind,

3a. die Wappen, Flaggen oder andere Kennzeichen, Siegel oder Bezeichnungen der internationalen zwischenstaatlichen Organisationen enthalten, die nach einer Bekanntmachung im Bundesgesetzblatt von der Eintragung als Warenzeichen ausgeschlossen sind,

4. die ärgerniserregende Darstellungen oder solche Angaben enthalten, die ersichtlich den tatsächlichen Verhältnissen nicht entsprechen und die Gefahr einer Täuschung begründen,
5. die nach allgemeiner Kenntnis innerhalb der beteiligten inländischen Verkehrs-

kreise bereits von einem anderen als Warenzeichen für gleiche oder gleichartige Waren benutzt werden,

6. die mit einer zur Sortenschutzrolle oder zur Sortenliste des Bundessortenamts früher angemeldeten und dort eingetragenen Sortenbezeichnung übereinstimmen.

(3) Die Eintragung wird jedoch in den Fällen des Absatzes 2 Nr. 1 zugelassen, wenn sich das Zeichen im Verkehr als Kennzeichen der Waren des Anmelders durchgesetzt hat.

(4) [1]Die Vorschriften des Absatzes 2 Nr. 2, 3 und 3a gelten nicht für einen Anmelder, der befugt ist, in dem Warenzeichen das Hoheitszeichen, das Prüf- und Gewährzeichen oder die sonstige Bezeichnung zu führen, selbst wenn es mit der Bezeichnung eines anderen Staates oder einer anderen internationalen zwischenstaatlichen Organisation im Verkehr verwechselt werden kann. [2]Die Vorschrift des Absatzes 2 Nr. 3 gilt ferner insoweit nicht, als die Waren, für die das Zeichen angemeldet ist, weder gleich noch gleichartig mit denen sind, für die das Prüf- und Gewährzeichen eingeführt ist. [3]Die Vorschrift des Absatzes 2 Nr. 6 gilt insoweit nicht, als die Waren, für die das Zeichen angemeldet ist, weder Sorten derselben botanischen Art wie die Sorte des Dritten noch Sorten einer botanisch verwandten Art sind.

(5) Die Vorschrift des Absatzes 2 Nr. 5 wird nicht angemeldet, wenn der Anmelder von dem anderen zur Anmeldung ermächtigt worden ist.

§ 5. [Anmeldungsbekanntmachung, Widerspruch] (1) Entspricht die Anmeldung den gesetzlichen Anforderungen (§§ 1 und 2) und liegt kein Eintragungshindernis nach § 4 vor, so beschließt das Patentamt die Bekanntmachung der Anmeldung.

(2) [1]Die Anmeldung wird dadurch bekanntgemacht, daß das angemeldete Zeichen, der Zeitpunkt der Anmeldung, Name und Wohnort des Anmelders und seines etwa bestellten Vertreters (§ 35 Abs. 2) sowie die nach § 2 Abs. 1 der Anmeldung, beizufügenden Angaben und das Aktenzeichen der Anmeldung einmal im Warenzeichenblatt veröffentlicht werden. [2]§ 7 ist entsprechend anzuwenden.

(3) Ist dem Prüfer bekannt, daß das angemeldete Zeichen mit einem anderen für gleiche oder gleichartige Waren früher angemeldeten Zeichen übereinstimmt, so kann er den Inhaber dieses Zeichens auf die Bekanntmachung hinweisen.

(4) [1]Wer für gleiche oder gleichartige Waren ein mit dem angemeldeten Zeichen übereinstimmendes Zeichen (§ 31) früher angemeldet hat, kann innerhalb von drei Monaten nach der Bekanntmachung auf Grund des früher angemeldeten Zeichens Widerspruch gegen die Eintragung des neu angemeldeten Zeichens erheben. [2]Widerspruch kann ferner erheben, wer in einem anderen Staat für gleiche oder gleichartige Waren auf Grund einer früheren Anmeldung oder Benutzung Rechte an einem mit dem angemeldeten Zeichen übereinstimmenden Zeichen erworben hat und nachweist, daß der Anmelder auf Grund eines Arbeits- oder sonstigen Vertragsverhältnisses zu dem Widersprechenden dessen Interessen im geschäftlichen

Verkehr wahrzunehmen hat und das Zeichen ohne dessen Zustimmung während des Bestehens dieses Vertragsverhältnisses angemeldet hat. [3]Gegen die Versäumnis der Frist für die Erhebung des Widerspruchs gibt es keine Wiedereinsetzung in den vorigen Stand.

(5) [1]Innerhalb der Widerspruchsfrist ist eine Gebühr nach dem Tarif zu entrichten. [2]Wird die Gebühr nicht gezahlt, so gilt der Widerspruch als nicht erhoben.

(6) [1]Wird Widerspruch erhoben, so entscheidet das Patentamt durch Beschluß, ob die Zeichen übereinstimmen. [2]§ 33 Abs. 2 des Patentgesetzes ist entsprechend anzuwenden mit der Maßgabe, daß das Patentamt auch bestimmen kann, daß die den Beteiligten erwachsenen sonstigen Kosten des Widerspruchsverfahrens, soweit sie nach billigem Ermessen zur zweckentsprechenden Wahrung der Ansprüche und Rechte notwendig waren, von einem Beteiligten ganz oder teilweise zu erstatten sind.

(7) [1]Ist das Zeichen, auf Grund dessen Widerspruch erhoben wird, im Zeitpunkt der Bekanntmachung des angemeldeten Zeichens mindestens fünf Jahre in der Warenzeichenrolle eingetragen, so hat der Widersprechende, wenn der Anmelder die Benutzung des Zeichens bestreitet, glaubhaft zu machen, daß er das Zeichen innerhalb der letzten fünf Jahre vor der Bekanntmachung des angemeldeten Zeichens benutzt hat. [2]Einer Benutzung des Zeichens durch den Widersprechenden steht es gleich, wenn das Zeichen mit seiner Zustimmung durch einen Dritten benutzt worden ist. [3]Bei der Entscheidung, ob die Zeichen übereinstimmen, berücksichtigt das Patentamt nur die Waren, für die der Widersprechende die Benutzung glaubhaft gemacht hat. [4]Ist das Zeichen, auf Grund dessen Widerspruch erhoben wird, nach § 6a eingetragen worden und ist gegen die Eintragung dieses Zeichens Widerspruch erhoben worden, so ist Satz 1 bis 3 nur anzuwenden, wenn seit Abschluß des Widerspruchsverfahrens fünf Jahre verstrichen sind.

(8) Wird kein Widerspruch erhoben, so wird das Zeichen eingetragen.

(9) [1]Der Bundesminister der Justiz wird ermächtigt, durch Rechtsverordnung Bestimmungen über die Form des Widerspruchs zu erlassen, namentlich die Verwendung eines Formblatts vorzuschreiben. [2]Er kann diese Ermächtigung durch Rechtsverordnung auf den Präsidenten des Patentamts übertragen.

§ 6. [Entscheidung über Eintragung] (1) Wird die Übereinstimmung der Zeichen verneint, so wird das neu angemeldete Zeichen eingetragen.

(2) [1]Wird die Übereinstimmung der Zeichen festgestellt, so wird die Eintragung versagt. [2]Sofern der Anmelder geltend machen will, daß ihm trotz der Feststellung ein Anspruch auf die Eintragung zustehe, hat er den Anspruch im Wege der Klage gegen den Widersprechenden zur Anerkennung zu bringen. [3]Die Klage ist innerhalb eines Jahres nach Rechtskraft des Beschlusses, durch den die Übereinstimmung der Zeichen festgestellt wird, zu erheben. [4]Die Eintragung auf Grund

einer Entscheidung, die zugunsten des Anmelders ergeht, wird unter dem Zeitpunkt der ursprünglichen Anmeldung bewirkt.

(3) Hat das Patentamt die Übereinstimmung des angemeldeten Zeichens mit einem oder mehreren Zeichen, auf Grund deren Widerspruch erhoben worden ist, festgestellt, so kann es das Verfahren über weitere Widersprüche bis zur rechtskräftigen Entscheidung über die Eintragung des angemeldeten Zeichens aussetzen.

(4) Wird nach der Bekanntmachung (§ 5 Abs. 2) die Anmeldung zurückgenommen oder wird die Eintragung versagt, so ist dies bekanntzumachen.

§ 6a. [Beschleunigtes Eintragungsverfahren] (1) Anstatt die Bekanntmachung der Anmeldung nach § 5 Abs. 1 zu beschließen oder, falls die Bekanntmachung der Anmeldung bereits beschlossen ist, anstatt die Anmeldung nach § 5 Abs. 2 bekanntzumachen, trägt das Patentamt auf Antrag des Anmelders das Zeichen ein, wenn dieser ein berechtigtes Interesse an der beschleunigten Eintragung des Zeichens glaubhaft macht.

(2) [1]Der Antrag ist spätestens zwei Wochen nach Zugang des Beschlusses über die Bekanntmachung schriftlich beim Patentamt einzureichen. [2]Innerhalb dieser Frist ist eine Gebühr nach dem Tarif zu entrichten; wird sie nicht gezahlt, so gilt der Antrag als nicht gestellt.

(3) [1]Das eingetragene Zeichen wird nach § 5 Abs. 2 bekanntgemacht. [2]Gegen die Eintragung des Zeichens kann Widerspruch erhoben werden. [3]Auf das Widerspruchsverfahren ist § 5 Abs. 3 bis 7 und 9 entsprechend anzuwenden.

(4) [1]Wird die Übereinstimmung der Zeichen verneint, so wird der Widerspruch zurückgewiesen. [2]Wird die Übereinstimmung der Zeichen festgestellt, so wird das nach Absatz 1 eingetragene Zeichen gelöscht. [3]Die Löschung des Zeichens hat die Wirkung, daß das Zeichen als von Anfang an nicht eingetragen gilt. [4]Die Bestimmungen des § 6 Abs. 2 Satz 2 bis 4 bleiben unberührt. [5]§ 6 Abs. 3 ist entsprechend anzuwenden.

§ 7. [Eintragungsgebühren] [1]Für jedes Zeichen ist vor der Eintragung eine Eintragungsgebühr nach dem Tarif und ein Druckkostenbeitrag zur Deckung der Kosten zu entrichten, die durch die vorgeschriebenen Veröffentlichungen (§ 3 Abs. 3) entstehen. [2]Die Höhe des Beitrags wird nach Stufen berechnet, die der Bundesminister der Justiz durch Rechtsverordnung nach dem Umfang der Veröffentlichungen allgemein festsetzt. [3]Er kann diese Ermächtigung durch Rechtsverordnung auf den Präsidenten des Patentamts übertragen.

§ 8. [Übertragbarkeit] (1) [1]Das durch die Anmeldung oder Eintragung eines Warenzeichens begründete Recht geht auf die Erben über und kann auf andere übertragen werden. [2]Das Recht kann jedoch nur mit dem Geschäftsbetrieb oder dem Teil des Geschäftsbetriebs, zu dem das Warenzeichen gehört, auf einen anderen übergehen. [3]Eine Vereinbarung, die eine andere Übertragung zum

Gegenstand hat, ist unwirksam. [4]Der Übergang wird auf Antrag des Rechtsnachfolgers in der Zeichenrolle vermerkt, wenn er dem Patentamt nachgewiesen wird. [5]Mit dem Antrag ist eine Gebühr nach dem Tarif zu zahlen; wird sie nicht gezahlt, so gilt der Antrag als nicht gestellt.

(2) Solange der Übergang in der Zeichenrolle nicht vermerkt ist, kann der Rechtsnachfolger sein Recht aus der Eintragung des Warenzeichens nicht geltend machen.

(3) [1]Verfügungen und Beschlüsse des Patentamts, die der Zustellung an den Inhaber des Zeichens bedürfen, sind stets an den als Inhaber Eingetragenen zu richten. [2]Ergibt sich, daß dieser verstorben ist, so kann das Patentamt nach seinem Ermessen die Zustellung als bewirkt ansehen oder zum Zwecke der Zustellung an die Erben deren Ermittlung veranlassen.

§9. [Schutzdauer und -verlängerung] (1) Der Schutz des eingetragenen Zeichens dauert zehn Jahre, die mit dem Tag beginnen, der auf die Anmeldung folgt.

(2) [1]Die Schutzdauer kann um jeweils zehn Jahre verlängert werden. [2]Die Verlängerung wird dadurch bewirkt, daß nach Ablauf von neun Jahren seit dem Tag der Anmeldung oder bei Zeichen, deren Schutzdauer bereits verlängert worden ist, seit der letzten Verlängerung eine Verlängerungsgebühr und für jede Klasse oder Unterklasse, für die weiterhin Schutz begehrt wird, eine Klassengebühr nach dem Tarif entrichtet wird. [3]Werden die Gebühren nicht bis zum Ablauf von zwei Monaten nach der mit der Beendigung der Schutzdauer eintretenden Fälligkeit gezahlt, so muß der tarifmäßige Zuschlag für die Verspätung der Zahlung entrichtet werden. [4]Nach Ablauf der Frist gibt das Patentamt dem Zeicheninhaber Nachricht, daß das Zeichen gelöscht wird, wenn die Gebühren mit dem tarifmäßigen Zuschlag nicht bis zum Ablauf von sechs Monaten nach Beendigung der Schutzdauer oder bis zum Ablauf eines Monats nach Zustellung der Nachricht, sofern diese Frist später als sechs Monate nach Beendigung der Schutzdauer abläuft, entrichtet werden.

(3) [1]Das Patentamt kann die Absendung der Nachricht auf Antrag des Zeicheninhabers hinausschieben, wenn er nachweist, daß ihm die Zahlung nach Lage seiner Mittel zur Zeit nicht zuzumuten ist. [2]Es kann die Hinausschiebung davon abhängig machen, daß innerhalb bestimmter Fristen, Teilzahlungen geleistet werden. [3]Erfolgt eine Teilzahlung nicht fristgemäß, so benachrichtigt das Patentamt den Zeicheninhaber, daß das Zeichen gelöscht wird, wenn der Restbetrag nicht innerhalb eines Monats nach Zustellung gezahlt wird.

(4) [1]Ist ein Antrag, die Absendung der Nachricht hinauszuschieben, nicht gestellt worden, so können Gebühren und Zuschlag beim Nachweis, daß die Zahlung nicht zuzumuten ist, noch nach Zustellung der Nachricht gestundet werden, wenn dies innerhalb von vierzehn Tagen nach der Zustellung beantragt und die bisherige Säumnis genügend entschuldigt wird. [2]Die Stundung kann auch unter Auferlegung von Teilzahlungen bewilligt werden. [3]Wird ein gestundeter Betrag nicht rechtzeitig

entrichtet, so wiederholt das Patentamt die Nachricht, wobei der gesamte Restbetrag eingefordert wird. [4]Nach Zustellung der zweiten Nachricht ist eine weitere Stundung unzulässig.

(5) [1]Die Nachricht, die auf Antrag hinausgeschoben worden ist (Absatz 3) oder die nach gewährter Stundung erneut zu ergehen hat (Absatz 4) muß spätestens zwei Jahre nach Fälligkeit der Gebühren abgesandt werden. [3]Geleistete Teilzahlungen werden nicht erstattet, wenn das Zeichen wegen Nichtzahlung des Restbetrags gelöscht wird.

§10. [Löschung] (1) Auf Antrag des Inhabers wird das Zeichen jederzeit in der Rolle gelöscht.

(2) [1]Von Amts wegen erfolgt die Löschung,

1. wenn nach Ablauf der Schutzdauer die Verlängerung des Schutzes (§ 9) unterblieben ist,
2. wenn die Eintragung des Zeichens hätte versagt werden müssen. [2]Wird von einem Dritten aus diesem Grund die Löschung beantragt, so ist gleichzeitig eine Gebühr nach dem Tarif zu entrichten; sie kann erstattet oder dem Zeicheninhaber auferlegt werden, wenn der Antrag für berechtigt befunden wird. [3]Bei Nichtzahlung der Gebühr gilt der Antrag als nicht gestellt.

(3) [1]Soll das Zeichen nach Absatz 2 Nr. 2 gelöscht werden, so gibt das Patentamt dem Inhaber zuvor Nachricht. [2]Widerspricht er innerhalb eines Monats nach der Zustellung nicht, so erfolgt die Löschung. [3]Widerspricht er, so faßt das Patentamt Beschluß. [4]Ist die Löschung von einem Dritten beantragt, so gilt für die durch eine Anhörung oder eine Beweisaufnahme verursachten Kosten § 33 Abs. 2 des Patentgesetzes entsprechend.

§11. [Löschung auf Antrag Dritter] (1) [1]Ein Dritter kann die Löschung eines Warenzeichens beantragen,

1. wenn das Zeichen für ihn auf Grund einer früheren Anmeldung für gleiche oder gleichartige Waren in der Zeichenrolle eingetragen steht,

1a. wenn er in einem anderen Staat auf Grund einer früheren Anmeldung oder Benutzung für gleiche oder gleichartige Waren Rechte an dem Zeichen erworben hat und nachweist, daß der als Inhaber des Zeichens Eingetragene auf Grund eines Arbeits- oder sonstigen Vertragsverhältnisses seine Interessen im geschäftlichen Verkehr wahrzunehmen hat und das Zeichen ohne seine Zustimmung während des Bestehens des Vertragsverhältnisses angemeldet hat,

2. wenn der Geschäftsbetrieb, zu dem das Warenzeichen gehört, von dem Inhaber des Zeichens nicht mehr fortgesetzt wird,
3. wenn Umstände vorliegen, aus denen sich ergibt, daß der Inhalt des Warenzeichens den tatsächlichen Verhältnissen nicht entspricht und die Gefahr einer Täuschung begründet,

4. wenn das Warenzeichen mindestens fünf Jahre in der Warenzeichenrolle eingetragen ist und der Zeicheninhaber das Zeichen innerhalb der letzten fünf Jahre vor dem Antrag auf Löschung nicht benutzt hat, es sei denn, daß Umstände vorlagen, unter denen die Benutzung in diesem Zeitraum nicht zumutbar war. [2]§ 5 Abs. 7 Satz 2 bis 4 ist entsprechend anzuwenden.

(2) Der Antrag auf Löschung ist durch Klage geltend zu machen und gegen den als Inhaber des Zeichens Eingetragenen oder seinen Rechtsnachfolger zu richten.

(3) [1]Ist vor oder nach Erhebung der Klage das Warenzeichen auf einen anderen übergegangen, so ist die Entscheidung in der Sache selbst auch gegen den Rechtsnachfolger wirksam und vollstreckbar. [2]Für die Befugnis des Rechtsnachfolgers, in den Rechtsstreit einzutreten, gelten die Bestimmungen der §§ 66 bis 69 und 76 der Zivilprozeßordnung entsprechend.

(4) [1]In den Fällen des Absatzes 1 Nr. 2 und 4 kann der Antrag auf Löschung zunächst beim Patentamt angebracht werden. [2]Es gibt dem als Inhaber des Warenzeichens Eingetragenen davon Nachricht. [3]Widerspricht er innerhalb eines Monats nach der Zustellung nicht, so erfolgt die Löschung. [4]Widerspricht er, so wird dem Antragsteller anheimgegeben, den Anspruch auf Löschung durch Klage zu verfolgen.

(5) Ist das Warenzeichen nach seiner Eintragung oder in den Fällen des § 6a nach Abschluß des Widerspruchsverfahrens innerhalb von fünf Jahren nicht benutzt worden, so kann sich der Zeicheninhaber gegenüber einem Antrag auf Löschung nach Absatz 1 Nr. 4 auf eine Benutzung des Zeichens nicht berufen, wenn

1. die Benutzung erst nach Androhung des Löschungsantrags aufgenommen worden ist oder
2. die Benutzung erst nach Bekanntmachung eines für gleiche oder gleichartige Waren später angemeldeten übereinstimmenden Zeichens (§ 5 Abs. 2, § 6a Abs. 3) aufgenommen worden ist und der Anmelder dieses Zeichens oder sein Rechtsnachfolger den Löschungsantrag innerhalb einer Frist von sechs Monaten nach der Bekanntmachung gestellt hat.

(6) Absatz 1 Nr. 1 ist nicht anzuwenden, wenn im Zeitpunkt der Bekanntmachung des Warenzeichens des Antraggegners (§ 5 Abs. 2, § 6a Abs. 3) die Voraussetzungen für die Löschung des Warenzeichens des Antragstellers nach Absatz 1 Nr. 4 vorlagen.

§ 12. [Verfahren] (1) [1]Anmeldungen, Anträge auf Umschreibung, Widersprüche gegen die Löschung von Warenzeichen und Anträge auf Wiedereinsetzung in den vorigen Stand werden nach den Vorschriften des Patentgesetzes über das Verfahren vor dem Patentamt erledigt, soweit nicht in diesem Gesetz etwas anderes bestimmt ist. [2]Die Bestimmungen des § 43 Abs. 4 des Patentgesetzes gelten für Warenzeichen nicht.

(2) Im Patentamt werden gebildet

1. Prüfungsstellen für die Prüfung der Warenzeichenanmeldungen und für die Beschlußfassung nach § 5 Abs. 1, 6 und 8, §§ 6 und 6a,

2. Warenzeichenabteilungen für Angelegenheiten, die nicht gesetzlich anderen Stellen zugewiesen sind, wie für Umschreibungen und Löschungen in der Zeichenrolle; innerhalb ihres Geschäftskreises obliegt jeder Warenzeichenabteilung auch die Abgabe von Gutachten (§ 14).

(3) [1]Die Geschäfte der Prüfungsstelle nimmt ein rechtskundiges oder technisches Mitglied (Prüfer) oder ein Beamter des gehobenen Dienstes wahr. [2]Der Beamte des gehobenen Dienstes ist jedoch nicht befugt, eine Beeidigung anzuordnen, einen Eid abzunehmen oder ein Ersuchen nach § 46 Abs. 2 des Patentgesetzes an das Patentgericht zu richten.

(4) [1]Die Warenzeichenabteilung ist bei Mitwirkung von mindestens drei Mitgliedern beschlußfähig. [2]Der Vorsitzende der Warenzeichenabteilung kann alle Angelegenheiten der Warenzeichenabteilung allein bearbeiten mit Ausnahme der Beschlußbefassung über die Löschung von Warenzeichen im Falle des § 10 Abs. 3 Satz 3.

(5) [1]Der Bundesminister der Justiz wird ermächtigt, durch Rechtsverordnung

1. Beamte des gehobenen Dienstes mit der Wahrnehmung einzelner den Warenzeichenabteilungen obliegender Geschäfte, die rechtlich keine Schwierigkeiten bieten, zu betrauen mit Ausnahme der Beschlußfassung über die Löschung von Warenzeichen im Falle des § 10 Abs. 3 Satz 3, der Abgabe von Gutachten (§ 14) und der Beschlüsse, durch welche die Abgabe eines Gutachtens abgelehnt wird;
2. Beamte des mittleren Dienstes mit der Wahrnehmung einzelner den Prüfungsstellen und Warenzeichenabteilungen obliegender Geschäfte, die rechtlich keine Schwierigkeiten bieten, zu betrauen; ausgeschlossen davon ist jedoch die Entscheidung über Anmeldungen, Widersprüche und sonstige Anträge.

[2]Der Bundesminister der Justiz kann diese Ermächtigung durch Rechtsverordnung auf den Präsidenten des Patentamts übertragen.

(6) [1]Für die Ausschließung und Ablehnung der Prüfer und der Mitglieder der Warenzeichenabteilungen gelten die §§ 41 bis 44, 45 Abs. 2 Satz 2, §§ 47 bis 49 der Zivilprozeßordnung über Ausschließung und Ablehnung der Gerichtspersonen sinngemäß. [2]Das gleiche gilt für die Beamten des gehobenen und des mittleren Dienstes, soweit sie mit der Wahrnehmung von Geschäften, die den Prüfungsstellen oder den Warenzeichenabteilungen obliegen, betraut worden sind. [3]§ 18 Abs. 6 Satz 3 des Patentgesetzes gilt entsprechend.

§ 12a. [Erinnerung] (1) [1]Gegen die Beschlüsse der Prüfungsstellen und der Warenzeichenabteilungen, die von einem Beamten des gehobenen Dienstes erlassen worden sind, findet die Erinnerung statt. [2]Die Erinnerung ist innerhalb eines Monats nach Zustellung schriftlich beim Patentamt einzulegen. [3]§ 34 Abs. 2 des Patentgesetzes ist entsprechend anzuwenden.

(2) [1]Über die Erinnerung entscheidet ein rechtskundiges oder technisches Mitglied durch Beschluß. [2]§ 361 Abs. 4 Satz 1 und Abs. 5 des Patentgesetzes ist sinngemäß anzuwenden.

§ 13. [Beschwerde] (1) Gegen die Beschlüsse der Prüfungsstellen und der Warenzeichenabteilungen findet, soweit gegen sie nicht die Erinnerung gegeben ist (§ 12a Abs. 1), die Beschwerde an das Patentgericht statt.

(2) Richtet sich die Beschwerde gegen einen Beschluß, durch den über

1. die Anmeldung eines Warenzeichens, einen Widerspruch oder einen Löschungsantrag oder
2. die Erinnerung gegen einen in Nummer 1 bezeichneten Beschluß

entschieden wird, so ist innerhalb der Beschwerdefrist eine Gebühr nach dem Tarif zu zahlen; wird sie nicht gezahlt, so gilt die Beschwerde als nicht erhoben.

(3) Im übrigen gelten die Vorschriften des Patentgesetzes über das Beschwerdeverfahren vor dem Patentgericht entsprechend.

(4) [1]Über Beschwerden gegen Beschlüsse der Prüfungsstellen und Warenzeichenabteilungen entscheidet ein Beschwerdesenat des Patentgerichts in der Besetzung mit drei rechtskundigen Mitgliedern. [2]Für die Verhandlung über Beschwerden gegen die Beschlüsse der Prüfungsstellen gilt § 36g Abs. 1 des Patentgesetzes, für die Verhandlung über Beschwerden gegen die Beschlüsse der Warenzeichenabteilungen § 36g Abs. 2 des Patentgesetzes entsprechend.

(5) [1]Gegen den Beschluß des Beschwerdesenats findet die Rechtsbeschwerde an den Bundesgerichtshof statt, wenn der Beschwerdesenat in dem Beschluß die Rechtsbeschwerde zugelassen hat. [2]§ 41 p Abs. 2 und 3 sowie die §§ 41 q bis 41 y des Patentgesetzes sind anzuwenden.

§ 14. [Gutachten] (1) Das Patentamt ist verpflichtet, auf Ersuchen der Gerichte oder der Staatsanwaltschaften über Fragen, die eingetragene Warenzeichen betreffen, Gutachten abzugeben, wenn in dem Verfahren voneinander abweichende Gutachten mehrerer Sachverständiger vorliegen.

(2) Im übrigen ist das Patentamt nicht befugt, ohne Genehmigung des Bundesministers der Justiz außerhalb seines gesetzlichen Geschäftskreises Beschlüsse zu fassen oder Gutachten abzugeben.

§ 15. [Wirkung des Zeicheneintrags] (1) Die Eintragung eines Warenzeichens hat die Wirkung, daß allein seinem Inhaber das Recht zusteht, Waren der angemeldeten Art oder ihre Verpackung oder Umhüllung mit dem Warenzeichen zu versehen, die so bezeichneten Waren in Verkehr zu setzen sowie auf Ankündigungen, Preislisten, Geschäftsbriefen, Empfehlungen, Rechnungen oder dergleichen das Zeichen anzubringen.

(2) Wird das Zeichen gelöscht, so können Rechte aus der Eintragung für die Zeit nicht mehr geltend gemacht werden, in der bereits ein Rechtsgrund für die Löschung vorgelegen hat.

§ 16. [Beschränkte Zeichenwirkung] Durch die Eintragung eines Warenzeichens wird niemand gehindert, seinen Namen, seine Firma, seine Wohnung sowie

Angaben über Art, Zeit und Ort der Herstellung, über die Beschaffenheit, über die Bestimmung, über Preis-, Mengen- oder Gewichtsverhältnisse von Waren, sei es auch in abgekürzter Gestalt, auf Waren, auf ihrer Verpackung oder Umhüllung anzubringen und derartige Angaben im Geschäftsverkehr zu gebrauchen, sofern der Gebrauch nicht warenzeichenmäßig erfolgt.

§ 17. [Verbandszeichen] (1) Rechtsfähige Verbände, die gewerbliche Zwecke verfolgen, können, auch wenn sie keinen auf Herstellung oder Vertrieb von Waren gerichteten Geschäftsbetrieb haben, Warenzeichen anmelden, die in den Geschäftsbetrieben ihrer Mitglieder zur Kennzeichnung der Waren dienen sollen (Verbandszeichen).

(2) Die juristischen Personen des öffentlichen Rechts stehen den bezeichneten Verbänden gleich.

(3) Für die Verbandszeichen gelten die Vorschriften über Warenzeichen, soweit nicht in den §§ 17 bis 23 etwas anderes bestimmt ist.

§ 18. [Verbandszeichensatzung] [1]Der Anmeldung des Verbandszeichens muß eine Zeichensatzung beigefügt sein, die über Namen, Sitz, Zweck und Vertretung des Verbandes, über den Kreis der zur Benutzung des Zeichens Berechtigten, die Bedingungen der Benutzung und die Rechte und Pflichten der Beteiligten im Falle der Verletzung des Zeichens Auskunft gibt. [2]Spätere Änderungen sind dem Patentamt mitzuteilen. [3]Die Einsicht in die Satzung steht jedermann frei.

§ 19. [Verbandszeichenrolle] Über die Einrichtung der Rolle für die Verbandszeichen bestimmt der Präsident des Patentamts.

§ 20. [Unübertragbarkeit] Das durch die Anmeldung oder Eintragung des Verbandszeichens begründete Recht kann als solches nicht auf einen anderen übertragen werden.

§ 21. [Löschung von Verbandszeichen] (1) [1]Ein Dritter kann unbeschadet der Vorschriften des § 11 Abs. 1 Nr. 1, 1a, 3 und 4 die Löschung des Verbandszeichens beantragen,

1. wenn der Verband, für den das Zeichen eingetragen ist, nicht mehr besteht,
2. wenn der Verband duldet, daß das Zeichen in einer den allgemeinen Verbandszwecken oder der Zeichensatzung widersprechenden Weise benutzt wird. [2]Als eine solche mißbräuchliche Benutzung ist es anzusehen, wenn die Überlassung der Benutzung des Zeichens an andere zu einer Irreführung des Verkehrs Anlaß gibt.

(2) Für die Fälle des Absatzes 1 Nr. 1 gilt § 11 Abs. 4.

(3) Für die Fälle des § 5 Abs. 7 und des § 11 Abs. 1 Nr. 4 und Abs. 5 gilt als Benutzung des Verbandszeichens nur die Benutzung durch mindestens zwei Mitglieder des Verbandes.

§ 22. [Schadensersatz bei Verletzung von Verbandszeichen] Der Anspruch des Verbandes auf Entschädigung wegen unbefugter Benutzung des Verbandszeichens (§ 24) umfaßt auch den Schaden, der einem Mitglied erwächst.

§ 23. [Ausländische Verbandszeichen] Die Vorschriften über Verbandszeichen gelten für ausländische Zeichen nur dann, wenn nach einer Bekanntmachung im Bundesgesetzblatt die Gegenseitigkeit verbürgt ist.

§ 24. [Verletzung von Namen, Firma oder Warenzeichen] (1) Wer im geschäftlichen Verkehr Waren oder ihre Verpackung oder Umhüllung, oder Ankündigungen, Preislisten, Geschäftsbriefe, Empfehlungen, Rechnungen oder dergleichen mit dem Namen oder der Firma eines anderen oder mit einem nach diesem Gesetz geschützten Warenzeichen widerrechtlich versieht, oder wer derart widerrechtlich gekennzeichnete Waren in Verkehr bringt oder feilhält, kann von dem Verletzten auf Unterlassung in Anspruch genommen werden.

(2) Wer die Handlung vorsätzlich oder fahrlässig vornimmt, ist dem Verletzten zum Ersatz des daraus entstandenen Schadens verpflichtet.

(3) Ist die Handlung vorsätzlich begangen worden, so wird der Täter mit Geldstrafe oder mit Freiheitsstrafe bis zu sechs Monaten bestraft.

§ 25. [Verletzung einer Ausstattung] (1) Wer im geschäftlichen Verkehr Waren oder ihre Verpackung oder Umhüllung, oder Ankündigungen, Preislisten, Geschäftsbriefe, Empfehlungen, Rechnungen oder dergleichen widerrechtlich mit einer Ausstattung versieht, die innerhalb beteiligter Verkehrskreise als Kennzeichen gleicher oder gleichartiger Waren eines anderen gilt, oder wer derart widerrechtlich gekennzeichnete Waren in Verkehr bringt oder feilhält, kann von dem anderen auf Unterlassung in Anspruch genommen werden.

(2) Wer die Handlung vorsätzlich oder fahrlässig vornimmt, ist dem anderen zum Ersatz des daraus entstandenen Schadens verpflichtet.

(3) Ist die Handlung vorsätzlich begangen worden, so wird der Täter mit Geldstrafe oder mit Freiheitsstrafe bis zu drei Monaten bestraft.

§ 26. [Falsche Kennzeichnung von Waren] (1) Wer im geschäftlichen Verkehr vorsätzlich oder fahrlässig Waren oder ihre Verpackung oder Umhüllung mit einer falschen Angabe über den Ursprung, die Beschaffenheit oder den Wert der Waren versieht, die geeignet ist, einen Irrtum zu erregen, oder wer vorsätzlich die so bezeichneten Waren in Verkehr bringt oder feilhält oder die irreführende Angabe auf Ankündigungen, Geschäftspapieren oder dergleichen anbringt, wird mit Geldstrafe und Freiheitsstrafe bis zu sechs Wochen oder mit einer von beiden Strafen bestraft, soweit er nicht nach anderen Bestimmungen eine schwerere Strafe verwirkt hat.

(2) Als falsche Angaben über den Ursprung im Sinne der vorstehenden Vor-

schrift sind Bezeichnungen nicht anzusehen, die zwar einen geographischen Namen enthalten oder von ihm abgeleitet sind, in Verbindung mit der Ware jedoch ihre ursprüngliche Bedeutung verloren haben und im geschäftlichen Verkehr ausschließlich als Warenname oder Beschaffenheitsangabe dienen.

§27. [Mißbrauch von Hoheitszeichen u. ä.] Wer unbefugt die in § 4 Abs. 2 Nr. 2, 3 und 3a bezeichneten Wappen, Flaggen, Hoheitszeichen, amtlichen Prüf- und Gewährzeichen oder sonstigen Bezeichnungen zur Kennzeichnung von Waren benutzt, wird mit Geldstrafe bis zu 500 Deutsche Mark oder mit Freiheitsstrafe bis zu sechs Wochen bestraft, soweit er nicht nach anderen Bestimmungen eine schwerere Strafe verwirkt hat.

§28. [Ausländischer Waren, Beschlagnahme] (1) Ausländische Waren, die widerrechtlich mit einer deutschen Firma und Ortsbezeichnung oder mit einer auf Grund dieses Gesetzes geschützten Warenbezeichnung versehen sind, müssen bei ihrem Eingang in den Geltungsbereich dieses Gesetzes zur Einfuhr oder Durchfuhr auf Antrag des Verletzten gegen Sicherheitsleistung zur Beseitigung der widerrechtlichen Kennzeichnung beschlagnahmt werden.

(2) [1]Die Beschlagnahme wird von der Zollbehörde vorgenommen; diese ordnet auch die zur Beseitigung der widerrechtlichen Kennzeichnung erforderlichen Maßnahmen an. [2]Wird den Anordnungen der Zollbehörde nicht entsprochen oder ist die Beseitigung untunlich, so ordnet die Zollbehörde die Einziehung der Waren an.

(3) [1]Die Beschlagnahme und die Einziehung können mit den Rechtsmitteln angefochten werden, die im Bußgeldverfahren nach dem Gesetz über Ordnungswidrigkeiten gegen die Beschlagnahme und Einziehung zulässig sind. [2]Im Rechtsmittelverfahren ist der Antragsteller zu hören.

§29. [Buße] (1) [1]Statt jeder aus diesem Gesetz entspringenden Entschädigung kann auf Verlangen des Geschädigten neben der Strafe auf eine an ihn zu erlegende Buße erkannt werden. [2]Für die Buße haften die dazu Verurteilten als Gesamtschuldner.

(2) Eine erkannte Buße schließt die Geltendmachung eines weiteren Entschädigungsanspruchs aus.

§30. [Beseitigung; Bekanntmachungsbefugnis] (1) Bei einer Verurteilung auf Grund der §§ 24 bis 27 bestimmt das Gericht, daß die widerrechtliche Kennzeichnung der im Besitz des Verurteilten befindlichen Gegenstände beseitigt oder, wenn dies nicht möglich ist, die Gegenstände vernichtet werden.

(2) [1]Bei einer Verurteilung im Strafverfahren ist in den Fällen der §§ 24 und 25 dem Verletzten die Befugnis zuzusprechen, die Verurteilung auf Kosten des Verurteilten öffentlich bekanntzumachen, wenn er ein berechtigtes Interesse daran

dartut. [2]Umfang und Art der Bekanntmachung werden im Urteil bestimmt. [3]Die Befugnis erlischt, wenn die Entscheidung nicht innerhalb von drei Monaten nach Eintritt der Rechtskraft bekanntgemacht wird.

§31. [Verwechslungsgefahr] Die Anwendung der Bestimmungen dieses Gesetzes wird weder durch Verschiedenheit der Zeichenform (Bild- und Wortzeichen) noch durch sonstige Abweichungen ausgeschlossen, mit denen Zeichen, Wappen, Namen, Firmen und andere Kennzeichnungen von Waren wiedergegeben werden, sofern trotz dieser Abweichungen die Gefahr einer Verwechslung im Verkehr vorliegt.

§31a. [Streitwertherabsetzung] (1) [1]Macht in bürgerlichen Rechtsstreitigkeiten, in denen durch Klage ein Anspruch aus einem der in diesem Gesetz geregelten Rechtsverhältnisse geltend gemacht wird, eine Partei glaubhaft, daß die Belastung mit den Prozeßkosten nach dem vollen Streitwert ihre wirtschaftliche Lage erheblich gefährden würde, so kann das Gericht auf ihren Antrag anordnen, daß die Verpflichtung dieser Partei zur Zahlung von Gerichtskosten sich nach einem ihrer Wirtschaftslage angepaßten Teil des Streitwerts bemißt. [2]Die Anordnung hat zur Folge, daß die begünstigte Partei die Gebühren ihres Rechtsanwalts ebenfalls nur nach diesem Teil des Streitwerts zu entrichten hat. [3]Soweit ihr Kosten des Rechtsstreits auferlegt werden oder soweit sie diese übernimmt, hat sie die von dem Gegner entrichteten Gerichtsgebühren und die Gebühren seines Rechtsanwalts nur nach dem Teil des Streitwerts zu erstatten. [4]Soweit die außergerichtlichen Kosten dem Gegner auferlegt oder von ihm übernommen werden, kann der Rechtsanwalt der begünstigten Partei seine Gebühren von dem Gegner nach dem für diesen geltenden Streitwert beitreiben.

(2) [1]Der Antrag nach Absatz 1 kann vor der Geschäftsstelle des Gerichts zur Niederschrift erklärt werden. [2]Er ist vor der Verhandlung zur Hauptsache anzubringen. [3]Danach ist er nur zulässig, wenn der angenommene oder festgesetzte Streitwert später durch das Gericht heraufgesetzt wird. [4]Vor der Entscheidung über den Antrag ist der Gegner zu hören.

§32. [Landgerichte für Warenzeichenstreitsachen] (1) [1]Die Landesregierungen werden ermächtigt, durch Rechtsverordnung für die Bezirke mehrerer Landgerichte eines von ihnen als Gericht für Warenzeichenstreitsachen zu bestimmen. [2]Es ist neben den Landgerichten, deren Bezirke ihm zugeteilt werden, für alle Klagen zuständig, durch die ein Anspruch aus einem der in diesem Gesetz geregelten Rechtsverhältnisse geltend gemacht wird. [3]Die Landesregierungen können diese Ermächtigungen auf die Landesjustizverwaltungen übertragen.

(2) [1]Ein bei einem anderen Landgericht anhängiger Rechtsstreit ist auf Antrag des Beklagten an das Gericht für Warenzeichenstreitsachen zu verweisen. [2]Der Antrag ist nur von der Verhandlung des Beklagten zur Hauptsache zulässig. [3]Er

kann auch von einem Rechtsanwalt gestellt werden, der bei dem Gericht für Warenzeichenstreitsachen zugelassen ist. [4]Die Entscheidung ist unanfechtbar und für das Gericht bindend.

(3) [1]Vor dem Gericht für Warenzeichenstreitsachen können sich die Parteien auch durch Rechtsanwälte vertreten lassen, die bei dem sonst zuständigen Landgericht zugelassen sind. [2]Das Entsprechende gilt für die Vertretung vor dem Berufungsgericht.

(4) Die Mehrkosten, die einer Partei durch eine Verweisung nach Absatz 2 oder dadurch erwachsen, daß sie sich nach Absatz 3 durch einen nicht beim Prozeßgericht zugelassenen Rechtsanwalt vertreten läßt, sich nicht zu erstatten.

(5) Von den Kosten, die durch die Mitwirkung eines Patentanwalts in einer Warenzeichenstreitsache entstehen, sind die Gebühren bis zur Höhe einer vollen Gebühr nach § 11 der Bundesgebührenordnung für Rechtsanwälte und außerdem die notwendigen Auslagen des Patentanwalts zu erstatten.

§33. [Gerichtsstand] Ansprüche, welche die in diesem Gesetz geregelten Rechtsverhältnisse betreffen und auf die Vorschriften des Gesetzes gegen den unlauteren Wettbewerb vom 7. Juni 1909 (Reichsgesetzbl. S. 499), zuletzt geändert durch Gesetz vom 21. Juli 1965 (Bundesgesetzbl. I S. 625), gegründet werden, brauchen nicht im Gerichtsstand des § 24 des Gesetzes gegen den unlauteren Wettbewerb geltend gemacht zu werden.

§34. [Vergeltung] Wenn deutsche Waren im Ausland bei der Einfuhr oder Durchfuhr der Verpflichtung unterliegen, eine Bezeichnung zu tragen, die ihre deutsche Herkunft erkennen läßt, oder wenn sie bei der Zollabfertigung in bezug auf Warenbezeichnungen ungünstiger als die Waren anderer Länder behandelt werden, so kann der Bundesminister der Finanzen den fremden Waren bei ihrem Eingang in das Bundesgebiet zur Einfuhr oder Durchfuhr eine entsprechende Auflage machen und anordnen, daß sie bei Zuwiderhandlung beschlagnahmt und eingezogen werden. [2]Beschlagnahme und Einziehung werden von der Zollbehörde angeordnet; § 28 Abs. 3 gilt entsprechend.

§35. [Auslandssitz] (1) Wer weder deutscher Staatsangehöriger ist noch im Inland eine Niederlassung besitzt, hat auf den Schutz dieses Gesetzes nur Anspruch, wenn in dem Staat, in dem sich eine Niederlassung befindet, nach einer Bekanntmachung im Bundesgesetzblatt deutsche Warenbezeichnungen in demselben Umfang wie inländische zum gesetzlichen Schutz zugelassen werden.

(2) [1]Der Anmelder oder Zeicheninhaber, der im Inland keine Niederlassung hat, kann den Anspruch auf Schutz eines Warenzeichens und das durch die Eintragung begründete Recht nur geltend machen, wenn er im Inland einen Patentanwalt oder einen Rechtsanwalt als Vertreter bestellt hat. [2]Dieser ist im Verfahren vor dem Patentamt und dem Patentgericht und in bürgerlichen Rechtsstreitigkeiten, die das

Zeichen betreffen, zur Vertretung befugt. [3]Für Klagen gegen den Zeicheninhaber ist das Gericht zuständig, in dessen Bezirk der Vertreter seinen Geschäftsraum hat; fehlt ein Geschäftsraum, so ist der Ort maßgebend, wo der Vertreter seinen Wohnsitz, und in Ermangelung eines solchen der Ort, wo das Patentamt seinen Sitz hat.

(3) [1]Wer ein ausländisches Warenzeichen anmeldet, hat damit den Nachweis zu verbinden, daß er in dem Staate, in dem sich seine Niederlassung befindet, für dieses Zeichen den Markenschutz nachgesucht und erhalten hat. [2]Der Nachweis ist nicht erforderlich, wenn nach einer Bekanntmachung im Bundesgesetzblatt deutsche Warenzeichen in dem anderen Staat ohne einen Nachweis dieser Art eingetragen werden. [3]Die Eintragung ist nur zulässig, wenn das Zeichen den Anforderungen dieses Gesetzes entspricht, soweit nicht Staatsverträge etwas anderes bestimmen.

§36. [Ausführungsverordnungen] (1) Der Bundesminister der Justiz regelt die Einrichtung und den Geschäftsgang des Patentamts und bestimmt durch Rechtsverordnung die Form des Verfahrens, soweit nicht durch Gesetz Bestimmungen darüber getroffen sind.

(2) Der Bundesminister der Justiz wird ermächtigt, durch Rechtsverordnung zur Deckung der durch eine Inanspruchnahme des Patentamts entstehenden Kosten, soweit nicht durch Gesetz Bestimmungen darüber getroffen sind, die Erhebung von Verwaltungskosten anzuordnen, insbesondere

1. zu bestimmen, daß Gebühren für Bescheinigungen, Beglaubigungen, Akteneinsicht und Auskünfte sowie Auslagen erhoben werden,
2. Bestimmungen über den Kostenschuldner, die Fälligkeit von Kosten, die Kostenvorschußpflicht, Kostenbefreiungen, die Verjährung und das Kostenfestsetzungsverfahren zu treffen.

Anlage (zu § 2 Abs. 3 des Warenzeichengesetzes)

Warenklasseneinteilung

Klasse

1. Chemische Erzeugnisse für gewerbliche, wissenschaftliche, photographische, landgarten- und forstwirtschaftliche Zwecke;
   Kunstharze und synthetische Harze, Kunststoffe im Rohzustand (in Form von Pulvern, Flüssigkeiten oder Pasten);
   Düngemittel (natürliche und künstliche);
   Feuerlöschmittel;
   Härtemittel und chemische Präparate zum Löten;
   chemische Erzeugnisse zum Frischhalten und Haltbarmachen von Lebensmitteln;

Klasse

Gerbmittel;
Klebstoffe für gewerbliche Zwecke.

2. Farben, Firnisse, Lacke;
Rostschutzmittel, Holzkonservierungsmittel;
Färbemittel;
Beizen;
Naturharze, Blattmetalle und Metalle in Pulverform für Maler und Dekorateure.

3. Wasch- und Bleichmittel;
Putz-, Polier-, Fettentfernungs- und Schleifmittel
Seifen;
Parfümerien, ätherische Öle, Mittel zur Körper- und Schönheitspflege, Haarwässer;
Zahnputzmittel.

4. Technische Öle und Fette (keine Speiseöle und -fette und keine ätherischen Öle);
Schmiermittel;
Staubbindemittel;
Brennstoffe (einschließlich Motorentreibstoffe) und Leuchtstoffe;
Kerzen, Wachslichte, Nachtlichte und Dochte.

5. Pharmazeutische und veterinärmedizinische Erzeugnisse sowie Erzeugnisse für die Gesundheitspflege;
diätetische Erzeugnisse für Kinder und Kranke;
Pflaster, Verbandmaterial;
Zahnfüllmittel und Abdruckmassen für zahnärztliche Zwecke;
Desinfektionsmittel;
Mittel zur Vertilgung von Unkraut und schädlichen Tieren.

6. Rohe und teilweise bearbeitete unedle Metalle und deren Legierungen;
Anker, Ambosse, Glocken, gewalzte und gegossene Bauteile;
Schienen und sonstiges Material aus Metall für Schienenwege;
Ketten (mit Ausnahme von Treibketten für Fahrzeuge);
Kabel und Drähte (nicht für elektrische Zwecke);
Schlosserwaren;
Metallrohre;
Geldschränke und Kassetten;
Stahlkugeln;
Hufeisen;
Nägel und Schrauben;
sonstige Waren aus unedlen Metallen, soweit sie nicht in anderen Klassen enthalten sind;
Erze.

Klasse

7. Maschinen und Werkzeugmaschinen;
Motoren (ausgenommen für Landfahrzeuge);
Kupplungen und Treibriemen (ausgenommen für Landfahrzeuge);
große landwirtschaftliche Geräte;
Brutapparate.
8. Handwerkzeuge und -instrumente;
Messerschmiedewaren, Gabeln und Löffel;
Hieb- und Stichwaffen.
9. Wissenschaftliche, Schiffahrts-, Vermessungs-, elektrische (auch solche für drahtlose Telegraphie und Telephonie), photographische-, Film-, optische, Wäge-, Meß-, Signal-, Kontroll-, Rettungs- und Unterrichtsapparate und -instrumente;
Automaten, die durch Einwurf von Münzen oder Jetons betätigt werden;
Sprechmaschinen;
Registrierkassen, Rechenmaschinen;
Feuerlöschgeräte.
10. Chirurgische, ärztliche, zahn- und tierärztliche Instrumente und Apparate einschließlich künstlicher Gliedmaßen, Augen und Zähne).
11. Beleuchtungs-, Heizungs-, Dampferzeugungs-, Koch-, Kühl-, Trocken-, Lüftungs-, Wasserleitungs- und sanitäre Anlagen.
12. Fahrzeuge;
Apparate zur Beförderung auf dem Lande, in der Luft und auf dem Wasser.
13. Schußwaffen;
Munition und Geschosse;
Sprengstoffe;
Feuerwerkskörper.
14. Edelmetalle und deren Legierungen sowie daraus hergestellte Gegenstände und plattierte Gegenstände (ausgenommen Messerschmiedewaren, Gabeln und Löffel);
Juwelierwaren, Edelsteine;
Uhren und andere Zeitmeßinstrumente.
15. Musikinstrumente (mit Ausnahme von Sprechmaschinen und Apparaten für drahtlose Telegraphie und Telephonie).
16. Papier und Papierwaren, Pappe (Karton) und Pappwaren;
Druckschriften, Zeitungen und Zeitschriften, Bücher;
Buchbinderartikel;
Photographien;
Schreibwaren, Klebstoffe (für Papier- und Schreibwaren);
Künstlerbedarfsartikel;
Pinsel;
Schreibmaschinen und Büroartikel (ausgenommen Möbel);

Klasse

Lehr- und Unterrichtsmittel (ausgenommen Apparate);
Spielkarten;
Drucklettern;
Druckstöcke.

17. Guttapercha, Kautschuk, Balata und deren Ersatzstoffe sowie Gegenstände daraus soweit sie nicht in anderen Klassen enthalten sind;
Folien, Platten und Stangen aus Kunststoffen (Halbfabrikate);
Dichtungs-, Packungs- und Isoliermittel;
Asbest, Glimmer und Waren daraus;
Schläuche (nicht aus Metall).

18. Leder und Lederimitationen sowie Waren daraus, soweit sie nicht in anderen Klassen enthalten sind;
Häute und Felle;
Reise- und Handkoffer;
Regenschirme, Sonnenschirme und Spazierstöcke;
Peitschen, Pferdegeschirre und Sattlerwaren.

19. Baumaterialien, Natur- und Kunststeine, Zement, Kalk, Mörtel, Gips und Kies;
Röhren aus Sandstein oder aus Zement;
Straßenbaumaterialien;
Asphalt, Pech und Bitumen;
transportable Häuser;
Steindenkmäler;
Schornsteine.

20. Möbel, Spiegel, Rahmen;
Waren (soweit sie nicht in anderen Klassen enthalten sind) aus Holz, Kork, Rohr, Binsen-, Weidengeflecht, Horn, Knochen, Elfenbein, Fischbein, Schildpatt, Bernstein, Perlmutter, Meerschaum, Zelluloid und deren Ersatzstoffen oder aus Kunststoffen.

21. Kleine Haus- und Küchengeräte sowie tragbare Behälter für Haushalt und Küche (nicht aus Edelmetall oder plattiert);
Kämme und Schwämme;
Bürsten (mit Ausnahme von Pinseln);
Bürstenmachermaterial;
Reinigungsgeräte und Putzzeug;
Stahlspäne;
rohes oder teilweise bearbeitetes Glas (mit Ausnahme von Bauglas);
Glaswaren, Porzellan, und Steingut, soweit sie nicht in anderen Klassen enthalten sind.

22. Seile, Bindfäden, Netze, Zelte, Planen, Segel, Säcke;
Polsterfüllstoffe (Roßhaar, Kapok, Federn, Seegras usw.);
rohe Gespinstfasern.

Klasse

23. Garne.
24. Webstoffe;
    Bett- und Tischdecken;
    Textilwaren, soweit sie nicht in anderen Klassen enthalten sind.
25. Bekleidungsstücke, einschließlich Stiefel, Schuhe und Hausschuhe.
26. Spitzen und Stickereien, Bänder und Schnürbänder;
    Knöpfe, Druckknöpfe, Haken und Ösen, Nadeln;
    künstliche Blumen.
27. Teppiche, Strohmatten, Matten, Linoleum und andere Waren, die als Fußbodenbelag dienen;
    Tapeten (ausgenommen aus Stoff).
28. Spiele, Spielzeug;
    Turn- und Sportartikel (mit Ausnahme von Bekleidungsstücken);
    Christbaumschmuck.
29. Fleisch, Fisch, Geflügel und Wild;
    Fleischextrakte;
    konserviertes, getrocknetes und gekochtes Obst und Gemüse;
    Gallerte (Gelees), Konfitüren;
    Eier, Milch und Milchprodukte;
    Speiseöle und -fette;
    Konserven, Pickles.
30. Kaffee, Tee, Kakao, Zucker, Reis, Tapioka, Sago, Kaffee-Ersatzmittel;
    Mehle und Getreidepräparate, Brot, Biskuits, Kuchen, feine Backwaren und Konditorwaren, Speiseeis;
    Honig, Melassesirup;
    Hefe, Backpulver;
    Salz, Senf;
    Pfeffer, Essig, Saucen;
    Gewürze;
    Eis.
31. Land-, garten- und forstwirtschaftliche Erzeugnisse sowie Samenkörner, soweit sie nicht in anderen Klassen enthalten sind;
    lebende Tiere;
    frisches Obst und Gemüse;
    Sämereien, lebende Pflanzen und natürliche Blumen;
    Futtermittel, Malz.
32. Bier, Ale und Porter;
    Mineralwässer und kohlensäurehaltige Wässer und andere alkoholfreie Getränke;
    Sirupe und andere Präparate für die Zubereitung von Getränken.
33. Weine, Spirituosen und Liköre.

34. Rohtabak und Tabakfabrikate;
Raucherartikel;
Streichhölzer.

3. Gesetz über Preisnachlässe (Rabattgesetz)

Vom 25. November 1933 (RGBl. I S. 1011)
(BGBl. III 43—5—1)

Erster Teil. Preisnachlässe

§ 1. [Rabatt] (1) Werden im geschäftlichen Verkehr Waren des täglichen Bedarfs im Einzelverkauf an den letzten Verbraucher veräußert oder gewerbliche Leistungen des täglichen Bedarfs für den letzten Verbraucher ausgeführt, so dürfen zu Zwecken des Wettbewerbs Preisnachlässe (Rabatte) nur nach Maßgabe der nachfolgenden Vorschriften angekündigt oder gewährt werden.

(2) Als Preisnachlässe im Sinne dieses Gesetzes gelten Nachlässe von den Preisen, die der Unternehmer ankündigt oder allgemein fordert, oder Sonderpreise, die wegen der Zugehörigkeit zu bestimmten Verbraucherkreisen, Berufen, Vereinen oder Gesellschaften eingeräumt werden.

Erster Abschnitt. Barzahlungsnachlässe

§ 2. [Höchstgrenze] [1]Der Preisnachlaß für Barzahlung (Barzahlungsnachlaß) darf drei vom Hundert des Preises der Ware oder Leistung nicht überschreiten. [2]Er darf nur gewährt werden, wenn die Gegenleistung unverzüglich nach der Lieferung der Ware oder der Bewirkung der gewerblichen Leistung durch Barzahlung oder in einer der Barzahlung gleichkommenden Weise, insbesondere durch Hingabe eines Schecks oder durch Überweisung, erfolgt.

§ 3. [Verrechnungsgeschäft] Werden während eines bestimmten Zeitabschnitts unter Stundung der Gegenleistung Waren geliefert oder Leistungen bewirkt, so kann bei der nach Ablauf des Zeitabschnitts erfolgenden Bezahlung ein Barzahlungsnachlaß gewährt werden, sofern der Zeitabschnitt nicht länger als einen Monat dauert. [2]Die Vorschrift des § 2 gilt entsprechend.

§ 4. [Barzahlung oder Gutscheine] (1) [1]Wer einen Barzahlungsnachlaß gewährt, muß den Nachlaßbetrag sofort vom Preis abziehen oder Gutscheine (Sparmarken, Kassenzettel, Zahlungsabschnitte) ausgeben, die in bar einzulösen sind. [2]Der Umsatz an Waren oder Leistungen, von dem die Einlösung der Gutscheine abhängig gemacht wird, darf auf keinen höheren Betrag als fünfzig Deutsche Mark festgesetzt werden.

(2) [1]Gutscheine, die von einer Vereinigung nachlaßgewährender Gewerbetreibender (Rabattsparvereine und dergleichen) eingelöst werden, dürfen nur ausgegeben werden, sofern sich die Vereinigung alljährlich einer unabhängigen Prüfung durch einen sachverständigen Prüfer unterzieht. [2]Die Prüfung muß sich auf die gesamte Geschäftsgebarung der Vereinigung während der Dauer des Geschäftsjahres erstrecken, insbesondere darauf, daß die Einlösung der ausgegebenen Gutscheine gesichert ist. [3]Der Prüfer muß einen schriftlichen Bericht erstatten, den die Vereinigung ihren Mitgliedern zugänglich zu machen hat. [4]Die Vorschrift des Absatzes 1 Satz 2 findet keine Anwendung.

§ 5. [Konsumvereine] (1) Warenrückvergütungen, die Genossenschaften im Sinne des § 1 Abs. 1 Nr. 5 des Genossenschaftsgesetzes (Konsumvereine) ihren Mitgliedern gewähren, dürfen zusammen mit Barzahlungsnachlässen im Geschäftsjahr drei vom Hundert der mit den Mitgliedern erzielten Umsätze nicht übersteigen; Nichtmitgliedern dürfen Warenrückvergütungen nicht gewährt werden.

(2) [1]Der Anspruch auf die Warenrückvergütung ist mit der Beschlußfassung über den Jahresabschluß fällig. [2]Die Fälligkeit kann durch das Statut oder einen Beschluß der Generalversammlung nicht über sechs Monate nach Ablauf des Geschäftsjahres hinausgeschoben werden.

§ 6. [Großbetriebe] *Warenhäuser, Einheits-, Klein- oder Serienpreisgeschäfte oder ähnliche, durch die besondere Art der Preisstellung gekennzeichnete Geschäfte und Werkskonsumanstalten dürfen Barzahlungsnachlässe nicht gewähren.*

Zweiter Abschnitt. Mengennachlässe

§ 7. (1) Werden mehrere Stücke oder eine größere Menge von Waren in einer Lieferung veräußert, so kann ein Mengennachlaß gewährt werden, sofern dieser nach Art und Umfang sowie nach der verkauften Stückzahl oder Menge als handelsüblich anzusehen ist.

(2) Der Mengennachlaß kann entweder durch Hingabe einer bestimmten oder auf bestimmte Art zu berechnenden Menge der verkauften Ware oder durch einen Preisnachlaß gewährt werden.

§ 8. Werden bei Aufträgen für mehrere gewerbliche Leistungen oder für eine gewerbliche Leistung größeren Umfanges oder beim Kauf von Dauer- oder Reihenkarten, die einen Anspruch auf eine bestimmte Zahl von Leistungen begründen, Mengennachlässe gewährt, so gilt die Vorschrift des § 7 entsprechend.

Dritter Abschnitt. Sondernachlässe

§ 9. Sondernachlässe oder Sonderpreise dürfen gewährt werden
1. an Personen, die die Ware oder Leistung in ihrer beruflichen oder gewerblichen Tätigkeit verwerten, sofern dieser Nachlaß seiner Art und Höhe nach orts- oder handelsüblich ist;
2. an Personen, die auf Grund besonderen Lieferungs- oder Leistungsvertrages Waren oder Leistungen in solchen Mengen abnehmen, daß sie als Großverbraucher anzusehen sind;
3. an die Arbeiter, Angestellten, Leiter und Vertreter des eigenen Unternehmens, sofern die Ware oder Leistung für deren Bedarf, den Bedarf ihrer Ehegatten, ihrer Abkömmlinge oder der mit ihnen in häuslicher Gemeinschaft lebenden Personen bestimmt ist (Eigenbedarf) und in dem Unternehmen hergestellt, vertrieben oder bewirkt wird.

Vierter Abschnitt. Zusammentreffen mehrerer Preisnachlaßarten

§ 10. Treffen bei einem Rechtsgeschäft im Sinne des § 1 mehrere Preisnachlaßarten zusammen, so darf der Nachlaß nur für zwei Arten gewährt werden.

Zweiter Teil. Schlußvorschriften

§ 11. [Strafe] [1]Wer vorsätzlich oder fahrlässig einer der Vorschriften dieses Gesetzes zuwiderhandelt, wird mit Geldstrafe bestraft. [2]Ist der Täter wegen Zuwiderhandlung gegen dieses Gesetz bereits wiederholt rechtskräftig verurteilt worden, so kann auf Freiheitsstrafe bis zu fünf Jahren erkannt werden.

§ 12. [Unterlassungsansprüche] (1) Wer einer der Vorschriften dieses Gesetzes zuwiderhandelt, kann von jedem Gewerbetreibenden, der Waren oder Leistungen gleicher oder verwandter Art herstellt oder in den geschäftlichen Verkehr bringt, oder von Verbänden zur Förderung gewerblicher Belange, soweit sie als solche in bürgerlichen Rechtsstreitigkeiten klagen können, auf Unterlassung in Anspruch genommen werden.

(2) Nimmt in einem geschäftlichen Betriebe ein Angestellter oder Beauftragter Handlungen vor, die nach diesem Gesetz unzulässig sind, so ist der Unterlassungsanspruch auch gegen den Inhaber des Betriebes begründet.

§ 13. [Einigungsstellen] Die in § 27a des Gesetzes gegen den unlauteren Wettbewerb vorgesehenen Einigungsstellen können bei bürgerlichen Rechtsstreitigkeiten aus diesem Gesetz angerufen werden.

§ 14. [Inkrafttreten] (1) Dieses Gesetz tritt am 1. Januar 1934 in Kraft.

(2) (*gegenstandslose Übergangsvorschrift*)

§ 15. [Tabakerzeugnisse] Die Vorschriften des *Gesetzes über das Verbot des Verkaufs von Tabakerzeugnissen unter Steuerzeichenpreis vom 21. September 1933* (*Reichsgesetzbl. I S. 653*) bleiben, soweit sich aus ihnen etwas anderes ergibt, unberührt.

§ 16. [Kein Schadensersatz] Zum Ersatz eines Schadens, der durch die in diesem Gesetz bestimmten Maßnahmen entsteht, sind weder das *Reich* noch die Länder verpflichtet.

§ 17. [Durchführungsermächtigung] [1]Der *Reichswirtschaftsminister* erläßt die zur Durchführung dieses Gesetzes erforderlichen Rechts- und Verwaltungsverordnungen. [2]*Er kann auch Vorschriften ergänzenden oder abändernden Inhalts erlassen.*

4. Verordnung des Reichspräsidenten zum Schutze der Wirtschaft

Erster Teil: Zugabewesen (Zugabeverordnung)

in der Fassung vom 25. 6. 69 BGBl. I S. 645

§ 1. [Zugabeverbot] (1) [1]Es ist verboten, im geschäftlichen Verkehr neben einer Ware oder einer Leistung eine Zugabe (Ware oder Leistung) anzubieten, anzukündigen oder zu gewähren. [2]Eine Zugabe liegt auch dann vor, wenn die Zuwendung nur gegen ein geringfügiges, offenbar bloß zum Schein verlangtes Entgelt gewährt wird. [3]Das gleiche gilt, wenn zur Verschleierung der Zugabe eine Ware oder Leistung mit einer anderen Ware oder Leistung zu einem Gesamtpreis angeboten, angekündigt oder gewährt wird.

(2) Die Vorschriften im Absatz 1 gelten nicht:

a) wenn lediglich Reklamegegenstände von geringem Werte, die als solche durch eine dauerhafte und deutlich sichtbare Bezeichnung der reklametreibenden Firma gekennzeichnet sind, oder geringwertige Kleinigkeiten gewährt werden;

b) wenn die Zugabe in einem bestimmten oder auf bestimmte Art zu berechnenden Geldbetrage besteht;

c) wenn die Zugabe zu Waren in einer bestimmten oder auf bestimmte Art zu berechnenden Menge gleicher Ware besteht;

d) wenn die Zugabe nur in handelsüblichem Zubehör zur Ware oder in handelsüblichen Nebenleistungen besteht;

e) wenn Zeitschriften belehrenden und unterhaltenden Inhalts, die nach ihrer Aufmachung und Ausgestaltung der Werbung von Kunden und den Interessen des Verteilers dienen, durch einen entsprechenden Aufdruck auf der Titelseite diesen Zweck erkennbar machen und in ihren Herstellungskosten geringwertig sind, unentgeltlich an den Verbraucher abgegeben werden (Kundenzeitschriften);

f) wenn die Zugabe in der Erteilung von Auskünften oder Ratschlägen besteht;

g) wenn zugunsten der Bezieher einer Zeitung oder Zeitschrift Versicherungen bei beaufsichtigten Versicherungsunternehmungen oder Versicherungsanstalten abgeschlossen werden.

(3) [1]Bei dem Angebot, der Ankündigung und der Gewährung einer der in Absatz 2 zugelassenen Zugaben ist es verboten, die Zuwendung als unentgeltlich gewährt (Gratiszugabe, Geschenk und dergleichen) zu bezeichnen oder sonstwie den Eindruck der Unentgeltlichkeit zu erwecken. [2]Ferner ist es verboten, die Zugabe von dem Ergebnis einer Verlosung oder einem anderen Zufall abhängig zu machen.

§ 2. [Unterlassung; Schadensersatz; Verjährung] (1) [1]Wer den Vorschriften des § 1 zuwiderhandelt, kann von jedem, der Waren oder Leistungen gleicher oder verwandter Art wie die Haupt- oder Zugabeware oder Haupt- oder Zugabeleistung herstellt oder in den geschäftlichen Verkehr bringt, sowie von Verbänden zur Förderung gewerblicher Interessen, soweit sie als solche in bürgerlichen Rechtsstreitigkeiten klagen können, auf Unterlassung in Anspruch genommen werden. [2]Ist die Zuwiderhandlung im Geschäftsbetriebe von einem Angestellten oder Beauftragten vorgenommen worden, so ist der Unterlassungsanspruch auch gegen den Inhaber des Betriebs begründet.

(2) Wer vorsätzlich oder fahrlässig gegen die Vorschriften des § 1 verstößt, ist zum Ersatze des durch die Zuwiderhandlung entstehenden Schadens verpflichtet.

(3) Ansprüche, die wegen der Gewährung von Zugaben auf Grund anderer Vorschriften, insbesondere des Gesetzes gegen den unlauteren Wettbewerb, begründet sind, bleiben unberührt.

(4) [1]Die in den Absätzen 1, 2 bezeichneten Ansprüche auf Unterlassung oder Schadensersatz verjähren in sechs Monaten von dem Zeitpunkt an, in welchem der Anspruchsberechtigte von der Handlung und von der Person des Verpflichteten Kenntnis erlangt, ohne Rücksicht auf diese Kenntnis in drei Jahren von der Begehung der Handlung an. [2]Für die Ansprüche auf Schadensersatz beginnt der Lauf der Verjährung nicht vor dem Zeitpunkt, in welchem der Schaden entstanden ist.

§ 3. [Strafantrag] (1) Wer vorsätzlich den Vorschriften des § 1 zuwiderhandelt, wird, sofern die Tat nicht nach anderen Vorschriften mit schwererer Strafe bedroht ist, mit Geldstrafe bestraft.

(2) [1]Die Strafverfolgung tritt nur auf Antrag ein. [2]Das Recht, den Strafantrag zu stellen, hat selbständig jeder der im § 2 Abs. 1 bezeichneten Gewerbetreibenden und Verbände. [3]Die Zurücknahme des Antrags ist zulässig.

§ 4. [Privatklage] [1]Vergehen gegen § 3 können im Wege der Privatklage verfolgt werden. [2]Die allgemeinen Vorschriften über die Privatklage finden Anwendung.

§ 5. [Inkrafttreten] [1]Die Vorschriften dieses Teiles treten drei Monate nach der Verkündung in Kraft.

5. Gesetz gegen Wettbewerbsbeschränkungen

Vom 27. Juli 1957
(BGBl. I S. 1081)
zuletzt geändert durch Gesetz vom 3. 8. 1973 (BGBl. I S. 917)

(Auszug)

Erster Teil. Wettbewerbsbeschränkungen

Erster Abschnitt. Kartellverträge und Kartellbeschlüsse

§ 1. [Unwirksamkeit wettbewerbsbeschränkender Vereinbarungen] (19) Verträge, die Unternehmen oder Vereinigungen von Unternehmen zu einem gemeinsamen Zweck schließen, und Beschlüsse von Vereinigungen von Unternehmen sind unwirksam, soweit sie geeignet sind, die Erzeugung oder die Marktverhältnisse für den Verkehr mit Waren oder gewerblichen Leistungen durch Beschränkung des Wettbewerbs zu beeinflussen. Dies gilt nicht, soweit in diesem Gesetz etwas anderes bestimmt ist.

(2) Als Beschluß einer Vereinigung von Unternehmen gilt auch der Beschluß der Mitgliederversammlung einer juristischen Person, soweit ihre Mitglieder Unternehmen sind.

§§ 2—14 [Kartellverträge und Kartellbeschlüsse]

Zweiter Abschnitt. Sonstige Verträge

§ 15. [Nichtigkeit von Verträgen über Preisgestaltung oder Geschäftsbedingungen] Verträge zwischen Unternehmen über Waren oder gewerbliche Leistungen, die sich auf Märkte innerhalb des Geltungsbereichs dieses Gesetzes beziehen, sind nichtig, soweit sie einen Vertragsbeteiligten in der Freiheit der Gestaltung von Preisen oder Geschäftsbedingungen bei solchen Verträgen beschränken, die er mit Dritten über die gelieferten Waren, über andere Waren oder über gewerbliche Leistungen schließt.

§ 16. [Zulässigkeit von Preisbindung bei Verlagserzeugnissen] § 15 gilt nicht, soweit ein Unternehmen die Abnehmer seiner Verlagserzeugnisse rechtlich oder wirtschaftlich bindet, bei der Weiterveräußerung bestimmte Preise zu vereinbaren oder ihren Abnehmern die gleiche Bindung bis zur Weiterveräußerung an den letzten Verbraucher aufzuerlegen.

§ 17. [Aufhebung der vertikalen Preisbindung] (1) Die Kartellbehörde kann von Amts wegen und soll auf Antrag eines nach § 16 gebundenen Abnehmers die Preisbindung mit sofortiger Wirkung oder zu einem von ihr zu bestimmenden künftigen Zeitpunkt für unwirksam erklären und die Anwendung einer neuen, gleichartigen Preisbindung verbieten, wenn sie feststellt, daß

1. die Preisbindung mißbräuchlich gehandhabt wird oder
2. die Preisbindung oder ihre Verbindung mit anderen Wettbewerbsbeschränkungen geeignet ist, in einer durch die gesamtwirtschaftlichen Verhältnisse nicht gerechtfertigten Weise die gebundenen Waren zu verteuern oder ein Sinken ihrer Preise zu verhindern oder ihre Erzeugung oder ihren Absatz zu beschränken.

(2) Vor einer Verfügung nach Absatz 1 soll die Kartellbehörde das preisbindende Unternehmen auffordern, den beanstandeten Mißbrauch abzustellen.

§ 18. [Aufhebung von beschränkenden Bindungen] (1) Die Kartellbehörde kann Verträge zwischen Unternehmen über Waren oder gewerbliche Leistungen mit sofortiger Wirkung oder zu einem von ihr zu bestimmenden künftigen Zeitpunkt für unwirksam erkären und die Anwendung neuer, gleichartiger Bindungen verbieten, soweit sie einen Vertragsbeteiligten

1. in der Freiheit der Verwendung der gelieferten Waren, anderer Waren oder gewerblicher Leistungen beschränken oder
2. darin beschränken, andere Waren oder gewerbliche Leistungen von Dritten zu beziehen oder an Dritte abzugeben, oder
3. darin beschränken, die gelieferten Waren an Dritte abzugeben, oder
4. verpflichten, sachlich oder handelsüblich nicht zugehörige Waren oder gewerbliche Leistungen abzunehmen.,

und soweit

a) dadurch eine für den Wettbewerb auf dem Markt erhebliche Zahl von Unternehmen gleichartig gebunden und in ihrer Wettbewerbsfreiheit unbillig eingeschränkt ist oder
b) dadurch für andere Unternehmen der Marktzutritt unbillig beschränkt oder
c) durch das Ausmaß solcher Beschränkungen der Wettbewerb auf dem Markt für diese oder andere Waren oder gewerbliche Leistungen wesentlich beeinträchtigt wird.

(2) Als unbillig im Sinne des Absatzes 1 Buchstabe b ist nicht eine Beschränkung anzusehen, die im Verhältnis zu den Angebots- oder Nachfragemöglichkeiten, die den anderen Unternehmen verbleiben, unwesentlich ist.

§ 19. [Weitergeltung des übrigen Vertragsinhalts] (1) Erklärt die Kartellbehörde eine Preisbindung oder eine Beschränkung der in § 18 bezeichneten Art für unwirksam, so bestimmt sich die Gültigkeit der übrigen damit verbundenen vertraglichen Vereinbarungen nach den allgemeinen Vorschriften, soweit nicht Absatz 2 etwas anderes bestimmt.

(2) [1]Die Kartellbehörde kann auf Antrag eines Vertragsbeteiligten gleichzeitig mit einer Verfügung der in Absatz 1 bezeichneten Art anordnen, daß die in der Verfügung ausgesprochene Unwirksamkeit die Gültigkeit der übrigen vertraglichen Vereinbarungen nicht berührt. [2]Sie darf eine solche Anordnung nur erlassen, soweit dies zur Vermeidung einer unbilligen Härte für einen Vertragsbeteiligten erforderlich ist und nicht überwiegende Belange eines anderen Vertragsbeteiligten entgegenstehen.

(3) [1]Bestehen Vereinbarungen, die für den Fall des Absatzes 1 dem aus der Preisbindung oder der Beschränkung Berechtigten ein Recht zum Rücktritt oder zur Kündigung geben oder den Vertragsinhalt zum Nachteil des Vertragsgegners ändern, insbesondere seine Gegenleistung erhöhen, so können Rechte aus diesen Vereinbarungen nur geltend gemacht werden, soweit die Kartellbehörde auf Antrag eine Erlaubnis erteilt hat. [2]Die Erlaubnis wird erteilt, soweit die Ausübung dieser Rechte die wirtschaftliche Bewegungsfreiheit des Vertragsgegners nicht unbillig einschränkt. [3]Mit der Erlaubnis können Beschränkungen, Fristen, Bedingungen und Auflagen verbunden werden.

§ 20. [Lizenzverträge] (1) Verträge über Erwerb oder Benutzung von Patenten, Gebrauchsmustern oder Sortenschutzrechten sind unwirksam, soweit sie dem Erwerber oder Lizenznehmer Beschränkungen im Geschäftsverkehr auferlegen, die über den Inhalt des Schutzrechts hinausgehen; Beschränkungen hinsichtlich Art, Umfang, Menge, Gebiet oder Zeit der Ausübung des Schutzrechts gehen nicht über den Inhalt des Schutzrechts hinaus.

(2) Absatz 19 gilt nicht

1. für Beschränkungen des Erwerbers oder Lizenznehmers, soweit und solange sie durch ein Interesse des Veräußerers oder Lizenzgebers an einer technisch einwandfreien Ausnutzung des Gegenstandes des Schutzrechtes gerechtfertigt sind,
2. für Bindungen des Erwerbers oder Lizenznehmers hinsichtlich der Preisstellung für den geschützten Gegenstand,
3. für Verpflichtungen des Erwerbers oder Lizenznehmers zum Erfahrungsaustausch oder zur Gewährung von Lizenzen auf Verbesserungs- oder Anwendungserfindungen, sofern diesen gleichartige Verpflichtungen des Patentinhabers oder Lizenzgebers entsprechen,
4. für Verpflichtungen des Erwerbers oder Lizenznehmers zum Nichtangriff auf das Schutzrecht,
5. für Verpflichtungen des Erwerbers oder Lizenznehmers, soweit sie sich auf die

Regelung des Wettbewerbs auf Märkten außerhalb des Geltungsbereichs dieses Gesetzes beziehen,

soweit diese Beschränkungen die Laufzeit des erworbenen oder in Lizenz genommenen Schutzrechts nicht überschreiten.

(3) [1]Die Kartellbehörde kann auf Antrag die Erlaubnis zu einem Vertrag der in Absatz 1 bezeichneten Art erteilen, wenn die wirtschaftliche Bewegungsfreiheit des Erwerbers oder Lizenznehmers oder anderer Unternehmen nicht unbillig eingeschränkt und durch das Ausmaß der Beschränkungen der Wettbewerb auf dem Markt nicht wesentlich beeinträchtigt wird. [2]§ 11 Abs. 3 bis 5 gilt entsprechend.

(4) Die §§ 1 bis 14 bleiben unberührt.

§ 21. [Verträge über ungeschützte gewerbliche Leistungen] (1) § 20 ist bei Verträgen über Überlassung oder Benutzung gesetzlich nicht geschützter Erfindungsleistungen, Fabrikationsverfahren, Konstruktionen, sonstiger die Technik bereichernder Leistungen sowie nicht geschützter, den Planzenbau bereichernder Leistungen auf dem Gebiet der Pflanzenzüchtung, soweit sie Betriebsgeheimnisse darstellen, entsprechend anzuwenden.

(2) § 20 ist auf Verträge über Saatgut einer in der Sortenliste (§§ 44 und 68 des Saatgutverkehrsgesetzes vom 20. Mai 1968, Bundesgesetzbl. I S. 444) eingetragenen Sorte zwischen einem Züchter und einem Vermehrer oder einem Unternehmen auf der Vermehrungsstufe entsprechend anzuwenden.

Dritter Abschnitt. Marktbeherrschende Unternehmen

§ 22. [Marktbeherrschendes Unternehmen; Befugnisse der Kartellbehörde] (1) Ein Unternehmen ist marktbeherrschend im Sinne dieses Gesetzes, soweit es als Anbieter oder Nachfrager einer bestimmten Art von Waren oder gewerblichen Leistungen

1. ohne Wettbewerber ist oder keinem wesentlichen Wettbewerb ausgesetzt ist oder
2. eine im Verhältnis zu seinen Wettbewerbern überragende Marktstellung hat; hierbei sind außer seinem Marktanteil insbesondere seine Finanzkraft, sein Zugang zu den Beschaffungs- oder Absatzmärkten, Verflechtungen mit anderen Unternehmen sowie rechtliche oder tatsächliche Schranken für den Marktzutritt anderer Unternehmen zu berücksichtigen.

(2) Als marktbeherrschend gelten auch zwei oder mehr Unternehmen, soweit zwischen ihnen für eine bestimmte Art von Waren oder gewerblichen Leistungen allgemein oder auf bestimmten Märkten aus tatsächlichen Gründen ein wesentlicher Wettbewerb nicht besteht und soweit sie in ihrer Gesamtheit die Voraussetzungen des Absatzes 1 erfüllen.

(3) [1]Es wird vermutet, daß

1. ein Unternehmen marktbeherrschend im Sinne des Absatzes 1 ist, wenn es für eine bestimmte Art von Waren oder gewerblichen Leistungen einen Marktanteil von mindestens einem Drittel hat; die Vermutung gilt nicht, wenn das Unternehmen im letzten abgeschlossenen Geschäftsjahr Umsatzerlöse von weniger als 250 Millionen Deutscher Mark hatte;
2. die Voraussetzungen des Absatzes 2 vorliegen, wenn für eine bestimmte Art von Waren oder gewerblichen Leistungen
   a) drei oder weniger Unternehmen zusammen einen Marktanteil von 50 vom Hundert oder mehr haben oder
   b) fünf oder weniger Unternehmen zusammen einen Marktanteil von zwei Drittel oder mehr haben;

   die Vermutung gilt nicht, soweit es sich um Unternehmen handelt, die im letzten abgeschlossenen Geschäftsjahr Umsatzerlöse von weniger als 100 Millionen Deutscher Mark hatten.

[2]Für die Berechnung der Marktanteile und der Umsatzerlöse gilt § 23 Abs. 1 Satz 2 bis 6 entsprechend.

(4) Die Kartellbehörde hat gegenüber marktbeherrschenden Unternehmen die in Absatz 5 genannten Befugnisse, soweit diese Unternehmen ihre marktbeherrschende Stellung auf dem Markt für diese oder andere Waren oder gewerbliche Leistungen mißbräuchlich ausnutzen.

(5) [1]Die Kartellbehörde kann unter den Voraussetzungen des Absatzes 4 marktbeherrschenden Unternehmen ein mißbräuchliches Verhalten untersagen und Verträge für unwirksam erklären; § 19 gilt entsprechend. [2]Zuvor soll die Kartellbehörde die Beteiligten auffordern, den beanstandeten Mißbrauch abzustellen.

(6) Soweit die Voraussetzungen des Absatzes 1 bei einem Konzernunternehmen im Sinne des § 18 des Aktiengesetzes vorliegen, stehen der Kartellbehörde die Befugnisse nach Absatz 5 gegenüber jedem Konzernunternehmen zu.

Vierter Abschnitt. Wettbewerbsbeschränkendes und diskriminierendes Verhalten

§ 25. [Verbot wettbewerbsbeschränkender Maßnahmen] (1) Ein aufeinander abgestimmtes Verhalten von Unternehmen oder Vereinigungen von Unternehmen, das nach diesem Gesetz nicht zum Gegenstand einer vertraglichen Bindung gemacht werden darf, ist verboten.

(2) Unternehmen und Vereinigungen von Unternehmen dürfen anderen Unternehmen keine Nachteile androhen oder zufügen und keine Vorteile versprechen oder gewähren, um sie zu einem Verhalten zu veranlassen, das nach diesem Gesetz oder nach einer auf Grund dieses Gesetzes ergangenen Verfügung der

Kartellbehörde nicht zum Gegenstand einer vertraglichen Bindung gemacht werden darf.

(3) Unternehmen und Vereinigungen von Unternehmen dürfen andere Unternehmen nicht zwingen,

1. einem Vertrag oder Beschluß im Sinne der §§ 2 bis 8, 29, 99 Abs. 2, § 100 Abs. 1 und 7, §§ 102 und 103 beizutreten oder
2. sich mit anderen Unternehmen im Sinne des § 23 zusammenzuschließen oder
3. in der Absicht, den Wettbewerb zu beschränken, sich im Markt gleichförmig zu verhalten.

§ 26. [Verbot von Diskriminierungen] (1) Unternehmen und Vereinigungen von Unternehmen dürfen nicht ein anderes Unternehmen oder Vereinigungen von Unternehmen in der Absicht, bestimmte Wettbewerber unbillig zu beeinträchtigen, zu Liefersperren oder Bezugssperren auffordern.

(2) [1]Marktbeherrschende Unternehmen, Vereinigungen von Unternehmen im Sinne der §§ 2 bis 8, 99 Abs. 2, § 100 Abs. 1 und 7, §§ 102 bis 103 und Unternehmen, die Preise nach den §§ 16, 100 Abs. 3 oder § 103 Abs. 1 Nr. 3 binden, dürfen ein anderes Unternehmen in einem Geschäftsverkehr, der gleichartigen Unternehmen üblicherweise zugänglich ist, weder unmittelbar noch mittelbar unbillig behindern oder gegenüber gleichartigen Unternehmen ohne sachlich gerechtfertigten Grund unmittelbar oder mittelbar unterschiedlich behandeln. [3]Satz 1 gilt auch für Unternehmen und Vereinigungen von Unternehmen, soweit von ihnen Anbieter oder Nachfrager einer bestimmten Art von Waren oder gewerblichen Leistungen in der Weise abhängig sind, daß ausreichende und zumutbare Möglichkeiten, auf andere Unternehmen auszuweichen, nicht bestehen.

§ 27. [Ablehnung der Aufnahme in Wirtschafts- oder Berufsvereinigung] (1) [1]Wird die Aufnahme eines Unternehmens in eine Wirtschafts- oder Berufsvereinigung abgelehnt, so kann die Kartellbehörde auf Antrag des betroffenen Unternehmens die Aufnahme in die Vereinigung anordnen, wenn die Ablehnung eine sachlich nicht gerechtfertigte ungleiche Behandlung darstellt und zu einer unbilligen Benachteiligung des Unternehmens im Wettbewerb führt. [2]Wirtschaftsvereinigungen im Sinne dieses Gesetzes sind auch die Gütezeichengemeinschaften.

(2) Die Verfügung kann mit Auflagen verbunden werden.

(3) § 11 Abs. 4 Nr. 1 und Abs. 5 Nr. 1 ist entsprechend anzuwenden.

Fünfter Abschnitt. Wettbewerbsregeln

§ 28. [Begriff der Wettbewerbsregeln; Eintragung in das Register (1) Wirtschafts- und Berufsvereinigungen können für ihren Bereich Wettbewerbsregeln aufstellen.

(2) Wettbewerbsregeln im Sinne dieser Vorschriften sind Bestimmungen, die das Verhalten von Unternehmen im Wettbewerb regeln zu dem Zweck, einem den Grundsätzen des lauteren oder der Wirksamkeit eines leistungsgerechten Wettbewerbs zuwiderlaufenden Verhalten im Wettbewerb entgegenzuwirken und ein diesen Grundsätzen entsprechendes Verhalten im Wettbewerb anzuregen.

(3) [1]Wirtschafts- und Berufsvereinigungen können bei der Kartellbehörde die Eintragung von Wettbewerbsregeln in das Register für Wettbewerbsregeln beantragen. [2]Änderungen und Ergänzungen eingetragener Wettbewerbsregeln sind der Kartellbehörde mitzuteilen.

Gesetz gegen den unlauteren Wettbewerb

§ 1

Generalklausel. Wer im geschäftlichen Verkehr zu Zwecken des Wettbewerbs Handlungen vornimmt, die gegen die guten Sitten verstoßen, kann auf Unterlassung und Schadensersatz in Anspruch genommen werden.

Übersicht

A. EINFÜHRUNG — ALLGEMEINE BEGRIFFSBESTIMMUNGEN

I. Das Handeln zu Zwecken des Wettbewerbs im geschäftlichen Verkehr

[1] Der **Begriff des Wettbewerbs** ist gesetzlich nicht definiert. In der Literatur (Godin GRUR 65 S. 288; „B.-Hefermehl" S. 3 ff; Sandrock „Grundbegriffe" S. 129ff; Knöpfle „Rechtsbegriff" S. 97; Tetzner S. 17; v. Gamm S. 4; Reimer-v. Gamm S. 11; Ulmer-Reimer S. 11; Fikentscher WuW 61 S. 788ff; Rosenthal Einl. Anm. 2; Reimer S. 11) finden sich mannigfaltige Definitionen, weil der Wettbewerb so vielgestaltig ist, daß er sich nicht auf den kurzen Nenner einer einfachen Begriffsbestimmung bringen läßt. Er ist ein Verhaltensprozeß im Marktgeschehen (ebenso B.-Hefermehl S. 12). Der Kampf um den Kunden gegen die Mitbewerber ist fraglos sein wesentlichster Bestandteil, sei es, daß man neue Kunden hinzuerwerben oder sich nur seine alten Kunden erhalten will.

Nach ständiger Rechtsprechung des BGH (für viele: GRUR 68 S. 97 „Büchereinachlaß") 74 S. 31 „Perserteppiche" ist ein Handeln zu Wettbewerbszwecken dann anzunehmen, **„wenn dadurch der Absatz einer Person zuungunsten eines Dritten gefördert wird, und wenn dem Verhalten in subjektiver Hinsicht eine hierauf gerichtete Absicht des Handelnden zugrunde liegt, die zwar nicht den einzigen Beweggrund zu bilden braucht, aber auch nicht hinter anderen Beweggründen völlig zurücktreten darf."**

Diese und alle bisherigen Definitionen kranken an der Fülle der Merkmale die zur Erläuterung des Wettbewerbsbegriffs gebracht werden, weil sie zu der Frage berechtigen, ob bei Fehlen auch nur eines solchen etwa kein Wettbewerb mehr vorliegt. Deshalb verzichtet Hefermehl (S. 6) überhaupt auf eine Begriffsdefinition. Damit stünde man aber wieder am Anfang.

Die Vielfalt der Begriffsdefinitionen hängt damit zusammen, daß man sich damit behilft, Bestandteile möglicher und denkbarer wettbewerblicher Tatbestände heranzuziehen, gesondert zu betrachten, nach ihren typischen Merkmalen zu ordnen und für diese eine Definition zu finden, um sie sodann gesammelt in den Oberbegriff des Wettbewerbs zu zwängen. Wettbewerber untereinander sind aber nicht nur die Mitbewerber auf der gleichen Wirtschaftsstufe (BGH GRUR 65 S. 612 „Warnschild" u. a.), wenn sie sich nur im Absatz behindern können (BGH GRUR 55 S. 598 „Matern"). Ein Fabrikant, der auch an den Letztverbraucher abzusetzen sucht, liegt mit dem Einzelhändler im Kampf um den Kunden. Die Verschiedenheiten der Wirtschaftsstufen spielen also keine Rolle (BGH GRUR 57 S. 342 „Underberg"; Sölter, „Nachfragemacht" u. WBW Ordng. S. 42ff; a. A. B-Hefermehl S. 8).

Ein Wettbewerb kann auch zwischen Gewerbetreibenden verschiedener Branchen bestehen, wenn sie sich um die Kaufkraft desselben Kunden bemühen (vgl. Godin GRUR 65 S. 288). Ein Kunde kann ein Buch oder Blumen oder Pralinen usw. seiner Frau als Aufmerksamkeit mitbringen wollen BGH MDR 72 S. 396). Auch ein Verband handelt zu Wettbewerbszwecken, wenn er sich seines (verwechslungsfähigen) Namens bedient, falls zu seinen satzungsmäßigen Aufgaben gehört, den Wettbewerb seiner Mitglieder zu fördern (BGH GRUR 73 S. 371 „Gesamtverband").

Auch können solche Handlungen wettbewerblichen Charakter haben, mit denen ein eigener Kundenkreis nicht erweitert wird und auch nicht erweitert werden soll. Man denke z. B. an die Handlung eines außerhalb des Wettbewerbs stehenden Dritten, der einen Wettbewerber beeinträchtigt, woran ein anderer Mitbewerber profitiert; dann fördert der Dritte fremden Wettbewerb, wofür er einzustehen hat (BGH GRUR 53 S. 293 „Fleischbezug"; 62 S. 47 „Betonzusatzmittel"; 67 S. 138 „Streckenwerbung"; 70 S. 182 „Sportkommission"; 73 S. 371 „Gesamtverband").

[2] Da schon zu Wettbewerbszwecken handelt, wer sich nur behaupten will, setzt Wettbewerb begrifflich auch kein WbW-Verhältnis voraus. Auch der **Monopolist** (z. B.) Bundespost, der seine Monopolstellung behaupten will, oder der sich von der Verlust- in die Gewinnzone bringen will (indem z. B. die Bundespost ihre rentable Sparte des Fernmeldewesens durch aufdringliche Reklame für die Herstellung neuer Telefonanschlüsse ausbaut) treibt Wettbewerb (vgl. Godin a.a.O.; a. A. Reimer — v. Gamm S. 138).

Wettbewerb setzt sich aus den Worten „Wette" und „bewerben" zusammen. „Wette" heißt Pfand, Rechtsverbindlichkeit, Einsatz, Ersatz, während unter „bewerben" umtun, sich bemühen, etwas betreiben zu verstehen ist (vgl. Trübner, Etymologisches Wörterbuch 1956). Da es keinen Anhalt dafür gibt, daß das Wort „Wettbewerb" als Verdeutschung des Wortes „Konkurrenz" im Gesetz aufgenommen worden ist, setzt es sprachlich einen Mitbewerber also nicht voraus. Auch der Monopolist bewirbt sich mit seinem Einsatz um Kundschaft und kann das in sittenwidriger Weise tun. Als Wettbewerb des UWG ist daher zu definieren **das eigene oder fremde Streben nach Gewinn oder Selbstbehauptung eines Unternehmens** auf dem Markt (vgl. Godin a. a. O.; ähnlich jetzt auch Reimer-v. Gamm S. 12).

[3] Dagegen ist der Wettbewerbs-Begriff des GWB enger, denn hier gilt es, im Interesse der Allgemeinheit, den Kampf der Mitbewerber untereinander als solchen zu erhalten; dieser Gesetzgeber spricht von einer Ausschaltung des Wettbewerbs im Falle des Erreichens einer absoluten Monopolstellung. Er setzt daher begrifflich notwendig das Streben nach Gewinn oder Selbstbehauptung eines Unternehmens im Kampf mit einem Mitbewerber auf dem Markt voraus (ähnlich Fikentscher WbW und Gewerblicher Rechtsschutz 1958 S. 39; Müller-Henneberg 1958 s. 166).

[4] Zu **Zwecken** des Wettbewerbs handelt also, wer nach Gewinn oder Selbstbehauptung eines eigenen oder fremden Unternehmens strebt. Das tut nicht der rein **wissenschaftliche** oder **fachliche Gutachter,** z. B. der gerichtliche Sachverständige, der über die Vorzüge einer Ware gegenüber einer anderen sein Gutachten erstattet, auch nicht ohne weiteres, wenn er es etwa selbst verbreitet (vgl. B-Hefermehl S. 341; Reimer — v. Gamm S. 142), sondern erst, wenn er dies für einen Wettbewerber tut oder diesem sein Gutachten für Wettbewerbszwecke zur Verfügung stellt (hierzu vgl. auch Anm. 143). Indem er sein Gutachten zur Verfügung stellt, handelt er häufig nur nebenbei zu Wettbewerbszwecken, in erster Linie vielleicht nur, um sich sein Honorar zu verdienen; doch reicht das aus, weil die Handlung nicht vornehmlich zu Wettbewerbszwecken begangen zu werden braucht; es genügt, daß der Wettbewerbszweck nicht ganz in den Hintergrund tritt und nur mitbestimmend ist (st. Rspr. BGH GRUR 68 S. 95 „Büchereinachlaß", S. 205 „Teppichreinigung"; 70 S. 182 „Sportkommission"; 72 S. 427 „Mitgliederwerbung"; 73 S. 371 „Gesamtverband"; Reimer — v. Gamm S. 140; Tetzner S. 88; Ulmer-Reimer S. 46f). Auch die Aufklärung der Mitglieder einer Genossenschaft durch diese kann nebenbei Wettbewerbszwecke verfolgen (RG MuW 38 S. 255). Über wissenschaftliche Arbeiten im Wettbewerb vgl. auch Bussmann in WRP 56 S. 122; Sonderband MuW 55 S. 307. Auch die Mitgliederwerbung eines Idealvereins, die — in die Öffentlichkeit getragen — geeignet ist, den Wettbewerb der Mitglieder gegenüber den Mitbewerbern zu fördern (BGH „Teppichreinigung" a.a.O.), geschieht zu Wettbewerbszwecken, sowie die geschäftlichen Handlungen eines Idealvereins, dessen satzungsmäßiges Ziel auf die Förderung des Wettbewerbs seiner Mitglieder gerichtet ist (BGH GRUR 73 S. 371 „Gesamtverband"); ebenso geschehen die Bemühungen eines Verbandes um gerechte Warenzuteilung an seine Mitglieder zu Wettbewerbszwecken. Überhaupt betätigen sich nach diesseitiger Auffassung ohne Rücksicht auf die Art ihrer Handlungen alle Industrie- und Wirtschaftsverbände, Genossenschaften usw. immer zu Zwecken des Wettbewerbs, weil es nur auf die Förderung des eigenen oder fremden Wettbewerbs (ihrer Mitglieder), nicht aber auch darauf ankommt, ob das zum Nachteil der Mitbewerber geschieht (vgl. Anm. 2 a. E.), was die Folge einer Wettbewerbshandlung sein kann und auch häufig ist, aber nicht zu sein und nicht angestrebt zu werden braucht. Der Unternehmer, der mit einer neuartigen Erfindung einen noch nicht gekannten Bedarf erst weckt und befriedigt (z. B. ein Gerät zur Verständigung mit der Bienenkönigin), handelt trotz völliger Konkurrenzlosigkeit zu Wettbewerbszwecken, wenn er dafür wirbt. Auch der Kampf der Wirtschaftsverbände untereinander um eine möglichst große Mitgliederzahl geschieht zu Wettbewerbszwecken nicht nur wegen der dahinter stehenden Förderung des Wettbewerbs der schon geworbenen Mitglieder (so BGH „Gesamtverband" a. a. O.), sondern schon wegen der eigenen Interessen der Verbände selbst, weil sie sich in der Sonderform von Dienstleistungsbetrieben letztlich auch aus Selbstzweck gewerbswirtschaftlich betätigen (ähnlich Reimer — v. Gamm S. 141).

Gleiches gilt natürlich nicht von Vereinigungen, die keinerlei wirtschaftliche Zwecke verfolgen, wie politische Parteien, Rotes Kreuz, Caritas und dergl., es sei denn, sie betätigen sich gewerbswirtschaftlich besonders (BGH GRUR 64 S. 77 „Blinkfüer"; 65 s. 551 „glanzlose Existenz"). Sie handeln nicht zu Wettbewerbszwecken; ebenso nicht ohne weiteres ein Presseorgan, das einen Leserbrief veröffentlicht (BGH GRUR 64 S. 162 „Orgeln"). Auch bei polemischen Auseinandersetzungen zwischen Presseorganen ist ein Handeln zu Wettbewerbszwecken in der Regel zu verneinen (BGH GRUR 66 S. 693 „Höllenfeuer"). Ebensowenig handelt zu Wettbewerbszwecken, wer ohne eigenes geschäftliches Interesse einen Freund oder eine Mehrheit von Personen vor einem betrügerischen Unternehmer warnen will, auch nicht ein Warenkritik übender Verbraucherverband, wenn seine satzungsgemäße Aufgabe darin liegt, die Interessen seiner Mitglieder wahrzunehmen (BGH GRUR 67 S. 113 „Leberwurst"; 69 S. 555 „Cellulitis"; 69 S. 624 „Hormoncreme"). Doch kann der Informant der Testzeitschrift oder der Mitbewerber, der mit dem Bericht hausieren geht, zu Wettbewerbszwecken handeln (BGH GRUR 68 S. 645 „Pelzversand"; 67 S. 362 „Spezialsalz"). Selbstverständlich geschehen auch Kunstkritiken (Literatur, Musik, Film etc.) in der Regel nicht zu Wettbewerbszwecken (allg. Meinung), mögen sie oft noch so gehässig sein; auch nicht wissenschaftliche Aufsätze, es sei denn sie geschehen im Auftrag eines Mitbewerbers (was freilich nicht unzulässig ist, wenn keine Unlauterkeitsmomente hinzukommen). Wissenschaft und Forschung sind frei, mögen sich ihre Ergebnisse auch mißbrauchen lassen, welch letzteres allein unzulässig sein kann.

[5] Eine Handlung dient Wettbewerbszwecken nicht nur dann, wenn der eigene Absatz gefördert und fremder beeinträchtigt werden soll, sondern schon dann, wenn mit ihr der Verlust von Kunden verhütet, ja nur vermindert (RGZ 60 S. 189) — es genügt die Absicht, sich vor Schaden zu bewahren — oder nur künftiger Wettbewerb vorbereitet (BGH GRUR 55 S. 342 „Rheinpfalz") oder die Ausweitung des Absatzes des Gegners verlangsamt werden soll (RG GRUR 1933 S. 662). Es handelt auch zu Zwecken des Wettbewerbs, wer nur sein Ansehen verteidigt (BGH GRUR 68 S. 262 „Fälschung", wo eine Illustrierte einen gegen sie von einer anderen Illustrierten zu Recht erhobenen Vorwurf der Fälschung in ihrer nächsten Nummer als „unwahr", böswillig und leichtfertig" bezeichnet hatte). Ebenso handelt zu Wettbewerbszwecken, wer nach Kaufabschluß den Kunden zur Erfüllung des Vertrages, vor der sich dieser zu drücken sucht, anhält (OLG Kassel WRP 55 S. 131). Ein Wettbewerbszweck kann vorliegen, wenn die Geschäftseröffnung erst beabsichtigt ist und in der Zukunft liegt (BGH GRUR 55 S. 411 „Zahl 55"). Auf jeden Fall aber ist erforderlich, daß der Täter oder der von ihm Begünstigte, wenn auch nicht (z. B. bei Warenverknappung) in einer bestimmten nahen Zukunft (BGH GRUR 55 S. 346 „Indeta") so doch irgendwann auf den Markt treten.

[6] Die Frage danach, ob zu Wettbewerbszwecken gehandelt wird, hat nichts damit zu tun, ob ein Wettbewerbsverhältnis besteht (a. A. B.-Hefermehl S. 341 Reimer — v. Gamm S. 141). Es kommt auf den objektiv zu beurteilenden Wettbewerb an, für den der Mitbewerber handelt. Seine Handlung muß nur objektiv geeignet sein, eigenen oder fremden Wettbewerb zu fördern. Im Zweifelsfall ist das zu vermuten (Tetzner S. 87), weil ein Geschäftsunternehmer wohl immer handelt, um seinen Betrieb zu fördern, auch wenn er sich darauf beschränkt, erstklassige Arbeit zu leisten, was natürlich immer zulässig, ja nur sehr zu begrüßen ist. Zu Wettbewerbszwecken handelt auch, wer in Zeitungsanoncen nach Arbeitskräften sucht und sich diesen gegenüber als Hersteller der „besseren Produkte" anpreist (BGH GRUR 73 S. 78 „Verbraucherverband"). Auch **Handlungen zur Vorbereitung** künftigen Wettbewerbs, die selbst also nicht zuungunsten eines Mitbewerbers oder auf Kosten eines solchen geschehen, sind Wettbewerbshandlungen (BGH GRUR 55 S. 342 „Rheinpfalz"). Bei in der Regel bestehendem Wettbewerbsverhältnis (über diesen Begriff s. Anm. 7) verdichtet sich die Vermutung, daß zu Wettbewerbszwecken gehandelt wird, nur zur Gewißheit (BGH GRUR 68 S. 95 „Büchereinachlaß").

[7] **Wettbewerbsverhältnis** ist die Wechselbeziehung, die zwischen mindestens zwei, meist aber mehreren Unternehmen besteht, zufolge welcher die Handlung des einen für die Förderung seines Unternehmens auf Kosten des anderen objektiv geeignet ist oder sein soll. Der Bedarf und das Interesse ihrer Kunden muß gleich sein, um dessen Befriedigung sie miteinander im Kampf liegen. Ein Wettbewerbsverhältnis kann auch zwischen Unternehmen bestehen, die mit ihrem Absatz völlig verschiedene Verkehrskreise ansprechen, wenn sie sich nur irgendwo im Wettbewerb begegnen, wie z. B. ein Werbeunternehmen, das Werbeflächen an- und vermietet, mit einem Getränkefabrikanten, der für seine eigene Werbung ebensolche sucht (BGH GRUR 67 S. 138 (141) „Streckenwerbung"). Das Wettbewerbsverhältnis des beeinträchtigten Mitbewerbers ist Voraussetzung für seine Klagelegitimation gegen den Verletzer, wobei keine Rolle spielt, ob die Wettbewerbshandlung ihn wirksam beeinträchtigt hat oder unwirksam. Wer unwahre, irreführende Angaben über seinen eigenen Betrieb in plumper Weise macht, so daß ihm niemand glaubt, kann von seinen dadurch nicht geschädigten Mitbewerbern ebenso in Anspruch genommen werden wie der Veranstalter einer wirksamen (unzulässigen)

Werbung. Gleicher Kundenbedarf und gleiches Kundeninteresse sind für das Wettbewerbsverhältnis und für die hieraus resultierende Klagelegitimation entscheidend. Die Waren und Leistungen, die angeboten werden, brauchen nur gleichartig oder verwandt zu sein (vgl. § 13 Abs. 1). Ob unter verwandten Waren und Leistungen alle solche zu verstehen sind, die sich im Absatz behindern können (so B.-Hefermehl S. 193), erscheint fraglich; dann bestünde zwischen einem Autohändler und einem Schlemmerlokal ein Wettbewerbsverhältnis, wenn der Kunde seine Besuche bei letzterem einschränken muß, um das Auto zu bezahlen, sowie zwischen den Bankinstituten hinsichtlich ihrer Bemühungen um Spareinlagen und allen Gewerbetreibenden. Die Ansicht Knöpfles (Wettbewerb S. 87), daß es nur um die Kaufkraft des Kunden gehe, wenn er zu Wettbewerbszwecken handele, ist richtig, hat aber mit dem Wettbewerbsverhältnis, das nur die Klagelegitimation klärt, nichts zu tun, was B.-Hefermehl a.a.O. übersieht. Auch nach diesseitiger Auffassung ist die berühmte Marke gegen den Verletzer fremder Branche ohne Wettbewerbsverhältnis nicht nach § 1 UWG zu schützen (BGH GRUR 59 S. 182 „Quick"; 66 S. 623 „Kupferberg").

Es kann auch zwischen verschiedenen Wirtschaftsstufen (Einzelhändler, Grossist, Fabrikant) ein Wettbewerbsverhältnis bestehen (BGH GRUR 57 S. 342 „Underberg"). Dabei ist nicht nötig, daß die Handlung *unmittelbar* gegen konkurrierende Interessen eines anderen Unternehmens gerichtet ist. Maßgebendes Kriterium für die Frage, ob ein Wettbewerbsverhältnis vorliegt, ist allein, ob sich Waren oder/und gewerbliche Leistungen gegenüberstehen, die wegen gleichartiger Bedarfsdeckung und/oder Interessensbefriedigung des Kunden einander im Absatz behindern können, mögen auch die unmittelbaren Abnehmer verschiedenen Verkehrskreisen angehören (vgl. BGH GRUR 55 S. 598 „Matern"; BGH GRUR 72 S. 553 „Statt Blumen ONKO-Kaffee").

[8] Wie schon die Gesetzesterminologie sagt („zu *Zwecken*") muß **beabsichtigt** sein, daß die Handlung Wettbewerbszwecken dient. **„Absicht"** im engeren Sinne ist ein Sonderfall des Vorsatzes. Sie ist das bestimmte Ziel, das der Täter mit einer Handlung verfolgt (dolus directus). „Absicht" bedeutet hier das Wissen und Wollen des wettbewerblichen Zieles der Handlung. Kraft (S. 192) will für den Wettbewerbszweck nur auf den objektiven Tatbestand abstellen. Dies widerspricht aber dem klaren Wortlaut des Gesetzes und führt zum Wettbewerbszweck auch dort, wo ein solcher gar nicht vorliegt. Das nähme dem vermeintlichen Täter die Möglichkeit, den Beweis zu führen, nicht zu Wettbewerbszwecken gehandelt zu haben, was besonders für den außerordentlich strengen § 14, der denselben Begriff verwendet, sehr wichtig ist. Der herrschenden Rechtsprechung (BGH GRUR 52 S. 410 „Constanze"; 53 S. 293 „Fleischbezug"; 56 S. 216 „Kurverwaltung Bad Ems"; 64 S. 208 „Fernsehinterview"; S. 389 „Fußbekleidung"; 67 S. 256 „Stern") und der Literatur (Callmann S. 26, Reimer-v. Gamm S. 140, Ulmer-Reimer s. 48, B.-Hefermehl S. 91) ist also beizutreten, wonach die Absicht auf den wettbewerblichen Charakter der Handlung gerichtet sein muß. Freilich ist diese stets prima facie anzunehmen, wenn die Handlung objektiv einen Wettbewerbscharakter hat, der regelmäßig gegeben ist, wenn sie im geschäftlichen Verkehr erfolgt und zur Förderung eigenen oder fremden Wettbewerbs objektiv geeignet ist (BGH GRUR 52 S. 410 „Constanze"; 53 S. 294 „Fleischbezug"; 55 S. 99 „Constanze II"). Es genügt auch die subjektive Vorstellung des Täters von der Eignung ; sie braucht objektiv nicht vorzuliegen, mag auch gefordert werden (RG GRUR 30 S. 977; BGH a. a. O.), daß sie äußerlich geeignet ist, d.h. allgemein geeignet erscheint, damit überhaupt eine Wettbewerbshandlung vorliegt. Kein Wettbewerbsverhältnis unterhält eine Einkaufsgesellschaft, die ausschließlich konzernangehörige Firmen beliefert, mit der Folge mangelnder Klagebefugnis (BGH GRUR 69 S. 479 „Colle de Cologne").

[9] Der **„geschäftliche Verkehr"** umfaßt das Erwerbs- und Berufsleben, oder präziser: die Außenwelt in ihrer Erwerbstätigkeit (BGH GRUR 60 S. 384 „Mampe Halb und Halb"). Der richtige logische Begriff des geschäftlichen Verkehrs ist vom Standpunkt des Beschauers aus zu definieren. Es ist aber der geschäftliche Verkehr des Handelnden gemeint, d.h. *seine* Sphäre, in der er geschäftliche Beziehungen zum Zwecke des eigenen oder fremden Erwerbs oder seiner Vorbereitung anknüpft und pflegt (BGH GRUR 73 S. 371 „Gesamtverband"). Er erfordert keine Wettbewerbsbeziehungen, keinen Betrieb und kein Unternehmen (BGH GRUR 53 S. 294 „Constanze"; B.-Hefermehl S. 187; Reimer-v. Gamm S. 136). Der Begriff ist weit auszulegen (BGH NJW 65 S. 29 „Gewerkschaft"). Es bewegt sich aber nicht der Letztverbraucher im geschäftlichen Verkehr, der den Einzelhändler durch Schilderung der Vorzüge einer Ware vor einer anderen dazu überreden will, auch diese zu führen, nur weil er, der Kunde, sie bevorzugt, es sei denn, er hat ein geschäftliches Interesse an dem Erfolg dieses Gesprächs. Jedoch umgekehrt stellt für den Händler dieser Kunde einen Teil seines geschäftlichen Verkehrs dar, und deshalb bewegt sich der Händler sehr wohl in einem solchen, wenn er mit dem Kunden hierüber verhandelt. Der Handelnde muß zu der *Außenwelt*, wenn er geschäftlich, d.h. nicht für seine Privatsphäre handeln soll, in irgend einer Beziehung stehen oder in eine solche treten. Im Gegensatz zum Handeln im geschäftlichen Verkehr stehen das private und amtliche Handeln. Nicht zum geschäftlichen Verkehr gehören interne Vorgänge in einem Betrieb (BGH GRUR 71 S. 119 „Branchenverzeichnis"; Reimer-v. Gamm S. 137; Ulmer-Reimer S. 46; B.-Hefermehl S. 188). Dennoch können sich der geschäftliche Verkehr auch in einem privaten äußeren Rahmen abspielen, wie z.B. bei Anknüpfung von Geschäftsbeziehungen auf Parties u.dgl. (GRUR 60 S. 286 „Bauaufträge") oder bei einer geschlossenen Mitgliederversammlung eines Verbandes (BGH GRUR 59 S. 488 „Konsumgenossenschaft"). Auch ein Idealverein kann sich im geschäftlichen Verkehr bewegen (BGH GRUR 53 S. 446 „Verein der Steuerberater"; 62 S. 254 „Fußballprogrammheft"; NJW 70 S. 378 „Sportkommission"). Nichts zu tun hat der geschäftliche Verkehr mit dem Wettbewerbsverhältnis, denn auch ohne Vorliegen des letzteren handelt z. B. eine Einkaufsgesellschaft im geschäftlichen Verkehr, wenn sie für ihre Verbands- bzw. Konzernmitglieder Ware bezieht und an diese verteilt (BGH GRUR 69 S. 479 „Colle de Cologne“), was Reimer-v. Gamm (S. 137) übersieht. Bei Verbänden, deren Satzungen die Förderung der wirtschaftlichen Interessen ihrer Mitglieder vorsehen, ist ein Handeln im geschäftlichen Verkehr in der Regel zu vermuten (BGH GRUR 62 S. 34 „Torsana“). Dem geschäftlichen Verkehr sind hinzuzurechnen die Beziehungen der Gewerbetreibenden zu den Letztverbrauchern, der Ärzte und Anwälte zu ihren Patienten (Klienten), die Beziehungen der Kaufleute, Ärzte und Anwälte zueinander, ja nicht nur die Beziehungen aller Berufsgruppen zu ihren Abnehmern, sondern zur Abnehmerschaft oder zur möglichen Abnehmerschaft, mit einem Worte: zur Öffentlichkeit. Auch öffentlich-rechtliche Körperschaften können sich im geschäftlichen Verkehr bewegen, und zwar auch dann, wenn sie eine Monopolstellung innehaben. Auch die Belieferung gemeindeeigener Krankenhäuser durch eine gemeindeeigene Apotheke geschah im geschäftlichen Verkehr (RG GRUR 1948 S. 117), ebenso der Bezug von Arzneimitteln durch Ortskrankenkassen von privaten Apotheken (BGH GRUR 62 S. 263 „Gummiströmpfe"); Unterkunftsvermittlung durch staatliche Kurverwaltung (BGH GRUR 56 S. 216 „Bad Ems“). Nicht im geschäftlichen Verkehr sollen z. B. gehandelt haben: Gewerkschaften bei ihren Betreuungsaufgaben und bei der Mitgliederwerbung (BGH NJW 65 S. 29 „Gewerkschaften“), Mitgliederwerbung von Fachverbänden (BGH GRUR 68 S. 205 „Teppichreinigung“), bei Werbung der Interessensgemeinschaft der Lohnsteuerzahler (BGH GRUR 70 S. 179 „Lohnsteuerzahler“) u.a. — ebenso für viele: Reimer-v. Gamm S. 137. Auch die Caritas handelt in ihrem geschäftlichen Verkehrsbereich, wenn sie um Interessenten und Leistungen für ihre Zwecke wirbt, denn das ist eben ihr (freilich nicht unter Rentabilitätsgesichtspunkten aufgezogenes) „Geschäft“. Es handelt also jedermann im geschäftlichen Verkehr, wenn und sobald er sich seinen beruflichen Aufgaben widmet, also auch der Wissenschaftler mit seinem Gutachten (a. A. Reimer v. Gamm S. 137), weshalb er damit freilich noch nicht zu Wettbewerbszwecken gehandelt zu haben braucht. Umgekehrt handelt aber jeder im „geschäftlichen Verkehr“, der dies zu Wettbewerbszwecken tut, (BGH GRUR 73 S. 371 „Gesamtverband“, gl. A. B.-Hefermehl S. 188). Nicht überzeugend BGH NJW 65 S. 29 „Gewerkschaften“ und BAG NJW 69 S. 861, aber zur Zeit herrschende Rechtsprechung, wonach Gewerkschaften und Arbeitgeberverbände, deren Tätigkeit auf sozialpolitischem Gebiet liegt, nicht im geschäftlichen Verkehr handeln. Aber auch sie leben von den Beiträgen ihrer Mitglieder, werben Mitglieder und betätigen sich auch zum Zwecke der Erlangung höchstmöglicher Mitgliederzahlen und Mitgliederbeiträgen.

Da also jeder, auch der Nichtgewerbetreibende, fremden Wettbewerb fördernd § 1 UWG verletzen kann, und zwar auch derjenige, der für einen Gewerbetreibenden unentgeltlich zum reinen Vergnügen oder Gefallen handelt, ohne selbst irgend einen Vorteil davon zu haben (vgl. Anm. 87), ist der Begriff des geschäftlichen Verkehrs mit der Bezugnahme auf das Erwerbs- oder Berufsleben nicht erschöpfend definiert. Vielmehr **handelt im geschäftlichen Verkehr, wer im Rahmen irgendeiner Erwerbstätigkeit zur Außenwelt in geschäftliche Beziehung tritt oder geschäftliche Beziehungen unterhält oder außerhalb seiner Privatsphäre das Erwerbs- oder Berufsleben anderer berührt** (er berührt die Berufssphäre anderer auch dann, wenn er dies nicht im eigenen geschäftlichen Interesse tut).

II. Freier Wettbewerb — Generalklausel

[10] Grundsätzlich ist in der **freien Marktwirtschaft** jeder Wettbewerb nicht nur erlaubt, sondern kraft den Vorschriften des Gesetzes gegen Wettbewerbsbeschränkungen erwünscht und sogar geboten. Das ist eine der wichtigsten Grundlagen zur Erhaltung der freien Marktwirtschaft. Jeder hat ein Recht zum freien Wettbewerb, wie er ein solches zur freien gewerblichen Betätigung überhaupt, zur freien Berufswahl, freien Meinungsäußerung usw. hat. Das alles sind Persönlichkeitsrechte, die von der bestehenden Rechtsordnung freilich abgesteckt sind. Wo ihr Mißbrauch zur Beseitigung unserer freiheitlichen Grundrechte führt oder diese auch nur gefährdet, liegen ihre zum Zweck der Erhaltung der freiheitlichen Rechte gebotenen naturgegebenen Grenzen. Das Recht zum Wettbewerb basiert also auf dem Grundrecht des Art. 12 BGG zur freien Wirtschaftlichen Betätigung jedes Einzelnen (BGH GRUR 62 S. 154 „Speditionswerbung“). Seine Grenzen werden vom UWG, ZugVO, RabGes, dem Recht der unerlaubten Handlung und dem GWB gezogen, welch letzteres zur Erhaltung des Wettbewerbs im Interesse der Allgemeinheit das Recht zur freien Vertragsgestaltung sogar beschneidet. Darüber hinaus durchbricht das HMWG für die Mitbewerber seiner Branche im Interesse der Allgemeinheit sogar den Grundsatz des freien Wettbewerbs.

[11] Niemand hat Anspruch auf **Erhaltung seines Kundenkreises**, vielmehr ist es der Sinn eines jeden Wettbewerbs, in den Kundenkreis des Mitbewerbers einzudringen, um ihm die Kunden durch Güte und Preis der eigenen Leistung abspenstig zu machen (BGH WRP 56 S. 99; GRUR 58 S. 584; 64 S. 215 „Milchfahrer"). Die Freiheit des Wettbewerbs stellt mithin eine der wichtigsten Grundlagen zur Förderung und Erhaltung des Leistungswettbewerbs und überhaupt der freien Marktwirtschaft dar.

[12] Das beruht auf der Erkenntnis, daß eine gesunde Wettbewerbsordnung nur auf dem **Leistungswettbewerb** aufgebaut sein kann. Dabei ist das **Wesen** des Leistungswettbewerbs kaum zu fassen, weil schon der Begriff der Leistung schillernd ist. Leistung im urheberrechtlichen Sinne ist die angebotene Leistung (ähnlich

B.-Hefermehl Anm. 81 Einl., Godin GRUR 66 S. 131), gleichgültig ob sie hervorragend oder gering ist, ob sie auf intensiver Arbeit, auf unverdientem Zufall oder Glück beruht (ebenso Fikentscher S. 116), denn auch Glück und Zufall nutzen zu können, ist nicht jedermann gegeben und deshalb eine Leistung. Jeder soll mit Preis und Qualität seiner Ware, mit dem Kundendienst seiner Organisation, Originalität, Geschmack usw. werben können. Nicht derjenige erbringt die bessere gewerbliche Leistung, der durch bessere Reklame die besseren Erfolge erzielt, wenngleich das in der Praxis oft den Anschein hat, ja oft der Fall ist. Da das nicht untersagt ist, auch nicht eine Werbung mit größtmöglichem Einsatz für minderwertige gewerbliche Leistung, solange man den Boden der Legalität nicht verläßt, hat der Leistungswettbewerb einen freilich auch begrenzten Wert. Wer seinen Vorsprung auf dem Markt durch Macht erlangt oder behauptet, kann hieran nicht gehindert werden, solange er das nicht mißbräuchlich tut.

[13] Der **echte Leistungswettbewerb** beruht auf wirklicher Leistung im Gegensatz zur Nichtleistung und setzt voraus, daß der Wettbewerber für seinen Erfolg auf dem Markt nicht nötig hat, mit unwahren oder irreführenden Angaben zu operieren. Unrichtes vorzutäuschen, z.B. durch irreführende Angaben, durch Einhängen in den Ruf anderer, durch Herbeiführen von Verwechslungen, durch Anschwärzung, vergleichende Reklame oder die unredliche Erlangung geheimgehaltenen Wissens und Könnens eines anderen, also ohne eigene wirkliche Leistung auf Kosten anderer zu Scheinleistungen aufzusteigen usw., widerspricht echtem Leistungswettbewerb und ist im Gegensatz zu diesem als Behinderungswettbewerb zu bezeichnen. In diesem Sinne läßt sich auch von positivem und negativem Wettbewerb sprechen (B.-Hefermehl S. 147). Grundsätzlich darf also nur mit der Qualität der Leistung und ihrer Preiswürdigkeit, nicht aber mit außerhalb dieses Rahmens liegenden Mitteln geworben werden (BGH GRUR 55 S. 349; 59 S. 286 „Bienenhonig" 69 S. 289 „Stuttgarter Wochenblatt"; B.-Hefermehl S. 150; Tetzner S. 16 Fußnote); solches wäre ein Nichtleistungswettbewerb. Auf die Güte der Leistung selbst kommt es dabei nicht an. Auch wer sich durch großen Kapitaleinsatz für eine mittelmäßige Ware ein berühmtes Zeichen schafft, hat gewerblich etwas geleistet, auch derjenige, der einen Zufall zu nutzen versteht oder überhaupt nur Glück hat. Auch die Werbung ist gewerbliche Leistung (ebenso Meyer-Cording YZ 64 S. 276; B.-Hefermehl S. 148; Hundhausen „Wesen und Formen der Werbung" S. 68). Auch wenn die Werbung mitunter primitiv und als plumpes Eigenlob bei der großen Mehrheit der Urteilsunfähigen gut ankommt und die einzige wirkliche Leistung ist, weil der angebotene Artikel z.B. einen nur minderen Wert hat, bewegt sich der Unternehmer im Rahmen des Leistungswettbewerbs. Ein guter Werbeslogan hat leider schon manchem minderwertigen Artikel einen großen Absatz verschafft. Es spielt mithin keine Rolle, ob das Arbeitsergebnis ein gutes oder schlechtes Erzeugnis (oder für letzteres eine gute Werbung) gebracht hat.

[14] Schon damit zeigt sich, daß es nicht der einzige Zweck des Prinzips des Leistungswettbewerbs ist, den Gewerbetreibenden vor Übergriffen seines Konkurrenten zu schützen. **Der Zweck der Wettbewerbsordnung,** dem das Leistungsprinzip dient, ist der Schutz der Interessen jedes Einzelnen, der Gesamtheit der Mitbewerber und gleichzeitig aber auch der Schutz der Allgemeinheit, des umworbenen Publikums vor unlauterem Verhalten.

Dies gilt nicht nur für das Recht des vorliegenden Gesetzes mit seinen einzelnen Bestimmungen, sondern auch für das PatG, GebrMG, WZG, LUG, KUG, ZugabeVO, RabG und GWB. Es besteht ein Bedürfnis, die Allgemeinheit vor unlauteren Machenschaften und Schaden zu bewahren. Zutreffend weist Tetzner (S. 22) aber darauf hin, daß bei Prüfung der Interessen der Allgemeinheit stets der konkrete Einzelfall zu berücksichtigen ist, der diese verdrängen könne. Wo es darum geht, dem Mitbewerber Gerechtigkeit widerfahren zu lassen, wird für eine Berücksichtigung der Interessen der Allgemeinheit im Wettbewerb regelmäßig kein Raum sein; eine These, die bei der heutigen Überbetonung der Verbraucherinteressen angezweifelt werden kann. Die wettbewerbsrechtliche Überbetonung der Verbraucherinteressen läßt jedoch außer acht, daß das UWG nicht als Degen für den Schutz dieser, sondern als solcher für den Schutz redlicher Gewerbetreibender vor unlauteren Werbemethoden gedacht und geschaffen worden ist. Der Hauptzweck des Gesetzes ist oder war zumindest die Befriedung des Wettbewerbslebens überhaupt. Er besteht in dem abstrakten Ziel, daß niemand über die Stränge schlagen darf und sich jeder an gewisse Spielregeln halten soll. Der Wettbewerb soll lauter und grundsätzlich ein Leistungswettbewerb sein. Unlauterer Wettbewerb ist daher nicht nur im privaten sondern auch im öffentlichen Interesse nach ganz herrschender Auffassung zu bekämpfen (st. Rspr. für viele: BGH NJW 53 S. 1802; Würdinger WuW 55 S. 741; Tetzner S. 22). Das ergibt sich zum Teil auch aus den Strafvorschriften dieses Gesetzes.

[15] Um zu der richtigen Erkenntnis zu kommen, was das **geschützte Rechtsgut** des Wettbewerbs ist, kann man zwischen dem Recht zum Wettbewerb und den Rechten unterscheiden, die sich für Dritte daraus ergeben, daß Wettbewerb betrieben wird. Ein Recht zum Wettbewerb hat jeder. Es ist ein Persönlichkeitsrecht, das freilich durch die bestehende Rechts- (auch Wettbewerbs-) ordnung abgesteckt ist (vgl. Anm. 9) und dessen Ausübung als unlauter unzulässig wird, sobald die gesetzten Spielregeln mißachtet werden. Diese Grenzen der Zulässigkeit des aktiven Wettbewerbs bestimmen den Umfang und die Grenzen des Rechts aus dem Wettbewerb, an denen die Rechte der Umwelt sei es der Allgemeinheit, sei es der Mitbewerber aufzuleben beginnen, d.h. Ansprüche auf Schadensersatz oder Unterlassung gegen den Mitbewerber, sich innerhalb der Grenzen des Zulässigen zu halten. Diese Ansprüche des Mitbewerbers sind persönlichkeitsgebundene Vermögensrechte. Sie sind von dem Grundgedanken geschaffen, daß das **Recht am Unternehmen** ein absolutes Recht ist (vgl. Godin „Nutzungsrecht an Unternehmen

und Unternehmensbeteiligungen" 49 S. 13). Mag man es im allgemeinen auch nicht als Eigentumsrecht ansehen, so ist es doch eigentumsähnlich, denn das Unternehmen, das zwar auch losgelöst von seinem Vermögen gedacht werden kann und für welches letzteres nicht wesentlich ist, tritt doch regelmäßig als etwas Körperliches, sinnlich Wahrnehmbares auf (vgl. Godin a.a.O ; ähnl. Schippel „Das Recht am eingerichteten ausgeübten Gewerbebetrieb" 56 S. 26).

[16] Die Idee der Gegenmeinung (B.-Hefermehl S. 67; Gieseke „Festschrift für Heymann" 50 S. 112ff u.a.), daß solchenfalls jeder wettbewerblich zulässige Angriff gegen ein Unternehmen mit § 823 Abs. 1 BGB verhindert werden könne, übersieht, daß infolge der Gemeinschaftsbezogenheit jedes auch absolute Recht seine Grenzen hat und nicht gegen jeden Eingriff geschützt ist, weshalb sich jeder von jedem Mitbewerber wegen dessen Recht zur freien wirtschaftlichen Betätigung und zum zulässigen Leistungswettbewerb einen Eingriff in sein Unternehmen bieten lassen muß.

Aber ob man das Recht am Unternehmen als absolutes Recht anerkennen oder nur als theoretische Denkform (so B.-Hefermehl a.a.O.) bezeichnen will und statt seiner **das Recht am eingerichteten und ausgeübten Gewerbebetrieb** oder besser: „Geschäftsbetrieb" (wie Schramm GRUR 73 S. 75 zutreffend sagt) als sonstiges (absolutes) Recht im Sinne des § 823 BGB ansieht, womit die Betonung auf den gewerblichen Tätigkeitsbereich gelegt wird (so BGH in ständiger Rechtsprechung; für viele: GRUR 63 S. 278 „Maris"), ist für die Aufgabenstellung dieses Gesetzes, den Unternehmer, sei er eine natürliche oder juristische Person, vor unlauteren Wettbewerbshandlungen zu schützen, nicht entscheidend.

Entscheidend ist, daß der Gewerbebetrieb, der „Geschäftsbetrieb" oder das „Unternehmen" existent ist, was schon bei planmäßiger auf Dauer angelegter Vorbereitung der Fall sein kann, andererseits nicht aber bei nur gelegentlicher Produktion und deren Verkauf (BGH NJW 69 S. 1208). Auch der ruhende Gewerbebetrieb, wie wir ihm nach dem 2. Weltkrieg in allen Schattierungen vielfach begegnet sind, und zwar teils eingerichtet und nicht ausgeübt, teils ausgeübt und nicht eingerichtet, teils beides noch nicht wieder, genoß den Schutz des § 823 bei dem damals gestellten Ost-West-Problem, weshalb man nicht nur „ausgeübt" (so Schramm a.a.O.), sondern auch „eingerichtet" als Begriffelemente des nach § 823 BGB geschützten Rechtsguts „Gewerbebetrieb" fallen lassen und nur noch vom Unternehmen sprechen sollte. Erforderlich ist, daß das Unternehmen **unmittelbar** beeinträchtigt wird, jedoch nur irgendeiner von allen seinen Bestandteilen, die in ihrer Gesamtheit seinen wirtschaftlichen Wert ausmachen. Unmittelbar ist der Eingriff, wenn er betriebsbezogen ist (BGH Bd. 29 S. 65).

Dieses Recht am (eingerichteten und ausgeübten) Unternehmen ist ein sonstiges Recht i.S. des § 823 Abs. 1 BGB (a. A. Gieseke GRUR 50 S. 310) und will der Gesetzgeber schützen, wenn er seinem Inhaber Ansprüche zuspricht, sobald es durch unlauteren Wettbewerb verletzt wird. Das geschützte Rechtsgut sind also nicht nur die Rechte der Allgemeinheit, sondern auch die Rechte der Mitbewerber.

[17] Dieser **Zweck des Gesetzes zum Schutz des Einzelnen** vor unlauteren Wettbewerbshandlungen findet sich auch in anderen Gesetzen wieder: dem GWB, dem Rabattgesetz, der ZugabeVO, dem Urhebergesetz, dem Patentgesetz, dem Geschmacksmustergesetz usw., ohne daß dort in erster Linie oder stets an geschäftlichen Verkehr gedacht wird. Rein gewerbswirtschaftlich denkt vornehmlich das UWG. Anlaß zu seiner Entstehung im Jahre 1896 gaben nur praktische Einzelfälle, Auswüchse und sonderbare Einfälle besonders tüchtiger Gewerbetreibender. Aber man mußte sehr bald erkennen, daß mit dem ersten kasuistischen Gesetz kein Erfolg erzielt werden konnte, weil es im wesentlichen nur eine Abwehr konkreter einzelner Wettbewerbsverstöße brachte, so daß jeder neue Trick eines findigen Wettbewerbers, der vom damaligen Gesetz nicht bedachte Tatbestands-Merkmale enthielt, nicht mehr faßbar war. Das Gesetz von 1896 war zu starr und kam mit den Einfällen der Erfindungsreichen nicht mit. Die Rechtsprechung sah sich deshalb in solchen Fällen gezwungen, die Vorschriften des allg. bürgerlichen Rechts heranzuziehen, die aber bald nicht mehr ausreichten, weil sie sich als zu schwerfällig erwiesen. Während § 823 BGB den unzulässigen Eingriff in absolute Rechte voraussetzt, die in damaliger Zeit begrifflich enger gefaßt wurden, als heute (vgl. o Anm. 14, 15), fordert § 826 BGB ein vorsätzlich auf Schadenszufügung gerichtetes sittenwidriges Verhalten, das in vielen Fällen nicht nachweisbar war.

So kam es schließlich zur heutigen Generalklausel des § 1 ds. Gesetzes, welche nach der amtlichen Begründung das ganze Gesetz beherrschen sollte. Bei ihrer Schaffung handelte es sich darum, dem in § 826 BGB ausgesprochenen Grundsatz eine besondere Richtung auf das Gebiet des unlauteren Wettbewerbs zu geben.

[18] Die erhebliche **Bedeutung der Generalklausel** für die Bekämpfung des unlauteren Wettbewerbs liegt a) in der Ergänzung aller anderen Vorschriften des UWG, b) in der Ergänzung des Wettbewerbsschutzes im Warenzeichen- und Urheberrecht, c) in der Übertragung und Spezialisierung der Grundsätze des § 826 auf den Wettbewerb und d) in der Sicherung der Bekämpfung der Sittenwidrigkeit von Wettbewerbshandlungen. Mit ihr soll der freie Wettbewerb auch erhalten werden. Daraus folgt, daß das Gesetz nur ein solches gegen unlauteren Wettbewerb sein soll, und daß sein Sinn und Inhalt nicht umgedeutet werden dürfen in einen nur „unerlaubten", d.h. irgendwie willkürlich als verboten bezeichneten Wettbewerb. Verboten ist z.B., was für den Wettbewerb das Warenzeichengesetz durch formale Beschränkungen verbietet oder vom Zivil- oder Strafrecht als unerlaubt kodifiziert ist; zur Heranziehung des UWG kommt es in solchen Fällen nur, wenn a) zu Wettbewerbszwecken und b) sittenwidrig (unlauter) gehandelt wird. Das gilt für

die Generalklausel zweifellos, aber auch für die übrigen Vorschriften des UWG (unrichtige Reklame, unrichtige Ausverkaufsangabe, Ausdehnung des Ausverkaufsbegriffs, Verleumdung, Kreditschädigung, Bestechung, Zugaben usw.). Wenn also nach der Rechtssprechung z.B. Täuschungshandlungen zur Herbeiführung einer absoluten Verwechslungsgefahr für Verurteilungen aus dem UWG ausreichen, so ist das von diesem Gesetz ursprünglich nicht gewollt gewesen. Infolge seiner zunächst zweifelhaften Stütze im Gesetz waren schon immer die Erfolge bei der Bekämpfung auch wirklich unlauterer Wettbewerbshandlungen unsicher.

[19] Was im Wettbewerbsrecht im einzelnen gestattet ist, läßt sich in Kürze so wenig sagen, wie umgekehrt was verboten ist. Oberster Grundsatz bleibt immer die Freiheit des Leistungswettbewerbs. Die Generalklausel führt nicht dazu, daß der Wettbewerb als solcher allgemein unerwünscht ist. Er ist im Gegenteil höchst erwünscht, wie schon die Existenz des Gesetzes gegen Wettbewerbsbeschränkungen beweist. Unerwünscht wird er erst durch Hinzutreten sittenwidriger Momente (Vertragsbruch, Schleichwege, Unwahrhaftigkeit usw.) (vgl. RGZ 134, 347: „Ziel jeglichen Wettbewerbs ist die Schädigung des Gegners, und diese ist in normalen Fällen meist zu ertragen und zu überwinden und daher vom sittlichen Empfinden aus jedenfalls so lange nicht zu beanstanden, als sie nicht zum bloßen Selbstzweck wird".) Schon das UWG soll dazu dienen, den Wettbewerb aufrechtzuerhalten, womit sich aber heute vorwiegend das Gesetz gegen unzulässige Wettbewerbsbeschränkungen befaßt. Seither ist das Hauptziel des UWG, den Wettbewerb in gesunde Bahnen zu lenken.

[20] **Ergänzung der Generalklausel durch andere Vorschriften.** Schon das RG (RGZ 79, 327) hat die Bedeutung des § 1 wie folgt umschrieben: „Die Stellung, die dem § 1 an der Spitze des Gesetzes gegeben worden ist, sollte nach seiner Entstehungsgeschichte schon äußerlich anzeigen, daß die in ihm enthaltene Generalklausel das ganze Gesetz beherrsche; sie soll überall da eingreifen, wo die Einzelvorschriften des Gesetzes nicht ausreichen. Es sollte aber nicht gesagt werden, daß da, wo die Einzelvorschriften des Gesetzes einen für ihre Anwendung passenden Tatbestand vorfinden, nur diese unter Ausschluß des § 1 anwendbar sein sollten. Vielmehr wollte der Gesetzgeber dem § 1 seine Anwendbarkeit nicht versagen, wenn der für ihn bestimmte Tatbestand zugleich auch noch die Verletzung einer der nachfolgenden Einzelvorschriften darstellte." Ob dies so allgemein richtig ist, ist häufig angezweifelt worden. Wenn man z.B. das Recht am Unternehmen als ein absolutes (quasidingliches) Recht ansieht (vgl. oben Anm. 14; Baumbach-Hefermehl S. 67; Ulmer WZG S. 4f), so daß man gegen Verletzungen desselben durch § 1004 BGB (Unterlassungsanspruch) und § 823 Abs. 1 BGB (Schadensersatzanspruch bei Verschulden) hinreichend geschützt wäre, ließe sich etwa auf § 1 verzichten. Da letzten Endes jede Wettbewerbshandlung als

unmittelbarer Eingriff in die gewerbliche Entfaltung des Unternehmens eines Mitbewerbers (BGH GRUR 52 S. 410; 56 S. 213) den Bestand desselben irgendwie verletzt, was aber grundsätzlich geduldet werden muß (allgem. M. für viele: B.-Hefermehl S. 124) und heute mehr denn je gefördert werden soll, reichen die Tatbestandsmerkmale der §§ 823, 1004 BGB allein oft nicht aus, um über eine etwaige Zulässigkeit einer solchen Handlung entscheiden zu können; vielmehr müßte man sich immer doch wieder nach § 1 UWG richten und nach ihm beurteilen, ob der Verletzte zur Duldung der Beeinträchtigungen etwa verpflichtet sei. Die Tatbestände stimmen also, wie allein schon hieraus ersichtlich, nicht überein (ebenso Fikentscher „Wettbewerb und gewerblicher Rechtsschutz" S. 275; B.-Hefermehl S. 126 und offenbar Tetzner S. 25f.)

[21] Ebenso ist ein Ersatzanspruch aus §§ 823, 826 BGB zu versagen, wenn die Handlung nach den Spielregeln des Wettbewerbs ihre Rechtfertigung findet, oder weil der Täter etwa schuldlos gehandelt hat, worauf § 1 UWG bei objektiver Sittenwidrigkeit und Rechtswidrigkeit keine Rücksicht nimmt. Andererseits können §§ 823, 1004 BGB zur Schließung von Lücken des § 1 UWG zur Anwendung kommen, wenn die Sittenwidrigkeit oder ein Wettbewerbsverhältnis fehlen (BGH GRUR 59, S. 182 (186) „Quick", z.B. bei Schutz vor Verwässerungsgefahr eines berühmten Zeichens durch Benutzung eines verwechslungsfähigen Zeichens in fremder Branche unter dem Gesichtspunkt des Eingriffs in den eingerichteten und ausgeübten Gewerbebetrieb, oder wenn ein Fachverband mit ideeller Zielsetzung mit unrichtigen tatsächlichen Behauptungen Mitglieder eines anderen Verbandes abwirbt, ohne zu Wettbewerbszwecken zu handeln (BGH GRUR 68 S. 205 „Teppichreinigung").

[22] Es ergibt sich also, daß die bürgerlich-rechtlichen Vorschriften im wettbewerblichen Anwendungsbereich von den Spezialvorschriften der Wettbewerbsgesetze nicht abhängig oder akzessorischer Natur sind. Sie sind selbständig neben den Vorschriften des UWG anzuwenden, welchen noch nicht einmal ein Vorrang vor den bürgerlich-rechtlichen Vorschriften zuzuerkennen ist. Es besteht Anspruchskonkurrenz (ebenso B.-Hefermehl S. 128; Wettbewerb und gw. Rechtsschutz S. 275; BGH GRUR 64, S. 219 „Düngekalkhandel").

[23] **§ 823 BGB. Wer vorsätzlich oder fahrlässig das Leben, den Körper, die Gesundheit, die Freiheit, das Eigentum oder ein sonstiges Recht eines anderen widerrechtlich verletzt, ist dem anderen zum Ersatz des daraus entstehenden Schadens verpflichtet.**

Die gleiche Verpflichtung trifft denjenigen, welcher gegen ein den Schutz eines anderen bezweckendes Gesetz verstößt. Ist nach dem Inhalte des Gesetzes ein Verstoß gegen dieses auch ohne Verschulden möglich, so tritt die Ersatzpflicht nur im Falle des Verschuldens ein.

Die Vorschrift des § 823 BGB ist im Wettbewerbsrecht von ganz besonderer Bedeutung. Im Rahmen seines Abs. 1 ist er — Verschulden und Widerrechtlichkeit vorausgesetzt — anwendbar, wenn man das Recht am eingerichteten und ausgeübten Gewerbebetrieb oder am Unternehmen als solchem und die ihm anhaftenden Rechte als „sonstiges Recht" (vgl. Anm. 14ff.) und im Rahmen seines Abs. 2, wenn man § 1 UWG als Schutzgesetz anerkennt (ständige Rechtssprechung BGH GRUR 52 S. 410 „Constanze I"; 56 S. 213 „Wirtschaftsarchiv"; 63 S. 277 „Maris"; 65 S. 194 „VAT 69"). Ist sein Abs. 1 verwirklicht, so ist er subsidiär neben § 1 UWG anwendbar (ebenso Reimer-Gamm S. 22, B.-Hefermehl S. 75; a. A. offenbar Schramm in GRUR 73 S. 76). Er schließt seine Lücken wenn Fälle zur Entscheidung stehen, bei denen hingenommen werden muß, daß das Recht am Unternehmen Schutz vor allen schädigenden Einwirkungen nicht gibt (BGH GRUR 53 S. 277; 65 S. 194 „VAT 69"). Inwieweit solche zu dulden sind, bestimmen die Vorschriften und überhaupt das Wesen des Wettbewerbs, welches eine Beeinträchtigung und Schädigung von Rechten eines jeden Unternehmers regelmäßig mit sich bringt (vgl. Nipperdey NJW 57 S. 1777). Ebenso wie das Recht zur freien Meinungsäußerung, z. B. bei neutralen Warentests (BGH GRUR 57 S. 113), vor notwendigem Eingriff in einen eingerichteten und ausgeübten Gewerbebetrieb nicht Halt macht, so sind auf Wettbewerbshandlungen bei Überschneidungen der Gesetzesbestimmungen die Sondervorschriften und -Grundsätze des Wettbewerbsrechts anzuwenden (ähnl. BGH GRUR 62 S. 314 „Gründerbildnis"). § 823 ebenso wie §§ 8 26 und 1004 setzt im Gegensatz zu § 1 keine Handlung zu Wettbewerbszwecken voraus, noch nicht einmal Sittenwidrigkeit (über den Begriff vgl. Anm. 59ff.), wenngleich man hierzu allerdings einräumen muß, daß in der Regel jede unerlaubte Handlung zugleich sittenwidrig ist.

[24] Sittenwidrige (über den Begriff vgl. Anm. 59ff.) Wettbewerbshandlungen sind in der Regel zugleich rechtswidrig, weil sie unlautere, also auch unerlaubte Handlungen sind (allg. Meinung). Darüber aber, ob umgekehrt jede rechtswidrige Handlung gleichzeitig sittenwidrig ist, herrscht Uneinigkeit. Reimer (S. 56) bejaht dies, während B.-Hefermehl (S. 165) zutreffend rechtswidrige Wettbewerbshandlungen für vorstellbar hält, die nicht sittenwidrig sind, allerdings ohne konkrete Beispiele zu bringen. Man denke aber z. B. an Warenzeichenverletzungen, die auf Unachtsamkeit des Verletzers beruhen oder an Verstöße gegen Vorschriften des GWB. Sie können sittlich durchaus indifferent sein, sind aber dennoch rechtswidrig. Praktisch hat diese Unterscheidung insofern eine Bedeutung, als in solchen Fällen u. U. nur § 823 Abs 1 BGB zur Anwendung kommen kann, wenn man das Recht am Unternehmen als absolutes Recht anerkennt (vgl. oben Anm. 14), womit aber nicht jede Verletzung desselben unterbunden werden darf, denn die Verletzung des Rechts am Unternehmen ist dort nicht sittenwidrig, wo sie die Garantie der persönlichen und der Gewerbefreiheit oder den § 903 BGB beschneiden würde; ebenso ist sie solchenfalls auch nicht mehr rechtswidrig.

[25] Es kann deshalb die Beeinträchtigung eines Rechts (am Unternehmen) niemals unzulässig oder rechtswidrig sein, wenn sie von Vorschriften oder Grundsätzen des Wettbewerbsrechts für zulässig erachtet wird. Das Tatbestandsmerkmal der Widerrechtlichkeit wird mit Rücksicht hierauf ausdrücklich auch nur von § 823, nicht aber auch (ausdrücklich) von § 1 UWG gefordert, weshalb Verletzungen des § 1 UWG freilich dennoch widerrechtlich sind. Lediglich wegen der Fülle denkbarer Fälle einer rechtmäßigen Beeinträchtigung geschützter Rechtsgüter des § 823 mußte das Tatbestandsmerkmal der Rechtswidrigkeit hier besonders aufgenommen werden.

[26] Kommt eine Abwehrklage, weil z.B. nicht zu Wettbewerbszwecken gehandelt wurde, nur aus § 823 in Betracht, wird die Frage, ob und inwieweit die Beeinträchtigung hinzunehmen ist, nach den Grundsätzen der Güter- und Pflichtenabwägung bestimmt (BGH GRUR 63 S. 278 „Maris"; 65 S. 547 „Zonenbericht"). Hiernach muß das angewandte Mittel des Verletzers notwendig und unvermeidbar zur Erreichung eines gerechtfertigten Zieles sein, wobei von dem Grundsatz größtmöglicher Schonung des fremden Rechts auszugehen ist (ständige Rechtssprechung für viele: BGH GRUR 57 S. 496 „Spätheimkehrer"). Doch die wahrgenommenen Interessen müssen auch berechtigte sein (BGH a.a.O.), wozu auch die Legitimation des Verletzers zur Wahrnehmung solcher Interessen gehört. Nimmt der Handelnde keine berechtigten Interessen wahr, handelt er widerrechtlich und verletzt § 823 Abs. I (BGH GRUR 69 S. 624ff. „Hormoncreme"). Das ist natürlich nicht bei lauteren Wettbewerbshandlungen der Fall, mögen sie den Tätigkeitsbereich eines Unternehmers noch so sehr beeinträchtigen, was nach den Grundsätzen des freien Wettbewerbs zu dulden ist (BGH GRUR 70 S. 183 „Bierfahrer"). Bei geschäftsschädigenden Werturteilen und auch bei nachteiligen wahren Tatsachenbehauptungen kann unter dem Gesichtspunkt des unzulässigen Eingriffs in den eingerichteten und ausgeübten Gewerbebetrieb § 823 Abs. 1 BGB bei Widerrechtlichkeit und Verschulden mit allen seinen Anspruchsfolgen verletzt sein.

Auch die unberechtigte Schutzrechtsverwarnung ist ein unzulässiger Eingriff in den Gewerbebetrieb (st. Rspr. für viele: BGH 70 S. 254f. „Remington"), sowie unberechtigtes gerichtliches Vorgehen dieserhalb (BGH GRUR 63 S. 255 „Kindernähmaschine"), wenn mit ihr ein Unterlassungsanspruch geltend gemacht wird (OLG München GRUR 70 S. 46), nicht dagegen die Verwarnung eines Warenzeichenanmelders mit der Aufforderung zur Rücknahme der Anmeldung wegen Art. 5 BGG (BGH GRUR 69 S. 479ff. „Colle de Cologne"); wohl aber der Boykott aus sittlichen, religiösen und sonstigen Gründen, wenn er nicht durch Wahrnehmung berechtigter Interessen und nicht dadurch gedeckt ist, daß er sich auf das notwendige mildeste Maß beschränkt (BGH GRUR 64 S. 77ff. „Blinkfüer").

[27] Wer in der Schußlinie der **öffentlichen freien Meinungsbildung** steht, muß mit entsprechender Kritik und Angriffen auf sein Unternehmen von vorneherein

rechnen; was insbesondere für die Presse gilt. Das Recht zur öffentlichen Bekämpfung ihrer Meinung ist Bestandteil der freiheitlichen demokratischen Rechte des Art. 5 BGG, mit der der Institution des unzulässigen Eingriffs in das Recht am eingerichteten und ausgeübten Gewerbebetrieb Grenzen gesetzt sind. Hier ist bei der Annahme rechtswidriger Handlungen des Störers Zurückhaltung zu üben (BGH GRUR 66 S. 693 „Höllenfeuer" Kath. Wochenzeitschrift über Konfessionshetze des „Stern").

[28] Auch das **allgemeine Persönlichkeitsrecht** jeder Einzelperson unterliegt dem Schutz des § 823 Abs. 2. Als Teile desselben sind die hier interessierenden Rechte auf Unantastbarkeit der Privatsphäre (Schutz vor heimlicher Aufnahme auf Tonbändern BGH 58 S. 615 „Tonbandaufnahmen"; Veröffentlichung von heimlich oder unlauter beschafften Briefen, auch Geschäftsbriefen BGH GRUR 62 S.108 „Waffenhändler", Verfälschung des Lebensbildes eines Verstorbenen BGH 68 S. 552 „Mephisto") zu erwähnen. Eine Verletzung des Persönlichkeitsrechts kann nach BGH GRUR 73 S. 552 „Briefwerbung" auch in der Versendung eines individuell gestalteten Werbebriefs liegen, wenn sie trotz Widerspruchs des Empfängers erfolgt, wenn die Aussonderung der Anschrift desselben ohne erheblichen Zeit- und Kostenaufwand möglich ist. Wohl eine Überspitzung der freiheitlichen Persönlichkeitsrechte des Individuums. Denn verkehrsüblich schädigende nicht wettbewerbswidrige Handlungen berühren den Schutzbereich eines Rechts nicht und können nicht rechtswidrig sein.

[29] Stets muß — im Gegensatz zu § 1 UWG — **unmittelbar** in das verletzte Recht eingegriffen worden sein (BGH GRUR 52 S. 410 „Constanze I"; Bd. 7 S. 34; GRUR 57 S. 494ff. „Spätheimkehrer"; 65 S. 194f. „VAT 69"), mittelbare Eingriffe bleiben außer Betracht. Die Abgrenzung zwischen Mittelbarkeit und Unmittelbarkeit bei Eingriffen in das Unternehmen läßt sich mit dem Begriff der **Betriebsbezogenheit** des Eingriffs ziehen, was so viel heißt, daß der Eingriff in seiner Zielsetzung gegen das Unternehmen gerichtet sein muß. Unzulässig wird er sodann aber erst, wenn er auch rechtswidrig ist, was nach den Grundsätzen der Güter-, Interessen- und Pflichtenabwägung (s. Anm. 25) zu bestimmen ist. Die Stromunterbrechung infolge fahrlässiger Stromkabelbeschädigung durch Tiefbauunternehmer löst mangels Betriebsbezogenheit keine Ansprüche des mit Stromausfall betroffenen Unternehmers aus (BGH NJW 59 S. 1423).

Da Beeinträchtigungen des Unternehmens als natürliche Folge erlaubter Handlungen von anderen Rechtsträgern (nämlich z.B. auch die frei geäußerte Meinung eines Privatmannes über die minderwertige Leistung eines Unternehmers gegenüber seinem Freund) insbesondere von Mitbewerbern hingenommen werden müssen (BGH GRUR 60 S. 243 „Süßbier"; 63 S. 277 „Maris"; 66 S. 633 „Teppichkehrmaschine") — vgl. Anm. 26 —, ja auch unerlaubter Handlungen, wenn diese nicht betriebsbezogen sind — vgl. Anm. 29 —, sind bei ihnen eine gegenständliche, rechtswidrige Zielrichtung und rechtswidrige Willensrichtung erforderlich, damit sie im Sinne des § 823 Abs. 1 unzulässig werden. (Über Rechtswidrigkeit vgl. Anm. 51). Dabei hat letztere der ersteren zu entsprechen (RGR S. 693 lit. f.).

[30] § 823 Abs. 2 kann zur Anwendung kommen, wenn ein **Schutzgesetz** verletzt wird. Ein solches können nicht nur „Gesetze", sondern jede straf- und zivilrechtliche Rechtsnorm, Verordnungen und polizeiliche Vorschriften sein, gleichgültig, ob sie Verbote oder Gebote enthalten. Aber es genügt nicht, wenn es nur dem Schutz der Allgemeinheit dient — sich über eine solche Vorschrift zur Erlangung eines wettbewerblichen Vorteils hinwegzusetzen, kann freilich im Sinne des § 1 UWG wettbewerbswidrig sein —, sondern es muß mindestens auch den Schutz des Einzelnen oder eines bestimmten Personenkreises bezwecken, und zwar den wegen der behaupteten Verletzung in Anspruch genommenen Schutz (BGH Bd. 46 S. 23; GRUR 62 S. 159ff. „Blockeis I"). Anspruchsinhaber kann also nur sein, wer zu dem Kreis der geschützten Personen gehört und nur wegen eines Schadens an dem Rechtsgut, dessen Schutz die verletzte Rechtsnorm (Gesetz, Verordnung etc.) bezweckt (BGH GRUR 58 S. 86 „Ei-fein").

Als Schutzgesetze werden u.a. anerkannt: ArzneimittelGes zum Schutze der Allgemeinheit und der Apotheker (BGH GRUR 57 S. 355 „Spalttabletten"), § 64 GmbHGes zum Schutze der Gläubiger (BGH Bd. 29 S. 100), § 26 Abs. 2 GWB (BGH GRUR 62 S. 263 „Gummistrümpfe"), § 22 KunstschutzGes zum Schutze des Rechts am eigenen Bilde (RG JW 29 S. 2257), ZugVO (BGH NJW 56 S. 911), § 10 Bayer. PresseGes (Bay. OLG 58 S. 193). Ob § 823 Abs. 2 auch bei Verletzung von Schutzvorschriften des UWG selbst z.B. § 3 oder 13 Abs. 2 anwendbar ist, ist strittig; verneinend B.-Hefermehl S. 243 und RG GRUR 40 S. 375ff., weil die Normen des UWG bei Verletzung die Ansprüche selbständig und erschöpfend regeln; bejahend Dieter Reimer S. 366 und BGH GRUR 55 S.351 „Gema". Richtig wohl B.-Hefermehl, weil das UWG Vorschriften sui generis enthält, dessen Lücken § 823 Abs. 2 nur zu schließen hat. Durch die Neuregelung der Zuständigkeitsbestimmung des § 24 Abs. 2 ist dieser Meinungsstreit praktisch bedeutungslos geworden.

[31] **§ 826 BGB. Wer in einer gegen die guten Sitten verstoßenden Weise einem anderen vorsätzlich Schaden zufügt, ist dem anderen zum Ersatze des Schadens verpflichtet.**

Diese Vorschrift hat wegen des Erfordernisses einer vorsätzlichen sittenwidrigen Schadenszufügung einen nur eng gesteckten Anwendungsbereich und durch die Schaffung der Generalklausel des § 1 UWG seine einstige Bedeutung für das Wettbewerbsrecht nahezu völlig verloren. (Näheres auch zu § 824 BGB s. Anm. 2ff. zu § 14). Beide Vorschriften haben teils dieselben teils andere Voraussetzungen, so daß sich ihr Anwendungsbereich überschneidet. Schon ihre Begriffe der guten Sitten stimmen nicht überein, was die Folge der Unterschiedlichkeit der Tatbestandsmerkmale beider Vorschriften ist, nach denen unterschiedliche Handlungen zu werten sind. § 1 UWG fordert ein Handeln „im geschäftlichen Verkehr zum Zwecke des Wettbewerbs“ (Begriff vgl. Anm. 4), so daß er auf Handlungen außerhalb des geschäftlichen Verkehrs und/oder ohne Wettbewerbszweck nicht angewandt werden kann. § 826 BGB fordert für seine Anwendbarkeit diese Tatbestandsmerkmale nicht, dagegen aber einen Schadenserfolg, den § 1 UWG für den Unterlassungsanspruch wiederum nicht verlangt. Freilich wird die Anwendbarkeit des § 826 BGB nicht dadurch ausgeschlossen, daß die sittenwidrige Handlung im geschäftlichen Verkehr zu Wettbewerbszwecken begangen worden ist, vielmehr kann er solchenfalls bei Verwirklichung seiner Tatbestände neben § 1 UWG wie natürlich auch neben § 823 BGB Anwendung finden. Während § 826 Vorsatz fordert, Fahrlässigkeit genügt nicht, wohl aber dolus eventualis (BGH GRUR 53 S. 290 „Fernsprechnummer“, 387 „Konservendosen“), begnügt sich § 1 UWG zumindest schon mit leichter Fahrlässigkeit, wenn man nicht überhaupt die Meinung teilt, daß er gar kein Verschulden fordert, um auch Schadensersatzansprüche auszulösen (vgl. Anm. 49 ff.). Jedenfalls decken sich die Vorschriften auch in dem Verschuldenstatbestand nicht und legitimieren schon deshalb mitunter verschiedene Kläger. Ein Interessenverein z. B., der durch die unlautere Wettbewerbshandlung eines anderen nicht selbst geschädigt wird, kann nicht aus § 826 BGB, wohl aber gemäß § 13 Abs. 1 aus § 1 UWG, wenn auch nicht auf Schadensersatz, so doch auf Unterlassung klagen (so seit RGZ 79 S. 415; 101 S. 1 allg. Meinung). Wenn nicht zu Wettbewerbszwecken gehandelt wird, ist wiederum ein Anspruch aus § 1 UWG nicht für den unmittelbar Verletzten, dagegen aus § 826 BGB denkbar. Aber § 1 UWG schließt die Anwendbarkeit des § 826 BGB nicht aus. Bei Erfüllung der tatbestandlichen Voraussetzungen beider Gesetzesbestimmungen können beide nebeneinander angewandt werden. Unterliegt es einem Zweifel, ob z. B., wie es § 1 fordert, die sittenwidrige Handlung im geschäftlichen Verkehr zu Zwecken des Wettbewerbs vorgenommen worden ist, so kann jedenfalls § 826 BGB angewandt werden, wenn seine Tatbestandsvoraussetzungen bei vorsätzlichem Handeln erfüllt sind (RGZ 77 S. 433; 106 S. 256) und gegebenenfalls auch § 823 BGB, so daß eine weitere Prüfung des Sachverhalts überflüssig wird.

[32] Jegliche Ansprüche nach diesen Vorschriften setzen ein Verschulden des Verletzers voraus, sei es Vorsatz (§ 826) oder zumindest Fahrlässigkeit §§ 823, 824 im Gegensatz zu § 1 UWG, der für den Ersatzanspruch nach seinem Wortlaut kein Verschulden, aber nach st. Rechtssprechung (s. Anm. 49 ff.) ein solches zwar fordert, jedoch geringsten Verschuldensgrad genügen läßt.

[33] § 1004 BGB **(1) Wird das Eigentum in anderer Weise als durch Entziehung oder Vorenthaltung des Besitzes beeinträchtigt, so kann der Eigentümer von dem**

Störer die Beseitigung der Beeinträchtigung verlangen. Sind weitere Beeinträchtigungen zu besorgen, so kann der Eigentümer auf Unterlassung klagen.

(2) Der Anspruch ist ausgeschlossen, wenn der Eigentümer zur Duldung verpflichtet ist.

Auch § 1004 hat gegenüber den Vorschriften des UWG nur subsidiäre Bedeutung und wird zur Schließung von Lücken des UWG analog angewandt. Während die §§ 823, 824, 826 dem Verletzten Schadensersatzansprüche geben, schafft § 1004 Unterlassungsansprüche gegen den Störer. Geschütztes Rechtsgut ist wie bei § 823 Abs. 1 jedes absolute Recht, wozu auf das Wettbewerbsrecht übertragen, auch der eingerichtete und ausgeübte Gewerbebetrieb, das allgemeine Persönlichkeitsrecht (BGH GRUR 58 S. 615 „Tonbandaufnahme"), die Rechte am eigenen Bild und das Recht auf persönliche Ehre (BGH Warn 65 Nr. 224) gehören. Der Anwendungsbereich des Abwehranspruchs des § 1004 deckt sich mit dem der UWG-Vorschriften insofern nicht, als letztere (§ 1 UWG) nur zu Zwecken des Wettbewerbs unternommene Handlungen betreffen, für die Sittenwidrigkeit vorausgesetzt wird, während § 1004 BGB sich gegen jede rechtswidrige Beeinträchtigung richtet, Tatbestandsmerkmale der Sittenwidrigkeit und des Wettbewerbszwecks aber nicht fordert. Da nicht jede Beeinträchtigung eines Unternehmens wettbewerbsrechtlich rechtswidrig ist (niemand hat Anspruch z.B. auf Unantastbarkeit seines Kundenstammes), sind der analogen Anwendung des § 1004, der unmittelbar nur das Eigentum schützt, Grenzen gesetzt, die nicht uferlos gesprengt werden dürfen, was z.B. bei der Entscheidung BGH GRUR 70 S. 190 „Fotowettbewerb" (Erstattung von Abmahnungskosten eines Vereins zur Bekämpfung unlauteren Wettbewerbs) geschehen ist (ähnlich B.-Hefermehl S. 210). Über Unterlassungs- und Abwehransprüche vgl. Anm. 238ff. 230ff.

[34] Verhältnis zum Warenzeichenrecht. Das Warenzeichenrecht ist als Ausschnitt aus dem Wettbewerbsrecht nur ein Bestandteil desselben (st. Rspr. vgl. RGZ 100 S. 25; 106 S. 254; 111 S. 192; MuW 26 S. 256; GRUR 1942 S. 174; BGH GRUR 54 S. 347 „Strahlenkranz"; 55 S. 92 „Römer"; B.-Hefermehl S. 59, Reimer S. 71 und allg. Meinung der Literatur).

Das bedeutet, daß *zeichenrechtliche* Fragen unter dem beherrschenden Gesichtspunkt des materiellen Wettbewerbsrechts entschieden werden müssen. Der Schutz eines Warenzeichens muß daher dort seine Grenze finden, wo seine weitere Ausdehnung zu einer unbilligen Beschränkung der wettbewerblichen Betätigung der Mitbewerber führen würde (BGH GRUR 55 S. 92 „Römer"). Das Recht zum Gebrauch eines Warenzeichens kann wettbewerbsrechtlich zu mißbilligen sein, wenn es zu schweren Beeinträchtigungen führt und die gebotene und zumutbare Rücksichtnahme auf die Rechte anderer (auch jüngerer) Zeicheninhaber vermissen läßt (BGH GRUR 58 S. 235, bei planmäßiger Entwicklung eines Vorratszeichens zur berühmten Marke). Schon der Erwerb eines Warenzeichens kann wettbewerbswidrig sein (BGH GRUR 67 S. 490 „Pudelzeichen"), ebenso das Vorgehen aus einem solchen, wenn es in Kenntnis der Vorbenutzung angemeldet und beabsichtigt war, seinen Weitergebrauch durch den Vorbenutzer unmöglich zu machen (BGH a.a.O. „Pudelzeichen“)! Nichts anderes gilt gegenüber ausländischen Zeichen (BGH GRUR 67 S. 298 „Modess“ und S. 305 „Siroset“), was aber wiederum auch gegenüber berühmten ausländischen Zeichen dann nicht gelten soll, wenn das Inlandszeichen rechtmäßig begründet wurde und keine besonderen (sittenwidrige) Umstände hinzukommen (BGH GRUR 70 S. 138 „Alemite“). Die Grenze des Zeichenschutzes liegt also dort, wo seine Inanspruchnahme allgemein-rechtlich rechtsmißbräuchlich und/oder wettbewerbswidrig ist und gegen § 1 UWG verstößt.

[35] Das UWG beschränkt jedoch nicht nur das Warenzeichenrecht, sondern ergänzt es auch. Mit seinem § 16 kann hinsichtlich des Namens, der Firma und der besonderen Bezeichnung eines gewerblichen Unternehmens ein Kennzeichenschutz jeweils dann gewährt werden (über die Voraussetzungen vgl. dort), wenn das WZG versagt. In besonderen Fällen, bei denen die Annäherung an ein nicht unter Sonderschutz stehendes fremdes Kennzeichen ohne hinreichenden Grund in der verwerflichen Absicht geschieht, Verwechslungen herbeizuführen oder den Ruf des Konkurrenten zu beeinträchtigen oder auszunutzen, kann eine Verletzung des § 1 UWG gegeben sein (BGH GRUR 63 S. 423 „coffeinfrei“; 69 S. 191 „halazon“). Bei Unternehmenskennzeichen kommt auch der Namenschutz des § 12 BGB in Betracht, und zwar auch, wenn ein Warenzeichenschutz für das Kennzeichen besteht. Die Verletzung des Namens eines Unternehmens kann auch ein unzulässiger Eingriff in dasselbe sein und Ansprüche nach § 823 Abs. 1 auslösen (vgl. hierzu Erl. zu § 16). Die Verletzung eines Kennzeichens ist also unter vielen rechtlichen Gesichtspunkten zu beurteilen, womit jedoch dem formellen Warenzeichenrecht nicht sein eigener besonderer Lebenskreis genommen wird. (Näheres hierüber s. Erläuterungen zu § 16).

[36] Insbesondere bildet der Ausstattungsschutz des § 25 WZG eine breite Brücke zum UWG. B.-Hefermehl (S. 59) rechnet ihn, da er auf dem Moment der Verkehrsgeltung beruht, unmittelbar dem sachlichen Wettbewerbsrecht zu und spricht ihm — auch zutreffend — jede Zugehörigkeit zum förmlichen Zeichenrecht ab (Näheres zum Ausstattungsschutz vgl. Anm 38 zu § 16).

[37] **Ausstattungs-** (§ 25 WZG) und **Kennzeichnungsschutz** (§ 16 UWG) setzen *Verkehrsgeltung* bzw. Anerkennung als erworbenen Besitzstand voraus und fordern — im Gegensatz zum Warenzeichen— keine formelle Eintragung in der Warenzeichenrolle. Sie haben eine solche Registrierung auch nicht nötig, weil die für sie geforderte Verkehrsgeltung schon begrifflich verlangt, daß ein *beachtlicher Teil der beteiligten Verkehrskreise* sie sowieso allgemein als Herkunftszeichen kennt, daß ihre Bekanntheit also absolut ist, wodurch sie selbst zu einem wirklichen Ver-

mögensrecht wird (ebenso Reimer S. 404). **Ihr Kennzeichenschutz** beruht auf dank intensiver Arbeit gewohnheitsrechtlich anzuerkennendem *erworbenen Besitzstand* (Vgl. hierzu Anm. 38ff. zu § 16).

Mit diesen gesetzlich anerkannten Zeichenrechten wird faktisch zugleich berücksichtigt, daß die Dynamik des Lebens stärker ist als künstlich geschaffene Normen und daß sie es ist, die die Unzulänglichkeiten eines oft nur starren Formalschutzes in Wirklichkeit doch ausgleichen und überwinden muß.

[38] Auch die reine Herkunftsbezeichnung gibt nahe Berührungspunkte zwischen Warenzeichen- und Wettbewerbsrecht, sei es, daß man die örtliche oder stoffliche Herkunft oder die Bearbeitungsweise einer Ware bezeichnet. Für Parfüm und Champagner z.B. gelten die Erzeuger in Frankreich als führend. Obwohl eine solche Herkunftsbezeichnung nur eine wettbewerbliche Aussage (Angabe) ist, hat sie dennoch warenzeichenähnliche Funktionen insofern, als sie zwar nicht einen bestimmten Erzeuger, jedoch einen bestimmten Kreis von Erzeugern und infolge des allgemein positiven Rufs derselben eine Güte der Ware im Sinne der sog. Garantiefunktion deklariert. Eine falsche Herkunftsangabe läßt sich zeichenrechtlich nicht bekämpfen, dagegen — das WZG ergänzend — sehr wohl wettbewerbsrechtlich, und zwar nicht nur von den verletzten französischen Mitbewerbern meines Beispiels, sondern von einem jeden Mitbewerber. Das wirft die Frage auf, ob bei konkreten echten Warenzeichenverletzungen außer dem Inhaber des verletzten Zeichens nicht auch andere Mitbewerber verletzt sein können. Wer sich mit einem verwechslungsfähigen Zeichen, z.B. „Henkl“ mit seinem Sekt in den Ruf des berühmten Sekts der Marke „Henkel“ einhängt, schmarotzt nicht nur an dem Ruf des Inhabers des verletzten Zeichens „Henkel“, sondern verschafft sich auch vor seinen anderen Mitbewerbern (seiner Branche) einen ungerechtfertigten — weil sittenwidrigen — Vorteil. Die seit RG (DR 39 S. 235) gültige These, daß es der Auffassung jedes anständigen Kaufmanns widerspreche, sich ohne Not einer fremden Warenbezeichnung so zu nähern, daß hierdurch eine Verwechslungsgefahr entsteht, erstreckt sich also über den Schutz des verletzten Zeicheninhabers hinaus auch auf den Schutz aller Mitbewerber. Ein Ansatz zu dieser Lehre findet sich in der Entscheidung des BGH GRUR 63 S. 428 „coffeeinfrei“).

[39] Ob unlauterer Wettbewerb schon dann anzunehmen ist, wenn zwar subjektive Täuschungsabsicht, aber eine objektive Verwechslungsgefahr der Zeichen nicht gegeben ist (vgl. RG MuW 26 S. 181), mag fraglich erscheinen; vorsätzliche Zeichenverletzung ist jedenfalls immer zugleich ein Verstoß gegen § 1 UWG (RGZ 77 S. 433; 106 S. 254; und HRR 30 S. 1362). Das gleiche gilt auch, wenn lange nicht mehr gebrauchte Zeichen hervorgeholt werden, um unter Mißbrauch des formalen Zeichenrechts nur den Konkurrenten zu schädigen (z.B. Grammofox-Urteil RGZ 114 S. 360; Bärenstiefel MuW 26 S. 175; Goldina RGZ 111 S. 192; Typobar JW 27 S. 1569; Milchwunder GRUR 37 S. 1022; Heller Kopf

(GRUR 37 S. 306; BGH GRUR 55 S. 91 „Römer“; 58 S. 235). So ist der Fall denkbar, daß jemand durch unredliche Benutzung eines verwechslungsfähigen Zeichens das geschützte Zeichen eines anderen verletzt, der sich das gefallen läßt und später gegen diesen Verletzer wegen des inzwischen durch Verkehrsanerkennung begründeten Verwirkungseinwandes Unterlassungsansprüche nicht mehr durchzusetzen vermag. Auch wenn der Verletzer seinerseits gegen den Verletzten Unterlassungsansprüche nicht geltend machen kann, so kann er jedem anderen die Benutzung seines oder eines mit seinem verwechslungsfähigen Zeichens erfolgreich verbieten. Denn da die Rechtsprechung (RG GRUR 1943 S. 300, 345; BGH GRUR 63 S. 430 „Erdener Treppchen“) trotz ursprünglich sittenwidriger Wettbewerbshandlung dem Verletzten im Falle der Verwirkung ein Einschreiten in der Erwägung verwehrt, daß letzterer selbst dadurch einen für seinen Gegner wertvollen Besitzstand habe entstehen lassen, erkennt sie die Schutzwürdigkeit dieses sittenwidrig erlangten Besitzstandes sogar gegenüber dem Verletzten an, weshalb der Verletzer sein Zeichen nun auch Dritten gegenüber muß verteidigen können. Aber die Verletzung muß über längere Zeit widerspruchslos geduldet worden sein, so daß hieraus auf das Einverständnis des Verletzten hat geschlossen werden dürfen. Verwarnt der Verletzte ernsthaft und erhebt er alsbald Klage, dann ist nur sein vor der Verwarnung liegendes Verhalten für den Verwirkungseinwand des Verletzers zu beurteilen (vgl. hierzu auch Anm. 270, 293).

[40] Ähnlich wie zum Warenzeichenrecht ist das **Verhältnis des UWG zum Patent- und Gebrauchsmusterschutzgesetz.** Diese werden in ihren das Ausschlußrecht des Erfinders gewährleistenden Vorschriften von dem gleichen Schutzgedanken wie das WZG beherrscht, doch ist, anders als beim WZG, das UWG nicht anwendbar, wenn Patent- oder Gebrauchsmusterschutz bestehen, es sei denn, es liegt neben dem sonderschutzrechtlichen Tatbestand ein wettbewerblicher vor, für dessen Regelung das Patent- oder Gebrauchsmusterschutzgesetz versagen (ebenso K.G. GRUR 54 S. 322; BGH GRUR 54 S. 391; 57 S. 294; 66 S. 97 „Zündaufsatz“). Aber als Immaterialgüterrechte, die nach unserer Rechtsordnung anders als das Warenzeichen nicht begriffsnotwendig mit einem geschäftlichen Unternehmen verbunden zu sein brauchen, dem sie zu dienen hätten, bestehen die Rechte aus Patent- oder Gebrauchsmuster zunächst ohne Beziehung zum Wettbewerb und werden deshalb notwendig entsprechend geregelt. Beide Rechte entstehen erst mit ihrer behördlichen Erteilung; wird diese gar nicht erst nachgesucht, können sie niemals entstehen. Ihr Schutz ist derselbe ob sie wirtschaftlich ausgenutzt werden oder nicht, mögen sich die Ansprüche, die sich aus ihrer Verletzung ergeben, auch danach richtend gestalten (z. B. ob überhaupt ein Schaden und in welcher Höhe entstanden ist). RG MuW 32 S. 134; BGH GRUR 54 S. 337 (339 „Radschutz“); 57 S. 83 (84); 60 S. 232 „Feuerzeug“ (234); 63 S. 152 (154) „Rotaprint“; 64 S. 621 „grauer Markt“ und Hammann GRUR 61 S. 171 gestatten deshalb den sklavischen Nachbau einer patenfähigen Maschine, für die ein Patent nicht

besteht, weil es z.B. nicht nachgesucht worden ist, soweit der Nachbau nur die technisch funktionelle Seite berührt. Soweit nicht besondere wettbewerbliche Tatbestände hinzukommen (auch kein Gebrauchsmusterschutz besteht), ist das unbedingt richtig, weil ein Erfinderschutz nach dem klaren Willen des Gesetzgebers eben nur gegeben sein soll, wenn ein Patent auch wirklich erteilt ist, wenn man von dem eingeschränkten Schutz des § 5 PatG vor Eintragung absieht (über sklavischen Nachbau vgl. Anm. 92ff.).

[41] Grundsätzlich ist das UWG nicht anwendbar, wenn der Schutz von den Sonderschutzgesetzen ausschließlich geregelt wird, sei es daß sie ihn positiv gewährend oder ihn negativ ausschließend ausdrücklich regeln (ebenso B.-Hefermehl S. 549, Tetzner Vorbem. 17 zu § 1). Deshalb gilt für das **abgelaufene Patent** nichts anderes, mit dessen zeitlicher Schutzbeschränkung der Gesetzgeber dem Interesse der Fortentwicklung der Technik zugunsten der Allgemeinheit dienen wollte. Es liegen also andere Motive vor, als beim UWG, so daß zusammenfassend gesagt werden muß, daß das Patent- und Gebrauchsmusterschutzgesetz als Sondergesetze dem UWG vorgehen (ebenso jetzt auch B.-Hefermehl S. 548; Reimer S. 190). Deshalb ist auch nicht richtig, mit B-Hefermehl (S. 233) und Tetzner (S. 17) zu sagen, daß die Vorschriften des UWG ergänzend eingreifen. Bei Ausspähung, Verrat und sonstigen die Nachahmung begleitenden unlauteren Handlungen haben wir es mit den Sondervorschriften des UWG, also mit zusätzlichen, speziell wettbewerblichen Tatbeständen zu tun, die vom PatG und GebMG ungeregelt geblieben sind, welche sich ihre Regelung auch gar nicht erst zur Aufgabe gestellt hatten: (so jetzt auch B.-Hefermehl S. 549; v. Gamm. Wettbewerbsrecht S. 82).

[42] Das gleiche läßt sich von den Ansprüchen aus UWG im Falle einer **Patentberühmung** sagen, wo übrigens § 55 PatG sich wiederum eigens auf die Regelung der rein patentrechtlichen Folgen beschränkt (s. insbes. Anm. 27d) zu § 3, Anm. 13 zu § 14). Die inzwischen gegenstandslose Rechtsprechung (KG Bln. GRUR 48 S. 207 und LG Mainz, GRUR 50 S. 44) aus der ersten Nachkriegszeit vor Errichtung des Patentamtes, mit der trotz Fehlens eines Patentschutzes dem schuldlos schutzlosen Erfinder nur wegen der in der Nachahmung liegenden Ausnutzung dieser Schutzlosigkeit *wettbewerblicher* Schutz zugebilligt wurde, war in ihrer Begründung bedenklich, zumal die einfache Nachahmung als solche die keine gewerblichen Ausschlußrechte verletzt, wettbewerblich gerade grundsätzlich zulässig ist (vgl. Anm. 112 zu § 1). Anders OLG Hamburg (GRUR 50 S. 82), wo auf den wettbewerblich sittenwidrigen Tatbestand abgestellt wurde, der natürlich ohne weiteres durchgreift, da das PatG auch insoweit keine Anwendung findet.

[43] Ähnlich wie beim nachgeahmten Warenzeichen (vgl. Anm. 38) ergibt sich bei Patentverletzungen das Problem, ob außer dem in seinem Schutzrecht Verletzten auch ein anderer Mitbewerber wettbewerbsrechtlich verletzt sein kann. Indem er

sich über das Schutzrecht seines Inhabers rücksichtslos hinwegsetzt, durchbricht er die allen Gewerbetreibenden gesetzten Schranken des lauteren Geschäftsverkehrs und erlangt durch dieses sittenwidrige Verhalten einen ungerechtfertigten Vorsprung vor seinen Mitbewerbern, die sich an die allgemein gültigen Regeln der **Respektierung fremder Schutzrechte halten.**

[44] Verhältnis zum Kunstschutz- und Lit.-Urh.-Gesetz. Über das Verhältnis zwischen Urheber- und Wettbewerbsrecht s. auch Anm. 43ff. zu § 16 über den Titelschutz. § 1 UWG ist berufen, den Urheber vor wettbewerblich sittenwidrigen Handlungen, nicht aber die Urheberrechte als solche zu schützen und daher auch nicht etwa das Urhebergesetz zu ergänzen oder zu ersetzen (so richtig BGH GRUR 58 S. 404 „Lili Marlen"; 66 S. 506 „Apfel-Madonna"; dagegen noch unrichtig GRUR 58 S. 356 „Sherlock-Holmes"; ähnlich wie hier B.-Hefermehl S. 550, Tetzner S. 28; v. Gamm UrhRG Einf. Anm. 139). Die Nachbildung fremder Leistungsergebnisse urheberrechtlicher oder geschmacksmusterrechtlicher Art kann niemals unzulässig sein, wenn die Sondergesetze einen Schutz eigens z.B. wegen Schutzunfähigkeit oder Ablaufs der zeitlichen Schutzdauer nicht geben und keine außerhalb ihrer Tatbestände liegenden besonderen Umstände hinzutreten, welche dann aber allein etwaige Ansprüche auslösen. Den Urhebergesetzen ist als Sondergesetzen die Regelung *wettbewerblicher* Tatbestände nicht zur Aufgabe gestellt. Es gibt also aus einer Vorschrift des UWG wegen solcher Handlungen, die urheberrechtlich gestattet sind, keine Ansprüche. Wenn neue, andersartige Momente speziell wettbewerblichen Charakters hinzutreten, hat die Handlung nicht den Hintergrund einer Urheberrechtsverletzung sondern ist eine Wettbewerbshandlung eigener Art und ausschließlich als solche wettbewerbsrechtlich zu beurteilen, z.B. eine an sich zulässige Bearbeitung eines Werkes zu einem auf Verwechslung mit dem Original abgestellten wettbewerblichen Zweck, Faksimile-Ausgaben gemeinfreier Werke unter Beibehaltung des Original-Firmennamens, dessen sich der Originalverleger noch bedient, Übernahme von bekannten Romanhelden (Sherlock Holmes) in den Titel eines Films (unzulässig wegen Rufausbeutung) (BGH GRUR 58 S. 354 (356), ebenso das Blockieren eines bekannten urheberrechtlich geschützten Namens (Bambi) für wirtschaftliche Auswertung durch den Schutzrechtsinhaber, wenn ein Gewerbetreibender ihn für sich als Warenzeichen eintragen läßt (BGH GRUR 60 S. 144). Man denke auch an den Fall, daß jemand die Ausgabe eines freiwerdenden Werkes schon vorher für die Zeit nach Ablauf der Schutzfrist plant, vorbereitet und ankündigt (Gottfried Kellers Werke, RGZ 107 S. 277), oder Rundfunknachrichten zeitungsmäßig verbreitet. In diesen Fällen sahen RGZ 128 S. 330 und KG JW 29 S. 1251 Vorbereitungshandlungen, die den unverzüglichen Nachdruck sofort nach Ablauf der Schutzfrist ermöglichen sollten. Dies war nach dem LitUrhG gestattet, das nur die vorzeitige Vervielfältigung und Verbreitung verbietet, wurde aber wettbewerblich beanstandet, was ich für bedenklich halte (ebenso Tetzner S. 28).

[45] Soweit ein Verstoß gegen die guten Sitten des Wettbewerbs nicht vorliegt, ist § 1 UWG unanwendbar; derjenige, der sich des Werkes nur in den vom Urheber-Gesetz gesteckten Grenzen bedient, steht auf gesetzlichem Boden, und sein Handeln kann nicht verboten werden, mögen seine Berufsgenossen auch von ihrem persönlichen Standpunkt aus sein Vorgehen mißbilligen (RGZ 107 S. 281). Auch in dem Plagiat „Jung-Heidelberg" als Fortsetzung zu „Alt-Heidelberg" zeigten sich wettbewerbliche Momente, so daß das UWG angewandt werden konnte (KG GRUR 26 S. 441).

Ein urheberrechtlich geschützt gewesenes Werk ist mit seiner Freistellung (Ablauf) aus den Vorschriften des einschlägigen Urhebergesetzes grundsätzlich nicht wettbewerbsrechtlich geschützt. Denn da seine freie Benutzung gesetzlich eigens gestattet wird, wäre es ein Widerspruch (und gegen den ausdrücklichen Willen des Gesetzgebers), die Benutzung nun wettbewerbsrechtlich verbieten zu lassen. Das Urheberrecht würde überflüssig werden. Die besonderen wettbewerblichen Tatbestände (z.B. Täuschungshandlungen u. dgl.) haben mit dem Urheberrecht nichts zu tun. Gibt jemand ein gemeinfrei gewordenes Werk mit einem täuschenden Hinweis heraus, so daß der Eindruck erweckt wird, die Ausgabe stamme von dem alten Verleger, ist nicht die Verwertung des Werkes, sondern nur der täuschende Hinweis unzulässig; z.B. eine Struwwelpeter-Ausgabe unter der Bezeichnung „Der alte Struwwelpeter" herauszugeben, ist unzulässig, wenn es sich um eine billige und unschöne nur vermeintliche Verbesserung des alten Struwwelpeter handelt, so daß das Publikum getäuscht wird. Über den Titelschutz als enge Berührung zwischen Urheber- und Wettbewerbsrecht vgl. Anm. 44, 45 zu § 16.

[46] Zusammenfassend läßt sich also folgendes sagen: Grundsätzlich ist nur *Urheberrecht* anwendbar, insbesondere auch dann, wenn kein urheberrechtlicher Schutz besteht, das Wettbewerbsrecht also unanwendbar; anwendbar wird es nur insoweit, als besondere wettbewerbliche Tatumstände hinzutreten. Dies ist z.B. denkbar, wenn jemand das geschützte Werk eines anderen so sklavisch abdruckt, daß man es von der Originalausgabe nicht unterscheiden kann und mit dieser verwechseln muß. Dann kann verbotene Nachahmung und Irreführung des Verkehrs sowie u. U. auch Ausbeutung des fremden Rufes vorliegen (vgl. BGH GRUR 58 S. 354 (356 „Sherlock Holmes") und S. 402 (404) „Lili Marlen"). Bedenklich ist es, auf die Mühelosigkeit der Nachahmung und Ausbeutung sowie auf die Schädigung der wettbewerblichen Stellung des Nachgeahmten abzustellen, auch wenn das Leistungsergebnis beträchtliche Arbeit und Kosten verursacht (BGH Z 37 S. 1, 19f.; GRUR 66 S. 506 „Apfelmadonna"), weil alle diese Kriterien für sich allein betrachtet irrelevant sind, so daß auch die Unmittelbarkeit der Ausnutzung fremden Leistungsergebnisses ohne ins Gewicht fallende eigene Leistung selbst noch nicht unlauter ist. Denn die grundsätzlich zulässige Nachahmung nicht geschützter Erzeugnisse setzt schon begrifflich voraus, daß die Leistung des Nachahmens hinter der Leistung des Nachgeahmten zurücksteht. Zutreffend stellt deshalb BGH GRUR 70 S. 245 „Spritzgußengel" in ähnlich gelagertem Fall darauf ab, ob die Nachahmung (von Spritzgußengeln) den Verkehr täuscht oder nicht. Als Anspruchsberechtigte kommen nicht nur die Urheber der urheberrechtlich geschützten oder ungeschützten Werke sondern auch die Verleger wie überhaupt jeder in Betracht, der sich mit der Verwertung des Werkes befaßt. Sie alle stehen im wirtschaftlichen Wettbewerb und können deshalb ihre Ansprüche auch aus dem UWG verfolgen, soweit das von dem Sonderschutzgesetz nicht ausgeschlossen wird (ebenso B.-Hefermehl S. 60). Bei urheberrechtlich schutzunfähigem Werk kann die Handlung des Verletzers unbeschränkt nach den Vorschriften des UWG geprüft werden (st. Rspr.; BGH GRUR 52 S. 516ff. „Hummel-Figuren" 58 S. 354 (356) „Sherlock Holmes"). Zu beachten ist auch in diesem Zusammenhang wieder der allgemein gültige Satz, daß nach nunmehr einheitlicher Rechtssprechung (BGH a.a.O. „Hummel-Figuren" GRUR 53 S. 40 „Goldzack"; 54 S. 337 „Radschutz"; 60 S. 232 „Feuerzeug"; 63 S. 152 „Rotaprint"; 70 S. 245 „Spritzgußengel") nicht die Nachahmung eines mit Mitteln und Kosten erzielten ungeschützten Arbeitsergebnisses als solche unzulässig ist, daß aber „die planmäßige Annäherung an eigenartige im Verkehr bekannte Merkmale der Ware des Mitbewerbers die Nachahmung zu einer sittenwidrigen Wettbewerbshandlung" machen kann, wenn sie zur Täuschung des Verkehrs geeignet ist.

[47] **Verhältnis zum Geschmacks- und Musterschutzgesetz:** Während das Kunstschutz- und das Lit.-Urheber-Gesetz (§§ 25 bzw. 29) dem Urheber einen zu Lebzeiten unbefristeten Schutz gewähren (50 Jahre über den Tod des Urhebers hinaus), gleicht sich das Geschmacksmustergesetz in formeller Hinsicht wieder mehr dem Grundgedanken des Patentgesetzes an, jedoch mit dem Unterschied, daß das Geschmacksmuster ein Ausfluß des Urheberrechts ist. Ein Schutz nach diesem setzt die Anmeldung des Musters zur Eintragung in das Musterregister (wofür Neuheit und Eigentümlichkeit erforderlich) voraus. Genügt es den gestellten Anforderungen, so daß das Geschmacksmuster bewilligt werden kann, haben wir es hier wiederum bei Verletzung des sonach entstandenen Rechts mit Ansprüchen aus dem Geschmacksmustergesetz und nicht aus § 1 UWG zu tun, der freilich gleichfalls bei Hinzutreten wettbewerblicher Tatbestände — aber nur dann — anzuwenden sein wird. Da § 1 UWG die Ansprüche aus den Sondergesetzen niemals ersetzen oder ergänzen kann, sondern immer besondere wettbewerbliche Tatbestände voraussetzt, muß bei Untergang oder Verzicht auf solchen sondergesetzlichen Schutz (z. B. durch Nichtanmeldung, Nichterneuerung) der Verletzte außerwettbewerblich grundsätzlich schutzlos sein, wie die bereits zitierten Entscheidungen des BGH (a.a.O. „Hummel-Figuren", „Goldzack", „Radschutz", „Feuerzeug", „Rotaprint" „Spritzgußengel") deutlich erkennen lassen. Auch mit §§ 823, 826 BGB kommt der Verletzte hier nicht ohne weiteres voran (über sklavischen Nachbau s. Anm. 92ff.). Als solche wettbewerblich sittenwidrige Sondertatbestände kommen wieder irreführende Nachahmung, vermeidbare Täuschung des Verkehrs, plan-

mäßige Annäherung an eigenartige im Verkehr bekannte Merkmale usw. (vgl. Anm. 15) in Betracht. Ein nicht verlängertes Geschmacksmuster kann durch Verkehrsgeltung Ausstattungsschutz erreicht haben; dann wird es vor Nachahmung nicht mehr durch das GeschmMG sondern durch § 25 WZG und u.U. durch § 1 UWG geschützt. Unter diesen Voraussetzungen kann der Schutz des § 1 UWG — bei ausnahmsweise gegebenem rechtlichen Bedürfnis im Einzelfall — schon während Bestehens des Geschmacksmusterschutzes ergänzend eingreifen (BGH GRUR 66 S. 97 „Zündaufsatz"). Die geschmacksmusterrechtlichen Merkmale der Neuheit und Eigentümlichkeit allein rechtfertigen eine Anwendung des § 1 UWG niemals (BGH a.a.O.).

[48] **Verhältnis zum Gesetz gegen Wettbewerbsbeschränkungen (GWB).** UWG und GWB haben gemeinsam das Ziel, den echten Leistungswettbewerb (vgl. Anm. 12) zu fördern, gehen hierbei aber verschiedene Wege, die sich teilweise überschneiden und teilweise widersprechen. Das strikte Gebot der Lauterkeit beschränkt den freien — freilich nur den sittenwidrigen, zügellosen — Wettbewerb und stellt sich damit scheinbar gegen das Postulat des GWB, daß die Freiheit des Wettbewerbs unantastbar sei. (Daß durch staatliche Monopolunternehmen — zum Schaden der Allgemeinheit auf Kosten der Leistungsqualität, über die diktatorisch entschieden werden kann — der freie Wettbewerb beschränkt wird, muß leider unerörtert bleiben, weil nicht zum Thema dieses Kommentars gehörig). So sind beide Gesetze voneinander abhängig und ineinander verzahnt (Ulmer-Reimer S. 22). In ihrem gemeinsamen oberen Ziel der Förderung echten Leistungswettbewerbs unterscheiden sie sich insofern, als das GWB es sowohl vom Interesse und zum Schutze der Allgemeinheit als auch vornehmlich von einem wirtschaftspolitischen Ausgangspunkt angeht, während das UWG den echten Leistungswettbewerb zwar auch im Interesse der Allgemeinheit aber nur secundär, vorwiegend jedoch zum Schutz der Mitbewerber unter- und voreinander zu fördern trachtet. Das Verbraucherinteresse zu wahren, war nicht die Aufgabe des Gesetzes, wie heute immer wieder fälschlich angenommen wird. Es wird vom UWG die einzelne, auf Gewinn gerichtete sittenwidrige Wettbewerbshandlung im Interesse der Mitbewerber bekämpft, vom GWB das Verhalten von Mitbewerbern, das die Aufrechterhaltung und Sicherung des freien Wettbewerbs gefährdet, sei es, daß ein solches Verhalten von einem Einzelnen, sei es, daß es von einer Vielzahl von Unternehmern ausgeht. Insoweit ergänzen sich freilich beide Gesetze und arbeiten Hand in Hand. Doch wo der freie Wettbewerb zur Vernichtung der Mitbewerber und schließlich zu Monopolen führt, verkehrt er sich in sein Gegenteil. Während solche Ergebnisse früher aus dem UWG selbst unter dem Gesichtspunkt der Sittenwidrigkeit mißbräuchlich gehandhabter Machtzusammenballung (RGZ 134 S. 355) bekämpft wurden, setzt heute das GWB ein. Seinem Anwendungsbereich zur Verteilung und Herstellung eines möglichst weiten Feldes für den freien Wettbewerb werden durch den Sittenwidrigkeitsbegriff des UWG Grenzen gesetzt; je strenger die guten Sit-

ten des Wettbewerbs, desto enger der Spielraum für die Anwendbarkeit des GWB, das die Freiheit nur des lauteren Wettbewerbs schützt. (Im einzelnen vgl. zu dieser Problematik und zur Geschichte des GWB Fikentscher „Wettbewerb und Gewerblicher Rechtsschutz" II 2; Dieter Reimer S. 21 ff.).

III. Verschulden — Rechtswidrigkeit

[49] Während für die Unterlassungsansprüche nach einstimmiger Ansicht der Literatur und Rechtsprechung bei Rechtsverstößen ein **Verschulden** nicht gefordert wird, wird sehr wohl ein solches aber für Schadensersatzansprüche verlangt. Die Rechtssprechung des RG (JW 26 S. 564; 27 S. 1104) setzte hingegen bei Verstößen gegen § 1 UWG auch für Schadensersatzansprüche ein Verschulden nicht voraus. (Anders die jetzt ständige Rechtsprechung des BGH GRUR 58 S. 593 „Ankerzeichen"; 60 S. 200 „Abitz II"; 63 S. 423 „coffeinfrei"; 67 S. 596 „Kuppelmuffenverbindung"; 73 S. 532 „Millionen trinken ..."), der diese Streitfrage aber vorübergehend in GRUR 55 S. 414 „Zahl 55"; und 57 S. 219 „Westenberg" ausdrücklich auch wieder offen gelassen hatte, und die herrschende Lehre: B.-Hefermehl S. 160; Tetzner S. 177; Reimer-v. Gamm S. 130, Reimer-Pastor S. 218; Ulmer-Reimer S. 103; v. Gamm „Wettbewerbsrecht" S. 278; Kraft „Interessensabwägung im Wbw" S. 144). BGH und h. L. meinen, daß es nach der deutschen Rechtsordnung eine Unmöglichkeit und überhaupt rechtspolitisch bedenklich sei, einen schuldlos handelnden Täter schadensersatzpflichtig zu machen. Wie Kraft und Tetzner a.a.O. einräumen, ist ihrer Ansicht aber der Wortlaut des § 1 UWG entgegenzuhalten, der eine unterschiedliche Tatbestandsvoraussetzung für Schadensersatz- und Unterlassungsanspruch nicht fordert. Tetzner bewilligt den Ersatzanspruch nach § 14 gleichfalls ohne Verschulden, wie (10. Aufl. S. 992) auch Hefermehl und jetzt wieder Reimer-v. Gamm (S. 463). Bei § 1 lassen sie aber nur für den Unterlassungsanspruch eine schuldlose Verwirklichung der Tatbestandsmerkmale genügen und fordern insoweit zutreffend weder Vorsatz noch Fahrlässigkeit. Der hier vertretenen Auffassung, daß § 1 UWG Schadensersatzansprüche auch ohne Verschulden gewährt (ebenso nur Rosenthal S. 103 und für Fälle der Putativabwehr Droste GRUR 51 S. 144), wird auch das Argument entgegengehalten, daß die sie rechtfertigende Berufung auf den Wortlaut des Gesetzes deshalb nicht durchgreife, weil der Gesetzgeber irrigerweise davon ausgegangen sei, eine sittenwidrige Handlung setze eo ipso Verschulden voraus (Kraft a. a. O.), was unrichtig ist (s. Anm. 80 und B.-Hefermehl S. 156). Demgegenüber ist auf die Kommissionsprotokolle der 1. und 2. Lesung hinzuweisen, nach denen das Reichsjustizamt die Tragweite der Gesetz gewordenen Fassung des § 1 erkannt und seine von der heutigen Rechtssprechung und Literatur identisch geäußerten Bedenken zur Diskussion gestellt hat, daß sich die Kommissionsmitglieder darüber aber hinweggesetzt und beschlossen haben, die objektive

Sittenwidrigkeit als Schuldmoment für den Ersatzanspruch ausreichen zu lassen und von dem Täter auch die Voraussehbarkeit eines Schadens eigens nicht zu fordern (vgl. S. 5f. und 53f. des Protokolls Nr. 1390/1907/08). Das ausreichende Moment lag nach der damaligen Vorstellung der Gesetzgeber schon in dem Mangel an innerer Bereitschaft oder auch nur Fähigkeit, die gültigen sittlichen Anschauungen in sich aufzunehmen. In der zutreffenden Vorstellung, daß jede sittenwidrige Handlung stets ein Schuldmoment in sich schließe, verzichtete man trotz der vom Reichsjustizamt erhobenen Bedenken bewußt darauf, für die Schadenszufügung ein besonderes Verschulden zu fordern (vgl. Bericht der 35. Kommission zur Vorberatung des UWG S. 54 der Drucksache Nr. 1390).

Ferner ist das Argument nicht richtig, daß das deutsche Rechtssystem eine Schadensersatzpflicht ohne Verschulden nicht kenne. Man braucht nur an die Grundsätze der Gefährdungshaftung zu denken, die im Nachbarrecht und in den verschiedensten Gesetzen und Verordnungen des Verkehrsrechts Niederschlag gefunden haben. Warum sollte der geschäftliche Verkehr nicht auch eine solche wettbewerbliche Gefährdungshaftung mit sich bringen können? Es scheint im Gegenteil, daß hier die Anwendung derselben Grundgedanken berechtigt ist. Nicht viel anders als ein Autobesitzer in den Straßenverkehr eingreift und allein hierdurch die anderen Verkehrsteilnehmer gefährdet, greift ein Unternehmen mit seinem Auftreten in das Geschäftsleben ein, um die Rechte seiner Mitbewerber im Wettbewerb ständig gefährdend anzugreifen. Da dies bis zu einem gewissen Grade — genauso wie im Straßenverkehrsrecht — zulässig ist, läßt sich für den Teilnehmer am wettbewerblichen Verkehr die Grenze der Zulässigkeit seines Verhaltens subjektiv oft gar nicht mehr erkennen. Er hat zu ihm und seinen Belangen häufig nicht mehr die hierfür erforderliche innere Distanz, deren er nicht ermangeln würde, wenn er gar nicht erst in das Wettbewerbsleben eingetreten wäre. Und dieser Eintritt in den geschäftlichen Wettbewerb muß das sonst im bürgerlichen Recht für einen Schadensersatzanspruch geforderte Verschulden ersetzen. Im Falle der Putativabwehr stimmt auch Droste (GRUR 51 S. 144) der Gewährung von Schadensersatzansprüchen ohne Rücksicht auf Verschulden zu (a.M. B-Hefermehl S. 253). Da eine Verletzung des § 1 UWG ebenso wie eine Verletzung der StrVO immer die Verletzung eines Schutzgesetzes i. S. des § 823 Abs. 2 bedeutet, ohne daß im letzteren Falle Satz 2 (Ausschluß der Schadenshaftung bei fehlendem Verschulden) Anwendung fände, ist nicht einzusehen, warum bei § 1 UWG anderes gelten soll, der als Spezialvorschrift vorgeht und unmittelbar heranzuziehen ist. Wenn Kraft a.a.O. einwendet, daß einer Übertragung dieses Prinzips auf das Wettbewerbsrecht nichts entgegenstünde, sofern hier die Interessenlage gleich, zumindest sehr ähnlich sei, wie bei den anderen Tatbeständen der Gefährdungshaftung, wovon aber nicht gesprochen werden könne, weil der Wettbewerb seiner Natur nach regelmäßig eine Schädigung der Mitbewerber mit sich bringe — so ist dem entgegenzuhalten, daß gerade die nachbarlichen Einrichtungen im Sinne des § 16 Gew.O ebenfalls mit der Folge der Gefährdungshaftung des § 26 Gew.O eine Beeinträchtigung und Schädigung des Nachbarn wesensmäßig mit sich bringen. Hier nimmt die Rechtsordnung Schäden anderer Personen sehr wohl bewußt in Kauf (§ 26), was Kraft a. a. O. S. 145 verkennt. In der Erkenntnis solcher Unbilligkeit hat die Rechtsprechung auch den Aufopferungsanspruch entwickelt und Ersatz für Umsatzrückgang und Warenverschmutzung durch nahegelegenen Straßenbau zugesprochen (BGH MDR 71 S. 912). Oder man denke an den Widerrufsanspruch, der als Beseitigungsanspruch nicht nur ein quasi negatorischer, sondern auch ein Schadensersatzanspruch ist (vgl. unten Anm. 255f) und den Beklagten, bei allen Bemühungen, die Grenzen des Zumutbaren einzuhalten, hart treffen kann (z. B. erhebliche Inseratkosten und die Selbstbezichtigung in der Öffentlichkeit, unwahre Angaben gemacht zu haben). Ist gar ein öffentliches Interesse an der schadenbeseitigenden Richtigstellung durch Widerruf gegeben, das mitzuberücksichtigen wäre (BGH GRUR 72 S. 550 „Spezialsalz"), ist (nach allg. Meinung: B.-Hefermehl S. 223, Ulmer-Reimer S. 100) die Frage nach dem Verschulden des Täters nicht zu stellen.

Auch das Argument Ulmer-Reimer (Fußnote S. 45), daß **neuartige Wettbewerbshandlungen**, für die noch keine festen Rechtsgrundsätze entwickelt worden sind, nicht Schadensersatzansprüche auslösen dürften, wenn man sie schließlich als sittenwidrig erkennt, greift nicht durch, weil das auf einer Verkennung des Sittenwidrigkeitsbegriffs beruht. Es kommt sowieso stets auf die konkrete, als gut erkannte und gepflogene Sitte an, gegen die verstoßen wird (vgl. Anm. 78). Läßt sich eine *solche* nicht feststellen, ist die neuartige Wettbewerbshandlung nicht unzulässig. Es wäre aber unerträglich, wenn ein findiger Wettbewerber wegen der Neuartigkeit seiner Wettbewerbshandlung, wenn sie wirklich sittenwidrig ist, mit ihr angerichteten Schaden nicht zu ersetzen bräuchte.

Bei ungerechtfertigten Schutzrechtsverwarnungen stellt Reimer-v. Gamm (S. 463) bei fehlendem Verschulden des Verwarnenden für den dennoch zu bewilligenden Ersatzanspruch darauf ab, daß den Schutzrechtsinhaber mit dem normalen Betriebsrisiko auch das Risiko der Schutzrechtsauslegung treffe. Da aber der Verwarnte auf eine einfache Verwarnung hin nicht ohne weiteres Produktion und Vertrieb einstellen und das gesamte Risiko auf den verwarnenden Schutzrechtsinhaber ohne Mitverschulden abwälzen kann (BGH GRUR 63 S. 255 „Kindernähmaschinen"), läßt sich dieser Fall mit der herrschenden Lehre nicht mehr gerecht entscheiden. Soll der ungerechtfertigt Verwarnte das Risiko (um nicht durch Produktionseinstellung an seinem eigenen Schaden mitschuldig zu werden) der Entstehung einer Schadensersatzpflicht (nach Lizenzgrundsätzen) gegenüber dem (schließlich aggressiven) Verwarner allein tragen, womit nun er — ohne Rücksicht auf Verschulden — schadensersatzpflichtig würde?

Auch die §§ 16, 26 GewO. sprechen für die Richtigkeit der hier vertretenen Auffassung, bei denen die Rechtsprechung (RGZ 167 S. 26) den Grundsatz entwickelt hat, daß bei rechtswidrigen Eigentumsverletzungen Schadensersatzansprüche ohne Rücksicht auf Verschulden entstehen können. Die Richtigkeit dieser These wird auch nicht dort zweifelhaft, wo der Verstoß gegen die guten Sitten erst darin liegt, daß der Täter bewußt oder absichtlich handelt, denn in diesen Fällen gehört die Frage nach dem Verschulden zur Prüfung des Tatbestandsmerkmales der Sittenwidrigkeit. Auch ändert sich nichts an dieser These dadurch, daß Schadensersatz selbstverständlich auch bei Verschulden zu leisten ist. Die hier allein neben Rosenthal (S. 103) vertretene, allgemein abgelehnte Meinung erscheint deshalb richtig. Letztlich sind die Interessen des schuldlos Handelnden nicht schutzwürdiger als die Interessen des Verletzten, der schuldlos Schaden nimmt, so daß zumindest unter gerechter Abwägung der beiderseitigen Interessen analog zur Rechtsprechung zum Aufopferungsanspruch ein Entschädigungsanspruch anerkannt werden sollte.

[50] Die praktische Bedeutung der hier behandelten Streitfrage ist allerdings insofern gering, als die **Rechtssprechung** in Erkenntnis der rücksichtslosen Grundhaltung jedes Wettbewerbers, den Gegner zwecks eigenen Überlebens niederzuzwingen, ohnehin in der Regel ein **Verschulden unterstellt,** wenn die objektive Sittenwidrigkeit der Handlung nur feststeht (BGH GRUR 60 S. 144 „Bambi"), ja auch schon dann — unter dem Gesichtspunkt der Fahrlässigkeit —, wenn sich der Verletzer zwar einen juristischen, aber keinen sachkundigen — welcher Laie kann das beurteilen? — Rat eingeholt hat RG GRUR 40 S. 379; BGH GRUR 57 S. 278 „Evidur"). Damit wird das fehlende Verschulden in Wirklichkeit durch Fiktion ersetzt, so daß die Praxis der hier vertretenen Ansicht faktisch stillschweigend folgt.

Sogar das Vertrauen auf eine verbreitete Rechtsauffassung schützt vor dem Schuldvorwurf nicht, wenn sie noch nicht gefestigt ist (BGH GRUR 54 S. 163 „Bierlieferungsverträge"). Noch weiter geht BGH GRUR 62 S. 466 („Festgeldanlage"), der für die Schadensersatzpflicht das Bewußtsein der Sittenwidrigkeit nicht mehr fordert, und BGH GRUR 67 S. 596 („Kuppelmuffenverbindung") wonach der Täter die Auswirkung seiner Werbeäußerung nicht zu kennen braucht. Die Rechtsprechung entwickelt sich also sowieso zur Unterstellung eines Verschuldens, indem im allgemeinen davon ausgegangen wird, daß denjenigen, der in Kenntnis aller Tatumstände objektiv rechtswidrig handelt — auch für den Wissensvertreter wird gehaftet (st. Rspr. seit RG 101 S. 408) — ein Verschulden trifft, das auch bei Irrtum des Täters nur in besonderen Ausnahmefällen auszuschließen ist (vgl. für viele: v. Gamm „Wettbewerbsrecht" S. 278). In der Tat wäre auch unerträglich, wenn man gegen denjenigen Mitbewerber keine Ersatzansprüche sollte geltend machen können, der seine Werbung einer erstklassigen Agentur überläßt und sich um diesen Tätigkeitsbereich seines Unternehmens nicht selbst kümmert. Für diesen Fall hat der Gesetzgeber zwar schon die Vorschrift des § 13 Abs. 3 geschaffen, doch zeigt gerade sie, da der Betriebsinhaber sich nicht (wie bei einer Haftung nach § 831 BGB) entlasten kann, daß der Gesetzgeber für die Schadensersatzhaftung im Wettbewerb die Feststellung eines Verschuldens nicht zur (sentimentalen) Voraussetzung machen wollte.

[51] **Rechtswidrig** ist grundsätzlich jeder Eingriff in eine fremde Rechtssphäre, der nach seiner Natur oder aus besonderen Gründen nicht erlaubt ist (st. Rspr. für viele: BGH GRUR 73 S. 90 (96) „Demonstrationsschaden"). Rechtswidrig heißt nichts anderes als „wider das Recht". Schon die Überschreitung der Grenzen des Erlaubten führt zur Rechtswidrigkeit. Deshalb hielt BGH GRUR 56 S. 214 („English Lavendel") schon die Warnung eines Verbandes vor unlauteren Werbemethoden eines Gewerbetreibenden für einen widerrechtlichen Eingriff in dessen Unternehmen, weil bei gebotener Abwägung der Pflichten des Verbandes die Warnung nach Inhalt, Form und Begleitumständen zur Erreichung eines rechtlich sogar gebotenen Zweckes objektiv nicht erforderlich, also nicht „gerechtfertigt" und deshalb wiederum nicht erlaubt war. Auch die nicht schuldhafte Verletzung eines fremden Rechts ist rechtswidrig, wenn ihr kein Rechtfertigungsgrund zur Seite steht (vgl. Staudinger Vorb. 81 ff. vor § 276, RGR Kom. Anm. 32 zu § 823). Eine Unterlassung kann widerrechtlich sein, wenn eine Pflicht zum Handeln besteht (z. B. beim Belieferungsboykott).

[52] Mithin ist auch jede unlautere Wettbewerbshandlung zugleich rechtswidrig (allg. Meinung). Doch ist deshalb nicht jede rechtswidrige Handlung eines Gewerbetreibenden zugleich sittenwidrig (z. B. die versehentlich zuungunsten des Käufers unrichtige Rechnungsstellung eines Einzelhändlers). Obschon nicht ausdrücklich — wie im Gesetz dazu in § 823 BGB — erwähnt, ist die Rechtswidrigkeit ein negatives, rein objektives Tatbestandsmerkmal des § 1 UWG. Es ist verwirklicht, wenn die Handlung tatbestandsmäßig ist und ein Rechtfertigungsgrund für sie nicht besteht, der bei Wahrnehmung berechtigter Interessen, z. B. zulässige Selbsthilfe, Notwehr oder Abwehr gegen unlauteren Wettbewerb eines anderen (vgl. Schönke S. 167) gegeben wäre.

[53] Ob die Widerrechtlichkeit ein Verschulden voraussetzt oder nicht, ist streitig geworden. Nach Nipperdey (NJW 67 S. 1991), Welzel (NJW 68 S. 425) in strafrechtlicher Hinsicht und BGHZ (NJW 57 S. 785) soll die Widerrechtlichkeit bereits das Urteil über den Unwert einer Handlung enthalten, was richtig ist, aber deshalb noch nicht die Aufnahme des Schuldmoments in die Begriffsdefinition erforderlich macht. Die neue Lehre geht davon aus, daß der Täter, um widerrechtlich gehandelt haben zu können, nicht nur den tatbestandsmäßigen Erfolg realisiert, sondern auch die im Verkehr erforderliche Sorgfalt außer acht gelassen haben müsse. Die Rechtsordnung könne nicht mehr als ein sozial-adäquates Verhalten fordern (Welzel a. a. O.); also könne nicht rechtswidrig handeln, wer die im Verkehr gebotene Sorgfalt habe walten lassen. Dem ist entgegenzuhalten, daß Unwert nicht mit Unrecht identisch ist und daß die Prüfung, ob die erforderliche Sorgfalt nicht oder sehr wohl beachtet worden ist, zur Frage nach dem Verschulden gehört, die in der Regel besonders zu stellen ist, (§§ 823, 824, 826) und mit der Rechtswidrigkeit nichts zu tun hat. Denn da die Vorschriften das Schuldmoment mit den ausdrücklich aufgenommenen Tatbestandsmerkmalen „vorsätzlich oder fahrlässig" zusätzlich fordern, hat der Gesetzgeber des BGB es mit dem Begriff der auch geforderten Rechtswidrigkeit allein im Gesetzestatbestand nicht manifestiert gesehen.

Die Kompromißlösung von Larenz („Schuldrecht" II S. 404), daß diese neue Lehre nur nicht für unmittelbare, noch im Rahmen des Handlungsablaufs liegende Einwirkungen in das Rechtsgut eines anderen gelte, befriedigt nicht, weil im täglichen Wettbewerb um die Gunst des Kunden gerade die mittelbaren Einwirkungen bedeutsam sind. Abgesehen davon, daß bei mittelbaren Einwirkungen auch nach dem Kausalzusammenhang zu fragen ist, wenn die im Verkehr erforderliche Sorgfalt geübt wurde, worauf Thomas (Anm. 7A zu § 823) zutreffend hinweist, ist das sozialadäquate Verhalten hinsichtlich der Schuldfrage auch indifferent, weil man sich sozialadäquat verhalten und dennoch ein Rechtsgut verletzen kann, was dann eben objektiv rechtswidrig ist, wenn die Handlung nicht erlaubt war. Auch wer schuldlos bei völlig freier Kreuzung infolge Sonneneinstrahlung unrichtig glaubt, daß statt des roten das grüne Verkehrslicht aufscheine und die Straße überquert, handelt rechtswidrig, auch wenn das keine Folgen zeitigt.

[54] Für § 1 UWG und § 826 BGB stellt sich das vorstehende Problem nicht, weil hier auf die Sittenwidrigkeit abgestellt wird, die sowieso immer rechtswidrig ist, sowie für § 823 Abs. 2 BGB nicht, der einen Verstoß gegen ein Schutzgesetz voraussetzt. Aber nach § 823 Abs. 1 BGB widerspricht jede adäquat verursachte Verletzung der dort genannten Rechtsgüter der Rechtsordnung, wenn sie widerrechtlich ist („Wer . . . widerrechtlich verletzt".) Deshalb ist aber nicht jeder Eingriff in das Recht am Unternehmen rechtswidrig (ebenso B.-Hefermehl S. 74), weil es infolge seiner Gemeinschaftsbezogenheit nicht gegen jede Verletzung geschützt ist. Schon seine Einbettung in die freie Marktwirtschaft, zu der auch die Wettbewerbsordnung samt dem GWB gehört, welches den Kampf der Unternehmer gegeneinander zu fördern zum Ziele hat (solange er lauter bleibt) und das weitere Ziel unserer Wettbewerbsordnung andererseits, die Erlangung einer unantastbaren Monopolstellung eines Unternehmens zu verhindern, schließt seine Unverletzlichkeit denknotwendig aus. Von hier aus zu erwartende Beeinträchtigungen sind als natürliche Folge erlaubter Handlungen der Mitbewerber hinzunehmen (BGH GRUR 63 S. 277 „Maris"), die Handlungen also nicht rechtswidrig, weil erlaubt.

[55] Erfolgt die Verletzung des Unternehmens nicht zu Wettbewerbszwecken, ist sie dagegen grundsätzlich rechtswidrig. Es ist von dem objektiven Unwert der Handlung auszugehen; die Handlung ist formell rechtswidrig. Hat der Täter einen Rechtsfertigungsgrund für sein Handeln, den er darzutun und zu beweisen hat, entfällt die Rechtswidrigkeit. Die Grenze zwischen gerechtfertigtem und ungerechtfertigtem Verhalten bzw. zwischen erlaubter und unerlaubter Beeinträchtigung eines Unternehmens ist flüssig und unter Berücksichtigung aller Einzelumstände nach den Grundsätzen der **Güter- und Pflichtenabwägung** zu erkennen (BGH GRUR 62 S. 108 „Waffenhändler"; a.a.O. „Maris"; 65 S. 547 „Zonenbericht"; 66 S. 693 „Höllenfeuer"). Ein Presseunternehmen mit großem Marktanteil muß sich wegen seines Einflusses auf die Meinungsbildung auch scharfe Angriffe gefallen lassen (BGH a.a.O. „Höllenfeuer"), wie auch Geschäftsunternehmen die Anprangerung ihrer Praktiken durch Rundfunk und Fernsehen bei besonderem Anlaß zur Unterrichtung der Öffentlichkeit wegen der Informationsaufgaben dieser Medien zu dulden haben (BGH GRUR 69 S. 304 „Kredithaie"). Aber die Medien sind wegen ihrer breiten Wirkung und des Vertrauens der Empfänger in ihre Objektivität zur strikten Sachlichkeit ihrer Sendungen verpflichtet (BGH a.a.O). Werden sie unsachlich, handeln sie rechtswidrig, gleichgültig ob die im Verkehr gebotene Sorgfalt geübt wurde.

[56] Gleiches gilt hinsichtlich der Rechtswidrigkeit bei Verletzung des Persönlichkeitsrechts, dessen Schutz allgemein anerkannt wird (vgl. B.-Hefermehl S. 87 und die dort zitierte Literatur) und das sich auch auf die wirtschaftliche Entfaltungs- und Betätigungsmöglichkeiten einer Person bezieht (BGH GRUR 62 S. 108 „Waffenhändler"). Während aber Verletzungen dieses Bereichs der Persönlichkeit im Rahmen der Rechtswidrigkeitsprüfung nicht anders als Verletzungen von Rechten am Unternehmen behandelt werden, gibt es hier noch die sog. Privat- und Geheimsphäre, die einen absoluten Schutz genießt (heimliche Aufnahme eines Bildes GRUR 57 S. 494; heimliche Tonbandaufnahme GRUR 58 S. 615; Verfälschung des Lebensbildes einer Person GRUR 58 S. 354, 68 S. 552 „Mephisto"). Die Persönlichkeitsrechte der **Privatsphäre** eines Menschen dürfen auch nicht unter Berufung auf die **Pressefreiheit** verletzt werden, was grundsätzlich rechtswidrig wäre, weil der verfassungsrechtliche Schutz des Persönlichkeitsbereichs dagegen steht (B. Verf.G NJW 71 S. 1645). Je mehr eine Person jedoch in die Öffentlichkeit tritt (sei es als Kaufmann, Wissenschaftler, Schauspieler, Politiker usw.), desto enger wird seine Privatsphäre, die absoluten Schutz genießt, und desto leichter ist er Angriffen ausgesetzt, die nicht als rechtswidrig zu gelten haben (BGH GRUR 62 S. 108 „Waffenhändler").

Stets muß die Beeinträchtigung als solche und in ihrer Art und Weise sachlich, wahr, geboten und/oder erlaubt sein, damit ihr das odium der Rechtswidrigkeit nicht anhaftet. Ohne daß das Verschulden des Täters wesentlich wäre, läßt sich mithin abschließend sagen, daß der Grad des Unwerts der Handlung die Rechtswidrigkeit derselben bestimmt (ähnlich B.-Hefermehl S. 74).

IV. Sittenwidrigkeit

[57] **Wider die guten Sitten des Wettbewerbs verstößt,** was dem Anstandsgefühl des verständigen und anständigen Durchschnittsgewerbetreibenden oder der mit der Werbung angesprochenen Verkehrskreise zuwiderläuft (vgl. BGH GRUR 55 S. 542 „Bestattungswerbung", 346 „Indeta"; Reimer S. 501; B.-Hefermehl S. 42; Tetzner S. 42; Ulmer-Reimer S. 38; v. Gamm „Wettbewerbsrecht" S. 73). Nach dieser Definition läuft dem Anstandsgefühl aller verständigen und anständigen

Durchschnittsgewerbetreibenden und des Publikums zuwider jede Übertretung einer stillschweigend entstandenen, tatsächlich (auch kodifiziert) bestehenden und als solche feststellbare Konventionalnorm (Kirchberger, „Unlauterer sittenwidriger und unerlaubter Wettbewerb" 1931 S. 10, 27, 50), womit die guten Sitten als stillschweigend entstandene, tatsächlich bestehende und feststellbare Konventionalnormen definiert sind. Fikentscher („Wettbewerb und gewerblicher Rechtsschutz" S. 108), Hubmann („Gewerblicher Rechtsschutz" S. 242), Kraft („Interessenabwägung und gute Sitten im Wettbewerb" S. 134) identifizieren den wettbewerblichen Begriff der guten Sitten mit dem bürgerlich-rechtlichen Begriff und wieder andere haben ihn mit dem Begriff von Treu und Glauben gleichgesetzt.

[58] Die Problematik des Sittenwidrigkeitsbegriffs, die die ganze Schwierigkeit der Generalklausel des § 1 UWG begründet, liegt nicht nur darin, daß er noch lebhaft diskutiert wird und umstritten ist und daß die bisher gefundenen Definitionen ihrerseits wieder definitionsbedürftige Begriffe enthalten, sondern auch hauptsächlich darin, daß er immer noch ein unbestimmter Rechtsbegriff ist (ebenso B.-Hefermehl S. 132) und einem ständigen Wandel unterliegt.

Ob der Richter den richtigen Maßstab dem „nationalsozialistischen" (RG Bd. 150 S. 5), international-sozialistischen (Ostblock) oder sozialen (B.-Hefermehl S. 132), oder dem herrschenden (BGH Bd. 10 S. 228) „Volksbewußtsein" oder der gegenwärtig vermeintlich herrschenden „Sozialmoral" (Enn-Nipperdey Allg. Teil § 191 I) zu entnehmen hat, bringt uns keinen Schritt weiter, weil das alles nur leere Schlagworte sind, die zur Verflachung statt zur Weiterentwicklung führen.

[59] Der Gesetzgeber spricht von **„Handlungen, die gegen die guten Sitten verstoßen"**, wobei Handlungen in einem Tun oder Unterlassen bestehen können und im geschäftlichen Verkehr zu Wettbewerbszwecken geschehen.

Der Begriff **„Sitte"** läßt sich definieren als: Herkommen, Gewohnheit, Brauch, d. h. als ein dauernd beobachtetes Verhalten. Die Sitte muß noch im Gebrauch sein; ist sie es nicht mehr, weil sie z. B. in Vergessenheit geraten ist, oder weil sich die Auffassung über ihre Zweckmäßigkeit, Nützlichkeit oder dgl. gewandelt hat, *war* sie Sitte und kann logischerweise nicht mehr „Sitte" *sein.* Auch die Unsitte ist noch Sitte. Erst wenn man weiß, was „gut" ist, kann man deshalb an das weitere Problem herangehen, wann im Wettbewerbsleben gegen die gute Sitte verstoßen wird.

„Gut" ist eine Wertungsnorm. Was als „gut" erkannt werden kann, hängt nicht nur vom Objekt, sondern auch von der Urteilsfähigkeit des dazu Berufenen (Richters) ab, dessen Erkenntnisfähigkeit bestimmend ist. Aber auch wenn dieser es zu einer hohen Erkenntnisfähigkeit gebracht hat, ist immer noch die Frage zu stellen, in welchem Weltbild er seine Höhe erreicht hat. Vom Standpunkt eines Katholiken kann gut sein, was ein Protestant verwerflich findet, woraus erhellt, daß schon der allgemeine Begriff der „guten" Sitte mit dem nach herrschender Lehre gegebenen Sinn der Sittlichkeit und Ethik nicht zu konkretisieren ist. Daraus ergibt sich weiter, daß der Wertmaßstab „gut" regelmäßig ganz subjektiv angelegt wird und zwar aus einer inneren Beziehung (Relation) des Wertenden zum Objekt, das bewertet werden soll.

Diese Verfahrensweise ist natürlich nicht richtig, weil der Gesetzgeber wegen des für die Rechtsanwendung nun einmal gegebenen Erfordernisses der Konkretisierbarkeit des Begriffes ganz sicher nur objektiv als „gut" zu wertende Sitten gemeint haben kann. Hier die richtige Relation zu finden, bereitet ungemeine Schwierigkeiten, weil der eigentliche, d.h. objektive Ausgangspunkt der Wertung bisher nicht gefunden worden ist. Bei Prüfung der Güte einer Sitte wäre zudem nicht nur ein objektiver Ausgangspunkt einzunehmen, sondern auch ein objektiver Maßstab und zwar auch der Allgemeinheit anzulegen, für die zu urteilen ist. Da der objektiv richtige Ausgangspunkt und auch der objektive Maßstab mit juristischer oder philosophischer Logik nicht gefunden werden können, muß man den ersten Kompromiß eingehen und unseren Kulturkreis zum Ausgangspunkt der Wertung machen, trotz des ständigen Flusses seiner Entwicklung und der sich hieraus ergebenden Unsicherheit, weil nichts Besseres da ist. Da Gesetzgeber und Rechtssprechung natürlich nur von ihrem Kultuikreis auszugehen vermögen, auf dessen Boden ihre Gedanken wachsen, dürfte der Ausgangspunkt für die Beurteilung der Güte einer Sitte juristisch allein so richtig festzustellen sein, womit zugleich die Relativität der „Güte" der Sitten eingeschränkt wäre. Eine weitere Einschränkung im Sinne von Abgrenzung des Ausgangspunktes der Wertung ergibt sich aus dem zu wertenden Gegenstand der Wettbewerbshandlung.

[60] In diesem Sinne spricht der Gesetzgeber von einem Verstoß gegen **„die"** guten Sitten, womit er nur die Sitten gemeint haben kann, die in seinem Kulturkreis Gültigkeit haben und als „gut" erkannt werden. Anders könnte er sie nicht „die" guten Sitten nennen. Folglich müssen ebenso wie „die" bürgerlich-rechtlichen guten Sitten der Allgemeinheit im Volksbewußtsein (ebenso Coing in Staudinger Anm. 3 zu § 138 BGB), „die" guten Sitten des UWG im Bewußtsein der Gewerbetreibenden als solche lebendig und feststellbar sein. Es kommt deshalb nicht darauf an, ob eine Sitte von höherer philosophischer oder religiöser, oder von der Warte eines besonders feinfühligen Menschen aus gesehen wirklich „gut" oder ethisch oder nur moralisch, oder ob sie vom Standpunkt eines verrohten Menschen schon „gut" ist. Jede Sitte kann „gut" sein. Maßgeblich ist immer nur die Feststellbarkeit einer geübten und als „gut" anerkannten Sitte (vgl. Godin GRUR 66 S. 128).

[61] Auf das **„Anstandsgefühl aller billig und gerecht Denkenden"** abzustellen **(so aber die st. Rspr.** des RG Bd. 80 S. 221; 150 S. 1; BGH GRUR 55 S. 346 „Indeta"), um den Gehalt der Sittlichkeit einzufangen, ist unrichtig, weil dieses Anstandsgefühl schon bei den verschiedenen Volksschichten unüberbrückbare Unterschiede aufweist und sich danach richtet, welchem Niveau ihr einzelner Vertreter angehört. Wer denkt billig und wer gerecht, nach wessen Gefühl soll entschieden werden? Das Gefühl entspringt der unbekannten Wesenheit des Menschen und ist deshalb nicht definibel (vgl. im Einzelnen Godin a.a.O.). Das Anstandsgefühl unterliegt zudem zu allen

Zeiten einem ständigen Wandel (Droste DB 56 S. 789; Tetzner S. 101). Es unterliegt ebenso dem ständigen Wandel wie die Konventionalnormen, die von ihm gesetzt werden, seine Ergebnisse jedenfalls sein sollten, ohne mit ihm identisch zu sein. (Während des 2. Weltkrieges hielt man in Deutschland z. B. für erlaubt, auf die Ausländereigenschaft eines Konkurrenten hinzuweisen, nicht aber etwa, weil die Spielregel, die dies früher verbot, abgeschafft war, wie die Forderung auf ihre Einhaltung nach Kriegsende beweist, sondern weil man das nicht mehr für unanständig hielt — also nur, weil sich das allgemeine Anstandsgefühl geändert hatte). Das Anstandsgefühl der Gewerbetreibenden weist schon bei verschiedenen Berufsständen Unterschiede auf — ja sogar in ein und derselben Branche — und richtet sich danach, welchem Niveau ihr einzelner Vertreter angehört. Was sich bei dem einen nicht ziemt, kann beim anderen tägliche Übung sein. (RG GRUR 36 S. 627 Kündigungshilfe der Versicherungsgesellschaften). Wessen Gefühl soll entscheiden? Sowie es nicht richtig wäre, Goethes Empfehlung im Tasso zu beachten („Willst Du genau erfahren, was sich ziemt, so frage nur bei edlen Frauen an"), so ist es auch gefährlich, es auf das Anstandsgefühl des Durchschnitts abzustellen; denn dieser ist meist ohne Niveau und deshalb nicht beispielgebend. In der Praxis läuft darum die Forschung nach dem Anstandsgefühl des Durchschnittsgewerbetreibenden leicht darauf hinaus, daß sich der Richter mehr oder weniger von seinem eigenen Gefühl leiten läßt, das sich naturgemäß von den Gefühlen nicht nur des Durchschnittsgewerbetreibenden, sondern auch von denen seiner eigenen Berufskollegen unterscheiden kann. Darauf ist auch die außerordentliche Unterschiedlichkeit der Beurteilung gleichgelagerter Wettbewerbsfälle durch verschiedene Gerichte zurückzuführen. Solange man diesem Übelstand nicht abzuhelfen vermag, behält das Recht seine wächserne Nase (Kreitmeir).

Die guten Sitten des Gesetzgebers des UWG haben also die Begriffe von Ethik, Moral und Sittlichkeit nicht immer zum Inhalt, sondern sie sind nur Sitten, die **tatsächlich geübt und allgemein als gut anerkannt werden.** (A. A. B.-Hefermehl S. 134; Ulmer Unl. Wb. I Nr. 62; Hubmann S. 242; Bußmann, die auf den Maßstab der Sittlichkeit nicht verzichten zu können glauben; ähnlich wie hier: Kraft a. a. O. S. 134). Das schnöde Streben nach übermäßigem Gewinn, das vom herkömmlichen bürgerlichen Moralbegriff als minderwertig erscheinen und sittlich negativ beurteilt werden kann, ist wettbewerbsrechtlich ganz sicher wertneutral und verstößt nicht gegen die guten Sitten des § 1.

[62] Der Unterschied zwischen den wettbewerblichen guten Sitten und den bürgerlich-rechtlichen liegt also in der Verschiedenheit der Sachgebiete, in der Verschiedenheit der maßgeblichen Verkehrskreise und in den objektbedingt bei ihnen herrschenden unterschiedlichen Sitten und Anschauungen begründet. Außerhalb des Wettbewerbslebens stehende Durchschnittsmenschen haben andere Sitten und Gebräuche, womit freilich nicht gesagt ist, daß sie für das Gewerbeleben bedeutungslos seien. Denn auch ihre Belange gehören zu den geschützten

Rechtsgütern der Wettbewerbsordnung, weshalb auch ihre Sittenanschauungen, d.h. **der Allgemeinheit,** insbesondere der Verbraucher als den angesprochenen Verkehrskreisen, berücksichtigt werden müssen, die damit zur Quelle weiterer vom Gewerbetreibenden zu beachtender wettbewerblicher Spielregeln werden können. Da es Sitte der Gewerbetreibenden ist, auf die Sittenanschauungen der Allgemeinheit — wenn er sie ansprechen will — Rücksicht zu nehmen, handelt er rücksichtslos, wenn er sich über sie hinwegsetzt, wodurch er gegenüber denjenigen Mitbewerbern einen ungerechtfertigten Vorteil erlangen kann, die die Sittenanschauungen der Allgemeinheit respektieren. Deshalb ist auch nach der h. L. (s. aber Anmerkung 71) jeder **Gesetzesverstoß** eines Gewerbetreibenden ein Verstoß wider die guten Sitten des Wettbewerbs, wenn mit ihm ein Vorsprung vor den Mitbewerbern erzielt werden soll, ja jeder bewußte Verstoß gegen eine bloße, in ihrer inneren Rechtfertigung noch so zweifelhaften Ordnungsvorschrift, wie z.B. das LSchlG (BGH GRUR 74 S. 31 „Perserteppiche") oder das Ges. gegen die Preisauszeichnungsvorschriften (BGH GRUR 73 S. 655 „Möbelauszeichnung"), wenn damit ein Wettbewerbsvorsprung erstrebt wird, mögen solche Ordnungsvorschriften sittlich auch **wertneutral** sein (BGH GRUR 74 S. 281 „Clipper").

[63] Dadurch erst, daß eine Sitte — aus welchen Motiven auch immer — zur „Spielregel" geworden ist, an die sich jeder halten soll, wird es (auch wettbewerbsrechtlich) unerträglich, wenn sich einer seines Vorteils wegen nicht an sie hält. Dabei kann diese Regel selbst sittlich ganz wertneutral sein (BGH a.a.O. „Perserteppiche"). Erst die weitere Konvention, daß sich jeder nach ihr zu richten hat, macht ihre Übertretung — wie man es nennt — wettbewerbsrechtlich „sittenwidrig". Daraus folgt, daß erst die Anerkennung der Konvention, daß man sich nach der „Sitte" (Spielregel) richten muß, diese zur „guten" Sitte im wettbewerbsrechtlichen Sinn erhebt.

Die wettbewerbliche „gute" Sitte braucht, da objektbezogen zu werten ist (s.o. Anm. 60; so auch B.-Hefermehl S. 135), nach den Grundsätzen von Ethik und Anstand sonach nicht unbedingt „gut" zu sein (ähnlich Reimer-v. Gamm S. 122). (Man nannte im Volksmund lange Zeit den — auch ehrbaren — Kaufmann verächtlich „Koofmich", was ich erwähne, um anzudeuten, wie sehr die Auffassung von guten Sitten der Gewerbetreibenden einer- und der Allgemeinheit andererseits auseinanderklaffen können.)

[64] Aber wenn und sobald etwas — aus welchen Anschauungen auch immer — durch Anerkennung als „gut" zur wettbewerblichen guten Sitte erhoben wird, an die sich jeder halten soll, verstößt man gegen die guten Sitten, wenn man sich nicht an sie hält. Der wettbewerbliche Begriff der guten Sitten ist also mit dem bürgerlich-rechtlichen Begriff nicht identisch, wie schon die Entscheidung RG GRUR 36 S. 627 beweist, wonach nicht sittenwidrig sein soll, wenn man dem Kunden eines Mitbewerbers (Versicherungsgesellschaft) bei der Lösung von dessen bisheriger Geschäftsverbindung durch Rat und Tat Hilfe leistet, da solches bei den Versicherungsgesellschaften unter staatlicher Aufsicht allgemein üblich sei. Alle Berufsgenossen hätten das gebilligt, es verstoße daher nicht gegen ihr Anstandsgefühl. (Anders aber wiederum RG GRUR 39 S. 567.)

[65] Richtig kann bei Prüfung der Sittenwidrigkeit nicht nur auf die Auffassung eines anständigen Durchschnittsgewerbetreibenden abgestellt werden. Überall dort, wo die **Allgemeinheit** oder ein Teil derselben unmittelbar in ihren Belangen berührt wird, muß die Auffassung derer, an die sich die Wettbewerbshandlung richtet, beachtet werden. Daraus folgt, daß maßgebend die Auffassung der jeweils **angesprochenen Verkehrskreise** ist, die von der Zielsetzung der konkreten Wettbewerbshandlung bestimmt werden, **d.h. die Verkehrsauffassung.** Das gilt aber nicht nur hinsichtlich der Sitten und Gebräuche; die Verkehrsauffassung gibt auch einen Maßstab dafür, wie Inhalt und Bedeutung von Wettbewerbshandlungen zu verstehen (BGH GRUR 66 S. 386 „Wärmeschreiber"; 69 S. 620 „Kunststoffzähne"; 73 S. 376 „Miss Petite") und ob ein oder mehrere bestimmte Mitbewerber als betroffen (individuell verletzt) anzusehen sind (BGH GRUR 68 S. 437 „Westfalen Blatt III"). Die angesprochenen Verkehrskreise unterliegen einem ständigen Wandel; einmal werden Postwurfreklamen an bestimmte Berufskreise verschickt, ein anderes Mal wendet sich der Unternehmer durch Fernseh-Reklame an die Allgemeinheit des Lieschen Müller. Die Verkehrsauffassung kann dann jeweils eine andere sein. Bei **verschiedenen Maßstäben** soll daher die strengere Auffassung entscheiden (vgl. BGH GRUR 55 S. 542 „Bestattungswerbung").

[66] Wenn zwei oder mehrere einander widersprechende, als „gut" anerkannte Sitten in Gebrauch sind, gehört jede von ihnen zu den vom Gesetz geschützten guten Sitten mit der Folge, daß sie wegen ihrer eigenständigen Existenzberechtigung niemals als Verstoß gegen eine andere gute Sitte gewertet werden darf. Beide Sitten stehen sich wertneutral gegenüber. In solchen Fällen mit der sog. Interessenabwägung einer der Sitten den Vorzug zu geben (wie Kraft „Interessenabwägung und gute Sitten im Wettbewerb" 1963), wäre grundgesetzwidrig, weil jeder zur freien Persönlichkeitsentfaltung, Meinungsäußerung usw. berechtigt ist. Stehen sich aber die Auffassung der Allgemeinheit und der Gewerbetreibenden über den Unwertcharakter einer Wettbewerbshandlung widersprechend gegenüber, entscheidet die strengere Auffassung der verletzten Allgemeinheit. (BGH a.a.O. „Bestattungswerbung", wo die aufdringliche Werbung für den Abschluß künftiger Bestellungsverträge zutreffend für sittenwidrig gehalten wurde. Die Handlung stellte sich als Unsitte dar, deren Lästigkeit die Grenzen des Zumutbaren für die Allgemeinheit überstieg.)

[67] Angesichts der schwierigen Erfaßbarkeit des Begriffs der guten Sitten haben die **Konventionalnormen** eine überragende Bedeutung, die bei richtiger Rechtsanwendung jeweils von Fall zu Fall festgestellt werden müssen, damit eine Handlung als etwa sittenwidrig gewertet werden kann. In diesem Sinne ist nach einhelliger

Ansicht der Literatur und Rechtsprechung der **Leistungswettbewerb** (vgl. im einzelnen Anm. 12ff.) der Angelpunkt aller zu den guten Sitten zu zählenden Konventionen. Unter Leistungswettbewerb ist mit Nipperdey („Wettbewerb und Existenzvernichtung" S. 16ff.) allein dasjenige wettbewerbliche Verhalten anzunehmen, bei dem die Schädigung der Mitbewerber nur die Folge und nicht etwa das Mittel der Wettbewerbshandlung ist. Da aber wettbewerbsrechtlich zwischen dem echten Arbeitsergebnis, das zu einer erstklassigen Ware geführt hat, und dem Arbeitsergebnis, das sich in der Werbung selbst erschöpft, nicht unterschieden wird (vgl. Anm. 12), ist auch der Leistungswettbewerb als wichtigste Konventionalnorm des Wettbewerbsrechts vom Standpunkt der Ethik und Sittlichkeit gehaltlos (a. A. Meyer-Cording a. a. O.; Larenz „Methodenlehre" S. 215. Ähnlich wie hier offenbar B.-Hefermehl S. 148).

[68] **Leistung** im wettbewerbsrechtlichen Sinne ist also *jedes* Arbeitsergebnis eines Unternehmers (vgl. Anm. 12). Die generelle, die wettbewerblich guten Sitten tragende Konventionalnorm des sog. echten Leistungswettbewerbs besteht sonach darin, daß sich jemand mit seinem Arbeitsergebnis auf dem Markt bewirbt und mit ihm allein den Konkurrenten aus dem Felde zu schlagen versucht, und zwar ohne Rücksicht auf die Qualität seines Erzeugnisses, um die er sich andererseits natürlich bemühen muß, wenn er Erfolg haben will; doch liegt letzteres ausschließlich in seinem Belieben und kaufmännischem Kalkül. Allein mit dem Arbeitsergebnis zu werben ist der Inhalt der Konvention des Leistungswettbewerbs. In diesem Sinne gehört es — negativ ausgedrückt — zu der gegenwärtig gepflogenen Generalkonvention des Leistungswettbewerbs, daß niemand über seine Leistungen täuscht, indem er mit Unwahrheiten wirbt, daß niemand fremde Leistungen als eigene usurpiert, daß niemand durch Nötigung, Aufdringlichkeit, Überrumpelung usw. den Kunden zum Geschäftsabschluß bestimmt. Auf dieser Generalkonvention des Leistungswettbewerbs werden heute alle weiteren Spezialkonventionen der Gewerbetreibenden bzw. der Berufsstände aufgebaut. Wer gegen diese Konventionalnormen verstößt, d. h. in ihre Sphäre negativ dergestalt eingreift, daß die Konvention Gefahr liefe, beseitigt und nicht mehr gepflogen zu werden, würde man die Handlung als rechtens akzeptieren, handelt wettbewerbsrechtlich sittenwidrig.

[69] Damit ist der Begriff der Sittenwidrigkeit aber immer noch nicht erschöpfend behandelt. Die Sittenwidrigkeit einer Wettbewerbshandlung richtet sich auch nach ihrem **Gesamtcharakter** (st. Rspr. seit BGH GRUR 55 S. 346 „Indeta"), bei dessen Beurteilung die Konventionalnormen natürlich zu beachten sind; denn es muß festgestellt werden können, gegen welche konkrete gute Sitte etwa verstoßen worden ist. So ist z. B. beim Preisschleudern der Zweck maßgebend, zu dem geschleudert worden ist, wobei wirtschaftliche Erwägungen den geschleuderten Preis rechtfertigen können (RG JW 36 S. 651), so daß er den bestehenden Konventionalnormen nicht widerspricht. Die Verletzung einer Konventionalnorm kann unter Berücksichtigung des Einzelfalles auch gerechtfertigt sein. Bei dem gegebenen

Beispiel wird bei der Prüfung, ob ein Rechtfertigungsgrund vorliegt, immer auf das Ziel des Unterbieters abzustellen sein, z. B. darauf, ob er damit Mitbewerber vernichten will, was ihm zu beweisen sein dürfte (näheres über Preisschleudern und -unterbieten s. Anm. 189); oder man denke an die Lehre und die Rechtsprechung über die Abwehr im Wettbewerb. Mag der Einwand der Abwehrhandlung sich auch meist nur als durchsichtige Ausflucht erweisen, wenn er aber einmal zutrifft, kann die Handlung trotz ihres gegenteiligen objektiven Scheins in Wirklichkeit nicht sittenwidrig sein; denn sie ist gerechtfertigt, weshalb sie nicht rechtswidrig ist, was ihr notwendig den Charakter auch der Sittenwidrigkeit nehmen muß. Dagegen wird man sie als rechtswidrig anzusehen haben, wenn der Täter zwar zur Abwehr berechtigt war, aber nicht im Bewußtsein bzw. mit dem Ziel der Abwehr gehandelt hat, der wirkliche Abwehrcharakter seiner Handlung also fehlt, was bei gegebenen Tatbestandsvoraussetzungen gleichfalls zur Sittenwidrigkeit führt. Ähnliche Bedeutung hat die subjektive Seite in den Fällen der an sich zulässigen Nachahmung, die erst durch die Planmäßigkeit der Annäherung an die Warenmerkmale des anderen zur sittenwidrigen Handlung wird. BGH GRUR 60 S. 244 „Simili-Schmuck", S. 556 „Handstrickverfahren '). Hier ist die Planmäßigkeit deshalb von großer Bedeutung, weil sich aus ihr die Gesinnung ergibt, von der die Handlung getragen wird. Es kommt auf sie nur deshalb an, weil ohne sie auch nicht eine objektiv sittenwidrige, sondern eine sittlich ganz indifferente Handlung vorliegen würde; denn an objektiven Merkmalen allein läßt sich die Planmäßigkeit eines solchen Handelns nicht immer feststellen, weil das oft einzige Indiz die Wiederholung ist, d. h. die Wiederholung einer an sich zulässigen Handlung, so daß auch ihre Wiederholung zulässig sein muß. Es muß mit ihr deshalb subjektiv ein weiterer besonderer Zweck verfolgt werden, der die Handlung erst zu einer sittenwidrigen stempelt. Die Sittenwidrigkeit wird daher von dem Gesamtcharakter der Wettbewerbshandlung bestimmt (BGH GRUR 55 S. 346 „Indeta" in NJW 55 S. 377) zu deren Prüfung auch der subjektive Tatbestand herangezogen werden kann, wenn der objektive allein nicht ausreicht (vgl. auch Anm. 73).

[70] Es zeigt sich also, daß die Sittenwidrigkeit sowohl eine **individuelle** (subjektive) wie auch **generelle** (objektive) sein, d. h. entweder auf unlauterer Gesinnung beruhen oder eine unlautere Wirkung erzeugen kann. Daß beides Gegenstand der Bekämpfung des unlauteren Wettbewerbs sein muß, wenn diese Bekämpfung nicht Stückwerk bleiben soll, ist selbstverständlich. Zugleich ergibt sich daraus, daß Sittenwidrigkeit etwas anderes als Rechtswidrigkeit ist (so jetzt auch B.-Hefermehl S. 133: a. A. Ulmer-Reimer a. a. O.), weshalb beide Begriffe unterschieden und unabhängig voneinander behandelt werden müssen. Sie sind das Ergebnis von Wertungen unter verschiedenen Gesichtspunkten. Das Recht hat es hauptsächlich mit der Abgrenzung der Rechtssphäre und dem Schutz Dritter zu tun, weshalb aber nicht jeder Eingriff in eine fremde Rechtssphäre sittenwidrig sein muß; was sittenwidrig ist, braucht nicht unrechtmäßig zu sein, z. B. wenn es mit einem Eingriff in eine fremde Rechtssphäre überhaupt nicht verbunden ist; aber was *rechtmäßig* ist, kann nicht sittenwidrig sein (wer z.B. objektiv einen Wettbewerbsverstoß begeht, kann unmöglich rechtswidrig handeln, wenn wegen Vorhandenseins eines Rechtfertigungsgrundes das Moment der Rechtswidrigkeit entfällt, oder es handelt wiederum rechtswidrig, wer fahrlässig einen Verkehrsunfall verursacht, nicht aber zugleich sittenwidrig). Sonach zeigt sich, daß die Rechtswidrigkeit ein negatives, selbständiges objektives Tatbestandsmerkmal des § 1 UWG ist, auf welches jeder Fall besonders zu prüfen ist, mag sich die Rechtswidrigkeit regelmäßig auch von selbst ergeben.

Diese Unterscheidung wird vielfach abgelehnt, weil übersehen wird, daß die Unlauterkeit, die man im allgemeinen mit dem Begriff der Sittenwidrigkeit identifiziert, in Wirklichkeit sowohl die Sitten- wie auch die Rechtswidrigkeit begrifflich zusammenfaßt. Denn **„unlauter"** ist eine Handlung, die bei gegebener Wettbewerbssituation sittenwidrig **und** rechtswidrig ist. Dabei hat der Täter im Prozeßfall die Beweislast bei gegebener Situation für alle sein etwa nicht unlauteres Ziel rechtfertigenden Tatsachen (a.A. Reimer-Gamm S. 127, wonach sittenwidrig und unlauter dasselbe sein soll).

[71] Zu den speziellen Konventionalnormen, die sich auf dem Leistungswettbewerb aufbauen, gehört auch der Grundsatz, daß die **Grenzen der Wettbewerbsfreiheit**, die von Gesetzen oder Wettbewerbsregeln geschaffen sind, nicht durchbrochen werden dürfen, wenn die anderen Mitbewerber sich nach ihnen richten, vor denen solchenfalls ein nicht leistungsbedingter Vorsprung erlangt werden würde (ähnlich B.-Hefermehl S. 149). So sah BGH GRUR 61 S. 288 „Doktor-Titel" die Mißachtung des § 23 der früheren Berufsor dnung deutscher Ärzte für unzulässig an, wonach einem Arzt verboten ist, seinen Doktor-Titel für gewerbliche Zwecke zu verwenden, was nach diesseitiger Auffassung unrichtig war, denn die Erlangung des Doktor-Grades ist sicher eine Leistung, die die Allgemeinheit interessiert, deren Hervorhebung im merkantilen gewerblichen Marktbereich die Arztkollegen nicht tangiert und die Mitbewerber nur dann und nur deshalb beeinträchtigen kann, weil sie nicht mit gleicher Leistung aufzuwarten haben. Hier hat der BGH ordnungspolizeiliche Aufgaben usurpiert, für die die Berufsgerichte der Ärzteschaft ausschließlich unter ehrenrechtlichen Gesichtspunkten zuständig gewesen wären, während die Handlung wettbewerbsrechtlich völlig neutral war. Das Gleiche gilt für die Entscheidungen des BGH (GRUR 56 S. 223 „Anzeigenblatt" und GRUR 69 S. 287 „Stuttgarter Wochenblatt I", vorsichtiger GRUR 71 S. 477 „Stuttgarter Wochenblatt II"), nach denen die kostenlose Verteilung von Anzeigeblättern mit redaktionellem Inhalt sittenwidrig sein soll. Bei Verstößen gegen Gesetze, die in sittlicher Beziehung wertneutral sind, ist Sittenwidrigkeit zu verneinen (BGH GRUR 57 S. 558 „Bayern-Expreß" und bezüglich einer reinen Ordnungsvorschrift OLG Hamburg WRP 56 S. 336), was mit der Einschränkung richtig ist, daß der

Verstoß mit der Wettbewerbshandlung nicht in unmittelbarem Zusammenhang steht und nicht zu einer planmäßigen Ausnutzung eines so erlangten Vorteils gegenüber den Mitbewerbern führt.

Nicht jeder Gesetzesverstoß ist wettbewerbsrechtlich sittenwidrig; denn das Sittenwidrigkeitsmoment muß mit der Erscheinungsform der Wettbewerbshandlung in engem Zusammenhang stehen. Wenn der schnelle Kundendienst auf Übertretung von Geschwindigkeitsbegrenzungen beruht, ist das unter wettbewerbsrechtlichen Gesichtspunkten sittlich völlig neutral. Gegen einen solchen Unternehmer mag die Polizei vorgehen, ein Mitbewerber ist jedoch nach diesseitiger Auffassung dazu nicht legitimiert, weil es an der Unmittelbarkeit des Eingriffs in seinen Interessenbereich fehlt, auch wenn hierdurch bei dem Kunden der Eindruck eines besonders vorzüglichen Services entsteht. Das Gleiche gilt von einer auf Steuerhinterziehung, Tarifbruch und dgl. beruhenden Preisunterbietung (a. A. B.-Hefermehl S. 141) im Gegensatz zur planmäßigen Preisunterbietung zum Zwecke der Vernichtung des Mitbewerbers, welche sich selbst als sittenwidrige Wettbewerbshandlung darstellen kann. Wohl kommt es auf den Gesamtcharakter der Wettbewerbshandlung an, doch geht es zu weit, das Gesamt *verhalten* des Gewerbetreibenden der Beurteilung einer einzelnen Wettbewerbshandlung zugrunde zu legen (ebenso Kohler Wettbewerbsrecht S. 31; a. A. B.-Hefermehl S. 590; RG 117 S. 16; dagegen ähnlich wie hier Ulmer-Reimer S. 60, die auch auf die Unmittelbarkeit des Zusammenhanges zwischen Gesetzesverstoß und Wettbewerbshandlung abstellen; ebenso BGH GRUR 58 S. 557 „Direktverkäufe"). Es muß mit der Wettbewerbshandlung selbst, zumindest in unmittelbarem Zusammenhang mit ihr, ein Gesetzesverstoß verwirklicht sein, der dem Täter einen Vorteil verschafft, den er ohne den Verstoß nicht erlangt hätte, wobei der sittliche Wertinhalt des verletzten Gesetzes von untergeordneter Bedeutung ist, weil schon die Auswertung der Verletzungshandlung zu Wettbewerbszwecken nach den Konventionen des Wettbewerbs sittenwidrig ist.

[71a] Durch fortwährende Übung kann eine mißbräuchliche Wettbewerbshandlung nicht zu einer sittengemäßen werden, wie schon RG GRUR 36 S. 627 („Kündigungshilfe bei Versicherungen") zutreffend erkannt hat, denn die Generalklausel des § 1 UWG ist unter dem Gesichtspunkt der Wettbewerbsfreiheit zu handhaben (B.-Hefermehl S. 139). Daraus ergibt sich, daß eine Wettbewerbshandlung nicht schon deshalb sittenwidrig ist, weil sie den Gewohnheiten des geschäftlichen Verkehrs widerspricht. Die **Üblichkeit oder Unüblichkeit** von Wettbewerbshandlungen sind keine Kriterien für einen Verstoß gegen die wettbewerblichen guten Sitten, weil das dem auf Fortschritt gerichteten Sinn des Wettbewerbs widerspräche (vgl. Godin GRUR 66 S. 130; gl. A. B.-Hefermehl S. 140). Insbesondere ist es nicht Aufgabe der Rechtsprechung (vgl. Meyer-Erding a. a. O.), wirtschafts- und ordnungspolitische Zweckmäßigkeitserwägungen bei der Prüfung nach Sittenverstößen anzustellen. Deshalb ist auch der Direktverkauf über nicht oder sehr wohl gewerbsmäßig Tätige grundsätzlich zulässig, so z.B. der Vertrieb durch sog. „Beraterinnen“ im Wege von Hausbesuchen, der sich zum Unterschied zu dem üblichen ambulanten Gewerbe dadurch unterscheidet, daß die nachbarschaftlichen und persönlichen Beziehungen der Verkaufer für den Vertrieb ausgenutzt werden, solange das nicht in einer progressiven Kundenwerbung ausartet. Der BGH läßt diese Frage in seiner Entscheidung „Campagne“ GRUR 74 S. 341 (1 ZR 36/72 vom 14. 12. 73 „günstig nur-Preis“) zwar noch offen, hält diesen Vertriebsweg aber offenbar unter ordnungspolizeilichen Aspekten für bedenklich, die nicht ausreichen, sittlich zu werten.

[72] Zu den zu beachtenden wettbewerblichen Konventionalnormen gehören auch die **guten Sitten und Gebräuche der Allgemeinheit.** Auch auf diesen Sittlichkeitswerten bauen die Konventionen der Gewerbetreibenden auf. Die Mißachtung der Gebote des **Geschmacks und Taktgefühls** gegenüber Angehörigen soeben Verstorbener (BGH GRUR 55 S. 541 „Bestattungswerbung“; 67 S. 430 „Grabsteinaufträge“) ist wettbewerblich ebenso sittenwidrig, wie die aufdringliche Telefonwerbung (BGH GRUR 70 S. 523 „Telefonwerbung“), weil auch die Allgemeinheit selbst vor Auswüchsen des Wettbewerbs zu schützen ist (ebenso B.-Hefermehl S. 138), die aber — obwohl selbst verletzt — zur Verfolgung solcher Auswüchse in der Regel nicht legitimiert ist (anders bei Hausfriedensbruch). Das hängt damit zusammen, daß der Verletzer solcher Sitten Vorteile nur gegenüber seinen Mitbewerbern erlangt, die die Sitten der Allgemeinheit respektieren bzw. respektieren sollen, was den Verstoß wohl erst wettbewerbsrechtlich relevant macht. Gefährdet die Handlung oder schädigt sie gar die Allgemeinheit, ist sie immer sittenwidrig; denn das Funktionieren unseres Gemeinschaftslebens setzt die Rücksichtnahme jedes Einzelnen, auch jedes Gewerbetreibenden auf die Belange der Allgemeinheit als solche voraus; eine Verletzung dieses Grundsatzes erscheint unerträglich. Unrichtig waren dagegen die Entscheidungen des BGH (GRUR 56 S. 223 „Anzeigenblatt“ und 69 S. 287 „Stuttgarter Wochenblatt I“), wonach die kostenlose Verteilung eines Anzeigenblattes mit redaktionellem Teil sittenwidrig sein soll, weil es die Funktion einer Zeitung erfüllt, hierdurch anderen Tageszeitungen Leser entzieht und dadurch den Bestand derselben ernstlich gefährdet. Es ist nicht einzusehen, daß die Erfüllung staatspolitischer Aufgaben denjenigen Presseunternehmen allein vorbehalten bleiben soll, die ihre Blätter entgeltlich abgeben. Täglich erscheinen unzählbare Magazine mit niveau- und wertlosem Inhalt und mit umfangreichstem Inseratenteil, die den seriösen Tageszeitungen das Annoncengeschäft wegnehmen. Nur weil diese entgeltlich abgegeben werden, soll ihnen gestattet sein, auch einen redaktionellen Teil zu haben? Es war und ist bisher nur eine Übung aber keine gute Sitte (s. Anm. 74), Druckerzeugnisse mit Berichten zum Tagesgeschehen entgeltlich abzugeben. Da niemand Anspruch auf Erhaltung seines Kundenstammes hat, waren die Argumente des BGH nicht durchschlagend. Die Allgemeinheit hat kein erkennbar schutzwürdiges Interesse an einem Verbot

kostenlos abgegebener Nachrichtenblätter, die sich aus dem Anzeigengeschäft finanzieren. Die Rechtssprechung des BGH erstickt die Entwicklung eines neuen Pressewesens, das das Interesse der Allgemeinheit am Tagesgeschehen ebenso befriedigen könnte, wie entgeltlich abzugebende Blätter (vgl. auch Anm. 207).

Man denke hierzu an die unterschiedliche Finanzierung des deutschen und amerikanischen Radio- und Fernsehwesens, die beide ihre Aufgaben erfüllen (a. A. B.-Hefermehl S. 136, der die Gerichte für berufen hält, Verhaltensregeln für die Gewerbetreibenden zu entwickeln, wodurch entgegen seiner Meinung die Generalklausel des § 1 UWG unberechenbar wird). Es ist nicht Aufgabe der Gerichte sondern der Gesetzgebung, wirtschaftliche und/oder politische Folgen von neuartigen Wettbewerbshandlungen zu steuern (ebenso GRUR 65 S. 489 „Kleenex" und auch B.-Hefermehl wiederum auf S. 142).

[73] Verstöße gegen Anordnungen und **Richtlinien von Verbänden,** Berufsorganisationen und dgl. brauchen nicht sittenwidrig zu sein, wenn die Anordnungen usw. sittlich wertneutral sind; stellen sie aber eine wettbewerbliche Konvention dar, an die sich jeder hält, was feststellbar sein muß, ist ein Verstoß gegen sie nach BGH GRUR 57 S. 387 „Suwa" sittenwidrig. Ob das in dieser allgemeinen Form richtig ist, erscheint freilich zweifelhaft, weil die Berufsverbände usw. nicht die Aufgabe haben, Wettbewerbskonventionen zu erdenken, die für außerhalb ihres Mitgliederkreises Stehende verbindlich sind, und weil ihre Auffassung über die Sittlichkeit nicht maßgebend sein darf (gl. A. B.-Hefermehl S. 141; Reimer-Gamm S. 125 und BGH GRUR 72 S. 709, hinsichtlich der Standesauffassung der Patentanwaltschaft „Patentmark" als Telegrammadresse — vgl. auch Anm. 4 zu § 3).

[74] Die Feststellung eines wettbewerbsrechtlichen Sittenverstoßes hat nicht immer etwas mit **Gerechtigkeit** zu tun. Das zeigen die in Anm. 75 behandelten Entscheidungen und BGH GRUR 66 S. 45 „Markenbenzin", wo für eine nicht mit einer Marke versehene Ware unter der Bezeichnung „Markenware" (-Benzin) insofern unzulässig obwohl wahrheitsgemäß geworben wurde, als genau das gleiche Produkt aus gleicher Bezugsquelle unter Verwendung eines Warenzeichens als Markenartikel vertrieben wurde. Nach Meinung des BGH liege es im Interesse der Allgemeinheit, die beim Publikum vorhandenen Vorstellungen vom Begriff der Markenware reinzuhalten. Die gewerbliche „Leistung" des verurteilten Gewerbetreibenden lag darin, daß er den qualitätsmäßig genau gleichwertigen Artikel aus gleicher Bezugsquelle zum billigeren Preis auf den Markt brachte. Wo es nur eine Fiktion ist, daß eine Markenware ein besseres Erzeugnis sei, hat die Allgemeinheit kein Interesse an der Aufrechterhaltung einer solchen irrigen Vorstellung. Der Mangel an Rücksichtnahme auf den Begriff der Gerechtigkeit in der Rechtssprechung zum Wettbewerb hängt mit der **Wettbewerbsbezogenheit** des Sittenbegriffs des § 1 UWG zusammen, wo die Grundsätze der Priorität und des Rechts des Stärkeren Gültigkeit haben.

[75] Der Richter hat sonach unter Berücksichtigung des Gesamtcharakters der Wettbewerbshandlung also auch — wenn der objektive Tatbestand noch nichts dafür hergibt — unter Berücksichtigung der hinter ihm stehenden subjektiven Tatbestände wie Motiv und Absicht (BGH GRUR 61 S. 588 „Einpfennig-Süßwaren"; 65 S. 489 „Kleenex") zu prüfen, **welche konkreten als gut anerkannten und gepflogenen Sitten durch sie verletzt** (über die sittenwidrigen Handlungen im Einzelnen s. Anm. 92ff.) werden, wobei immer zu beachten ist, daß die dem Wettbewerb begriffsnotwendig innewohnenden Folgen einer Handlung, eine Verletzung, Verdrängung oder gar Vernichtung des Mitbewerbers sittlich indifferent sind. Für Mitleid, Gefühlsduselei und sonstige sentimentale Gefühle, zugunsten des wirtschaftlich oder geistig Schwächeren oder Untüchtigen, gibt es wettbewerbsrechtlich keinen Raum. Wer im Kampf um den Kunden die bessere Waffe hat oder sich besser zu schlagen versteht, ohne gegen „die" (anerkannten) guten Sitten zu verstoßen, erbringt die bessere gewerbliche Leistung, denn Anspruch auf Erhaltung seines Kundenkreises hat niemand (vgl. Anm. 10).

[76] **Ist der Richter im Zweifel,** muß er mit den in Betracht kommenden Volks- oder Wirtschaftskreisen oder -Verbänden und dgl. Verbindung aufnehmen und deren Erfahrung (nicht nur Auffassung) ermitteln. Läßt sich auch auf diese Weise keine allgemein als gut anerkannte Sitte feststellen, ist die beanstandete Handlung zu dulden. Die Bedenken, die gegen diese These unter dem Gesichtspunkt von **Wettbewerbsauswüchsen** angebracht werden (BGH GRUR 59 S. 544 „Modenschau"; 65 S. 315 „Werbewagen", 70 S. 523 „Telefonwerbung"), sind wegen der allgemein anerkannten Konvention des echten Leistungsprinzips, unter dem jede Wettbewerbshandlung zu stehen hat, nicht realistisch, zumal auch das Gebot der Rücksichtnahme auf die Toleranzgrenze der Allgemeinheit für Wettbewerbshandlungen zu beachten ist (vgl. Anm. 75) und die Grundrechte der geltenden Staatsverfassung auch wettbewerbsrechtlich ausstrahlen.

[77] **Die Sittenwidrigkeit ist ein objektiv zu verstehender Rechtsbegriff,** für dessen Verwirklichung es auf die subjektiven Vorstellungen des Verletzers nicht ankommt, den Verletzer also kein Verschulden zu treffen braucht (ebenso B.-Hefermehl S. 156; Tetzner S. 106f.; BGH GRUR 54 S. 274 „Goldwell"; 56 S. 275 „Drahtverschluß"; 60 S. 201 „Abitz II"; a. A. Ulmer-Reimer S. 42, wonach es an der Sittenwidrigkeit fehlen soll, wenn der Verletzer die Tatumstände nicht kennt), wenn man von den Fällen absieht, bei denen erst der subjektive Tatbestand (verwerfliche Absicht, vgl. Anm. 72 und 78) die Wettbewerbshandlung sittenwidrig macht. Der Verletzer braucht sich der Sittenwidrigkeit seines Tuns nicht bewußt zu sein (BGH GRUR 55 S. 411 „Zahl 55"; 62 S. 42 „Sonderveranstaltung II"; Reimer S. 507; Tetzner S. 106f.; a.A. Ulmer-Reimer S. 43). Das stimmt mit der diesseits vertretenen Auffassung (vgl. Anm. 50) überein, daß nicht nur Unterlassungs- sondern auch Schadensersatzansprüche ohne Rücksicht auf Verschulden bei sittenwidrigen Wettbewerbshandlungen zu gewähren

sind, was freilich — worauf B.-Hefermehl (S. 156) zutreffend hinweist — von dem Begriff der objektiven Sittenwidrigkeit scharf zu trennen ist. Aber es ist nicht folgerichtig, hieraus die These herzuleiten (wie Ulmer-Reimer S. 43 und Reimer-v. Gamm S. 129), daß *guter Glaube* die Sittenwidrigkeit ausschließen könne (B.-Hefermehl S. 157), wenn sie ein objektiv erfaßbarer Begriff sein soll. Denn das heißt nichts anderes, als daß zumindest Vorsatz, Fahrlässigkeit bzw. luxuria für den Sittenwidrigkeitsbegriff als solchen gefordert werden, womit im Zusammenhang mit dieser Frageprüfung doch wieder — und zwar auch bezüglich des Unterlassungsanspruchs — das Verschulden bei der Feststellung der Sittenwidrigkeit relevant wird (so unrichtig auch Reimer-v. Gamm S. 129). Das gilt nur in den Fällen, wo erst die subjektive Seite eine Handlung sittenwidrig macht. Nach der h.L. und Rechtsprechung wären Fälle denkbar, bei denen trotz aller gegebener objektiver Sittenwidrigkeitselemente mangels Verschuldens die Handlung nicht sittenwidrig und deshalb mangels Rechtswidrigkeit noch nicht einmal ein Unterlassungsanspruch gegeben wäre (BGH GRUR 73 S. 203 (205) „Badische Rundschau"). Hier werden die Begriffe der (objektiven) Sittenwidrigkeit und Rechtswidrigkeit (= Unlauterkeit vgl. Anm. 72 a.E.) nicht scharf genug unterschieden und miteinander vermengt.

H. L. (B.-Hefermehl S. 157; Reimer-v. Gamm S. 128; Ulmer-Reimer S. 43; Tetzner S. 109) und Rechtssprechung (BGH GRUR 55 S. 414 „Zahl 55"; 60 S. 193 „Frachtenrückvergütung"; 64 S. 146 „Rückvergütung") fordern Kenntnis, zumindest grob fahrlässige Unkenntnis des Täters — auch luxuria würde genügen — von allen denjenigen Tatumständen, die bei objektiver Würdigung sein Verhalten zu einem sittenwidrigen machen, d.h. daß diese Kenntnis bzw. grob fahrlässige Unkenntnis auch für die *Feststellung* der Sittenwidrigkeit der Handlung Voraussetzung ist, was, da Kenntnis dem Vorsatz als höchstem Grad des Verschuldens regelmäßig gleichzuachten ist, in Widerspruch zu derselben allg. Meinung steht, daß jedenfalls für den Unterlassungsanspruch aus § 1 kein Verschulden gefordert werde. Oder soll die Sittenwidrigkeit einer Handlung danach zu bestimmen sein, welcher Anspruch (Schadensersatz- oder Unterlassungsanspruch) geltend gemacht wird? Das kann nicht richtig sein.

Freilich genügt auch nach h.L. bedingter Vorsatz der zur Überbrückung dieses Problems mit dem prima-facie-Beweis meist unterstellt wird, so insbesondere, wenn der Täter „nur mit der Möglichkeit gerechnet hat, daß diejenigen Umstände vorliegen, die seine Handlung zu einer sittenwidrigen stempeln" (BGH GRUR 53 S. 290 „Fernsprechnummer"; 56 S. 275 „Drahtverschluß"; 67 S. 596 „Kuppelmuffverbindung"). Wenn sich der Täter der Kenntnis der Tatumstände bewußt entzogen hat (luxuria), ist dies einem vorsätzlichen Handeln gleichzuachten (BGH GRUR 55 S. 414 „Zahl 55"; 64 S. 146 „Rückvergütung")..

[78] Streitig ist, ob **für die Feststellung der Sittenwidrigkeit fahrlässige** oder grob fahrlässige Unkenntnis einzelner Tatbestandsmerkmale der positiven Kenntnis

noch gleichzuachten ist. Die h.L. (B.-Hefermehl S. 157; Reimer-v. Gamm S. 128; Tetzner S. 109; BGH GRUR 56 S. 275 „Fernsprechnummer") verneint dies in der logischen Konsequenz ihrer Ansicht, daß die Unkenntnis eines Sachverhalts die Sittenwidrigkeit ausschlösse. Ulmer-Reimer S. 44 läßt einfache Fahrlässigkeit nicht, wohl aber grobe Fahrlässigkeit genügen, während Tetzner a.a.O., B.-Hefermehl a.a.O., Reimer-v. Gamm a.a.O. bei grober Fahrlässigkeit, die sie nicht genügen lassen, aber in Erkenntnis der Unerträglichkeit der Konsequenz ihrer Lehre, um zur Feststellung der Sittenwidrigkeit zu gelangen, von „besonders gesteigerter Fahrlässigkeit", „bewußtem Verschließen vor der Kenntnis der Tatumstände", „Leichtfertigkeit", „Verletzung spezieller Sorgfaltspflicht" usw. sprechen, womit z.T. wohl doch nur die grobe Fahrlässigkeit mit anderen Worten umschrieben wird. Auch BGH GRUR 67 S. 596 („Kuppelmuffverbindung") scheint schon die grobe Fahrlässigkeit genügen zu lassen und vielleicht notwendig auch die einfache Fahrlässigkeit, wenn er anerkennt, daß ein Wettbewerber nicht immer *alle* Tatbestände kennen muß, die seine Handlung sittenwidrig machen. Ganz sicher gilt das auch, wenn der BGH nach vermeintlich mangels Sittenwidrigkeit klageabweisendem vorinstanzlichen Urteil, mit dem sich der Täter in keiner schlechten Gesellschaft befand, der Klage nun doch stattgibt (z.B. für viele: BGH GRUR 73 S. 203 „Badische Rundschau"). Der Ausgangspunkt des Meinungsstreits dürfte unrichtig sein, weil die **objektive** Sittenwidrigkeit, auf die es hier allein ankommt, schon begrifflich weder bei Unkenntnis noch bei gutem Glauben des Täters entfallen kann, was um so mehr gilt, als nach allgemeiner Ansicht, jedenfalls für den Unterlassungsanspruch, ein Verschulden (vgl. Anm. 50) nicht vorausgesetzt wird, so daß es insoweit für die Sittenwidrigkeit einer Unterscheidung zwischen Vorsatz und den verschiedenen Fahrlässigkeitsgraden gar nicht erst bedarf. Das darf freilich nicht mit denjenigen Fällen verwechselt werden, bei denen der sittlich wertneutrale objektive Sachverhalt erst in Verbindung mit der subjektiven Seite der Wettbewerbshandlung die Handlung in ihrer Gesamtheit sittenwidrig macht. Hier dürfte nur Vorsatz in Betracht kommen.

Die Frage müßte deshalb richtig so gestellt werden, ob ein *Anspruch* aus § 1 ausgelöst wird, wenn der Täter zwar sittenwidrig, aber in fahrlässiger Unkenntnis der zur Sittenwidrigkeit führenden Tatsachen gehandelt habe. Der BGH (GRUR 74 S. 97 „Spielautomaten II") bejaht diese Frage offenbar, doch dürfte richtig sein, sie zu verneinen (ebenso im Ergebnis Fischötter GRUR 74 S. 98 B.-Hefermehl a.a.O.; Reimer-v. Gamm S. 138; Ulmer-Reimer S. 44, der unrichtig zwischen Vorsatz und Verschulden unterscheidet, obwohl doch Vorsatz der höchste Grad des Verschuldens ist). Da der Verletzte selten wissen wird, ob der Täter mit oder ohne Vorsatz gehandelt hat, empfiehlt sich mit Rücksicht auf die gegenwärtige Rechtsprechung immer die sog. Abmahnung, die den Täter von den ihm vielleicht unbekannten Tatsachen in Kenntnis setzt, damit er wenigstens bei Fortsetzung seiner Handlung den Vorsatz, zumindest den dolus eventualis nicht mehr leugnen kann, mala fides superveniens (vgl. RG GRUR 27 S. 124; 31 S. 161; OLG

Hamburg GRUR 49 S. 422). Fahrlässigkeit allein genügt für die Feststellung der Sittenwidrigkeit also nicht, wohl aber für den Unterlassungsanspruch (welch Widerspruch!) und nicht für den Schadensersatzanspruch.

[79] Nach richtiger Auffassung gehören weder Vorsatz noch Fahrlässigkeit zum Begriff der Sittenwidrigkeit, der sich nicht danach richten kann, ob Ersatz- oder Unterlassungsansprüche geltend gemacht werden. Hefermehl a.a.O. weist für den Unterlassungsanspruch zutreffend darauf hin, daß der von der h. L. für die Sittenwidrigkeit geforderte Vorsatz auf die Forderung eines Verschulden des Täters hinausläuft, auf welches das Gesetz nach allg. Meinung gerade verzichtet. Damit wird freilich nicht die Möglichkeit ausgeschlossen, daß objektiv indifferente Handlungen mitunter durch subjektive Momente (Planmäßigkeit, dolus eventualis luxuria) zu sittenwidrigen werden. Hier haben wir es jedoch nur mit besonderen erweiterten Tatbeständen zu tun, aus denen sich keineswegs ergibt, daß auch eine schon objektiv sittenwidrige Handlung gleichfalls subjektive Momente verlangt (vgl. oben Anm. 63 a.E.). Das kann nur gelten, wenn sie objektiv indifferent ist. Führt die Wertung schon des objektiven Sachverhalts zur Sittenwidrigkeit, kommt es auf die subjektive Seite nicht mehr an. — Es wäre auch unerträglich, wenn man sich objektiv sittenwidrige Handlungen von Wettbewerbern gefallen lassen müßte, nur weil diese erfolgreich ihren dolus bestreiten. Wer in den Wettbewerb eintritt hat für sein Verhalten — ganz gleich ob bewußtes oder unbewußtes — einzustehen, da allein sein Eintritt in denselben von vornherein einen bewußten Kampf gegen seine Mitbewerber und auch eine Gefährdung der Allgemeinheit mit sich bringt, was ihn verpflichtet, sein Verhalten immer so einzurichten, daß es die Grenzen des Zulässigen nicht überschreitet.

[80] Demgemäß ist auch der **Irrtum des Täters** über sogar wesentliche Tatbestandsmerkmale, ebenso sein etwaiger guter Glaube und um so mehr eine falsche rechtliche Beurteilung, auch wenn sie unverschuldet geschieht (zur gegenteiligen h.L. vgl. oben Anm. 80) für die Verteidigung untauglich und schließen die Sittenwidrigkeit nicht aus, gleichgültig ob sich der Irrtum auf die rechtliche Qualifikation (allg. Meinung: B.-Hefermehl S. 157; Reimer-v. Gamm S. 130; Tetzner S. 108) oder auf die Tatbestandsumstände (allg. bestritten) bezieht (gl. A. offenbar auch B.-Hefermehl S. 158). Deshalb ist für die mala fides superveniens in Wirklichkeit kein Raum, doch empfiehlt es sich bei der gegenwärtigen Lehrmeinung und Rechtssprechung, sie jeweils durch Abmahnung herzustellen.

[81] Eine einmal begangene konkrete sittenwidrige Handlung kann nachträglich ihren sittenwidrigen Charakter nicht verlieren (a. A. Reimer-v. Gamm S. 12), und zwar auch nicht in den sog. Fällen der **bona fides superveniens,** die hauptsächlich bei den sog. Verwirkungstatbeständen in Frage steht. Man denke an gutgläubiges Erlangen eines sog. wettbewerblichen Besitzstandes, der dadurch möglich ist, daß der Täter bei Verletzung eines fremden Rechts von dem Inhaber desselben niemals abgemahnt worden ist. Da die Rechtsprechung auch den bösgläubigen Erwerb eines Besitzstandes als rechtsgültig zuläßt, kann dieser Fall gleichzeitig betrachtet werden. Beide, der Gutgläubige und der Schlechtgläubige, handeln objektiv sittenwidrig bis zu dem Augenblick, in dem sie sich ihren schützenswerten Besitzstand geschaffen haben. Auch werden sie, rückschauend betrachtet, bis zu diesem Zeitpunkt gleichfalls in Zukunft immer sittenwidrig gehandelt haben. Aber von diesem Zeitpunkt des Erwerbs ihres Besitzstandes an liegt ein ganz neuer Tatbestand vor, so daß für die Zukunft ihr Handeln ein anderes ist als das frühere. Von jetzt an genießen sie einen Besitzstand, von dem aus sie ihr Zeichen sittlich einwandfrei benutzen. Die Ansprüche des Verletzten sind durch Verwirkung untergegangen, ohne daß das frühere Verhalten der Täter nachträglich sittengemäß geworden wäre.

[82] Daß jede Wettbewerbshandlung direkt oder indirekt auf das **Ziel eines möglichst großen Warenabsatzes** gerichtet ist, den man durch lauteren oder unlauteren Wettbewerb erreichen kann, liegt in der Natur der Sache. Da die Erreichung eines möglichst großen Warenabsatzes in der Regel auf Kosten des Absatzes der Mitbewerber geht, was Sinn und Ziel auch eines jeden lauteren Wettbewerbs ist, der statthaft ist und gesetzlich gefördert wird, kann also ein hierauf gerichtetes Ziel allein niemals unsittlich sein (all. Meinung). Ob ein solches Ziel nun durch Preisschleudern, aufdringliche Werbung usw. angestrebt wird, bleibt sich gleich. Das auf die Vergrößerung des Absatzes gerichtete Endziel ist immer lauter. Sittenwidrig kann daher immer nur der Weg sein, der gewählt wird, sei es der Weg über die Preisschleuderei, die irreführende Werbung, Bestechung, Geheimnisverrat u. dgl. Und dieser Weg ist immer objektiv sittenwidrig, wenn er gegen die gültigen Konventionalnormen verstößt, mag er auch nicht stets „unlauter" sein, was Sitten- und Rechtswidrigkeit voraussetzen würde (vgl. Anm. 72), weil dem Täter etwa ein Rechtfertigungsgrund zur Seite steht.

[83] Daß es auch nur **unerlaubte** oder **unrechte,** aber nicht sittenwidrige Wettbewerbshandlungen gibt (so B.-Hefermehl S. 161), ist denkbar, obwohl unerlaubte (Wettbewerbs-) Handlungen in der Regel rechtswidrig sind und eine rechtswidrige Wettbewerbshandlung grundsätzlich gegen die guten Sitten verstößt (a.A. Sack GRUR 70 S. 493ff.). Während ein Verstoß gegen § 3 (Irreführung) wohl stets sittenwidrig ist (a.A. B.-Hefermehl S. 162), können jedoch Verstöße gegen die Ordnungsvorschriften der §§ 7ff. sittlich wertneutral sein. Z.B. will der Mitbewerber seinen Betrieb nur noch liquidieren, oder er schleudert seine Ware zu billigsten Preisen im Rahmen einer Ausverkaufsveranstaltung wegen Aufgabe des gesamten Geschäftsbetriebes, ohne seinen Verpflichtungen gemäß § 7b UWG nachzukommen. Er kann sich nicht darauf berufen, etwa nicht zu Zwecken des Wettbewerbs und deshalb erst gar nicht tatbestandsmäßig im Sinne des § 1 gehandelt zu haben (vgl. Anm. 6ff.), da er, wenn auch nicht für die Zukunft so doch noch gegenwärtig Wettbewerbszwecke verfolgt. Trotz Nichtbefolgung des § 7c wird ihm einzuräumen sein, daß die Konventionalnorm sein Handeln gestatten. Trotz gerechtfertigten Ziels der Wettbewerbshandlung, das ihr die Sittenwidrigkeit nimmt, bleibt die Handlung mangels Beachtung der Ordnungsvorschriften freilich unzulässig oder unrecht, ist sittlich aber wertneutral ebenso wie eine Verletzung der Preisauszeichnungs V.O. (BGH GRUR 74 S. 281 „Clipper"). Erst eine bewußte Planmäßigkeit solcher Verstöße, mit denen ein sachlich nicht gerechtfertigter Vorsprung gegenüber den Mitbewerbern erzielt werden soll, kann wettbewerbsrechtlich sittenwidrig sein (a.a.O. „Clipper"). Oder der Mitbewerber verletzt eine Abgrenzungsvereinbarung mit einem Dritten, was diesem Dritten gegenüber unrechtmäßig, sittlich aber völlig farblos ist.

Dagegen sind Verstöße gegen Sondervorschriften des Wettbewerbsrechts (UWG, RabGes, ZugabeVO), die nicht nur Ordnungsfunktionen haben, sittenwidrig.

Die Idee Giesekes (GRUR 50 S. 308ff.), daß man überhaupt nur noch von „unerlaubtem" und nicht mehr von unlauterem oder sittenwidrigem Wettbewerb sprechen sollte, hat sich nicht durchgesetzt und ist in der heutigen Zeit überholt, in der sich auf allen Gebieten zeigt, daß eine zimperliche Behandlung der Rechtsbrecher zur Nachahmung auffordert, das Ansehen des im Sinne von Fortschritt zu verstehenden errungenen höheren Niveaus untergräbt, zur Verflachung desselben und schließlich zum allgemeinen Niedergang führt.

V. Verkehrsauffassung und Gesamteindruck

[84] Maßgebende Richtschnur für die Frage nach der Zulässigkeit oder Unzulässigkeit von Wettbewerbshandlungen ist stets die **Verkehrsauffassung** (vgl. auch Anm. 10 zu § 3). An den Verkehr wenden sich in aller Regel jegliche Wettbewerbshandlungen, so daß seine Auffassung von ihnen denkgesetzlich bestimmen muß, wie sie für ihn zu verstehen sind. Wie der Werbende sie verstanden wissen will, ist ohne Bedeutung (st. Rspr.: BGH GRUR 59 S. 599 „Teekanne"; 61 S. 193 „Medaillenwerbung"; 73 S. 534 „Mehrwert II"). Es ist seine Aufgabe und sein Risiko, seine Aussage bzw. sein Verhalten so zu gestalten, daß er auch effektiv verstanden wird, wie er verstanden werden will. Unvermögen und Schwierigkeiten des Werbenden, sich verständlich zu machen, gehen zu seinen Lasten, wie auch — nach allg. Meinung (BGH GRUR 60 S. 563 „Sektwerbung"; 73 S. 201 „Trollinger") — eine Mehrdeutigkeit und Mißverständlichkeit; das Wettbewerbsrecht kennt diesbezüglich kein Pardon. **Verkehrsauffassung ist also das vom angesprochenen Verkehr Verstandene als Ergebnis einer Wettbewerbsaussage bzw. -handlung.**

[85] Nur die mit der Wettbewerbshandlung **angesprochenen Verkehrskreise** bilden die Verkehrsauffassung, von denen wiederum der breite Durchschnitt entscheidet (BGH GRUR 68 S. 433 „Westfalenblatt"). Für seine Ermittlung ist die Feststellung bestimmend, an welchen Personenkreis sich die Wettbewerbshandlung wendet, was sich in der Regel aus der angebotenen gewerblichen Leistung ergibt. Wendet sie sich mit Verbrauchsgütern des täglichen Bedarfs an die breite Masse, ist auf deren Niveau abzustellen. Hier haben nicht unerhebliche Teile einen ungeschulten Verstand, sind naiv und immer flüchtig (BGH GRUR 69 S. 415 „Kaffeerösterei"; 73 S. 201 „Trollinger"). Wird von solchen die Wettbewerbshandlung (-aussage) unterschiedlich verstanden, ist jeder verstandene Inhalt eine Verkehrsauffassung, sofern die Vertreter seiner Auffassung nicht ganz unbedeutend sind (st. Rspr. BGH a.a.O. „Trollinger"); denn jede stellt sich als Ergebnis der Wettbewerbshandlung bzw. -aussage dar. Dieses ist es, was der Werbende in die Welt gesetzt hat, was ihm in dem Kampf um den Kunden Früchte einträgt und was ihm gegenüber seinen Mitbewerbern — wenn er das Ergebnis auf sittenwidrige Weise erreichte: ungerechtfertigte — Vorteile bringt. Deshalb ist die Auffassung nicht unerheblicher Teile des Verkehrs auch noch eine wettbewerbsrechtlich zu beachtende „Verkehrsauffassung".

[86] Sonach ist wettbewerbsrechtlich zwischen den allgemeinen Auffassungen und Vorstellungen des Verkehrs von der Gesamtheit der Dinge, ihres Wesens und Geschehens sowie andererseits dem Eindruck zu unterscheiden, den der Verkehr bei seinem jeweiligen Weltbild von einer konkreten Wettbewerbshandlung (bzw. -aussage) gewinnt. Ersteres ist nur die Aufnahmebereitschaft bzw. Verständnisfähigkeit des Verkehrs, letzteres die von ihr abhängige bzw. sie gestaltende Verkehrsauffassung von/über eine Wettbewerbshandlung (bzw. -aussage). Da das Weltbild des Verkehrs (Allgemeinheit) einem **ständigen Wandel** unterliegt, gilt gleiches auch von der von ihm abhängigen Verkehrsauffassung über Wert oder Unwert konkreter Wettbewerbshandlungen bzw. -aussagen (vgl. über Veränderlichkeit der Verkehrsauffassung BGH GRUR 66 S. 445 „Glutamal"; 73 S. 532 „Millionen trinken").

[87] Die wettbewerbsrechtliche Verkehrsauffassung bildet sich also entsprechend der Wechselbeziehung zwischen Verständnisfähigkeit und/oder -bereitschaft des Verkehrs einerseits sowie Wettbewerbshandlung (bzw. -aussage) andererseits. Insofern ist der sog. **Gesamteindruck** wesentlich, den eine Wettbewerbshandlung **erzeugt**. Der Gesamteindruck ist ohne Verständnisfähigkeit und/oder -bereitschaft des Verkehrs nicht konkretisierbar, nicht faßbar. Die Rechtsprechung behilft sich zwar damit, auf den **Sinngehalt** der Werbehandlung (-aussage) abzustellen (u. a. BGH GRUR 70 S. 425 „Melitta-Kaffee"; 73 S. 78 „Verbraucherverband"), womit sie der Flüchtigkeit des Verkehrs meist hinreichend gedenkt, doch ist der wirkliche Sinngehalt einer Werbung bedeutungslos, wenn der Verkehr oder nicht unerhebliche Teile desselben ihn nicht zu erfassen vermögen. Der **Gesamteindruck ist mithin nur eine** mehr oder weniger **konkretisierte Verkehrsauffassung von der Gesamtheit einer Wettbewerbshandlung bzw. -aussage.**

[88] Die Forschung nach der Verkehrsauffassung ist eine Tatsachenfeststellung, die dem Richter im Wege der Beweiserhebung obliegt (durch Einholung von Gutachten und Auskünften von Meinungsbefragungsinstituten u. dgl.). Nur wenn er als Durchschnittskäufer selbst einer irrigen Vorstellung unterliegen zu können überzeugt ist, darf er von solchen Beweiserhebungen absehen (GRUR 71 S. 365 „Wörterbuch"), was vom diesseitigen Standpunkt fraglich erscheint, weil trotz solcher Überzeugung des Richters sein (Gesamt-) Eindruck von der Werbung auch wirklich von „nicht unerheblichen Teilen der angesprochenen Verkehrskreise" geteilt werden müßte.
(Vgl. im übrigen zum Thema Verkehrsauffassung — Gesamteindruck Anm. 10ff. zu § 3).

VI. Der Verletzer

[89] **Täter wettbewerblicher Verletzungshandlungen kann jeder sein.** Er braucht nicht selbst Mitbewerber zu sein, vielmehr genügt, wenn er den Wettbewerb Dritter fördert oder hemmt (BGH GRUR 73 S. 203 „Badische Rundschau", S. 78 „Verbraucherverband"). Täter können sein: natürliche und juristische Personen, auch Stiftungen (RG MuW 34 S. 179), ebenso Presse, Film, Rundfunk und Betriebe der öffentlichen Hand, in welcher Rechtsform sie auch auftreten mögen. Wenn sich diese erwerbswirtschaftlich betätigen, so stellen sie sich mit den privaten Mitbewerbern auf eine Ebene (vgl. Reimer-v. Gamm S. 300: Tetzner S. 81; Ulmer-Reimer S. 108; B.-Hefermehl S. 93; über den Begriff des Gewerbetreibenden vgl. Anm. 1 zu § 13). Er ist stets passiv-legitimiert, auch der Angestellte eines Unternehmens, der zu Zwecken des Wettbewerbs des Inhabers gehandelt hat, aber auch der Unternehmens-Inhaber selbst, dessen Angestellter oder Beauftragter vielleicht ohne sein Wissen die unzulässige Wettbewerbshandlung begangen haben (§ 13 Abs. 3). Seine Passivlegitimation beginnt schon dann, wenn eine Verletzungshandlung von ihm nur zu erwarten ist (BGH GRUR 62 S. 34 „Torsana"); auch die bloße Aufrechterhaltung einer von einem Vorgänger begangenen Verletzungshandlung genügt für die Passivlegitimation des Nachfolgers (BGH GRUR 60 S. 500 „Plagiatsvorwurf"). Auch der mittelbare Störer, der durch Information des Verletzers den Anstoß zur Verletzungshandlung des letzteren gibt, kann passivlegitimiert sein (BGH GRUR 64 S. 392 „Weizenkeimöl") Passivlegitimiert ist auch der Hersteller, der den Wettbewerbsverstoß des Einzelhändlers fördert oder erst ermöglicht (BGH GRUR 65 S. 485 „Versehrten-Betrieb"; 73 S. 370 „Tabac"). Die Passivlegitimation wurde auch für den Verleger eines Anzeigenblatts bejaht, in welchem ein Unternehmer einen Tag zu früh für den Winterschlußverkauf annoncierte, weil eine Prüfungspflicht hinsichtlich zumindest grober Wettbewerbsverstöße im Anzeigenteil für die Presse besteht und der Verleger gegenüber anderen Zeitungs-

verlegern einen ungerechtfertigten Voiteil erlangte (BGH GRUR 73 S. 203 („Badische Rundschau").

Es *handelt* auch wer etwas unterläßt, wenn er zum Handeln verpflichtet ist. Er kann dadurch einen Wettbewerbsverstoß begehen, daß er eine Gefahrenlage in bezug auf fremde Rechte schafft, welch letztere sodann durch Dritte verletzt werden (BGH GRUR 64 S. 95 „Tonbandgeräte-Händler"). Doch die Passivlegitimation ist nicht gegeben, wenn eine Rechtsverletzung nach der Lebenserfahrung nicht mehr voraussehbar ist.

[90] **Der Staat** ist **als Unternehmer** an die gleichen Grenzen des lauteren Wettbewerbs gebunden wie jeder private Gewerbetreibender (RG MuW 32 S. 346), ja, seine Pflichten dürfen sogar keineswegs geringer sein (BGH Bd. 9 S. 376). Richtig wäre es darüber hinaus, an ihn die höchsten Anforderungen zu stellen. Ob er als Mitbewerber handelt, richtet sich danach, ob er in Ausüubng hoheitlicher Befugnisse oder privatrechtlich auf dem Boden der Gleichordnung tätig wird. Handelt er hoheitlich erwerbswirtschaftlich, hängt zunächst die Zulässigkeit dessen davon ab, ob seine meist juristische Person des öffentlichen Rechts außerhalb des durch Gesetz oder Satzung ihr zugewiesenen Wirkungskreises handelt (BGH NJW 56 S. 746 „Fischwirtschaft"), was vorab zu klären ist, weil das für den zu beschreitenden Rechtsweg entscheidend sein kann. Überschreitet das öffentliche Organ seine hoheitlichen Aufgaben, hat es sich nach den zivilrechtlichen Vorschriften — auch des UWG — zu richten (BGH GRUR 62 S. 179 „Blockeis"). Hier sind die Grenzen flüssig. Die Bundesbahn kann z. B. hoheitlich handeln, wenn sie die Einführung neuer privater Omnibuslinien verbietet, weil ihr hierzu ein gesetzliches Recht eingeräumt ist; gegenüber *eingeführten* Omnibuslinien aber steht sie nur auf dem Boden der Gleichberechtigung, auf dem sie die Grenzen des lauteren Wettbewerbs zu wahren hat.

Entscheidend ist, ob die öffentliche Hand Leistungen anbietet, die auch von privaten Mitbewerbern geboten werden, so daß die angesprochenen Verkehrskreise frei wählen können (ebenso B.-Hefermehl S. 95, BGH GRUR 68 S. 314 „fix und clever").

[91] Sogar reine **Hoheitsakte** können von wirtschaftlichen Maßnahmen nicht immer unterschieden werden. Soweit der Staat selbst Mitbewerber ist, muß im Zweifel gelten, daß er in seiner privaten Sphäre, also zu Zwecken des Wettbewerbs tätig ist. Daß ihm auch hierbei die Erfüllung öffentlicher Aufgaben obliegt, tut nichts zur Sache. Die **Zulässigkeit des ordentlichen Rechtsweges** hängt davon ab, ob der geltend gemachte Anspruch auf Vorschriften des bürgerlichen Rechts, insbesondere des Wettbewerbsrechts, gestützt wird und daß der Staat nicht in **Erfüllung** hoheitlicher Aufgaben handelt (BGH GRUR 56 S. 227 „Reisebüro"). Daß seine Maßnahmen etwa dennoch den Charakter typischer Hoheitsakte tragen, wäre gleichgültig (BGH a.a.O., s. auch BGH GRUR 56 S. 216 „Bad Ems"; 68 S. 314 „fix und clever"; 62 S. 179 „Blockeis"). Deshalb darf eine Stadtgemeinde auf

ihre Bewohner keinen Druck zum Besuch des städtischen Theaters ausüben, auch nicht wegen der kulturellen Aufgaben der Stadt, die die Privattheater in gleichem Maße erfüllen können. Trotz hoheitsrechtlichem Sendemonopol erlangt die Rundfunkanstalt auf privatrechtlichem Wege ihr Sendegut und steht dieserhalb zu einem gewerblichen Veranstalter bei ihren Bemühungen um künstlerische Darbietungen in privatrechtlichem Wettbewerbsverhältnis auf dem Boden der Gleichordnung. Das gleiche gilt für die Nachfrage des Publikums nach Unterhaltung (BGH GRUR 63 S. 575 „Vortragsabend"). Ebenso der Verkauf von Blockeis unter Preis an private Abnehmer durch Gemeindebetrieb (BGH GRUR 65 S. 373 „Blockeis II").

Unzulässig ist auch, wenn die im Bereich des Bestattungswesens mit hoheitlichen Aufgaben betrauten Beamten einer Gemeinde sich erwerbswirtschaftlich mit der Vermittlung oder Entgegennahme von privaten Aufträgen befassen (BGH GRUR 73 S. 82 „Bestattungsaufträge"). Auch unzulässig ist die Empfehlung eines staatseigenen Hotels durch staatliche Kurverwaltung (BGH GRUR 56 S. 216 „Bad Ems"). Auch darf ein gemeindliches Elektrizitätswerk auf die Nachbargemeinde keinen Druck ausüben, damit diese nur noch mit ihm statt wie früher mit einem privaten Elektrizitätswerk Stromlieferungsverträge abschließe. Denn niemals darf der Staat seine hoheitlichen Machtmittel zur Förderung bzw. Behinderung eines Mitbewerbers anwenden, und zwar auch dann nicht, wenn er selbst gar nicht im Wettbewerb steht; **das wäre machtmißbräuchlich.**

Schwierig wird die Prüfung dann, wenn der Staat in hoheitlicher Machtausübung seine heimische Industrie fördern will. Er steht fraglos nicht selbst im Wettbewerb, handelt aber zu Zwecken des Wettbewerbs, und zwar zur Förderung des Wettbewerbs eines bzw. mehrerer Dritter. So ein Kommunalverband, der seine amtliche Eigenschaft und den damit auf seine Angehörigen bestehenden Einfluß zur Förderung eigenen oder fremden Wettbewerbs mißbraucht (RG GRUR 33 S. 50 „Gastheim"). Wenn er hierbei den Weg der Gesetzgebung wählt, um sein Ziel zu erreichen, übt er Hoheitsgewalt aus. Wird nur mit Ministerialerlassen gearbeitet, gar solchen, die von den zu fördernden Industriellen beeinflußt werden, kann man von einer mißbräuchlichen Ausübung der Hoheitsrechte sprechen, für deren Nachprüfung die ordentlichen Gerichte nur zuständig sind, wenn es sich einwandfrei um nichtige Erlasse handelt und wenn erkennbar ausschließlich wettbewerbliche Zwecke verfolgt werden. Andernfalls würde wegen hoheitlicher Tätigkeit der ordentliche Rechtsweg ausgeschlossen sein, weil die öffentlich-rechtliche Wirksamkeit der Handlungen des Staates für sich allein bereits den rechtlichen Bestand seiner Maßnahme trägt. Eine unlautere Wettbewerbshandlung kann sodann nur noch für einen Schadensersatzanspruch wegen Amtspflichtverletzung Bedeutung haben (OLG München WRP 56 S. 15).

Wählt der Staat den Weg der krassen Gewalt, indem er z. B. in Bekanntmachungen ohne Gesetzeskraft den Bezug von Konkurrenzartikeln der heimischen Industrie verbietet oder für einen solchen Bezug die Einleitung von Strafverfahren androht oder dergleichen unternimmt, dann behindert auch er einen Wettbewerber zum Zwecke der Förderung des Wettbewerbs eines anderen, handelt sittenwidrig und ohne Rechtfertigungsgrund. Ob sich seine Beamten hierbei über die Zulässigkeit ihres Vorgehens in einem Rechtsirrtum befanden, ist nach § 1 ohne Bedeutung (vgl. Anm. 83). Es kann also auch der Staat selbst außerhalb des Wettbewerbs stehen und zu Wettbewerbszwecken handeln, indem er, ohne hoheitliche Aufgaben zu erfüllen, in den Wettbewerb Dritter eingreift (vgl. zu diesem Thema auch Reimer Kapitel 117; B.-Hefermehl S. 92f.). Die Zulässigkeit seines Verhaltens setzt voraus, daß er mit ihm ausschließlich hoheitliche Aufgaben erfüllt.

B. DIE UNLAUTEREN WETTBEWERBSHANDLUNGEN IM EINZELNEN

I. Ausnutzung fremder Leistungen und Erfolge („schmarotzen")

[92] Was im Wettbewerbsrecht im einzelnen gestattet ist, läßt sich in Kürze so wenig sagen, wie umgekehrt, was verboten ist. Oberster Grundsatz bleibt immer die Freiheit des Wettbewerbs einerseits und das Gebot des Leistungswettbewerbs andererseits, das der Freiheit gewisse Grenzen setzt. Innerhalb dieser Grenzen ist die Nachahmung des Mitbewerbers erlaubt, denn auf einer gewissen Freiheit des Nachahmens beruhen nun einmal alle gewerblichen Unternehmungen. Der Tüchtige vermeidet, Lehrgeld zu zahlen, das schon andere gezahlt haben, und trachtet danach, von deren Erfahrungen zu profitieren. Das ist nicht sittenwidrig. Deshalb gibt es keinen allgemeingültigen Satz, daß man fremde Arbeit und deren Ergebnisse nicht ausnützen dürfe BGH GRUR 62 S. 144 „Buntstreifensatin I"; 64 S. 621 „Klemmbausteine"; 68 S. 591 „Pulverbehälter"; 69 S. 186 „Reprint"; 72 S. 127 „Formulare"; B.-Hefermehl S. 500; Reimer-v. Gamm S. 152ff; Ulmer-Reimer S. 177; Tetzner S. 126). Im Gegenteil ist dies grundsätzlich durchaus statthaft (RGZ 135 S. 385), sofern man keinen Sonderrechtsschutz wie Patente, Gebrauchsmuster, Warenzeichen, Ausstattung und Urheberrechte verletzt, was schon nach den entsprechenden Sonderschutzgesetzen unzulässig wäre; denn auf der grundsätzlichen Freizügigkeit des Nachahmens beruht im wesentlichen der allgemeine Fortschritt jeden Gewerbes, der Gewerbefleiß, das gedeihliche erfolgreiche Leben des Volkes und jede Fortentwicklung einer Kultur. Schon der Schüler baut auf den Erfahrungen seines Meisters auf und *muß* dies tun, wenn er nicht hinter dem allgemein Erreichten zurückbleiben will. Ebenso müssen Techniker und Kaufleute die neuesten Erfahrungen anderer verwenden, wenn sie mit der Entwicklung Schritt halten wollen. Jede Leistung baut auf dem Erbe der Vergangenheit auf und der allgemein erreichte Leistungsstand kann von niemandem ungenutzt gelassen werden (allg. Meinung). Dieser Grundsatz ist z.B. bei der Begrenzung der

Dauer des Patentschutzes erkennbar, mit der die Erfindung später gerade auch der Allgemeinheit zur Ausbeutung zur Verfügung gestellt werden soll.

[93] **Nachahmung** ist das bewußte Kopieren eines Vorbildes, *nicht* die zufällige Wiederholung der Leistung eines anderen; letztere ist nie unzulässig, wenn sie nicht Sondergesetze (PatG, GebrMSchG, UrhG, WZG usw.) verletzt. Da die Nachahmung als solche zulässig, deshalb auch nicht sittenwidrig ist, muß sie sittlich auch dann indifferent sein, wenn sie über eine positive Gesetzesnorm unzulässig war (vgl. Anm. 59ff.) weshalb § 1 UWG nur bei Hinzutreten sittenwidriger „besonderer" Umstände verletzt werden kann (ebenso Reimer-v. Gamm S. 157; Ulmer-Reimer S. 190; B.-Hefermehl S. 502 und offenbar auch Tetzner S. 126). Stets ist darauf zu achten, daß auf dem Umweg des § 1 UWG kein Schutz gewährt wird, den die Sonderschutzgesetze (PatG, GebrMSchG, UrhG, WZG usw.) versagen. Deshalb ist auch die **sklavische Nachahmung** bis in alle Einzelheiten sowohl auf technischem wie nicht technischem Gebiet erlaubt, wenn kein Sonderschutzrecht besteht (BGH GRUR 54, S. 337 „Radschutz"; 64 S. 621 „Klemmbausteine"; 72 S. 127 „Formulare") und nicht sittenwidrig gehandelt wird.

[94] Das fremde Arbeitsergebnis wird auch nicht etwa dadurch ohne weiteres schutzwürdiger, daß es mit **Mühen** und **Kosten** erzielt worden ist (BGH GRUR 54 S. 337 „Radschutz"; 56 S. 284 „Rheinmetall"). Selbst die maßstabgetreue sklavische Nachahmung fremder Leistungen kann — soweit Sondergesetze nicht eingreifen — nicht ohne zusätzliche wettbewerbswidrige Momente unterbunden werden (BGH GRUR 67 s. 315 (317) „skai cubana"; 70 S. 244 „Spritzgußengel"). Wie B.-Hefermehl S. 502, Reimer-v. Gamm S. 151 und die neuere Rechtsprechung zutreffend bemerken, verwenden täglich unzählige Kaufleute, Wissenschaftler und Erfinder erfolglos erhebliche Mühen und Kosten, was für die Schutzwürdigkeit ihrer Arbeitsergebnisse nicht entscheidend sein kann; denn mancher Erfolg wird von dem einen spielend erreicht, auf den der andere erhebliche Kosten und Mühen verwenden muß, ohne daß sich an dem objektiven Wert des Erfolges deshalb etwas ändert.

Das nachgeahmte Arbeitsergebnis eines anderen ist also, ohne daß es auf die Mühen und Kosten ankommt, grundsätzlich nicht schutzfähig, schon weil es im Interesse einer allgemeinen Fortentwicklung eines Schutzes nicht würdig ist, soweit keine Sondergesetze eingreifen. (Über wettbewerbswidrige Nachahmung *ungeschützter* Leistungen vgl. Anm. 94ff.). Schutz genießen gewerbliche Leistungen als solche grundsätzlich nur über Sondergesetze: PatG, GebrMSschG, UrhG, WZG, § 16 UWG, § 12 BGB usw.

[95] Gleiches gilt für die Nachahmung **eigenartiger Erzeugnisse,** die bei gegebenen weiteren Voraussetzungen freilich Patent-, Gebrauchsmuster-, Ausstattungsschutz usw. genießen können und solchenfalls entsprechend zu behandeln sind. Auch die sondergesetzlich nicht geschützten **eigenartigen** Erzeugnisse genießen Schutz vor

Nachahmung, wenn zusätzliche zur Sittenwidrigkeit führende Tatbestände hinzutreten, die allerdings in der Regel gegeben sein dürften, wenn es sich um Geistesschöpfungen höherer Art handelt, so daß der Respekt vor der darin liegenden Leistung und vor dem Persönlichkeitsrecht des anderen nach dem Anstandsgefühl aller Durchschnittsgewerbetreibenden usw. (vgl. Anm. 59ff.) von der Nachahmung ohne eigene Leistung abhalten muß (BGH GRUR 54 S. 337 „Radschutz"; GRUR 73 S. 478 „Modeneuheit"), wobei die Unlauterkeit (d. h. Sittenwidrigkeit und Rechtswidrigkeit) nicht in der Nachahmung sondern darin liegt, daß dem Unternehmer der wettbewerbliche Vorsprung, auf den er wegen des überdurchschnittlichen Kosten-, Arbeits- und Zeitaufwands angesichts der Beachtlichkeit seines Leistungsergebnisses Anspruch hat, ohne Leistung des Nachahmers zerschlagen wird. Wer ohne eigene Leistung an fremden Arbeitsergebnis schmarotzt, pflügt mit fremdem Kalbe und erntet, wo er nicht gesät hat (Ulmer-Reimer S. 196).

Mit der Entscheidung „Modeneuheit" (a. a. O.) nähert sich der BGH in seiner Begründung wieder der aufgegebenen Rechtssprechung des Reichsgerichts, das den Schutz noch des nachgeahmten Gegenstandes im Auge hatte. Es war m. E. die, weil nicht auf echter Leistung beruhend, unverdiente Billigkeit des Plagiats, mit der der Nachahmer seine Wettbewerbsposition letztlich auf Kosten des Plagiierten verbessert. Das war das Sittenwidrige der Nachahmungshandlung, wie im „Möbelgarnitur"-Urteil des OLG Hamm (GRUR 72 S. 93), wo der Verletzte seinem Innenarchitekten für die Entwicklung der Möbelgarnitur vertragliche Umsatzlizenzen zahlte, die der sklavische Nachbauer sparte, so daß auch er auf Kosten der Verletzten seine Wettbewerbsposition ohne Leistung verbessern konnte, indem es sich das fremde Arbeitsergebnis einfach aneignete.

[96] Mit der Einschränkung, daß noch besondere Umstände, die zur Sittenwidrigkeit der Handlung führen, hinzukommen müssen, können also wettbewerblich eigenartige Erzeugnisse vor Nachahmung Schutz genießen, im Gegensatz zur Massenware (anders aber bei systematischer, planmäßiger Nachahmung vgl. Anm. 101); denn ganz kann auf die Prüfung nicht verzichtet werden, ob der nachgeahmte Gegenstand überhaupt schutzwürdig ist (B.-Hefermehl S. 505; Ulmer-Reimer S. 191; Reimer-v. Gamm S. 158; BGH GRUR 69 S. 618 „Kunststoffzähne"), weil es auf die Nachahmung der die Herkunft und Güte kennzeichnenden eigenartigen Merkmale selbst ankommt.

Eigenartig ist ein Erzeugnis, **das durch seine besonderen, nicht alltäglichen, überdurchschnittlichen Merkmale geeignet ist, auf eine bestimmte Herkunftsstätte hinzuweisen** (ähnlich B.-Hefermehl S. 510; Reimer-v. Gamm S. 158), wobei es nur auf die Eignung und nicht darauf ankommt, ob eine mögliche Kennzeichnungsfunktion schon wirksam geworden ist, wenn das Erzeugnis noch nicht auf dem Markt, sondern erst in der Entstehung begriffen ist. Wenn die Eignung sodann aber nicht genutzt wird, geht sie unter und das Erzeugnis verliert den Charakter der Eigenartigkeit. Das Merkmal des Überdurchschnittlichen erfordert weder technische noch qualitative Fortschrittlichkeit (BGH GRUR 57 S. 83 „Wasserzähler"; 67 S. 315 „skai cubana"; GRUR 73 S. 478 „Modeneuheit") und braucht nur technische oder ästhetische Wirkungen zu haben, mit denen das Erzeugnis gekennzeichnet wird, so daß es sich von den Erzeugnissen anderer Mitbewerber unterscheidet. Erschöpfen sich die Merkmale in dem Gebrauchszweck des Erzeugnisses, der dem Stand der Technik entnommen werden kann, ist dem Nachahmer nicht zuzumuten, auf ihre Übernahme zu verzichten, und die Eigenartigkeit mangels Kennzeichnungsfunktion zu verneinen (BGH GRUR 68 S. 591 „Pulverbehälter"). Unter dem Gesichtspunkt der Kennzeichnungskraft kann sogar Dutzendware eigenartig sein (BGH „Pulverbehälter" a. a. O.); das Wettbewerbsfremde jeder Nachahmung liegt eben darin, daß der Nachbauende im Rahmen des Zumutbaren „die Gefahr der betrieblichen Herkunftsverwechslung nicht beseitigt oder verringert".

Der für die Eigenartigkeit vornehmlich bei technischen Leistungen geforderten Überdurchschnittlichkeit (BGH GRUR 56 S. 172 „Magirus", 63 S. 152 „Rotaprint"; 66 S. 617 „Saxophon") kommt keine patentrechtsähnliche Bedeutung zu, vielmehr wird dem Erfordernis der Überdurchschnittlichkeit gleichfalls genügt, wenn die technische Leistung nur Besonderheiten aufweist, die geeignet sind, im Verkehr als kennzeichnend für die Herkunft und Güte gewertet zu werden, und deren Nachahmung daher Verwechslungsgefahr begründen kann (BGH GRUR 57 S. 37 „Uhrwerk"). Dagegen fehlt die Eigenartigkeit, wenn die besonderen Merkmale des Erzeugnisses technisch notwendig sind, so daß sie den Gebrauchszweck des Erzeugnisses und nicht seine Herkunft kennzeichnen. Die Erschließung eines neuen Marktes begründet keine wettbewerbliche Eigenartigkeit eines Erzeugnisses (BGH GRUR 64 S. 621 „Klemmbausteine"; 66 S. 503 „Apfelmadonna"), womit freilich nicht gesagt ist, daß die Eigenartigkeit einem Erzeugnis den Markt nicht auch erst erschließen kann (gl. A. Reimer-v. Gamm S. 160).

[97] Ob die eigenartige Ware im Verkehr schon eingeführt sein muß, wie B.-Hefermehl (S. 512), Reimer-v. Gamm S. 161), Ulmer-Reimer (S. 201) generell meinen, erscheint zweifelhaft in den Fällen, bei denen das Erzeugnis in der Entwicklung begriffen ist oder gerade erst auf den Markt gebracht wird. Der an seinen Innenarchitekten Lizenzen zahlende Produzent von Polstermöbelgarnituren (OLG Hamm GRUR 72 S. 93) und noch mehr der Hersteller saisongebundener ästhetisch eigenartiger Modeerzeugnisse (BGH GRUR 73 S. 478 „Modeneuheit") müssen vor sittenwidrigen Nachahmungen ohne Rücksicht darauf geschützt werden, ob ihre Erzeugnisse schon eingeführt sind oder erst eingeführt werden sollen, d. h. ob die freilich objektiv festzustellende Eignung der Eigenartigkeit ihrer Erzeugnisse als Kennzeichnungsfunktion bereits wirksam geworden ist oder noch nicht. Es muß die Eignung zur Kennzeichnung genügen, sofern das Erzeugnis bestimmt ist, auf den Markt gebracht zu werden; andernfalls käme der schnellere und deshalb gefährliche Dieb geistigen Eigentums ungeschoren davon (vgl. auch Anm. 93).

[98] **Die Mittel und Wege der Nachahmung.** Unzulässig können erst **Art und Weise** der Nachahmung oder die das nachgeahmte Erzeugnis **auswertenden Handlungen** sein, die mit dem Leistungswettbewerb oder dem auf ihm aufbauenden Wahrheitsgrundsatz der Wettbewerbsordnung nicht mehr in Einklang stehen (vgl. BGH GRUR 55 S. 598 „Matern"). Die Schwierigkeit, eine solche Wettbewerbshandlung auf ihre Unzulässigkeit zu prüfen, liegt deshalb nur bei der Beurteilung der Sittenwidrigkeit in ihrer Form.

Die **Art und Weise** der Nachahmung ist in mannigfaltiger Form denkbar. Geschieht sie redlich, d. h. durch eigene Leistung, ist sie nicht zu beanstanden (BGH GRUR 67 S. 315 „skai cubana" 70 S. 244 „Spritzgußengel"). Zur Redlichkeit gehört freilich, daß der Nachahmer alles ihm Zumutbare unternimmt bzw. unterläßt, damit Verwechslungen mit dem Original ausgeschlossen, zumindest verringert werden. Wer aber eine fremde Leistung **unverändert übernimmt,** d. h. **„nachbildet"** im Gegensatz zu „nachschafft" und als eigene usurpiert in den Verkehr bringt, schmückt sich mit fremden Federn, verstößt gegen den Grundsatz des echten Leistungswettbewerbs und handelt sittenwidrig. (Daß diese These so allgemein aufgestellt werden kann, wird bestritten von B.-Hefermehl S. 532, Reimer-v. Gamm S. 157; ähnlich wie hier: Ulmer-Reimer S. 197). Eine solche **unmittelbare Übernahme und Ausnutzung** eines fremden Leistungsergebnisses ist unlauter, weil dadurch ein fremdes, den Einsatz beträchtlicher Arbeit und Kosten seiner Natur nach voraussetzendes Leistungsergebnis ohne ins Gewicht fallende eigene Leistung zur Förderung des eigenen Erwerbs und zum Schaden desjenigen, der das Ergebnis geschaffen hat und dem billigerweise die Früchte zufallen müßten, mühelos ausgebeutet wird (BGH GRUR 66 S. 503 (506) „Apfelmadonna"; 69 S. 186 „Reprint"; GRUR 73 S. 478 „Modeneuheit"). Zutreffend hat der BGH (GRUR 69 S. 618 „Kunststoffzähne") in den Fällen der sklavischen Nachbildung, bei der das übernommene Erzeugnis geradezu als Werkzeug für die eigene Produktion unmittelbar eingesetzt wurde, dem Nachahmer die Darstellungs- und Beweislast dafür auferlegt, warum sein Verhalten wettbewerbsrechtlich etwa unbedenklich war (a. A. Reimer-v. Gamm S. 157). Denn es kann nicht darauf ankommen, ob dem Verletzten bereits genügend Früchte seiner Arbeit zugeflossen sind; entscheidend ist nach den Grundsätzen des echten Leistungswettbewerbs, daß es nach den noch heute gültigen Sitten und Gebräuchen als anstößig gilt, ohne eigene Leistung zu plagiieren, wie die Nachbildung im entschiedenen Fall bezeichnet werden kann. Nach diesseitiger Auffassung besteht kein Bedürfnis, solche rücksichtslosen Usurpatoren fremder Leistung zu schützen. Von einer solchen unmittelbar aneignenden, usurpatorischen sittenwidrigen Nachbildung sind diejenigen Fälle zu unterscheiden, bei denen der Nachbilder von dem Verbraucher den Auftrag zur Nachbildung erhält, auch wenn er sich um einen solchen beworben hat. Hier kann die usurpatorische Nachbildung nicht sittenwidrig sein, weil es dem Verbraucher freistehen muß, sich seinen Produzenten selbst zu suchen, z. B. wenn er mit seinem bisherigen Lieferanten unzufrieden war. Deshalb stellte es der BGH in seinem Urteil „Formulare" (GRUR 72 S. 127) unzulänglich darauf ab, daß der Erstdrucker, der die Formulare entworfen hatte, seine durch den Erstdruck entstandenen Mehrkosten durch mehrjährigen Umsatz schon hereingeholt hatte. Der etwaige Umstand, daß der Urheber seine Entwicklungskosten schon wieder verdient hat, ist keine Leistung des Nachahmers und kann auf den etwaigen sittenwidrigen Charakter seiner Handlung keinen Einfluß haben.

Als „nachbildende" unveränderte unmittelbare Aneignung wurden von der Rechtssprechung angesehen: Nachpressen von Schallplatten (RG Bd. 73 S. 294), Tonbandwiedergabe einer Opernaufführung (BGH GRUR 60 S. 614 „Figaros Hochzeit"), Wiedergabe von Rundfunkmusik in Gaststätten (BGH GRUR 60 S. 627 „Künstler-Lizenz"), Wiedergabe von Fernsehsendungen in Filmtheatern (BGH GRUR 62 S. 470 „Aki"), Ausnutzung der Erbanlagen gezüchteter Pflanzen durch Vermehrung durch Stecklinge (BGH GRUR 59 S. 620 „Nelkenstecklinge"), photomechanischer Nachdruck gemeinfreier Werke (BGH GRUR 69 S. 186 „Reprint") photomechanischer Nachdruck von Formularen (BGH GRUR 72 S. 127 „Formulare").

[99] Im Gegensatz zur unmittelbaren Nachbildung (Aneignung) fremden Leistungsergebnisses, die — weil ohne eigene Leistung — per se sittenwidrig ist und bei der auch die Literatur (B.-Hefermehl, v. Gamm, Reimer, Tetzner a. a. O.) für die besonderen Umstände geringere Anforderungen stellt, die zur Sittenwidrigkeit führen, steht die **nachschaffende Nachahmung** technischer Erzeugnisse. Hier erbringt der Nachahmer eine eigene Leistung, nämlich die des Nachschaffens. Es entscheidet die Art und Weise der Ausnutzung und des Weges, auf dem der Nachahmer zu der fremden Leistung gekommen ist. Vorweg ist der Grundsatz zu beachten, daß der Grad der Eigenartigkeit des fremden Erzeugnisses die Anforderungen an den Unlauterkeitsgehalt entscheidend bestimmt, daß beides also in einer gewissen Wechselwirkung zueinander steht (Nerreter GRUR 57 S. 529, B.-Hefermehl S. 525).

[100] Das Sittenwidrige einer solchen Nachahmung kann darin liegen, daß sie nur durch **Erschleichen und Vertrauensbruch** möglich gewesen ist. Wer auf unredliche Weise an die Betriebsgeheimnisse eines Mitbewerbers herankommt, wodurch ihm die Möglichkeit zur Nachahmung geschaffen wird, wovor freilich ohnehin §§ 17 f. (s. dort) Schutz bieten, oder wer den nachgeahmten Gegenstand auf unredliche Weise erlangt (RG GRUR 1938 S. 70), handelt sittenwidrig. Ein Gesellschafter oder auch ein Angestellter, der ein Betriebsgeheimnis einwandfrei erfahren hat, erschleicht nicht (RG MuW 1939 S. 45). Ebensowenig ein Angestellter, der von einem Betriebsgeheimnis redlich erfahren hat und es nach seinem Ausscheiden aus diesem Betrieb für sein eigenes Fortkommen ausnutzt (BGH GRUR 55 S. 402 „Anreißgerät"). Anders aber, wenn der Nachahmer den Angestellten seinem Mitbewerber unlauter abwirbt, um sich die Nachahmung zu ermöglichen, oder wenn der Angestellte es sich während des Anstellungsverhältnisses selbst erschlichen hat. Das

gleiche gilt bei Erlangung der Vorbilder durch Werkspionage (BGH GRUR 61 S. 40 „Wurftaubenpresse"); oder ein Großhändler mißbraucht das ihm durch seine Zuziehung bei der Produktion geschenkte Vertrauen, indem er das hierbei erlangte Wissen einem Mitbewerber weitergibt, der es in Kenntnis dessen nachahmt (BGH GRUR 58 S. 351 „Deutschlanddecke").

Auch wer in Verhandlungen über Lizenzrechte oder den Kauf eines Rechts steht, die notwendig die Offenbarung von Betriebsgeheimnissen mit sich bringen, und zerschlagen sich dieselben sodann, begeht einen Vertrauensbruch, der sittenwidrig ist, wenn er anschließend nachahmt (RG GRUR 42 S. 347; BGH GRUR 56 S. 284 „Rheinmetall" II; 64 S. 31 „Petromax II".

[101] Wer **systematisch und planmäßig** stets denselben Mitbewerber nachahmt, um ihn durch eine solche Behinderung nicht aufkommen zu lassen, ahmt damit zwar nicht auf unredlichem Wege oder mit unredlichen Mitteln nach, aber verfolgt u.U. einen unlauteren Zweck, so daß ein solches Gesamtverhalten (BGH GRUR 55 S. 346 „Indek") eine sittenwidrige Wettbewerbshandlung darstellen kann. Indiz für solchen dolus könnte z. B. sein, daß der Nachahmer hiervon keinen weiteren Vorteil hat als die Niederlage des Konkurrenten. In diesen Fällen braucht das fremde Arbeitsergebnis noch nicht einmal eine wettbewerbliche Eigenartigkeit zu haben (RG GRUR 68 S. 68). Ein solches planmäßiges Nachahmen lag in dem zielstrebigen Copieren des Schmucksortiments eines Herstellers in allen Einzelheiten (BGH GRUR 60 S. 244 „Simili-Schmuck"). Dagegen wurde im Fall einer Reproduktion nur mehrerer Kunstfiguren aus einem Sortiment noch keine Planmäßigkeit erblickt (BGH GRUR 66 S. 503 „Apfelmadonna").

[102] Die die **Nachahmung auswertende Handlung.** Die Verwechslungsgefahr nachgeahmter Erzeugnisse mit den Originalen ist die Folge jeder Nachahmung. Deshalb ist in der Regel immer sittenwidrig, wenn der Nachahmer nicht alles Zumutbare unternimmt, um die Verwechslungsgefahr zu beseitigen, zumindest zu verringern, die schließlich nur durch seine unerbetene, für die Allgemeinheit meist nicht wichtige, oft nur seinem Gewinnstreben entsprungene Nachahmungshandlung entstanden ist. Auf seine Täuschungsabsicht kommt es dabei diesseitigen Erachtens gar nicht an (gl. A. Reimer- v. Gamm S. 162). Entscheidend ist, daß die Nachahmung auf Grund der eigenartigen Merkmale eine objektive Verwechslungsgefahr über die Herkunft und auch die Güte des Erzeugnisses herbeigeführt hat (BGH GRUR 57 S. 37 „Uhrwerk"; 63 S. 152 „Rotaprint"), was etwas anderes ist als die reine **Waren**verwechselbarkeit, die für die Sittenwidrigkeit der Nachahmung in der Regel nicht ausreicht (ebenso Ulmer-Reimer S. 201; B.-Hefermehl S. 513). Denn die Übernahme gemeinfreier technischer Mittel, ästhetischer Gestaltungsformen und die Anpassung an den Zeitgeschmack einerseits, wie aber auch die Übernahme technisch notwendiger Merkmale ist jedermann gestattet (BGH GRUR 68 S. 591 „Pulverbehälter").

[103] Die Betonung liegt auf dem Wortbestandteil „Gefahr“ des Begriffes **Verwechslungsgefahr,** weil die Originalware keine Verkehrsgeltung zu haben braucht (BGH GRUR 68 S. 591 „Pulverbehälter“). Daß sie einen gewissen Grad von Bekanntheit schon erreicht haben, „im Verkehr bereits eingeführt sein“ müsse (BGH GRUR 54 S. 337 „Radschutz“; 58 S. 351 „Deutschlanddecke“; B.-Hefermehl S. 512; Reimer-v. Gamm S. 161, ebenso offenbar auch Ulmer-Reimer S. 201 und Tetzner, der sogar eine qualifizierte Verkehrsgeltung (S. 132) verlangt), erscheint zweifelhaft, ja nicht erforderlich, weil das dem Gerechtigkeitsgefühl (des Verfassers) nicht entspricht; denn es darf nicht derjenige besser gestellt werden, der wegen der vollen Erkenntnis, einen geistigen Diebstahl begangen zu haben, schnell handelt, noch ehe der Urheber „im Verkehr eingeführt“ ist („einen gewissen (welchen?) Bekanntheitsgrad“ erlangt hat), als derjenige, der sich durch eigene (vielleicht echte), aber nicht ausreichende Leistung bemüht, eine Verwechslungsgefahr mit einem eingeführten Arbeitserzeugnis eines anderen zu beseitigen, wenn er dabei erfolglos geblieben ist (vgl. Anm. 96 a. E.); wie hier: BGH GRUR 63 S. 328 (330) „Fahrradschutzbleche“. Objektive Schutzwürdigkeit und Sittenwidrigkeit der Handlung stehen in einer Wechselbeziehung untereinander (BGH GRUR 60 S. 244 „Simili-Schmuck“). Auch die Urheber „angeeigneter“ oder „unmittelbar übernommener“ eigenartiger (Anm. 98), durch Erschleichung (Anm. 99) verratener und „systematisch planmäßig“ (Anm. 101) nachgeahmter Erzeugnisse genießen wettbewerblichen Schutz ohne Rücksicht auf ihren Bekanntheitsgrad, wobei sogar in besonders gelagerten Fällen auf die besondere Eigenartigkeit eines Erzeugnisses (RG GRUR 38 S. 68) verzichtet werden kann. Nur für das schon auf den Markt gebrachte eigenartige Erzeugnis, das trotz eines solchen Zeitablaufs, während dessen die Erreichung eines gewissen Bekanntheitsgrades im allgemeinen zu erwarten ist, noch nicht auf dem Markt eingeführt ist, woraus zu schließen ist, daß entweder seine eigenartigen Merkmale keine Eignung zur Kennzeichnung der Herkunft und Güte des Erzeugnisses haben oder wegen mangelnder weiterer Leistungen ihres Urhebers auch nicht erlangen werden, sollte ein gewisser Bekanntheitsgrad gefordert werden. Ist ein solcher erreicht, genießt das Original natürlich erst recht den gleichen Schutz.

[104] Sonach kommt es in der Regel nur auf die Eignung zur Verwechslungsgefahr über Herkunft und Güte des nachgeahmten Erzeugnisses mit dem wettbewerblich eigenartigen Originalerzeugnis an, der der Nachahmer durch zumutbare und geeignete Maßnahmen zu begegnen hat, wenn er sein nachgeahmtes Erzeugnis auf den Markt bringen will. Die beteiligten Verkehrskreise dürfen über die betriebliche Herkunft nicht irregeführt werden. Es genügt eine Verwechslungsgefahr im weiteren Sinne. Denn, vermutet der Verkehr organisatorische Beziehungen, ist die Gefahr nicht auszuschließen, daß er das etwa schlechtere Erzeugnis des Nachahmers für ein solches des Nachgeahmten irrigerweise hält (BGH GRUR 63 S. 152 „Rotaprint“); auch sie ist nur objektiv d.h. ohne Rücksicht darauf festzustellen, ob sie schon vorgekommen ist oder noch nicht (BGH a.a.O., GRUR 57 S. 37 „Uhrwerk"). Welche Maßnahmen der Nachahmer zur Vermeidung der Verwechslungsgefahr zu ergreifen hat, läßt sich nicht generell sondern nur von Fall zu Fall sagen.

[105] Bei eigenartigen **Merkmalen der Technik** wird der **Verzicht** auf deren Übernahme oft **nicht zumutbar sein,** wenn diese Merkmale den Gebrauchszweck des Erzeugnisses bestimmen. Der Nachahmer braucht auch nicht auf andere technische Lösungen auszuweichen, wenn die technische Lösung des Originals gemeinfrei ist; denn mit ihr allein wird der Nachgeahmte keine Herkunfts- und Gütevorstellung beim Publikum erreichen und der Nachahmer keine Gefahr der Herkunftsverwechslung, allenfalls eine sittlich indifferente Warenverwechslung erzeugen. Der Nachahmer hat sich um eine Beseitigung der Verwechslungsgefahr aktiv zu kümmern und entsprechende Vorkehrungen zu treffen, wozu es immer Möglichkeiten gibt (BGH GRUR 63 S. 152 „Rotaprint"; 66 S. 617 „Saxophon"' 68 S. 591 „Pulverbehälter"), wobei er aber andererseits auf den Zeitgeschmack und auf Gesichtspunkte der Verkäuflichkeit durch Handlichkeit, ästhetisches Äußeres und dergl. nicht zu verzichten braucht (BGH GRUR 62 S. 299 „formstrip"). Je größer die wettbewerbliche Eigenartigkeit des Erzeugnisses ist, desto stärker wirkt ihre Herkunftsfunktion und desto intensiver die aus letzterer resultierende Gütevorstellung des Verkehrs, der in seinen diesbezüglichen Erwartungen getäuscht zu werden Gefahr läuft; um so größere Anstrengungen hat deshalb der Nachahmer solcher Erzeugnisse zu unternehmen (BGH GRUR 63 S. 152 „Rotaprint"; 68 S. 151 „Pulverbehälter"). Zur Not, wenn die eigenartigen Merkmale wegen Unzumutbarkeit zur Vermeidung von Verwechslungen nicht ausreichend verändert werden, können zusätzliche Kennzeichen oder Merkmale geboten sein (BGH a. a. O. „Rotaprint"; GRUR 70 S. 510 „Fußstützen").

[106] Bei **ästhetischen Erzeugnissen** der Mode und des Geschmacks gelten die gleichen Grundsätze. Auch hier muß es dem Nachahmer gestattet sein, die Mode und den Zeitgeschmack mitzumachen und sich beiden anzupassen. Die Identität der Erzeugnisse hinsichtlich dieser Kriterien, die keine Herkunftsfunktion tragen und keine wettbewerbliche Gütefunktion beinhalten, besagt nichts (BGH GRUR 62 S. 144 „Buntstreifensatin I"; 67 S. 315 „skai cubana"; GRUR 73 S. 478 „Modeneuheit"). Maßnahmen zur Beseitigung der Verwechslungsgefahr, mit denen der Nachahmer den von Zeitgeschmack und Modetrent diktierten Stil verlassen würde, sind unzumutbar (BGH GRUR 62 S. 299 „formstrip"; 72 S. 546„Trainingsanzug"; a.a.O. „Modeneuheit"). Wer als erster mit einer dem Zeitgeschmack entsprechenden Neuheit auf dem Markt erscheint, ist allein dieserhalb vor Nachahmungen noch nicht zu schützen (BGH GRUR 63 S. 328 „Fahrradschutzbleche"). Es zeigt sich somit, daß der wettbewerbliche Schutz ästhetisch wirkender Erzeugnisse, deren Verwendungszweck sich in der Befriedigung des Geschmacks und des Bedarfs an Modischem erschöpft, gering ist. Daß das nicht immer gerecht erscheint, erkennt die BGH-Entscheidung „Modeneuheit" (a.a.O.), wo letztlich doch wieder auf die Mühen und Kosten eines Modeschöpfers ausweichend abgestellt wird, die dieser durch die Entwicklung eines neuen Stoffmusters gehabt hat und durch seine Umsätze erst soll hereinbringen dürfen, ehe es für Nachahmer frei wird. Eine im Ergebnis freilich richtige Entscheidung. Die Frage ist aber, ob unter dem Gesichtspunkt des Mißbrauchs der Nachahmungsfreiheit und einer zu ermitteln gewesenen Sitte, die verletzt worden sein konnte, dem Klageanspruch nicht besser stattzugeben gewesen wäre.

[107] Die Verwechslungs- bzw. Täuschungs**absicht**, auf die es nicht ankommt (s. Anm. 102), kann für sich allein aber ein eigenes ausreichendes Tatbestandsmerkmal sein, das die Nachahmungshandlung sittenwidıig macht (a. A. Reimer- v. Gamm S. 155), sofern die objektiv erfaßbaren Tatbestandselemente der Nachahmung der wettbewerblich eigenartigen, herkunftshinweisenden Merkmale des Erzeugnisses gegeben sind (BGH GRUR 69 S. 618 „Kunststoffzähne"), denn wer in Täuschungsabsicht handelt, kann nach dem Gebot der Gerechtigkeit nicht besser gestellt werden, als jeder andere. Je stärker bei der Nachahmungshandlung subjektive Unlauterkeitsmomente objektiv in Erscheinung treten, um so geringere Anforderungen sind an die Eigenart und auch an den Grad der Bekanntheit des Originalerzeugnisses zu stellen (BGH GRUR 60 S. 244 „Simili-Schmuck"; für nachgeahmte Werbung GRUR 61 S. 244 „natürlich in Revue" (S. 245).

Der positive Nachweis der Täuschungsabsicht wird, weil sie ein innerer Vorgang ist, immer schwierig sein. Wenn die Nachahmung *trotz fehlender Notwendigkeit* sklavisch getreu erfolgt, liegt die Vermutung nahe, daß dies vorsätzlich und deshalb geschieht, um von dem Ruf des Mitbewerbers zu profitieren, was durch die so herbeigeführte Täuschung des Verkehrs ermöglicht werden soll.

[108] Bei dem **Nachbau von Ersatzteilen** gilt die Besonderheit, daß ihre Funktionsfähigkeit häufig von präzisionsgenauer Übereinstimmung mit dem Original abhängt, daß also u.U. auch die Eigenartigkeit des Originalteiles übernommen wird. Dennoch muß ein solcher Nachbau zulässig sein, wenn das Ersatzteil nicht unter Sonderschutzrechten steht (Patent, Gebrauchsmuster usw.), wobei auf jedes technisch nicht notwendige Beiwerk, dessen sich der Nachgeahmte bedient, zu verzichten ist (BGH GRUR 62 S. 537 (40) „Radkappe"; 68 S. 698 (700) „Rekordspritzen"), wenn es eine sog. Eigenartigkeit hat, die wegen ihrer Kennzeichnungsfunktion zur Verwechslungsgefahr führt; denn die Herbeiführung einer Verwechslungsgefahr ist stets zu vermeiden. Sie ist freilich eine natürliche Folge jeder Nachahmung, so daß über die betriebliche Herkunft irregeführt wird; aber der Nachahmer auch von Ersatzteilen ist verpflichtet, alle zumutbaren Maßnahmen zur Vermeidung von Verwechslungen zu ergreifen (allg. Meinung). Ergreift er sie nicht, handelt er sittenwidrig und unzulässig.

Produziert und vertreibt der Nachahmer Ergänzungsstücke für verbrauchte Teile des Hauptwerkes, so ist das gleichfalls grundsätzlich unter der Voraussetzung zulässig, daß der Verkehr nicht irregeführt wird. Hiervon sind aber streng zu unterscheiden ein Ersatz der Hauptware und eine Erweiterung derselben zu Befriedigung eines Fortsetzungsbedarfs (BGH GRUR 64 S. 621 „Klemmbausteine)“. Für letztere gilt das oben Gesagte.

Zutreffend betrachtet Ulmer-Reimer (S. 182) das Problem der Nachahmung von Ersatzteilen sowohl unter wettbewerbs- wie auch unter zeichenrechtlichen Gesichtspunkten. Denn da der Ersatzteilhändler darauf angewiesen ist, darzustellen, für welche fremde Hauptware sein Produkt bestimmt ist, kann er nicht vermeiden, auf dasselbe hinzuweisen, d.h. es zu nennen, auf es „Bezug zu nehmen“ (BGH GRUR 68 S. 698 „Rekordspritzen“), was grundsätzlich unzulässig ist (vgl. hierzu Anm. 122ff.). Hier kann deshalb nur der Grundsatz gelten, daß alles nur nach der Beurteilung des Einzelfalles zu entscheiden ist (BGH GRUR 58 S. 353 „Bohnergerät“). Zwecks Vermeidung von Verwechslungen hat daher der Nachbauer von Ersatzteilen und Zusatzgeräten klar herauszustellen, daß sein Erzeugnis nicht von dem Hersteller des Originalerzeugnisses stammt. Als zulässig wurden angesehen: BGH GRUR 68 S. 698 „Rekordspritzen“ „Vesal-Teile verwendbar für Isocalspritzen; 58 S. 343 „Bohnergerät“ „Zusatzgerät paßt auf das Haushaltsgerät X“; 66 S. 211 „Ölfilter“.

Auch ist stets sittenwidrig, wenn ein fremdes Erzeugnis unter der Täuschung vertrieben wird, daß es von dem Vertreibenden stamme, weil die konkrete fremde Leistung als eigene ausgegeben wird. Das ist als Schmarotzen an fremder Leistung zu werten (BGH GRUR 60 S. 387 „Kleinwalsertaler-Woche“, und bei Entfernung des fremden und Anbringung des eigenen Firmenschildes nach durchgeführter Reparatur: BGH GRUR 72 S. 558 „Teerspritzmaschinen“).

[109] **Nachahmung fremder Werbung,** soweit sie nicht Sonderrechtsschutz wie z.B. Urheber-, Geschmacksmuster-, Warenzeichen-, Ausstattungsschutz etc. genießt, ist grundsätzlich gleichfalls erlaubt (allg. Meinung). Kommen solche Sonderschutzrechte zum Zuge, ist für einen wettbewerblichen Schutz gem. §§ 1, 3 UWG kein Raum mehr, ebensowenig, wenn nach solchen Sondergesetzen ein Schutz eigens versagt wird.

Soweit die Gesichtspunkte dieser Sonderschutzgesetze nicht in Betracht kommen, kann die Nachahmung fremder Werbung nur bei Hinzutreten besonderer Umstände, die zur Sittenwidrigkeit führen, unzulässig sein. Das gleiche gilt für die Nachahmung fremder Werbemethoden und -ideen (BGH GRUR 55 S. 598 „Werbeidee“). Voraussetzung ist auch hier eine Eigenartigkeit des Werbemittels — bei Werbe„methoden“ ist ein Fall unzulässiger Nachahmung allerdings kaum vorstellbar —, die zu einer Funktion desselben mit der Folge einer Herkunfts- und Gütevorstellung führt, mit der die nachgeahmte Werbung verwechselt werden kann (BGH GRUR 55 S. 598 „Werbeidee Matern“; RG GRUR 39 S. 576; 40 S. 374 „Landkartenwerbung“; 41 S. 378; ebenso B.-Hefermehl S. 554; Tetzner S. 133; Ulmer-Reimer S. 177; Reimer-v. Gamm S. 181). Ein wettbewerblicher Schutz kann nur für die praktische *Durchführung* der Idee — niemals für die Idee selbst (gl. A. B.-Hefermehl; BGH GRUR 55 S. 598 „Matern“; 59 S. 251 „Einheitsfahrschein“) — sobald sie konkrete Formen angenommen hat (vgl. v. Gamm WRP 70 S. 125), aber auch nur dann in Betracht kommen, wenn es sich insoweit um eine selbständige Leistung besonderer Eigenart handelt (BGH a.a.O.) und nur, wenn besondere sittenwidrige Umstände hinzutreten (BGH GRUR 61 S. 244 „natürlich in Revue“). Die Eigenartigkeit der Werbung muß darin bestehen, daß sie einen neuen eigenartigen Gedanken enthält und wegen dieser wettbewerblichen Eigenart geeignet ist, im Verkehr als Herkunftshinweis gewertet zu werden. Hierbei ist die Auffassung der mit der Werbung angesprochenen Verkehrskreise maßgebend (vgl. hierzu OLG Koblenz „Atriumphoto“ GRUR 70 S. 95). Anders als bei der Nachahmung fremder Arbeitsergebnisse, bei denen es sich um Produktionserzeugnisse handelt, ist hier kein Raum für den Gedanken der „zumutbaren Abweichung“, weil die Möglichkeiten sprachlicher, bildlicher und vertonter Werbungen so unerschöpflich sind, daß bei Nachahmung fremder Werbemethoden jedermann seine eigenständige Werbung finden kann.

Zudem fordern Literatur und Rechtssprechung für die Schutzwürdigkeit einer Werbung außer der zur Eignung als Herkunftshinweis führenden Eigenartigkeit einen solchen bereits erreichten Grad von Bekanntheit derselben beim Publikum, daß sich im Falle ihrer Nachahmung von einer Gefahr der Irreführung desselben sprechen läßt. **Subjektiv** wird das Bewußtsein der **Annäherung an die fremde Werbung** als notwendiges Unlauterkeitsmerkmal gefordert (BGH GRUR 66 S. 30 (33) „Konservenzeichen“).

Als unzulässig wurde angesehen, wenn jemand die von einem Mitbewerber für etwas Neues betriebene Werbung seinem alten Gegenstand dienstbar macht (RG MuW 29 S. 279), oder in einer Reklame fremde Erzeugnisse als eigene abbildet (OLG Hamm MuW 15 S. 239) oder auf einer Ausstellung verbotswidrig, ohne selbst ausgestellt zu haben, als angeblicher Aussteller für seine Waren wirbt (OLG Hamm MuW 33 S. 740), bewußt und planmäßig fremde Werbung übernimmt, um diese zu behindern und in ihrer Wirkung abzuschwächen (RG GRUR 44 S. 90 „Schiebebehälter als Werbegeschenk an Ärzte“; BGH GRUZR 61 S. 244 „natürlich in Revue“, mangels Eigenartigkeit den Schutz allerdings verneinend).

In diesem Sinne kann auch der Sinngehalt eines im Verkehr durchgesetzten **Werbespruchs** vor Nachahmung geschützt sein, wenn eine Verwechslungsgefahr entsteht, die der Täter für sich ausnutzt (OLG Düsseldorf GRUR 56 S. 510 für den Sinngehalt „gut rasiert — gut gelaunt“ oder der Spruch „Laß Dir raten, trinke Spaten“ zu „Ich rate Dir, trink X-manns Bier“ (LG München (GRUR 53 S. 185), „Die Zauberfee in der Küche“ zu „Zauberstab der Hausfrau“ (LG Düsseldorf GRUR 64 S. 557), „Pack Deinen Vorteil in den Tank“ zu „Pack den Tiger in den Tank“ (LG Hamburg MDR 68 S. 848), „Ein Himmelbett als Handgepäck“ (BGH GRUR 66 S. 691). Unzulässig wegen Ausnutzung fremder geschäftlicher Leistung sind auch Herstellung und Vertrieb des Programms für eine Veranstaltung eines

Dritten, der üblicherweise sein Programm selbst herstellen und vertreiben würde (BGH GRUR 58 S. 549 „Box-Programmheft"). Im Grunde genommen handelt es sich immer wieder um die Irreführung im Verkehr, dessen Vorstellungs- und Erinnerungsbild als Bestandteil des zu schützenden Unternehmens aufzufassen und der selbst seinerseits vor Täuschung zu schützen ist (Ulmer-Reimer S. 177; Reimer-v. Gamm S. 180; B.-Hefermehl S. 555; Tetzner S. 133; Moser v. Filseck GRUR 50 S. 18; v. Gamm WRP 70 S. 125).

[110] Solange keine Verkehrsgeltung (Begriff s. Anm. 13ff zu § 16) für die nachgeahmte Werbung besteht, ist eine **Abgrenzung** stets schwierig; denn eine **Verkehrsverwirrung** ist nur denkbar, wo die Originalwerbung schon zu einem Begriff geworden ist. Auch eine originelle, eigenartige Werbung weist zu Anfang noch nicht auf den werbenden Unternehmer hin, sondern erst wenn sie eingeführt ist und damit eine gewisse Bekanntheit erlangt hat. Vorher ist eine Täuschung des Verkehrs nicht denkbar, so daß ein Allgemeininteresse an einem Verbot ihrer Nachahmung entfällt. Unrichtig deshalb die Entscheidung des LG Düsseldorf (GRUR 49 S. 382 „Fasernschutz"), die die Nachahmung einer noch in Vorbereitung gewesenen Werbung für unzulässig erklärt hat (gl. Ansicht B.-Hefermehl S. 555; a.A. offenbar Tetzner S. 134). Wird aber das Wissen von einer fremden in Vorbereitung befindlichen Werbung erschlichen, sei es durch Verrat eines Betriebsgeheimnisses oder durch eigenen Vertrauensbruch (z.B. durch einen Werbeagenten) usw., ist das in der Regel sittenwidrig (BGH GRUR 56 S. 284 „Rheinmetall"). Es sind dann die in Anm. 100 erörterten Grundsätze anzuwenden.

Stets ist eine bewußte und gewollte Annäherung an die fremde Werbung zu fordern, weil der Begriff der Nachahmung den subjektiven Tatbestand des Vorsatzes denkgesetzlich notwendig macht (st. Rechtssprechung; für viele: BGH GRUR 66 S. 30 (33) „Konservenzeichen").

Das Sittenwidrigkeitsmoment liegt in der sonach bewußten Herbeiführung der Verwechslungsgefahr, dank welcher der Nachahmer an dem Ruf seines Mitbewerbers zu profitieren hofft. Deshalb war unzulässig die Nachahmung eines Werbephotos, durch das die Gefahr von Verwechslungen hervorgerufen wurde (OLG Koblenz GRUR 70 S. 95).

Auch der Zweck, mit der Werbenachahmung die Werbung des Mitbewerbers in ihrer Wirksamkeit zu zerschlagen, ist sittenwidrig, auch wenn keine Irreführung des Verkehrs erzielt wird. Fälle dieser Art waren die Werbesprüche „ich rate Dir, trink X-mann Bier" zu „laß Dir raten, trinke Spaten" (LG München GRUR 53 S. 184), „die Zauberfee in der Küche" zu „Zauberstab der Hausfrau" (LG Düsseldorf GRUR 64 S. 557), „Pack Deinen Vorteil in den Tank" zu „Pack den Tiger in den Tank" (LG Hamburg MDR 68 S. 848).

Eine unzulässige Nachahmung von Schaufenster-Werbungen (-Auslagen) ist nicht vorstellbar, wenn man von der Möglichkeit dort gezeigter unzulässig nachgeahmter Werbegegenstände bzw. unzulässig nachgeahmter Erzeugnisse absieht, denn Schaufenster wechseln in der Regel ihre Ausstellung laufend und hinterlassen keinen bleibenden Eindruck, so daß eine Schaufensterauslage in ihrem Gesamtcharakter eine Eigenartigkeit mit Bekanntheitsgrad und Herkunftsfunktion erreichen könnte. Zu denken wäre allenfalls an konservative Geschäftsläden (Speiselokale, Delikatessengeschäfte usw.), bei denen aber auch ihre örtliche Lage, ihr Name u. ä. Verwechslungsgefahren in der Regel ausschließen.

[111] Wenn die an sich zulässige **Nachahmung fremder Werbung planmäßig fortgesetzt** geschieht, um den Nachgeahmten in seiner Werbung von vornherein nicht aufkommen zu lassen, kann darin ein sittenwidriger Behinderungswettbewerb liegen, wenn der Nachahmer jede wie auch immer geartete Werbemaßnahme seines Mitbewerbers alsbald nachahmt (BGH GRUR 61 S. 244 (246) „natürlich in Revue"), womit eine sittenwidrige Wettbewerbshandlung nach ihrem Gesamtcharakter vorliegt. Wo eine Werbung **Urheberrechtsschutz** genießt, kann sie natürlich nach Sondergesetzen geschützt werden. Der Schutz vor Nachahmung solcher Werbung kann deshalb in den Erläuterungen zu § 1 UWG nicht interessieren. Zu übergehen ist jedoch nicht, daß Werbeagenturen an ihren Werbegestaltungen und Aktionsplänen außer urheberrechtlichen auch wettbewerbsrechtlichen Schutz genießen können, soweit ihre Arbeitsergebnisse die erforderliche Eigenartigkeit aufweisen (ebenso B.-Hefermehl S. 561; v. Gamm WRP 70 S. 125). Über den Schutz von Werbeideen vgl. auch Lemhoefer WRP 55 S. 29; Katz WRP 55 S. 17; Tetzner WRP 56 S. 93; Vogt MA 66 S. 559; v. Gamm WRP 70 S. 125).

[112] Als **Unterfall** der Nachahmung fremder Werbung kann auch die **anlehnende Werbung** angesehen werden, bei der man zur Förderung des eigenen Wettbewerbs den Ruf des Mitbewerbers durch Nachahmung bzw. Angleichung zwecks Täuschung des Verkehrs, der die Ware oder Leistung des Nachahmenden mit derjenigen des Nachgeahmten verwechseln soll, ausbeutet (Reimer-v. Gamm S. 116; Ulmer-Reimer S. 180; B.-Hefermehl S. 543). Da die Nachahmung einer fremden Leistung nicht dadurch wettbewerbswidrig wird, daß die Originalleistung einen guten Ruf genießt, müssen auch hier besondere Umstände hinzukommen, die die Handlung erst sittenwidrig machen. Die unzulässige Ausbeutung fremden guten Rufs durch Nachahmung setzt voraus, daß der Nachgeahmte einen solchen überhaupt hat. Er kann sich durch erstklassige oder originelle oder beliebte usw. Leistung oder infolge wirksamer Werbung, durch Bekanntheit seiner Unternehmens- oder Warenbezeichnung, der herkunftshinweisenden Eigenartigkeiten seiner Erzeugnisse, seiner geographischen Lage oder seiner besonderen Geschäftsbezeichnung usw. entwickelt haben.

Beruht die **Ausbeutung des fremden Rufs** auf einer geschaffenen Verwechslungsgefahr, die der Ausbeuter auszuschließen hat, (s. oben Anm. 5), wird die Feststellung des Sittenwidrigkeitscharakters der Handlung kein großes Problem sein. Schwieriger ist eine solche Feststellung, wenn die Rufausbeutung (nach werbepsychologischer Beratung) unterschwellig durch permanentes Ansprechen des Unterbewußtseins geschieht.

Wenn die **Ausbeutungsabsicht** hinzukommt und die Ausbeutungsmaßnahme wirksam ist, wobei auf die Absicht meist freilich nur auf Grund der allgemeinen Lebenserfahrung aus äußeren objektiven Tatumständen geschlossen werden kann, ist die Handlung immer sittenwidrig (wettbewerbswidrig) (a.A. B.-Hefermehl S. 544).

Als wettbewerbswidrige Rufausbeutung wurde u.a. angesehen: zielbewußte Annäherung an den Ruf der fremden Ware, um ihn für die eigene auszunutzen, durch Angleichung an ein mit drei 5-Markstück-großen roten Punkten versehenes Bildzeichen mittels dreier roter abgerundeter Farbetiquetten (BGH GRUR 65 S. 601 „roter Punkt"); bei etwa fehlender objektiver Verwechslungsgefahr zweier Firmenkennzeichnungen „Centra" und „Renta" wegen Annäherung in Klang und Schriftform, wenn sich die notwendige Ausbeutungs- bzw. Verwechslungsabsicht aus der Tatsache der Werbung der Beklagten im gleichen örtlichen Bereich sowie aus der Nachahmung der Aufgabenstellung und der Organisationsform ergibt (BGH GRUR 66 S. 39 „Centra"); das Suchen nach Übereinstimmung mit dem Vorbild, wenn sich die Ausbeutungsabsicht aus präzisionsgenauer Nachahmung auch bei Abweichungen des Originals von der DIN-Norm ergibt (BGH GRUR 62 S. 409 (311) „Wandsteckdose"); wenn ein Erzeugnis, dessen ästhetische Eigenart im Verkehr als Herkunftshinweis gewertet wird, auf dem Markt eine beachtliche Nachfrage hervorgerufen hat und nahezu identisch nachgeahmt wird, obwohl trotz Berücksichtigung des Zeitgeschmacks ausreichender Spielraum für die Gestaltung eines größeren Abstands verbleibt (BGH GRUR 70 S. 250 (253) „Hummel III"); Benutzung eines fremden Arbeitsergebnisses durch Vortäuschung eigener Leistung, indem nach Wegschneiden des Impressums der Werbeprospekt eines Dritten nachgedruckt und versandt wird (OLG München GRUR 60 S. 387).

Hervorzuheben ist bei der unzulässigen Ausbeutung (-nutzung) fremden Rufs, daß nach Rechtssprechung und Lehre im wesentlichen die subjektive Ausbeutungsabsicht genügt, auf die aus objektiver Eignung zur Irreführung und zu Verwechslungen geschlossen werden kann, ohne daß diese objektiven Eignungen aber Tatbestandsvoraussetzungen sind, wenn andere besondere Umstände auf eine Ausbeutungsabsicht schließen lassen, die wegen der Unzahl möglicher Alternativen nicht aufgeführt werden können. Damit wäre als Ausbeutungsmaßnahme auch die unterschwellige (werbepsychologisch: das Unterbewußtsein ansprechende) Werbemaßnahme erfaßt, die bei Propagierung der eigenen Leistung an eine solche eines anderen erinnert, an deren Ruf man schmarotzen will. Wenn der Gesamteindruck z.B. einer Werbung für ein berühmtes Waschmittel per Rundfunk mit musikalischem Hintergrund mit gleichem Sprecher oder gleicher Stimmlage und Tonfall von der Rundfunkwerbung eines Mitbewerbers so ähnlich getroffen wird, daß trotz unterschiedlicher Texte und Melodien der etwa auf die Nachrichten gelangweilt wartende Hörer nur bei (meist nicht geübter) sorgfältiger Beachtung des dabei erwähnten Firmennamens oder Warenzeichens die Verschiedenheit der Unternehmen der Werbenden erkennen könnte, wird der Nachahmer kaum zu fassen sein, mag er die Wirksamkeit seiner Handlung zur Ausbeutung des Rufs seines Mitbewerbers auch noch so erkennbar gründlich erklügelt haben. Und wie ist der Fall zu beurteilen, bei dem sich der Nachahmer auf solche Weise in den Ruf und in das Ansehen eines erfolgreich werbenden Gewerbetreibenden mit allgemein beliebten Erzeugnissen anderer Branche einhängt, um dessen Ruf auszubeuten bzw. sich nutzbar zu machen? Die Handlung des letzteren ist sicher zulässig, aber wohl kaum die Handlung des ersteren, der aber nur schwer wird gefaßt werden können, zumal sich grundsätzlich das Unterlassungsgebot auf die konkrete Verletzungshandlung zu beschränken hat, die bei dem gegebenen Beispiel nicht konkretisierbar sein dürfte.

[113] Je wirksamer eine unzulässige Störung des Nachahmers eines technischen oder ästhetischen Erzeugnisses oder einer Werbung des Nachgeahmten war, ein desto größerer Abstand von dem fremden Arbeitsergebnis wird für die Zukunft von ihm gefordert werden können (allg. Meinung: BGH GRUR 58 S. 86 „Ei-fein"). Denn der Nachahmer hat sich mit dem nachgeahmten Gegenstand einen entsprechend wirksamen rechtswidrigen wettbewerblichen Vorsprung verschafft, von dem er zum Schaden des Nachgeahmten noch profitieren wird, wenn er auf diese Weise zu einer Bekanntheit (gar schon mit eigener Herkunftsfunktion) gekommen ist, die aufzugeben ihm angesichts seiner sittenwidrigen Handlung zumutbar ist. Insofern müssen die zumutbaren Abänderungen in einer Wechselbeziehung zur erzielten Wirkung jeder unzulässigen Nachahmungshandlung stehen. Doch ist vor Übertreibungen zu warnen, weil diese Lehre weder zu Bestrafungen des Verletzers noch zu einer unangemessenen Ausweitung des Schutzes des Verletzten führen darf.

II. Bezugnehmende Werbung

[114] Rechtsprechung und Schrifttum unterscheiden zwischen **persönlicher vergleichender** und **vergleichender kritisierender Werbung.** Unter persönlicher vergleichender Werbung wird auf die eigentlichen persönlichen Verhältnisse des Konkurrenten (Vorstrafen, unsittlicher Lebenswandel pp.), bei vergleichender kritisierender Werbung auf die Ware und sachliche Leistung des Mitbewerbers hingewiesen (Reimer-v. Gamm S. 187; Ulmer-Reimer S. 293; B.-Hefermehl S. 453, BGH GRUR 52 S. 584). Eine scharfe Trennung beider Begriffe ist vielleicht nicht wesentlich, weil beide Spielarten oft zusammen auftreten oder ineinander übergehen, doch ist die begriffliche Trennung für eine unmißverständliche Definition und eine gewisse Klarstellung geboten.

Als dritte Art kommt noch die sog. **„anlehnende bezugnehmende Werbung"** hinzu, mit der eine fremde Leistung dadurch ausgenutzt wird, daß man sich in seiner Werbung an diese anlehnt (z. B. Rogo-„Tradition"). Alle drei Werbungsarten wird unter dem Oberbegriff der bezugnehmenden Reklame zusammengefaßt (ebenso Reimer-v. Gamm a.a.O.; B.-Hefermehl a.a.O.), wobei die persönliche vergleichende und die vergleichende kritisierende Werbung dem Behinderungs-, je nach Inhalt aber auch dem Anschwärzungswettbewerb und die anlehnende bezugnehmende Werbung dem „Schmarotzer-Wettbewerb" zuzuordnen sind. Diese Einteilung hat m. E. gegenüber anderen den Vorzug, daß sie eine bessere Übersicht vermittelt, wobei natürlich letzten Endes gleichgültig ist, welchen Namen man den einzelnen Erscheinungsformen gibt.

[115] **Grundsätzlich ist jede bezugnehmende Reklame sittenwidrig** und deshalb unzulässig, denn sie widerspricht den Grundsätzen eines anständigen Leistungswettbewerbs. Das ist das entscheidende Kriterium ihrer wettbewerblichen Unlauterkeit, denn damit wird über die wirkliche Leistungsfähigkeit des Werbenden getäuscht und das Publikum irregeführt (allg. Meinung). Trotz zunehmender Diffamierung des Leistungsprinzips durch lautstarke Kräfte, die infolge eigener Leistungsunfähigkeit oder auf Faulheit beruhender Untüchtigkeit unsere Gesellschaft z. Z. in die Kulturlosigkeit führen, gehört es heute noch in der freien Marktwirtschaft zu der gepflogenen und allgemein als gut anerkannten gewerblichen Sitte, daß man ausschließlich mit seiner eigenen Leistung wirbt und nicht statt dessen zur Anpreisung seiner Ware die Leistung eines anderen durch Bezugnahme vorspannt. Auch muß man den Verbraucher selbst frei entscheiden lassen, welche Ware vorzuziehen ist (RG GRUR 33 S. 249 und 34 S. 473; über gewisse Einschränkungen der Grundsätzlichkeit des Verbotes, sich in der Werbung mit einem anderen zu befassen vgl. Anm. 122ff. zur vergleichenden kritisierenden Werbung). Als unzulässige vergleichende Reklame wurde auch angesehen, wenn ohne Herabsetzung des Konkurrenzfabrikats bei Hervorhebung der Gleichwertigkeit der verglichenen Ware der niedrigere Preis der eigenen in den Vordergrund gestellt wurde (RG GRUR 34 S. 322).

[116] Alle drei Arten der bezugnehmenden Werbung setzen eigentlich begriffsnotwendig voraus, daß sie sich mit **bestimmten Mitbewerbern** befassen, sei es nun, daß diese namentlich genannt werden, sei es, daß sie **aus den Umständen erkennbar** sind (so noch Reimer-v. Gamm S. 190; B.-Hefermehl S. 461; Ulmer-Reimer S. 304 und BGH GRUR 66 S. 327 „Richtpreiswerbung"), aber auch das gilt nicht generell. Eine kritisierende vergleichende Werbung kann auch dann als solche unzulässig sein, wenn sie auf die Gesamtheit der Mitbewerber Bezug nimmt, ohne einzelne oder mehrere von ihnen erkennbar zu machen (BGH GRUR 73 S. 270 „sanfter Bitter"), wenn es sich bei ihr, wie eigentlich nach dem Sinngehalt der Werbung des entschiedenen Falles, um eine Komparativ-, Superlativ- bzw. Alleinstellungsreklame handelt. Denn hier kann sich jeder Mitbewerber in Bezug genommen sehen, weil der so Werbende bei dem damit angesprochenen Verbraucher die Wirkung erzeugen kann, daß das angepriesene Erzeugnis mit den mehr oder weniger zahlreichen, ihm jeweils bekannten — also bestimmbaren — Konkurrenzerzeugnissen verglichen wird. Wird der Mitbewerber aber konkret erkennbar gemacht, sei es, daß er genannt wird oder daß ihn jeder kennt, muß es bei dem Grundsatz der Unzulässigkeit bleiben, wenn man von den Fällen zulässigen Systems-, Warengattungs- und Preisvergleichs absieht, bei welchen nicht vermieden werden kann, daß der Mitbewerber erkannt wird. Zu allgemein und deshalb wohl unrichtig: BGH GRUR 70 S. 422 (423) „Tauchkühler", daß die Erkennbarkeit des verglichenen Mitbewerbers nur mehr ein im Rahmen der Gesamtwürdigung zu berücksichtigender Gesichtspunkt sei (ähnl. offenbar auch Reimer-v. Gamm S. 190). Jedenfalls genügt es, daß die Verkehrskreise oder auch nur Teile von ihnen aus dem Zusammenhang der Werbung entnehmen können, wer gemeint ist. So ergibt sich die Erkennbarkeit des oder der in Bezug genommenen Mitbewerber auch dann, wenn die Werbung auf eine bestimmte Ortsgegend, Stadt, Stadtteil gezielt gerichtet wird (BGH GRUR 59 S. 488 „Konsumgenossenschaft", welche die Kunden eines bestimmten Bereichs ansprach und dadurch mit ihrer (Komparativ-) Werbung die Einzelhändler ihrer Gegend als Betroffene erkennbar machte. Auch die Bezugnahme auf Fachgeschäfte macht die betroffenen Mitbewerber erkennbar (BGH GRUR 64 S. 208 „Fernsehinterview"). Es genügt bei einer Mehrheit von Mitbewerbern, daß ein nicht unerheblicher Teil der angesprochenen Verkehrskreise bestimmte Mitbewerber deutlich als betroffen erkennt (BGH GRUR 66 S. 327 „Richtpreiswerbung"; GRUR 52 S. 582 „Sprechstunden"). Nach RG GRUR 38 S. 724 ist jeder betroffen, d.h. zur Klage legitimiert, „wenn die Gesamtheit der Mitbewerber keine unübersehbar große Menge bildet"; für unsere heutigen Vorstellungen ist das jedoch zu wenig. Deshalb ist eine **pauschale Herabsetzung** von Mitbewerbern ohne Bestimmbarkeit solcher auch nicht ohne weiteres wettbewerbswidrig (unentschieden BGH GRUR 74 S. 280 „Divi"); Anders freilich bei Bestimmbarkeit der Wettbewerber (BGH GRUR 73 S. 658 „Probierpreis"). Von einer Superlativreklame (s. Anm. 125), die auf eine Alleinstellung hinausläuft, läßt sich zweifelsfrei sagen, daß sich der Täter mit ihr von allen Mitbewerbern absetzen und über sie hinausheben will. Unter Bezugnahme auf ihre Gesamtheit strebt er auf ihre Kosten nach einer Monopolstellung, was unzulässig ist. Infolgedessen muß jeder aus der Gesamtheit der unübersehbaren Menge klagebefugt sein. Bei nur wenigen Mitbewerbern hinsichtlich des propagierten Spezialartikels besteht kein Zweifel darüber, wer gemeint ist,(BGH GRUR 54 S. 337 „Radschutz"; 63 S. 371 „Wäschestärkemittel"; 68 S. 433 „Westfalen-Blatt").

[117] Für die Frage ob und gegebenenfalls welche Mitbewerber direkt oder indirekt erkennbar sind, wie aber auch dafür, ob die Werbung darüber hinaus inhaltlich zulässig bzw. sittenwidrig ist, kommt es auf ihren **objektiven Gesamteindruck** an, den sie auf die angesprochenen Verkehrskreise macht, deren

Auffassung entscheidet (BGH GRUR 58 S. 553 „Saugrohr“; 66 S. 386 „Warentest“). Dabei ist zu berücksichtigen, daß sich der Gesamteindruck oft nur durch flüchtige, oberflächliche Betrachtung auch der zahllosen Dummen bildet, die oft erstaunlich wenig verstehen und sich durch blickfangmäßige Gestaltungen und mißverständliche Schlagworte beeinflussen lassen (BGH GRUR 58 S. 485 „Odol“; 66 S. 693 „Höllenfeuer“; 68 S. 382 „Favorit II“). Ihr Eindruck macht den Gesamteindruck des Durchschnitts, also die Durchschnittsauffassung aus, auf die abzustellen ist. Obwohl in unserer oberflächlichen Zeit sogar in etwa ausschließlich angesprochenen Fachkreisen nicht ohne weiteres die Kenntnis der neuesten Errungenschaften unterstellt werden kann, kann aber beim werbemäßigen Ansprechen ausschließlich besonders geschulter Spezialisten eine sorgfältige Prüfung vorausgesetzt werden (BGH GRUR 61 S. 237 „Tck Band“). Auch wenn nur ein Teil der angesprochenen Verkehrskreise den Werbeinhalt als unzulässige bezugnehmende Werbung versteht, genügt das (vgl. hierzu Anm. 85 zur Verkehrsauffassung), denn Mehrdeutigkeit geht immer zu Lasten des Werbenden (ständ. Rechtsprechung; für viele: BGH GRUR 64 S. 144 „Sintax“). Auf die **subjektive Absicht** des Mitbewerbers, einen wegen welcher Gründe auch immer unzulässigen Gesamteindruck des Durchschnitts zu erreichen, kommt es nicht an (BGH GRUR 61 S. 193 „Medaillenwerbung“; 67 S. 308 „Backhilfsmittel“). Die bezugnehmende Werbung ist also mit und ohne Absicht unzulässig, wenn sie sittenwidrig ist.

[118] Die **Sittenwidrigkeit der bezugnehmenden Werbung** ist nach den in Anm. 57ff. entwickelten Grundsätzen zu beurteilen. Hier macht sich der Mitbewerber zum Richter in eigener Sache — was immer unzulässig ist (st. Rechtsprechung, BGH GRUR 54 S. 341 „Radschutz“), und gibt vor, daß sein vergleichendes Werturteil objektiv richtig sei. Das ist mit den Grundsätzen eines echten, ehrlichen Leistungswettbewerbs unvereinbar und gilt für jede der drei Arten bezugnehmender Werbung (ebenso Ulmer-Reimer S. 301), wenngleich für die sog. kritisierende bezugnehmende Werbung (s. dort Anm. 122) Ausnahmen gelten, durch die sie gerechtfertigt werden kann. Ein Vergleich ist nie erschöpfend und hat meist in seiner Einseitigkeit Lücken, mit denen Ebenbürtigkeit oder andere Vorteile der Leistung des Konkurrenten verschwiegen werden, so daß in der Regel ein schiefer und damit irreführender, täuschender Eindruck bei dem Durchschnitt der angesprochenen Verkehrskreise zu Lasten des oder der Mitbewerber geschaffen wird. Unrichtig formulieren Reimer-v. Gamm (S. 183) — weil vom diesseitigen Standpunkt zu zurückhaltend — daß bezugnehmende Werbung unabhängig von ihrer Wahrheit unzulässig sein „kann aber nicht muß“, und ähnlich B.-Hefermehl (S. 540) zur anlehnenden bezugnehmenden Werbung, weil damit die Auflockerung und Aufweichung des Grundsatzes eines echten Leistungswettbewerbs eingeleitet sein kann. Auch wenn die behaupteten Tatsachen wahr sind, ist die bezugnehmende Werbung unzulässig (BGH GRUR 54 S. 337 „Radschutz“; 62 S. 34 „Torsana“; S. 45 „Betonzusatzmittel“), und sie muß wahr sein bei ausnahmsweise zulässiger kritisierender bezugnehmender Werbung (BGH GRUR 67 S. 596 „Kuppelmuffverbindung"; 70 S. 422 „Tauchkühler"; 73 S. 270 „der sanfte Bitter").

[119] Unter **persönlicher vergleichender** Werbung versteht man die Bezugnahme auf die Person eines bestimmten Mitbewerbers in der Werbung, gleichgültig, ob sie sich auf die Person selbst oder auf deren Verhältnisse (Vermögen, Fremdkapital, Vergangenheit, Verwandten-, Freundes- und Geschäftsbeziehungen, Charaktereigenschaften usw.) erstreckt (allg. Meinung). Die Persönlichkeit des Mitbewerbers und deren Verhältnisse bei der Werbung für seine eigene Ware — in welcher Weise das auch immer geschehen mag — in Bezug zu nehmen und auszunutzen ist immer unsachlich, kein Leistungswettbewerb, sittenwidrig und deshalb unzulässig. Das gilt sowohl für Werturteile wie auch für tatsächliche Angaben ohne Rücksicht darauf, ob diese etwa wahr sind (BGH GRUR 66 S. 92 „Bleistiftabsätze"; 70 S. 422 „Tauchkühler"; 73 S. 270 „der sanfte Bitter"). Von dem Fall einer ausnahmsweise zulässigen Abwehr (s. Anm. 147, 232) abgesehen, ist die persönliche bezugnehmende Werbung immer geeignet, den Kunden unter Verzicht auf eine wirkliche Prüfung der angebotenen gewerblichen Leistungen zu einer Entscheidung aus unsachlichen Erwägungen zu bestimmen.

Als unzulässige persönliche bezugnehmende Werbung wurden u.a. angesehen: Der Vorwurf der Verquickung von Geschäft und Politik (RG GRUR 35 S. 445), Vorwurf der früheren gerichtlichen Bestrafung (RG GRUR 38 S. 923), Hinweis, daß Konkurrent in Konkurs gehen werde (RG GRUR 34 S. 317), Herabsetzung des Konkurrenten als Ausländer (RG Bd. 163 S. 164), Hinweis auf mangelhafte Fachkenntnisse des Mitbewerbers (BGH GRUR 54 S. 404 „Fachmann"), Vorwurf des Plagiierens des Mitbewerbers (BGH GRUR 60 S. 500 „Plagiatsvorwurf"; 62 S. 34 „Torsana"), Vorwurf des unlauteren Wettbewerbs (BGH GRUR 58 S. 35 „Fundstelle").

[120] Bei der **anlehnenden bezugnehmenden Werbung** wird die fremde Leistung zum Vorspann für die eigene Werbung genommen. Sie kann auch als Sonderfall der Nachahmung fremder Werbung eingestuft werden (s. hierüber oben Anm. 109ff.). Beide Begriffe überschneiden sich. Ebenso wie bei der Nachahmung fremder Werbung will man mit der anlehnenden bezugnehmenden Werbung von dem Ruf und Ansehen des Konkurrenten profitieren, ohne selbst eine echte eigene Leistung zu vollbringen (BGH GRUR 57 S. 23 „Bünder Glas"). Das widerspricht dem Grundsatz des echten Leistungswettbewerbs. Ohne den Mitbewerber herabzusetzen — das wäre eine kritisierende bezugnehmende Werbung (vgl. Anm. 122) —, ohne sich über ihn zu erheben — das wäre eine unzulässige Alleinstellungs- oder Komparativ-Werbung (vgl. Anm. 124, 125) — und ohne den Mitbewerber nachzuahmen (Nachahmung fremder Werbung s. Anm. 109) versucht der Werbende, sich den guten Ruf des Mitbewerbers dadurch nutzbar zu machen, daß er sich den angesprochenen Verkehrskreisen als gleichwertig vorstellt. Das ist sittenwidrig und grundsätzlich immer unzulässig (BGH GRUR 64 S. 316 „Stahlexport"; 69 S. 413

„Angélique II“), wenn man von den Ausnahmefällen der Abwehr (Anm. 147, 232), des notwendigen (Anm. 129) sowie des Waren- (Anm. 138, 144) und Systemvergleichs (Anm. 132) absieht (ebenso B.-Hefermehl S. 541; Reimer-v. Gamm S. 215; Ulmer-Reimer S. 181; Tetzner S. 121). Eine solche anlehnende bezugnehmende Werbung kann auf mannigfaltige Weise geschehen.

Soweit in der anlehnenden vergleichenden Werbung auch das Firmen- oder Warenzeichen des Konkurrenten genannt wird, kann hierin zugleich eine Firmen- oder Warenzeichenverletzung liegen (vgl. hierzu Erläuterungen zu § 16). Z.B. der Hinweis auf eine frühere Mitarbeit an einem bekannten Konkurrenzunternehmen (K. W. Geigenbauer, langjähriger Mitarbeiter des Dr. T. [OLG Nürnberg GRUR 55 S. 588]); oder ein Gewerbetreibender weist, nach seiner Leistungsfähigkeit befragt, darauf hin, daß er Fachkräfte eingestellt habe, die bei dem Konkurrenten beschäftigt waren, der den fragenden Kunden bisher beliefert hat (BGH GRUR 57 S. 23 „Bünder Glas“), und bei Ost-Enteignung: BGH GRUR 56 S. 553 „Coswig“, wonach dem volkseigenen Betrieb untersagt ist, sich des Ortsnamens seines Sitzes als Kennzeichnung der Herkunft seiner Ware zu bedienen, wenn der Volksenteignete sein Unternehmen in Westdeutschland fortsetzt und für ihn als einzigen seiner Branche diese Ortsbezeichnung als Herkunftshinweis besondere Bedeutung hat (BGH GRUR 63 S. 485 „Micky Maus Orangen“, wo nach Ablauf eines Lizenzvertrages beim späteren Vertrieb seiner Ware noch auf diese alte Warenkennzeichnung hingewiesen wird; BGH GRUR 64 S. 316 „Stahlexport“, wo auf Einstellung des leitenden Fachpersonals eines Mitbewerbers durch Rundschreiben hingewiesen wird; BGH GRUR 69 S. 413 „Angélique II“, wo eine Buchgemeinschaft einen Bestseller zwecks Werbung neuer Mitglieder ohne Zustimmung des Verlegers als Werbeprämie anbietet; anschaulich: OLG Hamburg GRUR 49 S. 92, wo ein Werbender Anerkennungsschreiben seiner Kunden, in welchen Piscyol und Piscyolan als gleichwertig mit Ichtyol und Ichtolan bezeichnet wurden, für seine Werbung benutzte. Damit verletzte er zugleich auch das Zeichenrecht seines Mitbewerbers durch Benutzung dessen unveränderten Zeichens, so daß damit die Werbung auch warenzeichenrechtlich unzulässig wurde). Natürlich braucht deshalb nicht umgekehrt jede Warenzeichen- und Firmenverletzung gleichzeitig eine anlehnende bezugnehmende Werbung zu sein. Mag der Täter, der seiner Ware oder Firma einen Namen gibt, der mit dem Waren- oder Firmenzeichen eines anderen verwechselt werden kann, sich damit auch oft an den Ruf des anderen anlehnen und an ihm schmarotzen, was zu verhindern das eigentliche Interesse des anderen ist, so sind jedoch bloße Zeichenrechtsverletzungen als solche sittlich noch indifferent; dies gilt besonders bei Verletzung von bloßen Vorratszeichen, die dem Verkehr nicht bekannt sind, so daß in ihrer Verletzung keine anlehnende Reklame liegen kann.

[121] Abgesehen von den Fällen der zulässigen Abwehr kann eine anlehnende bezugnehmende Werbung zulässig sein, **wenn sie notwendig ist.** Wer Ersatz- und

Zubehörteile für eine fremde Hauptware anbietet, muß näher bezeichnen können, wofür seine Erzeugnisse bestimmt sind. Er muß sich bei den angesprochenen Verkehrskreisen so verständlich machen können, daß diese überhaupt prüfen und erst einmal erfahren können, was ihnen angeboten wird. Solange die Werbung für ein solches Erzeugnis nicht insgesamt den Eindruck erweckt, es werde der gute Ruf des Herstellers der Hauptware ausgebeutet, die Werbung sich bei der Bezugnahme auf diese vielmehr auf Sachlichkeit und auf das Notwendigste beschränkt, ist wettbewerbsrechtlich nichts gegen sie einzuwenden. So ist die Verwendung eines Waren- oder sonstigen Kennzeichens der Hauptware oder der Herkunftsstätte zu unterlassen, wenn der Verwendungszweck auf andere Weise (z.B. durch Bezeichnung der Warengattung) ausreichend klar gemacht werden kann. Je spezialisierter Ersatz- und Zubehörteile aber sind, desto schwieriger ist ein Abstand von dem Mitbewerber der Hauptware zu halten, weshalb ihre Benennung oft nicht vermeidbar und ein Verzicht auf sie — auch nicht für die Allgemeinheit, die die Möglichkeit der Information haben muß — nicht zumutbar ist. In solchen Fällen hat der für Ersatz- und Zubehörteile Werbende stets klarzustellen, nicht der Inhaber des in Bezug genommenen Kennzeichens, nicht der Erzeuger der Hauptware zu sein und nicht Originalersatztile anzubieten (allg. Meinung-vgl. BGH GRUR 58 S. 343 „Bohnergerät"; 62 S. 537 „Radkappe"; 68 S. 698 „Rekordspritzen").

Die Bezeichnung eines Erzeugnisses als Ersatz für ein anderes wird von dieser Ausnahme natürlich nicht gedeckt. Unzulässig daher die Werbung „Ersatz für Ly-Federn" oder „Aspirin-Ersatz" (RG JW 26 S. 46), „statt Blumen Onko-Kaffee" (OLG Köln GRUR 68 S. 705).

III. Die echte vergleichende oder die kritisierende bezugnehmende Werbung

[122] Auch bei der **echten vergleichenden,** sog. **kritisierenden bezugnehmenden Werbung** gibt es keine absolute Wahrheit, weil alles relativ ist. Die haltbarste Nähseide kann schlechter sein als eine zerreißbare, wenn z.B. durch äußere Gewalteinwirkung die Mantelknöpfe mit dem Stoff herausgerissen werden, so daß es vorteilhafter gewesen wäre, wenn zerreißbarere, weniger haltbare Fäden nachgegeben hätten. Es kommt immer auf die jeweils gegebene Bedarfssituation an, von der aus — oft nur retrograd — beurteilt werden kann, was als die bessere gewerbliche Leistung vernünftigerweise hätte gekauft werden müssen. Es kommt eben immer allein darauf an, unter welchem Gesichtspunkt eine Sache betrachtet wird. Was für den einen schlecht oder häßlich ist, ist für den anderen gut oder schön. Das zu beurteilen darf dem Publikum nicht abgenommen werden. Jedes Urteil über solche und ähnliche Wertungen, das die eigentliche Bedarfssituation nicht berücksichtigt und nur in den seltensten Fällen wirklich objektiv berücksichtigen kann und noch seltener objektiv berücksichtigt, ist

zwangsläufig verfälscht. Das gilt nicht nur für die Fälle, in denen große Verkehrskreise angesprochen werden, sondern auch für Werbungen, die auf bestimmte Verbraucherkreise (z.B. eine besondere Berufsgruppe) gezielt werden. Die Individualität des jeweiligen Bedarfs läßt sich fast nie pauschalieren und von einem Werbenden kaum in einer zwecknotwendig mehr oder weniger allgemein gehaltenen Werbung mit allem Für und Wider objektiv zutreffend erfassen. Zudem erscheint vom Standpunkt des Verfassers unzulässig, weil mit den Grundsätzen des echten Leistungswettbewerbs unvereinbar, d.h. also sittenwidrig zu sein, dem Verbraucher den Ausgangspunkt der dem Werbenden meist unbekannten Bedarfssituation vorzuschreiben, einzureden, zu manipulieren usw. sofern dieser nicht ausdrücklich um Rat gefragt wird. Der Verbraucher muß sie selbst erkennen sowie beurteilen dürfen und prüfen können, welchen Ausgangspunkt er bei einem Vergleich ihm angebotener Ware zu beziehen hat. Das kann ihm der Werbende mit einer kritisierenden bezugnehmenden Werbung nur in Ausnahmefällen abnehmen, weshalb es bei der grundsätzlichen Unzulässigkeit auch der kritisierenden bezugnehmenden Werbung mit Ausnahme-Tatbeständen verbleiben sollte. Hinzu kommt, daß bei jeder Werbung der Werbende die Nachteile seiner Erzeugnisse geflissentlich verschweigt, wodurch er sie unwahrhaftig macht, wenn er bei einem Vergleich solche des Mitbewerbers herausstellt. (Im Ergebnis ebenso: Ulmer-Reimer S. 299; Moser v. Filseck GRUR 63 S. 182ff.; ohne Stellungnahme: Reimer-v. Gamm S. 195ff.; B.-Hefermehl S. 454ff.; gegen grundsätzliche Unzulässigkeit Tetzner NJW 62 S. 1087). Wesentlich ist die rechtstheoretische Frage, ob diese Werbung mit Ausnahmefällen grundsätzlich zulässig, oder mit Ausnahmefällen grundsätzlich unzulässig sein soll für die Beweislast; in einem Fall hätte der Werbende die Beweislast für die Zulässigkeit, im anderen der Verletzte die Beweislast für die Unzulässigkeit der Handlung.

Den Befürwortern der Zulässigkeit muß endlich noch entgegengehalten werden, daß dem Verletzten wie auch dem Publikum in der Regel die Möglichkeit fehlt, den Vergleich auf seine Richtigkeit nachzuprüfen.

[123] Ob eine kritisierende echte vergleichende Werbung vorliegt, richtet sich nach ihrem **Gesamteindruck,** der von der Auffassung der angesprochenen Verkehrskreise bestimmt wird, wobei wieder ein Durchschnittsmaßstab anzulegen ist (vgl. Anm. 117). Nicht der Wortsinn sondern derjenige Sinngehalt, der sich nach dem Gesamteindruck dem flüchtigen Leser aufdrängt, ist maßgebend (allg. Meinung). Da unsere Wettbewerbsordnung als höchstes Ziel den echten *eigenen* Leistungswettbewerb eines jeden anstrebt, dessen oberster Grundsatz zudem sein soll, nur Wahrheit gelten zu lassen, muß für jegliche Werbung unzulässig sein, sich mit dem Mitbewerber zu befassen, da das nicht als echter *eigener* Leistungswettbewerb angesehen werden kann. Zur echten vergleichenden bzw. kritisierenden bezugnehmenden Werbung zählt man die Komparativ-, Superlativ-Werbung, die Alleinstellung, den Warenarten-, Preis- und Systemvergleich.

Derartige Werbeformen tragen in der Regel das Odium der Unwahrhaftigkeit mit sich; der Warenarten-, Preis- und Systemvergleich deshalb, weil mit den Vorzügen nur des angepriesenen Objekts geworben werden soll. Unrichtige Angaben und Werturteile sind nach den Grundsätzen des echten Leistungswettbewerbs immer unzulässig (st. Rechtssprechung und allg. Meinung; BGH GRUR 66 S. 92 „Bleistiftabsätze"). Sollten einmal Tatsachenbehauptungen und Werturteile richtig sein, hat dies stets der Werbende zu beweisen (BGH GRUR 69 S. 283 „Schornsteinauskleidung"), wobei an seine Beweisführung strengste Maßstäbe anzulegen sind (BGH GRUR 62 S. 45 „Betonzusatzmittel"; 65 S. 368 „Kaffee C"; 71 S. 153 „Tampax"), weil sie auch bei richtigen Tatsachen und Werturteilen wegen vieles ungesagt Gebliebenem, darunter dem subjektiven Ausgangspunkt des Werbenden, den Werbeinhalt in seinem Gesamteindruck unrichtig machen können. Dazu gehört z.B. das Verschweigen eines Abhängigkeitsverhältnisses des Autors einer zur Werbung verwandten wissenschaftlichen Arbeit vom Werbenden (BGH GRUR 62 S. 45 „Betonzusatzmittel"; 68 S. 645 „Pelzversand").

[124] Nach den vorstehenden Grundsätzen ist die **Komparativwerbung** immer unzulässig, erst recht, wenn erkennbar ist, wem die Ware oder Leistung des Werbenden gegenübergestellt werden soll („„... aber Odol ist besser" Sächs. OLG GRUR 31 S. 1304, weil für jedermann erkennbar war, welcher Konkurrent gemeint war, obwohl dieser — Chlorodont — nicht ausdrücklich genannt war). Das gilt auch für den sog., in der Regel als Komparativwerbung in Erscheinung tretenden Warenarten-, Preis- und Systemvergleich (s. Anm. 144), mögen hier die zulässigen Ausnahmefälle auch zahlreich sein (a.A. Ulmer-Reimer S. 307 Fußnote; B.-Hefermehl S. 486), weil andernfalls bei umgekehrter Beweislast der unwahrhaftigen Komparativwerbung unter dem Mäntelchen des zulässigen Systemvergleichs Tür und Tor geöffnet wäre (ähnlich wie hier Reim-v. Gamm S. 208).

Da jeder Komparativ gedanklich auf einen Positiv hinweist, der von der Qualität des Werbenden übertroffen wird, ist unter der Komparativwerbung also immer ein Vergleich dahin zu verstehen, daß die Ware des Werbenden eben besser, schöner, haltbarer usw. sein soll als die Ware der genannten oder nicht ausdrücklich genannten Konkurrenz. Zu Recht bemerkt OLG Düsseldorf (GRUR 55 S. 427ff.), daß eine Komparativwerbung stärker als eine Superlativwerbung wirke, weil in letzterer immer, vielfach sogar bei der absoluten Alleinstellung, die reklamehafte Übertreibung wenigstens mitklingt. Bei der Komparativwerbung aber drängt sich ein Vergleich auf, auch wenn ein Konkurrenzartikel nicht genannt wird; denn dem Publikum schweben in der Regel nur verhältnismäßig wenige Konkurrenzartikel vor, mit denen es die angepriesene Ware vergleicht, so daß die Komparativwerbung ohne Nennung der Konkurrenz sogar viel umfassender ist als die Superlativwerbung (BGH GRUR 73 S. 78 „Verbraucherverband"). Die Komparativwerbung stellt Vergleiche mit *allen* Konkurrenzartikeln *einzeln* an, nämlich gegenüber jedem einzelnen Käufer mit demjenigen Konkurrenzartikel, den gerade er im Gedächtnis hat. Die Meinung von Ulmer-Reimer und B.-Hefermehl a.a.O., daß der Vorwurf der Sittenwidrigkeit einer Komparativwerbung nur bei eindeutiger Bezugnahme gerechtfertigt sei, erscheint unrichtig da das Sittenwidrigkeitsmoment von dem Gesamteindruck der angesprochenen Verkehrskreise abhängt, deren Auffassung entscheidet (BGH GRUR 66 S. 643 „Höllenfeuer"; 68 S. 382 „Favorit II"; 73 S. 270 „der sanfte Bitter"), der eben auch auf die hier geschilderte Weise entstehen kann.

Freilich bleibt das Hauptproblem der Komparativwerbung, ob die zum Vergleich herangezogenen Leistungen der Mitbewerber erkennbar (vgl. hierzu Anm. 116) sind. Wenn nicht erkennbar ist, wer gemeint wird, was z.B. bei Artikeln von minderwertiger Beschaffenheit denkbar ist, kann der Vorwurf der Irreführung und Täuschung durch Bezugnahme auf den Mitbewerber als Sittenwidrigkeitsmoment entfallen. Dann hat man es aber nicht mehr mit einer eigentlichen, von ihrem Sinngehalt her zu bestimmenden Komparativwerbung zu tun.
Denn der **Sinn des Werbespruchs** ist maßgebend (BGH GRUR 73 S. 78 (80) „Verbraucherverband"). So wie er aufgefaßt werden kann, so ist er auch zu beurteilen. Läßt der Sinngehalt der Werbung mehrere Auslegungen zu, muß jede Auslegung für sich den Anforderungen eines lauteren Wettbewerbs gerecht werden können.

Als unzulässig wurde u.a. angesehen: BGH GRUR 59 S. 488 „Konsumgenossenschaft": „Kaufen Sie, wo man mehr bietet, mehr weiß, mehr versteht"; 61 S. 237 „TOK-Band" wegen Darstellung von Untersuchungsergebnissen, bei denen das eigene Erzeugnis besser abschnitt; GRUR 63 S. 371 „Wäschestärkemittel" wegen des Slogans „Stärken ist besser"; GRUR 68 S. 433 „Westfalen-Blatt II" wegen des Slogans in einer Werbeschrift „wir bieten mehr"; GRUR 73 S. 78 „Rank Xerox bietet bessere Produkte"; 73 S. 534 „Mehrwert" als Firmenname, OLG Düsseldorf GRUR 55 S. 427 „Elektrolux ist besser, kaufe besser Elektrolux", weil den jeweiligen Interessenten der angesprochenen Verkehrskreise zwangsläufig ein Vergleich mit den ihnen gerade aufkommenden Konkurrenzartikeln aufgedrängt wurde; OLG Düsseldorf NJW 56 S. 187 „Bei uns kaufen Sie günstiger ein"; GRUR 58 S. 398 „Es gibt heute kein besseres Rohmaterial für Gardinenstoffe"; OLG Hamburg WRP 60 S. 104 „Mehr fürs Geld bei X".

Bei Übersteigerung der Aggression gegen die Mitbewerber kann die Komparativwerbung nach ihrem Sinngehalt den Eindruck auch einer Superlativwerbung oder Alleinstellung erzeugen. In der Regel wird in jeder Komparativ- und Superlativreklame zugleich auch ein Verstoß gegen § 3 liegen, wenn die objektive Richtigkeit des Vergleichs nicht bewiesen werden kann.

[125] Die **Alleinstellungswerbung** erscheint häufig in der Form einer sog. **Superlativreklame,** deren von den angesprochenen Verkehrskreisen zu bildender Gesamt-(Durchschnitts-)Eindruck über ihre Zulässigkeit oder Unzulässigkeit entscheidet. Ist sie hiernach als nur **reklamehafte Übertreibung** erkennbar, wird man sie nicht beanstanden können, denn das Publikum weiß, daß jede Werbung subjektiv gefärbt ist (BGH GRUR 52 S. 416 „Dauerdose") und sieht in ihr solchenfalls eine echte Bezugnahme auf Konkurrenzartikel oder Mitbewerber nicht. Bei der Beurteilung ihrer Wirkung auf das Publikum, von dessen Meinung allein wieder auszugehen ist, ist selbstverständlich auch bedeutsam, wer der Werbende ist. Behauptet ein kleiner schmieriger Bäcker einer Großstadt, er backe das beste Brot in der Welt, dann glaubt ihm das niemand. Man wird eine solche reklamehafte Übertreibung wenn auch nicht gerade als geschmackvoll, so doch nicht als sitten- und rechtswidrig bezeichnen können. Denn reklamehafte Übertreibungen sind zulässig, wenn sie als solche, d.h. „als nicht ernstlich gemeinte und nicht wörtlich zu nehmende Anpreisungen hochtönender Art ohne sachlichen Hintergrund aufgefaßt werden müssen" (BGH GRUR 52 S. 416 „Dauerdose"; 65 S. 365 „Lavamat II", S. 363 „Fertigbrei"; 70 S. 425 „Melitta-Kaffee"; Reimer-v. Gamm S. 196; B.-Hefermehl S. 692). Diese Fälle zulässiger superlativer Werbeübertreibungen stellen natürlich, da jeder Vergleich fehlt, keine bezugnehmende Werbung dar. Wann eine solche Übertreibung vom Verkehr ernst genommen zu werden beginnt, kann nur für den Einzelfall entschieden werden. Je weniger Aussagekraft eine Werbung hat und je weniger objektiv nachprüfbar sie ist, desto eher wird man sie als reklamehafte Übertreibung hinnehmen können. Auch auf die Persönlichkeit des Werbenden kommt es dabei an, weil ein angesehener Unternehmer ernster genommen wird als ein kleiner schmieriger Bäcker (BGH GRUR 70 S. 425 „Melitta-Kaffee"), ebenso auf den Ort der Werbung und auf ihre äußere Form, die seriös aufgemacht bei den Verkehrskreisen mehr Glauben findet als z.B. ein unseriöser Handzettel.

Es kommt also wesentlich auf den Gesamteindruck der Angabe an. Ist sie selbst unbestimmt, kann nicht von einer ernstgemeinten Alleinstellungswerbung gesprochen werden. So liegt z.B. keine bestimmte Beschaffenheitsangabe in dem Werbeslogan einer Buchhandlung: „Das schönste Geschenk für den Bücherwurm", oder eines Kleidermachers: „das lustigste Kleid der Saison" u. dgl. Ohne Beschaffenheitsangabe sind die Vergleiche nicht konkret, was sie sein müssen, um unzulässig sein zu können. Zulässig auch: „Mutti gibt mir immer nur das Beste" (BGH GRUR 65 S. 363 „Fertigbrei"), „Den und keinen anderen" mangels Konkretisierbarkeit (BGH GRUR 65 S. 365 „Lavamat II"). Schlechthin können die Superlative aus der Werbung nicht verbannt werden (OLG Hamburg WRP 55 S. 151). Mangels konkreter Beschaffenheitsangabe und Ernstlichkeit wurde als marktschreierische Reklame ohne Charakter eines sich dem Publikum aufdrängenden Vergleichs der Werbespruch zugelassen: „Sieh alle Möbellager durch und kaufe dann bei Schulenburg" (OLG Hamburg GRUR 53 S. 533). Zugelassen auch: „vergleichen, vergleichen, vergleichen, dann kaufen Sie doch bei Divi" (BGH GRUR 74 S. 280).

[126] Streitig ist, ob die **Alleinstellungswerbung** der vergleichenden Werbung oder der Irreführung zuzurechnen ist. B.-Hefermehl (S. 466), Ulmer-Reimer (S. 324) und Tetzner (S. 157) rechnen sie in erster Linie der Irreführung im Sinne des § 3 zu, was aber nur dann richtig ist, wenn sie tatsächlich irreführt, weil sie nicht wahr ist. Die

Konsequenz dieser Auffassung ist die Zulässigkeit jeder Alleinstellungsbehauptung, wenn sie wahr ist (so B.-Hefermehl S. 466 und 698; unsicher, aber eher zustimmend auch Ulmer-Reimer S. 327), was zur weiteren Folge hat, daß den verletzten Mitbewerber die Beweislast für die Unrichtigkeit einer Alleinstellungsbehauptung trifft (B.-Hefermehl S. 700), was der BGH (GRUR 61 S. 85 „Pfiffikus-Dose") allerdings noch offen gelassen hat. Nach diesseitiger Auffassung eine unerträgliche Konsequenz, weil der verletzte Mitbewerber seiner Beweispflicht nur in den seltensten Fällen wird nachkommen können; denn der Werbende hat in der Regel mit den Beweismitteln alle Trümpfe selbst in der Hand. Je größer der wirtschaftliche Abstand des Werbenden zum verletzten Mitbewerber ist, desto geringer sind hiernach die Chancen des kleineren letzteren, sich gegen eine unrichtige Alleinstellungswerbung zur Wehr zu setzen. Dieser von B.-Hefermehl (a.a.O.) erkannten Ungerechtigkeit dadurch zu begegnen, daß man dem Werbenden eine Pflicht zur Mitwirkung an der Aufklärung des Sachverhalts auferlegt, oder in besonders schwieriger Lage des Verletzten den Werbenden die „Verantwortung" für die Richtigkeit seiner Alleinstellungsbehauptung tragen läßt, oder daß man überhaupt einmal die Beweislast ausnahmsweise umkehrt und dem Werbenden selbst aufbürdet (BGH GRUR 63 S. 270 „Bärenfang"), ist gekünstelt und zeigt, wie unharmonisch sich diese Lehre handhaben läßt. Das hat nichts damit zu tun, daß die Alleinstellungswerbung sehr wohl irreführend sein kann, wie auch andere nach § 1 unzulässige Werbungen, aber deshalb darf man nicht ihren Charakter der den Grundsätzen eines echten Leistungswettbewerbs widersprechenden vergleichenden Werbung leugnen. Dem Argument, daß durch eine Alleinstellungswerbung der Eindruck einer vergleichenden Werbung nur als bloße Nebenwirkung erweckt werde, die unbeachtlich sei (B.-Hefermehl S. 466; Ulmer-Reimer S. 326f.; Tetzner NJW 56 S. 1900), ist mit Reimer-v. Gamm (S. 209) entgegenzuhalten, daß wettbewerbsrechtlich auch bloße Nebenwirkungen in Betracht zu ziehen sind, weil die zugrundeliegende, von den angesprochenen Verkehrskreisen zu bildende Verkehrsauffassung (vgl. Anm. 84ff.) entscheidend ist (vgl. Anm. 117). Hat die Alleinstellungsbehauptung die Eignung, als vergleichende Werbung zu wirken, dann ist sie eine solche eben auch. Für den Benutzer dieses Kommentars muß hervorgehoben werden, daß die Rechtssprechung diese Frage bis zur Stunde seiner Herausgabe noch nicht entschieden hat. Aber jeder von einer Werbung Angesprochene hat nur seinen eigenen Horizont und wird das mit Alleinstellungswerbung angepriesene Erzeugnis mit den wenigen Konkurrenzartikeln, die seinem Blickfeld zugänglich sind, vergleichen.

[127] Umstritten ist ferner die Frage, ob die Alleinstellungswerbung mit Ausnahmen **grundsätzlich zulässig oder unzulässig** ist. Die Vertreter der konträren Meinungen sind dieselben (vgl. Anm. 125). Selbstverständlich allgemein Bekanntes (z.B. daß das Volkswagenwerk der größte Automobilhersteller der BRD ist) hat keine Werbewirkung bei den angesprochenen Verkehrskreisen und wird wegen seiner unbestreitbaren Richtigkeit auch unter den Gesichtspunkten des Leistungswettbewerbs sittlich wertneutral in jeder Werbe-Form und deshalb auch als Alleinstellungswerbung geäußert werden dürfen. Solches löst bei den angesprochenen Verkehrsteilnehmern auch keinen Gedanken zu einem Vergleich mit Konkurrenzartikeln aus, den sie nicht schon gehabt hätten, ehe sie eine Alleinstellungswerbung eines solchen Wettbewerbers etwa gelesen haben. Ein so Werbender täuscht nicht, vergleicht sich (in seiner Erhabenheit, wegen welcher er mangels Werbewirksamkeit damit auch nicht wird werben wollen) nicht mit seiner Konkurrenz, löst wegen seiner Bekanntheit beim Publikum auch gar nicht erst einen Vergleich aus und kann diesseitigen Erachtens — weil von einem Verbot der Alleinstellungswerbung gar nicht erst erfaßt, also noch nicht einmal als Ausnahmefall — passieren. Unzulässig die Alleinstellungswerbung, wenn sie eine pauschale Abwertung der Waren der Mitbewerber ohne eine sachliche, mit Gründen versehene Auseinandersetzung enthält, sofern der Mitbewerber erkennbar ist (BGH GRUR 73 S. 658 „Probierpreis").

[128] Von diesen als vergleichende Werbung nicht erfaßbaren Fällen abgesehen, ist die Alleinstellungswerbung (Superlativreklame) — wie schon in der 1. Auflage dieses Kommentars vertreten — vom diesseitigen Standpunkt aus **grundsätzlich unzulässig,** weil sie zu einem ernstgemeinten Vergleich der mit ihr angesprochenen Verkehrskreise führt, was das Entscheidende ist (ähnl. Reimer-v. Gamm S.210). Auch die Gegenmeinung trägt dem vorstehenden Gedanken (Anm. 126) Rechnung, indem sie eine nur vorübergehende oder kurzfristige tatsächliche Superlative-Stellung eines Werbenden und/oder nur bei geringem Abstand desselben von seinen Mitbewerbern im Markt nicht genügen läßt, um seine Alleinstellungswerbung zuzulassen (BGH GRUR 69 S. 415 „Kaffeerösterei"). Da jedem umworbenen Verbraucher nur eine beschränkte Zahl von Konkurrenten des Werbenden gegenwärtig sein wird, drängt sich ihm die Alleinstellungswerbung als Vergleich mit den gewerblichen Leistungen der ihm vorschwebenden wenigen Konkurrenten auf. Für das Publikum handelt es sich daher auch regelmäßig um einen Vergleich mit der Zahl nach bestimmbaren, also bestimmten Mitbewerbern, also um eine echte bezugnehmende Werbung, die grundsätzlich unzulässig ist. Ob die Alleinstellungsbehauptung richtig ist, braucht dabei keine Rolle zu spielen; ihre Richtigkeit kann eine Werbung nur dort zulässig machen, wo sie in den Superlativ gekleidet eine richtige Angabe, offenkundig oder allgemein bekannt ist (ebenso Tetzner NJW 56 S. 1001).

[129] Eine **Notwendigkeit zur Aufklärung der Allgemeinheit** über die Leistungen des Werbenden in der Form der echten vergleichenden Alleinstellungswerbung kann von der diesseitigen Auffassung her **nie anzuerkennen** sein. Etwaige Vorteile von Allgemeininteresse, die sich aus seinen vielleicht faktisch hervorragenden Leistungen ergeben können, wie z. B. erstklassige Organisation, weit verzweigter

Service-Dienst und dgl. können auch in anderer Weise den darauf anzusprechenden Verkehrskreisen bekannt gegeben werden, z.B. in Form eines zulässigen eigentlichen oder ausnahmsweise zulässigen uneigentlichen Systemvergleichs (s. Anm. 132ff.). Geschieht solches in Form einer Alleinstellungswerbung, verstehen die angesprochenen Verkehrskreise immer, daß das andere Mitbewerber nicht bieten können, daß also die Leistung des Werbenden mit der Leistung anderer verglichen wird, was unzulässig ist, weil der Kunde selbst prüfen und entscheiden soll. Sonach gibt es hier auch keinen Raum für eine Interessensabwägung. Das Interesse des Werbenden am Absatz seiner Ware ist nicht schutzwürdiger als das Interesse der Mitbewerber am Absatz der — vielleicht weniger guten — ihrigen. Das objektive Interesse des angesprochenen umworbenen Kunden an einer Aufklärung kann aber auch anders befriedigt werden und wird von dessen jeweiliger Bedarfssituation bestimmt, deren Erkennung ihm der Werbende nicht wegen seines Interesses an einem höchstmöglichen Umsatz abnehmen darf.

[130] Die Alleinstellungswerbung kann in mannigfaltiger Weise in Erscheinung treten. Sie braucht sich nicht immer eines Superlativs zu bedienen. Auf den Sinngehalt der Werbebehauptung, wie ihn ihr die angesprochenen Verkehrskreise geben, kommt es an (BGH GRUR 57 S. 600 „Westfalen-Blatt“ 65 S. 363 „Fertigbrei“). Sie kann auch durch den Komparativ („nichts besseres“), Positiv („unerreicht“), durch Verwendung des bestimmten Artikels („das Schuhhaus Münchens“), durch Verwendung entsprechender Adjektive, Adverben, Verben, auch durch geschickte Satzstellungen usw. ausgedrückt werden (allg. Meinung).

[131] Als unzulässige Alleinstellung wurden angesehen: „Bielefelds große Zeitung“ (BGH GRUR 57 S. 600 „Westfalen-Blatt“), „Erstes Kulmbacher“ (BGH GRUR 57 S. 285), „Entwicklung zur größten Klebstoff-Fabrik Bayerns“ (BGH GRUR 61 S. 85 „Pfiffikus-Dose“), „Deutsche Miederwoche“ wegen Alleinstellungscharakter als Werbung eines Einzelnen mit 50% Marktanteil, weil er die gesamte Branche für sich als Vorspann benutzt (BGH GRUR 62 S. 315 „Deutsche Miederwoche“), „Es gibt keinen besseren Kaffee für Ihren Melitta-Filter, weil er melittafein gemahlen ist“ (BGH GRUR 70 S. 425 „Melitta-Kaffee“), „Unser preiswertester Kaffee schmeckt besser als bei vielen das Beste vom Besten“ wegen der pauschalen Abwertung der Waren der Mitbewerber ohne sachliche mit Gründen versehene Einzelprüfung BGH GRUR 73 S. 658 „Probierpreis“; „Gütermann's Nähseide ist die beste“ (OLG Stuttgart GRUR 55 S. 50), das Angebot „hochwertiger Markenartikel (Rasierklingen) verbunden mit der Abnahme aller heute unverkäuflichen weniger marktgängigen Ware“ (OLG Düsseldorf GRUR 50 S.194), „Es gibt nichts Besseres“ (OLG Hamburg WRP 55 S. 151), „Die Zeitschrift ist die bedeutendste und größte ihres Fachs“ (OLG München GRUR 59 S. 50), „erstes Feinwaschmittel, das . . . erneuert“ (OLG Düsseldorf GRUR 56 S. 473), „unübertrefflich“ für Mehrzweckhemden (OLG München WRP 57 S. 141).

[132] Unter **echtem Systemvergleich** versteht man die Gegenüberstellung mehrerer technischer oder wirtschaftlicher Möglichkeiten, d. h. mehrere Systeme der Fertigung, Arbeitsweise, Werbung oder des Einkaufs, Vertriebs usw. von Waren oder sonstigen gewerblichen Leistungen in der Werbung, ohne Erkennbarkeit bestimmter Waren, ohne irgendwelche Angriffe gegen einen Mitbewerber oder dessen Leistungen, ohne wahrheitswidrige Behauptungen und unter Beschränkung auf eine notwendige sachliche Erörterung der Vor- und Nachteile der verglichenen Systeme (BGH GRUR 53 S. 37 „Schlachtergenossenschaft"). Dem echten oder eigentlichen (Reimer -v. Gamm S. 204) Systemvergleich fehlt jede auf einen Mitbewerber bezugnehmende Werbewirkung für ein bestimmtes Erzeugnis des Werbenden, weil zwar die verschiedenen Produktions- usw. Systeme einander konkret, aber hinsichtlich individueller gewerblicher Leistungen abstrakt gegenübergestellt werden. Auch wenn manchem der Angesprochenen der eine oder andere Mitbewerber in seinem Erinnerungsbild aufkommt, der dem bei dem Vergleich schlecht abschneidenden System anhängt, wird der (maßgebende) Gesamteindruck des Umworbenen durch einen solchen Vergleich nur das angebotene System selbst betreffen, wobei der ihm bekannte Mitbewerber vollkommen in den Hintergrund tritt. Denn der Vergleich zugunsten des angepriesenen Systems geschieht ohne Werbung für eine bestimmte Ware oder Leistung des Werbenden (ebenso Reimer-v. Gamm a.a.O.; ähnlich B.-Hefermehl S. 462f.), sondern — eben auch nach dieser Richtung gesehen — nur für ein System. Aber es muß ein objektives Allgemeininteresse oder Informationsbedürfnis bestehen und anzuerkennen sein. Ein so gehaltener Systemvergleich ist zutreffend von h. L. und Rechtssprechung immer für zulässig gehalten worden (BGH GRUR a.a.O. und 52 S. 416 „Dauerdose"; B.-Hefermehl a.a.O.; Reimer-v. Gamm a.a.O.). Dabei wird davon zutreffend ausgegangen, daß niemand verletzt werden kann, der durch die Reklame individuell nicht erkannt wird.

Auch das RG ging im sog. Zugabe-Urteil (RGZ 135 S. 38ff) schon von dem auch heute verfassungsrechtlich gültigen Grundsatz der garantierten freien Meinungsäußerung aus. Es ließ den Systemvergleich — weil bei ihm jede Bezugnahme auf einen Mitbewerber fehlt — „grundsätzlich zu", „da rechtlich keine Möglichkeit bestehe, den Anhängern verschiedener Systeme das Recht der freien Meinungsäußerung zu nehmen, . . . sofern sich die Gegnerschaft freihält von persönlichen, ehrverletzenden Angriffen und von bewußt oder grobfahrlässig aufgestellten wahrheitswidrigen Behauptungen". Dieser zur Verallgemeinerung geeignete Grundsatz wurde vielfach mißbraucht, um das Verbot der bezugnehmenden Reklame durch ihre geschickte Aufmachung als Systemvergleich zu umgehen. An dieser Rechtsprechung hat der BGH (GRUR 53 S. 37, „Schlachtergenossenschaft"; 63 S. 371 „Wäschestärkemittel" — Vergleich zwischen natürlichen und synthetischen Wäschestärkemitteln; 67 S. 30 „Rumverschnitt"; 70 S. 422 „Tauchkühler") festgehalten, und ihm folgen alle Oberlandesgerichte (OL Hamburg GRUR 52 S. 46, S. 195; WRP 56 S. 9; 53 S. 533; OLG Braunschweig GRUR 52 S. 146; OLG Celle GRUR 52 S. 421; OLG Bamberg GRUR 53

S. 255; OLG Nürnberg WRP 56 S. 129; OLG München WRP 59 S. 147 — Bezugnahme einer Käufervereinigung auf Zwischenhandel —; BB 65 S. 347; OLG Stuttgart BB 61 S. 1241 bei Vergleich zwischen Leder und Kunststoff). Keine vergleichende Werbung der Werbespruch: „Dujardin der Weinbrand für Fortgeschrittene" (OLG Düsseldorf GRUR 60 S. 439).

Freilich sind an die Erfüllung der Voraussetzungen für einen echten Systemvergleich strenge Anforderungen zu stellen, damit er nicht zu einer anlehnenden oder persönlichen oder kritisierend bezugnehmenden oder gar irreführenden Werbung abgleitet, die immer unzulässig ist. D. h., daß er ausschließlich sachlich die Vor- und Nachteile der verglichenen Systeme erörtert, die, soweit für die Beurteilung wesentlich, auch vollständig dargestellt werden müssen (BGH GRUR 58 S. 485 „Odol"; 63 S. 371 „Wäschestärkungsmittel"; 67 S. 596 „Kuppelmuffverbindung"). Jede **unnötige Herabsetzung des Mitbewerbers ist zu vermeiden,** der und dessen Leistung im Rahmen des eingangs Gesagten so wenig wie die gewerbliche Leistung des Werbenden selbst nicht erkennbar sein dürfen. Selbstverständlich muß der Vergleich auch frei von Emotionen, Gehässigkeiten und dgl. sowie wahr in seinen Fakten und durch seine Vollständigkeit sein (ähnl. Reimer-v. Gamm S. 205; B.-Hefermehl S. 462).

[133] Die Zulässigkeit des echten Systemvergleichs ist auch unter dem Gesichtspunkt des Interesses der Allgemeinheit als Verbraucher an einer **Aufklärung** über jeden **technischen und wirtschaftlichen Fortschritt und Vorteil** zu rechtfertigen. Ein solches Aufklärungsinteresse der Allgemeinheit muß aber veranlaßt sein (BGH GRUR 71 S. 159 „Motorjacht" wo das in Bezug genommene System mangels Seetüchtigkeit Menschenleben gefährdete) und muß jede unnötige Bloßstellung des Mitbewerbers vermeiden (ebenso Reimer-v. Gamm S. 205; BGH GRUR 67 S. 30 „Rumverschnitt", wo sich der Vergleichende irrtümlich falsche Vorstellungen des Verkehrs vom Gegensystem zunutze machte).

[134] Vom echten bzw. eigentlichen ist der **uneigentliche Systemvergleich** zu unterscheiden (ebenso Reimer-v. Gamm S. 205; a. A. aber nicht überzeugend B.-Hefermehl, S. 463; Ulmer-Reimer S. 310). Der Unterschied liegt darin, daß der Werbende die Gelegenheit des Systemvergleichs benutzt, um für seine eigene konkrete gewerbliche Leistung zu werben. Darin kann eine unzulässige bezugnehmende Werbung in Form der unzulässigen persönlichen Komparativ- oder Alleinstellungswerbung liegen, wenn der Mitbewerber bzw. dessen gewerbliche Leistungen des in Bezug genommenen Systems erkennbar (s. Anm. 116f.) sind.

Schon wenn nur die konkrete gewerbliche Leistung des Werbenden ohne Erkennbarkeit eines Mitbewerbers genannt wird, ist der uneigentliche Systemvergleich als unzulässige Alleinstellungs- oder sonstige versteckte bezugnehmende Werbung verdächtig. Einem solchen Werbenden ist in der Regel zuzumuten, sich ohne Gegenüberstellung anderer Systeme oder Waren-(Leistungs-)Arten auf die Schilderung der Vorzüge seiner gewerblichen Leistungen zu beschränken. Auch dadurch kann er in der Regel das Informations- und Aufklärungsbedürfnis der Allgemeinheit befriedigen, so daß bei konkreter Benennung der eigenen gewerblichen Leistung des Werbenden die Bezugnahme auf das Gegensystem, wenn wirklich einmal notwendig und unvermeidbar, eine Ausnahme bleiben sollte. Sobald nämlich der Werbende sich selbst und seine Leistung in seinem „Systemvergleich" konkret individualisiert, wird auch der Betroffene Mitbewerber erkennbar, weil die Benennung des Werbenden und die Erkennbarkeit des Betroffenen (s. Anm. 116f.) in einer gewissen Wechselbeziehung zueinander stehen. Da aber für einen verschleierten Warenvergleich im Rahmen eines zuzulassenden (echten) Systemvergleichs kein Raum ist, ist nach Auffassung dieses Kommentars der uneigentliche Systemvergleich grundsätzlich (mit von Fall zu Fall zu prüfenden Ausnahmen) unzulässig (ebenso offenbar auch Reimer-v. Gamm S. 205; a. A. B.-Hefermehl S. 463; Ulmer-Reimer S. 310).

[135] Wichtig ist die Frage, ob der uneigentliche Systemvergleich mit Ausnahmen grundsätzlich zuzulassen oder mit Ausnahmen nicht zuzulassen ist, für die **Beweislastverteilung.** Nach diesseitiger Auffassung hat die Beweislast für die ausnahmsweise Zulässigkeit der Werbende (ebenso Reimer-v. Gamm S. 201; BGH GRUR 69 S. 283 „Schornsteinauskleidung"), nach Auffassung der Gegenmeinung der Verletzte für die Unzulässigkeit, was nicht gerecht erscheint (näheres vgl. Anm. 126).

[136] Als **Ausnahme von dem Verbot** auch des uneigentlichen Systemvergleichs gelten die Fälle, bei denen er im schutzwürdigen Interesse des Werbenden oder **im Interesse der Allgemeinheit an Fortschritt, wirtschaftlichem Vorteil, Information oder Aufklärung objektiv notwendig** ist, wobei das Allgemeininteresse an einer dieser Eigenschaften der propagierten Leistung genügt, auch „notwendiger", „Fortschritts-", „Vorteils"- und „Aufklärungs"-Vergleich genannt. Allen diesen Ausnahmefällen sind für ihre Zulässigkeit als Voraussetzung die Notwendigkeit (s. Anm. 133, 138) des Vergleichs sowie ferner gemeinsam eigen, daß ein hinreichender Anlaß für ihn besteht (s. auch Anm. 137 zum Abwehrvergleich), daß die Werbebehauptungen nach ihrem Gesamteindruck wahrheitsgemäß sind und sich auf das den Werbenden zumutbare Maß des Erforderlichen beschränken. Ist er nicht wahrheitsgemäß, kann er denkgesetzlich auch nicht notwendig sein, woraus sich als selbstverständlich ergibt, daß seine Zulässigkeit immer den Schranken des § 3 unterliegt (BGH GRUR 58 S. 485 „Odol"). Da die Unvollständigkeit jeder Erörterung nur zur halben Wahrheit führt, fehlt es an der Notwendigkeit des Vergleichs auch, wenn er nicht vollständig ist. Zur Vollständigkeit gehört auch, daß eine Gegenmeinung nicht übergangen werden darf (BGH GRUR a.a.O. „Odol").

[137] Ein **hinreichender Anlaß** dürfte z. B. bei durch unrichtige Zeitungsberichte entstandener irrtümlicher Auffassung des Verkehrs vom Anwendungsbereich eines Schlafmittels gegeben sein, oder bei lebensgefährlicher technischer Ausrüstung (BGH GRUR 71 S. 159 „Motorjacht") oder bei Explosions- und Brandgefahr

(BGH GRUR 69 S. 283 „Schornsteinauskleidung") und dgl. Das Interesse der Allgemeinheit wird in der Regel auf Teilnahme an den Errungenschaften des Fortschritts und der Vorteile bringenden angepriesenen Systeme und Einrichtungen gerichtet sein. Aber sie müssen ihr auch wirklichen Fortschritt und wirkliche Vorteile bringen und dürfen sich nicht darin erschöpfen, daß sie nur von anderer Art als die in Bezug genommenen Systeme usw. sind. Ohne Allgemeininteresse wird es sich nicht rechtfertigen lassen, dem Werbenden zu gestatten, für seine Leistung anders als durch echten Leistungswettbewerb zu werben, so wie das auch von jedem anderen Mitbewerber gefordert wird. So wäre das Allgemeininteresse an der Werbung für einen neuartigen Motor mit halbem Energieverbrauch bei gleichbleibender Leistung, nicht aber bei halber Leistung zu bejahen. Zutreffend wurden die Werbung „40% können Sie sparen" (BGH GRUR 68 S. 443) — im Falle der Wahrheit — und die Werbebehauptung „per Tauchkühler können Sie nur eine, im Eiswasser der Unita-Schnellkühlung bis zu 18 Kannen zugleich kühlen" (BGH GRUR 70 S. 422 „Tauchkühler") zugelassen.

[138] Das **Informations- und Aufklärungsinteresse** der Allgemeinheit beschränkt sich freilich nicht nur auf Erzeugnisse des Fortschritts und der wirtschaftlichen Vorteile, sondern erstreckt sich auch darauf, von der Existenz sowie von der Verwendbarkeit, Verwendungs- und Gebrauchsweise eines Erzeugnisses eines bislang nicht bekannten Systems zu erfahren. Wenn neuartige Autos ohne Vorteil gegenüber den herkömmlichen mit den Füßen gelenkt und mit der Hand gebremst werden sollten, hat die Allgemeinheit ein Recht auf Information und Aufklärung durch Bezugnahme auf die herkömmlichen Autos. Der Allgemeinheit muß der Unterschied des angebotenen Erzeugnisses auf andere Weise als durch Bezugnahme nicht dargestellt werden können, womit die Bezugnahme zugleich *notwendig* wird. Zu weit geht es m. E., zu fordern, daß auch Qualität und Umfang des Angebots des Werbenden rechtfertigen müßten, daß er sich mit dem Mitbewerber vergleicht (so BGH GRUR 65 S. 309 „Gemafrei"), es sei denn, man hat es in Wahrheit mit einer versteckten anlehnenden Werbung zu tun.

[139] Aber auch die Bezugnahme selbst muß **notwendig** sein, wobei außerdem die **Art der Bezugnahme** von dem Wesen des Systems des angepriesenen Erzeugnisses bestimmt wird (BGH GRUR 58 S. 343 „Bohnergerät"; 61 S. 237 „TOK-Band"; ähnl. Reimer-v. Gamm a.a,O.). Ebenso haben sich Inhalt und Umfang der uneigentlichen systemvergleichenden Werbung im Rahmen des notwendigen zu halten (BGH GRUR 64 S. 33 „Bodenbeläge"; 67 S. 308 „Backhilfsmittel").

[140] Das **Interesse des Werbenden** *allein* an der aktiven Aufklärung und/oder Information der Allgemeinheit, ohne daß ein Interesse letzterer an passiver Aufklärung, Information, Fortschritt und wirtschaftlichen Vorteilen hinzukommt, dürfte in der Regel nicht ausreichen, um einen uneigentlichen Systemvergleich zu rechtfertigen. Denn das Interesse des Werbenden kann naturgemäß nur auf Erzielung wettbewerblicher Vorteile, allenfalls auch auf Befriedigung persönlichen Ehrgeizes gerichtet sein, was niemals rechtfertigen kann, daß er die Grundsätze des echten Leistungswettbewerbs mißachtet, die von ihnen vorgezeichneten, als gut erkannten und geübten wettbewerblichen Sitten verletzt und vergleichende Werbung betreibt. Denn in der Regel denkt jeder nur in seiner eigenen armseligen Interessenssphäre, und bei einem deshalb sicher sehr selten anzutreffenden Altruismus des Werbenden würde sich von selbst ergeben, daß ein Allgemeininteresse am gerade praktizierten uneigentlichen Systemvergleich besteht (ähnl. Reimer-v. Gamm S. 201).

[141] Für den ausnahmsweise zuzulassenden uneigentlichen Systemvergleich ist ferner zu fordern, daß er sich nicht nur nach Inhalt und Umfang im Rahmen des Notwendigsten hält (BGH GRUR 67 S. 308 „Backhilfsmittel"), sondern sich in der Auseinandersetzung mit dem gegnerischen System auch **auf die Probleme bzw. Erkenntnisse beschränkt,** deren Erörterung sachlich geboten (mit anderen Worten: akutes sachliches Thema) ist (BGH GRUR 71 S. 159 „Motorjacht"), sie aber auch erschöpfend behandelt. Jedes Schlagwort, jede nicht nachprüfbare und jede suggestiv wirkende Angabe und — wenn irgend möglich — jede Erkennbarmachung eines betroffenen Mitbewerbers sowie eine Herabsetzung oder gar Diffamierung desselben bei Vollständigkeit der Darstellung aller Meinungen, *aller* Vorzüge und *aller* Nachteile *beider* Systeme sind zu vermeiden; sonst wäre die Notwendigkeit eines Vergleichs nicht nachprüfbar und deshalb nicht einzusehen bzw. anzuerkennen (BGH GRUR 69 S. 283 „Schornsteinauskleidung"). Eine scharfe Kritik des gegnerischen Systems, wie sie B.-Hefermehl (S. 487) notfalls gestattet, ist sonach nur im Ausnahme-Rahmen der Zulässigkeit erträglich, d. h. solange sie sich als solche aus der sachlichen Auseinandersetzung von selbst ergibt.

Mit Vorstehendem sind die Ausnahmen von dem grundsätzlichen Verbot eines uneigentlichen Systemvergleichs an die Voraussetzungen zu knüpfen, daß bei ihnen ein hinreichender Anlaß, ein — worauf auch immer gerichtetes — Interesse der Allgemeinheit besteht, daß die Beachtung der Fragen des Notwendigen auch hinsichtlich der Erkennbarmachung des Mitbewerbers, eingehalten *und* die Auseinandersetzungen in den Grenzen der Vollständigkeit, der Sachlichkeit, Wahrheit und des Erforderlichen gehalten werden. Konkret entschieden werden kann nur im Einzelfall, wann die als gute Sitte anerkannten und (noch?) geübten Grundsätze des echten Leistungswettbewerbs verletzt worden sind.

[142] Als zulässiger uneigentlicher Systemvergleich sind u. a. folgende konkrete Werbungen anerkannt worden: Vergleich des Einzelhandels- mit dem Genossenschaftssystem (BGH GRUR 53 S. 37 „Schlachtergenossenschaft"), verschiedener technischer Lösungsmöglichkeiten (BGH GRUR 52 S. 416 „Dauerdose"), verschiedener Wege, die zum gleichen Weg führen (BGH GRUR 58 S. 485 „Odol"), der Direktwerbung mit der Anzeigenwerbung (BGH GRUR 62 S. 589 „Direktwerbung"), von verschiedenen Wäschestärkungsmethoden (BGH GRUR 63 S. 371), eines technischen Fortschritts mit dem Herkömmlichen (BGH GRUR 67 S. 596

„Kuppelmuffenverbindung“), eines neuartigen Kühlungssystem mit dem herkömmlichen „Tauchkühler“ (BGH GRUR 70 S. 422).

[143] Literatur und Rechtsprechung unterscheiden mitunter vom Systemvergleich noch den **Fortschritts-, Vorteils-, Aufklärungs-, Warenarten- und Preisvergleich.** Sie alle sind Sonderfälle des Systemvergleichs (ebenso BGH GRUR 67 S. 596 „Kuppelmuffenverbindung“), sind ihm jedenfalls so nahe verwandt, daß auch ihre Zulassung eine Ausnahme (von dem Grundsatz des Verbots bezugnehmender Werbung) und von den gleichen Voraussetzungen abhängig ist (ähnlich Reimer-v. Gamm S. 206; a. A. B.-Hefermehl S. 465 und offenbar auch Ulmer-Reimer S. 314). Natürlich ist jeder Fall besonders gelagert und unterscheidet sich von allen anderen. Alle diese Ausnahme-Vergleiche haben das Ziel gemeinsam, die herkömmlichen, bekannten oder konservativen Leistungen der Mitbewerber, an die sich der Verkehr gewöhnt hat, zu bekämpfen. Unterschiede ergeben sich zwangsläufig nur aus der Unterschiedlichkeit des jeweiligen Wesens der vergleichsweise zu propagierenden gewerblichen Leistungen. An der Methodik der Werbung einerseits und dem Gebot, die Grundsätze des echten Leistungswettbewerbs aufrecht zu erhalten, ändert sich nichts.

Wenn sich die miteinander verglichenen Warenarten oder -gattungen keine Konkurrenz machen (z. B. Bergsteigerschuhe und Hauspantoffeln), liegt ebenso wie beim echten Systemvergleich in Wahrheit keine bezugnehmende Werbung vor. Das Sporthaus vergleicht seine Nagelschuhe auf diese Weise nicht mit bestimmten Erzeugnissen von Mitbewerbern, auch wenn die Herkunft des Hauspantoffels erkennbar ist, sondern weist die von ihm angesprochenen Verkehrskreise nur auf ihren etwaigen zusätzlichen Bedarf hin bzw. erweckt ihn, was nicht zu beanstanden ist.

[144] Beim **Preisvergleich,** bei dem, **wenn er wahrheitsgemäß ist** (s. o.), das Interesse der Allgemeinheit am ehesten anzuerkennen sein wird, sind die Gefahren der Verletzung der an den nur ausnahmsweise zuzulassenden Systemvergleich zu stellenden Anforderungen besonders groß, weil hier die Versuchungen zur Unsachlichkeit und Irreführung zu stark sind und die Bezugnahme auf den Mitbewerber kaum wirksam umgangen werden kann. Für **zulässig** wurden u. a. angesehen: der wahrheitsgemäße Vergleich des angebotenen Preises mit dem beim Bundeskartellamt angemeldeten Richtpreis des Herstellers (BGH GRUR 65 S. 96 „20% unter empfohlenem Richtpreis“), jedoch waren die drucktechnische Hervorhebung des Hundertsatzes und ihre werbemäßige Wirkung wegen Irreführung unzulässig. Die Meinung, daß es sich dabei nicht um eine vergleichende Werbung gehandelt habe (so B.-Hefermehl konsequenter Weise S. 454), weil als Vergleichspreis der Erzeuger- und nicht der Preis der Mitbewerber genannt worden sei, übersieht, daß die angesprochenen Verkehrskreise sowieso eigene Preisbeobachtungen und -vergleiche anstellen und von dieser Werbebehauptung den Gesamteindruck bekommen, daß in der Regel die Mitbewerber, also auch die wenigen dem Angespro-

chenen bekannten, den empfohlenen Richtpreis fordern, auf welch letztere eben Bezug genommen wird (vgl. zur Erkennbarkeit Anm. 116f.).

Dagegen wurde die vergleichende Werbung mit dem Ausdruck **„Richtpreis“** schlechthin, d.h. ohne Beifügung der Worte „empfohlener“ oder „verbindlicher“ wegen Irreführung bzw. Täuschungsgefahr für unzulässig gehalten (BGH GRUR 66 S. 327 „Richtpreiswerbung I“), ebenso der Vergleich des angebotenen Verkaufspreises mit dem „empfohlenen Richtpreis“, wenn der Hersteller sowieso nur an den Werbenden als einziges Einzelhandelsunternehmen liefert (BGH GRUR 66 S. 686 „Richtpreis III“), so daß der Richtpreis auch ein Mondpreis sein kann. Zugelassen wurde ferner die Werbebehauptung: „40% können Sie sparen“ wegen Interesses der Allgemeinheit und angesichts geübter Beachtung der Gebote der Sachlichkeit, Wahrheit usw. bei Innehaltung der Empfohlenen Richtpreise durch die Mehrzahl der Mitbewerber (BGH GRUR 68 S. 443). Die Bezugnahme auf „Listen-“, „Katalog-“, „Brutto-“ usw. Preise ist wegen ihres unklaren Sinngehalts und ihrer darauf beruhenden Täuschungsgefahr, wie aber auch wegen ihrer Eignung, als unzulässige bezugnehmende Werbung zu wirken, nicht zulässig (BGH GRUR 65 S. 96 „20% unter dem empfohlenen Richtpreis“). Dem folgen die Instanzgerichte: unzulässiger Preisvergleich bei Darlegung eigener Preiskalkulation, weil die unter der angegebenen Grenze liegenden Preise nicht solide, betriebswirtschaftlich nicht vertretbar und mit guten kaufmännischen Sitten nicht vereinbar ist, wenn Mitbewerber zu diesem Preis arbeiten (OLG Oldenburg GRUR 60 S. 442).

[145] Anzuerkennen ist das Recht zum **Vergleich auf Verlangen** des Kunden, der eine gezielte Aufklärung wünscht, welches zweier Erzeugnisse das bessere ist, für das er sich entscheiden will. Die Anfrage darf nicht vom Mitbewerber provoziert und die Auskunft hat sachlich zu sein und sich auf die gestellten Fragen zu beschränken (RG GRUR 40 S. 308; 43 S. 252; BGH GRUR 69 S. 283 „Schornsteinauskleidung“; ebenso Droste GRUR 51 S. 140ff.). Bei solchem berechtigten Interesse des Fragestellers ist die Auskunft des Mitbewerbers in Form eines Vergleichs nicht zu vermeiden, ihre Verweigerung auch unzumutbar und — sofern wahrheitsgemäß und vollständig — keine Verletzung guter kaufmännischer Sitten. Natürlich darf die gewerbliche Leistung des zum Vergleich stehenden Mitbewerbers nicht unnötig diskreditiert werden. Denn das nicht provozierte Auskunftsverlangen ist der einzige Rechtfertigungsgrund für die Zulassung einer solchen vergleichenden Werbung als Ausnahme von ihrem grundsätzlichen Verbot (ähnl. Reimer-v. Gamm S. 204). U. U. könnte eine unrichtige Auskunft Gewährleistungs- und Schadensersatzansprüche des Kunden auslösen.

Dagegen ist die Auskunft eines Einzelhändlers, der mehrere in Konkurrenz zueinander stehende Erzeugnisse anbietet, in der Regel keine bezugnehmende kritisierende (vergleichende) Werbung, weil seine Wettbewerbshandlung auf den Absatz seines Sortiments als solchem und nicht auf den Absatz bestimmter Erzeugnisse gerichtet ist, den er mit guter Kundenberatung zu erreichen trachtet, für die ihm ein ausreichender Spielraum auch unter dem Gesichtspunkt der Meinungsäußerungsfreiheit zu lassen ist. Er steht mit seinem angebotenen Warensortiment als solchem zu seinen Lieferanten (Großhandel und Erzeuger) meist nicht in einem Wettbewerbsverhältnis, es sei denn, er äußert sich im Interesse eines bestimmten Erzeugers und handelt zwecks Förderung des Wettbewerbs dieses Erzeugers als Dritter.

[146] Wirbt jemand durch einen **Vergleich,** in dem er zwei **eigene Erzeugnisse** aus der Vergangenheit und Gegenwart einander gegenüberstellt, ist das nicht zu beanstanden, weil bei diesem Vergleich der Charakter einer bezugnehmenden Werbung überhaupt entfällt, da es hier keinen betroffenen Mitbewerber gibt, ein Wettbewerbsverhältnis zu einem solchen also fehlt (BGH GRUR 61 S. 237 „TOK-Band"; Beispiele: „jetzt wieder billiger", jetzt noch vollständiger", „jetzt noch schneller" usw.). Aber unter dem Mäntelchen eines zulässigen **Eigenvergleichs** lassen sich freilich auch unzulässige Bezugnahmen auf Mitbewerber verstecken. Dann hat man es mit einer gewöhnlichen unzulässigen vergleichenden Werbung zu tun. Auch muß der Eigenvergleich wie jede andere Werbung wahr sein, wenn er nicht dem Verbot der Täuschung und Irreführung unterliegen soll, wie er überhaupt den Schranken der Gebote und Verbote unserer Wettbewerbsordnung unterworfen ist (OLG München GRUR 59 S. 196, wo in der übertriebenen Kritik an dem eigenen alten Erzeugnis eine Diffamierung des erkennbar gemachten Erzeugnisses eines Mitbewerbers zu erblicken war).

[147] Anerkannt wird auch die Zulässigkeit des sog. **Abwehrvergleichs** (Reimer-v. Gamm S. 207; B.-Hefermehl S. 475; Ulmer-Reimer S. 316, Tetzner S. 161). Es gelten für ihn die allgemeinen Regeln der wettbewerblichen Abwehrhandlung, zu der er eigentlich gehört (BGH GRUR 71 S. 259 „WAZ"; vgl. im einzelnen Anm. 230ff.). Seine Besonderheiten ergeben sich nur aus seinem naturnotwendigen Charakter als bezugnehmende Wettbewerbshandlung. Wie bei jeder anderen Abwehrhandlung muß ein rechtswidriger irgendwie gearteter Angriff eines Mitbewerbers, sei es, daß er in einer Täuschung, Irreführung oder bezugnehmenden unzulässigen Werbung liegt, gegeben sein (BGH GRUR 52 S. 582 „Sprechstunden"; 67 S. 308 „Backhilfsmittel). Der Angriff muß noch *fortwirken*, weil das zur Notwendigkeit jeder Abwehrhandlung gehört und weil der Abwehrvergleich *notwendig* sein muß. Wenn rechtzeitig wirksam gerichtliche Hilfe eingeholt werden kann, fehlt es an der Voraussetzung seiner Notwendigkeit (gl. Ansicht B.-Hefermehl S. 476). Kann der rechtswidrige Angriff auf andere Weise wirksam abgewehrt werden, ist wegen der grundsätzlichen Unzulässigkeit bezugnehmender Werbung dieser andere Weg zu beschreiten. Art, Maß und Intensität des Abwehrvergleichs orientieren sich nach Art, Maß und Intensität des Angriffs (BGH GRUR 68 S. 382 „Favorit II"), denn die Abwehr muß in einen unmittelbaren Zusammenhang mit dem Angriff stehen und sich als Abwehrvergleich für die angesprochenen Verkehrskreise erkennbar darstellen (BGH GRUR 61 S. 237 „TOK-Band"). In diesem Sinne hat er sich im Rahmen des erforderlichen zu halten, wozu auch die Eignung des Vergleichs gehört, überhaupt als Abwehr zu wirken; denn er darf nicht zu einem neuen Angriff des Verletzten gegen den Mitbewerber werden. Auch darf er mit Rücksicht auf die anderen Mitbewerber das sachlich gebotene Maß nicht überschreiten, um nicht diesen gegenüber zu einer selbständigen unzulässigen bezugnehmenden Werbung zu werden. Deshalb darf er sich nur ausschließlich — soweit möglich und zumutbar — mit dem Angreifer befassen. Zur Wahrnehmung der Interessen Dritter, d. h. ohne selbst angegriffen zu sein, ist ein Abwehrvergleich niemals statthaft (gl. A. B.-Hefermehl a. a. O.). Andererseits darf sich der Angegriffene zur Verteidigung seiner als schutzwürdig anzuerkennenden Interessen mit den Leistungen des Angreifers kritisierend befassen (BGH GRUR 67 S. 308 „Backhilfsmittel"). Bei Beachtung aller dieser Anforderungen ist die sonst objektiv wettbewerbswidrige Handlung des Abwehrenden der Rechtswidrigkeit entkleidet (BGH a. a. O.).

[148] Problematisch wird die Zulässigkeit von Waren- oder Leistungsvergleich dann, wenn er nicht mehr von dem Wettbewerber, sondern von berufenem fachmännischem Munde herrührt (vgl. auch Anm. 4 und zu § 3 Anm, 27c). Er ist stets zulässig, wenn jeglicher Wettbewerbszweck fehlt, denn das gem. Art. 5 GG garantierte Recht zur **freien Meinungsäußerung** kann niemandem genommen werden, auch wenn sie Tatsachenbehauptungen enthält, was oft der Fall ist.

Das gleiche gilt von **wissenschaftlichen Aufsätzen, Gutachten, Warentesten, Untersuchungen und Kritiken,** auch wenn sie im Ergebnis dem einen Mitbewerber förderlich, dem anderen, weil er schlecht abschneidet, schädlich sind (BGH GRUR 67 S. 113 „Leberwurst"). Fehlt ein Wettbewerbszweck, ist auch die Veröffentlichung solcherArbeiten und Meinungsäußerungen grundsätzlich zulässig, weil sich der Gewerbetreibende einer öffentlichen Kritik seiner Leistung stellen muß (BGH a. a. O.). Zulässig ist deshalb, wenn inhaltlich und sachlich vertretbar eine öffentliche Kritik von Verbraucherverbänden (OLG Düsseldorf BB 61 S. 460). Bei der Bekanntgabe des Firmen- oder Warenkennzeichens ist im Falle abwertender Fernseh-Modekritik äußerste Vorsicht geboten (OLG München WRP 61 S. 283). Jedoch kann ein unzulässiger Eingriff in die Rechte am (eingerichteten und ausgeübten) Unternehmen (§ 823 BGB) in Betracht kommen (vgl. Anm. 16), wenn die veröffentlichte Arbeit nicht mit genügender Sorgfalt und hinreichender Sachkunde erstellt wird und unrichtig ist; letzteres gilt auch bei Formalbeleidigungen, unrichtigen Tatsachenbehauptungen und dgl. (BGH GRUR 52 S. 410; 53 S. 130; v. Gamm in WRP 56 S. 321); das ist aber nur denkbar, wenn die Arbeit wissenschaftlich so wenig zu vertreten ist, daß ihrem Autor der Rechtfertigungsgrund des § 193 StGB nicht zur Seite steht, denn die Freiheit der wissenschaftlichen Meinungsäußerung darf nicht in unzulässiger Weise eingeschränkt werden (Art. 5 GG). Von einer solchen Arbeit ist aber stets eine ausgewogene Darstellung zu fordern (BGH GRUR 69 S. 304 „Kredithaie", S. 624 „Hormoncreme").

Entscheidend ist die Art der Verwendung wissenschaftlicher Gutachten, Arbeiten usw. Ihre Errichtung als solche ist wettbewerbsrechtlich noch wertneutral, auch wenn sie zum Zweck einer wettbewerblichen Auswertung in Auftrag gegeben worden ist. Wird eine solche Arbeit sodann aber zu Zwecken des Wettbewerbs verwendet, unterliegt ihre Zulässigkeit nach Inhalt und Form den allgemeinen Schranken der Ordnung unseres Leistungswettbewerbs (allg. Meinung). Demgemäß darf nicht getäuscht und irregeführt, der Mitbewerber nicht herabgesetzt und grundsätzlich keine vergleichende Werbung getrieben werden (gl. Ansicht: Reimer-v. Gamm S. 212), denn der Inhalt der wissenschaftlichen Arbeit, die dadurch zum Werbemittel wird, ist dem Werbenden selbst als eigene Werbebehauptung zuzurechnen (BGH GRUR 62 S. 45 „Betonzusatzmittel").

Die zu Werbezwecken verwandten wissenschaftlichen Arbeiten sind leicht verdächtig, mißbräuchlich benutzt zu werden. Wird eine solche im Auftrag oder in Abhängigkeit von dem mit ihr geförderten Wettbewerber oder nur im Benehmen mit ihm abgefaßt, oder gar unter dessen Regie, dann besteht die Täuschung darin, auch wenn jene richtig und wahrhaftig ist, daß der Verkehr an ein neutrales Wissenschaftliches Urteil glaubt. Der Werbende muß auf die Abhängigkeit des Wissenschaftlers hinweisen (BGH GRUR 61 S. 189 „Rippenstreckmetall"; 62 S. 45 „Betonzusatzmittel"). Deshalb war es auch unzulässig, unklare Angaben über Person und Rang des Gutachters zu machen (BGH a.a.O.), wodurch das Gutachten ein ihm nicht zukommendes Gewicht bekam. Da der Verkehr in der Regel von einer unabhängigen selbständigen Prüfung des wissenschaftlichen Gutachters ausgeht, ist die werbemäßige Auswertung seiner Arbeit auch irreführend, wenn der Werbende den Gutachter nicht beeinflußt hat (RG GRUR 38 S. 790). Der Werbende darf sich nicht hinter dem Mäntelchen eines wissenschaftlichen Gutachtens und dessen Ergebnis verstecken (RG GRUR 40 S. 223), sondern er muß eigenverantwortlich prüfen, wie die angesprochenen Verkehrskreise die Arbeit auffassen werden (RG GRUR 40 S. 301).

[149] Auch der Wissenschaftler fördert als Dritter den Wettbewerb seines Auftraggebers und handelt selbst zu Wettbewerbszwecken, wenn er weiß, daß seine Arbeit wettbewerblich ausgewertet werden soll (vgl. Anm. 4). Deshalb ist die Verwertung seiner Arbeit gegen seinen Willen stets rechtswidrig ihm gegenüber (z. B. wenn er seine frühere Veröffentlichungserlaubnis zurückgezogen hat), und in der Regel wohl auch wettbewerbswidrig gegenüber den Mitbewerbern, weil der Verkehr von der Veröffentlichungserlaubnis ausgeht. Wird sie aus nicht sachbezogenen Gründen verweigert, wird von einer Irreführung des Verkehrs freilich wieder nicht die Rede sein können.

Immer ist zu beachten, daß der Verkehr, der von den Hintergründen des Zustandekommens der wissenschaftlichen Arbeit und ihrer Veröffentlichung nichts weiß und deshalb schon allein darüber getäuscht wird, seine Kritik in Anbetracht des wissenschaftlichen Scheins einschlafen läßt, in der Regel an die Richtigkeit aller dort aufgestellten Behauptungen kritiklos glauben wird, was von dem Werbenden auch angestrebt wird. Dieser beschränkt sich meist nicht darauf, seine Ware nur anzupreisen, sondern er wirkt auf die Entschlußfreiheit des umworbenen Käufers ein, lähmt sie und bestimmt ihn dadurch zum Kauf, womit er sich nicht mehr durch eigene Leistung, sondern durch unzulässige Einwirkung auf das Publikum vor seinem Mitbewerber einen ungerechtfertigten Vorteil verschaffen kann.

Dem Werben mit einem wissenschaftlichen Gutachten, das auch leicht eine unzulässige Alleinstellungswerbung beinhalten kann, ist deshalb immer mit Skepsis zu begegnen. Es ist ein strenger Maßstab anzulegen (ähnl. B.-Hefermehl S. 341; Reimer-v. Gamm S. 212).

[150] Auf derselben Ebene liegt die **Werbung mit Presseveröffentlichungen,** die in den seltensten Fällen von dem so werbemäßig Begünstigten nicht selbst lanciert sind, und für die dieselben Grundsätze zu gelten haben. Stets hat der Werbende als Informant für den Inhalt der Veröffentlichung einzustehen (BGH GRUR 67 S. 362 „Spezialsalz"; 68 S. 382 „Favorit" II). Ob Fachzeitschrift oder Tagespresse bleibt sich gleich. Unzulässig, den Eindruck zu erwecken, daß eine Werbung in einer Fachzeitschrift als Empfehlung des Herausgebers selbst zu verstehen sei (BGH a.a.O.), oder überhaupt eine Eigenwerbung als Presseveröffentlichung zu tarnen (BGH GRUR 68 S. 645 „Presseversand"). Auch hier gelten die Grundsätze der unzulässigen anlehnenden, vergleichenden, kritisierenden usw. bezugnehmenden Werbung und überhaupt des lauteren Leistungswettbewerbs (BGH GRUR 68 S. 645 „Pelzversand").

[151] Wer wissenschaftliche Gutachten, Presseveröffentlichungen usw. **auszugsweise in seiner Werbung** verwendet, was nicht unzulässig ist, muß darauf achten, dadurch den Gesamteindruck der Arbeit nicht zu verfälschen. Er darf keine wesentlichen ihm ungünstigen Inhalte auslassen und macht überhaupt mit einem solchen Auszug eine eigene Werbung, für die er hinsichtlich Wahrheitsgehalt usw. vollumfänglich haftet (BGH GRUR 66 S. 92 „Bleistiftabsätze").

[152] Die Presse selbst haftet wie der Wissenschaftler (vgl. Anm. 149), wenn sie zwecks Förderung fremden Wettbewerbs handelt, was ihr selten wird nachgewiesen werden können, bzw. nach den Grundsätzen des unzulässigen Eingriffs in die schutzwürdigen Rechte an dem (eingerichteten und ausgeübten) Unternehmen (BGH GRUR 73 S. 203 „Badische Rundschau" 69 S. 555 „Cellulitis", S. 624 „Hormoncreme"; vgl. auch Anm. 15 f.).

IV. Abwerben von Kunden und Angestellten

[153] Der Kampf um den Kunden der Mitbewerber ist der wesentlichste Bestandteil des Wettbewerbs überhaupt. Sofern die hierbei angewandten Mittel nicht sittenwidrig sind, ist das Abwerben zulässig und erwünscht, wenn es durch die

bessere Leistung des Wettbewerbers geschieht (BGH GRUR 56 S. 223 „Anzeigenblatt“, 69 S. 474 „Bierbezug“; oben Anm. 11). Kein Gewerbetreibender hat Anspruch auf unbeeinträchtigte Erhaltung seines Kundenkreises oder Absatzgebietes (BGH GRUR 52 S. 582 „Sprechstunden“), obwohl es sich bei beiden um Bestandteile des Unternehmens handelt (vgl. oben Anm. 16). Infolgedessen ist auch das Abwerben von Kunden und Angestellten des Mitbewerbers — weil wettbewerbseigen — erlaubt (allg. Meinung; BGH GRUR 64 S. 215 „Milchfahrer“; 70 S. 182 „Bierfahrer“; Reimer-v. Gamm S. 277; B.-Hefermehl S. 562, 570; Tetzner S. 121; Ulmer-Reimer S. 263). Da jeder Wettbewerb geplant werden darf, ja planmäßig erfolgen muß, wenn er nachhaltig und erfolgreich sein soll, kann auch das **planmäßige** Abwerben von Kunden nicht grundsätzlich unerlaubt und sittenwidrig sein (RG GRUR 39 S. 728). Ebenso ist klar, daß jeder Unternehmer tüchtige Mitarbeiter haben muß, wenn er erfolgreich sein will, und daß er sie oft nur haben kann, wenn er sie seinem Mitbewerber abdingt. Auch wenn man dies planmäßig durchführt, kann darin allein kein wettbewerbsfremdes Moment liegen (BGH GRUR 66 S. 263 „Bautenschutzmittel“). Sogar der Vorsatz allein genügt nicht (BGH a.a.O.). Unzulässig ist daher nicht das Abwerben, vielmehr sind unzulässig nur die dazu führenden *wettbewerbsfremden*, d. h. die Grundsätze des echten Leistungswettbewerbs verfälschenden Handlungen.

[154] Obwohl also kein Gewerbetreibender Anspruch auf unbeeinträchtigte **Erhaltung seines Kundenkreises** hat, ist dieser doch insoweit ein Bestandteil seines Gewerbebetriebes, als man ihn in gewissem Sinn als ein Rechtsgut desselben (good will) anerkennt. Er ist der Teil des Marktes, bei dem der Kaufmann eingeführt ist, durch dessen Wissen von ihm, von seinem Unternehmen, seiner Marke, seiner Leistung usw. er einen Marktanteil, eine Art Besitzstand (a. A. Reimer-v. Gamm S. 277) im Markt faktisch innehält, obwohl er keinen Anspruch auf Erhaltung desselben hat (ähnl. B.-Hefermehl S. 570). Der Kunde bzw. die Kundeneigenschaft eines Verbrauchers, mitunter schon sein einfaches Wissen von der Existenz des Kaufmanns und seiner Waren begründet also einen wesentlichen Teil des good will eines jeden Unternehmens. Wenn man dieses nun nicht durch allgemeine (zulässige) Wettbewerbsmaßnahmen angreift, sondern durch individuelle sittenwidrige Einzelaktionen, verläßt man zunächst den Boden des üblichen Wettbewerbskampfes im Sinne eines echten Leistungswettbewerbs. Man spricht hierbei von **Abspenstigmachen** (Ausspannen) **von Kunden, Angestellten, Stammarbeitern, Lieferanten, Energiequellen usw.** Wann ein solcher individueller Angriff auf solche Geschäftsbeziehungen des Mitbewerbers sittenwidrig ist, kann nur für den Einzelfall entschieden werden, eine allgemeingültige Regel läßt sich auch hier nicht aufstellen.

[155] **Die Art und der Inhalt des Angriffs** sind das entscheidende Moment, das zur Vorsicht mahnt. Beim **Angriff auf den Lieferanten- und Kundenkreis** des Mitbewerbers muß es sich selbstverständlich um effektive, wahrscheinliche oder zumindest mögliche Kunden und Lieferanten (Bezugsquellen) des Angegriffenen handeln.

Diese Angriffe kann man unterteilen in solche, bei denen man a) mögliche, b) nicht gebundene freie, aber vom Angegriffenen erworbene, c) vertraglich gebundene Kunden und Lieferanten abwirbt. Angriffe auf Beziehungen des Angegriffenen zu nur möglichen oder vertraglichen nicht gebundenen Kunden und Lieferanten unterstehen den allgemeinen Regeln des echten Leistungswettbewerbs und brauchen im Rahmen dieses Abschnittes nicht besonders bedacht zu werden, wenngleich auch für sie nachfolgende Erörterungen gelten, wenn die Angriffe durch konkretes, gezieltes Ansprechen solcher individuell identifizierbarer Kunden und Lieferanten in Erscheinung treten.

Der Angriff auf *vertragliche* Bindungen von Kunden und Lieferanten des Mitbewerbers geschieht im allgemeinen durch zweistufige Handlungen, von denen sich die Werbung als Vorbereitungshandlung darstellt, während erst mit der anderen Handlung als Ausführungshandlung die Lösung der Geschäftsbeziehungen des angegriffenen Unternehmens herbeigeführt werden soll. Jede dieser Handlungen ist sittlich wertneutral, auch die Einwirkung auf den Vertragsbruch, weil niemand gegen seinen Mitbewerber einen Anspruch auf Respektierung seiner Verträge hat, solange nicht *sittenwidrig* in dieselben eingegriffen wird (ähnl. Reimer-v. Gamm S. 165), so daß beide Handlungen denkgesetzlich auch in ihrem Zusammentreffen nicht grundsätzlich unzulässig sein können.

Wie immer im Wettbewerbsrecht müssen besondere sittenwidrige Umstände hinzukommen, die solche Angriffe auf die vertraglichen Geschäftsbeziehungen eines Unternehmens sittenwidrig machen. Wer z.B. durch eigene Leistung eine Marktsituation schafft, durch die sich ein vertraglich gebundener Mitbewerber zum Vertragsbruch genötigt sieht und diesem tüchtigen Gewerbetreibenden zuläuft, handelt nicht unzulässig, weil er nicht verleitet, aber andererseits kann auch der zum Vertragsbruch Entschlossene noch verleitet werden (BGH GRUR 62 S. 426 „Selbstbedienungsgroßhändler"). Noch nicht einmal die aktive **Verleitungshandlung, unter der jedes bewußte Hinwirken auf einen Vertragsbruch** — der Vorsatz ist denkgesetzlich notwendig im objektiven Tatbestandselement (BGH GRUR 71 S. 121 „Gummischutzautomat") — mit oder ohne Widerstand des Betroffenen zu verstehen ist (BGH GRUR 62 S. 426 „Selbstbedienungsgroßhandel"), soll ohne weiteres sittenwidrig sein (BGH GRUR 59 S. 474 „Bierbezug"; 68 S. 95 „Büchereinachlaß" — im *Gegensatz* zu BGH GRUR 54 S. 163 „Bierlieferungsvertrag", wo ohne Hinzutreten weiterer Umstände bei bewußtem Hinwirken auf den Vertragsbruch die Verleitungshandlung als solche für sittenwidrig erklärt wurde). Auch beim erfolgreichen Verleiten zum Vertragsbruch sollen noch besondere Sittenwidrigkeitsmomente (welche?) hinzukommen (BGH a.a.O.), wobei eine Abgrenzung, wann solche anzunehmen sind, nicht generell sondern nur unter Berücksichtigung aller Umstände des jeweiligen Einzelfalles möglich ist. Es sind besondere Verhältnisse, insbesondere „Inhalt und Bedeutung der in Frage stehenden Verträge für die unmittelbar Beteiligten, aber auch für Dritte und für die Allgemeinheit zu berücksichtigen" (BGH GRUR 69 S. 474 „Bierbezug").

[156] Danach richtet sich nach der gegenwärtigen Rechtssprechung der **Sittenwidrigkeitscharakter der Verleitungshandlung** von Branche zu Branche, von Vertrag zu Vertrag jeweils nach verschiedenen Gesichtspunkten, und es kann sogar die Größe eines Unternehmens bedeutsam sein. Kleine Lieferanten und kleine Abnehmer sowie deren Verträge haben für die Allgemeinheit und für ihre Vertragspartner wohl selten mehr als nur eine geringe Bedeutung, weshalb sie gefahrloser zum Vertragsbruch verleitet werden und umgekehrt zu einem solchen mit geringerem Risiko aktiv verleiten können.

Die Verleitung zum Vertragsbruch ist nach Meinung des Verfassers als das zusätzliche Sittenwidrigkeitsmoment per se die schwerste Maßnahme, die man zwecks Abwerbens von Kunden durch Einbruch in fremde Vertragsbeziehungen ergreifen kann, und deshalb grundsätzlich immer sittenwidrig (gl. Ansicht Ulmer-Reimer S. 248; B.-Hefermehl S. 563; Tetzner S. 168; a. A. Reimer-v. Gamm S. 267, der zur Verleitung auch noch weitere Sittenwidrigkeitselemente fordert). Nach richtiger Auffassung (die von der Rechtssprechung des BGH also zur Zeit *nicht* geteilt wird) kann eine Verleitung zum Vertragsbruch nur ausnahmsweise zu rechtfertigen sein und wegen eines solchen dahin führenden Sondertatbestandes die Handlung rechtfertigen und ihr deshalb den Charakter der Sittenwidrigkeit nehmen. Die Beweislast hat aber stets der Verleitende, wie jeder, der sich zur Begründung seines Einwands auf die Rechtserheblichkeit vorgetragener Tatsachen beruft.

[157] Danach *kann* eine Verleitungshandlung ausnahmsweise sittlich indifferent sein, wenn eine **Gesamtbetrachtung** aller Umstände des Einzelfalles unter Berücksichtigung der besonderen Verhältnisse sie *nachweisbar* nicht sittenwidrig erscheinen läßt. Denn auch hier kommt es auf den **Eindruck der angesprochenen Verkehrskreise,** d. h. für Verleitungshandlungen konkret: des Verleiteten und des Verleitenden an, wie überall im Wettbewerb der Gewerbetreibenden. Als solche Rechtfertigungsgründe könnten beachtlich sein, daß der Verleitende durch den Vertragsbruch des anderen keinen wettbewerblichen Vorsprung vor seinen Mitbewerbern (BGH GRUR 68 S. 95 (100) „Büchereinachlaß") erreichen wollte *und* effektiv auch nicht erreicht hat (weil er z. B. aus Mitleid handelte) oder daß er in berechtigter Abwehr handelte oder daß derartige Verleitungshandlungen zum Vertragsbruch in der Branche (z.B. Bierlieferanten) überhaupt oder in der gehandhabten Weise üblich sind.

So hat das OLG Celle (WRP 61 S. 270) das Abwerben des Kunden eines Sammelwerks durch (Überreden desselben und) Übernahme dessen eingegangener Verpflichtungen gegenüber dem Konkurrenzunternehmen (nicht mehr notwendig: um das Verschwinden des Mitbewerbers aus dem Markt zu erreichen) ausnahmsweise für unzulässig gehalten, was nicht richtig sein kann.

[158] Die grundsätzlich unzulässige Verleitung zum Vertragsbruch setzt natürlich voraus, daß der **Vertrag** auch **rechtswirksam** ist, denn anfechtbare oder gar sittenwidrige Verträge sind nicht schutzwürdig (BGH GRUR 71 S. 121 „Gummischutzmittelautomaten"). Ist der Vertrag nichtig, ist er logischerweise nicht existent und kann dann auch nicht gebrochen werden. Aber da auch vertraglose Kundenbeziehungen nur durch lautere, echtem Leistungswettbewerb entsprechende Werbemaßnahmen gestört werden dürfen, dürfen Beziehungen zu Kunden und Lieferanten, die nur durch anfechtbare oder gar nichtige Verträge unterhalten werden, gleichfalls nur durch lautere Mittel gestört bzw. durch sittlich indifferente Verleitung dazu unterbrochen werden. Andernfalls wäre der Verwilderung des Wettbewerbs Tür und Tor geöffnet. Sind Kunden, Lieferanten usw. schon durch Vorverträge unter dem Gesichtspunkt der sog. culpa in contrahendo gebunden, sind an die Methoden des Mitbewerbers, sie hiervon zu befreien, die gleichen Anforderungen zu stellen, als wären vertragliche Bindungen bereits rechtsgültig hergestellt (ähnlich Reimer-v. Gamm S. 265). Das folgt aus der Lehre, daß die Verleitungshandlung, auch als untauglicher Versuch, grundsätzlich sittlich verwerflich ist.

[159] Für die Verleitung zur Verletzung vertraglicher **Nebenverpflichtungen** muß denkgesetzlich grundsätzlich mit der Maßgabe dasselbe gelten (a. A. BGH GRUR 60 S. 558 „Eintritt in Kundenbestellung", Reimer-v. Gamm S. 265; B.-Hefermehl S. 572; Ulmer-Reimer S. 250), nämlich daß zu prüfen ist, ob und wie sich die wettbewerblichen Möglichkeiten des Vertragsbrechers oder des Ausnutzers (vielleicht Verleiters) des Vertragsbruchs erweitern bzw. erleichtern, um ihr Verhalten nach Maßgabe der Umstände des Einzelfalls etwa rechtfertigen zu können. Eine absolute Freigabe der Verleitung zu solchen (beschränkten) Vertragsbrüchen übersieht, daß die Grundsätze unserer Regeln einen echten Leistungswettbewerb erheischen, daß nur mit wirklicher Leistung wettbewerbliche Vorteile sollen erzielt werden können. Bei absoluten Nebensächlichkeiten mag freilich großzügig verfahren werden (vgl. auch Anm. 167).

[160] Da nach Vorstehendem die Verleitung zum Vertragsbruch ohne Rücksicht auf die innere Bereitschaft des Verleiteten sittenwidrig ist, so daß es noch nicht einmal auf die Tauglichkeit einer solchen Unternehmung ankommt (gl. A. Ulmer-Reimer a.a.O.), ist logischerweise eine Beihilfe zum Vertragsbruch dasselbe wie eine Verleitung zum Vertragsbruch. Der Handelnde muß nur wissen, daß der so Umworbene vertraglich anderweitig gebunden ist, denn dieses Wissen ist denkgesetzlich Voraussetzung für jede wettbewerbliche Verleitungs- und/oder Beihilfehandlung.

[161] Die Verleitungshandlung kann sich ausdrücken im **einfachen Auffordern bis zum Überreden und Anlocken** mit besonderen Vorteilen. Sie kann auch mittels zusätzlicher sittenwidriger Maßnahmen — wie Ausnutzung einer Vormachtstellung des Verleitenden, Drohung mit wirtschaftlichen Nachteilen usw. — verstärkt werden. Auch das Motiv der Verleitungshandlung wie auch ihre wirtschaftlichen Folgen (z.B. Verlust sämtlicher Kunden auf einen Schlag BGH GRUR 70 S. 182 „Bierfahrer") können zusätzliche Sittenwidrigkeitsmomente bringen, die in der Regel ausschließen sollten, einmal ausnahmsweise eine Verleitung zum Vertragsbruch zuzulassen; denn es ist die Handlung in ihrem Gesamteindruck entscheidend, von dem auch Motiv und Ergebnis mit ihren Folgen ein Bestandteil sind. Unzulässig deshalb die Belieferung eines fremden Bezugsverpflichteten in Kenntnis, daß der (Bier-) Bezugsvertrag zur Schuldtilgung diente, die damit in Frage gestellt war (BGH GRUR 57 S. 219 „Westenberg"). Der Gedanke (BGH a.a.O.), daß sich der Verletzte gegen nachteilige Folgen von Vertragsbrüchen vertraglich absichern kann, übersieht, daß solches gegenüber einem zum Vertragsbruch Bereiten von nur geringem Nutzen ist, und die Idee (BGH GRUR 71 S. 121 „Gummischutzmittelautomat", 68 S. 95 „Büchereinachlaß"), daß es in der freien Willensentscheidung des Verleiteten lag, sich verleiten zu lassen, läßt außer Acht, daß das in allen Fällen denkgesetzlich ein notwendiges Tatbestandselement ist, ohne welches nicht mehr von einer Verleitung zum Vertragsbruch gesprochen werden könnte.

[162] Die nicht zu Wettbewerbszwecken geschehende Verleitung zum Vertragsbruch ist selbstverständlich wettbewerbsrechtlich wertneutral, kann aber ein unzulässiger Eingriff in die Rechte am (eingerichteten und ausgeübten) Unternehmen und bürgerlich-rechtlich nach §§ 823, 826, 1004 BGB unzulässig sein.

[163] Der Verleitung zum Vertragsbruch ist die **Förderung fremden Vertragsbruchs** gleichzusetzen. Auch sie ist grundsätzlich sittenwidrig (gl. A. Ulmer-Reimer S. 252). Sie kann sich durch Übernahme von Vertragsstrafen z.B. eines an eine Brauerei gebundenen Bierabnehmers (Bierverleger, Gastwirt), durch Übernahme von Berufsausbildungskosten eines spezialisierten Arbeitnehmers, der im Falle vorzeitiger Beendigung des Arbeitsverhältnisses solche Kosten des früheren Prinzipals zurückzuzahlen hat, ausdrücken. Doch müssen solche Maßnahmen vor Vollendung des Vertragsbruchs zugesagt sein, weil eine spätere Zusage den Vertragsbruch denkgesetzlich nicht mehr gefördert haben kann. Die Grundsätzlichkeit der Sittenwidrigkeit einer Vertragsbruchsförderung folgt aus der Lehre, daß auch der bereits Entschlossene noch (grundsätzlich sittenwidrig) zum Vertragsbruch verleitet werden kann (vgl. Anm. 150, 166).

[164] Die alleinige Ausnutzung ohne eigenes Zutun zum geschehenen Vertragsbruch ist wettbewerbsrechtlich sittlich indifferent und nicht grundsätzlich unzulässig (allg. Meinung). Freilich können auch hier besondere Umstände anderer Art hinzukommen, die das Verhalten des Handelnden unzulässig machen. Z.B. wird die Ware eines Mitbewerbers schlecht gemacht oder derselbe angeschwärzt, wodurch der Mitbewerber bzw. dessen Ware dem Vertragspartner verleidet wird, so daß dieser zwecks Befreiung von ihm zum Mittel des Vertragsbruchs greift, den der

Anschwärzende ausnutzt, womit letzterer zugleich §§ 14, 15 UWG verletzt hätte. Oder man täuscht die gebundenen Kunden und gibt vor, sie würden noch von ihrem Vertragspartner beliefert (BGH GRUR 70 S. 182 „Bierfahrer"), oder der selbständig gewordene Angestellte gibt den Kunden seines früheren Prinzipals aktive Kündigungshilfe (OLG Celle DB 60 S. 1451).

[165] Zum Thema des Einbruchs in fremde Vertragsbeziehungen (Abwerben) gehört auch die Verleitung zur **ordnungsgemäßen Vertragsauflösung.** Da Kunden- wie Lieferanten- usw. Beziehungen wettbewerbsrechtlich nicht grundsätzlich geschützt sind (vgl. Anm. 154), sind Verleitung und Beihilfe zur ordnungsgemäßen Auflösung solcher sittlich indifferent, wenn nicht besondere Umstände hinzukommen, die die Handlung in ihrem Gesamteindruck sittenwidrig machen (BGH GRUR 61 S. 482 „Spritzgußmaschine"; 66 S. 263 „Bau-Chemie"). Wie jede andere Handlung, die zu Zwecken des Wettbewerbs geschieht, unterliegt auch eine solche Einflußnahme (Verleitung, Hilfestellung) den Grundsätzen über die Regeln eines lauteren echten Leistungswettbewerbs, die durch unsachliche sittenwidrige zusätzliche Elemente verletzt sein können. Außer den in Anm. 163 gegebenen Beispielen kommen als unlautere Mittel u.a. in Betracht: unrichtige Belehrung über die Folgen der Kündigung, um sein eigenes Geschäft zu machen; Hilfestellung bei der Kündigung dergestalt, daß der Abgeworbene nicht mehr zu überlegen braucht, weil er das fertige Kündigungsschreiben nur noch zu unterzeichnen hat (RG GRUR 36 S. 634); Ziel der Vernichtung des anderen Vertragspartners; bewußtes Ausnutzen der Unerfahrenheit des Vertragsbrechers (BGH GRUR 67 S. 138 „Streckenwerbung"); Ausnutzung des Vertragsbruchs eines Großhändlers, um durch Vertrieb preisgebundener Ware zu niedrigerem Preis einen nicht gerechtfertigten Wettbewerbsvorsprung gegenüber den Vertragstreuen Mitbewerbern zu erlangen (BGH GRUR 64 S. 154 „Trockenrasierer II"; GRUR 64 S. 320 „Maggi"); Ausnutzung einer vertragsbrüchig verletzten Vertriebsbindung zwecks Vervollständigung des Warensortiments mit der Folge eines Vorsprungs gegenüber anderen Mitbewerbern, die auf redliche Weise zu dieser Ware nicht kommen können (BGH GRUR 62 S. 426 „Selbstbedienungsgroßhandel"); anders aber, wenn das Vertriebsbindungssystem lückenhaft ist, wofür Bezugsmöglichkeiten aus dem Ausland genügen (BGH GRUR 68 S. 272 „Trockenrasierer III").

[166] Das **Abwerben von Angestellten und Arbeitern** setzt begrifflich voraus, daß die Initiative hierzu vom abwerbenden Unternehmer ausgeht. Es ist als solches gleichfalls nicht grundsätzlich sittenwidrig, schon weil es, von Gewerbetreibenden unternommen, auch ohne Wettbewerbszwecke denkbar und solchenfalls wettbewerbsrechtlich nicht relevant ist. Nur wenn es zu Wettbewerbszwecken geschieht, was ein Wettbewerbsverhältnis voraussetzt, kann es bei Hinzutreten besonderer Umstände sittenwidrig sein. Das Wettbewerbsverhältnis braucht sich aber nicht auf das Gebiet des Absatzes der gewerblichen Leistungen der um die Arbeitskräfte Kämpfenden zu erstrecken, sondern kann sich auch auf der voraufgehenden Stufe der Erlangung geeigneter Arbeitskräfte abspielen, wie schon in der ersten Auflage vertreten (S. 44; — vgl. über Ansätze zu dieser Auffassung BGH GRUR 55 S. 598 „Matern" und analog BGH GRUR 67 S. 138 (141) „Streckenwerbung"), so daß auch bei Branchenverschiedenheit ein Wettbewerbsverhältnis bestehen kann (gl. A. jetzt auch B.-Hefermehl S. 563). Fehlt ein Wettbewerbszweck und/oder -verhältnis, *kann* in der Abwerbung von Beschäftigten auch ein unzulässiger Eingriff in das Recht am eingerichteten und ausgeübten Unternehmen im Sinne der bürgerlich-rechtlichen Vorschriften (§§ 823, 826, 1004) liegen, wenn die übrigen an die Unzulässigkeit wettbewerblicher Abwerbungshandlungen gestellten Voraussetzungen erfüllt sind.

[167] Auch das **Abwerben von Angestellten,** das zu Wettbewerbszwecken geschieht, ist grundsätzlich nicht sittenwidrig (BGH GRUR 61 S. 482 „Spritzgußmaschine"; 66 S. 263 „Bau-Chemie"). Das gilt auch dann, wenn der Arbeitnehmer mit besserem Lohn und Fortkommen gelockt wird oder wenn das Motiv der Abwerbung die besonderen Leistungen und Erfahrungen des Arbeitnehmers sind, die sich der eine sichern will und die der andere nur schwer entbehren kann (BGH a.a.O.), somit die besonderen Erfahrungen und Kenntnisse auf redlicher Aneignung des Beschäftigten beruhen. Wie immer kommt es auf die besonderen Umstände an, die die Handlung sittenwidrig machen können, denn wie stets unterliegt die Zulässigkeit einer zu Zwecken des Wettbewerbs unternommenen Handlung den Grundsätzen über die Regeln eines lauteren echten Leistungswettbewerbs, so daß das zur Abwerbung von Kunden und Lieferanten Gesagte (Anm. 149ff.) auch für das Abwerben von Beschäftigten sinngemäß gilt.

Sonach ist das Abwerben von Beschäftigten gleichfalls grundsätzlich sittenwidrig (gl. A. B.-Hefermehl S. 563; Reimer-v. Gamm S. 272; Tetzner S. 111; BGH GRUR 54 S. 273 „Drahtverschluß"), wenn es durch Verleitung zum Vertragsbruch geschieht, von dem der Verleitende freilich Kenntnis haben muß (vgl. Anm. 155), der aber auch dann als gegeben anzunehmen ist, wenn nur zur Verletzung von Nebenverpflichtungen (Anm. 159) verleitet wird, wodurch der Mitbewerber zur eigenen Kündigung des Beschäftigten-Vertrages provoziert werden soll. Besteht zwischen den beiden Mitbewerbern sogar ein besonderes (z.B. gesellschafts- oder vorvertragliches) Vertrauensverhältnis, ist die Sittenwidrigkeit der Verleitung zum Vertragsbruch besonders gravierend (BGH GRUR 61 S. 482 „Spritzgußmaschine"). Bei wettbewerblicher Abwerbung ohne Verleitung zum Vertragsbruch (Kündigungshilfe, Überreden zur ordnungsgemäßen Kündigung usw. — s. auch Anm. 163) kommen auch sonstige Mittel als sittenwidrige zusätzliche besondere Umstände in Betracht, wie z.B. Täuschung und Irreführung des Beschäftigten, Herabsetzung des bisherigen Prinzipals, unsachliche Beeinflussung, aufdringliche wiederholte Hausbesuche bei niedrigeren Bediensteten, bei denen das unüblich ist (BGH GRUR 66 S. 263 „Bau-Chemie"), durch Zusage von Prämien an die eigenen Arbeitskräfte für die Beschaffung von Arbeitskräften aus Konkurrenzbetrieben (OLG Celle GRUR 62 S. 366), das Zuschleppen von Arbeitskräften durch Ausnutzung persönlicher Beziehungen solcher zu ihren früheren Arbeitskollegen aus dem Betrieb des Mitbewerbers (OLG Celle a.a.O.; OLG Karlsruhe GRUR 63 S. 80).

Auch das grundsätzlich nicht unzulässige planmäßige Abwerben, besonders wenn es sich gegen verschiedene Mitbewerber richtet, kann dann sittenwidrig sein, wenn damit unlautere Ziele der Behinderung des Mitbewerbers verfolgt werden, z.B. wenn es sich systematisch und zielbewußt immer wieder gegen denselben Mitbewerber richtet, besonders wenn es sich dabei um gut eingearbeitete Kräfte — gar in Spitzenstellungen — handelt, weil das Indizien für eine Schädigungsabsicht sind; schon in dem Versuch der Abwerbung eines einzigen Beschäftigten kann eine sittenwidrige Wettbewerbshandlung liegen, wenn er der Beginn eines groß angelegten Abwerbungsplanes ist (BGH GRUR 66 S. 263 „Bau-Chemie"), ebenso das Abwerben eines von dem Mitbewerber dringend benötigten Angestellten, ohne ihn selbst zu brauchen, nur um den Konkurrenten zu schädigen, konkurrenzunfähig zu machen oder in seinen Grundlagen zu treffen (Luft NJW 61 S. 2000ff.). Freilich wird stets eine ernsthafte Beeinträchtigung des Mitbewerbers zu fordern sein (ebenso BGH GRUR 66 S. 263 „Bau-Chemie"). Ebenso kann die Abwerbung von Arbeitskräften zwecks Ausspionierens von Betriebsgeheimnissen unter dem Gesichtspunkt unzulässiger Ausbeutung des Mitbewerbers sittenwidrig sein (vgl. Anm. 174ff.), nicht aber die Abwerbung von Spezialarbeitern nur weil sie einem Mangelberuf zugehören (OLG Düsseldorf GRUR 61 S. 92 für Glasbläser).

[168] Hinsichtlich des Verleitens fremder Arbeitskräfte zum Bruch vertraglicher **Nebenverpflichtungen** vgl. das zu Anm. 159 hier sinngemäß gültig Gesagte. Als relevante Nebenverpflichtungen bei Arbeitsverhältnissen kommen die Pflicht zur Wahrung von Geschäftsgeheimnissen, zur Innehaltung etwaiger Konkurrenzklauseln, zur Rückgabe von Kundenlisten, Organisations-, Werbeplänen, ja auch die Unterlassung ungerechtfertigter Störungen des Arbeitsklimas und Belegschaftsfriedens sowie die Enthaltung von einer vertraglich verbotenen Doppelbeschäftigung in Betracht. Gleichgültig ob man sie wegen ihrer Bedeutung noch als Haupt- oder schon als Nebenverpflichtungen bezeichnet, ist eine Verleitung zu ihrer Verletzung grundsätzlich immer, aber auch schon die einfache Ausnutzung der Pflichtverletzung ohne Verleitungshandlung wettbewerblich sittenwidrig, wenn der Ausnutzende einen nicht gerechtfertigten Vorteil gegenüber seinen redlichen Mitbewerbern, geschweige denn auf Kosten derselben erlangt (BGH GRUR 65 S. 310 „Speisekartoffeln", wo ein Handelsvertreter eine zweite Vertretung übernahm, obwohl er auf Vorschußbasis und mit Mietzuschüssen für den ersten Prinzipal noch tätig war).

Wie immer kommt es auf den Einzelfall an; nur nach der Würdigung seines Gesamteindrucks läßt sich feststellen, ob der Mitbewerber sich noch auf dem Boden der Grundsätze über die Regeln eines echten Leistungswettbewerbs bewegt.

V. Vertrags- und Gesetzesverletzungen

[169] Der **Vertragsbruch** als solcher ist zwar unzulässig und in der Regel rechtswidrig (pacta sunt servanda), aber sittlich durchaus indifferent (allg. Meinung). Wer zur Lieferung von Waren verpflichtet ist und dieser Verpflichtung nicht nachkommt, mag handels- und bürgerlich-rechtlich zur Erfüllung, zur Schadensersatzleistung usw. angehalten werden können, wettbewerbsrechtlich ergeben sich aus alleinigen Vertragsverletzungen als solchen noch keine Konsequenzen. Wettbewerbsrechtlich interessant werden Vertragsverletzungen erst, wenn sie zu Wettbewerbszwecken geschehen oder zu solchen ausgenützt werden. Doch wettbewerbsrechtlich sittenwidrig und damit unzulässig können sie erst sein, wenn besondere zusätzliche Umstände hinzukommen, durch die sie nicht mehr nur eine sittlich indifferente gewöhnliche Vertragsverletzung sind. Wie immer im Wettbewerbsrecht kommt es auf den Gesamteindruck an, den der gesamte Tatbestand des Einzelfalles den beteiligten Verkehrskreisen vermittelt, weshalb auch eine zu Wettbewerbszwecken unternommene Vertragsverletzung wettbewerbsrechtlich nicht grundsätzlich sittenwidrig zu sein braucht, zumal wohl jede geschäftliche Handlung eines Kaufmanns seinen Wettbewerbszwecken zumindest *auch* dient (allg. Meinung; vgl. auch Anm. 4).

Sonach müssen Handlungselemente hinzukommen, die den Grundsätzen der Regeln des echten Leistungswettbewerbs widersprechen. Das ist grundsätzlich der Fall, wenn der Handelnde durch seine eigene Vertragsverletzung selbst oder nur durch Ausnutzung einer solchen eines Dritten einen wettbewerblichen Vorteil vor seinen Mitbewerbern erzielt, der mangels eigener Leistung nicht gerechtfertigt ist.

Wohl immer liegt in einer Vertragsverletzung die Mißachtung und der Bruch eines geschenkten Vertrauens, was — sofern zu Wettbewerbszwecken unternommen — wettbewerbswidrig ist, wenn der Vertragsbrecher dadurch gegenüber seinen Mitbewerbern einen ungerechtfertigten Wettbewerbsvorteil erlangt; unter denselben Voraussetzungen ist es wettbewerbswidrig, den Vertragsbruch — auch wenn er für den Vertragsbrecher wettbewerbsrechtlich neutral ist — zu Wettbewerbszwecken mit dem Ziel der Erlangung eines ungerechtfertigten Wettbewerbsvorteils **auszubeuten.** Aber es genügt nicht, daß sich der Unrechtsgehalt in dem Vertragsbruch, seiner Ausnutzung und/oder in dem wettbewerblichen Vorteil erschöpft, vielmehr müssen, wie stets, besondere Sittenwidrigkeitselemente hinzukommen. Da jeder dieser drei Tatbestände für sich allein sittlich wertneutral ist, brauchen sie auch in ihrem Zusammentreffen nicht sittenwidrig zu sein. Wer einen eigenen Vertragsbruch zur Erlangung eines Wettbewerbsvorteils begeht, nutzt ihn selbst aus; ein hierdurch erlangter Vorteil braucht deshalb gegenüber außerhalb des verletzten Vertragsverhältnisses stehenden Mitbewerbern nicht ungerechtfertigt zu sein, weil sie in günstigerer Vertragsposition seiner schon teilhaftig sein können. Da niemand einen schutzwürdigen Anspruch auf Erhaltung seiner Kunden und seiner Wettbewerbsposition hat, sind die Mitbewerber nicht grundsätzlich verletzt. Der

Partner des gebrochenen Vertrages aber ist mit seinen Ansprüchen auf Erfüllung desselben bzw. auf Schadensersatz wegen Nichterfüllung, ohne daß er auf die Vorschriften des Wettbewerbsrechts zurückzugreifen braucht, hinreichend geschützt. (Ähnl. im Grundsätzlichen offenbar B.-Hefermehl S. 595; a. A. Reimer-v. Gamm S. 262, der jede rechtswidrige Änderung allein der Wettbewerbsposition auch ohne Erlangung eines Wettbewerbsvorteils und erst recht -vorsprungs genügen lassen will.)

So handelt nicht wettbewerbswidrig der Vertragsbrecher, der eine Werbefläche vermietet, die er schon anderweitig verbindlich vergeben hatte, wohl aber der zweite Mieter, der mit der Ausnutzung dieses Vertragsbruchs im speziellen Fall einen nicht gerechtfertigten Vorsprung vor seinem Mitbewerber erlangte (BGH GRUR 67 S. 138 „Streckenwerbung"). Ebensowenig handeln Handlungsgehilfen, Lehrlinge, Angestellte, Handelsvertreter usw. wettbewerbsrechtlich sittenwidrig, wenn sie ihre Verträge mit ihren Prinzipalen brechen oder nachvertraglich wirkende Konkurrenzklauseln verletzen, sofern sich nicht aus besonderen Umständen ihres Falles ergibt, daß sie dadurch selbst einen nicht gerechtfertigten wettbewerblichen Vorsprung erlangen oder einen solchen einem Dritten verschaffen wollen, womit sie zu Wettbewerbszwecken gehandelt haben würden. Letzteres Tatbestandselement wird in der Regel bei diesen Personen fehlen, was Reimer-v. Gamm (a.a.O.) übersieht. Anders aber das Verhalten des vertragsbrüchigen Handelsvertreters, der sich selbständig macht und mit einem Schlag die Kunden seines Prinzipals mitnimmt (BGH GRUR 65 S. 310 „Speisekartoffeln").

[170] Vertragsbruch und -verletzung setzen naturgemäß die **Gültigkeit des Vertrages** bzw. der verletzten Vertragsbestimmungen voraus. Sind Vertragsnormen ungültig oder nichtig, z.B. wegen eigener Sittenwidrigkeit oder weil sie gegen Gesetze verstoßen (z. B. wegen Wuchers § 138, nach Anfechtung wegen arglistiger Täuschung § 123, Fortfalls der Geschäftsgrundlage § 242 oder wegen Verletzung des Gebots zur Zahlung einer Karenzentschädigung für nachvertragliche Wirkung eines Konkurrenzverbots § 74 Abs. 2 HGB usw.), sind die Mißachtung und die Ausnutzung dessen wertneutral. Wurden Vertragsverhandlungen bereits soweit vorangetrieben, daß der Verletzte, auf ihren Abschluß bauend, schon konkrete Vertrauensleistungen erbracht hatte, ist deren Mißbrauch (culpa in contrahendo) einem Vertragsbruch gleichzuachten (man denke z.B. an die bereitwillige Offenbarung wertvoller Geheimrezepte).

[171] Sonach ist festzuhalten, daß Bruch und Verletzung von eigenen Verträgen und Vertragsbestimmungen wettbewerbsrechtlich dann unzulässig sind, wenn sie dem Handelnden einen den Grundsätzen echten Leistungswettbewerbs widersprechenden, nicht gerechtfertigten wettbewerblichen Vorteil bringen, wobei für die Frage, ob der Vorteil gerechtfertigt ist oder nicht, mit dem Instrument der Interessenabwägung zu prüfen sein wird. Eines allgemein wettbewerblichen (nicht gerechtfertigten) *Vorsprungs* vor seinen Mitbewerbern bedarf es für die Feststellung der

Unzulässigkeit nicht. Wird ein solcher erzielt, ist die wettbewerbliche Unzulässigkeit der Vertragsverletzung evident. **Es ist der Bruch des geschenkten Vertrauens, der im Zusammenwirken mit der ungerechtfertigten Vorteilserlangung die Handlung sittlich verwerflich macht,** denn wer einen **Vorsprung** vor seinem vertragstreuen Mitbewerber erlangen will (z.B. bei kartellrechtlich zulässigen Preisvereinbarungen oder sonstigen zulässigerweise vereinbarten Wettbewerbsbeschränkungen), bringt den Mitbewerber nicht mangels dessen gleichwertiger Leistungen ins Hintertreffen, sondern nur wegen dessen korrekten Verhaltens, auf das spekulierend er seine Vorteile mit seinem unkorrekten Verhalten erzielen will, was gerechterweise nicht gebilligt werden kann (st. Rspr. seit RG JW 1936 S. 3125). Angesichts der Unzählbarkeit möglicher Vertragsinhalte und ihrer möglichen Verletzungen wäre der Versuch, sie hier erschöpfend zu erfassen, ein vergebliches Unterfangen. Nur zur Veranschaulichung vorstehender Faustregel folgende wenige Beispiele wettbewerbswidriger und wertneutraler Fälle aus Literatur und Rechtsprechung: Vertragswidrige fristlose Kündigung eines Pachtvertrages über ein Unternehmen und gleichzeitige Mitnahme des anvertrauten Kundenstammes, unzulässig (BGH GRUR 70 S. 182 „Bierfahrer“), ebenso die Verletzung eines vertraglichen Konkurrenzverbots nach Unternehmensverkauf (BGH GRUR 60 S. 261, „Hörgeräte“), oder bei gebietsweiser Geschäftsaufteilung unter den sich auseinandersetzenden Gesellschaftern (BGH WuW S. 422 „Columbus-Kaffee“); dagegen erlischt vertragliches Wettbewerbsverbot bei Liquidationsgesellschaften (BGH GRUR 61 S. 418); unzulässig aber bei lückenlos vereinbarten und durchgeführten Erstverkaufstagen im Zeitschriftenhandel ist es, mit dem Verkauf früher zu beginnen (OLG Stuttgart NJW 58 S. 465).

Sonach können auch Verletzungen kartellrechtlich zulässig vereinbarter Vertriebs- und Absatzbindungen als sittenwidrige Wettbewerbshandlungen unzulässig sein, auch die Verletzung eines Vertrages über die Pflicht zur Geheimhaltung und Nichtauswertung eines Verfahrens, das der Verletzte dem anderen zur Anbietung im Vertrauen auf dessen fairness offenbaren mußte. Ebenso unzulässig handelt ein Generalagent, der vertragswidrig in dem Absatzgebiet seines Untervertreters, für das dieser ein ausschließliches Vertriebsrecht hat, selbst Ware verkauft, ihn darüber täuscht und es unterläßt, ihm eine Provision zu zahlen.

[172] Wie der Vertragsbruch selbst und die Verleitung zu ihm, so kann auch die **Verletzung außervertraglicher Bindungen** und/oder ihre Ausnutzung wettbewerbsrechtlich sittenwidrig sein, worunter Verletzungen **gesetzlicher** wie aber auch **standesrechtlich** (s. Anm. 173) **kodifizierter Vorschriften** und **behördlicher Anordnungen** zu verstehen sind, wobei dieselben Gesichtspunkte gelten wie bei Verletzung vertraglicher Bindungen. Selbstverständlich gehören im weiteren Sinne auch die gepflogenen feststellbaren und als gut anerkannten Sitten und Gebräuche, wie Handelsbräuche und Wettbewerbsregeln, dazu (vgl. Anm. 65f.). Ebenso wie bei Vertragsverletzungen müssen auch die Gesetzes- usw. Verletzungen — auch die Verletzung von

Verordnungen, Durchführungsverordnungen, Ordnungsvorschriften (BGB GRUR 74 S. 31 „Perserteppiche") oder dgl. kann genügen — die Handlungen und ihre Folgen „**wettbewerbsbezogen**" sein (allg. Meinung), was nichts anderes heißt, als daß sie zu Wettbewerbszwecken geschehen sein müssen, um wettbewerbsrechtlich überhaupt relevant sein zu können.

Man unterscheidet zwischen Verletzungen von Normen mit selbst sittlich werthaltigen, bereits wettbewerbs-rechtlichen Inhalten, und Verletzungen solcher Normen, die sittlich wertneutral sind (BGH a.a.O. „Perserteppiche"). Verstöße gegen die ersteren — Wettbewerbsbezogenheit der Handlung vorausgesetzt — sind in der Regel „per se" wettbewerbswidrig (BGH GRUR 71 S. 585 „Spezialklinik", 70 S. 558 „Sanatorium" Hefermehl GRUR 73 S. 658), ohne daß weitere Sittenwidrigkeitselemente hinzuzukommen brauchen, weil sie ohne Rücksicht darauf sittlich anstößig sind, ob sie nun ihrer Natur nach dem Verletzer einen wettbewerblichen Vorsprung vor seinen gesetzestreuen Mitbewerbern bringen oder nicht; auf ein effektiv positives Ergebnis kann es in diesen Fällen gar nicht mehr ankommen (gl. A. Eichmann GRUR 67 S. 564). Das gleiche gilt für Verletzungen solcher Normen, die bereits selbst wettbewerbsrechtliche Inhalte haben, es sei denn, dem Verletzer stehen für seine Handlung ausnahmsweise Rechtfertigungsgründe zur Seite, die er zu beweisen hätte (gl. A. Reimer-v. Gamm S. 259; Schrikker, Juristische Analysen 1970 S. 80; a. A. B.-Hefermehl S. 580 und offenbar Ulmer-Reimer S. 55).

Verstöße gegen sittlich wertneutrale Normen ohne wettbewerbsrechtlichen Charakter sind von § 1 UWG zu erfassen, wenn sich der Handelnde hierdurch einen nicht gerechtfertigten wettbewerblichen Vorteil, nicht erst „Vorsprung" vor seinen Mitbewerbern verschafft (BGH GRUR 63 S. 578 (584) „Sammelbesteller", wo der größere Erfolg eines Vertriebssystems als ausreichend erachtet wurde. Für die wettbewerbsrechtliche Sittenwidrigkeit müssen auch Kostenvorteile genügen, die ein Gesetzesverstoß dem Verletzter einbringt, durch die er sich konkurrenzfähig erhält, so daß der gesetzestreue Mitbewerber jedenfalls insoweit im Kampf um den Kunden behindert ist. (Zumindest dürfte das für planmäßig permanente Verstöße gelten). Die Wettbewerbswidrigkeit von Verstößen gegen wertneutrale Normen setzt ferner voraus, daß auch die übrigen Mitbewerber diesen Normen unterliegen, durch deren Nichtbeachtung die Wettbewerbssituation beeinflußt wird (BGH GRUR 60 S. 240 „Süßbier").

[173] Zum Thema der Verletzung außervertraglicher Bindungen gehört auch die Verletzung kodifizierter oder nicht kodifizierter **Standes- und Ehrenvorschriften** von Berufsgruppen. Hier gilt das zu Anm. 172 Gesagte mit der Maßgabe, daß nur bei Verletzung unerläßlicher Standesregeln, an die sich jeder verantwortungsbewußte Mitbewerber hält, von einer grundsätzlichen Unzulässigkeit im wettbewerbsrechtlichen Sinne gesprochen werden kann, weil sich hieraus denkgesetzlich notwendig ergibt, daß der Verletzer mit seiner Handlung vor seinen Mitbewerbern ohne wirkliche Leistung und somit den Regeln eines echten Leistungswettbewerbs widersprechend, einen ungerechtfertigten Vorteil erlangt (vgl. BGH GRUR 65 S. 690 „Facharzt"; 72 S. 709 „Patentmark"; 71 S. 585 „Spezialklinik"). Die Verletzung von Standesregeln, die von niemand beachtet werden und/oder sittlich indifferent sind, ist auch wettbewerbsrechtlich wertneutral (BGH „Facharzt" a.a.O.). Auf die Unerläßlichkeit d.h. darauf, daß die Standesvorschriften als gute Sitten und Gebräuche anerkannt und allgemein gepflogen werden, kommt es an (BGH GRUR 69 S. 474 „Bierbezug I"). Sie müssen gewichtig sein.

So war u.a. wettbewerbswidrig die reklamemäßige Anpreisung der Leistungen eines Zahntechnikers, weil solches Heilkundigen untersagt ist (BGH GRUR 59 S. 35 „Zahnprothetiker"), ebenso die Hauswerbung eines Bestattungsinstituts (BGH GRUR 55 S. 541 „Bestattungswerbung"; 67 S. 430 „Grabsteinaufträge"), weil solches den Anschauungen der Allgemeinheit widerspricht; ferner die Entlastung eines Unfallgeschädigten von der Schadensabwicklung durch ein Mietwagenunternehmen, das die Vorfinanzierung von Unfallschäden durch eine Bank vermittelte und die Auswahl des Anwalts bestimmte wegen Verstoßes gegen das R.Ber.M.G. (BGH WRP 74 S. 204 „Mietwagen-Unternehmen"), was insofern von geringer Tragweite ist, als das Verhalten des Mietwagen-Unternehmers nicht zu beanstanden gewesen wäre, würden ihm die Schadensersatzansprüche nicht zur Sicherheit sondern endgültig abgetreten worden sein. — **Zulässig** dagegen die Belieferung brauereigebundener Gastwirte, die nur weitere Biere führen und zukaufen wollen (BGH GRUR 69 S. 474 „Bierbezug I"), ebenso nicht berufsstandeswidrig der funktionswidrige Verkauf eines Großhändlers an Letztverbraucher (BGH GRUR 58 S. 557 „Direktverkauf").

[174] Die **Ausnutzung (Ausbeutung)** fremden Vertragsbruchs wie auch fremder Verletzung außervertraglicher Bindungen ist sittlich wertneutral und daher nicht wettbewerbswidrig, sondern nur bei Hinzutreten besonderer sittenwidriger Tatbestandselemente (st. Rechtsprechung, für viele: BGH GRUR 62 S. 426 „Selbstbedienungsgroßhändler"; 67 S. 138 „Streckenwerbung" 74 S. 97 „Spielautomat II"). Als **solche besondere Umstände**, die die Ausnutzung sittenwidiig machen können, **kommen in Betracht:** das Verleiten zur Vertrags-, Gesetzes- usw. Verletzung, das grundsätzlich immer seitenwidrig ist (vgl. Anm. 154ff.), die Förderung der Verletzungshandlung wie auch ein Konspirieren mit dem Verletzenden, in welchem eine Mitwirkung an den Verletzungshandlungen zu erblicken ist, was den Anschauungen des redlichen Durchschnittsgewerbetreibenden und der Allgemeinheit zuwiderläuft, wenn dadurch die Interessen der Mitbewerber erheblich beeinträchtigt werden (BGH „Spielautomat II, Streckenwerbung" a.a.O.). Ohne Verleitung zum Vertragsbruch kann die Ausnutzung eines solchen sogar auch schon dann sittenwidrig sein, wenn der Ausnutzer grobfahrlässig und entscheidend am Zustandekommen des Vertragsbruchs mitgewirkt hat, und die Interessen

des verletzten Mitbewerbers erheblich beeinträchtigt sind (BGH wie zuvor mit kritischer Anm. Fischötters GRUR 74 S. 100).

Für die Beurteilung der Sittenwidrigkeit der Ausnutzungshandlung ist — wie stets — der Gesamteindruck maßgebend, wie er von ihr mit allen seinen Tatbestandselementen vermittelt wird. Es kann der objektive Tatbestand im Einzelfall ebenso allein genügen wie der subjektive, und es kann sich die Sittenwidrigkeit erst durch das Zusammentreffen beider und mitunter erst durch die Auswirkung der Ausnutzungshandlung ergeben, z. B. durch die Verletzung schutzwürdiger Interessen der Mitbewerber (BGH a.a.O.); ähnl. Reimer-v. Gamm S. 268). Je strenger die Mitbewerber die Treue Dritter zu deren Verträgen, zu den Gesetzen, Standeskodices usw. respektieren, desto eher nähert sich die Ausnutzung von Verletzungshandlungen Dritter der wettbewerbsrechtlichen Sittenwidrigkeit, weil die auf Bedenkenlosigkeit und nicht auf echter Leistung beruhende Ausnutzungshandlung dem Handelnden einen um so gravierender ungerechtfertigten Vorteil bringt. Sittenwidrig kann eine alleinige Ausnutzung fremden Vertragsbruchs auch durch die Absicht des Handelnden werden, dadurch zu fremden Betriebsgeheimnissen oder zu sonstigen ungerechtfertigten Vorteilen zu gelangen.

Immer muß der Ausnutzer, damit seine Handlung überhaupt sittenwidrig werden kann, wissen, daß der andere einen Vertragsbruch begeht (BGH GRUR 56 S. 273 „Drahtverschluß"; Ulmer-Reimer S. 251; B.-Hefermehl S. 599), aber dolus eventualis (BGH a. a. O.) kann genügen, sogar grobe Fahrlässigkeit, wenn der Täter in entscheidender Weise an dem Vertragsbruch mitgewirkt hat (BGH GRUR 67 S. 138 (141) „Streckenwerbung"). Sittenwidrig ist auch die Ausnutzung des Vertragsbruchs preis- und vertriebsgebundener Gewerbetreibender bei sonst gegebener Lückenlosigkeit des Systems, weil hier als zusätzliches Tatbestandselement die Auswirkung der Handlung hinzukommt, daß der Ausnutzer ohne echte Leistung zu den vertragstreuen Mitbewerbern in Konkurrenz tritt und sich einen durch das Preisbindungssystem gesicherten, nicht gerechtfertigten Vorteil verschafft, wogegen sich letztere, auf deren Vertragstreue er baut, nur durch eigene Vertragsuntreue wirksam zur Wehr setzen könnten, was wiederum den Zusammenbruch des ganzen — rechtlich geschützten — Verkaufssystems zur Folge hätte (gl. A. B.-Hefermehl S. 632, Reimer-v. Gamm S. 268; BGH GRUR 64 S. 320 „Maggi"), während bei lückenlosem *Vertriebs*system der nicht gerechtfertigte Vorteil des Ausnutzers seiner Verletzung darin liegt, daß er gegenüber seinen Mitbewerbern wegen seines um den vertriebsgebundenen Artikel ergänzten Warenlagers einen Vorsprung hat, den diese nur auf gleiche Weise mit der Folge der Zerstörung des — rechtlich geschützten — Vertriebssystems aufholen könnten (BGH GRUR 62 S. 426 „Selbstbedienungsgroßhändler"). Ob das richtig ist, erscheint vom diesseitigen Standpunkt allerdings zweifelhaft, weil das dazu führt, daß jede Ausnutzung der Verletzung vertraglicher Bindungen grundsätzlich sittenwidrig ist, solange an der These festgehalten wird, daß die Ausnutzung, als solche allein nicht sittenwidrig sei. Denn die Ausnutzung ohne ungerechtfertigte

Vorteile ist in der Praxis nicht denkbar, sei es, daß der Außenseiter die Preise bricht und hierdurch ungerechtfertigt große Umsatzchancen und Kunden gewinnt, oder ohne Preisunterbietung höhere Gewinnspannen erreicht, oder daß er bei Vertriebsbindungen durch ungerechtfertigte Ergänzung seines Warensortiments seinen Mitbewerbern gegenüber bevorteilt ist.

[175] Überhaupt hatte das Thema des Vertragsbruchs, seiner Ausnutzung und der Verleitung zu einem solchen bisher hinsichtlich **rechtsgültiger Preis- und Vertriebsbindungsverträge** überragende Bedeutung, deren wesentlicher Kern darin besteht, daß der Produzent (Preis- und Vertriebsbinder) seine Abnehmer (Gebundene) vertraglich verpflichtete, seine Ware zu vorgeschriebenen Preisen nur an bestimmte Abnehmer oder Gruppen weiterzuliefern. Die Verletzung solcher vertraglicher Bindungen durch den Gebundenen — die Wirksamkeit der Bindung vorausgesetzt (vgl. Anm. 171) — ist unter dem Gesichtspunkt einer positiven Vertragsverletzung unzulässig, kann aber auch nach der Lehre über den ungerechtfertigten wettbewerblichen Vorteil (Vorsprung) gegenüber den vertragstreuen Mitbewerbern wettbewerbswidrig sein. Letzteres gilt grundsätzlich stets für den Ausnutzer (Ausbeuter) fremder Verletzungen von Preis- und Vertriebsbindungen, wenn der Ausnutzer zu den Verletzungen verleitet hat (s. auch Anm. 155), nicht aber ohne Hinzutreten weiterer besonderer Sittenwidrigkeitselemente für denjenigen Ausnutzer, der einen Verleitungstatbestand nicht — auch nicht mitwirkend — gesetzt hat. Durch die Änderung des § 16 GWB (RGBl I 73 S. 917ff.), mit der die Zulässigkeit von Preisbindungen für Markenwaren unter den bis dahin vorgesehenen Voraussetzungen seit 1. 1. 74 aufgehoben und nur noch auf Verlagserzeugnisse beschränkt worden ist, dürften für die Zukunft nicht nur die Preissondern auch die Vertriebsbindungsverträge ständig an Bedeutung verlieren, weil letztere in überwiegender Zahl zur Sicherstellung der Durchsetzbarkeit (Lückenlosigkeit) geschaffener Preisbindungssysteme geschlossen wurden.

[176] Preisbindungen sind also seit 1. 1. 1974 kartellrechtlich für Markenartikel nicht mehr, sondern nur noch für **Verlagserzeugnisse** praktikabel und zulässig, unter denen die Gegenstände des Buchhandels mit Ausnahme des Antiquariats (ebenso Schwarz GWB Anm. 62 zu § 16; Müller-Gries-Gießler Anm. 154 zu § 16; Rudolf Krasser „Schutz von Preis- und Vertriebsbindungen" S. 165) ferner mit Ausnahme von Schallplatten (BGH GRUR 67 S. 158 „Schallplatten I"; 70 S. 323 „Schallplatten II"), und wohl auch mit Ausnahme von verlagserzeugten Gesellschaftsspielen und Spielkarten verstanden werden. Mit der Beschränkung auf Verlagserzeugnisse sind nur vertikale, d.h. solche Preisbindungen zulässig, bei denen die Hersteller oder alleinvertriebsberechtigten Händler ihre Abnehmer vertraglich verpflichten, bei Weiterverkauf an die Endverbraucher bestimmte Preise zu vereinbaren, oder im Fall der Einschaltung eines Einzelhändlers diesen an die Verpflichtung zur Vereinbarung dieses Preises vertraglich zu binden. Auch diese

grundsätzlich zulässigen Preisbindungen unterliegen also der Mißbrauchsaufsicht der Kartellbehörde gemäß § 17 GWB.

[177] **Voraussetzung für die Gültigkeit der Preisbindung** ist die Schriftform des Vertrages über sie (§ 36 GWB), für die ein den Vertrag insgesamt, nicht nur die Wettbewerbsbeschränkung erfassender Briefwechsel genügt (BGH GRUR 68 S. 219 „Getränkebezug"), ferner die Verpflichtung des Bindenden sowie ihre gedankliche und tatsächliche Erfüllung, die Preis- ebenso wie die Vertriebsbindung **als System lückenlos** einzuführen, zu überwachen und aufrechtzuerhalten, und zwar auch gegenüber Außenseitern (BGH GRUR 70 S. 254 „Remington", S. 322 „Schallplatten II"), denn die Lückenlosigkeit ist die Geschäftsgrundlage jedes Vertriebs- und Preisbindungsvertrages, weil niemandem zumutbar ist, sich gegenüber Mitbewerbern im Wettbewerb vertraglich benachteiligen zu lassen. Das erschwert zwar einerseits die Einführung und Verteidigung des Systems durch den Bindenden, stärkt andererseits aber seine materiellen Ansprüche gegen den Gebundenen auf Unterstützung bei dem Bemühen um Aufrechterhaltung des Systems. Zutreffend gibt deshalb BGH WRP 74 S. 152 („Frisiersalon") dem verletzten Bindenden einen Auskunftsanspruch auf Namhaftmachung der Abnehmer des Verletzers, um ihm die Möglichkeit zu geben, zur Verteidigung seines Systems auch gegen diese vorzugehen. Die Rechtsprechung läßt die *Lückenhaftigkeit* eines Preisbindungssystems bisher nur als *Einwand* des Vertragsbrüchigen gelten, was der Sachlage nicht gerecht wird, weil der Gebundene angesichts der für ihn meist nicht überschaubaren Vielzahl beziehender Mitbewerber der damit verbundenen Beweislast in den seltensten Fällen genügen kann. Man spricht deshalb entgegen der hier vertretenen Ansicht nicht von der Lückenlosigkeit als Voraussetzung für die Gültigkeit eines Bindungsvertrages, sondern nur von einem von dem Vertragsbrüchigen zu beweisenden Rechtsmißbrauch des Bindenden, wenn er an seiner Vertriebs- oder Preisbindung trotz Lückenhaftigkeit festhält (BGH GRUR 64 S. 154 „Trockenrasierer", S. 629 „Grauer Markt"; 70 S. 322 „Schallplatten II"), obwohl dem Bindenden sowohl Darstellung wie auch Beweis der Lückenlosigkeit, wenn er sie als echte vertragliche Leistungsverpflichtung ernst nimmt, möglich sein muß und deshalb zumutbar ist. Sogar dem nicht gebundenen Außenseiter gegenüber hat der Bindende die Beweispflicht für die Lückenlosigkeit seines Systems (BGH GRUR 58 S. 240 „Waldbauer"; 64 S. 154 „Trockenrasierer II"), weshalb er sie dem gebundenen Vertragspartner gegenüber, der einen Rechtsanspruch auf sie hat, erst recht haben müßte (ähnl. wie hier Krasser „Schutz von Preis- und Vertriebsbindungen" S. 174).

[178] Die Lückenlosigkeit eines Preisbindungssystems ist nicht mehr gegeben, wenn der Preisbindende zweigleisig vertreibt (BGH GRUR 64 S. 629 „Grauer Markt"), was auch dadurch geschehen kann, daß er dieselbe Ware an eine Käufervereinigung mit unterschiedlicher Markierung und Umhüllung zu einem anderen Preis für den Letztverbraucher (Preisspaltung) abgibt (BGH GRUR 70 S. 322 „Schallplatten II“). Analog zu diesem Gedanken wird der Fall zu behandeln sein, wenn dasselbe Buch über den Buchhändler und über Buchgemeinschaften zu unterschiedlichen Preisen abgegeben wird (ebenso B.-Hefermehl S. 620). Ebenso bricht die Lückenlosigkeit eines Preisbindungssystems in sich zusammen, sobald der Verleger zu Ramschverkäufen schreitet. Dagegen reichen vereinzelte vorübergehende Lücken tatsächlicher Art zur Widerlegung der Lückenlosigkeit des Systems nicht aus, wenn die System-Überwachung intensiv genug ist und zur alsbaldigen Feststellung und Unterbindung von Verstößen führt (BGH GRUR 64 S. 154 „Trockenrasierer II“).

Die **Lückenlosigkeit** eines Preisbindungssystems setzt voraus, daß alle Abnehmer des Erzeugnisses zur Einhaltung der Preisbindung für die Abgabe an den Letztverbraucher sowie im Falle der Abgabe an Händler zur Weitergabe dieser Bindung, und zwecks Durchsetzung diese Zieles und zur Unterlassung des Ex- und Reimports — ausländische Abnehmer zur Unterlassung des Reimports selbst — vertraglich verpflichtet werden, sowie endlich, daß die praktische Durchführung auch tatsächlich — so insbesondere durch Testkäufe, die die Abnehmer zu dulden haben (BGH GRUR 65 S. 612 „Warnschild“) — überwacht und durch gerichtliche Verfolgung und Unterbindung bekannt gewordener Verletzungen konsequent durchgesetzt wird. Denn erst das lückenlose und verteidigte Preisbindungssystem kann dazu führen, daß dem Außenseiter, der nicht Kunde des Herstellers und darum weder von ihm noch durch einen gebundenen Abnehmer und Wiederverkäufer vertraglich gebunden ist, nicht möglich ist, die Ware zu einem freien Preis zu vertreiben, ohne sie erschlichen oder von einem vertragsbrüchigen gebundenen Abnehmer bezogen zu haben, indem er dessen Vertragsbruch ausnutzte (allg. Meinung).

Gibt es also nicht gebundene Abnehmer des Verlegers, oder verteidigt er sein Preissystem nicht ernsthaft, dem eine nicht ausreichende Kontrolle gleichzuachten ist, dann ist sein Preisbindungssystem nicht lückenlos, sondern lückenhaft, so daß ein Verstoß gegen dasselbe nicht sittenwidrig ist. Ein diese Situation ausnutzender nicht gebundender oder auch gebundener Preisschleuderer hätte solchenfalls keinen wettbewerblichen Vorteil vor den preisgebundenen Abnehmern erlangt und die Ware auch nicht von einem gebundenen (vertragsbrüchigen) Abnehmer erhalten zu haben brauchen. Auch der preis*gebundene* vertragsbrüchige Abnehmer kann mangels Sittenwidrigkeit seines Verhaltens von den anderen Händlern nicht in Anspruch genommen werden, wohl aber hätte der Verleger die Möglichkeit, von ihm bürgerlich-rechtlich Vertragserfüllung (Innehaltung der Preisvereinbarung) zu verlangen, denn trotz Lückenhaftigkeit bleibt die Preisvereinbarung als solche wirksam. Ob der Vertragsbrüchige bei lückenhaftem System nach Treu und Glauben Vertragserfüllung bis zur Herstellung der Lückenlosigkeit verweigern darf, bzw. den Einwand der mißbräuchlichen Rechtsausübung bringen kann, läßt sich nur von Fall zu Fall entscheiden. Freilich könnte sein Verhalten dennoch unter anderen Gesichtspunkten, z.B. des Preisschleuderns, sittenwidrig sein (vgl. unten Anm. 188, 189).

[179] Bei einer wirksamen Preisbindung darf es ebensowenig wie eine Zweigleisigkeit der Preisgestaltung auch keine preisungebundenen unmittelbaren oder mittelbaren Abnehmer geben. Es liegt ausschließlich in der Hand des Herstellers (Verlegers), nur an preisgebundene Abnehmer zu liefern. Da es aber immer vertragsbrüchige Preisschleuderer gibt, dürfen die Anforderungen an die Lückenlösigkeit des Systems nicht überspannt werden. Aus der Existenz einiger vertragsbrüchiger Preisschleuderer allein ergibt sich noch nicht die Lückenhaftigkeit eines Preisbindungssystems, es sei denn, daß sie auf eine mangelhafte Überwachung, auf Machtlosigkeit des Preisbindenden, sein System durchzusetzen, oder auf einen Mangel ernsthaften Verteidigungswillens zurückzuführen ist. Der Preisbindende muß deshalb immer auch **unverzüglich einschreiten.**

Der Verstoß gegen die Preisbindung kann darin liegen, daß der Verletzer von vornherein einen niedrigeren Preis fordert oder offen oder versteckt Nachlässe durch Einräumung von Skonti oder Rabatten gewährt. Auch letztere sind als Teile der Preisvereinbarung unzulässig, wenn im Preisbindungsvertrag solche ausgeschlossen werden.

[180] Zur **Ausnutzung** der Verletzung von **fremden Preisbindungsverträgen** gilt das zu Anm. 175ff. Gesagte. Für Preis- und Vertriebsbindungen (vgl. wegen letzterer Anm. 181) kommt als weiteres mögliches Sittenwidrigkeitselement hinzu, daß sich der Ausnutzer die vertraglich gebundene Ware auf unlauteren Schleichwegen beschafft haben kann, z.B. durch Vortäuschung, selbst vertraglich gebunden zu sein, durch Zwischenschaltung eines Strohmannes als Käufer oder einer eigenen zum Zweck des Reimports geschaffenen ausländischen Briefkastenfirma usw. Bei allen solchen bereits in sich selbst sittenwidrigen Wettbewerbshandlungen bzw. -elementen soll es auf die Lückenlosigkeit nach der Rechtssprechung (BGH GRUR 64 S. 154 „Trockenrasierer II") nicht mehr ankommen, was nach diesseitiger Auffassung jedoch unrichtig ist. Denn es kann niemandem verwehrt werden, sich Umständlichkeiten zu bereiten und unnötige Vorsicht walten zu lassen, wo das nicht nötig ist. Durch eine auch andere, offene und zulässige Bezugsmöglichkeiten schaffende Lückenhaftigkeit eines Preis- oder Vertriebsbindungssystems wird trotz innerer subjektiver Bereitschaft zur Begehung einer sittenwidrigen Handlung der Schleichweg zum Versuch am untauglichen Objekt. Anderes gilt natürlich bei Lückenlosigkeit des Systems. Zum Bezug der Ware auf Schleichwegen gehört auch die Entfernung von Kontrollzeichen, die ihr der Preis- und Vertriebsbindende zur Erleichterung der Überwachung seines Systems anbringt, wie auch sonstige Störungen der System-Überwachung. Hierin kann neben unzulässiger Ausnutzung des Bruchs fremder Preis- und/oder Vertriebsbindungsverträge auch ein unzulässiger Behinderungswettbewerb, u. U. (subsidiär) auch ein unzulässiger Eingriff

in das Recht des Bindenden an seinem eingerichteten und ausgeübten Unternehmen liegen (ähnl. Reimer-v. Gamm S. 192). Über Preisbindungsverletzungen im Ausverkauf und Konkurs vgl. Anm. 187.

[181] Ebenso wie vertikale Preisbindungen, freilich nur für Verlagserzeugnisse (vgl. Anm. 175) sind vertikale **Vertriebsbindungen** trotz ihrer wettbewerbsbeschränkenden Wirkung ohne Anmeldung zum Bundeskartellamt zulässig. Sie unterliegen der Mißbrauchsaufsicht des Bundeskartellamtes gemäß § 18 GWB, der in seiner neuen Fassung sehr viel strenger geworden ist, dessen Erläuterung jedoch den Rahmen dieses Werkes sprengen würde. Sie können mit sofortiger oder späterer Wirkung mit dem gegen den Unternehmer gerichteten Verbot, in Zukunft neue Bindungen zu veranstalten, vom Bundeskartellamt für unwirksam erklärt werden. Solange das durch die Kartellbehörde nicht geschehen ist, die, allein hierfür zuständig, solches mit sofortiger oder zukünftiger — niemals aber mit rückwirkender — Kraft zu klären hat (§ 18 GWB, BGH GRUR 68 S. 658 „Shell-Tankstelle"), haben solche Verträge für die ordentlichen Gerichte zu beachtende bindende Wirkung (gl. A. Reimer-v.Gamm S. 291). Der Einwand des Verletzers, daß der Vertriebsbindungsvertrag gegen das GWB verstoße, hilft ihm also nichts und rechtfertigt in der Regel wegen der nur möglicherweise in die sofortige oder nahe Zukunft gerichteten Entscheidung der Kartellbehörde auch keine Aussetzung eines gegen den Verletzer des Vertriebsbindungsvertrags oder eines gegen den Ausnutzer der Verletzung eines solchen gerichteten ordentlichen Prozeßverfahrens. Mit dieser Variante gilt das zu dem Vertragsbruch eines Preisgebundenen unter Anm. 169ff. Gesagte entsprechend. Ob die Vertriebsbindungsverträge mit der seit 1. 1. 74 aufgehobenen Preisbindung ihre bisherige Bedeutung verlieren werden, ist anzunehmen, bleibt aber abzuwarten. Sicher wird es noch für manchen Hersteller wichtig sein, daß seine Ware nur dort an den Letztverbraucher abgegeben wird, wo fachmännischer Rat erteilt werden kann; aber da das Motiv der Sicherung von *Preis*bindungssystemen entfallen ist (von Verlagserzeugnissen abgesehen), dürfte für die Zukunft ein Großteil von Vertriebsbindungen mangels Interesses an solchen fortfallen.

[182] Auch dürfte in vielen Fällen durch die Aufhebung der Preisbindung die **Geschäftsgrundlage der Vertriebsbindungsverträge** entfallen sein, soweit sie ausschließlich zur Erhaltung der gebundenen Preise geschaffen wurden. Darüber hinaus fragt sich, ob Vertriebsbindungs-Systeme angesichts des in § 26 Abs. 2 GWB hinzugekommenen neuen S. 2 überhaupt noch lückenlos geschaffen bzw. erhalten werden können. Denn wenn hiernach ein Händler mangels ausreichender und zumutbarer (was ist „ausreichend und zumutbar"?) Möglichkeiten, auf andere Unternehmer auszuweichen, an Konkurrenzfähigkeit verliert oder überhaupt konkurrenzunfähig wird, ist der Hersteller diesem gegenüber einem Kontrahierungszwang unterworfen und liefert damit selbst an einen nicht vertriebsgebundenen Abnehmer. Das wird er in seinen Bindungsverträgen mit seinen Abnehmern zwecks Schaffung der Lückenlosigkeit seines Systems zu bedenken und zu berücksichtigen haben (vgl. zur ganzen Problematik der Kartellnovelle Rauschenbach NJW 73 S. 1857).

Deswegen werden sich auf längere Sicht nur noch solche Vertriebsbindungsverträge durchsetzen und aufrechterhalten lassen, bei denen die vorgeschriebenen Vertriebswege sachlich gerechtfertigt sind, z.B. der Vertrieb von Spezialartikeln über Fachgeschäfte.

[183] Zu den Vertriebsbindungen gehören auch die **Alleinvertriebsverträge,** bei denen sich der Hersteller vertraglich verpflichtet, in ein Vertragsgebiet nicht an Dritte zu liefern (BGH NJW 66 S. 1117 „Alleinverkauf“). Bei Lückenlosigkeit auch dieses Systems, bei dem in der Regel mehrere Gebiete mit Alleinvertriebsrechten geschaffen werden, gelten die vorstehenden Erläuterungen zum Preis- und Vertriebsbindungssystem gleichermaßen.

[184] Ebenso gilt entsprechend das für den Ausnutzer fremden Vertragsbruchs unter Anm. 175 Gesagte auch für den Ausnutzer des Bruchs fremder Vertriebsbindungen. Sie mißachtend vertriebsgebundene Ware durch Verleitung zum Vertragsbruch (vgl. Anm. 154ff.) oder auf Schleichwegen (s. Anm. 180) zu beziehen, ist stets wettbewerbswidrig. Wenn aber ein Schleichweg nicht beschritten und zum Vertragsbruch nicht verleitet worden ist, genügt für die wettbewerbsrechtliche Sittenwidrigkeit nach ständiger Rechtsprechung auch ohne Setzung besonderer zusätzlicher sittenwidriger Tatbestände, die objektiv feststellbare Konsequenz der Ausnutzungshandlung, daß der Ausnutzer sein Warensortiment, gegenüber den Sortimenten seiner Mitbewerber einen **Wettbewerbsvorsprung** erfahrend, erweitert oder sich die mit der Vertriebsbindung verbundenen Selbstkosten für Werbung, Lagerhaltung usw. erspart, worin gleichfalls ein ungerechtfertigter Vorteil (Vorsprung) erblickt wird (vgl. hierzu BGH GRUR 64 S. 154 „Trockenrasierer II“; 69 S. 222 „Le Galion“). Ebenso wie bei Preisbindungsverträgen ist bei Vertriebsbindungsverträgen für deren Gültigkeit die Lückenlosigkeit (vgl. Anm. 177f.) des Bindungssystems Voraussetzung, und zwar ungeachtet dessen, daß ihr Mangel *auch* Grund zur sofortigen Aufhebung des Systems oder für die nahe Zukunft durch das Bundeskartellamt sein kann. Unzulässig ist auch die Störung der zur Erhaltung der Lückenlosigkeit notwendigen Überwachung des Bindungssystems (s. Anm. 180).

VI. Wettbewerbswidrige Preisgestaltung

[185] Sonach ist, wenn auch nicht grundsätzlich, so doch in der Regel die **Unterbietung** (Schleudern) preisgebundener Waren sitten- und rechtswidrig (unlauter), auch wenn der Händler selbst nicht preisgebunden ist, weil er sie auf andere Weise als auf Schleichwegen, durch Ausnutzung fremden Vertragsbruchs mit ungerechtfertigtem Vorteil, oder Verleitung zu einem solchen nur selten bekommen kann. Aber auch bei **nicht preisgebundenen** Waren und Leistungen ist das Unterbieten der Preise der Mitbewerber nicht immer zulässig. Freilich ist es grundsätzlich erlaubt, da jeder Unternehmer in seiner Preisgestaltung frei ist (allg. Meinung: BGH WuW 52 S. 855 „Händlerrabatt"). Preisunterbietung und/oder -herabsetzung kann durch die Marktlage, durch den harten Kampf der Mitbewerber, ja sogar unter Selbstkosten zwecks Überwindung einer vorübergehenden Illiquidität, wegen Aufgabe des Artikels oder vorausgesehener Veraltung desselben, durch Fehlkalkulation usw. veranlaßt sein. Jeder ist Herr seiner eigenen Kalkulation (st. Rechtsprechung), so daß eine Preisunterbietung gegenüber dem Mitbewerber allein, auch wenn sie für letzteren ruinös sein mag, nicht unzulässig ist. Sogar vorübergehende Preisgestaltung unter Selbstkosten ist ohne Hinzutreten besonderer, die Sittenwidrigkeit begründender Umstände nicht unlauter (BGH GRUR 60 S. 331 (334) „Schleuderpreise"; 66 S. 214 (217) „Einführungsangebot"; 67 S. 43 „Bauindustrie"). Die Freiheit der Preisgestaltung ist eines der Grundprinzipien des Leistungswettbewerbs; die Chance, billiger sein zu können als der Mitbewerber, ist eine der stärksten Waffen des Wettbewerbs überhaupt. Sie soll im Interesse der Allgemeinheit erhalten bleiben wie das zweite Änderungsgesetz zum GWB (BGBl. I. 73 S. 917) mit seiner Aufhebung der Preisbindung für Markenartikel eben erst wieder dokumentiert hat.

[186] Wettbewerbsrechtlich sittenwidrig kann bei nicht gebundenen Preisen (s. o.) eine Preisunterbietung dann werden, wenn besondere sittenwidrige Tatbestände hinzutreten. Wer gesetzliche, öffentlich-rechtliche (man denke an die gesetzlich zugelassenen Wettbewerbsbeschränkungen zugunsten staatseigener Unternehmen, die ohne den Schutz staatlicher Macht konditionsbedingt nicht existenz- und folglich auch nicht konkurrenzfähig wären) oder sonstige Vorschriften verletzt, wie z.B. den Festpreis für Zündhölzer (VO v. 23. 3. 56, RGBl. I S. 416), oder die Beförderungstarife (GüKG RGBl. 70 S. 2) usw. oder die standesrechtlichen Tarif- und Gebührenordnungen (für Transportunternehmer, Ärzte, Rechtsanwälte, Steuerberater, Architekten usw.) und ungeachtet solcher Vorschriften die Preise unterbietet, handelt sittenwidrig, weil er sich durch seine Handlung gegenüber den gesetzes- usw. treuen Mitbewerbern einen ungerechtfertigten Vorteil erlangt, mit dem er gerechterweise keine Chancen haben darf, seine Mitbewerber im Kampf um den Kunden aus dem Felde zu schlagen. Deshalb war es wettbewerbswidrig, tariflich festgelegte Beförderungsentgelte durch Zahlung von Baukostenzuschüssen für Verladeeinrichtungen als Frachtenrückvergütung getarnt zu unterbieten (BGH GRUR 60 S. 193 „Frachtenrückvergütung"). Fraglich erscheint, ob unzulässig ist, wenn ein Mitbewerber seinen Arbeitnehmern untertarifliche Löhne und Gehälter zahlt, sodaß er niedrigere Preise fordern kann (so B.-Hefermehl S. 422; Ulmer-Reimer S. 674; Reimer-v. Gamm S. 284); denn streng genommen ist lediglich die untertarifliche Bezahlung der Arbeitnehmer diesen gegenüber verwerflich, wogegen sie allein auftreten können; nicht aber geht das den unterbotenen Mitbewerber etwas an, der sich schließlich auch nicht gegen billigste Einkaufsquellen des Konkurrenten zu wehren vermag. Würde man den Konkurrenten zwingen, seine Preise zu erhöhen, hätte er aus seiner etwa verwerflichen untertariflichen Bezahlung seiner Arbeitnehmer einen doppelten Nutzen.

Hinzu kommt mit m. E. wesentlichem Gewicht die Überlegung, daß untertarifliche Bezahlungen von Familienangehörigen nicht zu beanstanden sind, ebensowenig die Hintansetzung eigener Interessen durch altgediente Arbeitnehmer, die den ihnen lebenslang gewohnten Betrieb durch eigene Opfer wieder in die Höhe zu bringen bemüht sind, und daß nicht verwerflich sein kann, wenn Arbeitnehmer und -geber auf krassem Materialismus von Gewerkschaftsfunktionären aufgebaute Tarifverträge aus Idealismus für den Fortbestand des Betriebes ignorieren, um dadurch Preisunterbietungen zu ermöglichen und Kunden zu gewinnen. Ein auf solchen Beziehungen eines Arbeitgebers aufgebautes Arbeitsklima, aus dem sich möglicherweise später Erfolgsprämien für den Arbeitnehmer ergeben, ist auch eine gewerbliche Leistung, die zu Buch muß schlagen dürfen. Freilich gibt es untertarifliche Entlohnungen auch aus verwerflichen, aus dem eigenen schnöden Gewinnstreben geborenen Motiven, aber deshalb sind stets die Gesamtumstände zu bedenken, so daß sich von einer grundsätzlichen Unzulässigkeit von Preisunterbietungen, die durch untertarifliche Bezahlung von Arbeitnehmern ermöglicht werden, nicht sprechen läßt.

Das Gleiche gilt für durch Steuerhinterziehungen möglich gemachte Preisunterbietungen. Durch Schwarzarbeit, die durch die Maßlosigkeit des heutigen Steuerfiskus und der öffentlich-rechtlichen sog. sozialen Institutionen ausgelöst werden, sind dem Steuerfiskus im Jahre 1973 geschätzte 1,5 Milliarden DM entzogen worden. Das heißt wettbewerbsrechtlich, daß die Schwarzarbeit nicht mehr als verwerflich (sittenwidrig) empfunden wird, den guten Sitten und Gebräuchen weiter Bevölkerungskreise also nicht (mehr) widerspricht. Daraus folgt weiter, daß der Regulator für die Frage, was sittengemäß oder -widrig ist, nicht die gesetzte sondern die übergesetzliche Rechtsordnung ist, die dem Empfinden aller billig und gerecht Denkenden entspricht. Man denke in diesem Zusammenhang an die nach den Richtlinien des Morgentau-Plans nach dem 2. Weltkrieg eingeführte Steuergesetzgebung, nach der sich niemand gerichtet hat, oder an Steuergesetze, die (korrupten) Funktionären einer Staatsregierung oder ihren Interessen oder Mitläufern zugute kommen.

Mithin kann auch nicht davon ausgegangen werden, daß Preisunterbietungen, die durch Steuerhinterziehungen möglich werden, *grundsätzlich* wettbewerbswidrig seien. Immer sind die Gesamtumstände zu bedenken, zu denen auch die Gesamtsituation des Marktgeschehens gehört.

[187] Ebenso wettbewerbswidrig mit gleichen Vorbehalten können Preisunterbietungen sein, die auf dem Bruch allgemein verbindlicher Rechtsnormen beruhen, wie z. B. durch Außerachtlassung öffentlich-rechtlicher Preisvorschriften, durch Ersparnis wesentlicher Selbstkosten bei wettbewerbswidriger Nachahmung bzw. Übernahme fremder Leistung (BGH GRUR 59 S. 570 „Nelkenstecklinge"; 66 S. 503 „Apfelmadonna", S. 617 „Saxophon"). Doch fragt sich sehr, ob diese Lehre allgemein richtig ist, weil solche Preisunterbietungen nur als Folgen *vorangegangener* etwaiger Rechtsbrüche möglich sind, sich also als ungerechtfertigte Vorteile aus begangenem Unrecht darstellen und daher als hinzutretende wertneutrale Elemente die Rechtsbrüche lediglich in ihrer Gesamtbetrachtung als wettbewerbswidrige Handlungen erkennbar machen (vgl. Anm. 17ff.).

Die h. Lehre (B.-Hefermehl S. 418 f.; Reimer-v. Gamm S. 284; Ulmer-Reimer S. 675; Tetzner S. 150) bringt die Gefahr uferloser Einmischungsmöglichkeiten in die betriebsinternen Kalkulationen eines Unternehmers durch konkurrierende Dritte oder gar durch die Verbände des § 13 UWG mit sich, was den Grundsätzen der freien Marktwirtschaft widerspricht, für die soziale Marktwirtschaft (B.-Hefermehl S. 41) nicht erforderlich ist, und zur Entwicklung unseres Wirtschaftssystems zu einer von der Obrigkeit gelenkten Staatswirtschaft beitragen wird.

[188] Nach dem Grundsatz, daß der Unternehmer in der Preisgestaltung frei ist, kann eine **Preisunterbietung** nur dann unzulässig sein, wenn sie sich selbst als sittenwidrig darstellt. Hierzu gehört namentlich die Unterbietung zum Zweck der Vernichtung der wirtschaftlichen Existenz des Unterbotenen als Hauptfall der unlauteren Preisschleuderei (RGZ Bd. 134 S. 342 „Benzinkampf"). Hier handelte es sich nicht um die Vernichtung eines Mitbewerbers durch Leistungs-, sondern durch Behinderungswettbewerb; der Unterbotene sollte gezwungen werden, seine bessere Leistung, die er erbringen konnte, zu unterlassen, oder zugrunde zu gehen. Ebenso zutreffend wird als sittenwidrig angesehen, durch ruinöse Preisunterbietung den billigeren Konkurrenten zur Anhebung seines Preises auf die vom Preisschleuderer gewünschte Höhe zu zwingen oder zugrundezugehen. Das entscheidende Kriterium für die Unzulässigkeit von Preisunterbietungen ist die Richtung, die sie der Verfolgung des grundsätzlich zulässigen Zieles größtmöglicher Absatzförderung gibt. Verläßt sie den Boden echten Leistungswettbewerbs, indem sie sich als subjektiv gewolltes Kampfmittel zur Verhinderung oder Vernichtung des Mitbewerbers darstellt, wobei sie zudem den Bestand des freien Wettbewerbs gefährdet, ist die Preisunterbietung wettbewerbswidrig. Da es auf den verfolgten *subjektiven* Zweck des Handelnden ankommt, werden die **beweispflichtigen Mitbewerber** sich nur selten wirksam wehren können.

[189] Sonach wären Vermutungstatbestände zu entwickeln, die die Beweislast umkehren, weil sie nach der allgemeinen Verkehrsauffassung sich aufdrängende Anzeichen für eine zu Vernichtungszwecken gezielte Preisunterbietung sind. Dazu gehört der Tatbestand, daß die angebotenen Preise *dauerhaft* die Selbstkosten des Unternehmers nicht decken können und den Anforderungen einer ordnungsmäßigen Wirtschaft widersprechen, weil der Unterbieter unter Ausnutzung seines Kredits oder seiner Machtstellung bzw. unter Verletzung der Grundsätze des GWB oder in böswilliger Nichterfüllung seiner Verpflichtungen gegenüber den Gesetzen handelt. Ob es richtig ist, die dauerhafte Preisgestaltung unter Selbstkosten unter dem Gesichtspunkt zulässiger „**Mischkalkulation**" zuzulassen, wie B.-Hefermehl (S. 421) und Fikentscher („Preisunterbietung im WBW-Recht" S. 28) meinen, erscheint zweifelhaft, weil sie den Kunden über den Gesamtpreis des Angebots des Unternehmers grundsätzlich täuscht, der den auf dieser Ware liegenden Verlust bei der Preisgestaltung für andere Waren wieder hereinholt. Hiervon abgesehen werden gegen Mischkalkulationen angesichts der grundsätzlichen Kalkulationsfreiheit des Kaufmanns wettbewerbsrechtliche Bedenken nicht erhoben werden können. Sogar ein **Lockvogel-Angebot** unter Selbstkosten soll zulässig sein können (Schweizer Bundesgericht GRUR 52 S. 166), was wegen des Täuschungsgehalts eines solchen sicher nicht richtig ist (gl. A. B.-Hefermehl S. 421). Hier hat man einen konkreten Anhalt für die Zulässigkeit der Handlung, so daß sich Schleuderpreise nur noch unter solchen Voraussetzungen rechtfertigen lassen, für die der Handelnde selbst beweispflichtig ist, z. B. als vorübergehende Abwehrmaßnahme oder dgl. Deshalb war auch die Entscheidung des KG (GRUR 33 S. 791) richtig, mit der vorübergehenden Preissenkung auch bei Markenartikeln zu Zwecken des Wettbewerbs durch den Fabrikanten zugelassen wurde. Auch regionale Preisspaltungen können sich als Indizien für die Sittenwidrigkeit einer Preisunterbietung darstellen, die freilich grundsätzlich zulässig sind, als Indizien anerkannt aber dem Handelnden die Beweislast aufbürden, keine Vernichtungs-Preisunterbietung zu betreiben (Abwehr, Erhaltung der eigenen Konkurrenzfähigkeit usw.). Zulässig die unterschiedliche Behandlung der Einzelhändler oder Grossisten durch den Hersteller, wenn keine besonderen erschwerenden Umstände hinzutreten (BGH GRUR 58 S. 487 „Antibiotika"). Als weiteres Indiz unzulässiger Preisunterbietung mit Umkehr der Beweislast ist eine solche unter Irreführung des Publikums anzusehen. Der Unterbieter macht sich mit niedrigen Preisen an die Kundschaft heran, um sie zunächst zu fangen, später aber von ihr normale Preise verlangen zu können. Irreführend ist das Abweichen von generellen in Preislisten angekündigten Listenpreisen, wodurch die Preisgestaltung unklar, unwahrhaftig und damit unlauter sein kann (BGH „Antibiotika" a. a. O.).

Als Indiz unzulässiger Preisunterbietung mit Umkehr der Beweislast ist auch das **Preisschleudern** anzusehen, bei dem der Unternehmer seine Ware unter Außerachtlassung jeder kaufmännischen Grundsätze zu Schleuderpreisen abgibt, was nach der aufgehobenen VO über den Wettbewerb v. 21. 12. 34 (RGBl. I S. 1280) sogar strafbar war. Die Wettbewerbswidrigkeit solcher Preisgestaltung kann darin liegen, daß sie gemeinschaftsschädliche Auswirkungen hat, die allgemeine Wettbewerbssituation verzerrt und selbst keine echte wettbewerbliche Leistung sondern die Folge gewerblichen Versagens ist (ähnl. B.-Hefermehl S. 424; Fikentscher „Preisunterbietung im WBW-Recht" S. 51 ff.).

[190] **Kein Mißbrauch** liegt vor, wenn der Verkauf der preisgebundenen oder ungebundenen Ware im Falle des **Konkurses** zum Zwecke eines beschleunigten Warenumsatzes erfolgt. Freilich gilt das nicht mehr, wenn der Konkursverwalter das Geschäft fortführt (gl. A. B.-Hefermehl S. 626; Ulmer-Reimer S. 740).

Bei **Ausverkäufen** unterscheidet das Gutachten IHK Köln (MuW 29 S. 110) zwischen gebundenen und ungebundenen Preisen. Für die Herabsetzung gebundener Preise besteht für Ausverkaufsfälle in der Regel keine Veranlassung, sie kann aber unter den Gesichtspunkten des § 242 BGB unzumutbar werden, wenn z. B. der Hersteller trotz Aufforderung die Ware nicht zurücknimmt (gl. A. B.-Hefermehl a.a.O.; Ulmer-Reimer a.a.O.), wodurch er die Lückenhaftigkeit seines Preisbindungssystems riskieren kann.

Bei **Zwangsversteigerungen** entfällt bei einem Preisbindungsverstoß das Moment der Sittenwidrigkeit, weil der Gerichtsvollzieher ebenso wie der Konkursverwalter als Amtsperson handelt und als solcher an einen vereinbarten Festpreis nicht mehr gebunden ist (B.-Hefermehl S. 626; Ulmer-Reimer S. 740). Warum das aber anders sein soll, wenn der Konkursverwalter das Geschäft weiterführt (so Ulmer-Reimer und B.-Hefermehl a.a.O.) ist nicht einzusehen, wenn man es auf seine Eigenschaft als Amtsperson abstellt, wie Rosen (GRUR 28 S. 738) zu Recht ausführt. Richtig ist die zutreffend unterschiedliche Behandlung darauf zurückzuführen, daß in ersteren Fällen nicht zu Zwecken des Wettbewerbs gehandelt wird, sehr wohl aber in letzterem Falle.

(Zum Unterbieten von Listenpreisen, Preisempfehlungen und Preislisten vgl. Anm. 37 zu § 3).

[191] Auch die **Preistreiberei** als Gegenstück zur Preisunterbietung ist solange zulässig, als kein Verstoß gegen das WirtschstrG vorliegt oder keine unlauteren Sondertatbestände hinzutreten. Als solche kommen, wie stets, Täuschungshandlungen in Betracht. Z. B. wird der Kundschaft wahrheitswidrig besonders gute Qualität angepriesen, wobei die Unlauterkeit dann allerdings nicht in der Forderung der überhöhten Preise, sondern in der wahrheitswidrigen Vorspiegelung einer besonders guten Leistung liegt. Eine solche kann u. U. schon allein mit der Forderung des überhöhten Preises vorgegeben werden, was nach §§ 3, 4 unzulässig sein kann.

Wer aber beim **Einkauf** überbietet, um hierdurch den Mitbewerber vom Warenbezug auszuschließen, handelt nicht grundsätzlich unlauter. Freilich können auch hier wettbewerbswidrige Tatbestände hinzutreten, durch die das Gesamtverhalten, auf das es auch hier wieder ankommt, unzulässig wird. Z. B. soll der Mitbewerber vernichtet werden, indem man überhöhte Einkaufspreise verabredet, bei denen dieser nicht bestehen kann, so daß er vom Warenbezug und u.U. ganz aus dem Wettbewerb ausgeschaltet wird. Unzulässig sind auch Preisüberbietungen beim Einkauf, mit denen zum Bruch bestehender Vertriebsbindungen verleitet wird.

VII. Behinderungswettbewerb

[192] Zum sog. Behinderungswettbewerb zählt man in erster Linie das Kampfmittel des **Boykotts.** Darunter versteht man solche Handlungen, die darauf abzielen, einen (verrufenen) Mitbewerber durch Abbruch oder Nichtaufnahme von Beziehungen aus dem geschäftlichen Verkehr auszuschalten, und die von einem oder mehreren Boykottierern (Verrufer) ausgehen und von wirtschaftlich und rechtlich selbständigen Dritten (Aufgerufenen) durchgeführt werden. Der Boykott setzt eine Dreizahl von wirtschaftlich und rechtlich voneinander unabhängigen Beteiligten voraus (BGH GRUR 56 S. 118 „Gesangbuch"; 65 S. 440 „Milchboykott"). Der zu Zwecken des Wettbewerbs unternommene Boykott verstößt gegen die Grundsätze echten Leistungswettbewerbs, ist aber nicht nur hiernach **stets** wettbewerbswidrig, sondern auch nach dem GWB unzulässig, wo er in § 26 Abs. 1 seine besondere Regelung erfahren hat. Er beeinträchtigt nicht nur die freie Entfaltung der gewerblichen Tätigkeit, sondern gefährdet auch die im Unternehmen liegenden Werte (BGH GRUR 57 S. 494 „Spätheimkehrer"), stellt sich also als echter Behinderungswettbewerb mit dem Ziel der Vernichtung des Boykottierten dar und ist deshalb nach allgemeiner Meinung grundsätzlich wettbewerbswidrig (sittenwidrig) (B.-Hefermehl S. 425; Reimer-v. Gamm S. 253; Rosenthal S. 204; mit Einschränkung ebenso auch Ulmer-Reimer S. 626, 640). Auch kann er als unzulässiger Eingriff in das Recht am eingerichteten und ausgeübten Gewerbebetrieb angesehen werden (BGH „Spätheimkehrer" a. a. O.), wenn er nicht zu Wettbewerbszwecken sondern zu ideellen (religiösen oder politischen) Zwecken geschieht. Ein solcher Boykott kann aber verfassungsrechtlich unter dem Gesichtspunkt der freien Meinungsäußerung selbst schutzwürdig sein (BVerfG NJW 58 S. 257). Bei widerstreitenden Interessensolcher Art hat eine Abwägung derselben mit größtmöglicher Schonung der Rechte beider Seiten stattzufinden. Das gilt auch dann, wenn sich Boykottierer und Boykottierter außerdem in einem Wettbewerbsverhältnis gegenüberstehen (gl. A. Reimer-v. Gamm S. 255). Auch der Boykott eines Gewerbetreibenden durch Verbraucherverbände, der nicht zu Wettbewerbszwecken geschieht, kann sich nach Abwägung der Interessen der Allgemeinheit mit den Interessen des Boykottierten wettbewerbsrechtlich als zulässig erweisen (gl. A. Rinek BB 61 S. 613). Ebenso zulässig ist es, Vertragspartner zur Innehaltung von Vertriebsbindungen anzuhalten und ihnen die Belieferung von Außenseitern oder Exporteuren zu verbieten; das gilt auch kartellrechtlich, da in diesen Fällen die Absicht *unbilliger* Beeinträchtigung fehlt.

[193] Für die Unzulässigkeit des Boykotts genügt es, daß er **objektiv geeignet** ist, den Boykottierten zu behindern. Dazu gehört die Eignung zur Beeinflussung des freien Willens der Aufgerufenen. Ein allgemeiner untauglicher Appell ohne Chance einer Beeinflussung des Willens der Aufgerufenen, den Mitbewerber zu boykottieren, war früher in der Regel nicht als Boykottaufforderung anzusehen (gl. A.

B.-Hefermehl S. 426: Ulmer-Reimer S. 632), doch kann hierin eine wettbewerbswidrige Diskriminierung liegen. Für die Eignungsprüfung haben die geschäftlichen Beziehungen zwischen Verrufer und Aufgerufenen herangezogen werden können. War der Aufgerufene aber an Weisungen des Verrufers vertraglich gebunden, lag kein Boykottatbestand vor (BGH GRUR 56 S. 118 „Gesangbuch"), u. U. jedoch eine unzulässige Diskriminierung.

Da aber mit der Neufassung des § 26 Abs. 1 GWB (RGBl. 73 I S. 917) nicht mehr nur die „Veranlassung" zu Liefer- und Bezugssperren sondern schon die alleinige Aufforderung zu solchen unzulässig geworden ist, kommt es zukünftig kartellrechtlich noch nicht einmal mehr auf die Eignung zur Willensbeeinflussung an, sondern es ist, da der Boykott-Tatbestand des GWB als Spezialgesetz Bestandteil des Wettbewerbsrechts ist, auch der untaugliche Versuch eines Boykotts unzulässig, wenn er sich nur in einer Boykott-Aufforderung manifestiert, freilich in der Absicht *unbilliger* Beeinträchtigung des Boykottierten.

Als Boykott wurde der Aufruf einer Bäckerinnung an einen Bäcker, einen Händler nicht mehr mit Brot zu beliefern, angesehen (BGH NJW 54 S. 147 „Innungsboykott"), nicht dagegen die in Ausübung eines verlagsvertraglichen Rechts erteilte Anweisung eines Kirchenverbands an einen Verlag, einem Drucker einen Druckauftrag für Gesangbücher nicht zu vergeben, weil der Verlag nicht Aufgerufener, sondern auf Grund des Verlagsvertrags nur ausführendes Organ gewesen ist (BGH GRUR 56 S. 118 „Gesangbuch"), ebenso nicht der Ausschluß von Berufsgärtnern durch eine Kirchengemeinde von der Grabpflege auf ihrem gemeindeeigenen Friedhof (BGH WRP 56 S. 76 „Grabpflege").

Nach der überholten Rechtssprechung des RG war der Boykott nur dann sittenwidrig, wenn er nach seinem Zweck der Rechtsordnung zuwiderlief, mit sittlich unerlaubten Mitteln betrieben wurde und wenn der durch ihn angerichtete Schaden in einem unbilligen Verhältnis zu dem erstrebten Ziel und der Handlungsweise des Betroffenen stand. Dem ist nicht zuzustimmen. Denn keine Boykottmaßnahme ist mit den Grundsätzen des echten Leistungswettbewerbs in Einklang zu bringen, weil sie ausschließlich auf Behinderung des Mitbewerbers gerichtet ist und zudem gegen § 26 Abs. 1 GWB verstößt, bei dessen Neufassung (RGBl. I 73 S. 917) es nicht mehr auf die Erfolgschancen (Eignung) einer Boykottmaßnahme, sondern nur noch auf das Auffordern selbst ankommt.

[194] Ob Boykotthandlungen als Abwehrmaßnahmen gegen wettbewerbswidrige Handlungen des Boykottierten selbst noch zulässig sein können (z. B. Boykott zum Zwecke der Wahrung der Standesehre RGZ Bd. 64 S. 155; Bd. 93 S. 303 gegen das Kurpfuschertum RG NJW 37 S. 2195, des Ärztevereins gegen einen stets unzulässig unterbietenden Röntgentechniker RG MuW 37 S. 383), erscheint auch bei der Neufassung des § 26 GWB nicht zweifelhaft (vgl. BGH GRUR 73 S. 277 „Ersatzteile für Registrierkassen"). Denn auch bisher konnte ein Boykott sowieso nur ausnahmsweise gerechtfertigt sein, wenn er eine notwendige Abwehrmaßnahme gegen eine ihrerseits unzulässige Handlung darstellte, wobei dieselben Maßstäbe anzulegen sind wie bei den sonstigen Abwehrhandlungen (zur Abwehr vgl. Anm. 230ff.); das bedeutet, daß der Boykott auch **notwendig sein muß**. Läßt sich der Boykott so rechtfertigen, ist er nicht sittenwidrig (§ 1 UWG, nicht rechtswidrig (§ 823 Abs. 1 BGB) und geschieht nicht in der Absicht *unbilliger* Beeinträchtigung des Boykottierten. Kann das von dem Boykottierer angestrebte Ziel jedoch auch auf andere Weise erreicht werden (durch gütliche Einigung oder rechtzeitige gerichtliche Hilfe, wie z. B. meist durch eine einstweilige Verfügung), ist der Boykott wettbewerbs-rechtlich nicht mehr zu rechtfertigen und unzulässig, auch wenn er kartellrechtlich wegen Fehlens einer unbilligen Beeinträchtigungsabsicht nicht unzulässig sein würde.

Wie jede Abwehrmaßnahme kann auch der ausnahmsweise als solche zulässige Boykott übermäßig und deshalb rechtswidrig (nicht mehr gerechtfertigt) sein, z. B. wenn man den Preisschleuderer von jeglichem Warenbezug durch Boykott abschneidet, also auch vom Bezug solcher Waren, die nicht einer gültigen Preis- oder Vertriebsbindung unterliegen, oder gar seine Kundschaft aufruft, ganz andere Markenartikel nicht bei ihm oder überhaupt nicht mehr bei ihm zu kaufen.

Der ausnahmsweise zuzulassende Boykott ist auch nach § 26 Abs. 1 GWB als Abwehrboykott nicht unzulässig. Denn das GWB dient dem Grundgedanken der Erhaltung des freien aber lauteren, nicht des unlauteren Wettbewerbs. Die Bekämpfung, auch die organisierte Bekämpfung des letzteren bleibt deshalb immer zulässig, so unzulässig auch die Bekämpfung des ersteren ist. § 26 verbietet nur den in der Absicht unbilliger Beeinträchtigung des Mitbewerbers unternommenen Boykott, nicht aber einen solchen, bei dem das Unbilligkeitsmoment wegen unlauteren wettbewerblichen Verhaltens des Boykottierten entfällt (ähnlich mit gleichem Ergebnis: B.-Hefermehl S. 432; Spengler MuW 53 S. 197; OLG Düsseldorf MuW 53 S. 237).

[195] Der **Boykott nach dem Recht des GWB** unterscheidet sich von dem des UWG darin, daß er a) keine Eignung zur Beeinflussung des freien Willens der aufgerufenen Dritten voraussetzt, sondern — insoweit den Tatbestand erweiternd — schon eine einfache Aufforderung zu Liefer- oder Bezugssperren ohne Rücksicht auf Wirksamkeit genügen läßt, daß b) aber andererseits der Tatbestand gegenüber demjenigen des UWG-Rechts eingeengt wird insofern, als der Boykottierer ein Unternehmen oder eine Vereinigung von Unternehmen sein muß (während nach UWG-Recht es auch eine Privatperson sein kann, die zur Förderung des Wettbewerbs Dritter handelt), als auch die aufgerufenen Dritten Unternehmen oder Vereinigungen solcher sein müssen (also nicht die Letztverbraucher als Kunden) und als endlich die Boykottaufforderung in der Absicht geschehen sein muß, den boykotierten Wettbewerber *unbillig* zu beeinträchtigen. Das allgemeine Handeln zu Zwecken des Wettbewerbs allein genügt nicht. Von den Tatbestandserweiterungen gemäß lit. a) abgesehen sind Boykotthandlungen im Sinne des GWB zugleich auch als unzulässige Wettbewerbshandlungen nach § 1 UWG sittenwidrig; es besteht Anspruchskonkurrenz (gl. A. B.-Hefermehl S. 428).

[196] Vom Boykott unterscheidet sich die sog. **„Diskriminierung"** des § 26 Abs. 2 GWB dadurch, daß gegen den Diskriminierten nicht wie beim Boykott Dritte (Aufgerufene) zur Hilfe gerufen werden, der Wirt seine Rechnung mit dem Gast vielmehr selbst macht. Das kann ihm grundsätzlich nicht verboten werden. Verboten wird ihm aber, wenn er ein marktbeherrschendes Unternehmen oder die marktbeherrschende Vereinigung von solchen oder ein Preise bindendes Unternehmen (Verleger) ist, solche Gäste, wenn auch sie Unternehmen sind, in einem, gleichartigen Unternehmen zugänglichen Geschäftsverkehr unmittelbar oder mittelbar *unbillig* zu behindern oder *ohne sachlich gerechtfertigten Grund* unterschiedlich zu behandeln. Mit dem neuen S. 2 des § 26 Abs. 2 GWB, der den Kreis der möglichen Diskriminierenden insofern erweitert, als er schon solche Unternehmen zu ihm zählt, von denen der Diskriminierte in der Weise abhängig ist, daß ausreichende und zumutbare Möglichkeiten nicht bestehen, auf andere Unternehmen auszuweichen, nähert man sich im Falle einer extensiven, von der Rechtsprechung noch nicht entwickelten Auslegung einem bedingten Kontrahierungszwang, den der Gesetzgeber nicht gewollt haben dürfte. Denn bei faktischer Warenbezugsabhängigkeit bzw. „Unzumutbarkeit", auf ein anderes Unternehmen auszuweichen (dem Tüchtigen ist zumutbar, was dem sich täglich breiter machenden, Rücksicht fordernden und — aus falsch verstandener Sentimentalität — Rücksicht verlangenden Untüchtigen natürlich nicht zumutbar ist), wird der Diskriminierte immer „unbillig behindert" werden, was zu beweisen der Diskriminierte gar nicht mehr nötig hat, weil der sich ihm als Alternative anbietende Einwand einer Warenbezugsabhängigkeit ausreicht, um die unterschiedliche Behandlung gegenüber anderen Mitbewerbern unterbinden lassen zu können. Der Diskriminierende ist also seit dem 1. 1. 74 dem bisher erforderlich gewesenen marktbeherrschenden Unternehmen gleichgestellt und mit der Pflicht des Beweises seines sachlichen Rechtfertigungsgrundes belastet.

[197] Unter **Diskriminierung** versteht man also **die unterschiedliche Behandlung eines Unternehmens gegenüber gleichartigen anderen ohne sachlich gerechtfertigten Grund** oder (trotz sachlich gerechtfertigten Grundes) die unterschiedliche Behandlung mit der Folge unbilliger Behinderung, wobei sich fragen läßt, ob bei einem sachlich gerechtfertigten Grund eine Behinderung überhaupt unbillig sein kann. — Während bisher Diskriminierungen nur unzulässig waren, die von preisbindenden oder marktbeherrschenden Unternehmen ausgingen, sind sie ab 1. 1. 74 ohne Rücksicht auf die Größe des Diskriminierenden unzulässig, wenn nur der Diskriminierte auf die gewerbliche Leistung des anderen insofern angewiesen ist, als er unter dem Gesichtspunkt der Zumutbarkeit keine ausreichende Möglichkeit hat, auf einen anderen Unternehmer als Bezugsquelle auszuweichen.

Aus der Freiheit des Wettbewerbs, der auf der Freiheit eines jeden zur Vertragsgestaltung beruht, ergibt sich jedoch, daß die Diskriminierung als solche sittlich wertneutral und zulässig ist, wenn ihr die zusätzlichen Sondertatbestände des § 26 Abs. 2 GWB nicht anhaften. Auch der Umkehrschluß aus dieser Vorschrift führt zu demselben Ergebnis. Ebenso besteht grundsätzlich Abschlußfreiheit. Sogar die preislich unterschiedliche Behandlung der Abnehmer ist nicht wettbewerbswidrig (gl. A. Reimer-v. Gamm S. 251; B.-Hefermehl S. 437; Ulmer-Reimer S. 658; BGH GRUR 58 S. 487 „Antibiotika"). Von dem Sondertatbestand unzulässiger Diskriminierung des § 26 Abs. 2 GWB abgesehen kann sie jedoch — ebenso wie jede andere zulässige Wettbewerbshandlung — in wettbewerbswidriger Form ausgeübt werden, d. h. durch Hinzutreten weiterer Sittenwidrigkeits-Elemente unzulässig werden. Für zulässig hält BGH (GRUR 70 S. 572 „Context") das Verbot eines Anzeigenträgers gegenüber einer Werbeagentur, die dieser gewährte Vermittlungsgebühr ihrem werbenden Auftraggeber weiterzugeben, ebenso (BGH NJW 53 S. 579) die Forderung der Nachvergütung gewährter Mengenrabatte bei nicht voller Mengenabnahme (im Anzeigengeschäft). Unzulässig dagegen ist bei heimlichem Abweichen von eigenen Preislisten zugunsten einzelner Abnehmer die Forderung des Listenpreises wegen irreführender Preisgestaltung. Unter demselben Gesichtspunkt ist auch der nicht gewissenhaft kalkulierte Richtpreis irreführend, wenn sich niemand nach ihm richtet (BGH GRUR 66 S. 327 „Richtpreis II") und vermeintlich sittenwidrig die Unterbietung von Einzelhändlern, wenn sich ein Großhändler durch Verschweigen seiner Direktverkäufe besondere Einkaufsvorteile verschafft (BGH GRUR 58 S. 557 „Direktabsatz").

[198] Von den Sonderfällen des § 26 Abs. 2 GWB abgesehen, gibt es gesetzlichen Kontrahierungszwang für Energie-Lieferanten (§ 6 des EnergiewirtschG), für Personen- und Güterbeförderungsunternehmen (gemäß §§ 453 HGB, 3ff. EVO, 22 PBefG, 90 Gükg), für Zündwarenhersteller (§ 9 Zündw.MonopolG) u. a. Der Kontrahierungszwang gemäß § 26 GWB setzt aber die Gleichartigkeit des betroffenen Unternehmens mit denjenigen voraus, denen der Abschluß üblicherweise gewährt wird (BGH GRUR 68 S. 268 „Jägermeister II"). Ihm unterliegt der Lieferant wiederum nicht, wenn seine Liefersperre sachlich begründet ist (z. B. bei Zahlungsverzug, Verweigerung der auch von den anderen geforderten Geschäftsbedingungen).

[199] **Beleidigung, üble Nachrede, Verleumdung** des Mitbewerbers zu Zwecken des Wettbewerbs — häufig zugleich persönliche Reklame und Unterfall der bezugnehmenden Werbung — können eine gleiche Wirkung wie ein Boykott erzielen. Mit ihnen will der Täter nicht eigene Leistung hervorheben und mit dieser werben, sondern eine solche der Mitbewerber behindern, um dadurch seinen eigenen Warenabsatz zu fördern. Daß das sittenwidrig und rechtswidrig ist, liegt auf der Hand, weil das allen Grundsätzen des echten Leistungswettbewerbs eklatant widerspricht (allg. Meinung). Die Herabsetzung des Mitbewerbers kann sich mannigfaltig zeigen: Man befaßt sich plump mit dem Vorleben seines Mitbewerbers oder mit seiner Privatsphäre; oder man weist auf seinen Verlust fachkundiger Mitarbeiter hin, um ihn schlecht zu machen (BGH GRUR 64 S. 316 „Stahlexport"); oder man gibt diskrete (überhebliche) Empfehlungen, wie man die Ware des Konkurrenten verbessern kann (Beispiel Hefermehls S. 449), um unterschwellig den Eindruck zu hinterlassen, wie sehr die Leistung des Konkurrenten unter einem steht. Auch kann man die **Tradition** eines Hauses herabsetzen, indem man weit in der Vergangenheit liegende Perioden abwertet, was problemlos unzulässig ist (BGH GRUR 57 S. 123 „Lowitz"). Das gleiche gilt bei Herabsetzung fremder Betriebs-, Werbe-Systeme, Service-Methoden usw. Wer auf solche Weise zu Wettbewerbszwecken agiert und sein Geschäft macht, handelt unsachlich ohne Rücksicht auf den Wahrheitsgehalt der Geschäftsehrabschneidung gegen seinen Mitbewerber. Die wahre herabsetzende Behauptung über einen Konkurrenten kann — von einem farb- und leistungslosen Mitbewerber aufgestellt — genau so sitten- bzw. wettbewerbswidrig sein wie eine unwahre (ähnl. B.-Hefermehl S. 445; BGH GRUR 68 S. 262 (265) „Fälschung"); überhaupt ist die zu Wettbewerbszwecken aufgestellte herabsetzende Behauptung auch bei vollem Wahrheitsgehalt deshalb grundsätzlich wettbewerbswidrig, weil sie denkgesetzlich nur in Gestalt bezugnehmender Werbung auftreten kann, die nach allgemeiner Meinung von Literatur und Rechtsprechung wegen der ihr innewohnenden Irreführung des Publikums über die eigentliche Leistungsfähigkeit des Werbenden selbst gleichfalls grundsätzlich wettbewerbswidrig ist (vgl. Anm. 119, 200, 201). Das wird vielfach übersehen, wenn unter dem Hinweis, daß § 14 nur unwahre Behauptungen erfasse, gefolgert wird (so B.-Hefermehl S. 446), dieserhalb könnte die zu Werbezwecken aufgestellte Behauptung von Wahrheiten über den Mitbewerber nicht grundsätzlich unzulässig sein.

Ausnahmsweise kann es zulässig sein, sich in der Werbung mit wahrheitsgemäßen Behauptungen zu befassen, die den Mitbewerber herabsetzend in Bezug nehmen, wenn ein hinreichender Anlaß dazu besteht und wenn das im Rahmen der Grenzen des Erforderlichen mit der gebotenen Zurückhaltung geschieht (BGH „Fälschung" a.a.O.; 66 S. 633 „Teppichkehrmaschine"; 71 S. 159 „Motorjacht"). Die Allgemeinheit, die ein entsprechend anzuerkennendes Informationsinteresse daran hat, vor Lebensgefahren, schwindelhaften Geschäftspraktiken u. dgl. geschützt zu werden, ist immer zu solcher Herabsetzung des Wettbewerbers „veranlaßt"; dann ist nicht sittenwidrig, wenn die Aufklärung auch im eigenen Interesse des Werbenden erfolgt (BGH a.a.O. „Motorjacht").

[200] Auch **allgemein gehaltene Meinungsäußerungen** und **Werturteile**, die auf die gewerbliche Tätigkeit des Verletzten Bezug nehmen, wie z.B. der Mitbewerber handele unkaufmännisch und sei unzuverlässig, sind als unlautere Geschäftsehrverletzungen unzulässig. Auch sie täuschen die angesprochenen Verkehrskreise über die gewerbliche Leistung des Werbenden selbst und verletzen daher die

Grundsätze echten Leistungswettbewerbs und seine guten Sitten. Ebenso ist die herabsetzende Bezugnahme auf nicht bestimmte Mitbewerber und/oder auf die Gesamtheit derselben, mit der verallgemeinert nur indirekt durch Preisvergleich behauptet wird, die Konkurrenz produziere Ware minderer Güte, wettbewerbswidrig (BGH GRUR 73 S. 270 „Der sanfte Bitter"). Ebenso unlauter ist die Behauptung nur einer Möglichkeit oder die Äußerung eines Verdachts gegen einen Mitbewerber. Handelt der Täter nicht zu Wettbewerbszwecken, kann die Ehrverletzung ein Verstoß gegen die §§ 823, 824, 826 BGB bleiben. Die Wahrnehmung der Aufgaben der Presse rechtfertigt einen geschäftsschädigenden Angriff nur bei wirklichem Informationsinteresse der Öffentlichkeit, Innehaltung einer sachlichen Form **und des Maßes des Notwendigen** (BGH GRUR 66 S. 693 Höllenfeuer"; 69 S. 304 „Kredithaie"); denn bei öffentlichem Informationsinteresse erfüllt sie verfassungsrechtliche Aufgaben und nimmt berechtigte Interessen wahr. Stellt sie sich nicht mehr in diesen Dienst, wie das bei Boulevard-Zeitungen, Illustrierten und Magazinen mit steigender Tendenz zu beobachten ist, sondern befleißigt sie sich zwecks Erweiterung der Zahl ihrer Kunden nur, die Sensationslust ihrer niveaulos gehaltenen Leser zu befriedigen, dann ist die Verbreitung auch wahrer Tatsachen unzulässig, die das Ansehen anderer herabsetzen (BGH GRUR 63 S. 490 „Fernsehansagerin"). Ebenso ist die Vermittlung eines verzerrten und schiefen Bildes, das von den zahllosen unreifen, vielfach auch ungelernten sog. Journalisten über die Persönlichkeit anderer immer wieder gern gezeichnet wird, unzulässig (BGH NJW 61 S. 1913). Unter dem Gesichtspunkt des Schutzes des Persönlichkeitsrechts darf die Presse grundsätzlich auch nicht die Privatsphäre eines Menschen erörtern (BGH GRUR 65 S. 256 „Gretna Green").

[201] Ebenfalls nur ausnahmsweise kann eine zu Wettbewerbszwecken aufgestellte wahre Behauptung **gerechtfertigt** sein, wenn sie **als Abwehrhandlung** geschieht oder sachlich geboten ist, was der Handelnde — wie bei jeder Berufung auf einen Rechtfertigungsgrund — zu beweisen hat (BGH GRUR 64 S. 392 „Weizenkeimöl"). Auch hat er die Beweislast für die Wahrheit seiner Behauptung, der er nicht schon damit nachgekommen ist, daß der Verletzte sie nur nicht zu widerlegen vermag. Es entfällt aber für ihn die Beweislast, wenn er oder der Mitteilungsempfänger an der Behauptung ein berechtigtes Informationsinteresse hatten (BGH GRUR 54 S. 333 „Molkereizeitung"; vgl. auch hierzu die Erläuterungen zu § 14 Abs. 2). Daß die Behauptungen zu Wettbewerbszwecken geschehen, wird prima facie angenommen, ebenso wenn diese in abfälligen wissenschaftlichen Gutachten über fremde Waren oder Leistungen enthalten sind (vgl. auch Anm. 27, 28).

Auch schon die **Gefährdung des Rufs** des Mitbewerbers kann als Geschäftsehrverletzung wettbewerbswidrig sein (BGH GRUR 64 S. 316 „Stahlexport"; 70 S. 254 „Remington").

[202] Für **Auskünfte über einen Geschäftsmann** gilt folgendes: Wer mit einem ihm bisher Unbekannten in Geschäftsbeziehungen treten will, holt sich vorher vernünftigerweise eine Auskunft über ihn ein, sei es von einer Bank oder von einer Auskunftei. Ohne Geschäftsauskünfte ist der geschäftliche Verkehr heute kaum mehr denkbar. Solche Auskünfte sind wettbewerbsrechtlich ohne weiteres zulässig, schon weil sie nicht zu Wettbewerbszwecken erteilt werden. Wettbewerbsrechtlich schadet es daher nicht wenn sie ungünstig ausfallen und/oder unwahr sind, doch kann hierin ein unzulässiger Eingriff in den Bestand des mit ihr beleumundeten Unternehmens liegen, was bei Verschulden zu Unterlassungs- und Schadensersatzansprüchen wie auch zu einem Anspruch auf Widerruf führen kann (§§ 823, 1004 BGB).

Wer als Befragter selbst mit dem Beauskunfteten in Wettbewerb steht, von dem wird dagegen prima facie angenommen, daß er die Auskunft über ihn zu Wettbewerbszwecken erteilt bzw. sie von vorn herein auf eigene Wettbewerbszwecke einrichtet. Es empfiehlt sich für ihn daher, bei solcher Auskunftserteilung besondere Vorsicht walten zu lassen; denn nur bei ernsthaftem Informationsinteresse, das z.B. bei schwindelhafter Werbung oder schwindelhaften Geschäftsmethoden anzuerkennen sein wird, und nur bei Beschränkung auf objektiv richtige und sachlich gehaltene Darstellung wird eine mit eigenen Wettbewerbszwecken vermischt erteilte Auskunft den Grundsätzen des Leistungswettbewerbs u. U. nicht widersprechen (BGH GRUR 68 S. 645 (647) „Pelzversand"). Jedenfalls sind besonders strenge Anforderungen an Wahrheitsgehalt, Sachlichkeit und Informationsinteresse zu stellen, wenn der Auskunfterteiler zu dem Beauskunfteten in einem Wettbewerbsverhältnis steht (BGH GRUR 66 S. 92 (94) „Bleistiftabsätze").

[203] Zum Behinderungswettbewerb gehören ferner die **öffentlichen Warnungen** vor Schutzrechtsverletzungen, was wettbewerbswidrig ist, wenn die Warnungen sachlich nicht gerechtfertigt sind (BGH WRP 65 S. 97 „Kaugummikugeln"), ebenso vor Preis- und Vertriebsbindungsverletzungen (BGH GRUR 70 S. 254 „Remington"); denn dadurch wird der so als Rechtsverletzer gekennzeichnete in seinem Wettbewerb behindert. Sittenwidrig ist daher auch die Warnung vor einem konkreten Warenbezug.

Schwierig ist die Abgrenzung gegenüber § 14, der bei Tatsachenbehauptungen zur Anwendung kommt, weil eine allgemeine Warnung vor Verletzungen z. B. eines lückenhaft gewordenen Vertriebsbindungssystems noch keine Tatsachenbehauptung zu beinhalten braucht, sondern eine ungerechtfertigte Rechtsberühmung darstellen kann, was Reimer-v. Gamm S. 463 übersieht, wenn er solche Handlungen nur §§ 14 UWG oder 823 BGB zuweist.

Ebenso ist die unmittelbare ungerechtfertigte Verwarnung eines bestimmten Mitbewerbers ein nach § 1 zu behandelnder sittenwidriger Behinderungswettbewerb (gl. A. B.-Hefermehl S. 411). Dasselbe gilt für ungerechtfertigte Verwarnungen wegen angeblicher Warenzeichenverletzungen (KG GRUR 56 S. 571) sowie eine Verwarnung wegen angeblicher Verletzung einer unveröffentlichten Patentanmeldung bei Weigerung, Einsicht in die Patentanmeldungsakten zu gewähren, was die allgemein bestehende Unsicherheit über konkurrierende Schutzrechte verstärkt und deshalb den Mitbewerber unlauter behindert (BGH GRUR 54 S. 391 „Prallmühle"; im übrigen vgl. auch oben Anm. 42, Anm. 28c zu § 3 und Anm. 13 zu § 14).

Geschehen ungerechtfertigte Warnungen nicht zu Wettbewerbszwecken, können sich etwaige Unterlassungs- und Schadensersatzansprüche aus den §§ 823 Abs. 1, 1004 BGB ergeben.

[204] Trotz grundsätzlicher Unzulässigkeit von Boykott, Diskriminierung, Beleidigung usw. (vgl. Anm. 192ff.), die alle nur besondere zusätzliche sittenwidrige Tatbestandselemente enthalten, ist der Behinderungswettbewerb als solcher **nicht grundsätzlich sittenwidrig, wenn er auf echter Leistung beruht.** Denn § 1 UWG fällt nur die Aufgabe zu, unlauteren Wettbewerbsmethoden und -mitteln entgegenzutreten (BGH GRUR 69 S. 295 „Goldener Oktober"), nicht aber darf seine Anwendung dazu führen, mit wettbewerbseigenen Mitteln erzielte Erfolge zu beeinträchtigen. Sehr bedenklich erscheint deshalb die These (BGH „Goldener Oktober" a.a.O.), daß wegen der Gefahr der Nachahmung wettbewerbseigener Werbemaßnahmen und wegen der nur daraus resultierenden Gefahr erheblicher Behinderung der Mitbewerber eine solche — den Grundsätzen echten Leistungswettbewerbs also nicht widersprechende — Wettbewerbsmaßnahme unzulässig sein soll. Denn die Schädigung des Mitbewerbers als mögliche Folge freien Leistungswettbewerbs ist erlaubt. Wann die Behinderung der Mitbewerber noch wettbewerbseigen oder schon wettbewerbswidrig ist, kann nur nach den Gesamtumständen des Einzelfalles entschieden werden. Ist die Wettbewerbsmaßnahme ausschließlich auf die Behinderung der Mitbewerber ausgerichtet und soll der eigene Absatz des Wettbewerbers nur auf diesem Umweg gefördert werden, wird sie wegen Verletzung der Grundsätze eines echten Leistungswettbewerbs in der Regel sittenwidrig sein. Die Zahl denkbarer Fälle ist unübersehbar. Wer die Gefahr einer Verwechslung zwischen seiner und des Mitbewerbers Ware zum Zwecke der Täuschung schafft, sei es durch Nachahmung (vgl. Anm. 92ff.) oder durch Angleichung von Firma, Warenzeichen, Geschäftsabzeichen, handelt immer sittenwidrig und behindert den Mitbewerber (allg. Meinung). **Behinderungen mit individueller Zielrichtung** können auch durch Gebrauch unrichtiger Orts- und Herkunftsangaben zwecks Verwechslung mit hiervon betroffenen Herstellergruppen (BGH GRUR 56 S. 270 „Rügenwalder Teewurst"), durch Entfernung von Warenzeichen von der Ware, um den Hersteller zu schädigen oder um die Ware als eigenes Erzeugnis auszugeben (BGH GRUR 72 S. 558 „Teerspritzmaschinen"), ebenso durch Erschleichen von Geschäftsgeheimnissen und deren anschließende Publizierung usw. geschehen.

[205] Zum Behinderungswettbewerb mit individueller Zielrichtung wird auch die sog. **Fangwerbung** gezählt, bei der Kunden eines bestimmten Mitbewerbers gezielt abgefangen werden. So ist es unzulässig, mögliche Kunden eines Mitbewerbers durch Ansprechen auf der Straße vom Geschäftslokal des Konkurrenten abzulenken und in sein eigenes (benachbartes) Geschäft zu führen, so daß kein sachlicher Leistungswettbewerb stattfinden kann (BGH GRUR 60 S. 431 „Kraftfahrzeugnummernschilder"). Ebenso wurde zutreffend das Anschlagen von Werbeplakaten vor dem Geschäftslokal des Konkurrenten als sittenwidriger Behinderungswettbewerb angesehen (BGH GRUR 63 S. 197 „Zahnprothesenpflegemittel"). Unzutreffend dagegen OLG Nürnberg (BB 68 S. 1448), wonach das Ansprechen Unfallgeschädigter an der Unfallstelle durch einen Mietwagen- und Abschleppunternehmer, der durch Abhören des Polizeifunks von den Unfällen ständig Kenntnis erlangt, unzulässig sein soll, obwohl doch gerade darin eine echte wettbewerbliche Leistung lag, daß er sofort zur Stelle war und auch damit dem Kunden wirksam diente. Keine unzuläsiges Behinderung ist das Ansprechen möglicher Kunden des Mitbewerbers unter örtlichen Verhältnissen, die solches allgemein mit sich bringen; z. B. findet das Verteilen von Werbezetteln in verkehrsreicher Straße vorübergehend vor dem Geschäftslokal des Konkurrenten statt, (OLG Hamburg GRUR 55 S. 434), oder man spricht auf Jahrmärkten, wo jeder Mitbewerber damit rechnen muß, unter ähnlichen Umständen mögliche Kunden des Konkurrenten an (BGH GRUR 65 S. 315 (317) „Werbewagen").

Eine wettbewerbswidrige individuell gezielte Behinderung des Mitbewerbers ist ferner in der Beseitigung oder Zerstörung der Werbemittel des Konkurrenten zu sehen, erst recht in der Anbringung des eigenen Firmenschildes auf dem Erzeugnis des Mitbewerbers (BGH GRUR 72 S. 558 „Teerspritzmaschine"), wodurch noch zusätzlich getäuscht wird. Unter demselben Gesichtspunkt wurde für wettbewerbswidrig ein außerhalb der alphabetischen Reihenfolge im Fernsprechbuch gebrachtes Inserat auf der Seite des Mitbewerbers gehalten, weil der Kunde aus Bequemlichkeit sein Unterfangen, nach dem kleingedruckten Mitbewerber zu suchen, aufgeben und stattdessen den Inserenten anrufen wird (OLG Düsseldorf NJW 56 S. 64).

[206] Zum Behinderungswettbewerb rechnet man auch die sog. **Marktverstopfung,** die nicht auf individuell bestimmte Mitbewerber gezielt zu sein braucht. Ein klassisches Beispiel war der „Rasierklingen"-Fall (BGH GRUR 52 S. 193), wo der Hersteller veraltete, minderwertige Klingen unter der Bedingung der Abnahme einer vierfachen Menge neuer Klingen in Zahlung nahm, wodurch die Nachfrage gesättigt war und die Mitbewerber längere Zeit keine Absatzmöglichkeiten mehr hatten und trotz bester wettbewerblicher Leistung erfolglos bleiben mußten. Eine Marktverstopfung läßt sich auch durch Übersteigerung der unentgeltlichen Abgabe von Probewaren erreichen (BGH GRUR 57 S, 365 „SUWA"), die freilich grundsätzlich zulässig ist. Auf die Intensität und das Ausmaß der Abgabe kommt es an. Dabei macht es einen Unterschied, ob es sich um bekannte oder völlig neuartige Waren handelt, für die erst ein Käufermarkt erschlossen werden soll in dem Sinne,

daß letztere eine größere Übersteigerung vertragen, weil sich bei einem noch nicht erschlossenen Markt denkgesetzlich nicht ohne weiteres von einer Verstopfung eines solchen sprechen läßt (BGH GRUR 65 S. 489 „Kleenex“). Hier wird der Bedarf nicht gesättigt sondern erst erzeugt.

[207] Sittenwidrig als Behinderungswettbewerb ist nach einmütiger Literatur (B.-Hefermehl S. 404; Reimer-v. Gamm S. 249; Ulmer-Reimer S. 578; BGH GRUR 56 S. 223 „Anzeigenblatt“; 69 S. 287 „Stuttgarter Wochenblatt I“) die **kostenlose Verteilung eines sog. Anzeigenblattes** angesehen worden, das infolge Hinzufügung eines redaktionellen Teiles von einem nicht unerheblichen Teil des Publikums als Zeitung gelesen wurde, wenn dadurch ein Inseratenverlust bei den übrigen Tageszeitungen eintritt, der deren Bestand ernsthaft zu gefährden geeignet ist. Würden den übrigen Zeitungen Inserateneinnahmen in einem Maße entzogen, daß mangels Geldmittel für Redakteure und Korrespondenten das Niveau absinken müßte, so könne dies angesichts der politischen und kulturellen Aufgabe, die die Presse gegenüber der Allgemeinheit zu erfüllen habe, nicht zugelassen werden. Einschränkend dem gegenüber BGH GRUR 71 S. 477 „Stuttgarter Wochenblatt II“, der eine Beeinträchtigung der klagenden Tageszeitung nicht mehr genügen läßt, aber zu erkennen gibt, daß die bestandsgefährdende Beeinträchtigung auch einer einzelnen Tageszeitung das Allgemeininteresse verletze, wenn diese nicht mehr in die geistige Auseinandersetzung zwischen den einander begegnenden sozialen Kräften eingreifen könne. Das ist nicht einzusehen. Die Existenzvernichtung ist kein Kriterium der Sittenwidrigkeit (B.-Hefermehl S. 403). Zutreffend hob der BGH in seiner vorangegangenen Entscheidung (GRUR 69 S. 287) hervor, daß der Verleger auch des Anzeigenblattes den redaktionellen Teil vom Leser zur Kenntnis genommen sehen will und ohne Rücksicht auf den *Umfang* dieses Teils den verfassungsrechtlichen Schutz des Art. 5 GG wie jedes andere Presseprodukt genießt. Seine Einschränkung aber, man dürfe den Wettbewerb von Presseorganen untereinander nicht einseitig im Licht individualistischer grundsätzlicher Freiheitsrechte betrachten, sondern müsse den Bestand eines freien und funktionsfähigen Pressewesens als solchen gewährleisten, wobei auch die persönliche Entfaltungsfreiheit eines Einzelnen im Allgemeininteresse am Schutz der Pressefreiheit muß begrenzt werden können, ist sicher richtig. Aber es überzeugt nicht, wenn der Verleger des Anzeigenblattes wegen seines kommerziellen Interesses an Gewinnerzielung grundsätzlich als den übrigen Pressevertretern nicht ebenbürtig abgewertet wird. Das müßte in seiner Konsequenz dazu führen, daß die Gerichte darüber zu entscheiden haben, wer von den unübersehbar vielen fast ausnahmslos minderwertigen Illustrierten und Magazinen unseres Blätterwaldes, die doch wohl alle ihr Geschäft mit billiger Sensationslust, Wachrütteln niederer Instinkte, Sex usw. machen, seinem in der Regel riesigen Annoncengeschäft einen redaktionellen Teil vorspannen darf. Den Aufgaben dieser Presse dürfte mancher Verleger unentgeltlicher Anzeigenblätter gewachsen und besser geeignet sein, im Konzert der pluralistischen Meinungsbildung mitzuwirken. Der durch staatliche bzw. staatlich gelenkte Massenmedien in ihrer Unabhängigkeit der Meinungsbildung immer mehr bedrohten Presse eine Monopolstellung bei der Meisterung politischer und kultureller Aufgaben zu erhalten, braucht allmählich nicht mehr im wirklichen Interesse der Allgemeinheit zu liegen. Diese Aufgaben auch auf unentgeltlich abzugebende Anzeigenblätter übertragen, könnte die bei uns wieder bedrohte Meinungsäußerungs- und Pressefreiheit retten und auch die im heutigen Sinn üblichen Tageszeitungen dazu zwingen, ihr Niveau ständig zu steigern, damit sie noch gekauft werden, oder gar dazu, es den Anzeigenblättern gleichzutun und sodann durch Güte des Blattes (durch bessere Erfüllung ihrer politischen und kulturellen Aufgaben) mit ihnen in echtem Leistungswettbewerb zu liegen. Die politischen Gesichtspunkte haben mehrere Seiten, von denen die Rechtsprechung vielleicht zu wenige bedenkt.

Auch die echte wettbewerbsrechtliche Überlegung, daß mit dem redaktionellen Teil eine Leistung unzulässig verschenkt werde, schlägt diesseitigen Erachtens nicht durch, weil der Leser des Anzeigenblattes nicht sein Kunde ist, sondern nur der zukünftig mögliche Kunde seiner Inserenten, dessen Interesse am Studium des Blattes durch Einfügung eines redaktionellen Teils zu wecken die Gegenleistung für die Inseratenkosten ist. Auch will es für sich mit der kostenlosen Verteilung keine Käufer werben (ebenso OLG Celle GRUR 56 S. 281). Darüber hinaus ist es ohne Rücksicht auf seinen Wert weder als Zugabe, weil es unabhängig von einem Kauf abgegeben wird, noch als unzulässiges Werbegeschenk anzusehen, weil es weder lästig noch unerträglich aufdringlich ist. Kein Leser wird sich wegen seines allenfalls als angenehm empfundenen kostenlosen Empfangs verpflichtet fühlen, bei einem der dortigen Inserenten zu kaufen (vgl. auch Anm. 72).

VIII. Blendung und Fang des Kunden

[208] Während die bisherigen Erläuterungen den Kampf um den Kunden auf der Arena des Kampfes der Mitbewerber untereinander behandelten, bleibt in dem **Kampf um den Kunden durch Blendung und Fang** desselben der Werbende mit ihm meist allein. Hier ist der konkurrierende Mitbewerber in die Rolle des argwöhnischen Zuschauers gedrängt, der mit Hilfe der Sitten, Gesetze und Gerichte Einhalt fordern kann, wenn ihm das Treiben seines Rivalen zu weit, jedenfalls weiter zu gehen scheint, als er es unter Beachtung der Grundsätze eines echten Leistungswettbewerbs selbst wagen würde. Auch er will möglichst viele und gute Kunden gewinnen, sei es indem er sie einlullt (leicht täuscht), überrumpelt (ohne zu nötigen), gerade noch zumutbar und erträglich belästigt, durch Erregung der Neugier anlockt oder sie bei ihrer Dummheit und ihren Schwächen nimmt. Bis zu einem gewissen Grade darf er das alles, denn darin besteht das Wesen des

Wettbewerbs. Innerhalb der Grenzen der Regeln des echten Leistungswettbewerbs gehalten, sind solche Bemühungen um Gewinnung von Kunden „wettbewerbseigen", wie man sagt. Wie überall im Wettbewerbsrecht tun sich die Probleme erst auf, wenn die Grenzen des Zulässigen gezogen und ihre Überschreitungen minutiös erkannt werden müssen. Dann sind das Gesamtverhalten nebst seinen Wirkungen und der Gesamteindruck, die Interessen der Allgemeinheit und der Mitbewerber zu berücksichtigen sowie die Maßstäbe anzulegen, die von den guten Sitten und von den Grundsätzen eines echten Leistungswettbewerbs geboten werden.

[209] Zu weit geht der Mitbewerber und handelt deshalb solchenfalls sittenwidrig, wenn er den Kunden durch **physische Gewalteinwirkung** zum Kaufabschluß **nötigt** (allg. Meinung). Das Gleiche gilt für Maßnahmen, mit denen der Kunde **psychologisch, z. B. durch Androhung von Nachteilen zum Kaufabschluß** bestimmt wird. Beliebte Methode ist die Werbung durch Einschaltung von Gewerkschaften, Betriebsvorgesetzten, Bürgermeistern, Lehrern, durch die sich der „Kunde" aus Angst, schief angesehen zu werden, weil diesen Respektspersonen vielleicht eine Provision entgeht, dem Kauf nicht zu entziehen wagt (für viele: Zentrale, Wettb. 1961, 8). Man spricht in solchen Fällen auch von einem **autoritären Druck.** Das allen diesen Fällen gemeinsame Sittenwidrigkeitselement ist die Werbung ohne echte gewerbliche Leistung; auch wenn der Wettbewerber sie erbringen mag, ist entscheidend, daß er nicht mit ihr, sondern eben mit den Mitteln der Nötigung, Drohung bzw. des autoritären Drucks wirbt, was immer sittenwidrig ist. In welchen Formen das geschehen kann, läßt sich nicht erschöpfend darstellen, weil der Phantasie keine Grenzen gesetzt sind. Doch denke man beispielsweise an eine Sammelbestellung, die ein Schuldirektor, ein gefürchteteter Gewerkschafts- oder Betriebsratsfunktionär veranstalten. Anders wären die Fälle zu sehen, wenn die Autoritätspersonen im Rahmen ihrer Aufgaben handelten, die von ihnen beeinflußten Personen sachgemäß zu beraten, wie das bei der Anschaffung von Arbeitskleidung, -geräten usw. denkbar ist. Aber für die Sachlichkeit einer solchen Beratung dürfte der Werbende beweispflichtig sein, wenn er schon eine Autoritätsperson einschaltet, die für seinen Absatz Werbung treibt (gl. A. B.-Hefermehl S. 343).

Zum Thema der unzulässigen Nötigung gehört auch die **Überrumpelung** des Kunden, mit der ihm keine Überlegungszeit gegeben wird, sei es, daß man ihn durch **unaufgeforderte Hausbesuche** überrascht, sich primitiver aufdringlicher Mittel (z. B. Einquetschen eines Fußes in die Tür) bedient und sich nicht abschütteln läßt. Als unzulässige Überrumpelung ist z. B. der unangesagte Vertreterbesuch nach harmlos angeforderter Prospektübersendung angesehen worden (BGH GRUR 68 S. 648 „Farbbildangebot"), ebenso der unangesagte Hausbesuch eines Vertreters von Bestattungsinstituten bei den Hinterbliebenen, wegen deren infolge seelischer Erschütterung gegebener Kraftlosigkeit, zu widerstehen (BGH GRUR 67 S. 430 „Grabsteinaufträge I"; 71 S. 317 „Grabsteinaufträge II"), und zwar auch trotz vierwöchiger

Wartefrist, wie das B. Verf.G (GRUR 72 S. 358) bestätigt hat, was nach diesseitiger Auffassung sehr weit geht. Ebenso dürfte zu weit das generelle Verbot gehen, unangesagte Hausbesuche bei noch lebenden Personen zur Werbung für ihre zukünftige Bestattung zu unternehmen (BGH GRUR 55 S. 541 „Bestattungswerbung"); denn maßgeblich wird doch wohl immer nur die Art und Weise des Aufbetens des Werbenden sein. Psychologischen Kaufzwang wendet der Vertreter an, der bei unaufgefordertem Hausbesuch dem Teilnehmer an einem Preisausschreiben seinen Gewinn überbringt, um bei dieser Gelegenheit eine Warenbestellung zu bekommen (OLG Stuttgart GRUR 73 S. 325), nicht dagegen Berufsphotographen durch Hausbesuche beim Brautpaar zur Werbung für die Herstellung von Hochzeitsbildern (KG WRP 71 S. 132).

[210] Zum Thema der Nötigung gehört auch der **psychologische Kaufzwang,** bei dem der Kaufabschluß des umworbenen Kunden gleichfalls nicht durch echten Leistungswettbewerb sondern mit solchen Mitteln und Methoden herbeigeführt wird, daß er dem Wettbewerber psychologisch nicht aus den Fängen zu kommen vermag. Die Einflußnahme mit außerhalb der Sache liegenden Mitteln, Umständen und Auswirkungen ist so stark, daß der Kunde zumindest anstandshalber nicht umhin zu können glaubt, auf das Angebot des Werbenden einzugehen (BGH GRUR 71 S. 322 „Lichdi-Center"). Aber der Kunde muß sich in eine psychologische Zwangslage geraten sehen und einem solchen Druck ausgesetzt zu sein glauben, so daß seine freie Entschlußfähigkeit gelähmt ist; denn mit einer allgemein psychologischen Einflußnahme arbeitet letztlich jede Werbung, worauf Reimer-v. Gamm (S. 221) zutreffend hinweist. Für die Beurteilung des Gesamteindrucks der Werbung kommt es deshalb darauf an, ob in dieser die echte gewerbliche Leistung des Werbenden noch erkennbar ist und mit der Eignung, einen freien Kaufentschluß zu erzeugen, in Erscheinung oder etwa so weit zurücktritt, daß nur noch — zumindest überwiegend — die psychologischen Zwangsmittel ihre Wirkung tun. Letzteren Falles ist sie sittenwidrig, ersteren Falles mag sie eine Kritik bestehen, weil jeder darum bemüht ist, Kunden zu erwerben oder zu erhalten, indem er sie sich durch Beflissenheit, Gefälligkeiten und dergl. dankbar und moralisch verpflichtet macht (ähnl. B.-Hefermehl S. 354; Reimer-v. Gamm S. 221/2) — über die Zulässigkeit von Gewinnspielen unter dem Gesichtspunkt des psychologischen Kaufzwangs vgl. Anm 217.

Einem moralischen Kaufzwang kann auch der mit dem **Appell auf sein Mitleid** Umworbene unterworfen werden, was gleichfalls unzuzlässig ist (BGH GRUR 59 S. 143 „Blindenseife"; 65 S. 485 „Versehrten-Betrieb"). Hier wird gleichermaßen der Kunde nicht durch die gewerbliche Leistung des Werbenden sondern aus außerhalb dieses Gesichtspunkts liegenden Gründen zum Kauf bestimmt. Anders dagegen, wenn auf die besonderen Leistungen der Blinden und Versehrten hingewiesen wird, daß sie z.B. mit den Füßen oder dem Mund Postkarten bemalt haben (BGH GRUR 59 S. 277 „Künstlerpostkarten"); denn dann wird nicht mit wettbewerbsfremden, an das Mitleid appellierenden Argumenten geworben. Durch das Blindenwarengesetz (BGBl. I 65 S. 311 nebst DVO BGBl. I 65 S. 807) sowie das Schwerbeschädigtengesetz vom 16. 6. 53 ist für diese Bevölkerungsschichten eine Erleichterung in der Werbung insofern geschaffen worden, als sie ihre Waren als Blindenware kennzeichnen und darauf hinweisen dürfen, so daß sie in begrenztem Ausmaß also mit dem Mitleid werben dürfen. Anderes gilt aber wiederum für Schwerbeschädigten-Betriebe, die zwar die im Schwerbeschädigtengesetz a. a. O. bestimmten Vorzüge genießen, aber mit einem Hinweis auf ihre so geartete Eigenschaft gegenüber Letztverbrauchern nicht *werben* dürfen, keinesfalls für ohnedies nur maschinell hergestellte Waren wie z. B. Seife (BGH GRUR 68 S. 44 „Schwerbeschädigtenbetrieb").

[211] Die Werbung mit der **Angst durch Erzeugnung von Kaufpsychosen** kann sittenwidrig sein. Wie immer kommt es auch hier auf den Gesamteindruck des Einzelfalls an. Ob es unzulässig ist, mit dem Text zu werben, „Brillanten contra Inflation, sie überspringen wertsteigernd jede Inflation, retten Sie Ihr Geld", wie LG Frankfurt (WRP 71 S. 86), Reimer-v, Gamm (S. 222) und offenbar auch B.-Hefermehl (S. 385) meinen, erscheint zweifelhaft. Zutreffend ist, daß die öffentliche Ordnung nicht gestört (B.-Hefermehl a. a. O.) und in Verbindung hiermit die Angst nicht übermäßig gesteigert werden darf, so daß das Leistungsmoment in der Werbung völlig zurücktritt. Läßt sich aber eine galoppierende Inflation objektiv feststellen, tritt bei einer solchen Werbung das Moment der Angsterzeugung bzw. -ausnutzung hinter ihren Kern der Mahnung an gegebene wahre Tatsachen zurück. Auch kommt es darauf an, welche Art von Gegenständen (ob Luxus-Artikel oder notwendige des täglichen Gebrauchs) angepriesen werden (ähnl. B.-Hefermehl a. a. O.). Sicher ist es unrichtig, § 1 als Ordnungshüter zur Unterstützung von Regierungsaufgaben (Währungsstabilität als geschütztes Rechtsgut) heranzuziehen, wie Girth-Sack (WRP 74 S. 181 (185) meinen, womit die Beschneidung der freien Meinungsäußerung im Interesse von Politikern wieder einmal eingeleitet wäre. Auch die Interessen der Allgemeinheit, dessen Schutz dieses Gesetz nur mittelbar insoweit im Auge hat, als das allgemeine Anstandsgefühl Rücksichtnahme gebietet, so daß deren Verletzung durch einen Gewerbetreibenden diesem einen ungerechtfertigten Vorteil vor seinen Mitbewerbern verschafft, können zur Begründung der These Girth-Sack (a. a. O.) nicht herangezogen werden. Denn das UWG ist in seiner ganzen Grundkonzeption zum unmittelbaren Schutz nur der Gewerbetreibenden gegen unlauteren Wettbewerb anderer Mitbewerber geschaffen worden und schützt weitere Rechtsgüter allein (allenfalls) mittelbar. Unzutreffend für unzulässig wurde die Werbung mit der Angst vor Krankheit für einen Kräuterlikör angesehen (BGH GRUR 67 S. 592 „Gesunder Genuß"), was zweifelhaft erscheint, weil keine Konvention feststellbar ist, die dem entgegenstünde. Im Gegenteil wirbt die Branche der Reformkost (-häuser) ausschließlich täglich mit der Angst vor Krankheit.

[212] Das **Verschenken von Ware** ist in den Begriff der sog. Wertreklame einzuordnen (v. Gamm WRP 74 S. 1ff.) und kann nicht grundsätzlich unzulässig sein, sondern nur unter dem Gesichtspunkt des gleichfalls als psychologischer Kaufzwang bekannten Begriffs, bei dem der Kunde in eine Situation gerät, die ihm peinlich ist, so daß er kauft, nur um sich aus ihr zu befreien, nicht aber auf Grund des echten Leistungswettbewerbs des Werbenden. Aber jeder Fall ist besonders zu betrachten. Grundsätzlich ist das Verschenken von Ware nicht wettbewerbswidrig (allg. Meinung und st. Rechtsprechung, BGH GRUR 65 S. 489 „Kleenex"; 67 S. 256 „Stern", S. 254 „Waschkugel"; 69 S. 295 „Goldener Oktober"). Die betriebswirtschaftliche Vertretbarkeit der Schenkung für den Werbenden ist sittlich vielmehr indifferent (BGH a.a.O. „Goldener Oktober"). Im Gegensatz zur Zugabe, die eine Belohnung für den Kauf darstellt und vom Kauf abhängig ist, ist die **Werbegabe,** auch **Wertreklame** genannt, vom Kauf einer Ware unabhängig und zulässig, wenn sie keinen Zugabecharakter hat, nicht aufdringlich, nicht lästig und auch sonst nicht sittenwidrig ist (z.B. — wie erwähnt — den Umworbenen unter Kaufzwang stellt). Es müssen besondere sittenwidrige Umstände hinzutreten (BGH WRP 56 S. 305). Wird dem Kunden die Zuwendung z.B. nur gewährt, wenn er auch die Hauptware erwirbt, ohne daß darin ohnehin ein Zugabe- oder Rabattverstoß liegt, ist das jedenfalls auch dann gleichwohl unzulässig, wenn der Kunde durch die besondere Art und Ausgestaltung der Wertreklame in unsachlicher Weise beeinflußt werden kann und seine Wahl nicht in erster Linie nach Preiswürdigkeit und Qualität der Konkurrenzartikel, sondern vornehmlich unter dem Gesichtspunkt trifft, wie er in den Genuß des Werbegeschenkes kommen kann (BGH WRP 74 S. 23 „geballtes Bunt", S. 203 „Verschlußkapsel-Prämie").

[213] Hauptfall der *zulässigen* unentgeltlichen Abgabe von Waren sind die sog. **Warenproben,** mit denen der Werbende den Kunden von der Güte seiner Ware überzeugen, also durch Leistungswettbewerb gewinnen will. Das braucht aber nicht ausschließlich durch unentgeltliche Hingabe von kleinen Werbepackungen, sondern kann auch durch Hingabe der Originalware geschehen. Letzteres wurde noch in dem überholten Diamantine-Urteil (RG GRUR 36 S. 810) grundsätzlich für unzulässig gehalten, weil in der unentgeltlichen Abgabe von Originalwaren auch ohne Zugabecharakter oder sonstige wettbewerbswidrige Momente ein den Boden sinngemäßer kaufmännischer Betätigung verlassendes Werbemittel liege, das die Erzeugnisse einem Zwecke dienstbar mache, der ihnen nach allgemeiner Wirtschaftsauffassung fremd sei, wodurch die Konkurrenz genötigt werde, auf diesem Wege zur übertriebenen Belastung der Wirtschaft und zum Nachteil der Allgemeinheit zu folgen.

Für entscheidend hielt das RG, daß diese Form einer unentgeltlichen Warenabgabe zu einer ihrem Zweck fremden, der Volkswirtschaft abträglichen Bedarfsdeckung führe. Später hat das RG (GRUR 38 S. 207 „Persil", S. 849 „Eierbrikett"; 39 S. 314 „Melitta-Filter", S. 862 „Lockenwickler") bei Prüfung der

Zulässigkeit oder Unzulässigkeit stets darauf abgestellt, ob die unentgeltlichen Abgaben nur vorübergehend waren, ob sie zur Prüfung ihrer Qualität notwendig waren, oder ob die Probegewährung sich nicht mehr in der Warenprüfung erschöpfte sondern schon eine Bedarfsdeckung bezweckte, wie sich das in den Fällen der Lockenwickler- und Porzellankaffeefilter-Entscheidungen (RG a.a.O., BGH GRUR 65 S. 489 „Kleenex") aus der Natur der unverbrauchbaren Geschenke ergab. Seitdem wird bei der unentgeltlichen Warenabgabe zwischen Probe- und Originalpackung nicht mehr von der Rechtsprechung unterschieden, sondern nur noch darauf abgestellt, daß auch wirklich zum *Zwecke* der Erprobung unentgeltlich abgegeben wird, was jetzt grundsätzlich zulässig ist (BGH GRUR 68 S. 649 „Rocroni-Aschenbecher"; 69 S. 295 „Goldener Oktober").

[214] Die unentgeltliche Abgabe von Waren — auch wenn Probezwecke vorgegeben werden, die bei der Abgabe von Probepackungen schwierig zu widerlegen sind (BGH GRUR 65 S. 489 „Kleenex") — wird dann unzulässig, wenn sie durch übertriebenen Umfang und durch zeitlich lange Dauer der Aktion den Bestand des Wettbewerbs insofern gefährden, als den Mitbewerbern die Möglichkeit einer weiteren Teilnahme am Wettbewerb genommen wird (BGH GRUR 57 S. 363 „Sunil", S. 365 „Suwa", S. 600 „Westfalenblatt"). In solchen Fällen mag die Werbeaktion noch zu Probezwecken unternommen werden, dient ihnen aber nicht mehr ausschließlich, sondern nach der stets maßgeblichen Verkehrsauffassung auch dem Zwecke der Bedarfsdeckung, Marktverstopfung, Niederringung der Mitbewerber usw. (BGH GRUR 59 S. 295 „Goldener Oktober"). Auch die Gefahr, daß durch die mühelose Bedarfsdeckung die Leistungen der Mitbewerber nicht mehr geprüft, diese also auch hierdurch ausgeschaltet werden, macht die Aktion wettbewerbswidrig (BGH „Goldener Oktober" a.a.O.). Großzügiger ist die unentgeltliche Abgabe bei völlig neuartigen Waren zu handhaben, wo der Bedarf erst künstlich erzeugt wird und Mitbewerber noch nicht existieren (BGH „Kleenex" a.a.O.). Als zulässig wurde angesehen die einmonatige kostenlose Lieferung einer Tageszeitung zu Probezwecken (BGH GRUR 57 S. 600 „Westfalen Blatt I"), als unzulässig die Verteilung von 13000 Gutscheinen in einer einzigen Stadt für je ein Waschmittel-Doppelpaket (BGH GRUR 57 S. 365 „Suwa").

[215] Zum Begriff der Werbegabe (Wertreklame) gehören auch die **Gelegenheitsgeschenke,** die je nach Wert und Art der Hingabe sittlich indifferent und sittenwidrig sein können. Für ihre Zulässigkeit kommt es wie in allen anderen Fällen ebenso darauf an, ob die Grundsätze des echten Leistungswettbewerbs verletzt werden oder nicht. Kleine Aufmerksamkeiten mit geringem Wert zur Pflege der Geschäftsbeziehungen, die den Kunden bei späteren Geschäftsabschlüssen nicht unsachlich beeinflussen, sind zuzulassen (BGH GRUR 59 S. 31 „Feuerzeug" — mit Firmenaufdruck gelegentlich des Weihnachtsfestes). Das Gleiche gilt für

Geschenke bei der Gelegenheit von Werbeveranstaltungen, solange mit ihnen kein psychologischer Kaufzwang ausgeübt wird (BGH GRUR 67 S. 202 „Gratisverlosung", S. 254 „Waschkugel"), weil der Werbende die Möglichkeit haben muß, die Kunden wenigstens zum Besuch der Veranstaltung herbeizulocken. Freilich hängt die Zulässigkeit von der richtigen Wertrelation zwischen dem Geschenk einerseits und der angebotenen Ware nebst Mühe für den Besuch andererseits ab, damit die Gefahr eines unsachlichen Kaufzwangs gebannt bleibt (BGH „Waschkugel" a.a.O.; GRUR 72 S. 367 „Besichtigungsreisen").

Werbe- und Verkaufshilfen sind grundsätzlich zulässig, die der Produzent dem Einzelhändler unentgeltlich zur Verfügung stellt. Besteht zwischen der Ware des Produzenten und den Verkaufshilfen jedoch kein Sachzusammenhang mehr, sondern sollen diese nur noch dazu dienen, den Händler unsachlich zu locken oder unter einen moralischen Abnahmezwang zu setzen, wird die unentgeltliche Abnahme nicht mehr zulässig sein (ähnlich B.-Hefermehl S. 359). Auch umgekehrt ist die Zulässigkeit der Anforderung **(anzapfen)** beim Produzenten, derartige unentgeltliche Leistungen zu erbringen, von der Sachbezogenheit derselben abhängig zu machen (OLG Düsseldorf NJW 73 S. 1622).

Unentgeltliche Leistungen gehören gleichfalls hierher und sind unter denselben Gesichtspunkten zu betrachten. Zu unterscheiden hiervon sind jedoch außergewöhnliche Leistungen wie die Einräumung zeitlich besonders langer Garantien oder Rückgabe- oder Umtauschrechte, weil hier in der Regel echte gewerbliche Leistungen geboten werden, die mit Hilfe des UWG nicht inhibiert werden dürfen (ähnlich Hahn WRP 74 S. 65). Zulässig z.B. das Verschaffen von Parkmöglichkeiten für Kaufhauskunden mit Einkaufswert des Parkscheins, nicht dagegen das Verschaffen von Autowaschplätzen für Kunden einer Tankstelle (BGH GRUR 64 S. 509 „Wagenwaschplatz"); ebenso die Gewährung unentgeltlicher Einkaufsfahrten zum Kaufhaus, solange durch die tatsächliche Abwicklung einer solchen Veranstaltung der Beförderte nicht dem psychologischen Zwang, kaufen zu müssen, ausgesetzt ist (BGH GRUR 71 S. 322 „Lichdi-Center"); das gilt besonders bei unentgeltlichen Fahrtgewährungen zum *Ausgleich von Standort-Nachteilen* des Unternehmers (BGH GRUR 72 S. 364 „Mehrwertfahrten"). Wettbewerbswidrig kann eine *verbilligte* Fahrtengewährung werden, wenn sie gegen die Vorschriften des Personenbeförderungsgesetzes anhaltend verstößt (BGH GRUR 73 S. 146 „Flughafen-Zubringerdienst" eines Reisebüros zugunsten seiner Kunden). In der Regel unzulässig ist die kostenlose Einzelbeförderung vom Letztverbraucher zu Warenlagern von Herstellern und Großhändlern des Verkäufers wegen eines daraus resultierenden psychologischen Kaufzwangs, aber keine unzulässige Zugabe (BGH GRUR 72 S. 603 „Kunden-Einzelbeförderung"); nicht dagegen unzulässig die kostenfreie Mitnahme der Ehefrau zur Besichtigung eines im Ausland gelegenen Grundstücks (BGH GRUR 72 S. 367 „Besichtigungsreise"), weil die Gefahr eines psychologischen Kaufzwangs entfällt. Unter dem Gesichtspunkt des Kaufzwangs wurde die kostenlose technische Überprüfung von Kraftfahrzeugen für sittenwidrig angesehen, weil der Kunde nicht umhin kann, festgestellte Mängel gleich an Ort und Stelle reparieren zu lassen (BGH GRUR 71 S. 162 „Diagnose-Zentrum"). Sogar das Verschenken von Prämien an den Verkäufer eines Einzelhändler-Fachgeschäfts für besonderes Fachwissen durch den Hersteller kann sittenwidrig sein, wenn das Fachwissen durch einen Testkäufer erprobt wird, was den Verkäufer veranlaßt, die Kunden anhaltend nur zugunsten der Erzeugnisse dieses Herstellers zu beraten, weil er in jedem Kunden einen über die Prämie entscheidenden Tester wittert. Dadurch werden die Erzeugnisse der Mitbewerber aus dem Leistungswettbewerb ausgeschaltet (BGH GRUR 71 S. 223 „clix-Mann"). Auch eine Irreführung des Publikums und eine Verfälschung des Wettbewerbs war in dieser Aktion zu erblicken.

[216] Zur sog. Wertreklame zählt man auch die Werbung, die unter **Ausnutzung der Spielleidenschaft** erfolgt aber nicht grundsätzlich sittenwidrig ist (allg. Meinung, für viele: BGH WRP 74 S. 202 „Verschlußkapsel-Prämie", B.-Hefermehl S. 367, Reimer-v. Gamm S. 237, Ulmer-Reimer S. 588). Im Gegenteil sind Gewinnveranstaltungen auch heute noch grundsätzlich zulässig; Voraussetzung für ihre Zulässigkeit ist lediglich, daß sie sich in einem Rahmen bewegen, der nicht zu einem psychologischen Kaufzwang oder zu einem übertriebenen Anlocken führt (OLG Düsseldorf WRP 74 S. 207 „Eröffnungswerbung mit Gratisverlosung"). Sittenwidrig wird sie erst, wenn zusätzliche Sittenwidrigkeitselemente hinzukommen (st. Rechtsprechung, BGH GRUR 73 S. 474 „Preisausschreiben" WRP 74 S. 200 „Sweepstake"). Die Beweislast hat stets der Kläger. Sittenwidrigkeit wird angenommen bei einer Beeinflussung der Kunden, die ihnen die Möglichkeit zu sachlicher Leistungsprüfung nimmt, was geschehen kann durch eine Koppelung des Warenkaufs mit der Teilnahme an einer Spielveranstaltung (für viele: BGH „Preisausschreiben" a.a.O.; OLG Oldenburg GRUR 65 S. 376) oder durch Ausübung psychologischen Kaufzwangs (BGH GRUR 73 S. 418 „das goldende A", S. 591 „Schatzjagd", wo der Teilnehmer am Gewinnspiel zur Lösung der Aufgabe die Verkaufsräume des Werbenden bzw. mehrfach betreten mußte) oder durch Blockierung sämtlicher Schaufenster des Fachhandels einer Stadt über längere Zeit geschehen kann (BGH GRUR 59 S. 138 „italienische Note", wo ein Hersteller einen Schaufenster-Wettbewerb der Friseure veranstaltete).

Trotz der Strafbarkeit nicht genehmigter **Ausspielungen** und **Lotterien** gemäß § 286 StGB, die sich darin unterscheiden, daß der Gewinn in Ware (Ausspielung) oder in Geld (Lotterie) besteht, und als gemeinsames Merkmal den Einsatz und die vom Zufall abhängige Gewinnchance haben, sind sie nicht grundsätzlich wettbewerbswidrig (gl. Ansicht B.-Hefermehl S. 371; Reimer-v. Gamm S. 238; a. A. Ulmer-Reimer S. 589). Unter *Einsatz* ist eine nicht nur geringfügige Leistung für die Teilnahme an der Veranstaltung zu verstehen. Er kann offen als Eintrittspreis oder Kostenbeitrag gefordert, aber auch versteckt vorausgesetzt werden; kein Einsatz, wenn der Teilnehmer das Porto zahlen muß, wohl aber, wenn die Beteiligung vom Kauf einer Ware abhängig gemacht wird. Das ist in der Rgel unzulässig, wie z.B. die Abhängigkeit der Teilnahmeberechtigung von der Einsendung der Verpackung der Ware des Veranstalters (RG St Bd. 65 S. 194) oder ein Preisausschreiben für die kürzeste und witzigste Schilderung eines Kinostücks, weil diese vorherigen Kinobesuch notwendig macht. Unter *Zufall* versteht man die Unbeeinflußbarkeit des Erfolgs durch den Teilnehmer. Er liegt noch vor, wenn ein Preisrätsel so leicht ist, daß es jeder löst. Wird aber eine echte beste Leistung prämiert, überwiegt das Moment der Beeinflußbarkeit und es ist der Gewinn nicht mehr zufällig (BGH GRUR 59 S. 138 „italienische Note").

[217] Auch Ausspielungen und Lotterien ohne Einsatz können unzulässig sein, z.B. wenn in dem Gewinn eine unzulässige Zugabe liegt, oder durch die Höhe des Gewinns eine unsachliche Beeinflussung (BGH GRUR 73 S. 474 „Preisausschreiben") oder durch die Art seiner Verteilung ein psychologischer Kaufzwang bewirkt wird (BGH GRUR 73 S. 418 „Das goldene A"), oder durch die Art der Verteilung des Spielmaterials (BGH GRUR 73 S. 591 „Schatzjagd" 74 S. 156 „Geldgewinnspiel"). Unter demselben Gesichtspunkt wurde die Gratisverlosung, bei der ein Werbewagen zur Gewinnfeststellung betreten werden mußte, für unzulässig erklärt (BGH GRUR 67 S. 202 „Gratisverlosung"). Der ausdrückliche Hinweis, daß kein Kaufzwang bestehe, räumt die Gefahr nicht aus, daß sich der Kunde dennoch psychologisch zum Kauf genötigt sieht, was von der Rechtsprechung in der Regel angenommen wird, wenn der Kunde durch die Teilnahme an Lotterie oder Ausspielung mit dem Geschäftslokal des Werbenden in enge Berührung kommt und vom Verkaufspersonal beobachtet werden kann. (BGH GRUR 73 S. 418 „Das goldene A"), so daß er sich moralisch zum Kauf veranlaßt sieht. Sicher ist richtig, daß Wertreklamen wie Lotterie oder Ausspielung dann unzulässig sind, wenn sich der Kundenstamm allein wegen der Hoffnung auf einen Geldgewinn von einem Mitbewerber zum anderen verlagert (so: BGH GRUR 74 S. 156 „Geld-Gewinnspiel"); auf eine solche Wirkung aber daraus folgern zu können, daß die Lotterie-Aktion ein großes Ausmaß hat und daß die Teilnehmer mit dem eine große Auswahl zeigenden Geschäftslokal des Veranstalters in Berührung kommen (BGH wie zuvor), erscheint zweifelhaft, Diese These enthält den Ansatz zur weitergehenden Entwicklung der Rechtsprechung, daß die Zulässigkeit jeder **Aufmerksamkeitswerbung** dort ihre Grenzen hat, wo die Kunden zu unkritischem Einkauf verleitet werden und/oder wo die Umlenkung des Käuferstroms den Zweck vernünftigen Konsumverhaltens „verfehlt" (BGH wie zuvor). Aber das ist schließlich eben der Zweck einer jeden Werbung. Einen solchen Erfolg zu unterbinden oder nur noch in gewissem (welchem?) Umfang zuzulassen, birgt die Gefahr großer Rechtsunsicherheit in sich. In der Wertreklame kann auch ein Leistungswettbewerb liegen; sie nur als Aufmerksamkeitswerbung zuzulassen, wie Gerstenberg (GRUR 74 S. 158) es will, erscheint zu eng. Anders wiederum die Gratisverlosung als reine Aufmerksamkeitswerbung, mit der sich ein Unternehmer nur bekannt machen will, ohne Kaufgelegenheit in den Räumen des Veranstalters (BGH GRUR 62 S. 461 „Werbeveranstaltung“).

[218] Wettbewerbswidrig ist es, **Geldgutscheine** einzelnen Waren beizupacken (RG JW 28 S. 1210 „Gütermanns Nähseide“) oder bei Abgabe einer Ware Reisemarken auszugeben, die zum Sammeln bestimmt sind **(„Orbiswerbung“)**, auf eine bestimmte Fahrstrecke (1/10 km) oder auf den Geldbetrag des Fahrpreises dieser Strecke (0,69 Dpf.) lauten und von der DBB in Zahlung genommen werden (BGH GRUR 54 S. 170 „Orbis-Reisemarken“), worin übrigens gleichzeitig ein Verstoß gegen die ZugabeVO läge. A. A. Tetzner „Recht und Unrecht der Zugabe“ S. 45 ff. mit beachtlicher Begründung. Unzulässig auch die Zugabe von Gutscheinen, die, in größerer Zahl gesammelt, zu einem Kinobesuch berechtigen. Sicher ist richtig, daß in solchen Fällen der Warenabsatz immer durch Mittel gefördert wird, die mit der Qualität der Ware und mit der Güte der Leistung nichts zu tun haben. Da dies aber von jeder Reklame mit Ausnahme der echten Leistungsreklame gesagt werden muß (Zeitungsannoncen, Reklameschilder pp.) und der einzelne Sammelgutschein keinen Wert verkörpert, kann man die Orbis-Werbung allein unter diesem Gesichtspunkt nicht als wettbewerbswidrig bezeichnen; zugaberechtlich wird freilich auf das Sammelergebnis abgestellt, doch überzeugt und befriedigt diese Lehre wenig, besonders wenn das Sammelergebnis (wie z. B. der Kinobesuch und die Orbis-Werbung) zum *Verbrauch bestimmt* sind. Zugelassen wurde die Zugabe von Bilderschecks (BGH BB 57 S. 12); (wie hier OLG Frankfurt BB 53 S. 544; BMJ MA 52 S. 250; Tetzner NJW 54 S. 533; Klauer-Seydel S. 45). Unzulässig ist ferner die Abhaltung von „Werbeabenden mit Musik, Kaffee, Kuchen, Bier und Gratisverlosung“ (KG GRUR 37 S. 950), weil in solchen Fällen ein unsachliches Moment geschaffen wird, das die unabhängige Entscheidung des Kunden ausschließt.

[219] Streitig ist, ob es wettbewerbswidrig ist, durch allgemeine **Erregung der Sammelleidenschaft** zu werben. Dies kann durch Zugaben von geringem Wert geschehen, ohne daß deshalb ein Verstoß gegen die Vorschriften der ZugabeVO oder des Rabattgesetzes vorzuliegen braucht. Gegen § 1 UWG wird dort solchenfalls sicher nur dann verstoßen, wenn die *Erregung* der Leidenschaft dazu führt, daß sachliche Gesichtspunkte beim Kaufentschluß entfallen oder in den Hintergrund treten. Macht sich der Werbende aber den Spiel- und Sammeltrieb nur von Kindern zunutze, ist die Verdrängung des sachlichen Kaufmotivs nicht ohne weiteres zu erwarten und sein Verhalten daher zugelassen (BGH GRUR 57 S. 40 „Puppenservice“). Bei wertvolleren Sammelgegenständen kann das Verhalten des Wettbewerbers darauf hinauslaufen, daß das Publikum über den wirklichen Wert der Leistung, sei es der Haupt- oder der Nebenleistung getäuscht wird, z. B. wenn der Täter höhere Preise als üblicher Weise seine Konkurrenz fordert oder wenn er die Qualität der Ware vermindert. Dann liegt zugleich ein Verstoß gegen §§ 1, 3 ZugabeVO vor.

[220] Den Begriffen der Ausspielung und Lotterie verwandt, aber vielfach auch dem Anreißen zugeordnet ist das System der **progressiven Kundenwerbung,** auch **Schneeballsystem** genannt. Es ist ein wirkungsvolles Werbemittel, das mit Hilfe der Spielleidenschaft ein unwiderstehliches Motiv zum Kauf zu erwecken sucht. Auch wenn dabei das Piublikum nicht getäuscht wird, ist es schlechthin sittenwidrig, weil es den Grundsätzen eines echten Leistungswettbewerbs zuwiderläuft; das Publikum wird durch unsachliche Motive zum Kauf angereizt (vgl. RG GRUR 31 S. 278; BGHSt NJW 52 S. 34, 392; BGH GRUR 55 S. 346 „Progressive Kundenwerbung"). Nach der ständigen Rechtsprechung seit RGZ Bd. 115 S. 320 liegt die Wettbewerbswidrigkeit darin, daß der Kunde einen kostenlosen oder verbilligten Erwerb der Ware erhofft, ohne den echten Wert der ihm mit ihr angebotenen Leistung des Wettbewerbers zu prüfen, der also auch seinerseits nicht mit seiner etwaigen Leistung sondern ausschließlich, zumindest überwiegend mit diesem Kaufsystem wirbt. Das Spiel- bzw. zufallsbedingte Moment zeigt sich darin, daß es von vornherein unsicher ist, ob es dem Käufer gelingen wir, die zur Befreiung von seiner Kaufpreisschuld erforderlichen weiteren Käufer zu finden, und daß nicht allein von seiner Geschicklichkeit und Rührigkeit abhängt, ob er Personen findet, die zum Abschluß eines solchen Geschäfts nicht nur bereit, sondern zu seiner Erfüllung auch imstande sind, wenn sie nicht in der Lage sein sollten, die späteren Käufer zu gewinnen. Je weiter sich dieses System durch immer größere Käuferkreise ausdehnt, desto schwieriger wird es, neue Käufer zu gewinnen, was der angelockte Kunde nicht überblickt und worüber er außerdem getäuscht wird (vgl. auch Anm. 38 zu § 3).

[221] Nicht unbedenklich ist die der progressiven Kundenwerbung nahe stehende **Prämien- oder Laienwerbung.** Der Wettbewerber verspricht für die Werbung eines Kunden eine Geld- oder Sachprämie. Das soll zwar nicht grundsätzlich unzulässig sein (BGH GRUR 59 S. 285 „Bienenhonig"), kann aber leicht in Widerspruch zu den Grundsätzen des Leistungswettbewerbs geraten und dadurch sittenwidrig werden. Anders als der gewerbsmäßige Händler oder Vertreter hat der Laienwerber keinerlei Verpflichtung zu sachgemäßer Beratung, er kann unkontrolliert wettbewerbswidrige Argumente bringen, zu denen er oft greifen wird, um zum Erfolg zu kommen, und wenn es nur das Argument ist, der Bekannte oder Freund solle ihm den Gefallen eines Abschlusses erweisen, damit die Prämie verdient wird, die der Käufer nun auch seinerseits durch eigene Kundenwerbungen verdienen könne. Auch unzulässiger Warenvergleich, Ausnutzung einer Autoritätsstellung u. dgl. durch den Laienwerber liegen immer nahe. Ein Unternehmer, der mit derartigem Risiko Laien für seine Werbung einspannt, handelt nach diesseitiger Auffassung dennoch nicht in der Regel wettbewerbswidrig (a.A.: B.-Hefermehl S.389). Er darf die Allgemeinheit freilich nicht über Gebühr einspannen (BGH „Bienenhonig" a.a.O.). Ob die Laienwerbung für Artikel, die nur einmal angeschafft werden im Gegensatz zu solchen des täglichen Bedarfs, oder für Dauerbeziehungen

(Abonnements) in milderem Licht zu sehen sei, wie B.-Hefermehl (a.a.O.) meint, weil sich der Kunde die Sache hier besser überlege, ist richtig. OLG Karlsruhe (GRUR 69 S. 224), hat das Versprechen eines Auto-Atlasses als Prämie für die Werbung von Zeitungsabonnenten für wettbewerbswidrig angesehen. Der Wettbewerber muß mit voller Beweislast zumindest alles ihm Zumutbare unternehmen, um Wettbewerbsverstöße zu verhindern, für die er freilich auch nach § 13 Abs. 3 sowieso verantwortlich ist.

[222] Anders bei **Sammelbestellern,** deren sich ein Unternehmer bedient, die ohne Werbeprämien und ohne Vergütung tätig sind und deren Interesse an ihrer Tätigkeit sich darin erschöpft, die Bestellung und den Empfang der Ware sowie deren Verteilung und die Abführung des Kaufpreises abzuwickeln. Deshalb ist auch der Direktverkauf über nicht oder sehr wohl gewerbsmäßig Tätige grundsätzlich zulässig, so z.B. der Vertrieb durch sog. „Beraterinnen" im Wege von Hausbesuchen, der sich zum Unterschied zu dem üblichen ambulanten Gewerbe dadurch unterscheidet, daß die nachbarschaftlichen und persönlichen Beziehungen der Verkäufer für den Vertrieb ausgenutzt werden, solange das nicht in einer progressiven Kundenwerbung ausartet. Der BGH läßt diese Frage in seiner Entscheidung (1 ZR 36/72 vom 14. 12. 73 GRUR 74 S. 341 „Campagne" oder „günstig nur Preis") zwar noch offen, hält diesen Vertriebsweg aber offenbar unter ordnungspolizeilichen Aspekten für bedenklich, die nicht ausreichen, sittlich zu werten.

[223] Die Kunden können auch mit sog. **Vorspann- und Koppelungsangeboten** gefangen werden, mit denen die Hauptware dadurch im Absatz gefördert wird, daß die an sie gekoppelte handelsüblich nicht dazugehörige Nebenware unter besonders günstigen Bedingungen zu beziehen ist (vgl. hierzu Hoth GRUR 61 S. 562). Zugaberechtlich ist das nicht zu beanstanden, wenn für den Nebenartikel ein echtes, nicht nur zum Schein besonders berechnetes Entgelt gefordert wird. Auch wettbewerbsrechtlich ist das nicht grundsätzlich zu beanstanden (BGH GRUR 61 S. 588 „Einpfennig-Süßwaren"; 62 S. 415 „Glockenpackung"; 67 S. 530 „Berliner Fahrschule"; 68 S. 53 „Probetube"; NJW 70 S. 2017 „Kopplung"). Anders aber wenn der Käufer durch Preisverschleierung bei Gesamtpreis irregeführt wird (BGH „Glockenpackung" a.a.O., wo eine Teepackung zusammen mit einer Teetasse zum Gesamtpreis angeboten wurde. Zugelassen wurde der Kopplungskauf einer Zahnbürste mit einer kleinen Zahnpasta-Tube mit der „Probetube"-Entscheidung des BGH GRUR 68 S. 53). Bei Inzahlungnahme fremder Ware liegt schon begrifflich kein (unzulässiges) Kopplungsgeschäft vor (BGH GRUR 60 S. 558 „Eintritt in Kundenbestellung"). Zulässig auch die Kopplung eines theoretischen Unterrichts mit für diesen bestimmtem Lehrheft gegen Gesamtpreis (BGH GRUR 67 S. 530 „Berliner Fahrschule"), dagegen unzulässig der mit einer Tischdecke gekoppelte Verkauf von 20 kg Kaffee, bzw. der mit einer Kaffeemaschine gekoppelte von 40 kg Kaffee (BGH GRUR 71 S. 582 „Kopplung im

Kaffeehandel"), ebenso sittenwidrig die Kopplung einer Wohnungsvermittelung mit Möbelkauf (BGH GRUR 70 S. 217 „Kopplung"). Dagegen ist nicht zu beanstanden, gelegentlich eines Verkaufs für einen nicht verlangten Artikel durch Beifügung eines Reklamezettels zu werben (BGH GRUR 70 S. 557 „Erotik in der Ehe").

[224] Schlechthin sittenwidrig ist auch das **Anreißen** nicht, unter dem die **belästigende, aufdringliche Reklame** verstanden wird, da letzten Endes jede Werbung ein lästiges „Anlocken" von Kunden ist. Auch die Werbung mit echter gewerblicher Leistung ist für den Kunden lästig, wenn er ohne Rücksicht auf sein Desinteresse angesprochen und sein Bedarf — vielleicht sehr vernünftiger Weise — erst geweckt werden soll. Sittenwidrig wird auch das „Anreißen" erst dann, wenn besondere Sittenwidrigkeitselemente hinzukommen. Wenn sich der Kunde bedrängt und belästigt fühlt und nur kauft, um sich von der Belästigung zu befreien, so daß nicht mehr die gewerbliche Leistung für den Kaufentschluß bestimmend ist, also die Grundsätze echten Leistungswettbewerbs außer acht gelassen werden, läßt sich — nur von Fall zu Fall bestimmbar — an die Sittenwidrigkeit solcher Werbemethoden denken.

Unter solcher Voraussetzung kann sogar eine lästige **Marktschreierei,** sobald sie das erträgliche Maß übersteigt, oder gar denn geeignet ist, irrezuführen oder den Kunden durch unsachliche Motive zum Kauf zu locken, sittenwidrig und unzulässig sein.

Als wettbewerbswidrig anreißerisch wurde angesehen, wenn man Personen **auf der Straße anspricht,** um sie zum Betreten des Geschäftslokals zu bewegen (BGH GRUR 65 S. 315 „Werbewagen") oder vor fremden Geschäftslokalen, um sie zu sich herüberzuziehen (OLG Düsseldorf MuW 34 S. 182; BGH GRUR 60 S. 431 „Kraftfahrzeugnummernschilder") das Verteilen von Handzetteln in unmittelbarer Nähe des Konkurrenzgeschäftes (KG MuW 10 S. 220; OLG Hamm MuW 31 S. 343; 33 S. 470 — heute wohl überholt —); dagegen erblickt OLG Hamburg (GRUR 54 S. 409) einen sittenwidrigen Kundenfang nicht darin, wenn bei Handzettelverteilung in verkehrsreichen Straßen einer Großstadt vorübergehend auch vor einem Konkurrenzgeschäft geworben wird; anders aber BGH GRUR 63 S. 197 „Zahnprothesepflegemittel", wonach das Anbringen von Werbeanschlägen und -plakaten vor dem Geschäft des Mitbewerbers zutreffend als wettbewerbswidrig angesehen wurde. Sittenwidrig ist es stets, dem Kunden die Möglichkeit ruhiger Prüfung mehrerer Offerten zu nehmen und ihn weniger durch die Qualität der Ware als dadurch zum Kauf zu bestimmen, daß er mit ihm nur der Belästigung entgehen will und somit in seiner Entschlußfreiheit beeinträchtigt wird (OLG Düsseldorf JW 31 S. 474).

Anreißerisch sind auch **unbestellte Hausbesuche** von Beerdigungsinstituten, um von dem noch Lebenden den Auftrag zu seiner künftigen Bestattung zu erhalten (RG GRUR 40 S. 541 „Bestattungswerbung") ebenso der unaufgeforderte Besuch der Hinterbliebenen nach vierwöchiger Wartefrist zwecks Werbung für einen Grabsteinauftrag (BGH GRUR 67 S. 430 „Grabsteinaufträge").

Unzulässig anreißerisch ist auch die unerbetene **telefonische Werbung** (BGH GRUR 70 S. 523 „Telefonwerbung") und analog hierzu natürlich die unerbetene Werbung per **Fernschreiben** (BGH GRUR 73 S. 210 „Telex-Werbung").

Unter den gleichen Gesichtspunkten der lästigen Aufdringlichkeit wird in st. Rechtsprechung als anreißerisch für unzulässig gehalten die **Zusendung unbestellter Ware,** weil man hierdurch, auch wenn Rückporto beiliegt, aus Rechtsunkenntnis sowie aus unsachlichen Erwägungen, z. B. Bequemlichkeit, um weiteren Belästigungen zu entgehen (so daß diese Art der Werbung mit einem echten Leistungswettbewerb nichts mehr zu tun hat), zur Annahme bestimmt wird (BGH GRUR 59 S. 277 „Künstlerpostkarten"; 60 S. 382 „Verbandstoffe"). Milder kann eine solche Werbung betrachtet werden, wenn der Empfänger darauf unmißverständlich aufmerksam gemacht wird, zur Zahlung, Rücksendung oder Aufbewahrung der Ware nicht verpflichtet zu sein (BGH a.a.O.), ebenso wenn zwischen dem Werbenden und dem Empfänger eine dauerhafte Geschäftsbeziehung besteht, bei welcher Wunsch und Erwartung des Kunden auf Zusendung von Ansichtssendungen vorausgesetzt werden darf oder gar Übung ist (BGH GRUR 66 S. 47 „Indicator"). Nicht anreißerisch auch die Werbung eines Möbelhändlers mit der Preisgarantie „Sie erhalten Ihr Geld zurück, wenn Sie binnen 5 Tagen nachweisen, den gleichen Artikel anderswo billiger erhalten zu können" (OLG Karlsruhe WRP 74 S. 219 „Preisgarantie"). Aber es genügt wiederum nicht die Ankündigung eines Vertreterbesuchs in naher Zukunft, der die Warenrückgabe ermöglichen soll, was allenfalls ein zusätzliches Belästigungsmoment darstellt (BGH GRUR 59 S. 277 „Künstlerpostkarten"). Unter denselben Aspekten sittenwidriger, lästiger Aufdringlichkeit ist die Zusendung einer anderen als der bestellten Ware oder Leistung zu betrachten (BGH GRUR 65 S. 361 „Taxibestellung" und Zusendung eines Mietwagens), oder die Zusendung nicht bestellter Zubehörteile auf Grund einer Bestellung der Hauptware (OLG Hamburg WRP 57 S. 12). Zur **unentgeltlichen Kundenbeförderung,** wonach ein Angebot an Kaufinteressenten zur unentgeltlichen Beförderung von eigener Niederlassung am anderen Ort zum Warenlager wettbewerbswidrig sein kann, weil der Täter durch Gewährung wettbewerbsfremder materieller Vorteile auf unsachliche Weise Kunden fängt und sich nur dadurch einen Vorsprung vor seinem Mitbewerber verschafft (vgl. oben Anm. 215), Einladung zum Probe-Kaffeetrinken (EA Dortmund AWR 37 S. 19). Anreißerisch sind ständige belästigende Besuche beim Kunden trotz seiner ernsthaft erklärten Ablehnung. Auch das Anlocken mit günstigen Angeboten in Schaufenstern oder Anzeigen, um sodann beim Besuch des Kunden im Geschäft andere Ware anzubieten (OLG Hamburg WRP 56 S. 45) oder das Anlocken mit niedrigen Preisen, bei denen notwendige Zubehörteile nicht einbegriffen sind — das Mikrophon beim Diktiergerät — ist anreißerisch und unzulässig, zugleich auch ein Verstoß gegen § 3 (Zentrale, Wettb. 55 S. 73). Als anreißerisch unzulässig können alle nicht grundsätzlich unzulässigen Werbemaßnahmen dadurch werden, daß sie in besonders großem Umfang geschehen, so daß sie so sehr im Vordergrund stehen, daß die angelockten Kunden die Angebote nicht mehr nach Preis und Qualität prüfen (BGH GRUR 73 S. 591 „Schatzjagd", 74 S. 156 „Geld-Gewinnspiel", WRP 74 S. 200 „Sweepstake").

[225] Auch für das Thema des Anreißens gilt, daß jeder Einzelfall besonders zu beurteilen ist, weil trotz Aufdringlichkeit, Lästigkeit usw. die Kriterien des echten Leistungswettbewerbs nicht aufgegeben worden zu sein brauchen. Umgekehrt kann trotz aller Bemühungen, mit echter Leistung zu werben, die Werbung so aufdringlich und lästig erscheinen, daß sie unzumutbar und damit als anreißerisch sittenwidrig wird. Die Grenzen sind, wie bei allen Ermessensfragen, flüssig und auf den jeweiligen Einzelfall schwierig zu übertragen. Die widerstreitenden Interessen der Beteiligten, d.h. des Werbenden an einer größtmöglichen Entfaltung seiner gewerblichen Betätigung einerseits, wie aber auch der mit der Werbung Angesprochenen und Nichtangesprochenen, die sich in ihrer Persönlichkeitssphäre beeinträchtigt fühlen, sind gerecht abzuwägen. Was dem einen lästig und aufdringlich ist, kann von einem anderen dankbar aufgenommen werden, wie der Fall der tüchtigen Mietwagen- und Abschleppfirma zeigt, die durch Abhören des Polizeifunks bei Verkehrsunfällen mit ihrem Angebot schnellstens zur Stelle war (von OLG Nürnberg BB 68 S. 1448 als unzulässig abgelehnt). Richtig wäre hier gewesen, auf die Situation der Unfallbeteiligten und deren Fähigkeit abzustellen, die Werbeangebote sachlich zu prüfen (ähnl. Schibel BB 68 S. 1449).

[226] Unter denselben Aspekten sind **Marktschreierei** und **geschmacklose Werbungen** zu betrachten. Von einem primitiven Gewerbetreibenden, der wie jeder andere seine Existenzberechtigung hat, kann man kein hohes Niveau in der Werbung verlangen. So wie bei der Ermittlung der sog. Verkehrsauffassung (vgl. Anm. 84ff.) auf das Verständnisvermögen der angesprochenen Verkehrskreise abzustellen ist — es ist diesbezüglich ein großer Unterschied, ob man Bier oder komplizierte medizinische Geräte anbietet —, ist auch die **Ausgangsposition des Werbenden** zu berücksichtigen. Bietet er auf einem Jahrmarkt als Budenbesitzer heiße Würstchen an, sind an seine Werbung andere Anforderungen zu stellen als an die Werbung eines Herstellers von Pharmazeutika, ja auch schon andere als an die Werbung einer auf demselben Jahrmarkt acquirierender Brauerei. Besondere Leistungen werden in solcher Umwelt nicht erwartet, so daß nur geringe Anforderungen an den Leistungswettbewerb zu stellen sind; ebenso ist das Publikum hier wegen seiner geringen Erwartungen bereit, Übertreibungen als solche zu erkennen und Aufdringlichkeiten der Werbenden als ortsüblich hinzunehmen. Die **Relativität der Begriffe** von zulässiger und unzulässiger Werbung ist also offenbar; auch das Verhalten der Mitbewerber bewirkt notwendig die Veränderlichkeit einer solchen Grenzziehung. Abgesehen von dem Abwehrgedanken (vgl. Anm. 230ff.) findet der Grundsatz, daß eine allgemeine Verrohung der Sitten den Sittenwidrigkeits-

Charakter einer Handlung nicht aufhebe, seine Einschränkung dort wo das Publikum nichts anderes erwartet, oder wo es einem Leistungswettbewerb mit hohem Niveau gar nicht erst zugänglich ist. Steigt ein Flickschneider mit Handel von Gebrauchtkleidung, als welcher er in seiner Werbung noch unangenehm lästig sein und — da nicht ernst genommen — übertreiben durfte, zum vornehmen Maßschneider auf, verändert er also die Ausgangsposition seiner Werbung, so kommt sie sodann auf einer anderen Ebene an, wo sie anders verstanden wird. Hat der so Emporgekommen das Werbeniveau des einstigen Flickschneiders beibehalten, wird er über die neu zu setzenden Grenzen der Zulässigkeit seiner Werbemethoden oftmals stolpern.

In diesem Sinne sind die Fragen des **Geschmacks und Takts** in der Werbung gleichfalls sehr relative Begriffe. Die entwickelten Grundsätze eines echten Leistungswettbewerbs ermöglichen nicht, die Zulässigkeit von Geschmack- und Taktlosigkeiten abzugrenzen (BGH GRUR 70 S. 557 „Erotik in der Ehe"). Die widerlichste Werbung einer Sexzeitschrift mit ihren entsprechenden Titelbildern hat (wenn sie nicht polizeilich verboten ist) in den heutigen Zeiten des allgemeinen Sittenverfalls unserer pluralistischen Gesellschaft — freilich nur wettbewerbsrechtlich — die gleiche Existenzberechtigung wie die Werbung von Verlagen schöngeistiger und wissenschaftlicher Literatur. Bedauerlich zutreffend bemerkt B.-Hefermehl (S. 351), daß drastische Schlagworte, Frivolität und Mißbrauch des Sex für die moderne Werbung kennzeichnend sind, daß sich das Publikum hieran gewöhnt hat und daß es solches nicht mehr als Belästigung empfindet.

Unter diesen Kriterien können auch zum Schutz der Allgemeinheit vor Wettbewerbsauswüchsen keine zu strengen Anforderungen gestellt werden (B.-Hefermehl a. a. O.; Reimer-v. Gamm S. 220). Zur Frage der Grenze des Erträglichen für die mit solcher (Sex-)Werbung angesprochenen Verkehrskreise kommt es auf die Auffassung weniger der Mitbewerber und Marktbeteiligten als vielmehr auf die Auffassung der breiigen Masse der Allgemeinheit unserer pluralistischen Gesellschaft an, die kaum feststellbar ist. Dieserhalb wiederum sind weder ein verfeinertes Empfinden besonders hochstehender Menschen, noch besonders laxe Auffassung maßgebend (BGH GRUR 71 S. 322 „Lichdi-Center"). Entscheidend ist nach diesseitiger Auffassung immer nur, ob unter Berücksichtigung des Gesamttatbestandes trotz aller Aufdringlichkeit, Lästigkeit usw. dem umworbenen Kunden so viel Spielraum gelassen wird, daß er unabhängig und sachlich prüfen kann, sowie ferner darauf, daß der Werbende, für jenen erkennbar, noch mit einer echten Leistung wirbt, die aus sachlichen Gründen anzunehmen oder abzulehnen dem Käufer möglich bleibt.

[227] Daß jede **unwahre und irreführende Reklame,** die die Kunden blenden oder täuschen soll, immer unlauter ist, weil sie dem im echten Leistungswettbewerb herrschenden Wahrheitsprinzip widerspricht, ist allgemeine, kaum mehr erläuterungsbedürftige Meinung von Literatur und Rechtssprechung; mitunter verwirklicht sie sogar den Betrugstatbestand und verstößt in der Regel gleichzeitig gegen § 3 UWG (vgl. Näheres dort). Wenn auch **Eigenlob** im Wettbewerb üblich und ein erträgliches Maß reklamehafter Übertreibung hinzunehmen sind (vgl. Anm. 223), so wird der Grad des Zulässigen überschritten, sobald die Möglichkeit besteht, daß ein beachtlicher Teil der angesprochenen Verkehrskreise durch solche Handlung irregeführt werden kann. Wie immer ist als Kriterium die Frage maßgeblich, ob der Kunde durch Unwahrhaftigkeit oder Irreführung in der Werbung in seiner freien Entschließung beeinträchtigt wird, ob er nur oder überwiegend wegen solcher Komponenten der Werbung oder doch noch durch echten Leistungswettbewerb zum Kaufabschluß bestimmt wird. Wie überall, wo dem pflichtgemäßen Ermessen der hierüber zu entscheidenden Instanzen (Gerichte) ein gewisser Spielraum gelassen wird, sind die Grenzen des Zulässigen flüssig. Immer ist unzulässig, wenn sich der Werbende ohne wirkliche Wettbewerbsleistung vor seinem Mitbewerber einen Vorsprung dadurch verschaffen will, daß er durch Angleichung seines Firmennamens, seines Warenzeichens usw. an bekannte Begriffe für erstklassige Leistung eines anderen eine Verwechslung durch den Kunden herbeiführen will, daß er Leichtsinn oder Unerfahrenheit seines Kunden bei seiner Täuschungshandlung ausnützt, oder daß er über sich selbst (durch unberechtigte Führung von Titeln oder Berufsbezeichnungen) oder über seine Ware (z. B. als „die beste“) unrichtige Angaben macht.

[228] Man kann zwischen **objektiver und subjektiver Irreführung** sowie zwischen einer solchen **in der eigenen wie in der fremden geschäftlichen Sphäre** unterscheiden. Früher unterschied man auch zwischen irreführender Werbung in öffentlichen und solchen in nichtöffentlichen Mitteilungen, was durch die tatbestandserweiternde Neufassung des § 3 UWG gegenstandslos geworden ist, der jetzt auch zur Bekämpfung von Irreführungen in nicht öffentlichen Mitteilungen ausreicht. Dennoch hat § 1 für die Bekämpfung solcher irreführender Werbungen seine Bedeutung behalten, die keine besonderen Vorteile in Aussicht stellt, was auch bei der jetzigen Fassung des § 3 noch Tatbestandsvoraussetzung geblieben ist (vgl. hierzu BGH GRUR 70 S. 467 „Vertragswerkstatt“, S. 609 „regulärer Preis“). Stellt der Werbende durch irreführende Werbung „besondere Vorteile“ in Aussicht, kommt § 3 zur Anwendung. Ob diese Rechtssprechung aufrechterhalten werden wird, erscheint angesichts der „Trollinger“-Entscheidung (BGH GRUR 73 S. 201) fraglich, wo eine Verletzung des § 3 (nicht des § 1) nur noch unter dem Gesichtspunkt der Irreführung ohne Berücksichtigung dessen geprüft wurde, daß „besondere Vorteile“ erkennbar nicht in Aussicht gestellt worden waren. Eine solche Entwicklung wäre freilich folgerichtig, weil der Wortlaut des neuen § 3 nichts mehr dafür hergibt, daß zur Realisierung seiner Tatbestandsvoraussetzungen die Inaussichtstellung „besonderer Vorteile“ gehört; der Bericht des Rechtsausschusses des Deutschen Bundestags (GRUR 69 S. 338) unserer pluralistischen Gesellschaft ist diesbezüglich nicht mehr ohne weiteres, wie früher die (sachlichen) Parlamentsdebatten, ein Indiz für die wirklichen Motive eines objektiven Gesetzgebers, sondern nur mehr eines solchen, der im Interesse des Überlebens nach Wählerstimmen ausschauen und dieserhalb Lücken und Unzulänglichkeiten seiner Gesetze in Kauf nehmen muß.

[229] Irreführen läßt sich durch objektiv unwahre, wie aber auch durch zwei- oder mehrdeutige Angaben, indem eine angebotene gewerbliche Leistung dem Publikum

a) mit der Werbemaßnahme als in den Bereich solcher gehörig dargestellt wird, für die es ein positives Vorurteil (**Gütevorstellung**) hat (BGH GRUR 66 S. 45 „Markenbezin"; 67 S. 360 „Maßkleidung"; 69 S. 51 „Glassteine"; 73 S. 201 „Trollinger", OLG Düsseldorf GRUR 73 S. 33 „Erfahrener Meisterbetrieb"),

b) mittels **Lockvogelangeboten** so angepriesen wird, daß aus ihnen auf in Wirklichkeit nicht vorhandene Leistungen geschlossen wird, z.B. billige Preisbemessung eines einzelnen Stücks, aus der auf besonders preisgünstiges Gesamtwarensortiment geschlossen wird (BGH GRUR 70 S. 33 „Lockvogel"),

c) der Eindruck unrichtiger **Qualitätsvorstellungen** hinterlassen wird; z.B. erbietet sich ein datenverarbeitendes Unternehmen zur kurzfristigen Aufbuchung von Rückständen, ohne hervorzuheben, daß es nicht auch kontiert (BGH GRUR 73 S. 320 „Buchhaltungskraft"); zugelassen wurde die Telegrammadresse „Patentmark" eines hierauf spezialisierten Rechtsanwalts (BGH GRUR 27 S. 709).

d) Auch die Erzeugung von Verwechslungen mit den gewerblichen Leistungen anderer (BGH GRUR 73 S. 201 „Trollinger") gehört hierher.

e) Ebenso die Verwendung unrichtiger und mißverständlicher Berufsbezeichnungen (BGH GRUR 62 S. 607 „Steuerbevollmächtigter" als praktischer Betriebswirt und „Wirtschaftsberater") sowie mißverständlicher Namen und Firmenbezeichnungen (BGH GRUR 73 S. 371 „Gesamtverband", S. 486 „Bayerische Bank").

f) Auch wer über die Herkunft seiner Ware täuscht, ohne daß deshalb ein besonderer Vorteil in Aussicht gestellt wird, handelt unzulässig; z.B. wird eine Ware als „deutsche" bezeichnet, ohne daß sie es ist, oder deutsches Tuch als englisches oder deutscher Cognac als französischer ausgegeben (OLG Hamburg WRP 56 S. 187). Dasselbe gilt natürlich auch für das Vortäuschen einer besseren als der angebotenen Qualität.

g) Solche Täuschungshandlungen sind auch ohne Werbung denkbar. Z.B.: wird über die Quantität einer Ware durch großen Hohlboden in der Verpackung getäuscht oder es wird einem Kunden statt Kaffee Hag ein anderer coffeinfreier Kaffee (Dacapo-Kaffee-Entscheidung des RG GRUR 39 S. 801) oder ein Mietauto statt eines Taxis gegeben (BGH GRUR 65 S. 361 „Taxibestellung"), wobei man darauf vertraut, der Kunde werde sich das schon gefallen lassen, wenn er das überhaupt merkt (BGH GRUR 66 S. 564 „Hausverbot").

h) Irreführung nach § 1 sind auch **Werbemaßnahmen,** die als **werbeneutrale Veranstaltungen** ausgegeben werden z.B. Einladung zu einer Filmvorführung, die sich als Werbeveranstaltung entpuppt (OLG Stuttgart WRP 71 S. 135; BGH GRUR 62 S. 461 „Werbeveranstaltung") sowie die Tarnung von Werbebriefen als Marktforschung nach statistischen Grundsätzen (KG GRUR 72 S. 192); zulässig aber Briefumfragen bei den potentiellen Kunden, wenn die so gezielte Werbung als solche erkennbar ist (BGH GRUR 73 S. 268 „Verbraucher-Briefumfrage"); unzulässig dagegen als redaktionelle Beiträge aufgemachte Werbereportagen (BGH GRUR 68 S. 382 „Favorit II"); soweit grobe Verstöße feststellbar sind, haftet hierfür auch das Presseunternehmen (BGH GRUR 73 S. 203 „Badische Rundschau"). Irreführende Werbemaßnahmen sind auch anonym unter Chiffre oder Telefonnummer als privat getarnte Anzeigen von Gewerbetreibenden (OLG Hamm BB 67 S. 93), ebenso die Zeitungsanzeige eines Möbelversandgeschäfts, das als Zimmervermieter auftritt, den Abschluß des Mietvertrages aber vom Kauf von Möbeln anhängig macht (OLG Stuttgart GRUR 72 S. 658).

Unterschwellige Werbungen wie z.B. das Zeigenlassen von Warenzeichen für Zigaretten, Waschmittel und dergl. in Spielfilmen ist als unzulässig n!cht erfaßbar (ebenso Reimer-v. Gamm S. 244).

C.

I. Die Abwehrhandlung

[230] Die **Abwehrhandlung** ist eine Art *Selbsthilfe*. Jeder gegen den sich ein rechtswidriger Angriff richtet, hat das Recht, diesen abzuwehren, sofern derselbe noch gegenwärtig und gerichtliche Hilfe nicht oder nicht rechtzeitig zu erwarten ist. Der wettbewerbsrechtliche **Begriff der Abwehr** deckt sich nicht mit dem der Notwehr im Sinne des § 227 BGB, worauf schon die Verwendung der verschiedenen Worte hinweist. Das hängt damit zusammen, daß der Gesetzgeber des BGB vornehmlich tätliche Angriffe im Auge hat, während die wettbewerbliche Abwehrhandlung eine Verteidigung besonderer Art ist, die sich allein aus dem Wesen des Wettbewerbsrechts ergibt; während die *bürgerrechtliche Notwehr* sich als objektiv rechtswidrige Handlung mit Schuldausschließungsgrund darstellt, ist die wettbewerbliche Abwehrhandlung wegen der Notwendigkeit der den vorangegangenen Angriff miteinbeziehenden Beurteilung des Gesamtsachverhalts der Rechtswidrigkeit entkleidet. Auch die Begriffe der **Gegenwärtigkeit des Angriffs** sowie der Notwendigkeit der Gegenwehr decken sich nicht (ähnl. Droste MuW 54 S. 508; B.-Hefermehl S. 251; Reimer-v. Gamm S. 304 , BGH GRUR 67 S. 138 „Streckenwerbung"; 71 S. 259 „WAZ").

[231] Unter Abwehrhandlung im wettbewerbsrechtlich relevanten Sinn sind natürlich nur solche Handlungen zu verstehen die — vom abzuwehrenden Angriff losgelöst betrachtet — sittenwidrig wären, da die Handlung ohne ein solches

Element sowieso wertneutral wäre und keine Probleme aufgäbe (BGH a.a.O. „WAZ"). Die Abwehrhandlung (mit Sittenwidrigkeitselementen) setzt begriffsnotwendig auch einen gleichartigen d.h. wettbewerblichen sittenwidrigen Angriff voraus, ohne den eine Abwehr nicht denkbar ist, wenn man von den zulässigen Erwiderungen auf zulässige Wettbewerbsangriffe absieht (BGH GRUR 61 S. 228 „Zahnbürsten").

[232] Für die **Zulässigkeit der Abwehrhandlung** ist ihre **Notwendigkeit** zwingende Voraussetzung, wozu einerseits gehört, daß der rechtswidrige Angriff noch gegenwärtig ist bzw. wirkt, und gerichtliche Hilfe nicht rechtzeitig erreicht werden kann, und daß andererseits sich das Maß der Gegenwehr unter Berücksichtigung ihres Anlasses hinsichtlich Mittel, Zweck und Auswirkung auf das Erforderliche beschränkt (BGH GRUR 71 S. 259 „WAZ").

a) **Gegenwärtig** ist ein Angriff, wenn er noch andauert. Häufig wird sein Andauern von seiner Fortwirkung bestimmt, z.B. in Nachschlagewerken, die bis zu ihrer Veralterung noch Jahrzehnte benutzt werden, wodurch der Angriff existenzvernichtend wirken kann. Deshalb muß die Abwehr auch nach längerer Zeit noch möglich sein (gl. A. B.-Hefermehl S. 251), wenn ihre schädlichen Folgen andauern. **Gerichtliche Hilfe** gegen den Angriff, die grundsätzlich das gebotene Mittel zur Verteidigung ist, kommt oft zu spät und ist oft unzulänglich, weshalb der Angegriffene nicht ausschließlich auf sie verwiesen werden darf (BGH GRUR 60 S. 193 „Frachtenrückvergütung"; 68 S. 382 „Favorit II"). Er muß einer Schadensentwicklung rechtzeitig vorbeugen können (BGH a.a.O. „Favorit II"). Unter diesem Aspekt meint Droste (GRUR 51 S. 140; WuW 54 S. 507) unwiderlegbar zutreffend, daß gerichtliche Hilfe selten und deshalb grundsätzlich d.h. von Ausnahmefällen abgesehen, unwirksam ist. Die schadenverursachende Suggerierung des vom Angreifer angestrebten Vorurteils der potentiellen Kunden zu seinen Gunsten ist längst erreicht, ehe auf Unterlassung und/oder Schadensersatzleistung erkannt wird, wobei der für die Schadenshöhe beweispflichtige klagende Verletzte meist, zumindest oft, unüberwindbare Schwierigkeiten mit dem Risiko einer vollen kostenpflichtigen Klageabweisung hat.

b) Auch das **Maß der Abwehr** muß sich in zulässigen Grenzen halten, die von der Art des Angriffs und seinen Auswirkungen bestimmt werden (BGH GRUR 71 S. 259 „WAZ"). Die Rechtssprechung des RG (MuW 41 S. 137), wonach der zulässigen Abwehrhandlung engste Grenzen gesetzt sind, das erforderliche Mindestmaß nie überschritten werden darf und eine sachliche Form eingehalten werden muß (RG GRUR 40 S. 54) ist heute insofern überholt, als bei mehreren zur Wahl stehenden geeigneten Abwehrmitteln nicht nur das schonendste ergriffen zu werden braucht (BGH GRUR 67 S. 308 „Backhilfsmittel"), wenn damit die berechtigten Interessen des Angegriffenen nicht erschöpfend wahrgenommen sind; im Interesse einer Klarstellung, besonders wenn die Interessen der Allgemeinheit mitangesprochen sind, ist dem Angegriffenen auch gestattet, im Rahmen der

Angriffshandlung eine subjektive Meinung zu äußern, wobei ihm in der Wortwahl ein gewisses Maß an Freiheit zuzubilligen ist (BGH a.a.O. „Backhilfsmittel"; (S. 313)). Doch dürfen nur solche Interessen wahrgenommen werden, mit denen nicht selbst gegen die guten Sitten verstoßen wird. Dabei kann eine besondere Intensität des Angriffs eine ebenso scharfe Erwiderung rechtfertigen (BGH GRUR 68 S. 382 „Favorit II").

Für die Bestimmung des zulässigen Maßes gelten im übrigen die Grundsätze der gerechten Güter- und Pflichtenabwägung (vgl. Anm. 57), die eine Beschränkung der Abwehrhandlung auf den mit dem Angriff geschaffenen Gesamttatbestand, nicht aber nur auf seine Unrechtselemente mit sich bringt. Freilich muß sich die Abwehrhandlung mit dem zur Bekämpfung des Angriffs Gebotenen begnügen (BGH a.a.O. „Backhilfsmittel"; GRUR 71 „WAZ"), darf sich nicht selbst als Angriff entpuppen und nicht zu einem Abwehr-Exzeß werden, weshalb er sich in sachlicher Form zu halten hat, die andererseits aber voll wirksam sein darf (BGH a.a.O. „WAZ"; RG GRUR 38 S. 271).

[233] Aus dem Begriff der Abwehr folgt, daß sie **gleichartig** sein muß wie der Angriff (BGH GRUR 54 S. 337 „Radschutz"), aber sie muß auch ein objektiv taugliches Mittel zur Abwehr des Angriffs sein (BGH GRUR 71 S. 259 „WAZ), weil sie andernfalls nichts abwehren würde, d.h. eine vom Angriff losgelöst auf Sittenwidrigkeit zu prüfende selbständige Handlung wäre. Da die Abwehrhandlung ohne den Angriff, ohne ihre Notwendigkeit und Abwehreignung rechtswidrig wäre, hat der Angegriffene, damit seine Maßnahmen als zulässig anerkannt werden, die volle Darstellungs- und Beweislast für die Gegebenheit aller dieser drei Elemente.

[234] Die Abwehrhandlung ist begriffsnotwendig darauf gerichtet, einen **drohenden Schaden zu verhindern.** Da sie, anders als die bürgerlichrechtliche Notwehr, keinen nur augenblicklich wirkenden Effekt zeitigt, sondern entsprechend der Eigenheit auch jeder anderen Wettbewerbshandlung während eines längeren (in die Zukunft weisenden) Zeitraums wirkt, verhindert sie nicht nur sondern beseitigt zugleich (jedenfalls meist teilweise) den mit dem Angriff erstrebten wettbewerblichen Schaden des Angegriffenen. Das gilt besonders für den sog. **Abwehrvergleich,** bei dem sich der Angegriffene in seiner Werbung mit der Person des angreifenden Mitbewerbers regelwidrig ausnahmsweise befassen darf (BGH GRUR 61 S. 237 „TOK-Band"). Ja, es müssen die Verkehrskreise, an die sich der Abwehrende wendet, erkennen können, daß er sich gegen eine ihm bekannt gewordene wettbewerbswidrige Beeinträchtigung desjenigen wendet, von dem sie ausgeht (BGH a.a.O. „TOK-Band"). Damit ist der Schaden oftmals beseitigt, mitunter aber darüber hinaus der Angreifer auch zulässigerweise geschädigt, wenn das nicht vermeidbar ist. So darf, wer am Absatz seiner Hauptware interessiert ist, unter Abwehrgesichtspunkten auf nachteilige Eigenschaften einer Zusatzware des Konkurrenten hinweisen, wenn diese die Verbrauchererwartung enttäuscht und den Ruf

der eigenen Hauptware schädigt (BGH GRUR 62 S. 45 „Betonzusatzmittel"). Deshalb war sicher unrichtig, einer Handlung den Abwehrcharakter nur deshalb abzusprechen, weil es dem Handelnden darauf ankam, den ihm entstandenen Schaden zu mindern (OLG Hamburg WRP 61 S. 368). Das gleiche gilt für die Abwehr unzulässiger Nachahmung (RG GRUR 36 S. 1083).

[235] Anders als an die Zulässigkeit des Abwehrvergleichs sind an die Zulässigkeit des **Abwehrboykotts** strengere Voraussetzungen zu knüpfen, der oft auf die **Vernichtung des Mitbewerbers** gerichtet ist (BGH GRUR 65 S. 440 „Milchboykott"). Hier wird noch an dem vom RG entwickelten Grundsatz größtmöglicher Schonung und der Vermeidung jeder zur Interessenswahrung nicht unbedingt erforderlichen Schadenszufügung unter dem Gesichtspunkt striktester Verhältnismäßigkeit abgestellt (BGH GRUR 57 S. 494 „Spätheimkehrer").

[236] Die Behauptung unwahrer Tatsachen ist auch unter Abwehrgesichtspunkten niemals gerechtfertigt, zudem würden mit solchen die Rechte Dritter verletzt werden, was schon bei wahren Tatsachenbehauptungen unzulässig ist (RG GRUR 40 S. 166, BGH GRUR 67 S. 308 „Backhilfsmittel"). Das gilt für die Rechte der Mitbewerber ebenso wie für solche der Allgemeinheit. Die Abwehrhandlung darf also insbesondere keinen irreführenden Inhalt haben (RG a.a.O.). Insoweit werden die Abwehr*möglichkeiten* des Verletzten, nicht aber grundsätzlich der Abwehreinwand (so B.-Hefermehl S. 253) eingeschränkt. Gegenüber dem Angreifer selbst verliert die Handlung wegen Verletzung von Rechten Dritter den Abwehrcharakter allein noch nicht, sofern sie im Verhältnis zum Angreifer keinen Exzeß darstellt und ihr keine der sonstigen erforderlichen Voraussetzungen fehlt. Nur die verletzten Mitbewerber können sich solchenfalls hiergegen verwahren, der abgewehrte Angreifer nur, wenn auch Interessen der Allgemeinheit verletzt werden (BGH GRUR 71 S. 259 „WAZ").

[237] Darauf, ob der Angegriffene seine Abwehrhandlung für gerechtfertigt hält oder halten konnte, kommt es bei Prüfung ihrer Zulässigkeit nicht an (st. Rspr. für viele: BGH GRUR 60 S. 193„Frachtenrückvergütung"), denn ein **Irrtum** eines Werbenden über die Unzulässigkeit seines Verhaltens rechtfertigt eine Wettbewerbshandlung nie (BGH GRUR 67 S. 596 „Kuppelmuffenverbindung"). Er haftet auch ohne Verschulden auf Schadensersatz (s.o. Anm. 51ff.; bestritten! gl. A. Droste GRUR 51 S. 144; a.A. B.-Hefermehl S. 253, der bei schuldloser Putativabwehr nur den Beseitigungsanspruch gibt, was unbillig erscheint, weil dieser oft faktisch nicht realisierbar ist; da der Unterlassungsanspruch wiederum in der Regel mangels Wiederholungsgefahr entfällt, würde der durch schuldlose Putativabwehr Verletzte klaglos gestellt sein. In den Fällen, in denen die Existenz des Verletzten (schuldlos) vernichtet worden sein wird, ein sicher nicht nur unbefriedigendes sondern auch ungerechtes Ergebnis (vgl. hierzu oben Anm. 49ff.).

II. Die Ansprüche

[238] Die **Ansprüche** des Verletzten sind auf **Abwehr** und **Schadensersatz** gerichtet. Anders als die Abwehrhandlung ist der Abwehranspruch keine Selbsthilfe-Maßnahme, bei welcher der Handelnde sein Verhalten mit dem Abwehrcharakter desselben rechtfertigt, ohne welchen es sittenwidrig wäre (vgl. Anm. 230ff.), sondern ein Anspruch, der allein dadurch realisierbar ist, daß er seinem Inhaber nur durch ein Gericht zugesprochen oder durch Vereinbarung mit dem Täter der vorangegangenen Verletzungshandlung eingeräumt werden kann. Ohne einen dieser beiden Akte realisiert, würde er sich nur als zulässige oder unzulässige Abwehrhandlung manifestieren lassen. Der Abwehranspruch ist sowohl gegen drohende als auch gegen vollendete Verletzungshandlungen gerichtet, gegen letztere jedoch nur, solange ihre Wirkung noch fortdauert. Dauert sie nicht mehr fort, geht der Abwehranspruch unter, weil das für die Geltendmachung eines jeden Anspruchs erforderliche Rechtsschutzbedürfnis entfallen ist, und es bleibt nur ein etwaiger Schadensersatzanspruch. Das Rechtsschutzbedürfnis bzw. -interesse entfällt auch bei Erfüllung des Anspruchs, z. B. durch strafbewehrte Unterlassungsverpflichtung und bei Vorliegen eines rechtskräftigen Vollstreckungstitels (BGH GRUR 73 S. 208 „Neues in der Medizin"). Hält aber trotz Beendigung der Wirkung einer vollendeten Verletzungshandlung die Drohung ihrer erneuten Begehung (Wiederholungs- bzw. Beeinträchtigungsgefahr) an, ist der Abwehranspruch *dieserhalb* gegeben.

[239] Zu den Abwehransprüchen zählt man den Unterlassungs-, Beseitigungs- und Widerrufsanspruch.

Der Unterlassungsanspruch setzt voraus, daß eine künftige objektiv rechtswidrige Handlung zu befürchten ist, als welche künftige wettbewerbswidrige Handlungen (BGH GRUR 73 S. 203 „Badische Rundschau") wie aber auch solche in Betracht kommen, die rechtswidrig in dingliche und absolute Rechte Dritter eingreifen. Er ist also in die Zukunft gerichtet. Es ist aber schon für § 1004 BGB und für die auf Grund dieser Vorschrift von der Rechtssprechung (RG 163 S. 210) entwickelte quasinegatorische Klage allgemein anerkannt worden, daß bereits die *Bedrohung* mit einer (also auch der ersten) Beeinträchtigung u. U. selbst eine Beeinträchtigung ist und schon zur Unterlassungsklage berechtigt (BGH GRUR 64 S. 146 „genossenschaftliche Rückvergütung", WRP 74 S. 271 „Hausagentur"), weil der Bedrohte den Angriff selbst nicht abzuwarten braucht, da er andernfalls zwangsläufig immer zu spät käme, so daß der Unterlassungsanspruch nur geringen Wert hätte (BGH GRUR 58 S. 30 „Außenleuchte"; a. a. O. „Genossenschaftliche Rückvergütung", „Hausagentur").

Man unterscheidet zwischen *negatorischem* und *quasinegatorischem* Abwehranspruch, deren Unterschied darin besteht, daß ersterer analog § 1004 BGB das

Sacheigentum und alle anderen absoluten Rechte schützt, letzterer nur *Rechtsgüter* vornehmlich solche, die ausschließlich durch Vorschriften des Rechts der unerlaubten Handlung Schutz erfahren — auch „deliktisch geschützte Rechtsgüter" genannt — (ebenso B.-Hefermehl S. 209). Das bedeutet, daß jeder Eingriff in dingliche, absolute und quasidingliche Rechte mit dem Unterlassungsanspruch des § 1004 bekämpft werden können, wenn der Verletzte nicht zur Duldung verpflichtet ist (§ 1004 Abs. 2), z.B. unter dem Gesichtspunkt der Abwehrhandlung (BGH GRUR 73 S. 483 „Betriebsspionage"), wegen entgegenstehenden öffentlichen Interesses usw. Der Anspruch aus § 1004 steht nach Lehre und Rechtssprechung gleichberechtigt neben dem Anspruch aus § 1 UWG, auch wenn die Verletzungshandlung zu Wettbewerbszwecken geschah (vgl. o. Anm. 33).

[240] Wie für alle Ansprüche aus § 1 UWG genügt für den Unterlassungsanspruch die **objektive Widerrechtlichkeit** allein (st. Rspr. seit, BGH GRUR 52 S. 35 „Widia/Ardia"), ein Verschulden wird nicht gefordert (gl. A. B.-Hefermehl S. 211 Reimer-v. Gamm S. 211; Ulmer-Reimer S. 98). Da aber entgegen der hier vertretenen Auffassung (s. Anm. 81) vielfach die These vertreten wird, daß guter Glaube des Handelnden die Sittenwidrigkeit seines Tuns ausschließen könne (B.-Hefermehl S. 157; Reimer-v. Gamm S. 129; Ulmer-Reimer S. 43), ist die Einmütigkeit nur scheinbar, daß für den Unterlassungsanspruch kein Verschulden gefordert werde. Auch in seinem „Badische Rundschau"-Urteil (GRUR 73 S. 203) macht der BGH über die Forderung nach dem Wissen des Handelnden von der Unzulässigkeit seines Tuns die Zuerkennung des Unterlassungsanspruchs wieder von einem Verschulden abhängig. Wesentlich ist das in der Praxis freilich nicht, weil der Unterlassungsschuldner im Laufe eines Prozesses in der Regel von dem Unrechtsgehalt seiner Handlung Kenntnis erlangen wird, was sodann für seine Verurteilung ausreicht; aber wenn er sofort einsichtig ist und durch ernst zu nehmende Unterlassungsverpflichtung die Wiederholungsgefahr ausräumt, wären ihm nach der hier vertretenen Ansicht unter Erledigungserklärung der Hauptsache die Kosten des Rechtsstreits aufzuerlegen, während die Gegenmeinung zu einer Verurteilung des Klägers in die Kosten käme.

Auch hilft häufig § 1004 über die Schwierigkeiten fehlender subjektiver Rechtswidrigkeit hinweg; denn sein Unterlassungsanspruch erfordert keinen Wettbewerbszweck, keine Sittenwidrigkeit. Er ist schlicht auf Unterlassung drohender objektiver Störungen gerichtet, die der Verletzte (Abs. 2) nicht zu dulden braucht. Dieser Erleichterung seiner Verfolgung steht als Erschwernis die Beweislast für die Beeinträchtigungsgefahr gegenüber, für die jedoch das Verhalten des Beklagten meist hinreichende Indizien gibt.

[241] Voraussetzung für den Unterlassungsanspruch ist, daß entweder eine **Beeinträchtigungs-** oder **Wiederholungsgefahr** besteht, die sich beide darin unterscheiden, daß unter einer Beeinträchtigungsgefahr die Gefahr einer erstmaligen, unter Wiederholungsgefahr eine solche wiederholter Beeinträchtigung verstanden wird. Diese Gefahr erstmaliger oder wiederholter Beeinträchtigung ist als Voraussetzung für den Unterlassungsanspruch ein Erfordernis aus der denkgesetzlich richtigen Exegese der Gesetzesvorschriften, daß auf Unterlassung nur in Anspruch genommen werden kann, wer schon gehandelt hat oder schon handelt, oder seine Handlung wenigstens schon vorbereitet. Es genügt also schon die Gefahr erstmaliger Rechtsverletzung (BGH GRUR 64 S. 146 „genossenschaftliche Rückvergütung", WRP 74 S. 271 „Hausagentur"). Aber wer noch nicht einmal mit der Vorbereitung begonnen hat, droht auch noch nicht ohne weiteres mit einer Handlung. Die reine Besorgnis (Möglichkeit), daß jemand einmal eine Handlung vornehmen könnte, reicht also nicht aus (ebenso B.-Hefermehl S. 212). Aber wer sich eines Rechts zur Begehung einer unzulässigen Handlung berühmt, kann damit wiederum eine Beeinträchtigungsgefahr heraufbeschwören, so insbesondere, wenn das im Prozeß geschieht (BGH GRUR 63 S. 218 „Mampe Halb und Halb II", 73 S. 203 (205) „Badische Rundschau"), aber auch außerprozessual, wenn die Handlung schon begangen ist (BGH GRUR 57 S. 342 „Underberg"); nicht aber wiederum, wenn sich aus den Umständen ergibt, daß die Handlung nicht begangen werden wird, obschon sie für rechtmäßig gehalten wird (BGH GRUR 68 S. 49 „Zentralschloßanlagen").

Ist eine Verletzungshandlung zu Wettbewerbszwecken begangen worden, ist die **Gefahr der Wiederholung immer zu vermuten** (st. Rechtsprechung; BGH GRUR 67 S. 362 „Spezialsalz"; 70 S. 558 „Sanatorium"; 73 S. 484 (485) „Betriebsspionage"). Noch nicht einmal bei Betriebseinstellung entfällt die Wiederholungsgefahr ohne weiteres — freilich ist die Gesamtheit aller Umstände entscheidend —, da der Verletzte keinen Einfluß auf eine Wiederaufnahme des Betriebs habe (BGH GRUR 72 S. 550 „Spezialsalz II"); das gleiche gilt für einen Liquidationsbetrieb, der auch als solcher die unzulässige Wettbewerbshandlung fortsetzen kann (BGH GRUR 59 S. 367 „Ernst Abbe").

[242] Die **Vermutung** der Wiederholungsgefahr nach einmal begangener unlauterer Wettbewerbshandlung (anders, wenn nicht zu Wettbewerbszwecken gehandelt wurde) hat der Täter mit voller Beweislast auszuräumen (BGH GRUR 59 S. 342 (345) „Rheinpfalz"), während bei noch nicht begangener Handlung der Kläger die **Beeinträchtigungsgefahr zur Schlüssigkeit der Klage** zu behaupten und zu beweisen hat, deren Fortbestand dann aber gleichfalls zu vermuten ist (BGH GRUR 73 S. 208 „Neues aus der Medizin"; Rosenberg-Schwab „Zivilprozeßrecht § 93 IV; Soergel-Mühl Anm. 57 und § 1004 BGB; a. A. B.-Hefermehl S. 218, weil die Beeinträchtigungsgefahr eine materielle Anspruchsvoraussetzung sei, so daß kein Grund bestehe, noch ihre schlüssige Behauptung als Prozeßvoraussetzung zu fordern). Beim Handeln zu Wettbewerbszwecken besteht die Vermutung der Wiederholungsgefahr immer (BGH a.a.O.).

Selbstverständlich setzt die Geltendmachung auch eines vertraglichen Unterlassungsanspruchs Beeinträchtigungsgefahr voraus (BGH WRP 56 S. 228 „ADSp").

[243] An den **Fortfall der Wiederholungsgefahr,** wie auch der bewiesenen ersten Beeinträchtigungsgefahr sind strenge Anforderungen zu stellen (BGH GRUR 70 S. 558 „Sanatorium"; 73 S. 208 „Neues aus der Medizin"). In der Regel werden diese Beeinträchtigungsgefahren nur durch strafbewehrte Unterlassungsverpflichtungen oder rechtskräftige Gerichtsurteile beseitigt (BGH a. a. O. „Sanatorium", „Neues aus der Medizin"). Der Erlaß einer einstweiligen Verfügung genügt nicht, solange der Verletzer auf seine Rechtsmittel gegen sie nicht verzichtet hat (BGH a. a. O. „Neues aus der Medizin"; GRUR 64 S. 274 „Möbelrabatt"). Auch die nicht strafbewehrte Erklärung einer Werbeagentur, den Weisungen der zur Unterlassung durch einstweilige Verfügung verpflichteten Auftraggeberin folgen und sich an das Verbot halten zu wollen, reicht nicht aus (BGH a. a. O. „Neues aus der Medizin"; „Sanatorium").

Wer die unzulässige Handlung rechtfertigend verteidigt, räumt die Gefahr neuer Beeinträchtigungen nie aus. Er kann sie allenfalls bestreiten, so daß die Klage abzuweisen ist, wenn der Kläger die Handlung nicht beweist. M. E. zu streng BGH GRUR 65 S. 155 „Werbefahrer", wo nach erlassener einstweiliger Verfügung für die Beseitigung der Wiederholungsgefahr die Entlassung des verantwortlichen Angestellten und das Bestreiten der Handlung nicht genügte, weil dem Kläger Frist zur Erhebung der Hauptsacheklage gesetzt wurde, statt daß die Aufhebung der einstweiligen Verfügung gemäß §§ 936, 927 ZPO beantragt worden wäre. Solches prozeßrechtliche Fehlverhalten dürfte aber wohl ausschließlich auf die Beratung des Anwalts zurückzuführen sein, jedoch kaum Rückschlüsse auf einen Mangel an der Ernsthaftigkeit des Unterlassungswillens zulassen.

[244] Nach ständiger Rechtsprechung **beseitigen Prozeßerklärungen** und -zugeständnisse die Wiederholungsgefahr, wenn sie eine bessere, ernstzunehmende Einsicht erkennen lassen. Der Verletzer muß ernsthaft für die Zukunft Unterlassung versprechen, eine etwaige Schuldhaftigkeit des Verhaltens bedingungslos anerkennen und von seiner unzulässigen Werbung eindeutig Abstand nehmen, damit ihm nicht die Früchte der Rechtsverletzung erhalten bleiben (BGH GRUR 61 S. 288 „Zahnbürsten"). Überhaupt ist die Art der Prozeßführung ein starkes Indiz für die Ernsthaftigkeit der Erklärungen des Beklagten, nicht mehr wiederholen zu wollen. Seine Mentalität, die im Prozeß fast immer irgendwie zum Ausdruck kommt, entscheidet meist über den Fortbestand oder Wegfall der Gefahr weiterer Beeinträchtigungen (BGH GRUR 55 S. 342 „Rheinpfalz"). Wenn der Handelnde durch freiwilligen Widerruf die bereits eingetretenen Schäden beseitigt, wird man ihn in der Regel ernst zu nehmen haben.

Obschon Unterlassungsverpflichtungen grundsätzlich bedingungslos abzugeben sind, können sie jedoch dann bedingt abgegeben genügen, wenn die Bedingung nur für den Fall keiner anderen rechtlichen Beurteilung desselben Tatbestandes in einem Parallel-Prozeß zwischen denselben Parteien gelten soll (BGH GRUR 64 S. 87 „Lesering"), wo um die Zulässigkeit derselben Handlung gestritten wird.

Die Beeinträchtigungsgefahr besteht unproblematisch fort, wenn der Täter im Prozeß seine Handlung zu rechtfertigen versucht, auch wenn er Unterlassung verspricht, weil angesichts seiner subjektiven Einstellung sein Versprechen nicht ernst zu nehmen ist und deshalb in Zukunft mit ähnlichen Verletzungen gerechnet werden muß (vgl. BGH GRUR 72 S. 550 „Spezialsalz II"; 73 S. 208 „Neues aus der Medizin"). Die Beeinträchtigungsgefahr entfällt auch nicht, wenn der Täter nicht allein zivil- sondern auch strafrechtlich verfolgt wird, da strafrechtlich nur begangenes und nicht zukünftiges Unrecht geahndet werden kann (RGZ 116 S. 151; BGH GRUR 57 S. 558 „Bayern-Expreß"). Im übrigen ist die Beeinträchtigungsgefahr von Fall zu Fall zu prüfen. Sie muß noch zum Zeitpunkt der letzten mündlichen Verhandlung bestehen (BGH GRUR 73 S. 203 „Badische Rundschau"). Sie ist eine reine **Tatfrage** (allg. Meinung), denn sie ist eine Feststellung auf Grund der Lebenserfahrung.

[245] Ist die Beeinträchtigungsgefahr beseitigt, **entfällt der Unterlassungsanspruch.** Da er immer nur in die Zukunft gerichtet ist, kann er denkgesetzlich nie erfüllt sondern immer nur gegenstandslos werden. Er wird durch Wohlverhalten respektiert und kann bei endgültiger Abkehr des einstigen Verletzers von seinem Verletzungswillen nur entfallen, gegenstandslos werden oder erledigt sein. Er hat nur negatorischen Charakter und wendet sich aus einer gegebenen Situation allein gegen einen konkreten Zustand, der mit dem Falle einer gedachten Übertragung schon völlig verändert sein kann. Verändert sich der Zustand nicht, entsteht der Unterlassungsanspruch bei etwa anhaltender Beeinträchtigungsgefahr sowieso täglich von neuem, stets für die Vergangenheit gegenstandslos werdend, und zwar auch wenn verletzt worden sein sollte, weil das nicht mehr ungeschehen gemacht werden sondern nur noch Beseitigungs-, Widerrufs- und Schadensersatzansprüche auslösen kann. Deshalb ist der Unterlassungsanspruch **als rein negatorischer Anspruch** (vgl. v. Caemmerer, Festschrift DJT 1961 S. 54; Larenz Schuldrecht II § 70 II) auch **nicht übertragbar** (st. Rechtssprechung seit RG MuW 40 S. 32). Das gilt auch bei der Übertragung eines Geschäftsunternehmens (anders offenbar RG GRUR 37 S. 48), weil nach jeder gedanklichen Vergangenheit der Unterlassungsanspruch für die Vergangenheit erledigt ist und für die Zukunft bei unveränderter Situation neu entsteht.

[246] Wird die Beeinträchtigungsgefahr nicht durch entsprechendes Verhalten des Verletzers beseitigt, muß dies durch Urteil geschehen, welches die Beseitigung durch Strafandrohung vollzieht. Der Urteilstenor hat die Verletzungsform bzw. -handlung konkret zu bezeichnen, deren zukünftige Verwirklichung unter die

Strafandrohung gestellt ist. Grundsätzlich kann nur die begangene oder diejenige Verletzungshandlung, deren Begehung zu besorgen ist, im Unterlassungsgebot des Urteilstenors aufgenommen werden, da nur sie Gegenstand des Rechtsstreits war (BGH GRUR 60 S. 296 „Reiherstieg"; 61 S. 288 „Zahnbürsten"; 66 S. 35 „multicord"). Ein weitergehendes Verbot ist unzulässig (BGH GRUR 63 S. 430 „Erdener Treppchen"; 67 S. 30 „Rumverschnitt"). Das bedeutet aber nicht, daß die Handlung nur in ihrer Vollständigkeit als Ganzheit verboten werden kann; enthält eine Werbung z.B. mehrere unrichtige Angaben; kann auf Unterlassung der Wiederholung der gesamten Angabe wie aber auch zusätzlich auf Unterlassung zukünftiger Werbung mit Teilen der in ihrer Gesamtheit verbotenen Angabe erkannt werden. Jeder Teil einer Werbeformel kann einer besonderen Beurteilung unterzogen werden (BGH GRUR 73 S. 594 „Ski-Sicherheitsbindung"). Ausnahmsweise kann auch eine gewisse Verallgemeinerung hingenommen werden, wenn nur darin das Charakteristische der konkreten Verletzungsform zum Ausdruck kommt, doch muß der Unrechtsgehalt im Kern herausgeschält sein (BGH a.a.O. „Zahnbürsten"); denn eine gewisse Verallgemeinerung kann sich aus den Umständen notwendig ergeben, wenn die Gefahr einer Wiederholung besteht, die in ihrer äußeren konkreten Form nicht mit Präzision vorausgesagt werden kann. Mitunter lassen sich die Verletzungshandlungen nur verallgemeinert in Worten wiedergeben, weil sie schon in der Vergangenheit variierten (BGH GRUR 57 S. 606 „Heilmittelvertrieb"). **Eine gewisse Konkretisierung** ist aber stets zu fordern, zumal auch das Unterlassungsgebot auslegungsfähig ist und sich auf solche Abweichungen erstreckt, die seinen Kern noch verletzen (BGH GRUR 63 S. 378 „Deutsche Zeitung").

[247] Erst die im **Urteilstenor** auszusprechende **Strafandrohung** gibt dem Verletzten die Handhabe, im Falle verbotswidriger Wiederholung gegen den Verletzer vorzugehen. An einem Urteil ohne Strafandrohung bestünde kein Rechtsschutzbedürfnis, so wie letzteres für Feststellungsklagen fehlt, wenn auf Leistung geklagt werden kann. Nur in Verbindung mit einer nachgesuchten Strafandrohung ist ein Rechtsschutzbedürfnis an der Unterlassungsklage denkbar; denn sie ist nicht auf eine gegenwärtige Leistung sondern auf ein gerichtliches Verbot, das die Feststellung der Unzulässigkeit einer Handlung zur Grundlage hat, gerichtet. Insofern ist sie eine Klage sui generis, als welche sie der negativen Feststellungsklage näher steht als der Leistungsklage. Mit dem Leistungstitel kann die Bewirkung der geschuldeten Leistung — notfalls durch Inanspruchnahme eines Gerichtsvollziehers — erzwungen werden, mit dem strafbewehrten Unterlassungstitel nicht. Seine stets mögliche Verletzung löst immer nur Strafen aus und es steht im Belieben des Schuldners, diese bei neuen Verletzungen in Kauf zu nehmen (a. A. B.-Hefermehl S. 217; Zeuner, Festschrift für Prof. Dölle 1963 II S. 310, die die Unterlassungsklage der Leistungsklage zuordnen). Zur Verjährung vgl. Erläuterungen zu § 21.

III. Der Beseitigungsanspruch

[248] **Der Beseitigungsanspruch** ist ein selbständiger Anspruch eigener Art, der, von einer unzulässigen Handlung eines Störers ausgelöst, allein wie aber auch neben Unterlassungs- und Schadensersatzansprüchen gegeben sein kann je nach dem, ob deren Voraussetzungen nicht oder auch vorliegen. Er dient der *Abwehr in der Gegenwart fortdauernder Störungen* (allg. Meinung, B.-Hefermehl S. 219; Reimer-v. Gamm S. 113; Reimer-Pastor S. 347 ; Ulmer-Reimer S. 101).

Man unterscheidet zwischen zwei Arten von Beseitigungsansprüchen: dem quasinegatorischen Beseitigungsanspruch aus § 1004 Abs. 1 Satz 1 BGB, der auf das Wettbewerbsrecht analog angewandt wird, und dem Beseitigungsanspruch als selbständiger Unterart des Schadensersatzanspruchs, der sich aus § 1 UWG, §§ 823, 826, 249 BGB unmittelbar ergibt. Ist der Anspruch auf Beseitigung der Schadensfolgen auf Schadensersatz (Naturalrestitution im Sinne des § 249 BGB) gerichtet, wird von der h. L. (B.-Hefermehl, Reimer-v. Gamm, Ulmer-Reimer, Reimer Pastor a.a.O.) Verschulden gefordert, was zu großen Unbilligkeiten führen kann (vgl. oben Anm. 51ff.), wenn die Beseitigung der Beeinträchtigung, d.h. die Wiederherstellung des vor der schuldhaften Störung bestandenen Zustandes nicht möglich ist und wenn darüber die Existenz des Verletzten vernichtet wird. Aus der Erkenntnis solcher Unbilligkeit hat die Rechtssprechung für die Fälle störender Eingriffe in ein Grundstückseigentum die Schadloshaltung bzw. bei öffentlich-rechtlichen Körperschaften den Aufopferungsanspruch ohne Rücksicht auf Verschulden entwickelt (BGHZ 15 S. 146; MDR 71 S. 912). Diese Unbilligkeit der wettbewerbsrechtlichen Behandlung solcher Fälle wird besonders augenfällig, wo der schuldlose Störer aus der Fortwirkung der Beeinträchtigung, deren Beseitigung nicht möglich ist, fortdauernd Nutzen zieht, dem auch mit der Lehre nicht abgeholfen werden kann, daß in der Nichtbeseitigung der geschaffenen Beeinträchtigung eine Wiederholung des vorangegangenen Tuns liegt, so daß sich ein Unterlassungsanspruch hieraus ergäbe, der sich aber wegen Unmöglichkeit der Beseitigung nicht realisieren läßt, während in Geld zu leistende Schadensersatzansprüche trotz zwischenzeitlich entstandener Schlechtgläubigkeit des Störers nach h.L. daran scheitern, daß den Störer wiederum wegen Unmöglichkeit der Beseitigung immer noch kein Verschulden trifft, solange er keine erneute tatsächliche Wiederholungshandlung begangen hat. Ein ungerechtes Ergebnis, was zumindest zu einer Entschädigung unter gerechter Abwägung der beiderseitigen Interessen führen sollte, da die Interessen des Geschädigten nicht weniger schutzwürdig sind als die Interessen des schuldlosen Täters. — In der Regel wird der Beseitigungsanspruch freilich als solcher des § 1004 zu begründen sein, so daß es sowieso dieseıhalb auf die Verschuldensfrage meist nicht ankommen wird.

[249] Wo aber ist der Beseitigungsanspruch gleichzeitig ein Schadensersatzanspruch? Jede Beseitigung eines schädigenden Zustandes stellt zugleich eine

faktische, wenn auch — nach h.L. — nicht rechtliche, oft nur teilweise Naturalrestitution im Sinne des § 249 BGB dar. Wer z.B. die Etiketten von einer Ware des Konkurrenten beseitigen läßt, welche in einem Ladenfenster zum Verkauf ausgestellt ist, beseitigt damit einen ihm auch dadurch entstandenen Schaden, daß seine Kunden irregeführt wurden. Oder man denke an die gemäß § 14 unzulässigen Druckschriften, auf deren Vernichtung der Verletzte Anspruch hat. Die Grenzen zwischen Unterlassungs-, Beseitigungs- und Ersatzanspruch sind also flüssig, freilich ohne daß ihre Selbständigkeit aufgehoben wäre. Es kann nur in der Erfüllung des einen zugleich auch die Erfüllung eines anderen Anspruchs ganz oder teilweise liegen.

[250] Voraussetzungen des Beseitigungsanspruchs sind die Fortdauer der Störungswirkungen, seine Eignung und Notwendigkeit zur Fortwirkungsbeseitigung (BGH GRUR 62 S. 315 „Deutsche Miederwoche") und der Mangel einer Duldungspflicht (§ 1004 Abs. 2). Während die beiden ersteren Voraussetzungen von dem verletzten Kläger zu beweisen sind, hat der Störer die Beweislast für eine etwaige Duldungspflicht des Verletzten. Bei einer rechtswidrigen Handlung wird sich eine Duldungspflicht freilich nie ergeben, auch nicht bei einer schuldlosen; der Verletzte wird ihre Dauerwirkung nur hinnehmen müssen, wenn ihre Beseitigung unmöglich ist (s. Anm. 270). Die Fortwirkung der Störung muß bis zur letzten mündlichen Verhandlung in den Tatsacheninstanzen anhalten, da es andernfalls nichts mehr zu beseitigen gäbe, das Rechtsschutzbedürfnis also entfiele (all. Meinung). Wirkt die Störung nicht mehr fort, muß die Hauptsache für erledigt erklärt werden.

Die Beseitigungshandlung muß auch geeignet sein, die Fortwirkung zu beenden. Fehlt ihr eine solche Eignung, ist sie nicht notwendig und es entfällt auch das Rechtsschutzbedürfnis an ihrer Durchsetzung. Das Gleiche gilt, wenn sie zwar geeignet, aber nicht notwendig ist, weil sie zu weit geht und deshalb neues Unrecht schafft. Sachlich geeignet muß sie auch die schonendste Maßnahme sein (BGH GRUR 68 S. 262 „Fälschung"; 69 S. 368 „Unternehmensberater"). Wie immer ist auch hier eine gerechte Abwägung der beiderseitigen Interessen erforderlich. Die Beseitigungshandlung darf weder zu einer unnötigen Diskriminierung des Störers noch zu einer Werbung des Verletzten führen (BGH a.a.O.).

[251] Ob der Urteilstenor die Art und Weise der Beseitigung vorzuschreiben hat, ist strittig. Von der Rechtsprechung wird die Frage verneint, ebenso von Reimer-v.Gamm (S. 114) und offenbar auch von Reimer-Pastor (S. 353), wonach die Bestimmung der konkreten Beseitigungshandlung in das Vollstreckungsverfahren gehört, was für den Verletzten zu einer Rechtsunsicherheit und — in gewisser Weise — Rechtsverweigerung insofern führt, als der Verletzte nach mühsamem, oft jahrelangen Prozessieren mit seinem Vollstreckungstitel nun nochmals durch die (Vollstreckungs-) Gerichtsinstanzen gehen muß, was weitere Zeitverluste bringt, die er bei vernichtender Störungsfortwirkung häufig nicht durchstehen kann, ohne bei mangelndem Verschulden des Verletzers nach der h. L. Aussicht auf Schadensersatz zu haben. Zutreffend hält deshalb B.-Hefermehl (S. 222) eine allgemein gehaltene Verurteilung zur Beseitigung von Verletzungsfolgen für wertlos, mögen letztere noch so sehr konkretisiert sein; denn erst im Vollstreckungsverfahren wird entschieden, was im einzelnen zum Zwecke der Beseitigung zu geschehen hat, was für den Verletzten das Wichtigste ist. Es ist also Sache des Verletzten, *wie* er beseitigen lassen will (BGH GRUR 54 S. 337 „Radschutz"; 64 S. 82 „Lesering").

[252] Offenbar — weil andernfalls inkonsequent — unter dem Gesichtspunkt des Naturalschadensersatzes wird erfreulicherweise in der Praxis dennoch häufig von den Prozeßgerichten schon die konkrete Beseitigungshandlung vorgeschrieben, was nach h. L. und Rechtssprechung freilich ein Verschulden des Störers zur Voraussetzung hat. So die Löschung eines Firmenbestandteils im Handelsregister (BGH GRUR 60 S. 296 „Reiherstieg"; 66 S. 35 „multicord"), eines Warenzeichens in der Zeichenrolle (GRUR 55 S. 487 „Alpha"), nicht dagegen eines Zeichenbestandteils (BGH GRUR 58 S. 185 „Wyeth"), weil auch andere Beseitigungsmöglichkeiten denkbar sind. Auch ist schon konkret auf Vernichtung des Beeinträchtigungsobjekts erkannt worden (OLG Köln GRUR 58 S. 300; BGH GRUR 56 S. 284 „Rheinmetall Borsig II"; 58 S. 402 „Lily Marleen"; 66 S. 97 „Zündaufsatz), obwohl das über den Charakter eines reinen Beseitigungsanspruchs hinausging und damit schon Schadensersatz gewährt wurde. Auch auf Unkenntlichmachung (BGH GRUR 54 S. 337 „Radschutz") ist konkret erkannt worden. Schon das RG (MuW 32 S. 342) erkannte auf die konkrete Beseitigungsform mit der Anordnung des Aufdrucks „Deutsches Erzeugnis" auf einer Ware, die den Anschein erweckte, holländischer Herkunft zu sein.

[253] Die Beseitigung geschieht stets auf Kosten des Störers, wenn nicht unter Gesichtspunkten des Schadensersatzes, so zumindest stets nach Bereicherungsgrundsätzen (BGH GRUR 62 S. 261 „Öl regiert die Welt"), denn eigentlich hat er tätig zu sein, um zu beseitigen.

[254] Der meist quasinegatorische **Berichtigungsanspruch** ist kein Beseitigungsanspruch, wenn auch in Form und Durchsetzungswirkung mit ihm verwandt. Auch er ist auf eine Leistung, nämlich auf Richtigstellung ausschließlich unrichtiger Tatsachenbehauptungen gerichtet und wirkt mit seiner Eignung, Störungszustände zu beseitigen, ähnlich einem auf Beseitigung gerichteten Schadensersatzanspruch auf Naturalrestitution. Auch er setzt eine Dauerwirkung der Verletzungshandlung voraus. Aber er beseitigt nicht nur, sondern soll darüber hinaus positiv richtigstellen (BGH GRUR 58 S. 448 „Blanko-Verordnungen"). — Über die Frage eines etwa erforderlichen Verschuldens des Verletzers s. Anm. 276.

[255] Der **Widerrufsanspruch** ist ein Beseitigungsanspruch ohne positive Richtigstellung. Früher wurde er als deliktischer Schadensersatzanspruch gewertet, so daß vom Verletzten ein schuldlos herbeigeführter Beeinträchtigungszustand trotz

Dauerwirkung geduldet werden mußte. In der Erkenntnis, daß das mit dem Begriff der Gerechtigkeit nicht zu vereinbaren ist, wurde der Widerrufsanspruch in Analogie als quasinegatorischer Anspruch aus § 1004 BGB schließlich gegeben. Seitdem wird auf ihn ohne Rücksicht auf Verschulden des Störers erkannt (BGH GRUR 62 S. 315 „Deutsche Miederwoche").

[256] **Voraussetzung** für den Widerrufsanspruch sind eine **fortdauernde Wirkung unrichtiger Tatsachenbehauptungen** als unzulässige vorangegangene Verletzungshandlung, gleichgültig ob eine Wiederholung der Handlung droht oder nicht, weil in der fortdauernden Wirkung eine sich ständig erneuernde Beeinträchtigung des Verletzten liegt (BGH GRUR 69 S. 368 „Unternehmensberater"; 70 S. 254 „Remington"), und die **Notwendigkeit des Widerrufs.** Von fortdauernder Wirkung läßt sich freilich nur bei Werbebehauptungen sprechen, die einen bleibenden Eindruck hinterlassen, so insbesondere bei schriftlicher Niederlegung in Zeitschriften, Katalogen, Nachschlagewerken, wo die angesprochenen Verkehrskreise immer wieder auf sie stoßen. Mündlichen unrichtigen Werbebehauptungen, in Kundgebungen, in Radio oder Fernsehen verbreitet, auch im Annonceteil von Tageszeitungen, wird selten eine Dauerwirkung anhaften. Die Beeinträchtigung braucht nicht darin zu liegen, daß die unrichtigen Behauptungen über den Verletzten (Beeinträchtigten) aufgestellt worden sind; auch bei mit nachhaltiger Wirkung geäußerten unrichtigen Behauptungen des Werbenden über sich selbst, z.B. daß er der größte und älteste Möbelfabrikant sei, kann bei fortdauernder Wirkung das Rechtsschutzbedürfnis eines Konkurrenten am Widerruf bestehen (RGZ 148 S. 114). Auch irreführende Werbeäußerungen können den Widerrufsanspruch rechtfertigen, wobei die Interessen beider Parteien sorgfältig abzuwägen sind (BGH GRUR 62 S. 315 „Deutsche Miederwoche"), so daß den Anspruch auch Verbände im Sinne des § 13 geltend machen können. Gewöhnliche Beleidigungen gewähren den Widerrufsanspruch jedoch nicht, auch nicht tatsächliche Behauptungen unter vier Augen (BGHZ 10 S. 104), wohl aber ehrverletzende Äußerungen (gl. A. Reimer-v. Gamm S. 469; Reimer-Pastor S. 357; Ulmer-Reimer S. 100), die immer einen Tatsachengehalt haben; ihre fortdauernde Wirkung ist meist besonders rufschädigend (BGH GRUR 68 S. 262 „Fälschung").

Der Widerruf ist also auch auf Schadensbeseitigung gerichtet, ohne daß es auf Verschulden des Täters ankommt (ebenso die st. Rechtsprechung und h. L.).

[257] Neben dem Erfordernis der Fortwirkung der Störung muß der Widerruf **notwendig** und **geeignet** sein, die Verletzungswirkung zu beseitigen, was er nicht ist, wenn die zu widerrufende Behauptung wirkungslos war oder längst vergessen ist. Nie darf der Widerruf dazu *dienen*, dem Verletzten nur Genugtuung zu verschaffen oder den Störer zu demütigen (BGHZ 10 S. 104; GRUR 55 S. 97 „Constanze II"; 60 S. 449 „Alte Herren"), wenngleich eine Demütigung dort in Kauf zu nehmen ist, wo sie sich bei einem für die Beseitigung der Beeinträchtigung erforderlichen

Widerruf nicht vermeiden läßt, denn schließlich hat sich der Verletzer die Folgen seiner Handlung selbst zuzuschreiben (BGH GRUR 62 S. 315 „Deutsche Miederwoche").

Man unterscheidet zwischen dem Widerruf **objektiv unwahrer** und **nicht erweislich wahrer** Tatsachenbehauptungen. Teilunrichtige und mißverständliche Behauptungen sind unwahren Tatsachenbehauptungen gleichzuachten. Steht in diesem Sinn die Unwahrheit fest, ist problemlos der Widerrufsanspruch zuzubilligen (BGH GRUR 70 S. 370 „Nachtigall"), ist sie aber nur nicht erweislich unwahr, also möglicherweise doch wahr, differenziert die Rechtssprechung nach dem Wahrscheinlichkeitsgrad: Ist die Unwahrheit unwahrscheinlich (nach dem Beweisergebnis), wird der Widerrufsanspruch abgewiesen (BGH a. a. O. „Nachtigall"), nähert sich die Beweiserhebung dem Ergebnis einer Wahrscheinlichkeit der Behauptung, wird der Störer wegen der Möglichkeit der Wahrheit nur zur Abgabe einer Erklärung zu verurteilen sein, daß er die Behauptung nicht aufrecht erhalte (BGH GRUR 57 S. 93 „Jugendfilmverleih"). Gleiches gilt, wenn die nicht erweislich wahren Tatsachen in vermeintlicher Wahrnehmung berechtigter Interessen (z.B. von der in ihrer Bedeutung oft überbewerteten sensationslüsternen Presse für ihre gaffgierige Leserschaft) behauptet wurden (BGH GRUR 62 S. 35 „Torsana").

[258] Die **Art des Widerrufs** bestimmt das Gericht nach pflichtgemäßem freiem Ermessen unter gerechter Abwägung der beiderseitigen Interessen. Er kann sich in der Veröffentlichungsbefugnis eines Unterlassungsurteils als schwächster Form, in einer Distanzierungs- und ausdrücklichen Widerrufserklärung niederschlagen (BGH GRUR 68 S. 262 „Fälschung"). Auch ist bei der Gestaltung des Widerrufs zu berücksichtigen, ob der Verletzte durch sie nicht erneut beeinträchtigt wird, weil mit ihm angesprochene große Verkehrskreise wieder wachgerüttelt werden, während nur ein kleinerer wenn auch beachtlicher Teil derselben die Verletzungshandlung noch in Erinnerung hatte. Ebenso ist auf den Unverstand, die Flüchtigkeit und das verbreitete Desinteresse der mit dem Widerruf Angesprochenen zu achten, weil diese drei Eigenschaften der Allgemeinheit bei nicht sorgfältigster Formulierung des Widerrufs dazu führen können, daß die sog. „pluralistische Gesellschaft" aus ihm das Gegenteil dessen herausliest, was gesagt werden sollte. (Wohl ähnliches meint Bußmann — GRUR 70 S. 374 —, wenn er auf die Gefahr hinweist, mit der sich der Verletzte erneut in die Schußlinie der Öffentlichkeit begibt).

[259] **Störer** ist nicht nur wer gehandelt hat, sondern auch derjenige, von dem die Beeinträchtigung mittelbar ausgegangen ist (BGH GRUR 55 S. 97 „Constanze II"), ebenso derjenige, der die unzulässige Handlung eines aus eigenem Antrieb und selbstverantwortlich handelnden Dritten durch die sachlichen und persönlichen Mittel seines Betriebes unterstützt und die rechtliche Möglichkeit hat, den Dritten an der Störungshandung zu hindern (BGH a. a. O. „Constanze II").

IV. Die Schadensersatzansprüche

[260] Für Schadensersatzansprüche ist ein Verschulden des Schadensstifters nicht erforderlich, sofern sie aus einer objektiv sittenwidrigen Wettbewerbshandlung (§ 1) hergeleitet werden können (a. A. die h. L.; wie hier nur Rosenthal S. 103; Droste für die Fälle der Putativabwehr (GRUR 51 S. 144) und die frühere Rechtsprechung des RG; im einzelnen (vgl. o. Anm. 49ff.). und sofern dem Verletzten auch wirklich ein Schaden entstanden ist, für den die Verletzungshandlung *ursächlich* war. Für Schadensersatzansprüche sind daher die Wirtschaftsverbände des § 13 — wenn sie ihnen nicht abgetreten — nicht legitimiert. Gleiches gilt (auch nach h. L.) für Ersatzansprüche aus § 14 (Näheres s. dort). Fehlt es an einem der Tatbestandsmerkmale des § 1 (an Wettbewerbszweck, Sittenwidrigkeit oder dgl.), so daß sich Ersatzansprüche nur aus dem bürgerlichen Recht der unerlaubten Handlung ergeben, ist mit der h. L. ausnahmslos Verschulden zu fordern. Hierzu verlangen § 826 Vorsatz, § 823 nur Fahrlässigkeit; nach § 823 Abs. 1 muß der Schadenserfolg voraussehbar gewesen sein, nach Abs. 2 nicht, da er jede schuldhafte Verletzung eines Schutzgesetzes genügen läßt (vgl. B.-Hefermehl S. 122 mit Nachweisen).

Läßt sich der Schaden noch nicht beziffern, so kann auf **Feststellung** der Verpflichtung zum Ersatz desselben geklagt werden, doch muß sein Eintritt wenigstens **wahrscheinlich** sein (BGH GRUR 54 S. 457 „Iris/Urus"). Sobald auf Leistung geklagt werden kann, fehlt das erforderliche Rechtsschutzinteresse an einem Feststellungsurteil, weshalb Klagen auf Feststellung von Beseitigungs-, Unterlassungs- oder Widerrufsverpflichtungen überhaupt unzulässig sind; hier erschöpft sich die geschuldete Leistung schon im Unterlassen, Beseitigen und Widerrufen, so daß es der Feststellung einer solchen Verpflichtung im Urteilstenor nicht mehr bedarf. Regelmäßig fehlt das Rechtsschutzinteresse an einer Feststellung auch der Schadensersatzpflicht dort, wo sich Höhe und Art des Schadens aus einer Auskunft oder Rechnungslegung bereits ergeben, weil der Verletzte solchenfalls gleich auf Leistung klagen kann; zumindest muß er den Fortbestand seines Rechtsschutzinteresses an einer über das Leistungsurteil hinausgehenden Feststellung einer Schadensersatzverpflichtung besonders dartun (RG 101 S. 138), was bei Nichterfassung aller Ersatzansprüche durch das Leistungsurteil denkbar und wegen der kurzen Verjährungsfristen des § 21 UWG mitunter geboten ist.

[261] **Schaden** ist jede erlittene nachteilige Veränderung oder Einbuße an einem geschützten Rechtsgut; er ist immer gegeben, wenn sich eine Vermögensdifferenz zwischen dem durch das Schadensereignis geschaffenen Zustand des verletzten Rechtsguts und dem ohne das Schadensereignis hypothetisch gedachten Zustand feststellen läßt (BGHZ 40 S. 347), aber auch dann, wenn sich eine Vermögensdifferenz nicht errechnen sondern sich das Maß der Beeinträchtigung nur in Geld nach objektiven Grundsätzen bewerten läßt (BGHZ 54 S. 49). Schaden ist auch der entgangene Gewinn und die Reduzierung gegebener Erwerbsaussichten. Auch

Nichtvermögensschäden gehören hierher, wie z.B. die Verletzung reiner Persönlichkeitsrechte, der Ehre usw., bei denen eine Schadensberechnung freilich schwierig ist, weil in der Regel nur Naturalrestitution verlangt werden kann, als welche sich die Ansprüche auf Beseitigung, Richtigstellung und Widerruf anbieten. Als eine gewisse Genugtuung und als Ersatzleistungs-Surrogat gibt es in Fällen von Verletzungen des Persönlichkeitsrechts eine billige Geldentschädigung (BGH GRUR 62 S. 105 „Ginsengwurzel") und in Fällen erfolgter strafrechtlicher Verurteilung nach den Vorschriften dieses Gesetzes den Bußanspruch des § 26 für den Verletzten (s. dort). Nichtvermögensschäden gehen aber vielfach in Vermögensschäden über bzw. verursachen solche, z.B. Gewinn- und Umsatzrückgänge bei Ehrverletzungen und Einbußen am geschäftlichen Ansehen (BGH GRUR 54 S.457 „Iris/Urus"), Beeinträchtigung gegeben gewesener Erwerbsaussichten, Kosten der Beseitigung der Beeinträchtigung, bei Marktverwirrung (BGH GRUR 61 S. 535 „arco"), durch Berichtigung oder Widerruf sowie der Rechtsverfolgung.

Im übrigen sind für den Schadensersatzanspruch maßgebend: die Vorschriften der §§ 249—260 BGB. Es gelten also auch hier die Vorschriften über das *mitwirkende Verschulden* des § 254 BGB und der Auskunftsanspruch des § 260 BGB (allg. Meinung, über ihn vgl. Anm. 266ff.).

[262] Grundsätzlich ist der Schaden durch **Naturalrestitution** zu ersetzen, d.h. es ist der hypothetische Zustand herzustellen, der ohne das schadenverursachende Ereignis bestehen würde (§ 244 BGB). Das ist im Wettbewerb selten möglich, weil sich die Marktsituationen täglich verändern und die Zeit nicht zurückgedreht werden kann. Bleibt ein Mitbewerber zufolge eines schadenverursachenden Ereignisses im Kampf um den Kunden zurück, läßt sich dieser Nachteil für die Zwischenzeit, bis er sein Recht bekommt, nie wieder ungeschehen machen. Demzufolge ist Geldersatz zu gewähren. Seine Berechnung ist meistens schwierig, weshalb eine freie Schätzung desselben nach den Regeln der Lebenserfahrung und nach dem Beweis des ersten Anscheins gemäß § 287 ZPO überall dort geboten ist, wo eine klare Beweisführung der Schadenshöhe nach der Natur der Sachlage nicht möglich ist (BGH GRUR 72 S. 189 „Wandsteckdose").

[263] Die **Schadensberechnung bei Verletzung von Schutzrechten** kann auf dreifache Art geschehen, und zwar durch Ersatz des konkreten Schadens und/oder durch Ersatz des entgangenen Gewinns oder durch Herausgabe des erzielten Gewinns des Verletzers.

a) als **entgangen** gilt der **Gewinn,** der nach dem gewöhnlichen Lauf der Dinge oder nach den besonderen Umständen, insbesondere nach den getroffenen Anstalten und Vorkehrungen **mit Wahrscheinlichkeit erwartet werden konnte** (§ 252). Der Verletzte kann den Schaden also auch abstrakt berechnen (st. Rechtsprechung; BGHZ 29 S. 399). Damit wird dem Verletzten insofern eine Beweiserleichterung für die Schadenshöhe, nicht hinsichtlich der Kausalität der Verletzungshandlung für die

Gewinnverminderung (BGH GRUR 55 S. 351 „Gema") gewährt, als schon die bloße *Wahrscheinlichkeit* der Erwartung des Gewinns zur Zeit des Eintritts der Verletzungshandlung genügt (vgl. Enneccerus-Lehmann, Schuldrecht § 15; Larenz, Schuldrecht § 15). Das Gesetz gibt aber keine Schadensfiktion in Form eines entgangenen Gewinns, so daß der Verletzer trotz Wahrscheinlichkeit entgangener Gewinnerwartung den Gegenbeweis führen kann. Angesichts dessen sowie der Schwierigkeit einer gerechten Schadensschätzung gemäß § 287 ZPO und der meist berechtigten Zweifel, daß der Verletzte die vom Verletzer vertriebene Ware gleichfalls und mit demselben Gewinn vertrieben hätte, wird von der Rechtsprechung die Berechnung des entgangenen Gewinns bei Schutzrechtsverletzungen in Form einer **Lizenzvergütung** zugelassen, da dem Verletzten durch den Gebrauch seines Schutzrechts zumindest sie entgangen ist; denn jeder andere, der das Recht des Verletzten geachtet hätte, würde für seinen Gebrauch gezahlt haben (st. Rechtsprechung; BGH GRUR 56 S. 427 „Motorroller"; 66 S. 375 „Meßner-Tee II"; 72 S. 189 „Wandsteckdosen II"). Das gilt auch für die Verletzung von Urheberrechten, unzulässiger Nachahmung fremder Arbeitsergebnisse (BGH GRUR 72 S. 189 „Wandsteckdose"), Erschleichung und Auswertung fremder Betriebsgeheimnisse oder des erschlichenen know how (ähnlich B.-Hefermehl S. 260; a. A. Reimer-v. Gamm S. 302). Selbstverständlich sind bei der Festsetzung der Höhe der Lizenz-Entschädigung gemäß § 287 ZPO alle Umstände nach freier Überzeugung des Gerichts zu würdigen. Als Richtschnur gilt, daß der Verletzer nicht besser und nicht schlechter gestellt werden darf als ein vertraglicher Lizenznehmer; deshalb ist auch der subjektive Wert der Verletzungshandlung für den Verletzer zu würdigen, der z.B. in der Wirkung des Verletzungsgegenstandes als Werbeartikel zugunsten eines Hauptartikels liegen kann (BGH GRUR 62 S. 509 „Dia-Rähmchen II"). Das Gleiche gilt für Gebrauchsmusterschutz-, Urheberrechts- und auch für fahrlässige Warenzeichenverletzungen (BGH GRUR 61 S. 354 „Vitasulfat"), welch letzteres lange streitig war und von der Rechtssprechung früher abgelehnt wurde, auch für die unzulässige Nachbildung schutzwürdiger Erzeugnisse (BGH a.a.O. „Wandsteckdose II"); bei Namens- und Firmenverletzungen gelten jetzt dieselben Grundsätze (BGH GRUR 73 S. 375 „Miss Petite"), wie sie für Verletzungen auch des Rechts am eigenen Bilde bereits seit langem anerkannt sind (BGH GRUR 56 S. 427 „Dahlke"; 58 S. 408 „Herrenreiter") sowie bei Verletzung des allgemeinen Persönlichkeitsrechts (BGH GRUR 59 S. 430 „Catarina Valente"), weil dieselbe Interessenslage gegeben ist und der Eingriff auch hier üblicherweise nur gegen eine Vergütung gestattet wird. Immer aber bleibt der Verletzte dafür darlegungspflichtig, daß eine tatsächliche Schadensentstehung wahrscheinlich ist (BGH GRUR 72 S. 180 „Cheri").

b) Der Verletzte hat die Wahl, welche Ansprüche er geltend machen will. Er kann auch den **Verletzergewinn herausverlangen** und die für die Ermöglichung seiner Berechnung erforderlichen Auskünfte noch dann fordern, wenn der Verletzer zur Auskunft, die für die anderen Anspruchsarten (lit. a) erforderlich ist, bereits rechtskräftig verurteilt worden ist, weil der Verletzte die Möglichkeit haben muß, den ihm günstigsten Anspruch zu wählen (BGH GRUR 74 S. 53 „Nebelscheinwerfer"). Die **Herausgabe des Gewinns** des Verletzers (Gewinnherausgabeanspruch) ist auch nur ein (Teil-)Schadensersatzanspruch, soweit der Gewinn des Verletzers niedriger ist als der entgangene Gewinn; andernfalls führt die Gewinnherausgabe zum Ersatz des vollen Schadens.

Aber auch wenn dem Verletzten kein Gewinn entgangen ist, besteht der Gewinnherausgabeanspruch unter dem Gesichtspunkt der unechten **Geschäftsführung ohne Auftrag** (§ 687 Abs. 2 BGB). „Behandelt jemand ein fremdes Geschäft als sein eigenes, obwohl er weiß, daß er nicht dazu berechtigt ist, so kann der Geschäftsherr die sich aus den §§ 677, 678, 680, 681 ergebenden Ansprüche geltend machen" (§ 687 Abs. 2), d.h. der Geschäftsführer hat dem Geschäftsherrn herauszugeben, was er aus der Geschäftsbesorgung erlangt hat. Auf das Verhältnis zwischen Patentverletzer und Patentinhaber wird diese Rechtsvorschrift seit langem allgemein angewandt (RGZ 70 S. 249).

[264] Bei **Wettbewerbsverstößen ohne Schutzrechtsverletzungen** wird seit der „Wandsteckdose II"-Entscheidung (BGH GRUR 72 S. 189) die Schadensberechnung nach den Grundsätzen einer Lizenzentschädigung (s. Anm. 263a) weiterentwickelt werden. Sie ließe sich in allen Fällen, bei denen eine gleiche Interessenlage gegeben ist, bei denen der Eingriff in die fremde Interessenssphäre üblicherweise nur gegen eine Vergütung gestattet wird und bei denen sich der Verletzer die erhöhte Werbewirkung seiner Verletzungshandlung bei einem Gestattungsvertrag mit dem Verletzten etwas kosten lassen" würde (BGH GRUR 62 S. 509 (513) „Dia-Rähmchen II"), vom Grundsätzlichen her rechtfertigen. So bei der anlehnenden vergleichenden Werbung, bei der Ausnutzung fremder Verletzung zulässiger Vertriebsbindungen u. a. Von solcher gleichen Interessenlage usw. abgesehen ist bei reinen Wettbewerbsverstößen stets zu prüfen, ob der Verletzte durch sie eine Umsatz- oder Gewinneinbuße erlitten hat; ein Anspruch auf Herausgabe des Verletzergewinns besteht in diesen Fällen nicht (BGH GRUR 65 S. 313 „Umsatzauskunft"). Auch die Kosten der Beseitigung, Berichtigung, des Widerrufs bei Marktverwirrung (BGH GRUR 61 S. 535 „arke"), erhöhte Werbungskosten, Aufklärung des Publikums durch Rundschreiben, Radiodurchsagen, Kosten einer Abmahnung und dgl. sind zu ersetzen. Die Ansicht, daß bei einer wegen fehlenden aufklärenden Zusatzes unzulässigen Werbung sich der Schadensersatz nicht danach richte, welcher Zustand ohne die Werbung, sondern danach, welcher Zustand bestehen würde, wenn — positiv — die Werbung mit dem Zusatz geschehen wäre (so BGH GRUR 66 S. 92 „Bleistiftabsätze"), erscheint unrichtig, weil eine nicht geschehene hypothetische Handlung nicht nachvollzogen werden kann, zumal es für sie eine Fülle zulässiger, mehr oder auch weniger werbewirksamer und -unwirksamer Formen gibt. Hier wurden die Grundsätze der Natural*restitution* und der Unmittelbarkeit des Kausalzusammenhanges außer acht gelassen.

[265] Wie überall wird auch im Wettbewerbsrecht ein **Kausalzusammenhang** zwischen Schaden und haftungsbegründender Verletzungshandlung gefordert. Auch er ist oft schwierig nachzuweisen, was Aufgabe (Beweislast) des Verletzten ist. Oft wird sich ein Umsatzrückgang mit der Untüchtigkeit von Mitarbeitern (z.B. Vertretern) begründen lassen, die der gespannten Wettbewerbssituation nicht gewachsen waren. Da die Grundsätze des **mitwirkenden Verschuldens** des § 254 BGB auch hier gelten (allg. Meinung), ist das Gericht um eine gerechte Entscheidung oft verlegen. Auch ist nach der Lehre zur überholenden Kausalität ein Schaden nicht zu ersetzen, der erst durch ein zweites Ereignis eingetreten ist, das aber ohne die Verletzungshandlung den Schaden vielleicht nicht ausgelöst hätte; u.U. war die Wettbewerbsposition des Verletzten so stark, daß er jeweils *ein* Ereignis ohne Schaden zu nehmen überstehen konnte, während erst die Verletzungshandlung den Weg für die Schadensanfälligkeit des Verletzten bei dem zweiten Ereignis bereitete. Wie soll in solchen Fällen gerecht entschieden werden? Immer wieder muß die oft unzulängliche Lebenserfahrung zu der Erkenntnis verhelfen, ob die entgangenen Aufträge, Umsätze und Gewinne noch im Wahrscheinlichkeitsbereich eines Kausalzusammenhanges mit der Verletzungshandlung liegen (BGH GRUR 60 S. 554 „Handstrickverfahren"; 72 S. 180 „Chéri").

V. Der Auskunfts- und Rechnungslegungsanspruch

[266] Der **Auskunftsanspruch** bereitet die Berechnung des Schadensersatzanspruchs vor, ebenso leitet er die Vorbereitung eines Beseitigungsanspruchs ein (BGH GRUR 72 S. 558 „Teerspritzmaschine") und wird dem Verletzten mit der zutreffenden Begründung überall dort zugebilligt, wo der Berechtigte entschuldbar über Bestehen und Umfang seines Rechts im Ungewissen, der Verpflichtete aber imstande ist, unschwer Auskunft über denselben zu erteilen (BGH NJW 57 S. 1026). Wenn ein Auskunftsanspruch die Rechtsverfolgung erst ermöglicht, zumindest wesentlich erleichtert, ist es ein Gebot von Treu und Glauben, es dem Berechtigten zuzusprechen (RG GRUR 32 S. 73; BGH BB 53 S. 989). Seine Rechtsgrundlage ist sonach § 242 BGB (st. Rspr. für viele: BGH GRUR 74 S. 53 „Nebelscheinwerfer"). Für Schadensersatzansprüche, die auf Herausgabe des Verletzergewinns gerichtet sind (vgl. Anm. 263b) ergibt sich der Anspruch auf Auskunft schon nach den Vorschriften über Geschäftsführung ohne Auftrag (§ 666 i. Verb. m. § 681 BGB). Mit der Auskunft sollen die Tatsachen offenbart werden, aus denen das Gericht das Ausmaß des dem Verletzten entstandenen Schadens unter Berücksichtigung aller Umstände gemäß § 287 ZPO schätzen kann (BGH GRUR 65 S. 313 „Umsatzauskunft", 74 S. 53 „Nebelscheinwerfer"). Der Auskunftsanspruch besteht nicht nur bei Verletzung schutzwürdiger absoluter Rechtsgüter, sondern auch ganz allgemein bei jeglichem Wettbewerbsverstoß (BGH a.a.O.). Er erstreckt

sich auch auf die Namhaftmachung von Empfängern kreditschädigender Tatsachenbehauptungen (BGH GRUR 62 S. 382 „Konstruktionsbüro"), bei Verletzung wirksamer Vertriebsbindungen durch einen vertraglich gebundenen Abnehmer auch auf Namhaftmachung der vertragswidrig Belieferten desselben (BGH WRP 74 S. 152 „Frisiersalon").

[267] Der Auskunftsanspruch hat nach Treu und Glauben dort seine Grenzen, wo er einem **Rechtsmißbrauch** gleichkäme, z.B. wenn der Verletzte vielleicht Kenntnis von Geschäftsgeheimnissen zu Wettbewerbszwecken erlangen und mißbrauchen will (BGH GRUR 64 S. 320 „Maggi" 74 S. 53 „Nebelscheinwerfer"). Doch kann hierüber wieder nur nach Lage des Einzelfalles entschieden werden; denn es gilt der Grundsatz, daß sich der Verletzer seine Pflicht zur Preisgabe seiner Geheimnisse selbst zuzuschreiben hat (RG GRUR 39 S. 407; BGH a.a.O. „Maggi"). Würde die Preisgabe von Geschäftsgeheimnissen zu einer besonders unbilligen Härte führen, kann das Gericht die Auskunft auch dahin beschränken, daß die Prüfung durch einen Wirtschaftsprüfer vorgenommen wird oder daß die Auskunft einer anderen zur Verschwiegenheit verpflichteten Person erteilt wird (BGH a.a.O. „Nebelscheinwerfer") u. dgl. Stets sind die beiderseitigen Parteiinteressen nach den Grundsätzen von Treu und Glauben gerecht gegeneinander abzuwägen (BGH GRUR 58 S. 346 „Strickmuster").

Mit dem Auskunftsanspruch wird bei Verletzung geschützter Rechtsgüter (s. Anm. 263) eine Grundlage zur genauen Schadensberechnung zwar angestrebt, doch wird in der Regel wie auch bei sonstigen Wettbewerbsverstößen nur eine Schadensschätzungsgrundlage im Sinne des § 287 ZPO geschaffen, weshalb er nicht auf den Verletzergewinn bzw. -umsatz zielt (BGH GRUR 61 S. 288 „Zahnbürsten"; 62 S. 382 „Konstruktionsbüro"), obwohl diese die meistgeeigneten Schätzungsunterlagen wären (!). Nur ausnahmsweise billigt die Rechtsprechung Auskünfte auch über Umsatzentwicklungen zu (BGH GRUR 65 S. 313 „Umsatzauskunft").

Der Auskunftsanspruch darf auch nicht als Mittel dafür benutzt werden, daß dem Verletzten erst der *Grund* des Anspruchs offenbar werde; denn das liefe auf eine unzulässige Ausforschung hinaus, an der es ein *schutzwürdiges* Interesse nicht gibt. Mit der Auskunft soll nur die behauptete Schadenshöhe bewiesen bzw. dem Gericht ihre Schätzung erleichtert werden, die durch die nachzuweisende höchste Wahrscheinlichkeit anzunehmen ist, daß der Schaden eingetreten sei, damit der Auskunftsanspruch besteht (s. o.). Da er seine Rechtsgrundlage in § 242 BGB hat, ist das beiderseitige Interesse nach Treu und Glauben abzuwägen (s. o.). Kennt der Verletzte den Umfang seines Schadens selbst, ist ihm der Auskunftsanspruch zu versagen, weil er an ihm solchenfalls kein schutzwürdiges Interesse hat.

Ist ein Schaden nicht eingetreten, entfällt der Auskunftsanspruch, da kein Schaden zu ersetzen ist, zu dessen Feststellung die Auskunft dienen soll. Anderes gilt freilich bei Verletzung schutzwürdiger Rechtsgüter (s. Anm. 263a), wo der Schaden in einer entgangenen Lizenzgebühr bestehen kann.

[268] Der **Rechnungslegungsanspruch** versagt stets, wenn es keinen Auskunftsanspruch gibt, ebenso dort, wo nicht die Herausgabe des Verletzergewinns, sondern nur eine Lizenzentschädigung gefordert wird. Fordert der Verletzte aber die Herausgabe des Verletzergewinns, was nur bei Verletzung geschützter Rechtsgüter möglich ist (s. oben Anm. 263), ist auch der Rechnungslegungsanspruch gerechtfertigt (BGH GRUR 61 S. 354 „Vitasulfat"), weil nur durch ihn die Anspruchshöhe festgestellt werden kann.

[269] **Anspruchsberechtigter** ist der Verletzte. Es können auch mehrere Mitbewerber nebeneinander verletzt sein. Voraussetzung ist jedoch stets, daß der Verletzte in seinem eigenen Recht unmittelbar verletzt worden ist (allg. Meinung). Es reicht aus, wenn der Schaden selbst nur mittelbar aus einer unmittelbaren Rechtsverletzung entsteht.

Für die Geltendmachung von Unterlassungsansprüchen sind, auch wenn sie sich in ihrer Wirkung als Schadensersatzansprüche im Sinne einer Naturalrestitution ergeben, die Verbände im Sinne des § 13 legitimiert (s. dort).

VI. Die Verwirkung

[270] Außer dem Einwand der Abwehr kann die Klage des Verletzten mitunter auch an der **Verwirkungseinrede** scheitern. Sie ist ein Ausfluß der Lehre über die mißbräuchliche oder unzulässige Rechtsausübung (exceptio doli generalis). Auch das Recht hat seine Grenzen und ist relativ, und wirklich absolute Dauerrechte gibt es in einer Gemeinschaft, auf die und auf deren Mitglieder Rücksicht zu nehmen ist, nicht, was für das Wettbewerbsrecht ganz besonders gilt.

[271] **Allgemeines.** Die mißbräuchliche Rechtsausübung begründet keine Einrede, sondern einen Einwand, weil mit ihr das Recht des Klägers in dem Umfang und der Art, wie er davon Gebrauch machen will, geleugnet wird, der Verwirkungseinwand also auf die Vernichtung seines Rechts gerichtet ist (BGH GRUR 66 S. 623 „Kupferberg"), z. B. wenn dieser untätig zugesehen hat, wie sich der Beklagte einen Besitzstand erwarb und, nachdem letzteres geschehen war, der Kläger rechtsmißbräuchlich nunmehr darauf ausgeht, diesen Besitzstand zu zerstören. Mit diesem Einwand wird ein formell bestehendes Recht des Gläubigers mit dem Erfolg abgewehrt, daß dessen geltendgemachter Anspruch nicht durchdringt, auch wenn er noch nicht verjährt sein sollte.

Der Einwand hat zur *Voraussetzung*, daß die Rechtsausübung des Gläubigers die jedem Recht funktionell gezogene Grenze überschreitet oder, wie man gewöhnlich sagt, mit Rücksicht auf die Verkehrssitte gegen Treu und Glauben verstößt, z. B. weil sie nur den Zweck haben kann, dem anderen Schaden zuzufügen (§§ 226, 228,

823 BGB) oder sei es aus sonstigen schon vom Gesetzgeber bedachten oder nichtbedachten Erwägungen. Er hat seine Grundlage in § 242 BGB, von dem aus ihn die Rechtsprechung entwickelt hat, und ist ein Ausdruck eines allgemeinen naturrechtlichen Grundsatzes, den schon Ulpianus als praecptum juris bezeichnet hat, des honestum vivere und alterum non laedere (vgl. Godin im RGR-Kommentar zum HGB Anm. 20 zu § 346).

[272] **Treu und Glauben** bezeichnen das Gebot sozialer Zuverlässigkeit, die *Verkehrssitte* bestimmt die Grenzen dieses Gebotes. Auch für das Wettbewerbsrecht ergibt sich daraus, daß sich jeder bei seinem geschäftlichen und wettbewerblichen Verhalten nach diesen für das gesamte Privatrecht gültigen Grundsätzen zu richten hat (st. Rechtsprechung für viele: BGH GRUR 69 S. 694 „Brillant"). Das gilt für jede Sparte des Wettbewerbsrechts ebenso wie auch für jeden Mitbewerber, gleichgültig ob er Verletzter oder Störer ist. Für die Voraussetzungen der Verwirkung ist ein objektives Verhalten des Berechtigten (Verletzten) entscheidend, wegen dessen sich der Verpflichtete (Störer) darauf eingerichtet hat, daß der Gegner sein Recht nicht mehr geltend macht, so daß ihm die abgeforderte Leistung nach den Grundsätzen von Treu und Glauben nicht mehr **zumutbar** ist; daraus folgt, daß auch der Verpflichtete (Störer) sein Verhalten nach denselben Grundsätzen von Treu und Glauben einzurichten hat, weil andernfalls von einer Unzumutbarkeit der Leistung keine Rede mehr sein kann (BGH NJW 57 S. 1358) und der Verwirkungseinwand deshalb versagt. Unter diesem Gesichtspunkt läßt sich auch von einer Verwirkung des Verwirkungseinwandes sprechen (BGH NJW 49 S. 23); so z. B. wenn der Störer seine Verletzungshandlung heimlich begeht und damit die Verspätung der Geltendmachung des Anspruchs durch den Verletzten erst verursacht (BGH GRUR 63 S. 430 „Erdener Treppchen").

[273] Keine Verwirkung wird mit dem Einwand geltend gemacht, **der Verletzte handele selbst wettbewerbswidrig.** Das ist stets unbeachtlich (a. A. B.-Hefermehl S. 298; Fritze WRP 66 S. 158), wenn man von den Fällen der zulässigen Abwehr (vgl. Anm. 230ff.) absieht. Das gilt für Wettbewerbshandlungen, bei welchen Rechte anderer Mitbewerber oder/und der Allgemeinheit verletzt werden, ebenso wie bei solchen, die nur in die miteinander widerstreitenden Individualrechte der beiden Beteiligten eingreifen. In beiden Fällen wären bei Zulassung dieses Einwands unlauterem Wettbewerb Tür und Tor geöffnet, aber auch im letzteren Falle, wie B.-Hefermehl und Fritze übersehen. Bei Verletzung von Individualrechten ist die Berufung auf Unlauterkeit der vorangegangenen Handlung des Mitbewerbers nur bei absoluter **Wechselbezüglichkeit beider Handlungen** als Einwand berechtigter Abwehr denkbar. Verletzt der Verletzte selbst Rechte Dritter, bleibt es dem beklagten Verletzer unbenommen, hiergegen gerichtliche Hilfe in Anspruch zu nehmen, oder solches, wenn er nicht betroffen ist, dem Betroffenen zu überlassen (z. B. bei unzulässiger Nachahmung eines Dritten: BGH GRUR 57 S. 23 „Bünder Glas").

Würde man diesen Einwand des eigenen wettbewerbswidrigen Verhaltens (neuerdings auch Einwand der „**unclean hands**" genannt — B.-Hefermehl S. 298) auch nur bei Verletzung von Individualrechten zulassen, käme man über die Zulassung von Rechtsbrüchen gegenüber Rechtsbrechern zur Zulassung von Diebstählen gegenüber Dieben und schließlich zum Chaos.

[274] Von dem Verletzten wird für die Verwirkung des Anspruchs eine **langjährige Untätigkeit** gefordert, durch die der Verletzer den guten Glauben gewinnen konnte, seine Handlung werde von ersterem geduldet und für Recht gehalten (BGH GRUR 57 S. 25 „Hausbücherei"; 63 S. 478 „Bleiarbeiter"), so daß er mit einer Rechtsausübung nicht mehr zu rechnen brauchte (BGH NJW 57 S. 1358; GRUR 69 S. 694 „Brillant"). Zu dem verstrichenen längeren Zeitraum müssen also besondere Umstände hinzutreten, die eine verspätete Geltendmachung des Anspruchs als Verstoß gegen Treu und Glauben erscheinen lassen (allg. Meinung). Wann solche besonderen Umstände vorliegen, insbesondere ob *schuldhaftes* Verhalten des Verletzten zu fordern ist, kann nur der Einzelfall ergeben. Äußere Verhältnisse, wie sie z.B. in der Kriegs- und Nachkriegszeit herrschten, können auch bei längerer Untätigkeit des Verletzten den Verwirkungseinwand ausschließen, weil ihretwegen der Täter noch nicht auf Duldung der zu unterlassenden Handlung durch den Verletzten schließen durfte (BGH GRUR 51 S. 159 „Störche"; 55 S. 406 „Wickelsterne"). Umgekehrt kann aber trotz Verwarnung mit Klageandrohung eben wegen derselben *allein* ein nachfolgender längerer Zeitraum ausreichen, um aus ihm schließen zu können, daß sich der Verletzte zur Duldung endgültig entschlossen hat, wenn die angedrohten Maßnahmen nicht ergriffen werden (BGH a.a.O.). Stets sind die beiderseitigen Interessen sorgfältig gegeneinander abzuwägen (BGH NJW 56 S. 1557), auf die es aber allein nicht ankommt (BGH GRUR 60 S. 563 „Sektwerbung"; 66 S. 267 „White Horse"), weil auch die Interessen der Allgemeinheit zu beachten sind — (BGH GRUR 67 S. 30 „Rumverschnitt"), nicht aber wohl solche außerhalb des Streits stehender dritter Mitbewerber, denen unbenommen bleibt, sich selbst zur Wehr zu setzen, wenn ihre Individualrechte (mit-)verletzt werden. Der gleiche Gedanke hat sich im Warenzeichen-Anmeldungsverfahren niedergeschlagen, wo ein im Einspruchs- und Widerspruchsverfahren geltend gemachtes, nicht aber ein vom Prüfer übersehenes Zeichen zu beachten ist.

[275] Ist sonach der wettbewerbliche Verwirkungseinwand in der Praxis auf die Fälle der **Verletzung von Individualrechten beschränkt,** so läßt sich das wiederum nicht verallgemeinern, weil die ständige Übung einer Verletzungshandlung den Verwirkungseinwand nicht nur auch gegenüber anderen mitbetroffenen Wettbewerbern erfassen, sondern auch — man denke nur an die heute quasi zugelassene, früher verpönte Pornographie — die Sitten und Gebräuche unserer „pluralistischen Gesellschaft" verändern und damit die Allgemeinheit an Begriffsverschiebungen gewöhnen kann (BGH GRUR 58 S. 444 „Emaillelack“; 59 S. 38 „Deutsche Buchgemeinschaft“; 60 S. 567 „Kunstglas“; 66 S. 267 „White Horse“). Freilich darf das wiederum nicht so weit gehen, daß sich die Gewerbetreibenden ohne Rücksicht auf die Belange der Allgemeinheit auf eine diese täuschende Übung oder Bezeichnung einigen (BGH GRUR 67 S. 30 „Rum-Verschnitt“).

[276] **Nicht nur der Schaden des Verletzten** sondern auch der Schaden der Allgemeinheit ist bei Prüfung des Verwirkungseinwandes zu berücksichtigen. Schon wenn der Verkehr verwirrt und/oder beunruhigt wird, wenn Geschäftswerte vernichtet werden, scheitert der Verwirkungseinwand (BGH GRUR 66 S. 427 „Prince Albert“). Ebenso spielt ein etwaiger Schaden des Verletzers selbst bei der allgemeinen Güter- und Interessensabwägung eine wesentliche Rolle. Wenn mit dem verspäteten Eingreifen z.B. der Zweck verfolgt wird, dem Verletzer einen besonders schweren Schaden zuzufügen, um ihn, der sich auf die Zulässigkeit seines Verhaltens eingerichtet hat, zu vernichten, wäre das gleichfalls sitten- und rechtswidrig und der Anspruch zu versagen. Auch ist denkbar, daß sich der Verwirkungseinwand nur in Bezug auf eine bestimmte Verfahrensform (einstw. Verfügung) beschränkt, wie OLG Hamburg GRUR 55 S. 434 zutreffend erkannte, wo der Verletzte sich eine unzulässige Werbung monatelang gefallen ließ, um sie kurz vor Eröffnung einer Messe durch einstweilige Verfügung verbieten zu lassen, wodurch dem Verletzer die Teilnahme an der Messe unmöglich gemacht werden sollte. Die Geltendmachung solcher Rechte kommt oft selbst einer unlauteren Wettbewerbshandlung zumindest sehr nahe.

[277] Der Verwirkungseinwand kann sich gegen **vertragliche** und **außervertragliche** auf Unterlassung, Beseitigung, Widerruf und Schadensersatz gerichtete Ansprüche aus jedem Rechtsgebiet, auch aus unerlaubter Handlung richten (allg. Meinung). Er kann gegen den einen schon durchgreifen, wenn er gegen den anderen noch versagt, und bemißt sich für jeden Anspruch nach seinen eigenen Besonderheiten (BGH GRUR 70 S. 315 „Napoleon III“). Gleichgültig ist dabei, ob das gerügte Verhalten eines Störers gegen §§ 1, 3 usw. UWG verstoßen hat. Das gilt auch für die Verwirkung von Unterlassungsansprüchen aus § 3 trotz ursprünglichen Entgegenstehens von Interessen der Allgemeinheit deshalb, weil die Gewöhnung derselben an Begriffsverschiebungen (BGH GRUR 58 S. 444 „Emaillelack“; 66 S. 267 „White Horse“), die die einst unzulässige Wettbewerbshandlung zu einer zulässigen macht, faktisch und in ihrer rechtlichen Konsequenz ganz dasselbe ist wie das jahrelang duldende Verhalten eines Inhabers verletzter Individualrechte, wegen dessen sich der Verletzer auf die Zulässigkeit seines eigenen Verhaltens mit der Folge einrichten darf, daß für ihn eine Unterlassung unzumutbar geworden ist — s. Anm. 267 (im Ergebnis jetzt ebenso Ulmer-Reimer S. 401; offenbar auch Reimer-v. Gamm S. 307; a. A. B.-Hefermehl S. 831, die aber nur rechtstheoretisch bedeutsam sein kann, weil er in der Begriffsverschiebung lediglich ein Ende der Täuschungswirkung sieht,

dabei aber die Übergangsphase nicht berücksichtigt, in der ein noch nicht unbeachtlicher Teil der angesprochenen Verkehrskreise noch getäuscht werden kann).

[278] **Bei absoluter Ausschließung des Verwirkungseinwandes im Falle der Verletzung von Allgemeininteressen** wird ferner nicht bedacht, daß es auch Sachverhalte gibt, bei denen z. B. in Gestalt einer Putativabwehr oder eines Abwehrexzesses begangene wettbewerbswidrige Handlungen aus akutem Anlaß von sittenwidrigen Wettbewerbshandlungen Dritter ausgelöst und unternommen worden sein können, ohne daß ein zur Bekämpfung solcher Handlungen im Sinne des § 13 berufener Verband hiergegen eingeschritten wäre. Nach Ablauf einer angemessenen Zeit der Untätigkeit des letzteren muß es diesem in Abwehr gehandelt habenden Wettbewerber möglich sein, sich auch dann auf Verwirkung zu berufen, wenn er einsichtslos von der Richtigkeit seiner vergangenen Handlung überzeugt und nicht bereit ist, eine strafbewehrte Unterlassungsverpflichtungserklärung abzugeben, weshalb eine Wiederholungsgefahr rechtstheoretisch nicht auszuräumen wäre. Irgendwann einmal muß er die unbelastete Position seiner anderen Mitbewerber wieder einnehmen und wie diese behandelt werden können, die sich in seinem Falle nicht anders verhalten hätten und sich gleich ihm verhalten würden.

[279] Mit der Verwirkungseinrede sollen möglichst klare Rechtsverhältnisse geschaffen werden, damit sich niemand auf hinterhältige dunkle Rechtsmißbräuche einzurichten braucht. was wegen des gesteigerten Existenzrisikos im Wettbewerb, wo sogar die Vernichtung des Gegners unter der Voraussetzung des Gebrauchs nicht unlauterer Mittel zulässig ist und die Schnellebigkeit unserer heutigen Zeit kurzfristig entscheidende Positionsveränderungen bringen kann, besonders vonnöten ist. Dieser Gesichtspunkt gilt nicht zuletzt auch für Schadensersatzansprüche, die wegen ihrer oft immensen Höhe, **zur Unzeit geltend** gemacht, geeignet sind, einen Wettbewerber wenn nicht vollständig zu vernichten, so doch schwer zu schädigen, weil er auf ihn nicht mehr eingerichtet war und angesichts des Verhaltens des Verletzten auch nicht mehr eingerichtet zu sein brauchte, so daß er Dispositionen traf, deren nunmehr notwendig werdenden Änderungen ihn als Konkurrenten des Verletzten dauerhaft zur Bedeutungslosigkeit absinken lassen können. Je nach Lage des Einzelfalles könnte eine solche Rechtsausübung gegen den zur Unzeit in Anspruch Genommenen unter dem Gesichtspunkt des **Schikaneverbots** des § 226 BGB in Verbindung mit §§ 823 BGB und/oder 1 UWG Schadensersatzansprüche des letzteren gegen den schikanösen Anspruchsteller auslösen (gl. A. offenbar Reimer-Pastor S. 390).

[280] Bei allen grundsätzlich schwierigen Voraussetzungen, die an die Durchsetzung des Verwirkungseinwandes gestellt werden, gibt dieser für **Schadensersatzansprüche** verhältnismäßig noch die wenigsten Probleme auf. Angesichts der ohnehin sehr kurz bemessenen Verjährungsfrist des § 21 von nur sechs Monaten wird ihm

freilich in der Praxis nur selten mit dem Verwirkungseinwand begegnet werden können. Aktuell könnte er bei Ersatzansprüchen wegen Verletzung vertraglicher Unterlassungsverpflichtungen und in den denkbaren Fällen werden, bei denen nach Verwirkung von Unterlassungsansprüchen noch innerhalb der absoluten Verjährungsfrist des § 21 Abs. 2 durch die unlautere Wettbewerbshandlung verursachte Schäden später erst entstehen oder sich erst zeigen. Die Verwirkung des Unterlassungsanspruchs hat in der Regel die Verwirkung auch des Ersatzanspruchs zur Folge, wenn dieser nicht gesondert z. B. durch Rechtsberühmung, Feststellungsklage oder dgl. rechtzeitig geltend gemacht worden ist. Denn der Verletzer muß sich auch dann auf die Untätigkeit des Verletzten unter den gleichen Voraussetzungen (s. Anm. 271) verlassen dürfen, wenn der Schaden erst sehr viel später erkennbar wird, wenn dem Verletzten zuzumuten war, wenigstens mit seinem Unterlassungsanspruch hervorzutreten. Natürlich wird jeder Fall anders liegen und ohne sorgfältige Interessensabwägung nicht auszukommen sein. Umgekehrt können Ersatzansprüche bereits, noch nicht aber der Beseitigungs- und Unterlassungsanspruch verwirkt sein (BGH GRUR 70 S. 315 „Napoleon III").

[281] Der **Auskunftsanspruch** (Begriff vgl. Anm. 266ff.) wird als **Nebenanspruch** des Schadensersatzanspruchs in gleicher Weise und stets zusammen mit diesem verwirkt. Stellt er sich im Einzelfall als Nebenanspruch des Beseitigungs- oder Widerrufsanspruchs dar, weil erst nach erteilter Auskunft unter Abwägung aller in Betracht kommenden Interessen darauf erkannt werden kann, ob und wie zu beseitigen oder zu widerrufen ist, wird er zusammen mit diesen Hauptansprüchen verwirkt. Ob letztere als Schadensersatz- oder Unterlassungsansprüche anzusehen sind (über ihr begrifflich zu definierendes Wesen vgl. Anm. 260 ff, 238 ff), richtet sich nach den Gesamtumständen des Einzelfalles, dessen Prüfungsergebnis entscheidet, ob die Verwirkungsregeln für Schadensersatz- oder Unterlassungsansprüche anzuwenden sind.

[282] **Unterlassungsansprüche** (Begriff vgl. Anm. 238ff.) können denkgesetzlich nicht verjähren (vgl. Anm. 8 zu § 21), weil sie gar nicht erst entstehen, solange die zu unterlassenden Handlungen nicht begangen werden oder erledigt sind, wenn für die zu unterlassenden etwa begangenen Handlungen durch entsprechende Maßnahmen, z. B. durch strafbewehrte Unterlassungsverpflichtungserklärung oder gar durch rechtskräftiges Gerichtsurteil (vgl. BGH GRUR 72 S. 721 „Kaffeewerbung") die Wiederholungsgefahr ausgeräumt worden ist. Steigt letztere am Horizont des Möglichkeitsbereichs wieder ernsthaft auf, entsteht der Unterlassungsanspruch in Fortsetzungszusammenhang, und zwar gedanklich von Stunde zu Stunde von neuem. Deshalb hat die *Verwirkung* von Unterlassungsansprüchen im Wettbewerbsrecht ganz besondere Bedeutung. Sie setzt voraus, daß die zu unterlassende Handlung **fortgesetzt** (wiederholt) geschieht oder daß sie, wenn nur einmalig geschehen, eine **permanente** Beeinträchtigungsgefahr mit sich bringt, von der

der Verletzer muß annehmen dürfen, daß sie dem Verletzten bekannt ist. Ob der Verletzte von der Verletzungshandlung effektiv Kenntnis hat, ist ohne Belang, weil nicht seine Kenntnis, sondern nur sein objektives Verhalten nach den Grundsätzen von Treu und Glauben das Vertrauen des Verletzers (Störers) auslöst, daß der Verletzte sein Recht nicht geltend machen werde (s. Anm. 268). Hält der Verletzte im lebhaften Geschehen des harten täglichen Wettbewerbs einen Tiefschlaf und nimmt deshalb nicht zur Kenntnis, was er ohne einen solchen kennen würde, darf der (schließlich ständig seine Handlung wiederholende) Verletzer eine Kenntnis des Verletzten unterstellen und sich hierauf einrichten. Das gilt freilich nicht von Verletzungshandlungen im Verborgenen (BGH GRUR 63 S. 430 „Erdener Treppchen"), bei denen der Störer weiß, daß der Verletzte gar nicht reagieren, d.h. kein auf sie bezügliches Verhalten einnehmen kann. Aber auch bei schuldloser Unkenntnis muß sich der Verletzer irgendwann einmal auf das entsprechende Verhalten des Verletzten einrichten dürfen (ähnlich B.-Hefermehl S. 289).

[283] Wenn man von den Ausnahmefällen des Verwirkungseinwandes gegenüber Unterlassungsansprüchen trotz Verletzung von Interessen der Allgemeinheit (vgl. Anm. 273) absieht, kann er nur bei solchen ausschließlich wettbewerbs- (also nicht zeichen-)rechtlichen sittenwidrigen Handlungen in Betracht kommen, die lediglich Individualrechte verletzen: z. B. bei permanenter Verletzung von Preis- und Vertriebsbindungen, bei Ausnutzung solcher Verletzungen Dritter, bei Ausnutzung eines Geheimnisverrats bei unzulässig anlehnender Werbung im Ersatzteil- und Zubehörgeschäft etc.

[284] Während durch **schuldhaftes Verhalten** verursachten Schadensersatzansprüchen von jeher mit dem Verwirkungseinwand begegnet werden konnte, ließ ihn die Rechtssprechung gegenüber rein wettbewerbsrechtlichen Unterlassungsansprüchen nur bei schuldlosem (höchstens noch objektiv sittenwidrigem) Verhalten zu (vgl. BGH GRUR 56 S. 376 „Berliner Illustrierte"), was eine starke Einschränkung bedeutete. Inzwischen hat die allgemeine Rechtsauffassung eine Wandlung erfahren und schließt den Verwirkungseinwand auch bei schuldhaftem Verhalten gegenüber Unterlassungsansprüchen gleichfalls nicht mehr grundsätzlich aus (ebenso B.-Hefermehl a. a. O.). Es gibt kein logisch zwingendes Argument, bei rein wettbewerbsrechtlichen Unterlassungsansprüchen anderes gelten zu lassen als bei den im Nachfolgenden dargestellten Ansprüchen auf Unterlassung von Kennzeichnungs-, Namens-, Firmen-, Warenzeichen-, Ausstattungs- usw. Verletzungen.

[285] Voraussetzung für den Verwirkungseinwand bei Verletzung von Kennzeichnungsrechten (§§ 16 UWG, 24, 25 WZG) ist die Erlangung eines **schutzwürdigen wertvollen Besitzstandes** des Verletzers an seinem beanstandeten Zeichen (allg. Meinung). Angesichts dieses auch heute noch verschwommenen Begriffes herrscht Unklarheit darüber, ob für den verwirkungsrechtlichen Besitzstand Verkehrsgeltung zu fordern ist oder nicht. Das RG (zuletzt in seinen Entscheidungen GRUR 43

S. 345, 44 S. 147), der BGH (seit seiner Entscheidung GRUR 57 S. 25 „Hausbücherei"), Reimer-Pastor (S. 392), v. Gamm (S. 307), Ulmer-Reimer (S. 77), Klaka (GRUR 70 S. 268) fordern sie nicht, während B.-Hefermehl (S. 286), Droste (GRUR 50 S. 562), Heydt (GRUR 51 S. 182), Spengler (GRUR 53 S. 163) örtlich beschränkte Verkehrsgeltung genügen lassen, aber auch verlangen. Unter einem wertvollen schutzwürdigen *Besitzstand* ist ein Zustand zu verstehen, mit dem der Verletzer an seinem Kennzeichen einen wirtschaftlichen Wert erlangt haben muß, den aufzugeben ihm (auf Grund des Verhaltens des Verletzten) nicht mehr zumutbar ist (BGH GRUR 60 S. 238 „Sektwerbung"). Für die Anerkennung eines wirtschaftlichen Wertes eines Kennzeichens wiederum wird eine solche Bekanntheit desselben vorauszusetzen sein, daß es sich in den angesprochenen Verkehrskreisen als Hinweis für die Herkunft der Ware durchgesetzt hat, was letztlich doch auf eine kleine Verkehrsgeltung hinausläuft, mag sie auch nur örtlich beschränkt sein, weil nur örtlich beschränkt mögliche Kunden angesprochen worden sein mögen. Das ist jedenfalls als Minimum von der Schutzwürdigkeit eines mit dem Verwirkungseinwand zu verteidigenden Zeichens zu fordern (überwiegende Ansicht der Literatur: B.-Hefermehl S. 286 Droste, Heydt, Spengler a.a.O.), weil der Begriff des Besitzstandes denkgesetzlich notwendig etwas Greifbares voraussetzt, was auch tatsächlich muß (quasi) besessen werden können, und weil nicht schutzwürdig sein kann, was nicht existiert. Umsätze, Werbeunkosten, Werbemittel und Investitionen in diese genügen nicht, wie Klaka a.a.O. meint, wenn sie zu keinem Bekanntheitsgrad geführt haben. Ist ein solcher nicht erreicht, gibt der Verletzer nichts auf, was aufzugeben unzumutbar wäre, und er ist mit seinem Verhalten über das Stadium einer zu unterlassenden Verletzungshandlung nicht hinausgewachsen.

[286] Für die **Schutzwürdigkeit** ist nicht mehr erforderlich, daß der Verletzer von Anfang an gutgläubig gehandelt hat (BGH GRUR 63 S. 478 „Bleiarbeiter"). Er muß nur gutgläubig (redlich) zu dem Zeitpunkt geworden sein, zu welchem der gegen ihn gerichtete Unterlassungsanspruch des Verletzten mit dem Verwirkungseinwand vernichtet ist (bona fides superveniens). Wie es keine bösgläubige Ersitzung gibt, ist zu diesem Rechtssatz analog im Wettbewerbsrecht nicht denkbar, daß im logischen Augenblick der Entstehung der Schutzwürdigkeit des wertvollen Besitzstandes, die mit der Entstehung des Verwirkungseinwandes und dem relativen Untergang des Rechts des Verletzten gegen den Verletzer zeitlich zusammenfällt, letzterer bösgläubig sein kann. Daraus folgt, daß sich die Strenge des an die Verwirkung anzulegenden Maßstabes nach dem Grad der Redlichkeit oder Unredlichkeit des Verletzers zu Beginn der Benutzung seines Kennzeichens richten muß (ähnlich BGH GRUR 67 S. 490 „Pudelzeichen"). Insofern spielt also die subjektive Seite bei dem Verletzer eine erhebliche Rolle. War er von Anbeginn gutgläubig, wird bereits zum Zeitpunkt der Feststellbarkeit eines wertvollen Besitzstandes zugleich auch seine Schutzwürdigkeit anzuerkennen sein; war er jedoch zu Beginn bösgläubig, ist die Wandlung seines subjektiven Glaubens zum Guten zu betrachten, die in der Regel nur vom Verhalten des Verletzten abhängig sein kann. Auch kann das Verhalten des Verletzten einen anfänglichen guten Glauben rechtzeitig zerstören, z.B. durch Verwarnung, die dann Bösgläubigkeit auslöst.

[287] Der Verletzer muß aus dem Verhalten des Verletzten schließen dürfen, daß der Verletzte seine Handlungsweise dulden wolle, weshalb seine eigene Handlung nicht unzulässig sei, und es muß hierauf die Entstehung des wertvollen Besitzstandes beruhen (BGH GRUR 69 S. 615 „Champi-Krone“). Je nach Lage des guten oder bösen Glaubens muß die Verletzungshandlung eine mehr oder weniger lange Zeit hindurch widerspruchslos geduldet worden sein. Dabei ist die **Gutgläubigkeit** nicht ohne weiteres zu unterstellen, vielmehr wird sie nicht anerkannt, also Bösgläubigkeit unterstellt, wenn der Verletzer sich nicht ausreichend durch Nachforschung bei zuständigen Stellen (Patentamt, Patentanwälten, Rechtsanwälten mit Spezialkenntnissen — nicht jeder Rechtsanwalt wird eine kompetente Auskunft erteilen können) von der Zulässigkeit seiner Kennzeichen-Benutzung überzeugt hat (BGH GRUR 63 S. 478 „Bleiarbeiter“; 67 S. 490 „Pudelzeichen“). Wird er abgemahnt, bevor er einen wertvollen Besitzstand erlangt hat, ist letzterer nicht mehr schutzwürdig und der Verletzer wird bösgläubig. Unternimmt der Verletzte nach der Abmahnung dann aber längere Zeit nichts, wird der Verletzer hieraus wiederum darauf schließen, daß er sich doch zulässig verhält, der Verletzte jedenfalls doch einverstanden ist, (allg. Meinung).

[288] Sonach ist letztlich das Verhalten des Verletzten entscheidend. Auch wenn es nur indifferent ist, kann es zu der verspäteten Geltendmachung der verletzten Schutzrechte in Widerspruch stehen. Denn der Verletzte muß sich gleichfalls nach den Regeln von Treu und Glauben richten. Von jedem Inhaber von Schutzrechten darf man erwarten, daß er sie verteidigt, wenn er an ihnen festhalten will. Auch wenn er schuldlos nichts unternimmt, kann er sein Recht gegenüber dem Verletzer verwirken. Er hat eben objektiv — und das genügt — ein für die Entstehung der Verkehrsgeltung des Zeichens des Verletzers mitursächliches Verhalten gezeigt, das er zu vertreten hat. Maßgebend ist, ob der Verletzer begründeten Anlaß zu der Annahme hat, daß der Verletzte gegen seine Handlung nichts einzuwenden habe (BGH GRUR 70 S. 315 (318/9) „Napoleon III“), gleichgültig ob das auf Schuldlosigkeit, Unachtsamkeit, Fahrlässigkeit oder wissentlicher Rechtsaufgabe beruht. Zudem kann von jedem Inhaber von Zeichenrechten erwartet werden, daß er dauernd ihrer Integrität Aufmerksamkeit schenkt (BGH a. a. O. „Napoleon III“; ebenso B.-Hefermehl S. 290; a. A. Reimer-Pastor S. 396 und Droste GRUR 50 S. 565, die als zusätzliche Voraussetzung für einen erfolgreichen Verwirkungseinwand Kenntnis oder zumindest fahrlässige Unkenntnis des Verletzten bei Entstehung des Besitzstandes fordern).

[289] Der Verletzte braucht aber nicht sofort durch Klageerhebung einzugreifen, sondern kann kurze Zeit **die Entwicklung des Verletzers abwarten,** mitunter kann er zum Abwarten aus persönlichen Gründen oder durch äußere Verhältnisse, Kriegs- und Nachkriegszeit, (BGH GRUR 51 S. 159 „Störche"; 55 S. 408 „Wickelsterne") gezwungen sein. Der Verletzte ist insbesondere dann nicht zum sofortigen Einschreiten genötigt, wenn der Verletzer seine Mißbilligung der Verletzungshandlung kennt (RG MuW 33 S. 295). Es muß genügen, daß der Verletzte immer wieder abmahnt, wenn er sich ein kostspieliges Gerichtsverfahren nicht leisten kann, ähnlich wie bei der Berühmung einer Geldforderung, die den Schuldner veranlaßt, eine Bilanzrückstellung für diese Verbindlichkeit zu machen. Seine Beschränkung auf außergerichtliche Abmahnungen wird er nur plausibel zu machen haben, damit der Verletzer sie ernst nimmt und nicht für wettbewerbswidrige Störversuche des Verletzten hält.

[290] Wie immer im Wettbewerbsrecht ist auch bei der Verwirkung der Sachverhalt mit allen seinen **Tatumständen in ihrer Gesamtheit** zu berücksichtigen, damit eine gerechte Abwägung der beiderseitigen Interessen geschehen kann. Jeder Fall liegt anders. Wer sein Zeichen nicht benutzt, wird sich den Verwirkungseinwand früher entgegenhalten lassen müssen als der Verletzte eines benutzten Zeichens. Je mehr Zeichen Dritter im Ähnlichkeitsbereich des verletzten Zeichens liegen, desto früher und entschiedener wird die Gegenwehr seines Inhabers zu sein haben, damit der Verletzer nicht auf eine Zustimmung schließen kann (BGH GRUR 70 S. 315 „Napoleon III"). Eine Untätigkeit von 4½ Jahren kann ausreichen oder bei einem Nebeneinander stark verwechselbarer Zeichen auch wieder unzulänglich sein, wenn der Verletzer ohne ins Gewicht fallende Beeinträchtigung seines Umsatzes auf ein anderes Zeichen ausweichen kann (BGH GRUR 67 S. 533 (536) „Myoplastic"). Wer z.B. binnen kürzester Zeit für ein Zeichen ungeheure Verkehrsgeltung erwirbt (BGH GRUR 57 S. 499 (503) „Wipp"), kann sich auf diese allein noch nicht zur Begründung der Verwirkung berufen, weil der Verletzte erstmalig jetzt die Möglichkeit hat, sich zur Wehr zu setzen. Sicher wird sich in einem solchen Fall der Verletzte beeilen müssen, seinen berechtigten Widerspruch zu erheben, doch fehlt für den Verwirkungseinwand zunächst überhaupt das tatbestandlich erforderliche, dem Verletzten zuzurechnende Verhalten desselben, auf das sich der Verletzer einrichten darf. An dem verletzenden Zeichen muß noch zum Zeitpunkt der letzten mündlichen Verhandlung ein wertvoller schützwürdiger Besitzstand bzw. Verkehrsgeltung bestehen, wenn man davon ausgeht, daß sie eine unabdingbare Voraussetzung für den Verwirkungseinwand ist (s. oben). Sind Besitzstand und Verkehrsgeltung im Laufe des Prozesses verloren gegangen, ist eine wesentliche Voraussetzung für den Verwirkungseinwand entfallen, so daß er nicht mehr durchdringen kann.

Das Verhalten des Verletzten braucht nicht nur tatsächlicher Art zu sein, es kann sich auch in rechtsgeschäftlichen Willenserklärungen ausdrücken, die bei Willensmängeln nach den bürgerlich-rechtlichen Vorschriften beseitigt werden, aber wegen ihrer möglichen Nichtigkeit das tatsächliche Verhalten des Verletzten nicht ungeschehen machen können. Anderes könnte jedoch gelten, wenn dem Verletzer die Anfechtbarkeit des Rechtsgeschäfts mit dem Verletzten anzulasten ist.

[291] Mit der Verwirkung seines Unterlassungsanspruchs **verliert der Verletzte nicht** seine Schutzrechte überhaupt und *natürlich nicht etwaige Rechte gegenüber Dritten.* Gegen diese kann er aus seinem Recht bei gleichen Verletzungshandlungen weiterhin vorgehen, auch gegen etwaige Lizenznehmer des mit dem Verwirkungseinwand durchgedrungenen Verletzers, weil bei diesem die Verwirkungsvoraussetzungen erneut zu prüfen sind (Klaka GRUR 70 S. 271 und offenbar das dort zitierte unveröffentlichte „Fugger"-Urteil des BGH vom 12. 7. 68). Der Verletzer hat also gegenüber dem Verletzten kein absolutes Recht erlangt. Doch wird durch das Verwirkungsereignis, mit dem das Zeichen des Verletzers aufgenommen ist, der Schutzumfang des verletzten Kennzeichens im Ähnlichkeitsbereich in der Regel gelitten haben, wovon auch Dritte profitieren. Die Verwirkung gibt dem Verletzer auch keinen Anspruch gegen den Verletzten auf Unterlassung des Gebrauchs des immer noch besseren Rechts des letzteren (allg. Meinung), auch kein Recht, die Rechte des Verletzten weiter zu verkürzen oder den eigenen Besitzstand zu erweitern (BGH GRUR 69 S. 694 „Brillant"), wohl aber, ihn weiter zu verfestigen (BGH GRUR 58 S. 610 „Zahnrad"); der Unterschied zwischen beiden liegt darin, daß einmal bei Verwendung des Zeichens auf andere Waren, Sachgebiete, Wirtschaftsstufen übergegangen wird (Erweiterung), bei der Besitzstand-Verfestigung die Werbung als solche intensiviert wird, sei es durch erhöhten Kapitaleinsatz, sei es durch stärkeren Einsatz des Zeichens wie Verwendung auf Briefbögen, Preislisten usw.

[292] Die Verwirkung gibt dem Verletzer nicht das Recht, seinen Besitzstand regional zu erweitern, d.h. in neue Bezirke einzudringen oder gar sich ein Warenzeichen eintragen zu lassen (BGH GRUR 69 S. 694 „Brillant"). Läßt sich aber der Verletzer dessen ungeachtet ein Warenzeichen eintragen, so kann der Verletzte auch seinen Löschungsanspruch verwirken, wenn er wiederum längere Zeit untätig zusieht, so daß aus seinem Verhalten geschlossen werden kann, er wolle auch die Eintragung des Warenzeichens dulden (BGH GRUR 70 S. 315 „Napoleon III"). Die Eintragung in die Zeichenrolle ist eine neue Verletzungshandlung, mit der sich der Verletzer ausbreitet, was (s. Anm. 287) unzulässig ist. Auf die erlangte Verkehrsgeltung, die naturgemäß auch jetzt noch erhalten geblieben sein muß, damit überhaupt von einer Verwirkung des Unterlassungsanspruchs gesprochen werden kann (s. oben), kann sich der Verletzer zur Begründung der Verwirkung des Löschungsanspruchs nicht berufen (BGH GRUR 52 S. 582 „Zwilling").

[292] Die vorstehenden Grundsätze gelten sinngemäß auch für die Verwirkung **aller sonstigen Ansprüche** nicht nur aus dem UWG, sondern ebenso für Ansprüche

aus dem Patent-, Gebrauchsmuster-, Geschmacksmuster-, Urheberrechts-Gesetz usw. mit der Maßgabe, daß jeder Anspruch seine Besonderheiten hat. Denn die Lehre über die Verwirkung hat ihre Wurzel in dem das *gesamte* Recht beherrschenden § 242 BGB, so daß jeder Anspruch, auch der Anspruch auf Beseitigung und Widerruf der Verwirkung unterliegt, und zwar ohne Rücksicht darauf, ob der Verletzte selbst oder ein nach § 13 UWG Klageberechtigter den Anspruch geltend macht; ist der Anspruch des Verletzten verwirkt, haben auch diese zu schweigen (gl. Ansicht Reimer-Pastor S. 401). Unter besonderen Umständen kann der Verwirkungseinwand auch gegenüber **rechtskräftig zugesprochenen** Unterlassungsansprüchen geltend gemacht werden (BGH GRUR 52 S. 577 „Zwilling").

§ 2

Unter Waren im Sinne dieses Gesetzes sind auch landwirtschaftliche Erzeugnisse, unter gewerblichen Leistungen und Interessen auch landwirtschaftliche zu verstehen.

Übersicht

[1] Eine ziemlich überflüssige Vorschrift, weil sie gegenüber § 1 HGB nichts Neues sagt. Da landwirtschaftliche Erzeugnisse als bewegliche Sachen schon unter den Warenbegriff des § 1 Abs. 2 Ziff. 1 HGB fallen, müssen sie selbstverständlich auch von dem Warenbegriff des UWG erfaßt werden. Offenbar wollte der Gesetzgeber mit dieser Vorschrift zum Ausdruck bringen, daß der Landwirt gleichfalls Gewerbetreibender im Sinne des Gesetzes ist. Die Erwähnung der forstwirtschaftlichen Erzeugnisse hat er offenbar vergessen.

[2] Was unter **Ware** zu verstehen ist, sagt die Vorschrift ebensowenig wie § 1 WZG. Es besteht heute jedoch allgemein Einigkeit darüber, daß die Legaldefinition des § 1 Abs. 2 Ziff. 1 HGB, die unter Waren *nur bewegliche Sachen* versteht, für den Warenbegriff des UWG nicht ausreicht (gl. A. B.-Hefermehl S. 651; Rosenthal S. 300), und daß unter Waren im Sinne des UWG alles verstanden wird, was Gegenstand des Handels sein kann (RGZ 97 S. 212), also jedes körperliche wie geistige Erzeugnis, das von einem Gewerbetreibenden (Begriff vgl. Anm. 1 zu § 13) in den wirtschaftlichen Verkehr gebracht wird (RGSt. Bd. 40 S. 345) Speisen eines Gastwirts, Bilder, Briefmarken, Antiquitäten, Bücher, Zeitschriften, Filme, Rohwaren und, wie Gas und elektrischer Strom (RG MuW 36 S. 26), so auch Dampf von Fernheizungsunternehmen, ja auch Geld als Handels-

ware der Banken. Daß auch landwirtschaftliche Erzeugnisse Waren im Sinne des UWG sind, ist selbstverständlich; das gleiche muß von den Erzeugnissen der Fischzucht, der Forstwirtschaft, des Bergbaus usw. gelten.

Im Gegensatz zu § 1 HGB können auch unbewegliche Sachen wie Grundstücke Waren sein, wenn mit ihnen Handel getrieben wird (ebenso B.-Hefermehl a. a. O.). Das gilt besonders für Eigentumswohnungen, die von Bauträgern gehandelt werden. Da alle Umsatzwerte in Betracht kommen, fallen auch Rechte wie Hypotheken, Schiffspfandrechte, auch z. B. Lizenz-, Urheberrechte, Werbeideen (Hoth WRP 56 S. 262) und dgl. darunter, mit denen Handel getrieben werden kann.

Der **Warenbegriff** im Sinne des UWG ist also weit auszulegen; von ihm wird alles erfaßt, **was als selbständiger wirtschaftlicher Gegenstand, gleichgültig ob körperlicher oder geistiger Art, nach der Auffassung des Verkehrs geeignet ist, gewerblich gehandelt zu werden** (im Ergebnis ebenso Hoth WRP 56 S. 262ff., ähnlich B.-Hefermehl S. 651).

[3] Einem bestimmten Hauptgegenstand oder einer bestimmten gewerblichen Leistung zugehörige **Hilfsstoffe und Zubehörteile** sollen mangels Selbständigkeit keine Waren sein (h. L.; Reimer S. 694; Hoth a. a. O.), doch ist das insofern in dieser Verallgemeinerung nicht richtig, als Hilfsstoffe und Zubehörteile zumindest in der Stufe und in der Hand der Fremdhersteller Waren sein müssen, wenn diese nicht in Lohnauftrag sondern als selbständige Unternehmer auf eigene Rechnung produzieren. So gesehen ist auch der Warenbegriff relativ. In der Hand des einen kann derselbe Gegenstand Ware sein, der in der Hand des anderen eine solche nicht mehr oder gar (beim Lohnhersteller) eine gewerbliche (Dienst-)Leistung ist. Hierzu gehören Reklame-Artikel und Reklame-Ideen — noch eben teuer als „Waren“ eingekauft —, sobald sie ihrer Zweckbestimmung entsprechend eingesetzt werden und nur noch als Hilfsstoffe gewertet werden können, als welche sie ausschließlich der Hauptware zu dienen haben.

[4] Der Begriff der **gewerblichen Leistung** ist gleichfalls im weitesten Sinne zu verstehen. Im Gegensatz zur Ware stellt sie nicht auf ein konkretes Produkt als Ergebnis ab, sondern besteht ausschließlich in der **selbständigen Tätigkeit eines Gewerbetreibenden, die für einen anderen einen wirtschaftlichen Wert hat.** Die Tätigkeit kann in einem Tun oder Unterlassen bestehen, wenn sie nur einen Geldeswert hat (ähnl. Reimer S. 648; B.-Hefermehl S. 652). Unter den Begriff der gewerblichen Leistung fällt sonach die Tätigkeit jeglichen Auftragsproduzenten geistiger oder konkreter Erzeugnisse der Handwerker, Ärzte (RGSt. Bd. 37 S. 173; RGZ Bd. 99 S. 191), Apotheker, Rechtsanwälte (RGZ Bd. 99 S. 190), Patentanwälte (RGZ Bd. 138 S. 273), Architekten, Makler, Spediteure, die Darbietungen eines Theater-, Filmtheater-, Schaubudenbesitzers usw. Mit Recht rechnet eine österreichische Entscheidung (GRUR 26 S. 401) auch die Tätigkeit des Hoteliers zu den gewerblichen Leistungen, die der Wettbewerbsordnung unterliegen.

Die **Tätigkeit von Unselbständigen** (z. B. Angestellten und Arbeitern) kommt als gewerbliche Leistung nur insofern in Betracht, als sie als solche der selbständigen Tätigkeit des Unternehmers gleichgeachtet wird. Andernfalls ist sie nur Neben- oder Hilfsleistung, die im Verhältnis zur Hauptleistung als Bestandteil des Gesamtumsatzgeschäftes keine selbständige wirtschaftliche Bedeutung hat, und ist keine gewerbliche Leistung, da sie sich darauf beschränkt, die Hauptleistung zu ermöglichen oder zu fördern oder ihr zu dienen. Ihr Zweck ist die Erfüllung einer Hilfsfunktion. Ob eine selbständige oder unselbständige Leistung (Haupt- oder Nebenleistung vorliegt, richtet sich nach dem jeweiligen Inhalt des Vertrages der Beteiligten, insbesondere nach dem Vertragszweck (gl. A. Hoth a. a. O.).

Die Tätigkeit von Unselbständigen kann aber auch als Ware verstanden werden, wenn mit ihr Handel getrieben wird (z. B. von Arbeitseinsatzunternehmen).

[5] Der Begriff des „**gewerblichen Interesses**“ ist im weitesten Sinne zu verstehen. Es entspricht jedem irgendwie gearteten Unternehmer-Interesse. Die Erwähnung der **„landwirtschaftlichen Interessen“** stellt lediglich klar, daß auch der Landwirt natürlich ebenso wie der Forstwirt wettbewerbsrechtlich dem gewerblichen Unternehmer gleichgestellt sein soll bzw. selbst ein solcher ist.

§ 3

Wer im geschäftlichen Verkehr zu Zwecken des Wettbewerbs über geschäftliche Verhältnisse, insbesondere über die Beschaffenheit, den Ursprung, die Herstellungsart oder die Preisbemessung einzelner Waren oder gewerblicher Leistungen oder des gesamten Angebots, über Preislisten, über die Art des Bezugs oder die Bezugsquelle von Waren, über den Besitz von Auszeichnungen, über den Anlaß oder den Zweck des Verkaufs oder über die Menge der Vorräte irreführende Angaben macht, kann auf Unterlassung der Angaben in Anspruch genommen werden.

Übersicht

I. Allgemeinbegriffe

[1] Die **Pflicht zur Wahrheit** ist der oberste Grundsatz, den das Gesetz für die Werbung aufstellt. Unwahrheiten in der Werbung sind unerträglich, weil sie nur dazu angetan sein können, den Kunden irrezuführen, zu täuschen und statt mit echter Wettbewerbsleistung ihn allein hiermit zu gewinnen. Unwahre Reklame ist auch immer sittenwidrig, weshalb eine Verletzung des § 3 stets zugleich eine Verletzung des § 1 UWG bedeutet.

[2] Verhältnis zu § 1. Im Grunde genommen ist § 3 in seiner heutigen Fassung insofern überflüssig, als sich kein Fall seiner Verletzung denken läßt, der nicht zugleich eine Verletzung des § 1 wäre. Er erlangt noch nicht einmal die Bedeutung, die (strafrechtliche) Blankettvorschrift des § 4 auszufüllen, der seinen eigenen Tatbestand zur Voraussetzung seiner Strafansprüche schafft. Während § 3 in alter Fassung insofern weiterreichte, als sein Unterlassungsanspruch nicht nur auf Handlungen zu Zwecken des Wettbewerbs bezogen war, die im geschäftlichen Verkehr geschehen, ist er heute auf solche Handlungen ausdrücklich beschränkt worden, womit der Gesetzgeber mit dem Änderungsgesetz vom 26. 6. 69 (BGBl. I S. 633) wahrscheinlich etwas ganz anderes erreicht hat, als er hat schaffen wollen, mag die Erfüllung der Tatbestandsvoraussetzungen des „Handelns im geschäftlichen Verkehr zu Wettbewerbszwecken" (hierzu vgl. Anm. 1ff. zu § 1) auch schon bei der früheren Fassung der Vorschrift der Regelfall gewesen sein. Denn es widerspricht immer den guten Sitten des § 1 UWG, im geschäftlichen Verkehr, zu Zwecken des Wettbewerbs „irreführende Angaben" zu machen, weil sich solches dem Betrugstatbestand nähert und dem Handelnden jedenfalls gegenüber denjenigen Mitbewerbern einen ungerechtfertigten Wettbewerbsvorteil bringt, die sich derartiger Methoden des Kundenfangs nicht bedienen; (a. A. B.-Hefermehl S. 667), der irreführende Angaben zumindest über geschäftliche Verhältnisse, ohne Beispiele zu geben, für denkbar hält, die wegen Fehlens eines subjektiven Vorwurfselements nicht objektiv sittenwidrig sind. Dabei wird aber übersehen, daß jetzt auch die Verletzungshandlung des § 3 neuer Fassung „zu Zwecken des Wettbewerbs" tatbestandsmäßig geschehen sein muß, so daß sich hier nur das streitige Problem wieder zeigt (vgl. Anm. 80 zu § 1), ob bereits objektiv sittenwidrige nicht schuldhafte Wettbewerbsverstöße rechtswidrig sind, wenn ihnen nicht ausnahmsweise Rechtfertigungsgründe zur Seite stehen. Teilt man die hier vertretene Ansicht, daß auch alle diese Handlungen rechtswidrig sind, gibt es keinen nicht schon von § 1 erfaßten Fall des § 3.

[3] Die Vorschrift hat sonach heute nur noch die Bedeutung einer **selbstverständlichen Erläuterung** des § 1 in dem Sinne, daß eine sittenwidrige Werbung auch dann unzulässig ist, wenn sie — unter welchen Umständen und bei welchen Tatbestandselementen auch immer — „irreführend" ist. Sie ist damit zu einer gesetzlichen Manifestierung einer Wettbewerbssitte geworden, die schon immer bestanden hat, und hat lediglich insofern eine gewisse Bedeutung. Sie hebt sich gegenüber § 1 ferner dadurch ab, daß dieser zwar auch den Schutz der Interessen der Allgemeinheit, in erster Linie aber den Schutz der lauteren Mitbewerber vor ihren unlauteren Konkurrenten im Auge hat, während die Vorschrift des § 3 sich in erster Linie für den Schutz der umworbenen Kunden (der Allgemeinheit) speziell vor Irreführungen interessiert und die Wahrung dieses Interesses zur Wettbewerbsregel erhebt, gegen deren Verletzung sodann vorzugehen die Verbände des § 13 und die Mitbewerber legitimiert sind; letztere wegen des ungerechtfertigten Wettbewerbsvorteils, den der unlauter Handelnde durch seine Verletzungshandlung erlangt hat. Nur insofern sind durch § 3 die Interessen auch der Mitbewerber mittelbar mitgeschützt (ähnlich Reimer-v. Gamm S. 319). Demgemäß befaßt sich § 3 vorwiegend mit Handlungen des Gewerbetreibenden, mit denen er den Kunden direkt, sei es individuell, sei es öffentlich, darauf anspricht, seine konkret angebotenen Waren oder Leistungen zu kaufen, was sich nur als ein Ausschnitt aus dem Tatbestand des § 1 darstellt.

[4] Die **Begrenztheit** der kleinen generalklauselhaften Konventionalnorm — als einer von vielen guten Sitten — auf irreführende von § 1 UWG sowieso bereits erfaßten Angaben läßt sich freilich hinnehmen, weil es eine Reihe von Spezialgesetzen und -verordnungen gibt, durch deren nahezu gegebener Vollständigkeit ein Schutz des Publikums vor Irreführung auch außerhalb des geschäftlichen Verkehrs und Wettbewerbs fast gesichert erscheint. So hat der Gesetzgeber in jahrzehntelanger Kleinarbeit hinsichtlich Kennzeichnung, Herkunft und Zusammensetzung von Bestandteilen in den Verkehr gebrachter Waren Irreführungsverbote bzw. Aufklärungsgebote mit Gesetzeskraft geschaffen, die zu finden sind: in § 4 des Lebensmittelgesetzes, Kaffee-, Kakao-, Käse-, Butter-, Tafelwasser-VO, Wein-, Arzneimittel-Heilmittelwerbe-Ges. usw. Darüber hinaus gibt es Wettbewerbsrichtlinien von Interessens- und Wirtschaftsverbänden z. B. der Internationalen Handelskammer Paris, der Versicherungswirtschaft, des Ausschusses für Lieferungsbedingungen und Gütesicherung beim deutschen Normenausschuß, des Deutschen Industrie- und Handelstages und sonstige Wettbewerbsregeln. Doch haben solche Richtlinien und Wettbewerbsregeln eine Verbindlichkeit nur, soweit sich die Mitbewerber ihren Bedingungen vertragsähnlich unterworfen haben, darüber hinaus aber nicht. Sie sind noch nicht einmal als Handelsbrauch ohne weiteres anzusehen, sondern sind allenfalls ein Indiz für die entsprechende Verkehrsauffassung (BGH GRUR 71 S. 580 „Johannisbeersaft", S. 709 „Patentmark" hinsichtlich der Handelsauffassung der Patentanwaltschaft).

[5] **Verletzer** des § 3 kann jeder sein (s. auch Anm. 89 zu § 1), wenn er nur seinen Tatbestand verwirklicht. Er braucht die irreführenden Angaben nicht im eigenen Namen sondern nur überhaupt zu machen (OLG Düsseldorf GRUR 50 S. 434) und noch nicht einmal ein eigenes wirtschaftliches Interesse an dem Erfolg des Angebots zu haben; vielmehr genügt, wenn er solche Angaben Dritter — freilich unter der Voraussetzung des geschäftlichen Handelns zu Wettbewerbszwecken — unterstützt. Während das Gesetz in alter Fassung nur solche irreführende Angaben erfaßte, die an einen größeren Personenkreis gerichtet waren, wird diese Einschränkung in seiner Neufassung nicht mehr gemacht. Auch wenn die Angabe nur einem **Einzelindividuum als Empfänger** — geschäftlicher Verkehr, Wettbewerbszweck und Irreführung vorausgesetzt — gemacht wird, ist sie nach der Neufassung des § 3 unzulässig. Auf Eignung und Zweck einer Weiterverbreitung der Angabe kommt es nicht an (gl. A. Reimer-v. Gamm S. 322, B.-Hefermehl S. 668). Ja es ist sogar fraglich, ob der angesprochene Angaben-Empfänger ein potentieller Kunde sein muß, denn auch hierüber sagt der Gesetzeswortlaut nichts. Demgemäß können

irreführende Angaben auch gegenüber Mitbewerbern von § 3 erfaßt sein, seitdem die Tatbestandsmerkmale, daß „der Anschein eines besonders günstigen Angebots hervorzurufen" sei, aus dem alten Gesetzestext gestrichen worden sind. Andererseits ist nach den Motiven des Gesetzes nicht vorstellbar, daß irreführende Angaben im Sinne des § 3, einem einzelnen Mitbewerber gegenüber gemacht, um ihm z. B. die Bezugsquelle der Ware aus Konkurrenzgründen zu verschweigen, mit der neuen Gesetzesfassung getroffen werden sollten. So weit geht die Schutzwürdigkeit des getäuschten Mitbewerbers nicht. Sinn des Änderungsgesetzes war ausschließlich, den Schutz der Verbraucherschaft zu erweitern, so daß als Angaben-Empfänger nur der potentielle Kunde in Betracht kommt. Der Mitbewerber wird nur indirekt unter dem Gesichtspunkt des ungerechtfertigten Wettbewerbsvorteils geschützt. Aber schon die Möglichkeit des Empfangs der Angabe durch einen nicht angesprochenen potentiellen Kunden genügt (BGH GRUR 73 S. 78 (80) „Verbraucherverband").

[6] Die irreführende Angabe muß im **geschäftlichen Verkehr** (Begriff: Anm. 9 zu § 1) und **zu Zwecken des Wettbewerbs** (Begriff: Anm. 4ff. zu § 1) geschehen, um unzulässig sein zu können. Sind diese beiden Tatbestandsmerkmale nicht gegeben oder fehlt nur eines von ihnen, ist § 3, im Gegensatz zum früheren Recht, nicht anwendbar, mögen zu beanstandende Angaben noch so irreführend sein.

II. Die Angaben

[7] **Angaben** sind jede Art von Äußerungen, die geeignet und bestimmt sind, von jemandem empfangen und richtig oder unrichtig verstanden zu werden. Der Begriff ist weit auszulegen (st. Rspr.). Aber die Angabe muß einen sachlichen Aussagegehalt haben, der nachprüfbar und dem Beweis zugänglich zu sein hat (BGH GRUR 73 S. 534 „Mehrwert II"), worüber die Verkehrsauffassung (vgl. Anm. 84 zu § 1) entscheidet (BGH GRUR 63 S. 482 „Hollywood Duftschaumbad", a. a. O. „Mehrwert"). Damit erstreckt sich die Angabe im Sinne des Gesetzes begrifflich nicht nur auf solche mit reinen inhaltlichen Tatsachenbehauptungen, sondern auch auf solche Werturteile, die von der Verkehrsauffassung als nachprüfbare Behauptungen verstanden werden, also auch auf Qualitätsangaben, wenn der Verkehr sie für nachprüfbar hält. Sonach ist jedes Werturteil eine Angabe mit nachprüfbarem Inhalt, das das objektiv sachliche Kaufmotiv des Durchschnittsverbrauchers sein kann. Wenn nach der Verkehrsauffassung der Kaufentschluß damit motiviert werden kann, daß eine angebotene Ware aus dem Ort „X" komme (BGH GRUR 73 S. 201 „Trollinger") oder die meistgebrauchte sei oder von einem Olympiasieger benutzt worden sei (BGH GRUR 73 S. 206 „Skibindung") oder einen bestimmten, fachlich noch so unwichtigen Bestandteil habe (BGH GRUR 73

S. 481 „Weingeist") oder „mehr wert" (BGH GRUR 73 S. 534) oder „besser" sei (BGH GRUR 73 S. 78 „Verbraucherverband"), dann ist stets das Erfordernis eines nachprüfbaren sachlichen Aussagegehalts der Angabe genügend.

[8] Ein solcher Aussagegehalt fehlt jedoch bei **sachlich nichtssagenden Angaben,** um die es sich handelt, wenn sie nach der Verkehrsauffassung als objektiv sachliches Motiv zum Kaufentschluß nicht geeignet sind. Das ist immer dann der Fall, wenn das Nichtssagende nach der Verkehrsauffassung als solches erkannt wird, z. B. als offensichtlich nicht ernst zu nehmende Übertreibung oder Marktschreierei, subjektive Äußerung über Schönheits- u. dgl. nicht nachprüfbare Vorstellungen (BGH GRUR 65 S. 363 „Fertigbrei"). Wie überall sind auch hier die Grenzen flüssig. Eine irreführende Werbung kann auch ohne sachlichen Gehalt dennoch für den Kaufentschluß wirksam und von § 3 nicht erfaßbar sein, ist dann aber meist unter anderen Gesichtspunkten — z. B. der anreißerischen Reklame — unzulässig.

Erkennbare Übertreibungen und Anpreisungen als solche können von beachtlichen Teilen der angesprochenen Verkehrskreise, also von der Verkehrsauffassung ernst genommen werden, wenn sie von einem angesehenen Unternehmen stammen (BGH GRUR 73 S. 78 (80) „Verbraucherverband"; 70 S. 425 „Melitta Kaffee"), freilich ohne deshalb objektiv nachprüfbare Angaben sein zu brauchen (BGH GRUR 65 S. 365 „Lavamat II"), was dem so unzulässig Werbenden aber nichts nützt, weil es auf die Verkehrsauffassung über die Nachprüfbarkeit ankommt (BGH GRUR 73 S. 538 „Idee-Kaffee II"). Für die Verkehrsauffassung wiederum ist der Gesamteindruck von der Aussage entscheidend, so daß eine getrennte Beurteilung einzelner Bestandteile der Angabe, von denen jede für sich allein einen nichtssagenden Inhalt hätte, nicht möglich ist (BGH GRUR 73 S. 534 „Mehrwert II" als Firmenname).

[9] **Die Form der Angaben** spielt keine Rolle. Sie können in öffentlichen Bekanntmachungen durch Radio, Fernsehen, Zeitungsanzeigen, Briefwurfsendungen, in Kundgebungen und bei persönlichen Gesprächen geschehen. Sie können **ausdrücklich** und auch **stillschweigend** geschehen. Es macht mitunter konkludent eine Angabe auch derjenige, der schweigt, wenn über ihn ohne sein Zutun von Dritten irreführende Behauptungen verbreitet werden und er sie nach Kenntnisnahme nicht richtigstellt, sondern statt dessen die Weiterverbreitung einfach geschehen läßt. Er wäre zur Aufklärung verpflichtet und macht sie sich durch Schweigen zu eigen. Dagegen wird man im reinen Verschweigen ohne zum Ausdruck gebrachte unrichtige Vorstellungen des Kunden selbst eine Angabe nicht zu sehen haben; solches Schweigen kann nur die geäußerten Angaben unrichtig machen. Auch können sie in Gestalt von Abbildungen, z. B. einer Fabrikanlage oder eines Geschäftshauses (OLG Stuttgart BB 52 S. 386), von Etiketten auf der äußeren Verpackung einer Ware (BGH GRUR 73 S. 481 „Weingeist"), in Gestalt einer Firmenbezeichnung (BGH GRUR 73 S. 487 „Bayerische Bank", S. 534 „Mehrwert"), eines Warenzeichens (BGH GRUR 73 S. 532 „Millionen trinken") auftreten, ohne daß sich der Inhaber solcher Kennzeichnungen darauf berufen kann, daß diese firmen- oder zeichenrechtlich zugelassen waren (BHG a.a.O. „Mehrwert", „Bayerische Bank", GRUR 68 S. 703 „Hamburger Volksbank"). Sogar in der Ausstattung und Aufmachung einer Ware (BHG GRUR 65 S. 676 „Nevada-Skibindung" 71 S. 313 „Bocksbeutelflasche") kann eine Angabe liegen, wenn mit ihr eine Gütevorstellung erzeugt wird, ebenso in Phantasiezeichen (BGH GRUR 66 S. 267 „White Horse"). Mit solchen Mitteln geschehen die Angaben nämlich konkludent mittelbar, aber für die angesprochenen Verkehrskreise empfangsfähig und verständlich. Schlüssige unrichtige Angaben über Quantität der zum Kauf angebotenen Ware sind auch durch Verpackungen denkbar, z.B. durch Hohlböden, durch das übermäßige Beipacken von Holzwolle u. dgl., womit der Kunde blickfangmäßig über das Volumen getäuscht wird.

[10] Für die Beurteilung des Inhalts einer Angabe ist die **Verkehrsauffassung** maßgebend (— vgl. auch Anm. 84f. zu § 1 — st. Rspr. BGH GRUR 73 S. 534 (535) „Mehrwert II"). Die Angaben sind so zu verstehen, wie die mit ihnen angesprochenen Verkehrskreise sie zu einem nicht völlig unbeachtlichen Teil verstehen können (allg. Meinung), denn für sie sind sie bestimmt und von ihnen will der Werbende verstanden werden. Die Verkehrsauffassung ist einem ständigen Wandel unterworfen, weil sich — besonders in unserer heutigen schnellebigen Zeit — die tatsächlichen Verhältnisse und die Vorstellungen des Publikums dauernd ändern (BGH GRUR 58 S. 30 „Außenleuchte"; 66 S. 445 „Glutamal"; 73 S. 532 „Millionen trinken"). Es ist zu beachten, daß der Verkehr immer flüchtig ist (BGH GRUR 69 S. 415 „Kaffeerösterei"), selten genau aufmerkt und — wenn er nicht gerade wegen akuten Bedarfs aus eigener Initiative mit Sorgfalt kaufen will — in der Regel geschäftlichen Angaben so wenig Beachtung schenkt, daß er sogar bei ursprünglich richtiger gedanklicher Aufnahme später in blasser Erinnerung Konfusionen anrichten kann. Auch ist zu beachten, daß ein nicht unerheblicher Teil der Verkehrskreise einen ungeschulten Verstand hat, ein anderer wiederum arglos naiv ist. Deshalb kommt es auf die Auffassung des Durchschnitts der Angesprochenen an, bei denen aber ein Elementarwissen vorausgesetzt werden darf (BGH GRUR 68 S. 433 „Westfalenblatt"). Die Ansicht (RG Bd. 167 S. 171), daß nur die richtige Verkehrsauffassung maßgebend sei, ist heute überholt.

Unter diesem grundsätzlichen Gesichtspunkt ist für die Ermittlung der Verkehrsauffassung der angesprochenen Verkehrskreise weiter wesentlich die Feststellung, an welchen Personenkreis des Verkehrs sich der Werbende mit seinen Angaben wendet, was z.T. auch seine gewerbliche Leistung bestimmt, die er anbietet. Wendet er sich mit Verbrauchsgütern des täglichen Bedarfs an die breite Masse, ist auf deren Niveau, d.h. der Aussagegehalt der Angabe darauf abzustellen, daß schon nicht völlig unbeachtliche Teile der flüchtigen Angesprochenen (BGH GRUR 73 S. 201 „Trollinger") Irrtümern nicht unterliegen. Auch wenn die Angaben wegen nachfolgender Erläuterung im gleichen Werbeakt richtig sind, können sie dennoch infolge der Flüchtigkeit nicht unerheblicher Teile der Verkehrskreise eine andere Verkehrsauffassung vom Inhalt der Angabe bewirken (BGH GRUR 73 S. 538 „Idee-Kaffee"). Zu beachten ist ferner, daß sich die Verkehrsauffassung nach dem allgemeinen Sprachgebrauch zu bilden pflegt (BGH GRUR 73 S. 486 „Bayerische Bank"), daß bei nur regional begrenzt angesprochenen Verkehrskreisen deren spezielle Vorstellungen zu berücksichtigen sind (BGH a.a.O. und für West-Berlin 56 S. 530 „Tiefenfurter Bauernbrot"), daß bei Mehrdeutigkeit und Doppelsinn einer Angabe sich **nebeneinander mehrere Verkehrsauffassungen** bilden (BGH a.a.O. „Trollinger"), was bei Werbungen auch mit Selbstverständlichkeiten, die nur Teilen des Publikums bekannt sind, möglich ist, so daß eine zweite Verkehrsauffassung der schutzwürdigen Nichtwissenden entsteht, die aus der Selbstverständlichkeit irrig auf eine besondere Güte der Ware schließen (BGH GRUR 73 S. 481 „Weingeist"). Werden mit den Angaben aber Fachleute oder ein enger Kreis potentieller Interessenten mit spezieller Branchenkenntnis angesprochen, stellt nur deren Durchschnittseindruck die Verkehrsauffassung dar (BGH GRUR 73 S. 371 (372) „Gesamtverband") und es entscheidet ihr Sprachgebrauch (BGH GRUR 58 S. 444 „Emaillelack), aber nur wenn sie Letztverbraucher sind; geben sie die Angaben an ihre Kunden weiter, ist wiederum deren Auffassung maßgebend (BGH GRUR 68 S. 200 „Acylglas"), was wohl trotz des zwischenzeitlich in Kraft getretenen Heilmittelwerbe-Gesetzes auch für Arzneimittel gilt (BGH GRUR 57 S. 339 „Venostasin"), für die beim Letztverbraucher nicht mehr geworben werden darf.

[11] Wie immer entscheidet der **Gesamteindruck** (vgl. hierzu Anm. 87 zu § 1), für den der Sinngehalt des konkreten Einzelfalles und nicht die sprachliche oder grammatikalische Form maßgebend ist (BGH GRUR 70 S. 425 „Melitta-Kaffee"; 73 S. 78 „Verbraucherverband" 74 S. 158 „Rhenodur II"), welch letztere zwar wieder den Sinngehalt bestimmen kann; so z.B. bei zu kurzer Formulierung des Angebots in der Angabe (BGH GRUR 73 S. 320 „Buchhaltungskraft"). Der Gesamteindruck kann auch durch bildliche Darstellungen und durch das Schriftbild (Kleindruck wesentlicher Mitteilungen) ohne deren Kenntnisnahme blickfangmäßige großgedruckte Schlagworte täuschen (BGH GRUR 73 S. 538 „Idee-Kaffee"). Jeder Fall ist anders gelagert und ist unter Würdigung aller Umstände besonders zu beurteilen (allg. Meinung; für viele: BGH a.a.O. „Rhenodur II").

[12] Die problematische **Forschung** nach jeder **Verkehrsauffassung** ist eine **Tatsachenfeststellung,** weshalb im Falle hierüber widerstreitender Parteivorträge durch Einholung von Gutachten und Auskünften von Meinungsbefragungsinstituten, Industrie- und Handelskammern, Fachverbänden u. dgl. grundsätzlich Beweis zu erheben ist (BGH GRUR 63 S. 270 „Bärenfang"). Nur ausnahmsweise, wovon allerdings immer mehr Gebrauch gemacht wird, darf das Gericht von einer solchen

Beweisaufnahme absehen, wenn es selbst als Durchschnittskäufer einer Täuschung unterliegen zu können überzeugt ist (BGH GRUR 71 S. 365 „Wörterbuch"). Unterliegt es einer solchen aber nicht, würde seine Auffassung von der Aussage der Werbeangabe der nicht zu beanstandenden Auslegung des etwaigen Verletzers entsprechen, muß streng genommen stets Beweis erhoben werden (BGH GRUR 70 S. 461 „Euro-Spirituosen"; 73 S. 322 „Europa-Feuerlöscher"), es sei denn, daß allgemeine Erfahrungssätze für die Möglichkeit auch einer anderen Auffassung nicht unbeachtlicher Teile der angesprochenen Verkehrskreise sprechen (BGH GRUR 61 S. 33 „Drei-Tannen".) In Fällen der Verwechslungsgefahr hält BGH (GRUR 74 S. 162 (164) „etirex") die Bejahung einer solchen durch den Tatsachen-Richter ohne Beweiserhebung auch dann für zulässig, wenn der Richter nicht zu den angesprochenen Verkehrskreisen gehört, was nicht überzeugt und dem Fachberater Prozeßprognosen noch schwieriger macht.

III. Irreführung

[13] Eine **irreführende** Angabe umfaßt präzise dasselbe, was nach dem alten Gesetzestext begrifflich unter unrichtiger Angabe verstanden worden ist (allg. Meinung; für viele: BGH GRUR 70 S. 467 „Vertragswerkstatt"). Auch für die Frage, was irreführend ist, ist die Verkehrsauffassung maßgebend, die sich nach dem Gesamteindruck orientiert (s. o. Anm. 10, 11). Deshalb kommt es für den Charakter der Irreführung nicht darauf an, ob der Inhalt der Werbeangabe richtig oder unrichtig ist, sondern darauf, ob ein mitangesprochener nicht unbeachtlicher Teil des Verkehrs sie unrichtig versteht. Die neue Fassung des § 3 geht aber weiter als die alte. Zwar hatte sich die Rechtsprechung zu der alten Gesetzesfassung ohnehin dazu entwickelt, „unrichtig" mit „irreführend" gleichzusetzen (BGH GRUR 55 S. 251 „Silberal"; 58 S. 86 „Ei-fein"), so daß sich insoweit nichts geändert hat, sowie weiter dazu, daß entscheidend die Irreführung (damalige Vokabel: „Unrichtigkeit") geeignet sein mußte, den Kaufentschluß des Publikums herbeizuführen, weil es sich — objektiv zutreffend oder unzutreffend — einen besonderen Vorteil versprach (für viele: BGH GRUR 63 S. 482 „Hollywood Duftschaumbad"; 67 S. 30 „Rum-Verschnitt"; 69 S. 277 „Whisky") („wenn die Angaben geeignet sind, den Anschein eines besonders günstigen Angebots hervorzurufen"), aber es ist durch den Fortfall der Tatbestandsmerkmale der Anscheinserweckung eines besonders günstigen Angebots dennoch eine Änderung eingetreten (a. A. offenbar Reimer-v. Gamm S. 333). Es wird jetzt auch irregeführt, wer sich infolge der Angaben schlicht etwas anderes unter der angebotenen gewerblichen Leistung vorstellt, ohne darüber nachzudenken, ob ihm „ein besonders günstiges Angebot" gemacht wird (im Ergebnis ebenso BGH GRUR 70 S. 467 „Vertragswerkstatt") und deshalb kauft. Auf die qualitative Gleichwertigkeit der (unter Täuschung) angebotenen Ware mit der Ware, die sich der Kunde unter

der Werbeangabe vorstellt, kommt es nicht an (BGH GRUR 71 S. 313 „Bocksbeutelflasche"). Wer seinem Freund in Kenntnis seiner Vorliebe für Frankenweine einen solchen und nicht einen qualitativ sehr viel besseren badischen Wein zum Geburtstag schenken will, wird ohne Rücksicht auf Gütevorstellungen, Vor- und Nachteile irregeführt, wenn ihm ein badischer Wein zufolge der Abfüllung in einer Bocksbeutelflasche, in äußerer Form wie ein fränkischer Wein, offeriert wird. Die Beeinflussung zum Kaufentschluß würde in diesem Falle nicht mit dem Vorgeben eines besonders günstigen Angebots oder infolge einer allgemeinen Wertschätzung der beteiligten Verkehrskreise, sondern schlicht **durch eine Fehlorientierung der angesprochenen Verkehrskreise** erreicht. Auch eine solche Irreführung ist nach der neuen Fassung des § 3 unzulässig, worauf der BGH a.a.O. im Ergebnis, wenn auch noch nicht in seiner Begründung zutreffend erkannte. Nach wie vor können auch **richtige** Angaben irreführend sein (st. Rechtsprechung), heute aber sogar schon dann, wenn sie den Verkehr nur desorientieren, sei es, daß er aus angepriesenen Selbstverständlichkeiten unzureffend auf besondere Vorteile schließt (BGH GRUR 63 S. 371 „Wäschestärkemittel"; 73 S. 481 „Weingeist") oder aufklärende Erläuterungen in derselben Angabe zufolge entsprechender Druckanordnung nicht wahrnimmt (BGH GRUR 73 S. 538 „Idee-Kaffee") oder aufklärende Zusätze, zu denen eine Verpflichtung bestünde, fehlen (BGH GRUR 73 S. 320 „Buchhaltungskraft") oder er sich nur etwas anderes vorstellt und deshalb kauft. Unbeachtlich dagegen ist, wenn der Verkehr einer richtigen Angabe lediglich nicht glaubt (BGH GRUR 67 S. 530 „Fahrschule"), weil das nur dem Werbenden selbst zum Nachteil gereicht. Ebenso irreführen können richtige Ausdrücke und Redewendungen einer **Fachsprache,** wenn der Werbende die Allgemeinheit anspricht, der nur die allgemeine Umgangssprache geläufig ist. Versteht sie unter einem Fachausdruck etwas anderes, wirkt dieser irreführend. Anderes gilt freilich, wenn die Werbung nur an Fachleute gerichtet ist (gl. A. Rüdiger WRP 58 S. 178). Anders wiederum BGH (GRUR 58 S. 444 „Emaillelack"), wonach der auf dem betreffenden Fachgebiet übliche Sprachgebrauch maßgebend ist.

Bei **Verschweigen** von nach der Verkehrsauffassung zu bemessenden, für den Kaufabschluß wesentlichen Tatsachen, ist eine richtige Angabe gleichfalls irreführend (st. Rechtsprechung, für viele: BGH GRUR 64 S. 269 „Grobdessin"; 70 S. 467 „Vertragswerkstatt"). Dagegen sollen aber ausnahmsweise nachgewiesene, infolge Verschweigens unrichtige sachliche Angaben, obwohl unbestreitbar irreführend, dann zulässig sein dürfen, wenn eine *verschwiegene* Maßnahme bei der Herstellung einer Ware als solche aus Sicherheitsgründen vernünftig war (BGH GRUR 73 S. 206 „Skibindungen", mit zustimmender Anmerkung Kriegers), was unrichtig erscheint. Hier hatte ein Hersteller von Skibindungen, die von Olympiasiegern gefahren waren, mit dieser Tatsache geworben, obwohl die für die Allgemeinheit produzierten Bindungen aus Sicherheitsgründen schwächere Federn hatten, was in seiner werbung verschwiegen wurde. Es war kein ausreichender Grund, diese unrichtige irreführende Angabe zuzulassen, weil Rennfahrer und andere mit Spezialausrüstungen Erfahrene hiervon wüßten, für den Durchschnittsskiläufer diese technische Änderung wegen der Gefahrenminderung vernünftig sei und weil nach Sachaufklärung die Durchschnittsläufer vernünftigerweise (also hypothetisch) die schwächer gefederten Bindungen sowieso kaufen würden. Der Werbende ersparte sich nicht nur die Mühe der Sachaufklärung, sondern, als weiteren wettbewerblichen Vorteil auch sein Risiko der Überlegung des Umworbenen, daß nur die harte Federung die Olympiadesiege gebracht haben könnte, oder daß er auch andere Bindungen kaufen könnte, wenn er sowieso nicht präzise die Siegerbindung bekäme. Die Wirksamkeit und Einflußnahme auf den Kaufentschluß wären anders gewesen, wenn wahrheitsgemäß geworben worden wäre, wie BGH (GRUR 65 S. 676 „Nevada-Skibindung" und GRUR 73 S. 320 „Buchhaltungskraft") erkannte. In vielen Fällen hätte sich die Möglichkeit zur hypothetischen Sachaufklärung gar nicht eröffnet, die außerdem in (hypothetisch) häufigen Fällen zu einem Kaufentschluß nicht geführt zu haben bräuchte. Zweifellos erlangte der Werbende einen ungerechtfertigten wettbewerblichen Vorteil vor seinen Mitbewerbern und es war ihm gerechterweise abzufordern, in der Werbeangabe die Sachaufklärung zu geben oder auf die irreführende Angabe überhaupt zu verzichten, die nicht schutzwürdig war. (Außerdem hätte der BGH hier die Sache zumindest zur weiteren Aufklärung zurückverweisen müssen, statt die von nicht unbeachtlichen — vielleicht unvernünftigen — Teilen der Angesprochenen vertretene Verkehrsauffassung auf Grund allgemeiner Erfahrungssätze selbst festzulegen, die in Wirklichkeit allenfalls ein eigenes zur Verwertung nicht zugelassenes persönliches Wissen der erkennenden Richter waren.)

Andererseits ist nicht jedes Verschweigen vom Verkehr als wesentlich angesehener Tatsachen irreführend. Niemand ist verpflichtet, Nachteilhaftes über sich selbst zu sagen (BGH GRUR 64 S. 269 „Grobdessin"; 65 S. 368 „Kaffee C").

Selbstverständlich sind immer irreführend **mißverständliche** oder mehrdeutige Angaben, weil sie zumindest teilweise unrichtig verstanden werden können; sie gehen stets zu Lasten des Werbenden (BGH GRUR 54 S. 333 „Molkereizeitung"); das gilt auch, wenn eine zusätzliche Werbung über etwaige Mißverständnisse aufklären soll (BGH GRUR 55 S. 251 „Silberal"). Ist eine Werbung offenbar bewußt unklar gefaßt, so geht diese Unklarheit zu Lasten des Werbenden, denn die Angabe muß eine Irreführung *ausschließen* (BGH GRUR 55 S. 37 „Cupresa-Seide").

Angaben können auch durch Gebrauch doppelsinniger Worte oder dadurch irreführend werden, daß sie in verschiedenen Mundarten einen anderen Sinngehalt ergeben (BGH GRUR 63 S. 539 „echt skai"); solchenfalls muß jede mögliche Deutung richtig sein (BGH GRUR 70 S. 609 „Regulärer Preis"). Dasselbe gilt, wenn der Verkehr keine klaren Vorstellungen von einem Begriff hat (BGH GRUR 59 S. 38 „Buchgemeinschaft II"; 62 S. 361 „Hautleim"; 67 S. 600 „Rhenodur"), wodurch die Bildung vieler Verkehrsauffassungen (vgl. Anm. 10) möglich ist, so daß die Vertreter der irrigen Auffassungen eben irregeführt werden und schützenswert sind.

[14] Denkbar sind auch Angaben, die **nicht irreführen, obwohl sie unrichtig** sind, wenn nämlich ihr sachlich unrichtiger Sinn üblich geworden ist und vom Verkehr in richtig gewolltem Sinn gebraucht und verstanden wird (BGH GRUR 63 S. 36 „Fichtennadelextrakt"), denn es ist nicht die Aufgabe der Gerichte, die Verkehrsauffassung zu gestalten, sondern nur, sie festzustellen, um die sich nach ihr orientierenden Irreführungen zu unterbinden. Andererseits können richtige, weil sprachlich klare Angaben als irreführend unzulässig sein, wenn beachtliche Teile des Verkehrs aus ihnen auf anderes schließen (BGH GRUR 74 S. 158 „Rhenodur"), wo die Bezeichnung „Kunststoffurnier" für unzulässig gehalten wurde, weil die Oberfläche der vertriebenen Möbel, ohne Anbringung von Deckschichten aus Holz, hergestellt wurden, was bei anderen Herstellern, die sich der gleichen Angaben bedienen, nicht üblich war.

Ferner können richtige Angaben deshalb irreführend sein, weil frühere irreführende Angaben in diesen nach der Auffassung der angesprochenen Verkehrskreise fortwirken können, wenn sich der Werbende von seiner früheren irreführenden Werbeangabe nicht klar genug distanziert hat (BGH GRUR 64 S. 686 „Glockenpackung"; 71 S. 255 „Plyne-Gin"). Endlich können ursprünglich richtige Angaben wegen Änderung der Verkehrsauffassung später unrichtig und deshalb irreführend und unzulässig werden (BGH GRUR 58 S. 30„ Außenleuchte"; 66 S. 445 „Glutamat"). Als subjektiv und marktschreierisch erkennbare Werbungen sind freilich wegen ihrer Erkennbarkeit nie unrichtig oder irreführend, doch werden angesehene und seriöse Unternehmen erfahrungsgemäß vom Verkehr beim Wort und ernst genommen, weshalb sie in der Regel auch mit solchen Werbeangaben täuschen werden (BGH GRUR 70 S. 425 „Melitta-Kaffee"; 73 S. 78 (80) „Verbraucherverband").

[15] Auf eine **Irreführungsabsicht** kommt es für § 3 nicht an (st. Rechtsprechung, für viele: BGH GRUR 67 S. 30 „Rum-Verschnitt"; 69 S. 279 „Wiski"). Die objektive Irreführungseignung ist allein entscheidend (vgl. hierzu Anm. 20).

[16] Daß der **Übergang** von irreführenden Angaben zu Übertreibung und Marktschreierei flüssig ist, ergibt bereits die unterschiedliche Beurteilung der Angabe je nach Ansehen des Absenders, das dieser im Verkehr genießt (vgl. oben Anm. 14 a.E.). Es kommt wie stets auf den **Sinngehalt,** d.h. darauf an, wie sich die Angabe dem Verkehr nach ihrem **Gesamteindruck** gibt und wie er sie alsdann unter Berücksichtigung aller solcher Umstände versteht. Wird Anspruch darauf erhoben, daß sie ernst genommen wird, oder soll sie gar seriös erscheinen, kann sie nicht als reklamemäßige Übertreibung bagatellisiert werden, mag noch so erkennbar übertrieben worden sein. Sind die Angaben auch solche rein tatsächlicher Art, als

reklamemäßige Übertreibung für den Durchschnitt des Verkehrs ganz zweifelsfrei, täuschen sie nicht, weil der Verkehr eine subjektive Färbung bei jeder Werbung unterstellt, auch wenn sie von bekannt seriösen Unternehmen ausgehen. Immer noch zutreffend ist, eine Überspannung der Anforderungen abzulehnen (BGH GRUR 52 S. 416 „Dauerdose"), wovon sich die Rspr. heute mehr und mehr im Verbraucherinteresse abwendet, was bedenklich erscheint.

Hat man es nach der Auffassung des Verkehrs nur mit einem keiner sachlichen Nachprüfung zugänglichen subjektiven Lob, einem *reinen* Werturteil zu tun, kommt mangels Nachprüfbarkeit eine unwahre Angabe tatbestandsmäßig nicht in Betracht (BGH GRUR 65 S. 365 „Lavamat II"). Natürlich kann zusätzlich in einem Werturteil bzw. in einer reklamemäßigen Übertreibung eine unwahre tatsächliche Angabe enthalten sein, die nachprüfbar ist, so daß auch die marktschreierische Angabe — aber eben erst dadurch — unrichtig, irreführend und unzulässig wird; hierzu gehört auch das Wissen des Verkehrs von dem Absender der Reklame als einem etwa seriösen Unternehmen (s. o. BGH „Verbraucherverband" u. a.).

Sonach sind reklamemäßige Übertreibungen dann nicht irreführend, wenn sie nach der Verkehrsauffassung als solche ad hoc verstanden werden, und zulässig, wenn sie außerdem auch unter anderen wettbewerbsrechtlichen Gesichtspunkten wie z. B. der vergleichenden, anreißerischen oder sonstigen sittenwidrigen Werbung nicht zu beanstanden sind. Das ist z. B. beim Gebrauch übertreibender Beiworte der täglichen Umgangssprache in der Werbung der Fall; riesengroß, spottbillig, blitzschnell, unzerreißbar, federleicht usw. Da es sich hier u. U. aber wiederum um nachprüfbare *Beschaffenheitsangaben* handelt, muß eine Nachprüfung ergeben, daß das Warenlager groß, die Ware billig, schnell, leicht usw. ist, sonst kann auch in solcher reklamehaften Übertreibung eine Irreführung des Verkehrs liegen; denn mag der Verkehr von einer erkennbaren Übertreibung 90% abstreichen, 10% nimmt er doch für bare Münze. Auch *Satire*, *Witz*, *Spott*, können zugelassen werden, sofern sie sich im Rahmen des Anständigen bewegen: „Kaffee ohne Coffein gleicht einem Auto ohne Benzin" zugelassen von RG MuW 27/28 S. 347. Eine reklamemäßige Übertreibung kann sich auch in einem Werturteil ausdrücken.

Immer ist aber Vorsicht geboten, denn übertriebene **Schärfe** auch eines reinen **Werturteils** kann dazu führen, daß der Verkehr unter ihm eine tatsächliche Behauptung versteht oder aus ihm auf eine Tatsache schließt, die sodann richtig sein muß, wenn sie nicht irreführen soll. Dann kann der Werbende unvorhergesehen dem Vorwurf der anreißerischen Reklame oder der unzulässigen Alleinstellungsbehauptung gegenüberstehen (ähnlich Reimer-v. Gamm S. 331).

[17] Eine auf **Blickfang** ausgerichtete Reklame ist ein häufiges Mittel der Irreführung, denn sie kann trotz ihrer objektiven Richtigkeit durch ihren bestimmenden Gesamteindruck täuschen. Die in den Blickfang z. B. durch entsprechende Druckanordnung oder bildliche Gestaltung gerückten Teile einer Angabe müssen schon für sich selbst betrachtet wahr sein. Sie sind unwahr z. B. in dem Fall „Preise bis zu 30% herabgesetzt", wenn „bis zu" ganz dünn und „30% herabgesetzt" ganz fett gedruckt werden (RG MuW 33 S. 568). Die Irreführung wird auch nicht dadurch aufgehoben, daß sich aus dem Text an versteckter Stelle der wahre Sachverhalt ergibt (BGH GRUR 67 S. 360 „Maßkleidung"; 68 S. 433 „Westfalenblatt II"; 71 S. 29 „Deutscher Sekt"). Gerade bei der Blickfangwerbung sind an die Wahrheit der Angaben besonders strenge Anforderungen zu stellen (BGH a.a.O.). Blickfangmäßig kann auch durch Schaufensterauslagen (BGH GRUR 69 S. 138 „italienische Note"), Fernsehen, im übertragenen Sinne auch rein akustisch per Radio geworben und irregeführt werden; letzteres besonders durch Schlagworte, aus denen die Verkehrsauffassung auf Vorteile schließt, die in Wirklichkeit nicht geboten werden. Das kann auch durch Gebrauch schlagwortartiger irreführender Firmennamen geschehen (BGH GRUR 73 S. 534 „Mehrwert", S. 486 „Bayerische Bank"). Auch durch eine voluminös aufgemachte Verpackung (mit Hohlböden u. dgl.) kann über die Quantität der angebotenen Ware getäuscht werden.

[18] Getäuscht kann auch werden mit **Auszeichnungen**, die dem Werbenden nicht zustehen, z. B. mit einer **Medaille** oder einem Meisterbrief (OLG Düsseldorf GRUR 73 S. 33), den nicht der Betriebsinhaber sondern nur ein Angestellter hat; mit irrtümlicher Anerkennung von Kunden und wissenschaftlichen Auslassungen Dritter (BGH GRUR 66 S. 92 „Bleistiftabsätze"), auch wenn sie richtig sind, aber vom Verkehr mißverstanden werden können (BGH GRUR 61 S. 189 „Rippenstreckmetall I"), durch lancierte Presseberichte (BGH GRUR 68 S. 209 „Lengede"), durch Warenkataloge und Postwurfsendungen, bei denen hinsichtlich einer Irreführung infolge Blickfang-Ausrichtung bei objektiver Richtigkeit der Gesamtreklame freilich großzügiger verfahren werden kann, weil der Verkehr solche Werbesendungen, wenn er sie nicht sofort wegwirft, wohl schon genauer betrachtet. Anders aber bei Versandhaus-Katalogen, nach denen der Kunde die Ware unbesehen vertrauensvoll kauft (OLG Stuttgart GRUR 55 S. 152), durch unvollständige Warentests (BGH GRUR 68 S. 645 „Pelzversand"), durch Briefumfragen bei potentiellen Kunden mit der Aufforderung zur Ausfüllung von Testbogen mit dem Vorgeben, wissenschaftlich fundierte Meinungsforschung zu betreiben (BGH GRUR 73 S. 268 „Verbraucher-Briefumfrage" — für zulässig erklärt —) u.a.

[19] Hauptmittel der Irreführung ist natürlich die Unwahrheit der Werbung, gleichgültig in welcher wahrnehmbaren Form sie sich niederschlägt. Es können nicht zu erfüllende Erwartungen geweckt werden, indem übertrieben, gefärbt, gelogen wird oder mit Halbwahrheiten wesentliche Dinge unterschlagen werden, deren Darstellung — zumindest Erwähnung — von dem Verkehr erwartet werden kann. Hier bietet sich als Mittel der Irreführung die Art des Ausdrucks an. Man kann dazu die Alleinstellungswerbung zählen (vgl. Anm. 125 zu § 1):

a) Für sie wird häufig der Superlativ gefunden, der unwahr aber ernst genommen, irreführend ist (st. Rechtsprechung; vgl. Anm. 126 zu § 1), oder auch

b) der Komparativ (vgl. Anm. 124 zu § 1), für den das gleiche gilt, z.B. „Es gibt keinen besseren Kaffee für Ihren Melitta-Filter als . . .“ (BGH GRUR 70 S. 425 „Melitta-Kaffee“) oder „R x bietet bessere Produkte (BGH GRUR 73 S. 78 „Verbraucherverband“), oder

c) der Positiv in Verbindung mit dem bestimmten Artikel (vgl. Anm. 124 zu § 1), z.B. „der meistgekaufte Rasierapparat“ (BGH GRUR 72 S. 129 „der meistgekaufte der Welt“), oder die Verbindung einer dieser Formen mit dem unbestimmten Artikel, z.B. „eine der größten Kaffeeröstereien Europas“ (BGH GRUR 69 S. 415 „Kaffeerösterei“).

[20] Die Werbeangabe braucht zur Irreführung auch nur **geeignet** zu sein, um unzulässig sein zu können, worüber freilich die Verkehrsauffassung (Begriff s. Anm. 10) entscheidet. Es wird aber für die Tatbestandsverwirklichung des § 3 nicht mehr gefordert, daß die Angaben unrichtig sind *und* den Anschein eines besonders günstigen Angebots hervorrufen. Zur Irreführung geeignet ist eine Angabe bereits, wenn sie eine unrichtige Verkehrsauffassung auslöst und dieserhalb zu einem wirtschaftlichen Entschluß des Käufers führt (BGH GRUR 73 S. 538 „Idee-Kaffee II“). Sie erweckt den Anschein, einen anderen sachlichen Inhalt zu haben, mit dem sie den Kaufentschluß auslöst.

Der Schein trügt und steht im Gegensatz zur Wirklichkeit. Er ist es nur noch, der den Kaufentschluß bei den angesprochenen Verkehrskreisen herbeizuführen braucht (BGH GRUR 71 S. 313 „Bocksbeutelflasche“; sowie a.a.O. „Idee-Kaffee“, wo der Anschein erweckt wird, daß dem Coffein die Reizstoffeigenschaften entzogen seien, die andere wieder erstreben. Die Irreführung muß nur das Motiv zum Kauf geben bzw. dafür geeignet sein). Deshalb bleibt natürlich „irreführend“, was auch schon früher „unrichtig“ war und den Anschein eines besonders günstigen Angebots erweckte. Darum behält der Grundgedanke des Gesetzgebers von 1896 seine Gültigkeit, daß es „über die Zwecke des Gesetzes hinausgreifen würde, wenn man unwahre tatsächliche Angaben schlechthin wegen ihrer Unwahrhaftigkeit (jetzt „Irreführung“) und ohne Rücksicht auf ihre Wirkung, welche sie im Verkehr ausüben können, zur Verantwortung ziehen wollte“ (Begr. d. Ges. v. 1896). Die Wirkungsmöglichkeit (Eignung) ist einmal nach der gewählten Form, zum anderen danach zu prüfen, welche Auffassung die angesprochenen Verkehrskreise möglicherweise von ihr haben. Auf das Angegebene muß vom Publikum Wert gelegt werden, es muß für seinen Kaufentschluß — nur subjektiv — wesentlich sein, damit es als irreführend charakterisiert werden kann, wenn es nicht der Wahrheit entspricht (BGH GRUR 67 S. 600 „Rhenodur“).

Für die Eignung zur Irreführung ist nicht erforderlich, daß jemand nachweisbar schon irregeführt worden ist (BGH GRUR 55 S. 409 „Vampyrette“). Der Verletzte braucht nur — hat aber auch— darzustellen und zu beweisen, daß die beanstandete

Angabe eine bestimmte (irrige) Verkehrsauffassung auslösen *kann* und daß präzise ihre Unrichtigkeit für einen Kaufentschluß nicht ganz unbeachtlicher Teile des Verkehrs ursächlich sein kann, worüber das Gericht sodann nach freien aber pflichtgemäßem Ermessen im Rahmen des § 286 ZPO zu entscheiden hat. Wann eine Angabe zur Irreführung geeignet ist, läßt immer nur der Einzelfall erkennen (st. Rechtsprechung u. allg. Meinung). Die Beweislast liegt stets beim Kläger, doch kann im Einzelfall auf Grund gegebener Lebenserfahrung die Vermutung der Richtigkeit seiner Darstellung mit der Folge der Umkehr der Beweislast zu seinen Gunsten sprechen (gl. A. B.-Hefermehl S. 707).

IV. Interessenabwägung

[21] Zur Irreführung geeignet sind endlich noch solche Angaben, die mit ihrem unwahren, doppeldeutigen, unverständlichen usw. — also irreführenden — Inhalt das Publikum veranlassen, sich mit ihnen überhaupt nur zu befassen (BGH GRUR 65 S. 39 „Ahlborn"; 70 S. 425 „Melitta-Kaffee"; 73 S. 538 „Idee-Kaffee II"). Denn es kommt nur auf die Gefahr seiner *Fehlorientierung* und dem darauf zurückzuführenden wirtschaftlichen Entschluß zu kaufen an. Wenn auch offensichtliche Übertreibungen, Selbstverständlichkeiten und Platitüden in der Regel nicht irreführen, können sie doch wieder zur Irreführung geeignet sein, wenn sie zufolge ihrer Aufmachung unberechtigtes Erstaunen mit Kaufentschluß auslösen können (Selbstverständlichkeiten und Platitüden, die einem nicht ganz unbeachtlichen Teil des Verkehrs nicht geläufig sind: BGH GRUR 73 S. 481 „Weingeist" und offensichtliche Übertreibungen wegen des seriösen Rufs des Werbenden bei ebensolchen Verkehrskreisen: BGH GRUR 73 S. 78 „Verbraucherverband"). Aber es ist der Übergang zur Irreführungseignung solcher an sich nicht grundsätzlich unzulässiger Werbungen von Fall zu Fall so unterschiedlich, daß sich allgemeingültige Faustregeln nicht entwickelt haben. Es muß grundsätzlich (d. h. in gewissem Maße) auch dem bekannten Unternehmen, das sich seinen Ruf schließlich meist durch erstklassige gewerbliche Leistung erarbeitet hat, auch das Recht zur übertreibenden Werbung zugestanden werden, das anderen nicht abgesprochen wird, so wie sich der Verkehr gefallen lassen muß, daß eine Ware mit einem eingebürgerten Namen gekennzeichnet wird, obwohl derselbe begrifflich auf eine andere Substanz — Zusammensetzung der Ware — schließen lassen kann (BGH GRUR 61 S. 361 „Hautleim"; 63 S. 36 „Fichtennadelextrakt"; 67 S. 600 „Rhenodur"; 66 S. 445 „Glutamal"). Die Verkehrskreise werden fehlorientiert (oder -informiert) und können dieserhalb dennoch weniger schutzwürdig sein als der Werbende, weil er nichts anderes tut als alle seine Mitbewerber, vor denen er dadurch deshalb keinen wettbewerblichen Vorteil erlangt, woraus die Schutzwürdigkeit des Individualinteresses des angegriffenen Werbenden resultiert. In solchen Fällen hilft nur eine **Abwägung der allseitigen Interessen,** wobei im Zweifelsfall die Interessen der Allgemeinheit überwiegen (allg. Meinung; für viele: B.-Hefermehl S. 711; Ulmer-Reimer S. 401). doch ist deren Interesse letztlich nur schutzwürdig, wo wesentliche Elemente derselben berührt werden. Es bleibt die an die Weisheit des Gerichts gestellte Aufgabe, Wesentliches von Unwesentlichem zu unterscheiden. So ist es unwesentlich, die Allgemeinheit nach dem wörtlichen Sinn einer Angabe zu bedienen, wenn sie sich seit Jahren an ein Produkt mit einer — wörtlich genommen — unrichtigen (irreführenden) Bezeichnung gewöhnt hat (BGH a.a.O. „Fichtennadelextrakt", „Rhenodur", „Glutamal"); denn es kann sie objektiv nicht interessieren, wie das ihr gewohnte und mit seinem Ergebnis bekannte Erzeugnisse wissenschaftlich akkurat richtig zu bezeichnen wäre. Wesentlich ist, ob sie durch die Desorientierung oder dadurch zum Kauf motiviert wird, daß sie sich unter der Bezeichnung ein bestimmtes, ihr in Qualität, Wirkung usw. bereits geläufiges Produkt vorstellt oder aus der Bezeichnung auf ein Produkt mit allen ihr subjektiv vorschwebenden *anderen* Eigenheiten schließen muß. Im ersten Fall ist sicher das Interesse des Werbenden schutzwürdiger, besonders wenn er schon einen sog. schutzwürdigen Besitzstand erlangt hat; im letzteren aber das Interesse der Allgemeinheit (BGH GRUR 69 S. 277 „Whisky"). Also nur in ganz besonders gelagerten Ausnahmefällen kann das Interesse des Werbenden an der Beibehaltung seiner Angaben vorgehen (BGH a. a. O. wie zuvor). In Grenzfällen wird ihm aufzugeben sein, aufklärende Zusätze zu bringen (BGH GRUR 57 S. 278 „Evidur"; 68 S. 200 „Acrylglas"). Sodann sind die Verbrauchervorstellungen als unwesentlich unbeachtlich.

Es wäre aber nicht richtig, in diesen Fällen von einer *Verwirkung* der Schutzwürdigkeit der Interessen der Allgemeinheit und demzufolge der Unterlassungsansprüche der zu ihrer Verfolgung Berufenen zu sprechen. Eine Verwirkung von Unterlassungsansprüchen bei Irreführung ist denkgesetzlich nicht möglich (vgl. Anm. 273 zu § 1). Es verschwindet lediglich die Eignung zur Irreführung Hand in Hand mit der Schutzwürdigkeit der Verbraucherinteressen, und die Unterlassungsansprüche können mit dem Marktgeschehen bei rückläufiger Entwicklung auch wieder neu zur Entstehung gelangen, wie z.B. die Werbeangabe über eine Absatzgröße in einem Warenzeichen, wenn der Umsatz absinkt und sich damit der Wahrheitsgehalt der im Zeichen enthaltenen Behauptung ändert (BGH GRUR 73 S. 532 „Millionen trinken . . ."). Ob diese Entscheidung in ihrer Begründung mit § 3 richtig war, erscheint freilich zweifelhaft, weil die Unrichtigkeit dieser zeichenmäßigen Werbebehauptung gegenüber dem Besitzstand des Werbenden am Warenzeichen nicht wesentlich war, ein Interesse an der Unterlassung seines Gebrauchs vielmehr wohl nur für die Mitbewerber bestand.

Unter denselben Gesichtspunkten sind **Rechtfertigungsgründe für irreführende Angaben** nicht denkbar. Diesbezüglich gilt dasselbe wie das für die Verwirkung Gesagte (st. Rechtsprechung). Da die Vorschrift des § 3 im wesentlichen den Verkehr schützen soll, kann sich der Werbende auch nicht darauf berufen, daß er in Abwehr gegen eine unzulässige Wettbewerbshandlung eines anderen Mitbewerbers gehandelt habe; denn mit dem Verstoß gegen § 3 verletzt er die geschützten

Interessen der Allgemeinheit, die seinem eigenen etwa schutzwürdigen Interesse an der Abwehr unzulässiger Wettbewerbshandlungen Dritter vorgehen (st. Rechtsprechung). Angesichts der unbegrenzten Möglichkeiten muß er sich schon eine andere Abwehrmaßnahme einfallen lassen, seine geschützten Rechtsgüter von niemandem verletzen zu lassen.

[22] Die **Beweislast** für die Irreführungseignung, die wegen der hierfür maßgeblichen Verkehrsauffassung eine Tatsachenfeststellung ist (vgl. Anm. 12), trägt der sie beanstandende Kläger (st. Rechtsprechung; für viele: BGH GRUR 66 S. 382 „Jubiläum"; 69 S. 422 „Kaltverzinkung"), während der Beklagte wie auch in jedem anderen Zivilprozeß seine Einwände tatsächlicher Art zu beweisen hat, z.B. daß sich die Verbrauchervorstellungen geändert haben (BGH a.a.O. „Acrylglas"), daß sich aus einem Herkunftshinweis eine allgemeine Beschaffenheitsangabe entwickelt habe (BGH GRUR 59 S. 365 „Englisch-Lavendel", 67 S. 113 „Leberwurst"), daß er der größte sei oder den in der Angabe behaupteten Absatz habe (BGH a.a.O. „Millionen trinken . . ."). In letzteren Fällen besteht auch eine Darlegungspflicht des Werbenden sogar über die Interna seines Betriebes, wenn er selbst sie durch seine Werbeangabe zur Sprache gebracht hat und der Kläger zu ihnen keine Verbindungen hat (st. Rechtsprechung; für viele: BGH GRUR 70 S. 461 „Euro-Spirituosen"; 71 S. 164 „Discountgeschäft").

V. Gegenstand der Angabe

[23] **Gegenstand** der irreführenden Angaben kann alles sein, was nach der Verkehrsauffassung (Anm. 10) für den Kaufentschluß wesentlich ist; § 3 zählt keinen numerus clausus sondern nur Beispiele auf, wie das Wort „insbesondere" deutlich zeigt (allg. Meinung und st. Rechtsprechung), und sie können sich in allem, nicht nur im direkten Warenangebot sondern auch in Firmennamen, Warenzeichen, Marktforschungen, auf Briefköpfen usw. (vgl. Anm. 18) ausdrücken.

[24] Der Begriff der **geschäftlichen Verhältnisse**, über die irregeführt werden kann, war schon in dem Gesetz von 1896 aufgenommen worden; er ist die Generalklausel des früheren Gesetzes, die sich im Gegensatz zur heutigen Generalklausel nur auf die Reklame bezog. Er ist als *Oberbegriff* so weit wie möglich auszulegen und kann sich auf die Entstehung, das Alter, den Erwerb, den Namen, den Umfang, den Absatz, die Bedeutung, den Ruf, den Kundenkreis u. dgl. des Geschäfts, d.h. auf alles beziehen, was den Wettbewerb des Gewerbetreibenden, als welchen auch Anwälte, Architekten, Ärzte wie überhaupt alle Freiberuflichen anzusehen sind, irgendwie zu fördern vermag (st. Rechtsprechung; BGH GRUR 64 S. 33 „Bodenbeläge"). Der Begriff der geschäftlichen Verhältnisse betrifft also alles, was die gewerbliche Tätigkeit im Wettbewerb überhaupt nur berührt, auch irreführende

Angaben über die Gesamtbranche des Werbenden (BGH a.a.O. „Bodenbeläge"), Erzeugung einer Panikstimmung bei Beginn einer Wirtschaftskrise, wie auch irreführende Angaben über die geschäftlichen Verhältnisse eines Dritten (RG JW 33 S. 1830) gehören hierher. Es müssen jedoch stets die Interessen der Allgemeinheit verletzt sein, die Verletzung ausschließlich von Individualinteressen ist nicht nach § 3 sondern gemäß den dafür vorgesehenen Vorschriften zu verfolgen.

VI. Die irreführenden konkreten Angaben im Einzelnen

[25] Häufig sind die geschäftlichen **Verhältnisse des Unternehmens** Objekt der Irreführung;

a) z.B. die Behauptung, das Unternehmen sei eine **Akademie,** was den Verkehr irreführt, wenn es sich um eine Privatschule ohne Legitimation, amtliche Zeugnisse auszustellen oder amtliche Prüfungen abzunehmen, handelt (OLG Bremen NJW 72 S. 164).

b) **Alleinhersteller** (RG GRUR 31 S. 1154) oder -vertreter zu sein, oder das alleinige Herstellungs- bzw. Vertriebsrecht zu haben (BGH GRUR 55 S. 409 „AEG"), ist auch eine beliebte Täuschungshandlung. Überhaupt wird jede unrichtige **Alleinstellungs**behauptung (vgl. auch Anm. 13) als irreführende Angabe von h. L. und Rechtsprechung auch nach § 3 für unzulässig gehalten, obschon sie häufig für den Kaufentschluß auch nur unbedeutender Teile der Verkehrskreise nicht wesentlich ist und nur Eitelkeit und Ehrgeiz der Mitbewerber verletzt. Oft liegt in ihrem Gebrauch zugleich eine unzulässige bezugnehmende Werbung. Sie wird gebildet durch Verwendung des Superlativs, des Komparativs, Positivs, durch Verwendung des bestimmten oder unbestimmten Artikels und durch sonstige sprachliche Mittel (vgl. Anm. 19). Für irreführend — weil unrichtig — wurden u.a. erklärt: „Die größte Luftfahrt-Fachzeitschrift" (BGH GRUR 68 S. 440), wobei es zudem nicht auf die Auflagenhöhe sondern auf die verkauften Exemplare ankommt (BGH GRUR 63 S. 34 „Werkstatt und Betrieb"), „größte Klebstoff-Fabrik Bayerns" (BGH GRUR 61 S. 85 „Pfiffikus-Dose"), „der meistgekaufte der Welt" (BGH GRUR 72 S. 129) trotz Richtigkeit, weil in der BRD ein anderer die Spitzenherstellung mit Abstand innehielt; „Es gibt keinen besseren Kaffee" (BGH GRUR 70 S. 425 „Melitta-Kaffee"), „Das große deutsche Wörterbuch" (BGH GRUR 71 S. 365 „Wörterbuch"), „Modernste Mühlsteinfabrik Europas", unzulässig wenn das schon fünf Jahre zurückliegt (OLG Stuttgart GRUR 61 S. 630).

Dagegen keine Alleinstellung: „den und keinen anderen" (BGH GRUR 65 S.365 „Lavamat II") weil ohne Nachprüfbarkeit nur dringende Kaufaufforderung; „Mutti gibt mir immer nur das Beste" (BGH GRUR 65 S. 363 „Fertigbrei"). Zwar Alleinstellung, aber zulässig weil richtig: „Deutschlands größtes Möbelhaus", ohne daß Preis und Qualität der Ware deshalb günstiger zu sein brauchen (OLG

Frankfurt WRP 61 S. 186), woraus erhellt, daß § 3 vielfach auch zum Schutze der Mitbewerber angewendet wird.

Eine unzulässige Alleinstellung ist es auch, sich im Superlativ unrichtig als kleinster Mitbewerber auszugeben, wenn der Verkehr, z. B. sich hiervon Vorteile versprechend oder aus sentimentalen Erwägungen dadurch zum Kauf bestimmt wird. Wenn sich eine solche Angabe zur besonderen Bezeichnung eines Geschäftsunternehmens entwickelt und gar überregionale oder regionale Verkehrsgeltung erlangt hat, der Kleinste im Laufe der Zeit vielleicht der Größte der Stadt geworden ist, wird man wegen dieser Entwicklung von Irreführung sprechen, wenn nicht völlig unbeachtliche Teile des Verkehrs noch wegen der vermeintlichen Kleinheit des Unternehmens angezogen werden, wie im umgekehrten Fall „Millionen trinken . . ." (BGH GRUR 73 S. 532) die Wiederbenutzung aber gestattet werden muß, wenn sich der Verkehr an die — nun an den Humor appellierende — Bezeichnung (z. B. „das kleinste Schuhgeschäft der Stadt") gewöhnt hat und der Irreführungsgehalt unwesentlich geworden ist (BGH GRUR 65 S. 445 „Glutamal").

c) Mitunter wird über das **Alter** eines Unternehmens irregeführt. Der Verkehr schließt aus demselben auf besondere Erfahrungen, Spezialkenntnisse usw., wegen welcher ihm das Angebot besonders günstig erscheint. Bei Angabe des Gründungsjahres muß ununterbrochenes Bestehen mit seinem wesentlichen Charakter gegeben sein (RG GRUR 39 S. 389; 40 S. 572). Die Inhaber brauchen nicht dieselben geblieben zu sein, ebenso brauchen sie nicht alle geführten Warengattungen für die angegebene Zeit wirklich geführt zu haben, wenn das Unternehmen sonst noch dasselbe ist (BGH GRUR 51 S. 412 „Graphia"). Auch zwischenzeitliche Veränderung der Firmenbezeichnung und Verkleinerung des Unternehmens schaden nicht. Aber **langjährige Unterbrechung** darf nicht mitgerechnet werden, da eine Behauptung, die das ununterbrochene Bestehen und die so fortgesetzt gesammelte Erfahrung andeuten soll, eine unrichtige Angabe ist (BGH a. a. O. „Graphia"; OLG Hamburg GRUR 39 S. 395); ebenso ist ein 100jähriges Bestehen unrichtig angegeben, wenn der jetzt allein noch geführte Geschäftszweig erheblich jünger ist (BGH GRUR 60 S. 563 „Sektwerbung"; 61 S. 485 „Fleischereimaschinen"); kürzere Unterbrechung wegen Brandschadens (RG GRUR 40 S. 573) oder wegen Nachwirkungen des Krieges (BGH GRUR 56 S. 212 „Wirtschaftsarchiv") schaden nicht, doch muß ein innerer Zusammenhang bestehen, weil der Verkehr aus dem Alter auf Zuverlässigkeit und besondere Erfahrung schließt. Auch die Firmenzusätze **„Sohn"**, **„Söhne"**, **„Witwe"**, **„Nachfolger"** usw. deuten auf einen inneren Zusammenhang zwischen dem neuen und dem alten Unternehmen hin, was in dieser Weise nicht angegeben werden darf, wenn der Zusammenhang nicht besteht, weil z. B. inzwischen neu gegründet wurde (RG GRUR 27/28 S. 16) oder ganz andere Artikel produziert werden (BGH GRUR 62 S. 310 „Gründerbildnis"). Irreführende Altersangabe ist ferner die Verwendung des Wortes „Ur" (köl'sch) als Firmenzusatz, da hierin ein Hinweis auf das Traditionelle und Althergebrachte liegt (BGH GRUR 52 S. 511 „Farina Urkölsch"); ebenso kann das Wort „Erstes" als Traditionsangabe

— wenn nicht als Alleinstellungsbehauptung — verstanden werden (BGH GRUR 57 S. 285 „Erstes Kulmbacher"). War dem Nachfolger in einem Geschäftsunternehmen die Fortführung der einen Familiennamen enthaltenen Firma gestattet, so ist der Gebrauch desselben wettbewerbs- und namensrechtlich zulässig (OLG Hamburg MuW 38 S. 30). Zulässig ist auch die Weiterführung der den berühmten Namen eines Fachmanns enthaltenden Firma durch die Erben, auch wenn diese persönlich nicht die Bedeutung und Fähigkeit des Verstorbenen haben (Hagenbeck-Entsch. des OLG Hamburg WRP 55 S. 242). Ist aber der Erbe aus dem Unternehmen ausgeschieden, ist nur noch ein Hinweis auf die Tradition des Familiennamens, *nicht* mehr aber ein solcher auf die alte Geschäftstradition gestattet (BGH GRUR 51 S. 412 „Graphia"). Wie immer ist auch hier die Auffassung des Verkehrs, niemals etwa eine Entscheidung des Registerrichters für das erkennende Gericht maßgebend (RG GRUR 39 S. 741).

d) Sich einen **amtlichen Charakter** zu usurpieren kann gleichfalls irreführen. Die Bezugnahme auf einen solchen erfordert wirkliche Beziehung zu dem in Bezug genommenen Amt. Wenn eine Zeitung als amtliches Organ eines Staates, einer Partei, eines Verbandes, einer Berufsvereinigung usw. bezeichnet wird, ist das nur zulässig, wenn sich Staat, Partei usw. ihrer auch für Veröffentlichungen bedienen (RG Bd. 88 S. 210, 306). Fällt diese Beziehung später fort, muß eine Titeländerung der Zeitung erfolgen, zumal die Werbung der Presse besonders ernst genommen wird. Führt sie z. B. Personen als ständige Mitarbeiter auf, die in Wirklichkeit keine laufenden Beiträge liefern, ist deren Mitarbeiter-Benennung als irreführend zu streichen (BGH GRUR 61 S. 356 „Pressedienst"). Unzulässig: „Bundeszauberkünstler" (OLG Frankfurt BB 61 S. 432), zugelassen aber „Volksfeuerbestattung" für Bestattungs- und Sterbegeldversicherung (BGH GRUR 60 S. 434).

e) Die Bezeichnung eines Unternehmens als **Anstalt** weist in der Regel auf einen bedeutenden Betrieb hin, sei es, daß man aus dem Ausdruck sprachlich auf etwas amtliches oder halbamtliches, sei es, daß man auf ein überregionales Wirken schließt. Ursprünglich von dem Zeitwort „anstellen" herrührend (Trübners Deutsches Wörterbuch 1939) hat das Wort zu Beginn des vorigen Jahrhunderts die Bedeutung einer Organisation mit Rechtspersönlichkeit bekommen (Allg. preuß. Landrecht von 1974), aber auch die begriffliche Bedeutung einer handwerklichen Tätigkeit noch nicht verloren. In letzterem Sinne wird der Ausdruck für die Bezeichnung (handwerklicher) Tätigkeiten in zusammengezogenen Substantiven noch heute verwandt wie z. B. Reparatur-, Vulkanisieranstalt, Schnellbesohlungs-, Wasch-, Bügel-, Reinigungs-, Badeanstalt usw. Der Ausdruck unterliegt seit langem einem Bedeutungswandel und ist also zweideutig in seinem Sinngehalt und dieserhalb zur Irreführung geeignet, weil es auf die Verkehrsauffassung ankommt, die von mehreren nicht völlig unbeachtlichen Teilen der angesprochenen Verkehrskreise unterschiedlich mehrfältig gebildet wird. Bei seinem Gebrauch für die Bezeichnung eines Unternehmens sind deshalb Vorsicht und die Verwendung klarstellender Zusätze geboten (ähnl. B.-Hefermehl S. 806). So kann auch der Ausdruck

„anerkannt“ auf eine amtliche Bedeutung hinweisen, insbesondere bei Dienstleistungen und Waren, für die ein allgemein bekannter Bedarf bei Behörden und dgl. besteht („anerkannte Spezialwerkstatt für Feuerlöschgeräte“ u. ä.).

f) Unter **Anwalt** versteht der Verkehr einen bei den Gerichten zugelassenen Rechtsanwalt, dessen Tätigkeit im Interesse der Allgemeinheit dieserhalb (durch das Rechtsberatungsmißbrauchsgesetz — RGBl. I S. 1478 von 1935) eigens geschützt ist. Unzulässig daher Bezeichnungen wie **„Wirtschaftsanwalt“**, **„Industrieanwalt“**, „Geschäftsanwalt“ (RG HRR 30 S. 323; JW 25 S. 2325). Aufklärende Zusätze reichen hier nicht aus (gl. Ansicht B.-Hefermehl S. 826). Zulässig dagegen die Bezeichnung **„Patentanwalt“** als besondere zugelassene Berufsgruppe.

g) Unter gleichen Gesichtspunkten darf sich auch **Architekt, Arzt, Zahn-** und **Tierarzt** nur nennen, wer als solcher approbiert ist oder die Erlaubnis zu einer solchen Berufsbezeichnung hat, wie z. B. Dentist als Zahnarzt, sofern sich seine berufliche Tätigkeit auf das Wesen der Zahnheilkunde erstreckt (BGH GRUR 59 S. 84 „Dentist“).

h) Die Angabe **Bank** erfordert eine bankfachliche Tätigkeit und darf zur Kennzeichnung eines Unternehmens nur geführt werden, wenn ihm die Erlaubnis zum Betreiben von Bankgeschäften durch das Bundesaufsichtsamt für das Kreditwesen erteilt ist. Wird diese nachträglich erteilt, reicht das für die Sanktionierung der vorher unzulässig gewesenen Bezeichnung aus (OLG Karlsruhe GRUR 68 S. 705, zugelassen für ein Teilzahlungsfinanzierungsgeschäft als Nebenzweig). Die Bezeichnungen **Bankhaus,** Bankinstitut lassen dagegen auf eine Größenordnung schließen, die nach der Verkehrsauffassung eine gewisse Sicherheit für ihre Geldanlage bietet, was nach den Bankpleiten des Jahres 1973 wieder in den Vordergrund der Überlegungen der Bankkunden getreten ist. Irreführend z. B. die Bezeichnung „Volksbank“, wenn sich die Tätigkeit nur auf einen Teil einer Stadt erstreckt (BGH GRUR 68 S. 702 „Hamburger Volksbank“), ebenso irreführend „Bayerische Bank“ weil nicht das führende Bankunternehmen Bayerns (BGH GRUR 73 S. 486). **Spar-, Bauspar- und Darlehenskasse** deuten gleichfalls auf Sicherheit der Geldeinlage hin, weshalb strenge Anforderungen an die Berechtigung solcher Bezeichnungen im Interesse der Allgemeinheit zu stellen sind. Sie dürfen nur noch auf Grund besonderer ausdrücklicher behördlicher Genehmigung verwandt werden.

i) **Bildliche Darstellungen** von Geschäftsunternehmen können gleichfalls täuschen, z. B. eines ganzen Hauses, obwohl nur zwei Etagen für den Betrieb benutzt werden (OLG Stuttgart BB 52 S. 386) oder eines ganzen Fabrikgebäudes, das z. T. von Dritten benutzt wird (OLG Kassel JW 37 S. 2984).

k) Auch die Bezeichnung eines Unternehmens als **Börse** kann irreführen, wenn hieraus auf ein Geschäftshaus zur Zusammenkunft von Kaufleuten geschlossen wird, bei welcher über nicht präsente Waren Geschäfte getätigt werden. Zutreffend daher als irreführend angesehen die Bezeichnung „Schmuck-Börse“ für ein Einzelhandelsgeschäft mit Schmuck (OLG Zweibrücken BB 68 S. 311), zumal in weiten Kreisen des Verkehrs Schmuck als Kapitalanlage betrachtet wird. Andererseits hat der Ausdruck seine frühere Bedeutung als Geldbeutel (bursa, burse) noch nicht verloren, so daß er, in diesem Sinne verwandt, wiederum nicht anspruchsvoll ist. Auch als offensichtlich marktschreierisch wird man ihn zur Bezeichnung gewisser Einzelhandelsgeschäfte zulassen können („Krawattenbörse"), wenn er nicht irreführt (gl. A. Reimer-v. Gamm S. 336; a. A. B.-Hefermehl S. 814).

l) **Als „deutsch"** kann sich ein Unternehmen nur dann bezeichnen, wenn seine Inhaber in der Mehrzahl deutscher Staatsangehörigkeit sind (BGH GRUR 70 S. 461 „Euro-Spirituosen"), als **„ausländisch"** nur dann, wenn das Unternehmen unter maßgebendem Einfluß von Ausländern steht (RG GRUR 44 S. 91; OLG Karlsruhe BB 64 S. 572). Die Angabe einer ausländischen Herkunft kann auch im Gebrauch einer **fremdsprachlichen Bezeichnung** liegen (BGH GRUR 56 S. 187 für „English Lavender" statt „Englisch Lavendel" oder französische Bezeichnung für deutsches Parfum OLG Düsseldorf GRUR 56 S. 565). Bei Kapitalgesellschaften entschied früher die Staatsangehörigkeit der Geschäftsführer und ausländische Beteiligungen konnten daher unberücksichtigt bleiben (RG GRUR 44 S. 91), anders wenn sie in Gänze von ausländischem Kapital beherrscht werden. Bei Tochtergesellschaften oder inländischen Niederlassungen ausländischer Unternehmen wäre demnach die Bezeichnung „deutsch" auch dann unzulässig, wenn sie von rein deutschen Geschäftsführern geleitet werden, da auch diese von ausländischem Kapital beherrscht werden. Knüpft dagegen der Zusatz „deutsch" an den bekannten ausländischen Grundcharakter des Hauptunternehmens an, um z. B. lediglich die rechtliche Selbständigkeit der deutschen Niederlassung herauszustellen (Deutsche Fordwerke, Deutsche Woolworth AG usw.), liegt keine Irreführung des Verkehrs vor, denn jedermann weiß, daß es sich hier um rein ausländische Unternehmen handelt. Bei der heutigen Entwicklung zur Internationalisierung des Kapitalmarktes, insbesondere im EG-Raum, haben die Nationalitätsangaben bei Unternehmen jedoch wohl nur noch eine geringe Bedeutung für die Allgemeinheit. Wesentlich für die Verkehrsauffassung sind aber die ausländischen bzw. deutschen Geschäftsbeziehungen der Unternehmen und der Ursprung der Waren geworden. Unzutreffend deshalb BGH GRUR 73 S. 594 „Ski-Sicherheitsbindung", wonach ein deutscher Produzent sein in Deutschland hergestelltes Erzeugnis nicht als deutsches bezeichnen darf, wenn es eine französische Erfindung ist, Lizenzgebühren an Franzosen bezahlt werden, und wenn der Verkehr bei Ski-Sicherheitsbindungen auf die Herkunft der Konstruktionsidee Wert legt; (ähnlich wie hier v. Falck GRUR 73 S. 596).

m) **Direktverkauf und Discountgeschäft** können irreführen, wenn nicht gehalten was versprochen wird (BGH GRUR 64 S. 397 „Damenmäntel"; 71 S. 164 „Discountgeschäft").

n) Die Angabe **„eigene Anfertigung"** ist nicht zu beanstanden, wenn neben Fertigware ein ganz beträchtlicher Teil selbst angefertigt wird (RG MuW 31 S. 203; BGH GRUR 57 S. 348 „Klasen-Möbel"; 61 S. 425 „Möbelhaus des Handwerks"), aber die Bezeichnung „Fabrik" wäre unstatthaft.

o) Die Legaldefinition für **Einheitspreisgeschäfte** findet sich in Art. I Ziff. 1 des Ges. vom 23. 12. 32 (RGBl. I S. 571): „Verkaufsstellen, in denen Waren mehrerer nicht zusammengehöriger Warenarten ausschließlich oder überwiegend in einer oder mehreren feststehenden Preisstufen feilgehalten werden". Wer sich hieran nicht hält, täuscht den Verkehr.

p) Zusätze bei Firmen- und Warenkennzeichnungen, bei denen das Wort „Europa", sei es in abgekürzter („euro-"), sei es in zusammengesetzter („intereuropäisch-") Form Verwendung findet, deuten in der Regel auf eine Größe und Stellung des Unternehmens hin, die sich auf den europäischen Markt erstrecken, sofern mit dem Wort erkennbar auf Europa als Kontinent Bezug genommen wird (BGH GRUR 70 S. 461 „Euro-Spirituosen"; WRP 72 S. 134 „Euromarin"; B. Pat. G. GRUR 69 S. 88 „Eurovlieselon"). Sicher unrichtig: LG München GRUR 73 S. 322, wo etwa 19% der Befragten aus dem Wortbestandteil „Europa" auf besondere von der Konkurrenz nicht gebotene Vorzüge schlußfolgerten und 8,5% (auch eine nicht zu übersehende Minderheit) auf eine auf den europäischen Markt bezogene Stellung des Unternehmens.

q) Die Bezeichnung **Fabrik** ist in ihrem wirklichen wirtschaftlichen Sinne zu verwenden, und nicht für handwerkliche Betriebe (RG GRUR 40 S. 572). Arbeitet der Inhaber im technischen Betrieb noch selbst mit, deutet das im Zweifel auf handwerklichen Betrieb hin (RG MuW 23 S. 213ff.; OLG Hamm GRUR 54 S. 278). Über die Begriffsmerkmale vgl. BGH GRUR 52 S. 141 (143) „Tauchpumpe" und Haberkorn WRP 66 S. 125; OLG Hamburg HRR 29 S. 573; KG GRUR 34 S. 152; RG DR 40 S. 2176). Die Verkehrsanschauung über den Begriff ist nicht einheitlich und wechselt bei den verschiedenen Betriebszweigen (OLG Stuttgart WRP 60 S. 322). Es kann auch in gemieteten Räumen, muß aber unter eigenem Unternehmerrisiko produziert werden. Geringfügiger Zukauf ist zulässig (BGH GRUR 57 S. 348 „Klasen-Möbel").

Eine **Spezialfabrik** muß sich vorwiegend mit der Herstellung von Spezialartikeln befassen, doch braucht dies nicht ausschließlich zu geschehen (RG MuW 40 S. 69). Zusätze wie „chemisch-pharmazeutische", „Lederwaren", „Möbel-", „Lebensmittel-" usw. Fabrik setzen überwiegende Spezialfabrikation in der angegebenen Branche voraus (vgl. hierzu RG GRUR 41 S. 230). Ob der Käufer auf eigene Fabrikation des Anpreisenden Wert legt, ist ohne Bedeutung (RG AWR 38 S. 65).

Der Ausdruck **Fabrikation** ist weniger streng zu beurteilen und kann auch von Handwerkern gebraucht werden, wenn nur fabrikähnlich produziert wird (OLG Celle BB 69 S. 1103).

Der Handel kann sich die Bezeichnung „Fabrik" oder „Fabrikation" nie zulegen (RG MuW 26 S. 147) auch nicht, wenn er teilweise verarbeitet (vgl. W. Kleine AWR 40 S. 61), anders aber, wenn der Fabrikant seine Ware selbst unmittelbar vertreibt; dann darf er angeben „aus eigener Fabrikation vom Hersteller direkt zum Verbraucher (BGH GRUR 64 S. 397 „Damenmäntel"). Auch die Abbildung des Versandlagers und die Darstellung von Betriebsvorgängen einer nicht zum Betrieb des werbenden Verkäufers gehörenden Gießerei ist unzulässig (RG MuW 38 S. 219).

r) **Fachgeschäft** setzt besondere Fachkenntnisse voraus, so daß der Kunde eine entsprechende fachmännische Beratung erwarten kann. Spezialisierung auf eine einzige Branche wird nicht zu fordern sein, wohl aber müssen die besonderen Fachkenntnisse für diejenigen Leistungen bestehen, auf die der Werbende bei Gebrauch der Bezeichnung „Fachgeschäft" Bezug nimmt, auch wer seinen Namen mit einer Branchenbezeichnung verbindet (z. B. „Radio-Müller", „Elektro-Maier" usw.) erweckt den Eindruck, ein Fachgeschäft zu sein (allg. Meinung).

s) Sein Geschäft als **Großhandel, Großhandlung** im Gegensatz zum Einzelhande zu bezeichnen, obwohl man dort auch zu Einzelhandelspreisen an Endverbraucher verkauft, ist nur zulässig, wenn das absolut unmißverständlich zwecks Vermeidung jeglicher Irreführung klar herausgestellt wird (BGH GRUR 68 S. 595 „Wiederverkäufer"; vgl. auch Droste NJW 64 S. 483, Hiersemann WRP 59 S. 286), indem es den Zusatz „und Einzelhandel" führt. Wenn aber mit einem warenhausartigen Sortiment des täglichen Bedarfs Gewerbetreibende jeder Branche angesprochen werden, obwohl ein nicht unerheblicher Teil als Wiederverkäufer nicht in Betracht kommt (BGH WRP 74 S. 85), dürfte auch irreführen; in ähnlichem Sinne irreführend war die Angabe „Verkauf nur an den Fachhandel", weil außerdem an Endverbraucher zu Einzelhandelspreisen abgegeben wurde (OLG Hamm BB 65 S. 223).

t) Die Bezeichnung **Haus** deutet heute ihrem Sinne nach nicht mehr nur auf einen größeren Betrieb hin. Nennt sich ein Ladengeschäft „Haus", z. B. „Blumenhaus", „Seifenhaus", „Haus der Musikfreunde", „Textilhaus im Tal", entsteht beim Publikum im Angesicht des Geschäftslokals von vorn herein die richtige Vorstellung, es nur mit einem Ladenlokal zu tun zu haben. Schon beim Betreten des Geschäfts wird ihm klar erkennbar, ob es groß oder klein ist (a. A. OLG Dresden MuW 26 S. 217; OLG Hamm DB 54 S. 865); es wird übersehen, daß die Bezeichnung „Haus" eben verwässert und die Rechtssprechung der 20ger und 30ger Jahre infolge eines Bedeutungswandels überholt ist. Ein Bedürfnis, ein Fortschreiten der Verwässerung von Begriffen zu verhindern bzw. ihre Entwicklung rückgängig zu machen, kann nicht anerkannt werden; die Vorschrift soll nur Täuschungen und Irreführungen unterbinden, nicht aber die tägliche Umgangssprache oder ihre *Entwicklung* korrigieren. Es kommt ganz auf den Zusammenhang an, in dem das Wort „Haus" benutzt wird (OLG Celle BB 63 S. 325; OLG Oldenburg BB 68 S. 309). Von Einzelhändlern, die von Pfenniggeschäften leben und deren Sortiment man bei der ersten Begegnung mit ihm übersehen kann, erwartet sich der Kunde nichts (Zigarrenhaus, Reformhaus usw.); wer dagegen durch Werbeträger (Zeitungs-, Radio-, Fernsehwerbung) oder durch sonstiges anspruchsvolleres Verhalten auftritt, z.B. durch Beifügung des Familiennamens und sonstigem („Hans Meyer, Fachgeschäft für . . .", „Weinhaus Habel" und dgl.), darf das Publikum nicht enttäuschen. Als Faustregel könnte gelten, daß die Zulässigkeit bzw. Unzulässigkeit der Verwendung des Wortes Haus davon abhängt, ob mit ihm der Hinweis auf etwas Bedeutsames verstanden werden kann, was bei stolzen Ausdrucksformen (Gummi-Haus Maier) leichter anzunehmen ist, oder nicht. Dabei spielen auch die Fach-, Branchen-Bezeichnung und die Warenart eine die Verkehrsauffassung erheblich gestaltende Rolle. In diesem Sinne erwartet der Verkehr von einem **Kauf-, Waren-** und **Versandhaus** einen Großbetrieb.

u) Ein **Lager** zu halten darf man in der Regel ohne Irreführungsgefahr nur bei überdurchschnittlich großer ständiger Lagerhaltung angeben (z. B. „Hamburger Kaffeelager" OLG Jena HRR 36 S. 746), doch ist auch hier die Vorstellung des Verkehrs uneinheitlich und ist bei den verschiedenen Branchen unterschiedlich zu beurteilen; das Lager des Einzelhändlers ist naturgemäß kleiner als das Lager des Großhändlers, und für den Erzeuger ist ein großes Lager mitunter keine Empfehlung; anders aber wieder im Zeichen der Warenverknappung (Ölkrise), und bei einem sich nach den Jahreszeiten richtenden, ständig verändernden „Kohlenlager" muß im Frühjahr ein leeres Lager in Kauf genommen werden können (RGZ Bd. 156 S. 16 ff.); im übrigen muß aber der Vorrat grundsätzlich dauernd ansehnlich sein (RG a. a. O.). Ob sich generell sagen läßt, daß ein übliches Einzelhandelsgeschäft durch Werbung mit seinem Lager regelmäßig irreführe (so OLG Braunschweig WRP 68 S. 373; Hamburg WRP 68 S. 119), erscheint im heutigen Zeitalter der Publikumsaufklärung zweifelhaft. Der Einzelhändler käme gegenüber den Großmärkten allzu sehr ins Hintertreffen. Auch der Verkehr weiß heute, daß der Einzelhändler unter „Lager" eine andere Größenordnung versteht als ein Großmarkt. Wer mit dem Begriff des **„Großlagers"** wirbt, muß mehr als ein Stück von den Waren vorrätig haben, die er besonders günstig anbietet (OLG Hamburg WRP 68 S. 119. Wer sich **„Auslieferungslager" „Fabriklager"** oder ähnlich nennt, hat zu Originalfabrikpreisen auszuliefern und darf nicht in Wirklichkeit Großhandelsware bzw. -preise anbieten (RG GRUR 38 S. 657; BGH GRUR 74 S. 225 „Lagerhinweiswerbung").Ebenso erwartet sich der Verkehr von der Angabe „Großhandelslager" eines Einzelhändlers Großhandelspreise (OLG Düsseldorf GRUR 73 S. 374).

Auf eine besondere Lagergröße — wenn nicht gegeben, irreführend — weist der Ausdruck **Magazin,** weil beachtliche Teile der Verkehrskreise sich infolge Wissensmangels nichts unter ihm vorstellen und wegen der Fremdheit dieses Begriffs große Erwartungen hegen.

Irreführend ist auch die Bezeichnung **„Messe"** oder **„Messehof"** für ein gewöhnliches Geschäftshaus (LG Köln GRUR 51 S. 79).

v) Ebenso wird mit dem Begriff **Meister** immer wieder gern irreführend geworben: lediglich ein nicht mitarbeitender Gesellschafter oder ein Angestellter haben die Meisterprüfung nicht aber der Betriebsinhaber bzw. Komplementär (OLG Düsseldorf GRUR 73 S. 33 „der erfahrene Meisterbetrieb").

Zu **Monopolstellung** s. o. lit b) „Alleinstellung", zu **National** s. o. lit. 1) „Deutsch".

w) Eine **örtliche Beziehung** anzugeben („Berliner ...", „Preußische ...", „Havannahaus", „Bayerische Bank" GRUR 73 S. 486, u. dgl.) ist nur zulässig, wenn eine solche angegebene örtliche Beziehung auch eine innere Bedeutung hat und somit ihre Hervorhebung besonders gerechtfertigt erscheint; also keine künstliche, mühsam herangezogene Verbindung (Binger Mäuseturm MuW 31 S. 288), wohl aber eine ehrliche Ortsangabe (städtische allgemeine Warenzeichen, RG GRUR 28 S. 491) als Herkunfts- oder Domizilbezeichnung. Unzulässig ist daher der Gebrauch einer Herkunftsangabe „Englisch Lavendel" für ein deutsches Unternehmen (BGH GRUR 56 S. 187) oder „Rügenwalder Teewurst" für westdeutsche Unternehmen, dagegen zulässig für aus Rügenwalde vertriebene Wurstfabrikanten, die ihre Erzeugnisse am neuen Wohnsitz im Westen herstellen (BGH GRUR 56 S. 270, vgl. hierzu auch BGH GRUR 56 S. 553 (555) „Coswig-Qualität"). Eine geographisch richtige Bezeichnung kann hinwiederum dann irreführen, wenn sie von einem nicht ganz unbeachtlichen Teil der Verkehrskreise auf ein ganz bestimmtes anderes Unternehmen bezogen wird (BGH GRUR 58 S. 39 „Rosenheimer Gummimäntel").

Die Hinzufügung einer Ortsangabe bei Warenkennzeichnung kann zur Irreführung über die Herstellungsart der Ware führen, und zwar auch dann, wenn der Verkehr diese Bezeichnung nicht als örtliche Herkunftsangabe ansieht Tiefenfurter Bauernbrot" BGH GRUR 56 S. 550); Zugelassen die auf einen württembergischen Wein hinweisende Bezeichnung „Trollinger" für einen Wein aus gänzlich anderer Gegend wegen Verwendung der gleichen Rebsorte, falls das Herkunftsland (Südtirol") ausdrücklich erwähnt wird (BGH GRUR 73 S. 201 „Trollinger), was inkonsequent erscheint.

x) Unter **Verband** werden sowohl öffentlich-rechtliche als auch privatwirtschaftliche Organisationen verstanden, die sich dem Verkehr als Zusammenschlüsse, z. B. von Kommunen (öffentlich-rechtlich) oder von Unternehmen (privatrechtlich) darstellen. Wer unter einer solchen Begriffsbezeichnung wirbt, erweckt daher den Eindruck, infolge nicht unerheblicher Größe so bedeutsam zu sein, daß der Verkehr zu ihm Vertrauen haben kann. Wer sich zutreffend als „Verband" betätigt, liegt häufig mit anderen Verbänden in Konkurrenz, besonders bei der Mitgliederwerbung. Obschon die umworbenen potentiellen Mitglieder der einen Branche in der Regel wissen werden, mit wem sie es bei dem werbenden Verband zu tun haben, können auch sie unzulässiger Irreführung im Sinne des § 3 ausgesetzt sein, ebenso die Verbände einer Branche, wenn sie als Mitglieder von Dachverbänden umworben werden (BGH GRUR 73 S. 371 „Gesamtverband"). Ähnlich, freilich mit anderem Bedeutungsinhalt kann mit den Bezeichnungen **Verein, Vereinigung** und dgl. getäuscht werden.

y) **Werk, Werke** können als Groß-, Mittel- und Kleinbetriebe verstanden werden (anders OLG Hamm WRP 68 S. 311; 60 S. 348, wonach die Bezeichnung „Werk" nur Unternehmen der Großindustrie vorbehalten bleiben soll). Nach diesseitiger Auffassung wird dabei übersehen, daß die Bezeichnung noch heute im allgemeinen

Sprachgebrauch seinen von „werken", „wirken" herrührenden Sinngehalt nicht verloren hat und sich mit diesem auch in Substantiven wie „Handwerk", „Tagewerk" usw. immer noch wiederfindet. Einen Bedeutungswandel hat das Wort allenfalls durch die Zusammensetzungen mit anderen Worten erfahren, so daß diese es sind, die den endgültigen Eindruck von einer unter Verwendung des Wortes „Werk" gebildeten Aussage bestimmen. Maßgebend ist die relative Branchenauffassung. Unter einem „Sägewerk", „Ziegelwerk", „Wasserwerk" usw. versteht der Verkehr sicher keinen Großbetrieb. Aber allein auf seine Auffassung kommt es im Einzelfall an (OLG Stuttgart BB 69 S. 1194). Sie wird maßgeblich durch die sprachliche Verwendung des Wortes gebildet. Unter „Ziegelwerk" kann man ein kleineres, unter „Ziegeleiwerk" ein größeres Unternehmen verstehen. Die Größe eines Betriebes ist für die Zulässigkeit der Verwendung seiner Bezeichnung als **„Werk"** also nicht unerläßlich (OLG Stuttgart BB 69 S. 1194).

Anders ist dagegen die Bezeichnung eines Betriebes als **Werke** zu verstehen: die Pluralbildung ist anspruchsvoll (zutreffend OLG Oldenburg BB 62 S. 386).

z) Angaben wie **Zentrale, Zentrum, Center** deuten weniger auf einen Großbetrieb mit oder ohne Kapitalkraft als darauf hin, daß sich das Unternehmen mit dem Gegenstand, auf den der Ausdruck sprachlich bezogen wird, überragend befaßt. Von einer „Einkaufs- oder Kaufzentrale erwartet der Verkehr ein überragendes, breit ausgelegtes Warenangebot (OLG Oldenburg WRP 61 S. 16; BB 66 S. 1244), von einer „Schlüsselzentrale" ein solches von Schlüsseln, und möglicherweise die Dienstbereitschaft, Schlüssel zu fertigen usw. Die Bezugnahme auf den zweiten Bezeichnungsbestandteil der unter Verwendung des Wortes „Zentrale" gebrachten Angabe macht erst den Bedeutungsinhalt derselben aus. Demgemäß liegt in seiner Verwendung gegebenenfalls die Angabe einer Spezialisierung, so daß man sich unter einer Zentrale ein **Spezialgeschäft** vorstellen kann. Ein kleines Geschäft mit einer Verkaufsfläche von 200 qm wird sich bei behaupteter Angebotsbreite wohl niemals „Selbstbedienungzentrale" nennen dürfen (LG Bonn BB 68 S. 311).

[26] Angaben über **persönliche** und **individuelle Verhältnisse** des Unternehmens dürfen den Verkehr natürlich gleichfalls nicht täuschen.

a) Als solche Täuschungsmittel bieten sich u. a. **Auszeichnungen** an, und zwar in Gestalt von behördlichen Anerkennungs- und Belobigungsschreiben, Diplomen, Doktor-Titeln, Ehrenzeichen, von Gedenkmünzen, Gütezeichen, Meisterbriefen, Orden, Preismedaillen u. dgl. Lobe definiert den Begriff der Auszeichnung als das, was den Geschäftsinhaber aus der Menge der gleichartigen Mitbewerber besonders heraushebt (§ 20 Ziff. 6).

Nach wie vor ist für den **Begriff** der Auszeichnung wesentlich, daß sie von zuständiger Seite nach wirklicher Prüfung als ernstgemeinte Anerkennung (RG JW 08 S. 603) verliehen und nicht wieder entzogen worden ist. Es ist nicht nötig, daß die Auszeichnung amtlicher Art ist (ebenso Tetzner Anm. 11 zu § 3; B.-Hefermehl S. 803); denn auch private Zeugnisse, Belobigungen, Besprechungen, Urteile usw.

können echte und gefälschte Auszeichnungen sein oder durch sinnentstellende Fortlassungen verfälscht werden und den Verkehr irreführen. Auch auf sie ist § 3 anzuwenden (B.-Hefermehl a.a.O., wo der vorgeschwindelten Empfehlung von Heilmitteln durch Geheilte, Abnehmer, Ärzte gedacht wird). Sie stellen private Auszeichnungen des Werbenden durch die Kundschaft desselben, also Auszeichnungen im weiteren Sinne dar, mit denen er locken und irreführende Angaben über seine Beziehungen zu derselben machen will. Nach der Gesetzesterminologie wird nicht auf **„amtliche“** Auszeichnungen abgestellt, so daß auch private darunter fallen; auch wenn dies nicht so wäre, fielen ge- oder verfälschte Auszeichnungen dennoch unter § 3, weil das Gesetz die Arten der falschen Angaben nur beispielhaft aufführt.

Bei zuzulassender Werbung mit Auszeichnungen müssen diese wirklich erteilt und ernst gemeint gewesen sein. Auf **Schwindelausstellungen** erworbene Medaillen dürfen im Wettbewerb nicht verwendet werden, wenn z.B. die Ausstellung nur zum Zwecke der Medaillenverleihung veranstaltet wurde, ohne daß eine wirkliche Prüfung stattfand, die der getäuschte Verkehr aber unterstellen würde (vgl. Tetzner Anm. 11). Auch führt irre, wer eine Auszeichnung erfindet und sich auf diese beruft. Dagegen ist gleichgültig, ob die Prüfung fehlerhaft oder parteiisch war (gl. Ansicht B.- Hefermehl S. 805), aber wer die Prüfungskommission betrogen und die Auszeichnung hierdurch erworben hat, kann sich auf sie in der Werbung wieder nicht berufen, weil er sie unberechtigt besitzt und deshalb täuscht (RG Bd. 109 S. 53).

Die Angabe über den Besitz von Auszeichnungen kann auch als irreführend unzulässig sein, wenn Betrieb oder Gegenstand des Unternehmens oder die Waren, für die sie verliehen wurden, inzwischen ganz andere geworden sind (BGH GRUR 61 S. 193 „Medaillenwerbung“). Anders, aber nach diesseitiger Auffassung unrichtig: BGH „Skibindungen“ (GRUR 73 S. 206), wo — vielleicht weniger auf Grund der gewerblichen als auf Grund der individuellen Sportleistung — unter Verwendung einer Skibindung mit besonderer Federung ein Olympia-Sieg errungen wurde, was vom Hersteller werbemäßig ausgenutzt werden durfte, obwohl die für den Verkehr vertriebene Skibindung eine schwächere Federung hatte; weil damit ein Gefahrenrisiko ausgeschaltet wurde, soll das trotz Irreführung zulässig sein. Zutreffend dagegen Ö.O. G. H. (Öbl. 62 S. 11), wonach die Werbung mit solchen sportlichen Siegen deshalb für unzulässig gehalten wird, weil damit der irrige Eindruck entsteht, daß mit solchen Erzeugnissen bestimmte Erfolge erreichbar seien.

Wechselt der Betriebsinhaber, kommt es für die Zulässigkeit der Berufung auf die Auszeichnung darauf an, ob dieselbe für die Leistungen des Betriebes oder für die *persönlichen* Leistungen des früheren Inhabers verliehen wurde. Die Auszeichnungen eines Erfinders sind höchstpersönlicher Natur und können nicht im Lizenzwege weitergegeben werden (RG GRUR 25 S. 16), selbst wenn der Erfinder die Herstellung der betreffenden Erzeugnisse jenem Dritten überläßt. Deshalb sind aber an die Berechtigung der Übernahme von Auszeichnungen eines Vorgängers oder

Dritten besonders strenge Anforderungen zu stellen (LG München GRUR 73 S. 33, wo die Angabe „erfahrener Meisterbetrieb" für unzulässig gehalten wurde, weil weder ein Komplementär noch ein Mitinhaber der Gesellschaft sondern nur ein Angestellter Meister war).

Aus solchen Angaben wird vom Verkehr auf besondere Fähigkeiten und Zuverlässigkeit des Betriebsinhabers geschlossen, was wegen der Forderung des Gesetzes nach Wahrheit und Sauberkeit im Wettbewerb bei Ungenauigkeiten unzulässig und zu verhindern ist. Natürlich gibt es auch unfähige Ärzte, Rechtsanwälte, Ingenieure oder unzuverlässige Bankiers oder Treuhänder, die dennoch ihre **Titel** führen dürfen, sogar führen müssen. Die in ihrer Unfähigkeit liegende Täuschung des Verkehrs durch berechtigte Titelführung läßt sich jedoch nicht verhindern.

b) Registerrechtlich und wettbewerbsrechtlich decken sich die Regelungen über den Firmennamen nicht. Die Eintragungen einer Firma im Handelsregister begründet noch kein materielles Recht ihres Inhabers zur Benutzung dieses Namens (näheres vgl. Erläuterungen zu § 16). Der Registerrichter prüft nur die Unterscheidbarkeit der Firma von anderen Firmen des Ortes und im Rahmen des § 18 HGB ihre etwaige Eignung zur Irreführung. So kann wegen absoluter Branchenverschiedenheit die Verwechslungs- und Irreführungsgefahr zweier identischer Firmennamen wettbewerbsrechtlich ausscheiden, registerrechtlich aber zu beanstanden sein, und umgekehrt. Das materielle Firmenrecht geht seine eigenen vom Registerrecht unabhängigen Wege (BGH GRUR 60 S. 93 „Martensberg"). Die wettbewerbsrechtliche Forderung nach Firmenwahrheit erheischt, daß der Firmenname in allen seinen Bestandteilen ebenso wie in seinem Gesamteindruck eine unrichtige Verkehrsauffassung wegen Irreführung nicht auszulösen vermag (BGH GRUR 57 S. 195 „Indrohag", wo die Namensendung „a. g." einer GmbH auf eine Aktiengesellschaft hinwies). Ebenso muß das im Firmennamen bezeichnete Gesellschaftsverhältnis auch wirklich fortbestehen (RG HRR 35 S. 1625). „Sozietät Berliner Möbeltischler" unzulässig, sobald die Sozietät nicht mehr bestand und (RG GRUR 35 S. 982) unzulässig die Bezeichnung „Vereinigung Deutscher Pumpenfabriken Borsig-Hall", als die Beziehungen zu Borsig beendet waren.

Ebenso irreführend und unzulässig ist die Führung eines Firmenbestandteils, der auf nicht gegebene Kaufvorteile (BGH GRUR 73 S. 534 „Mehrwert II") oder auf eine nicht gegebene Alleinstellung (BGH GRUR 73 S. 486 „Bayerische Bank") hinweist.

c) Während die Angaben von Vornamen, von Familiengraden **(sen., jun., Söhne, Witwe)** nur selten besonderen Anlockungswert und die Gefahr der Irreführung in sich tragen — wenn man von der Alterswerbung (vgl. o. Anm. 25c) absieht, die auch in solchen Angaben liegen kann —, ist eine unrichtig gewordene Führung des **Doktortitels** in der Firma des Nachfolgers bei Betriebsveräußerung oder bei Ausscheiden des Inhabers des Doktortitels aus einer Gesellschaft ohne eindeutige Aufklärung über das Nachfolge-Verhältnis unzulässig (BGH NJW 70 S. 704

„Doktor-Firma"). Ebenso ist unzulässig, einen zu Recht bestehenden Doktortitel als Firmenbezeichnung zu verwenden, wenn dadurch das Geschäft unter Ausnutzung eines standeswidrigen Verhaltens aufgebaut wird (BGH GRUR 61 S. 288 „Zahnbürsten"). Das gilt überhaupt ganz allgemein, wenn sich jemand durch Führung einer Berufsbezeichnung, eines Titels und dgl. Eigenschaften und Fähigkeiten beilegt, die die angesprochenen Verkehrskreise irreführen und damit zur Aufnahme einer Geschäftsverbindung anregen sollen. Wer sich als Heilpraktiker „Arzt", als Dentist „Zahnarzt", als medizinischer Kaufmann „Apotheker", „Meister" oder dgl. in seiner Firma nennt, täuscht den Verkehr über von ihm erwartete Leistung und führt irre (BGH GRUR 72 S. 607 „Steuerbevollmächtigter"; OLG Düsseldorf GRUR 73 S. 33 „der erfahrene Meisterbetrieb"). Abgesehen hiervon sind viele solcher Bezeichnungen gesetzlich geschützt und ist ihr unberechtigter Gebrauch strafbar. Auch die Führung ausländischer akademischer Grade ist nur auf Grund besonderer Genehmigung gestattet und daher unzulässig und irreführend, wenn sie ohne solche Genehmigung geschieht. (Im einzelnen vgl. hierzu folgende weitere Rechtsprechung: RG Bd. 105 S. 382, Bd. 99 S. 190, Bd. 138 S. 273, RG MuW 22 S. 104, 34 S. 68, KG MuW 20 S. 22; RG Bd. 133 S. 157 und JW 25 S. 2325 u.a.). Auch wer unrichtige oder **unrichtig gewordene Geschäftsbeziehungen** angibt, täuscht und handelt unzulässig (BGH GRUR 54 S. 271 „Nordmark"). Das kann auch durch eine Ortsangabe geschehen, aus der der Verkehr schließen soll, daß der Werbende die Tradition der in dem in Bezug genommenen Ort ansässig gewesenen Unternehmer seiner Branche nach Übernahme von Geheimrezepten oder früherer Angestellten fortsetzt (BGH GRUR 56 S. 187 „Englisch Lavendel", S. 550 „Tiefenfurter Bauernbrot".

VII. Beschaffenheitsangaben

[27] Unter **Beschaffenheit einzelner Waren oder gewerblicher Leistungen** sind alle äußeren und inneren, **körperlichen oder unkörperlichen** Eigenschaften der Waren oder gewerblichen Leistungen im weitesten Sinne zu verstehen, die bei Würdigung ihrer Brauchbarkeit in Betracht kommen (allg. Meinung u. st. Rechtssprechung; für viele: BGH GRUR 69 S. 280 „Scotch Whisky"), namentlich auch Angaben über die Herstellungsart, Zusammensetzung und Wirkung (BGH GRUR 73 S. 481 „Weingeist", S. 538 „Idee Kaffee II"). Auch mittelbare Beschaffenheitsangaben wie z.B. im Warenzeichen (BGH GRUR 52 S. 416 „Dauerdose") oder bei einer Ausstattung (BGH GRUR 71 S. 313 „Bocksbeutel"), Ortsangaben (BGH GRUR 70 S. 517 „Kölsch-Bier"; 73 S. 201 „Trollinger") sowie Angaben über die stofflichen Grundelemente einer Ware (BGH GRUR 72 S. 360 „Kunststoffglas") gehören hierher und können den Verkehr täuschen. Sie bestimmen den Kunden zum Kauf. Je fremder die Angaben für die Verkehrsauffassung sind, die von einem Lieschen

Müller gebildet wird, desto leichter können die Angaben sogar bei Richtigkeit irreführen, erst recht bei Werbeangaben, die Selbstverständlichkeiten enthalten, weil damit der Eindruck erweckt wird, als seien sie nichts Selbstverständliches sondern etwas Besonderes (BGH GRUR 73 S. 481 „Weingeist"). Daher muß eine angegebene Beschaffenheit nicht nur wahr sein, sondern es muß auch ihre Bedeutung in der Werbung einigermaßen richtig gebracht werden, damit der Verkehr nicht fehlorientiert wird. Je schwieriger es für die angesprochenen Verkehrskreise wird, den Wert einer ihr angebotenen gewerblichen Leistung zu erkennen, desto exakter und richtiger im Sinne von „unmißverständlich" müssen etwa für sie werbende Angaben sein. Kunststoffe als Surrogate von Naturerzeugnissen sind mit entsprechendem Zusatz als solche zu deklarieren, wenn mit ihrer Beschaffenheit überhaupt geworben werden soll (gl. Ansicht Droste GRUR 72 S. 281); denn was soll Lieschen Müllers allein maßgebende Verkehrsauffassung angesichts ihrer Unfähigkeit, sich zu informieren, anderes tun, als sich auf die Richtigkeit der ihr verständlichen Teile einer Werbeangabe zu verlassen. Aus dem Ausdruck „Kunststoffglas" (BGH GRUR 72 S. 360) wird jeder erkennen, daß er es nicht mit Naturglas zu tun hat, doch ist aus der Bezeichnung „Cupresa-Seide" (BGH GRUR 55 S. 37) diesbezüglich nichts ersichtlich.

Die strenge Linie des BGH bei der Bekämpfung unrichtiger, insbesondere Beschaffenheits-Angaben läßt sich gegenwärtig mit der Lehre der Interessensabwägung unterlaufen. Wenn sie auch nur in *Ausnahmefällen* bei einer gewissen Art verursachter Fehlorientierungen und bei geringem (was ist „gering"?) Gewicht der auf dem Spiel stehenden Allgemeininteressen unter Berücksichtigung der Wirkung der Anlockungshandlung einerseits und des Anlockungswertes der Warenart andererseits angewandt wird, indem den Allgemeininteressen die Interessen des Werbenden an einem etwa erworbenen Besitzstand gegenübergestellt und diese gegenseitigen Interessen abgewogen werden (BGH GRUR 70 S. 519 „Kölsch-Bier"; 71 S. 313 „Bocksbeutel"), ist doch große Vorsicht geboten. Denn § 3 bezweckt jetzt in erster Linie den Schutz der Allgemeinheit vor Irreführungen, den Schutz der Mitbewerber jedoch nur mittelbar unter dem Gesichtspunkt, daß ein Verletzer dieser Vorschrift gegenüber den gesetzestreuen Konkurrenten einen ungerechtfertigten wettbewerblichen Vorsprung erlangt. Darauf, ob der Anschein eines besonders günstigen Angebots erweckt wird, kommt es bei der Neufassung der Vorschrift nicht mehr an, sondern nur noch darauf, ob der Verkehr fehlorientiert *und* hierdurch in seinem Kaufentschluß beeinflußt wird. Das kann natürich auch mit Angaben geschehen, an denen der Werbende bei Fach- und Verkehrskreisen einen **Besitzstand** erlangt hat, der während der Dauer der Täuschungswirkung die irreführende Angabe nicht zulässig machen kann. Da für die maßgebenede Verkehrsauffassung in der Regel der Bedeutungsinhalt einer Angabe ursächlich ist (BGH GRUR 73 S. 534 „Mehrwert II"), ist unter Berücksichtigung eines möglichen Bedeutungswandels bei jeder Prüfung auf Irreführungseignung hier anzusetzen. Erst bei endgültigem Vollzug eines Bedeutungswandels, für den Besitzstand oder gar Verkehrsgeltung sodann Indizien sein können, läßt sich die Eignung zur Irreführung des Verkehrs ausschließen. Hält aber ein nicht völlig unerheblicher Teil der Verkehrskreise noch an der alten Bedeutung fest, bleibt die Angabe irreführend (BGH a.a.O. „Cupresa-Seide"; GRUR 60 S. 567 „Kunstglas"). Unter diesen Erwägungen erscheinen die BGH-Entscheidungen (a.a.O.) „Kölsch-Bier", „Bocksbeutel" u.a. unrichtig. Denn ganz abgesehen davon, daß der Besitzstand der Konkurrenz an ihren Bezeichnungen unberücksichtigt blieb, wurden die Verkehrsauffassungen außer Acht gelassen, die sich unter „Kölsch-Bier" und unter der „Bocksbeutelflasche" anderes vorgestellt haben. Nur wo Angaben und Bezeichnungen für den Kaufentschluß nichts bzw. nichts Wesentliches aussagen (BGH GRUR 66 S. 445 „Glutamal"; 63 S. 36 „Fichtennadelextrakt"), so daß sie eben deshalb nicht irreführen, sind sie nicht zu beanstanden.

[28] Erschöpfend lassen sich **Beispiele** möglicher Irreführungen über **Beschaffenheitsangaben** nicht bringen, zumal Zitate aus der älteren Rechtssprechung insofern untunlich sind, als sich häufig die Bedeutung früher beanstandeter oder zugelassener Angaben im Laufe unserer schnellebigen Zeit gewandelt hat. Nur unter diesem Vorbehalt haben die nachfolgenden Beispiele heute noch Geltung:

a) **Irreführende Stoffbezeichnungen:** Wenn als wollene Stoffe halbwollene, halbseidene als seidene, golddoublierte als goldene Waren bezeichnet werden; „hochprozentig für wollhaltige Textilien, wenn Wollgehalt nicht mehr als 50% (OLG Stuttgart WRP 55 S. 152, Bemberg-Seide, Kupfer-Seide, Cupresa-Seide irreführend, weil es sich um Kunstseide handelte, was der Verkehr nicht erkennen konnte (BGH GRUR 55 S. 37 „Cupresa-Seide"); ebenso „Silberal" für Aluminiumgeschirr (BGH GRUR 55 S. 251), „mit Kamelhaar gemischt", wenn Mischung nur geringfügig (RG MuW 39 S. 193), „Leinen garantiert vierfach" wenn teilweise andere Stoffschichten benutzt (RG Bd. 58 S. 282), „vierfacher Wirkstoff", wenn Erzeugnis aus vier chemischen Bestandteilen nicht vierfach starke Wirkung erzielt (OLG Hamburg WRP 58 S. 183), „wattig" wenn aus Zellstoff hergestellt, weil Verbraucher Watte erwartet (BGH GRUR 62 S. 411), „Terpentan", wenn nicht aus dem bekannten Naturprodukt hergestellt (OLG Hamburg WRP 58 S. 181), „Kunstglas" für Kunststoffe glasartigen Charakters ohne aufklärenden Zusatz, solange nicht unbeachtliche Verkehrskreise darunter noch künstlerisch gestaltetes Selikatglas verstehen (BGH GRUR 60 S. 567); Kunststofffurnier weil unter Furnier Holzbearbeitung vorausgesetzt wird (BGH GRUR 74 S. 158 „Rhenodur II"). **Zulässig dagegen:** „Emaillelack" für Anstrichmittel (BGH GRUR 58 S. 444) und „Kunststoffglas" (BGH GRUR 72 S. 360), Lederbezeichnungen irreführend für „Plastic-Folien" (BGH GRUR 61 S. 545), „Pepsodent mit Irium", wenn das Phantasiewort Irium den Eindruck eines besonders wertvollen Stoffes erweckt (OLG Düsseldorf GRUR 56 S. 470).

b) Wenn der Verkehr unter einer Bezeichnung einen bestimmten ihm wesentlich erscheinenden Sinn versteht, der der angebotenen Ware nicht entspricht, obwohl die der Angabe entnommenen Vorzüge gegeben sind, aber auf anderen Ursachen beruhen, wird er gleichfalls durch Fehlorientierung irregeführt (BGH GRUR 61 S. 154). In diesem Sinne ist **bei Genußmitteln** irreführend die Kennzeichnung „Weingeist“ auf einem Flaschenetikett, wenn der Alkohol nicht aus Wein oder Weintrauben gewonnen wurde (BGH GRUR 73 S. 481), ebenso die Kaffee-Werbung „für Herz und Kreislauf gut“ oder „stützt Herz und Kreislauf“ wegen Relativität der Wirkung und entsprechend unterschiedlicher Verkehrsauffassung (BGH GRUR 73 S. 538 „Idee-Kaffee II“), Werbung mit Doktor-Tiel eines Geschäftsführers für nicht medizinisch präparierten Kaffee (OLG Oldenburg NJW 58 S. 998), „Doppelter Steinhäger“ für 40%iges Erzeugnis, da 40% dem üblichen Alkoholgehalt eines einfachen Steinhägers entspricht (OLG Hamburg GRUR 51 S. 126), „Görner Orange“ für Essenzlimonade (BGH GRUR 58 S. 294), „naturrein“ für Schaumweine wegen ihres unvermeidlichen Schwefeldioxydgehalts (OLG Hamburg WRP 60 S. 309), ebenso für Wein, der zur Behebung eines natürlichen Zucker- oder Alkoholmangels oder zur Säurereduzierung gezuckert wird (BGH GRUR 62 S. 249 „Schaumweinwerbung“); auch wenn den Werbevorschriften des WeinGes. genügt wird, können Werbeangaben für Weine irreführen (BGH GRUR 71 S. 29 „Deutscher Sekt“); geographische Phantasie-Bezeichnung für einenWein irreführend, der wenn Verkehr sie als Gemarkungs- oder Lagename auffassen kann (OLG Bremen GRUR 61 S. 488). Unter Zuckerverwendung hergestelltes obergäriges Bier darf innerhalb Bayerns nicht als „Bier“ bezeichnet werden (BGH GRUR 60 S. 240 „Süßbier II“), sogar sein Vertrieb in Bierflaschen wirkt irreführend (OLG München GRUR 60 S. 301); irreführend auch „Originalabfüllung“ für Wein-Verschnitt (OLG Koblenz NJW 70 S. 208). Irreführend auch die Werbung mit Bildsymbolen für die Gesundheit (ein menschliches Herz darstellend), wenn das angebotene Getränk (Tafelwasser) diesbezüglich völlig neutral ist (BGH GRUR 62 S. 97), ebenso „ein gesunder Genuß“ für einen Kräuterlikör (BGH GRUR 67 S. 592, „echter Rum)“, trotz echter Zusammensetzung wegen Publikumsvorstellung, er käme aus Jamaika (BGH GRUR 67 S. 30). Irreführend: „Praline“ für Genußmittel aus Kakaopulver und Kokosfett statt Kakaobutter (BGH GRUR 58 S. 492), „Spezialsalz“, wenn Salz keine Besonderheiten aufweist (BGH GRUR 67 S. 362; 73, S. 550), gesundheitsfördernde Hinweise für Haferschleim eines individuellen Erzeugers, weil jeder Haferschleim gleiche Wirkung hat (anders bei kurzer Kochzeit und guter Schleimbildung) (BGH GRUR 58 S. 32), „Vollzucker“ wenn Zucker nur gewöhnlichen Zuckergehalt hat (LG Mannheim GRUR 55 S. 254) oder „Spezialzucker“ (BGH GRUR 72 S. 132), „Ei-fein“ für Margarine, da auf Eisubstanz geschlossen werden kann (BGH GRUR 58 S. 86), ebenso akustisch im Radio mit „Hühnergegacker“ für Teigwaren aus Trockenei zu werben (BGH GRUR 61 S. 544).

c) Beliebt ist es, mit der **Neuartigkeit** einer Ware zu werben, unter der sich der Verkehr nichts vorstellen kann, so daß seine Neugierde angesprochen und ein Kaufentschluß verursacht wird. Werden herkömmliche Sachbezeichnungen für neuartige Erzeugnisse verwendet, wird der Verkehr genauso irregeführt (BGH GRUR 69 S. 422 „Kaltverzinkung"), wie umgekehrt mit Phantasiebezeichnungen, aus denen auf Neuartiges geschlossen wird, wenn in Wirklichkeit herkömmliche Erzeugnisse angeboten werden (OLG Düsseldorf GRUR 56 S. 470). Irreführend auch die sprachlich richtige Bezeichnung „Kunststoffournier für Möbel, deren Oberflächen ohne Anbringung von Deckschichten aus Holz ausschließlich unter Verwendung von Kunststoff hergestellt sind, weil beachtliche Teile des Verkehrs zu der Auffassung neigen, die Bezeichnung Furnier deute darauf hin, daß zumindest die Oberfläche unter Holzverwendung bearbeitet sei (BGH GRUR 74 S. 158 „Rhenodur II"). Der Verkehr schließt aus Neuheit und Neuartigkeit oft irrig auf besondere **Eigenschaften und Güte** einer Ware oder Leistung. Solche Neuheiten — oft fachlich umstritten — werden mitunter mit **wissenschaftlichen Gutachten,** Aufsätzen u. dgl. werbemäßig auf dem Markt eingeführt (vgl. hierzu Anm. 4, 148 zu § 1), wobei das Auftragsverhältnis zwischen Gutachter und Werbendem verschwiegen wird, so daß der Verkehr irrtümlich das Gutachten für neutral hält. Man spricht hier von wissenschaftlicher Tarnung, die begriffsnotwendig eine irreführende Beschaffenheitsangabe enthält. Das gilt nicht nur im Falle des Verschweigens des Wettbewerbszwecks der Gutachtenerstellung (BGH GRUR 61 S. 189 „Rippenstreckmetall"; 62 S. 45 „Betonzusatzmittel"), sondern auch bei wettbewerbsrechtlicher Wertneutralität letzterer, wenn sich das Gutachten mit vertretbaren Gegenmeinungen nicht auseinandersetzt, der Werbende es aber zu seinen Zwecken verwendet und sich zu eigen macht, hat er die Verantwortung und die volle Beweislast für die Richtigkeit des Gutachteninhalts (BGH GRUR 58 S. 485 „Odol"; 65 S. 368 „Kaffee-C"; 71 S. 153 „Tampax"). Schon der fälschliche Eindruck der Unabhängigkeit des Gutachters bei wirklicher Abhängigkeit genügt als Irreführung (BGH a.a.O. „Rippenstreckmetall"). Die Werbung mit nur angemeldetem Patent ist also wegen Irreführung stets unzulässig. Mit Hinweis auf bestehenden Patentschutz darf nur geworben werden, wenn ein wesentlicher Teil der Ware patentiert ist (RG GRUR 34 S. 192; BGH GRUR 57 S. 372 „2 DRP"), sonst muß der Schutzumfang erkennbar sein (RG GRUR 41 S. 275). Gleiches gilt analog für zulässige Werbungen mit Patentanmeldungen nach Offenlegung, Gebrauchs- und Geschmacksmuster, wobei für letztere Schutzrechte ein allgemeiner Hinweis „ges. geschützt" niemals ausreichen wird, weil der Verkehr irrtümlich auf Pantentschutz schließen kann. Unrichtig deshalb RG GRUR 38 S. 723. Irreführend kann auch eine Patentberühmung sein z.B. durch die Angabe „patentiert", wenn nur ein und nicht der wesentlichste Teil einer Ware patentiert ist (RG GRUR 34 S. 192; MuW 38 S. 292), ebenso „gesetzlich geschützt" (RG HRR 38 S. 968), erst recht, wenn ein Patent niemals bestanden hat, weil der Verkehr auf besondere Vorzüge schließt und deshalb kaufen kann (BGH GRUR 57 S. 358 „Kölnisch-Eis"). Auch die Angabe „DRPa“ und „vor Nachahmung wird gewarnt“ ist irreführend, da niemand das „a“ als „angemeldet“ versteht (BGH GRUR 61 S. 241 „Lutin“; 66 S. 92 „Bleistiftabsätze“), ebenso „DRP angem.“ (BGH GRUR 56 S. 276 „Desinfektionsapparat“). Überhaupt ist das Werben mit Patent**anmeldungen** (vgl. hierzu Dietze GRUR 56 S. 492; Fritze GRUR 68 S. 131) von zweifelhaftem Charakter, weil in der Regel die Abnehmer, auf deren Vorstellung es allein ankommt, unter der Angabe „DRP angemeldet“ mehr als einen Hinweis auf den noch nichts sagenden Anmeldungsvorgang beim DPA verstehen; sie sehen hierin die Anpreisung einer gewissen Besonderheit und Neuartigkeit des angemeldeten Gegenstandes, die sonst auf dem Markt erhältliche Konkurrenzartikel angeblich nicht aufweisen. Da die Anmeldung eines Patents in Wirklichkeit darüber noch gar nichts besagt, ob sie auch zur Patenterteilung führt — 30% der Anmeldungen kommen vielleicht zur Patenterteilung — ist eine so vorzeitige Patentberühmung irreführend, weshalb mit der Anmeldung erst ab Bekanntmachung der Offenlegung ohne Irreführungsgefahr geworben werden kann, weil erst jetzt ein — wenn auch nur vorläufiger — Schutz wirklich beginnt (BGH GRUR 64 S. 144 „Sintex“; a.a.O. „Bleistiftabsätze“). Ferner irreführend der Hinweis auf nicht bestehendes ausschließliches Lizenz- oder Vertriebsrecht (RG MuW 36 S. 192) oder auf nicht bestehende Beziehungen zu anderen Betrieben (OLG Dresden MuW 37 S. 352).

d) Irreführende Beschaffenheitsangaben sind auch Angaben wie **„echt“**, wenn der Verkehr darauf schließt, daß es auch unechte, minderwertigere Ware gibt (OLG Hamburg WRP 70 S. 155; BGH GRUR 63 S. 539 „echt Skai“), ebenso „reine echte Confiture“ bei Verwendung von Geliermitteln (OLG Düsseldorf BB 66 S. 1078), „als **beste** ihrer Art anerkannt und unerreichbar“, weil ernstgemeinte objektiv nachprüfbare Angabe vorgetäuscht wird (RG GRUR 40 S. 379); zulässig dagegen „echte Zuchtperlenkette“, weil Wortbestandteil „Zucht“ ausreichend klarstellt (OLG Hamm GRUR 70 S. 611); irreführend aber **„Original-**Ersatzteile“ (BGH GRUR 66 S. 211 „Ölfilter“), wenn nicht vom Produzenten der Hauptware hergestellt, sowie die **Benutzung eines Warenzeichens** mit Erlaubnis seines Inhabers, wenn die Ware vom Original in technisch wesentlichen Teilen abweicht (BGH GRUR 65 S. 676 „Nevada-Skibindung“), auch „Markenbenzin“, auch wenn Benzin von Markenherstellern produziert und mit gleicher Qualität geliefert (BGH GRUR 66 S. 45) oder „Markenqualität“ (OLG Hamm GRUR 68 S. 318), ebenso **Garantieübernahmen** für zu lange Fristen, die gegenstandslos sind (BGH GRUR 58 S. 455 „Federkernmatratzen“), so auch schon EA Solingen AWR 38 S. 200 bei 25jähriger Garantie versilberten Bestecks und KG GRUR 37 S. 651 „Sekurit eine Glasversicherung für alle Zeiten“, wenn nur für die Lebensdauer des Wagens garantiert wird, ferner „mottensicher“, wenn dies nur bei sorgfältiger Reinigung zutrifft (RG MuW 15 S. 24), ebenso Hinweise wie „unbegrenzt haltbar“, wirklich lagerbeständig“, weil es diese Eigenschaft für die betreffende Ware nicht gibt (RGZ II 418, 1929); „Spitzenleistung“ (RG AWR 36 S. 235); „nikotinfreies Rauchen“ (RG MuW 39 S. 350), irreführend „Deutsches Spitzenerzeugnis“, wenn dieses nicht seiner Güte nach zur Spitzengruppe aller in Deutschland hergestellten Waren seiner Gattung gehört (BGH GRUR 61 S. 538 „Feldstecher"), ebenso „dauerelastisch" wenn nicht überdurchschnittlich haltbar (OLG Düsseldorf GRUR 59 S. 150); „Das derzeit modernste Schweißgerät" irreführend, wenn nur deshalb „modern", weil es eine besonders moderne, gefällige äußere Form hat, da eine solche Angabe auf besonders moderne *technische* Beschaffenheit hinweist (Mitt. d. Zentr. z. Bekämpf. d. UW in Wettb. 55 S. 74); gleichfalls irreführend, auf ein im 18. Jahrhundert verliehenes **Monopol** hinzuweisen, wenn der Eindruck erweckt wird, die Alleinstellung bestehe noch heute (OLG Düsseldorf GRUR 54 S. 73) oder gebrauchte Ware als betriebsfertig im besten Zustand anzupreisen, ohne auf Gebrauchtwaren-Charakter hinzuweisen (OLG Bamberg WRP 61 S. 17).

e) Beispiele für **Verlagserzeugnisse:** Die Bezeichnung „Kreisadreßbuch" ist irreführend, wenn das Adreßbuch nicht sämtliche Einwohner des Kreises enthält (OLG München GRUR 56 S. 282). Bei Angabe der Auflagenhöhe einer Zeitung oder Zeitschrift kommt es auf die Zahl der verkauften, nicht der gedruckten Exemplare an (BGH GRUR 68 S. 433 „Westfalenblatt II"); irreführend, von einer Inseraten**zeitung** zu behaupten, sie sei die auflagenstärkste, weil hier nicht der Leser die Auflagenhöhe bestimmt (OLG Hamm GRUR 73 S. 420); auch die Neuheit eines Buches kann durch unrichtige Angabe des Herausgabedatums vorgetäuscht sein, was unzulässig ist, oder unrichtige Angabe über Größe der Auflage von Büchern oder Zeitschriften (a. a. O.); irreführend Vertrieb, Feilhalten und Ausliefern einer Gesetzesausgabe vor Gesetzesverkündigung, ohne Hinweis darauf, daß das Gesetz noch nicht in Kraft ist, weil das Publikum selbstverständlich erwartet, daß das Gesetz erlassen und die Ausgabe den gültigen Text enthält (LG München NJW 31 S. 448).

f) Nicht weniger können im **Dienstleistungsgewerbe** irreführende Angaben gemacht werden, z. B. mit dem Ausdruck „Vollreinigung" einer Wäscherei, wenn Verkehr darunter Handreinigung versteht (BGH GRUR 63 S. 203), oder mit der Angabe „Spezialist" zu sein, wenn überwiegend gewöhnliche Geschäfte getätigt werden und nichts Spezielles geleistet wird (BGH GRUR 68 S. 387 „Spezialreinigung"), oder „Kleider nach Maß", wenn Verkehrsauffassung erzeugt wird, es werde handwerkliche Maßarbeit und nicht fabrikmäßige Maßkonfektion geleistet (VGH GRUR 57 S. 274 „nach Maß"; 67 S. 360 „Maßkleidung"), oder „Der erfahrene Meisterbetrieb", wenn nicht Betriebsinhaber sondern nur ein Angestellter des Betriebes Meister ist (OLG Düsseldorf GRUR 73 S. 33); unzulässig auch, mit „Buchhaltungskraft" für datenverarbeitendes Unternehmen zu werben, wenn nur auf Grund vorkontierter Belege gearbeitet wird (BGH GRUR 73 S. 320).

Zum Thema der Irreführung über Qualität einer gewerblichen Leistung gehört auch die **Alleinstellungs**reklame (vgl. hierzu oben Anm. 19, 25 a); denn sie enthält, wenn sie unrichtig ist, zugleich eine unrichtige „Angabe" (st. Rechtspr.; vgl. im übrigen auch Anm. 227 zu § 1).

VIII. Herkunftsangaben

[29] Örtliche Ursprungs- und Herkunftsangaben sind für die Werbung von großer Bedeutung. Aus ihnen kann der Verkehr auf Qualität und Gängigkeit (letzteres wichtig für den Detailhändler als Abnehmer) angebotener Waren schließen. Mit Herkunftsangaben wird von dem Werbenden ein ähnlicher Zweck verfolgt wie mit dem Gebrauch eines Warenzeichens. Sie sollen den Verkehr auf Qualität und Gleichmäßigkeit der Ware hinweisen. Sie kennzeichnen in gewissem Umfange, so daß der Verkehr zutreffend unter ihnen auch eine wirkliche Herkunftsbezeichnung versteht. Zu weit geht aber Baier (GRUR 63 S. 169), der einer Herkunftsbezeichnung Schutz wie einem Warenzeichen gewähren will, obwohl ihr nur wettbewerbsrechtlicher Schutz, und zwar zugunsten aller zukommt, für die die Angabe zutrifft, gleichgültig, ob die Qualität geboten wird, die die Herkunftsangabe verspricht. Es wird das Vorurteil des Verbrauchers geschützt, ob es nun richtig ist oder nicht (st. Rechtspr.: BGH GRUR 66 S. 150 „KIM"), weil sich niemand eine Ware aufhängen zu lassen braucht, die er nicht will, auch wenn sie besser ist als die gewünschte. Man kann die schlechtere Ware auch aus Heimatgefühlen bevorzugen, oder weil man die Unternehmer einer bestimmten Gegend unterstützen will. Auf die Frage des Warum kommt es nicht an. Die Herkunftsangabe gibt keinen Individualschutz sondern nur einen Kollektivschutz für alle, die es angeht, solange der Verkehr mit ihr noch eine Vorstellung (s. Anm. 30) verbindet. Geht *sie* verloren z.B. infolge mangelhafter Produktion eines oder mehrerer der geschützten Hersteller, geht auch der Schutz für die Herkunftsangabe unter, für die Allgemeinheit, weil sich keine noch beachtlichen Teile der Verkehrskreise etwas unter ihr vorstellen, für die Mitbewerber, weil diese zur Erhaltung des Begriffs der Herkunftsangabe nichts Zulängliches getan haben. So kann aus einer Herkunftsangabe eine reine *Gattungsbezeichnung* (Kasseler Rippenspeer, Wiener Würstchen usw.) werden, durch die niemand mehr getäuscht wird. Hierauf ist bei Prüfung der Zulässigkeit bzw. Unzulässigkeit der Verwendung von Herkunftsangaben abzustellen.

[30] Man unterscheidet zwischen

a) **geographischer Herkunftsangabe,** die unmittelbar oder mittelbar Aussagen macht, die der Verkehr als solche über die Herkunft gewerblicher Leistungen und Waren aus einem bestimmten geographischen Raum auffaßt, weshalb allein er zum Kaufabschluß geneigt ist (BGH GRUR 65 S. 681 „de Paris"; 69 S. 277 „Whisky"; 71 S. 313 „Bocksbeutel"; 73 S. 201 „Trollinger") und

b) **Ursprungsangaben,** unter denen er einen Hinweis auf bestimmte Unternehmen aus dem angegebenen örtlichen Bereich versteht, aus deren örtlicher Verbundenheit er sich zutreffend oder unzutreffend eine besondere Güte der Ware vorstellt. (BGH GRUR 56 S. 270 „Rügenwalder Teewurst"; 71 S. 29 „Deutscher Sekt"; a.a.O.

„Trollinger“ allg. Meinung, für viele B.-Hefermehl S. 744; Reimer-v. Gamm S. 354; Ulmer-Reimer S. 473ff.).

Wegen der Gütevorstellung, die Ursprungsangaben in der Regel bei den angesprochenen Verkehrskreisen erzeugen, sind in der Vergangenheit zum Schutz solcher betroffener Erzeuger verschiedentlich zweiseitige Abkommen getroffen worden (z.B. deutsch-französisches Herkunftsabkommen vom 8. 3. 1960, deutsch-italienisches Abkommen vom 23. 7. 1963, deutsch-griechisches Abkommen vom 16. 4. 1964 u.a.), ohne deshalb aber einen Individualschutz hergestellt zu haben.

[31] Wie immer im Wettbewerbsrecht entscheidet die Verkehrsauffassung (Begriff s. Anm. 10), ob eine Herkunfts- oder Ursprungsangabe vorliegt oder keine von ihnen (st. Rspr. für viele: BGH GRUR 65 S. 681 „de Paris“; 71 S. 313 „Bocksbeutelflasche“) wobei die Grenze beider Begriffe zueinander flüssig ist und die Frage, welche von beiden gegeben ist, mit der Neufassung des § 3 nur mehr eine untergeordnete Bedeutung haben dürfte, weil jetzt einfach alles ohne Rücksicht auf Eignung zur Erweckung des Anscheines eines besonders günstigen Angebots unzulässig ist, wenn es nur zur Irreführung geeignet ist und deshalb zum Kaufentschluß führen kann (BGH GRUR 73 S. 594 „Ski-Sicherheitsbindung“). Anderes gilt freilich, wenn man einen zeichenrechtlich ähnlichen Schutz in einer Ursprungsangabe sieht (so Ulmer-Reimer S. 477).

Grundsätzlich darf jeder eine Herkunfts- und Ursprungsangabe verwenden, solange sie den Verkehr nicht irreführt und wahr ist. Aber die Prüfung dessen kann mitunter schwierig sein, wenn die Verkehrsauffassung mit den objektiv wirklichen Gegebenheiten nicht übereinstimmt (z.B. „amerikanischer Weizen“ für solchen aus Argentinien oder „Rosenheimer Gummimäntel“ irreführend bei Verwendung durch einen Rosenheimer Unternehmer, weil die Verkehrsauffassung diese Angabe auf ein ganz bestimmtes Unternehmen in Rosenheim bezieht (BGH GRUR 58 S. 39); in letzterem Falle versteht der Verkehr eine Ursprungsangabe, was sich der Werbende durch Vortäuschung einer Herkunftsangabe zunutze macht. Auch decken sich die politischen Grenzen oft nicht mit dem angegebenen Herkunftsort, der bei Sitzverlegung des Unternehmers sogar überhaupt nicht mehr richtig zu sein braucht, solange sie von der Verkehrsauffassung noch gedeckt ist (BGH GRUR 56 S. 270 „Rügenwalder Teewurst“); während einfache geographische Herkunftsangaben der geographischen Wirklichkeit zumindest ungefähr entsprechen müssen — präzise politische Grenzen entscheiden ebensowenig wie der offizielle Name eines Ortes (BGH GRUR 61 S. 477 „Forter Jesuitengarten“, wo die mundartliche Bezeichnung eines Weinberges verwandt wurde) — haben qualifizierte Herkunftsangaben, die auf den Ursprung einer gewerblichen Leistung hinweisen, infolge ihrer Eignung, Gütevorstellungen zu erzeugen, eine werbemäßige Anziehungskraft bei den angesprochenen Verkehrskreisen ähnlich einem Warenzeichen, so daß bei mißbräuchlicher Verwendung letzterer eine Irreführung der Allgemeinheit schwerer wiegt, als bei mißbräuchlicher Verwendung ersterer (BGH GRUR 65 S. 317

„Kölnisch Wasser"; 71 S. 29 , Deutscher Sekt"). Aber auch ohne Gütevorstellung darf das angesprochene Mitglied eines Verkehrskreises nicht durch unrichtige Herkunftsangabe irregeführt werden können, wenn es z. B. für seinen Gast zum Wildbraten einen Burgunder statt eines Bordeaux kaufen will, weil der Gast hierzu nun einmal lieber Burgunder trinkt, obwohl der Geschmack eines manchen Bordeaux bevorzugen würde.

[32] Wie überall herrscht in den Kreisen potentieller Kunden seit jeher die unselbständige Kritiklosigkeit des Lieschen Müller vor, die die Verkehrsauffassung bildet, die mit entsprechendem Werbeaufwand wiederum gestaltet werden kann. Sei es, daß sie auf solche Weise manipuliert, sei es, daß sie so dumm auch wieder nicht ist, versteht sie nicht nur direkte sondern auch **indirekte** (bzw. **mittelbare**) **Herkunftsangaben,** welche — unrichtig angewandt — irreführen. Die indirekte Herkunftsangabe kann sich in **fremdsprachlichen Bezeichnungen** ausdrücken (z. B. franz. mit „Chateau" für deutschen Sekt — OLG Düsseldorf WRP 61 S. 44 — oder „Mampe Whisky Two Monks" — OLG Hamburg GRUR 60 S. 437 — oder „de Paris" irreführend trotz gleichwertiger Herstellung in der BRD unter Aufsicht des ausländischen Unternehmens — BGH GRUR 65 S. 681, was unrichtig erscheint). Das gilt auch dann, wenn die Herkunftsangabe nur eine Gattungsbezeichnung ist (BGH GRUR 56 S. 187 „English Lavendel"; 63 S. 589 „Lady Rose" für in Deutschland abgefüllte kosmetische Erzeugnisse; 63 S. 482 „Hollywood Duft-Schaumbad"). Ebenso irreführend z. B. die Bezeichnung „Crepe — Highly Fashionable Top Quality" für Strümpfe, trotz Zusatzes „made in Germany", weil die Rohlinge in Deutschland hergestellt, da der klein gedruckte und übersehbare Zusatz „made in Germany" einem nicht unerheblichen Teil der Verkehrskreise immer noch nicht bekannt war (BGH GRUR 66 S. 150 „Kim I"). Gleichermaßen irreführend die indirekte Herkunftsangabe „very best Quality (BGH GRUR 71 S. 29 „Deutscher Sekt"). Eine unzulässige, indirekte (irreführende) Herkunftsangabe kann auch die Verwendung eines ausländischen Namens in der Firma sein, besonders wenn er nichts mit dem Inhaber derselben zu tun hat („Suzanne André" OLG Hamburg GRUR 64 S. 69).

Ebenso können **Abbildungen** von bekannten **Wahrzeichen** BGH GRUR 55 S. 91 „Frankfurter Römerturm") indirekte bzw. mittelbare Herkunftsangaben sein (BGH GRUR 71 S. 313 „Bocksbeutelflasche"), auch auf bestimmten Ort hinweisende Persönlichkeiten und Sagenereignisse, z. B. „Rattenfänger von Hameln" oder „Nürnberger Eppelein-Sprung" (BGH GRUR 64 S. 376).

[33] Die **Bedeutung** von geographischen Herkunfts- und Ursprungsangaben kann sich **ändern,** erstere kann zu letzterer (BGH GRUR 58 S. 39 „Rosenheimer Gummimäntel") werden und umgekehrt; jede von ihnen kann sich auch zur Beschaffenheitsangabe entwickeln („Kölnisch Wasser" BGH GRUR 65 S. 317), wenn sich die Verkehrsauffassung über die Bedeutung der Angabe wandelt, und sich **„entlokalisieren“**, z.B. durch *unübersehbaren* Zusatz des Herstellungsortes (BGH GRUR 65 S. 681 „de Paris“), wofür ein sich hierauf berufender Wettbewerber die **volle Beweislast** hat, also der Kläger für den Wandel einer einstigen geographischen Herkunftsangabe in eine individuell kennzeichnende Ursprungsangabe oder z.B. der Beklagte für die umgekehrte Änderung einer Ursprungsangabe zu einer Herkunfts- bzw. beider zu Gattungs- oder Beschaffenheitsangaben. An die Beweisführung für einen **Bedeutungswandel** werden strenge Anforderungen gestellt, weil die noch nicht ganz unbeachtlichen Teile der Verkehrskreise, nach deren Auffassung der Umwandlungsprozeß noch nicht vollzogen ist, vor Irreführungen auch noch zu schützen sind (BGH GRUR 69 S. 365 „Englisch Lavendel“; 64 S. 458 „Düssel“; 65 S. 317 „Kölnisch Wasser“). Ein geradezu klassischer Fall eines Bedeutungswandels hat sich bei der Herkunftsbezeichnung „Mokka“ vollzogen, aus der heute niemand mehr auf Kaffee aus Arabien oder Abessinien schließt (OLG Düsseldorf GRUR 61 S. 365). Fraglich erscheint, ob es richtig ist, bei einer **Rückwandlung** der Verkehrsauffassung von einer Beschaffenheitsangabe in eine geographische Herkunfts- oder gar qualifizierte Ursprungsangabe mit Werbekraft ähnlich strenge Beweisanforderungen zu stellen (so z.B. BGH GRUR 57 S. 128 „Steinhäger“, a.a.O. „Kölnisch Wasser“); denn abgesehen von der Möglichkeit, daß die Rückwandlung ein Indiz für nicht völligen Vollzug des ersten Bedeutungswandels war, sind schon bei Rückwandlung der Auffassung nicht unbeachtlicher Teile der Verkehrskreise immerhin diese der Irreführung ausgesetzt, so daß der „überwiegende Teil“ (BGH a.a.O.) nicht erst die Feststellung der Rückwandlung bestimmen sollte, wenn man mit § 3 hauptsächlich den Schutz des Verbrauchers im Auge hat; andererseits ist freilich nicht die Gefahr zu verkennen, daß auf solche Weise ein Mitbewerber zu Lasten seiner Konkurrenten ungerechtfertigte Vorteile an sich ziehen kann.

[34] Eine Rückentwicklung im Sinne einer geographischen („**Relokalisierung**“) Herkunfts- wie aber auch Ursprungsangabe läßt sich durch Zusätze wie „alt“, „echt“, „original“, „ur“, „uralt“ u. dgl. forcieren (z.B. „Pilsener Urquell“ mit Wirkung bis heute RG Bd. 79 S. 250, „echter Berliner Rollmops“ RG Bd. 85 S. 197, „echt russischer Tee“ RG GRUR 27 S. 121, „echte Kroatzbeere“ (zugleich durch Mundart gekennzeichnete Herkunftsangabe) RG Bd. 169 S. 44, „Urkölsch“ BGH GRUR 52 S. 511, „echtes Haarlemer Öl“ OLG Düsseldorf GRUR 54 S. 72 usw.).

Ebenso sind Entlokalisierungen von Herkunftsbezeichnungen denkbar, was durch unübersehbare Zusätze wegen ausschließender Irreführung zulässig gekennzeichnet werden kann, z.B. durch den Hinweis „Deutsches Erzeugnis“ (BGH GRUR 71 S. 255 „Plym-Gin“; 69 S. 277 „Whisky“; 58 S. 185 „Wyeth“) oder bei ohnehin bereits zur Gattungsbezeichnung verwässerter Herkunfts- oder Ursprungsangabe durch betonten Verzicht, indem man z.B. unübersehbare Zusätze wie „Bittburger-“, „Löwenbräu“-, „König“-Pilsener (BGH GRUR 53 S. 495) usw. beifügt.

Gleichermaßen können sich durch entsprechende Wandlung der Verkehrsauffassung geographische Herkunfts- und Ursprungsangaben auch zu individuell einen ganz bestimmten Betrieb kennzeichnenden Angaben entwickeln, so daß sich kein Dritter dieser Angabe mehr bedienen kann, ohne die Rechte des Ersteren zu verletzen (BGH GRUR 58 S. 39 „Rosenheimer Gummimäntel"; 55 S. 481 „Hamburger Kinderstube"). In diesen Fällen hat der individuell Kennzeichnende an der Herkunfts- usw. Angabe freilich eine Verkehrsgeltung erlangt, so daß sodann fraglich wird, ob man es nicht überhaupt mit einem Schutzrecht im Sinne des § 25 WZG zu tun hat (vgl. Anm. 118 zu § 16).

[35] Endlich können auch **mehrdeutige** und **Pseudoherkunftsangaben** irreführen. Bei Mehrdeutigkeit sind Zusätze erforderlich, um Täuschungen des Verkehrs auszuschalten (BGH GRUR 71 S. 313 „Bocksbeutelflasche"). Mit Pseudoherkunftsangaben wird die Herkunft einer Ware nur scheinbar bezeichnet (z.B. Frankfurter oder Wiener Würstchen eines Herstellers namens Frankfurter); sie sind Gattungsbezeichnungen, wenn der Verkehrs sie als solche versteht, weil er nicht beim Kauf an Frankfurt oder Wien denkt. Nichts anderes gilt für Phantasieangaben, bei denen die Ortsangabe Phantasienamen sind („Havanna" für Rasierklingen — BGH GRUR 57 S. 430); doch können auch sie sich zu konkreten Ursprungsangaben, zur Geschäftsbezeichnung oder gar Ausstattung entwickeln. Als solche genießen sie sodann individuellen Rechtsschutz.

IX. Art der Herstellung, des Bezugs und der Bezugsquelle

[36] Wer Angaben über die **Herstellungsart** einer Ware macht, legt sich fest und täuscht seine Kunden, wenn sie nicht richtig sind. Darüber, was unter den Angaben zu verstehen ist, entscheidet — wie immer — die Verkehrsauffassung. Sind die Angaben mehrdeutig, so daß ein Teil des Verkehrs anderes verstehen kann, als ausgesagt werden will, sind sie irreführend (allg. Meinung). Über die Herstellungsart eines Erzeugnisses kann viel ausgesagt werden, z.B.

a) über die Weise der Herstellung, nämlich ob durch handwerkliche Maßarbeit oder „Maßkonfektion" (BGH GRUR 57 S. 274, 67 S. 360), wobei auch zugunsten des Werbenden (wie vielleicht auch mit Rücksichtnahme auf Zufriedenheits- und Glücksgefühl des Umworbenen) taktvoll zu beachten ist, daß es große Teile der Verkehrskreise gibt, die den Unterschied zwischen Maßschneiderei und Maßkonfektion nicht kennen, und/oder weitere, die von ihm zur Hebung bzw. Erhaltung ihres Selbstgefühls nichts wissen wollen; auch das ist ein schützenswertes Anliegen der Verkehrsauffassung. Es tut nicht jede Aufklärung gut, nur weil sie wahr ist; das Publikum muß auch das Recht haben, sich selbst täuschen bzw. sich etwas vormachen zu dürfen. Deshalb erscheint die vom BGH (a.a.O.) erklärte Unzulässigkeit der Angabe „wie nach Maß", die derjenige nicht mißversteht, der wirkliche Maßarbeit sucht, fragwürdig. Das gilt meines Erachtens für alle Waren, die von den Kunden zur Befriedigung ihrer Eitelkeit erworben werden und welche wahr haben wollen, was nicht ist, (z. B. Hutschenreuther-Porzellan mit Zwiebelmuster als Meißner Porzellan oder maschinell bemaltes als handbemaltes Porzellan erwerben und auch besitzen, sowie ihren Gästen oder Freunden gegenüber vorweisen zu können.

b) Ebenso täuscht über die Herstellungsart, wer durch die Aufmachung seiner Angaben den Anschein erweckt, ein Naturprodukt anstatt eines künstlichen Erzeugnisses zu offerieren (OLG Hamburg GRUR 67 S. 108) oder

c) ein solches nach einem bestimmten Rezept oder Verfahren oder unter amtlicher Kontrolle oder unter Verwendung bestimmter Substanzen hergestellt zu haben (BGH GRUR 73 S. 481 „Weingeist") oder

d) eine gewerbliche (Dienst)leistung bestimmten Charakters zu erbringen (BGH GRUR 63 S. 203 „Vollreinigung"; 73 S. 320 „Buchhaltungskraft").

e) Eine Angabe über die Herstellungsart kann auch dadurch irreführen, daß sie unechte Sentiments des Publikums ungerechtfertigt anspricht, z. B. Erzeugnisse fälschlich als Blindenware ausgibt (BGH MDR 53 S. 592).

[37] Auch über die **Art des Bezugs** kann der Verkehr irregeführt werden. Sie besagt, ob die Ware z. B. vom Fabrikanten oder vom Zwischenhändler, mit eigenen oder fremden Transportmitteln, zu Land oder zu Wasser (z. B. bei Tee), durch eigene direkte Verbindung mit dem Herstellung- oder Herkunftsort, mit oder ohne Umladung usw. bezogen wird. In diesem Sinne ist für den Verkehr z. B. wesentlich, ob er ein Buch über den Sortimentbuchhandel oder über den billigeren Weg der Buchgemeinschaften ersteht (BGH GRUR 59 S. 38 „Buchgemeinschaft II") oder sonstige Ware vom Direktverkäufer, Groß- oder Einzelhändler (BGH GRUR 58 S. 557 „Direktabsatz" — über „Direktverkäufer als täuschende Werbung vgl. auch Droste DB 61 S. 1185).

Der vom Gesetz besonders erwähnte Begriff der **Bezugsquelle** unterscheidet sich von dem Begriff der „Art des Bezuges" lediglich dadurch, daß die „-Quelle" den Lieferanten, zumindest den Herkunftsort denkgesetzlich näher konkretisieren muß. Die Bezugsquelle bedeutet außerdem den rein geschäftlichen Hinweis auf die Herkunft der Ware, auch den Hinweis auf Ausnahmequellen, wie z. B. aus Havarie, Konkurs, Nachlaß, Wohnungswechsel, Brand, Privatbesitz usw. Eine Anzeige, die auf solche Bezugsquellen hinweist, ist unrichtig, wenn zwischen dem Anzeigenden und dieser Bezugsquelle ein Zwischenhändler eingeschaltet war, und wenn die Preise nicht billiger als die sonst üblichen sind (RGSt. DR 42 S. 219); unzulässig daher die Angabe „Kaffee-Import", wenn nur vom Importeur bezogen, d. h. aus zweiter Hand verkauft wird (OLG Hamburg GRUR 39 S. 80), oder „Kaffee-Rösterei" für Kaffehandlung, wenn sie nicht selbst röstet (OLG Hamburg GRUR 53 S. 31), ebenso unzulässig die alleinige Angabe der Herstellerfirma auf Bestellschein eines

Einzelhändlers in einer Form, daß das Publikum annehmen kann, es kaufe unmittelbar beim Hersteller (BGH GRUR 55 S. 409 „Vampyrette").

Insofern ist unzulässig, weil irreführend, die Angabe „Möbelhaus des Handwerks" (BGH GRUR 61 S. 425), weil sie den Eindruck erweckt, daß handwerklich und nicht der Wirklichkeit entsprechende fabrikmäßig hergestellte Erzeugnisse angeboten werden. Für Dienstleistungsbetriebe (Reisebüro) unzulässig die Angabe „mit XY in alle Welt", wenn Verträge mit anderen Unternehmern nur vermittelt werden, weil aus dem Wörtchen „mit" auf Betreuung durch das Reisebüro XY geschlossen wird (OLG Nürnberg BB 61 S. 1071); zugelassen die Bezugsquellenangabe „Original-Ersatzteile", wenn diese vom Original-Zulieferer unter betriebsüblicher Kontrolle hergestellt werden (BGH GRUR 63 S. 142 „Original-Ersatzteile").

[38] Angaben über die **Preisbemessung** brauchen sich begrifflich nicht nur auf reine Preisauszeichnungen zu beschränken, sondern können dieselben auch charakterisieren, z.B. als Fabrik-, Großhandels-, Ausverkaufs- und sonstige günstige Preise. Auch Hinweise auf Gelegenheits-, Discount- und sonstige vorteilhafte Preise, weil es sich bei solchen um Listen-, Richt-, Einheits-, empfohlene Preise oder solche handelt, die durch Mischkalkulationen entstanden sind, sind „Angaben über die Preisbemessung" (allg. Meinung).

In unserer noch freien Marktwirtschaft unterliegt die Preisbemessung grundsätzlich dem freien Ermessen des Verkäufers, soweit nicht behördliche oder kartellrechtlich zulässige Bindungen vorliegen. Wettbewerbsrechtlich werden Angaben über sie von Interesse, wenn über sie irregeführt werden soll. Denn auch für Preisangaben gilt das absolute Wahrheitsprinzip. Irreführend und deshalb unzulässig ist insbesondere jedes **unklare Preisangebot.**

Auch mit sog. **Lockvogelpreisen** werden Angaben über die Preisbemessung des Werbenden insofern gemacht, als der Verkehr aus ihnen auf ein allgemein günstiges Preisniveau schließt, das (meist nicht) geboten wird (BGH GRUR 70 S. 33 „Lockvogel"; GRUR 71 S. 164 „Discountgeschäft", OLG Bremen WRP 70 S. 314 „Benzinkampf") — vgl. auch Anm. 189 zu § 1. Beliebte Täuschungshandlungen sind auch als Lockvögel billigst angebotene Einzelstücke, die im Ladengeschäft sodann nicht erhältlich sind (OLG Hamburg WRP 55 S. 150).

Irreführend ist auch die Zeitungsannonce eines Gewerbetreibenden unter **Chiffre** oder alleiniger Angabe einer **Telefonnummer,** weil damit der Eindruck erweckt wird, die Preisbemessung erfolge von privater Seite (LG Stuttgart NJW 69 S. 1257; LG Essen BB 66 S. 873), ebenso die Verwendung des Begriffes **„Direktverkauf"**, wenn ein solcher zu Fabrik- bzw. Großhandelspreisen nicht stattfindet (BGH GRUR 58 S. 557 „Direktabsatz"), in gleichem Sinne irreführend natürlich die Angabe **„Fabrikpreis"**, wenn Zwischen- oder Einzelhändler die Ware anbieten (OLG Neustadt WRP 62 S. 408, BGH GRUR 64 S. 397 „Damenmäntel"). Gleichermaßen irreführende Preisbemessungsangabe ist natürlich die Bezeichnung eines Preises als

„Verkaufslager“- oder „**Lagerpreis**“ (OLG KÖLN GRUR 61 S. 43) oder „**Discountpreis**“, wenn ein damit Werbender nicht nach diesem System seine Preise wirklich kalkuliert (BGH GRUR 71 S. 164 „Discountgeschäft“). Sogar mit echten **Preisreduzierungen** darf wegen Irreführung nicht geworben werden, wenn diese schon eine gewisse Weile zurückliegen, weil sie von irgendeinem logischen Zeitpunkt an keine Preisreduzierungen mehr sind (BGH GRUR 68 S. 433 „Westfalen Blatt II“), nach Meinung des OLG Bremen (WRP 71 S. 530) soll der Zeitraum bei Orientteppichen nicht mehr als 6 Monate betragen. Irreführend sind auch Angaben über Preisbemessung, wenn ein Einzelhändler seinen Preis so auszeichnet, daß er ihn neben einen **durchgestrichenen Preis** setzt, woraus der Verkehr auf eine Preisreduzierung schließt, während der durchgestrichene Preis in Wahrheit der Listenpreis des Herstellers ist (BGH GRUR 61 S. 137 „Canzonetta“).

Wenn die früheren Preise mitgeteilt werden, muß *ihre* Angabe richtig sein. Irreführend wäre es, den herabgesetzten alten Preis, der als solcher durch Ausstreichen gekennzeichnet wird, höher anzugeben als er in Wirklichkeit war (RGSt. MuW 34 S. 251) oder ihn nur auf beschädigte Ware zu beziehen, oder nur auf ein Schaufensterstück, während im Laden zu den alten Preisen verkauft wird (Seuff.-Arch. 61 S. 59).

Eine Preisauszeichnung ohne Berücksichtigung der vom Käufer zu zahlenden **Mehrwertsteuer** ist irreführend (OLG Köln NJW 71 S. 894), weil den Kunden nur interessiert, was er endgültig zu zahlen hat und gedanklich nur diesen Betrag mit Konkurrenzangeboten vergleicht. Irreführende Angabe über die Preisbemessung der Firmenname „**Mehrwert**“ (BGH GRUR 73 S. 534). **Mischpreisbemessungen** können irreführende Angaben sein, wenn der Kunde bei einem Gesamtangebot zu einem Pauschalpreis nicht erkennen kann, welchen Einzelgegenstand er hieraus zu welchem Detail-Preis erwirbt; von **Mischanzeigen** spricht man bei allgemein gehaltenen Angeboten zum Preise von DM X bis DM Y. Letztere sind grundsätzlich zulässig, aber dann als irreführend unzulässig, wenn die Waren zu den deklarierten niedrigeren Preisklassen in Wirklichkeit gar nicht oder nur in unzureichender Menge erhältlich sind (gl. A. B.-Hefermehl S. 781; Reimer-v. Gamm S.363). Irreführend ist auch die Preisangabe für ein Diktiergerät, wenn notwendiges **Zubehör** wie das Mikrophon im Angebotspreis nicht enthalten ist, was jeder Durchschnittskäufer aber erwartet (Zentr. z. Bekämpf. d. UW Wettb. 55/73), oder die Angabe, eine illustrierte Wochenendbeilage werde **ohne Preisaufschlag** geliefert, wenn er im Preis der Tagesausgabe einkalkuliert ist (OLG Stuttgart NJW 54 S. 925). Die **Preisaufspaltung** ist grundsätzlich unzulässig, sogar wenn der Gesamtpreis gleichfalls ausgezeichnet ist (ebenso B.-Hefermehl S. 795), auch das Verschweigen von Preisteilen, z. B. bei Autovermietung die Beschränkung der Angabe auf den km-Grundpreis, wenn zusätzliche Mietzahlung gefordert wird (OLG Celle GRUR 59 S. 608).

Preisvergleiche finden immer das Interesse des Publikums, weshalb besonders hohe Anforderungen an ihren Wahrheitsgehalt zu stellen sind. „20% unter dem empfohlenen **Richtpreis**" (BGH GRUR 65 S. 96) ist zulässig, wenn wahrheitsgemäß, doch ist irreführend, den Richtpreis als solchen — der begrifflich vom Hersteller nach verständiger Kalkulation unter Berücksichtigung der Wettbewerbslage ernsthaft ermittelt ist (BGH GRUR 66 S. 686 „Richtpreiswerbung III" — nicht zu kennzeichnen und statt dessen die höheren Preise leserlich lassend nur durchzustreichen, so daß der Verkehr auf Preisreduzierung oder dergleichen schließt (BGH GRUR 66 S. 327 „Richtpreiswerbung I"). Eine Werbung mit empfohlenen Richtpreis ist aber überhaupt unzulässig, wenn er sich nur als Werbehilfe für den Einzelhändler darstellt, z.B. bei Alleinvertrieb eines einzigen Einzelhändlers (BGH a.a.O. „Richtpreiswerbung III") oder bei Kalkulation eines Händleraufschlages von 100% (a.a.O. „Richtpreiswerbung I"); in solchen Fällen betreibt der Werbende meist zugleich auch anreißerische Reklame (vgl. Anm. 224ff. zu § 1). Zulässig die Werbung mit Kaufscheinsystem, bei dem der Kunde mit einem Kaufausweis beim Grossisten oder Fabrikanten für Rechnung des einen Kaufausweis ausstellenden Einzelhändlers die Ware billiger bezieht, wenn völlige Preisklarheit besteht (BGH GRUR 65 S. 431 „Wickel", wo präzise 9% als Aufschlag auf Grossisten- bzw. Fabrikpreis für den Einzelhändler wahrheitsgemäß angegeben wurde).

Auch die Ankündigung von ,,unerhört günstigen **Teilzahlungsplänen**" ist irreführend, wenn sich die Vorteile in Verlängerung des Zahlungsziels um einige Monate gegen entsprechende übliche Erhöhung der Finanzierungskosten erschöpfen (OLG Frankfurt GRUR 54 S. 406), ebenso das Angebot „ohne Anzahlung zu Wochenraten von DM 1,95", wenn in Wahrheit zu diesen Zahlungsbedingungen nicht abgegeben wird (OLG Düsseldorf GRUR 53 S. 132), ebenso die Ankündigung einer „Einmaligkeit" oder eines ,,Gelegenheitskaufs", wenn die Gelegenheit täglich gegeben wird, oder die Angabe „Teilzahlung ohne Aufschlag", wenn die Ware nicht sofort, sondern erst viel später geliefert wird, weil das Teilzahlungsgeschäft begrifflich darin besteht, daß der Käufer die Ware sofort mit der ersten Anzahlung erhält (LG Kiel MDR 53 S. 554). Ist die Angabe aber wahr, weil die einzelnen Raten zusammenaddiert dem Barkaufpreis entsprechen, ist es zulässig, mit ihr zu werben (BGH GRUR 57 S. 280 ,,Kassapreis").

[39] Das sog. **Schneeballsystem,** auch Ketten-, Lawinen-, Hydra-, Gella- und Admirasystem genannt (vgl. auch Anm. 220 zu § 1), das in manchen Ländern (z.B. Österreich und Schweiz) sogar gesetzlich ausdrücklich verboten ist, stellt gleichfalls eine irreführende Angabe über die Preisbemessung dar, wenn mit ihm geworben wird. Denn dem Käufer werden Vorteile versprochen, die darin bestehen sollen, daß er die angebotene Ware ohne oder gegen nur geringe Geldzahlung erhält, sofern er dem Werbenden eine bestimmte Zahl neuer Käufer bringt, die aber ihrerseits zu denselben Bedingungen wie der erste Abnehmer beliefert werden. So schwillt der Kundenkreis lawinenartig an. Je nach den angekündigten Versprechungen verliert der Kunde sein angezahltes Geld, oder muß den vollen Kaufpreis schließlich doch bezahlen, wenn er die Bedingungen der Kundenwerbung nicht erfüllt. Die Irreführung über die Preisbemessung liegt darin, daß die Kunden — erfahrungsgemäß meist Minderbemittelte — die Bedingungen für leicht erfüllbar halten, während ihre Erfüllung in Wirklichkeit, je größer der Abnehmerkreis wird, desto schwieriger und schließlich unerfüllbar wird. Unwahr ist an dieser Ankündigung besonders, daß der Werbende dem Verkehr die für die Chancen der zukünftigen Kundenwerbung entscheidende Zahl der bereits gewonnenen Kunden nicht offenbart, so daß jedem geworbenen Kunden der angegebene Preis und die angegebenen Bedingungen irrtümlich gleich günstig erscheinen (vgl. Bayer. ObLG GRUR 52 S. 585; BGHSt. GRUR 52 S. 235; BGH GRUR 55 S. 346 „Progressive Kundenwerbung"). Von der wirklichen Schwierigkeit der übernommenen Verpflichtung kann sich der Durchschnittskäufer mithin keine richtige Vorstellung machen; ihm bleibt bei Vertragsabschluß seine spätere wirkliche Gegenleistung unklar (BGHSt. Bd. 2 S. 145). Die progressive Kundenwerbung ist immer auch sittenwidrig im Sinne des § 1, selbst wenn sie nicht darauf abzielen sollte, über die Preisbemessung zu täuschen und die Leichtgläubigkeit und Unerfahrenheit des Verkehrs auszunutzen; denn auch bei etwaiger, kaum denkbarer Wahrheit der Angaben über die Chancen des Kunden bleibt als wettbewerbswidriges Moment die Erregung der Spielleidenschaft und das Anreißerische ihres Charakters bestehen (vgl. auch Anm. 220 zu § 1).

[40] Über **Anlaß und Zweck des Verkaufs** wird häufig getäuscht, damit sich der Kunde vorstellt, daß sich ihm eine günstige Kaufgelegenheit biete (siehe hierüber insbesondere §§ 6—10). Sie bilden die äußere Ursache und den inneren Grund des Verkaufs, z. B. wenn wegen Geschäftsübernahme, Verlegung oder Änderung des Geschäfts oder der Geschäftsräume, wegen Konkurses oder wegen Brand und anderen Schadens, wegen Todesfall, erbteilungshalber, wegen Versteigerung (RG GRUR 35 S. 821 — beachte hierzu Wirtz WRP 71 S. 301), umzugshalber usw. schleunigst zu einem verhältnismäßig niedrigen Preise Waren verkauft werden sollen (vgl. RGSt. 33 S. 441). Über „Gelegenheitskauf", „Verkauf Umstände halber", „Verkauf unter dem Preis" vgl. RG MuW 11 S. 7; 34 S. 251. Auch der Wandergewerbetreibende muß jeden fälschlichen Eindruck vermeiden, daß er eine ausnahmsweise günstige Kaufgelegenheit biete, wenn er nur Alltägliches offeriert (OLG Hamburg WRP 58 S. 113). Ferner ist die Ankündigung eines privaten Verkaufs irreführend, wenn in Wahrheit ein Händler verkauft (KG GRUR 36 S. 341, LG Stuttgart NJW 69 S. 1257).

Über die **Vorratsmenge** kann mit der Angabe zu niedrigen Vorrats irregeführt werden, womit der Werbende das Publikum mit einer vorgetäuschten Einmaligkeit seines Angebots zum Kauf anreizen will („nur noch Reste", „Eile nötig"). Mit der Angabe zu hoher Vorräte wird vorgetäuscht, daß das Unternehmen eine große Bedeutung habe und eine große Auswahlmöglichkeit biete (RG MuW 13 S. 389; „Riesenauswahl" LG Stuttgart WRP 55 S. 246). Auch wenn eine feste

Vereinbarung mit dem Lieferanten vorliegt, nach welcher dieser jedes Quantum sofort nachzuliefern verpflichtet ist, wird mit der Angabe eines zu großen Vorrats getäuscht, weil das Publikum einen sofort möglichen Zugriff auf die Ware und nicht nur eine *rechtliche* Verfügungsmöglichkeit über den Vorrat erwartet (RG MuW 8 S. 63); auf die sofortige tatsächliche Verfügungsmöglichkeit des Werbenden kommt es bei solchen Angaben an, wenn sie wahr sein sollen (OLG Hamm GRUR 65 S. 435). Die Größe der Vorratsmenge ist natürlich ein relativer Begriff. Für ein kleines Einzelhändlergeschäft kann eine Vorratsmenge groß sein, die für einen Verbrauchermarkt minimal ist, so daß nach der Verkehrsauffassung darauf abzustellen sein wird, wie lange der Werbende mit seinem Vorrat reicht. Irreführend in diesem Sinne die Angabe eines Verbrauchermarkts, er habe einen größeren Posten Benzin verbilligt abzugeben, wenn dieser schon am ersten Verkaufstag erschöpft ist (OLG Bremen BB 70 S. 1151). „Solange der Vorrat reicht", ist meist eine neutrale, unanfechtbare Angabe (gl. A. B.-Hefermehl S. 806). Wer im Schaufenster ausstellt, erklärt die Ware im Laden vorrätig zu haben; ist dies nicht der Fall, und das ausgestellte Stück unverkäuflich oder gar eine Atrappe, wird der Kunde getäuscht (OLG Hamburg WRP 55 S. 150); denn das ausgestellte Stück sollte ihn nur zum Betreten der Geschäftsräume veranlassen.

X. Die Ansprüche

[41] Eine Verletzung allein des § 3 führt nur zu **Unterlassungsansprüchen** (über diese eingehend **Anm. 239 ff. zu § 1**), und zwar gleichgültig, ob seine Normen schuldhaft oder ohne Verschulden verletzt worden sind. Der Anspruch richtet sich nur gegen die konkrete als unzulässig erkannte (irreführende) Werbung; nur diese ist mit dem Unterlassungsurteil zu verbieten oder zu beseitigen (vgl. Anm. 239 ff. zu § 1) oder gar zu widerrufen (Anm. 255 zu § 1). Grundsätzlich hat sich das Gericht auf Verurteilung zur Unterlassung, Beseitigung usw. der konkreten Verletzungsform zu beschränken (BGH GRUR 67 S. 30 „Rumverschnitt"); angesichts der Zahllosigkeit möglicher, die beanstandete Irreführung beseitigender bzw. ausschließender, das Publikum aufklärender Zusätze und angesichts der zahllos möglichen begründeten Meinungen darüber, welche Zusätze nun die besten wären, haben die Gerichte bisher zutreffend die Aufgabenstellung zurückgewiesen, über das konkrete Unterlassungsverbot hinaus dem Verletzer zu gebieten, wie er den irreführenden Charakter seiner Werbeangabe beseitigen kann (BGH GRUR 70 S. 609 „regulärer Preis"). Das ist nicht ihre Aufgabe. Jede positive Ordre zur zukünftigen Verhaltensweise des Verletzers, würde diesen in seinen Werbemöglichkeiten beschränken und sein von der Verfassung garantiertes Recht zur freien Persönlichkeitsentwicklung bzw. -entfaltung beschneiden (gl. Ansicht Reimer-v. Gamm S. 369).

Sind die Angaben aber nur teilweise irreführend, können sie nur hinsichtlich dieser Teile verboten werden (RG MuW 29 S. 591). Verursachen solche Teile den irreführenden Gesamteindruck des Ganzen, hat das Gericht freilich zu prüfen, ob bei Wegfall dieser irreführenden Teile bereits der Irreführungscharakter des Gesamteindrucks entfällt (BGH GRUR 68 S. 200 „Acrylglas"). Andererseits ist aber ein auf eine konkrete Werbeangabe lautendes Unterlassungsurteil vorstehend angedeuteter Überlegungen wegen eng auszulegen, so daß Fortlassungen und Veränderungen vermuteter irreführender Teile der beanstandeten Werbeangaben im Zweifel mit der Folge genügen, damit eine solche nachfolgende Wettbewerbsangabe zu einer anderen wird, wegen welcher aus dem zuvor erstrittenen Urteil nicht mehr vollstreckt werden kann.

Zur **Verwirkung** der Unterlassungsansprüche vgl. Anm. 270ff. zu § 1.

[42] **Schadensersatzansprüche** gewährt § 3 nicht unmittelbar, sondern nur über § 13 Abs. 2 Ziff. 1 UWG. Dieser setzt Vorsatz oder Fahrlässigkeit voraus („wußte" oder „wissen mußte"). Liegt zugleich eine sittenwidrige Wettbewerbshandlung im Sinne des § 1 vor, ist auch für den Schadensersatzanspruch kein Verschulden zu fordern (— anders die h. L. und Rechtssprechung! vgl. Anm. 49ff. zu § 1); freilich dürfte in den seltensten praktischen Fällen ein Verschulden fehlen. Da Fahrlässigkeit genügt, kommt es auf die positive Kenntnis des Täters von der Eignung der Angabe zur Irreführung nicht an (vgl. Anm. 9 zu § 13). Bedingter Vorsatz liegt vor, wenn der Täter geglaubt hat, daß der Verkehr seine Angabe schon richtig deuten werde (ähnlich Tetzner Anm. 4 zu § 4). Wenn die Angabe aber nur bei flüchtigem, nicht dagegen bei gründlichem Durchlesen mißverstanden werden kann, und — richtig verstanden — auch richtig ist, wird sich ein Vorsatz meist nicht nachweisen lassen und nur Fahrlässigkeit angenommen werden können. Außerdem können sich bei schuldhaften Verstößen und bei entsprechendem Tatbestand Schadensersatzansprüche natürlich auch aus §§ 823, 824, 826 BGB ergeben. Ein Schutzgesetz im Sinne des § 823 Abs. 2 BGB ist § 3 UWG allerdings nicht (gl. Ansicht B.-Hefermehl S. 831), da § 13 Abs. 2 die Ersatzansprüche erschöpfend regelt.

[43] **Die Beweislast** für die Unrichtigkeit einer Werbeangabe wie auch für die Eignung zur Irreführung derselben hat der Kläger (st.Rspr. für viele: BGH GRUR 69 S. 422 „Kaltverzinkung"), doch wird häufig der Prima-facie-Beweis praktiziert; wenn der Kläger mangels Verbindung zum eigentlichen Geschehensablauf nichts Näheres darstellen und noch weniger beweisen kann, werden an die Darlegungs- und Wahrheitspflicht des Verletzers (§ 138 ZPO) strenge Anforderungen gestellt (BGH GRUR 70 S. 461 „Photowettbewerb", 71 S. 164 „Discountgeschäft"). Rechtstheoretisch wird damit die Beweislast nicht umgekehrt. Dazu ist in der Rechtsprechung bisher erst geschritten worden, als sich ein Werbender die ihm günstige Entscheidung einer wissenschaftlich umstrittenen Sachfrage reklamemäßig zu eigen machte (BGH GRUR 58 S. 485 „Odol").

[44] **Klageberechtigt** sind gemäß § 13 alle Mitbewerber und außerdem die dort bezeichneten Verbände. Das Klagerecht des getäuschten Kunden hingegen beschränkt sich auf schuldhafte Verletzungen und ergibt sich immer nur aus bürgerlich-rechtlichen Vorschriften. Ist § 823 Abs. 2 nur wegen Verletzung des § 3 UWG gegeben, so reicht dies für den Anspruch des getäuschten Käufers nicht aus; anderes gilt natürlich bei Erfüllung des Betrugstatbestandes (§ 823 Abs. 2 BGB i. Vbg. m. § 263 StGB).

[45] Für **Dritte haftet** der Werbende im Rahmen des § 13 Abs. 3 (s. dort). Für seinen gutgläubigen Abnehmer (Grossisten oder Einzelhändler) haftet der Hersteller als mittelbarer Täter, wenn die irreführende Werbung von ihm veranlaßt wurde (allg. Meinung, für viele: BGH 63 S. 539 „echt skai"). Der Hersteller hat seine Werbung unter Berücksichtigung der Auffassung der Kunden seiner Abnehmer (Grossisten), Einzelhändler), ebenso der Grossist unter Berücksichtigung der Auffassung der Kunden seines Einzelhändlers zu gestalten (BGH GRUR 58 S. 86 „Ei — fein"; 61 S. 545 „Plasticfolien").

Strafbare irreführende Werbung

§ 4

(1) Wer in der Absicht, den Anschein eines besonders günstigen Angebots hervorzurufen, in öffentlichen Bekanntmachungen oder in Mitteilungen, die für einen größeren Kreis von Personen bestimmt sind, über geschäftliche Verhältnisse, insbesondere die Beschaffenheit, den Ursprung, die Herstellungsart oder die Preisbemessung von Waren oder gewerblichen Leistungen, über die Art des Bezugs oder die Bezugsquelle von Waren, über den Besitz von Auszeichnungen, über den Anlaß oder den Zweck des Verkaufs oder über die Menge der Vorräte wissentlich unwahre und zur Irreführung geeignete Angaben macht, wird mit Freiheitsstrafe bis zu einem Jahr und mit Geldstrafe oder mit einer dieser Strafen bestraft.

(2) Werden die im Absatz 1 bezeichneten unrichtigen Angaben in einem geschäftlichen Betriebe von einem Angestellten oder Beauftragten gemacht, so ist der Inhaber oder Leiter des Betriebs neben dem Angestellten oder Beauftragten strafbar, wenn die Handlung mit seinem Wissen geschah.

Übersicht

[1] **Allgemeine Abgrenzung zu § 3.** § 4 behandelt die strafrechtlichen Folgen unwahrer und zur Irreführung geeigneter Angaben. Sein Tatbestand unterscheidet sich von dem Tatbestand des § 3 dadurch, daß die von ihm unter Strafe gestellte Handlung nicht ausdrücklich im geschäftlichen Verkehr und nicht zu Wettbewerbszwecken geschehen zu sein braucht, was allerdings bedeutungslos ist, weil eine tatbestandsmäßige Verwirklichung der Vorschrift außerhalb des geschäftlichen Verkehrs und ohne Verfolgung von Wettbewerbszwecken nicht denkbar erscheint (es sei denn zum reinen Schabernack), ferner dadurch, daß die geäußerten Angaben nicht nur zur Irreführung geeignet, sondern außerdem wissentlich unwahr sein müssen, welch letzteres § 3 nicht fordert. Anders als bei § 3 genügt eine einfache Irreführungseignung der Angaben ohne objektive Unwahrheit für die Strafverfolgung also nicht. Ferner unterscheiden sich die Vorschriften darin, daß § 4 als subjektiven Tatbestand Vorsatz und — hinsichtlich der Hervorrufung des Anscheins eines besonders günstigen Angebots — einen solchen sogar qualifiziert als Absicht fordert; die objektive Eignung der Angabe, den Anschein eines besonders günstigen Angebots zu erwecken, verlangt § 4 jedoch gleichfalls nicht, so daß sich die Vorschriften tatbestandsmäßig insoweit wieder näher gerückt sind.

[2] **Zusammentreffen mit anderen Vorschriften.** Eine Verletzung des § 4 kann, aber muß nicht, weil nach § 4 keine Vermögensverfügung erforderlich ist (gl. A. B.-Hefermehl S. 869), mit § 263 — Betrug — (BGH WRP 72 S. 136) in Tateinheit zusammentreffen, auch mit § 286 StGB — verbotene Ausspielung —, (BGH GRUR 52 S. 235 „Schneeballsystem"), ebenso mit §§ 8, 15 UWG, 26, 27 WZG, 40 PatG, 4 LebensmG, 18, 19 BierStG, WeinG, ZugabeVO, RabG. Mit § 8 UWG würde Gesetzeseinheit vorliegen. Im Falle der Verwirklichung der Straftatbestände des PresseG sind nur dessen Vorschriften anzuwenden, da sie zu § 4 in echter Gesetzeskonkurrenz stehen. In diesen Fällen gilt auch die kürzere Verjährungsfrist von 6 Monaten, ebenso Tetzner Anm. 6, RGSt 66 S. 145). Dies schließt aber nicht aus, daß ein Redakteur auch nach § 4 verantwortlich sein kann, wenn die Strafbestimmungen des PresseG nicht verwirklicht sind, doch wird man ihm den subjektiven Tatbestand nur in den allerseltensten Fällen nachweisen können.

Der Unterschied zwischen §§ 4 UWG und 263 StGB (Betrug) liegt darin, daß letzterer eine Vermögensschädigung voraussetzt, § 4 jedoch nicht, weshalb der Täter § 4 bereits verwirklicht haben kann, wenn er sich gegenüber § 263 noch im Versuchsstadium befindet oder ihn überhaupt nicht vollendet, weil seine Angaben nur zur Irreführung, nicht aber dazu geeignet sind, ein besonders günstiges Angebot erscheinen zu lassen, so daß der Käufer schon gar nicht auf ihn hereinfällt.

[3] **Öffentliche Bekanntmachung** ist jede Verlautbarung gegenüber der Öffentlichkeit, gleichgültig ob sie schriftlich (wie z.B. Briefwurfsendungen, Zeitungsannoncen, Angaben auf Verpackungen der Ware selbst, Flaschen-Etikette — BGH LRE 1, 19, 20; RGSt 45 S. 361 — usw. oder mündlich (per Fernsehen, Radio, durch

Ausrufen auf der Straße oder durch Leuchtreklame usw.) geschieht; auch Angaben, die durch eine angelernte Vertreterorganisation permanent mündlich gemacht werden, sind öffentliche Bekanntmachungen und werden dem Unternehmer strafrechtlich zugerechnet (OLG Oldenburg GRUR 67 S. 107; BGH GRUR 72 S. 479 „Vorführgeräte"). Öffentliche (unrichtige) Bekanntmachungen können auch falsche Firmenbezeichnungen sein, z.B. einer Weinkellerei mit nur 0,9 ha Weinanbaufläche, die nur 25% ihres Weinumsatzes bringt, als „Weingut" (BayerObLG GRUR 72 S. 659). Nichts anderes gilt für die **Mitteilungen, die für einen größeren Kreis von Personen bestimmt sind.** Sie sind faktisch mit den öffentlichen Bekanntmachungen begrifflich identisch (gl. A. Fabricius GRUR 65 S. 521 ff.; B.-Hefermehl S. 869).

Zu den im Gesetzestext konkret bezeichneten **Angaben über Beschaffenheit, Ursprung** usw. vgl. die entsprechenden Erläuterungen zu § 3.

[4] Im Gegensatz zu den Zivilansprüchen des § 3 wird für den **Straf**anspruch des § 4 **Verschulden** gefordert. Unter **Schuld** sind die seelischen Beziehungen des Täters zu seiner Tat zu verstehen, die dazu führen, ihm aus dieser Tat einen Vorwurf zu machen (Schönke Vorb. IV 1 zu § 59 StGB). Mithin kann ein Unzurechnungsfähiger gem. § 4 nicht bestraft werden, denn Voraussetzung der Schuld ist auch seine Zurechnungsfähigkeit; das Bewußtsein der Rechtswidrigkeit wird nicht gefordert (vgl. auch Rosenthal Anm. 5 S. 316).

Doch nicht jedes Verschulden reicht aus, vielmehr ist für eine Bestrafung gemäß § 4 **Vorsatz** erforderlich: Eventualdolus genügt, Fahrlässigkeit jedoch nicht (allg. Meinung). Der Vorsatz muß sich darauf beziehen, daß Bekanntmachungen oder Mitteilungen der gekennzeichneten Art überhaupt gemacht werden, ferner darauf, daß die Angaben auch („wissentlich") unwahr und endlich daß sie zur Irreführung geeignet sind (RGSt. Bd. 40 S. 442). Da Fahrlässigkeit nicht genügt, reicht für eine Bestrafung des Täters nicht aus, wenn er an die Richtigkeit seiner Angabe glaubt, etwa weil ihm selbst die Ware mit einer solchen Angabe geliefert worden ist. (Freilich könnten dennoch gemäß §§ 1,3 Zivilansprüche gegen ihn bestehen).

[5] **Wissentlich** („unwahr") bedeutet „wider besseres Wissen" und erfordert den dolus directus (Begriff s. Anm. 8 zu § 17); dolus eventualis genügt nicht. Deshalb handelt nicht „wissentlich", wer von der Wahrheit der Behauptung oder ihrer Eignung zur Irreführung nicht überzeugt, sondern nur derjenige, der vom Gegenteil überzeugt ist (RG JW 38 S. 1803). Bedingter Vorsatz genügt nicht (gl. A. B.-Hefermehl S. 872). Für die Eignung zur Irreführung ist die Verkehrsauffassung allein maßgebend (vgl. Anm. 10 zu § 3), die eine Tatsache und festzustellen mitunter äußerst kompliziert ist; objektiv Richtiges kann irreführen und objektiv Unrichtiges vor den Augen eines Zivilrichters (vgl. Anm. 13 zu § 3; BGH GRUR 73 S. 206 „Skibindungen") im Interresse der Allgmeinheit trotz Irreführung zugelassen werden. Ein Irrtum über die Eignung zur Irreführung ist sonach wegen des Tatsachen-Charakters der Verkehrsauffassung ein Irrtum über rechtserhebliche Tatsachen und muß zum Freispruch führen. (Ein Beweis für die Gefahren, zu denen eine allzu komplizierte Rechtssprechung der Zivilgerichte über die einzelnen Begriffe führt.) Ob tatsächlich irregeführt worden ist, soll also nicht immer entscheidend sein.

Jedes Wissen von Unwahrheit genügt. Auch auf öffentliche Ankündigung der Übernahme von Krankheitsheilungen und der Befähigung zu solchen ist § 4 anwendbar, wenn dem Täter tatsächlich eine solche Befähigung (wie zumeist bei Kurpfuschern) abgeht (RGSt. Bd. 35 S. 268).

[6] Der Täter muß für die Strafbarkeit seiner Handlung ferner in der **Absicht** gehandelt haben, **den Anschein eines besonders günstigen Angebots hervorzurufen.** Ob er einen solchen Anschein auch wirklich hervorruft und ob das Angebot objektiv überhaupt günstig ist, ist gleichgültig (RGSt. Bd. 35 S. 235). Für die strafrechtliche Wertung seiner Handlung kommt es insoweit nur auf den subjektiven Tatbestand an, aber dieser muß als solcher auch realisiert sein (Bayer. Ob.L.G. GRUR 59 S. 427 „Liebe mal ganz anders", 72 S. 659 „Weingut"). **Absicht** im engeren Sinn (vgl. Anm. 11a zu § 1) ist ein Sonderfall des Vorsatzes. Sie ist das bestimmte Ziel, das der Täter mit seiner gewollten Handlung verfolgt (dolus directus). Sein Handeln muß zweckbestimmt, d.h. auf dieses Ziel ausgerichtet und sein Wille, es zu erreichen, in der Regel das Motiv seiner Handlung sein, wenn es auch nicht das ausschließliche Ziel zu sein braucht. Liegt nicht in der Irreführung selbst bereits das Hervorrufen des Anscheins eines günstigen Angebots und die darauf gerichtete Absicht, wird letztere mitunter nur schwer nachweisbar sein; doch ist aus der vorsätzlich falschen Angabe und aus dem hierfür erkennbaren dolus, einen Irrtum zu erregen, auch auf die Absicht des Täters zu schließen, den Anschein eines besonders günstigen Angebots hervorzurufen (RGSt. Bd. 47 S. 280; Bd. 66 S. 145; MuW 11 S. 473). Es genügt für die Absicht das Bewußtsein, daß durch die unwahren Angaben die zu erwartenden Leistungen vom Kunden als besonders günstiges Angebot angesehen werden könnten (BGH LRE 1, 19, 20; Bayer. ObLG GRUR 72 S. 659 (660) „Weingut"). Bedingter Vorsatz genügt für die Absicht nicht (OLG Hamm WRP 59 S. 53).

[7] Befindet sich der Täter in einem **Tatsachenirrtum,** kann er wegen § 59 StGB, ferner aber auch deshalb nicht bestraft werden, weil § 4 Vorsatz verlangt (s.o.). Deshalb entfällt eine Strafbarkeit auch bei grob fahrlässigem Tatsachenirrtum. Tatsachenirrtum liegt vor, wenn über die objektiven Tatbestandsmerkmale geirrt wird, z.B. dann, wenn jemand irrtümlich glaubt, seine Angaben vor einem kleinen, abgeschlossenen, als Abnehmer der Ware nicht in Betracht kommenden Personenkreis zu machen, während die Zuhörerschaft wegen der Möglichkeit der Weiterverbreitung oder aus sonstigen Gründen aus einem unbeschränkt großen Personenkreis besteht; oder wenn der Täter die Angaben seiner öffentlichen Bekanntmachung irrtümlich für solche über die Beschaffenheit der Ware hält, als welche sie richtig wären, während sie in Wirklichkeit unrichtige Herkunftsangaben

sind, denn er irrt über den Inhalt seiner Angaben. Auch die Eignung zur Irreführung ist ein objektives Tatbestandsmerkmal, über das man sich — besonders bei Zweideutigkeit der Angabe — leicht irren kann, was gemäß § 59 StGB zur Straffreiheit führt (vgl. Anm. 4 a.E.).

Irrt sich der Täter über einen Rechtsbegriff, liegt ein Rechtsirrtum vor, der nach § 59 StGB nicht ohne weiteres (vgl. jedoch Anm. 3 zu § 10), u.U. aber deshalb zu beachten ist, weil der Täter nach § 4 „wissentlich" und „in Absicht" (vgl. Anm. 6 a.E.) gehandelt haben muß.

[8] **Täter** kann jeder sein, nicht nur der Mitbewerber, sondern auch ein am Marktgeschehen unbeteiligter Dritter; nicht aber Drucker Redakteure und Verleger, die eine unrichtige usw. Angabe mittels eines Druckerzeugnisses im Sinne des § 4 verbreiten helfen. Ihre — strafrechtliche — Verantwortlichkeit wird ausschließlich von den Pressegesetzen geregelt, die alle Länder der BRD als Spezialgesetz erlassen haben.

Der Inhaber oder Leiter des Betriebes ist für unlautere Wettbewerbshandlungen seiner Angestellten und Beauftragten zivilrechtlich haftbar; aber auch strafrechtlich können Inhaber eines Geschäfts, die verantwortlichen Leiter, Direktoren usw. von Aktiengesellschaften, GmbH usw. für diese (vgl. hierzu Anm. 9f. zu § 13) verantwortlich gemacht werden (BGH GRUR 73 S. 479 „Vorführgerät"); die strafrechtliche Verantwortlichkeit für Angestellte und Beauftragte ist jedoch — im Gegensatz zu § 13 Abs. 4 — darauf beschränkt, daß der Inhaber, Geschäftsführer oder Leiter des Unternehmens von der Handlung des Beauftragten oder Angestellten gewußt hat (RGSt. 46 S. 275), nicht aber, wenn er es zwar gewußt hat aber verhindern wollte, jedoch nicht hindern konnte, wohl aber, wenn er es wußte und aus Nachlässigkeit nicht verhinderte, d.h. (deshalb in mittelbarer Täterschaft) geschehen ließ. Auch wird nicht bestraft, wer nur wissen mußte, weil nach § 4 nur vorsätzliches nicht aber fahrlässiges, auch nicht grob fahrlässiges Handeln unter Strafe steht (gl. A. B.-Hefermehl S. 873; Reimer-v. Gamm S. 375).

[9] Die Tat ist **vollendet,** sobald die Möglichkeit zur Kenntnisnahme durch das Publikum besteht; die Möglichkeit der Kenntnisnahme entsteht aber noch nicht bei der *Aufgabe* einer *Annonce* in der Zeitung, die allein vorbereitet (allg. A.). Ob eine fortgesetzte Handlung oder mehrere Einzelhandlungen vorliegen, hängt von der Einheitlichkeit des Entschlusses ab, z.B. wenn bei Aufgabe von Annoncen in einer Zeitschrift gleich mehrere Anzeigen in aufeinanderfolgenden Nummern bestellt werden, oder wenn durch Plakatanschläge ein Dauerzustand geschaffen wird usw. Bei fortgesetzter Handlung kann wegen vor Verurteilung liegender Einzelhandlungen nicht mehr bestraft werden, weil das gegen den Grundsatz „ne bis in idem" verstoßen würde (BGH St. 1 S. 313).

[10] **Die Rechtsfolgen:** Früher wurden Verstöße gegen § 4 nur auf Antrag bestraft. Das ist durch die Fassung des Gesetzes v. 21. 3. 25 geändert (s. § 22); seitdem wird

Strafverfolgung von Amts wegen aufgenommen; doch sind die in § 13 Abs. 1 bezeichneten Gewerbetreibenden und Verbände als Verletzte weiterhin zur Privatklage berechtigt (Näheres s. Erläuterungen zu § 22).

Die Verletzung des § 4 ist ein **Vergehen,** weshalb die Strafverfolgung in 5 Jahren **verjährt** (§ 67 Abs. 2 StGB). Der **Versuch** ist nicht strafbar, weil er nicht ausdrücklich unter Strafandrohung gestellt ist; anders aber, wenn in der versuchten Verletzung zugleich ein versuchter Betrug im Sinne des § 263 StGB liegt.

Das Höchstmaß der **Freiheitsstrafe** beträgt 1 Jahr, das Höchstmaß der **Geldstrafe** 10000 DM — § 27 StGB; wenn der Täter jedoch in Gewinnsucht gehandelt hat, beträgt das Höchstmaß der Geldstrafe gemäß § 27a StGB 100000 DM. **Gewinnsucht** ist die Steigerung des Erwerbssinns auf ein ungewöhnliches, ungesundes, sittlich anstößiges Maß (RGSt. 60 S. 306, 389), aber mit der Einschränkung, daß es nicht auf die Gewinnspannen sondern darauf ankommt, ob der Täter nach seinen Einkommens- und Vermögensverhältnissen gemessen auf den mit seiner Handlung angestrebten Gelderwerb nicht angewiesen ist (BGH St Bd. 17 S. 35). Bei der **Bemessung** der Geldstrafe sind immer die wirtschaftlichen Verhältnisse des Täters zu berücksichtigen — § 27c StGB (BGH GRUR 52 S. 235 „Schneeballsystem").

Neben der Bestrafung kann auf **Einziehung der Gegenstände,** mit welchen die Tat begangen worden ist (§ 40 StGB) sowie auf eine an den Verletzten zu zahlende **Buße** bis zur Höhe von DM 10000 erkannt werden. Nicht jedoch ist dem Verletzten die Befugnis der Urteilsbekanntmachung zuzusprechen, da § 23 UWG solches nur in Fällen der strafrechtlichen Verurteilung gemäß § 15 UWG, im übrigen aber nur in Fällen der zivilrechtlichen Verurteilung auf Unterlassung vorsieht (a. A. B.-Hefermehl S. 875).

Gattungsbezeichnung, bildliche Darstellung

§ 5

(1) Die Verwendung von Namen, die im geschäftlichen Verkehre zur Benennung gewisser Waren oder gewerblicher Leistungen dienen, ohne deren Herkunft bezeichnen zu sollen, fällt nicht mehr unter die Vorschriften der §§ 3, 4.

(2) Im Sinne der Vorschriften der §§ 3, 4 sind den dort bezeichneten Angaben bildliche Darstellungen und sonstige Veranstaltungen gleichzuachten, die darauf berechnet und geeignet sind, solche Angaben zu ersetzen.

Übersicht

[1] Diese Vorschrift ist eigentlich überflüssig, zumindest durch die Rechtssprechung überflüssig geworden, wie B.-Hefermehl S. 876; Reimer-v. Gamm S. 377 richtig bemerken. Sie ist in ihrem Absatz 1 der Versuch einer unvollständigen negativen Legaldefinition für unzulässige Herkunfts- und Beschaffenheitsangaben. Sie soll klarstellen, daß **Gattungsnamen** für Waren oder gewerbliche Leistungen nicht als Herkunftsangaben unter das Verbot der §§ 3, 4 fallen, auch wenn sie scheinbar, in Wirklichkeit aber eben nicht ihre Herkunft bezeichnen. Dies wird mit der Formulierung des Gesetzgebers „bezeichnen **sollen**" sehr unglücklich ausgedrückt, weil aus ihr unrichtig gelesen werden könnte, daß es im Falle des § 3 auf den subjektiven Tatbestand ankäme, was gerade nicht richtig ist, wie dort gezeigt wurde; denn insbesondere nach § 3 kommt es ausschließlich auf die Auffassung des Verkehrs ohne Rücksicht auf Verschulden und Vorstellungen des Werbenden an. Richtig ist die Vorschrift des Abs. 1 deshalb so zu verstehen, „daß nicht unter das Verbot die Verwendung von solchen Namen fällt, die im geschäftlichen Verkehr zur Benennung von Warengattungen dienen, sofern der geschäftliche Verkehr damit *nicht* deren Herkunft bezeichnet" (allg. Meinung).

[2] **Gattungsbezeichnungen, Beschaffenheits- und Herkunftsangaben** (über die Begriffe vgl. Anm. 27, 28 zu § 3) gehen häufig ineinander über. Was gestern Herkunftsangabe war, kann morgen zur Gattungsangabe geworden sein und umgekehrt (z. B. Teltower Rübchen, Wiener Schnitzel, Kölnisch Wasser, Kasseler Rippenspeer, Liebig usw.). Solche Entwicklungen können die verschiedensten Ursachen haben (s. Anm. 23 zu § 3). Herkunftsangaben entwickeln sich nach ganz den gleichen Regeln wie die Ausstattung zur Gattungsbezeichnung (s. Anm. 11 g zu § 16). Wer z. B. darauf verzichtet hat, sich für seine Ausstattung einen zeichenmäßigen Schutz zu besorgen und sie gemäß § 25 WZG hinreichend zu verteidigen, fördert ihre Entwicklung zur Gattungsbezeichnung (RG GRUR 38 S. 715). Alles, was vom Verkehr nicht als Gattungsbezeichnung angesehen wird, ist Herkunftsbezeichnung (RGZ 100 S. 182) Emser Pastillen, Ägyptische Zigaretten usw. Es liegt in der Natur der Sache des wettbewerblichen Zustandes, daß die Verkehrsauffassung einem ständigen Wandel unterliegt (BGH GRUR 56 S. 270 „Rügenwalder Teewurst").

[3] Daß auch **bildliche Darstellungen** und sonstige Veranstaltungen Angaben im Sinne des § 3 sein können, ist selbstverständlich (vgl. Anm. 9 zu § 3), weshalb auch der zweite Absatz dieser Vorschrift überflüssig erscheint (gl. A. Reimer-v. Gamm S. 377). Maßgeblich ist immer die Verkehrsauffassung für die Frage, ob mit einer bildlichen Darstellung eine Aussage im Sinne einer „Angabe" des § 3 gemacht wird oder nicht (st. Rechtsspr. und allg. Meinung).

Vorbemerkung zu den Verkaufsveranstaltungen, §§ 6—10

[Vor. 1] **Allgemeines.** Die heutigen Vorschriften der §§ 6—10 bekämpfen in ihren Neufassungen v. 9. 3. 32, 26. 2. 35 und 26. 6. 69 die irreführende Ankündigung von Schnellverkaufsveranstaltungen. Schon nach dem Gesetz von 1896 waren unrichtige Angaben über Anlaß und Zweck des Verkaufs verboten; aber die Zulässigkeit des Warennachschubs zu Ausverkäufen u. dgl. war streitig, vor allem, nachdem das Reichsgericht (RG 30 S. 257) ihn nicht unbedingt als unzulässig bezeichnet hatte. Die früheren Bestimmungen, die z.T. den Charakter von Rahmenvorschriften hatten, wurden vielfach durch Ausverkaufsverordnungen von Verwaltungsstellen nach Vorschlägen der Wirtschaftsverbände und der IH-Kammern ausgefüllt.

[Vor. 2] Die jetzigen Vorschriften sind präziser und entsprechen den Forderungen nach Wahrhaftigkeit auch in der reklamemäßigen Ankündigung solcher Veranstaltungen; § 6 bestimmt, wielange aus einer Konkursmasse stammende Waren als solche bezeichnet werden dürfen, § 6a wann wer auf seine Eigenschaft als Hersteller oder Großhändler hinweisen darf, § 6b regelt den Kaufscheinhandel; § 7 betrifft die erheblich verschärfte Regelung der in ganz beschränkter Wortbedeutung gefaßten „Ausverkäufe", § 7a die Räumungsverkäufe bestimmter Warengattungen, § 7b die verwaltungsrechtlichen Vorschriften und die Rechte der Behörden, § 7c setzt an die Stelle des gestrichenen § 7 Abs. 4 eine strengere Regelung der Sperrfrist für Neueröffnungen nach veranstalteten Ausverkäufen; § 8 bestraft das Vor- und Nachschieben von Waren und die Umgehung der Sperrfrist der §§ 7, 7a; §§ 9 und 9a regeln die Sonderverkaufsveranstaltungen und § 10 enthält reine Strafandrohungen. Systematisch gehören diese Vorschriften zum Thema des Kundenfangs. Ihre Verletzung ist deshalb immer gleichzeitig eine Verletzung des § 1, meist auch des § 3.

[Konkurswarenverkauf]

§ 6

(1) Wird in öffentlichen Bekanntmachungen oder in Mitteilungen, die für einen größeren Kreis von Personen bestimmt sind, der Verkauf von Waren angekündigt, die aus einer Konkursmasse stammen, aber nicht mehr zum Bestande der Konkursmasse gehören, so ist dabei jede Bezugnahme auf die Herkunft der Waren aus einer Konkursmasse verboten.

(2) Zuwiderhandlungen gegen diese Vorschrift werden mit Geldstrafe bis zu fünfhundert Deutsche Mark oder mit Freiheitsstrafe bis zu sechs Wochen bestraft.

Übersicht

[1] Die Vorschrift verbietet als **lex specialis Irreführungen** in Bekanntmachungen und Mitteilungen über den Verkauf von Waren, die aus einem in Konkurs geratenen Unternehmen stammen. Die Bezugnahme auf eine solche Herkunft erweckt immer den Anschein eines besonders günstigen Preisangebots. Man glaubt, bei der Liquidation einer Konkursmasse zu billigeren als den üblichen Preisen zu erwerben und übersieht durch die suggestive Wirkung des Wortes „Konkurs", daß man entgegen seinen Vorstellungen, unmittelbar aus der Konkursmasse zu erwerben, in Wirklichkeit schon die Gewinnspannen von Zwischenhändlern mitbezahlen muß, oder daß der Konkursverwalter im Auftrag Dritter, z. B. aussonderungsberechtigter Vorbehaltseigentümer, verkauft. In allen diesen Fällen wird der Verkehr durch eine an sich historisch richtige Herkunftsangabe getäuscht, weshalb die Spezialvorschrift des § 6 zur Zeit ihres Erlasses erforderlich schien, als die Rechtsprechung noch nicht eine Unrichtigkeit der Angabe auch in ihrer Zweideutigkeit gesehen hatte. Nach dem heutigen Entwicklungsstand der Rechtsprechung sind alle diese Tatbestände zivilrechtlich Verletzungen des § 3, strafrechtlich des § 4. Bei sittenwidrigem Wettbewerbsverhalten kann im Einzelfall auch § 1 verletzt sein.

[2] **Echte Konkursware** ist nur solche, die bei ihrer Veräußerung noch **zur Konkursmasse gehört.** Was zu dieser zu zählen ist, richtet sich nach § 1 KO. Die Eigentumslage ist nicht entscheidend, entscheidend ist vielmehr lediglich die Behandlung der Ware durch den Konkursverwalter. Setzt sich dieser z. B. über ein Vorbehaltseigentum hinweg, oder weiß er von diesem nichts und verkauft er die Ware als zur Konkursmasse gehörig und unter denselben Umständen wie diese, wird durch die Ankündigung der Konkursherkunft kein Interesse verletzt, das zu schützen Aufgabe der Vorschrift wäre; denn dem Käufer werden tatsächlich dieselben Vorteile eingeräumt, wie bei der echten Konkursware. Selbstverständlich gehört alles zur Konkursmasse, was dem Gemeinschuldner beim Verkauf noch zu Eigentum gehört, und zwar auch gepfändete und verpfändete Gegenstände, an denen ein Gläubiger ein Recht zur abgesonderten Befriedigung hat (gl. A. B.-Hefermehl S. 880; Reimer-v. Gamm S. 378), auch Kommissionsware und sicherungsübereignete Gegenstände, die der Konkursverwalter vom Lieferanten für die Konkursmasse erworben hat, da sie nur Absonderungsrechte gewähren (RGZ

Bd. 124 S. 75). Bei Kommissionsware, die noch im Eigentum des Kommittenten steht, was ihm ein Aussonderungsrecht gibt, und die mit seinem Einverständnis und nach seinen Weisungen vom Konkursverwalter verkauft wird, ist die Ankündigung der Konkursherkunft unzulässig, da sie nach anderen wirtschaftlichen Gesichtspunkten als die Masse selbst verkauft wird. Nur wenn der Kommittent keine Preisbestimmungen trifft und wie ein sonstiger Absonderungsberechtigter dem Konkursverwalter freie Hand läßt, ist die Ankündigung der Konkursherkunft auch dieser Ware zuzulassen; denn hierin liegt sodann eine Vereinbarung über die Begründung eines Absonderungsrechts gegen Aufgabe des Aussonderungsrechts, die konkursrechtlich zulässig ist und dazu führt, daß es sich um echte Konkursware handelt. Der Erwerber solcher Ware darf sodann mit ihrer Herkunft aus einem Konkurs nicht mehr werben (vgl. Anm. 1), ebensowenig der **Aufkäufer einer Konkursmasse,** mag die Ware bei ihm auch immer noch billiger als im sonst üblichen Geschäftsverkehr sein.

Ist der **Konkurs beendet,** ist jeder Hinweis auf eine Konkursherkunft unzulässig.

Es zeigt sich also, daß die Sondervorschrift des § 6 denselben Grundgedanken hat wie die §§ 3, 4, nach welchen die Angabe der Konkursherkunft gleichfalls unzulässig ist, wenn nicht mehr der Konkursverwalter — bzw. dieser nicht mehr frei — zum Verkauf anbietet.

[3] Wie und ob in den Bekanntmachungen und Mitteilungen auf die Konkursherkunft hingewiesen wird, richtet sich — wie stets — nach der Verkehrsauffassung (vgl. Anm. 10 zu § 3). Die Herkunft der Ware aus einem Konkurs braucht für die Verletzung des § 6 nicht wortwörtlich angegeben zu sein. Redewendungen wie „Verkauf zu Konkurspreisen", „Liquidationsmasse", „gerichtlich taxierte Preise" usw. genügen (RGSt. Bd. 45 S. 41).

[4] Über den Begriff der **Waren** vgl. Anm. 2 zu § 2. Unbewegliche Sachen, Schiffe, Rechte, Patente, Gebrauchsmuster usw. fallen ebenso darunter wie bewegliche Sachen, weil sie gleichermaßen Gegenstand des Handels sein können.

[5] Über die Begriffe der öffentlichen **Bekanntmachung** und **Mitteilung,** die für einen größeren Kreis von Personen bestimmt sind, vgl. Anm. 3 zu § 4. Zwischen Ankündigung und Mitteilung besteht begrifflich kein Unterschied. Auch die mündliche Ankündigung ist eine Mitteilung und umgekehrt. Sie genügt — wenn öffentlich erfolgt — für eine Verletzung der Vorschrift (gl. A. B.-Hefermehl S. 880; a. A. offenbar Reimer-v. Gamm S. 378).

[6] **Täter** kann jeder, auch der Konkursverwalter sein, z.B. wenn er nach Weisungen eines Vorbehaltseigentümers oder überhaupt, wenn er die Konkursmasse en bloc verkauft hatte, sie nun für Rechnung des Erwerbers weiterverkauft; obwohl also ursprünglich aus einem Konkurs stammend, gehören die Waren zur

Zeit ihres zweiten Verkaufs diesem nicht mehr an, was aber der Verkehr annehmen würde, der den Zwischenverdienst des Ersterwerbers nicht einkalkuliert (vgl. o). Konkursverwalter oder Geschäftsinhaber sind strafrechtlich für Ankündigungen der Konkursherkunft durch Angestellte oder Beauftragte nicht verantwortlich, es sei denn, sie wissen von denselben und lassen sie geschehen (s. Anm. 9 zu § 4 und Anm. 9f. zu § 13); dann handeln sie in mittelbarer Täterschaft; ihre Passivlegitimation für Unterlassungsansprüche ergibt sich aus § 13 Abs. 3.

[7] **Vorsatz** ist nicht erforderlich, vielmehr genügt **Fahrlässigkeit** (RGSt. 48 S. 321), z.B. wenn der Täter in Ausübung seiner Sorgfaltspflicht hätte erkennen müssen, daß seine Ankündigung vom Verkehr als Konkursherkunftshinweis verstanden werden konnte (gl. A. B.-Hefermehl S. 881).

Prüfte der Täter fahrlässig nicht die richtige Eigentumslage, behandelte er demgemäß Aussonderungsgut als Masseware und kündigte er diese auch so an, ist § 6 nicht verletzt, weil er die Ware wie echte Konkursware wirtschaftlich effektiv behandelt hat (vgl. Anm. 2). Ferner wird die Strafbarkeit gem. § 59 StGB durch Tatsachenirrtum ausgeschlossen. Wegen Rechtsirrtum vgl. Anm. 7 zu § 4 a.E. und Anm. 3 zu § 10 a.E. Wie für jede Strafvorschrift wird auch hier Verschulden gefordert.

[8] § 6 ist eine Übertretung. Sie wird von Amts wegen verfolgt und verjährt nach 3 Monaten. Sie kann mit einer Reihe von Vorschriften zusammenfallen, z.B. können zugleich die §§ 1, 3, 4 UWG, 823, 826 BGB, auch § 263 StGB verletzt sein. Gegenüber den Strafnormen der §§ 4 UWG und 263 StGB hat die Vorschrift des § 6 nur subsidiäre Bedeutung. Ist sie neben diesen verletzt, ist das Strafmaß wegen § 73 StGB aus jenen als den schwereren Strafandrohungen zu entnehmen, also nicht aus § 6 (allg. Meinung). Im Falle gleichzeitiger Verletzung des § 263 StGB ist die Tat freilich ein Vergehen mit fünfjähriger Verjährungsfrist und Strafbarkeit des Versuchs.

[9] Als **Zivilansprüche** ergeben sich *Unterlassungsansprüche* (Begriff s. Anm. 238ff. zu § 1) in Verbindung mit § 1004 BGB und Schadensersatzansprüche bei Verwirklichung der objektiven *und* subjektiven Tatbestandsmerkmale der Vorschrift, und zwar auch bei ihrer Verletzung durch Angestellte oder Beauftragte (vgl. § 13 Abs. 3). Die *Schadensersatzansprüche* (Begriff s. Anm. 260ff. zu § 1) ergeben sich ausdrücklich aus § 13 Abs. 2 Ziff. 2 sowie daraus, daß § 6 ein Schutzgesetz im Sinne des § 823 Abs. 2 BGB ist. Ohne Verschulden sind Ersatzansprüche wegen etwa ausschließlicher Verletzung des § 6 nicht denkbar, weil § 6 als reine Strafvorschrift immer Verschulden voraussetzt, und § 13 den Ersatzanspruch von einem „Verstoß“, u.a. gegen § 823 Abs. 2 BGB oder einer Verletzung des § 6 abhängig macht, also die schuldhafte Verwirklichung einer Strafrechtsnorm voraussetzt.

[Hersteller- und Großhändlerwerbung]

§ 6a

(1) Wer im geschäftlichen Verkehr mit dem letzten Verbraucher im Zusammenhang mit dem Verkauf von Waren auf seine Eigenschaft als Hersteller hinweist, kann auf Unterlassung in Anspruch genommen werden, es sei denn daß er

1. ausschließlich an den letzten Verbraucher verkauft oder

2. an den letzten Verbraucher zu den seinen Wiederverkäufern oder gewerblichen Verbrauchern eingeräumten Preisen verkauft oder

3. unmißverständlich darauf hinweist, daß die Preise beim Verkauf an den letzten Verbraucher höher liegen als beim Verkauf an Wiederverkäufer oder gewerbliche Verbraucher, oder dies sonst für den letzten Verbraucher offenkundig ist.

(2) Wer im geschäftlichen Verkehr mit dem letzten Verbraucher im Zusammenhang mit dem Verkauf von Waren auf seine Eigenschaft als Großhändler hinweist, kann auf Unterlassung in Anspruch genommen werden, es sei denn, daß er überwiegend Wiederverkäufer oder gewerbliche Verbraucher beliefert und die Voraussetzungen des Absatzes 1 Nr. 2 oder Nr. 3 erfüllt.

Übersicht

[1] Darüber, ob die Tatbestände dieser mit der Novelle vom 26. 6. 69 (BGBl. I S. 633) neu geschaffenen Vorschrift nicht sowieso schon von den §§ 1, 3, 4 erfaßt werden, läßt sich streiten. Ein Novum ist, daß für ihre konkreten Tatbestände nunmehr eine lex specialis besteht, mit der die Beweislast zuungunsten des Werbenden verschoben wird (BGH NJW 74 S. 460 „Großhandelshaus"), da ihm bisher nach §§ 1, 3, 4 in der Regel die Verkehrsauffassung der Irreführungseignung nachzuweisen war, während sie heute tatbestandsmäßig überhaupt nicht mehr gefordert wird. Letztere ist aber noch ein Motiv für den gesetzlichen Tatbestand als solchen (ähnlich wohl B.-Hefermehl S. 883; Reimer-v. Gamm S. 381; Krieger DW 70 S. 38f.); denn mit ihm verbindet sich die Irreführungsgefahr *typischerweise*.

[2] Die Vorschrift enthält reine **Gefährdungstatbestände,** die ohne Rücksicht auf irgendwelche subjektiven Seiten zu unterlassen sind. Trotz ihres Charakters als lex specialis hat sie die Besonderheit, daß sich im Falle der Nichterfassung gesetzter

Tatbestände (durch sie) mit dem argumentum e contrario auf die Zulässigkeit solcher nicht schließen läßt, weil diese dann immer noch als wettbewerbswidrige Handlungen im Sinne der §§ 1, 3 oder 4 erfaßt werden können. Sonach scheint sich trotz des Motivs, irreführende Werbeangaben zu untersagen, was nach der bisherigen Rechtssprechung ohnehin schon immer durchgesetzt werden konnte, diese neue Vorschrift des Gesetzgebers als verfehlt zu erweisen, weil sich die gewollte Beweislastverschiebung auch anders als geschehenen hätte regeln lassen können.

[3] Zwei Tatbestände sind nach § 6a grundsätzlich verboten: a) Die Werbung des Herstellers bei seinem Verkehr mit dem Letztverbraucher unter Auswertung seiner Eigenschaft als Hersteller und b) analog die Werbung des Großhändlers. Ob mit solchen Hinweisen im Einzelfall geworben wird, entscheidet — wie stets — die Verkehrsauffassung. Auch indirekte Hinweise können daher genügen, z.B. „Tuchgroßhandel" (OLG Hamburg WRP 68 S. 35) oder „Tapetenfabrik" (OLG Hamm BB 69 S. 1238). Der Kläger braucht nur den Beweis dafür zu führen, daß der verbotene Tatbestand gesetzt worden ist, und — bei fehlender Eindeutigkeit —, daß er sich nach der Verkehrsauffassung der Letztverbraucher ergibt. Die Beweislast für das Vorliegen eines Ausnahmetatbestandes hat der Werbende (BGH NJW 74 S. 460 „Großhandelshaus").

[4] Unter **„Hinweisen"** ist jede Ausdrucksform zu verstehen, gleichgültig, ob sie schriftlich oder mündlich, ausdrücklich, direkt, umschrieben oder symbolisch geschieht (allg. Meinung). Da ein Hinweis, von einem Hersteller oder Grossisten ausgehend, gegenüber einem Letztverbraucher geäußert ohne wettbewerbliche Hintergedanken kaum vorstellbar ist, wird sich eine Problematik dazu nie ergeben, ob er im geschäftlichen Verkehr (Begriff vgl. Anm. 9 zu § 1) erfolgt, wenn das Gespräch **„im Zusammenhang mit dem Verkauf** von Waren" (eine wenig präzise Formulierung des Gesetzgebers des auslaufenden 20. Jahrhunderts!) geführt wird. Gemeint ist die konkrete Bemühung von Herstellern und Grossisten um einen unmittelbaren Verkauf an den Letztverbraucher. Dieses Tatbestandsmerkmal schränkt den Verbotstatbestand begrifflich insofern ein, als ohne Zusammenhang mit dem Warenverkauf die andernfalls unzulässigen Hinweise nach dieser Vorschrift nicht allein unzulässig wären; doch ist ein solcher Fall bei Erfüllung aller anderen Tatbestandsvoraussetzungen wiederum nicht denkbar, weil Hersteller und Großhändler im geschäftlichen Verkehr mit Letztverbrauchern stets im Zusammenhang mit dem Verkauf ihrer Waren auftreten werden, wenn sie dabei die nach der Vorschrift unzulässigen Hinweise geben.

[5] Der direkte Warenvertrieb der Hersteller und Großhändler an den Letztverbraucher ist grundsätzlich erlaubt (BGH NJW 73 S. 807 „Groß- und Einzelhandel"). Letztverbraucher können auch Wiederverkäufer sein, wenn sie für den Eigenbedarf einkaufen (BGH NJW 74 S. 460 „Großhandelshaus"), was

beim Einkauf branchenfremder Artikel in der Regel anzunehmen ist. Die Vorschrift des § 6a verbietet lediglich — von ihren Ausnahmefällen (vgl. unten a—c) abgesehen — alle Angaben, die nach der Verkehrsauffassung der angesprochenen Letztverbraucher den Eindruck erzeugen, von einem Hersteller bzw. Großhändler Waren zu beziehen, wobei gleichgültig ist, ob die Angaben direkt oder indirekt solche Hinweise enthalten (vgl. Anm. 3 oben). Auch Hinweise auf die Verbindung des Großhandels mit anderen Funktionen wie z.B. Import, Einzelhandel sollen nach OLG Düsseldorf (GRUR 73 S. 599) von dem Verbot des § 6a erfaßt werden. Werben Hersteller und/oder Großhändler nur mit ihrer Firmen-, Waren-, Händler- usw. Bezeichnung, ist hierin allein noch kein Hinweis auf ihre Eigenschaft als Hersteller bzw. Großhändler zu sehen (gl. A. B.-Hefermehl S. 884f.; Reimer-v. Gamm S. 382). Denn es ist (ausdrücklich) als Ausnahme erlaubt, daß Hersteller und Großhändler bei solchen Tatbeständen (s.o.) auf ihre Eigenschaften als solche hinweisen,

a) wenn sie **ausschließlich an Letztverbraucher** verkaufen; erwecken sie den unrichtigen Eindruck, auch an Zwischenhändler oder den Einzelhandel zu verkaufen, verletzen sie wegen ihres objektiv festzustellenden ausschließlichen Verkaufs an Letztverbraucher mit dem Hinweis auf ihre Eigenschaften als Hersteller bzw. Großhändler zwar nicht die Vorschrift des § 6a, wohl aber des § 3 wegen irreführender Angaben (anders B.-Hefermehl S. 886, der eine Verletzung des § 6a auch in diesen Fällen sieht, wobei er nicht berücksichtigt, daß tatbestandlich konkrete Spezialvorschriften nicht extensiv ausgelegt werden können).

b) Zulässig sind Hinweise auf Hersteller- und Großhändlereigenschaften ferner dann, wenn die Ware den Letztverbrauchern zu **denselben Preisen wie den Wiederverkäufern angeboten** werden. Werden den Wiederverkäufern Vorzüge, z.B. Rabatte, die den Letztverbrauchern nicht gewährt werden, eingeräumt, ist eine Berufung auf diese Ausnahmevorschrift wegen mangelnder Preisidentität gleichfalls zulässig (ebenso B.-Hefermehl S. 886).

c) Hinweise auf Hersteller- und Wiederverkäufer-Eigenschaften im Verkehr mit Letztverbrauchern sind ausnahmsweise schließlich dann zulässig, wenn unmißverständlich weiter darauf hingewiesen wird, daß die Preise für den Letztverbraucher höher liegen als die für den Wiederverkäufer bestimmten. Für die Erfüllung des Tatbestandes der Unmißverständlichkeit ist — wie stets bei solchen Fragen — die Verkehrsauffassung maßgebend (gl. A. B.-Hefermehl S. 887). In diesem Sinne ist deshalb zulässig, wenn ein Großhändler mit dem Hinweis „Groß- und Einzelhandel“ (BGH NJW 73 S. 807) wirbt, weil er mit ihm für den Verkehr unmißverständlich die jeweils entsprechende unterschiedliche Preisgestaltung klar zum Ausdruck bringt (BGH a.a.O. Anders noch OLG Düsseldorf — GRUR 73 S. 374 — mit gegenteiliger Begründung).

[6] Unter **„Hersteller“** ist jeder Produzent zu verstehen, inklusive desjenigen, der Waren nur veredelt, unter **„Großhändler“** derjenige, der Waren an Wiederverkäufer, seien diese Zwischenhändler oder Einzelhändler, vertreibt, ohne Hersteller zu sein. Dennoch kann aber jeder **Täter** sein, d.h. auch derjenige, der auf seine (behauptete) Hersteller- bzw. Großhändler-Eigenschaft hinweist, ohne daß er eine solche hat. Das aus der Vorschrift selbst nicht definierbare Possessiv-Wörtchen „seine" läßt offen, ob der Gesetzgeber mit ihm eine objektiv als solche feststellbare wirkliche Eigenschaft gemeint hat, oder ob er damit auch vom Werbenden rein subjektiv verstandene Hinweise hat erfassen wollen. Unter Zugrundelegung der Motive des Gesetzgebers ist wohl davon auszugehen, daß letztere erfaßt werden sollten (ebenso B.-Hefermehl S. 884, 885). Würde man diese Frage verneinen, wäre die Handlung freilich gemäß § 3 dennoch unzulässig. Gleichermaßen unzulässig ist es, mit dem Hinweis auf Hersteller- oder Großhändler-Eigenschaft durch einen Dritten (Vertreter oder Einzelhändler als Vertragslieferant) an den Letztverbraucher heranzutreten.

[7] Zur Verfolgung der von der Vorschrift gegebenen **Unterlassungsansprüche** (Begriff vgl. Anm. 238ff. zu § 1) sind die Mitbewerber und die Verbände im Sinne des § 13 legitimiert. Schadensersatzansprüche der Mitbewerber können bei schuldhafter Verletzung nach § 13 Abs. 2 Ziff. 2 und ohne Rücksicht auf Verschulden (a. A. die herrschende Lehre und Rechtssprachung — vgl. Anm. 49ff. zu § 1 —) gegeben sein, wenn zugleich auch eine Verletzung des § 1 vorliegt.

Die Beweislast für die Verletzung der Verbotsnorm hat der Kläger, die Beweislast für die Ausnahmetatbestände der Beklagte.

[Kaufscheinhandel]

§ 6b

Wer im geschäftlichen Verkehr zu Zwecken des Wettbewerbs an letzte Verbraucher Berechtigungsscheine, Ausweise oder sonstige Bescheinigungen zum Bezug von Waren ausgibt oder gegen Vorlage solcher Bescheinigungen Waren verkauft, kann auf Unterlassung in Anspruch genommen werden, es sei denn, daß die Bescheinigungen nur zu einem einmaligen Einkauf berechtigen und für jeden Einkauf einzeln ausgegeben werden.

Übersicht

[1] Die durch das Gesetz vom 26. 6. 69 (BGBl. I S. 633) neu eingefügte Vorschrift verbietet den sog. **Kaufscheinhandel,** der bis dahin nicht grundsätzlich verboten war, soweit er wahrheitsgemäß ohne Eignung zur Irreführung geschah (BGH GRUR 65 S. 431 „Wickel"). Ein reel betriebener Kaufscheinhandel hätte seine Existenzberechtigung im Verbraucherinteresse. Heute läßt sich aber von einem grundsätzlichen Verbot desselben mit Ausnahme des ausdrücklich (und deshalb hierauf beschränkten) zugelassenen Kaufscheins für einen einmaligen Einkauf sprechen. Das **Wesen des Kaufscheinhandels** besteht darin, daß die Letztverbraucher Berechtigungsscheine, Kaufausweise oder dgl. vom Einzelhändler erhalten, die von diesem selbst oder von einem Hersteller oder Großhändler ausgestellt sind und den Kunden berechtigen, die von ihm begehrten Waren beim Vertragslieferanten des Einzelhändlers (Hersteller oder Großhändler) unmittelbar zu beziehen. Der Einzelhändler erhält sodann im Falle des Einkaufs des Kunden von seinem Vertragslieferanten eine Provision, die in der Regel unter der üblichen Handelsspanne des Einzelhandels seiner Branche liegt, was ihm aber den Vorteil der Einsparung aufwendiger Geschäftseinrichtung, der Lagerhaltung, der Kosten des Wareneinkaufs usw. bringt, während Hersteller bzw. Großhändler ihre üblichen Lieferpreise unkontrollierbar steigern und die erwähnte Provision des Einzelhändlers noch aufschlagen können. Der Letztverbraucher aber bürdet sich die Mühen der Kaufscheinbesorgung und des oft umständlicheren Wareneinkaufs beim Hersteller bzw. Grossisten in der irrigen Vorstellung auf, bei letzteren zu deren Auslieferungspreisen zu kaufen; er wird insofern also irregeführt (BGH GRUR 68 S. 600 „Ratio Markt II"). Wird der Preis für einen solchen Letztverbraucher anders als dargestellt — vielleicht ehrlich — kalkuliert, können bei der Durchführung des Kaufs der Ware mit solchen Einkaufsscheinen Rabattverstöße und/oder Verletzungen der Vorschriften über die Preisauszeichnungspflicht begangen werden (BGH GRUR 68 S. 266 „BSW II"; 69 S. 620 „Auszeichnungspreis"). Wettbewerbsrechtlich und nach dieser Vorschrift irrelevant ist natürlich, von wem die Kaufscheine ausgestellt werden (BGH GRUR 72 S. 555 „Kaufausweis") und in wessen Namen sowie für wessen Rechnung die Ware beim Hersteller bzw. Großhändler gekauft wird. Wirtschaftlich ist immer der Letztverbraucher der Käufer und — gegebenenfalls — der Getäuschte. Auch von Vereinen ausgestellte Kaufausweise an Letztverbraucher gehören dazu, ebenso wenn sie als Vereinsmitgliedsausweise ausgestellt zum Kauf berechtigen (OLG Celle WRP 74 S. 273).

[2] In einer Verletzung der Vorschrift kann zugleich auch eine Verletzung der §§ 1, 3, 4 UWG liegen und umgekehrt, was freilich nur von Fall zu Fall entschieden werden kann. Der gewerbsmäßige Handel mit Kaufscheinen im darauf beschränkten Hauptberuf ist mit der Vorschrift unterbunden, was keinen unzulässigen Eingriff in das verfassungsmäßig garantierte Recht zur freien Berufswahl bedeutet (BGH GRUR 72 S. 135 „Kunden-Einkausfsdienst" (B. Verf. G. GRUR 73 S. 319).

[3] Zwei verschiedene Handlungsweisen sind verboten: Die Ausgabe der Einkaufs- usw. Berechtigungsscheine und der Verkauf gegen Vorlage solcher an Letztverbraucher sofern die Bescheinigungen nicht nur einzeln ausgegeben werden und nicht nur zu einmaligem Einkauf berechtigen. Während für letzteren Fall denkgesetzlich nicht vorstellbar ist, daß er außerhalb des geschäftlichen Verkehrs und nicht zu Wettbewerbszwecken geschieht, weshalb es seinetwegen der ausdrücklichen Aufnahme dieser geforderten Tatbestandsmerkmale nicht bedurft hätte, wird mit diesen jedoch klargestellt, daß außerhalb des geschäftlichen Verkehrs und ohne Verfolgung von Wettbewerbszwecken erfolgte Ausgaben von Kaufscheinen, z.B. aus Gefälligkeit zugunsten eines Freundes für den Einkauf im Hersteller- oder Großhändler-Unternehmen eines anderen Freundes oder seines Vaters, nicht unter die Verbotsnorm fallen. (Über die Begriffe des geschäftlichen Verkehrs vgl. Anm. 9 zu § 1, und des Wettbewerbszweckes Anm. 1ff. zu § 1). Der **Begriff des Verkaufs** ist im weitesten Sinne zu verstehen; er erfaßt nicht nur den Barkauf gegen sofortige Übergabe und Übereignung der Ware oder die alleinige Herstellung der gegenseitigen obligatorischen Verpflichtungen des typischen Kaufvertrages, sondern auch das einseitig verpflichtende Verkaufsangebot. Deshalb erscheint das Verbot der Ausgabe von Mitgliedsausweisen eines Idealvereins zum Einkauf bei seinem Vertragshändlern (OLG Celle WRP 74 S. 275) zweifelhaft, weil weder die Ausgabe der Ausweise noch die Abschlüsse mit den Vertragshändlern zu Wettbewerbszwecken geschehen und zwar so wenig wie der Letztverbraucher selbst zu Wettbewerbszwecken handelt, wenn er zur Deckung seines täglichen Bedarfs kauft.

[4] Als Ausnahmen von dem Verbot sind die sog. **„Unterkundengeschäfte"** vorgesehen, unter denen man die Überbrückung der Verlegenheit eines Einzelhändlers, nicht liefern zu können, versteht, die durch die Ausstellung eines Kaufscheins bzw. -berechtigung für den Letztverbraucher beim Vorlieferanten geschieht. Solche Kaufscheine werden nur von Fall zu Fall ausgestellt, berechtigen nur zum einmaligen Bezug einer bestimmten Ware und bringen daher in der Regel nicht die Gefahr mit sich, daß der Kunde getäuscht wird, da er weiß, daß er die Ware beim Einzelhändler wegen Erschöpfung dessen Warenlagers nicht sofort erhalten kann (OLG Nürnberg WRP 74 S. 102). Einem solchen Kunden kommt es nicht auf preisliche Vorteile an, die er bei der gesamten Sachlage auch gar nicht erwartet, sondern darauf, daß er die Ware unverzüglich erhält. Er hat ganz konkrete Kaufwünsche, die er sich erfüllen will (BGH GRUR 72 S. 135 „Kunden-Einkaufsdienst"). Freilich muß ein solcher Einkaufsschein inhaltlich auf den konkreten Einkaufswunsch abgestellt sein (BGH a.a.O.).

[5] Die Ausnahme-Vorschrift beschränkt sich darauf, die Ausnahmen dahin zu konkretisieren, „daß die Bescheinigungen nur zu einem einmaligen Einkauf berechtigen und für jeden Einkauf einzeln ausgegeben werden". Damit wird

klargestellt, daß nicht nur die Unterkundengeschäfte sondern jeder Kauf auf Grund eines Kaufscheines und jede Ausgabe des letzteren zulässig ist, wenn nur der Kaufschein auf die **Einmaligkeit des Kaufs** abgestellt ist. Der Kaufschein ist auf den konkreten Verkaufsfall abzustellen, was eine gewisse Konkretisierung der begehrten Ware voraussetzt (BGH a.a.O. „Kunden-Einkaufsdienst"), doch ist es zulässig, daß er zum Kauf auch von mehreren Warengattungen berechtigt, wenn sie nur genügend bestimmt sind (a. A. B.-Hefermehl S. 892, der hierin eine Umgehung der Vorschrift sieht). Der Einzelhändler kann nämlich auch mehrere vom Kunden gewünschte Artikel nicht vorrätig haben, die sich auf dem Kaufschein konkretisieren lassen. Das muß ebenso zulässig sein, wie der Vorschlag mehrerer Großhändler auf dem Kaufschein als Verkaufsstellen für zulässig gehalten wird (Reimer-v.Gamm S. 389; BGH a.a.O.). Nur auf die Einmaligkeit der Ausgabe und des Kaufrechts kommt es an.

Freilich muß der Kunde vorher seine konkreten Kaufwünsche geäußert haben, weil nur dann ein echter Einkaufsfall beim Einzelhändler vorliegt. Das setzt auch die Ausstellung des Kaufscheins auf den Namen des Kunden voraus (gl. A. Reimer-v. Gamm a.a.O.). Die unbestellte Versendung von Kaufscheinen ist keine einmalige Ausgabe, sondern eine wahllose Versorgung des Kunden mit solchen, die nach dem Willen des Gesetzgebers eben unterbunden werden soll. Das gleiche gilt für die massenweise Ausgabe von Kaufscheinen an Betriebsbelegschaften und dgl., sei es über Betriebsräte oder Laienwerber (ebenso B.-Hefermehl S. 895).

[6] Für ein verbotenes Wettbewerbsverhalten darf naturgemäß **nicht geworben** werden, weil das gemäß § 1 UWG sittenwidrig und unzulässig wäre. Die Zulässigkeit der Werbung für nicht verbotene Einzelausgabe von Kaufscheinen bzw. für den Kauf auf Grund derselben ist nur in beschränkter Weise denkbar, weil der Kunde seine Einkaufswünsche vor der Ausgabe geäußert haben muß. Es wird deshalb nur der Einzelhändler für sein Geschäft werben und allenfalls beiläufig dabei erwähnen dürfen, daß bei ihm nicht vorrätige Waren dennoch durch Kaufscheinausgaben sofort lieferbar seien oder dgl. (a.A. OLG Nürnberg WRP 74 S. 102 und B.-Hefermehl S. 894, die eine Werbung mit Kaufscheinsystemen generell für unzulässig halten; ähnlich wie hier Reimer-v. Gamm S. 389, der die Werbung für zugelassene Einkaufsscheine für grundsätzlich zulässig hält).

[7] Zur Verfolgung der von der Vorschrift gegebenen **Unterlassungsansprüche** (Begriff vgl. Anm. 238ff. zu § 1) sind die Mitbewerber und die Verbände im Sinne des § 13 legitimiert. Schadensersatzansprüche der Mitbewerber können bei schuldhafter Verletzung nach § 13 Abs. 2 Nr. 2 und ohne Rücksicht auf Verschulden (a.A. die herrschende Lehre und Rechtssprechung — vgl. Anm. 49ff. zu § 1) gegeben sein, wenn zugleich auch eine Verletzung des § 1 vorliegt.

Die Beweislast für die Verletzung der Verbotsnorm trägt der Kläger, die Beweislast für den Ausnahmetatbestand der Beklagte.

[Ausverkauf — Sperrfrist]

§ 7

(1) Als Ausverkäufe dürfen in öffentlichen Bekanntmachungen oder in Mitteilungen, die für einen größeren Kreis von Personen bestimmt sind, nur solche Veranstaltungen angekündigt werden, die ihren Grund
a) in der Aufgabe des gesamten Geschäftsbetriebs oder
b) des Geschäftsbetriebs einer Zweigniederlassung oder
c) in der Aufgabe einer einzelnen Warengattung haben.
(2) Bei der Ankündigung eines Ausverkaufs ist anzugeben, welcher der im Abs. 1 unter a) bis c) genannten Gründe für den Ausverkauf vorliegt. Im Falle zu c) ist die Warengattung anzugeben, auf die sich der Ausverkauf bezieht.
(3) Die Vorschriften im Abs. 2 gelten auch für Ankündigungen, die, ohne sich des Ausdrucks „Ausverkauf" zu bedienen, eine der in Abs. 1 bezeichneten Veranstaltungen betreffen.

Übersicht

[1] **Allgemeines.** Das Ausverkaufswesen war vor Schaffung der heutigen Vorschriften unerträglich. Jedermann kündigte Ausverkäufe an, wann es ihm beliebte; kein Mensch kannte sich mehr aus, ob er es mit echten, unechten, betrügerischen oder überhaupt mit total unrichtigen Angaben zu tun hatte. Die ursprüngliche gesetzliche Regelung erwies sich sehr bald als unzulänglich. Durch NotVO v. 9. 3. 32 und durch Gesetz v. 26. 2. 35 wurden die Bestimmungen gegen solches Ausverkaufsunween wesentlich verschärft, ihre Zulässigkeit wurde eingeschränkt und genau festgelegt. Über die damals maßgebliche Veranlassung der Gesetzesänderung vgl. die amtliche Begründung (RAnz. Nr. 61 v. 12. 3. 32). Mit Recht heißt es dort u. a.: „Wiederholt haben sich Schwierigkeiten ergeben, die Fälle der Räumung eines bestimmten Warenvorrats von anderen Sonderveranstaltungen zu unterscheiden, die, ohne Beschränkung auf einen abgesonderten Warenvorrat, gleichfalls den schnellen Umsatz von Waren bezwecken (wie ‚Weiße Woche', ‚billige Woche für Steingutwaren' usw.) und die irgendwelchen gesetzlichen Beschränkungen — abgesehen von den allgemeinen Vorschriften des Wettbewerbsgesetzes — nicht unterliegen." Man beseitigte die Schwierigkeit der Abgrenzung

von Sonderveranstaltungen und Teilverkauf dadurch, daß man seitdem die Benutzung des Wortes „Ausverkauf“ für Teilausverkäufe überhaupt verbietet und nur noch für Ausverkäufe zuläßt, bei denen sich der Veranstalter endgültig von seinem Geschäftsbetrieb, seiner Zweigniederlassung oder einer einzelnen Warengattung abwendet, weil er diese aufgeben will. Er befindet sich also in einer gewissen **Zwangslage,** seine Ware beschleunigt abzustoßen (allg. Meinung).

Es ist zwischen zwei Arten von Veranstaltungen zu unterscheiden: dem echten Ausverkauf des § 7 und seinem Unterfall, dem Räumungsverkauf der §§ 7 und 7a einerseits und dem Saisonschluß- und Inventurausverkauf der §§ 9 und 9a andererseits.

[2] § 7 gibt eines Legaldefinition für den **Begriff** des **Ausverkaufs** in einem eigenen Sinne, der mit dem sprachgebräuchlichen Sinn des Wortes nicht übereinstimmt. Der gesetzliche Begriff des zulässigen Ausverkaufs erfordert **den in ihm liegenden Zweck einer beschleunigten Veräußerung vorhandener Warenvorräte und das Motiv der völligen Aufgabe weiterer Verkäufe nach Durchführung der Veranstaltung für erheblich niedrigere als den bisher üblichen Preisen dieses Geschäfts.** Das Publikum erwartet einen Verkaufszwang des Veranstalters und als Folge hiervon solche reduzierten Preise; was geeignet ist, Käufer anzulocken. Da jeder Ausverkauf noch zu Wettbewerbszwecken geschieht (Begriff s. Anm. 4 zu § 1), ist die Veranstaltung eines solchen zu nicht, bzw. nur zum Schein reduzierten Preisen irreführend, gemäß §§ 1, 3 unzulässig und u.U. auch gemäß § 4 strafbar. Denn die Ausverkaufs-Ankündigung erweckt den Anschein eines besonders günstigen Angebots.

[3] **Drei Ausverkaufsgründe** sind zugelassen:

a) Bei **völliger Geschäftsaufgabe.** Sie ist begrifflich etwas anderes als der landläufige Sinn des Ausdrucks vermuten läßt. Sie bedeutet die völlige Einstellung des Geschäftsunternehmens **mit der Folge, daß dasselbe nicht nur aufgegeben, sondern überhaupt eingestellt wird und erlischt.** Es kommt nicht auf das Verhältnis des Inhabers zum Geschäftsbetrieb, sondern ausschließlich auf das Verhältnis des letzteren zur Außenwelt an. Deshalb fällt nicht hierunter eine gewöhnliche Aufgabe des Betriebes, wenn derselbe auf einen neuen Inhaber oder auf die Ehefrau übertragen wird, ebensowenig die Namensänderung oder die Änderung der juristischen Form, unter der das Geschäft betrieben wurde, z.B. Umwandlung einer oHG in eine KG, AG, GmbH usw., denn das Geschäft als solches bleibt in diesen Fällen erhalten und wird nicht im Sinne des Gesetzes „aufgegeben“. Eine Fortsetzung des alten Geschäftsunternehmens trotz endgültiger Aufgabe ist — freilich widerlegbar — zu vermuten, wenn Frau oder Sohn alsbald neu eröffnen (OLG Düsseldorf GRUR 66 S. 451).

b) **Aufgabe einer Zweigniederlassung.** Die Zweigniederlassung kann am selben Ort liegen wie die Hauptniederlassung und braucht nicht im Handelsregister eingetragen zu sein. Eine Zweigniederlassung liegt vor, wenn sie auf die Dauer berechnet ist und trotz ihrer Nachordnung hinter dem Hauptbetrieb und trotz Identität ihres Unternehmens mit dem des Hauptbetriebes eine gewisse Selbständigkeit hat und eine eigene Buchführung unterhält (vgl. Anm. 7, 8 zu § 13 RGR Komm. HGB). Ebenso die amtliche Begründung zur NotVO von 1932: „Die Unterscheidung einer Zweigniederlassung von einer bloßen *Verkaufsstelle*, deren Aufgabe einen Ausverkauf nicht rechtfertigt, ergibt sich aus denselben Gesichtspunkten, die bei der Abgrenzung des Begriffs der Zweigniederlassung in § 13 HGB zu berücksichtigen sind. Danach kann man nur dann von einer Zweigniederlassung sprechen, wenn für sie eine in gewissem Grade selbständige Geschäftsführung vorhanden ist. Eine Geschäftsstelle, deren Tätigkeit sich im wesentlichen auf den Verkauf der vom Hauptgeschäft übersandten Waren zu den von dort vorgeschriebenen Preisen beschränkt, ist nicht als Zweigniederlassung anzusehen. Daß § 13 HGB Zweigniederlassungen nur insoweit berücksichtigt, als sie außerhalb des Bezirks des Registergerichts der Hauptniederlassung liegen, ist naturgemäß für die Begriffsauslegung im vorliegenden Falle ohne Bedeutung. — Die Aufgabe einer **gewöhnlichen Verkaufsstelle** ohne die besonderen Merkmale einer Zweigniederlassung, ihr Umzug berechtigen nicht zu Ausverkäufen, doch sind in diesen Fällen Räumungsverkäufe im Sinne des § 7a zugelassen (s. dort).

c) **Aufgabe einer einzelnen Warengattung.** Nicht jede besondere Ware ist schon eine einzelne Warengattung. Der Begriff der Warengattung hat auch nichts mit der aus dem WZG bekannten Warenklasse zu tun. Was eine „einzelne Warengattung" ist, bestimmt im Zweifelsfall die Verkehrsauffassung der beteiligten Handelskreise (ebenso B.-Hefermehl S. 897; Reimer-v. Gamm S. 400). Da man auch mehrere Warengattungen gleichzeitig ausverkaufen darf, so steht hier nicht das expansive Problem der Gleichartigkeit oder Verwandtschaft der Waren, sondern das engere Problem zu entscheiden, ob und wann eine einzelne Warenqualität als einer bestimmten Warengattung zugehörig anzusehen ist, also ob der Kaufmann z. B. einen Markenartikel bestimmter Herkunft, die Auflage eines bestimmtes Buches, Waren einer bestimmten Preislage, Restposten bestimmter Dessins im Wege des „Ausverkaufs" abstoßen darf. Das wird nach dem Sinn des § 7 zu verneinen sein, wenn er einen Markenartikel von anderer Qualität wiederbeschaffen, von dem Buch eine neue Auflage führen, ähnliche Waren in etwas anderer Preislage feilhalten will usw. Der Begriff der Warengattung ist also kein absoluter, sondern ein relativer und hängt von dem Grad der Ähnlichkeit der weiter- oder neu zu führenden Waren mit den auszuverkaufenden Waren sowie davon ab, ob dem Kaufmann zugemutet werden kann den Warenverkauf auslaufen zu lassen. Will jemand z. B. nur noch reine Seide führen und alle kunstseidenen Waren abstoßen, oder Bücher eines bestimmten Fachgebiets, oder die Damenkleiderabteilung neben der Herrenkleidung aufgeben, dann hat man es mit einer hinreichend bestimmten Warengattung zu tun, und der Ausverkauf gemäß § 7 könnte zulässig sein. Aber jeder Fall ist natürlich anders gelagert.

Die seit 1. 1. 74 noch zulässig **preisgebundenen Artikel** (Verlagserzeugnisse) dürfen auch bei Ausverkäufen grundsätzlich nicht zu herabgesetzten Preisen verkauft werden. Eine Ausnahme kann nur zugelassen werden, wenn der Veranstalter vergeblich versucht hat, die Rücknahme der Bestände oder die Streichung der Aufträge oder die Übernahme derselben durch eine Berufsorganisation usw. zu erreichen und wenn er unter einem **besonderen Zwang** steht, den Ausverkauf beschleunigt durchzuführen, der freilich nur bei völliger Aufgabe des gesamten Geschäftsbetriebes denkbar ist. Nur in solchen Ausnahmefällen kann mit Rücksicht darauf, daß hier nicht mehr in die Zukunft gerichtet zu Wettbewerbszwecken gehandelt wird, das Interesse des Veranstalters an einer beschleunigten Durchführung des Ausverkaufs nach den Grundsätzen der Interessensabwägung schutzwürdiger sein als das Interesse der Mitbewerber und der Hersteller des Erzeugnisses.

[4] **Welcher der Gründe** von 3a bis c für den Ausverkauf vorliegt, muß bei der Ankündigung ausdrücklich und unmißverständlich angegeben werden, im Falle 3c muß auch die Warengattung genau bezeichnet sein (RGSt. 45 S. 318). Auch wer unklar ankündigt, z.B. „zu Ausverkaufspreisen zu verkaufen" muß, weil beachtliche Teile des Verkerhs hieraus auf einen echten Ausverkauf schließen, den Grund des Ausverkaufs deklarieren; denn jeder Ausverkauf, auch der Ausverkauf wegen totaler Geschäftsaufgabe trotz des hier fehlenden Ziels, für die Zuknuft den Kundenkreis zu erweitern, bleibt im Verhältnis zu den Mitbewerbern eine echte Wettbewerbshandlung, die den Anschein eines besonders günstigen Preisangebots hervorruft und Kunden anlockt ((RG MuW 29 S. 383). Infolgedessen müssen die Mitbewerber wenigstens insoweit geschützt werden, als von dem Veranstalter absolute Wahrheit und Vollständigkeit seiner Angaben gefordert wird. Schon der Beginn der Veranstaltung ist eine **Ausverkaufsankündigung** und erfordert die genaue Bezeichnung ihres Grundes. Der Grund muß **ernstlich gemeint** sein und sachlich zutreffen, und zwar ist er *überall*, wo er angekündigt wird, mitanzugeben. Fehlt er auch nur einmal, z.B. in der Annonce oder bei anderen Ankündigungen (im Schaufenster aber nicht), so liegt schon in dieser einmaligen Unterlassung eine Verletzung des § 7 (RGSt. 45 S. 318).

Daß nur Waren aus einem bestimmten Vorrat (vgl. Anm. 2 zu § 7a) ausverkauft werden dürfen, ergibt sich aus § 8 (vgl. dort —„**Nachschieben**"). Der Veranstalter darf sich die Ware nicht für den Ausverkauf erst beschaffen (allg. Meinung). Aber das Vorhandensein der Ware setzt nicht voraus, daß der Veranstalter Eigentümer, noch nicht einmal unbedingt, daß er schon Besitzer der Ware ist. Unwiderruflich bestellte Ware, die noch abgenommen werden muß, wie auch solche, die unter Eigentumsvorbehalt geliefert oder Dritten zur Sicherung übereignet wurde, darf in die Ausverkaufsveranstaltung gebracht werden (vgl. Anm. 4 zu § 8).

[5] Die **Begriffe** der öffentlichen **Bekanntmachung** und **Mitteilung** sind mit den gleichlautenden Begriffen des § 4 identisch (vgl. Anm. 3 zu § 4). Die öffentliche Bekanntmachung kann auch durch schlüssiges Handeln, nämlich durch den Beginn

der Veranstaltung, geschehen, weil sie öffentlich erkennbar ist. Der Gebrauch des Ausdrucks „Ausverkauf" ist nicht erforderlich (allg. M.; B.-Hefermehl S. 896; Reimer-v. Gamm S. 403; Ulmer-Reimer S. 852). Entscheidend ist auch hier wieder die Verkehrsauffassung, ob mit der Ankündigung auf den Charakter des Ausverkaufs der Veranstaltung unmißverständlich hingewiesen wird.

Mit dem Erfordernis der Angabe des Ausverkaufsgrundes soll **getarnten Ausverkaufsveranstaltungen** entgegengetreten werden. Ausverkäufe können auch als „Liquidationsverkäufe", „Sonderverkäufe wegen Geschäftsaufgabe", „solange der Vorrat reicht" (OLG Oldenburg BB 61 S. 715) u. dgl., auch in Form von Versteigerungen (OLG Oldenburg BB 63 S. 165) veranstaltet werden.

[6] Eine Verletzung des § 7 kann, wenn ein unrichtiger Veranstaltungsgrund vorgetäuscht wird, zugleich ein Verstoß gegen §§ 1, 3, 4 UWG und § 823 BGB sein. Sie berechtigt jeden Mitbewerber und die Wirtschaftsverbände i.S. des § 13 zu **Unterlassungsansprüchen** (über den Begriff vgl. Anm. 238ff. zu § 1) gemäß § 13 Abs. 1 Satz 3 i. V. m. § 10 (RG MuW 32 S. 19) und § 1004 BGB.

Schadensersatzansprüche ergeben sich aus § 823 Abs. 2 BGB, da § 7 ein Schutzgesetz im Sinne dieser Vorschrift ist. Es genügen Vorsatz *oder* Fahrlässigkeit.

Beide Anspruchsarten ergeben sich ferner aus § 1 UWG (gl. A. Reimer-v. Gamm S. 404).

Wegen Strafandrohung s. § 10 (Geldstrafe bis zu 500 DM oder Freiheitsstrafe bis zu 6 Wochen).

Über die Rechte der Verwaltungsbehörden vgl. die Erläuterungen zu § 7b.

[Räumungsverkauf]

§ 7a

Wer in öffentlichen Bekanntmachungen oder in Mitteilungen, die für einen größeren Kreis von Personen bestimmt sind, einen Verkauf zum Zwecke der Räumung eines bestimmten Warenvorrats ankündigt, ist gehalten, in der Ankündigung den Grund anzugeben, der zu dem Verkauf Anlaß gegeben hat. Betrifft der Verkauf nur einzelne der in dem Geschäftsbetrieb geführten Warengattungen, so sind in der Ankündigung weiterhin die Warengattungen anzugeben, auf die sich der Verkauf bezieht.

Übersicht

[1] Der **Räumungsverkauf** des § 7a steht zu dem Begriff „Ausverkauf" des § 7 nicht in Gegensatz, sondern ergänzt ihn. Er ist eine Abart des Falles des § 7c, ist mit ihm verwandt, unterscheidet sich aber von ihm dennoch. Deshalb darf auch nicht in der Ankündigung von Räumungsverkäufen der Ausdruck „Ausverkauf" verwandt werden. Der Unterschied zwischen beiden besteht darin, daß für den Ausverkauf, der in weiterem Sinne freilich auch ein Räumungsverkauf ist, eine vollständige oder teilweise, insoweit jedenfalls endgültige Geschäftsaufgabe, zumindest die Aufgabe einer einzelnen Warengattung verlangt und daß die Gründe für ihn kasuistisch begrenzt werden, was beides beim Räumungsverkauf nicht der Fall ist. Der Veranstalter des Räumungsverkaufs setzt sein Geschäft auch nach der Veranstaltung fort.

Auch beim Räumungsverkauf besteht ebenso wie beim Ausverkauf für den Veranstalter eine **Zwangslage,** seine Ware beschleunigt abzustoßen, jedoch aus anderen als den für den Ausverkauf vorgesehenen Gründen; der Veranstalter des Räumungsverkaufs unterliegt nicht der einjährigen **Sperrfrist** des § 7c (s. dort) wie der Veranstalter des Ausverkaufs. Deshalb darf er — sogar auch während der Veranstaltung — neue Waren einkaufen; er darf diese nur nicht im Rahmen des Räumungsverkaufs wieder abstoßen (vgl. hierzu Anm. 2ff. zu § 8).

Ebenso wie beim Ausverkauf ist aber als Gemeinsamkeit für den Räumungsverkauf eine fühlbare Preisreduzierung ein unverzichtbares Merkmal. Das Publikum erwartet sich von einem Räumungsverkauf preisliche Vorteile, wird von seiner Ankündigung dieserhalb angelockt und getäuscht, wenn solche Vorteile nicht gewährt werden. Deshalb sind Räumungsverkäufe ohne Preisreduzierungen gemäß §§ 1, 3 u. U. auch gemäß § 4 unzulässig.

[2] Der Räumungsverkauf erfordert nicht, daß aus **vorhandenem Bestand,** wohl aber, daß aus **einem bestimmten Warenvorrat** verkauft wird, der in der Ankündigung anzugeben ist (vgl. B.-Hefermehl S. 903; Reimer-v. Gamm S. 407) und der von außen her noch ergänzt wird, sofern nicht Fälle des Ausverkaufs oder Abschnittsschlußverkaufs vorliegen, die nach den §§ 7 bzw. 9 zu beurteilen sind. Dies ergibt sich daraus, daß aus dem ursprünglichen Text des Gesetzes v. 26. 2. 35 (zum Warenvorrat) die Worte „aus vorhandenem Bestande" gestrichen worden sind. Andererseits gilt das Verbot des **Vor- und Nachschiebens** (§ 8) aber auch hier (allg. Meinung).

Der Begriff des **Warenvorrats** ist mit dem des vorhandenen Bestandes nicht identisch. Vorrat ist **alles, was im Verfügungsbereich des Veranstalters liegt,** die Eigentumsverhältnisse sind völlig belanglos. Zum Vorrat gehören also auch unter Eigentumsvorbehalt gelieferte Waren, solche, die einem Gläubiger sicherungshalber übereignet wurden, Kommissionsware und sogar Waren, die noch gar nicht geliefert, aber unwiderruflich bestellt worden sind. Sie dürfen aber nicht zum Zwecke der Veranstaltung angeschafft sein; das wäre ein unzulässiges Vorschieben im Sinne des § 8.

Der zu räumende Warenvorrat muß bestimmbar sein, denn der Räumungsverkauf hat sich auf einen bestimmten Vorrat zu beschränken; sonst liegt kein Fall des § 7a, sondern eine andere Veranstaltung vor (ebenso Reimer-v. Gamm S. 407).

Die Bestimmung des Vorrats kann weit gefaßt werden und braucht sich nicht auf einzelne Warengattungen zu beschränken. Der Veranstalter hat sie in seiner Ankündigung lediglich anzugeben (näheres s. zu § 7b). Hatte er z. B. einen Brandschaden, der so gründlich war, daß er wiederaufbauen muß, wobei ihm sein ganzer Warenvorrat hinderlich ist, wird man u. U. auch den Totalausverkauf seines gesamten Vorrats aller Warengattungen als Räumungsverkauf im Sinne des § 7a anerkennen. Da der Gesetzgeber hinsichtlich der Bestimmung des Vorrats keine Grenzen setzt — auch mit dem Wort „bestimmte" setzt er solche nicht —, kann die Räumung sogar des gesamten Warenlagers aller Gattungen noch im Rahmen des § 7a liegen. Wenn die Bestimmung der dem Räumungsverkauf unterliegenden Waren fehlt, bezieht sich seine Ankündigung sowieso (nach der Verkehrsauffassung, für die die Ansicht des kaufenden Publikums maßgebend ist) auf sämtliche Waren; soll sich der Verkauf aber trotz fehlender Bestimmung nur auf einzelne Warenposten beschränken, liegt eine gemäß §§ 1, 3, u. U. auch gemäß § 4 unzulässige Irreführung vor.

Über den Begriff der **Warengattung** vgl. Anm. 3c zu § 7. Er ist derselbe wie der dortige Begriff (gl. A. Reimer-v. Gamm S. 411).

[3] Wird der Räumungsverkauf in der Ankündigung auf eine oder mehrere Warengattungen beschränkt, so sind diese **genau zu bestimmen;** es darf nichts fortgelassen werden. Werden aber mehr Warengattungen angegeben als wirklich zum Räumungsverkauf kommen, liegt ein Verstoß gegen die Vorschriften der §§ 1, 3, 4, 10 vor, weil in jeder Ankündigung eines Räumungsverkaufs die Angabe eines besonders günstigen (Preis-)Angebots liegt, das Käufer anlockt, hier irreführt und täuscht. Ob die zum Räumungsverkauf anstehenden Waren hinreichend bestimmt sind, entscheidet — wie stets — die Verkehrsauffassung, ebenso die Frage, ob überhaupt ein Räumungsverkauf vorliegt (ebenso B.-Hefermehl S. 900: Reimer-v. Gamm a. a. O).

Als ausreichende Bestimmung der Warengattung wurden angesehen: „500 Einzelpaare", KG JW 30 S. 2587; „Wir haben einzelne Artikel aussortiert, darunter Teppiche, Möbelstoffe, Gardinen, die wir ganz besonders billig abgeben" BayOBLG JW 2375; „Auf dem Presseball benutzt und dekoriert gewesene hochfeine China- und Perserteppiche bis 9. 2. $33^1/_3$% unter Preis angeboten" RG JW 31 S. 1918; „Sämtliche Schuhwaren bis 30% herabgesetzt" BayOBLG JW 27 S. 127 u. a., doch gibt es keine Entscheidungen aus der Zeit nach dem 2. Weltkrieg.

Markenwaren können in Fällen des Räumungsverkaufs nicht zu billigeren Preisen abgegeben werden (GutA. f. WBW-Fragen d. EinzelH. Nr. 1/1934). Ob das für sie auch heute noch gilt, erscheint seit der Aufhebung der Preisbindung — von Verlagserzeugnissen abgesehen — überholt.

[4] Über die Begriffe der **öffentlichen Bekanntmachung** und **Mitteilung** vgl. Anm. 3 zu § 4 und Anm. 5 zu § 7. Für die *Auslegung*, ob ein Räumungsverkauf angekündigt wird, ist die Verkehrsauffassung maßgebend; denn der Verkehr soll mit dem angewandten Mittel angelockt werden. Der Zwang zum Räumungsverkauf muß aber erkennbar sein. Auch wenn der Räumungsverkauf nicht ausdrücklich angekündigt wird, kann für den Durchschnittskäufer dennoch ein solcher Hinweis vorliegen. Schon schlüssiges Handeln, das wegen der billigen Preise Interessenten anzieht, kann auf einen Räumungsverkauf hinweisen, z. B. wenn die Preisherabsetzung nur durch Ausstreichen der alten und Einfügen der neuen Preise angekündigt wird, ohne daß ausdrücklich angegeben wird, daß ein Räumungsverkauf vorliegt, oder die Ankündigung „Auch ohne schreienden RÄUMUNGSVERKAUF sind unsere Angebote immer von Vorteil" (IHK Berlin; Reimer S. 684), oder „bis Montag wird zu 30% unter Preis abgegeben" (RG JW 31 S. 1918), „Räumungswoche" (RG MuW 29 S. 383), oder „Die noch vorrätige Ware wird zu herabgesetzten Preisen verkauft", „Kehraus-Tage", „Kehraus-Woche", „Massenschnellverkauf", „Nur noch kurze Zeit", „Schneller und billiger Verkauf", „Schnellverkauf", „Massenverkauf", „Verkauf von Restbeständen", „Verkauf von Restposten"; zugleich liegt in allen diesen Fällen auch eine unzulängliche Grundangabe vor. Schon die Veranstaltung als solche ist eine öffentliche Bekanntmachung des Räumungsverkaufs (gl. A. B.-Hefermehl S. 902).

[5] **Angabe des Grundes:** Der Grund des Räumungsverkaufs muß in jeder Ankündigung angegeben werden (RGSt. 45 S.314). Fehlt er nur auf einer einzigen Ankündigung, ist diese unzulässig, auch wenn alle anderen Ankündigungen mit ihm versehen sind (RG MuW 10 S. 126).

Der mit dem Räumungsverkauf allein verfolgte Zweck, einen schnellen Umsatz zu erzielen, ist niemals ein hinreichender Grund. Der die Veranstaltung rechtfertigende Grund muß richtig, ernsthaft und wirtschaftlich gerechtfertigt sein (RGSt. 45 S. 371; RG MuW 32 S. 90; JW 11 S. 253). Ist der Grund **unrichtig,** liegt ein Verstoß gegen §§ 3, 4 vor, ebenso wenn er **nicht ernsthaft** gemeint, sondern nur ein Vorwand ist. Auch wenn er wirtschaftlich nicht gerechtfertigt ist, z. B. weil der Veranstalter nur über Bedarf eingekauft hat, ist die Veranstaltung unzulässig. Die Entscheidung, ob ein Grund ausreicht, ist eine Ermessensfrage, die in der Hand der Verwaltungsbehörden liegt (näheres S. Anm. 3 zu § 7b). Absolute Räumungsverkaufsgründe, wie für den Ausverkauf, gibt es hier nicht. Allgemeingültig läßt sich daher nur sagen, daß sich der Veranstalter in einer Zwangslage befinden muß, von der er sich nach der vernünftigen Ansicht anständiger Gewerbetreibender (die hier maßgebliche Verkehrsauffassung) nicht ohne Räumungsverkauf, auch nicht gelegentlich einer Veranstaltung des § 9, befreien kann, und in die er sich nicht zu dem Zwecke hineinmanövriert hat, um einen Räumungsverkauf veranstalten zu dürfen. Oder kürzer gesagt: **Ausreichender Grund ist ein den Räumungsverkauf wirtschaftlich objektiv rechtfertigender Anlaß** (RG JW 32 S. 1885). Entscheidend ist also die

Verkehrsauffassung, d. h. die Auffassung der anständigen Durchschnittsgewerbetreibenden, für die Frage des Grundes der Veranstaltung, für die Frage dagegen, ob die Ankündigung auf einen Räumungsverkauf hinweist, die Auffassung des kaufenden Publikums (gl. A. B.-Hefermehl S. 902).

Immer muß der Grund des Räumungsverkaufs in den Ankündigungen angegeben sein, fehlt er auch nur einmal, ist § 7b bereits verletzt, also auch wenn er im Schaufenster fehlt (ebenso B.-Hefermehl S. 902).

[6] Als **zulässiger Grund** wurden angesehen: Geschäftsübertragung, Auseinandersetzung, Verderbgefahr, Rauch- und Brandschaden (LG Oldenburg DB 66 S. 1179), Umzug, Geschäftsverlegung (bei letzteren Beispielen wird aber nachzuweisen sein, daß die Mitnahme der Ware bis zum nächsten Schlußverkauf dem Veranstalter nicht zuzumuten ist (OLG Dresden, Recht 31 S. 805; Merkblatt des Dtsch. EHandels WRP 67 S. 353), Gesellschaftsauseinandersetzung; während als nicht ausreichender Grund angesehen wurde: Totalverkauf, Sommerverkauf „weil nicht mehr in allen Farben vorrätig“, „um Platz zu schaffen“, „wegen geplantem Umbau“, zu dem der Räumungsverkauf erst die Mittel schaffen soll.

[7] Das Vorhandensein von **Restposten** und **fehlerhafter Ware** rechtfertigt einen Räumungsverkauf nicht, weil ihretwegen die Veranstaltung eines solchen wirtschaftlich nicht gerechtfertigt sein kann. Der Mitbewerber hat regelmäßig Zeit, sie im ordnungsgemäßen Geschäftsgang ohne eine Sonderveranstaltung zu einem gerechtfertigten ermäßigten Preise und zulässigerweise auch beim nächsten Saisonschlußverkauf an die Käufer abzugeben. Angesichts der Störung des wettbewerblichen Verkehrs durch jede Aus- bzw. Räumungsverkaufsveranstaltung ist ihm dieses Zuwarten ohne weiteres zuzumuten. Deshalb war auch die RGEntsch. GRUR 32 S. 1127 nicht zu billigen, mit der der Verkauf der angestaubten Wäsche im „billigen Schnellverkauf“ gestattet wurde (a. A. Reimer-v. Gamm S. 410). Unzulässig auch „solange der Vorrat reicht“ (LG Oldenburg BB 61 S. 715).

[8] Die **Dauer** des Räumungsverkaufs ist theoretisch unbegrenzt, da sie vom Gesetz nicht vorgeschrieben wird; doch wird sie in der Regel von der Verwaltungsbehörde für eine Höchstdauer von zwei Monaten bemessen werden. Auch hat sich der Veranstalter gegenüber der Behörde schon in der Anzeige auf eine bestimmte Dauer festzulegen, so daß von einem zeitlich unbegrenzten Räumungsverkauf praktisch nicht die Rede sein kann. Notfalls wird die Dauer von der Verwaltungsbehörde nach pflichtmäßigem Ermessen bestimmt.

[9] Die **Zivilansprüche** der verletzten Mitbewerber und der Berufsverbände sind die gleichen wie im Falle eines Verstoßes gegen § 7 (vgl. daher dort Anm. 6).

Die Strafvorschrift gibt § 10 (s. dort).

[Behördliche Aufsicht bei Aus- und Räumungsverkauf]

§ 7b

(1) Die unter §§ 7, 7a fallenden Veranstaltungen sind unter Einhaltung einer durch die höhere Verwaltungsbehörde festzusetzenden Frist vor der Ankündigung bei der von ihr bezeichneten Stelle anzuzeigen. Der Anzeige ist ein Verzeichnis der zu verkaufenden Waren nach ihrer Art, Beschaffenheit und Menge beizufügen, dessen Erneuerung von den höheren Verwaltungsbehörden für den Fall vorgesehen werden kann, daß die Veranstaltung nach Ablauf einer bestimmten Frist nicht beendigt ist. Die Anzeige muß die im § 7 Abs. 2, 3, § 7a vorgesehenen Angaben enthalten und den Beginn, das voraussichtliche Ende und den Ort der Veranstaltung bezeichnen. Auf Verlangen der Stelle, bei der die Anzeige zu erstatten ist, sind für die den Grund der Veranstaltung bildenden Tatsachen Belege vorzulegen.

(2) Die höhere Verwaltungsbehörde kann zur Ausführung der vorstehenden Vorschriften weitere Bestimmungen treffen. Sie kann ferner Anordnungen über die Dauer der Veranstaltung erlassen. Sie kann Veranstaltungen untersagen, die die zugelassene Dauer überschreiten, die nach der Vorschrift des § 7 Abs. 1 nicht zulässig sind oder die im Falle des § 7a durch den angegebenen Grund nach der Verkehrsauffassung nicht gerechtfertigt werden. Vor Erlaß ihrer Anordnungen hat sie die zuständigen amtlichen Berufsvertretungen von Handel, Handwerk und Industrie zu hören.

(3) Die Einsicht in die Anzeige ist jedermann gestattet. Zur Nachprüfung der Angabe sind außer den zuständigen Behörden die amtlich bestellten Vertrauensmänner der amtlichen Berufsvertretungen von Handel, Handwerk und Industrie befugt.

Übersicht

[1] **Allgemeines.** Die **höheren Verwaltungsbehörden** (gemäß § 29 die Zentralbehörden der jeweiligen Länder) dürfen ihre Befugnisse nicht an nachgeordnete Behörden weitergeben, wohl aber können sie die Stellen bestimmen, die die Anzeigen der Veranstalter entgegenzunehmen haben; in der Regel sind als solche die Industrie- und Handelskammern ausersehen.

a) Mit Ausnahme der Fälle des § 9 (Abschnittschlußverkäufe) braucht **nicht** um eine **Genehmigung** von Aus- und Räumungsverkäufen der §§ 7, 7a nachgesucht zu werden. Erforderlich ist nur die *Anzeige* des Veranstalters bei den nachgeordneten Stellen. Mit ihr soll der **höheren Verwaltungsbehörde** die Möglichkeit gegeben werden, die Veranstaltung zu verbieten, wenn sie den gesetzlichen Erfordernissen nicht entspricht (vgl. Anm. 3). Nur die höheren Verwaltungsbehörden selbst, nicht aber die ihnen nachgeordneten, die Anzeige entgegennehmenden Stellen, können die Veranstaltung alsdann untersagen.

b) Ein solches Verbot ist als **verwaltungsrechtliche Verfügung** anzusehen, gegen welche ausschließlich verwaltungsrechtliche Maßnahmen ergriffen werden können. Der Rechtsweg vor den ordentlichen Gerichten ist ausgeschlossen, es sei denn, daß die Bestimmungen nichtig sind, auf denen die Verfügung aufbaut.

c) Außer der höheren Verwaltungsbehörde kann in dringenden Fällen auch die **Polizei** eingreifen, deren Aufgabe es ist (Art. 102 AG StPO), strafbaren Handlungen zuvorzukommen und polizeiwidrige Zustände zu beseitigen (BayVerwGH WRP 71 S. 88; VerwGer. Würzburg GRUR 53 S. 450; a. A. Habscheid ebenda S. 422, der nur eine vorübergehende Maßnahme der Polizeibehörden für zulässig hält).

d) Die höhere Verwaltungsbehörde hat die **Frist** zu bestimmen, die **zwischen Anzeige und erster Ankündigung** der Veranstaltung zu liegen hat, und die in der Regel zwei Wochen beträgt, damit während derselben etwaige Nachprüfungen vorgenommen werden können; ebenso bestimmt die höhere Verwaltungsbehörde die **Dauer der Veranstaltung;** sie kann die Höchstdauer der Veranstaltung auch *generell* festsetzen. Zur Zeit beträgt sie in den Ländern der BRD in der Regel für Ausverkäufe zwei, für Räumungsverkäufe einen Monat. Für die Bestimmung einer Mindestdauer besteht natürlich kein Bedürfnis, da der Veranstalter sein Ziel der Räumung häufig in viel kürzerer als der vorgesehenen Frist erreichen kann.

Gibt die Verwaltungsbehörde bis zum Ablauf der Frist, die zwischen dem Tag, der Anzeige und der ersten *Ankündigung* der Veranstaltung liegt, keinen Bescheid, so kann die Veranstaltung unternommen werden, da sie nicht verboten worden und deshalb zulässig ist.

e) Die höhere Verwaltungsbehörde kann endlich auch Ausführungsbestimmungen zu den einzelnen Verordnungen erlassen, die sich im Rahmen des § 7 Abs. 2 und der sonstigen sie hierzu ermächtigenden gesetzlichen Vorschriften bewegen. Überschreitet sie ihre Ermächtigung, sind ihre Anordnungen ungültig (RGSt. 47 S. 88). Vor Erlaß jeder Anordnung hat sie die amtlichen Berufsvertretungen der betroffenen Berufskreise zu hören; unterläßt sie dies, sind ihre Anordnungen zwar nicht nichtig, aber verwaltungsrechtlich anfechtbar.

[2] Die **Veranstaltungs-Anzeige** hat bei allen Aus- und Räumungsverkäufen (§§ 7 und 7a) zu erfolgen, und zwar rechtzeitig *vor* der ersten öffentlichen Ankündigung derselben. Die Behörde hat sodann nur ein Verbietungsrecht. Die Anzeige muß folgende Angaben enthalten:

a) für den *Ausverkauf* (§ 7), mag er als solcher bezeichnet sein oder nicht:
   1. welcher der Gründe des § 7 Abs. 1 lit. a—c vorliegt, im Falle des § 7 Abs. 1c: um welche Warengattungen es sich handelt,
   2. Beginn des Ausverkaufs und sein voraussichtliches Ende (Dauer)
   3. Ort des Ausverkaufs (Geschäftslokal) — auch mehrere kommen in Betracht;

b) für den *Räumungsverkauf* (§ 7a):
   1. Angabe des Grundes,
   2. bei Beschränkung auf einzelne Warengattungen: Angabe dieser Warengattungen,
   3. Beginn und voraussichtliches Ende (Dauer),
   4. Ort des Räumungsverkaufs (Geschäftslokal).

Auf Verlangen der unteren (nicht höheren Verwaltungs-)Behörden sind die Gründe auch zu *belegen.*

Voraussichtliches Ende und Ort der Veranstaltung sind zur besseren *Klarstellung* anzugeben. Aus demselben Grunde kann für besonders lang andauernde Ausverkäufe nach Ablauf einer bestimmten Zeit die Einreichung neuer Warenverzeichnisse nach dem jüngsten Stand gefordert werden. Es soll damit der Anmeldestelle die Möglichkeit gegeben werden, an Hand des neuen Warenverzeichnisses die Notwendigkeit der Verlängerung der Veranstaltung nachzuprüfen. Zum Warenverzeichnis gehören auch Angaben über Stückzahl, Maß, Gewicht, oder Art der Waren, ferner bei Waren, die im Zeitpunkt der Anmeldung bereits bestellt, aber noch nicht geliefert worden sind, die Bezeichnung des Bestelltages, der Abnahme usw. (amtliche Begründung). Das Verzeichnis dient hauptsächlich der Kontrolle, ob Waren etwa unzulässig nachgeschoben werden (§ 8), es muß deshalb auch nachprüfbar sein. Was in dem Verzeichnis fehlt, darf nicht zu den Veranstaltungsbedingungen verkauft werden. Geschieht dies dennoch, liegt ein Verstoß gegen § 8 (Nachschieben) oder § 10 Ziff. 2 (unrichtige Angabe) vor, u. U. auch gegen § 4.

Die Einsichtnahme in das Verzeichnis ist jedem Konkurrenten ohne Nachweis eines besonderen oder gar berechtigten Interesses gestattet, nicht aber seine Nachprüfung (allg. Meinung; Reimer S. 689, B.-Hefermehl S. 908). — v. Gamm S. 417).

[3] Die höhere Verwaltungsbehörde kann nach freiem pflichtgemäßem Ermessen **die Veranstaltung untersagen:** wegen zu langer Dauer, wegen Unzulässigkeit gemäß § 7 oder wegen unzulänglicher Gründe. Die für die Beurteilung der *Zulänglichkeit* der Gründe maßgebenden Teile des Verkehrs sind hier nicht die Käufer, wie B.-Hefermehl S. 908 meint, weil sich die Grundangabe an die Käufer richte, sondern ausschließlich die Mitbewerber. Denn nur in deren Interesse ist die Zulässigkeit von Aus- und Räumungsverkäufen begrenzt worden, während das kaufende Publikum ständige Aus- und Räumungsverkäufe wegen der mit ihnen verbundenen günstigen Preise begrüßen dürfte. Stichhaltige Gründe und ihre ausdrückliche Angabe werden im ausschließlichen Interesse eines reibungslosen Wettbewerbs der Mitbewerber

untereinander gefordert, das den Käuferschichten bei Ausverkaufsfällen mehr oder weniger gleichgültig sein kann.

Die Auffassung der Käuferkreise ist nur für die Frage bedeutsam, ob der Grund außerhalb der Anzeige bei der zuständigen Behörde auch sonst gegenüber der Öffentlichkeit richtig, falsch oder mißverständlich im Sinne der §§ 3, 4 angegeben wird.

Die Entscheidung der höheren Verwaltungsbehörden ist im Verwaltungsverfahren nachprüfbar.

[4] Die Vorschrift, nach der die höhere Verwaltungsbehörde die zuständigen amtlichen Berufsvertretungen von Handel, Handwerk und Industrie vor Erlaß ihrer Anordnung hören kann (nicht muß), bezieht sich zweifellos nicht nur auf die generellen Ausführungsvorschriften des Abs. 2 Satz 1 und 2, sondern auch auf die nach Satz 3 gegebenen Untersagungsrechte im Einzelfall. Auch diese Entscheidung kann von den Verwaltungsgerichten nachgeprüft werden.

[5] Wegen der Zivilansprüche vgl. Anm. 6 zu § 7, wegen der Strafansprüche § 10.

[6] Der Preußische Wirtschafts-Minister hat den zuständigen Regierungspräsidenten durch Erlaß v. 17. 10. 35 das Muster folgender Ausverkaufsanordnung empfohlen:

§ 1. Als Ausverkäufe, auch wenn sie im Wege der Versteigerung stattfinden, dürfen in öffentlichen Bekanntmachungen, die für einen größeren Kreis von Personen bestimmt sind, nur solche Veranstaltungen angekündigt werden, die ihren Grund in der Aufgabe
a) des gesamten Geschäftsbetriebs oder
b) des Geschäftsbetriebs einer Zweigniederlassung (selbständige Verkaufsstelle) oder
c) einer einzelnen Warengattung
haben.

Ein Verkauf wegen Aufgabe einer unselbständigen Verkaufsstelle darf nicht als „Ausverkauf" bezeichnet werden.

§ 2. Wer einen Ausverkauf ankündigen will, hat 14 Tage vor der Ankündigung der *Industrie- und Handelskammer/Polizeibehörde* in . . . schriftlich in . . .-facher Ausfertigung Anzeige über den Grund des Ausverkaufs, den Zeitpunkt seines Beginns und seines voraussichtlichen Endes zu erstatten und ein vollständiges, übersichtlich geordnetes Verzeichnis der auszuverkaufenden Waren in . . .-facher Ausfertigung einzureichen.

Bei leicht verderblichen Waren oder in sonstigen besonders dringlichen Fällen kann die Anmeldestelle eine Abkürzung der Frist zulassen.

§ 3. Die Anzeige muß die Firma, den Ort der gewerblichen Niederlassung und die genaue Angabe der Räume, in denen der Ausverkauf stattfinden soll, enthalten; sie muß ferner mit Datum versehen und von dem Veranstalter oder einem zeichnungsberechtigten Vertreter unterschrieben sein. Bei nicht in das Handelsregister eingetragenen Gewerbetreibenden ist statt der Firma der Vor- und Zuname des Veranstalters anzugeben.

Soll der Ausverkauf im Wege der Versteigerung durchgeführt werden, so ist dies in der Anzeige anzugeben.

Mit der Anzeige sind der Anmeldestelle die Tatsachen anzuführen und auf ihr Verlangen die Belege beizufügen, aus denen sich ergibt, daß der Grund des Ausverkaufs wahr und ernsthaft gemeint ist.

Werden Berichtigungen oder Ergänzungen der Anzeige oder des Verzeichnisses verlangt, so beginnt der Lauf der in § 2 vorgesehenen Frist mit dem Wiedereingang der Anzeige oder des Verzeichnisses in berichtigter oder vervollständigter Fassung.

§ 4. Das Verzeichnis ist so aufzustellen, daß die Übereinstimmung seiner Angaben mit den tatsächlich zum Verkauf gestellten Waren nachgeprüft werden kann. Die Waren müssen richtig und vollständig nach Art, Stückzahl, Maß oder Gewicht und, soweit erforderlich, unter Angabe der regelmäßigen Verkaufspreise des Veranstalters sowie des Lagerorts aufgeführt werden. Kommissionsware darf in die Ausverkaufsmasse nicht einbezogen werden. In Auftrag gegebene, aber im Zeitpunkt der Anmeldung noch nicht eingetroffene Waren sind im Verzeichnis mit genauer Angabe des Tages der Bestellung und des Abnahmezeitpunktes aufzuführen. Auf Verlangen der Anmeldestelle sind ihr auch die Lieferanten solcher Waren zu benennen. Die Anmeldestelle kann die Berichtigung oder Ergänzung eines den Vorschriften nicht entsprechenden Verzeichnisses verlangen.

§ 5. Die Industrie- und Handelskammer übersendet unverzüglich der zuständigen Polizeibehörde und, wenn erforderlich, auch der Handwerkskammer eine Abschrift der Anzeige und des Verzeichnisses. Ist die Polizeibehörde selbst Anmeldestelle, so hat sie der Industrie- und Handelskammer und, wenn erforderlich, auch der Handwerkskammer Abschrift der Anzeige und des Verzeichnisses zu übersenden.

Zur Nachprüfung der Angaben in der Anzeige und im Verzeichnis sind die von der Industrie- und Handelskammer (der Handwerkskammer) bestellten Vertrauensmänner befugt.

§ 6. Die Dauer der Ausverkäufe darf zwei Monate nicht überschreiten.

In besonders begründeten Ausnahmefällen, in denen diese Frist offenbar nicht ausreicht, kann die zuständige Polizeibehörde nach Anhörung der Industrie- und Handelskammer, gegebenenfalls der Handwerkskammer, eine Fristverlängerung bewilligen. In diesen Fällen ist eine Woche vor Ablauf der Frist von zwei Monaten ein neues Verzeichnis (§ 4) einzureichen.

§ 7. Veranstaltungen zum Zwecke der Räumung eines bestimmten Warenvorrats (z.B. wegen Aufgabe einer unselbständigen Verkaufsstelle, Brandschaden, Auseinandersetzung, Geschäftsverlegung) dürfen, auch wenn sie im Wege der Versteigerung vorgenommen werden, nur stattfinden, wenn ein von der Verkehrsauffassung als ausreichend anerkannter Grund vorliegt. Der Grund muß im einzelnen Falle die Veranstaltung rechtfertigen.

Die §§ 2 bis 6 finden entsprechende Anwendung, jedoch mit der Maßgabe, daß an die Stelle der Frist von zwei Monaten im § 6 Abs. 1 eine Frist von einem Monat tritt.

§ 8. Verkäufe der in § 1 und § 7 bezeichneten Art, die nicht angemeldet worden sind oder bei denen der angegebene Grund die Veranstaltung nicht genügend rechtfertigt, können von der Polizeibehörde eingestellt werden. Das gleiche gilt, wenn ein Verstoß gegen das Verbot des Vorschiebens oder Nachschiebens von Waren festgestellt worden ist.

§ 9. Nach Beendigung eines Ausverkaufs (§ 7) ist es dem Geschäftsinhaber, seinem Ehegatten und den nahen Angehörigen beider verboten, den Geschäftsbetrieb oder den Teil davon, dessen Aufgabe angekündigt worden war, fortzusetzen oder vor Ablauf eines Jahres an dem Ort, an dem der Ausverkauf stattgefunden hat, einen Handel mit den davon betroffenen Warengattungen zu eröffnen. Der Fortsetzung des Geschäftsbetriebes oder der

Eröffnung eines eigenen Handels steht es gleich, wenn der Geschäftsinhaber, sein Ehegatte oder ein naher Angehöriger beider sich zum Zwecke der Umgehung der Vorschrift des Satzes 1 an dem Geschäft eines anderen mittelbar oder unmittelbar beteiligt oder in diesem tätig wird. Als Geschäftsinhaber gilt auch derjenige, der an einer Handelsgesellschaft mit eigener Rechtspersönlichkeit wirtschaftlich maßgebend beteiligt ist oder auf ihre Geschäftsführung maßgebenden Einfluß hat. Nahe Angehörige sind die Verwandten in auf- und absteigender Linie und die voll- und halbbürtigen Geschwister sowie ihre Ehegatten.

Nach Beginn eines Ausverkaufs ist es auch anderen als den im Abs. 1 genannten Personen verboten, mit Waren aus dem Bestand des von dem Ausverkauf betroffenen Unternehmens den Geschäftsbetrieb in denselben oder in unmittelbar benachbarten Räumen aufzunehmen.

Ist der Verkauf des Warenbestandes einer unselbständigen Verkaufsstelle wegen ihrer Aufgabe gemäß § 7a angekündigt worden, so darf innerhalb eines Jahres nach Beendigung des Verkaufs keine neue Verkaufsstelle desselben Geschäftsbetriebes am gleichen Orte errichtet werden.

Die höhere Verwaltungsbehörde kann nach Anhörung der zuständigen amtlichen Berufsvertretungen von Handel, Handwerk und Industrie Ausnahmen von den Verboten in den Absätzen 1, 2 und 3 gestatten.

§ 10. Wer den Vorschriften dieser Anordnung zuwiderhandelt oder bei Befolgung der Vorschriften unrichtige Angaben macht, wird unbeschadet der sonstigen Strafbestimmungen des Gesetzes gegen den unlauteren Wettbewerb mit Geldstrafe bis zu 150 DM oder mit Haft bestraft.

§ 11. Diese Anordnung tritt am . . . in Kraft. Die Anordnung vom . . . wird hierdurch aufgehoben.

[Sperrfrist]

7c

(1) Nach Beendigung eines Ausverkaufs (§ 7) ist es dem Geschäftsinhaber, seinem Ehegatten und den nahen Angehörigen beider verboten, den Geschäftsbetrieb oder den Teil davon, dessen Aufgabe angekündigt worden war, fortzusetzen, oder vor Ablauf eines Jahres an dem Ort, an dem der Ausverkauf stattgefunden hat, einen Handel mit den davon betroffenen Warengattungen zu eröffnen. Der Fortsetzung des Geschäftsbetriebes oder der Eröffnung eines eigenen Handels steht es gleich, wenn der Geschäftsinhaber, sein Ehegatte oder ein naher Angehöriger beider sich zum Zwecke der Umgehung der Vorschrift des Satzes 1 an dem Geschäft eines anderen mittelbar oder unmittelbar beteiligt oder in diesem tätig wird. Als Geschäftsinhaber gilt auch derjenige, der an einer Handelsgesellschaft mit eigener Rechtspersönlichkeit wirtschaftlich maßgebend beteiligt ist oder auf ihre Geschäftsführung maßgebenden Einfluß hat. Nahe Angehörige sind die Verwandten in auf- und absteigender Linie und die voll- und halbbürtigen Geschwister sowie ihre Ehegatten.

(2) Nach Beginn eines Ausverkaufs ist es auch anderen als den im Abs. 1 genannten Personen verboten, mit Waren aus dem Bestand des von dem Ausverkauf betroffenen Unternehmens den Geschäftsbetrieb in denselben oder in unmittelbar benachbarten Räumen aufzunehmen.
(3) Ist der Verkauf des Warenbestandes einer unselbständigen Verkaufsstelle wegen ihrer Aufgabe gemäß § 7a angekündigt worden, so darf innerhalb eines Jahres nach Beendigung des Verkaufs keine neue Verkaufsstelle desselben Geschäftsbetriebes am gleichen Orte errichtet werden.
(4) Der Bundeswirtschaftsminister kann bestimmen, daß benachbarte Gemeinden als ein Ort im Sinne der Vorschriften der Absätze 1 und 3 anzusehen sind.
(5) Die höhere Verwaltungsbehörde kann nach Anhörung der zuständigen amtlichen Berufsvertretungen von Handel, Handwerk und Industrie Ausnahmen von den Verboten in den Absätzen 1, 2 und 3 gestatten.

Übersicht

[1] **Allgemeines.** § 7c ist durch das Gesetz v. 26. 2. 35 an die Stelle des fortgefallenen § 7 Abs. 4 getreten. Nach der früheren Vorschrift konnte sich der bisherige Geschäftsinhaber nach einem Ausverkauf mit seiner Person äußerlich vollkommen zurückhalten und zur Fortsetzung oder Wiedereröffnung des Geschäfts einen nahen Angehörigen vorschieben, während er mit ihm in Wahrheit wirtschaftlich verbunden blieb. Das ist jetzt nicht mehr möglich. Der Veranstalter eines Ausverkaufs wird heute streng beim Wort genommen, daß er seinen Geschäftsbetrieb bzw. seine Warengattungen wirklich, wie von ihm angekündigt, aufgibt und sich nicht hintenherum weiterbetätigt, wodurch sich seine Ausverkaufsveranstaltung nachträglich nur als Trick zur Erlangung eines wettbewerblichen Vorteils vor seinen Mitbewerbern darstellen würde. Die Vorschrift ist deshalb auch weitherzig auszulegen, zumal es seit der Entscheidung des BVerG (NJW 63 S. 1598) keine Zweifel an ihrer Verfassungsmäßigkeit wegen der Art. 2, 6, 12 GG mehr gibt.

[2] Die **Sperrfrist** gilt nicht nur für den Geschäftsinhaber, sondern auch für **seinen Ehegatten** und seine **nahen Angehörigen.** Nach der Legaldefinition sind nahe Angehörige des Geschäftsinhabers und seines Ehegatten: Verwandte auf und absteigender Linie, ihre voll- und halbbürtigen Geschwister und ihre Ehegatten, d.h. auch die Schwäger, Schwägerinnen, Schwiegerkinder und -enkelkinder,

Stiefeltern und -großeltern, nicht mehr aber die Geschwister und Abkömmlinge der Verschwägerten, sofern diese nicht anderweitig mit dem Geschäftsinhaber oder seinem Ehegatten verwandt sind. Adoptiveltern und -kinder sind gemäß § 1757 BGB miteinander verwandt und zählen deshalb gleichfalls zu den „nahen Angehörigen" im Sinne dieser Vorschrift, aber nicht mehr die Pflegeeltern, -kinder usw. Verboten ist für die nahen Angehörigen nur die *Geschäftseröffnung* innerhalb der Sperrfrist, also eine solche *nach* Beendigung des Ausverkaufs (OVG Lüneburg GRUR 64 S. 218).

[3] **Geschäftsinhaber** ist nicht nur der alleinige Geschäftsinhaber, vielmehr unterliegen der Sperrfrist der Vorschrift auch Mitinhaber, Kommanditisten, maßgebliche Gesellschafter einer GmbH, maßgebliche Aktionäre einer AG oder KG a. A., ja sogar ein Nichtgesellschafter, der auf die Geschäftsführung einen maßgeblichen Einfluß hat, z. B. der Angestelltengeschäftsführer oder der maßgebliche Gesellschafter einer Holdinggesellschaft, der das Ausverkaufsunternehmen gehört. Auch Ehegatten dieser Personen und nahe Angehörige (vgl. Anm. 2) beider unterliegen daher gleichfalls der Sperre.

Bei all diesen Personen wird eine Geschäftsübernahme de lege fingiert, die mit voller Beweislast widerlegt werden kann. Da die Vorschrift weit auszulegen ist, wo sie nicht selbst ausdrücklich Schranken setzt, kann auch der **stille Gesellschafter** kraft eines starken Kapitaleinflusses dem Geschäftsinhaber und Geschäftsführer gleichgestellt werden. Wer aber, ohne irgendein Rechtsverhältnis zum Ausverkäufer, z.B. nur als befreundeter Ratgeber, auf die Geschäftsführung Einfluß genommen hat, oder als früherer Ausverkäufer in dem neuen Geschäft lediglich eine untergeordnete Rolle spielt, wird nicht betroffen.

Dem Sperrjahr unterliegen auch der **Gemeinschuldner,** sein Ehegatte und die nahen Angehörigen beider (nicht der Konkursverwalter), da der Gemeinschuldner Geschäftsinhaber bleibt, obwohl der Ausverkauf vom Konkursverwalter veranlaßt und veranstaltet wird (KG JW 37 S. 1356).

[4] **Verboten** ist nicht nur der **erneute Ausverkauf** der aufgegebenen Warengattung in dem im übrigen fortgesetzten Betrieb und nicht nur der Totalausverkauf in einem etwaigen **Nachfolgebetrieb** vor Ablauf der Sperrfrist von einem Jahr (zu berechnen nach §§ 187, 188 BGB), sondern schon der **Beginn** der *Handelstätigkeit* mit den Warengattungen, die den früheren Ausverkauf betrafen, und die vorzeitige Wiederaufnahme des aufgegebenen Geschäfts. Der Charakter des neuen Betriebes braucht nicht mit dem des alten übereinzustimmen, um unter das Verbot zu fallen. Ähnlichkeit genügt. Unzulässig sind auch Versteigerungen im Anschluß an Ausverkäufe (OLG Oldenburg WRP 63 S. 94; VerwG Köln BB 70 S. 98). Eine Fortsetzung bzw. vorzeitige Wiederaufnahme ist aber zulässig, wenn vom Einzelhandel zum Großhandel oder vom Inlands- zum Exportgeschäft übergegangen wird. Wird die alte Geschäftstätigkeit wieder nebenher betrieben, liegt insoweit ein Verstoß gegen

§ 7c vor. Unzulässig ist auch, nur den Anschein zu erwecken, als werde die bisherige Tätigkeit fortgesetzt (OLG Oldenburg BB 61 S. 991).

[5] Verboten ist auch die **mittelbare Beteiligung** des Geschäftsinhabers, des Geschäftsführers, ihrer Ehegatten oder naher Angehöriger, die in verschiedenster Form denkbar ist, z.B. durch Treuhandverträge eines Angehörigen mit einem unbeteiligten Dritten, durch Tätigwerden desselben in nur scheinbar untergeordneter Stellung usw. In allen diesen Fällen ist nicht nur die Handlung des alten Geschäftsinhabers oder seines Ehegatten, Angehörigen usw., sondern auch die Geschäftstätigkeit des vorgeschobenen Dritten sowie eines etwaigen Mitgesellschafters verboten. Die bloße Unterstützung des neuen Unternehmens, z.B. durch Übernahme einer Bürgschaft für einen eingeräumten Kredit, genügt freilich nicht (OLG Düsseldorf GRUR 66 S. 451), weil es auf den *bestimmenden* Einfluß ankommt.

[6] Unter **demselben Ort** der Veranstaltung ist dieselbe politische Gemeinde zu verstehen, in der die Veranstaltung stattgefunden hat. Händler aus kleinen Orten werden also gegenüber Großstadthändlern begünstigt, die nicht von einem Stadtteil in den anderen ziehen dürfen, um ohne Rücksicht auf die Sperrfrist gleiche Geschäfte zu eröffnen und im Wege des Ausverkaufs wieder zu beenden. In Nachbargemeinden können sie aber übersiedeln, ohne noch von § 7c betroffen zu werden, sofern nicht vom Bundeswirtschaftsminister beide als ein Ort im Sinne dieser Vorschrift bestimmt worden sind, wie Abs. 4 e contrario ergibt (ebenso Tetzner S. 120; B.-Hefermehl S. 916).

[7] Nach Abs. 2 ist ferner die Fortsetzung des Ausverkaufsbetriebes durch irgendeinen beliebigen außenstehenden **Dritten** verboten, wenn sich dieser in dem neuen Betrieb mit dem Verkauf des **alten Warenbestandes** des Ausverkaufsbetriebes befaßt, auch wenn er keinerlei Beziehungen zu den alten Geschäftsinhabern unterhält. Z. B. übernimmt ein Dritter den gesamten Warenbestand eines Ausverkaufsbetriebes zu Ausverkaufspreisen und richtet sich hiermit ein eigenes Geschäft ein. In den Augen der Käuferkreise liegt eine Identität der beiden Geschäftsunternehmen vor, wenn das neue in denselben Räumen oder in unmittelbarer Nachbarschaft fortgeführt wird, so daß der neue Unternehmer noch von der Anziehungskraft profitiert, die die Veranstaltung seines Vorgängers gehabt hat. Da er damit vor seinen Mitbewerbern einen ungerechtfertigten Vorteil erlangen würde, schließt der Gesetzgeber auch diese Möglichkeit aus.

Unter **unmittelbar benachbarten Räumen** werden solche verstanden, die für das Publikum noch die Feststellung eines Zusammenhanges möglich machen.

Im Gegensatz zu den Verboten des Abs. 1, die nur für die Dauer eines Jahres zu berechnen nach §§ 187, 188 BGB) gelten, erstreckt sich im Falle der **Identität des Warenbestandes** das Verbot auf einen unbeschränkten Zeitraum. Auch der Personenkreis des Abs. 1 (vgl. Anm. 2 und 3) unterliegt insoweit noch nach Ablauf des Sperrjahres der Beschränkung des Abs. 2 („**auch** anderen . . . verboten“).

[8] Eine **unselbständige Verkaufsstelle** steht im Gegensatz zur Zweigniederlassung im Sinne des § 7 (s. dort Anm. 2b). Alles was danach nicht als Zweigniederlassung anzusehen und nicht der Hauptbetrieb ist, ist eine unselbständige Verkaufsstelle. Bei unselbständigen Verkaufsstellen sind nur Räumungsverkäufe denkbar, sofern die Hauptverkaufsstelle nicht gleichfalls einen Ausverkauf veranstaltet; deshalb bezieht sich Abs. 3 notwendig nur auf § 7a. Daß der Unternehmer innerhalb der Sperrfrist an die Stelle der unselbständigen Verkaufsstelle nicht erneut eine solche, auch keine selbständige Zweigniederlassung setzen darf, ist selbstverständlich.

[9] Da die Sperrvorschriften des § 7c vielfach zu groben Unbilligkeiten führen können, ist es wichtig, daß die höhere Verwaltungsbehörde **Ausnahmen zulassen** kann. Im Gegensatz zu § 7b, wo solches im Ermessen der Behörde liegt, ist im Falle der Ausnahmegenehmigung die Anhörung der zuständigen amtlichen Berufsvertretung von Handel usw. zwingend vorgeschrieben. Wird die Ausnahmegenehmigung ohne diese Anhörung erteilt oder versagt, liegt ein fehlerhafter Verwaltungsakt vor.

[10] Wegen der **Zivilansprüche** vgl. Anm. 6 zu § 7; wegen der **Strafbestimmungen** § 8 Ziff. 2.

[Vor- und Nachschieben — Sperrfrist]

§ 8

Mit Freiheitsstrafe bis zu einem Jahre und mit Geldstrafe oder mit einer dieser Strafen wird bestraft:

1. **wer im Falle der Ankündigung eines Ausverkaufs (§ 7 Abs. 1 bis 3) oder eines Verkaufs gemäß § 7a Waren zum Verkauf stellt, die nur für diese Veranstaltung herbeigeschafft worden sind (sogenanntes Vorschieben oder Nachschieben von Waren);**
2. **wer den Vorschriften des § 7c Absätze 1 bis 3 zuwiderhandelt.**

Übersicht

[1] Allgemeines. Die Tatbestände der §§ 7, 7a, 7c sind wegen ihres Strafrechts-Charakters in Hinblick auf das allgemeine Analogieverbot heute grundsätzlich eng auszulegen. Jeder Aus- und Räumungsverkauf bezweckt einen beschleunigten Verkauf vorhandener Waren. Sein Grund ist in einer *Zwangslage* des Veranstalters zu finden, auf die jeder angelockte Käufer schließt. Wenn Waren vor- und nachgeschoben werden, deren Verkauf in einer dieser Veranstaltungen naturgemäß nicht aus einer ursprünglichen Zwangslage geschieht, dann bedient sich der Veranstalter in bezug auf sie mit seiner Aus- oder Räumungsverkaufsankündigung einer unwahren Angabe im Sinne des § 4 (RGSt. 45 S. 372), mit der er Kunden anlockt, was wettbewerbswidrig ist; denn es kommt nicht darauf an, daß der Anschein eines besonders günstigen Angebots richtig oder unrichtig ist, maßgeblich sind auch die zu diesem Anschein führenden *Angaben* (st. Rspr. BGH GRUR 51 S. 412 „Graphia"). Durch die falsche Angabe, nämlich aus einer Zwangslage zum Aus- oder Räumungsverkauf der nachgeschobenen Ware gezwungen zu sein, erlangt der Täter vor seinen Mitbewerbern einen ungerechtfertigten Vorteil, was sein Verhalten diesen gegenüber verwerflich macht (natürlich nicht gegenüber dem Verkehr, der — sofern gute Qualität angeboten wird — den billigeren Einkauf vor- oder nachgeschobener Waren nur begrüßen wird); denn die Ausverkaufsankündigung hat eine große Anziehungskraft, die der Täter ausnutzen kann, um auch nicht zum Ausverkaufsbestand gehörige Waren rasch umzusetzen. Der allg. Ansicht (B.-Hefermehl S. 917; Reimer-v. Gamm S. 422/423; Ulmer-Reimer S. 857), daß gegen § 8 Ziff. 1 regelmäßig in Tateinheit mit § 4 verstoßen wird, ist deshalb zuzustimmen. § 8 ist vornehmlich für die Mitbewerber, nicht auch für die Verbraucherschaft eine Schutzvorschrift im Sinne des § 823 BGB Abs. 2, obwohl gerade das Publikum irregeführt wird, denn ein Verstoß gegen sie ist keineswegs ohne weiteres eine betrügerische Werbung, wie B.-Hefermehl a. a. O. meint, weil der umworbene Kunde einen Vermögensschaden nicht zu erleiden braucht. *Anderes* gilt lediglich, wenn der Täter die vorgeschobenen Waren eigens für die Ausverkaufsveranstaltung in minderwertiger Qualität hat anfertigen lassen. Dann liegt in der Ankündigung zugleich die Vorspiegelung des Angebots einer im üblichen Geschäftsverkehr zu höheren Preisen erhältlichen Ware und damit ein Verstoß gegen §§ 3, 4, welche Schutzgesetze im Sinn des § 823 Abs. 2 BGB auch für die Verbraucherschaft sind. Der Kunde, der zum angebotenen Ausverkaufspreis eine normalwertige Ware beziehen will, wird also durch Vorspiegelung falscher Tatsachen zu einer ihn schädigenden Vermögensverfügung veranlaßt (§ 263 StGB).

In allen Fällen, auch in letzterem liegen Verstöße gegen § 4 vor, die gemäß § 22 von Amts wegen verfolgt werden.

Verboten ist das Vor- und Nachschieben nur in den Fällen der §§ 7 und 7a, nicht auch ohne weiteres in den Fällen der §§ 9 und 9a (Näheres s. dort.

[2] Unter **Vorschieben** versteht man die Anschaffung von Waren zum **Zwecke der Veranstaltung** des Aus- bzw. Räumungsverkaufs **vor** Ankündigung desselben (ebenso B.-Hefermehl S. 917; Ulmer-Reimer S. 857); u.U. würde ohne die Neuanschaffung von Waren die Veranstaltung gar nicht erforderlich geworden sein. Z. B. ergänzt ein Kaufmann sein durch Brandschaden betroffenes Warenlager durch Nachbestellungen, oder eine Erbengemeinschaft komplettiert ihr Sortiment und kündigt erst dann den Ausverkauf wegen Geschäftsaufgabe oder Todesfall an.

Unter **Nachschieben** ist die Ergänzung des Warenbestandes **nach** Ankündigung der Veranstaltung zu verstehen ; die Ware wird z.B. erst *während* des Ausverkaufs neu angeschafft, die Anschaffung war für die Veranstaltung also nicht ursächlich. Die Begriffe stimmen mithin insoweit überein, als die objektive Handlung in beiden Fällen die gleiche ist (Anschaffung neuer Waren), während der Unterschied im Beweggrund und im unterschiedlichen Zeitpunkt der Anschaffung besteht. Wer die Ware aber vor der Entschlußfassung, einen Aus- oder Räumungsverkauf zu veranstalten, bestellt hat, „schiebt" nicht vor oder nach, wenn er die sodann eintreffende Ware in den Aus- oder Räumungsverkauf einbezieht (gl. A. Ulmer-Reimer S. 857). Im übrigen ist die Unterscheidung zwischen Vor- und Nachschieben zivil- und strafrechtlich ohne irgendeine Bedeutung.

[3] Die Feststellung des Vor- oder Nachschiebens stößt häufig auf große Schwierigkeiten, weil die Tat dem Veranstalter nachgewiesen werden muß und in beiden Fällen subjektive Tatbestandsmerkmale (Herbeischaffen „nur für die Veranstaltung") nachzuweisen sind, was in den seltensten Fällen möglich sein dürfte. „Für die Veranstaltung" wird schon dann nicht mehr herbeigeschafft werden, wenn **auch** andere Gründe vorgelegen haben, z.B. wenn die Ware langfristig bestellt war und nun abgenommen werden mußte (BayOLG JW 34 S. 371) und der Zwang zum Aus- oder Räumungsverkauf erst nach der Bestellung eingetreten ist. Bei Bestellung **vor** Ankündigung kann ein Zwang zur Bestellung vorgelegen haben und Straffreiheit bewirken. Aber auch wenn keine Rechtspflicht zur Abnahme besteht, braucht in ihr eine Herbeischaffung „nur" für die Veranstaltung nicht zu liegen, wenn z.B. dennoch abgenommen wird, weil Vorauszahlung geleistet wurde und der Lieferant nicht sicher ist, oder wenn die Abnahmeverweigerung vermutlich einen Prozeß auslösen würde (RG GRUR 15 S. 248); unrichtig RGSt. 48 S. 286, wonach rechtswirksam abbestellte Ware, die dennoch geliefert wird, vom Veranstalter zurückgeschickt werden muß und nicht in die Veranstaltung einbezogen werden darf, denn die Herbeischaffung geschah nicht „nur" für die Veranstaltung, vielmehr auch, weil die Ware ohne Zutun des Täters nun einmal da war. Anders freilich, wenn der Veranstalter an der Herbeischaffung selbst aktiv mitwirkt, indem er z.B. vorher bestellte Ware so abruft, daß sie in seinen Räumungsverkauf hineinkommt (RGSt. 48 S. 328). Aber auch zum vorzeitigen Abruf kann er gezwungen sein, u.U. wegen der Sperrfrist, die bei Veranstaltung wegen Aufgabe einer Warengattung einen späteren Abruf, zu dem er während der Sperrfrist noch verpflichtet sein wird, unzumutbar macht, weil er sie später überhaupt nicht mehr vor Jahresfrist verkaufen darf. Bei Ausverkauf wegen

Geschäftsaufgabe und bei Räumungsverkauf mit Ausnahme des Falles des § 7c fällt dieser Rechtfertigungsgrund natürlich fort. Ebenso, wenn er ohne Not abruft.

Das Herbeischaffen von **Verpackungsmaterial** für die Veranstaltung, sei es vorher oder nachher, ist ohne weiteres zulässig, weil es sich bei diesem nicht um Ware handelt, die zum Verkauf gestellt ist (ebenso Tetzner S. 121; Reimer-v. Gamm S. 423), dagegen dürfen Zutaten und Zugaben nicht mehr herbeigeschafft werden (RG GRUR 15 S. 306; a. A. Reimer-v. Gamm a. a. O.).

Die Ware braucht nicht im Geschäftslokal zu **lagern;** sie wird auch dann nicht „herbeigeschafft", wenn sie sich im Lagerhaus oder gar noch beim Lieferanten, dem gegenüber eine Abnahmeverpflichtung besteht, befindet, **sofern sie nur im Verfügungsbereich des Veranstalters liegt** — s. Anm. 3 zu § 7a — (vgl. RGSt. 45 S. 314, 48 S. 38; Reimer S. 695, B.-Hefermehl S. 918).

[4] Auf die **Eigentumsverhältnisse** kommt es **nicht** an. Auch wenn der (Vorbehalts-) Eigentümer zur Rücknahme der Ware bereit oder der Veranstalter zur Rücksendung berechtigt ist, wird er die Ware in die Veranstaltung hereinnehmen dürfen (ebenso Tetzner S. 123; a. A. Stritzke in MuW 30 S. 479). Anders aber, wenn der Lieferant Rücksendung verlangt, zu der der Veranstalter seinerseits verpflichtet ist.

[5] Die in der Veranstaltung zum Verkauf gestellten Waren müssen **in der Ankündigung aufgenommen werden.** Wurden sie nicht aufgenommen, so sind sie nachgeschoben, denn es ist nicht erforderlich, daß der Veranstalter sich die nachgeschobene Ergänzungsware von dritter Seite besorgt, es genügt, wenn sie aus seinem eigenen Bestande kommt (RGSt. 44 S. 282). Doch ist für die Verwirklichung des Tatbestandes des § 8 nicht nötig, daß die vor- oder nachgeschobenen Waren in der Ankündigung fehlen, vielmehr dürfen nach dem Gesetzeswortlaut überhaupt keine vor- oder nachgeschobenen Waren, gleichgültig, ob in der Ankündigung aufgeführt oder nicht, zum Verkauf gestellt werden. Auch die angekündigten Waren, die nur für diese Veranstaltung herbeigeschafft worden sind, sind vor- oder nachgeschoben. Fehlen die herbeigeschafften Waren in der Ankündigung, ist der Nachweis, daß nachgeschoben wurde, freilich wesentlich einfacher, denn regelmäßig wird schon dadurch bewiesen sein, daß der Täter erst nachträglich (nach der Ankündigung) auf den Gedanken gekommen ist, den der Veranstaltung unterliegenden Bestand aus eigenen oder fremden Lagern zu ergänzen.

Da neben dem Räumungsverkauf gleichzeitig auch im regelmäßigen Geschäftsgang verkauft werden darf, ist besonders scharfe Trennung der verschiedenen Bestände unbedingt erforderlich (RGSt. 48 S. 328).

[6] Der Fall der Ziff. 2 betrifft die **Umgehung der einjährigen Sperrfrist** für alle Normen des § 7c. Hiernach werden mithin bestraft: Aus- und Räumungsverkäufer, die Ehegatten und deren nahe Angehörige, ferner jeder Dritte, der mit Waren die aus einem Ausverkauf stammen, in den gleichen Räumen oder in unmittelbarer Nähe der alten Ausverkaufsstätte handelt.

Während berechtigterweise die vorsätzlich sittenwidrige Schädigung der Mitbewerber, die durch unreelle Ausverkäufe, durch Eröffnen und Schließen immer neuer Scheinbetriebe geschieht, zutreffend mit strengen Strafen bedroht werden, werden mit dieser Strafvorschrift vielleicht unvermeidbar auch Vorgänge erfaßt, die u. U. im Einzelfall nicht beanstandet zu werden bräuchten. Wenn z. B. ein Kaufmann, der sein Geschäft aufgab und seine Waren durch Ausverkauf absetzte, sich in ehrlicher Absicht und ohne Schädigung der Interessen von Mitbewerbern vor Ablauf des Sperrjahres an einem Geschäft gleicher Branche beteiligt oder in einem solchen als leitender Angestellter tätig wird, so unterliegt er in jedem Fall dennoch der Bestrafung des § 8 Ziff. 2, weil das Verbot des § 7c Abs. 1—3 unbedingt ist und nur in Härtefällen auf Antrag aufgehoben werden kann. Man stelle sich vor, daß ein Geschäftsinhaber in seinem 7. Lebensjahrzehnt in seiner Branche, die er nun einmal gelernt hat, in einem anderen Stadtteil einer Großstadt eine leitende Anstellung findet, in der allein er seine Familie ernähren kann, da er sein Vermögen beim Ausverkauf restlos verlor! In solchen Fällen ist deshalb dringend anzuraten, die Ausnahmegenehmigung gemäß § 7c Abs. 5 bei der höheren Verwaltungsbehörde nachzusuchen, denn ohne eine solche ist der Straftatbestand des § 8 verwirklicht.

[7] Für den **subjektiven Tatbestand** wird *Vorsatz* gefordert. Dieser muß sich auf alle objektiven Tatbestandmerkmale erstrecken, d. h. auch auf die Ankündigung eines Aus- oder Räumungsverkaufs sowie auf das Vor- oder Nachschieben selbst. Auch *dolus eventualis* genügt. Dagegen genügt *Fahrlässigkeit* nicht (RGSt. 49 S. 118). Deshalb ist der Täter nicht strafbar, wenn er z. B. fahrlässig die (von Angestellten gebrachte) Ankündigung nicht zur Kenntnis nimmt oder inhaltlich mißversteht. Läßt er jedoch wissentlich seine Angestellten handeln, so verletzt er in mittelbarer Täterschaft.

Wegen *Irrtums* vgl. Anm. 8 zu § 4.

[8] **Vollendet** ist die Tat beim *Vorschieben* mit dem Beginn der Veranstaltung, sofern in diesem Augenblick die herbeigeschafften Waren auch im Rahmen derselben zum Verkauf gestellt werden, beim *Nachschieben* erst in dem Augenblick, in welchem ohne Rücksicht auf den Zeitpunkt des Veranstaltungsbeginns die Waren wirklich zum Verkauf gestellt werden. Es muß die Ware dem kaufenden Publikum zum Erwerb zugänglich sein. Geschehen lassen durch Angestellte ist Verletzung in mittelbarer Täterschaft.

Im Falle der Ziff. 2 ist die Tat nicht schon mit der Beteiligung am neuen Geschäft, sondern erst mit dem Wirksamwerden des Vertrages vollendet.

[9] **Täter** ist, wer zum Verkauf stellt, gleichgültig ob er selbst die Ware ankündigt oder anzukündigen unterläßt oder herbeischafft oder herbeischaffen läßt oder das Geschäft eröffnet, sich an ihm beteiligt oder in ihm tätig wird.

[10] Der Verstoß gegen § 8 ist ein Vergehen. Der **Versuch** ist nicht strafbar, weil die Tat ein Vergehen ist und versuchte Vergehen nur strafbar sind, wenn das Gesetz dies ausdrücklich bestimmt (vgl. § 43 Abs. 2 StGB). Die **Geldstrafe** beträgt mindestens 5 DM, höchstens 10000 DM (§ 27 StGB). Bei **Gewinnsucht** (Steigerung des Erwerbssinns auf ein ungewöhnliches, ungesundes, sittlich anstößiges Maß — RGSt. 60 S. 306, S. 389) kann sie bis zu 100000 DM betragen (§ 27a StGB). Die **Strafverfolgung** tritt nur auf Antrag ein, weil § 8 in § 22 ausdrücklich als Antragsdelikt aufgeführt wird. Wird aber mit § 8 zugleich § 4 verletzt, so wird die Tat dieserhalb von Amts wegen verfolgt (vgl. auch Anm. 1a. E.). **Antragsberechtigt** sind die Mitbewerber und die Verbände im Sinne des § 13 (vgl. § 22).

Zivilansprüche auf Unterlassung und Schadensersatz ergeben sich aus §§ 1, 3 UWG, § 1004 BGB, §§ 823 Abs. 1 und 2, 826 BGB (vgl. hierzu § 1 Anm. 238ff., 260ff).

[Abschnittsschlußverkauf]

§ 9

Die Vorschriften der §§ 7a, 7b und 8 finden keine Anwendung auf Verkäufe, die auf Grund allgemeiner Zulassung um die Wende eines Verbrauchsabschnitts stattfinden. Die Zulassung kann durch den *Reichs*wirtschaftsminister oder eine von ihm bestimmte Stelle erfolgen. Dabei kann Bestimmung über Zahl, Zeit und Dauer dieser Verkäufe, über die Art ihrer Ankündigung und über die Waren getroffen werden, die darin einbezogen werden dürfen. Auch kann das Vor- und Nachschieben von Waren (§ 8 Nr. 1) für diese Verkäufe verboten oder beschränkt werden. Macht der *Reichs*wirtschaftsminister oder die von ihm bestimmte Stelle von dieser Ermächtigung keinen Gebrauch, so kann die höhere Verwaltungsbehörde nach Anhörung der zuständigen amtlichen Berufsvertretungen von Handel, Handwerk und Industrie die Zulassung aussprechen und die näheren Bestimmungen treffen.

Übersicht

[1] Allgemeines. Der eigentliche Zweck der Saisonschluß- und Inventurverkäufe besteht ebenso wie bei den Aus- und Räumungsverkäufen darin, die Lager beschleunigt von überholten, weil modisch und jahreszeitlich bedingten, sonst aber regulären Beständen zu befreien, um Platz für Waren zu schaffen, die der neuen Jahreszeit oder der neuen Mode angepaßt sind. Niemand ist jedoch gehalten, solche

Abschnittsschlußverkäufe zu veranstalten. Wenn ein Unternehmen einen solchen aber durchführt, hat es sich nach den Bestimmungen der zu dieser Veranstaltung erlassenen Verordnung des B.W.M. (vgl. Anm. 6) zu richten.

[2] **Einzelgenehmigungen** für Abschnittsschlußverkäufe dürfen nicht erteilt werden. Infolgedessen hat sich jeder auch an die vom B.W.M. kalendermäßig festgesetzten Zeiten zu halten (vgl. die VO des B.W.M. v. 13. 7. 1950 — Anm 6). Wer sich nicht daran hält, indem er seinen Abschnittsschlußverkauf früher oder später veranstaltet, verstößt gegen § 1 dieser VO und wird gemäß § 10 Ziff. 3 UWG bestraft. Wer einen Abschnittsschlußverkauf mit Waren veranstaltet, die nicht zugelassen sind (s. § 2 der VO, Anm. 6), verstößt gegen die Vorschrift, u. U. in Tateinheit mit §§ 7 und 7a. Verkauft der Täter trotz Ankündigung eines Abschnittsschlußverkaufs in Wirklichkeit nicht zu ermäßigten, sondern zu normalen Preisen, macht er irreführende Angaben und verletzt §§ 3, 4 (vgl. hierzu auch Anm. 7 zu § 7a).

[3] Dadurch, daß die Abschnittsschlußverkäufe *allgemein* zugelassen sind und immer *wiederkehren*, ohne daß von den Veranstaltungsteilnehmern die Erfüllung besonderer Voraussetzungen gefordert wird, wenn von den Bestimmungen über die zugelassenen Waren, die Kalenderzeiten und die Durchführung der Veranstaltung selbst abgesehen wird, haben sie nicht mehr unbedingt den Charakter von Zwangsverkäufen, wenn dieser freilich auch bei vielen Veranstaltungen vorherrschen mag. Die Abschnittsverkäufe sollen dem Einzelhändler und den hinter ihm stehenden Handelsstufen einen beschleunigten Warenumschlag bringen, damit die Lager der Marktbeteiligten aller Handelsstufen von unkurrent gewordener Ware befreit werden. Folgerichtig ist deshalb das **Vor- und Nachschieben** von Ware (über den Begriff vgl. Anm. 2 zu § 8) bei Abschnittsschlußverkäufen grundsätzlich erlaubt (allg. Meing.; für viele: B.-Hefermehl S. 923; Reimer-v. Gamm S. 430), solange der B.W.M. oder eine von ihm zu ermächtigende Stelle von der ihm durch das Gesetz eingeräumten Befugnis, es zu verbieten, wie bisher keinen Gebrauch gemacht haben. Schafft aber ein Veranstalter **minderwertige Ware** zum Abschnittsschlußverkauf eigens herbei, zu dem er die übliche, vom Publikum auch erwartete Preisermäßigung ankündigt, führt er irre, täuscht und verletzt er §§ 3, 4. Wenn auch Teile des Publikums — auf das Durchschnittspublikum kommt es an! — wissen mögen, daß zu den Abschnittsschlußverkäufen eigens Ware herangeschafft wird, so stellt es sich aber nicht ohne weiteres vor, daß schon bei ihrer Fertigung die ermäßigten Preise durch Verminderung der Qualität einkalkuliert werden (a. A. B.-Hefermehl S. 926; wie hier: Reimer-v. Gamm S. 430).

[4] Über den zulässigen **Inhalt der Ankündigung** s. § 3 der nachfolgend abgedruckten VO v. 13. 7. 50 (Begriff der Ankündigung Anm. 3 zu § 4 UWG), die nicht vorschreibt, daß der angekündigte Abschnittsschlußverkauf als solcher oder

als Saison- oder als Inventurverkauf bezeichnet werden muß. Auf den wörtlichen Inhalt der Ankündigung kommt es nicht an, sondern nur auf ihren Sinn, insbesondere auf den Sinn, den ihr die angesprochenen Verkehrskreise (die Durchschnittskäufer) beilegen; nur das ist maßgebend. Soll die Ankündigung auf einen Abschnittsschlußverkauf hinweisen, kann aus ihr aber auf einen Räumungs- oder Ausverkauf geschlossen werden, dann ist sie irreführend und unzulässig; in solchen Fällen wird immer § 3, u. U. § 4 verletzt.

Ebensowenig ist es zulässig, durch Werbeankündigungen den fälschlichen Eindruck der Veranstaltung eines Abschnittsschlußverkaufs hervorzurufen, der in Wirklichkeit nicht durchgeführt wird, z. B. durch die Werbung „Jetzt Sensationspreise! Saisonschlußpreise" (OLG Hamburg WRP 71 S. 375). Ein solcher Eindruck darf natürlich auch nicht außerhalb der allgemeinverbindlich bestimmten Abschnittsschlußverkaufszeiten erweckt werden, besonders nicht kurz vor dem allgemeinen Schlußverkauf; dann spricht man von unzulässig **vorweggenommenen Schlußverkäufen** (BGH GRUR 59 S. 544 „Modenschau"; OLG Hamburg GRUR 70 S. 188; Frey BB 67 S. 335ff.). Auch durch Häufung von an sich zulässigen Sonderangeboten kurz vor dem Schlußverkauf kann ein solcher unzulässig vorweggenommen werden (gl. A. Reimer-v. Gamm S. 429), wenn mit der Werbung ein entsprechender Eindruck erzeugt wird.

Enthalten die Ankündigungen über den Schlußverkauf konkrete Warenangebote, dürfen sie frühestens am letzten Werktag vor dem Ausverkaufsbeginn in Zeitungen und Zeitschriften verbreitet werden, im übrigen erst nach Ladenschluß des letzten Werktages, wobei der Samstag als Werktag zählt. Unzulässig war deshalb eine Schlußverkaufsankündigung mit Warenangebot in einem kostenlosen Anzeigenblatt, das an einem Freitag erschien, während der Schlußverkauf erst am darauffolgenden Montag begann (BGH GRUR 73 S. 203 „Badische Rundschau").

[5] Selbstverständlich ist, daß zu **ermäßigten Preisen** angeboten werden muß, weil das der Sinn jedes Abschnittsschlußverkaufs ist, und weil das Publikum sich von ihm ermäßigte Preise erwartet. Werden solche nicht oder in nicht ausreichender Menge und mit nur unzulänglicher Reduzierung geboten, wird mit dem Begriff des Schlußverkaufs irregeführt und § 3 u. U. auch § 4 UWG verletzt (allg. Meing., für viele: B.-Hefermehl S. 927; Reimer-v. Gamm S. 430). Aber mit einer allgemeinen Preisherabsetzung rechnet das Publikum nicht. Preisgegenüberstellungen außerhalb der Verkaufsräume sind nach der VO des B. W. M. unzulässig; vgl. hierzu Gutachter-Ausschuß GRUR 61 S. 131.

Zur Schlußverkaufsfähigkeit der angebotenen Ware vgl. § 2 der in Anm. 6 abgedruckten V. O.

[6] Zu § 9 ist die **VO des Bundeswirtschaftsministers über Sommer- und Winterschlußverkäufe v. 13. 7. 50** (BAnz Nr. 135) in der Fassung der letzten Änderung durch VO v. 28. 7. 69 (BAnz. Nr. 138) ergangen:

§ 1. Verkäufe am Ende eines Verkaufsabschnitts im Sinne des § 9 des Gesetzes gegen den unlauteren Wettbewerb finden zweimal im Jahre statt. Sie beginnen am letzten Montag im Januar und am letzten Montag im Juli. Die Verkaufszeit beträgt 12 Werktage.

Der im Januar beginnende Verkauf ist als Winterschlußverkauf, der im Juli beginnende Verkauf als Sommerschlußverkauf zu bezeichnen.

Die Landesregierungen können durch Rechtsverordnung den Beginn der Sommer- und Winterschlußverkäufe in Bädern und Kurorten mit Rücksicht auf eine abweichende Dauer der Verbrauchsabschnitte in diesen Orten anderweitig festsetzen. Die Landesregierungen können diese Befugnis auf Oberste Landesbehörden übertragen.

§ 2. Es dürfen zum Verkauf gestellt werden:

a) in beiden Verkaufsveranstaltungen Textilien, Bekleidungsgegenstände, Schuhwaren sowie aus der Gruppe Lederwaren Damenhandtaschen, Damenhandschuhe, Lederblumen und Damengürtel.

b) im Winterschlußverkauf auch Waren aus Porzellan, Glas und Steingut.

§ 3. Auf die Verkäufe hinweisende öffentliche Ankündigungen müssen den Tag des Beginns des Verkaufs deutlich angeben. Enthalten sie Warenangebote, so sind sie frühestens am letzten Werktag vor dem Beginn der Verkäufe, und zwar in Zeitungen und Zeitschriften mit Beginn dieses Tages, im übrigen erst nach Ladenschluß zulässig.

Mit der Plakatwerbung und der Verteilung von Druckschriften kann am letzten Werktage vor dem Beginn der Verkäufe nach 14 Uhr begonnen werden.

Die vor Beginn und während der Verkäufe gültigen Preise dürfen in öffentlichen Ankündigungen, insbesondere in Schaufenstern, nicht einander gegenübergestellt werden. Dies gilt nicht für Preisangaben innerhalb der Verkaufsräume.

§ 4. Die vorstehende Regelung ist auch für die von Versandgeschäften veranstalteten Sommer- und Winterschlußverkäufe anzuwenden.

§ 5. Diese Anordnung tritt am Tage nach ihrer Verkündung in Kraft. Gleichzeitig treten alle früheren auf Grund des § 9 des Gesetzes gegen den unlauteren Wettbewerb erlassenen Vorschriften über Sommer- und Winterschlußverkäufe außer Kraft.

[7] Wegen der **Ansprüche** vgl. Anm. 6 zu § 7.

[Sonderveranstaltungen]

§ 9a

Zur Regelung von Verkaufsveranstaltungen besonderer Art, die nicht den Vorschriften der §§ 7 bis 9 unterliegen, kann der Bundeswirtschaftsminister Bestimmungen treffen. Sie sind im Deutschen Bundesanzeiger bekanntzumachen.

Anordnung des Reichswirtschaftsministers betr. Sonderveranstaltungen v. 4.7.35 RAnz. Nr. 158.

§ 1. 1. Sonderveranstaltungen im Sinne der nachstehenden Vorschriften sind außerhalb des regelmäßigen Geschäftsverkehrs stattfindende Verkaufsveranstaltungen im Einzelhandel, die, ohne Ausverkäufe oder Räumungsverkäufe zu sein, der Beschleunigung des Warenabsatzes dienen und deren Ankündigungen den Eindruck hervorrufen, daß besondere Kaufvorteile gewährt werden.

2. Sonderveranstaltungen sind nicht Sonderangebote, durch die einzelne nach Güte oder Preis gekennzeichnete Waren ohne zeitliche Begrenzung angeboten werden und die sich in den Rahmen des regelmäßigen Geschäftsbetriebes des Gesamtunternehmens oder der Betriebsabteilung einfügen.

§ 2. 1. Die Abhaltung von Sonderveranstaltungen wird untersagt.

2. Die Vorschrift des Absatzes 1 gilt nicht.
a) für Jubiläumsverkäufe, die den Vorschriften des § 3 entsprechen;
b) für Resteverkäufe nach Maßgabe des § 4.

§ 3. 1. Jubiläumsverkäufe dürfen zur Feier des Bestehens eines Geschäfts nach Ablauf von jeweils 25 Jahren abgehalten werden. Ihre Veranstaltung ist nur zulässig, wenn das Unternehmen den Geschäftszweig, den es bei der Gründung betrieben hat, die angegebene Zeit hindurch gepflegt hat.

2. Der Wechsel des Firmennamens oder des Geschäftsinhabers ist für die Zulässigkeit der Veranstaltung von Jubiläumsverkäufen ohne Bedeutung.

3. Am Jubiläumsverkauf des Gesamtunternehmens dürfen auch Zweigniederlassungen und Verkaufsstellen teilnehmen, die nicht solange wie das Stammhaus bestehen. Eigene Jubiläumsverkäufe von Zweigniederlassungen oder Verkaufsstellen finden nicht statt.

4. Der Jubiläumsverkauf muß in dem Monat beginnen, in den der Jubiläumstag fällt. Die Verkaufszeit beträgt längstens 12 Werktage. Sonn- und Feiertage, die durch Anordnung der höheren Verwaltungsbehörde für den Verkauf freigegeben sind, werden in die Verkaufszeit nicht eingerechnet.

§ 4. 1. Besondere Resteverkäufe dürfen während der letzten drei Tage der Saisonschluß- und Inventurverkäufe (Sommerschluß- und Winterschlußverkäufe) in für diese Verkaufsveranstaltungen zugelassenen Waren abgehalten werden.

2. Als Reste sind nur solche aus früheren Verkäufen verbliebene Teile eines Ganzen anzusehen, bei denen der verbliebene Teil, für sich genommen, nicht den vollen Verkaufswert mehr hat, den er im Zusammenhang mit dem Ganzen besessen hat.

§ 5. Die höhere Verwaltungsbehörde kann nach Anhörung der zuständigen amtlichen Berufsvertretungen von Handel, Handwerk und Industrie Ausnahmen von den Vorschriften der §§ 2 bis 4 gestatten.

Übersicht

[1] Diese Anordnung hat noch heute nach h. L. Gültigkeit (BGH GRUR 58 S. 395 „Sonderveranstaltung"; BVerfG WRP 70 S. 319; B.-Hefermehl S. 929; Reimer-v. Gamm S. 433; Tetzner „Sonderveranstaltungen" S. 20; Ulmer-Reimer S. 874; Habscheid GRUR 53 S. 76, 422).

[2] Durch die klare Fassung des Gesetzes sowie durch die genaue Einzelregelung der ministeriellen AO, deren praktische Ausführung in die Hände der Verwaltungsbehörden gelegt ist, sind **Sonderveranstaltungen** (vgl. § 1 der AO) soweit sie keine Aus-, Räumungs- und Abschnittsschlußverkäufe im Sinne der §§ 7—9 sind, grundsätzlich verboten und nur ausnahmsweise bei Jubiläumsverkäufen gestattet (§ 4 der AO). Ferner sind nur noch für **Reste**verkäufe Sonderveranstaltungen im Zusammenhang mit Abschnittsschlußverkäufen zugelassen (§ 4 der AO), sofern die höheren Verwaltungsbehörden keine Ausnahmen von den Vorschriften der Anordnung gestatten. Entscheidende Kriterien einer Sonderveranstaltung sind der **unmittelbare Verkauf an den Letztverbraucher außerhalb des regelmäßigen Geschäftsverkehrs.** Maßgebend für die Verwirklichung dieses Tatbestandes ist — wie stets — die Verkehrsauffassung, wobei die gesamten Umstände darauf zu untersuchen sind, ob die Veranstaltung Branchenübliches des normalen Geschäftsverkehrs vermissen läßt (BGH GRUR 58 S. 395 „Sonderveranstaltung I"). Neue Verkaufsmethoden bleiben dabei außer Betracht; jeder Fall liegt freilich anders. Obwohl sich die Anordnung nur gegen Verkaufsveranstaltungen im Einzelhandel wendet, können auch Hersteller und Großhändler gegen sie verstoßen, wenn sie sich dabei des Einzelhandels bedienen (BGH GRUR 74 S. 341 „Campagne", 73 S. 416 „Porzellan-Umtausch", wo ein Hersteller den Letztverbraucher einen Porzellanumtausch bei namentlich genannten Einzelhändlern angeboten hatte); sie können sodann unmittelbar auf Unterlassung in Anspruch genommen werden.

[3] Die Problemstellung der Anordnung liegt darin, daß dem Einzelhändler nicht untersagt ist, dem Verkehr Sonderangebote zu machen, daß sich aber eine **Häufung von Sonderangeboten zu einer Sonderveranstaltung entwickeln kann,** zumindest nach der Verkehrsauffassung der Eindruck von einer solchen zu entstehen vermag. Es ist also die Grenze beider Begriffe flüssig wie aber auch der Übergang vom Tatbestand des Sonderangebots mit Erweckung des unrichtigen Anscheins von einer Sonderveranstaltung zur wirklichen Sonderveranstaltung. Da beides unzulässig ist, wird die Bedeutung der Unterscheidung der Grenze vielleicht überschätzt. Der grundsätzliche Unterschied zwischen Sonderveranstaltung und -angebot liegt darin, daß erstere zeitlich begrenzt, letzteres zeitlich unbegrenzt ist. Sonderangebote sind nicht anreißerisch und beruhen auf wahrer und tatsächlicher Geschäftslage, wogegen die **Sonderveranstaltungen** künstlich aufgezogen in anspruchsvollem Rahmen außerhalb des regelmäßigen Geschäftsverkehrs liegen, in den sich die Sonderangebote im Gegensatz hierzu einfügen. Deshalb wird bei zeitlicher Begrenzung des Verkaufs z. B. „nur drei Tage" eine Sonderveranstaltung anzunehmen sein, weil das für den Charakter eines Sonderangebotes gänzlich atypisch ist (BGH GRUR 72 S. 125 „Sonderveranstaltung III"), ebenso „Supersonderangebote zum langen Samstag" (OLG München WRP 72 S. 95); die Ankündigung einer für die Dauer der Sommerferien begrenzten Preisherabsetzung (BGH GRUR 73 S. 653 „Ferienpreis"), sowie die zeitliche Bemessung einer Preisgültigkeit für die Dauer von 20 Tagen als „günstig nur", wodurch zum schleunigen Erwerb getrieben wird (BGH GRUR 74 S. 341 „Campagne"). Dagegen keine zeitliche Begrenzung die Werbung „für den Osterkauf", weil Sonderangebote und Preissenkungen für das Osterfest nicht auf Verkaufs- sondern Kaufanlaß unmißverständlich hinweisen (BGH GRUR 73 S. 477). Zulässig auch „unser Eröffungsangebot", wenn der Gesamteindruck dem Verkehr unmißverständlich klar macht, daß es sich nicht um einen zeitlich begrenzten Verkauf, sondern um das Angebot einer bestimmten, nach Güte und Preis gekennzeichneten Ware handelt (OLG Düsseldorf GRUR 73 S. 373). Unzulässig dagegen die Ankündigung „Tschibo-Probierpreis" statt 7,50 nur 6,95, weil der Eindruck eines nur für begrenzte Zeit herabgesetzten Normalpreises erweckt wird (BGH GRUR 73 S. 658 „Probierpreis" mit Anm. Storch). Keine unzulässige Sonderveranstaltung, wenn mit einem Einführungsangebot für eine Nebenleistung die Gewährung besonderer Vorteile angekündigt wird, die Ankündigung dieser Nebenleistung der Beschleunigung des Umsatzes der zu Normalpreisen angebotenen Hauptware dient (BGH GRUR 66 S. 214 „Einführungsangebot"). Wenn ein Wandergewerbetreibender mit der zeitlichen Begrenzung der Gültigkeit seines Angebots wirbt, hat er klarzustellen, daß das mit der kurzen Dauer seines Aufenthalts am Ort seiner Verkaufstätigkeit zusammenhängt (Bayer. Ob.LG GRUR 54 S. 276, wo, wohl unzutreffend, auch die Aussage „solange der Vorrat reicht" für unzulässig gehalten wurde; ebenso wie dort auch OLG Bremen WRP 70 S. 314; wie hier Reimer-v. Gamm S. 434). Die Ankündigung einer auf die Ferienzeit begrenzten Preisherabsetzung einer bestimmten Kaffeesorte ist wegen zeitlicher Begrenzung kein Sonderangebot sondern Sonderveranstaltung (BGH a. a. O. „Ferienpreis"), ebenso, weil auf die Dauer der Werbeaktion beschränkt, ein herabgesetzter „Probierpreis" (BGH a. a. O.). Unzulässig auch „Einmalige Gelegenheit — nur zwei Tage" (BVG GRUR 58 S. 200), „jetzt müssen Sie kaufen" (OLG Nürnberg WRP 71 S. 281), „außergewöhnliche Situation — einmalige Gelegenheit" (BGH GRUR 62 S. 42 „C & A II"), „Sommerangebote für Schreibmaschinen" (OLG Düsseldorf GRUR 62 S. 321), „Weiße Woche" (BGH GRUR 58 S. 395). Während die Sonderangebote nicht übertrieben gehäuft werden dürfen (s. o.), können sie wiederum als Lockvogel unzulässig sein, wenn sie mengenmäßig zu spärlich sind (vgl. Anm. 224 zu § 1 UWG). Denn die Bezeichnung „Sonderangebot" ruft bei jedem Käufer den Anschein eines besonders günstigen Angebots hervor, das sich deshalb in irgendeinem Umstand auch wirklich als günstig erweisen muß (allg. Meing.).

[4] Eine Sonderstellung räumt die AO den **Jubiläumsverkäufen** ein. Sie bedürfen keiner Genehmigung und brauchen — anders als die Veranstaltungen gemäß §§ 7, 7b — noch nicht einmal angezeigt zu werden. § 3 der AO regelt die Zulässigkeit von Jubiläumsverkäufen erschöpfend. Probleme ergeben sich auch hier nur hinsichtlich der Klarheit der Ankündigung. Wer zulässige Sonder*angebote* (s. Anm. 3) als solche unmißverständlich dem Verkehr ankündigt, darf dies auch mit kürzeren Jubiläumsabschnitten, die keinen Jubiläumsverkauf rechtfertigen, in Veıbindung bringen; „10 Jahre Uhren und Gold von Sprenger, unser Angebot zu einmalig günstigen Preisen" (OLG Hamm GRUR 73 S. 93, wo aus dem Wort „einmalig" nicht auf eine zeitliche Begrenzung geschlossen wurde, die auf eine Verkaufsveranstaltung hätte hinweisen können, weil „einmalig" heute nur als schlagwortartige Behauptung einer Sonderstellung verstanden wird). Unzulässig aber „? co-op" (wobei mit Hinweis auf ein Preisausschreiben ermittelt werden soll, wielange das Geschäftslokal besteht und zugleich Warenangebote angekündigt werden), weil unzulässige Sonderveranstaltung und zum scheinbaren Jubiläumsverkauf kein Anlaß war (BGH GRUR 73 S. 324).

[5] Gemäß § 5 obiger AO kann **Befreiung** von den Beschränkungen erlangt werden, doch ist die vorherige Anhörung der zuständigen Berufsvertretungen von Handel, Handwerk und Industrie zwingend vorgeschrieben.

[Strafbestimmungen]

§ 10

Mit Geldstrafe bis zu fünfhundert Deutsche Mark oder mit Freiheitsstrafe bis zu sechs Wochen wird bestraft:

1. **Wer es unterläßt, in der Ankündigung eines Ausverkaufs oder eines Verkaufs gemäß § 7a die in § 7 Absatz 2, 3, § 7a vorgeschriebenen Angaben zu machen;**
2. **wer den Vorschriften des § 7b oder den auf Grund dieser Vorschriften erlassenen Anordnungen zuwiderhandelt oder bei Befolgung der Vorschriften oder Anordnungen unrichtige Angaben macht;**
3. **wer den von dem Bundeswirtschaftsminister, der von ihm bestimmten Stelle oder der höheren Verwaltungsbehörde auf Grund des § 9 getroffenen Bestimmungen zuwiderhandelt;**
4. **wer den von dem Bundeswirtschaftsminister auf Grund des § 9a getroffenen Bestimmungen zuwiderhandelt.**

Übersicht

[1] Die Strafverfolgung findet **von Amts wegen** statt, denn § 10 wird in § 22 nicht ausdrücklich als Antragsdelikt aufgeführt. Da nur Geld- oder Haftstrafe angedroht wird, ist die Handlung eine **Übertretung** und ihr **Versuch** deshalb straffrei (§ 43 StBG). Über Buße, auf die neben der Strafe erkannt werden kann, vgl. § 26.

Tateinheit oder Realkonkurrenz mit §§ 4, 6, 7c, 8 ist möglich. Im subjektiven Tatbestand wird für alle Handlungen Vorsatz oder Fahrlässigkeit gefordert. Über Irrtum vgl. Anm. 3 a. E.

[2] a) Gibt der Täter für dieselbe Veranstaltung wiederholt den gleichen unrichtigen Grund an oder läßt er die Grundangabe in mehreren Ankündigungen für dieselbe Veranstaltung fehlen usw., verstößt er gegen die entsprechende Vorschrift in **fortgesetzter Handlung.** Als strafbare Handlungen gemäß Ziff. 1 kommen in Betracht, daß der Täter den Grund seiner Veranstaltung (Ausverkäufe gemäß § 7, Räumungsverkäufe gemäß § 7a) in seinen Ankündigungen überhaupt nicht oder nicht zutreffend angibt, gleichgültig, ob er die Veranstaltung später auch durchführt oder nicht. Wird nur kein *ausreichender*, aber der wahre Grund angegeben, weil der Täter etwa einen besseren nicht hat, liegt keine strafbare Handlung vor (gl. A. jetzt offenbar auch B.-Hefermehl S. 940; a. A. Reimer-v. Gamm S. 437), denn die Frage, ob ein Grund ausreicht, hat die Verwaltungsbehörde, nicht aber der Täter selbst zu prüfen. Wenn die Verwaltungsbehörde nicht rechtzeitig einschreitet — mit der Einrichtung der Pflicht zur vorherigen Anzeige ist ihr die Möglichkeit zum rechtzeitigen Einschreiten gegeben worden — muß sich der Veranstalter darauf verlassen dürfen, daß sein Grund ausreicht. Reicht er nicht aus, kann ihm kein Vorwurf gemacht werden, wenn die Behörde seine Veranstaltung trotz Anzeige nicht rechtzeitig beanstandet. Hat er aber keinen oder statt des (also nicht angegebenen) ausreichenden, wahren Grundes einen unzulänglichen Grund angegeben, hat er gegen § 10 strafbar verstoßen. Wenn der für eine angekündigte Veranstaltung im Sinne des § 7 angegebene Grund nicht ausreicht, wohl aber einen Räumungsverkauf des § 7a rechtfertigen würde, der faktisch auch nur veranstaltet wird, ist der Täter gleichwohl gemäß § 10 Ziff. 2 zu bestrafen, wenn ihm hier nicht unter dem Gesichtspunkt des strafausschließenden Irrtums geholfen werden kann.

Die Unrichtigkeit des angegebenen Grundes ist dem Täter nachzuweisen, wie überhaupt jede zur Verwirklichung der strafbaren Handlung führende Tatsache.

b) Als strafbare Handlung gemäß Ziff. 2 kommen in Betracht: Verstöße gegen die Pflicht gemäß § 7b zur Anzeige, zur Beifügung eines Verzeichnisses der zu verkaufenden Waren nach Art, Beschaffenheit usw., zur Anzeige des Beginns, Endes oder Ortes der Veranstaltung und zur Vorlage von Belegen für die die Veranstaltung begründenden Tatsachen. Die Vorlage von Belegen kann aber straffrei verweigert werden, wenn von der Veranstaltung nach Aufforderung zur Vorlage Abstand genommen wird. Nach Ziff. 2 ist weiter strafbar, wer die auf Grund des § 7b erlassenen Anordnungen der höheren Verwaltungsbehörde nicht befolgt, sofern diese rechtmäßig sind, was die ordentlichen Strafgerichte nachprüfen können.

c) Für Ziff. 3 und 4 gilt das soeben Gesagte sinngemäß.

[3] Ein **Irrtum** des Täters über die Begriffe der Veranstaltungsarten der §§ 7, 7a ist ein Irrtum über Tatsachen. Kennt der Täter die Anordnung entschuldbar nicht und hält er demzufolge sein Tun für erlaubt, dann fehlt ihm (entschuldbar) das Bewußtsein der Rechtswidrigkeit und er befindet sich in einem Verbotsirrtum, der seine Schuld ausschließt (BHGSt. NJW 52 S. 593). War sein Irrtum verschuldet, so ist eine Strafmilderung gerechtfertigt BGHSt. a. a. O.).

[Maßeinheiten]

§ 11

(1) Durch ***Beschluß des Bundesrats*** **kann festgesetzt werden, daß bestimmte Waren im Einzelverkehr nur in vorgeschriebenen Einheiten der Zahl, des Maßes oder des Gewichts oder mit einer auf der Ware oder ihrer Aufmachung anzubringenden Angabe über Zahl, Maß, Gewicht, über den Ort der Erzeugung oder den Ort der Herkunft der Ware gewerbsmäßig verkauft oder feilgehalten werden dürfen.**

(2) Für den Einzelverkehr mit Bier in Flaschen oder Krügen kann die Angabe des Inhalts unter Festsetzung angemessener Fehlergrenzen vorgeschrieben werden.

(3) Die durch *Beschluß des Bundesrats* **getroffenen Bestimmungen sind durch das Bundesgesetzblatt zu veröffentlichen** *und dem Reichstage sogleich bei seinem nächsten Zusammentritte vorzulegen.* **Zuwiderhandlungen gegen die Bestimmungen des Bundesrats werden mit Geldstrafe bis zu fünfhundert Deutsche Mark oder mit Freiheitsstrafe bis zu sechs Wochen bestraft.**

(4) Zuwiderhandlungen gegen die Bestimmungen des Bundesrats werden mit Geldstrafe bis zu fünfhundert Deutsche Mark oder mit Freiheitsstrafe bis zu sechs Wochen bestraft.

Übersicht

[1] **Allgemeines.** Die Vorschrift verbietet konkrete Täuschungshandlungen. Bei Abgabe gewisser Waren in Verpackungen oder Behältnissen läßt sich oft schwer durch Augenschein deren Menge feststellen, so daß der Käufer getäuscht wird, was zum Schutz der Allgemeinheit und der Mitbewerber durch bindende Vorschriften über Angaben von Zahlen-, Maß- und Gewichtseinheiten verhindert werden soll. Zu leicht glaubt der Käufer beim Erwerb billiger abzuschneiden, wenn ihm eine kleine Packung für wenig Geld angeboten wird, wofür er sich noch u. U. durch Benutzung von Straßenbahn oder PKW gar in Unkosten stürzt, während er von dem ihm benachbarten Händler die gleiche Ware in größerer Packung zum entsprechend selben Preis hätte bekommen können. Die Masse der Menschen denkt unselbständig und ist deshalb schutzbedürftig wie aber auch der Mitbewerber, der hierdurch Kunden verlieren und Schaden nehmen kann, wovor er wiederum durch § 11 geschützt werden soll.

[2] § 11 ist eine **Blankettvorschrift,** die nicht nur durch Rechtsverordnungen sondern auch durch Gesetze ausgefüllt werden kann, z.B. durch das Maß- und Gewichtsgesetz v. 13. 12. 35 (RGBl. I S. 1499) i.d. Fassung v. 19. 1. 44 (RGBl. I S. 39) — BGH GRUR 58 S. 294 „Essenzlimonaden" —, oder durch § 2 des Brotgesetzes v. 9. 6. 31 (RGBl. I S. 335) — BGH GRUR 64 S. 325 „Toastschnitten" —, oder durch das Eichgesetz v. 11. 7. 69 (BGBl. I S. 759) u.a. Letztere können von den Gerichten nicht auf ihre Gültigkeit oder darauf nachgeprüft werden, ob sie sich im Rahmen des § 11 halten. Das gilt nur für Rechtsverordnungen, für deren Erlaß heute der B.W.M. zuständig ist. Wird die Rechtsverordnung von der Ermächtigung nicht mehr gedeckt, ist sie nichtig. Sie kann bestimmen, daß Waren überhaupt nur in normierten Zahl-, Maß- und Gewichtseinheiten gehandelt werden dürfen, daß eine (beliebige aber präzise) Mengeneinheit angegeben wird, ebenso daß sie eine Herkunftsangabe enthalten müssen.

[3] Unter **Einzelverkehr** ist nicht nur die Abgabe an den Verbraucher durch den Einzelhändler, Grossisten oder Fabrikanten sondern jede Abgabe in Einzelstücken oder -packungen — gleichgültig in welchen Mengen — zu verstehen; deshalb besteht ein Einzelverkehr zwischen jeder Handelsstufe. Auch wer 1000 Stück Wollagen á 50 g als Grossist oder Fabrikant an den Einzelhändler liefert, handelt im Einzelverkehr (ebenso im Ergebnis BGH a.a.O. „Essenzlimonaden" und „Toastschnitten"; a. A. B.-Hefermehl S. 942).

[4] Da § 11 eine **Straf-Blankettvorschrift** ist, kann die Unkenntnis von der sie ausfüllenden Rechtsnorm zwar allein nicht vor Strafe schützen (z.B. nicht bei fahrlässiger Unkenntnis), aber sie kann doch u.U. das Bewußtsein der Rechtswidrigkeit beseitigen, was geeignet sein könnte, zur Straffreiheit zu führen (RGSt. NJW 52 S. 593). Erforderlich sind Vorsatz oder Fahrlässigkeit. In der Verletzung des § 11 liegt meist auch zugleich ein Verstoß gegen §§ 1, 3, 4. Liegt ein Verstoß gegen § 4 vor, wird nur nach diesem als dem härteren Gesetz bestraft.

Die Handlung ist eine **Übertretung,** die von Amts wegen (§ 22) verfolgt wird und in drei Monaten (§ 67 Abs. 3 StGB) verjährt. Der Versuch ist straffrei (§ 43 StGB). Neben der Strafe (bis zu DM 500,— **oder** — nicht beides zugleich — 6 Wochen Freiheitsstrafe) kann auch auf Buße (§ 26) erkannt werden.

[5] Die **Zivilansprüche** sind auf Schadensersatz und Unterlassung gerichtet. Klagebefugt sind auch die Mitbewerber, für den Unterlassungsanspruch auch die Wirtschaftsverbände des § 13, nicht aber der etwa geschädigte Käufer. Dessen Ansprüche richten sich ausschließlich nach bürgerlichem Recht. Im übrigen vgl. zu den Ansprüchen Anm. 238ff. zu § 1 und Anm. 41ff. zu § 3.

[Bestechungsunwesen]

§ 12

(1) Mit Freiheitsstrafe bis zu einem Jahr und mit Geldstrafe oder mit einer dieser Strafen wird, soweit nicht nach anderen Bestimmungen eine schwerere Strafe verwirkt wird, bestraft, wer im geschäftlichen Verkehre zu Zwecken des Wettbewerbs dem Angestellten oder Beauftragten eines geschäftlichen Betriebes Geschenke oder andere Vorteile anbietet, verspricht oder gewährt, um durch unlauteres Verhalten des Angestellten oder Beauftragten bei dem Bezuge von Waren oder gewerblichen Leistungen eine Bevorzugung für sich oder einen Dritten zu erlangen.

(2) Die gleiche Strafe trifft den Angestellten oder Beauftragten eines geschäftlichen Betriebes, der im geschäftlichen Verkehre Geschenke oder andere Vorteile fordert, sich versprechen läßt oder annimmt, damit er durch unlauteres Verhalten einem anderen bei dem Bezuge von Waren oder gewerblichen Leistungen im Wettbewerb eine Bevorzugung verschaffe.

(3) Im Urteil ist zu erklären, daß das Empfangene oder sein Wert dem Staate verfallen sei.

Übersicht

[1] Allgemeines. Den Schleichweg der Bestechung (Schmieren) wählt in der Regel derjenige, dessen Wettbewerbskräfte für den offenen Wettbewerbskampf nicht ausreichen. Die Bestechung ist eines der ungehörigsten und verwerflichsten Mittel des Wettbewerbs. Sie zu verhindern, ist Aufgabe des § 12. Er ist den §§ 332, 333 StGB (Beamtenbestechung) nachgebildet und ermöglicht eine Bestrafung auch der Bestechung im Wirtschaftsleben. § 12 ist eine Schutzvorschrift in erster Linie für die Mitbewerber (RGSt 58 S. 429); sie richtet sich nicht gegen ein pflichtwidriges Verhalten der Angestellten oder Beauftragten gegenüber ihrem Prinzipal (RG in MuW 24 S. 231, 32 S. 302). Ihr Verhalten braucht nur allgemein unlauter (s. Anm. 57ff. zu § 1) zu sein (RGSt. in AWR 38, S. 132, Reimer S. 712, B.-Hefermehl S. 387). Nach § 12 bleibt sich deshalb gleich, ob die Handlung des bestochenen Angestellten eine Pflichtwidrigkeit gegenüber seinem Prinzipal darstellt oder nicht, wenn sie nur unlauter ist.

Die Bestechung kann auch den Käufer schädigen, z.B. liefert der Bestechende dem Einzelhändler, dessen Angestellter bestochen wurde, die Ware zu einem Preis, in dem das Schmiergeld einkalkuliert ist und vom Endverbraucher letzten Endes bezahlt wird. Insofern hat die Vorschrift mittelbar Schutzwirkung nicht nur zugunsten der Mitbewerber, sondern auch der Allgemeinheit.

Endlich würde durch ein Überhandnehmen des Bestechungsunwesens der allgemeine Wettbewerb verfälscht werden, was mit dem ihn grundsätzlich beherrschenden Leistungsprinzip unvereinbar wäre. In Verbindung mit diesem Gedanken gehört neben den materiellen Schutzaufgaben der Vorschrift zugunsten der Mitbewerber und der Allgemeinheit auch die ideelle Aufgabe, das Wettbewerbsleben überhaupt von Auswüchsen und Unsauberkeit reinzuhalten.

[2] Im **„geschäftlichen Verkehr"** handelt, wer im Rahmen seiner Erwerbstätigkeit zur Außenwelt in geschäftliche Beziehung tritt oder solche unterhält oder wer außerhalb seiner Privatsphäre das Erwerbs- oder Berufsleben anderer berührt (über den Begriff vgl. Anm. 9 zu § 1). Der Täter der aktiven Bestechung muß **selbst Mitbewerber** sein oder für einen solchen handeln und mit einem Angestellten oder Beauftragten des geschäftlichen Betriebs eines anderen in diesem Sinne in Berührung kommen. Im geschäftlichen Verkehr handelt auch der Freiberufliche, der sich durch Bestechung eines Angestellten z.B. einen Auftrag besorgt, auch der Angestellte oder Beauftragte (Begriff vgl. Anm. 10 zu § 13) eines Dritten, der in dessen Interesse den Angestellten eines Betriebes besticht, endlich auch der Stellungsuchende, der durch Bestechung eines Angestellten eine Anstellung zu bekommen trachtet (RGSt. 56 S. 251). Der Begriff des Beauftragten ist überhaupt weit auszulegen (BGH GRUR 68 S. 587 „Bierexport"). Dazu gehört letztlich jeder, der auf die Entscheidungen des Betriebs irgendwie Einfluß nimmt (BGH St. Bd. 2 S. 401). Auch Handelsvertreter können als Täter in Betracht kommen (BGH GRUR 68 S. 587 „Bierexport").

Im Gegensatz zum geschäftlichen stehen der *private* und der *amtliche* Verkehr.

[3] Die Handlung muß ferner **zu Zwecken des Wettbewerbs** geschehen (Begriff s. Anm. 4ff. zu § 1).

Auf den Warenabsatz allein ist nicht abzustellen; zu Zwecken des Wettbewerbs handelt auch, wer mit dem Schmiergeld einen Vorteil für sich erreichen will, der seinem geschäftlichen Betrieb überhaupt irgendwie dient, z. B. der billige Bezug von Rohstoffen, der eine billigere Produktion ermöglicht und die Wettbewerbsfähigkeit erhöht (ebenso RGSt. 76 S. 108; B.-Hefermehl S. 948; Reimer-v. Gamm S. 441; a. A. noch RGSt. 58 S. 431), oder die Nichtbeanstandung von Leistungen, die der Bestochene zu prüfen hat (RG MuW 11 S. 151). Der Wettbewerbszweck braucht nicht der hervorstechende Zweck der Handlung zu sein, es genügt, wenn er neben anderen Zwecken vorliegt, er muß aber irgendwie für das Verhalten bestimmend gewesen sein. Nicht zu Wettbewerbszwecken handelt, wer den Wettbewerb des Betriebes des bestochenen Angestellten (Vorteilnehmers) fördert (RG GRUR 32 S. 464), erst recht ein Privater, der dem Angestellten eines Händlers für den Fall Geschenke verspricht, daß er ihm eine Ware zum Selbstkostenpreis abgibt; liegt der dem Angestellten oder Beauftragten gewährte Vorteil darin, daß der Private für den billigen Warenbezug Kunden zu werben verspricht, woran der Angestellte z. B. wegen eigener Umsatzbeteiligung ein wirtschaftliches Interesse haben kann, dann verstößt er nicht gegen § 12, weil er dem privaten Kunden nicht im Wettbewerb einen Vorteil verschafft, wohl aber gegen § 1, u. U. aber auch der Kunde, der freilich in der Regel weder zum Zwecke des Wettbewerbs noch im geschäftlichen Verkehr gehandelt hat, dennoch fremden Wettbewerb fördert, wenn er sein Versprechen einlöst.

Denn der Täter selbst braucht nicht am Wettbewerb teilzunehmen; es genügt, daß das der Dritte tut, dem er die Bevorzugung verschafft (BGH St. Bd. 2 S. 396 „Sub-Post-Ingenieur").

Auch der Bestochene (Abs. 2) braucht nur im geschäftlichen Verkehr, nicht aber zu Wettbewerbszwecken zu handeln (allg. Meing.; vgl. Reimer-v. Gamm S. 440; Callmann Anm. 18 zu § 12 u. a.).

[4] Über den Begriff der **Angestellten und Beauftragten** vgl. Anm. 10 zu § 13. Er ist weit auszulegen (BGH GRUR 68 S. 587 „Bierexport")!

Bei dem Bestochenen muß es sich um einen Angestellten usw. eines **geschäftlichen Betriebes** handeln, unter welchem „jede dauernde im Handel und Verkehr mit der Erzielung von Einnahmen verbundene Tätigkeit" verstanden wird (RGSt. 55 S. 31/32), gleichgültig, ob diese erlaubt oder unerlaubt ist (ebenso Reimer-v. Gamm S. 441; Ulmer-Reimer S. 615; B.-Hefermehl S. 950), weil § 12 weniger den Schutz des Betriebes des Bestochenen als hauptsächlich den Schutz der Mitbewerber bezweckt, vor denen sich der Täter durch unlautere Mittel einen ungerechtfertigten Vorteil zu verschaffen trachtet. Auf den Zweck, Gewinne zu erzielen, kommt es jedoch nicht an (RG JW 34 S. 2916), weshalb auch **öffentliche Dienststellen und gemeinnützige Unternehmen** unter den hier gültigen Begriff des geschäftlichen Betriebes fallen (BGH GRUR 58 S. 25 „Vorzimmer", S. 27 „Beschaffungsstelle"). Hier wurden deutsche Bedienstete der amerikanischen Besatzungsmacht als Angestellte eines geschäftlichen Betriebes wegen passiver Bestechung gemäß § 12 bestraft. Soweit sich der Staat am Wirtschaftsleben beteiligt, ist seine geschäftliche Tätigkeit mit der Erzielung von Einnahmen verbunden und als „geschäftlicher Betrieb" im Sinne des § 12 anzusehen (vgl. hierzu RG GRUR 33 S. 42; RGSt. 66 S. 380). Der Begriff des geschäftlichen Betriebes geht also weiter als jener des Handels- und Gewerbebetriebes des HGB und der GewO. Zu ihm gehören auch die Tätigkeiten der Rechtsanwälte, Ärzte, Wirtschaftsprüfer (vgl. RGZ 99 S. 189) usw. Im Gegensatz hierzu steht der Privatmann was eine Lücke im Gesetz ist. Wenn der Gemüsehändler — der nicht bestraft werden kann —, die Köchin eines Privatmannes besticht, das Gemüse nur bei ihm einzukaufen, ist das genauso unanständig wie die Bestechung des Bürovorstehers eines Anwalts durch den Papierwarenhändler; das Verhalten des Gemüsehändlers ist nur nach § 1 unzulässig.

Bestechung von Behördenangestellten wird von den §§ 332ff. StGB erfaßt, sie gehen § 12 UWG vor. Eine Werft, die vorzugsweise im nationalen Interesse und nicht für „Geschäfte" des Staates arbeitet, wurde von RG JW 18 S. 446 noch nicht als geschäftlicher Betrieb angesehen (überholt).

[5] Geschenke und andere Vorteile sind die Lage des Bestochenen irgendwie verbessernde Zuwendungen, „die mit dem Bewußtsein mangelnder Verpflichtung erfolgen" (allg. Meing.: B.-Hefermehl S. 950; Reimer-v. Gamm S. 443; Ulmer-Reimer S. 443). Sie brauchen **nicht heimlich** zu geschehen, sie sind auch unzulässig, wenn der Dienstherr von ihnen weiß; denn die Vorschrift will nicht ihn, sondern die Mitbewerber schützen (vgl. Anm. 4) — gl. A. Reimer-v. Gamm S. 442; a. A. Harder GRUR 67 S. 182; Heiseke WRP 69 S. 365.

Zuwendungen können im Schenken von körperlichen Gegenständen, Rechten und Leistungen aller Art bestehen. Es ist nicht erforderlich, daß sie geeignet sind, die rechtliche oder wirtschaftliche Lage des Bestochenen wirklich zu verbessern; es genügt, daß sie als Entgelt für das erwartete unlautere Verhalten *gedacht* und nach Ansicht des *Gebenden* geeignet sind, auf den Willen des Bestochenen einzuwirken (RGSt. 23 S. 141; RG GRUR 41 S. 482); § 12 ist schon verwirklicht, wenn nur eine Leistungsverpflichtung besteht, so daß sich aus ihr für den Bestochenen ein Vorteil ergibt (BGH GRUR 58 S. 25 „Vorzimmer"); auch ist gleich, ob der Vorteil **materiell oder immateriell** ist; Auszeichnungen, Medaillen, (RG JW 35 S. 1861) aus wessen Mitteln sie auch stammen (RG GRUR 41 S. 482) gehören hierher; denn der Vorteil braucht vom aktiven Täter nicht herzurühren und nicht dem Bestochenen selbst zuzufließen; die Gewährung von Vorteilen an Freunde, Familienangehörige usw. genügt (RGSt. 13 S. 396).

Zulässig sind übliche Zuwendungen wie **Trinkgelder, Weihnachts- und Neujahrsgeschenke** (RGSt. 63 S. 427) und „harmlose Zuwendungen zur Förderung des

Warenumsatzes und zur glatteren Abwicklung der Geschäfte" (RG GRUR 20 S. 103, in MuW 32 S. 302) ebenso Werbegeschenke (BGH GRUR 59 S. 31 „Feuerzeug"). Sofern die Zuwendungen ohne Rücksicht auf eine Gegenleistung gemacht werden, wovon die zitierten Entscheidungen ausgehen, liegt überhaupt keine Bestechungshandlung vor, weil in diesen Fällen die Zuwendungen für die etwaige Bevorzugung des Zuwendenden (s. Anm. 6) nicht kausal gewesen sein können (objektiv), was freilich nicht unbedingt erforderlich ist, weil es nur auf die subjektive Vorstellung des Täters von der Eignung seiner Gabe ankommt; aber wenn die Zuwendung auch in der Vorstellung des Täters (subjektiv) ungeeignet war, den Angestellten zu einer Vorteilseinräumung zu bestimmen, fehlt es an einer objektiven und subjektiven Kausalität und damit an der Verwirklichung des Tatbestandes.

Nur wenn die **Geschäfte zum Zeitpunkt der Hingabe** des Geschenkes **perfekt** sind, kann die Zuwendung zulässig sein (BGH GRUR 59 S. 31 „Feuerzeug"); andernfalls ist das Odium nicht auszuräumen, daß zum Zwecke eines günstigen Geschäftsabschlusses geschenkt wurde. Auch ein „so gut wie abgeschlossenes" Geschäft kann noch in letzter Minute scheitern, wenn freilich der Täter oft hiermit nicht mehr zu rechnen braucht, so daß es an der Verwirklichung des subjektiven Tatbestandes fehlen kann. Deshalb wird immer Skepsis geboten sein.

Auch in einer zulässigen oder unzulässigen **Zugabe- oder Rabattgewährung** bei Warenlieferung kann ein sonstiger Vorteil liegen. In diesen Fällen „handelt es sich nicht um eine gewöhnliche zulässige oder unzulässige Rabattgewährung an den Geschäftsinhaber, durch welche dieser in die Lage versetzt wird, die Ware billiger abzugeben, oder durch welche seine Gewinnspanne erhöht wird, vielmehr soll nach dem Willen des Bestechenden der Geschäftsinhaber den Betrag der Preisermäßigung seinen Angestellten zugute kommen lassen, damit diese die Ware beim Absatz an die Verbraucher vorzugsweise anpreisen" (RG JW 36 S. 2867).

[6] „Der Wille des Täters muß darauf gerichtet sein, eine **Bevorzugung** beim Bezug von Waren oder gewerblichen Leistungen durch ein unlauteres Verhalten der Angestellten zu erreichen, und sodann muß diese Bevorzugung gerade dazu dienen, den eigenen Absatz des Täters auf Kosten seiner ‚Konkurrenten' zu fördern" (RGSt. 58 S. 431). Eine „Bevorzugung" liegt immer vor, wenn der Bestechende auf den angestrebten Vorteil keinen Rechtsanspruch hat (RG MuW 14 S. 259). Sie kann im Aufrechterhalten der Geschäftsbeziehungen (RG JW 32 S. 1896) und u.a. auch darin liegen, daß die Mitbewerber benachteiligt oder geschädigt werden, z.B. daß man den Angestellten besticht, die Ware des Konkurrenten schlecht zu machen oder zu beschädigen, damit der Prinzipal sie nicht mehr einkauft; ferner auch darin, daß Nachteile vermieden werden sollen (RG JW 30 S. 1738). Gleichgültig ist, wann und ob die Bevorzugung eingeräumt wird, wenn sie nur überhaupt gefordert wird; auch nachträgliche Forderung genügt (RGSt. 47 S. 68).

[6a] „Anbieten“ ist der erste Akt des Versprechens und des Gewährens. Es ist eine empfangsbedürftige Willenserklärung (allg. Meinung), ebenso wie das Versprechen, doch ist die Tat schon mit dem Aussprechen des Angebots vollendet, auch wenn dasselbe nicht angenommen wird. Es genügt die unverbindliche Ankündigung von Vorteilen (RG MuW 13 S. 564) aber die Darstellung von solchen ist noch kein Angebot. Es kommt allein auf die Vorstellung des aktiven Täters, nicht des Angestellten oder Beauftragten an; deshalb kann die Tat schon verwirklicht sein, auch wenn der Angestellte den Vorteil nicht erkennt oder noch gar nicht erkannt hat (RGSt. 23 S. 141).

[6b] „Versprechen“ ist mit dem gleichlautenden Begriff des § 518 BGB identisch, nur bedarf es hier natürlich nicht der rechtsverbindlichen (notariellen) Form. Es ist in die Zukunft gerichtet, weshalb ausreicht, daß der Täter den Vorteil nur unverbindlich in Aussicht stellt, aber den Bestochenen auf ihn hoffen macht, der seinerseits nun deshalb handelt. Auch wenn das Versprechen nicht gehalten wird, ist die Bestechungshandlung vollendet und § 12 verletzt. Es verspricht auch, wer hinterher zu schenken pflegt, wovon der Bestochene weiß und womit er rechnet.

[6c] „Gewähren“ setzt die Annahme des Angebots voraus und führt zur sofortigen Hingabe der Zuwendung. Gewähren ist ein Realakt wie das Schenken.

[7] Anbieten, versprechen oder gewähren kann schriftlich, mündlich oder durch schlüssiges Handeln geschehen. Von wem die Initiative ausgeht, ist bedeutungslos (allg. Meinung: Reimer-v. Gamm S. 443; Ulmer-Reimer S. 620).

[8] Unlauterkeit des Verhaltens des Angestellten. Der Begriff der Unlauterkeit ist nicht gleichbedeutend mit Pflichtwidrigkeit (RG MuW 24 S. 231; 32 S. 302; RGSt. AWR 38 S. 143). Es kommt weniger darauf an, ob das Verhalten gegenüber dem Dienstherrn eine Pflichtwidrigkeit darstellt, weshalb gleichgültig ist, ob es heimlich vor demselben geschieht (s. Anm. 5), vielmehr kommt es darauf an, ob sie gegenüber den Mitbewerbern unlauter erscheint. „Die Strafvorschrift des § 12 richtet sich nicht gegen betrügerisches, ungetreues Gebaren der Angestellten gegenüber ihren Geschäftsherren, sondern sie will die Mitbewerber gegen bestimmte Formen des unlauteren Wettbewerbs schützen“ (RGSt. 47 S. 183; 48 S. 291; 66 S. 83; 72 S. 62 BGH GRUR 68 S. 587 „Bierexport“). **Unlauter** ist ein Verhalten, **das bei gegebener Wettbewerbssituation nach seinem erkennbaren Ziel eine objektive Übertretung einer stillschweigend entstandenen, tatsächlich bestehenden oder feststellbaren Konventionalnorm darstellt und dem Anstandsgefühl aller verständigen und anständigen Durchschnittsgewerbetreibenden oder der angesprochenen Verkehrskreise zuwiderläuft und rechtswidrig ist.** Unlauterkeit ist also dasselbe wie Sittenwidrigkeit über den Begriff vgl. Anm. 57ff. zu § 1 — (gl. A. B.-Hefermehl S. 952; Reimer-v.Gamm S. 445). Hiernach ist unlauter jede Bevorzugung des Angestellten, die nicht durch echte Wettbewerbsleistung des

Bestechenden, sondern nur durch seine Zuwendung bestimmt wird. Die Unlauterkeit kann entfallen, wenn der aktive Täter in berechtigter Abwehr gegen einen unzulässigen Boykott bestochen hat.

Kein Rechtfertigungsgrund ist es, daß Bestechungen in dem betreffenden Gewerbezweig etwa üblich sind (RGSt. 63 S. 428), denn eine Unsitte darf nicht zum Handelsbrauch werden (BGH GRUR 55 S. 541), wie überhaupt das UWG zur Verbesserung der Wettbewerbssitten beitragen soll (RGSt. 48 S. 296). Auch die Erhaltung des bisherigen Geschäftsumfanges, Auftragsbestands usw. darf nicht durch Bestechungsgelder erreicht werden; wenn eine solche Unsitte gebilligt werden würde, müßten alle Mitbewerber zum Mittel der Bestechung greifen (RGSt. 66 S. 17). Unlauter verhält sich der Angestellte auch, wenn er, wie ihm zugemutet, bei künftiger Auftragserteilung den Bestechenden lediglich im gleichen Umfang wie bisher berücksichtigen soll (RGSt. a. a. O.), wenn letzterer hierauf keinen Anspruch hat. Hat der Bestechende dagegen einen *Rechts*anspruch auf die Bevorzugung, handelt der Angestellte trotz eines ihm gewährten Vorteils nicht „unlauter", worauf es tatbestandsmäßig ankommt, wenn er dem aktiven Täter die Bevorzugung einräumt.

Auf das Bewußtsein des Angestellten, unlauter zu handeln, kommt es nicht an (gl. A. B.-Hefermehl S. 955; Reimer-v. Gamm S. 445), noch braucht der Angestellte eine Schädigung seines Geschäftsherrn gewollt zu haben (BGH GRUR 62 S. 466 „Festgeldanlage").

[9] Die Bevorzugung durch das unlautere Verhalten des Angestellten muß **beim Bezug von Waren oder gewerblichen Leistungen** geschehen (über die Begriffe der Waren und gewerblichen Leistungen vgl. Erl. zu § 2). Wer die Waren bezieht, der akitve Täter von dem Betrieb des Angestellten oder umgekehrt, ist gleichgültig (RGSt. 66 S. 81); eine Bevorzugung kann der Täter als Abnehmer von Waren usw. (z. B. zu günstigeren als üblichen Preisen) ebenso erlangen wie als Lieferant. Gleichgültig ist ferner, ob die Ware oder Leistung für den Umsatz des Empfängers, sei dieser der aktive Täter oder der Prinzipal des bestochenen Angestellten, bestimmt ist (ebenso Reimer-v. Gamm S. 445; B.-Hefermehl S. 950; a. A. RGSt. 58 S. 431); erforderlich ist nur, daß der aktive Täter zum Zwecke des eigenen oder fremden Wettbewerbs handelt, dem nur überhaupt irgendwie gedient zu sein braucht (RGSt. 76. S. 108; vgl. auch Anm. 3). Die tatbestandsmäßige Dauer des Bezugs von Waren oder gewerblichen Leistungen währt vom Beginn der ersten Verhandlung über den angestrebten Abschluß des Vertrages bis zu seiner Erfüllung (BGH GRUR 58 S. 25 „Vorzimmer").

[10] Täter der aktiven Bestechung kann jeder sein; ob er selbst Mitbewerber ist oder nicht, bleibt gleich, nur muß er den Wettbewerb zumindest eines Mitbewerbers fördern. Täter ist demnach, wer zu irgendwessen Wettbewerbszwecken besticht, um sich oder einem Dritten eine Bevorzugung zukommen zu lassen. Er braucht nicht selbst anzubieten, zu versprechen oder zu gewähren; es genügt, wenn er sich hierbei eines Dritten, z. B. Angestellten oder Beauftragten bedient, für dessen Handlung er den Täterwillen hat (mittelbare Täterschaft), so daß er nicht etwa nur als Anstifter oder Gehilfe anzusehen ist. Auch ein Angestellter kann als Haupttäter für seinen Prinzipal aktiv bestechen (RGSt. 56 S. 241).

Täter der passiven Bestechung, die eine vollständig selbständige Handlung darstellt, kann dagegen nur sein, wer Angestellter oder Beauftragter des Betriebes ist, von dem die Bevorzugung erwartet wird. Von ihm wird ein Handeln zu Wettbewerbszwecken nicht gefordert. Ob er den aktiv Bestechenden später auch wirklich bevorzugt, ist ohne Bedeutung. Auch sein von Anfang an gemachter geheimer Vorbehalt, die ihm angesonnene Bevorzugung nicht einzuräumen, steht seiner Verurteilung nicht entgegen; es genügen Vorsatz und Wille, den Vorteil von dem aktiv Bestechenden entgegenzunehmen, den dieser erkennbar für ein erwartetes unlauteres Verhalten gewährt (BGH NJW 53 S. 1401). Führt der Angestellte die ihm angebotenen Vorteile jedoch seinem Geschäftsherrn zu, bleibt er straffrei (RG MuW 41 S. 197), weil er sie dann nicht für sich oder ihm nahestehende Personen empfängt; u. U. werden damit die zur Bestechung angebotenen Vorteile zur echten vertraglichen Leistung des Bestechenden, auf die der Prinzpial einen vertraglichen Anspruch erhält. Das Verhalten des Angestellten ist in solchen Fällen ebenso anzusehen als hätte der Prinzipal selbst gehandelt, der gegen § 12 nie verstoßen kann; ebensowenig der angestellte Geschäftsführer und gleichzeitig alleinige Gesellschafter einer GmbH (RG MuW 41 S. 197).

Trotzdem bleibt aber in diesen Fällen die *aktive* Bestechungshandlung strafbar. Es ist also vorstellbar, daß sich jemand durch Anbieten oder Versprechen strafbar macht, später aber zur Erfüllung seines Angebots rechtsgültig verpflichtet ist; deshalb ist sodann die nachfolgende *Gewährung* strafrechtlich irrelevant. Auch erlangt der strafbar Bestechende in solchen Fällen nachträglich einen Rechtsanspruch auf Erfüllung der nunmehr zum Vertragsbestandteil gewordenen Bevorzugung.

[11] Fordern ist das Gegenstück der passiven Bestechung zum „Anbieten" der aktiven Handlung; es braucht nicht ausdrücklich, es kann auch durch Zeichen, Mienen oder schlüssiges Handeln „gefordert" werden. Auch das erfolglose Fordern reicht aus, wie beim Gegenstück der aktiven Bestechung das abgelehnte Angebot. **Versprechen läßt** sich, wer das Angebot auch nur zur Kenntnis nimmt, ohne zu widersprechen, und den Wünschen des Bestechenden entsprechend handelt. Zu wessen Gunsten (eigenen oder nahestehender Dritter) der Angestellte einen Vorteil fordert oder sich versprechen läßt, ist gleich (s. Anm. 5 und 10).

[12] Vollendet ist die **aktive** Bestechung mit der Kenntnisnahme des Angebots oder des Versprechens oder der Entgegennahme der Bestechungsleistung selbst durch den zu Bestechenden, gleichgültig ob letzterer zustimmt oder annimmt, weil es nur auf das Verhalten des Täters selbst und nicht mehr auf die Reaktion des anderen ankommt (vgl. Anm. 10). Der Bestechungstatbestand kennt ein Versuchsstadium begrifflich nicht (BGH GRUR 58 S. 27 „Beschaffungsstelle"), weshalb geglückte und mißlungene Bestechungshandlungen strafrechtlich dasselbe sind.

Ebenso ist die **passive** Bestechung vollendet, sobald der Angestellte den Vorteil gefordert hat, noch ehe der andere ablehnt oder darauf eingeht. Erst recht ist die passive Bestechung mit der Zustimmung zum Angebot des anderen (versprechen lassen) sowie mit der Entgegennahme der Bestechungsleistung vollendet.

[13] **Subjektiv** wird **Vorsatz** verlangt, bedingter Vorsatz genügt (RG MuW 14 S. 147). Er muß sich auf alle Tatbestandsmerkmale erstrecken. Der **Täter der aktiven** Bestechung muß also wissen oder damit rechnen oder in Kauf nehmen, daß er zu Wettbewerbszwecken im geschäftlichen Verkehr handelt, daß der Bestochene in einem Anstellungs- oder Beauftragtenverhältnis zu dem die Bevorzugung gewährenden Betrieb steht. Fahrlässigkeit genügt nicht. Sie ist wohl auch nur in den Fällen der aktiven mittelbaren Täterschaft und in Unkenntnis vom Anstellungsverhältnis denkbar.

Die Vorschrift erfordert ferner die **Absicht** des Täters („um ... zu"), durch die Vorteilsgewährung die ersehnte Bevorzugung zu erlangen. Der subjektive Tatbestand erstreckt sich also auch auf das angestrebte Ziel und darauf, daß sein Angebot für das Erreichen des Zieles kausal sein wird. (Über den Begriff der Absicht vgl. Anm. 7 zu § 4). Ob das angestrebte Ziel schon erreicht ist, ohne daß der Bestechende hiervon weiß, bleibt sich gleich, weil es nur darauf ankommt, daß der Täter glaubt, es noch erreichen zu müssen. § 12 ist ein reines Absichtsdelikt (BGH GRUR 68 S. 587 „Bierexport"). Deshalb ist aber auch umgekehrt eine nachträgliche Belohnung für eine bereits erbrachte Leistung des anderen strafrechtlich irrelevant.

Die **Kausalität** zwischen Angebot und Bevorzugung hat der Täter in seinem Bewußtsein aufgenommen, wenn er sein Bestechungsmittel (Angebot) für geeignet (über den Begriff der Eignung vgl. Anm. 20 zu § 3) *hält*, daß sie den Bestochenen zur Handlung bestimmt, die ihm die Bevorzugung verschaffen soll. Allein die subjektive Vorstellung von der Eignung seines Mittels wird vorausgesetzt, eine objektive Eignung ist nicht erforderlich, weshalb ein wirklicher Kausalzusammenhang zwischen Angebot und Bevorzugung, auch nicht gefordert wird.

Zum subjektiven Tatbestand gehören nicht die Vorstellungen des Täters von dem *unlauteren* Charakter seiner oder des Angestellten Handlung, er muß nur von der Handlung als solcher wissen; es genügen objektive Sitten- und Rechtswidrigkeit.

Für die Handlung des **Bestochenen** wird **subjektiv** weniger gefordert. Dieser braucht in sein Bewußtsein nur aufgenommen zu haben, daß er für eine Bevorzugung des anderen Vorteile fordert, sich versprechen oder gewähren läßt; daß er die ernsthafte Absicht hat, durch eigene Handlung dazu beizutragen, damit der Bestechende auch bevorzugt werde, wird nicht verlangt; es genügen Vorsatz und

Wille, den Vorteil entgegenzunehmen, den der andere erkennbar für ein erwartetes unlauteres Verhalten gewährt oder verspricht (BGH NJW 53 S. 1401). Gleichgültig ist deshalb auch, ob der Bestochene sein von dem anderen erwartetes Verhalten selbst für unlauter hält (ebenso B.-Hefermehl S. 956; Tetzner S. 139). Auch wenn der Angestellte den Bestechenden täuscht und das Geschenk in der Absicht annimmt, die angestrebte Bevorzugung keinesfalls einzuräumen, macht er sich strafbar, in der Regel freilich auch nach § 263 StGB, der als die schwerere Strafvorschrift sodann allein zur Anwendung kommt.

[14] Die Tat ist ein **Vergehen.** Der Versuch ist, weil er nicht ausdrücklich unter Strafe gestellt wird, nicht strafbar (§ 43 Abs. 2 StGB), allerdings auch kaum vorstellbar (s. Anm. 12), so daß es außer der Vollendungshandlung nur noch straffreie Vorbereitungshandlungen geben kann, wenn man von dem ungewöhnlichen Fall absieht, daß das empfangsbedürftige Angebot oder Fordern von dem, an den es gerichtet wird, nicht gehört (empfangen) wird.

Die **Freiheitsstrafe** beträgt höchstens ein Jahr, die **Geldstrafe** 5 bis 10000 DM (§ 27 StGB). Bei Gewinnsucht („Steigerung des Erwerbssinns auf ein ungewöhnliches, ungesundes, sittlich anstößiges Maß" — RGSt. 60 S. 306, 389) beträgt die höchst zulässige Geldstrafe 100000 DM (§ 27a StGB). Bei Zusammentreffen mit anderen Strafvorschriften (z.B. §§ 331ff., 263 StGB u.a.) kann nur nach diesen — § 73 StGB — auch schwerer bestraft werden; in diesen Fällen wird die Strafverfolgung stets von Amts wegen aufgenommen, bei ausschließlicher Strafverfolgung nach § 12 jedoch nur auf Antrag (§ 22 UWG). **Verjährungsfrist** 5 Jahre, § 67 Abs. 2 StGB.

[15] Als Nebenstrafe kann auf Antrag des verletzten Mitbewerbers außerdem auf eine an diesen zu erlegende **Buße** erkannt werden, die allerdings die Geltendmachung weiterer Schadensersatzansprüche (nicht sonstiger Ansprüche) ausschließt (§ 26).

Neben der Freiheits- oder Geldstrafe **muß** auf **Einziehung des Empfangenen oder seines Wertes** zugunsten des Staates erkannt werden, was freilich eine Hauptverurteilung denkgesetzlich voraussetzt, gleichgültig, ob gemäß § 12 UWG oder wegen § 73 StGB letztlich nach einer anderen Vorschrift bestraft wird (RGSt. 76 S. 335; BGH St. 19 S. 27; B.-Hefermehl S. 959; Reimer-v. Gamm S. 448). Sie ist im Urteil selbst auszusprechen und kann nicht nachgeholt werden — §§ 441f. StPO (allg. Meing.). Sie kann gegen den Bestechenden ebenso ausgesprochen werden wie gegen den Bestochenen, gegen ersteren unter der Voraussetzung seiner Verurteilung jedoch nur, wenn er das Versprochene — auch durch etwaige Aufrechnung — zurückerlangt BGH GRUR 58 S. 25 „Vorzimmer") oder durch Nichtleistung erspart hat (diess. Auffassung). Hat der Bestochene das Bestechungsgeld weitergegeben, sei es an Angehörige, Freunde, seinen Prinzipal oder gar zurück an den Bestechenden selbst, ist zu seinen materiellen Lasten der Wert des

Empfangenen zugunsten des Staates für verfallen zu erklären, da er über das Empfangene zu disponieren vermochte (BGHSt. 13 S. 328; a. A. Reimer-v. Gamm S. 448, der in letzterem Falle den Bestochenen nicht belasten will, dabei aber übersieht, daß § 12 als reines Absichtsdelikt für sozialsentimentale Erwägungen keinen Raum läßt). Die außerdem bestehende Herausgabepflicht an den Prinzipal des Bestochenen gemäß § 667 BGB wird nach dem Gesetz hiervon nicht berührt (gl. A. B.-Hefermehl S. 958). Die Mittelmeinung, daß nur derjenige Anspruch zu befriedigen sei, auf den als ersten rechtskräftig erkannt werde (BGH GRUR 63 S. 320 „Schmiergelder"; BArbG GRUR 62 S. 320 „Fahrtenvergünstigung"), läßt außer acht, daß die Einziehung eine Strafe ist, auf die erkannt werden muß und daher nicht entwürdigend auf ein Rennen mit dem Zivilanspruch des Prinzipals verwiesen werden kann. Wer sich auf das Glatteis von Bestechungen begibt, verhält sich selbst des schnöden Vorteils wegen asozial und hat einen sozialen Schutz verwirkt.

[16] Die Vorschrift ist nur strafrechtlich von Bedeutung; denn aktive und passive Bestechung sind per se sittenwidrig, so daß sich **Zivilansprüche** (Unterlassung, Schadensersatz) ohne weiteres aus §§ 1 UWG evtl. 823, 826 BGB ergeben. § 1 wird nicht erst mit tatbestandsmäßiger Verwirklichung des § 12 verletzt, sondern schon dann, wenn nur der objektive Tatbestand erfüllt wird und der Täter aus irgendwelchen subjektiven Gründen (Strafunmündigkeit, Unzurechnungsfähigkeit usw.) straffrei bleibt.

Die Zivilansprüche sind auf **Unterlassung** und **Schadensersatz** gerichtet. Beide Anspruchsarten können sich aus §§ 1 und 13 ergeben. Der Unterlassungsanspruch (näheres s. Anm. 238ff. zu § 1) setzt freilich eine Wiederholungsgefahr voraus, die von Fall zu Fall zu untersuchen ist. Ihn geltend zu machen sind jeder geschädigte Mitbewerber und die Wirtschaftsverbände des § 13 legitimiert. Der Geschäftsherr des bestochenen Angestellten, der zu dem aktiven Täter in keinem Wettbewerbsverhältnis steht, leitet seinen etwaigen Unterlassungsanspruch nicht aus dem UWG, sondern aus den bürgerlich-rechtlichen Vorschriften ab (§ 1004), seine etwaigen Schadensersatzansprüche aus §§ 823, 826 BGB, die naturgemäß davon abhängig sind, daß auch ein Schaden entstanden ist. Der Schaden des Geschäftsherrn des Bestochenen kann z. B. darin liegen, daß der dem Angestellten gewährte Vorteil nicht ihm zugute gekommen ist, denn ihm würde, wenn er seine Geschäfte selbst besorgt hätte, wertmäßig mindestens dieser Vorteil als echte Gegenleistung angeboten worden sein (BGH GRUR 62 S. 466 „Festgeldanlage"). Der Ersatzanspruch des Geschäftsherrn, den ihm der aktive und der passive Täter nebeneinander schulden, hat mit dem Verfallsanspruch des Staates (Abs. 3) nichts zu tun; denn bei diesem handelt es sich um eine Nebenstrafe — (vgl. Anm. 15 — Anders, aber unrichtig BArbG GRUR 62 S. 320, wo übersehen wird, daß die empfangene Bestechungsleistung nur eine *Bemessungsgrundlage* für Schadensersatzansprüche ist; wie hier BGH GRUR 63 S. 320 „Schmiergelder"). Für die

Schadensersatzansprüche sind im übrigen die Vorschriften der §§ 249—260 BGB maßgebend; sie beinhalten auch einen Anspruch auf Auskunftserteilung und Rechnungslegung (näheres s. Anm. 266ff. zu § 1).

Für die Schadensersatzansprüche, die nicht aus § 1 UWG hergeleitet werden können, wird ausnahmslos Verschulden vorausgesetzt. Aber auch für sie wird nicht Vorsatz gefordert, vielmehr reicht aus, wenn der Ersatzpflichtige nur *fahrlässig* handelt (vgl. §§ 13 Abs. 2 Ziff. 2 UWG, 823 BGB) und deshalb nach § 12 nicht bestraft werden kann; denn das Bestechungsgeschäft als solches ist nichtig (gl. A Reimer-v. Gamm S. 450).

An das abgeschlossene Hauptgeschäft bleibt der Bestechende gebunden (RGZ 107 S. 208), es sei denn, daß der Prinzipal geschädigt wurde, z.B. weil ihm vorteilhaftere Angebote vorenthalten wurden, auch wenn die des Bestechenden an sich angemessen waren, und daß deshalb der Prinzipal von einer sich ihm bietenden bürgerlich-rechtlichen Möglichkeit Gebrauch macht, aus dem Geschäft herauszukommen, z.B. es nicht zu genehmigen, wenn seine Wirksamkeit von seiner Genehmigung abhängt, es anzufechten (§ 142 BGB) u. dgl. (ähnl. B.-Hefermehl S. 957; a.A. offenbar Reimer-v. Gamm S. 450, der den Hauptvertrag immer für nichtig hält.

[Aktivlegitimationen]

§ 13

(1) In den Fällen der §§ 1, 3, 6a und 6b kann der Anspruch auf Unterlassung von jedem Gewerbetreibenden, der Waren oder Leistungen gleicher oder verwandter Art herstellt oder in den geschäftlichen Verkehr bringt, oder von Verbänden zur Förderung gewerblicher Interessen geltend gemacht werden, soweit die Verbände als solche in bürgerlichen Rechtsstreitigkeiten klagen können. Auch können diese Gewerbetreibenden und Verbände denjenigen, welcher den §§ 6, 8, 10, 11, 12 zuwiderhandelt, auf Unterlassung in Anspruch nehmen.

(1a) In den Fällen der §§ 3, 6, 6a, 6b, 7 Abs. 1 und des § 11 kann der Anspruch auf Unterlassung auch von Verbänden geltend gemacht werden, zu deren satzungsgemäßen Aufgaben es gehört, die Interessen der Verbraucher durch Aufklärung und Beratung wahrzunehmen, soweit die Verbände als solche in bürgerlichen Rechtsstreitigkeiten klagen können. Das gleiche gilt in den Fällen des § 1, soweit der Anspruch irreführende Angaben über Waren oder gewerbliche Leistungen oder eine sonstige Handlung zu Zwecken des Wettbewerbs betrifft, durch die wesentliche Belange der Verbraucher berührt werden.

(2) Zum Ersatz des durch die Zuwiderhandlung entstehenden Schadens ist verpflichtet:

1. wer im Falle des § 3 wußte oder wissen mußte, daß die von ihm gemachten Angaben irreführend sind. Gegen Redakteure, Verleger, Drucker oder Verbreiter von

periodischen Druckschriften kann der Anspruch auf Schadensersatz nur geltend gemacht werden, wenn sie wußten, daß die von ihnen gemachten Angaben irreführend waren;

2. wer gegen die §§ 6, 6a, 6b, 8, 10, 11, 12 vorsätzlich oder fahrlässig verstößt.

(3) Werden in einem geschäftlichen Betrieb Handlungen, die nach §§ 1, 3, 6, 6a, 6b, 8, 10, 11, 12 unzulässig sind, von einem Angestellten oder Beauftragten vorgenommen, so ist der Unterlassungsanspruch auch gegen den Inhaber des Betriebes begründet.

Übersicht

[1] Allgemeines: Die Vorschrift baut auf dem **Grundgedanken** auf, daß die Auswüchse im Wettbewerb nicht nur im Interesse der einzelnen Mitbewerber, sondern auch im Interesse der Allgemeinheit zu bekämpfen sind, der Wettbewerb von Auswüchsen sauberzuhalten ist, was nur dann Erfolg verspricht, wenn die Wettbewerbsordnung selbst dauernd verteidigt wird (RGZ 120 S. 47; RGSt. 63 S. 107). Der Gesetzgeber **legitimiert** daher weite Kreise, Unterlassung von Wettbewerbsverstößen zu verlangen. Aber er konkretisiert diese Kreise und gibt damit keine Popularklage für jedermann, sondern bestimmt im Einzelnen, wer zur Wahrnehmung der Interessen der Mitbewerber und der Allgemeinheit klageberechtigt sein soll (BGH GRUR 73 S. 78 „Verbraucherverband"). Dadurch aber, daß er diese Kreise weit zieht, ist die Verteidigung unserer Wettbewerbsordnung nicht von der Verteidigungsbereitschaft und/oder Verteidigungskraft des unmittelbar verletzten Mitbewerbers abhängig, der freilich immer klageberechtigt ist.

[2] Klageberechtigt ist sonach: **jeder Gewerbetreibende,** der Waren oder gewerbliche Leistungen (Begriff vgl. Erläuterungen zu § 2) gleicher oder verwandter

Art herstellt oder in den Verkehr bringt, und zwar grundsätzlich ohne Rücksicht darauf, ob dies erlaubt oder unerlaubt geschieht; freilich kann es im Einzelfall bei Betreiben eines unerlaubten Gewerbes am Rechtsschutzbedürfnis für den geltend gemachten Unterlassungsanspruch fehlen, sowie die Verbände dieser Vorschrift (vgl. Anm. 3f).

[2a] **Gewerbetreibender** ist derjenige, der durch dauernde selbständige Tätigkeit oder durch kapitalmäßige Beteiligung Einnahmen erzielen will (RGSt. 55 S. 31/32), sofern er nur tätig ist (RG MuW 40 S. 32). Auf den Zweck, *Gewinne* zu erzielen, kommt es nicht an, weshalb auch soziale und gemeinnützige Unternehmen zu den Gewerbetreibenden gehören (RG JW 34 S. 2916). Es gehören hierher auch der selbständige Handwerker wie der Fabrikant, der geschäftsführende Komplementär wie der Kommanditist oder stille Gesellschafter, auch der Verpächter, der am Umsatz beteiligt ist, und alle freiberuflich Tätigen wie Rechtsanwälte, Wirtschaftsprüfer, Ärzte usw. (vgl. RGZ 99 S. 189; s. auch Anm. 4 zu § 12). Die engen Grenzen der Gewerbeordnung gelten für das UWG nicht. Nicht zum Kreis der Gewerbetreibenden gehören Angestellte, Behörden und öffentliche Körperschaften, die sich nicht im Wirtschaftsleben betätigen. Klageberechtigte Gewerbetreibende sind auch Einkaufsgenossenschaften, wenn sie mit außenstehenden Dirtten im Wettbewerb liegen (BGH GRUR 58 S. 544 „Colonia"); anders aber — also nicht — Gewerbetreibende, wenn sie sich nur hausintern mit der Verteilung der von ihnen eingekauften Ware befassen (BGH GRUR 69 S. 479 „Colle de Cologne").

[2b] **Leistungen** oder **Waren** (Begriff vgl. Erl. zu § 2) sind dann **gleicher** oder **verwandter weit auszulegender Art,** wenn sie nach ihrem äußeren Aussehen übereinstimmen oder verwechslungsfähig sind, oder zueinander in Wettbewerb treten *können,* wobei auch die Möglichkeit einer Ausbreitung des Geschäfts und damit eines *zukünftigen* Wettbewerbs zu berücksichtigen ist (st. Rspr. RG GRUR 39 S.742; BGH GRUR 55 S. 37 „Cupresa"). Der Kreis von Waren verwandter Art ist weit zu ziehen (BGH a.a.O., GRUR 56 S. 187 „Englisch Lavendel"). Auch ist nicht erforderlich, daß die Parteien in unmittelbarem Wettbewerbsverhältnis stehen, noch nicht einmal, daß für sie der gleiche Abnehmerkreis in Betracht kommt; es genügt vielmehr, wenn sich Waren oder gewerbliche Leistungen so gegenüberstehen, daß sie sich nach der Verkehrsanschauung — sei es auch nur mittelbar — einander im Absatz behindern können (BGH GRUR 55 S. 598 „Werbeidee"; 57 S. 342 „Underberg"; 66 S. 445 „Glutamal"). Weiter reicht die Legitimation der Gewerbetreibenden (im Gegensatz zu der der Verbände) nicht, wenn es sich nicht gleichzeitig um einen unmittelbar Verletzten handelt (a. A. BGH GRUR 65 S. 612 „Warnschild", der ausnahmsweise auch das allg. Rechtsschutzbedürfnis genügen lassen will, womit er aber der Theorie der Popularklage bedenklich näherrückt — die BGH GRUR 73 S. 78 „Verbraucherverband" zutreffend ablehnt —, weil ein solcher Gewerbetreibender nicht mehr Mitbewerber sondern als Außenstehender ohne wettbewerblichen Bezug nur noch die Interessen der Allgemeinheit vertritt.)

[3] Damit die Verfolgung von Wettbewerbsverstößen nicht dem unmittelbar Verletzten allein überlassen bleibt (BGH GRUR 68 S. 95 „Büchereinachlaß“; S. 106 „Ratio“), der aus Angst vor Kosten oder dgl.) oder deshalb untätig sein kann, weil er sich damit etwa die Duldung einer noch unlautereren eigenen Wettbewerbshandlung durch den Täter erkauft, haben auch gewisse **Verbände** zur satzungsgemäßen Förderung gewerblicher Interessen sowie sog. Verbraucherverbände, die satzungsgemäß die Interessen der Verbraucher durch Aufklärung und Beratung wahrzunehmen haben, die Legitimation zur Verfolgung von Unterlassungsansprüchen (vgl. Anm. 4) erhalten. Diese Verbände sind neben den Verbraucherverbänden zur Bekämpfung unlauterer Wettbewerbshandlungen auch dann legitimiert, wenn das nicht mehr im Interesse eines unmittelbar Verletzten sondern nur noch im Interesse der Allgemeinheit geschieht (BGH GRUR 64 S. 397 „Damenmäntel“). Ihr Unterlassungsanspruch ist mit demjenigen der Mitbewerber begrifflich identisch; er erfaßt auch den Widerrufsanspruch (BGH GRUR 62 S. 315 „Deutsche Miederwoche“). Das einzelne Verbandsmitglied hat den Anspruch jedoch nicht, es sei denn, er steht ihm als Mitbewerber aus eigenem Recht zu.

[4] Das Gesetz unterscheidet zwischen **zwei Arten von Verbänden:**

a) den Verbänden zur Förderung gewerblicher Interessen,

b) den Verbänden, die die Interessen der Verbraucher durch Aufklärung und Beratung wahrzunehmen haben.

zu a) Die **Verbände zur Förderung gewerblicher Interessen** müssen parteifähig sein und **gemäß ihrer Verbandssatzung** der Förderung gewerblicher Interessen dienen (BGH GRUR 65 S. 485 „Versehrtenseife“), sich darüber hinaus in diesem Sinne aber auch **faktisch ernsthaft bestätigen** (BGH GRUR 73 S. 78 „Verbraucherverband“). Schränken die Satzung oder die Übung des Verbandes den Tätigkeitsbereich desselben sachlich oder auch nur geographisch ein, ist auch seine Aktivlegitimation auf die entsprechenden Fälle eingeengt (OLG Düsseldorf GRUR 73 S. 324); ist in der Satzung keine ausdrückliche Einschränkung der Verbandstätigkeit vorgesehen, kann ein in seinem regionalen Wirkungsbereich eingeengter Verband seinen Unterlassungsanspruch dennoch lokal unbeschränkt für das ganze Bundesgebiet geltend machen (BGH GRUR 64 S. 397 „Damenmäntel“). Dann könnte es am Rechtsschutzbedürfnis fehlen.

Vom Verband wird nicht, wie vom klageberechtigten Gewerbetreibenden gefordert, daß auch nur eines seiner Mitglieder zu dem Verletzer in Wettbewerb steht oder auch nur selbst Gewerbetreibender ist (BGH a. a. O. „Versehrtenseife“); sie können alle völlig anderen Erwerbszweigen zugehören, sie brauchen noch nicht einmal verletzt zu sein (BGH GRUR 57 S. 606 „Heiltee“; a. a. O. „Versehrtenseife“), wenn nur „die Verfolgung der Wettbewerbshandlung überhaupt in den Bereich der gewerblichen Interessen fällt, zu deren Förderung der Verband berufen ist, und die Handlung des Täters die satzungsgemäß zu verfolgenden Interessen des

Verbandes irgendwie verletzt (OLG Hamburg GRUR 54 S. 588). Zur ausschließlichen Verfolgung reiner Individualrechte eines Mitglieds ist der Verband nicht legitimiert, was nicht ausschließt, daß sein satzungsgemäßes Verfolgungsinteresse auch einmal mit dem im übrigen ausschließlichen Interesse eines einzigen Mitgliedes identisch sein kann (RG MuW 36 S. 64).

aα) Der **Anspruch** der Verbände zur Förderung gewerblicher Interessen **erstreckt sich auf die Unterlassung** jeden Verstoßes gegen die **§§ 1 bis 12**, nicht aber auf Unterlassung von Verstößen gegen Individualrechte im Sinne der §§ 14 ff., es sei denn, daß mit diesen zugleich §§ 1, 3 verletzt sind.

Aber der Verband kann mit Ermächtigung des unmittelbar Verletzten die Prozeßführung im eigenen Namen auch hinsichtlich der verletzten Individualinteressen betreiben (BGH GRUR 56 S. 279 „Olivin"; 60 S. 240 „Süßbier"), sofern das notwendige eigene Verbandsinteresse hierfür von seiner Satzung gedeckt wird. Für die Geltendmachung von Schadensersatzansprüchen Dritter wird das nie gegeben sein (BGH a. a. O. „Olivin"; 64 S. 567 „Lavamat").

aβ) Da der Verband sich ernsthaft auch faktisch im Sinne seiner Satzung unlauteren Wettbewerb bekämpfend zu betätigen hat, um gemäß § 13 klagebefugt zu sein, **verwirkt er seine Aktivlegitimation** zur Verfolgung solcher Wettbewerbsverstöße Dritter, die er bei seinen Mitgliedern duldet. Hat schon ein anderer Verband mit personengleichem Geschäftsführer gegen den Verletzer einen Titel erstritten, entfällt das Rechtsschutzbedürfnis für einen neuerlichen Titel (OLG Oldenburg BB 62 S. 235), sowie die Wiederholungsgefahr. Klagen aber mehrere voneinander unabhängige Verbände wegen desselben Sachverhalts gegen dieselbe Partei, sind weder die Einrede der Rechtshängigkeit noch die Einrede des mangelnden Rechtsschutzbedürfnisses gegeben (BGH GRUR 60 S. 379 „Zentrale").

aγ) Zur **Verfolgung eigener Schadensersatzansprüche** ist der Verband wie jede andere Rechtsperson legitimiert. Daß zu solchen Schäden auch **vorprozessuale Kosten** desselben für Abmahnungen wettbewerbswidriger Handlungen gehören, wird allgemein abgelehnt, weil die Vorschriften des UWG nicht den Schutz der Verbände des § 13 bezwecken (BGH GRUR 70 S. 189 „Photowettbewerb"). Den Verletzer dennoch unter dem Gesichtspunkt der Geschäftsführung ohne Auftrag für solche Kosten ersatzpflichtig zu machen, weil die Abmahnung dem mutmaßlichen Willen des Störers entsprach (so BGH a. a. O.), erscheint konstruiert und wirklichkeitsfremd, weil das Interesse des Verletzers darauf hinzielt, seine Handlung ungestört fort- bzw. durchzusetzen. Angesichts der für die Erhaltung ihres Klagerechts gemäß § 13 gegebenen Notwendigkeit, dauernd und ernsthaft Wettbewerbsverstöße zu verfolgen (BGH GRUR 73 S. 78 „Verbraucherverband"), mahnen diese Verbände aus eigenem Existenzinteresse ab, das den Zwecken und Zielen ihrer Satzung entspricht. Ein Bedürfnis, ihnen dadurch entstehende Aufwendungen abzunehmen, besteht nicht, weil es keine Rechtsinhaberschaft ohne Aufwendungen gibt (gl. A. Klaka GRUR 70 S. 189—192; Habscheid NJW 58

S. 1001). Auch widerspricht die Entscheidung des BGH (a.a.O. „Photowettbewerb") dem Willen des Gesetzgebers, der eben eigens nicht eine ihm empfohlene Gesetzesänderung geschaffen hat, die vorsehen sollte, daß der Verletzer solchen Verbänden die außergerichtlichen Abmahnungskosten zu ersetzen habe (BT-Drucksache V 2324 — neu).

aδ) Beispiel: Das Klagerecht wurde anerkannt: für Handels- (RGSt. 44 S. 143), Handwerks- (BGHSt. 2 S. 400), Anwalts- und Ärztekammern (RGSt. 35 S. 268; BGH GRUR 57 S. 425 „Ratgeber"), Wirtschaftsgenossenschaften, Innungsverbände, Zwangsinnungen (RG GRUR 41 S. 280), Großhändler- und Brauereiverbände (BGH GRUR 54 S. 163 „Bierlieferungsverträge"), „Blindenverband" (BGH GRUR 65 S. 487), Zentrale zur Bekämpfung unlauteren Wettbewerbs (BGH GRUR 54 S. 170 „Orbis"), Vereine zum Schutze der Gewerbetreibenden und Verbraucher vor unlauterem Wettbewerb BGH GRUR 70 S. 189 „Photowettbewerb"; 73 S. 324 „ ?Co — op sb"). — Als **nicht klageberechtigt** wird angesehen, wer nach seiner Satzung nicht die gewerblichen Interessen seiner Mitglieder fördert (allg. Meinung., für viele: OLG Nürnberg GRUR 61 S. 587).

Zu b: Die Verbraucherverbände sind nicht per se **klageberechtigt,** sondern nur dann, wenn es zu ihren satzungsgemäßen Aufgaben gehört, die **Verbraucher-Interessen durch Aufklärung und Beratung wahrzunehmen,** gleichgültig freilich, ob sie noch weitere satzungsmäßige Zwecke und Ziele verfolgen (gl. A. B.-Hefermehl S. 972; Borck WRP 65 S. 319; OLG Celle BB 69 S. 1284; a. A. OLG Köln GRUR 69 S. 484). Der Verband kann auch den Schutz der Gewerbetreibenden und zugleich der Verbraucher vor unlauterem Wettbewerb bezwecken (BGH GRUR 70 S. 189 „Photowettbewerb"). Schränken Satzung und/oder Übung den Aufgabenbereich des Verbandes ein, ist auch seine Klagebefugnis entsprechend eingeengt (OLG Düsseldorf GRUR 73 S. 324). Ist der satzungsgemäße Aufgabenbereich auf die Wahrnehmung der Interessen nur der Mitglieder des Verbandes oder Vereins beschränkt, entfällt eine Klagebefugnis überhaupt, weil der Gesetzgeber sie nur zum Schutze der Verbraucher in ihrer unbegrenzten Allgemeinheit hat schaffen wollen (OLG Köln GRUR 69 S. 484).

bα) Die Verbraucherverbände müssen die Interessen durch Aufklärung und Beratung **auch tatsächlich wahrnehmen,** und zwar ernsthaft (BGH GRUR 73 S. 78 „Verbraucherverband") so daß ihre Existenzberechtigung auch in dieser Tätigkeit ihren Sinn hat. Der reine Satzungswortlaut allein reicht zur Erlangung der Klagebefugnis nicht aus. Die Klagebefugnis ist eine von Amts wegen zu prüfende Prozeßvoraussetzung (BGH GRUR 71 S. 516 „Brockhaus Enzyklopädie"; 73 S. 78 „Verbraucherverband") deren zugrundeliegenden Tatsachen vom klagenden Verband zu beweisen sind. Eine auf die gerichtliche Verfolgung von Wettbewerbsverstößen beschränkte Tätigkeit allein reicht für die Erlangung der Klagebefugnis nicht aus, weil sie eine Aufklärungs- und Beratungstätigkeit nicht ist (BGH a.a.O.; B.-Hefermehl S. 973). Damit wird die Flut von Pseudo-Verbänden eingedämmt, deren wirkliches Interesse sich in der Führung gebührenträchtiger Wettbewerbsprozesse erschöpft (vgl. Utescher GRUR 73 S. 80; Pastor GRUR 69 S. 571).

bβ) Der Umfang der Klagebefugnis der Verbraucherverbände mißt sich an den Verbraucher-Interessen. Er wird von der Vorschrift erschöpfend geregelt, beschränkt sich also auf die Irreführungstatbestände der §§ 3, 6, 6a, 6b, 7 Abs. 1 und § 11. Es schadet nicht, wenn zugleich auch andere Vorschriften verletzt sind. Da das Gesetz die Klagebefugnis nicht ausdrücklich für Verstöße gegen § 1 UWG gibt, reicht seine alleinige Verletzung nicht aus (a.A. B.-Hefermehl S. 976, der auf die Zahl der verletzten Verbraucher und auf das Gewicht der verletzten Belange derselben abstellen will; damit würden aber die Weichen zum Wege der Uferlosigkeit der Klagebefugnis dieser Verbände gestellt sein).

[5] Einigkeit herrscht darüber, daß eine Klagebefugnis der Verbände bei ausschließlicher Verletzung reiner **Individualrechte** nicht anzuerkennen ist (vgl. Anm. 4a). Ihr Klagerecht entfällt aber nicht deshalb, weil sie vornehmlich Individualrechte verteidigen, wenn sie auch Interessen der Allgemeinheit wahrnehmen. Wo diese aufhören, ist schwer zu sagen; sie können u.U. auch an der Verhinderung von Verletzungen reiner Zeichenrechte bestehen, wenn der Verkehr durch sie irregeführt wird oder der Täter aus dem Ruf des Verletzten ungerechtfertigten Nutzen zieht, wodurch er andere Mitbewerber überflügeln kann. Das zu unterbinden ist oft auch ein Anliegen einer unbestimmten Zahl von Mitbewerbern (gl. A. B.-Hefermehl S. 966).

Unter diesem Gesichtspunkt kann die Verhinderung von Verletzungen freilich bei nahezu allen Individualrechten im allgemeinen Interesse liegen, was zu einer uferlosen Ausdehnung der Klagebefugnis führen würde. Ihre Grenze ist deshalb nach dem Rechtsschutzbedürfnis der nicht unmittelbar verletzten Mitbewerber des Verletzers an ihrer Verfolgung seines Wettbewerbsverstoßes zu richten und eng auszulegen.

Zur Verfolgung von Individualrechten kann der Verletzte den Verband aber **ermächtigen,** sofern der Verband ein eigenes rechtliches Interesse an der Verfolgung des Anspruchs hat (st. Rspr. BGH GRUR 56 S. 279 „Olivin"; 60 S. 240 „Süßbier"). Die Ermächtigung ist ein abstraktes Rechtsgeschäft und unterscheidet sich von der Bevollmächtigung dadurch, daß sie zum Handeln im eigenen Namen berechtigt.

a) Die **Abtretung des Unterlassungsanspruchs** eines unmittelbar Verletzten an einen Verband ist begrifflich nicht denkbar (RG 96 S. 172; 102 S. 129) weil der Unterlassungsanspruch, im Interessensbereich des Verletzten entstanden ohne Veränderung seines Inhalts nicht abgetreten werden kann (§ 399 BGB). Seine Abtretung ist auch nicht bei Übertragung des ganzen Geschäftsbetriebes des Verletzten möglich, vielmehr entsteht er mit der Geschäftsübertragung beim Übernehmer, der nun selbst beeinträchtigt wird, lediglich erneut. Er ist also mit einem übertragungsfeindlichen, persönlichkeits-rechtlichen Gehalt behaftet, so daß fraglich erscheint, ob die Ermächtigung eines Verbandes zu seiner Geltendmachung zulässig ist — so die ständige Rechtsprechung s. o.

b) Über Begriff und Inhalt des Unterlassungsanspruchs vgl. Anm. 238ff. zu § 1. Der Anspruch auf **Widerruf oder Beseitigung** ist den Verbänden zu versagen, sofern er allein Schadensersatzcharakter hat. Über Begriff und Inhalt des Schadensersatzanspruchs vgl. Anm. 260ff. zu § 1.

[6] Da die §§ 3, 6, 6a, 6b, 8, 10, 11, 12 selbst expressis verbis nur Unterlassungsansprüche bzw. Strafandrohungen, aber den unmittelbar Verletzten keine **Schadensersatzansprüche** geben, war es notwendig, sie zur Klarstellung hier zu regeln. Für sie wird Verschulden vorausgesetzt — anders als für Schadensersatzansprüche gemäß § 1 (vgl. dort Anm. 49). **Fahrlässigkeit genügt.** Für § 3: **„Wissen“** bedeutet Vorsatz und **„wissen müssen“** grundsätzlich Fahrlässigkeit. Verletzt der Täter außerdem § 1, kommen Ersatzansprüche wegen desselben Tatbestandes ausschließlich aus § 3 in Betracht. Wer nicht weiß, aber wissen muß, ist von der Schadensersatzpflicht nicht freigestellt, weil für jeden Gewerbetreibenden die Verpflichtung besteht, sich sorgfältig zu informieren.

Ebenso wird Verschulden (Vorsatz oder Fahrlässigkeit) für Schadensersatzansprüche bei Verletzungen der §§ 6, 6a, 6b, 8, 11, 12 und über § 10 auch bei Verletzungen der §§ 7, 7a, 7b, 9, 9a gefordert.

[7] Für die **Haftung der Presse** gelten diese strengen Grundsätze nicht, zumal man von ihr selten sagen kann, daß sie etwas wissen muß, da sie oft nur vom Hörensagen bzw. aus zweiter Hand weiß. Ihr muß die positive Kenntnis, der Vorsatz *nachgewiesen* werden. Das gilt trotz § 823 BGB, der für Schadensersatzpflicht Fahrlässigkeit genügen läßt. Diese Vergünstigung besteht aber nur bei periodischen Druckschriften, sei es, daß sie in regelmäßigen oder unregelmäßigen Zeitabständen erscheinen (vornehmlich also Tageszeitungen, Zeitschriften, Anzeigenblätter u. dgl.). Sammellieferwerke, die sukzessive erscheinen, sind keine periodischen Druckwerke, ebensowenig Druckerzeugnisse, deren zeitlicher Abstand der jeweiligen Erscheinungsdaten mehr als 6 Monate beträgt (gl. A. B.-Hefermehl S. 977).

Die Presse ist mit diesem **Privileg bei Unterlassungsansprüchen** nicht jeglicher Prüfungspflicht enthoben, vielmehr liegt sie ihr auch bei der Entgegennahme von Anzeigenaufträgen grundsätzlich ob; sie ist gehalten, Anzeigen mit gesetzwidrigem Inhalt zurückzuweisen (BGH GRUR 72 S. 722 „Geschäftsaufgabe“). Freilich dürfen die Anforderungen an das Ausmaß der Prüfung nicht überspannt werden, da die Verantwortlichen überfordert wären, würden sie bei jedem Einzelauftrag im Anzeigengeschäft eingehende wettbewerbsrechtliche Studien treiben müssen (BGH GRUR 73 S. 203 „Badische Rundschau“). Maßgebend ist aber der Zeitpunkt der letzten mündlichen Verhandlung, bis zu welcher sich durch das Prozeßverhalten der beklagten Presse gezeigt hat, ob die Gefahr von Wiederholungen in nunmehr erlangter voller Kenntnis der Unzulässigkeit der anfänglich nicht vorsätzlich veröffentlichten unzulässigen Anzeige besteht (BGH a.a.O. „Badische Rundschau").

Die **strafrechtliche Verantwortlichkeit** der Presse regeln die §§ 20, 21 RPG. Hiernach ist der verantwortliche Redakteur als Täter für solche Handlungen zu bestrafen, deren Strafbarkeit durch den Inhalt einer *periodischen* Druckschrift begründet wird, wenn nicht durch besondere Umstände die Annahme seiner Täterschaft ausgeschlossen wird § 20, Abs. 2 RPG). Seine Täterschaft wird also widerlegbar vermutet; die Beweislast liegt beim Redakteur. Führt er den Gegenbeweis nicht, wird vermutet, er habe die Druckschrift mit Kenntnis und Verständnis ihres Inhalts veröffentlicht BGH NJW 56, S. 1207). Anders § 1 RPG: Hiernach können, nicht nur der verantwortliche Redakteur, sondern auch Verleger, Drucker und Verbreiter ersatzweise für den wirklichen Täter (mit Geldstrafe bis zu 10000 DM oder Freiheitsstrafe) bestraft werden, wenn der Inhalt einer Druckschrift (nicht nur einer periodischen) den Tatbestand einer strafbaren Handlung begründet, wenn nicht die Anwendung pflichtgemäßer Sorgfalt oder Umstände nachgewiesen werden, die diese Anwendung unmöglich gemacht haben. Während der verantwortliche Redakteur seine strafrechtliche Verantwortlichkeit gemäß § 20, Abs. 2 bereits ausschließt, wenn er beweist, die Druckschrift nicht gelesen zu haben (BGH a.a.O.), kann er nach § 21 dennoch, und zwar eben wegen der hierin liegenden Unsorgfältigkeit seines Verhaltens bestraft werden. Seine Bestrafung gemäß § 21 entfällt jedoch (Abs. 2), wenn er bis zur Verkündung des ersten Urteils nachweist, daß der verantwortliche Täter sich z. Z. der Veröffentlichung im Bereich der richterlichen Gewalt eines deutschen Bundesstaates befunden hat. Die Benennung eines anderen gleichfalls verantwortlichen Pressevertreters genügt dagegen nicht (BGH NJW 56, S. 1807, Benennung des verantwortlichen Redakteurs durch den wegen fahrlässigen Pressevergehens schuldigen Verleger).

[8] **Redakteur** ist, wer der Druckschrift einen Inhalt zu geben oder diesen zusammenzustellen hat, also insoweit verantwortlich ist (RGSt. 21 S. 23; 36 S. 215) im engeren, hier allein interessierenden presserechtlichen Sinn: **wer eine periodische Druckschrift mit eigener Entscheidungsbefugnis über die Auswahl des zu publizierenden Stoffes redigiert oder mitredigiert** (Löffler Presserecht II Vorb. III zu § 8 LPG). Er muß für den beanstandeten Teil verantwortlich sein und haftet bei Verletzung seiner Sorgfaltspflicht für das rechtwidrige Verhalten seiner weisungsgebundenen Angestellten (BGH NJW 57 s. 1149; Löffler ebenda).

Verleger ist, wer die Druckschrift verbreitet (RGSt. 19 S. 358).

Drucker ist, wer die Schrift im Sinne des § 2 RPG druckt (RGSt. 16 S. 145), d.h. der Inhaber der Druckerei, nicht aber der Setzer, auch nicht leitende Angestellte des Druckers (RG JW 40 S. 862).

Verbreiter ist, wer als selbständiger Unternehmer die Druckschrift einem größeren Personenkreis zugänglich macht. Gewerbsmäßigkeit des Verbreitens wird nicht gefordert (ähnlich RGSt. 20 S. 63). Wer nur als Werkzeug des eigentlichen Vertriebs tätig wird, z. B. die Zeitungsausträgerin, verbreitet nicht.

[9] **Haftung für Angestellte und Beauftragte.** Der Prinzipal haftet bürgerlich-rechtliche für seine Angestellten und Beauftragten auf **Schadensersatz** lediglich nach den allgemeinen Grundsätzen der §§ 830, 831 BGB. Obwohl § 13 Abs. 3 schadensersatzrechtlich keine Handhabe bietet, die Angestellten und Beauftragten als Wissensvertreter des Betriebsinhabers in dem Sinne zu behandeln, daß letzterem die Kenntnis derselben als eigene Kenntnis und demgemäß als eigenes unlauteres Handeln zugerechnet werden könnte (BGH GRUR 55 S. 411 „Zahl 55"), ergibt sich seine Schadensersatzpflicht eben dennoch (§ 831 BGB), gegenüber der er sich aber **exkulpieren** kann, mag die Rechtssprechung dies auch dahin eingeengt haben, daß nur ein **wohlbeaufsichtigtes** Personal als „wohl ausgewählt" anzusehen ist (RGZ 142 S. 356; BGH BB 56 S. 831). Auf Versehen des Personals kann man sich deshalb allein nicht berufen (OLG Hamburg WRP 62 S. 48, wo das Personal eines Großhändlers zu ermäßigten Preisen versehentlich an Letztverbraucher abgegeben hatte), ebensowenig auf eine mangelhafte Organisation mit mangelhafter Preisauszeichnung, die zu Verstößen gegen Preisbindungen führt, weil das vom Prinzipal immer zu verantworten ist (OLG Hamburg WRP 62 S. 170). Freilich genügt auch bedingter Vorsatz in mittelbarer Täterschaft, wenn der Vertreter mit Gehilfenvorsatz als Werkzeug tätig war (BGH GRUR 61 S. 288 „Zahnbürsten").

Gegen einen geltend gemachten **Unterlassungsanspruch** ist eine **Exkulpation** nicht denkbar, weil die Bestimmung des § 13 Abs. 3 bezweckt, zu verhindern, daß sich jemand hinter mehr oder minder von ihm abhängigen Dritten verschanzen kann (RGZ 151 S. 287; BGH GRUR 55 S. 41 „Zahl 55", 63 S. 434 „Reiseverkäufer", S. 438 „Fotorabatt"). Der Geschäftsherr kann sich nicht mit Unkenntnis entschuldigen, sei es, daß sie wirklich unverschuldet besteht, sei es, daß sie nur die Mangelhaftigkeit seiner Aufsicht beweist, mit der er sich die Exkulpationsmöglichkeit von vornherein abschneidet (RG MuW 13 S. 216). Sein Unverschulden bei der Auswahl mangelhafter Angestellter wird zwar für den Ersatzanspruch relevant (s. o.), nicht aber für den Unterlassungsanspruch. Der Geschäftsherr, der z. B. wegen anderweitiger Inanspruchnahme einfach keine Zeit und Gelegenheit hat, seinen Betrieb zu überwachen, wird sonach ebenso behandelt wie derjenige, der selbst fehlte.

[10] **Betriebsinhaber** ist, wer den Betrieb maßgebend in der Hand hat, also auch der Pächter, Nießbraucher, Verwalter, Liquidator, Konkursverwalter, bei Personalgesellschaften die Gesellschafter, bei Kapitalgesellschaften die Gesellschaften als solche (allg. Meing.; BGH GRUR 64 S. 88 „Verona-Gerät"). Der Inhaber

ist nicht mit dem Leiter des Betriebes zu verwechseln, der selbst nur Angestellter ist, wenn sich nicht in seiner Person Betriebsinhaber und -leiter vereinigen; Vorstandsmitglieder einer AG und Geschäftsführer einer GmbH sind daher Angestellte (allg. Meing.). Begeht der Betriebsinhaber selbst eine wettbewerbswidrige Handlung oder stiftet er zu einer solchen an oder fördert er eine solche seiner Angestellten oder Beauftragten, ist er selbst verantwortlicher Verletzer (BGH GRUR 64 S. 88 „Verona-Gerät"; 73 S. 370 „Tabac").

Angestellter ist, wer für den Betrieb entgeltlich oder unentgeltlich dauernd vertraglich Dienste leistet, gleichgültig welchen Charakter das Dienstverhältnis hat, also jeder vom leitenden Angestellten bis zum Lehrling (Reimer S. 816; B.-Hefermehl S. 979; Callmann Anm. 27 zu § 13); allein auf das Vertragsverhältnis kommt es an, nicht darauf, ob der Dienst schon angetreten ist (RGSt. 50 S. 131).

Beauftragter ist, „wer, ohne im Angestelltenverhältnis zu stehen, auf Grund eines Vertragsverhältnisses in dem Geschäftsbetrieb des anderen irgendwie als Glied der Organisation des Betriebes tätig ist, ob er nach außen einen solchen Eindruck erweckt oder nicht" (BGH GRUR 63 S. 438 „Fotorabatt").

Nach dem Zweck des Gesetzes sind die Begriffe „Angestellte" und „Beauftragte" weit auszulegen, damit der Betriebsinhaber sich nicht hinter von ihm abhängigen Dritten verstecken kann; OLG Düsseldorf GRUR 50 S. 434; BGH GRUR 55 S. 411 „Zahl 55"). Zu den Angestellten und Beauftragten rechnen auch Volontäre (RG GRUR 36 S. 989), Agenten und Handelsvertreter (BGH GRUR 73 S. 370 „Tabac"), Aufsichtsmitglieder (RG JW 34 S. 1360), ausl. Generalvertreter (BGH a. a. O. „Zahl 55"), Provisionsreisende (OLG Düsseldorf a. a. O.) sogar Angestellte und Beauftragte von Beauftragten (BGH GRUR 59 S. 38 „Buchgemeinschaft II"), Untervertreter von Hauptvertretern (OLG Celle DB 60 S. 1359) sowie selbständige Gewerbetreibende auf Grund ihrer Vertragsbeziehungen (BGH GRUR 61 S. 288 „Zahnbürsten") usw; nicht dagegen sind Vormunde und gesetzliche Vertreter natürlicher Personen Beauftragte, da ihre Stellung nicht vertraglicher Natur ist — allg. Meing. Alle diese Personen können neben dem Betriebsinhaber auch selbst verantwortlich gemacht werden, aber natürlich nur für ihre eigenen Handlungen und nur, wenn sie diese in verantwortlicher Position begangen haben. Über die persönliche Haftung eines Geschäftsführers einer GmbH und eines Vorstandes einer AG vgl. oben.

[11] **Gehaftet** wird in den Fällen des Abs. 3 auf **Unterlassung** (Begriff Anm. 5 und Anm. 238 ff. zu § 1). Entlasten kann sich der Betriebsinhaber nicht (BGH GRUR 55 S. 411 „Zahl 55"; 59 S. 38 „Buchgemeinschaft II"; 61 S. 288 „Zahnbürsten"). Er haftet freilich auf Schadensersatz nur nach den allgemeinen Vorschriften (§ 831 BGB), d. h. daß er sich nach den gültigen Regeln exkulpieren kann (vgl. oben 9).

Die Wiederholungsgefahr bemißt sich nach dem Verhalten des Betriebsinhabers *und* der Person des Angestellten *oder* Beauftragten (ebenso B.-Hefermehl S. 981; a. A. offenbar Reimer S. 819). Werden Angestellte oder Beauftragte wegen ihrer wettbewerbswidrigen Handlung aus dem Betriebe entfernt, ist die Wiederholungsgefahr in der Regel beseitigt, weil der Betriebsinhaber damit im allgemeinen ausreichend ernsthaft Unterlassung verspricht. Geschieht dies aber nicht, so kann nur für jeden Einzelfall besonders beurteilt werden, ob die Wiederholungsgefahr entfallen ist. Hat der Betriebsinhaber z. B. die Handlung stillschweigend geduldet, liegt die Wiederholungsgefahr auch in seiner persönlichen Einstellung begründet und kann nicht mehr allein durch einfache Entfernung des Angestellten beseitigt werden.

Abs. 3 gilt auch für die Zwangsvollstreckung aus Unterlassungstiteln (OLG München GRUR 56 S. 230; OLG Celle BB 63 S. 1235). Der zur Unterlassung verurteilte Betriebsinhaber genügt seiner Verpflichtung nicht, wenn er durch Untätigkeit Angestellten oder Beauftragten Zuwiderhandlungen gegen das Unterlassungsverbot ermöglicht (vgl. OLG München a. a. O.).

[Geschäftsehrverletzung]

§ 14

(1) Wer zu Zwecken des Wettbewerbs über das Erwerbsgeschäft eines anderen, über die Person des Inhabers oder Leiters des Geschäfts, über die Waren oder gewerblichen Leistungen eines anderen Tatsachen behauptet oder verbreitet, die geeignet sind, den Betrieb des Geschäfts oder den Kredit des Inhabers zu schädigen, ist, sofern die Tatsachen nicht erweislich wahr sind, dem Verletzten zum Ersatze des entstandenen Schadens verpflichtet. Der Verletzte kann auch den Anspruch geltend machen, daß die Behauptung oder Verbreitung der Tatsachen unterbleibe.

(2) Handelt es sich um vertrauliche Mitteilungen, und hat der Mitteilende oder der Empfänger der Mitteilung an ihr ein berechtigtes Interesse, so ist der Anspruch auf Unterlassung nur zulässig, wenn die Tatsachen der Wahrheit zuwider behauptet oder verbreitet sind. Der Anspruch auf Schadensersatz kann nur geltend gemacht werden, wenn der Mitteilende die Unrichtigkeit der Tatsachen kannte oder kennen mußte.

(3) Die Vorschrift des § 13 Abs. 3 findet entsprechende Anwendung.

§ 823 BGB

(1) Wer vorsätzlich oder fahrlässig das Leben, den Körper, die Gesundheit, die Freiheit, das Eigentum oder ein sonstiges Recht eines anderen Widerrechtlich verletzt, ist dem anderen zum Ersatze des daraus entstehenden Schadens verpflichtet.

(2) Die gleiche Verpflichtung trifft denjenigen, welcher gegen ein den Schutz eines anderen bezweckendes Gesetz verstößt. Ist nach dem Inhalte des Gesetzes ein Verstoß gegen dieses auch ohne Verschulden möglich, so tritt die Ersatzpflicht nur im Falle des Verschuldens ein.

§ 824 BGB

(1) Wer der Wahrheit zuwider eine Tatsache behauptet oder verbreitet, die geeignet ist, den Kredit eines anderen zu gefährden oder sonstige Nachteile für dessen Erwerb oder

Fortkommen herbeizuführen, hat dem anderen den daraus entstehenden Schaden auch dann zu ersetzen, wenn er die Unwahrheit zwar nicht kennt, aber kennen muß.

(2) Durch eine Mitteilung, deren Unwahrheit dem Mitteilenden unbekannt ist, wird dieser nicht zum Schadensersatze verpflichtet, wenn er oder der Empfänger der Mitteilung an ihr ein berechtigtes Interesse hat.

§ 826 BGB

Wer in einer gegen die guten Sitten verstoßenden Weise einem anderen vorsätzlich Schaden zufügt, ist dem anderen zum Ersatze des Schadens verpflichtet.

Art. 5 GG

(1) Jeder hat das Recht, seine Meinung in Wort, Schrift und Bild frei zu äußern und zu verbreiten und sich aus allgemein zugänglichen Quellen ungehindert zu unterrichten. Die Pressefreiheit und die Freiheit der Berichterstattung durch Rundfunk und Film werden gewährleistet. Eine Zensur findet nicht statt.

(2) Diese Rechte finden ihre Schranken in den Vorschriften der allgemeinen Gesetze, den gesetzlichen Bestimmungen zum Schutze der Jugend und in dem Recht der persönlichen Ehre.

(3) Kunst und Wissenschaft, Forschung und Lehre sind frei. Die Freiheit der Lehre entbindet nicht von der Treue zur Verfassung.

Übersicht

[1] Allgemeines. Die §§ 14 bis 20a betreffen typische Tatbestände des **Behinderungswettbewerbs** gegen *bestimmte* Mitbewerber und stehen insofern in einem gewissen Gegensatz zu den §§ 1 bis 12, die die *Gesamtheit* der Mitbewerber schützen. Die §§ 14, 15 befassen sich speziell mit der Geschäftsehrverletzung, d. h. mit der Verletzung von Ruf und Ansehen eines Gewerbetreibenden, aber auch wieder nur mit einem Ausschnitt aus diesem Gebiet, da sie die Behauptung und Verbreitung *wahrer* Tatsachen nicht verbieten, was jedoch gleichfalls nicht ohne weiteres erlaubt ist; denn wahre Tatsachenbehauptungen können nach § 1 wettbewerbsrechtlich unzulässig sein (vgl. Anm. 227, 228 zu § 1), weil mit ihnen persönliche Verhältnisse eines Mitbewerbers in unzulässiger Weise in den Wettbewerbskampf hereingezogen werden, was wettbewerbsrechtlich grundsätzlich immer unzulässig ist (BGH GRUR 54 S. 333 „Molkereizeitung"; 61 S. 237 „Tok-Band"; 62 S. 45 „Betonzusatzmittel"), es sei denn, es wird in ganz ausnahmsweise zulässiger Abwehr (vgl. Anm. 230ff. zu § 1) gehandelt. In einer Geschäftsehrverletzung kann zugleich auch ein Verstoß gegen §§ 3, 4 liegen. Ferner kann gleichzeitig mit einer Verletzung des § 14 gegen die §§ 186, 187 StGB verstoßen werden. Sofern in der Tatsachenbehauptung auch eine Formalbeleidigung liegt, was meist nebenher auch noch der Fall sein wird, liegt außerdem eine Verletzung des § 185 StBG vor, für den der Wahrheitsbeweis nur einen Strafmilderungs-, nicht aber einen Strafausschließungsgrund darstellt (vgl. Schönke VII zu § 185 StGB; RG JW 34 S. 692).

[2] Schutz gegen schuldhafte Eingriffe in die freie Entfaltung der Persönlichkeit des Verletzten und in das Recht am eingerichteten und ausgeübten Gewerbebetrieb (vgl. Anm. 15f. zu § 1) gewährt neben §§ 14, 15 auch § 823 BGB (BGH GRUR 53 S. 130 „Schwarze Listen"; 56 S. 212 „Wirtschaftsarchiv"); aber die §§ 14, 15 gehen ihm als Spezialvorschriften vor, auch dem § 824 BGB, der seinerseits § 823 BGB vorgeht (BGH GRUR 64 S. 162 „Orgeln"; 66 S. 633 „Teppichkehrmaschine"; 67 S. 540 „Nächte der Birgitt Malmström"; — anders BGH WRP 68 S. 50 „Spielautomat", wonach § 14 UWG neben § 823 BGB gleichrangig anwendbar sein soll). Bei unzulässiger Verbreitung wahrer Tatsachenbehauptungen, die von §§ 14, 15 nicht erfaßt werden, greifen die §§ 1 UWG, 823 BGB ergänzend ein.

Endlich können die §§ 14, 15 auch mit den bürgerlich-rechtlichen Vorschriften der §§ 824, 826 BGB konkurrieren, deren Tatbestände sich mit ihnen teilweise nicht decken. Denn im Gegensatz zu ihnen, auch zu § 823 BGB, die alle Verschulden voraussetzen, setzt § 14 für Unterlassungs- und Schadensersatzansprüche **kein Verschulden** voraus (ebenso B.-Hefermehl S. 992; Reimer -v. Gamm S. 463). Auch er bringt insoweit ein dem UWG typisches reines Gefährdungsdelikt.

[3] Schwierigkeiten bringt die Abgrenzung der §§ 14, 15 UWG, 824 BGB **zum Recht der Informations- und Meinungsäußerungsfreiheit** des Art 5 GG, weshalb sie grundsätzlich eng auszulegen sind (BGH GRUR 68 S. 552 „Mephisto"; 67 S. 540 „Die Nächte der Birgitt Malmström"; 64 S. 162 „Orgeln"). Das Zusammentreffen dieser unterschiedlichen, sich oft widersprechenden, einander bekämpfenden Rechte macht eine Güter- und Interessensabwägung in jedem Einzelfall erforderlich (BGH a.a.O. „Mephisto"). Bei einer solchen ist vorweg zu prüfen, ob die in den Gewerbebetrieb eingreifende Handlung a) zu Wettbewerbszwecken geschah und b) sich auf den verletzten Betrieb spezifisch bezog. Handelte der Täter zu eigenen oder fremden Wettbewerbszwecken, wird eine Berufung auf Art. 5 stets versagen, weil eine in das Recht der freien Meinungsäußerung gekleidete Wettbewerbshandlung

die Verbreitung schädigender Behauptungen über einen anderen per se nicht rechtfertigen kann. Geschehen solche aber außerhalb des Wettbewerbs, wird es auf den Grad ihrer Unwahrhaftigkeit ankommen. Trotz des in der Meinungsäußerungsfreiheit verankerten zweifelhaften Rechts zum Irrtum sind weder Interessen der Allgemeinheit an unrichtigen Informationen noch das Recht zur Äußerung unrichtiger Meinungen gegenüber den Rechten des Verletzten als schützenswert anzuerkennen, so wie auch ein künstlerisches Schaffen nicht schrankenlos ausgeübt werden darf (BGH a.a.O. „Mephisto"). Die Zugänglichkeit zu den Massenmedien als Sprachrohr für unzählbar unkontrolliert Irrende erheischt, „auf eine Wahrung der vom Recht gesetzten Schranken besonders streng zu achten" (BGH GRUR 67 S. 205 „Vor unserer eigenen Tür"). Dazu gehört auch eine strenge Abgrenzung des Informationsbedürfnisses bzw. der Aktualität des Informationsereignisses (BVerfG GRUR 73 S. 541 (547) „Lebach").

In diesem Sinne sind bei **wirklichen Kritiken, wissenschaftlichen Arbeiten** und **Urteilen** mangels Wettbewerbscharakters die spezifische Bezogenheit derselben auf den Verletzten, seinen Betrieb, Waren und gewerbliche Leistungen zu untersuchen und im Falle der Erkennbarkeit des verletzten Rechtsguts zu unterbinden. Die Grenzenlosigkeit unserer demokratischen Freiheitsrechte gibt die Verfassung der BRD in der Vorstellung, daß diese nur von Verantwortungsbewußten ausgeübt werden, so daß ihnen auch entsprechende Pflichten zugedacht sind, deren Erfüllung ihnen abverlangt werden kann. Sie bestehen in einer Mindestsorgfalt zur Überprüfung der Äußerungen auf ihren Wahrheitsgehalt, gleichgültig, ob solche in Büchern (BGH a.a.O. „Mephisto"), im redaktionellen Teil einer Zeitung (BGH NJW 65 S. 1374) oder auch nur im Anzeigenteil einer Zeitung (BGH GRUR 72 S. 722 „Geschäftsaufgabe") geschehen. Ist der Verletzte erkennbar, ist bei geschäftsehrverletzenden nicht erweislich wahren Tatsachenbehauptungen jeder schuldhaft Handelnde ersatzpflichtig.

[4] Eine Ergänzung der Vorschrift kann sich bei Verletzung der allgemeinen **Persönlichkeitsrechte** der Art. 1, 2 GG ergeben, die als „sonstige Rechte" im Sinne des § 823 BGB geschützt sind: So wird auch ohne Wettbewerbscharakter der Handlung die Individualsphäre des Menschen vor Diffamierungen geschützt (BGH GRUR 59 S. 430 „Catarina Valente"), erst recht die Intimsphäre (BGH GRUR 63 S. 490 „Fernsehansagerin"; 57 S. 494 „Spätheimkehrer") und die Geheimsphäre (BGH GRUR 60 S. 449 „Burschenschaft"). Ebenso genießen die Rechte auf geistige Entfaltung, berufliche Entwicklung usw. Persönlichkeitsschutz (BGH GRUR 63 S. 153 „Bund der Vertriebenen"; 65 S. 551 „Glanzlose Existenz"; BVerfG GRUR 73 S. 541 „Lebach").

[5] Im Gegensatz zu § 824 BGB, nach welchem der Verletzte die Unwahrheit der anschwärzenden Behauptungen **beweisen** muß, hat hier **der Täter die Beweislast** dafür, daß seine Behauptungen wahr sind (allg. Meing.; für viele: Reimer-v.Gamm S. 459; B.-Hefermehl S. 982). Da § 14 einen reinen Gefährdungstatbestand enthält, ist die Einlassung des Beklagten, seine Behauptung sei wahr gewesen, ein echter Einwand, den er zu beweisen hat. Das entspricht auch der Billigkeit; denn wenn der Täter das Ziel verfolgt, wider Treu und Glauben in einer die geschäftliche Anständigkeit und Redlichkeit verstoßenden Weise durch Verbreiten abträglicher Behauptungen den Geschäftsbetrieb anderer in ihrem Absatz zu behindern, indem er ihnen Kunden entzieht, oder sie durch sonstige Mittel zu beeinträchtigen, um dem eigenen Geschäftsbetrieb eine größere Ausdehnung und gesteigerte Erträgnisse zu verschaffen, handelt in der Regel auch im Falle der Wahrheit seiner abträglichen Behauptungen sittlich verwerflich und verletzt jedenfalls § 1 (vgl. Anm. 1).

Anders bei vertraulichen Mitteilungen (Abs. 2), bei denen der Verletzte die Beweislast für die Unwahrheit hat, was vielfach zu unbilligen Ergebnissen führt, weil der Mitteilende letztlich auch hierbei in der Regel nicht wegen des Interesses des Empfängers, sondern zu Wettbewerbszwecken wegen seines eigenen Nutzens handelt. Hier hilft aber § 1 UWG, der ergänzend eingreift (BGH GRUR 62 S. 45 „Betonzusatzmittel").

[6] **Täter** des § 14 kann jeder sein, nicht nur der Mitbewerber, sondern auch jeder beliebige Dritte (vgl. Anm. 89 zu § 1), der **lediglich zu Zwecken des Wettbewerbs** (Begriff vgl. Anm. 4 zu § 1) eines anderen gehandelt haben muß (vgl. BGH GRUR 51 S. 283 „Möbelstoffe"; 60 S. 135 „Druckaufträge") *nicht* dagegen im geschäftlichen Verkehr. Ein Handeln zu Zwecken des Wettbewerbs i. S. des § 14 ist nur bei Wechselbeziehungen zwischen den dem Verletzten entzogenen Vorteilen (Ansehen) und der vom Verletzten erstrebten Begünstigung anzunehmen (BGH GRUR a.a.O. „Möbelstoffe", „Druckaufträge"). Auch ein Verband, der die Interessen seiner Mitglieder fördert, handelt zu Wettbewerbszwecken (allg. Meinung).

Die Vorschrift, die **nicht** auf **Verschulden** abstellt (s. Anm. 2), setzt jedoch natürlich Rechtswidrigkeit (vgl. Anm. 51 ff. zu § 1) der Handlung voraus.

[7] Dem Täter stehen notwendig der **Verletzte** und der **Mitteilungsempfänger** tatbestandsmäßig gegenüber. Der Verletzte braucht nicht namentlich genannt, sondern nur erkennbar zu sein (BGH GRUR 64 S. 208 „Fernsehinterview"). Es genügt, wenn er sich als betroffener Verletzter nur aus dem Zusammenhang u. U. auch in Verbindung mit anderen nicht eigens erwähnten aber allgemein bekannten Tatsachen ergibt (BGH GRUR 52 S. 582 „Sprechstunden"). Wie stets ist auch hier immer die Verkehrsauffassung entscheidend (BGH GRUR 68 S. 433 „Westfalenblatt II"). Ob der Verletzte von der Behauptung allein oder neben anderen getroffen wird, bleibt sich gleich; auch braucht die Geschäftsehrverletzung nicht auf seine Person gemünzt zu sein. Es genügt, wenn seine Waren, gewerblichen Leistungen oder auch nur die Moral seiner Mitarbeiter angegriffen werden; denn auch sie gehören zur Organisation des Unternehmens, das bei solchen Ehrabschneidungen mitverletzt wird. Sind Hersteller und Händler (wie in der Regel) nicht miteinander identisch, ist jeder von ihnen verletzt, wenn sich der Angriff gegen die Ware richtet (BGH GRUR 69 S. 624 „Hormoncreme").

[8] Schwierigkeiten bereitet, den **Begriff der „Tatsachen"** von reinen Werturteilen abzugrenzen, weil letztere häufig *getarnte* Tatsachen enthalten, wenn sie als richtiges oder unrichtiges Denkergebnis solcher in Erscheinung treten (BGH GRUR 52 S. 410 „Constanze I"; 68 S. 314 „fix und clever"). Die Abgrenzung kann im wesentlichen nur von Fall zu Fall geschehen. Als Tatsachen sind grundsätzlich alle äußeren und inneren konkreten Vorgänge der Vergangenheit oder Gegenwart anzusehen, die Gegenstand einer Wahrnehmung sein können und nachprüfbar sind (BGH a. a. O.). Das Gewicht ist auf die Nachprüfbarkeit zu legen; als Tatsachen sind nach allgemeiner Ansicht nicht *rein* subjektive Urteile und Kritiken anzusehen; wenn jedoch mit ihnen zugleich direkt oder indirekt ein nachprüfbarer Vorgang hingestellt wird, an den das Werturteil anknüpft, so liegt eben darin gleichzeitig auch die Behauptung einer Tatsache (BGH a. a. O. „fix und clever"). Sonach können auch reine **Werturteile** zu Tatsachenbehauptungen werden, wie z. B. die Behauptung, ein Unternehmen sei eine Schwindelfirma (gl. A. B.-Hefermehl S. 993), weil diese Behauptung nachprüfbar ist. Andernfalls wären allgemein gehaltene Behauptungen nicht angreifbar.

Philosophisch betrachtet ist „Tatsache" etwas Vorfindbares, Wirkliches, d. h. etwas Unzergliedertes in ihrer objektiv wahrnehmbaren oder auch nicht wahrnehmbaren Gestalt. Auch innere Zustände und Vorgänge sind in ihrer objektiven Richtigkeit Tatsachen. Da ihre Wahrnehmung durch einen abstrakten Denkvorgang geschieht, tritt die Tatsache als Ergebnis desselben meist nicht frei von subjektiven Elementen in Erscheinung, um bei der Wiedergabe einem weiteren subjektiven Denkvorgang ausgesetzt zu sein und endgültig in ihrer Reinheit verfälscht zu werden. In abgekürzter Form wiedergegeben, tritt sie gar als reines Urteil auf, weshalb auch Werturteile Tatsachenbehauptungen sein können. Wird behauptet, A sei ein Schwein, bezieht man das je nach dem Zusammenhang, indem es gesagt wird, entweder auf seine mangelhafte Reinlichkeit, auf sein geschäftliches Gebaren oder auf sonstiges. Kann sich der Angesprochene daraus auch nur irgendetwas zusammenreimen, dann liegt in dem Werturteil die Behauptung der zusammengereimten Tatsachen, die nach allgemeiner Ansicht nicht ausdrücklich erklärt zu werden brauchen (BGH GRUR 70 S. 254 „Remington"). Je allgemeiner die herabsetzende Behauptung ist, desto gefährlicher wird sie für den Verletzten (BGH GRUR 69 S. 147 „Korruptionsvorwurf"). Ebenso kann der Vorwurf der „Halbseidenheit" einen Tatsachenkern enthalten (BGH GRUR 73 S. 550 „halbseiden"). Deshalb liegen Tatsachenbehauptungen auch dann vor, wenn zwar keine konkreten Tatsachen mitgeteilt werden, wohl aber von einer Möglichkeit, Wahrscheinlichkeit oder einem Verdacht gesprochen wird, wobei nicht am Wortsinn gehaftet werden darf (BGH GRUR 51 S. 283 „Möbelstoffe"). Auch die

Behauptung der Minderwertigkeit einer gewerblichen Leistung oder Ware ist eine Tatsachenbehauptung (gl. A. B.-Hefermehl S. 994). Entscheidend ist der Eindruck, den das unbefangene Publikum von den mitgeteilten Behauptungen als ganzen erhält (ähnl. BGH GRUR 54 S. 333 „Molkereizeitung"; 69 S. 624 „Hormoncreme").

[9] Wirkliche **Kritiken, wissenschaftliche** oder **künstlerische** Urteile über Waren oder gewerbliche Leistungen, die erkennbar nur als Kritiken verstanden werden wollen, wie z. B. die Theater- oder Filmkritik in einer Zeitung, fallen natürlich nicht unter § 14, auch wenn sie einer Nachprüfung nicht standhalten, wenn es ihnen am Wettbewerbscharakter fehlt und sie selbst als freie Meinungsäußerung geschützt sind; sie sind nicht grundsätzlich rechtswidrig (BGH GRUR 66 S. 693 „Höllenfeuer"; 69 S. 624 „Hormoncreme"); ebensowenig verletzen sie §§ 823, 824 BGB (BGH GRUR 62 S. 45 „Betonzusatzmittel"). Das gleiche gilt auch von den rein wissenschaftlichen Arbeiten und Aufsätzen, die nicht bestimmt sind, Wettbewerbszwecken zu dienen, da die Arbeit eines Forschers allein nicht zu einer Wettbewerbshandlung dadurch wird, daß seine Forschungsergebnisse geeignet sind, den Wettbewerb bestimmter Geschäftskreise zu fördern (BGH a. a. O. „Höllenfeuer"). Die Zulässigkeit bemißt sich — auch in bezug auf die etwa zu mißbilligende Art und Weise der Kritik — auf Grund einer Güter- und Pflichtenabwägung (BGH a.a.O. „Höllenfeuer", „Hormoncreme"). Denn die Forschung ist frei (Art. 5 Abs. 3 GG). Auch das allgemeine Informationsinteresse der Öffentlichkeit kann gemäß Art. 5 Abs. 1 GG die Kritik rechtfertigen. Freilich ist davon der Fall zu unterscheiden, daß sich ein Wissenschaftler gegen Entgelt in den Dienst eines Erwerbsunternehmens stellt, um mit echter oder pseudowissenschaftlicher Arbeit dem Wettbewerb seines Auftraggebers zu dienen, also mit seiner Arbeit in Wahrheit der Werbung eines Wettbewerbers nur ein wissenschaftliches Mäntelchen umzuhängen (BGH a. a. O. „Betonzusatzmittel"). Das verfälscht den Wettbewerb und ist nach §§ 14 evtl. 3 und — wenn das Urteil objektiv falsch ist — nach § 1 immer unzulässig (vgl. hierüber auch Anm. 148 zu § 1 und Anm. 7,16 zu § 3, wo das gleiche mit dem Unterschied gilt, daß es sich bei § 14 ausschließlich um Angaben über einen **bestimmten** anderen Wettbewerber oder seine Waren oder Leistungen handelt). Ist der Verbreiter der Tatsachenbehauptungen ein Massenmedium (Presse, Fernsehen usw.), dessen Urteil der gläubig aufnehmende Durchschnitt kritik- und vorbehaltslos zu seinem eigenen Urteil zu machen bereit ist, sind strenge Anforderungen an die Pflicht desselben zu stellen, die Zuverlässigkeit und Zulänglichkeit der Erkenntnisquellen zu prüfen (BGH GRUR 69 S. 624 „Hormoncreme"), zumal das Publikum von sich aus bereits eine strenge Objektivität voraussetzt.

[10] Ob eine Tatsache **wahr** oder **unwahr** ist, läßt sich nicht immer mit Sicherheit feststellen. Im Falle des Abs. 1 hat der Täter die **Beweislast** für die Wahrheit seiner

Behauptung (BGH GRUR 57 S. 93 „Jugendfilmverleih"), im Falle des Abs. 2 hat umgekehrt der Verletzte zu beweisen, daß die Behauptung unwahr sei. Unwahr ist eine Behauptung nicht nur, wenn sie objektiv unwahr ist, sondern schon dann, wenn der Verkehr die Behauptung so versteht, als sei nicht die wahre, sondern eine andere unwahre Tatsache behauptet worden; denn maßgebend ist auch hier der Eindruck bei den beteiligten Verkehrskreisen (BGH GRUR 69 S. 147 „Korruptionsvorwurf"; 55 S. 37 „Cupresa Kunstseide"). Entscheidend ist nicht, wie der sich Äußernde verstanden werden will, sondern wie sich seine Äußerung dem flüchtigen Empfänger derselben aufdrängt (BGH GRUR 59 S. 31 „Feuerzeug"; a.a.O. „Korruptionsvorwurf"). Ist eine Tatsache teilweise unwahr und teilweise wahr, z.B. widersprechen sich in einer Druckschrift Wort und Bild, so ist sie in Gänze als unwahr zu behandeln (BGH GRUR 55 S. 251 „Silberal"; 66 S. 452 ‚Luxemburger Wort"). Wahr ist die Tatsache, wenn sie ursprünglich unwahr, beim Schluß der letzten Tatsachenverhandlung aber wahr geworden ist (RG MuW 27/28 S. 536). Der Unterlassungsanspruch ist dann erledigt, doch besteht der Schadensersatzanspruch fort, weil bei ihm für die Unwahrheit der Zeitpunkt der Äußerung maßgebend ist (gl. A. Reimer-v. Gamm S. 468). Unwahrheit kann auch in einer übertriebenen Darstellung liegen, wenn der Kern der Sache in falschem Licht erscheint (BGH GRUR 54 S. 333 „Molkereizeitung"; NJW 65 S. 29 „Gewerkschaft"), oder wenn sie mißverständlich ist (BGH GRUR 54 S. 404 „Fachmann").

Wahr oder unwahr im Sinne des § 14 ist im übertragenen Sinne dasselbe wie „richtig" oder „unrichtig" im Sinne des § 3 (BGH GRUR 64 S. 38 „Dortmund grüßt"), weshalb auf die Erläuterungen Anm. 13ff. zu § 3 verwiesen werden kann.

[11] Zur Unzulässigkeit der Behauptung unwahrer Tatsachen gehört auch die Voraussetzung, daß diese geeignet sind, den Verletzten zu schädigen. **Eignung zur Schädigung** ist dasselbe wie Gefährdung. Schon die Möglichkeit, daß die Handlung eine schädigende Wirkung habe, genügt. Nicht ist erforderlich, daß ein Schaden wirklich eintreten wird oder bereits eingetreten ist (RG GRUR 39 S. 557). **Schädigen** ist also im weitesten Sinne zu verstehen; jede nur denkbare Beeinträchtigung fällt hierunter, ob das Geschäft nun seinen billigen Lieferanten verliert oder wertvolle Mitarbeiter, die mit dem verleumdeten Inhaber nicht mehr zusammenarbeiten wollen, oder Werbemöglichkeiten, Geschäftsräume, Kundschaft oder dgl. Auch die Gefährdung wirtschaftlicher Zukunftsaussichten sind schon als effektiver Schaden anzusehen, wie überhaupt schon alles, was den Geschäftsbetrieb auch nur erschwert (RG GRUR 39 S. 397); denn dies kann erforderlich machen, daß sich der Verletzte mit Mühen und Kosten auf die Vermeidung des Schadens einrichtet.

Die **Kreditgefährdung** durch abträgliche Behauptungen ist nur ein Sonderfall der Gefährdung des Geschäftsbetriebes; denn auch sie erschwert den Geschäftsbetrieb selbst und entsteht durch Erschütterung der Kreditwürdigkeit des Verletzten in den Augen der auf sie Wert legenden Verkehrskreise. Ob der Verletzte auch wirklich Kredite in Anspruch nimmt, ist gleichgültig.

Ob eine Behauptung zur Schädigung geeignet ist, hängt davon ab, ob durch ihren Gesamteindruck der Verletzte nach Auffassung, Niveau und Bildungsgrad der *angesprochenen* Verkehrskreise herabgesetzt wird (BGH GRUR 66 S. 452 „Luxemburger Wort"; 73 S. 550 „halbseiden"). **Mißverständlichkeiten** gehen immer zu Lasten des Täters (BGH GRUR 54 S. 404 „Fachmann"), weil schon die Gefährdung ausreicht, die durch Mißverständlichkeiten denkgesetzlich geschaffen wird.

[12] Natürlich muß die Behauptung für die mögliche Schädigung **ursächlich** sein können (BGH WRP 68 S. 50 „Spielautomat"); schon mittelbare Ursächlichkeit (Äquivalenz) würde genügen (RG MuW 33 S. 257). Die Behauptung braucht also nur mit einem bestimmten Wahrscheinlichkeitsgrad die mögliche Schadensfolge nach sich zu ziehen. Die Behauptung, daß die Ehe eines Geschäftsinhabers geschieden sei, dürfte sich in einer Großstadt sicher nicht, allenfalls in ländlichen, katholischen Gebieten geschäftsschädigend auswirken können. Ein ehrenkränkender oder herabsetzender Inhalt der Behauptung wird nicht gefordert (RG GRUR 40 S. 314), weshalb z.B. eine solche, daß der Verletzte eine bestimmte Ware nicht mehr führe, ausreichen kann, wenn sie ihm insofern Schaden zu bringen vermag, als diese Ware von der Kundschaft nicht mehr verlangt wird.

[13] Unrichtige **Schutzrechtsberühmung** gehört zum Thema der unrichtigen Angaben (vgl. Anm. 42 zu § 1, Anm. 28c zu § 3). Sie verstößt in der Regel gegen §§ 1, 3.

Wer aber **Schutzumfang** und **Rechtsgültigkeit** eines **Schutzrechts** eines Mitbewerbers unberechtigt in der Form des Tatbestandes des § 14, d.h. Dritten gegenüber **bestreitet** oder seinerseits einen Mitbewerber unberechtigt wegen Schutzrechtsverletzung verwarnt und Dritte vor Käufen bei diesem warnt, verletzt — wenn man die Rechtsberühmung als bloßes Werturteil ansieht — jedenfalls unter dem Gesichtspunkt des unzulässigen Eingriffs in den ausgeübten und eingerichteten Gewerbebetrieb des anderen § 823 BGB (BGH GRUR 74 S. 290 „maschenfester Strumpf"). Richtig werden jedoch mit solchen Rechtsberühmungen und Warnungen Dritter nachprüfbare Tatsachenbehauptungen über einen Mitbewerber aufgestellt, die von § 14 erfaßt werden können (BGH GRUR 70 S. 254 „Remington"). — vgl. hierzu auch Anm. 26 zu § 1.

Wird eine solche Behauptung nur gegenüber dem Mitbewerber allein, z.B. zwecks *Abmahnung* aufgestellt, wird gegen § 14 *nicht* verstoßen, weil sie in dieser Form keine Tatsachenbehauptung über den Geschäftsbetrieb eines „*anderen*" sondern eine solche über den Geschäftsbetrieb nur desjenigen darstellt, an den die Behauptung adressiert ist. Zugleich liegt hierin ein unzulässiger Behinderungswettbewerb i.S. des § 1 und natürlich immer (s.o.) ein unzulässiger Eingriff in einen eingerichteten Gewerbebetrieb, woraus sich im Falle des Verschuldens für den Verletzten Schadensersatzansprüche (§ 823 BGB) ergeben (vgl. auch BGH GRUR 56

S. 212 „Hückel“ ebenso B.-Hefermehl S. 996; Reimer-v. Gamm S. 469). Sieht man in der ungerechtfertigten Warnung vor einer Rechtsschutzverletzung eines Dritten jedoch eine Tatsachenbehauptung über Ware oder Leistung des Geschäftsbetriebes desselben, ist — unter der Voraussetzung des Geschehens zu Wettbewerbszwecken — § 14 verletzt, der Ersatzansprüche ohne Rücksicht auf Verschulden gewährt (gl. A. B.-Hefermehl S. 996; Reimer-v. Gamm S. 469; BGH WRP 68 S. 50 „Spielautomat“); dieserhalb vor der Erkenntnis zurückzuschrecken, daß die (nachprüfbare!) Behauptung einer Schutzrechtsverletzung keine Tatsachenbehauptung sei (so offenbar noch Ulmer-Reimer S. 353), ist nicht mehr verständlich (unentschieden gelassen vom BGH GRUR 70 S. 254 „Remington“). Auch wer im Wege der einstweiligen Verfügung zunächst erfolgreich die Herstellung eines schuldlos für patentverletzend gehaltenen Produktes verbieten läßt, ist gemäß § 945 ZPO ohne Rücksicht auf Verschulden schadensersatzpflichtig, wenn er den Hauptprozeß verliert, sich die einstweilige Verfügung als unbegründet erweist und deshalb aufgehoben wird (vgl. Rosenberg § 215 IV 1a; Stein-Jonas Anm. I; Sydow-Busch Anm. 2 zu § 945 ZPO). Ein Bedürfnis, ihn im Falle des Unverschuldens eine Verminderung seines Risikos, sich Ersatzansprüchen nach § 945 auszusetzen, ist nicht anzuerkennen. Deshalb kommt es nicht auf eine etwaige gewissenhafte Prüfung des Schutzrechtsinhabers für die Frage nach seinem etwaigen Verschulden an. Auch wenn er sorgfältig geprüft hat und entschuldbar in einen Irrtum verfallen war, so hilft ihm dies nur für die Verschulden voraussetzenden Schadensersatzansprüche aus § 823 BGB, nicht aber für solche aus den §§ 14, 1, für die die Verschuldensfrage gegenstandslos ist (nunmehr überwiegende Meinung).

[14] Zwischen **„behaupten“** und **„verbreiten“** wird im allgemeinen der Unterschied darin erblickt, daß man in ersterem Falle die Tatsache als eigenes im letzteren als fremdes Wissen hinstellt (B. Hefermehl S. 1000; Reimer-v. Gamm S. 459; Tetzner S. 152). Diese Unterscheidung ist jedoch gekünstelt, auch nicht notwendig, weil in beiden Fällen dieselben Rechtsfolgen eintreten, und nicht überzeugend; denn man kann auch sein eigenes Wissen als solches *verbreiten*, indem man es einem unbegrenzten Personenkreis weitergibt, so wie man auch fremdes Wissen als fremdes und zugleich eigenes behaupten kann (ich habe aus erster Quelle erfahren, daß . . .). Beide Male liegt in der Handlung das Weitertragen eines eigenen oder fremden Wissens, weshalb es einen wirklichen Gegensatz zwischen Behaupten und Verbreiten nicht gibt (ähnl. Kohlrausch-Lange Anm. III zu § 186 StGB).

Bedeutungslos ist die Form der Behauptung (allg. Meing.). Sie kann schriftlich, bildlich, mündlich, fernmündlich und auch durch Handlungen geschehen, auch durch stillschweigende Mitteilungen, z. B. durch Verkauf von anderen Waren als den geforderten, worin die abträgliche Behauptung liegen kann, daß die geforderte Ware minderwertig sei). Auch kann eine bloße Gebärde eine Äußerung darstellen, ebenso die Äußerung eines Verdachts oder eines Gerüchts, die Andeutung einer Möglichkeit, ja schon eine Fragestellung (BGH GRUR 51 S. 283 „Möbelstoffe“). Ferner genügt es, wenn die Behauptungen nur **mittelbar** Geschäftsbetrieb, gewerbliche Leistung usw. eines anderen betreffen (RG GRUR 29 S. 359); so können z. B. Behauptungen über das Erwerbsgeschäft eines Lieferanten Behauptungen über das Geschäft dessen enthalten, der von diesem Lieferanten bezieht (RGZ 75 S. 61); der „andere" braucht also nicht ausdrücklich benannt zu werden, es reicht aus, daß man weiß, wer gemeint ist (allg. Meinung). Auch versteckte Seitenhiebe, Andeutungen oder das Verbreiten von ausdrücklich als Gerücht bezeichneten Tatsachen genügen (BGH a. a. O. „Möbelstoffe"). Häufig geschieht die Behauptung unwahrer Tatsachen auch in der Form der vergleichenden Werbung (vgl. hierzu Anm. 122ff. zu § 1). Auch ein etwa ganz ausnahmsweise zulässiger Systemvergleich (vgl. Anm. 132ff. zu § 1) darf nicht mit Anschwärzung verbunden sein; sie würde von vornherein jeden Rechtfertigungsgrund auch für den sachlichen Systemvergleich ausschließen (RG GRUR 40 S. 224).

Auch hier gilt wieder, daß der **Gesamteindruck** der Erklärung und die Durchschnittsauffassung der angesprochenen Verkehrskreise entscheidet, ob der Täter eine abträgliche Tatsache usw. „behauptet" oder „verbreitet" (BGH GRUR 54 S. 331 „Alpha"; 55 S. 37 „Molkereizeitung").

[15] Die **Beweislast** für die Richtigkeit seiner Behauptung hat der Täter; denn im Gegensatz zu Abs. 2 und auch zu § 824 BGB, wo der *Verletzte* den Nachweis der *Unrichtigkeit* zu führen hat, liegt nach § 14 Abs. 1 im Vorgeben der Wahrheit der Behauptung zivilprozeßrechtlich ein Verteidigungsmittel, ein Einwand, der von dem Täter zu beweisen und im Falle seiner Beweisfälligkeit unbegründet ist (allg. Meing.: z.B. BGH GRUR 57 S. 93 „Jugendfilmverleih"; 62 S. 34 „Torsana"), auch wenn seine Behauptung objektiv wahr war, da ihr das vom Gesetz geforderte Element der Erweislichkeit fehlt.

An die **Beweisführung** sind strenge Anforderungen zu stellen; eine prozessuale Aufklärungspflicht trifft den Verletzten nicht; doch soll genügen, wenn der Beklagte die Wahrheit des **wesentlichen** Inhalts seiner Erklärung beweist, d.h. des Inhalts, der den Betrieb des Geschäfts oder den Kredit des Inhabers zu schädigen geeignet ist.

[16] Die tatbestandsmäßige Verwirklichung des Abs. 1 löst **Ansprüche** des Verletzten auf **Unterlassung, Beseitigung** und auf **Schadensersatz** aus. „Daß die Behauptung . . . unterbleibt" heißt nichts anderes, als daß sie zu unterlassen ist (über den Begriff vgl. Anm. 238ff. zu § 1). Der Beseitigungsanspruch führt als Steigerung des Unterlassungsanspruchs zur Verurteilung des Beklagten, daß er seine Behauptung nicht aufrecht erhält (BGH GRUR 57 S. 93 „Jugendfilmverleih"). Beide Ansprüche entstehen ohne Rücksicht auf wirkliche Wahrheit oder Unwahrheit der behaupteten nicht erweislichen Tatsachen allein wegen des Behauptens oder Verbreitens, sofern der Täter die Wahrheit nicht oder nicht vollständig beweist. Wenn er sie aber beweist, können sich die gleichen Ansprüche dennoch aus § 1 ergeben, weil es grundsätzlich keinem Wettbewerber erlaubt ist, sich überhaupt mit einem Mitbewerber in der Werbung zu befassen (BGH GRUR 54 S. 333 „Molkereizeitung", 69 S. 147 „Korruptionsvorwurf"; s. auch Anm. 1).

Sofern die Handlung gleichzeitig gemäß § 15 strafbar ist, was freilich Verschulden voraussetzt (s. dort), kann der Verletzte für den Nichtvermögensschaden nach § 26 UWG **Zahlung einer Buße** verlangen (s. dort), die ihm zufließt. Dies kann in den Fällen Bedeutung haben, in denen sich die Höhe des Schadens schwer nachweisen läßt, wie z.B. bei reinen ehrverletzenden Behauptungen, doch hat der Bußanspruch heute an Bedeutung verloren, seitdem die Rechtssprechung den Ersatzanspruch auch bei immateriellen Schäden gewährt (BGH GRUR 58 S. 408 „Herrenreiter"; 69 S. 147 „Korruptionsvorwurf").

Aktiv legitimiert ist/sind der/die Verletzte(n), passiv legitimiert die Äußernden, sei es, daß sie vermeintlich eigenes Wissen selbst behaupten oder ein fremdes verbreiten.

[17] **Verschulden** wird für keinen der Ansprüche des § 14, auch nicht für den Ersatzanspruch vorausgesetzt (allg. Meing.). Hier handelt es sich um eine reine **Gefährdungshaftung,** die auch bei gutgläubigem schuldlosen Verhalten des Täters besteht. Der Grundgedanke ist derselbe wie bei § 945 ZPO, der für den Schadensersatzanspruch gleichfalls kein Verschulden voraussetzt (vgl. RGZ 108 S. 256; 171 S. 231; Stein-Jonas Anm. I; Sydow-Busch Anm. 2zu § 945 ZPO; Rosenberg § 215 IV 1 a). Ob der Täter seine Behauptung für geeignet hält, geschäftsschädigend zu wirken, ist ebenso ohne Bedeutung wie bei § 3 seine Ansicht über die Eignung seiner Angabe zur Irreführung (vgl. Anm. 20 zu § 3). Auch hier genügt die objektive **Rechtswidrigkeit** der Handlung.

[18] Die **Spezialfälle des Abs. 2** setzen außer der vollständigen Verwirklichung des objektiven Tatbestandes des Abs. 1 voraus, daß die Mitteilungen vertraulich und in Wahrnehmung berechtigter Interessen geschehen. Beide Tatbestandsmerkmale müssen zusammentreffen (allg. Meing.). Der Gesetzgeber erleichtert hier die prozeßrechtliche Beweislage des Beklagten, weil er davon ausgeht, daß die Widerrechtlichkeit der Handlung entfallen würde, wenn Täter oder Mitteilungsempfänger an der Weitergabe bzw. Kenntnisnahme der behaupteten Tatsachen ein schutzwürdiges Interesse haben, sofern sie **wahr** sind. Wenn sie unwahr sind, sind sie immer widerrechtlich. Die Beweislast für die Unwahrheit wird hier zuungunsten des Verletzten umgekehrt. Er muß bei diesen Sondertatbeständen die Unwahrheit der behaupteten Tatsachen beweisen (BGH GRUR 62 S. 34 „Torsana"; 66 S. 452 „Luxemburger Wort" u.a.). Das ist auch angezeigt; denn teilte der Täter vertraulich (s. Anm. 20) mit, und hatten er oder der Mitteilungsempfänger hieran ein berechtigtes Interesse (s. Anm. 19), was freilich der *Täter zu beweisen hat*, ist es nicht mehr gerechtfertigt, die Unwahrheit der Behauptung prima facie anzunehmen, weil Vertraulichkeit der Mitteilung und insbesondere die berechtigten

Interessen erwarten lassen, daß dem Mitteilungsempfänger und dem Täter nur mit wahren Behauptungen gedient gewesen sein kann (BGH GRUR 71 S. 159 „Motorjacht").

Der Täter, Behauptender bzw. Verbreiter (s. Anm. 6), hat die volle Beweislast für die **Vertraulichkeit und das berechtigte Interesse,** welch letzteres nur der Täter hinsichtlich seiner Mitteilung oder der Mitteilungsempfänger hinsichtlich seiner Kenntnisnahme zu haben brauchen. Nur wenn der Täter Vertraulichkeit und berechtigtes Interesse beweist, hat der *Verletzte* seinerseits die Unwahrheit der mitgeteilten Behauptung zu beweisen. Andernfalls liegt ein Fall des Abs. 1 vor. An die Beweisführung des Verletzten dürfen aber nicht zu strenge Anforderungen gestellt werden; denn etwas Negatives zu beweisen, ist bekanntlich immer sehr schwierig, manchmal unmöglich. Das Gericht wird daher, wenn die Behauptung unsubstantiiert ist (z.B. der Verletzte sei ein notorischer Lügner), dem Täter aufzugeben haben, seine Behauptung zu präzisieren (anzugeben, wann und bei welchen Gelegenheiten gelogen wurde), damit überhaupt die Möglichkeit gegeben ist, zu widerlegen. Kommt der Täter einer solchen Auflage nicht nach, wird jegliches berechtigtes Interesse an solchen Behauptungen zu negieren sein.

[19] Das **berechtigte Interesse** allein genügt nicht für die Anwendung des Abs. 2; vielmehr muß es neben der Vertraulichkeit der Mitteilung gegeben sein (st. Rspr.; BGH GRUR 57 S. 95 „Jugendfilmverleih"; a. A. allein Kohler WB § 48 VI, der nur wahlweise die Verwirklichung des einen oder anderen Tatbestandsmerkmals fordert). Das berechtigte Interesse setzt einen *besonderen* Zweck voraus, dessen Verfolgung nach dem gesunden Rechtsempfinden auch bei billiger und gerechter Abwägung der gegebenen Sachlage des Einzelfalles objektiv vertretbar erscheint (BGH GRUR 52 S. 410 „Constanze I"). Selbstverständlich muß die Verfolgung eines solchen besonderen Zwecks rechtlich erlaubt sein und darf nicht den guten Sitten widersprechen (BGH GRUR 63 S. 490 „Fernsehansagerin"; 70 S. 370 „Nachtigall"). Der Zweck muß ein besonderer sein, der *neben* dem für § 14 ohnehin vorausgesetzten Wettbewerbszweck besteht (RG MuW 27 S. 180; Rosenthal S. 409). Ein Verstoß gegen § 1 schließt die Anerkennung eines berechtigten Interesses immer aus (BGH a.a.O. „Fernsehansagerin"). Der Begriff des berechtigten Interesses ist mit dem des § 824 Abs. 2 BGB identisch (ebenso Löffler S. 410), nicht aber mit dem des § 193 StGB, der schon ein **vermeintliches** — also subjektives — Interesse genügen läßt, das für §§ 14 UWG, 824 BGB nie ausreicht, weil hier ein objektives berechtigtes Interesse gefordert wird (BGH a.a.O. „Constanze I"). Deshalb ist dem vorgeschützten berechtigten Interesse in der Regel immer mit Argwohn zu begegnen, denn es wird auch nach dem Tatbestand des § 14 Abs 2 zu Wettbewerbszwecken, d.h. in subjektiven Interessen gehandelt, wodurch die Möglichkeiten, in objektiv berechtigten Interessen gehandelt zu haben, auf ein Minimum zusammenschmilzen. Deshalb sind immer strengste Anforderungen angebracht (BGH GRUR 54 S. 337 „Radschutz").

a) Es braucht **kein eigenes Interesse** des Täters an der Mitteilung zu bestehen, es genügt auch ein fremdes Interesse, wenn der Täter zu der Mitteilung seiner Stellung entsprechend berufen ist oder eine öffentlich-rechtliche Verpflichtung erfüllt BGH GRUR 71 S. 175 „Steuerhinterziehung“). Auch wo ihn der Vorgang nahe berührt, kann ein berechtigtes Interesse vorliegen (RGZ 83 S. 364). *Wer* das berechtigte Interesse hat, ob Täter oder Mitteilungsempfänger, ist gleichgültig, nur bei einem von ihnen braucht es vorzuliegen. § 14 Abs. 2 ist auch bei Pressemitteilungen wegen des allgemeinen Informationsbedürfnisses (BGH GRUR 66 S. 693 „Höllenfeuer“), bei Behauptungen in Nachschlagewerken (BGH NJW S. 245 „Literaturlexikon“) anzuwenden. Ebenso findet auf vertrauliche Mitteilungen von Auskunfteien, welche ihre Mitteilungen als solche ausschließlich in fremdem berechtigten Interesse machen, immer nur § 14 Abs. 2 Anwendung. Abzulehnen ist die Ansicht, daß sich vertraulich Mitteilender oder der vertrauliche Mitteilungsempfänger auf etwaige berechtigte Interessen Dritter oder gar der Öffentlichkeit berufen und den Schutz des Abs. 2 für sich in Anspruch nehmen können (so Reimer-v. Gamm S. 473); das verträgt sich nicht mit dem Tatbestandsmerkmal der „Vertraulichkeit“ der Mitteilung und würde zudem zu einer weiteren Ausuferung der Verteidigungs-Chancen rechtsbrecherischer Elemente führen, denen heute aus falsch verstandener „Sozialmoral“ ohnehin schon allgemein ein zu weitgehender Schutz gewährt wird.

b) Das berechtigte Interesse soll nicht allein dadurch ausgeschlossen sein, daß daneben ein persönlicher Beweggrund wie z. B. Rache besteht (RG JW 19 S. 993). Reimer (S. 737) meint, daß die Interessen des Einzelnen hinter denen der Allgemeinheit zurückzustehen haben, so daß berechtigtes Interesse auch denkbar sei, wenn zwar der Verletzte empfindlich geschädigt, der Allgemeinheit aber genutzt wird. Dies als allgemeingültige These aufzustellen, dürfte jedoch zu weit gehen.

Ist die Mitteilung unwahr, muß für jedermann von vornherein jegliches berechtigtes Interesse an ihr entfallen (BGH GRUR 51 S. 283 „Möbelbezugsstoff“).

c) Die **Presse** kann die Vorrechte des Abs. 2 **nicht** für sich in Anspruch nehmen, schon weil sie niemals *vertraulich* (s. Anm. 20) mitteilt (ebenso Löffler S. 711; Reimer-v. Gamm S. 473). Auch ist sie nicht dazu berufen, fremde Interessen wahrzunehmen und durch Verbreiten von Tatsachen Ehre und Ansehen anderer zu verletzen. Zu Recht fordert RG (Bd. 83 S. 362) besondere Beziehungen zwischen Mitteilungsempfänger und mitgeteiltem Vorgang und läßt das Interesse der Presse an der Unterrichtung ihrer Leser unberücksichtigt (ähnl. B.-Hefermehl S. 1007; Rosenthal S. 404); Presse, Rundfunk und Fernsehen sind besonders verpflichtet, mit ihren Behauptungen vorsichtig zu sein und ihre Informationen mit großer Sorgfalt auf Zuverlässigkeit zu überprüfen (BGH GRUR 60 S. 449 „Burschenschaften“; 66 S. 653 „Teppichkehrmaschine“); denn sie haben mit ihren Massenmedien ein Machtinstrument, dessen mißbräuchliche oder auch nur fehlsame Ausübung den kritiklosen und labilen Durchschnitt des Verkehrs zu großem Schaden führen kann.

[20] **Vertrauliche Mitteilungen** sind solche, bei denen vertrauliche Behandlung ausdrücklich zur Pflicht gemacht wird oder aus den Umständen zwingend hervorgeht (BGH GRUR 60 S. 135 „Druckaufträge"). Vertrauliche Behandlung erfordert, daß die Mitteilung nicht durch Weitergabe zur öffentlichen Mitteilung wird (RG MuW 27/28 S. 177). Deshalb muß die Mitteilung an einen **bestimmten** Empfänger gegeben, ihm die Pflicht zur vertraulichen Behandlung nicht nur ernsthaft gewollt auferlegt, sondern vom Mitteilungsempfänger auch als ernsthaft gewollt verstanden worden sein. Wenn mit Weitergabe der Mitteilung gerechnet wird, ist sie trotz ausdrücklichen Hinweises nicht mehr vertraulich (BGH a.a.O. „Druckaufträge"). An die Vertraulichkeit sind hohe Anforderungen zu stellen (BGH GRUR 70 S. 370 „Nachtigall"). Bei einem größeren Kreis von Mitteilungsempfängern ist Vertraulichkeit nie gegeben (RG GRUR 41 S. 382). Dagegen kann bei Anzeigen an Behörden in der Regel mit vertraulicher Behandlung als selbstverständlich gerechnet werden (RGZ 156 S. 15), es sei denn, daß Weiterleitung an möglichst viele Einzeldienststellen bezweckt wird (RG JW 38 S. 2902).

[21] Der Täter des Spezialfalles des Abs. 2 hat die Vertraulichkeit und das berechtigte Interesse **zu beweisen** (st. Rechtsspr. BGH GRUR 70 S. 370 „Nachtigall"); erst wenn er beides bewiesen hat, hat der Verletzte die Beweislast für die Unwahrheit der behaupteten Tatsachen. Mißglückt dem Täter aber der Beweis der Vertraulichkeit und des berechtigten Interesses, liegt der allgemein geregelte Fall des Abs. 2 vor, bei dem dem Verletzten die Beweislast für die Unwahrheit der behaupteten Tatsachen abgenommen und dem Täter die Beweislast für die Wahrheit seiner Behauptung aufgebürdet ist.

Schadensersatzansprüche gibt § 14 Abs. 2 im Gegensatz zu Abs. 1 nur bei **Verschulden.** Verschulden heißt Vorsatz oder Fahrlässigkeit („kannte oder kennen mußte"). Wer sich der Unsicherheit seines Wissens bewußt ist, handelt mit bedingtem Vorsatz. Der Vorsatz muß sich auch auf die Unrichtigkeit der Mitteilung erstrecken (allg. Meinung).

[22] **zu Abs. 3.** Der Geschäftsinhaber haftet für seine Angestellten und Beauftragten (vgl. Anm. 10 zu § 13) nach § 14 nur auf Unterlassung; auf Schadensersatz haftet er für diese nach den allgemeinen Vorschriften. Die Angestellten oder Beauftragten müssen schuldhaft gehandelt haben. Exkulpation (§ 831 BGB) ist möglich. Ob der Geschäftsinhaber kannte oder kennen mußte, hat in den Fällen des Abs. 3 keine Bedeutung (§ 166 Abs. 1 BGB), es sei denn, der Angestellte hat nach bestimmten Weisungen des Inhabers gehandelt (§ 166 Abs. 2 BGB); dann kommt aber ohnehin mittelbare Täterschaft des Geschäftsinhabers in Betracht.

[Verleumdung]

§ 15

(1) Wer wider besseres Wissen über das Erwerbsgeschäft eines anderen, über die Person des Inhabers oder Leiters des Geschäfts, über die Waren oder gewerblichen Leistungen eines anderen Tatsachen der Wahrheit zuwider behauptet oder verbreitet, die geeignet sind, den Betrieb des Geschäfts zu schädigen, wird mit Freiheitsstrafe bis zu einem Jahr und mit Geldstrafe oder mit einer dieser Strafen bestraft.

(2) Werden die in Abs. 1 bezeichneten Tatsachen in einem geschäftlichen Betriebe von einem Angestellten oder Beauftragten behauptet oder verbreitet, so ist der Inhaber des Betriebs neben dem Angestellten oder Beauftragten strafbar, wenn die Handlung mit seinem Wissen geschah.

Übersicht

[1] Allgemeines. Die Vorschrift verhält sich zu § 14 wie § 4 zu § 3. Ihr objektiver Tatbestand ist im wesentlichen derselbe wie der des § 14 Abs. 1 mit dem alleinigen Unterschied, daß der Wettbewerbszweck und die Kreditgefährdung fortfallen, was aber keine Bedeutung hat, weil die Kreditgefährdung meist sowieso schon eine Gefährdung des Geschäftsbetriebes bedeutet und deshalb in der Regel von § 15 miterfaßt ist (allg. Meinung), und daß der Täter des § 15 **wider besseres Wissen** gehandelt haben muß. Wegen der einzelnen Tatbestandsmerkmale vgl. daher die Erläuterungen zu § 14. Durch den Fortfall des für § 14 erforderlichen Wettbewerbszwecks wird dem Gewerbebetrieb strafrechtlicher Schutz gegen Anschwärzungen zuteil, die nicht nur von Mitbewerbern oder für solche handelnde Dritte, sondern überhaupt von irgendwem ausgehen. Auch wer als reiner Privatier nur aus persönlicher Feindschaft, aus Rachsucht oder sonstigen niedrigen Instinkten handelt, wird strafrechtlich verfolgt.

[2] Der Ausdruck **„der Wahrheit zuwider"** bedeutet dasselbe wie **unwahr** (vgl. Anm. 7 zu § 14). Die Unwahrheit muß dem Täter bewiesen werden. Bleibt sie ungewiß, ist er freizusprechen.

[3] Der subjektive Tatbestand setzt Vorsatz voraus. Die Unwahrheit der Behauptung muß der Täter in seinen **unbedingten** Vorsatz (dolus directus) aufgenommen haben, bedingter Vorsatz würde nicht genügen; denn **„wider besseres Wissen"** heißt, daß der Täter den wahren Sachverhalt kennt und trotz Kenntnis entgegen demselben seine unwahre Behauptung (über den Begriff vgl. Anm. 10 zu § 14) aufstellt (allg. Meinung). Wider besseres Wissen handelt nicht schon, wer von der Wahrheit der Behauptung nicht überzeugt ist, sondern nur derjenige, der von dem Gegenteil überzeugt ist (RG JW 38 S. 1803). Behauptet der Täter nur ins Blaue hinein, würde er mit bedingtem Vorsatz handeln, was für die Bestrafung nicht ausreicht. Für alle anderen Tatbestandsmerkmale genügt bedingter Vorsatz. Die Beweislast haben der Verletzte und die Anklagebehörde.

[4] **Täter** ist, wer die unwahren Tatsachen behauptet oder verbreitet. Das kann jeder sein, der Mitbewerber, der Dritte, der zur Förderung fremden Wettbewerbs handelt, wie aber auch jeder, der keine wettbewerblichen Interessen verfolgt, sondern aus privaten Gründen, z.B. Rachsucht handelt (allg. Meinung).

[5] Neben dem aktiv handelnden Täter wird auch der **Inhaber** eines geschäftlichen Betriebes, wenn die Äußerung durch Angestellte oder Beauftragte (Begriff vgl. Anm. 10 zu § 13) desselben *mit seinem Wissen* geschieht, bestraft (Abs. 2). Der **Leiter** eines Betriebes kann, braucht aber nicht zugleich auch sein Inhaber zu sein. In seiner Stellung als Betriebsleiter ist er nur Angestellter (s. Anm. 10 zu § 13). Ohne zugleich Inhaber zu sein, kann er deshalb, weil Abs. 2 ihn nicht ausdrücklich erwähnt, nicht bestraft werden, wenn er nicht selbst handelt und nicht als Mittäter in Betracht kommt, auch wenn die Handlung mit seinem Wissen geschah. Die analoge Anwendung von Strafgesetzen ist ausgeschlossen. Der Grundsatz nulla poena sine lege kann auch dann nicht durchbrochen werden, wenn eine Gesetzeslücke offenbar ist (a.A. Reimer-v. Gamm S. 476). Hat der Betriebsleiter nicht selbst gehandelt und kommt er auch nicht als Mittäter oder Anstifter in Betracht, ist er freizusprechen. Seine Bestrafung ist nur möglich, wenn die Handlung zugleich § 4 UWG verletzt, dessen Abs. 2 den Betriebsleiter ausdrücklich erwähnt (ähnlich offenbar B.-Hefermehl S. 1011; a. A. Reimer-v. Gamm a. a. O).

[6] Die Tat ist ein Vergehen, (§ 1 StGB). Der Versuch bleibt straffrei (§ 43 Abs. 2 StGB). Die Tat ist vollendet, wenn die „Behauptung" dem Mitteilungsempfänger zugeht, oder wenn im Falle des „Verbreitens" die Kenntnisnahme durch Dritte *möglich* wird. Die Geldstrafe beträgt mindestens 3000 DM, höchstens 10000 DM (§ 27 StGB) und bei Gewinnsucht bis zu 100000 DM (§ 27 StGB). **Gewinnsucht** ist die Steigerung des berechtigten Erwerbssinns auf ein ungewöhnlich ungesundes, sittlich anstößiges Maß (RGSt. 60 S. 306, S. 389; OLG Braunschweig MDR 47 S. 136). Die **Strafverfolgung** geschieht nur auf **Antrag** (§ 22). Antragsberechtigt ist nur der Verletzte, nicht auch ein Wirtschaftsverband des § 13. Sofern die Staatsanwaltschaft mangels öffentlichen Interesses die Strafverfolgung nicht übernimmt, ist Erhebung der Privatklage gemäß § 374 Ziff. 7 StPO möglich. Verjährung in

5 Jahren, bei Pressevergehen in 6 Monaten. Über Veröffentlichungsbefugnis vgl. § 23, über Buße vgl. § 26.

[7] Die Zivilansprüche sind auf Unterlassung und Schadensersatz gerichtet. Sie ergeben sich aus § 14, der in der Regel zugleich verletzt sein wird. Ist er nicht verletzt, ergeben sich die gleichen Ansprüche regelmäßig aus § 823 Abs. 2 BGB, da in seinem Sinne § 15 eine Schutzvorschrift ist. Über Haftung für Angestellte und Beauftragte vgl. Anm. 22 zu § 14.

[Schutz geschäftlicher Bezeichnungen]

§ 16

(1) Wer im geschäftlichen Verkehr einen Namen, eine Firma oder die besondere Bezeichnung eines Erwerbsgeschäfts, eines gewerblichen Unternehmens oder einer Druckschrift in einer Weise benutzt, welche geeignet ist, Verwechslungen mit dem Namen, der Firma oder der besonderen Bezeichnung hervorzurufen, deren sich ein anderer befugterweise bedient, kann von diesem auf Unterlassung der Benutzung in Anspruch genommen werden.

(2) Der Benutzende ist dem Verletzten zum Ersatze des Schadens verpflichtet, wenn er wußte oder wissen mußte, daß die mißbräuchliche Art der Benutzung geeignet war, Verwechselungen hervorzurufen.

(3) Der besonderen Bezeichnung eines Erwerbsgeschäfts stehen solche Geschäftsabzeichen und sonstigen zur Unterscheidung des Geschäfts von anderen Geschäften bestimmten Einrichtungen gleich, welche innerhalb beteiligter Verkehrskreise als Kennzeichen des Erwerbsgeschäfts gelten. Auf den Schutz von Warenzeichen und Ausstattungen (§§ 1, 15 des Gesetzes zum Schutz der Warenbezeichnungen vom 12. Mai 1894, Reichsgesetzbl. S. 441) finden diese Vorschriften keine Anwendung.

(4) Die Vorschrift des § 13 Abs. 3 findet entsprechende Anwendung.

[Namensrecht]

§ 12 BGB

Wird das Recht zum Gebrauch eines Namens dem Berechtigten von einem anderen bestritten oder wird das Interesse des Berechtigten dadurch verletzt, daß ein anderer unbefugt den gleichen Namen gebraucht, so kann der Berechtigte von dem anderen Beseitigung der Beeinträchtigung verlangen. Sind weitere Beeinträchtigungen zu besorgen, so kann er auf Unterlassung klagen.

[Ausgeschlossene Zeichen]

§ 4 WZG

(1) Freizeichen können nicht in die Rolle eingetragen werden.

(2) Ferner sind von der Eintragung solche Zeichen ausgeschlossen,

1. die keine Unterscheidungskraft haben oder ausschließlich aus Zahlen, Buchstaben oder solchen Wörtern bestehen, die Angaben über Art, Zeit und Ort der Herstellung, über die Beschaffenheit, über die Bestimmung, über Preis-, Mengen- oder Gewichtsverhältnisse der Waren enthalten,
2. die Staatswappen, Staatsflaggen oder andere staatliche Hoheitszeichen oder Wappen eines inländischen Ortes, eines inländischen Gemeinde- oder weiteren Kommunalverbandes enthalten,
3. die amtliche Prüf- und Gewährzeichen enthalten, die nach einer Bekanntmachung im Bundesgesetzblatt im Inland oder in einem ausländischen Staate für bestimmte Waren eingeführt sind,

3a. die Wappen, Flaggen oder andere Kennzeichen, Siegel oder Bezeichnungen der internationalen zwischenstaatlichen Organisationen enthalten, die nach einer Bekanntmachung im Bundesgesetzblatt von der Eintragung als Warenzeichen ausgeschlossen sind,

4. die ärgerniserregende Darstellungen oder solche Angaben enthalten, die ersichtlich den tatsächlichen Verhältnissen nicht entsprechen und die Gefahr einer Täuschung begründen,
5. die nach allgemeiner Kenntnis innerhalb der beteiligten inländischen Verkehrskreise bereits von einem anderen als Warenzeichen für gleiche oder gleichartige Waren benutzt werden,
6. die mit einer zur Sortenschutzrolle oder zur Sortenliste des Bundessortenamts früher angemeldeten und dort eingetragenen Sortenbezeichnung übereinstimmen.

(3) Die Eintragung wird jedoch in den Fällen des Absatzes 2 Nr. 1 zugelassen, wenn sich das Zeichen im Verkehr als Kennzeichen der Waren des Anmelders durchgesetzt hat.

(4) Die Vorschriften des Absatzes 2 Nr. 2, 3 und 3a gelten nicht für einen Anmelder, der befugt ist, in dem Warenzeichen das Hoheitszeichen, das Prüf- und Gewährzeichen oder die sonstige Bezeichnung zu führen, selbst wenn es mit der Bezeichnung eines anderen Staates oder einer anderen internationalen zwischenstaatlichen Organisation im Verkehr verwechselt werden kann. Die Vorschrift des Absatzes 2 Nr. 3 gilt ferner insoweit nicht, als die Waren, für die das Zeichen angemeldet ist, weder gleich noch gleichartig mit denen sind, für die das Prüf- und Gewährzeichen eingeführt ist. Die Vorschrift des Absatzes 2 Nr. 6 gilt insoweit nicht, als die Waren, für die das Zeichen angemeldet ist, weder Sorten derselben botanischen Art wie die Sorte des Dritten noch Sorten einer botanisch verwandten Art sind.

(5) Die Vorschrift des Absatzes 2 Nr. 5 wird nicht angewendet, wenn der Anmelder von dem anderen zur Anmeldung ermächtigt worden ist.

[Wirkung der Zeicheneintragung]

§ 15 WZG

(1) Die Eintragung eines Warenzeichens hat die Wirkung, daß allein seinem Inhaber das Recht zusteht, Waren der angemeldeten Art oder ihre Verpackung oder Umhüllung mit dem Warenzeichen zu versehen, die so bezeichneten Waren in Verkehr zu setzen sowie auf Ankündigungen, Preislisten, Geschäftsbriefen, Empfehlungen, Rechnungen oder dergleichen das Zeichen anzubringen.
(2) Wird das Zeichen gelöscht, so können Rechte aus der Eintragung für die Zeit nicht mehr geltend gemacht werden, in der bereits ein Rechtsgrund für die Löschung vorgelegen hat.

[Mißbrauch von Namen, Firma oder Warenzeichen]

§ 24 WZG

(1) Wer im geschäftlichen Verkehr Waren oder ihre Verpackung oder Umhüllung, oder Ankündigungen, Preislisten, Geschäftsbriefe, Empfehlungen, Rechnungen oder dergleichen mit dem Namen oder der Firma eines anderen oder mit einem nach diesem Gesetz geschützten Warenzeichen widerrechtlich versieht, oder wer derart widerrechtlich gekennzeichnete Waren in Verkehr bringt oder feilhält, kann von dem Verletzten auf Unterlassung in Anspruch genommen werden.

(2) Wer die Handlung vorsätzlich oder fahrlässig vornimmt, ist dem Verletzten zum Ersatz des daraus entstandenen Schadens verpflichtet.

(3) Ist die Handlung vorsätzlich begangen worden, so wird der Täter mit Geldstrafe oder mit Freiheitsstrafe bis zu sechs Monaten bestraft.

[Mißbrauch einer Ausstattung]

§ 25 WZG

(1) Wer im geschäftlichen Verkehr Waren oder ihre Verpackung oder Umhüllung, oder Ankündigungen, Preislisten, Geschäftsbriefe, Empfehlungen, Rechnungen oder dergleichen widerrechtlich mit einer Ausstattung versieht, die innerhalb beteiligter Verkehrskreise als Kennzeichen gleicher oder gleichartiger Waren eines anderen gilt, oder wer derart widerrechtlich gekennzeichnete Waren in Verkehr bringt oder feilhält, kann von dem anderen auf Unterlassung in Anspruch genommen werden.

(2) Wer die Handlung vorsätzlich oder fahrlässig vornimmt, ist dem anderen zum Ersatz des daraus entstandenen Schadens verpflichtet.

(3) Ist die Handlung vorsätzlich begangen worden, so wird der Täter mit Geldstrafe oder mit Freiheitsstrafe bis zu drei Monaten bestraft.

[Falsche Angaben auf Waren]

§ 26 WZG

(1) Wer im geschäftlichen Verkehr vorsätzlich oder fahrlässig Waren oder ihre Verpackung oder Umhüllung mit einer falschen Angabe über den Ursprung, die Beschaffenheit oder den Wert der Waren versieht, die geeignet ist, einen Irrtum zu erregen, oder wer vorsätzlich die so bezeichneten Waren in Verkehr bringt oder feilhält oder die irreführende Angabe auf Ankündigungen, Geschäftspapieren oder dergleichen anbringt, wird mit Geldstrafe und Freiheitsstrafe bis zu sechs Wochen oder mit einer von beiden Strafen bestraft, soweit er nicht nach anderen Bestimmungen eine schwerere Strafe verwirkt hat.

(2) Als falsche Angaben über den Ursprung im Sinne der vorstehenden Vorschrift sind Bezeichnungen nicht anzusehen, die zwar einen geographischen Namen enthalten oder von ihm abgeleitet sind, in Verbindung mit der Ware jedoch ihre ursprüngliche Bedeutung verloren haben und im geschäftlichen Verkehr ausschließlich als Warenname oder Beschaffenheitsangabe dienen.

[Verwechslungsgefahr]

§ 31 WZG

Die Anwendung der Bestimmungen dieses Gesetzes wird weder durch Verschiedenheit der Zeichenform (Bild- und Wortzeichen) noch durch sonstige Abweichungen ausgeschlossen, mit denen Zeichen, Wappen, Namen, Firmen und andere Kennzeichnungen von Waren wiedergegeben werden, sofern trotz dieser Abweichungen die Gefahr einer Verwechslung im Verkehr vorliegt.

Übersicht

VI Kennzeichengleichheit, -ähnlichkeit und Verwechslungsgefahr

VII Die Ansprüche aus Kennzeichnungsverletzungen

VIII Internationales Kennzeichnungsrecht

I. Allgemeines

[1] Jeder trachtet, sich zu individualisieren, sei es außerhalb sei es innerhalb des geschäftlichen Verkehrs, sich und seine individuelle Leistung mit seinem Namen zu kennzeichnen; denn Namenlose und Namenloses werden von der Umwelt nur gering ge- und beachtet. Sich aus den Heerscharen der Namenlosen herauszuheben ist die Aufgabe und auch das in Art. 2 GG garantierte Recht des Individuums.

Begrifflich ist Name die sprachliche Kennzeichnung einer Person, eines Unternehmens, Gegenstandes oder auch nur Begriffes zur Unterscheidung von anderen (st. Rspr. BGH GRUR 57 S. 547 „tabu I" NJW 59 S. 525) als Gegenstück zu Slogans, aus Buchstaben-, Zahlenzusammenstellungen oder Farbkombinationen bestehenden oder bildlichen oder auch nur akustischen usw. Individualisierungsmitteln, die gleichermaßen unter den Oberbegriff der Kennzeichnungsmittel fallen (BGH GRUR 62 S. 144 „Buntstreifensatin"; 72 S. 122 „Schablonen", S. 546 „Trainingsanzug").

Die Bedeutung der Kennzeichnungsmittel liegt darin, das mit ihnen Bezeichnete (Personen, Unternehmen, Gegenstände) **von anderen zwecks Individualisierung zu unterscheiden.** Diese Funktion aller Kennzeichnungsmittel bleibt immer dieselbe. Unterschiede ergeben sich lediglich aus der Verschiedenartigkeit der ihnen beigegebenen Wirksamkeit hinsichtlich dieser Funktion und aus den ihnen gestellten Aufgaben hinsichtlich ihres Aussagegehaltes. Die Kennzeichnung von Waren und gewerblichen Leistungen („Kennzeichnungsträger") hat stets die mehr oder weniger wirksam erfüllte Aufgabe, ihre Herkunft aus einem bestimmten Unternehmen, oder dieses als solches zur Unterscheidung von anderen, bei den angesprochenen Verkehrskreisen erkennbar zu machen (allg. Meinung).

[2] Zu den **Kennzeichnungsmitteln (als Oberbegriff)** zählt man im einzelnen:

a) den Namen der natürlichen Person (§ 12 BGB) und die Firma des Handelsrechts (§ 17 HGB),

b) die Unternehmensbezeichnung wie Firma (§ 17 HGB), Firmenabkürzungen, -schlagworte, besondere Bezeichnung eines Unternehmens oder einer Druckschrift (§ 16 UWG),

c) Warenbezeichnungen wie Warenzeichen und Ausstattung (§§ 1, 25 WZG). Namen natürlicher Personen können zu Unternehmensbezeichnungen, Warenzeichen und Ausstattungen werden (BGH GRUR 57 S. 87 „Meisterbrand"), aber es können auch umgekehrt Unternehmensbezeichnungen Namensfunktionen erlangen (BGH GRUR 57 S. 25 „Hausbücherei"), je nachdem wie der Inhaber das Kennzeichnungsmittel einsetzt und wie die angesprochenen Verkehrskreise es verstehen. Die tatsächliche Situation entscheidet, welcher Art das Kennzeichnungsmittel (a, b, oder c) im Einzelfall zuzurechnen ist; mitunter kann es als solches gleichzeitig mehrere Funktionen haben (BGH GRUR 57 S. 29 „Spiegel"; a.a.O. „Hausbücherei"; 65 S. 377 „GdP" u.a.). Dadurch können sich die Rechte überschneiden und häufen, die solchen Kennzeichnungsmitteln anhaften. (Man bezeichnet z.B. mit seinem bürgerlichen Namen nicht nur als Firma sein Unternehmen, sondern auch seine Ware, indem man ihn sich zusätzlich als Warenzeichen eintragen läßt, so daß drei verschiedene Kennzeichnungsträger für ein und dasselbe Kennzeichen mit der entsprechenden Häufung von Rechten in der Hand seines Inhabers bestehen).

[3] Es läßt sich zwischen „förmlichen" und „sachlichen" (so B.-Hefermehl S. 1013) wie aber auch zwischen persönlichkeits- und immaterialgüterrechtlichen Kennzeichnungsrechten unterscheiden, doch bringt keines dieser Ordnungssysteme eine Übersichtlichkeit über die gesetzliche Regelung. Jede Vorschrift steht für sich gesondert und gewährt den ihr eigenen Schutz, sofern ein Kennzeichnungsmittel ihrem Tatbestand gemäß innegehalten wird und mit einem solchen eines anderen in Kollision gerät.

[4] **Die Erlangung des Schutzrechts an einem Kennzeichen** richtet sich nach dessen Wesen. Der bürgerliche Familienname wird in der Regel mit der Geburt der durch ihn gekennzeichneten Person, der Vorname durch Eintragung im Geburtenbuch (§§ 21, 22 P.St.G) erworben. Auch das Recht an der Firma, als Name eines Unternehmens wird erst mit der registerrechtlichen Eintragung dann erworben, wenn von letzterer die Entstehung des Unternehmens als selbständige juristische Person (GmbH, AG., KGaA usw.) oder die Kaufmannseigenschaft (§§ 2, 3 HGB) abhängt. Ebenso entsteht das Warenzeichen, bzw. wird es erworben, erst durch registerrechtliche Eintragung in die Warenzeichenrolle des Patentamts (zum Benutzungszwang s. Anm. 12), während die Entstehung des Rechts am Namen eines Unternehmens (Firma), dessen Kaufmannseigenschaft oder Rechtspersönlichkeit nicht vom Eintrag im Handelsregister abhängt, sowie das Recht an der besonderen Geschäftsbezeichnung lediglich durch Ingebrauchnahme entsteht; der Schutz der Ausstattung und des Geschäftsabzeichens erfordert zusätzlich Verkehrsgeltung. (Begriff vergl. Abschnitt III, Anm. 13ff.).

II. Unterscheidbarkeit und Unterscheidungskraft

[5] Allen Kennzeichen ist gemeinsam, daß ihr rechtlicher Schutz eine ihnen innenwohnende **Unterscheidungskraft** voraussetzt; ohne eine solche individualisieren und kennzeichnen sie nicht, so daß sie funktionslos wären und dieserhalb ein rechtliches Interesse an ihrem Schutz nicht bestünde. Unterscheidungskraft heißt nichts anderes als die Fähigkeit des Kennzeichnens, den mit ihm bezeichneten Gegenstand von anderen zu unterscheiden. Die Unterscheidungsaufgabe bzw. der Unterscheidungszweck werden dabei vom Wesen und Einsatz des Kennzeichens sowie von der sich als Ergebnis hiervon widerspiegelnden **Verkehrsauffassung** (Begriff vgl. Anm. 6

hier und Anm. 84 zu § 1) **bestimmt;** auch der Grad der Bedeutung des Kennzeichenträgers für den Verkehr beeinflußt dessen Auffassung, so daß letztere einem ständigen Wandel unterliegt. (st. Rspr. BGH GRUR 57 S. 541 „tabu I"; 63 S. 458 „Düssel").

[6] Wie immer wird die Verkehrsauffassung auch hier durch den **Gesamteindruck** des Wettbewerbstatbestandes reguliert. Er gibt dem Kennzeichen das Gepräge, das im Erinnerungsbild der angesprochenen Verkehrskreise haften bleibt, von dem sodann die Unterscheidungskraft (vgl. Abschnitt II Anm. 5), der Funktionsbereich (Abschnitt V Anm. 49ff.) sowie die Verwechslungsgefahr (Abschnitt VI Anm. 57ff.) mit einem anderen Kennzeichen abzuleiten sind. Welche Elemente eines Kennzeichnungsmittels beim Verkehr einen bestimmten Gesamteindruck hinterlassen, kann nur von Fall zu Fall entschieden werden. Zu berücksichtigen ist die Flüchtigkeit, mit der der Verkehr sich seine Auffassung vom Gesamteindruck bildet (st.Rspr. für viele: BGH GRUR 60 S. 296 „Reiherstieg"; 63 S. 378 „Deutsche Zeitung"; 68 S. 148 „Zwillingsfrischbeutel"). Deshalb ist auf die markanten Kennzeichnungselemente abzustellen, die haften bleiben und Erinnerungsassoziationen auslösen, wenn sie wiedergesehen werden (ähnlich BGH GRUR 61 S. 343 „Meßmer Tee"; 65 S. 670 „Besoderm"). Demzufolge sind z.B. bei Anerkennung von sog. Stammzeichen eines Unternehmens, die als Grundlage einer Reihe von Warenzeichen desselben Unternehmens (Serienzeichen) gewertet werden, hinsichtlich ihres selbständigen Hinweischarakters im Gesamteindruck besonders hohe Anforderungen zu stellen (BGH GRUR 72 S. 549 „Messinetta"; 74 S. 93 „Räuber"). Denn eine Zergliederung des Kennzeichens nebst Sonderbetrachtung seiner Einzelelemente ist in der Regel unzulässig, weil dadurch sein Gesamteindruck verändert wird (BGH GRUR 62 S. 522 „Ribana"). Ein einzelnes Zeichenelement muß den Gesamteindruck der Kennzeichnung überragend bestimmen, um für dessen Beurteilung von den anderen losgelöst betrachtet werden zu können (BGH GRUR 66 S. 499 „Merk"; 68 S. 148 „Zwillingsfrischbeutel"; a.a.O. „Räuber").

Zu berücksichtigen sind auch die angesprochenen Verkehrskreise selbst, in deren Auffassung sich der Gesamteindruck bildet, sowie der Tätigkeitsbereich des Unternehmens mit der Zweckbestimmung der gewerblichen Leistung desselben, weil von allen diesen Momenten der Grad der Aufmerksamkeit bzw. Flüchtigkeit des Interesses für das Kennzeichen abhängt (BGH GRUR 60 S. 550 „Promonta"). In diesem Sinn kann sich der Verkehr an das **Nebeneinanderbestehen** zweier ähnlicher Zeichen mit der Folge gewöhnen, daß er sie unterschiedlichen Herstellungsstätten zuordnet, sie also auch bei Warengleichartigkeit unterscheidet, so daß sie sich mit ausreichender Unterscheidungskraft voneinander abheben und keine Verwechslungsgefahr besteht (BGH GRUR 74 S. 84 „Trumpf").

[7] Der **bürgerliche Name** (Begriff s. Anm. 22) hat gleichfalls die Aufgabe, die mit ihm bezeichnete Person **von anderen zu unterscheiden.** Da er im Gegensatz zu den frei gewählten, in bestimmten Lebensbereichen eingesetzten Kennzeichen gesetzlich erworben wird, werden an seine Unterscheidungskraft keine besonderen Anforderungen gestellt. Er braucht zur Individualisierung einer Person nur geeignet zu sein, damit ihm Schutz gemäß § 12 BGB gewährt wird. Sein gesetzlich vorgeschriebener Gebrauch, insbesondere in der Privatsphäre, ist niemals unbefugt (BGHZ 29 S. 256). Redlichkeit des Handelns vorausgesetzt, ist seine Führung deshalb auch im geschäftlichen Verkehr, auch wenn gesetzlich *nicht* vorgeschrieben, nicht unbefugt (BGH GRUR 66 S. 623 „Kupferberg"). Problematisch wird die oft mangelhafte Unterscheidungskraft bürgerlicher Namen (Müller, Meyer, Schulze), wenn sie im geschäftlichen Verkehr auf gleiche oder ähnliche Namen stoßen, so daß Verwechslungsgefahren (s. Abschn. VI Anm. 63ff.) auftreten, die die Interessen der beteiligten Namensträger vernünftigerweise stören, aber auch das Interesse der Allgemeinheit an Vermeidung von Irreführungen verletzen können. Trotz Grundsätzlichkeit des Rechts eines jeden zum Gebrauch seines bürgerlichen Namens im geschäftlichen Verkehr, auch als Firma (st. Rspr. BGH GRUR 60 S. 33 „Zamek"; 66 S. 499 „Merck"; S. 623 „Kupferberg"; 68 S. 212 „Hellige"), entsteht nun die Pflicht zur Herstellung einer solchen Unterscheidbarkeit von anderen, daß sie Verwechslungen ausschließt, und zwar für denjenigen, der in diesem geschäftlichen Bereich (als Prioritätsjüngerer) neu eingetreten ist (BGH GRUR 55 S. 42 „Farina/rote Blume"; a.a.O. „Zamek", „Merck", „Hellige"); er hat zumutbare Zusätze in Gebrauch zu nehmen, wenn er nicht gar arglistig als Strohmann fungiert, so daß ihm in diesem Bereich die Führung seines bürgerlichen Namens ausnahmsweise überhaupt untersagt werden kann (BGH GRUR 52 S. 511 „Farina/Urkölsch"). Wer der Prioritätsältere ist, bemißt sich danach, wer von beiden in dem geschäftlichen oder räumlichen Bereich, in welchem sie erstmals aufeinander stoßen „Begegnungsfeld") mit dem so gebrauchten Namen hier als erster existent gewesen ist (GRUR 57 S. 342 „Underberg"; 60 S. 33 „Zamek"; 68 S. 212 „Hellige"). Unter der Voraussetzung der Redlichkeit des Prioritätsjüngeren sind beide Träger des gleichen Namens zur Unterlassung alles dessen verpflichtet, was nach geschaffener Abgrenzung zu einer neuerlichen Annäherung im Sinne einer Verwechslungsgefahr führen könnte (BGH a.a.O. „Farina/rote Blume", „Underberg", „Merck"). In jedem Zweifelsfall hat der Prioritätsjüngere wegen der ihm leichter zuzumutenden Ausweichsmöglichkeiten und wegen seiner gemäß § 1 UWG bestehenden Pflicht zum lauteren Leistungswettbewerb die größeren Anstrengungen zur Herstellung einer Unterscheidbarkeit seines Namens vom Namen des anderen zu veranstalten (BGH a.a.O.). Der Redliche wird von sich aus bestrebt sein, seinem etwa farblosen Namen ein Unterscheidungsmerkmal beizufügen (z.B. Müller/Garmisch).

[8] Nichts anderes gilt für die **Unterscheidungskraft einer Firma.** Sie individualisiert den Kaufmann, der unter ihr sein Unternehmen betreibt. Damit erlangt sie Namensfunktion (BGH GRUR 60 S. 490 „Vogeler"). Als Name ist sie gemäß § 12

BGB und wettbewerbsrechtlich nach § 16 Abs. 1 UWG geschützt. Sie kennzeichnet aber auch das Unternehmen selbst und ist damit kein reines Persönlichkeitsrecht mehr, sondern auch ein Vermögensrecht, für welches höhere Anforderungen an ihre Unterscheidungskraft gestellt werden, als an den bürgerlichen Namen. Diesbezüglich ist § 30 Abs. 1 HGB maßgebend, der aber insofern von der allgemeinen Entwicklung des Wirtschaftslebens seit seiner Entstehung im Jahre 1897 überholt ist, als die hiernach zulässige Eintragung einer Firma im Handelsregister über die Zulässigkeit ihres Gebrauchs noch nichts besagt, weil sie nicht genügt. Trotz deutlicher Unterscheidbarkeit von allen im selben Ort und in derselben Gemeinde bereits bestehenden *und* im Handelsregister eingetragenen Firmen kann die Unterscheidungskraft unzulänglich und damit die Firmenführung (-Benutzung) unzulässig sein, wenn identische oder verwechslungsfähige Kennzeichen anderer Unternehmen ohne Eintrag im Handelsregister im geschäftlichen Verkehr prioritätsälter bereits faktisch wirken. Deshalb ist für die Unterscheidungskraft die Verkehrsauffassung entscheidend. Da die Firma Namensfunktion hat, so daß sie unter dem Schutz des § 16 Abs. 1 UWG auch den Schutz des § 12 BGB genießt (BGH GRUR 60 S. 490 „Vogeler“ — für viele), ihr örtlicher Schutzbereich zudem so weit reicht, als sie nach der Verkehrsauffassung wirkt — m.a. Worten: Unterscheidungskraft hat — (BGH GRUR 57 S. 547 „tabu I“), muß sie zwecks Vermeidung von Kollisionen auch eine ausreichende Unterscheidungskraft gegenüber solchen Firmen haben, welche — ohne im Handelsregister ihres Bezirks eingetragen zu sein — im geschäftlichen Verkehr ihres örtlichen Bereichs bereits wirken; denn letztere sind die Prioritätsälteren (BGH GRUR 71 S. 517 „Swops“; 73 S. 661 „Metrix“).

Ohne Annahme und Gebrauch eines unterscheidungskräftigen Firmennamens kann das originäre materielle Firmenrecht also nicht zur Entstehung gelangen (st. Rspr., für viele: BGH GRUR 66 S. 267 „White Horse“; 69 S. 357 „Sihl“; 70 S. 315 „Napoleon III“). Ob die Unterscheidungskraft ausreicht, entscheidet die Verkehrsauffassung (st. Rspr. vgl. im einzelnen über diese Anm. 84 zu § 1, Anm. 10 zu § 3). Wegen der ständigen Wandelbarkeit derselben, die durch Art und Intensität des Kennzeichengebrauchs beeinflußbar ist, kann eine anfänglich nicht individualisierende Firma (also ohne Kennzeichnungskraft) Unterscheidungskraft erlangen, wie auch von einer schwachen zu einer starken aufsteigen (st. Rspr. BGH GRUR 57 S. 25 „Deutsche Hausbücherei“; 61 S. 294 „Esde“); umgekehrt kann eine starke Kennzeichnungskraft auch wieder verloren gehen (BGH a.a.O. „Deutsche Hausbücherei“; GRUR 57 S. 428 „Bücherdienst“; 64 S. 458 „Düssel“).

Da die Verkehrsauffassung entscheidet, beschränkt sich die Unterscheidungskraft einer Firma jeweils auf den räumlichen Austrahlungsbereich ihrer Tätigkeit, in welchem sie nach der Auffassung des Verkehrs individualisiert (BGH GRUR 53 S. 252 „W & H“; 57 S. 547 „tabu I“), weil sie dort benutzt wird. Diese Beschränkung gilt ferner für den sachlichen (branchemäßigen) Tätigkeitsbereich (BGH GRUR 60 S. 550 „Promonta“). Dabei ist für den lokalen Tätigkeitsbereich nicht ein Sitz oder eine Niederlassung des Unternehmens innerhalb desselben erforderlich, vielmehr genügt eine ernsthafte Betätigung, die sich auch in Korrespondenzen und besonders im Vertrieb einer Ware in diesem Bereich manifestieren kann, so daß sich von einem Auftreten des Unternehmens unter seiner Firma ebendort sprechen läßt (BGH GRUR 71 S. 517 „Swops"; 73 S. 661 „Metrix"). Dafür ist noch nicht einmal notwendig, daß das Unternehmen die Firmenbezeichnung selbst benutzt oder durch ein von ihm abhängiges Unternehmen gebrauchen läßt, vielmehr genügt auch der Gebrauch durch einen selbstständigen Eigenhändler, wenn es nur durch seine Art und Weise für den Verkehr erkennbar so geschieht, das letzterer die Namensführung dem Unternehmen als Herkunftshinweis zurechnet (BGH a. a. O. „Metrix").

[9] Von dem Tätigkeitsbereich des Unternehmens abgesehen, wird die Unterscheidungskraft auch von der besonderen konkreten Art der Kennzeichnung selbst beeinflußt, in der sie gebraucht wird, wenn der Verkehr sie als individualisierend auffaßt.

Worte der täglichen Umgangssprache, Angaben **beschreibender Art, Gattungsbezeichnungen, Beschaffenheitsangaben** sind wegen des Freihaltebedürfnisses der Allgemeinheit und der Mitbewerber grundsätzlich nicht geeignet, auf einen bestimmten Betrieb hinzuweisen, also zu individualisieren; aber auch sie können Kennzeichnungskraft als Firmenbezeichnung erlangen, wenn ihre Zusammenstellung äußerlich oder sinngestaltend eigenartig ist (BGH GRUR 57, S. 88 „Ihr Funkberater", S. 561 „Rhein Chemie"; 60 S. 296 „Reiherstieg"; 73 S. 265 „Charme + Chic") oder wenn sie beim Verkehr als firmen-(namens-)mäßiger Hinweis auf ein Unternehmen Geltung haben (BGH GRUR 59 S. 360 „Elektrotechnik"; 63 S. 378 „Deutsche Zeitung"). In den letzteren Fällen entsteht die Unterscheidungskraft erst in dem logischen Augenblick, in welchem die Verkehrsgeltung (Begriff vgl. Abschnitt III Anm. 13ff.) erlangt worden ist. In diesem Sinne können auch reine — an sich nicht schutzfähige — **Ortsangaben** in Firmennamen Kennzeichnungskraft erlangen (BGH GRUR 58 S. 39 „Rosenheimer Gummimäntel"; 65 S. 317 „Kölnisch Wasser", 74 S. 337 Stonsdorfer) und wieder verlieren, wenn die Verkehrsauffassung sich wieder entsprechend ändert.

Irreführende und täuschende Firmennamen, die deshalb bereits unzulässig sind, können schon denkgesetzlich keine Unterscheidungskraft haben, selbst wenn sie registerrechtlich nicht zu beanstanden sind. (BGH GRUR 65 S. 681 „de Paris"; 68 S. 44 „Schwerbeschädigtenbetrieb"); sie fehlorientieren, weshalb sie nicht individualisieren können. Ob ein Kennzeichen irreführt, entscheidet wieder die Verkehrsauffassung und der Gesamteindruck, den es bei ihr hinterläßt. Nicht erhebliche Teile der Verkehrskreise sind unbeachtlich (BGH GRUR 73 S. 361 „San Remo"), wobei der Prozentsatz des noch Erträglichen der Getäuschten auch von der angebotenen Ware oder gewerblichen Leistung abhängt (BGH GRUR wie zuvor).

[10] Für **die Unterscheidungskraft der besonderen Geschäftsbezeichnung, Geschäftsabzeichen** und **sonstige unterscheidende Einrichtungen** (Begriff s. Anm. 31) gilt das zu Anm. 7, 8 Gesagte sinngemäß. Dieser Kennzeichen kann sich jeder Unternehmer bedienen, ob er nun Vollkaufmann, Minderkaufmann, Gastwirt, Handwerker oder Freiberuflicher ist (BGH GRUR 60 S. 93 „Martinsberg"; 63 S. 430 „Erdener Treppchen"; 72 S. 709 „Patentmark"). Sie individualisieren je nach Art und Wesen den Inhaber des Unternehmens und/oder das Unternehmen als solches; als *besondere Geschäftsbezeichnungen* ersetzen sie den Namen oder die Firma des Geschäftsunternehmens und individualisieren es namensmäßig, haben also Namens- und Herkunftsfunktion (BGH GRUR; 59 S. 87 „Fischl"; 63 S. 430 „Erdener Treppchen"). Einer Verkehrsgeltung bedürfen die besonderen Geschäftsbezeichnungen nicht, um — Unterscheidungskraft nach der Verkehrsauffassung vorausgesetzt — des Schutzes des § 16 Abs. 1 teilhaftig werden zu können.

[11] **Die Unterscheidungskraft eines Warenzeichens** setzt seine Eignung voraus, auf die Herkunft der Ware aus einem bestimmten Betrieb hinzuweisen (Herkunftsfunktion), was sein Gesamteindruck (vgl. Anm. 6) ergibt (BGH GRUR 64 S. 454 „Palmolive"; 69 S. 345 „red white"). Es dient dieser Herkunftsbezeichnung nur von Waren, nicht auch von Dienstleistungen (RG Bd. 109 S. 73 „Weißer Hirsch"; BGH GRUR 65 S. 33 „Scholl"). Zum Unterschied von besonderen Geschäftsbezeichnungen können Warenzeichen ohne Erfordernis einer erlangten Verkehrsgeltung schon durch **sprachlich ungewöhnliche Wort-Kombinationen** ausreichend unterscheidungskräftig sein (BGH GRUR 57 S. 547 „tabu I"; 69 S. 345 „red white"; 73 S. 265 „Charme + Chic"). Die Crux der Frage nach der Unterscheidungskraft von Warenzeichen ist aber die Maßgeblichkeit des Gesamteindrucks, für den wiederum die Verkehrsauffassung bestimmend ist, welch letztere bei erst einzutragenden oder eingetragenen, aber noch nicht gebrauchten Zeichen in der Regel nicht eingeholt werden kann. Zudem ändert sie sich laufend, was der Prüfer des Patentamts zu berücksichtigen hat. Sie besteht aus der Auffassung aller beteiligten Verkehrskreise, der Hersteller, Händler und Endabnehmer (allg. Meinung für viele Althammer S. 42, B.-Hefermehl WZG S. 140). — Zum Benutzungszwang vgl. Anm. 12.

[11a)] Was in der jetzigen schnellebigen Zeit heute noch originell und unterscheidungskräftig ist, kann bei der erdrückenden Werbung durch Massenmedien morgen schon wieder überholt sein. Aus der Verschiedenheit der Verkehrskreise, die sich mit den einzelnen Warengattungen befassen, ergibt sich weiter eine gewisse **Relativität der Unterscheidungskraft** von Warenzeichen. Bei Druckerzeugnissen ist der Verkehr an *Orts-* und *Gattungsangaben* sowie *Abkürzungen* als Herkunftshinweis gewöhnt, so daß sie hinreichend unterscheiden (BGH GRUR 68 S. 259 „NZ"; BPatG Mitt. 72, S. 51 „Service World"; unterscheidungskräftig auch: „San Remo" — BGH GRUR 73 S. 361 — für Knabenbekleidung), wenn nur nicht mehr erhebliche Teile der Verbraucherschaft die geographische Ortsangabe noch erkennen, wogegen „Gaststätten Rixdorf Hähnchenhaus" und „Campione", weil vom Verkehr noch als Ortsbezeichnung aufgefaßt, gemäß § 4 Abs. 1 WZG mangels Unterscheidungskraft nicht eintragungsfähig sind (BPatG GRUR 72 S. 652 bzw. 653); sehr wohl dagegen wiederum „Stonsdorfer Kräuterlikör", obwohl es früher als Beschaffenheitsangabe, ganz früher als geographische Herkunftsbezeichnung galt, weil es sich inzwischen zu einem individuellen Kennzeichnungsmittel mit Verkehrsgeltung entwickelt hat und die Herkunft der Waren aus einem bestimmten Herstellungsbetrieb kennzeichnet (BGH GRUR 74 S. 337 „Stonsdorfer").

[11b)] Da die Aufgabe des Warenzeichens darin besteht, die Herkunft der Ware aus einem bestimmten Unternehmen zu kennzeichnen, darf es seine Angaben zur Unterscheidbarkeit der Ware nicht auf geographische bzw. gattungsmäßige Herkunft beschränken; auch für die Prüfung hierauf ist der Gesamteindruck maßgebend, so daß wiederum bei Nichtunterscheidbarkeit sämtlicher Einzelelemente eines Zeichens sie es in ihrer konkreten Gesamtheit dennoch unterscheidungskräftig machen können (BGH GRUR 73 S. 265 „Charme + Chic"). Rein beschreibende, Bestimmungs- oder Beschaffenheitsangaben sind unzulänglich („Portofolio" für Kunstgegenstände, (DPA GRUR 72 S. 426); „Minigold") und „Maxigold" für Milcherzeugnisse, weil Qualitätsangabe (BPatG GRUR 72 S. 653); „bessa" wegen klanglicher Ähnlichkeit mit „besser" als Qualitätsangabe. (BPatG GRUR 73 S. 267); „Fleischer-Fachgeschäft" auf Verpackungsmaterial als Verbandszeichen mangels Unterscheidungsfunktion, (BGH GRUR 73 S. 523). Trotz rein beschreibender, nicht schutzfähiger Worte kann in einer Wortzusammensetzung eine **Wortneubildung** liegen, die sich wegen ihrer Originalität nach der Verkehrsauffassung als unterscheidungskräftiger Herkunftshinweis eignet (so z. B. „Vita-Malz" BGH GRUR 66 S. 436; „Vitapur" 67 S. 246; „Charme & Chic" a. a. O.). Nicht unterscheidungskräftig der Zeichenbestandteil „Pilsener", weil er vom Verkehr als Biersortenbezeichnung aufgefaßt wird; deshalb „Club-Pilsener" nicht verwechselbar mit „Pilsener Urquell" (BGH GRUR 74 S. 220); sehr wohl jedoch, wenn es eine Herkunftsfunktion — wie faktisch nicht — erlangt haben würde (BGH GRUR 74 S. 337 „Stonsdorfer").

[11c)] Ebenso **Abwandlungen** und **Abkürzungen** von Worten der täglichen Umgangssprache, wenn sie ihren ursprünglichen Wesensgehalt so verändern, daß sie nicht mehr rein beschreibend wirken, sei es, daß sie eine Wortneubildung darstellen oder eine gedankliche Schlußfolgerung erheischen oder sei es, daß sie nur mittelbar auf die Beschaffenheit der Ware hinweisen und dadurch jedenfalls individualisieren („Lido" für Frischkonserven, BPatG GRUR 72 S. 710; „Composit" für Düngemittel, BPatG GRUR 73 S. 415; „Ulcugel" für Indicationsgebiet bezeichnendes Medikament, BPatG GRUR 73 S. 528. Nicht unterscheidungskräftig dagegen „Grünring" für Beton-Filterrohre, weil lediglich wörtliche Beschreibung eines Ausstattungselements, BPatG GRUR 73 S. 528; „Nitroretard" BPatG ebenda).

[11d)] Für Warenzeichen, die aus **fremdsprachlichen Worten** bestehen, gilt analog nichts anderes mit der Abwandlung, daß die Verkehrsauffassung wegen verbreiteter Sprachunkenntnis solche leichter als Phantasieworte mit Herkunftsfunktion zu verstehen bereit ist: „Amora“ für sauer konserviertes Obst und Gemüse — portugiesisch für Maulbeere — (BPatG GRUR 72 S. 711), „Tetra-Cito“ (a.a.O. S. 712) für Arzneimittel; „Composit “für Düngemittel (BPatG GRUR 73 S. 415), „Scetch-Grip“ für Klebstoffe (BPatG GRUR 72 S. 653), „dreamwell/dreamwave“ (BPatG GRUR 73 S. 267), „Freshys“ für Süßwaren (BPatG GRUR 72 S. 712); *nicht* unterscheidungskräftig dagegen: „men’s club“ (BPatG GRUR 72 S. 710), „euromarin“ wegen Wortverständlichkeit und daraus folgender Irreführung (BGH GRUR 72 S. 357). Überhaupt dürfte heute jede Wortverbindung mit der Silbe „Euro“ oder „euro“ unterscheidungsschädlich und als reine geographische Angabe eintragungsunfähig sein, es sei denn, daß der mit ihr verbundene Bestandteil selbst unterscheidungskräftig ist und hiervon durch die Verbindung mit der Silbe „euro“ nichts Wesentliches einbüßt (ähnlich B.-Hefermehl WZG S. 164), wobei sodann das mögliche Täuschungselement zu beachten ist, das auf mindestens intereuropäische Geschäftsbeziehungen hinweist, die wegen dem Wahrheitsgrundsatz des allgemeinen Wettbewerbsrechts sodann auch bestehen müssen (zutreffend im Falle der Zurückweisung eines Firmen-Eintragungsantrags OLG Köln GRUR 73 S. 326).

[11e)] Abgesehen von **die Gefahr einer Täuschung** begründenden Zeichen sind solche, die **Ärgernis erregen,** nicht als Warenzeichen eintragbar (§ 4 Abs. 2 Ziff. 4). Was täuscht, kann denkgesetzlich nicht individualisieren, was Ärgernis erregt, soll es gleichfalls kraft Gesetzes nicht; dazu gehören sittliche, politische und religiöse Anstößigkeiten wie auch allgemeine Geschmacklosigkeiten. Das gleiche gilt für die sonstigen in § 4 Abs. 2 aufgeführten Zeichen und für die **Freizeichen** des Abs. 1. Unter letzteren sind solche, die ohne Herkunftsfunktion für bestimmte Waren oder Warengruppen allgemein benutzt werden.

[11f)] Alle vorstehend zu a bis e dargestellten grundsätzlichen Voraussetzungen, die an die Unterscheidungskraft gestellt werden, gelten auch für **Bildzeichen** und kombinierte Wort-Bildzeichen sinngemäß. Auch sie müssen eine gewisse Originalität aufweisen, um geeignet zu sein, unterscheidungskräftig auf die Herkunft der mit ihnen gekennzeichneten Ware aus einem bestimmten Unternehmen hinzuweisen. Von Linien, Strichen, Streifen, geometrischen Figuren wird sich das in der Regel nicht sagen lassen.

[11g)] Von Hause aus nicht unterscheidungskräftige Zeichen können durch Verkehrsgeltung unterscheidungskräftig werden: hierüber s. Anm. 12ff. (**Ausstattung** vgl. Anm. 38ff.).

[12] Durch den mit dem ÄndG von 1967 eingeführten **Benutzungszwang für Warenzeichen** hat sich an den gesetzlichen Voraussetzungen für die Entstehung von Warenzeichen-Rechten nichts, aber hinsichtlich der Aufrechterhaltung insofern etwas geändert, als ein Widerspruch aus einem älteren (eingetragenen), aber fünf Jahre hindurch (gerechnet vom Tage der Bekanntmachung des angemeldeten Zeichens) nicht benutzten Warenzeichen trotz Identität und Priorität die Eintragung in die Zeichenrolle nicht mehr verhindern kann. Das jüngere Zeichen wird eingetragen und das ältere nicht benutzte Zeichen auf Antrag gelöscht (§ 11 Abs. 1 Ziff. 4 WZG). Damit besteht das formale Recht an einem unbenutzten Zeichen seit Eintragung, verblaßt aber nach Ablauf von 5 Jahren, wenn es nicht in Benutzung genommen wird, sowie nach vollendete 5 Jahre währender Benutzungsunterbrechung ähnlich einer verjährten Forderung.

Da es nicht von Amts wegen sondern nur auf Antrag gelöscht wird, bleibt es mit der Priorität des Anmeldestichtags existent, weil es auch noch nach Jahrzehnte währender Nichtbenutzung mit Priorität zum Anmeldestichtag in Gebrauch genommen werden kann, wenn nur zwischenzeitlich niemand im Sinne von § 11 Abs. 5 Ziff. 1 WZG den Löschungsantrag angedroht und auch kein Inhaber eines identischen jüngeren Zeichens für gleiche oder gleichartige Waren innerhalb von 6 Monaten nach Bekanntmachung seines Zeichens einen Antrag auf Löschung gestellt hat. Wer es versteht, sein unbenutztes Zeichen durch Unterlassung von Widersprüchen gegen Neuanmeldungen zu verstecken, um es zu ihm gegeben erscheinender Zeit in Gebrauch zu nehmen, bescheidet sich mit dem ihm durch Annäherungen von Drittzeichen im Ähnlichkeitsbereich schließlich dieserhalb etwa als Rest verbliebenen Schutzbereich, behält aber das positive Recht auf Benutzung seines konkreten Zeichens. Anders gilt freilich bei einer Ähnlichkeit i.S. der Verwechslungsfähigkeit. In solchen Fällen kann sich der Inhaber des löschungsreifen Zeichens auf die tatsächliche Benutzungsaufnahme dem Inhaber eines jüngeren Zeichenrechts gegenüber auf seine Priorität nicht berufen, auch wenn das jüngere Zeichen vor Eintritt der Löschungsreife des älteren in die Zeichenrolle eingetragen worden ist (BGH GRUR 74 S. 276 „King“), es sei denn daß des jüngere Zeichen gleichfalls infolge fünfjähriger Nichtbenutzung löschungsreif geworden ist. Bleibt aber ein Rest des Zeichenrechts übrig, kann der Inhaber des älteren Zeichens den seiner Zeichenbenutzungsaufnahme widersprechenden Inhabern jüngerer, im Ähnlichkeitsbereich nahestehender Zeichen jedoch grundsätzlich den Einwand entgegenhalten, daß niemandem Anspruch auf weitergehenden Abstand eines Gegenzeichens zugestanden werden könne, als er einen solchen selbst gewählt oder hingenommen hat (BGH GRUR 59 S. 365 „Opal“); dies gilt umso mehr, wenn der Jüngere die Benutzung seines Zeichens etwa selbst noch nicht aufgenommen hat.

Wenn nun der Jüngere die Löschung des Älteren nicht betreibt und auch seinerseits die Benutzung innerhalb der fünfjährigen Benutzungsfrist nicht aufnimmt, wird derjenige von beiden den anderen endgültig verdrängen können, der mit der Benutzung als erster beginnt. Das kann unbedenklich auch der löschungsreife Ältere sein.

[12a)] Daraus ergibt sich, daß auch das unbenutzte Warenzeichen bis zu seiner effektiven Löschung über die Fünfjahresfrist hinaus trotz Löschungsreife als Recht seines Inhabers existent bleibt, mag auch sein Schutz nach Fristablauf zunächst ruhen, um bei Ingebrauchnahme ähnlich wie bei Anerkennung einer verjährten Forderung mit Wirkung ex tunc wieder voll wirksam zu werden.

Nur denjenigen Zeichen gegenüber, die (nach altem Recht prioritätsjünger) während der Löschungsreife entstanden sind — sei es durch Anmeldung, sei es durch Erlangung einer Verkehrsgeltung (Ausstattung) — ist das nachträglich in Benutzung genommene Zeichen schutzlos, weil die zeitlich jüngeren Zeichen während der Periode der Löschungsreife des älteren rechtmäß entstanden sind, so daß an ihnen dem älteren Zeichen gegenüber das prioritätsältere Schutzrecht besteht (gl. A. Hefermehl GRUR 69 S. 486ff.). Das gilt auch, wenn das prioritätsjüngere Zeichen schon vor Löschungsreife des älteren zur Eintragung in die Zeichenrolle angemeldet worden ist (BGH GRUR 74 S. 276 „King"). Doch die Schutzlosigkeit des Prioritätsälteren bezieht sich nur auf den Abwehranspruch dem Jüngeren gegenüber, nicht aber wird das positive Benutzungsrecht endgültig zerstört, sofern es nicht mittels Löschungsantrags oder Androhung zuzüglich Wahrhaftmachung letzterer innerhalb der gesetzlichen Sechsmonatsfrist erfolgreich bekämpft worden ist.

[12b)] Wenn **besondere Umstände** vorlagen, unter denen die Benutzung des Zeichens innerhalb der letzten 5 Jahre **nicht zumutbar** war, wofür der Zeichenrechts-Inhaber die Beweislast hat, tritt die Löschungsreife nicht ein. Wenn solche besonderen Umstände vorliegen, kann nur von Fall zu Fall entschieden werden. Schwebende Verhandlungen über die Gewährung von Zeichenlizenzen begründen in der Regel die Unzumutbarkeit einer Benutzungsaufnahme nicht (BGH GRUR 74 S. 276 „King"). Zu denken ist aber z.B. an eine zeitliche Verhinderung wegen Zerstörung der Produktionsstätten durch Brand oder wegen eines Passivprozesses, in dem das Schutzrecht dem Inhaber von einem Dritten streitig gemacht wird, aber auch an den Fall einer Benutzungsunterbrechung infolge Einstellung der betreffenden Warenproduktion, da die Benutzungsunterbrechung vernünftigerweise so lange währen muß, bis der Verkehr das Zeichen vergessen hat und bereit ist, es als Kennzeichen eines neuen Artikels aufzufassen. Das gilt besonders für Zeichen von Arznei- und Lebensmitteln. Je intensiver der Gebrauch vorher war, desto länger wird die Gebrauchsunterbrechung zu dauern haben. Da das Patentamt bei Neuanmeldungen der Frage der Unzumutbarkeit der Benutzung durch den Prioritätsälteren nicht nachgeht, sondern das jüngere Zeichen einträgt, wenn die Nichtbenutzung des älteren unstreitig ist, ist letzterer auf den Weg der Löschungsklage gegen den Jüngeren vor den ordentlichen Gerichten verwiesen (allg. M.).

[12c)] Wie das Zeichen zu benutzen ist, sagt das Gesetz nicht. Nach seinem Sinn und Zweck genügt eine **Scheinbenutzung** jedenfalls nicht, vielmehr ist ein zeichenmäßiger Gebrauch (Begriff Anm. 54) zu fordern; denn ein Warenzeichen, das nicht als solches benutzt wird, verfehlt seinen Zweck. Freilich wird ausreichen, wenn es durch einen Dritten in Lizenz oder Pacht benutzt wird, sofern das zulässig und nicht irreführend oder dgl. geschieht (ebenso Busse S. 211). Aber es muß in der konkreten Form benutzt werden, wie es in der Zeichenrolle eingetragen ist. Nachträgliche Änderungen des Rechts am eingetragenen Warenzeichen sind nicht möglich, weil das Warenzeichen ab Anmeldung eine unteilbare unveränderliche Einheit darstellt (BGH GRUR 70 S. 180 „Cheri"). Benutzt der Zeichenrechtsinhaber von zwei ähnlichen Zeichen nur eins, wird das andere nicht benutzt (BGH wie zuvor).

[12d)] Da das formale Zeichenrecht trotz Nichtbenutzung auch nach Ablauf der Fünfjahresfrist fortbesteht (s. lit a), kann es trotz Löschungsreife noch Gegenstand von Rechten und Verträgen sein. Deshalb ist auch zulässig, daß sich jemand verpflichtet, die Nichtbenutzung eines Warenzeichens nicht geltend zu machen (gl. A. Heydt GRUR 73 S. 179; a. A. Freitag GRUR 73 S. 175), ebenso wie man rechtwirksam auf die Geltendmachung der Verjährungseinrede verzichten kann. Freilich wirkt eine solche Verpflichtung nur zwischen diesen beiden Vertragsschließenden und hindert keinen Außenstehenden, die Löschung des unbenutzten Zeichens zu betreiben.

[12e)] Wird das Warenzeichen für bestimmte Waren benutzt, ist es hinsichtlich der anderen Waren, für die es laut Warenverzeichnis angemeldet worden ist, nicht grundsätzlich als unbenutzt anzusehen; maßgebend sind vielmehr die Waren, die nicht als betriebsfremd anzusehen sind. Bislang betriebsfremde Waren, deren Produktion nicht binnen angemessener Frist nach Zeicheneintragung zu erwarten ist, unterliegen der Löschung nach § 11 Abs. 1 Nr. 2 WZG (BGH GRUR 69 S. 604 (606) „Slip", 74 S. 84 (88) „Trumpf"). Der Hersteller braucht aber andererseits das Warenverzeichnis nicht auf die konkrete Warengattung zu beschränken, die er unter dem Zeichen vertreibt, vielmehr kann er alle Waren verzeichnen, die er in seinem Sortiment überhaupt führt (BGH wie zuvor, Heydt GRUR 74 S. 89); soweit solche in seinem Sortiment fehlen, sind sie nach Fristablauf auch dann noch nicht löschungsreif, wenn sie sich zwanglos in das Gesamtsortiment des Herstellers einfügen lassen. Darüber hinaus verzeichnete Waren sind im Warenverzeichnis als unzulässige Vorratswaren zu löschen (BGH GRUR 74 S. 84 „Trumpf").

III. Verkehrsgeltung

[13] Werden Kennzeichnungsmittel mit von Haus aus **fehlender Unterscheidungskraft** benutzt, individualisieren sie nicht und sind als solche in Wahrheit ein nullum.

Da Namen aussprechbar sein müssen, um als solche kennzeichnen zu können, sind unaussprechbare Buchstabenfolgen, Zahlen, Bilder und dergl. grundsätzlich keine Namen (BGH GRUR 52 S. 418 „DUZ"; 53 S. 290 „Fernsprechnummern"; 54 S. 195 „KfA"; 65 S. 377 „GdB"; 68 S. 259 „NZ" 74, 394 „KKB"), auch nicht Firmen- und Geschäftsbezeichnungen. Das gleiche gilt für Gattungsbezeichnungen, Worte der täglichen Umgangssprache, geographische Bezeichnungen und Ableitungen von solchen (BGH GRUR 64 S. 38 „Dortmund grüßt") sowie Berufsbezeichnungen (BGH GRUR 53 S. 446 „Verein der Steuerberater"). Dieselben Grundsätze gelten für alle Kennzeichnungsmittel wie Firma, besondere Geschäftsbezeichnung, besondere Bezeichnung einer Druckschrift, Geschäftsabzeichen und Warenzeichen (über WZ vgl. im einzelnen Anm. 10). Da aber das Wettbewerbsrecht in seinen Tatbeständen und ihrer Beurteilung von der Verkehrsauffassung beherrscht wird, gilt das alles nur so lange, als sich das mit ihr vereinbaren läßt (BGH GRUR 74, S. 337 „Stonsdorfer").

Werden ein Wort oder Zeichen, die nach Vorstehendem (s. auch Anm. 9, 10) von Hause aus keine Unterscheidungskraft haben, vom Verkehr als Kennzeichnungsmittel eines bestimmten Unternehmens bzw. als Kennzeichen für die Herkunft der mit ihm bezeichneten Ware aus einem bestimmten Geschäftsbetrieb angesehen und **handelt es sich dabei um einen beachtlichen Teil des Verkehrs,** spricht man von **Verkehrsgeltung** eines Kennzeichens, welches durch eine solche individualisierende Unterscheidungskraft erlangt. Die Anforderungen, die an die so entstehende Verkehrsauffassung über die Unterscheidungskraft eines Kennzeichens gestellt werden, damit von einer Verkehrsgeltung gesprochen werden kann, sind bei den einzelnen Kennzeichnungsmitteln verschieden. Während für Namen, Firma und besondere Bezeichnung eines Erwerbsgeschäfts genügt, daß nicht unerhebliche Teile der beteiligten Verkehrskreise die Unterscheidungskraft bejahen, muß für die Eintragung eines ursprünglich nicht unterscheidungskräftigen Kennzeichens als Warenzeichen die Auffassung aller beteiligten Verkehrskreise über die individualisierende Kennzeichnungskraft des Zeichens nahezu einstimmig sein; das gilt besonders für solche Kennzeichnungsmittel, die von Natur aus ungeeignet sind, die Herkunft von Waren aus einem bestimmten Geschäftsbetrieb zu bezeichnen. Doch auch bei solchen ist nicht ausgeschlossen, daß sie eine vom Verkehr anerkannte Herkunftsfunktion entwickeln, an die freilich hohe Anforderungen zu stellen sind (BGH GRUR 74 S. 337 „Stonsdorfer"); auch Warengattung und Freihaltebedürfnis spielen bei alledem eine Rolle.

[14] Bei Namen, Firmen, besonderen Geschäftsbezeichnungen müssen nicht unerhebliche Teile der beteiligten Verkehrskreise das Kennzeichen als **namensmäßigen**

Hinweis auf ein bestimmtes Unternehmen ansehen, wenn es Verkehrsgeltung erlangt haben soll (BGH GRUR 55 S. 95 „Buchgemeinschaft", S. 481 „Hamburger Kinderstube", S. 299 „Koma"; 54 S. 195 „KfA"; 57 S. 561 „Rhein-Chemie", S. 547 „tabu I"; 60 S. 296 „Reiherstieg"), Die besondere Zusammenstellung von Namensbestandteilen, Abkürzungen derselben und ihr Bezug auf die Tätigkeit des Unternehmens, ja Worte der täglichen Umgangssprache, Gattungsbezeichnungen, Beschaffenheitsangaben, beschreibende und geographische Angaben können bei entsprechender Verkehrsauffassung Verkehrsgeltung erlangen (BGH GRUR 59 S. 45 „Deutsche Illustrierte"; 58 S. 39 „Rosenheimer Gummimäntel", a.a.O. „Rhein-Chemie", „Buchgemeinschaft". Sogar Buchstabenzusammenstellungen wie „KKB" (BGH GRUR 74 S. 349), „NZ" (BGH GRUR 68 S. 259), „MHZ" (BGH GRUR 57 S. 488), „KfA" (BGH GRUR 54 S. 195) und Zahlenzusammenstellungen (BGH GRUR 55 S. 411 „Zahl 55") können durch erlangte Verkehrsgeltung Unterscheidungskraft haben mit der Folge einer Herkunfts- und Namensfunktion. Dasselbe gilt für **Firmenabkürzungen** und **Schlagworte** (für viele: BGH GRUR 54 S. 70 „Rohrbogen"). Sie brauchen nicht in Alleinstellung gebraucht zu werden, wenn sie nur Verkehrsgeltung als Name eines bestimmten Unternehmens erlangt haben (BGH GRUR 55 S. 95 „Buchgemeinschaft"). Zu beachten ist aber bei allen diesen, von der Verkehrsauffassung diktierten regelwidrigen Fällen, daß die Mitbewerber nicht unbillig behindert werden dürfen (BGH GRUR 53 S. 290 „Fernsprechnummer"). Deshalb sind strenge Anforderungen an den Nachweis der Verkehrsgeltung zu stellen.

[15] Wann man von **beachtlichen Teilen** der beteiligten Verkehrskreise sprechen kann, wegen deren Auffassung die Verkehrsgeltung anzuerkennen ist, läßt sich nur von Fall zu Fall sagen. Konkrete Maßstäbe, nach denen man sich richten könnte, sind bislang von Literatur und Rechtssprechung nicht entwickelt worden (BGH GRUR 70 S. 77 „Ovalumrandung"; 65 S. 146 „Rippenstreckmetall"), obwohl mit der Erlangung der Verkehrsgeltung das absolute Recht an der Firmenbezeichnung, die von Hause aus keine Unterscheidungskraft hat, erst entsteht. Es läßt sich auch nicht die Zeit bestimmen, die für die Erlangung erforderlich ist (BGH GRUR 57 S. 426 „Getränke-Industrie"); es läßt sich nur auf Grund der allgemeinen Lebenserfahrung sagen, daß alles seine Zeit braucht und einer intensiven (werbemäßigen) Bearbeitung der Verkehrskreise bedarf, bis es im Gedächtnis beachtlicher Teile derselben haften bleibt. Auch der Wirkungsbereich des Unternehmens und seiner Leistungen in fachlicher Hinsicht ist dafür maßgebend, wer die Verkehrskreise sind, deren Auffassung entscheidet. Was ein beachtlicher oder noch nicht beachtlicher Teil ist, wird also von hier aus bestimmt: ein großer Name eines Unternehmens kann der Entwicklung besonderer Geschäftsbezeichnungen derselben hinderlich sein.

[16] Die durch Verkehrsgeltung erlangte Unterscheidungskraft braucht nicht im gesamten Gebiet der BRD zu bestehen. Es genügt ein **einheitlicher Wirtschaftsraum**

gewissen Ausmaßes (BGH GRUR 54 S. 195 „KfA"; 60 S. 83 „Nährbier"), wo Namens- bzw. Herkunftsfunktion anerkannt werden. Das wird vornehmlich für Gaststätten und Hotelbetriebe aktuell (BGH GRUR 70 S. 479 „Treppchen"; BGH I 2 R 98/68 — nicht veröffentlicht — „Bayerischer Hof") und für Einzelhandelsgeschäfte einer Großstadt (als Beispiel: „Charme & Chic", BGH GRUR 73 S. 265).

Da die Verkehrsgeltung von der Verkehrsauffassung abhängt, bestimmt letztere auch ihr Ende. Haben Namen, Firma, besondere Geschäftsbezeichnung usw. nicht mehr bei beachtlichen Teilen der Verkehrskreise Geltung, individualisieren sie nicht mehr, so daß ihre Namens- und Herkunftsfunktion wieder **verloren** geht und zwar sowohl in Fällen fehlender als auch gegebener ursprünglicher Unterscheidungskraft. Wann und ob dieses Ereignis eingetreten ist, hat derjenige zu beweisen, der sich darauf beruft, vorausgesetzt, daß die frühere Verkehrsgeltung bewiesen wird oder feststeht (BGH GRUR 57 S. 25 „Hausbücherei", S. 428 „Bücherdienst"). Hat aber gar der Verletzer selbst die Verkehrsgeltung zerstört, kann er sich hierauf unter dem Gesichtspunkt der mißbräuchlichen Rechtsausübung nicht berufen (BGH a.a.O).

Das Namens-, Firmen- usw. Kennzeichnungsmittel kann seine Unterscheidungskraft — und zwar nicht nur die durch Verkehrsgeltung erworbene — auch durch vollständige **Veränderung der Verkehrsauffassung** verlieren. Wie ein Warenzeichen, so kann sich auch ein Firmenname zu einem Freizeichen entwickeln; durch allzu starken zeichenmäßigen Gebrauch gewöhnt sich der Verkehr an die Beschränkung der Herkunftsfunktion und vergißt die namensmäßige Funktion des Kennzeichnungsmittels (BGH GRUR 55 S. 421 „Forellenzeichen"; 64 S. 458 „Düssel") oder er versteht unter der Kennzeichnung überhaupt nur noch eine gattungs-, beschaffenheits-(usw.)-mäßig angegebene allgemeine Warenbezeichnung (BGH a.a.O.; GRUR 59 S. 45 „Deutsche Illustrierte", 65 S. 317 „Kölnisch Wasser").

[17] Nichts anderes gilt im Grundsätzlichen für die Verkehrsgeltung von Kennzeichnungsmitteln **ohne Namensfunktion,** wie **Geschäftsabzeichen, Geschäftseinrichtungen** (§ 16 Abs. 3 UWG) **Warenzeichen** (§ 1, 4 WZG) und **Ausstattungen** (§ 25 WZG), die keine ursprüngliche Unterscheidungskraft haben. Der Unterschied besteht lediglich darin, daß letztere nicht das Unternehmen, sondern nur die gewerbliche Leistung (Ware, Dienstleistung usw.) kennzeichnen. Da das ein erhebliches Weniger ist, weil die gewerbliche Leistung bei Kennzeichen ohne Namensfunktion trotz Kennzeichnung ihrer Herkunft aus stets demselben Betrieb den Raum der Anonymität nicht verläßt, werden die Anforderungen an die Verkehrsgeltung solcher Kennzeichnungsmittel insofern höher geschraubt, als ihre Individualisierungskraft nicht mehr bei beachtlichen Teilen der beteiligten Verkehrskreise genügt sondern erst dann, wenn die Verkehrsdurchsetzung der nahezu einhelligen Auffassung der beteiligten Verkehrskreise entspricht (BGH GRUR 70 S. 77 „Ovalumrandung"; 65 S. 146 „Rippenstreckmetall II"). Doch nichts gilt generell, wonach man sich richten könnte, wo die veränderliche Verkehrsauffassung zum Richter erhoben wird. Wenn an einem Kennzeichnungsmittel kein **Freihaltebedürfnis** besteht, werden geringere Anforderungen gestellt; bereits 40 bis 50% der Verkehrskreise sollen mit ihrer Auffassung von Fall zu Fall ausreichen dürfen (Althammer S. 62). Bei „glatten" oder „nicht glatten" beschreibenden Angaben wird wiederum ein Bekanntheitsgrad von 50 bis 80% gefordert (Althammer a.a.O.), wobei noch die zumutbaren Ausweichsmöglichkeiten mitzuberücksichtigen sind (BGH a.a.O. „Ovalumrandung") .

[18] Soll aber die Verkehrsgeltung schon bei **Streifen, Strichen, Linien auf Geschäftsabzeichen** oder **Waren** oder schon in der **Formgebung** einer Ware bestehen, gilt folgendes: Solche Kennzeichnungsmittel können immer nur Geschäftsabzeichen oder sonstige Geschäftseinrichtungen (Begriff vgl. Anm. 31) im Sinne des §16 Abs. 3 oder Ausstattungen (Begriff vgl. Anm. 38) im Sinne des § 25 WZG sein, als welche sie keine Namensfunktion haben. Ihre Schutzfähigkeit hängt absolut von ihrer durch Verkehrsgeltung erworbenen Unterscheidungskraft ab. Die Kennzeichen des § 16 Abs. 3 UWG unterscheiden sich von der Ausstattung im Sinne des § 25 WZG lediglich dadurch, daß erstere noch das Geschäft als solches (ohne Namensfunktion), letztere aber nur noch die Herkunft der Ware bezeichnen. Im übrigen sind beide auch gegen warenzeichen- und firmenmäßigen Gebrauch Dritter geschützt (BGH GRUR 64 S. 71 „Kaffekanne"; 69 S. 615 „Champi-Krone", 74 S. 337 „Stonsdorfer"). Sie müssen nach der Verkehrsauffassung ein charakteristisches Merkmal mit Herkunftsfunktion — und zwar als solche — sein und ohne Berücksichtigung weiterer Bestandteile des Gesamtbildes bzw. -eindrucks (BGH GRUR 68 S. 371 „Maggi"); werden weitere ähnliche Kennzeichnungen benutzt, wird einer behaupteten Verkehrsgeltung naturgemäß mit größerer Skepsis begegnet (BGH GRUR 57 S. 369 „Rosa-Weiß-Packung"), was zur möglichen Folge hat, daß für sie die mehr als nahezu einhellige Auffassung der beteiligten Verkehrskreise zu fordern ist. Schon gar nicht kann Unterscheidungskraft mit Hilfe des Verkehrsgeltungsbegriffs durch etwas erlangt werden, was **technisch bedingt** ist und was das gebrauchsmäßige Wesen einer Ware ausmacht (BGH GRUR 72 S. 122 „Schablonen") oder modisch bedingt ist (BGH GRUR 72 S. 546 „Trainingsanzug"), — weitere Einzelheiten s. Anm. 38ff. zur Ausstattung —.

[19] Ist das Kennzeichnungsmittel

a) von Hause aus durch eine gewisse Eigenartigkeit unterscheidungskräftig, ferner

b) auf dem Markt einmalig in dem Sinne, daß es auch für andersartige Erzeugnisse noch keine gleichen oder ähnlichen Zeichen gibt, und hat es

c) im Sinne einer Verkehrsgeltung sich nicht nur bei den angesprochenen Verkehrskreisen durchgesetzt, bei denen es

d) besonders geschätzt werden muß, sondern ist es

e) über diese Verkehrskreise hinaus allgemein als Kennzeichnungsmittel bekannt geworden, also auch außerhalb des beteiligten Verkehrs, dann spricht man von der **Berühmtheit eines Kennzeichnungsmittels** (BGH GRUR 56 S. 152 „Magirus"; 57 S. 435 „Estarin"). Die Schwelle zur Berühmtheit überschreitet es unter den Voraussetzungen zu a) bis c) mit wachsender Beliebtheit (d) und Bekanntheit außerhalb der Abnehmerkreise (e).

Überragende Verkehrsgeltung ist weniger als Berühmtheit. Bei ihr fehlt es an einer oder mehreren der Voraussetzungen zu a) bis e). Keine Berühmtheit genoß deshalb das Zeichen für Triumph für Miederwaren, weil es auch für andere Werbesektoren benutzt wurde (BGH GRUR 59 S. 25 „Triumph"), ebensowenig „Meisterbrand" für Spirituosen gegenüber einem Herdfabrikanten, weil es dem allgemeinen Sprachgebrauch entnommen, begrifflich von jedermann verwendet werden darf (BGH GRUR 57 S. 87 „Meisterbrand"). Anders aber wiederum, wenn die Alleinstellung bedeutungslos mit hinreichend unterscheidenden **Abstandsmerkmalen** nur theoretisch bei Gebrauch in ganz anderer Branche in Frage gestellt ist (BGH GRUR 66 S. 623 „Kupferberg" für Sektkellerei wegen „Florian Kupferberg Verlag"). Die Bedeutung des Unterschiedes zwischen Berühmtheit und überragender Verkehrsgeltung eines Zeichens liegt darin, daß einem Zeichen nur bei Berühmtheit Schutz gegen Verwässerungsgefahr zugebilligt wird (s. dort Anm. 72). Durch seine Berühmtheit ist das Kennzeichnungsmittel zu einem wesentlichen Bestandteil des Rechts am eingerichteten und ausgeübten Gewerbebetrieb geworden, dessen Verwässerung infolge Benutzung auch durch branchenfremde Dritte (ohne Wettbewerbsverhältnis) dieses Recht im Sinne des § 823 Abs. 1 BGB verletzt (BGH GRUR 59 S. 182 „Quick"; 61 S. 280 „Tosca"; 70 S. 320 „Hoffmanns Katze").

IV. Wesen und Funktion der Kennzeichnungsmittel

A. Die Kennzeichnungsmittel der §§ 12 BGB, 17 HGB, 16 Abs. 1 UWG

[20] Jedes Kennzeichnungsmittel (Begriff vgl. Anm. 2) muß begriffsnotwendig individualisieren; wo es das nicht tut, ist es ein solches nicht. Deshalb setzt es eine solche Unterscheidungskraft (vgl. Anm. 5) voraus, die seiner Zweckbestimmung genügt. „Hans" ist mit seinem Namen innerhalb seiner Familie, wo es keinen Träger desselben Namens gibt, ausreichend gekennzeichnet und wird hier von ihm genügend individualisiert; außerhalb derselben wird aber schon wegen der Alltäglichkeit dieses Namens sein Familienname mitgenannt werden müssen, damit man ihn von anderen Trägern des gleichen Namens unterscheiden kann. Hat der Unglückselige auch noch den Familiennamen Mayer, Müller oder Schulze, wird er mit seinem Namen nur in den Kreisen hinreichend individualisiert, in denen es niemanden mit demselben Vor- und Zunamen gibt.

Gleichermaßen individualisieren sonstige Kennzeichnungsmittel nur innerhalb der Kreise, in denen sie **Gleichnamigen** nicht begegnen.

[21] Die Kollision **identischer Kennzeichnungsmittel** bereitet deshalb erhebliche Schwierigkeiten, weil abgesehen von der nicht immer einfachen Feststellung der Identität das Recht zu ihrem Gebrauch unterschiedlichen Ursprungs sein kann und sich danach richtet, welcher Art sie sind, wo sie sich begegnen und wie sie sich funktionsmäßig gegenüberstehen. Da grundsätzlich jeder seinen bürgerlichen Namen im geschäftlichen Verkehr als Name und Firma benutzen darf (BGH GRUR 51 S. 410 „Luppy"; 60 S. 33 „Zamek"; 66 S. 499 „Merck", S. 623 „Kupferberg"), und zwar auch dann, wenn das — wie bei Kapitalgesellschaften — nicht nötig ist (BGH GRUR 68 S. 212 „Hellige"), andererseits Verwechslungsgefahren im anzuerkennenden Interesse der Prioritätsälteren wie auch der Allgemeinheit vermieden werden müssen, der Prioritätsjüngere zum Gebrauch seines Namens aber dennoch berechtigt bleibt (BGH a. a. O. „Luppy", „Zamek"), können zur Vermeidung von Verwechslungsgefahren oft nur nicht ganz ausreichende Maßnahmen ergriffen werden. Der Prioritätsjüngere hat grundsätzlich durch Aufnahme unterscheidender Merkmale auszuweichen, wobei für jeden räumlichen und/oder sachlichen Bereich eine besondere Prioritätsrechnung gilt (BGH GRUR 57 S. 342 „Underberg"; a.a.O. „Zamek"; 74 S. 84 „Trumpf").

[22] **Name** sind alle **gesetzlichen Namen** (Name durch Geburt, Eheschließung, Adoption sowie der mit dem bürgerlichen Namen eines Einzelkaufmanns identische Firmenname) und **jeder gewillkürte Name** (Deckname eines Künstlers oder nur sein Vorname OLG München GRUR 60 S. 394 —, Phantasiebezeichnung einer Firma usw.); er muß geeignet und bestimmt sein, eine natürliche oder juristische Person oder ein Unternehmen zu bezeichnen und von anderen zu unterscheiden (BGH NJW 59 S. 525; GRUR 54 S. 331 „Alpah"; 60 S. 550 „Promonta"); auch Vereine (BGH GRUR 53 S. 446 „VDB"), Städte (RG MuW 24 S. 43) und Körperschaften des öffentlichen Rechts haben einen Namen (BGH GRUR 64 S. 38 „Dortmund grüßt"). Zu bezeichnen, zu unterscheiden und zu individualisieren sind sein Wesen und seine Funktion.

[23] Als solches **namensmäßiges Kennzeichnungsmittel** kommt wiederum alles in Betracht, was diese Funktion ausmachen kann, ohne deshalb auch immer zugleich Name zu sein. Da sich diese namensmäßige Funktionsfähigkeit nicht nur auf natürliche, von Personen herrührende, wörtlich aussprechbare Namens-Kennzeichen beschränkt, genießt jedes Kennzeichen Namensschutz, sobald es die dahinter stehende Person oder deren Unternehmen individualisiert: Also auch Abkürzungen wie z.B. für eine Gewerkschaft „GdP" (BGH GRUR 65 S. 377), oder für eine Zeitung „NZ" (BGH GRUR 68 S. 259), auch Worte der täglichen Umgangssprache, z. B. für eine Gaststätte „Zum Treppchen" (BGH GRUR 70 S. 479), ebenso **schlagwortartige** Namensbestandteile eines Unternehmens „KOMA“ (BGH GRUR 55 S. 299), „Weserklause“ (70 S. 481). Das gleiche gilt für Warenzeichen, wenn sie zu Unternehmensbezeichnungen geworden sind (BGH GRUR 57 S. 29 „Spiegel“, S. 87 „Meisterbrand“: 73 S. 265 „Charme & Chic“), wie immer sie sich auch darstellen mögen; aber ob sie Namensfunktion erlangt haben, entscheidet die Verkehrsauffassung, woraus sich für **uneigentliche Namen** das Erfordernis der Verkehrsgeltung ergibt (BGH a.a.O. „KOMA“). Sogar Bildzeichen können namensmäßig gebraucht werden und solchenfalls den Schutz des § 12 BGB genießen (RGZ 171 S. 147 „Salamander“). Fehlt einem solchen Kennzeichen aber die Verkehrsgeltung, genießt es nur den ihm eigenen Schutz z.B. als Warenzeichen.

[24] Die **Rechtsnatur der Kennzeichnungsmittel** ist immer noch streitig. **Das Recht am bürgerlichen Namen** ist ein absolutes Recht, das seinem Träger als Persönlichkeitsrecht im Sinne des Art. 2 GG nach Maßgabe des § 12 BGB geschützt wird. Denn der Name individualisiert nicht nur, sondern symbolisiert auch die ihn tragende Person (ähnlich B.-Hefermehl S. 1028), weshalb das Recht an ihm einen Teil des allgemeinen Persönlichkeitsrechts darstellt (ebenso Reimer-v. Gamm S. 43; BGH GRUR 59 S. 430 „Caterina Valente“). An diesem persönlichkeitsrechtlichen Charakter wird nichts dadurch eingebüßt, daß der Träger des Namens denselben auch zur Kennzeichnung seines Geschäftsunternehmens oder gar seiner Waren, also im geschäftlichen Verkehr, einsetzt. Als Firmenname wird er zusätzlich zu einem Immaterialgüterrecht mit persönlichlkeitsrechtlichen Elementen, als Warenkennzeichnung zu einem reinen Immaterialgüterrecht im Rahmen dieses Funktionsbereichs.

Unabhängig hiervon erstreckt sich der Namensschutz des § 12 BGB jedoch auf jede rechtsgültige namensmäßige Kennzeichnung und schließt damit den Schutz des § 16 Abs. 1 UWG ein (BGH GRUR 65 S. 377 „GDP“; NJW 70 S. 1270).

Während der außerhalb des geschäftlichen Verkehrs gebrauchte Name ausschließlich ein Persönlichkeitsrecht ist, wächst ihm bei seinem Gebrauch im geschäftlichen Verkehr ein **immaterialgüterrechtlicher Charakter** zu, was im Falle seiner Verletzung durch unberechtigten Gebrauch identischer Kennzeichnungsmittel im geschäftlichen Verkehr nicht für den Unterlassungsanspruch des Verletzten, wohl aber für den Schadensersatzanspruch bedeutsam ist, weil dies die Entwicklung der Rechtssprechung zur Zulassung seiner Berechnung unter dem Gesichtspunkt entgangener Lizenzen rechtfertigt (BGH GRUR 73 S. 375 „Miss Petite“). Allerdings fragt sich sehr, ob der ausschließlich außerhalb des geschäftlichen Verkehrs gebrauchte Name nicht auch immaterielle Elemente hat, weil seinem Träger im Falle seiner Größe das Recht auf Unterlassung seines unbefugten Gebrauchs im materiellen Lebensbereich als Geschäftsabzeichen, Warenzeichen etc., z.B. eines Wurstfabrikanten nicht abzusprechen und nicht einzusehen ist, daß solchen Verletzten nicht gleichermaßen Ersatzansprüche sollen zugesprochen werden dürfen. (Man denke an große Namen berühmter Kulturträger, die sie verständlicherweise nicht gern als Warenzeichen mißbraucht zu sehen wünschen). Daraus ergibt sich die weitere Frage, ob dem bürgerlichen Namen stets ein immaterieller Charakter — wenn oft auch nur verdeckt — grundsätzlich beizumessen ist, dessen Schutzbereich sich freilich nach seiner Unterscheidbarkeit zu richten hätte.

[25] Der **Firmenname** ist sonach ein Immaterialgüterrecht mit persönlichkeitsrechtlichen Zügen; denn er ist auch ein Name und kennzeichnet namensmäßig den Unternehmensinhaber in seiner geschäftlichen Tätigkeit, gleichgültig ob den Einzelkaufmann, die Personalgesellschaft oder juristische Person des privaten oder öffentlichen Rechts in Beziehung auf das Unternehmen (BGH GRUR 55 S. 42 „Farina/rote Blume"; 60 S. 550 „Promonta", S. 490 „Vogeler"; 64 S. 38 „Dortmund grüßt"). Auch die Firma einer Aktiengesellschaft ist nicht die Bezeichnung des Unternehmens, sondern der Name der Aktiengesellschaft, auch wenn sie Sachfirma ist. Ebenso genießt ein unterscheidungskräftiger Firmen**bestandteil** den vollen Namensschutz des § 16 Abs. 1 UWG ohne Rücksicht darauf, ob er sich im Verkehr durchgesetzt hat (BGH GRUR 62 S. 419 „Leona"). Der Firmenname hat also als solcher Namens- und Herkunftsfunktion. Dasselbe gilt für **Firmenabkürzungen, -schlagworte** (BGH GRUR 54 S. 195 „KfA") und für die **besonderen Bezeichnungen eines Erwerbsgeschäfts** (BGH GRUR 57 S. 25 „Hausbücherei"; 62 S. 419 „Leona").

[26] Deshalb sind Firmenname, -abkürzung, -schlagwort und besondere Bezeichnung des Erwerbsgeschäfts **an das Unternehmen auch gebunden** und können nicht ohne dasselbe auf einen Dritten übertragen werden (BGH a. a. O. „Hausbücherei", „Vogeler", „Leona"; GRUR 73 S. 363 „Baader"). Im Falle der Übertragung des Unternehmens muß die Übertragung der Firma, ihrer Abkürzung etc. ausdrücklich zusätzlich vereinbart sein (§ 23 HGB, der auf Firmenabkürzungen, -schlagworte usw. analog anzuwenden ist — gl. A. Reimer-v. Gamm S. 60), doch braucht das nicht in demselben Vertragswerk zu geschehen. Es genügt, daß der Wille zur Übertragung von Unternehmen und Firma einheitlich erfolgt und daß die Durchführung beider Übertragungen in zeitlichem und wirtschaftlichem Zusammenhang stehen (BGH GRUR 71 S. 573 „Nocado"). Streitig ist, ob eine solche Vereinbarung auch vom Sequester oder Konkursverwalter getroffen werden kann. BGH GRUR 60 S. 490 „Vogeler", Würdinger Anm. 29a zu § 22 HGB, B.-Hefermehl S. 1067 verneinen das wegen des persönlichkeitsrechtlichen Gehalts der Firma, wenn in ihr der Familienname des Gemeinschuldners enthalten ist (ebenso offenbar auch Reimer-v. Gamm S. 103), während Schlegelberger-Hildebrand Anm. 13 zu § 17 HGB, Jaeger-Lent Anm. 7 zu § 1 K.O., Böhle-Stamschräder Anm. 3 zu § 1 K.O. die Frage wohl zutreffend bejahen, weil die Firma als vermögensrechtlicher Teil des globalen Namensrechts vom Gemeinschuldner im geschäftlichen Verkehr wissentlich eingesetzt und versachlicht worden ist, zumal der Gemeinschuldner seinen

Namen und damit auch das Recht behält, mit ihm zukünftig abermals ein Unternehmen als Firma — freilich als Prioritätsjüngerer — zu kennzeichnen, so daß er (insoweit) als persönlich haftender Einzelkaufmann oder Gesellschafter beim Wort muß genommen werden können und sozialsentimentale Gesichtspunkte nicht durchgreifen. Dies gilt umso mehr, als der Konkursverwalter die Zustimmung der Firmenfortführung bei Kapitalgesellschaften immer erteilen kann, auch wenn die Firma den Familiennamen eines Gesellschafters enthält (K.G. GRUR 62 S. 104).

Aus der Gebundenheit der Firma an das Unternehmen folgt weiter, daß dieses nur *eine* Firma führen darf (allg. Meinung). Haben ein Einzelkaufmann oder eine Personalgesellschaft mehrere Unternehmen, können sie für jedes jedoch eine andere Firma führen (gl. A. für viele: B.-Hefermehl S. 1066, Reimer-v. Gamm S. 61). Ebenso folgt aus der Gebundenheit der Firma an das Unternehmen, daß es sie nur für lebende Unternehmen geben kann, so daß der Schutz entfällt, wenn ein Gewerbebetrieb nicht mehr unterhalten wird (BGH GRUR 62 S. 419 „Leona").

[27] Die **besondere Bezeichnung** eines Erwerbsgeschäfts oder gewerblichen Unternehmens muß bestimmt und geeignet sein, das Geschäft als solches zu bezeichnen und von anderen Geschäften zu unterscheiden. Auch das Recht zu ihrer Führung setzt ihre Verknüpfung mit einem lebenden Unternehmen voraus (BGH GRUR 57 S. 25 „Hausbücherei"; 63 S. 430 „Erdener Treppchen"). Sie hat daher Herkunfts- und Namensfunktion und ist dem Recht an der Firma gleichgestellt. Dennoch tritt sie nicht an die Stelle der Firma (so Reimer-v. Gamm S. 89 u. teilweise Callmann Anm. 114 zu § 16), sondern ist ein zusätzliches Kennzeichnungsmittel des Unternehmens (ebenso BGH a. a. O. „Erdener Treppchen"; B.-Hefermehl S. 1072; Ulmer-Reimer S. 167; Lindenmaier BB 53 S. 651; Nastelski WuW 56 S. 191). Sie kann ein bildliches oder wörtliches Kennzeichen sein und ist ein reines **Immaterialgut** ohne persönlichkeitsrechtlichen Gehalt, auch wenn sie Teile der Firma enthält (BGH GRUR 70 S. 479 „Treppchen") und obwohl sie vollen Namensschutz im Sinne des § 12 BGB hat. Freilich sind bildliche Kennzeichen, Buchstaben- und Zahlenzusammensetzungen (anders Phantasienamen wie z. B. „Alpach" — BGH GRUR 54 S. 332 —) nicht „aussprechbar". Aber auch sie können als Firmenabkürzungen (z. B.) namensmäßig kennzeichnen („funktionieren"), wenn sie Verkehrsgeltung haben (BGH GRUR 74 S. 349 „KKB"). In jedem Fall muß die besondere Geschäftsbezeichnung Unterscheidungskraft (Begriff Anm. 5ff.) haben, sei es originär, sei es auf Grund erlangter Verkehrsgeltung (Begriff Anm. 13ff.); denn ohne sie ist sie überhaupt kein Kennzeichnungsmittel (BGH GRUR 57 S. 87 „Meisterbrand"); sie muß die Eigenschaft haben, das Geschäft als Ganzes zu benennen (BGH a. a. O. „Erdener Treppchen"). Freilich beschränkt sich diese Funktion auf den oder die mit ihr konkret bezeichnete(n) Geschäftsbetrieb(e) (BGH GRUR 59 S. 87 „Fischl"; a. a. O. „Erdener Treppchen"), die der Verkehr damit als gekennzeichnet benannt) auffaßt. Das genügt, wie auch ebenso genügt, wenn die originäre oder kraft Verkehrsgeltung erlangte Unterscheidungskraft

(s. Anm. 28) räumlich-geographisch beschränkt ist (vgl. Reimer-v. Gamm S. 90 mit den dort gebrachten unveröffentlichten BGH-Entscheidungen „Bahnhof-Apotheke" I ZR 57/60 vom 17. 11. 61 und „Hotel Bayerischer Hof" I ZR 98/68 vom 12. 6. 70).

[28] Aber nicht nur Abkürzungen, sondern auch frei erfundene **Phantasienamen** („Alpha" BGH GRUR 54 S. 332) und **Schlagwörter,** die meist besonders wirksam, weil besonders auffällig und unterscheidungskräftig sind, können besondere Bezeichnungen sein. Für sie gilt das zuvor Gesagte. Bezeichnungen, die **Gemeingut** sind, wie z.B. Kurhaus (RG JW 06 S. 397), Hospiz (RG JW 13 S. 441), Wiener Cafe, Stehbierhalle usw. können keine besonderen Bezeichnungen sein, wohl aber durch eigenartige Zusätze Bestandteile besonderer Bezeichnungen werden (z.B. „Sanitätshaus Frauenheil", RG JW 23 S. 985; „Gasthaus zum Schwan", „Zum grünen Kranz" usw. und sonstige Bezeichnungen — „Strumpftante" — von nur lokaler Verkehrsgeltung und Kennzeichnungskraft) oder **Buchstabenzusammenstellungen** „KfA", BGH GRUR 54 S. 195; „DUZ" BGH GRUR 52 S. 418 „KKB" BGH GRUR 74 S. 389). Über den Schutz von **Telegrammadressen** als besondere Bezeichnung vgl. RGZ 102 S. 89 und RG MuW 33 S. 301, BGH GRUR 72 S. 709 „Patentmark". Hiernach kann der Schutz gänzlich unbekannten, unbeachteten Drahtanschriften nicht zuteil werden, vielmehr ist auch hierfür Verkehrsgeltung erforderlich, weil nicht als Bezeichnung anerkannt werden kann, was nicht kennzeichnet, also von vorneherein nicht den Zweck erfüllt, für den das Kennzeichen als solches geschaffen wäre (vgl. hierzu BGH GRUR 55 S. 481 „Hamburger Kinderstube": OLG Düsseldorf GRUR 53 S. 529). Stellt die Drahtanschrift aber den Firmennamen dar bzw. ist dieser in der Drahtanschrift noch erkannbar, dann muß der Schutz des § 16 Abs. 1 u. U. auch des § 12 BGB (s. oben) des Firmenbestandsteils wegen gewährt werden.

Telefonnummern (BGH GRUR 53 S. 290) und reine **Bildzeichen** sind nur Geschäftsabzeichen; sie genießen den Schutz des § 16 Abs. 1 nur, wenn sie Verkehrsgeltung (Begriff vgl. Anm. 13ff.) haben.

[29] Für die **Entstehung** der besonderen Bezeichnung genügt grundsätzlich, daß sie im geschäftlichen Verkehr als solche in Gebrauch genommen wird, ohne Rücksicht darauf, daß sie Verkehrsgeltung hat oder nicht. Jedoch muß sie Namensfunktion ausüben können (s.o.), wenn ihr der Schutz des § 16 Abs. 1 zugebilligt werden soll, weshalb Gattungsbezeichnungen oder lautlich nicht aussprechbare Buchstabenzusammenstellungen, die vom Verkehr als solche und nicht etwa als Phantasieworte aufgefaßt werden, Verkehrsgeltung haben müssen (BGH GRUR 54 S. 195 „KfA"; 58 S. 141 „Spiegel der Woche"; 63 S. 378 „Deutsche Zeitung" „KKB" 74 S. 349). Registergerichtliche Vorschriften sind zur Erlangung des Rechts an besonderen Bezeichnungen nicht zu berücksichtigen, so daß auch Minderkaufleute und Handwerker dieses firmenähnlichen Rechts mit Namensfunktion teilhaftig werden können

(BGH GRUR 60 S. 93 „Martinsberg“; a.a.O. „Erdener Treppchen“; 73 S. 265 „Charme & Chic“). Ob die Allgemeinheit ein schutzwürdiges Interesse daran hat, vor der irrtümlichen Auffassung bewahrt zu bleiben, es bei einem so gekennzeichneten bzw. benannten Geschäft mit einem Vollkaufmann zu tun zu haben, der eine registerrechtliche Firma führen darf, während es sich bei demselben in Wahrheit um einen Minderkaufmann oder Handwerker handelt (so: Reimer-v. Gamm S. 89), erscheint angesichts dessen sehr zweifelhaft, als die Unterscheidung zwischen Minder- und Vollkaufmann heute nur noch juristische Bedeutung hat; der kleinste Popanz kann sich durch Gründung einer GmbH bei Einzahlung von nur DM 5000 (25% auf das Mindestkapital) zum Vollkaufmann — auch wenn er nur Dienstleistungsgeschäfte verrichtet — aufschwingen, dem gegenüber mancher Mittel- und sogar Kleinbetrieb wirtschaftlich sehr viel bedeutender und vertrauenswürdiger sein kann.

B. Kennzeichnungsmittel der §§ 16 Abs. 3 UWG, 1, 15, 17, 25 WZG

[30] Für Wesen und Funktion von **Geschäftsabzeichen, Geschäftseinrichtungen, Warenzeichen und Ausstattung** gilt folgendes: Alle diese Kennzeichnungsmittel (des § 16 Abs. 3 UWG) sind reine Immaterialgüter ohne persönlichkeitsrechtlichen Gehalt. Mit Ausnahme des Warenzeichens bedürfen sie alle der Verkehrsgeltung, um unterscheidungskräftig zu sein, weil auch sie — ebenso wie das Warenzeichen — *keine Namensfunktion haben* (BGH GRUR 52 S. 418 „DUZ“; 53 S. 290 „Fernsprechnummer“; 54 S. 195 „KfA“; 59 S. 45 „Deutsche Illustrierte“), d.h. der Schutzrechtsinhaber bleibt anonym. Nur das von Hause aus unterscheidungskräftige Warenzeichen erlangt seine Schutzfähigkeit infolge seiner Registrierung (§ 15 WZG) auch ohne Verkehrsgeltung.

Die Kennzeichnungsmittel des § 16 Abs. 3 UWG unterscheiden sich von Warenzeichen und Ausstattung des WZG (§§ 15, 25) wiederum dadurch, daß sie das Geschäft bzw. Unternehmen selbst — freilich ohne Namensfunktion, also anonym bleibend — kennzeichnen, während Warenzeichen und Ausstattung die Waren ihrer gleichbleibenden Herkunft nach kennzeichnen und dadurch von Waren gleicher Art und anderer Herkunft unterscheiden.

Schwierigkeiten ergeben sich bei der Abgrenzung des tatsächlichen Wesens und Funktionsbereiches des konkreten Kennzeichens. Es kann Firma, Geschäftsabzeichen und Ausstattung oder Warenzeichen zugleich sein, wenn der Verkehr es so versteht, da seine Auffassung (Begriff s. Anm. 84 zu § 1) maßgebend ist, die sich nach der Art der Benutzung des Kennzeichens richtet (BGH GRUR 68 S. 371 „Maggi“).

[31] Geschäftsabzeichen und sonstige **zur Unterscheidung des Geschäfts bestimmte Einrichtungen** voneinander auch noch zu differenzieren, ist theoretisch sehr wohl interessant, für die Praxis aber nicht, weil sie rechtlich einander absolut gleichgestellt sind. Sie haben keine Namensfunktion, kennzeichnen aber — solange sie nach der Verkehrsauffassung keine weitergehenden Eigenschaften haben — das Geschäft als solches anonym und nicht seine Ware, weshalb sie im Sammelbegriff zweckmäßigerweise als **Geschäftskennzeichen** benannt werden sollten. Sie stellen sich visuell dar in eindrucksvollen Farbkombinationen (BGH GRUR 68 S. 371 „Maggi"), Abbildungen (BGH GRUR 57 S. 281 „Karo-As"), Symbolen, Wappen, Bildzeichen und dgl. mit Verkehrsgeltung. Auch die einheitliche Uniform von Bediensteten (z.B. Kellnern) kann — Verkehrsgeltung vorausgesetzt — ein nach § 16 Abs. 3 UWG geschütztes Kennzeichen sein. Ebenso Werbesprüche, wie z.B. „Blumen in alle Welt" (OLG Hamburg GRUR 58 S. 44), „Fernsprechnummern" (BGH GRUR 53 S. 290), „Hamburger Kinderstube" (BGH GRUR 55 S. 481), „Patentmark" 72 S. 709 u. dgl.

[32] Im Gegensatz hierzu kennzeichnen **Ausstattung** (§ 25 WZG) — Begriff vgl. Anm. 38 — und **Warenzeichen** — Begriff s. Anm. 11 — (§ 1 WZG) nicht den Geschäftsbetrieb, sondern nur die Ware zur Unterscheidung von Waren anderer, woraus die sog. **Herkunftsfunktion** derselben aus einem bestimmten Unternehmen abgeleitet wird. (Vgl. im einzelnen hierzu sehr belehrend Sack. GRUR 72, S. 402ff. und 445ff.). Hat das Unternehmen mehrere Produktionsstätten in verschiedenen Orten oder Ländern, kann gleichwohl dasselbe Zeichen verwandt werden, weil sich die geschützte Herkunftsfunktion nicht auf den Herkunftsort bezieht (BGH GRUR 73 S. 468 „Cinzano"). Hierin stimmen Warenzeichen und Ausstattung überein. Der Unterschied zwischen beiden liegt aber wiederum darin, daß für die Ausstattung **immer Verkehrsgeltung** erforderlich ist, auch wenn sie ursprüngliche Unterscheidungskraft hat; ebenso wie für anzuerkennende Geschäftskennzeichen, die für ein Warenzeichen als Eintragungs- und Schutzvoraussetzung nicht verlangt werden, sofern es ursprüngliche Unterscheidungskraft (vgl. Anm. 5) hat, ferner aber auch darin, daß für das Warenzeichen eine flächenmäßige Darstellung vorausgesetzt wird, während sich die Ausstattung auch dreidimensional z.B. in der plastischen Gestaltung der Ware (GRUR 52 S. 516„ Hummelfiguren"; 59 S. 289„ Rosenthal-Vase") oder in ihrer Verpackung oder auch in Farbgestaltungen ausdrücken kann. Ferner können Streifen und Muster Ausstattungen sein, wenn der Verkehr sie als Kennzeichnung der Ware auffaßt — Verkehrsgeltung — (BGH GRUR 72 S. 122 „Schablonen"), und zwar sogar dann, wenn derartige Besonderheiten dem Gebrauchszweck der Ware förderlich sind (BGH GRUR 59 S. 423 „Fußballstiefel"; a.a.O. „Schablonen"). Das gleiche gilt für Besonderheiten, die auf das geschmackliche und ästhetische Empfinden der angesprochenen Verkehrskreise einwirken (BGH GRUR 54 S. 121 „Zählkassetten", S. 337 „Radschutz"; 59 S. 432 „Fußballstiefel"). Sobald jedoch die Besonderheiten, für welche Ausstattungsschutz in Anspruch genommen wird, den Gebrauchszweck d.h. das Wesen der Ware ausmachen, ist ein Ausstattungsschutz nicht denkbar (BGH GRUR 52 S. 516

„Hummelfiguren“: 59 S. 282 „Rosenthal-Vase“; 72 S. 122 „ Schablonen“). Wann das der Fall ist, entscheidet die Verkehrsauffassung, die sich danach orientiert, ob bei Fortfall der Besonderheit das die Verkäuflichkeit bestimmende Wesen der Ware erhalten bleibt oder entfällt.

[33] Die alleinige Funktion der Kennzeichnung der Herkunft der Ware aus einem bestimmten Betrieb zur Unterscheidung von Waren anderer löst beim Verkehr häufig die Vorstellung der Gewähr einer gewissen gleichbleibenden Qualität derselben aus, auch **Garantiefunktion** genannt, die das Warenzeichen und die Ausstattung im Rechtssinne jedoch nicht haben (BGH GRUR 67 S. 100 „Edeka-Schloßexport“; 73 S. 468 „Cinzano“). Daraus folgt, daß der Zeicheninhaber die Ware in verschiedener Beschaffenheit auf den Markt bringen kann, sei es unterschiedlich auf den verschiedenen nationalen Märkten, sei es auf dem Inlandsmarkt selbst (a.a.O. „Cinzano“), wenn solchenfalls die unterschiedlichen Beschaffenheiten zur Vermeidung von Irreführungen nur irgendwie angezeigt sind. Außerhalb des Rahmens einer Irreführungsgefahr liegt jedoch die Gewähr gleichbleibender Eigenschaften und Qualität der Ware im ausschließlichen Interesse des Herstellers, den Ruf seiner Ware nicht zu gefährden.

[34] Eine Sonderstellung haben die **Verbands-, Güte-, Vorrats- und Defensiv-Zeichen,** letztere auch **Abwehrzeichen** genannt. Verbandszeichen werden von rechtsfähigen Verbänden oder juristischen Personen des öffentlichen Rechts als Inhabern gehalten, welche gewerbliche Zwecke verfolgen und keinen auf Herstellung oder Vertrieb von Waren gerichteten Geschäftsbetrieb haben. Sie dienen den Mitgliedsunternehmen zur Kennzeichnung ihrer Waren, haben also insofern eine herabgesetzte Herkunftsfunktion, als sie nicht die Herkunft der Ware aus einem bestimmten Unternehmen, sondern aus einer bestimmten Unternehmensgruppe kennzeichnen, von der jeder Mitglied des Verbandes ist (BGH GRUR 57 S. 88 „Ihr Funkberater“). Das Verbandszeichen unterscheidet sich vom gewöhnlichen Warenzeichen also durch eine wesentliche Verwässerung der Herkunftsfunktion, weil es ein **Kollektiv-** und**kein Individualzeichen** ist. Sein Inhaber ist der Verband und nicht sein Benutzer. Wegen seiner begriffsnotwendigen Zeicheninhaberschaft muß der Verband auch rechtsfähig und wegen des Erfordernisses der Zeichensatzung mit den sich aus ihr für ihn ergebenden Kontrollrechten und pflichten hinsichtlich des Interessenbereichs aller Mitglieder am Verbandszeichen den Mitgliedern übergeordnet sein. Obwohl Warenzeichen und Ausstattung keine Garantiefunktion im Rechtssinne haben (BGH GRUR 67 S. 100 „Edeka-Schloß-Export“; 73 S. 468 „Cinzano“), schließt der Verkehr aus diesen Kennzeichen aber faktisch auf gleichbleibende Qualität, ohne Rechtsansprüche hieraus herleiten zu können, was sich beim Verbandszeichen infolge seiner Benutzung durch eine Vielzahl der Mitglieder steigert; bei mangelhafter Qualitätsleistung von Verbandsmitgliedern kann jedoch in der Benutzung des Verbandszeichens u.U. eine Irreführung liegen (ebenso Althammer Anm. 2 zu § 17; v.Gamm Anm. 6 zu § 17).

Das Verbandszeichen entsteht ebenso wie das Warenzeichen durch Registrierung (über Verbands-Ausstattung S. Anm. 41).

[35] **Gütezeichen** sind wie Warenzeichen flächenmäßige Darstellungen in Wort oder Bild oder beidem, die aber nicht zur Kennzeichnung der Herkunft, sondern der Qualität einer Ware oder Leistung dienen, die von Gütegemeinschaften nach objektiv aufgestellten, öffentlich zugänglichen Qualitätsbedingungen überwacht werden. Sie haben ausschließlich eine Garantiefunktion mit der Folge der Irreführung im Sinne der §§ 1, 3 UWG bei mißbräuchlicher Benutzung (vgl. eingehend hierzu v. Gamm Anm. 15ff. zu § 17 WZG). Gütezeichen können natürlich auch zugleich Verbandszeichen sein, wenn sie als solche eingetragen sind, ebenso Verbandsausstattungen.

[36] **Vorratszeichen** sind solche Zeichen, die man erst künftig benutzen will, sei es, daß sie zur Zeichenrolle neu eingetragen sind, sei es, daß man sie nicht mehr benutzt und sich ihre Wiederbenutzung für die Zukunft vorbehält. Sie haben den vollen warenzeichenrechtlichen Schutz mit Prioritätsrang zum Anmeldestichtag (BGH GRUR 58 S. 544 „Colonia"; 61 S. 347 „Almglocke"; 65 S. 665 „Liquiderma"). Ihre Schutzwürdigkeit erlischt aber nach Ablauf von 5 Jahren seit Anmeldung, wenn sie bis dahin nicht benutzt worden sind; es sei denn, daß Umstände vorliegen, unter denen eine frühere Benutzung des Zeichens unzumutbar war (§ 11 Abs. 1 Ziff. 4 WZG), z. B. bei Produktionseinstellung eines Arzneimittels, dessen berühmtes Zeichen von seinem Inhaber ohne Irreführung des Verkehrs innerhalb der Fünfjahresfrist zur Kennzeichnung eines anderen Präparats nicht ohne weiteres verwandt werden kann, weil sich der Verkehr noch an das alte Präparat erinnert. Von Ausnahmefällen abgesehen, an die nach dem Willen des Gesetzgebers strenge Anforderungen zu stellen sind, ist trotz des anzuerkennenden Bedürfnisses der Industrie, für neue Waren eine ausreichende Zahl geeigneter Warenzeichen vorrätig zu halten, die Befristung der Vorratshaltung auf 5 Jahre zwingend.

Das Wesen des Vorratszeichens beschränkt sich auf seine formal registerrechtliche Existenz mit seiner zeitlich begrenzten Schutzfähigkeit, während es im übrigen funktionslos ist. Es kann heute auch nicht mehr als Defensiv-Zeichen (vgl. Anm. 37) einem Hauptzeichen Entwicklungschance bieten (so noch BGH GRUR 61 S. 33 „Drei Tannen", S. 231 „Hapol", jetzt ausdrücklich offen gelassen BGH GRUR 72 S. 180 „Cheri"; gleicher Ansicht wie hier: B.-Hefermehl Anm. 45 zu § 1 WZG).

[37] Anders als bei Vorratszeichen besteht bei **Defensivzeichen** ein Benutzungswille von vornherein nicht, so daß sie unzulässig sind (allg. Meinung: Althammer Anm. 37 zu § 1 WZG; B.-Hefermehl Anm. 43 zu § 1 WZG; v. Gamm Anm. 16 zu § 1 WZG; Reimer-Trüstedt Anm. 19 Kap. 4). Freilich ist das Fehlen eines Benutzungswillens meist nicht feststellbar, so daß es als Vorratszeichen getarnt aus seinem eigenen Ähnlichkeitsbereich die Annäherung fremder Zeichen an das Hauptzeichen faktisch oft erschweren und diesem indirekte Entwicklungshilfe

gewähren kann, doch ist das rechtsmißbräuchlich. Da ein wirksamer Schutz gegen solche Auswüchse in der Praxis schwierig ist, sind die gesetzlichen Konsequenzen bei Nichtbenutzung der vorgeschriebenen Fünfjahresfrist strikt zu ziehen und der Ausnahmefall der Unzumutbarkeit gemäß § 11 Abs. 4 WZG nur spärlich anzuwenden. Die Rechtssprechung (BGH GRUR 72 S. 180 „Cheri") hat die Frage der Zulässigkeit von Defensivzeichen neuerdings offen gelassen.

[38] Die **Ausstattung** im Sinne des § 25 WZG ist ein sachliches Kennzeichnungsmittel und als solches ein reines Immaterialgut (BGH GRUR 52 S. 516 „Hummelfiguren"). Man nennt sie auch ein eigentumsähnliches, unbeschränktes (absolutes) Recht, das wie das Warenzeichen am Betriebe haftet und nur mit diesem *zusammen übertragen* werden kann (BGH GRUR 55 S. 406 „Wickelsterne"). Wie das Warenzeichen kennzeichnet sie die Waren aus einem bestimmten Betrieb zur Unterscheidung gleicher oder gleichartiger Waren eines anderen (für viele: BGH GRUR 64 S. 454 „Palmolive"), hat also wesensmäßig ausschließlich Herkunftsfunktion vgl. Anm. 32). Auch Druckerzeugnisse sind Waren, weshalb ihre Titel (s. Anm. 43ff.) Ausstattungsschutz haben können (BGH GRUR 58 S. 141 „Spiegel", 68 S. 259 „NZ"). Die Ausstattung braucht nichts Neuartiges, sondern kann auch etwas ganz Alltägliches sein ohne ursprüngliche Unterscheidungskraft (Anm. 5), wenn sie nur Verkehrsgeltung (Anm. 13ff.) hat (BGH GRUR 57 S. 369 „Rosa-Weiß-Packung"), mit deren Erlangung der Schutzanspruch entsteht, worüber die Auffassung der beteiligten Verkehrskreise entscheidet (BGH GRUR 62 S. 144 „Buntstreifensatin"). Die beteiligten Verkehrskreise sind der Handel und der mögliche Endabnehmer (BGH GRUR 63 S. 622 „Sunkist").

Was **Verkehrsgeltung** — das Wesen des Ausstattungsschutzes — ist, läßt sich letztlich aus § 25 WZG selbst entnehmen: **„Die Geltung innerhalb beteiligter Verkehrskreise als Kennzeichen der Herkunft der Ware eines Unternehmers".** Sie ist ein tatsächlicher Zustand (BGH GRUR 55 S. 406 „Wickelsterne"), der sich ständig ändern kann, weshalb auch die materielle Rechtskraft einer Entscheidung für einen späteren Rechtsstreit zwischen denselben Parteien um dieselbe Rechtsfolge ohne Bedeutung ist, wenn die Verkehrsgeltung auf einen neuen Sachverhalt gegründet wird (BGH a.a.O. „Wickelsterne"). Man muß sich vorstellen, daß das Kennzeichen von den Erinnerungszellen der Gehirne der Verkehrsbeteiligten einerseits Besitz ergriffen hat, dort festhaftet, und daß andererseits dieser Besitz durch entsprechende Werbung festgehalten wird. In diesem tatsächlichen Sinne erfordert die Verkehrsgeltung, daß die Aufmachung des Kennzeichens als solche im Verkehr **bekannt ist** und die beteiligten Verkehrskreise *unmittelbar* aus ihr auf den Hersteller schließen. Eine dem Verkehr bekannte Möglichkeit der Ermittlung des Herstellers (mit Hilfe eines Katalogs) kann deshalb nicht genügen (BGH GRUR 57 S. 37 „Uhrwerk").

„Innerhalb beteiligter *Verkehrskreise*" (nicht: *der* beteiligten Verkehrskreise) bedeutet, daß es nur auf einen beliebigen Teil derselben, nicht aber auf ihre

Gesamtheit und nicht etwa auf den Teil der Mitbewerber, sondern der *Abnehmer* ankommt (vgl. B.-Hefermehl Anm. 42 zu § 25 WZG; Busse S. 324). Doch muß der Kreis beachtlich sein (BGH GRUR 59 S. 599 „Teekanne"); ein nur verschwindend kleiner Teil kann niemals für die Verkehrsgeltung ausreichen. Auch hier gilt, was zu Anm. 13ff. („Verkehrsgeltung") bereits gesagt worden ist, daß nichts kennzeichnet, was nicht unterscheidungskräftig und deshalb nicht bekannt ist, so daß niemand weiß, worauf es hinweist.

[39] Je alltäglicher die Kennzeichnungselemente der Ausstattung sind — Beschaffenheitsangaben, Worte der täglichen Umgangssprache (BGH GRUR 60 S. 83 „Nährbier"), Farbzusammenstellungen (BGH a.a.O. „Buntstreifensatin"; 68 S. 371 „Maggi") u. dgl. — desto strengere Anforderungen sind an die erlangte Verkehrsgeltung zu stellen. Wenn bei ursprünglich unterscheidungskräftigen Ausstattungselementen schon „nicht ganz unerhebliche Teile „der beteiligten Verkehrskreise genügen können (BGH GRUR 60 S. 130 „Sunpearl"), können sie wegen des allgemeinen Freihaltungsbedürfnisses bei nicht unterscheidungskräftigen Elementen sehr beträchtlich sein müssen (BGH a.a.O. „Maggi"). Wie für (freilich Geschäftsunternehmen kennzeichnende) Geschäftsabzeichen kann auch für die Ausstattung örtlich begrenzte Verkehrsgeltung genügen, an die sodann jedoch hohe Anforderungen zu stellen sind (BGH GRUR 67 S. 482 „WKS-Möbel II"). Denn schreibt die Verkehrsauffassung **irrtümlich** der durch die Ausstattung gekennzeichneten Ware eine unrichtige Herkunft zu, so hat jene überhaupt keine Herkunftsfunktion und damit auch keine Verkehrsgeltung, auf welche sich der Hersteller berufen könnte, weil die Ausstattung in beteiligten Verkehrskreisen auf seinen Betrieb eben nicht hinweist. **Nur die richtige** Verkehrsauffassung ist maßgebend (RGZ 167 S. 171). Deshalb kann sich auch derjenige, in welchem der Verkehr irrtümlich den Hersteller sieht, auf Verkehrsgeltung zu seinen Gunsten nie berufen.

[40] Vor Vollendung ihrer Entwicklung zur Verkehrsgeltung genießt die Ausstattung keinen Schutz; **der Schutz entsteht erst,** wenn ihre Herkunftsfunktion „innerhalb beteiligter Verkehrskreise „volle Wirkung hat und zwar mit Prioritätsrecht zu diesem Zeitpunkt, nicht zum Stichtag der Benutzungsaufnahme (BGH GRUR 59 S. 45 „Deutsche Illustrierte "; 62 S. 409 „Wandsteckdose"). Ein schutzwürdiges **Anwartschaftsrecht** auf Ausstattungsschutz gibt es nicht. Auch noch ein solches zu akzeptieren, geschähe contra legem (BGH GRUR 57 S. 23 „Bünder Glas"). Freilich kann nicht geleugnet werden, daß es häufig Zeichen geben wird, die kurz vor ihrer Durchsetzung im Verkehr stehen und deren Nachahmung durch Dritte nicht gebilligt werden kann. Trotzdem versagt hier § 25 WZG und es kann nur im Falle eines unlauteren Wettbewerbstatbestands (RG MuW 14 s. 180; OLG Düsseldorf GRUR 53 S. 527) mit den §§ 1, 3, eventuell §§ 823, 826 BGB geholfen werden (BGH GRUR 56 S. 172 „Magirus").

Der Ausstattungsschutz entfällt mit dem Erlöschen der Verkehrsgeltung, weshalb sie noch in der letzten mündlichen Verhandlung bestehen muß (BGH a.a.O.), was zeitlich mit Einstellung des Gebrauchs der Ausstattung nicht zusammenzufallen braucht. Die Verkehrsgeltung kann trotz Nichtgebrauchs fortbestehen und trotz Gebrauchs verloren gegangen sein. Wer duldet, daß sich neben ihm ein anderer mit der gleichen Ausstattung ein kennzeichnungskräftiges Recht erwirbt, duldet, daß die Kennzeichnungskraft des eigenen Rechts in gleichem Maße verloren geht, bis der Verkehr es nicht mehr als Hinweis der Herkunft seiner Ware versteht und das Schutzrecht damit untergeht bzw. endet, auch wenn er es nicht benutzt.

[41] Ebenso wie das Warenzeichen kann auch die Ausstattung auf **mehrere Betriebsstätten** hinweisen (vgl. Anm. 31), von denen sie gemeinsam benutzt wird, weil auch sie sich nicht auf den Herkunftsort bezieht (BGH GRUR 73 S. 468 „Cinzano"). Doch wird das nur möglich sein, solange die mehreren Betriebsstätten im Verkehr als wirtschaftliche Einheit oder als vertraglich verbundene Betriebe auftreten, weil andernfalls die Herkunftsfunktion objektiv verloren geht (BHG GRUR 61 S. 347 „Almglocke"). Obwohl nach dem Wortlaut des § 25 WZG nur auf die Verkehrsauffassung abgestellt wird, so daß hiernach auch ein Unternehmer den Schutz an einer Ausstattung für sich in Anspruch nehmen könnte, der sie garnicht benutzt, nur weil der Verkehr sie ihm unrichtig zuschreibt, kann eine Ausstattung nur bei richtiger Verkehrsauffassung schutzwürdig sein, weil sie bei Unrichtigkeit letzterer irreführt. Deshalb muß die Benutzung durch mehrere so geschehen, daß die Mitbenutzer vom Publikum nicht als miteinander konkurrierende Geschäftsbetriebe aufgefaßt werden (BGH a.a.O. „Almglocke"). Aus dieser Sicht zerstört die Gebrauchsüberlassung einer Ausstattung an Zweit- und Mehrbenutzer, die nicht als wirtschaftlich oder organisatorisch verbunden im Verkehr auftreten, ihre Herkunftsfunktion und die durch Verkehrsgeltung erlangte Unterscheidungskraft.

Darauf ist bei der Entwicklung von **Verbandsausstattungen,** die jetzt in analoger Anwendung des § 17 WZG seit BGH GRUR 64 S. 381 „WKS-Möbel" anerkannt werden, zu achten. Inhaber derselben ist wie beim Warenzeichen der Verband, Benutzer sind seine Mitglieder.

[42] Die Ausstattung tritt in Worten, Bildern, Wortbildkombinationen flächenmäßig aber auch dreidimensional in Erscheinung (Näheres s. auch Anm. 32). Sie kann sich auch in der Gestaltung der Ware selbst ausdrücken (BGH GRUR 52 S. 516 „Hummelfiguren"; 59 S. 423 „Fußballstiefel"), sofern solche Gestaltungen nicht das Wesen der Ware selbst ausmachen (Anm. 32). Sie kann sich auch durch die Art der Verpackung zeigen (BGH GRUR 64 S. 454 „Palmolive"), durch besondere Gestaltung ihr notwendig beigegebener Behältnisse (BGH GRUR 64 S. 140 „Odolflasche"; 69 S. 541 „Grüne Vierkantflasche") ebenso durch Zutaten wie z.B. Zierriemen an „Fußballschuhen" (BGH GRUR 59 S. 423). Kann aber auf solche Ausstattungselemente nicht verzichtet werden, ohne daß Gebrauchs- und

Verwendungszweck der Ware entfällt, ist ein Ausstattungsschutz an ihnen nicht denkbar, z.B. bei Außenriemen an Sportschuhen (BGH GRUR 62 S. 299 „foımstrip") oder bei normalem Wandverputz entsprechenden Bausteinen (BGH GRUR 64 S. 621 „Klemmbausteine") — vgl. auch Anm. 32 zu weiteren Beispielen.

C. Besondere Bezeichnung einer Druckschrift

[43] Als **besondere Bezeichnung einer Druckschrift** ist ihr **Titel** zu verstehen. Druckschriften sind alle Erzeugnisse der Buchdruckerpresse sowie alle anderen durch mechanische oder chemische Mittel bewirkten, zur Verbreitung bestimmten Vervielfältigungen von Schriften und bildlichen Darstellungen mit oder ohne Schrift, von Musikalien mit Text oder Erläuterungen und Schallplatten. Tonbänder und Filme gehören dazu, wenn sie zur Vervielfältigung und Verbreitung bestimmt sind. Die zur Vervielfältigung und Verbreitung geeigneten geistigen Schöpfungen müssen aber in irgendeiner dieser Vervielfältigungsformen bereits verbreitet sein. Romane, Bühnen- oder Filmwerke u. dgl. in der Schreibtischschublade ihres Autors sind noch keine Druckschriften, auch wenn sie mit Maschine und Durchschlägen geschrieben und in engem Freundeskreis verbreitet worden sind. Der Schutz beginnt mit der Ingebrauchnahme des Titels (BGH GRUR 58 S. 141 „Spiegel der Woche") und endet wettbewerbsrechtlich bei endgültiger Aufgabe der Druckschrift durch den Berechtigten — eine vorübergehende Einstellung reicht nie (BGH GRUR 56 S. 376 „Berliner Illustrierte") — wobei Unterscheidungskraft, Bekanntheitsgrad und Verkehrsauffassung die Zulässigkeit der Schlußfolgerung auf die Endgültigkeit der Aufgabe bestimmen (BGH GRUR 59 S. 45 „Deutsche Illustrierte" S. 541 „Nußknacker"). Bei Buchtiteln erlischt der Schutz noch nicht ohne weiteres, wenn die Auflage vergriffen ist (BGH GRUR 60 S. 346 „Naher Osten"). Aber der Titelschutz kann auch infolge Benutzung durch die Allgemeinheit und durch Entwicklung zur Gattungsbezeichnung verloren gehen, weil er in diesen Fällen seiner Unterscheidungskraft verlustig geht (BGH a.a.O. „Deutsche Illustrierte"). Zu achten ist in allen diesen Fällen auf die Gefahr der Irreführung, wenn noch nicht ganz in Vergessenheit geratene Titel wieder (von Dritten) in Gebrauch genommen werden. Bei Büchern kann der Verkehr auf eine Neuauflage, bei periodisch erscheinenden Druckschriften auf Wiederaufnahme derselben schließen (BGH GRUR 58 S. 354 „Sherlock Holmes").

[44] Um urheberrechtliche, wettbewerbsrechtliche oder herkunftsmäßige Funktionen haben zu können, muß der Titel **unterscheidungskräftig** (vgl. Anm. 5) sein. Deshalb sind nicht geschützt reine Gattungsbezeichnungen, wie z. B. „Lesebuch", „Grundriß", „Reiseführer", weil sie nicht kennzeichnen (BGH GRUR 59 S. 45 „Deutsche Illustrierte"; 63 S. 378 „Deutsche Zeitung"), es sei denn, sie kennzeichnen dank erworbener Verkehrsgeltung — Begriff vgl. Anm. 12ff. — (Zeitschriftentitel

„Revue" OLG München WRP 55 S. 105); nicht kennzeichnend „Elektro-Technik" (OLG Bamberg GRUR 52 S. 38); ebenso nicht „Das Auto" (OLG Stuttgart GRUR 51 S. 38), was nichts anderes heißt, als daß sie nach der Auffassung der beteiligten Verkehrskreise als Titel verstanden werden (für viele: BGH GRUR 68 S. 259 „NZ").

Der Titel kann, braucht aber nicht, für seine Schutzfähigkeit Herkunftsfunktion zu haben (BGH GRUR 58 S. 354 „Sherlock Holmes"). In welcher sachlichen Richtung er sich von anderen Titeln unterscheidet, ist irrelevant; *unterscheiden* muß er sich nur irgendwie dadurch, daß er mit der ihm zugehörigen Druckschrift nach der Verkehrsauffassung begrifflich so eng verbunden ist, daß sich der Verkehr zwecks Individualisierung bzw. Identifizierung der Druckschrift gegenüber anderen nach ihm orientiert (BGH GRUR 58 S. 500 „Mecki-Igel").

[45] Es gibt sowohl urheber- als auch wettbewerbsrechtlichen Titelschutz, die beide freilich auch zusammenfallen können. Der Titelschutz ist **urheberrechtlich** (s. Anm. 48) eine Frage der Originalität und Eigenart der Schöpfung von gewissem Niveau, **wettbewerbsrechtlich** muß er eine besondere Bezeichnung eines Werkes darstellen, braucht nicht neu und eigenartig zu sein, sondern nur unterscheidungskräftig zu kennzeichnen (vgl. BGH GRUR 63 S. 378 „Deutsche Illustrierte"). Wettbewerbsrechtlich ist der Titel also kein Werk, sondern ein auf ein solches bezogenes Kennzeichen. Stoßen zwei verwechslungsfähige Titel aufeinander, kommt es wettbewerbsrechtlich — ursprüngliche Unterscheidungskraft oder Erlangung einer solchen durch Verkehrsgeltung vorausgesetzt — auf die **Priorität** an, die aber verloren gehen kann, wenn der Titel längere Zeit hindurch nicht mehr benutzt wird, z. B. der Titel einer periodisch erscheinenden Zeitschrift, die ihr Erscheinen endgültig einstellt (vgl. Anm. 42), wobei zu berücksichtigen ist, daß die Zeitschrift oft über die Zeit ihres Erscheinens hinaus noch mit dem Titel bezeichnet werden kann.

[46] Einen gewissen Prioritätsschutz bietet heute die Eintragung eines Filmtitels im **Titelregister** der Filmselbstkontrolle, wenn ernsthafte Vorbereitungen zur Herstellung des Films getroffen werden, als welche der Abschluß eines Vertrags über die Verfilmungsrechte, Auftragserteilung zur Drehbuchanfertigung usw. schon angesehen werden können (OLG Hamburg GRUR 56 S. 475; über die wettbewerbsrechtliche Bedeutung des Titelregisters vgl. Anm. 172f. zu § 1).

Ähnliche Bedeutung haben die Titelankündigungen für Bücher in der Fachpresse des Börsenblatts für den deutschen Buchhandel. Erscheint das Werk unter dem angemeldeten Titel in angemessener Zeit, gilt die Titelanmeldung als Benutzungsaufnahme (OLG München GRUR 55 S. 436, OLG Hamburg GRUR 56 S. 475).

[47] Für den Titel einer Druckschrift kann auch ein Warenzeichen- und Ausstattungsschutz bestehen, wenn er nicht ein Einzelwerk bezeichnet, sondern auf die

Herkunft der Druckschrift aus einem bestimmten Unternehmen („Herkunftsfunktion" — Anm. 32) hinweist (BGH GRUR 70 S. 141 „Europharma"; 61 S. 232 „Hobby"; 58 S. 500 „Mecki-Igel").

Aber ein Titel, der nur ein konkretes, bestimmtes Werk kennzeichnet, wird niemals Warenzeichen oder Ausstattung sein können, weil er außer hinsichtlich des Werkes eine Herkunftsfunktion nur in Richtung auf den Autor haben kann, sofern der Titel überhaupt Unterscheidungskraft hat (a.A. offenbar Reimer-v. Gamm S. 92). Letzterenfalls läßt sich der Charakter der persönlichen geistigen Schöpfung des Titels auch unter den kalten Regeln des Wettbewerbsrechts nicht ignorieren. Anderes gilt freilich bei Sammelbänden, Buchreihen und dergleichen, für die Gesamttitel von einem Verleger gefunden und benutzt werden; sie kennzeichnen nur das Sammel-, Fortsetzungs- usw. Werk, individualisieren also nicht die Einzelleistung, sondern pauschalieren und nivellieren sie zeitgemäß mit der Folge, sich die Herkunftsfunktion in Bezug auf das Unternehmen zu geben.

Auch ist ein Ausstattungsschutz an Titeln unter vorstehenden Kautelen denkbar.

[48] Früher wurde ein **Urheberrechtsschutz am Titel** abgelehnt und der Rechtsuchende auf § 16 UWG allein verwiesen (RGZ 17 S. 195; 116 S. 4, S. 117). Als sich später der Urheberrechtsschutz am Titel durchsetzte, neigte man dazu, diesem gegenüber wiederum die Bedeutung des § 16 UWG zu unterschätzen (RGZ 135 S. 209 GRUR 37 S. 953 „Leichte Kavallerie"). Ein Buch-, Film- oder Aufsatztitel kann, wenn er selbst ein eigenes Werk ist, auch vom Werk losgelöst eine geistige Schöpfung sein und somit Voraussetzungen für einen Urheberschutz mitbringen (OLG Stuttgart GRUR 51 S. 38; OLG München GRUR 56 S. 503; Reimer-v. Gamm S. 93; B.-Hefermehl S. 1083; Bappert GRUR 49 S. 190). Der BGH hat die Frage bisher noch nicht entschieden, sondern eigens offengelassen (GRUR 60 S. 346 „Naher Osten"). Da Gedanken und Meinungen grundsätzlich nicht schutzfähig sind, sind an die selbständige urheberrechtliche Schutzwürdigkeit von Titeln hinsichtlich Eigenart und Originalität jedenfalls höchste Anforderungen zu stellen. In der Regel kann der Titel urheberrechtlich nur als Teil des Werkes geschützt werden.

Er ist also grundsätzlich kein selbständiges Verkehrsgut (auch nicht wettbewerbsrechtlich, wo er vom Werk losgelöst nichts mehr bezeichnen würde), vielmehr dient er zur *Kennzeichnung* eines *Werkes*, weshalb er in erster Linie wettbewerbsrechtlich geschützt ist, so daß er in der Regel überhaupt in das UWG zu verweisen ist. Der Streit der Meinungen dürfte ohne Bedeutung sein, weil der Schutz des § 16 UWG regelmäßig sowieso ausreichen wird. Überdies ist der Wettbewerbsschutz (Kennzeichnungskraft vorausgesetzt) leichter als der Urheberschutz zu erreichen. Während urheberrechtliche Gesichtspunkte die Verwendung eines Titels nur in Verbindung mit dem Werk rechtlich gegen Nachahmung schützen, kann wettbewerbsrechtlich die Nachahmung des bloßen Titels untersagt werden, sofern sich nur der Berechtigte befugterweise des Titels noch bedient; während der

Urheberschutz in erster Linie Eigenschöpfung des Titels verlangt, begnügt sich der Wettbewerbsschutz mit der Erfüllung der an eine besondere Bezeichnung geknüpften Voraussetzungen, ohne Wert darauf zu legen, ob der Berechtigte sie nicht selbst irgendwo entlehnt hat. Vgl. hierzu insbesondere KG MuW 22 S. 97 über Verfilmung des Zola-Romans „Au bonheur des dames", RG GRUR 26 S. 118 „Brehm's Tierleben", wonach der echte Titel zum frei gewordenen Werk gehört, also verbunden mit dem Werk benutzt werden darf, ohne daß dadurch ein Verstoß gegen § 16 UWG möglich wurde; OLG Dresden im Struwelpeter-Fall JW 26 S. 1243: Durch Titelzusatz hergestellte, aber in Wirklichkeit nicht gegebene Beziehung zur Originalausgabe ist zu beanstandende Titeländerung; RGZ 123 S. 120 „Brücken zum Jenseits", (OLG Stuttgart GRUR 51 S. 38). Auch Abkürzungen können noch Titel sein bzw. als solche wirken, wenn der Verkehr sie so versteht (BGH GRUR 52 S. 418 „DUZ"; 68 S. 259 „NZ"), sie also Verkehrsgeltung haben, aber urheberrechtlicher Schutz ist an ihnen nicht denkbar.

V. Sachlicher, räumlicher und zeitlicher Schutzumfang der einzelnen Kennzeichnungsmittel

[49] **Allgemeines:** Der Schutzumfang der einzelnen Kennzeichnungsmittel richtet sich außer nach Unterscheidungskraft (Anm. 5ff.) auch nach der Sphäre, in der der Berechtigte es gebraucht, die man wiederum in sachliche, räumliche und zeitliche Sphären einteilen kann. Je intensiver ein Kennzeichnungsmittel in *diesem Sinne* gebraucht wird, desto weiter reicht sein Schutz; oder mit anderen Worten: der Schutz jedes Kennzeichnungsmittels erstreckt bzw. beschränkt sich auf den sachlichen Bereich, in dem es kennzeichnet, d.h. den Kennzeichnungsträger von anderen unterscheidet. Für die Beurteilung dessen ist wiederum die Verkehrsauffassung maßgebend, die sich nach der Bekanntheit des Kennzeichnungsmittels und danach richtet, ob es namens-, firmen-, zeichenmäßig usw. oder mehrgleisig benutzt wird oder mehrgleisig bekannt ist. Für die Orientierung spielt ferner das Objekt selbst eine Rolle, das gekennzeichnet wird. Ausgenommen vom Warenzeichen, das seinen Schutz zumindest für die Dauer von fünf Jahren schon durch registerrechtlichen Eintrag in die Zeichenrolle des DPA ohne tatsächliche Ingebrauchnahme erlangt (s. Anm. 4), und in gewisser Weise mit Ausnahme auch des förmlichen registerrechtlichen Firmenschutzes (§§ 30, 37 HGB), ist bei allen anderen Kennzeichnungsmitteln u.a. ihr tatsächlicher Gebrauch eine unverzichtbare Voraussetzung für den Schutz.

[50] Dabei bedeutet **Schutz** im Sinne dieser Vorschriften **begrifflich** nichts anderes, als das in Gestalt des Unterlassungsanspruchs eingeräumte Recht, das jeweilige Kennzeichnungsmittel in dem von ihm tatsächlich durch Gebrauch eingenommenen Bereich vor Schaden und Gefahren durch unbefugten Gebrauch Dritter **(Aus-**

schlußwirkung), oder durch Bestreiten des Rechts zu ihrem Gebrauch zu bewahren (allg. Meinung), welch letzterem je nach Sachlage mit einer Widerrufs- oder negativen Feststellungsklage begegnet werden kann.

[51] Der allen Kennzeichnungsmitteln gemeinsame Schutz der Ausschlußwirkung hängt von der **Priorität ihrer Entstehung** (s. Anm. 4) ab (st. Rspr. für viele: BGH GRUR 66 S. 432 „Epigran"; 58 S. 302 „Lego"; 54 S. 123 „Auto-Fox"). Von diesem Zeitpunkt an erstreckt sich die Schutzfähigkeit auf das gesamte Bundesgebiet (BGH GRUR 61 S. 535 „arko"; a.a.O. „Epigran"), aber nur die Schutz*fähigkeit*, die von einer durch tatsächlichen Gebrauch geschaffenen Unterscheidungskraft ausgefüllt sein muß, um wirksam werden zu können, wenn man von dem förmlichen Warenzeichen absieht, das nach fünfjähriger Nichtbenutzung aber sowieso zur Löschung gebracht werden kann. Denn ohne solche durch Gebrauch des Kennzeichnungsmittels bestehende Unterscheidungskraft wird nichts gekennzeichnet, so daß ein Rechtsschutzbedürfnis entfällt, anderen den Gebrauch desselben Kennzeichnungsmittels zu verbieten (ähnlich B.-Hefermehl S. 1035), wenn es bei solcher Sachlage nicht überhaupt untergegangen bzw. noch gar nicht entstanden ist. Daraus folgt, daß dasselbe Kennzeichen von verschiedenen Inhabern gebraucht werden kann, sofern sie in ihren Schutzbereichen nicht miteinander kolidieren. Warenzeichen können sich im Falle der Warenungleichartigkeit identisch gegenüberstehen, ohne miteinander zu kollidieren, so daß für einen Unterlassungsanspruch des älteren Zeicheninhabers kein Rechtsschutzbedürfnis besteht (BGH GRUR 55 S. 299 „Koma"); ebenso können identische Firmen in unterschiedlichen Geschäftszweigen oder Wirtschaftsräumen benutzt werden und deshalb nicht miteinander kollidieren, was sich aber durch Ausdehnung des Tätigkeitsbereichs eines dieser Unternehmen mit der Folge einer Kollisionsgefahr ändern kann, die nicht der absolut Jüngere, sondern derjenige zu beseitigen hat, der auf dem **Begegnungsfeld** der Jüngere ist (BGH GRUR 57 S. 342 „Underberg"; 60 S. 33 „Zamek"; 68 S. 212 „Hellige", 74 S. 84 „Trumpf"). Ihm einen Ausdehnungsspielraum zuzugestehen, weil er etwa der absolut Ältere ist, besteht keine Veranlassung, da sich der absolut Jüngere zum Zeitpunkt der Begründung seines Rechts mußte darauf verlassen dürfen, auf seinem Betätigungsfeld kennzeichnungsmäßig der Erste (Ältere) zu sein (im Ergebnis ebenso BGH a.a.O. „Trumpf"). Dem absolut Älteren nutzt hierbei nichts, daß vielleicht nur Dank seiner Duldung das absolut jüngere Zeichen hat entstehen können (BGH wie zuvor).

Gleiches gilt für die besondere Bezeichnung eines Geschäftsunternehmens, für Firmenabkürzungen und Schlagworte (BGH GRUR 54 S. 70 „Rohrbogen"; 60 S. 434 „Volksfeuerbestattung"), für Geschäftsabzeichen i.S. des § 16 Abs. 3 und für die Ausstattung (§ 25 WZG), bei welch letzterer dieses Problem jedoch hauptsächlich bei räumlicher Ausdehnung praktisch wird (BGH GRUR 61 S. 347 „Almglocke", 60 S. 83 „Nährbier"). Wird eine Firmenbezeichnung in einer ihre charakteristische Eigenart berührenden Weise geändert, so verliert sie ihre alte Priorität (BGH GRUR 73 S. 661 „Metrix").

Die gleichen Prioritätsgrundsätze gelten für Geschäftsabzeichen und für die Ausstattung; für das Warenzeichen aber mit der ihm wesensmäßigen Abwandlung, daß sich sein räumlicher Schutz von Hause aus auf das gesamte Bundesgebiet erstreckt, und zwar mit dem sachlichen Wirkungskreis der gleichartigen für dasselbe eingetragenen Waren, ohne daß es auf eine Benutzung oder tatsächliche Bekanntheit des Warenzeichens ankommt (BGH GRUR 69 S. 690 „Faber"; 66 S. 499 „Merck"). Aber auch der Warenzeichenschutz kann sich durch steigende Bekanntheit bis zur Berühmtheit (s. Anm. 20) über die ihm durch die Grundsätze der Warengleichartigkeit und des zeichenmäßigen Gebrauchs gesetzten Grenzen hinaus unter den Gesichtspunkten ausdehnen, daß fremder Ruf unlauter ausgebeutet (§ 1 UWG), daß das Recht am eingerichteten und ausgeübten Gewerbebetrieb i. S. des § 823 Abs. 1 BGB (BGH GRUR 670 S. 550 „Promonta") oder daß Namens- oder Firmenrechte verletzt werden, wenn das Zeichen auch namens- oder firmenmäßig benutzt wird (BGH GRUR 63 S. 218 „Mampe Halb und Halb"; 67 S. 355 „Rabe"; 70 S. 302 „Hoffmanns Katze"). Immer kommt es bei Kollisionen infolge Ausdehnung des sachlichen oder örtlichen Schutzbereichs darauf an, wer in dem neu eingenommenen Bereich des Begegnungsfeldes der Ältere ist (BGH GRUR 66 S. 623 „Florian Kupferberg Verlag", 74 S. 84 „Trumpf").

[52] Der **sachliche Schutzbereich** aller Kennzeichnungsmittel besteht zunächst im **positiven Benutzungsrecht** sowie darin, daß sie Schutz gegen unbefugten Gebrauch identischer, d. h. auch verwechslungsfähiger (s. Anm. 57ff.) Kennzeichnungsmittel genießen, wobei der Schutz auf die ihnen wesensmäßige Benutzungsart zugeschnitten ist. Das positive Benutzungsrecht beschränkt sich dabei auf die konkrete Erscheinungsform des Kennzeichens, die bei eingetragenen Firmen und bei den Warenzeichen von dem Register bestimmt wird, in dem sie eingetragen sind, im übrigen von der jeweiligen tatsächlich benutzten Erscheinungsform, in der sie Verkehrsgeltung erlangt haben.

[52a] Der **sachliche Schutzbereich des Namens** im Sinne des § 12 BGB richtet sich gegen die unbefugte **namensmäßige** Benutzung (für viele; BGH GRUR 64 S. 38 „Dortmund grüßt"), sei es im geschäftlichen oder außergeschäftlichen Bereich (BGH wie zuvor; GRUR 70 S. 481 „Weserklause"); sogar ein Affektionsinteresse kann für den Schutz eines Namens auch im geschäftlichen Bereich zugunsten einer natürlichen (BGH NJW 53 S. 577 „v. Gerlach"; GRUR 59 S. 430 „Caterina Valente") oder juristischen Person, z. B. eines Vereins (BGH a. a. O. „Dortmund grüßt", „Weserklause") genügen, was mit seinem persönlichkeitsrechtlichen Gehalt zusammenhängt (s. Anm. 7). Aber es muß ein schutzwürdiges Interesse gegeben sein, das stets dann fehlt, wenn der beanstandete Namensgebrauch Beziehungen zu dem vermeintlich Verletzten nicht erkennen läßt (BGH a. a. O.) — s. Anm. 51. Auch gegen

warenzeichenmäßigen Gebrauch ist der Namensschutz gerichtet (BGH GRUR 60 S. 550 „Promonta"). Insofern reicht sein sachlicher Schutzbereich am weitesten. Schutzgegenstand ist die Namensbezeichnung inklusive jeder verwechslungsfähigen Bezeichnung, durch die dem Verkehr der Gedanke von Beziehungen zum Namensberechtigten kommen können (BGH GRUR 64 S. 38 „Dortmund grüßt"). Ein Wettbewerbsverhältnis ist nicht erforderlich (BGH GRUR 73 S. 539 „product-contact").

[52b] Die Basis des **sachlichen Schutzbereichs der Firma** und der **besonderen Geschäftsbezeichnung** ist die Namensfunktion, durch die auch der Schutz des § 12 BGB gegossen wird (st. Rspr. BGH GRUR 54 S. 196 „KfA"; 55 S. 42 „Farina/Rote Blume). Er richtet sich zugunsten des am immaterialgüterrechtlichen Teil der Firma berechtigten Prioritätsälteren gegen jede kollisionsbegründende namensmäßige Benutzung durch einen Jüngeren im geschäftlichen Verkehr (Begriff: Anm. 9 zu § 1). **Nicht befugt** benutzt werden registerrechtlich unzulässige Firmenbezeichnungen (BGH NJW 70 S. 704 „Doktor-Firma") und solche, die gegen §§ 1, 3 UWG, 18 Abs. 2 HBG verstoßen (BGH GRUR 68 S. 702 „Hamburger Volksbank", S. 44 „Schwerbeschädigtenbetrieb"). Das gleiche gilt für nachträglich infolge veränderter Verhältnisse irreführend gewordene Firmenbezeichnungen (BGH GRUR 58 S. 90 „Hähnel"). Sie genießen keinen Schutz. Ferner endet der Namenschutz, wenn durch Entwicklung des Namens zur Gattungsbezeichnung seine Namensfunktion aufhört (RGZ 69 S. 310 „Liberty"; 100 S. 182 „Gervais"). Ob sich der Schutzrechtsinhaber gegen unbefugten Gebrauch eines firmen- oder zeichen- oder namensmäßig eingesetzten Kennzeichens wendet, ist gleich, sofern nur der unbefugte fremde Gebrauch im geschäftlichen Verkehr mit Namensfunktion in einer Weise geschieht, die die Eignung zu Verwechslungen in sich trägt. Ein Wettbewerbsverhältnis wird für den Schutz aus §§ 16 UWG, 12 BGB nicht gefordert (BGH GRUR 73 S. 539 „product-contact"). Auch der Gebrauch eines Warenzeichens kann wegen seiner Herkunftsfunktion (aus einem bestimmten Geschäftsbetrieb) firmen- oder namensmäßig geschehen, woraus gegen den prioritätsälteren Firmenrechtsinhaber keine Rechte hergeleitet werden können; das wäre rechtsmißbräuchlich (BGH GRUR 64 S. 71 „personifizierte Kaffeekanne"; 56 S. 172 „Magirus").

Umgekehrt kann der prioritätsältere Firmenrechtsinhaber dem Zeichenrechtsinhaber nur den firmen-, nicht aber ohne weiteres auch den zeichenmäßigen Gebrauch (s. Anm. 52a) verbieten, der freilich oft zugleich ein namensmäßiger Gebrauch ist (BGH a.a.O. „Kaffeekanne"; GRUR 67 S. 199 „Napoleon II"; 73 S. 265 „Charme & Chic").

Die Grenze des sachlichen Schutzbereichs im Sinne seines Endes liegt dort, wo die Drittbenutzung wegen Fortfalls einer Verwechslungsgefahr keine Kollision mehr begründet, sei es, daß die *Betätigungsfelder* der beiden Opponenten sachlich oder räumlich entsprechend weit auseinanderliegen (BGH GRUR 73 S. 539

„product-contact"; 66 S. 623 „Florian Kupferberg Verlag"), was die Verkehrsauffassung bestimmt, die sich auch nach dem Bekanntheitsgrad der etwa verletzten Firma oder besonderen Geschäftsbezeichnung richtet, sei es, daß die Kennzeichen nicht mehr im Ähnlichkeitsbereich liegen, was Bekanntheitsgrad und/oder Verkehrsauffassung maßgebend bestimmen. Aus letzterer ergibt sich die ständige Veränderlichkeit des sachlichen Schutzumfangs in tatsächlicher Hinsicht (BGH GRUR 64 S. 458 „Düssel").

[52 c] **Gegenstand des Schutzes** sind die Firma und ihre Bestandteile, letztere sofern sie mit ersterer verwechslungsfähig sind (st. Rspr. für viele: BGH GRUR 59 S. 484 „Condux"; 62 S. 419 „Leona"). Soll aber mangels Verwechslungsfähigkeit des gegnerischen Kennzeichens mit der vollen Firmenbezeichnung der Schutzanspruch allein aus einem Firmenbestandteil geltend gemacht werden, weil zu diesem eine Verwechslungsfähigkeit verbleibt, dann muß der Bestandteil eine eigene namensmäßige Unterscheidungsfunktion haben (BGH wie zuvor); anders bei Firmenabkürzungen oder -schlagworten: Diese bedürfen zusätzlich der Verkehrsgeltung (BGH GRUR 60 S. 434 „Volksfeuerbestattung"; 62 S. 419 „Leona").

Verletzungsgegenstand ist naturgemäß das jüngere (Anm. 51) verwechslungsfähige Kennzeichnungsmittel in seiner konkreten Erscheinungsform (st. Rspr.: BGH GRUR 56 S. 367 „W 5"). Das können eine Firma, besondere Geschäftsbezeichnung (Firmenabkürzung oder -schlagwort), Geschäftsabzeichen oder auch eine Ausstattung und ein Warenzeichen sein. (Näheres zur Verwechslungsgefahr s. Anm. 57ff.).

[53] Für den **sachlichen Schutzbereich der Geschäftsabzeichen** und besonderen Geschäftskennzeichen des § 16 Abs. 3 UWG gilt das soeben Gesagte entsprechend mit der auf deren Wesensunterschied beruhenden Abwandlung, daß sie keine Namensfunktion haben (BGH GRUR 54 S. 70 „Rohrbogen"; 59 S. 45 „Deutsche Illustrierte") und nur das Geschäft als solches, nicht aber seine Waren kennzeichnen (vgl. Anm. 31), so daß trotz der für ihre Anerkennung geforderten Verkehrsgeltung ihr sachlicher Schutzbereich begriffsnotwendig enger begrenzt sein muß; sobald dieses Kennzeichnungsmittel Namensfunktion erlangt, hat es sich zu einem solchen des § 16 Abs. 1 entwickelt und ist auch hinsichtlich seines Schutzbereiches hiernach (lit. b), jedoch mit dieser späten Priorität zu beurteilen (BGH GRUR 54 S. 195 „KfA").

[54] **Der sachliche Schutzbereich von Ausstattung und Warenzeichen** unterscheidet sich von demjenigen der Kennzeichnungsmittel der §§ 16 Abs. 1 und 3 UWG, 12 BGB dadurch, daß sie nicht das Unternehmen namensmäßig oder den Geschäftsbetrieb als solchen den Unternehmer anonym haltend bezeichnen, sondern nur die Ware zur Unterscheidung von Waren anderer (allg. Meinung), wovon die sog. Herkunftsfunktion abgeleitet wird. Für beide gilt grundsätzlich, daß sie im Falle ihrer Priorität nur auf dem Begegnungsfeld *gleichartiger* Waren (s. lit. c) im Falle zeichenmäßigen Gebrauchs Schutz genießen (§§ 15, 25 WZG). Haben sie sich im Verkehr so durchgesetzt, daß sie das Geschäft selbst kennzeichnen, haben sie sich zusätzlich zu Geschäftsabzeichen entwickelt und genießen den Schutz des § 16 Abs. 3 UWG (BGH GRUR 57 S. 29 „Spiegel", S. 87 „Meisterbrand"). Warenzeichen und Ausstattung können sich auch zu Firmenschlagworten mit Namensfunktion entwickeln und den Namensschutz des § 16 Abs. 1 UWG genießen (BGH GRUR 59 S. 484 „Condux"; 61 S. 535 „arko"; 62 S. 420 „Leona"). Sie sind dann Kennzeichnungsmittel des § 16 Abs. 1, vielleicht (je nach Verkehrsauffassung) auch des Abs. 3 und außerdem Warenzeichen bzw. Ausstattung.

[54a] Unter **warenzeichenmäßigem Gebrauch** eines Kennzeichens versteht man eine schlagwort- bzw. blickfangartige Benutzung im geschäftlichen Verkehr ohne Beanspruchung einer Namensfunktion (mag eine solche dennoch gegeben sein) mit der Eignung, daß die angesprochenen Verkehrskreise in dem Kennzeichen einen Hinweis auf die Herkunft der damit gekennzeichneten Ware aus einem bestimmten, ihnen deshalb aber noch nicht bekannten Geschäftsbetrieb zur Unterscheidung von gleichen oder gleichartigen Waren anderer Herkunft sehen (ähnlich: BGH GRUR 62 S. 647 „Strumpfzentrale", S. 537 „Radkappe"; 64 S. 71 „Personifizierte Kaffeekanne"; 68 S. 367 „Corrida", 74 S. 84 „Trumpf"). Maßgebend ist — wie stets — die Verkehrsauffassung (Begriff s. Anm. 84 zu § 1), weshalb es auf Ansicht und Willen des Benutzers nicht ankommt (BGH a. a. O. „Strumpfzentrale", „Trumpf"). Es genügt bei der Art und Weise seines Gebrauchs eine solche räumliche oder gedankliche Beziehung des Zeichens zur Ware, daß der Verkehr es als Herkunftshinweis auffaßt. So ist immer von einem zeichenmäßigen Gebrauch auszugehen bei Kennzeichnung der Ware selbst oder ihrer Umhüllung oder Verpackung, bei Benutzung in Zeitungsanzeigen und sonstigen Werbemitteln aller Art, Preislisten, Rechnungen, Lieferscheinen, Beschriftung von Geschäftswagen (BGH GRUR 60 S. 33 „Zamek"), der Ladentür oder Schaufenster eines Einzelhändlers (BGH a. a. O. „Strumpfzentrale") usw. Ja sogar bei Aufnahme kennzeichnender Bestandteile eines Zeichens in einen Firmennamen liegt grundsätzlich zeichenmäßiger Gebrauch vor, weil die Firma nicht nur auf ihren Inhaber, sondern auch auf die Herkunft der von diesem vertriebenden Waren hinweist (BGH a. a. O. „Zamek"; GRUR 66 S. 495 „Uniplast"; 73 S. 265 „Charme & Chic"), es sei denn daß (ausnahmsweise) unzweideutig zu erkennen ist, daß das Zeichen nicht zu den von der Firma vertriebenen Waren in Beziehung zu bringen ist (BGH GRUR 57 S. 433 „St. Hubertus" als auf den Schutzpatron hinweisende Gaststätten-Bezeichnung; 60 S. 126 „Sternbild"). Entscheidend ist immer wie der Verkehr den Gebrauch des Kennzeichens auffaßt, denn danach bestimmt sich, ob u. U. sogar eine unveränderte Firma zeichenmäßig benutzt wird (ähnlich BGH GRUR 74 S. 84 „Trumpf").

[54b] Bei Verwendung des Zeichens **außerhalb des geschäftlichen Verkehrs** (Begriff s. Anm. 9 zu § 1) wird es nicht zeichenmäßig gebraucht, auch nicht bei Gebrauch in

Lehrbüchern, Lexiken, Fachliteratur u. dgl.; eines Hinweises darauf, daß es sich hierbei um ein Warenzeichen handelt, bedarf es nicht, und zwar auch nicht unter dem Gesichtspunkt der Verletzung des Rechts am Unternehmen gemäß §§ 1004, 823 Abs. 1 BGB, weil der Schutz desselben nicht so weit reicht, daß Außenstehende zur Vermeidung von Verletzungen eines solchen Rechts aktiv zu handeln haben (a.A. B.-Hefermehl Anm. 17 zu § 15 WZG; Althammer S. 208; Bußmann GRUR 52 S. 315). Solche Verletzungen gehören zum allgemeinen Unternehmerrisiko und sind ebenso hinzunehmen wie die **Zeichenverwendung im Ersatzstoff- und Ersatzteilgeschäft,** die dann, aber auch *nur* dann (weil sie im geschäftlichen Verkehr geschieht) zulässig ist, wenn die Art der Benutzung des fremden Zeichens unzweideutig eine reine Bestimmungsangabe darstellt, nicht als Herkunftshinweis verstanden werden kann und auch die Vorstellung organisatorischer und wirtschaftlicher Beziehungen zum Zeicheninhaber ausschließt (BGH GRUR 62 S. 537 „Radkappe"; 58 S. 343 „Bohnergerät").

[54c] Wie für den sachlichen Schutzbereich der Firma der Betätigungsbereich derselben mitbestimmend ist (s. Anm. 52b am E.), richtet sich grundsätzlich der sachliche Schutzbereich von Warenzeichen und Ausstattung nach der Art der Waren, die sie kennzeichnen (sollen), und erstreckt sich auf alle gleichartigen Waren (st. Rspr.). **Warengleichartigkeit** ist immer dann gegeben, wenn Waren nach ihrer wirtschaftlichen Bedeutung und Verwendungsweise so enge Berührungspunkte haben, daß bei ihrer Gegenüberstellung der Durchschnittskäufer meinen kann, sie stammten aus demselben Geschäftsbetrieb, wenn für sie übereinstimmende Kennzeichen verwandt werden (BGH GRUR 73 S. 316 „Smarty"). Das gilt auch dann, wenn der Durchschnittskäufer irrt (BGH GRUR 64 S. 26 „Milburan"). Solche engen Berührungspunkte fehlen in der Regel zwischen Rohstoffen bzw. Halbfabrikaten einerseits und Fertigwaren andererseits, weil sie verschiedenen Zwecken dienen (BGH GRUR 70 S. 80 „Dolan"). Das gilt aber dann nicht, wenn Rohstoffe und Endprodukte über die gleichen Vertriebsstätten an dieselben Abnehmer gelangen, die bei gleicher Kennzeichnung auf dieselbe Herkunftsstätte schließen (BGH a.a.O. „Smarty"). Angesichts der Maßgeblichkeit der einem ständigen Wandel unterliegenden Verkehrsauffassung ist die Frage nach der Gleichartigkeit sich gegenüberstehender Waren stets neu zu stellen (vgl. hierzu Busse S. 199ff.; B.-Hefermehl Anm. 49 zu § 5 WZG; v. Gamm Anm. 33 zu § 5 WZG; Bußmann GRUR 68 S. 498ff.). Unterscheidungskraft, Verkehrsgeltung und Ähnlichkeitsgrad der Zeichen berühren die Warengleichartigkeit nicht (st. Rspr., für viele: BGH GRUR 59 S. 25 „Triumph").

Ausgangspunkt für die Beurteilung des Warengleichartigkeitsbereichs sollen beim Warenzeichen die in der Zeichenrolle eingetragenen Waren sein (B.-Hefermehl Anm. 46 zu § 5 WZG; Busse Anm. 11 zu § 5; v. Gamm Anm. 8 zu § 15), was wegen des Benutzungszwangs jedoch wohl nur solange Gültigkeit hat, als das Zeichen innerhalb der Fünf-Jahresgrenze noch nicht gebraucht wird, sein Inhaber sich eine

Entscheidung noch offenhält und offenhalten kann. Ab Ingebrauchnahme desselben kann nur die konkrete Ware, für die es Verwendung findet, *ebenso wie bei der Ausstattung* Ausgangspunkt für die Abgrenzung des Warengleichartigkeitsbereichs sein, der im übrigen weit zu ziehen ist (st. Rspr., für viele BGH GRUR 70 S. 80 „Dolan“).

[54d] Das ausschließliche Benutzungsrecht an Warenzeichen und Ausstattung ist erschöpft, sobald der Inhaber die Ware in den Verkehr gebracht hat (BGH GRUR 64 S. 372 „Maja“; 73 S. 468 „Cinzano“), weil mit dem Schutzzweck des Zeichenmonopols die Behinderung des Weitervertriebs von Waren unvereinbar ist, die mit Zustimmung des Zeicheninhabers gekennzeichnet und in den Verkehr gebracht worden sind. Ob das durch ihn selbst oder durch einen Beauftragten oder Lizenznehmer im In- oder Ausland geschah, bleibt sich gleich (BGH a.a.O. „Cinzano“). Der Händler kann das Zeichen entfernen oder es gegen ein eigenes austauschen, mit ihm jedoch nicht eine andere Ware kennzeichnen, was er (unzulässig) auch dann täte, wenn er an der Originalware nur Veränderungen vornähme (BGH wie zuvor); denn damit würde das Zeichen des Schutzrechtsinhabers durch unbefugten Gebrauch zur Kennzeichnung einer fremden (anderen) Ware verletzt werden (ähnlich BGH wie zuvor); ebenso ist die Verbindung der Ware mit einer anderen zu beurteilen, wenn nach der Verkehrsauffassung aus dem Zeichen auf die Herkunft beider miteinander verbundenen Waren aus demselben Geschäftsunternehmen zu schließen ist (RGZ 130 S. 242).

[54e] Eine Ware **wird in Verkehr gesetzt** durch jede Handlung, mit der die Ware zur Außenwelt in Verbindung gebracht wird (ähnlich BGH GRUR 69 S. 479 „Colle de Cologne“). Das ist nicht nur die Auslieferung, sondern jeder Verkauf, Verpachten, Verleihen, Anbieten, ja schon die Auslage im Schaufenster und die Werbung für die Ware. Entgegen BGH a.a.O. „Colle de Cologne“ wird die Ware auch bei ausschließlicher Lieferung an ihre konzernzugehörigen Unternehmen durch eine Einkaufsgenossenschaft „in Verkehr gesetzt“, weil sie von diesen verbraucht oder weiterverkauft und ihrer vom Hersteller bestimmten Verwendung zugeführt wird (ähnlich Bußmann Mitt. 69 S. 312; a.A. B.-Hefermehl UWG S. 187).

[55] Für den sachlichen Schutzbereich des Titels einer Druckschrift gilt das zu Anm. 54 Gesagte, wenn für ihn zugleich Warenzeichen- oder Ausstattungsschutz besteht, so bei Zeitungen, Zeitschriften, Sammel- und Fortsetzungswerken, Buchreihen u. dgl. (BGH GRUR 70 S. 141 „Europharma“; 58 S. 354 „Sherlock Holmes“, S. 500 „Mecki-Igel“); denn in diesen Fällen kennzeichnet er nur die Herkunft der Ware aus einem bestimmten Betrieb.

Wo der Titel aber noch das Werk kennzeichnet, ist zu unterscheiden, ob er als Schutzrecht des Autors unter urheber- oder wettbewerbsrechtlichen oder als ein nicht vom Urheber abgeleitetes eigenes Schutzrecht des Verlegers unter wettbewerbs- oder warenzeichenrechtlichen (s. o.) Gesichtspunkten zu gelten hat.

Nimmt der Titel als Teil des Gesamtwerks auf das Werk selbst Bezug und kennzeichnet er seinen Inhalt schlagwortartig, wird ihm urheberrechtlicher Schutz zu geben sein, soweit dem gekennzeichneten Inhalt des Werks selbst ein solcher zukommt (RG GRUR 37 S. 953; Bappert GRUR 49 S. 190; B.-Hefermehl S. 1082; Reimer-v. Gamm S. 92). Ob es unabhängig vom Werk einen Urheberrechtschutz allein am Titel gibt, erscheint denkbar, wenn er selbst eine entsprechende Originalität und Eigenart geistiger Schöpfung darstellt (gl. A. B.-Hefermehl a. a. O.; Reimer-v. Gamm a. a. O.; s. auch Anm. 48).

Der wettbewerbsrechtliche Schutz ergibt sich aus der persönlichkeitsbezogenen Namensfunktion des Titels eines Werkes, sei es zugunsten des Autors zur Unterscheidung des Werkes von den Werken anderer Autoren, sei es zugunsten des Verlegers zur Unterscheidung von denjenigen anderer Verleger je nach Grad der Unterscheidungskraft. Hinsichtlich dieses sachlichen Schutzbereichs eines Titels gilt das zu Anm. 52 Gesagte entsprechend. Auch kann er im Falle entsprechender Verkehrsauffassung ein Geschäftsabzeichen (vgl. Anm. 53) im Sinne des § 16 Abs. 3 für das Verlagsunternehmen sein.

In allen diesen Fällen ist Schutzvoraussetzung, daß der Titel unterscheidungskräftig und zum Zeitpunkt einer Kollision noch in Gebrauch ist (BGH GRUR 60 S. 346 „Naher Osten“), was sich von Buchtiteln immer nur von Fall zu Fall feststellen läßt. Ist das Buch schon lange vergriffen, kann sein Titel wegen der Bedeutung des Buchinhalts noch kennzeichnen und damit noch in Gebrauch sein, auch wenn eine Neuauflage für absehbare Zeit nicht geplant ist, wogegen bei Bedeutungslosigkeit und Überholtsein des Werkes dieses längst in Vergessenheit geraten und sein Titel nicht mehr in Gebrauch sein kann (BGH wie zuvor).

[56] **Der räumliche Schutzbereich der Kennzeichnungsmittel** ist innerhalb der Grenzen der BRD grundsätzlich unbeschränkt (BGH GRUR 55 S. 300 „Koma“; 61 S. 535 „arko“) und wird mit Ausnahme des hiervon unabhängig im gesamten Raum der BRD geschützten Warenzeichens von deren tatsächlicher Kennzeichnungsfunktion bestimmt. Die von Fall zu Fall unterschiedlichen räumlichen Schutzgrenzen sind dort zu setzen, wo sie mit Unterscheidungskraft tatsächlich befugt in Gebrauch sind bzw. — sofern für sie Verkehrsgeltung Schutzvoraussetzung ist — wo sie Verkehrsgeltung haben (BGH GRUR 68 S. 259 „NZ“; 61 S. 347 „Almglocke“). Der räumliche Schutzumfang kann also auch auf bestimmte Wirtschafträume beschränkt sein, was vornehmlich bei Gaststättenbezeichnungen praktisch wird (RG JW 37 S. 313 „Winzerstuben“; BGH GRUR 57 S. 547 „tabu I“; 70 S. 479 „Treppchen“), wie auch bei ortsgebundenen Warenhäusern (BGH GRUR 54 S. 195 „KfA“). Doch darf der Raum nicht unbedeutend, sondern muß zumindest ein einheitlicher wirtschaftlicher Faktor sein, in dem die Verkehrsgeltung für den Unternehmer von materiellem Wert ist, wovon man bei Gebieten nicht

sprechen kann, die nicht wenigstens eine Großstadt mit Einzugsgebiet umfassen (BGH a.a.O. „KfA“; GRUR 60 S. 83 „Nährbier“ 70 S. 27 „Ein-Tannen-Zeichen“).

Wo immer das Kennzeichnungsmittel (mit Ausnahme des Warenzeichens) mit einem identischen (Begriff vgl. Anm. 57ff.) prioritätsälter (Begriff vgl. Anm. 7, 51) befugt gebrauchten Kennzeichnungsmittel eines anderen zusammenstößt, endet das positive Benutzungsrecht, dessen räumliche Ausdehnung mit der der Kennzeichnungs*fähigkeit* übereinstimmt. In diesen räumlichen Schranken ist die **Erweiterung der räumlichen Verkehrsgeltung** jederzeit möglich, ohne daß aber ein Schutzanspruch auf ein **Ausdehnungsrecht** als solches besteht (BGH a.a.O. „KfA“). Außerhalb der Grenzen der BRD hört der Schutz jedes Kennzeichnungsmittels auf, wenn für dasselbe nicht dort, wo es benutzt wird, ein selbständiges Schutzrecht nach dortigem Recht begründet wurde. Bei **Transitgeschäften** mit Waren, die mit einem innerhalb der Grenzen der BRD geschützten Kennzeichen vesehen sind, wird das Zeichen innerhalb der BRD noch nicht von einem Dritten unbefugt gebraucht (BGH GRUR 57 S. 231 „Pertussin I“), woraus sich eine gewisse Relativität des territorialen Schutzbereichs ergibt; anders wenn im Inland über eine solche Ware ein Handelsgeschäft (Im- oder Export) getätigt wird (vgl. hierzu B.-Hefermehl Anm. 42 zu § 15 WZG).

Auch Ausländern steht der Schutz des Namens und der Firma zu, ohne im Inland einen Sitz oder eine Niederlassung zu haben, sofern sie Namen oder Firma im Inland benutzen (BGH GRUR 73 S. 661 „Metrix“), was nicht durch den Rechtsinhaber selbst zu geschehen braucht, wenn das nur erkennbar für ihn geschieht (BGH GRUR 71 S. 517 „Swops“). Dabei beschränkt sich der Schutz gemäß Art. 8 PVÜ nicht nur auf den vollen Firmennamen, sondern erstreckt sich auch auf Firmenschlagworte, -abkürzungen und besondere Geschäftsbezeichnungen, unter den Voraussetzungen, daß diese auch im Heimatland des Ausländers Schutz genießen und daß sie auch die inländischen Schutzvoraussetzungen erfüllen (BGH a.a.O. „Metrix“; Beier-Krieger GRUR Int. 65 S. 617; Troller 1965 S. 62). Auch wenn die Benutzung durch einen selbständigen inländischen Vertrieb als Eigenhändler erfolgt, kann je nach Art und Weise des Gebrauchs des Kennzeichens noch namensmäßiger Gebrauch mit der Folge des Schutzes gemäß §§ 12 BGB, 16 Abs. 1 UWG anzunehmen sein (BGH „Metrix“). Auch der Schutz der §§ 16 Abs. 3 UWG, 25 WZG kommt unter der Voraussetzung der Verkehrsgeltung und des Warenzeichens im Falle der Gegenseitigkeit in Betracht.

VI. Kennzeichen-Gleichheit, -Ähnlichkeit und Verwechslungsgefahr

[57] Allgemeines. Alle gleichen oder ähnlichen Kennzeichnungsmittel laufen häufig Gefahr, vom Verkehr miteinander verwechselt zu werden, was unter dem Gesichtspunkt lauteren Leistungswettbewerbs in niemandes Interesse, auch nicht in dem des

Verletzers liegen kann. Denn jeder trachtet vernünftigerweise und — bei gesunder Anschauung — naturbedingt danach, sich und seine echte individuelle Leistung zur Unterscheidung von anderen zu kennzeichnen, um sich von der Masse der Namenlosen und des Durchschnitts abzuheben. Unter so Gleichgesonnenen gäbe es selten Schwierigkeiten, Verwechslungsgefahren zu beseitigen, wenn solche einmal entstehen. Doch die heute vielerorts geübte Kritik an der Leistung und deren Diffamierung führt nicht nur zur Denkfaulheit und Verdummung, sondern über diese Entwicklung zur allgemeinen Trägheit, auch zur Mißachtung des Nächsten mit seinen Leistungen und Rechten. Die Folge hiervon wiederum sind bedenkenloses Schmarotzertum, Diebstahl (und schließlich das Gewaltverbrechen, dem durch Aufweichung der Begriffe von Sitte und Selbstdisziplin noch Vorschub geleistet wird). Dem wenigstens auf dem schmalen Gebiet des Wettbewerbs entgegenzuwirken, ist die Aufgabe dieses Gesetzes und des Kennzeichnungsrechts.

[58] Freilich sind Verwechslungsgefahren trotz besten Willens auf beiden Seiten nicht immer auszuschließen. Das gilt besonders für den **Gebrauch desselben Namens,** wenn er von zwei oder gar mehreren Personen seit rechtsmäßiger Entstehung befugt benutzt wird. Da jeder Träger eines Namens grundsätzlich zu seiner beliebigen Verwendung — auch im geschäftlichen Verkehr — berechtigt, ja z.T. sogar verpflichtet und deshalb auf ihn angewiesen ist, kann bei **Gleichnamigkeit** mit einem Konkurrenten nicht jede Verwechslungsgefahr wirksam beseitigt werden. In solchen Fällen sind die Interessen der widerstreitenden Opponenten abzuwägen (BGH GRUR 55 S. 42 „Farina/Rote Blume"; 68 S. 212 „Hellige"; 69 S. 690 „Faber"); ein Rest von Verwechslungsgefahr muß geduldet werden, zumal der Verkehr beim bürgerlichen Namen auf schon kleinere Unterschiede zu achten gewöhnt ist. Doch hat grundsätzlich derjenige Verwechslungsgefahren zu beseitigen bzw. auf ein Minimum zu reduzieren, der im räumlichen oder sachlichen Begegnungsfeld mit dem anderen der Prioritätsjüngere ist (BGH GRUR 66 S. 499 „Merck"; 67 S. 355 „Rabe"). Da die Verwendung des bürgerlichen Namens als Geschäftsabzeichen oder Warenzeichen, wie aber auch als abgekürzte oder schlagwortartige Firma niemals notwendig ist, genießt der Prioritätsältere solcher Kennzeichen bzw. der Inhaber eines Warenzeichens hiergegen regelmäßig Schutz (BGH GRUR 69 S. 690 „Faber"). Andererseits ist eine warenzeichenmäßige Benutzung eines Kennzeichens oft zugleich eine firmenmäßige (vgl. Anm. 52a, 54a) und umgekehrt, so daß der Schutzrechtsinhaber an einer Firma sich die Existenz oder vornehmlich die Entstehung eines Warenzeichens nicht ohne weiteres bieten zu lassen braucht. In solchen Fällen wird es auf den Grad der erlangten Verkehrsgeltung ankommen, nach der sich sein Rechtsschutzbedürfnis bemißt. Das **Rechtsschutzbedürfnis** einer Privatperson hängt von der allgemeinen Bekanntheit ihres Namens ab und ist sicher mangels Belangs zu negieren, wenn der private Familienname in der Allgemeinheit zu keinerlei Bekanntheitsgrad gekommen ist. Deshalb wurde die Bezeichnung „Korall" für ein Waschmittel zutreffend für

zulässig befunden, das zufällig mit dem Namen einer Familie identisch war (OLG Braunschweig GRUR 66 S. 272). Jedoch kann das allgemeine Persönlichkeitsrecht des Namensträgers dann verletzt sein, wenn der Verkehr hinter dem Zeichen die Persönlichkeit des berechtigten Namensträgers erkennt, der Name also über die Grenzen des Privatlebens der Verletzten hinausragt (BGH GRUR 63 S. 108 „Waffenhändler"). Wer den Namen Verstorbener gebraucht, verletzt das Namensrecht der Witwe: denn durch den Namen wird man nicht nur individuell sondern auch als Familienmitglied gekennzeichnet (BGH 8 S. 318), weshalb ein Schutzrecht jedes Familienmitglieds auch hinsichtlich eines Familienwappens besteht. Es ist ein Gebot des Anstands, die Zustimmung naher Angehöriger einzuholen, wenn der Name eines Verstorbenen zu geschäftlichen Zwecken gebraucht werden soll (BGH wie zuvor).

[59] § 12 spricht von **unbefugtem,** §§ 24, 25 WZG von **widerrechtlichem Gebrauch** eines Kennzeichnungsmittels, § 16 UWG setzt denjenigen Unterlassungs- und Schadensersatzansprüchen aus, der ein zur Verwechslung geeignetes Kennzeichnungsmittel benutzt, dessen sich ein anderer *befugterweise* bedient. Alles das besagt dasselbe: Unbefugt oder widerrechtlich ist jeder Gebrauch eines Kennzeichnungsmittels, das mit einem solchen eines anderen identisch oder verwechslungsfähig ist, wenn nicht ein eigenes Recht des Angreifers seinen Gebrauch gegenüber dem Verletzten rechtfertigt; d.h. das Namens- bzw. Zeichenrecht jemandes wird verletzt, wenn der fremde Gebrauch durch Art und Weise geeignet ist, zu bewirken, daß der Verkehr auf Beziehungen zu dem prioritätsälteren Namens- oder Zeichenrechtsinhaber schließt. Das kann auch geschehen, wenn das Kennzeichnungsmittel dem des Verletzten nur ähnelt, so daß der Verkehr irren kann, der zufolge geringer Aufmerksamkeit nur ein flüchtiges, ungefähres Erinnerungsbild behält (BGH GRUR 60 S. 550 „Promonta"). Auf dieses ungefähre Erinnerungsbild ist er in der Regel angewiesen, wenn er auf ein ähnliches Kennzeichnungsmittel stößt; nur in den seltensten Fällen wird er beide Kennzeichen nebeneinander wahrnehmen, so daß auch geringere Ähnlichkeiten zu Verwechslungen führen können (z. B. „Protex" mit „Erotex" BGH GRUR 74 S. 30).

[60] Aber das **Interesse des Verletzten muß schutzwürdig** sein, was nicht ohne Prüfung der Interessen des Opponenten beurteilt werden kann (st. Rspr. für viele: BGH 58 S. 302 „Lego"). Fehlt von vornherein die Eignung, etwas bestimmtes (Person, Unternehmen, Ware) zu bezeichnen, dann wird mit seinem Gebrauch kein Interesse Dritter verletzt, weil der Verkehr mit ihm nicht Bezeichnungen Dritter verwechselt. Unter demselben Gesichtspunkt ist bei geringer Unterscheidungskraft (Begriff s. Anm. 5ff.) naturgemäß die Möglichkeit, mit ihr etwas falsches zu identifizieren und eine Verwechslung herbeizuführen, noch gering (ebenso B.-Hefermehl S. 1044); die Möglichkeit zur Verwechslung steigt aber mit der Unterscheidungskraft eines verletzten Kennzeichens Hand in Hand, die somit den

Grad der Verwechslungsfähigkeit eines Gegenzeichens maßgeblich beeinflußt (st. Rspr. BGH GRUR 56 S. 172 „Magirus“, S. 321 „Sinochem“; 55 S. 484 „Luxor“).

[61] Mit **sinkender Unterscheidungskraft** geht zwangsläufig auch das Rechtsschutzbedürfnis zurück. Umgekehrt steigt die Schutzwürdigkeit des Interesses des Verletzten mit der Kennzeichnungskraft seines Namens (Kennzeichnungsmittels), der bei Bekanntheit viele Lebensbereiche des Namensträgers ausfüllen kann. Die Bekanntheit des **Namens einer Person** bei der Allgemeinheit löst stärkeren Schutz als die Verkehrsgeltung eines Geschäftsabzeichens, Warenzeichens oder einer Ausstattung, ja auch der Firma einer juristischen Person aus, weil der **Namensträger** die vollen Persönlichkeits- und Menschenrechte hat, die ihm das Grundgesetz garantiert, mit denen der auf diese Persönlichkeit hinweisende natürliche Name (auch das Pseudonym, sofern es bekannt) ausgefüllt ist, während alle anderen Kennzeichnungsmittel — soweit überhaupt — nur persönlichkeitsrechtliche Elemente haben können. Deshalb braucht sich niemand den Gebrauch seines Namens zu geschäftlichen Zwecken gefallen zu lassen (RG 74 S. 310 „Graf Zeppelin“; BGH GRUR 56 S. 427 „Motorroller“). Freilich gilt auch hier der Prioritätsgrundsatz. Wer dank seiner Persönlichkeit einen Bekanntheitsgrad erlangt, kann ältere, schon eingenommene Positionen anderer nicht verdrängen und deren weitere Entwicklung zur Berühmtheit unter Berufung auf sein etwa faktisch starkes Namensrecht nicht unterbinden (ähnlich offenbar BGH GRUR 66 S. 623 „Kupferberg“; 68 S. 212 „Hellige“). Die Pointe des Namensschutzes liegt sonach darin, daß der Name wegen seiner Funktion einer reinen Persönlichkeitskennzeichnung im Falle ursprünglicher oder infolge durch Bekanntheit erlangter Unterscheidungskraft und bei entsprechender Priorität einen allumfassenden sachlichen und räumlichen Schutzbereich hat, was von dem Begriff des sog. Affektionsinteresses beinhaltet wird (BGH a. a. O. Motorroller“). Gebraucht aber im geschäftlichen Bereich (irgendeinem) ein anderer bereits ein identisches Kennzeichnungsmittel befugt (prioritätsälter), wird diesem trotz des allumfassenden Affektionsinteresses die Okkupation auch neuer sachlicher Bereiche nicht untersagt werden können. Denn vom Ausgangspunkt des rein persönlichkeitsrechtlichen Namensschutzes ist unter dem Gesichtspunkt des Rechtsschutzbedürfnisses ohne Bedeutung und ohne Interesse, ob der gleiche Name auf einem oder mehreren Sektoren des geschäftlichen Lebens bereits gebraucht wird bzw. werden wird. Das gilt zumindest insoweit, als der andere das Kennzeichnungsmittel gleichfalls namensmäßig befugt gebraucht (vgl. Anm. 19ff.).

[62] Aber nicht nur gleiche Namen und Zeichen laufen Gefahr, miteinander verwechselt zu werden, sondern häufig kommt dies schon bei nur vorhandener **Ähnlichkeit** vor. Wann das der Fall ist, hängt von einer Reihe einzelner Umstände ab, die sich in einer allgemeingültigen **Begriffsdefinition der „Verwechslungsgefahr“** nicht einfangen lassen, zumal das Gesetz keine Anhaltspunkte gibt, was unter Verwechslungsgefahr zu verstehen ist. Man hält sie zwar überwiegend für einen Rechtsbegriff (BGH GRUR 60 S. 130 „Sunpearl II") dessen Verwirklichung jedoch von der Feststellung ausschließlich faktischer Tatbestandselemente abhängt, an die das Revisionsgericht gebunden ist (BGH GRUR 58 S. 81 „Thymopect"; 64 S. 140 „Odolflasche"; 73 S. 314 „Gentry"). Das Revisionsgericht kann aber nachprüfen, ob die von der Rechtssprechung zum Begriff der Verwechslungsgefahr entwickelten Gesichtspunkte und Grundsätze bei der Beurteilung des Instanzgerichts beachtet worden sind (BGH GRUR 62 S. 524 „Ribana"; 64 S. 376 „Eppeleinsprung"; 73 S. 265 „Charme & Chic", 74 S. 30 „Protex").

[63] Der Begriff der Verwechslungsgefahr ist für das ganze Kennzeichnungsrecht überall der Gleiche (st. Rspr. für viele: BGH GRUR 64 S. 28 „Electrol"; a.a.O. „Charme & Chic"). Er ist objektiv zu verstehen (allg. Meinung); d.h., daß es auf die subjektive Vorstellung des Verletzers nicht ankommt (BGH GRUR 52 S. 36 „Ardia/Widia"), auch nicht darauf, ob Verwechslungen bereits vorgekommen sind (st. Rspr. BGH GRUR 60 S. 296 „Reiherstieg"; 66 S. 495 „Uniplast"), mögen sie auch als Indiz für eine Verwechslungsgefahr dienen (BGH GRUR 54 S. 457 „Irus"; a.a.O. „Reiherstieg"), wie natürlich erst recht eine nachgewiesene Verwechslungsabsicht des Verletzers (BGH GRUR 66 S. 38 „Centra/Renta"). Der Begriff der „Gefahr" (von Verwechslungen) ist das Gegenstück zum Begriff der „Eignung" eines Zeichens, sich von anderen zu unterscheiden (Anm. 5); denn die Verwechslungs*gefahr* wird ebenso vom Wesen und Einsatz des Kennzeichnungsmittels, wie von der sich als Ergebnis hiervon widerspiegelnden Verkehrsauffassung bestimmt. Verwechselt werden die Kennzeichnungsmittel zunächst unmittelbar mit anderen in deren dem Irrenden jeweils vorschwebenden Funktion. Da die Verkehrsauffassung maßgebend ist und sich nach ihr richtet, ob ein Kennzeichnungsmittel namens-, firmen- oder warenzeichenmäßig usw. gebraucht wird, kann eine Verwechslungsgefahr auch zwischen Firma und Warenzeichen bestehen, zumal die Firma nicht nur auf ihren Inhaber, sondern auch auf die Herkunft der von diesem vertriebenen Waren hinweist (BGH GRUR 66 S. 495 „Uniplast"; 73 S. 265 „Charme & Chic", 74 S. 84 „Trumpf") und das Warenzeichen wiederum wegen seiner Herkunftsfunktion (aus einem bestimmten Geschäftsbetrieb) firmen- oder namensmäßig gebraucht werden kann (BGH GRUR 64 S. 71 „personifizierte Kaffeekanne"). Immer ist eine für die Verwechslungsgefahr maßgebende **Wechselwirkung** zwischen Grad der Ähnlichkeit der Kennzeichen und Branchen- oder Warennähe bzw. -abstand zu beachten (BGH GRUR 66 S. 267 „White Horse", 74 S. 162 „etirex").

[64] Man unterscheidet zwischen **unmittelbarer** und **mittelbarer Verwechslungsgefahr,** im Zeichenrecht auch „Verwechslungsgefahr im engeren und weiteren Sinne" genannt. **Unmittelbare** (engere Verwechslungsgefahr ist gegeben, wenn ein nicht unbeachtlicher Teil der angesprochenen Verkehrskreise (Begriff Anm. 84ff. zu § 1) wegen der Ähnlichkeit der Kennzeichen der Auffassung sein kann, daß Name, Firma usw. des Verletzers den Kennzeichnungsträger (Person, Unternehmensinhaber — oder bei § 16 Abs. 3 den Geschäftsbetrieb) des verletzten Kennzeichnungsmittels (BGH GRUR 73 S. 375 „Miss Petite") bzw. daß das Warenzeichen des Verletzers die Herkunft der Ware aus dem Betrieb des Verletzten (quasi als dessen Waren) kennzeichne (BGH GRUR 62 S. 241 „Lutin"). Eine Verwechslung der Unternehmensidentität liegt auch in der irrtümlichen Zurechnung eines Zeichenbestandteiles zum **Stamm-** oder **Serienzeichen** eines bestimmten Unternehmens. Unter **Stamm-** und **Serienzeichen** versteht man einen Zeichenbestandteil, der als Grundbestandteil dem Zeichen das Hauptgewicht gibt und eine gewisse Eigenständigkeit mit der Folge eines eigenen Hinweischarakters hat; hierüber entscheidet die Verkehrsauffassung, die durch Eigenart und Eigenständigkeit des Bestandteils gegenüber den weiteren Zeichenteilen beeinflußt wird (BGH GRUR 74 S. 93 „Räuber", 69 S. 538 „Rheumaluid" m. w. Nachweisen). Bei diesen Unterfällen der unmittelbaren (engeren) Verwechslungsgefahr (gl. A. v. Gamm Anm. 12 zu § 31 WZG, a. A. B.-Hefermehl Anm. 66f. zu § 31 WZG, der die Serienzeichenverwechslung zur mittelbaren Verwechslungsgefahr rechnet) fassen die besagten Verkehrskreise vermeintlich wiedererkannte charakteristische Bestandteile eines Zeichens als solche eines Stammzeichens eines bestimmten Unternehmens auf und glauben deshalb irrtümlich, es handle sich um ein Kennzeichen für eine nur anders geartete Ware aus demselben Geschäftsbetrieb (BGH GRUR 57 S. 339 „Venostasin"; 62 S. 522 „Ribana"; 67 S. 660 „Serax"). Entscheidend ist allein, daß diese Auffassung entstehen kann, weshalb nicht erforderlich ist, daß der Zeichenstamm für den Gesamteindruck des Zeichens allein bestimmend wird (BGH a.a.O. „Räuber", GRUR 69 S. 40 „Pentavenon"). Das wiederum macht notwendig, daß sich der Zeichenstamm im Verkehr bereits durchgesetzt hat oder als charakteristisch so hervorsticht, daß sich der Schluß auf seine Herkunftsfunktion dem Verkehr aufdrängt. Insoweit sind strenge Anforderungen zu stellen (BGH a.a.O. „Räuber", „Pentavenon"), damit nicht ein neuer Schutz von Zeichenelementen geschaffen wird.

[65] **Mittelbare** bzw. **Verwechslungsgefahr im weiteren Sinne** ist gegeben, wenn ohne Verwechslung der Kennzeichen selbst, aber wegen ihrer Ähnlichkeit nicht unbeachtliche Teile der angesprochenen Verkehrskreise zwar nicht mehr irrtümlich von einer Unternehmensidentität ausgehen, aber infolge der Zeichenbenutzung zu der Auffassung gelangen, es bestünden wirtschaftliche oder organisatorische Beziehungen zwischen den beiden widerstreitenden Opponenten (BGH GRUR 70 S. 85 „Herba"; 73 S. 539 „product — contact" 74 S. 349 „KKB").

[66] Die Verwechslungsgefahr ist ohne **Ähnlichkeit** zweier Kennzeichnungsmittel denkgesetzlich nicht vorstellbar, denn nur sie gibt den Anlaß zu Verwechslungen. Wann eine Verwechslungsgefahren begründende Ähnlichkeit vorliegt, bestimmt die

Auffassung des flüchtigen Verkehrs, die grundsätzlich von dem Gesamteindruck beider oppositioneller Kennzeichen gebildet wird (st. Rspr. für viele: BGH GRUR 60 S. 296 „Reiherstieg"; 73 S. 539 „product-contact"). Da der Verkehr aber flüchtig ist, so daß er in der Regel nur ein lückenhaftes Erinnerungsbild behält, das letztlich der sog. Gesamteindruck ist, ist bei der schwierigen Nachvollziehung dessen, was beim Durchschnitt als Gesamteindruck haften bleibt, auf die das Gesamtkennzeichen beherrschenden markanten Elemente zu achten (BGH a.a.O). Das hat zur Folge, daß bei unterschiedlichen Einzelelementen eines Kennzeichens die Übereinstimmung oder Ähnlichkeit eines einzigen, aber den Gesamteindruck bestimmenden Teiles desselben für die Verwechslungsfähigkeit bereits ausreichen kann (BGH GRUR 66 S. 499 „Merck"; 68 S. 148 „Zwillingsfrischbeutel"; 72 S. 180 „Mon Cheri"). Die Unterscheidungskraft eines Einzelelements eines Kennzeichens kann sich nach der Verkehrsauffassung auch wieder verschieben, sei es zugunsten eines anderen Bestandteils, sei es zugunsten des Gesamtzeichens (BGH a.a.O. „Cheri").

[67] So wie zu klären wesentlich ist, wer die maßgebenden Verkehrskreise stellt, ob z.B. Fachleute mit größerer Aufmerksamkeit (BGH GRUR 63 S. 478 „Bleiarbeiter"; 60 S. 130 „Sunpearl II"; 69 S. 681 „Kochendwassergerät"), oder die breite Masse der Letztverbraucher (für viele: BGH 70 S. 461 „Euro-Spirituosen"), spielt andererseits eine erhebliche Rolle, welcher Branche der Inhaber einer Firma u. dgl. zugehört bzw. welcher Warenart das Kennzeichen (als Warenzeichen, Ausstattung) dient. Billige Waren des täglichen Bedarfs werden im allgemeinen ohne Aufmerksamkeit erworben, weil sie auch wieder ebenso achtlos verbraucht werden (BGH GRUR 65 S. 601 „Roter Punkt"). Ihre Kennzeichen haben deshalb einen langen Weg zur Unterscheidungskraft dank Verkehrsgeltung (§ 16 Abs. 3 UWG und 25 WZG-Ausstattung) und damit zugleich auch einen solchen zum Schutz gegen Verwechslungsgefahren bringende Gegenzeichen. Je größer die Kennzeichnungskraft ist, sei es infolge ursprünglicher Unterscheidungskraft, sei es infolge Verkehrsgeltung des verletzten Kennzeichens, desto größer ist die Gefahr, daß der Verkehr das verletzende Zeichen mit diesem in Zusammenhang bringt oder es unmittelbar mit ihm verwechselt (BGH GRUR 58 S. 141 „Spiegel der Woche"; 65 S. 540 „Hudson"; a.a.O. „Roter Punkt"), wovor die in Betracht kommenden Verkehrskreise wie auch die Mitbewerber geschützt werden müssen. Deshalb hängt von der Stärke der Kennzeichnungskraft eines Zeichens ab, welche Abweichungen erforderlich sind, um die Verwechslungsgefahr zu beseitigen (st. Rspr. BGH GRUR 52 S. 419 „Gumax" ; 56 S. 172 „Magirus", S. 376 „Berliner Illustrierte"). Je unterscheidungskräftiger desto weiter ist also der Schutzbereich eines Kennzeichens, freilich unter Beachtung des Prioritätsgrundsatzes auf dem jeweiligen Feld der Begegnung mit einem anderen Zeichen, auf dem sich der vielleicht absolut Ältere hier als dennoch Jüngerer rechtswidrig ausbreiten kann (BGH GRUR 70 S. 302 „Hoffmanns Katze", S. 27 „Ein-Tannenzeichen") — s. auch Anm. 52b, 54c.

[68] Es bestimmt der **Grad der Unterscheidungskraft** (Begriff Anm. 5ff.) jedes Kennzeichnungsmittels mithin maßgeblich nicht nur die Weite seines sachlichen Schutzbereichs (s. Anm. 52ff.), sondern auch den Ähnlichkeitsabstand, der für das Kennzeichen von anderen zwecks Vermeidung von Verwechslungsgefahren zu fordern ist (BGH GRUR 68 S. 371 „Maggi", S. 581 „Blunazit"). Deshalb erscheint es wesentlich, an den Begriffen von **starker, schwacher** und **gewöhnlicher Unterscheidungskraft** festzuhalten. (Reimer-Trüstedt Anm. 14 zu Kap. 15; Schramm GRUR 50 S. 401 halten die Unterscheidung von starken und schwachen Zeichen für überflüssig).

Starke Unterscheidungskraft haben alle Kennzeichen, die ohne Rücksicht auf ursprüngliche Unterscheidungskraft Verkehrsgeltung (Begriff Anm. 13ff.) erlangt haben oder ohne eine solche besonders einprägsam sind.

Schwache Unterscheidungskraft haben Kennzeichen, die ohne Verkehrsgeltung bildlich, klanglich oder ihrem Sinn nach wenig kennzeichnen. Dies kann daran liegen, daß sie sich von vornherein von Namen und Wörtern, die Allgemeingut sind, oder von anderen Zeichen nur wenig entfernen oder daß sie zu schwacher Unterscheidungskraft absinken, weil ihre Inhaber dulden, daß fremde Zeichen — mit nur geringem Abstand von dem ihren — in Gebrauch genommen werden. Je stärker die Unterscheidungskraft eines Zeichens ist, desto größer ist sein Schutzbereich, während bei schwacher Unterscheidungskraft schon geringe Abweichungen die Verwechslungsfähigkeit beseitigen (st.Rspr. BGH wie zuvor; ebenso B.-Hefermehl Anm. 96 zu § 31 WZG).

Ob ein Kennzeichen stark, schwach oder normal unterscheidet, bestimmt die Verkehrsauffassung (BGH GRUR 59 S. 599 „Teekanne"), nach der sich auch richtet, ob ein **Kennzeichen berühmt** ist (s. hierzu Anm. 18). Deshalb ist der Grad der Unterscheidungskraft auch dauernden Schwankungen unterworfen (allg. Meinung für viele: BGH GRUR 72 S. 180 „Cheri").

Fehlt einem Kennzeichnungsmittel die Eignung, etwas Bestimmtes (Person, Unternehmen, Ware) zu individualisieren, dann werden keine schutzwürdigen Interessen seines Inhabers mehr durch fremden Gebrauch verletzt, weil das denkgesetzlich keine Verwechslungsgefahr auslösen kann. Hierauf beruht die **Relativität** des jeweils zu fordernden **Ähnlichkeitsabstands** (BGH GRUR 67 S. 298 „Modess", S. 246 „Vitapur").

[69] Die Verwechslungsgefahr und mit ihr der für ihre Beseitigung erforderliche Ähnlichkeitsabstand werden von der Verkehrsauffassung bestimmt (s.o.), die sich nach dem allein maßgebenden Gesamteindruck (Anm. 66) bildet (st. Rspr. BGH GRUR 73 S. 539 „product-contact"), der wiederum von einer Fülle von Einzelelementen geprägt werden kann:

a) Die Kennzeichen ähneln sich in **Bild, Klang oder Sinn.** Ist eine dieser drei Möglichkeiten gegeben, genügt das für die Verwechslungsgefahr, vorausgesetzt, sie begegnen sich im sachlichen und räumlichen Schutzbereich (Anm. 49ff.) des verletzten Kennzeichens. Aber die **Ähnlichkeitsnähe** der oppositionellen Kennzeichen in einer Hinsicht kann durch einen großen Ähnlichkeitsabstand in anderer Hinsicht aufgehoben sein, so daß der Gesamteindruck beider Zeichen keine Verwechslungsgefahr bringt (st. Rspr. für viele: BGH GRUR 64 S. 71 „Personifizierte Kaffeekanne", S. 376 „Eppeleinsprung"). Z.B. kann bei zwei sich in der Klangwirkung nahestehenden Zeichen die Vorstellung eines abweichenden Schriftbildes vermittelt werden, dessen dem Verkehr geläufigen Silben an Worte mit verschiedenem Sinngehalt anknüpfen, wodurch sodann eine Verwechslungsgefahr entfällt (BGH GRUR 58 S. 81 „Tymopect", 66 S. 38 „Centra"); doch genügt nicht, daß der Sinngehalt nur von wenigen erkannt wird (BGH GRUR 74 S. 162 „etirex").

Stets ist darauf zu achten, daß beide Kennzeichen regelmäßig nicht nebeneinander wahrgenommen und miteinander verglichen werden, so daß sich die Auffassungen der Kaufinteressenten auf Grund einer undeutlichen Erinnerung bilden, in welcher die übereinstimmenden Merkmale in der Regel mehr hervortreten als die Unterschiede (BGH GRUR 74 S. 30 „Protex").

b) Umgekehrt können die Kennzeichen in keiner der drei Hinsichten — isoliert betrachtet — Verwechslungsgefahren erkennen lassen, aber wegen der Annäherung in allen drei Hinsichten dennoch eine sog. **komplexe Verwechslungsgefahr** bringen (BGH GRUR 59 S. 360 „Elektrotechnik").

c) Zwar entscheidet der Gesamteindruck, doch schließt das nicht aus, daß die **Bestandteile** eines Kennzeichens selbständig auf Unterscheidungskraft und Verwechslungsfähigkeit eben im Hinblick auf den Gesamteindruck untersucht werden können. Haben alle Bestandteile nur zusammen Unterscheidungskraft, was selbst dann denkbar ist, wenn jeder einzelne Bestandteil eine beschreibende Angabe ist (BGH GRUR 73 S. 265 „Charme & Chic", S. 539 „product-contact") kommt eine Zergliederung bei der Prüfung nicht in Betracht. Aber es dürfen die zusammengesetzten Bestandteile nicht wiederum nur eine bloße Beschaffenheitsangabe ergeben (BGH GRUR 66 S. 495 „Uniplast" mit der Einschränkung, daß es nicht auf die philologische Bedeutung, sondern auf die tatsächliche Auffassung des Verkehrs ankomme, der wenig geeignet sei, einen Begriff zu analysieren).

d) Ein Bestandteil kann den Gesamteindruck so beherrschen, daß er in dem Gesamtzeichen eine selbständige und kennzeichnende Stellung behält, so daß er für den Verkehr die Erinnerung an das ältere Gegenzeichen hervorruft, womit die Verwechslungsgefahr gegeben ist (BGH GRUR 66 S. 499 „Merck"), er kann sich aber auch so in das Gesamtzeichen einfügen, daß er nicht mehr selbständig kennzeichnet und den Verkehr an das ältere Zeichen nicht erinnert (BGH GRUR 57 S. 25 „Hausbücherei"), so daß keine Verwechslungsgefahr vorliegt, wenn nicht ausnahmsweise eine mittelbare (vgl. Anm. 65). Der markante Bestandteil eines zusammengesetzten Kennzeichens kann infolge Berühmtheit des Gesamtzeichens in dem von der Verkehrsauffassung gebildeten Gesamteindruck wiederum so zurückgedrängt sein, daß er nicht mehr allein kennzeichnet und ein jüngeres Gegenzeichen mit ihm allein zur Prüfung der Verwechslungsgefahr nicht mehr verglichen werden kann (BGH GRUR 72 S. 180 „Mon Cheri").

e) Ferner sind Kennzeichenbestandteile, die als Beschaffenheitsangaben zu werten sind, bei Prüfung auf Verwechslungsgefahr bedeutungslos, wenn sie nicht das unterscheidende Charakteristikum eines Kennzeichens sind (BGH GRUR 56 S. 321 „Synochem"; 57 S. 88 „Ihr Funkberater"; 60 S. 83 „Nährbier"; 64 S. 458 „Düssel"). Stimmen zwei Vergleichszeichen in ihren schutz*unfähigen* Bestandteilen überein, so scheiden diese bei der Beurteilung der Verwechslungsgefahr nach ihrem Gesamteindruck zwar nicht aus, doch es genügen dann in der Regel geringfügige Abweichungen in den übrigen Bestandteilen (BGH GRUR a. a. O. für „Synochem" und „Firmochem"; 72 S. 549 „Messinetta-Messina Perle"). Die mangelnde ursprüngliche Unterscheidungskraft eines Zeichenbestandteils kann durch erlangte Verkehrsgeltung ersetzt werden, so daß gerade das unterscheidende Merkmal des Zeichens in diesem Bestandteil liegt, besonders wenn der Zeichenbestandteil in einem vom üblichen Sprachgebrauch abweichenden Sinne verwandt wird (BGH GRUR 55 S. 482 „Hamburger Kinderstube" für ein Kinderbekleidungsgeschäft; 73 S. 265 „Charme & Chic"). Grundsätzlich ist jedoch bei Zusammensetzung schutzunfähiger Bestandteile Vorsicht angebracht, damit nicht auf diesem Umweg für schutzunfähige Zeichen Schutz erlangt wird (ebenso B.-Hefermehl Anm. 53 zu § 31 WZG).

f) Trotz des Grundsatzes, daß der Gesamteindruck entscheidet, haben auch bei **Bildzeichen** Verzierungen und Umrahmungen in der Regel für die Beurteilung der Verwechslungsgefahr keine Bedeutung (BGH GRUR 55 S. 91 „Frankfurter Römer"). Verzierungen und Umrahmungen von Bildzeichen sind gleich den schutzunfähigen Bestandteilen von Wortzeichen für den Gesamteindruck in der Regel bedeutungslos, der von den markanten Elementen des Kennzeichens gebildet wird, weil letztere es sind, die dem flüchtigen Durchschnitt in Erinnerung bleiben (st. Rspr. für viele: BGH GRUR 64 S. 376 „Eppeleinsprung", S. 381 WKS"). Da der Verkehr ein Bild in seinen Einzelheiten nicht in Erinnerung behält, sondern nur, was er mit einem Blick erfassen kann, ist auch hier, wie überall, der Gesamteindruck entscheidend. Wegen der visuellen Aufnahme wird dieser — anders als beim Wortzeichen — von Bildbestandteilen nicht mitbestimmt werden. Maßgebend sind **Begriffsbestimmung** oder **das Motiv im Bilde,** wobei auch die Gestaltung eine wesentlicheRolle spielt, weil für den über die eigentliche Wirkung des Bildes hinausgehenden Gedanken kein Schutzanspruch besteht (BGH a.a.O. „Frankfurter Römer", MDR 74 S. 556 „Sieben-Schwaben-Motiv"). Keinen Schutz genießt das Bild-Motiv gegenüber abgewandelten Darstellungsformen; ebensowenig ist die hinter der Darstellungsform stehende Idee als solche schutzfähig (BGH wie zuvor). Aber jeder Fall liegt anders, so daß sich allgemein gültige Regeln nicht aufstellen lassen. Handelt es sich um ein besonders starkes Zeichen (BGH GRUR 59 S. 599 „Teekanne"), braucht das nicht mehr zu gelten, weil der Gedanke Verkehrsgeltung in der

Form erlangt haben kann, in der er im Bilde festgehalten dessen Gesamteindruck vermittelt (BGH GRUR 64 S. 376 „Eppeleinsprung"; 69 S. 686 „Roth-Händle"), sofern dieser dem Zeichen die Herkunftsfunktion (auf einen bestimmten Betrieb) gibt. Teile von Bildzeichen sind gegen Verwechslungsgefahren nur geschützt, wenn sie — ähnlich wie beim Wortzeichen — von allen anderen abgetrennt selbständig die Unterscheidungskraft tragen, so daß ihnen der eigentliche Schutz zuzubilligen ist (ähnlich BGH GRUR 55 S. 421 „Forellenzeichen").

g) Die Schwierigkeit des Schutzes von Bildzeichen liegt darin, daß trotz des heutigen allgemeinen Trends zu abstrakten Darstellungen (durch Linien, Streifen, Punkte, Kreise u. dgl.) letztlich nur begrifflich definierbare Bilder von dem Verkehr „aufgefaßt" werden und nur solchenfalls kennzeichnen können, daß sich aber andererseits bei Undefinierbarkeit eines „Bildzeichens" die Erinnerungsbereitschaft des Beschauers sperrt, worunter eine ursprüngliche Unterscheidungskraft naturgemäß leidet, und daß wiederum begrifflich definierbare Bilder — Worten der täglichen Umgangssprache gleich — eine Unterscheidungskraft von Hause aus dann nicht haben, wenn sie sich nur im Rahmen des zeichnerischen oder malerischen aktiven Ausdrucksvermögen der Allgemeinheit bewegen. Deshalb kommt es für die Schutzfähigkeit von Bildzeichen stets auf die besondere Darstellungsart an, so daß bei Bildzeichen schon geringfügige Unterschiede die Verwechslungsgefahr beseitigen können (BGH GRUR 69 S. 686 „Roth Händle"). Freilich werden bei intensiver Bearbeitung der Verkehrsteilnehmer auch kompliziertere abstrakte Bildzeichen in der Erinnerung haften bleiben können.

h) Ist das Zeichen aus Wort und Bild zusammengesetzt, so überwiegt für den Gesamteindruck in der Regel der Wortbestandteil (BGH GRUR 73 S. 467 „Praemix"). Doch gelten Ausnahmen, wenn die bildliche Darstellung neben dem Wort derart hervortritt, daß der flüchtige Verkehr die Beschriftung kaum beachtet und sich nur an die Bildwirkung hält (BGH GRUR 56 S. 183 „Drei Punkte"; 73 S. 314 „Gentry").

i) Bei Kennzeichen, die aus nur einem Wort bestehen, das aus mehreren Silben zusammengesetzt ist, gilt sinngemäß das zuvor Gesagte. Enthält ein Kennzeichen schutzunfähige Silben, kann es dennoch eine normale, auch starke Kennzeichnungskraft haben, weil es auf seinen Gesamteindruck ankommt (BGH GRUR 71 S. 577 „Raupentin"; 66 S. 436 „Vita-Malz", S. 495 „Uniplast").

Immer kommt es auf die die Verwechslungsgefahr begründenden Ähnlichkeitselemente der Kennzeichen an.

k) Von überragender Bedeutung sind Betonung und Vokalfolge der Wort-Kennzeichen, wobei die Ungewißheit besteht und zu berücksichtigen ist, wie sie ausgesprochen werden (BGH GRUR 62 S. 55 „Lutin"), zumal in den einzelnen Teilen der BRD unterschiedliche Dialekte gesprochen werden, in denen unterschiedliche Schriftlaute gleich und gleiche Schriftlaute unterschiedlich gesprochen werden können (BGH GRUR 57 S. 499 „Wipp").

[70] Haben Wortzeichen den **gleichen Sinngehalt**, der sich dem Hörer deutlich aufdrängt (z.B. „Flensburger Fackel“ verwechselbar mit „Flensburger Feuer“ — BS Bl. 54 S. 329), kommt es auf klangliche Unterschiede nicht mehr an.

Haben die Wortzeichen keinen klaren, sofort erfaßbaren Sinngehalt, sondern muß zu ihrer Ergründung erst eine Denkarbeit geleistet werden, zu der der Verkehr nicht geeignet ist (BGH GRUR 66 S. 495 „Uniplast“) — zumindest ist der Bildungsstand der Angesprochenen zu berücksichtigen (BGH GRUR 59 S. 134 „Calciduran“), — so steigt die Bedeutung der klanglichen Ähnlichkeitselemente (BGH GRUR 66 S. 493 „Lili“ verwechslungsfähig mit „Libby's“). Auch die alleinige schriftbildmäßige Verwechslungsgefahr von Wortzeichen kann bei sogar unterschiedlichem Sinngehalt genügen („Protex“ mit „Erotex“ — BGH GRUR 74 S. 30 — nicht überzeugend). Ein unterschiedlicher Sinngehalt beseitigt die Verwechslungsgefahr also nicht und sogar dann nicht, wenn überwiegende Teile des Verkehrs das Kennzeichen als Phantasiebezeichnung ohne eigenen Sinngehalt ansehen (BGH GRUR 74 S. 162 „Eritex“).

Zwischen Bild- und Wortzeichen ist nur eine begriffliche Verwechslungsgefahr vorstellbar, so z.B. zwischen dem Firmennamen „Rabe" und dem, einen Raben darstellenden Bildzeichen (BGH GRUR 67 S. 355). Wird der Sinngehalt durch ein Bildzeichen aber nur allgemein ausgedrückt, sieht der Verkehr in der Regel hierin noch keinen Herkunftshinweis, so daß eine Verwechslungsgefahr allein wegen Verwendung des gleichen Motivs möglich wäre, doch ist maßgebend, wie kennzeichnungsstark und originell das zum Ausdruck gebrachte Motiv im konkreten Einzelfall ist (BGH MDR 74 S. 556 „Sieben-Schwaben-Motiv“).

[71] Benutzungslage. Maßgeblich ist freilich, wie das Kennzeichen gebraucht — bei registerrechtlichen Zeichen, wie es eingetragen — ist. Denn in dieser Form genießt es Schutz als Ausgangsposition für seinen Ähnlichkeitsbereich, der mit der Intensität des Gebrauchs des Kennzeichens wächst, weil auch die Unterscheidungskraft zunimmt; denn der Verkehr muß von der Existenz eines Kennzeichens wissen, um es in seinem Gedächtnis bewahren und eine „Auffassung“ entwickeln zu können. Hierzu gehört auch die Prüfung, ob ähnliche Drittzeichen benutzt werden, was notwendig zur Schwächung der Kennzeichnungskraft führt (BGH GRUR 63 S. 626 „Sunsweet“), weil der Verkehr dadurch gezwungen und gewöhnt wird, sorgfältiger auf Abweichungen zu achten (BGH GRUR 67 S. 246 „Vitapur“; a.a.O. „Rabe“). Ist das Drittzeichen nur in der Zeichenrolle eingetragen aber unbenutzt, wird es in einem Verletzungsprozeß mit einem weiteren Dritten unberücksichtigt bleiben können, weil es mangels Ingebrauchnahme eine Kennzeichnungsfunktion noch nicht aufgenommen hat, so daß die die Unterscheidungskraft des verletzten Kennzeichens bestimmende Verkehrsauffassung es noch nicht zur Kenntnis genommen hat, das verletzte Kennzeichen dem verletzenden also, ohne durch jenes formelle Recht eingeschränkt zu sein, gegenübertritt. Das Gleiche muß im Anmeldeverfahren zugunsten eines widersprechenden (benutzten)

Zeichens gegen einen Neuanmelder gelten, weil angesichts des fristgebundenen Benutzungszwangs (s. Anm. 5ff.), das Recht aus dem unbenutzten Zeichen einerseits nur bedingt quasi eine rechtlich gesicherte reservatio utendis ist, weshalb erstmals mit der Aufnahme des Benutzungsrechts das registrierte Zeichen in der Arena des wettbewerblichen Kampfes um den Kunden in Erscheinung tritt. Bis zu diesem Zeitpunkt ist es für den Verkehr mangels irgendeines Funktionsbeginns faktisch ein Nullum und kann daher auch im Widerspruchsverfahren zwischen Dritten keinen Einfluß auf die Unterscheidungskraft des Widerspruchszeichens haben. Das steht zwar zur Abstandslehre des BGH (GRUR 59 S. 365 „Opal") in gewissem Widerspruch, wonach niemandem Anspruch auf weitergehenden Abstand eines Gegenzeichens zugestanden werden könne, als er einen solchen von anderen Zeichen selbst gewählt oder hingenommen hat; doch hat der BGH in seinen späteren Entscheidungen die Benutzung und eine gewisse Bedeutung solcher Drittzeichen im Verkehr gefordert (GRUR 67 S. 246 „Vitapur"; 69 S. 355 „Kim II"). Sonach ist auf jeden Fall die Existenzberechtigung eines bloß formalen Rechts gering, das mangels Gebrauchs eben funktionslos bleibt. Ein Warenzeichen, das nicht zur Kennzeichnung benutzt wird, verfehlt seinen Zweck. Da in der Geltendmachung von Rechten aus Vorratszeichen im Einzelfall sogar ein Mißbrauch liegen kann, der mit den Grundsätzen des lauteren Wettbewerbs unvereinbar ist und eine unangemessene Beeinträchtigung des freien Wettbewerbs bedeutet (BGH GRUR 53 S. 486 „Nordona"), wird sich ein außenstehender Dritter auf ein solches noch viel weniger berufen können.

[72] Auch ohne Verwechslungsgefahr kann der Gebrauch eines Zeichens unzulässig sein, wenn es mit einem berühmten Kennzeichen (Begriff vgl. Anm. 19) so viele Ähnlichkeiten hat, daß es dessen Unterscheidungs- und Werbekraft verwässert, **Verwässerungsgefahr.** Da eine Verwechslungsgefahr nicht besteht, z.B. schon mangels Warengleichartigkeit, und da auch kein Wettbewerbsverhältnis zu bestehen braucht, kommen die warenzeichen- und wettbewerbsrechtlichen Vorschriften als Rechtsgrundlage für ein Vorgehen gegen den Verletzer nicht in Betracht (allg. Meinung: BGH GRUR 61 S. 280 „Tosca"; 70 S. 302 „Hoffmanns Katze"; B.-Hefermehl Anm. 156 zu § 31 WZG; v. Gamm WZG Einf. 88; Reimer-Trüstedt S. 44).

Rechtsgrundlage für den Schutz gegen eine Verwässerungsgefahr ist allein § 823 Abs. 1 in Verbindung mit § 1004 BGB, da sich berühmte Marken und Unternehmenskennzeichnungen als wesentlicher Bestandteil des Rechts am eingerichteten und ausgeübten Gewerbebetrieb darstellen, in das unzulässig eingreift, wer sich ihm unbefugt nähert (BGH a.a.O. „Tosca"; GRUR 59 S. 182 „Quick"; 70 S. 302 „Hoffmanns Katze"). Auch Name, Firma und besondere Geschäftsbezeichnung (§ 16 Abs. 1 UWG) genießen im Falle ihrer Berühmtheit (Anm. 19) Schutz gegen Verwässerungsgefahr (BGH GRUR 57 S. 29 „Spiegel; 60 S. 550 „Promonta"), die freilich den starken Namensschutz aus § 12 BGB haben. Dieserhalb jedoch wird der schutzwürdige Ähnlichkeitsbereich in engeren Grenzen gehalten als bei Verwechslungsgefahren, zumal bei namensmäßig wirkenden Kennzeichnungsmitteln die Verkehrsauffassung schon auf kleinere Unterschiede zu achten gewöhnt ist, wenn Verwechslungsgefahren nicht bestehen (BGH GRUR 56 S. 172 „Magirus"; 59 S. 182 „Quick"). Immer ist vorweg zu prüfen, ob es sich um ein berühmtes Kennzeichnungsmittel und nicht nur um ein solches mit überragender Verkehrsgeltung handelt (vgl. Anm. 19), weil letzterem wegen seiner starken Unterscheidungskraft zwar erhöhter Schutz gegen Verwechslungs-, nicht aber gegen Verwässerungsgefahren zugebilligt wird. Der Schutz gegen letztere stellt sich als ein abgewandelter und analoger Namensschutz dar, soweit es sich nur um die berühmte Marke handelt, weil sie in der Regel in Wahrheit eben zufolge ihrer Berühmtheit nicht nur die Herkunft der Ware sondern das Unternehmen faktisch selbst kennzeichnet (ähnlich BGH a.a.O. „Quick").

Zu beachten ist, daß Schutz gegen Verwässerungsgefahr nur ausnahmsweise gewährt wird und die strengen Voraussetzungen erfüllt sein müssen, die an den Begriff des berühmten Kennzeichnungsmittels (Anm. 19) gestellt werden.

VII. Die Ansprüche aus Kennzeichnungsverletzungen

[73] Die Verletzung jeglichen Kennzeichnungsmittels löst bei bestehender Wiederholungsgefahr den Unterlassungsanspruch (Begriff Anm. 238ff. zu § 1) aus, daneben auch den Anspruch auf Beseitigung (Begriff Anm. 248ff. zu § 1), welch letzterer sich gegen eine Fortwirkung der Verletzungshandlung richtet und dem Naturalschadensersatzanspruch nahesteht. Diese Ansprüche werden ohne Rücksicht auf Verschulden gegeben, und zwar geben § 12 BGB den Beseitigungsanspruch und den Unterlassungsanspruch ausdrücklich unmittelbar, §§ 16 UWG, 24, 25, WZG ausdrücklich zwar nur den Unterlassungsanspruch, mittelbar aber auch den Beseitigungsanspruch, da es sich bei den verletzten Rechten um absolute Rechte handelt, so daß § 1004 BGB zu analoger Anwendung kommt (st. Rspr. u. allg. M.).

[74] Nur der **Prioritätsältere** ist verletzt. Die Priorität wird für ursprünglich unterscheidungskräftige Namen, Firma und geschäftliche Bezeichnung vom Zeitpunkt der einfachen Ingebrauchnahme (BGH GRUR 54 S. 271 „Dun-Europa") — eine Eintragung in das Handelsregister ist dazu nicht erforderlich — für das Warenzeichen vom Tag der Anmeldung zum Zeichenregister und für die Ausstattung, das Geschäftsabzeichen und für ursprünglich nicht unterscheidungskräftige Namen, Firma usw. vom Zeitpunkt der Erlangung der Verkehrsgeltung bestimmt. Es kann also der Inhaber einer älteren Ausstattung den Gebrauch eines jüngeren Warenzeichens verbieten, ohne daß letzteres zuvor im Zeichenregister gelöscht werden müßte (so st. Rspr. seit RGZ 118 S. 78).

[75] **Anspruchsberechtigt** ist nur der Inhaber des verletzten Kennzeichnungsmittels, aber er muß seinerseits dem Beklagten gegenüber *zum Gebrauch* desselben *berechtigt* sein. Der Einwand des Beklagten, der Kläger verletze mit dem Gebrauch des Zeichens selbst Schutzrechte Dritter, berührt das Verhältnis zwischen den streitenden Parteien nicht und ist daher rechtsunerheblich, es sei denn, daß hieraus auf ein schwaches Klagezeichen geschlossen werden kann, weshalb schon geringe Abweichungen zur Beseitigung der Verwechslungsgefahr genügen (s. Anm. 68), oder darauf, daß das Klagezeichen den Verkehr *irreführe* (BGH GRUR 54 S. 271 „Dun-Europa“), was einen Verstoß gegen § 3 bedeuten könnte, dessen Unterlassung zu verlangen jeder Mitbewerber legitimiert ist (§ 13 Abs. 1). Auch kann sich der Verletzer auf mangelnde Unterscheidungskraft oder mangelnde Verkehrsgeltung des etwa verletzten Kennzeichens, wie auch auf eigene Priorität auf dem Begegnungsfeld berufen, auf dem die Zeichen erstmals miteinander kollidieren; ferner auf Verwirkung (s. Anm. 285ff. zu § 1).

[76] Das verletzte Kennzeichnungsmittel braucht **nicht eine gleiche Rechtsnatur** wie das verletzende zu haben. Außerwarenzeichenrechtliche, wie Namens- und Firmenıechte können durch eine Warenzeicheneintragung verletzt werden und umgekehrt, so wie sie sich auch untereinander verletzen können. Im Gegensatz zum Warenzeichen, für das es ein Vorbenutzungsrecht nicht gibt (BGH GRUR 61 S. 413 „Dolex“; 66 S. 35 „multicord“), entstehen sie mit der Ingebrauchnahme und können bei etwa anzuerkennendem rechtlichen Interesse auch gegen warenzeichenmäßigen Gebrauch gerichtet sein (BGH GRUR 60 S. 550 „Promonta“), ohne daß ein Wettbewerbsverhältnis zu bestehen braucht (BGH GRUR 73 S. 539 „product-contact“), wie natürlich auch umgekehrt namensmäßıge Kennzeichnungsmittel prioritätsältere Warenzeichen verletzen können (im Einzelnen vergleiche hierzu oben IV Anm. 49ff.).

[77] Der Unterlassungsanspruch richtet sich grundsätzlich lediglich gegen die **konkrete Verletzungsform** (st. Rspr., für viele: BGH GRUR 74 S. 84 (88) „Trumpf“); denn der Verletzte hat nur Anspruch darauf, daß der Beklagte es unterlasse, unter Verwendung des geschützten Kennzeichens eine verwechslungsfähige Bezeichnung zu bilden; es sind zahlreiche Möglichkeiten denkbar, das verletzte Zeichen in eine aus sonstigen Bestandteilen zusammengesetzte Bezeichnung einzufügen, ohne daß noch eine Verwechslungsgefahr besteht (st. Rspr. BGH GRUR 60 S. 296 „Reiherstieg“; 66 S. 35 „multicord“). Das **Verbot** erstreckt sich zwar grundsätzlich nur gegen die konkrete Verletzungsform, aber es umfaßt auch solche Abweichungen, die den Kern der Verletzungsform noch unberührt lassen (BGH wie zuvor). Ein Verbot, das verletzte Kennzeichen über die konkrete Verletzungsform hinaus *überhaupt* zu verwenden, geht selbst dann zu weit, wenn der Beklagte das Kennzeichen offensichtlich mißbräuchlich unter bewußter Anlehnung an den guten Ruf des Verletzten gewählt hat, so daß hieraus auf eine innere Ein-

stellung zu schließen ist, die eine einwandfreie Benutzung dieses Bestandteils auch in Zukunft nicht erwarten lassen würde (so BGH GRUR 62 S. 91 „Jenaer Glas"; 68 S. 212 „Hellige"); denn das liefe auf eine Bestrafung des Verletzers hinaus, für die im Zivilprozeß kein Raum ist. Trotz ursprünglicher Böswilligkeit kann der Verletzer für die Zukunft belehrt sein, und das Kennzeichen in nunmehr nicht verwechslungsfähiger Form benutzen. Besonders unbillig ist ein so weitgehendes Verbot, wenn es sich um den Gebrauch des Familiennamens des Verletzers handelt. Keinesfalls kann das Gericht dem Verletzer für die Zukunft eine bestimmte Benutzungsform aufgeben (BGH GRUR 67 S. 30 „Rum-Verschnitt") und die Verbotsfassung auch nicht verallgemeinern (BGH a.a.O. „Hellige), wenngleich mitunter das Verbot einer absolut konkreten Form auch unzulänglich sein kann (BGH GRUR 68 S. 200 „Acrylglas"; a.a.O. „Hellige). Mit besonderer Akribie ist das Unterlassungsgebot zu konkretisieren, wenn die Verwechslungsgefahr zweier nebeneinander bestehender Kennzeichnungsmittel erst dadurch entstanden ist, daß sich eines von ihnen in die Branchen- oder Warengleichartigkeitsnähe des anderen begeben hat (BGH GRUR 74 S. 84 (88) „Trumpf"), denn außerhalb dieses Begegnungsfeldes verwendet dieser Verletzer sein Kennzeichen befugt.

[78] Dem Verletzten steht ferner in allen Fällen der dem Unterlassungsanspruch zuzuordnende (BGH GRUR 55 S. 487 „Alpha") **Beseitigungsanspruch** zu. Dieser ist auf Entfernung des widerrechtlichen Kennzeichens und, falls eine Entfernung nicht möglich ist, auf Vernichtung der gekennzeichneten Gegenstände gerichtet. Der rein warenzeichenrechtliche Beseitigungsanspruch schließt nach dem Wortlaut seines § 30 WZG eine sog. Aufbrauchfrist schlechthin aus und ist vom erkennenden Gericht angesichts der Rechtswidrigkeit der Verletzungshandlung auch mit Billigkeitserwägungen nicht zu begründen, allenfalls ausnahmsweise im Vollstreckungsschutzverfahren zu gewähren (gl. A. Busse S. 42; Pastor S. 377; v. Gamm Anm. 54 zu § 24 WZG; a. A. BGH GRUR 66 S. 495 „Uniplast"; 69 S. 690 „Faber"; Althammer S. 221; B.-Hefermehl Anm. 25 zu § 24 WZG).

Im übrigen beschränkt sich der Anspruch auf Beseitigung nur des Notwendigen, mit dem die Fortwirkung der Verletzungshandlung beendet werden kann (BGH GRUR 62 S. 315 „Deutsche Miederwoche") — vgl. zum Beseitigungsanspruch insbesondere Anm. 248ff. zu § 1.

[79] **Schadensersatzansprüche** ergeben sich aus den §§ 16 UWG, 24, 25 WZG im Falle von Vorsatz und Fahrlässigkeit unmittelbar. Zum Begriff vgl. Anm. 260ff. zu § 1. Bei Verletzung von Kennzeichnungsmitteln mit Namensfunktion, d.h. des Namens, der Firma und der besonderen Geschäftsbezeichnung, die sonstige Rechte im S. des § 823 Abs. 1 BGB sind, werden im Falle des Verschuldens Schadensersatzansprüche auch aus dieser Vorschrift gegeben. Einfache Fahrlässigkeit genügt (st. Rspr. für viele: BGH GRUR 54 S. 271 „Dun-Europa"). Die von der

Rechtsprechung an die Fahrlässigkeit gestellten Voraussetzungen sind gering. Fahrlässig handelt ein Verletzer u. U. schon dann, wenn die Verwechslungsfähigkeit seines Zeichens mit dem Zeichen des Verletzten in 1. Instanz verneint worden ist (RG GRUR 41 S. 376); denn er wird grundsätzlich mit der Möglichkeit der Verletzung rechnen (dolus eventualis) und bleibt deshalb immer **verpflichtet**, sich sorgfältig davon zu überzeugen, daß er mit der Wahl seines Zeichens kein anderes verletzt, insbesondere soweit die Möglichkeit zur **Nachprüfung** besteht, z.B. für Warenzeichen durch Einsicht in die Zeichenrolle beim Patentamt (st. Rspr. BGH GRUR 57 S. 342 „Underberg"; 61 S. 535 „arco"). In der Regel aber wird die Entscheidung eines sachverständigen Gerichts, häufig auch ein sachverständiges, unparteiisches Gutachten ausreichen, damit die Fahrlässigkeit entfällt. Wenn ein Oberlandesgericht in einem einstweiligen Verfügungsverfahren rechtskräftig eine Verwechslungsgefahr verneint, wird der Verletzer wohl stets ohne Fahrlässigkeit sein Zeichen bis zur gegenteiligen Entscheidung im Hauptverfahren fortbenutzen, es sei denn, daß er später dazu übergeht, seinem Zeichen eine Ausführung zu geben, die vom oberlandesgerichtlichen Urteil nicht mehr gedeckt wird (BGH GRUR 52 S. 511 „Farina-Urkölsch").

Es handelt nicht mehr fahrlässig, wer von dem verletzten Zeichen schuldlos keine Kenntnis hat, und zwar auch dann nicht, wenn ein Angestellter von demselben positiv weiß, auch nicht auf dem Umweg über § 13 Abs. 3, der keine Handhabe dazu bietet, den Angestellten als Wissensvertreter des Unternehmers in dem Sinne zu behandeln, daß letzterem die Kenntnis des Angestellten als „eigene" Kenntnis zugerechnet und demgemäß wie ein eigenes Handeln des Inhabers als unlauter bezeichnet werden könnte (Verletzung eines Ausstattungs-Schutzrechts in Indien, BGH GRUR 55 S. 411 „Zahl 55").

[80] Die **Berechnung der Schadenshöhe** kann durch Errechnung des effektiv entstandenen Schadens, unter Zugrundelegung des Verletzergewinns und unter dem Gesichtspunkt einer Lizenzpflicht geschehen (im einzelnen vgl. Anm. 262ff. zu § 1). Für den zu erwartenden Schaden ist nicht nur der aus Umsatzschmälerung berechenbare Schaden maßgebend, sondern auch derjenige, der durch etwaige Einbuße an geschäftlichem Ansehen oder durch eine Marktverwirrung entstanden sein und über die übliche Lizenzschadensgebühr hinaus gefordert werden kann (BGH GRUR 66 S. 375 „Meßmer-Tee II").

[81] Der Anspruch auf **Auskunftserteilung** setzt ebenso wie der Anspruch auf Feststellung der Schadensersatzpflicht ein Rechtsschutzinteresse voraus, das für den Auskunftsanspruch nicht nur bei Wahrscheinlichkeit eines Schadens (BGH GRUR 65 S. 313 „Umsatzauskunft"; 72 S. 180 „Cheri"), sondern auch schon zur Vorbereitung eines Beseitigungsanspruchs anzuerkennen ist (BGH GRUR 72 S. 558 „Teerspritzmaschinen"). Einer eigenen Verjährung unterliegt der Auskunftsanspruch nicht, sondern verjährt jeweils mit dem Anspruch, den er vorzubereiten hat (BGH wie zuvor) — Näheres s. Erläuterungen zu § 21.

[82] Zur **Verwirkung** vgl. Anm. 270ff., 285ff. zu § 1, zur Urteilsveröffentlichung vgl. die Erläuterungen zu § 23.

[83] Die **Strafansprüche**. Sofern nicht zugleich § 4 UWG oder gar § 263 StGB verletzt sind, kann der **allein** nach § 16 UWG in Anspruch genommene Täter nicht bestraft werden. Bei vorsätzlicher Verletzung des Warenzeichen- oder Ausstattungsrechts eines anderen kommt eine Bestrafung gemäß §§ 24 bzw. 25 WZG in Betracht. Der Täter muß das Kennzeichen unbefugt *warenzeichenmäßig* benutzt haben.

a) Zum **objektiven Tatbestand** gehört das Versehen der Waren, ihrer Verpackung oder Umhüllung oder der Ankündigungen, Preislisten, Geschäftsbriefe, Rechnungen usw. mit dem Warenzeichen oder der geschützten Ausstattung des Verletzten, ohne daß es darauf ankommt, daß die so gekennzeichnete Ware in Verkehr gebracht oder feilgehalten wird, was freilich gleichermaßen strafbar ist.

Bei Warenzeichenverletzung ist Eintragung des Warenzeichens in der Zeichenrolle des Patentamts vorauszusetzen, weil das Warenzeichen erst mit der Eintragung entsteht.

b) Subjektiv fordern beide Vorschriften für die Strafverfolgung **Vorsatz;** bedingter Vorsatz genügt, **Fahrlässigkeit** genügt nicht, kann aber, sofern mit der Tat zugleich eine falsche Angabe über Ursprung, Beschaffenheit oder Wert der Ware gemacht wird, die geeignet ist, einen Irrtum zu erregen, zur Bestrafung gemäß § 26 WZG führen.

Der **Vorsatz** muß sich auf die Verwechslungsfähigkeit und darauf erstrecken, daß die Ware mit dem beanstandeten Kennzeichen versehen oder in den Verkehr gebracht wird. Wer z.B. nicht weiß, daß ein Warenzeichen eingetragen ist, daß die verletzte Ausstattung Verkehrsgeltung hat — wem soll im Zweifelsfall diese Kenntnis nachgewiesen werden? — handelt nicht vorsätzlich, allenfalls fahrlässig, was für die Strafvorschrift aber nicht genügt. Irrt der Täter über die Verwechslungsgefahr, entfällt der Vorsatz gleichfalls, weil Verwechslungsgefahr im wesentlichen Tatfrage ist.

Täter ist der Unternehmer, der die Handlung vorsätzlich begeht oder von seinen Angestellten oder Beauftragten begehen läßt. Handeln die Angestellten oder Beauftragten gleichfalls vorsätzlich, ist er Haupttäter, da er die Tat als seine eigene will, handeln sie ohne Vorsatz, ist er allein Täter in mittelbarer Täterschaft.

[84] Auch die vorsätzliche oder sogar nur fahrlässige Verletzung von Name, Firma, besonderer Geschäftsbezeichnung und auch der Kennzeichnungsmittel des § 16 Abs. 3 kann über § 26 WZG bestraft werden, wenn sie mit Eignung zur Irreführung warenzeichenmäßig geschieht und hierin vom Verkehr eine falsche Ursprungs- oder Beschaffenheitsangabe erblickt wird.

Die Tat nach §§ 24, 25 WZG ist ein Vergehen und wird von Amts wegen verfolgt. Neben der Strafe kann auf Verlangen des Geschädigten auf Verhängung einer an diesen zu entrichtenden Buße erkannt werden (§ 29 WZG), die — ebenso wie bei § 26 UWG — die Geltendmachung weiterer Schadensersatzansprüche (nicht aber solche auf Unterlassung) ausschließt. An Stelle der Freiheitsstrafe kann auf Geldstrafe bis zu DM 10000 (§ 27 StGB), bei Gewinnsucht (Begriff s. Anm. 5 zu § 15) bis zu DM 100000 erkannt werden (§ 27 a StGB).

VIII. Internationales Kennzeichnungsrecht

[85] Allgemeines. Nach Art. 2 der Pariser Verbandsübereinkunft in der Fassung vom 14. 7. 1967 (BGBl. 70 II S. 293, 391) genießt jeder Angehörige der Verbandsländer in Bezug auf die gewerblichen Schutzrechte in allen Ländern des Verbandes den gleichen Schutz wie die Staatsangehörigen der jeweiligen Länder, ohne daß er dort einen Wohnsitz oder eine gewerbliche Niederlassung zu unterhalten braucht, womit er dem Inländer rechtlich gleichgestellt ist. Demgemäß wird auch der ausländische „Handelsname", also die Firma eines ausländischen Unternehmens wie auch schon der Bestandteil einer Fabrik- oder Handelsmarke im Inland der BRD, und zwar gemäß Art. 8 PVÜ ohne Verpflichtung zur Hinterlegung oder Eintragung (in einem Handelsregister oder in der Zeichenrolle des Patentamts) geschützt, freilich jedoch nur unter denselben Voraussetzungen, unter denen für solche Kennzeichnungsmittel Inländern Schutz gewährt wird.

[86] Der **Namensschutz** des § 12 BGB steht aber bereits unabhängig von der PVÜ jedem Ausländer zu, gleichgültig ob er eine natürliche oder juristische Person ist, sobald er ihn im Inland, sei es mit oder ohne inländischen Wohnsitz, nach seinem Heimatrecht befugt benutzt. Der Schutzumfang hinsichtlich Unterscheidungskraft (Anm. 5) und sachlicher Gebrauchssphäre (Anm. 49ff.) richtet sich dagegen nach inländischem Recht. Für dieses kommt es unter der Voraussetzung der Unterscheidungskraft bei Firmennamen, -abkürzungen und -schlagworten (Art. 8 PVÜ) nur auf die Aufnahme der Benutzung im Inland an (BGH GRUR 71 S. 517 „Swops"; 70 S. 528 „Migrol"; 69 S. 357 „Sihl" u.a.); und zwar genügt jede Benutzungsform, auch eine solche, die nur in einem geschäftlichen Vorbereitungsstadium und noch nicht gegenüber den künftigen Geschäftskunden geschieht (BGH a.a.O „Swops"; 66 S. 38 „Centra"), wenn sich nur ein nahe bevorstehender Beginn einer Ausdehnung der im Ausland bereits bestehenden wirtschaftlichen Tätigkeit auf das Inland ausdrückt. Dabei braucht die Benutzungsaufnahme der Kennzeichnung im Inland nicht durch den Rechtsinhaber selbst zu erfolgen (BGH GRUR 73 S. 661 „Metrix"), sie muß nur erkennbar für ihn geschehen, so daß ihm die Namensführung vom Verkehr zugerechnet wird. Der Benutzer der Firma, Firmenabkürzung usw. muß nicht der ausländische Unternehmer selbst, sondern kann auch ein selbständiger inländischer Eigenhändler (z.B. Generalvertreter) sein, doch darf das Kennzeichen von ihm nicht nur warenzeichenmäßig benutzt werden (BGH a.a.O. „Metrix"). Solchenfalls wären an dasselbe die im Inland an den Schutz von Warenzeichen bzw. Ausstattungen zu stellenden Voraussetzungen zu knüpfen.

[87] Sind Firma, Firmenbestandteil usw. nicht unterscheidungskräftig, unterscheiden sie denkgesetzlich nicht und können deshalb ebensowenig Schutz beanspruchen wie ein inländisches Unternehmen in gleicher Lage. In solchen Fällen kommt ein Schutz unter rein wettbewerbsrechtlicher Sicht der Wettbewerbswidrigkeit in Betracht (hierzu **vgl. Erläuterungen zu § 28**).

[88] Jeder **Ausländer ohne inländische Niederlassung** hat in der BRD Anspruch auf Schutz seiner Warenzeichen, wenn in dem Staat, in dem er eine Niederlassung hat, die Gegenseitigkeit verbürgt ist (§ 35 WZG). Eine Zweigniederlassung ist ausreichend (allg. M.), weshalb Staatsangehörigkeit bzw. Ort und Staat der Hauptniederlassung gleichgültig sind. Der Schutz wird dem ausländischen Zeichen in demselben Umfang gewährt, wie dem inländischen. Der Schutz des § 35 WZG umfaßt also alle Warenbezeichnungen, mithin Warenzeichen und Ausstattung, während § 28 UWG (s. dort) unter den gleichen Voraussetzungen den Schutz der Firma, Firmenabkürzung, bes. Unternehmensbezeichnung usw. (§ 16 UWG) erfaßt. Die zwingende Vorschrift, daß sich ein solcher Ausländer einen inländischen Rechts- oder Patentanwalt in allen Angelegenheiten, die dieses Zeichen betreffen, zu seinem Vertreter generell zu bestellen hat, bedeutet keine Einschränkung seiner Rechte, sondern soll nur den Geschäftsverkehr mit ihm ermöglichen, der sich aus seinem Schutzrecht ergibt.

a) **Schutzvoraussetzung** ist die Eintragung des Zeichens in der Zeichenrolle des DPA, die nach den Vorschriften des deutschen Zeichenrechts (also nur bei ausreichender Unterscheidungskraft, Nichtidentität mit anderen Zeichen usw. — § 4) geschieht. Das Zeichen muß mithin den Vorschriften des deutschen WZG genügen und nach den deutschen Vorschriften eine ausreichende Unterscheidungskraft haben (st. Rspr. für viele: BPatG GRUR 71 S. 151 „Crackers"). Auch muß es bei Anmeldung und Eintragung Heimatschutz haben, d.h. daß dasselbe identische Zeichen als solches im Land der in Bezug genommenen Niederlassung Schutz genießt — **Identitätsnachweis** ist zu fordern. Geringe Abweichungen können, müssen aber nicht immer, schon schädlich sein, z.B. wenn nur durch sie der in der Heimat bestehende Gesamteindruck im hiesigen Inland erhalten werden kann (RPA GRUR 33 S. 150 bei Übertragung eines Zeichens von cyrillischer in lateinische Schrift oder wenn die Abweichungen deshalb nur ganz unwesentlich sind, RG 100 S. 3). Fällt der Heimatschutz später fort, wird der in Deutschland erst einmal erlangte Zeichenschutz nicht mehr davon berührt (RG 162 S. 282; st. Rspr. u. Lehre; für viele: Busse S. 494).

b) Auch die **Ausstattung eines Ausländers** ohne inländische Niederlassung genießt unter den Voraussetzungen des § 25 WZG im Falle der Gegenseitigkeit Schutz, sofern sie in Deutschland besteht, d.h. sofern das Zeichen die für eine

Ausstattung geforderte Verkehrsgeltung in Deutschland hat (BGH WRP 74 S. 467 „Lemonsoda"). Das Gleiche gilt für das Firmenrecht (BGH GRUR 70 S. 315 „Napoleon III"). Daß auch im Heimatland eine Ausstattung (Verkehrsgeltung) besteht, wenn eine solche im Inland erreicht ist, wird nicht gefordert (a. A. Busse S. 493; Althammer Anm. 4 zu § 35, die aber übersehen, daß § 35 Abs. 3 WZG das Erfordernis des Heimatschutzes ausdrücklich nur auf das Warenzeichen bezogen hat; wie hier offenbar B.-Hefermehl Anm. 18 zu § 35 WZG).

c) Das **Erfordernis der Identität** des in der BRD angemeldeten Zeichens mit dem Zeichen des Heimatlandes setzt auch ein **gleiches Warenverzeichnis** voraus, das in der BRD allenfalls kleiner sein darf (allg. M.).

[89] Für die sogenannten **IR (international registrierten) Marken** gelten — von einigen förmlichen Erleichterungen abgesehen — im wesentlichen die gleichen Grundsätze.

a) Für die Frage ob der Zeicheninhaber zum begünstigten Personenkreise gehört, ist nicht allein entscheidend, ob er in einem Land der Gegenseitigkeit eine Niederlassung hat, vielmehr genügt, wenn er die Staatsangehörigkeit eines Verbandslandes hat, auch wenn er in einem solchen weder eine gewerbliche Niederlassung noch einen Wohnsitz hat (Art. 2 PVÜ); hat er eine solche Staatsangehörigkeit nicht, aber in einem Verbandslande dennoch seinen Wohnsitz oder eine tatsächliche gewerbliche Niederlassung, reicht auch das aus. (Art. 3 PVÜ).

b) Die Prioritäten richten sich für alle Verbandsländer nach dem Stichtag der ersten Zeichenanmeldung in einem derselben während der Dauer von 6 Monaten. Innerhalb dieser Frist ist zur Wahrung der Priorität in den anderen Verbandsländern anzumelden. Wo diese Anmeldung unterblieben ist, ist die Priorität der ersten Anmeldung verlorengegangen; dies kann nicht durch spätere rechtzeitige Anmeldungen in anderen Ländern mit Prioritäten zu deren Stichtagen in seinen Auswirkungen reduziert werden (Art. 4 PVÜ). Jedoch kann durch Registrierung des Warenzeichens beim internationalen Büro in Genf innerhalb der Sechsmonatsfrist die Priorität der Heimatanmeldung (Art. 4 MMA) in allen diesem Abkommen beigetretenen Ländern mit einem Schlag erhalten werden.

c) Auch für die IR-Marke gilt das Erfordernis der Personen-, Zeichen- und Warenidentität (s. Anm. 89a, c). Doch gilt hinsichtlich des Erfordernisses der Zeichenidentität die Einschränkung, daß die Zeichen nicht *allein* aus dem Grunde von einer nationalen Behörde zurückgewiesen werden dürfen, weil sie von dem im Ursprungsland geschützten Warenzeichen nur in solchen Bestandteilen abweichen, die die Unterscheidungskraft des im Ursprungsland registrierten Zeichens nicht berühren (Artikel 6 quinquies Abs. 2).

d) Ein im Ausland registiiertes Warenzeichen erhält durch die internationale Registrierung in den Verbandsländern nur vorläufigen Schutz, weil gemäß Art. 6 quinquies PVÜ jedem Verbandsland vorbehalten worden ist, die Schutzfähigkeit des Zeichens nach seinem nationalen Recht hinsichtlich der Verletzung von älteren

Schutzrechten Dritter, hinsichtlich der Unterscheidungskraft und hinsichtlich etwaiger Sittenwidrigkeit zu prüfen. Entbehrt das Zeichen jeglicher Unterscheidungskraft, was dem Tatbestand des § 4 Abs. 2 Ziff. 1 WZG entspräche, ist ihm auch bei möglicher Eintragungs- und Schutzfähigkeit im Ursprungs- oder sonstigen Verbandsland in der BRD der Schutz zu versagen (BPatG GRUR 73 S. 28 „Betonfilter"), gleichgültig, worauf der Mangel an Unterscheidungskraft zurückzuführen ist.

Steht dem Inlandsschutz einer IR-Marke ein prioritätsälteres Warenzeichen entgegen, gilt das soeben Gesagte. Das gilt aber ebenso, wenn ihm eine notorisch bekannte, im Inland (der BRD) nicht benutzte und nicht eingetragene Marke entgegensteht. Um notorisch bekannte Marken handelt es sich, wenn bei den beteiligten Verkehrskreisen des betreffenden Landes (für den hier interessierenden Fall also der BRD) allgemein bekannt ist, daß das Zeichen von einem Angehörigen eines Verbandslandes (befugt) benutzt wird.

e) Wenn keine Gründe für eine Schutzrechtsversagung vorliegen, wird der Zeichenschutz in einem sog. Nebenregister des DPA vermerkt, nicht aber im nationalen WZ-Register des DPA. Wenn aber der Zeichenschutz mangels Unterscheidungskraft oder wegen eines besseren Rechts eines Dritten, wegen Irreführung usw. nach deutschem Recht zu versagen ist, hat ein Zurückweisungsbescheid auf volle oder teilweise Schutzversagung zu ergehen, der sodann einen sog. Beanstandungsbescheid auslöst, welch letzterer mit Begründung an das internationale Büro in Genf zu übermitteln ist, was innerhalb einer Ausschlußfrist von 1 Jahr zu geschehen hat, die mit dem Tage der internationalen Eintragung in Genf ihren Lauf beginnt. Ist der Versagungsbeschluß dem internationalen Büro binnen der Jahresfrist nicht zugegangen, muß das Zeichen in der BRD zugelassen und im Nebenregister eingetragen werden. Wird es sodann aber fünf Jahre hindurch nicht benutzt (vgl. Anm. 12) unterliegt es erneut dem nationalen Löschungsanspruch deutscher Gewerbetreibender. (Im Einzelnen s. über IR-Marken Busse, Kommentar zum WZG).

ANHANG I

I. Pariser Verbandsübereinkunft vom 20. 3. 1883 zum Schutze des gewerblichen Eigentums, in der Lissaboner Fassung vom 31. 10. 1958

(BGBl 1961 II 274)
amtliche Übersetzung

Verbandszweck

(1) [I]Die Länder, auf die diese Übereinkunft Anwendung findet, bilden einen Verband zum Schutze des gewerblichen Eigentums.

[II]Der Schutz des gewerblichen Eigentums hat zum Gegenstand die Erfindungspatente, die Gebrauchsmuster, die gewerblichen Muster oder Modelle, die Fabrik- oder Handelsmarken, die Dienstleistungsmarken, den Handelsnamen und die Herkunftsangaben oder Ursprungsbezeichnungen sowie die Unterdrückung des unlauteren Wettbewerbs.

[III]Das gewerbliche Eigentum wird in der weitesten Bedeutung verstanden und bezieht sich nicht allein auf Gewerbe und Handel im eigentlichen Sinn des Wortes, sondern ebenso auf das Gebiet der Landwirtschaft und der Gewinnung der Bodenschätze und auf alle Fabrikate oder Naturerzeugnisse, zum Beispiel Wein, Getreide, Tabakblätter, Früchte, Vieh, Mineralien, Mineralwässer, Bier, Blumen, Mehl.

[IV]Zu den Erfindungspatenten zählen die von den Gesetzgebungen der Verbandsländer zugelassenen verschiedenen Arten gewerblicher Patente, wie Einführungspatente, Verbesserungspatente, Zusatzpatente, Zusatzbescheinigungen usw.

Schutzbereich

(2) [I]Die Angehörigen eines jeden der Verbandsländer genießen in allen übrigen Ländern des Verbandes in bezug auf den Schutz des gewerblichen Eigentums die Vorteile, welche die betreffenden Gesetze den eigenen Staatsangehörigen gegenwärtig gewähren oder in Zukunft gewähren werden, und zwar unbeschadet der durch diese Übereinkunft besonders vorgesehenen Rechte. Demgemäß haben sie den gleichen Schutz wie diese und die gleichen Rechtsbehelfe gegen jeden Eingriff in ihre Rechte, vorbehaltlich der Erfüllung der Bedingungen und Förmlichkeiten, die den eigenen Staatsangehörigen auferlegt werden.

[II]Jedoch darf der Genuß irgendeines Rechts des gewerblichen Eigentums für die Verbandsangehörigen keinesfalls von der Bedingung abhängig gemacht werden, daß sie einen Wohnsitz oder eine Niederlassung in dem Land haben, in dem der Schutz beansprucht wird.

[III]Ausdrücklich bleiben vorbehalten die Vorschriften der Gesetzgebung eines jeden der Verbandsländer über das gerichtliche und das Verwaltungsverfahren und die Zuständigkeit sowie über die Wahl des Wohnsitzes oder die Bestellung eines Vertreters, die etwa nach den Gesetzen über das gewerbliche Eigentum erforderlich sind.

Erweiterter Schutzbereich

(3) Den Angehörigen der Verbandsländer sind gleichgestellt die Angehörigen der dem Verbande nicht angehörenden Länder, die im Gebiet eines Verbandslandes ihren Wohnsitz oder tatsächliche und nicht nur zum Schein bestehende gewerbliche oder Handelsniederlassungen haben.

Priorität

(4) A. — [I]Wer in einem der Verbandsländer die Anmeldung für ein Erfindungspatent, ein Gebrauchsmuster, ein gewerbliches Muster oder Modell, eine Fabrik- oder Handelsmarke vorschriftsmäßig hinterlegt hat, oder sein Rechtsnachfolger genießt für die Hinterlegung in den anderen Ländern während der unten bestimmten Fristen ein Prioritätsrecht.

[II]Als prioritätsbegründend wird jede Hinterlegung anerkannt, der nach der nationalen Gesetzgebung jedes Verbandslandes oder nach den zwischen Verbandsländern abgeschlossenen zwei- oder mehrseitigen Verträgen die Bedeutung einer vorschriftsmäßigen nationalen Hinterlegung zukommt.

[III]Unter vorschriftsmäßiger nationaler Hinterlegung ist jede Hinterlegung zu verstehen, die zur Festlegung des Zeitpunktes ausreicht, an dem die Anmeldung in dem betreffenden Land hinterlegt worden ist, wobei das spätere Schicksal der Anmeldung ohne Bedeutung ist.

B. — Demgemäß kann die spätere, jedoch vor Ablauf dieser Fristen in einem der anderen Verbandsländer bewirkte Hinterlegung nicht unwirksam gemacht werden durch inzwischen eingetretene Tatsachen, insbesondere durch eine andere Hinterlegung, durch die Veröffentlichung der Erfindung oder deren Ausübung, durch das Feilbieten von Stücken des Musters oder Modells, durch den Gebrauch der Marke; diese Tatsachen können kein Recht Dritter und kein persönliches Besitzrecht begründen. Die Rechte, die von Dritten vor dem Tag der ersten, prioritätsbegründenden Anmeldung erworben sind, bleiben nach Maßgabe der inneren Gesetzgebung eines jeden Verbandslandes gewahrt.

C. — [I]Die oben erwähnten Prioritätsfristen betragen zwölf Monate für die Erfindungspatente und die Gebrauchsmuster und sechs Monate für die gewerblichen Muster oder Modelle und für die Fabrik- oder Handelsmarken.

[II]Diese Fristen laufen vom Zeitpunkt der Hinterlegung der ersten Anmeldung an; der Tag der Hinterlegung wird nicht in die Frist eingerechnet.

[III]Ist der letzte Tag der Frist in dem Land, in dem der Schutz beansprucht wird, ein gesetzlicher Feiertag oder ein Tag, an dem das Amt zur Entgegennahme von Anmeldungen nicht geöffnet ist, so erstreckt sich die Frist auf den nächstfolgenden Werktag.

[IV]Als erste Anmeldung, von deren Hinterlegungszeitpunkt an die Prioritätsfrist läuft, wird auch eine jüngere Anmeldung angesehen, die denselben Gegenstand betrifft wie eine erste ältere im Sinne des Absatzes 2 in demselben Verbandsland eingereichte Anmeldung, sofern diese ältere Anmeldung bis zum Zeitpunkt der Hinterlegung der jüngeren Anmeldung zurückgezogen, fallengelassen oder zurückgewiesen worden ist, und zwar bevor sie öffentlich ausgelegt worden ist und ohne daß Rechte bestehen geblieben sind; ebensowenig darf diese ältere Anmeldung schon Grundlage für die Inanspruchnahme des Prioritätsrechts gewesen sein. Die ältere Anmeldung kann in diesem Fall nicht mehr als Grundlage für die Inanspruchnahme des Prioritätsrechts dienen.

D. — [I]Wer die Priorität einer früheren Hinterlegung in Anspruch nehmen will, muß eine Erklärung über den Zeitpunkt und das Land dieser Hinterlegung abgeben. Jedes Land bestimmt, bis wann die Erklärung spätestens abgegeben werden muß.

[II]Diese Angaben sind in die Veröffentlichungen der zuständigen Behörde, insbesondere in die Patenturkunden und die zugehörigen Beschreibungen aufzunehmen.

[III]Die Verbandsländer können von demjenigen, der eine Prioritätserklärung abgibt, verlangen, daß er die frühere Anmeldung (Beschreibung, Zeichnungen usw.) in Abschrift vorlegt. Die Abschrift, die von der Behörde, die diese Anmeldung empfangen hat, als übereinstimmend bescheinigt ist, ist von jeder Beglaubigung befreit und kann auf alle Fälle zu beliebiger Zeit innerhalb einer Frist von drei Monaten nach der Hinterlegung der späteren Anmeldung gebührenfrei eingereicht werden. Es kann verlangt werden, daß ihr eine von dieser Behörde ausgestellte Bescheinigung über den Zeitpunkt der Hinterlegung und eine Übersetzung beigefügt werden.

[IV]Andere Förmlichkeiten für die Prioritätserklärung dürfen bei der Hinterlegung der Anmeldung nicht verlangt werden. Jedes Verbandsland bestimmt die Folgen der Nichtbeachtung der in diesem Artikel vorgesehenen Förmlichkeiten; jedoch dürfen diese Folgen über den Verlust des Prioritätsrechts nicht hinausgehen.

[V]Später können weitere Nachweise verlangt werden.

Wer die Priorität einer früheren Anmeldung in Anspruch nimmt, ist verpflichtet, das Aktenzeichen dieser Anmeldung anzugeben; diese Angabe ist nach Maßgabe des Absatzes 2 zu veröffentlichen.

Benutzungszwang

(5) (A, B)

C. — [I]Ist in einem Land der Gebrauch der eingetragenen Marke vorgeschrieben, so darf die Eintragung erst nach Ablauf einer angemessenen Frist und nur dann für ungültig erklärt werden, wenn der Beteiligte seine Untätigkeit nicht rechtfertigt.

[II]Wird eine Fabrik- oder Handelsmarke vom Inhaber in einer Form gebraucht, die von der Eintragung in einem der Verbandsländer nur in Bestandteilen abweicht, ohne daß dadurch die Unterscheidungskraft der Marke beeinflußt wird, so soll dieser Gebrauch die Ungültigkeit der Eintragung nicht nach sich ziehen und den der Marke gewährten Schutz nicht schmälern.

[III]Der gleichzeitige Gebrauch derselben Marke auf gleichen oder gleichartigen Erzeugnissen durch gewerbliche oder Handelsniederlassungen, die nach den Bestimmungen des Gesetzes des Landes, in dem der Schutz beansprucht wird, als Mitinhaber der Marke angesehen werden, steht der Eintragung der Marke nicht entgegen und schmälert nicht den der genannten Marke in einem Verbandsland gewährten Schutz, sofern dieser Gebrauch nicht eine Irreführung des Publikums zur Folge hat und dem öffentlichen Interesse nicht zuwiderläuft.

D. — Für die Anerkennung des Rechts ist die Anbringung eines Zeichens oder Vermerks über das Patent, das Gebrauchsmuster, die Eintragung der Fabrik- oder Handelsmarke oder die Hinterlegung des gewerblichen Musters oder Modells auf dem Erzeugnis nicht erforderlich.

Zahlungsnachfrist

(5) [I]Für die Zahlung der zur Aufrechterhaltung der gewerblichen Schutzrechte vorgesehenen Gebühren wird eine Nachfrist von mindestens sechs Monaten gewährt, und zwar gegen Einrichtung einer Zuschlagsgebühr, sofern die Landesgesetzgebung eine solche auferlegt.

[II](hier belanglos)

Markenunabhängigkeit

(6) [I]Die Bedingungen für die Hinterlegung und Eintragung von Fabrik- oder Handelsmarken werden in jedem Land durch die Landesgesetzgebung bestimmt.

[II]Jedoch darf eine durch einen Angehörigen eines Verbandslandes in irgendeinem Verbandsland hinterlegte Marke nicht deshalb zurückgewiesen oder für ungültig erklärt werden, weil sie im Ursprungsland nicht hinterlegt, eingetragen oder erneuert worden ist.

[III]Eine in einem Verbandsland vorschriftsgemäß eingetragene Marke wird als unabhängig angesehen von den in anderen Verbandsländern einschließlich des Ursprungslandes eingetragenen Marken.

Notorische Marke

(6 bis) [I]Die Verbandsländer verpflichten sich, von Amts wegen, wenn dies die Gesetzgebung des Landes zuläßt, oder auf Antrag des Beteiligten die Eintragung einer Fabrik- oder Handelsmarke zurückzuweisen oder für ungültig zu erklären und den Gebrauch der Marke zu untersagen, wenn sie eine verwechslungsfähige Abbildung, Nachahmung oder Übersetzung einer anderen Marke darstellt, von der es nach Ansicht der zuständigen Behörde des Landes der Eintragung oder des Gebrauchs dort notorisch feststeht, daß sie bereits einer zu den Vergünstigungen dieser Übereinkunft zugelassenen Person gehört und für gleiche oder gleichartige Erzeugnisse benutzt wird. Das gleiche gilt, wenn der wesentliche Bestandteil der Marke die Abbildung einer solchen notorisch bekannten Marke oder eine mit ihr verwechslungsfähige Nachahmung darstellt.

[II]Für den Antrag auf Löschung einer solchen Marke ist eine Frist von mindestens fünf Jahren vom Tag der Eintragung an zu gewähren. Den Verbandsländern steht es frei, eine Frist zu bestimmen, innerhalb welcher der Anspruch auf Untersagung des Gebrauchs geltend zu machen ist.

[III]Gegenüber bösgläubig erwirkten Eintragungen oder bösgläubig vorgenommenen Benutzungshandlungen ist der Antrag auf Löschung dieser Marken oder auf Untersagung ihres Gebrauchs an keine Frist gebunden.
Wappen, Hoheitszeichen, und Gewährzeichen

Wappen, Hoheitszeichen und Gewährzeichen

(6ter) [I]a) Die Vertragsländer kommen überein, die Eintragung der Wappen, Flaggen und anderen staatlichen Hoheitszeichen der Verbandsländer, der von ihnen eingeführten amtlichen Prüf- und Gewährzeichen und -stempel sowie jeder Nachahmung im heraldischen Sinn als Fabrik- oder Handelsmarken oder als Bestandteile solcher zurückzuweisen oder für ungültig zu erklären sowie den Gebrauch dieser Zeichen durch geeignete Maßnahmen zu verbieten, sofern die zuständigen Stellen den Gebrauch nicht erlaubt haben.

b) Die Bestimmungen unter dem Buchstaben a) sind ebenso auf die Wappen, Flaggen und anderen Kennzeichen, Siegel oder Bezeichnungen der internationalen zwischenstaatlichen Organisationen anzuwenden, denen ein oder mehrere Verbandsländer angehören; ausgenommen sind die Wappen, Flaggen und anderen Kennzeichen, Siegel oder Bezeichnungen, die bereits Gegenstand von in Kraft befindlichen internationalen Abkommen sind, die ihren Schutz gewährleisten.

c) Kein Verbandsland ist gehalten, die Bestimmungen unter dem Buchstaben b) zum Nachteil der Inhaber von Rechten anzuwenden, die gutgläubig vor dem Inkrafttreten der gegenwärtigen Übereinkunft in diesem Land erworben worden sind. Die Verbandsländer sind nicht gehalten, diese Bestimmungen anzuwenden, falls die

Benutzung oder Eintragung gemäß dem Buchstaben a) nicht geeignet ist, beim Publikum den Eindruck einer Verbindung zwischen der betreffenden Organisation und den Wappen, Flaggen, Kennzeichen, Siegeln oder Bezeichnungen hervorzurufen, oder falls die Benutzung oder Eintragung offenbar nicht geeignet ist, das Publikum über das Bestehen einer Verbindung zwischen dem Benutzer und der Organisation irrezuführen.

[II]Das Verbot der amtlichen Prüf- und Gewährzeichen und -stempel findet nur dann Anwendung, wenn die Marken mit diesen Zeichen für gleiche oder gleichartige Waren bestimmt sind.

[III]a) Für die Anwendung dieser Bestimmungen kommen die Verbandsländer überein, durch Vermittlung des Internationalen Büros ein Verzeichnis der staatlichen Hoheitszeichen und amtlichen Prüf- und Gewährzeichen und -stempel auszutauschen, die sie jetzt oder in Zukunft unumschränkt oder in gewissen Grenzen unter den Schutz dieses Artikels zu stellen wünschen; dies gilt auch für alle späteren Änderungen dieses Verzeichnisses. Jedes Verbandsland soll die mitgeteilten Verzeichnisse rechtzeitig öffentlich zugänglich machen.

Diese Mitteilung ist jedoch für Staatsflaggen nicht erforderlich.

b) Die Bestimmungen unter dem Buchstaben b) des Absatzes 1 dieses Artikels sind nur auf die Wappen, Flaggen und anderen Kennzeichen, Siegel und Bezeichnungen der internationalen zwischenstaatlichen Organisationen anwendbar, die diese durch Vermittlung des Internationalen Büros den Verbandsländern mitgeteilt haben.

[IV]Jedes Verbandsland kann innerhalb einer Frist von zwölf Monaten nach dem Empfang der Mitteilung seine etwaigen Einwendungen durch das Internationale Büro dem betreffenden Land oder der betreffenden internationalen zwischenstaatlichen Organisation übermitteln.

[V]Hinsichtlich der Staatsflaggen finden die im Absatz 1 vorgesehenen Maßnahmen nur auf Marken Anwendung, die nach dem 6. November 1925 eingetragen worden sind.

[VI]Hinsichtlich der staatlichen Hoheitszeichen — mit Ausnahme der Flaggen — und der amtlichen Zeichen und Stempel der Verbandsländer und hinsichtlich der Wappen, Flaggen und anderen Kennzeichen, Siegel oder Bezeichnungen der internationalen zwischenstaatlichen Organisationen sind diese Bestimmungen nur auf Marken anwendbar, die später als zwei Monate nach dem Empfang der im Absatz 3 vorgesehenen Mitteilung eingetragen worden sind.

[VII]Den Ländern steht es frei, bei Bösgläubigkeit auch solche Marken zu löschen, die vor dem 6. November 1925 eingetragen worden sind und staatliche Hoheitszeichen, Zeichen und Stempel enthalten.

[VIII]Die Angehörigen eines jeden Landes, die zum Gebrauch der staatlichen Hoheitszeichen, Zeichen und Stempel ihres Landes ermächtigt sind, dürfen sie auch dann benutzen, wenn sie denen eines anderen Landes ähnlich sind.

IX Die Verbandsländer verpflichten sich, den unbefugten Gebrauch der Staatswappen der anderen Verbandsländer im Handel zu verbieten, wenn dieser Gebrauch zur Irreführung über den Ursprung der Erzeugnisse geeignet ist.

X Die vorhergehenden Bestimmungen hindern die Länder nicht an der Ausübung der Befugnis, gemäß Artikel 6quinquies, B, Ziffer 3, Marken zurückzuweisen oder für ungültig zu erklären, die ohne Ermächtigung Wappen, Flaggen und andere staatliche Hoheitszeichen oder in einem Verbandsland eingeführte amtliche Zeichen und Stempel enthalten; dies gilt auch für die im Absatz 1 genannten unterscheidungskräftigen Zeichen der internationalen zwischenstaatlichen Organisationen.

Übertragbarkeit der Marke

(6quater) I Ist nach der Gesetzgebung eines Verbandslandes die Übertragung einer Marke nur rechtsgültig, wenn gleichzeitig das Unternehmen oder der Geschäftsbetrieb, zu dem die Marke gehört, mit übergeht, so genügt es zur Rechtsgültigkeit der Übertragung, daß der in diesem Land befindliche Teil des Unternehmens oder Geschäftsbetriebes mit dem ausschließlichen Recht, die mit der übertragenen Marke versehenen Erzeugnisse dort herzustellen oder zu verkaufen, auf den Erwerber übergeht.

II Diese Bestimmung verpflichtet die Verbandsländer nicht, die Übertragung einer Marke als rechtsgültig anzusehen, deren Gebrauch durch den Erwerber tatsächlich geeignet wäre, das Publikum irrezuführen, insbesondere was die Herkunft, die Beschaffenheit oder die wesentlichen Eigenschaften der Erzeugnisse betrifft, für welche die Marke verwendet wird.

Eintragung, Versagung, Löschung

(6quinquies) A. — I Jede im Ursprungsland vorschriftsgemäß eingetragene Fabrik- oder Handelsmarke soll so, wie sie ist, unter den Vorbehalten dieses Artikels in den anderen Verbandsländern zur Hinterlegung zugelassen und geschützt werden. Diese Länder können vor der endgültigen Eintragung die Vorlage einer von der zuständigen Behörde ausgestellten Bescheinigung über die Eintragung im Ursprungsland verlangen. Eine Beglaubigung dieser Bescheinigung ist nicht erforderlich.

II Als Ursprungsland wird das Verbandsland angesehen, indem der Hinterleger eine tatsächliche und nicht nur zum Schein bestehende gewerbliche oder Handelsniederlassung hat, und, wenn er eine solche Niederlassung innerhalb des Verbandes nicht hat, das Verbandsland, indem er seinen Wohnsitz hat, und, wenn er keinen Wohnsitz innerhalb des Verbandes hat, das Land seiner Staatsangehörigkeit, sofern er Angehöriger eines Verbandslandes ist.

B. — Die Eintragung von Fabrik- oder Handelsmarken, die unter diesen Artikel fallen, darf nur in folgenden Fällen verweigert oder für ungültig erklärt werden:

1. wenn die Marken geeignet sind, Rechte zu verletzen, die von Dritten in dem Land erworben sind, in dem der Schutz beansprucht wird;
2. wenn die Marken jeder Unterscheidungskraft entbehren oder ausschließlich aus Zeichen oder Angaben zusammengesetzt sind, die im Verkehr zur Bezeichnung der Art, der Beschaffenheit, der Menge, der Bestimmung, des Wertes, des Ursprungsortes der Erzeugnisse oder der Zeit der Erzeugung dienen können, oder die im allgemeinen Sprachgebrauch oder in den redlichen und ständigen Verkehrsgepflogenheiten des Landes, in dem der Schutz beansprucht wird, üblich sind;
3. wenn die Marken gegen die guten Sitten oder die öffentliche Ordnung verstoßen, insbesondere wenn sie geeignet sind, das Publikum zu täuschen. Es besteht Einverständnis darüber, daß eine Marke nicht schon deshalb als gegen die öffentliche Ordnung verstoßend angesehen werden kann, weil sie einer Vorschrift des Markenrechts nicht entspricht, es sei denn, daß diese Bestimmung selbst die öffentliche Ordnung betrifft.

   Die Anwendung des Artikels 10bis bleibt jedoch vorbehalten.

C. — [I] Bei der Würdigung der Schutzfähigkeit der Marke sind alle Tatumstände zu berücksichtigen, insbesondere die Dauer des Gebrauchs der Marke.

[II] In den anderen Verbandsländern dürfen Fabrik- oder Handelsmarken nicht allein deshalb zurückgewiesen werden, weil sie von den im Ursprungsland geschützten Marken nur in Bestandteilen abweichen, die gegenüber der im Ursprungsland eingetragenen Form die Unterscheidungskraft der Marken nicht beeinflussen und ihre Identität nicht berühren.

D. — Niemand kann sich auf die Bestimmungen dieses Artikels berufen, wenn die Marke, für die er den Schutz beansprucht, im Ursprungsland nicht eingetragen ist.

E. — Jedoch bringt die Erneuerung der Eintragung einer Marke im Ursprungsland keinesfalls die Verpflichtung mit sich, die Eintragung auch in den anderen Verbandsländern zu erneuern, in denen die Marke eingetragen worden ist.

F. — Das Prioritätsvorrecht bleibt bei den innerhalb der Frist des Artikels 4 vorgenommenen Markenhinterlegungen gewahrt, selbst wenn die Marke im Ursprungsland erst nach Ablauf dieser Frist eingetragen wird.

Dienstleistungsmarken

(6^{sexies}) Die Verbandsländer verpflichten sich, die Dienstleistungsmarken zu schützen. Sie sind nicht gehalten, die Eintragung dieser Marken vorzusehen.

Agenturmarke

($6^{septies}$) [I] Beantragt der Agent oder der Vertreter dessen, der in einem der Verbandsländer Inhaber einer Marke ist, ohne dessen Zustimmung die Eintragung dieser Marke auf seinen eigenen Namen in einem oder mehreren dieser Länder, so ist der Inhaber berechtigt, der beantragten Eintragung zu widersprechen oder die Löschung oder, wenn das Gesetz des Landes es zuläßt, die Übertragung dieser Eintragung zu seinen Gunsten zu verlangen, es sei denn, daß der Agent oder Vertreter seine Handlungsweise rechtfertigt.

[II]Der Inhaber der Marke ist unter den Voraussetzungen des Absatzes 1 berechtigt, sich dem Gebrauch seiner Marke durch seinen Agenten oder Vertreter zu widersetzen, wenn er diesen Gebrauch nicht gestattet hat.

[III]Den Landesgesetzgebungen steht es frei, eine angemessene Frist zu bestimmen, innerhalb welcher der Inhaber einer Marke seine in diesem Artikel vorgesehenen Rechte geltend machen muß.

Ware

(7) Die Beschaffenheit des Erzeugnisses, auf dem die Fabrik- oder Handelsmarke angebracht werden soll, darf keinesfalls die Eintragung der Marke hindern.

Verbandszeichen

(7bis) [I]Die Verbandsländer verpflichten sich, Verbandsmarken, die Verbänden gehören, deren Bestehen dem Gesetz des Ursprungslandes nicht zuwiderläuft, auch dann zur Hinterlegung zuzulassen und zu schützen, wenn diese Verbände eine gewerbliche oder Handelsniederlassung nicht besitzen.

[II]Es steht jedem Land zu, frei darüber zu bestimmen, unter welchen besonderen Bedingungen eine Verbandsmarke geschützt wird, und es kann den Schutz verweigern, wenn diese Marke gegen das öffentliche Interesse verstößt.

[III]Jedoch darf der Schutz dieser Marken einem Verband, dessen Bestehen dem Gesetz des Ursprungslandes nicht zuwiderläuft, nicht deshalb verweigert werden, weil er in dem Land, in dem der Schutz nachgesucht wird, keine Niederlassung hat oder seine Gründung der Gesetzgebung dieses Landes nicht entspricht.

Firma

(8) Der Handelsname wird in allen Verbandsländern, ohne Verpflichtung zur Hinterlegung oder Eintragung, geschützt, gleichgültig ob er einen Bestandteil einer Fabrik- oder Handelsmarke bildet oder nicht.

Beschlagnahmen bei Zeichenverletzung

(9) [I]Jedes widerrechtlich mit einer Fabrik- oder Handelsmarke oder mit einem Handelsnamen versehene Erzeugnis ist bei der Einfuhr in diejenigen Verbandsländer, in denen diese Marke oder dieser Handelsname Anspruch auf gesetzlichen Schutz hat, zu beschlagnahmen.

[II]Die Beschlagnahme ist auch in dem Land vorzunehmen, in dem die widerrechtliche Anbringung stattgefunden hat, oder in dem Land, in das das Erzeugnis eingeführt worden ist.

[III]Die Beschlagnahme erfolgt gemäß der inneren Gesetzgebung jedes Landes auf Antrag entweder der Staatsanwaltschaft oder jeder anderen zuständigen Behörde oder einer beteiligten Partei, sei dies eine natürliche oder eine juristische Person.

[IV]Die Behörden sind nicht gehalten, die Beschlagnahme im Fall der Durchfuhr zu bewirken.

[V]Läßt die Gesetzgebung eines Landes die Beschlagnahme bei der Einfuhr nicht zu, so tritt an die Stelle der Beschlagnahme das Einfuhrverbot oder die Beschlagnahme im Inland.

[VI]Läßt die Gesetzgebung eines Landes weder die Beschlagnahme bei der Einfuhr noch das Einfuhrverbot noch die Beschlagnahme im Inland zu, so treten an die Stelle dieser Maßnahmen bis zu einer entsprechenden Änderung der Gesetzgebung diejenigen Klagen und Rechtsbehelfe, die das Gesetz dieses Landes im gleichen Fall den eigenen Staatsangehörigen gewährt.

Beschlagnahmen bei Herkunftstäuschung

(10) [I]Die Bestimmungen des vorhergehenden Artikels sind im Fall des unmittelbaren oder mittelbaren Gebrauchs einer falschen Angabe über die Herkunft des Erzeugnisses oder über die Identität des Erzeugers, Herstellers oder Händlers anwendbar.

[II]Als beteiligte Partei, mag sie eine natürliche oder juristische Person sein, ist jedenfalls jeder Erzeuger, Hersteller oder Händler anzuerkennen, der sich mit der Erzeugung oder Herstellung des Erzeugnisses befaßt oder mit ihm handelt und in dem fälschlich als Herkunftsort bezeichneten Ort oder in der Gegend, in der dieser Ort liegt, oder in dem fälschlich bezeichneten Land oder in dem Land, in dem die falsche Herkunftsangabe verwendet wird, seine Niederlassung hat.

Wettbewerbsrecht

(10bis) [I]Die Verbandsländer sind gehalten, den Verbandsangehörigen einen wirksamen Schutz gegen unlauteren Wettbewerb zu sichern.

[II]Unlauterer Wettbewerb ist jede Wettbewerbshandlung, die den anständigen Gepflogenheiten in Gewerbe oder Handel zuwiderläuft.

[III]Insbesondere sind zu untersagen:

1. **alle Handlungen, die geeignet sind, auf irgendeine Weise eine Verwechslung mit der Niederlassung, den Erzeugnissen oder der gewerblichen oder kaufmännischen Tätigkeit eines Wettbewerbers hervorzurufen;**
2. **die falschen Behauptungen im geschäftlichen Verkehr, die geeignet sind, den Ruf der Niederlassung, der Erzeugnisse oder der gewerblichen oder kaufmännischen Tätigkeit eines Wettbewerbers herabzusetzen;**

3. Angaben oder Behauptungen, deren Verwendung im geschäftlichen Verkehr geeignet ist, das Publikum über die Beschaffenheit, die Art der Herstellung, die wesentlichen Eigenschaften, die Brauchbarkeit oder die Menge der Waren irrezuführen.

Wettbewerbs-Schutz

(10ter) ^{I}Um alle in den Artikeln 9, 10 und 10bis bezeichneten Handlungen wirksam zu unterdrücken, verpflichten sich die Verbandsländer, den Angehörigen der anderen Verbandsländer geeignete Rechtsbehelfe zu sichern.

^{II}Sie verpflichten sich außerdem, Maßnahmen zu treffen, um den Verbänden und Vereinigungen, welche die beteiligten Gewerbetreibenden, Erzeuger oder Händler vertreten und deren Bestehen den Gesetzen ihres Landes nicht zuwiderläuft, das Auftreten vor Gericht oder vor den Verwaltungsbehörden zum Zweck der Unterdrückung der in den Artikeln 9, 10 und 10bis bezeichneten Handlungen in dem Maß zu ermöglichen, wie es das Gesetz des Landes, in dem der Schutz beansprucht wird, den Verbänden und Vereinigungen dieses Landes gestattet.

Ausstellungsschutz

(11) ^{I}Die Verbandsländer werden nach Maßgabe ihrer inneren Gesetzgebung den patentfähigen Erfindungen, den Gebrauchsmustern, den gewerblichen Mustern oder Modellen sowie den Fabrik- oder Handelsmarken für Erzeugnisse, die in einem Verbandsland auf den amtlichen oder amtlich anerkannten internationalen Ausstellungen zur Schau gestellt werden, einen zeitweiligen Schutz gewähren.

^{II}Dieser zeitweilige Schutz verlängert die Fristen des Artikels 4 nicht. Wird später das Prioritätsrecht beansprucht, so kann die Behörde eines jeden Landes die Frist mit dem Zeitpunkt beginnen lassen, zu dem das Erzeugnis in die Ausstellung eingebracht worden ist.

^{III}Jedes Land kann zum Nachweis der Übereinstimmung des ausgestellten Gegenstandes und des Zeitpunkts der Einbringung die ihm notwendig erscheinenden Belege verlangen.

Amt für gewerbliches Eigentum

(12) ^{I}Jedes der Verbandsländer verpflichtet sich, ein besonderes Amt für das gewerbliche Eigentum und eine Zentralhinterlegungsstelle einzurichten, um die Erfindungspatent, die Gebrauchsmuster, die gewerblichen Muster oder Modelle und die Fabrik- oder Handelsmarken der Öffentlichkeit zur Kenntnis zu bringen.

^{II}Dieses Amt wird ein regelmäßig erscheinendes amtliches Blatt herausgeben. Es wird regelmäßig veröffentlichen:

a) die Namen der Inhaber der erteilten Patente mit einer kurzen Bezeichnung der patentierten Erfindungen;
b) die Abbildungen der eingetragenen Marken.

Internationales Büro

(13) [I]Das unter dem Namen „Internationales Büro zum Schutz des gewerblichen Eigentums“ errichtete Internationale Amt ist der Hohen Autorität der Regierung der Schweizerischen Eidgenossenschaft unterstellt, die seine Einrichtung regelt und seine Geschäftsführung überwacht.

[II]a) Bei Erfüllung der in den Absätzen 3 und 5 dieses Artikels vorgesehenen Aufgaben bedient sich das Internationale Büro der französischen und der englichen Sprache.
b) Die in Artikel 14 vorgesehenen Konferenzen und Zusammenkünfte werden in französischer, englischer und spanischer Sprache abgehalten.

[III]Das Internationale Büro sammelt die den Schutz des gewerblichen Eigentums betreffenden Mitteilungen aller Art, vereinigt und veröffentlicht sie. Es befaßt sich mit Studien, die von allgemeinem Nutzen und für den Verband von Interesse sind, und redigiert mit Hilfe der ihm von den verschiedenen Behörden zur Verfügung gestellten Unterlagen ein regelmäßig erscheinendes Blatt, indem die den Gegenstand des Verbandes betreffenden Fragen behandelt werden.

[IV]Die Nummern dieses Blattes sowie alle sonstigen Veröffentlichungen des Internationalen Büros werden auf die Behörden der Verbandsländer im Verhältnis zur Zahl der unten erwähnten Beitragseinheiten verteilt. Die darüber hinaus von den genannten Behörden oder von Gesellschaften oder Privatpersonen etwa beanspruchten Stücke des Blattes und der sonstigen Veröffentlichungen sind besonders zu bezahlen.

[V]Das Internationale Büro hat sich jederzeit zur Verfügung der Verbandsländer zu halten, um ihnen über Fragen der internationalen Verwaltung des gewerblichen Eigentums die etwa erforderlichen besonderen Auskünfte zu geben. Der Direktor des Internationalen Büros erstattet über seine Amtsführung alljährlich einen Bericht, der allen Verbandsländern mitgeteilt wird.

[VI]Die ordentlichen Ausgaben des Internationalen Büros werden von den Verbandsländern gemeinsam getragen. Bis auf weiteres dürfen sie die Summe von einhundertzwanzigtausend Schweizer Franken im Jahr nicht übersteigen. Diese Summe kann im Bedarfsfall durch einstimmigen Beschluß einer der in Artikel 14 vorgesehenen Konferenzen erhöht werden.

[VII]Die ordentlichen Ausgaben umfassen weder die Kosten, die mit den Arbeiten von Konferenzen von Bevollmächtigten oder Verwaltungskonferenzen zusammenhängen, noch etwaige Kosten besonderer Arbeiten oder Veröffentlichungen, die gemäß den Entscheidungen einer Konferenz vorgenommen werden. Diese Kosten, deren Höhe jährlich zwanzigtausend Schweizer Franken nicht überschreiten darf, werden auf die

Verbandsländer nach Maßgabe des Beitrages verteilt, den sie für die Tätigkeit des Internationalen Büros nach den Bestimmungen des Absatzes 8 zahlen.

VIII Um den Beitrag jedes Landes zu dieser Gesamtsumme der Kosten zu bestimmen, werden die Verbandsländer und diejenigen Länder, die dem Verband später beitreten, in sechs Klassen eingeteilt, von denen jede im Verhältnis einer bestimmten Zahl von Einheiten beiträgt, nämlich:

die 1. Klasse	25 Einheiten
die 2. Klasse	20 Einheiten
die 3. Klasse	15 Einheiten
die 4. Klasse	10 Einheiten
die 5. Klasse	5 Einheiten
die 6. Klasse	3 Einheiten

Diese Koeffizienten werden mit der Zahl der Länder jeder Klasse multipliziert, und die Summe der so erhaltenen Produkte bildet die Zahl der Einheiten, durch welche die Gesamtausgabe zu dividieren ist. Der Quotient ergibt dann den Betrag der Ausgabeeinheit.

IX Jedes der Verbandsländer gibt bei seinem Beitritt die Klasse an, der es zugeteilt zu werden wünscht. Jedoch kann jedes Verbandsland nachträglich erklären, daß es in eine andere Klasse eingereiht zu werden wünscht.

X Die Regierung der Schweizerischen Eidgenossenschaft überwacht die Ausgaben des Internationalen Büros ebenso wie dessen Abrechnung und leistet die nötigen Vorschüsse.

XI Die vom Internationalen Büro erstellte Jahresrechnung wird allen anderen Regierungen mitgeteilt.

(14) I Diese Übereinkunft soll periodischen Revisionen unterzogen werden, um Verbesserungen herbeizuführen, die geeignet sind, das System des Verbandes zu vervollkommnen.

II Zu diesem Zweck werden der Reihe nach in einem der Verbandsländer Konferenzen zwischen den Delegierten der genannten Länder stattfinden.

III Die Regierung des Landes, in dem die Konferenz tagen soll, bereitet unter Mitwirkung des Internationalen Büros die Arbeiten dieser Konferenz vor.

IV Der Direktor des Internationalen Büros hat den Sitzungen der Konferenzen beizuwohnen und an den Verhandlungen ohne beschließende Stimme teilzunehmen.

V a) In dem Zeitraum zwischen den diplomatischen Revisionskonferenzen treten Vertreter aller Verbandsländer alle drei Jahre zu Konferenzen zusammen, um einen Bericht über die voraussichtlichen Ausgaben des Internationalen Büros für die nächsten drei Jahre zu erstatten und über die den Bestand und die Entwicklung des Verbandes betreffenden Fragen zu befinden.

b) Darüber hinaus können sie durch einstimmigen Beschluß den jährlichen Höchstbetrag der Ausgaben des Internationalen Büros unter der Bedingung ändern, daß sie als Konferenz von Bevollmächtigten aller Verbandsländer auf Einladung der Regierung der Schweizerischen Eidgenossenschaft zusammentreten.

c) Außerdem können die unter dem Buchstaben a) vorgesehenen Konferenzen zwischen ihren alle drei Jahre stattfindenden Zusammenkünften auf Veranlassung entweder des Direktors des Internationalen Büros oder der Regierung der Schweizerischen Eidgenossenschaft einberufen werden.

(15) Es besteht Einverständnis darüber, daß die Verbandsländer sich das Recht vorbehalten, einzeln untereinander besondere Abmachungen zum Schutz des gewerblichen Eigentums zu treffen, sofern diese Abmachungen den Bestimmungen dieser Übereinkunft nicht zuwiderlaufen.

(16) [I]Die Länder, die an dieser Übereinkunft nicht teilgenommen haben, werden auf ihren Antrag zum Beitritt zugelassen.

[II]Dieser Beitritt ist auf diplomatischem Weg der Regierung der Schweizerischen Eidgenossenschaft und von dieser allen übrigen Regierungen anzuzeigen.

[III]Er hat mit voller Rechtswirkung den Anschluß an alle Bestimmungen und die Zulassung zu allen Vergünstigungen zur Folge, die in dieser Übereinkunft vorgesehen sind, und tritt einen Monat nach der Absendung der Anzeige durch die Regierung der Schweizerischen Eidgenossenschaft an die übrigen Verbandsländer in Kraft, sofern im Beitrittsgesuch kein späterer Zeitpunkt angegeben ist.

(16bis) [I]Jedes Verbandsland kann jederzeit der Regierung der Schweizerischen Eidgenossenschaft schriftlich anzeigen, daß diese Übereinkunft auf seine Kolonien, Protektorate, Mandatsgebiete oder andere seiner Staatshoheit oder Oberhoheit unterworfenen Gebiete, sei es auf sämtliche oder nur auf einzelne, anwendbar ist; die Übereinkunft findet auf alle in der Anzeige bezeichneten Gebiete Anwendung nach Ablauf eines Monats seit der Absendung der Anzeige durch die Regierung der Schweizerischen Eidgenossenschaft an die übrigen Verbandsländer, sofern nicht in der Anzeige ein späterer Zeitpunkt angegeben ist. Mangels einer solchen Anzeige ist die Übereinkunft auf diese Gebiete nicht anwendbar.

[II]Jedes Verbandsland kann jederzeit der Regierung der Schweizerischen Eidgenossenschaft anzeigen, daß diese Übereinkunft für alle oder für einzelne der Gebiete, die den Gegenstand der im vorhergehenden Absatz vorgesehenen Anzeige bildeten, nicht mehr anwendbar ist; die Übereinkunft tritt in den in dieser Anzeige bezeichneten Gebieten zwölf Monate nach Empfang der an die Regierung der Schweizerischen Eidgenossenschaft gerichteten Anzeige außer Kraft.

[III]Alle gemäß den Bestimmungen der Absätze 1 und 2 dieses Artikels der Regierung der Schweizerischen Eidgenossenschaft gemachten Anzeigen werden von ihr allen Verbandsländern mitgeteilt.

(17) Jedes Land, das dieser Übereinkunft angehört, verpflichtet sich, entsprechend seiner Verfassung alle notwendigen Maßnahmen zu ergreifen, um die Anwendung dieser Übereinkunft zu gewährleisten.

Es besteht Einverständnis darüber, daß jedes Land im Zeitpunkt der Hinterlegung seiner Ratifikations- oder Beitrittsurkunde gemäß seiner Gesetzgebung in der Lage sein muß, den Bestimmungen dieser Übereinkunft Wirkung zu verleihen.

(17bis) [I]Die Übereinkunft bleibt auf unbestimmte Zeit bis zum Ablauf eines Jahres vom Tag der Kündigung an in Kraft.

[II]Diese Kündigung ist an die Regierung der Schweizerischen Eidgenossenschaft zu richten. Ihre Wirkung erstreckt sich nur auf das Land, in dessen Namen sie ausgesprochen worden ist; für die übrigen Verbandsländer bleibt die Übereinkunft in Kraft.

(18) [I]Diese Übereinkunft bedarf der Ratifizierung; die Ratifikationsurkunden sollen spätestens am 1. Mai 1963 in Bern hinterlegt werden. Die Übereinkunft tritt unter den Ländern, in deren Namen sie ratifiziert worden ist, einen Monat nach diesem Zeitpunkt in Kraft. Sollte sie jedoch schon früher im Namen von mindestens sechs Ländern ratifiziert werden, so tritt sie unter diesen Ländern einen Monat, nachdem ihnen die Hinterlegung der sechsten Ratifikationsurkunde von der Regierung der Schweizerischen Eidgenossenschaft angezeigt worden ist, in Kraft, und für die Länder, in deren Namen sie danach ratifiziert wird, jeweils einen Monat nach der Anzeige jeder dieser Ratifikationen.

[II]Den Ländern, in deren Namen die Ratifikationsurkunde nicht innerhalb der im vorhergehenden Absatz vorgesehenen Frist hinterlegt worden ist, steht der Beitritt gemäß Artikel 16 offen.

[III]Diese Übereinkunft tritt in den Beziehungen zwischen den Ländern, auf die sie Anwendung findet, an die Stelle der Pariser Verbandsübereinkunft von 1883 und der nachfolgenden Revisionsakte.

[IV]Für die Länder, auf die diese Übereinkunft nicht Anwendung findet, wohl aber die in London im Jahre 1934 revidierte Verbandsübereinkunft, bleibt die letztere in Kraft.

[V]Ebenso bleibt für die Länder, auf die weder diese Übereinkunft noch die in London revidierte Pariser Verbandsübereinkunft Anwendung findet, die im Haag im Jahre 1925 revidierte Pariser Verbandsübereinkunft in Kraft.

[VI]Ebenso bleibt für die Länder, auf die weder diese Übereinkunft noch die in London revidierte Pariser Verbandsübereinkunft noch die im Haag revidierte Pariser

Verbandsübereinkunft Anwendung findet, die in Washington im Jahre 1911 revidierte Pariser Verbandsübereinkunft in Kraft.

(19) [I]Diese Übereinkunft wird in einem einzigen Stück in französischer Sprache unterzeichnet, das im Archiv der Regierung der Schweizerischen Eidgenossenschaft hinterlegt wird. Eine beglaubigte Abschrift wird von dieser den Regierungen der Verbandsländer übermittelt.

[II]Diese Übereinkunft steht zur Unterzeichnung durch die Verbandsländer bis zum 30. April 1959 offen.

[III]Amtliche Übersetzungen dieser Übereinkunft werden in deutscher, englischer, spanischer, italienischer und portugiesischer Sprache hergestellt.

ANHANG II

III. Madrider Abkommen vom 14. 4. 1891 betr. die internationale Registrierung von Fabrik- oder Handelsmarken, in der Nizzaer Fassung vom 25. 6. 57

Schutzbereich

(1) [I]Die Länder, auf die dieses Abkommen Anwendung findet, bilden einen besonderen Verband für die internationale Registrierung von Marken.

[II]Die Angehörigen eines jeden der vertragschließenden Länder können sich in allen übrigen diesem Abkommen angehörenden Ländern den Schutz ihrer im Ursprungsland für Waren oder Dienstleistungen eingetragenen Marken dadurch sichern, daß sie diese Marken durch Vermittlung der Behörde des Ursprungslandes beim Internationalen Büro zum Schutz des gewerblichen Eigentums hinterlegen.

[III]Als Ursprungsland wird das Land des besonderen Verbandes angesehen, in dem der Hinterleger eine tatsächliche und nicht nur zum Schein bestehende gewerbliche oder Handelsniederlassung hat; wenn er eine solche Niederlassung in einem Land des besonderen Verbandes nicht hat, das Land des besonderen Verbandes, in dem er seinen Wohnsitz hat; wenn er keinen Wohnsitz innerhalb des besonderen Verbandes hat, das Land seiner Staatsangehörigkeit, sofern er Angehöriger eines Landes des besonderen Verbandes ist.

Erweiterter Schutzbereich

(2) Den Angehörigen der vertragschließenden Länder sind gleichgestellt die Angehörigen der diesem Abkommen nicht beigetretenen Länder, die im Gebiet des

durch dieses Abkommen gebildeten besonderen Verbandes den durch Artikel 3 der Pariser Verbandsübereinkunft zum Schutz des gewerblichen Eigentums festgesetzten Bedingungen genügen.

Eintragung

(3) [I]Jedes Gesuch um internationale Registrierung ist auf dem von der Ausführungsordnung vorgeschriebenen Formular einzureichen; die Behörde des Ursprungslandes der Marke bescheinigt, daß die Angaben in diesem Gesuch denen des nationalen Registers entsprechen, und gibt die Daten und Nummern der Hinterlegung und der Eintragung der Marke im Ursprungsland sowie das Datum des Gesuchs um internationale Registrierung an.

[II]Der Hinterleger hat die Waren oder Dienstleistungen, für die der Schutz der Marke beansprucht wird, anzugeben sowie, wenn möglich, die Klasse oder die Klassen entsprechend der Klassifikation, die durch das Abkommen von Nizza über die internationale Klassifikation von Waren und Dienstleistungen für Fabrik- oder Handelsmarken festgelegt worden ist. Macht der Hinterleger diese Angabe nicht, so ordnet das Internationale Büro die Waren oder Dienstleistungen in die entsprechenden Klassen der erwähnten Klassifikation ein. Die vom Hinterleger angegebene Einordnung unterliegt der Prüfung durch das Internationale Büro, das hierbei im Einvernehmen mit der nationalen Behörde vorgeht. Im Fall einer Meinungsverschiedenheit zwischen der nationalen Behörde und dem Internationalen Büro ist die Ansicht des letzteren maßgebend.

[III]Beansprucht der Hinterleger die Farbe als unterscheidendes Merkmal seiner Marke, so ist er verpflichtet:

1. dies ausdrücklich zu erklären und seiner Hinterlegung einen Vermerk beizufügen, der die beanspruchte Farbe oder Farbenzusammenstellung angibt;
2. seinem Gesuch farbige Darstellungen der Marke beizulegen, die den Mitteilungen des Internationalen Büros beigefügt werden. Die Anzahl dieser Darstellungen wird durch die Ausführungsordnung bestimmt.

[IV]Das Internationale Büro trägt die gemäß Artikel 1 hinterlegten Marken sogleich in ein Register ein. Die Registrierung erhält das Datum des Gesuchs um internationale Registrierung im Ursprungsland, sofern das Gesuch beim Internationalen Büro innerhalb von zwei Monaten nach diesem Zeitpunkt eingegangen ist. Ist das Gesuch nicht innerhalb dieser Frist eingegangen, so trägt das Internationale Büro es mit dem Datum ein, an dem es bei ihm eingegangen ist. Das Internationale Büro zeigt diese Registrierung unverzüglich den beteiligten Behörden an. Die registrierten Marken werden in einem regelmäßig erscheinenden, vom Internationalen Büro herausgegebenen Blatt unter Verwendung der in dem Registrierungsgesuch enthaltenen Angaben veröffentlicht. Hinsichtlich der Marken, die einen bildlichen Bestandteil oder eine besondere Schriftform enthalten, bestimmt die Ausführungsordnung, ob der Hinterleger einen Druckstock einzureichen hat.

[V]Um die registrierten Marken in den vertragschließenden Ländern zur allgemeinen Kenntnis zu bringen, erhält jede Behörde vom Internationalen Büro eine Anzahl von Stücken der genannten Veröffentlichung unentgeltlich sowie eine Anzahl von Stücken zu ermäßigtem Preis im Verhältnis zur Zahl der Einheiten entsprechend den Bestimmungen des Artikels 13 Absatz 8 der Pariser Verbandsübereinkunft zum Schutz des gewerblichen Eigentums und zu den von der Ausführungsordnung festgesetzten Bedingungen. Diese Bekanntgabe ist in allen vertragschließenden Ländern als vollkommen ausreichend anzusehen; eine weitere darf vom Hinterleger nicht gefordert werden.

Antrag

(3bis) [I]Jedes vertragschließende Land kann jederzeit der Regierung der Schweizerischen Eidgenossenschaft schriftlich anzeigen, daß sich der Schutz aus der internationalen Registrierung auf dieses Land nur dann erstreckt, wenn der Inhaber der Marke es ausdrücklich beantragt.

[II]Diese Anzeige wird erst sechs Monate nach dem Zeitpunkt ihrer Mitteilung durch die Regierung der Schweizerischen Eidgenossenschaft an die anderen vertragschließenden Länder wirksam. Diese Frist gilt jedoch nicht für die Länder, die anläßlich ihrer Ratifikation oder ihres Beitritts von der im Absatz 1 eingeräumten Befugnis Gebrauch machen.

Antrag

(3ter) [I]Das Gesuch um Ausdehnung des Schutzes aus der internationalen Registrierung auf ein Land, das von der durch Artikel 3bis geschaffenen Befugnis Gebrauch gemacht hat, ist in dem in Artikel 3 Absatz 1 vorgesehenen Gesuch besonders zu erwähnen.

[II]Das erst nach der internationalen Registrierung gestellte Gesuch um Ausdehnung des Schutzes ist durch Vermittlung der Behörde des Ursprungslandes auf einem von der Ausführungsordnung vorgeschriebenen Formular einzureichen. Das Internationale Büro trägt es sogleich in das Register ein, teilt es unverzüglich der oder den beteiligten Behörden mit und veröffentlicht es in dem regelmäßig erscheinenden, von ihm herausgegebenen Blatt. Diese Ausdehnung des Schutzes wird in dem Zeitpunkt wirksam, in dem sie im internationalen Register eingetragen wird; sie verliert ihre Wirkung mit dem Erlöschen der internationalen Registrierung der Marke, auf die sie sich bezieht.

Wirkung der Eintragung

(4) [I]Vom Zeitpunkt der im Internationalen Büro nach den Bestimmungen der Artikel 3 und 3ter vollzogenen Registrierung an ist die Marke in jedem der beteiligten vertragschließenden Länder ebenso geschützt, wie wenn sie dort unmittelbar hinterlegt

worden wäre. Die im Artikel 3 vorgesehene Einordnung der Waren oder Dienstleistungen bindet die vertragschließenden Länder nicht hinsichtlich der Beurteilung des Schutzumfangs der Marke.

^{II}Jede Marke, die Gegenstand einer internationalen Registrierung gewesen ist, genießt das durch Artikel 4 der Pariser Verbandsübereinkunft zum Schutz des gewerblichen Eigentums festgelegte Prioritätsrecht, ohne daß es erforderlich ist, die unter dem Buchstaben D jenes Artikels vorgesehenen Förmlichkeiten zu erfüllen.

Doppeleintragung

(4bis) ^{I}Ist eine in einem oder mehreren der vertragschließenden Länder bereits hinterlegte Marke später vom Internationalen Büro auf den Namen desselben Inhabers oder seines Rechtsnachfolgers registriert worden, so ist die internationale Registrierung als an die Stelle der früheren nationalen Eintragungen getreten anzusehen, unbeschadet der durch die letzteren erworbenen Rechte.

^{II}Die nationale Behörde hat auf Antrag die internationale Registrierung in ihren Registern zu vermerken.

Schutzversagung

(5) ^{I}Die Behörden, denen das Internationale Büro die Registrierung einer Marke oder das gemäß Artikel 3ter gestellte Gesuch um Ausdehnung des Schutzes mitteilt, sind in den Ländern, deren Gesetzgebung sie dazu ermächtigt, zu der Erklärung befugt, daß dieser Marke der Schutz in ihrem Gebiet nicht gewährt werden kann. Eine solche Schutzverweigerung ist jedoch nur unter den Bedingungen zulässig, die nach der Pariser Verbandsübereinkunft zum Schutz des gewerblichen Eigentums auf eine zur nationalen Eintragung hinterlegte Marke anwendbar wären. Der Schutz darf jedoch weder ganz noch teilweise allein deshalb verweigert werden, weil die Landesgesetzgebung die Eintragung nur für eine beschränkte Anzahl von Klassen oder für eine beschränkte Anzahl von Waren oder Dienstleistungen zuläßt.

^{II}Die Behörden, die von dieser Befugnis Gebrauch machen wollen, haben ihre Schutzverweigerung unter Angabe aller Gründe dem Internationalen Büro innerhalb der von ihrem Landesgesetz vorgesehenen Frist, spätestens aber vor Ablauf eines Jahres nach der internationalen Registrierung der Marke oder nach dem gemäß Artikel 3ter gestellten Gesuch um Ausdehnung des Schutzes, mitzuteilen.

^{III}Das Internationale Büro übermittelt unverzüglich eines der Stücke der in dieser Weise mitgeteilten Schutzverweigerungserklärung der Behörde des Ursprungslandes und dem Inhaber der Marke oder seinem Vertreter, falls dieser dem Büro von der genannten Behörde angegeben worden ist. Der Beteiligte hat dieselben Rechtsmittel, wie wenn er die Marke unmittelbar in dem Land hinterlegt hätte, in dem der Schutz verweigert wird.

[IV]Das Internationale Büro hat den Beteiligten auf Antrag die Gründe der Schutzverweigerung mitzuteilen.

[V]Die Behörden, die innerhalb der genannten Höchstfrist von einem Jahr dem Internationalen Büro hinsichtlich der Registrierung einer Marke oder eines Gesuchs um Ausdehnung des Schutzes keine vorläufige oder endgültige Schutzverweigerung mitgeteilt haben, verlieren hinsichtlich der betreffenden Marke die Vergünstigung der im Absatz 1 dieses Artikels vorgesehenen Befugnis.

[VI]Die zuständigen Behörden dürfen eine internationale Marke nicht für ungültig erklären, ohne dem Inhaber der Marke Gelegenheit geben zu haben, seine Rechte rechtzeitig geltend zu machen. Die Ungültigerklärung ist dem Internationalen Büro mitzuteilen.

Belege

(5bis) Die Belege für die Rechtmäßigkeit des Gebrauchs gewisser Markenbestandteile — wie Wappen, Wappenschilde, Bildnisse, Auszeichnungen, Titel, Handels- oder Personennamen, die anders lauten als der des Hinterlegers, oder andere Inschriften ähnlicher Art —, die von den Behörden der vertragschließenden Länder etwa angefordert werden, sind von jeder Beglaubigung sowie von jeder anderen Bestätigung als der der Behörde des Ursprungslandes befreit.

Abschriften und Auskünfte

(5ter) [I]Das Internationale Büro übermittelt auf Antrag jedermann gegen eine durch die Ausführungsordnung festgesetzte Gebühr eine Abschrift der im Register eingetragenen Angaben über eine bestimmte Marke.

[II]Das Internationale Büro kann gegen Entgelt auch Nachforschungen nach älteren Registrierungen internationaler Marken übernehmen.

[III]Die zur Vorlage in einem der vertragschließenden Länder beantragten Auszüge aus dem internationalen Register sind von jeder Beglaubigung befreit.

Dauer des Schutzes

(6) [I]Die Registrierung einer Marke beim Internationalen Büro erfolgt für zwanzig Jahre (vorbehaltlich des in Artikel 8 vorgesehenen Falles, daß der Hinterleger nur einen Teil der internationalen Gebühr entrichtet hat) mit der Möglichkeit der Erneuerung unter den in Artikel 7 festgesetzten Bedingungen.

[II]Mit dem Ablauf einer Frist von fünf Jahren vom Zeitpunkt der internationalen Registrierung an wird diese, vorbehaltlich der folgenden Bestimmungen, von der vorher im Ursprungsland eingetragenen nationalen Marke unabhängig.

[III]Der durch die internationale Registrierung erlangte Schutz, gleichgültig ob die Registrierung Gegenstand einer Übertragung gewesen ist oder nicht, kann, ganz oder teilweise, nicht mehr in Anspruch genommen werden, wenn innerhalb von fünf Jahren vom Zeitpunkt der internationalen Registrierung an die vorher im Ursprungsland im Sinn des Artikels 1 eingetragene nationale Marke in diesem Land den gesetzlichen Schutz ganz oder teilweise nicht mehr genießt. Das gleiche gilt, wenn dieser gesetzliche Schutz später infolge einer vor Ablauf der Frist von fünf Jahren erhobenen Klage erlischt.

IV Wird die Marke freiwillig oder von Amts wegen gelöscht, so ersucht die Behörde des Ursprungslandes das Internationale Büro um die Löschung der Marke, das daraufhin die Löschung vornimmt. Im Fall eines gerichtlichen Verfahrens übermittelt die genannte Behörde von Amts wegen oder auf Verlangen des Klägers dem Internationalen Büro eine Abschrift der Klageschrift oder einer anderen die Klageerhebung nachweisenden Urkunde, ebenso eine Abschrift des rechtskräftigen Urteils. Das Büro vermerkt dies im internationalen Register.

Erneuerung

(7) I Die Registrierung kann jederzeit für einen Zeitabschnitt von zwanzig Jahren, gerechnet vom Ablauf des vorhergehenden Zeitabschnitts an, durch einfache Zahlung der in Artikel 8 Abs. 2 vorgesehenen Grundgebühr und gegebenenfalls der Zusatz- und Ergänzungsgebühren erneuert werden.

II Die Erneuerung darf gegenüber dem letzten Stand der vorhergehenden Registrierung keine Änderung enthalten.

III Bei der ersten nach Inkrafttreten dieses Abkommens vorgenommenen Erneuerung sind die Klassen der internationalen Klassifikation anzugeben, auf die sich die Registrierung bezieht.

IV Sechs Monate vor Ablauf der Schutzfrist erinnert das Internationale Büro den Inhaber der Marke und seinen Vertreter durch Zusendung einer Mitteilung an den genauen Zeitpunkt dieses Ablaufs.

V Gegen Zahlung einer von der Ausführungsordnung festgesetzten Zuschlagsgebühr wird eine Nachfrist von sechs Monaten für die Erneuerung der internationalen Registrierung gewährt.

Gebühren

(8) I Die Behörde des Ursprungslandes ist befugt, nach ihrem Ermessen eine nationale Gebühr festzusetzen und zu ihren Gunsten vom Inhaber der Marke, deren internationale Registrierung oder Erneuerung beantragt wird, zu erheben.

II Vor der Registrierung einer Marke beim Internationalen Büro ist eine internationale Gebühr zu entrichten, die sich zusammensetzt aus:

a) einer Grundgebühr von 200 Schweizer Franken für die erste Marke und von 150 Schweizer Franken für jede weitere gleichzeitig mit der ersten hinterlegte Marke;

b) einer Zusatzgebühr von 25 Schweizer Franken für jede die dritte Klasse übersteigenden Klasse der internationalen Klassifikation, in welche die Waren oder Dienstleistungen eingeordnet werden, auf die sich die Marke bezieht;

c) einer Ergänzungsgebühr von 25 Schweizer Franken je Land für jedes Gesuch um Ausdehnung des Schutzes gemäß Artikel 3ter.

III Die im Absatz 2 Buchstabe b geregelte Zusatzgebühr kann jedoch, ohne daß sich dies auf den Zeitpunkt der Registrierung auswirkt, innerhalb einer von der Ausführungsordnung festzusetzenden Frist entrichtet werden, wenn die Zahl der Klassen der Waren oder Dienstleistungen vom Internationalen Büro festgesetzt oder bestritten worden ist. Ist bei Ablauf der genannten Frist die Zusatzgebühr nicht entrichtet oder das Verzeichnis der Waren oder Dienstleistungen vom Hinterleger nicht in dem erforderlichen Ausmaß eingeschränkt worden, so gilt das Gesuch um internationale Registrierung als zurückgenommen.

IV Der jährliche Gesamtbetrag der verschiedenen Einnahmen aus der internationalen Registrierung wird mit Ausnahme der im Absatz 2 Buchstaben b und c vorgesehenen Einnahmen, nach Abzug der durch die Ausführung dieses Abkommens verursachten Kosten und Aufwendungen vom Internationalen Büro zu gleichen Teilen unter die diesem Abkommen angehörenden Länder verteilt.

Ist ein Land bis zum Zeitpunkt des Inkrafttretens dieser Fassung des Abkommens weder der Haager noch der Londoner Fassung beigetreten, so hat es bis zum Zeitpunkt des Inkrafttretens seines Beitritts nur Anspruch auf eine Verteilung des auf der Grundlage der früheren Fassungen errechneten Einnahmeüberschusses.

V Die sich aus den Zusatzgebühren gemäß Absatz 2 Buchstabe b ergebenden Beträge werden nach Ablauf jedes Jahres unter die dieser Fassung des Abkommens angehörenden Länder im Verhältnis zur Zahl der Marken verteilt, für die während des abgelaufenen Jahres in jedem dieser Länder der Schutz beantragt worden ist. Soweit es sich um Länder mit Vorprüfung handelt, wird diese Zahl mit einem Koeffizienten vervielfacht, der in der Ausführungsordnung festgesetzt wird.

VI Die sich aus den Ergänzungsgebühren gemäß Absatz 2 Buchstabe c ergebenden Beträge werden nach den Regeln des Absatzes 5 unter die Länder verteilt, die von der im Artikel 3bis vorgesehenen Befugnis Gebrauch gemacht haben.

VII Hinsichtlich der Grundgebühr ist der Hinterleger befugt, mit dem Gesuch um internationale Registrierung nur einen Grundbetrag von 125 Schweizer Franken für die erste Marke und von 100 Schweizer Franken für jede gleichzeitig mit der ersten hinterlegte Marke zu entrichten.

VIII Macht der Hinterleger von dieser Befugnis Gebrauch, so hat er vor Ablauf einer Frist von zehn Jahren seit der internationalen Registrierung an das Internationale Büro einen Restgrundbetrag von 100 Schweizer Franken für die erste Marke und von 75 Schweizer Franken für jede gleichzeitig mit der ersten hinterlegte Marke zu entrichten; andernfalls verliert er bei Ablauf der Frist die Vorteile aus seiner Regi-

strierung. Sechs Monate vor diesem Fristablauf erinnert das Internationale Büro den Hinterleger und seinen Vertreter durch Zusendung einer Mitteilung an den genauen Zeitpunkt dieses Ablaufs. Ist der Restgrundbetrag nicht vor Ablauf dieser Frist an das Internationale Büro entrichtet, so löscht dieses die Marke, teilt die Löschung den nationalen Behörden mit und veröffentlicht sie in seinem Blatt. Wird für die gleichzeitig hinterlegten Marken der Restgrundbetrag nicht auf einmal gezahlt, so hat der Hinterleger die Marken genau zu bezeichnen, für die er den Restgrundbetrag zahlen will, und 100 Schweizer Franken für die erste Marke jeder Serie zu entrichten.

[IX]Hinsichtlich der obenerwähnten Frist von zehn Jahren ist die Bestimmung des Artikels 7 Absatz 5 sinngemäß anzuwenden.

Verzicht auf Schutz

(8bis) Der Inhaber der internationalen Registrierung kann jederzeit durch eine an die Behörde seines Landes gerichtete Erklärung auf den Schutz in einem oder in mehreren der vertragschließenden Länder verzichten; die Erklärung wird dem Internationalen Büro mitgeteilt und von diesem den Ländern, auf die sich der Verzicht bezieht, zur Kenntnis gebracht. Der Verzicht ist gebührenfrei.

Veränderungen

(9) [I]Ebenso teilt die Behörde des Landes des Inhabers dem Internationalen Büro die bei der eingetragenen Marke im nationalen Register vermerkten Nichtigkeitserklärungen, Löschungen, Verzichte, Übertragungen und anderen Änderungen mit, wenn diese Änderungen auch die internationale Registrierung berühren.

[II]Das Büro trägt diese Änderungen in das internationale Register ein, teilt sie seinerseits den Behörden der vertragschließenden Länder mit und veröffentlicht sie in seinem Blatt.

[III]Ebenso wird verfahren, wenn der Inhaber der internationalen Registrierung beantragt, das Verzeichnis der Waren oder Dienstleistungen einzuschränken, auf die sich die Registrierung bezieht.

[IV]Für diese Amtshandlungen kann eine Gebühr erhoben werden, die durch die Ausführungsordnung festgesetzt wird.

[V]Die nachträgliche Erweiterung des Verzeichnisses um eine neue Ware oder Dienstleistung kann nur durch eine neue Hinterlegung, gemäß den Vorschriften des Artikels 3, vorgenommen werden.

[VI]Der Erweiterung steht der Austausch einer Ware oder Dienstleistung durch eine andere gleich.

Übertragbarkeit des Zeichenrechts

(9bis) [I]Wird eine im internationalen Register eingetragene Marke auf eine Person übertragen, die in einem anderen vertragschließenden Land als dem Land des

Inhabers der internationalen Registrierung ansässig ist, so ist die Übertragung durch die Behörde dieses Landes dem Internationalen Büro mitzuteilen. Das Internationale Büro trägt die Übertragung in das Register ein, teilt sie den anderen Behörden mit und veröffentlicht sie in seinem Blatt. Wird die Übertragung vor Ablauf der Frist von fünf Jahren seit der internationalen Registrierung vorgenommen, so holt das Internationale Büro die Zustimmung der Behörde des Landes des neuen Inhabers ein und veröffentlicht, wenn möglich, das Datum und die Nummer der Registrierung der Marke in dem Land des neuen Inhabers.

II Die Übertragung einer im internationalen Register eingetragenen Marke auf eine Person, die zur Hinterlegung einer internationalen Marke nicht berechtigt ist, wird im Register nicht eingetragen.

III Konnte eine Übertragung im internationalen Register nicht eingetragen werden, weil das Land des neuen Inhabers seine Zustimmung versagt hat, oder weil die Übertragung zugunsten einer Person vorgenommen worden ist, die zur Einreichung eines Gesuchs um internationale Registrierung nicht berechtigt ist, so hat die Behörde des Landes des früheren Inhabers das Recht, vom Internationalen Büro die Löschung der Marke in dessen Register zu verlangen.

Teilübertragung

(9ter) I Wird die Übertragung einer internationalen Marke nur für einen Teil der eingetragenen Waren oder Dienstleistungen dem Internationalen Büro mitgeteilt, so trägt dieses die Übertragung in sein Register ein. Jedes der vertragschließenden Länder ist befugt, die Gültigkeit dieser Übertragung nicht anzuerkennen, wenn die Waren oder Dienstleistungen des auf diese Weise übertragenen Teils mit denen gleichartig sind, für welche die Marke zugunsten des Übertragenden eingetragen bleibt.

II Das Internationale Büro trägt auch Übertragungen der internationalen Marke ein, die sich nur auf eines oder auf mehrere der vertragschließenden Länder beziehen.

III Tritt in den vorgenannten Fällen ein Wechsel des Landes des Inhabers ein, so hat die für den neuen Inhaber zuständige Behörde die nach Artikel 9bis erforderliche Zustimmung zu erteilen, wenn die internationale Marke vor Ablauf der Frist von fünf Jahren seit der internationalen Registrierung übertragen worden ist.

IV Die Bestimmungen der vorhergehenden Absätze finden nur unter dem Vorbehalt des Artikels 6^{quater} der Pariser Verbandsübereinkunft zum Schutz des gewerblichen Eigentums Anwendung.

Vereinheitlichung von Gesetzen

(9^{quater}) I Kommen mehrere Länder des besonderen Verbandes überein, ihre Landesgesetze auf dem Gebiet des Markenrechts zu vereinheitlichen, so können sie der Regierung der Schweizerischen Eidgenossenschaft anzeigen:

a) daß eine gemeinsame Behörde an die Stelle der nationalen Behörde jedes dieser Länder tritt, und

b) daß die Gesamtheit ihrer Gebiete für die vollständige oder teilweise Anwendung dieses Abkommens als ein Land anzusehen ist.

[II]Diese Anzeige wird erst wirksam sechs Monate nach dem Zeitpunkt der Mitteilung, welche die Regierung der Schweizerischen Eidgenossenschaft den anderen vertragschließenden Ländern darüber zugehen läßt.

Erläuterung. Diese Bestimmung wurde im Hinblick auf die geplante Schaffung eines einheitlichen Warenzeichengesetzes für die Benelux-Länder in das Abkommen aufgenommen, *Richter* GR Ausl **57**, 533.

Geschäftsverkehr

(10) [I]Die Behörden regeln die Einzelheiten der Ausführung dieses Abkommens in gemeinschaftlichem Einverständnis.

[II]Beim Internationalen Büro wird ein Ausschuß der Leiter der nationalen Ämter des gewerblichen Eigentums des besonderen Verbandes gebildet. Er tritt auf Einladung des Direktors des Internationalen Büros oder auf Verlangen von fünf dem Abkommen angehörenden Ländern in Zeitabständen, die fünf Jahre nicht überschreiten dürfen, zusammen. Er bestimmt aus seiner Mitte einen engeren Rat, der bestimmten Aufgaben betraut werden kann und mindestens einmal jährlich zusammentritt.

[III]Dieser Ausschuß hat beratende Funktionen.

[VI]Jedoch

a) kann der Ausschuß, vorbehaltlich der der Hohen Aufsichtsbehörde übertragenen allgemeinen Befugnisse, auf einen mit einer Begründung versehenen Vorschlag des Direktors des Internationalen Büros durch einstimmigen Beschluß der vertretenen Länder die Höhe der in Artikel 8 dieses Abkommens vorgesehenen Gebühren ändern;

b) erläßt und ändert der Ausschuß durch einstimmigen Beschluß der vertretenen Länder die Ausführungsordnung zu diesem Abkommen;

c) können die Leiter der nationalen Ämter des gewerblichen Eigentums ihre Befugnisse auf den Vertreter eines anderen Landes übertragen.

Beitritt

(11) [I]Die dem Verband zum Schutz des gewerblichen Eigentums angehörenden Länder, die an diesem Abkommen nicht teilgenommen haben, werden auf ihren Antrag und in der durch Artikel 16 der Pariser Verbandsübereinkunft zum Schutz des gewerblichen Eigentums vorgeschriebenen Form zum Beitritt zugelassen. Dieser Beitritt ist nur zu der zuletzt revidierten Fassung des Abkommens zulässig.

[II]Sobald das Internationale Büro davon in Kenntnis gesetzt worden ist, daß ein Land oder sämtliche oder einzelne Länder oder Gebiete, deren auswärtige Beziehun-

gen dieses Land wahrnimmt, diesem Abkommen beigetreten sind, übermittelt es der Behörde dieses Landes gemäß Artikel 3 eine Sammelanzeige aller Marken, die zu diesem Zeitpunkt den internationalen Schutz genießen.

III Diese Anzeige sichert als solche den genannten Marken die Vorteile der vorhergehenden Bestimmungen im Gebiet des beitretenden Landes und setzt die Jahresfrist in Lauf, während der die beteiligte Behörde die im Artikel 5 vorgesehene Erklärung abgeben kann.

IV Jedoch kann jedes Land bei seinem Beitritt zu diesem Abkommen erklären, daß die Anwendung dieses Abkommens auf diejenigen Marken beschränkt wird, die von dem Tag an registriert werden, an dem dieser Beitritt wirksam wird; dies gilt nicht für internationale Marken, die schon vorher in diesem Land Gegenstand einer gleichen, noch wirksamen nationalen Eintragung gewesen sind und die auf Antrag der Beteiligten ohne weiteres anzuerkennen sind.

V Diese Erklärung entbindet das Internationale Büro von der oben genannten Übermittlung der Sammelanzeige. Es beschränkt seine Anzeige auf die Marken, deretwegen ihm der Antrag auf Anwendung der im vorhergehenden Absatz vorgesehenen Ausnahme nebst den erforderlichen näheren Angaben innerhalb eines Jahres nach dem Beitritt des neuen Landes zugeht.

Das Internationale Büro übermittelt den Ländern keine Sammelanzeige, die bei ihrem Beitritt zum Madrider Abkommen erklären, daß sie von der in Artikel 3bis vorgesehenen Befugnis Gebrauch machen. Diese Länder können außerdem gleichzeitig erklären, daß die Anwendung dieses Abkommens auf diejenigen Marken beschränkt wird, die von dem Tag an registriert werden, an dem ihr Beitritt wirksam wird; diese Einschränkung gilt jedoch nicht für die internationalen Marken, die in diesen Ländern schon vorher Gegenstand einer gleichen nationalen Eintragung waren und die Anlaß zu gemäß Artikel 3ter und Artikel 8 Absatz 2 Buchstabe c gestellten und mitgeteilten Gesuchen um Ausdehnung des Schutzes geben können.

VI Die Markenregistrierungen, die den Gegenstand einer der in diesem Artikel vorgesehenen Anzeige gebildet haben, gelten als an die Stelle der Eintragungen getreten, die in dem neuen vertragschließenden Land vor dem Zeitpunkt des Wirksamwerdens seines Beitritts unmittelbar bewirkt worden sind.

VII Die Bestimmungen des Artikels 16bis der Pariser Verbandsübereinkunft zum Schutz des gewerblichen Eigentums sind auf dieses Abkommen anzuwenden.

Kündigung

(11bis) Für die Kündigung dieses Abkommens ist Artikel 17bis der Pariser Verbandsübereinkunft zum Schutz des gewerblichen Eigentums maßgebend. Die bis zu dem Zeitpunkt, an dem die Kündigung wirksam wird, international registrierten Marken, denen innerhalb der in Artikel 5 vorgesehenen Jahresfrist der Schutz nicht verweigert worden ist, genießen während der Dauer des internationalen Schutzes

weiter denselben Schutz, wie wenn sie unmittelbar in diesem Land hinterlegt worden wären.

Ratifikation

(12) [I]Dieses Abkommen bedarf der Ratifizierung: die Ratifikationsurkunden sollen in Paris sobald wie möglich hinterlegt werden.

[II]Es tritt unter den Ländern, in deren Namen es ratifiziert worden ist oder die ihm gemäß Artikel 11 Absatz 1 beigetreten sind, in Kraft, sobald mindestens zwölf Länder es ratifiziert haben oder ihm beigetreten sind, und zwar zwei Jahre, nachdem ihnen von der Regierung der Schweizerischen Eidgenossenschaft die Hinterlegung der zwölften Ratifikations- oder Beitrittsurkunde angezeigt worden ist. Es soll dieselbe Geltung und Dauer haben wie die Pariser Verbandsübereinkunft zum Schutz des gewerblichen Eigentums.

[III]Hinsichtlich der Länder, die ihre Ratifikations- oder Beitrittsurkunde nach der Hinterlegung der zwölften Ratifikations- oder Beitrittsurkunde hinterlegen, tritt es gemäß den Bestimmungen des Artikels 16 der Pariser Verbandsübereinkunft in Kraft. Jedoch ist dieses Inkrafttreten auf jeden Fall vom Ablauf der im vorhergehenden Absatz vorgesehenen Frist abhängig.

[IV]Dieses Abkommen tritt in allen Beziehungen zwischen den Ländern, in deren Namen es ratifiziert worden ist oder die ihm beigetreten sind, mit dem Tag, an dem es zwischen ihnen in Kraft tritt, an die Stelle der früheren Fassungen des Madrider Abkommens von 1891. Jedoch bleibt jedes Land, das dieses Abkommen ratifiziert hat oder ihm beigetreten ist, in seinen Beziehungen zu den Ländern, die es nicht ratifiziert haben oder ihm nicht beigetreten sind, an die früheren Fassungen gebunden, sofern dieses Land nicht ausdrücklich erklärt hat, an diese Fassungen nicht mehr gebunden sein zu wollen. Diese Erklärung ist an die Regierung der Schweizerischen Eidgenossenschaft zu richten. Sie wird erst zwölf Monate nach ihrem Empfang durch die genannte Regierung wirksam.

[V]Das Internationale Büro trifft im Einvernehmen mit den beteiligten Ländern die verwaltungsmäßigen Anpassungsmaßnahmen, die sich hinsichtlich der Ausführung der Bestimmungen dieses Abkommens als zweckmäßig erweisen.

[Geheimnisverrat]

§ 17

(1) Mit Freiheitsstrafe bis zu drei Jahren und mit Geldstrafe oder mit einer dieser Strafen wird bestraft, wer als Angestellter, Arbeiter oder Lehrling eines Geschäftsbetriebs ein Geschäfts- oder Betriebsgeheimnis, das ihm vermöge des Dienstverhältnisses anvertraut worden oder zugänglich geworden ist, während der Geltungsdauer des Dienstverhältnisses unbefugt an jemand zu Zwecken des Wettbewerbes oder aus Eigennutz oder in der Absicht, dem Inhaber des Geschäftsbetriebes Schaden zuzufügen, mitteilt.

(2) Ebenso wird bestraft, wer ein Geschäfts- oder Betriebsgeheimnis, dessen Kenntnis er durch eine der in Absatz 1 bezeichneten Mitteilungen oder durch eine gegen das Gesetz oder die guten Sitten verstoßende eigene Handlung erlangt hat, zu Zwecken des Wettbewerbes oder aus Eigennutz unbefugt verwertet oder an jemand mitteilt.

(3) Weiß der Täter bei der Mitteilung, daß das Geheimnis im Ausland verwertet werden soll, oder verwertet er es selbst im Ausland, so kann auf Freiheitsstrafe bis zu fünf Jahren erkannt werden.

(4) Die Vorschriften der Absätze 1 bis 3 gelten auch dann, wenn der Empfänger der Mitteilung, ohne daß der Täter dies weiß, das Geheimnis schon kennt oder berechtigt ist, es kennenzulernen.

Übersicht

I. Tatbestände des Abs. 1

[1] Der Unterschied zwischen dem Abs. 1 und 2 besteht darin, daß Abs. 1 den Verrat während der Dauer eines Dienstverhältnisses durch Beschäftigte unter Strafe stellt, während Abs. 2 die Verwertung und Mitteilung von Geschäfts- und Betriebsgeheimnissen behandelt, die außerhalb eines Dienstverhältnisses geschehen.

[2] Unter **Unternehmensgeheimnis** (gleichgültig ob Geschäfts- oder Betriebsgeheimnis) ist alles zu verstehen, „was mit einem Geschäftsbetrieb in Zusammenhang steht, nur einem eng begrenzten Personenkreis bekannt, also nicht offenkundig ist und nach dem bekundeten Willen des Betriebsinhabers, der auf einem berechtigten wirtschaftlichen Interesse beruht (BGH GRUR 61 S. 40 „Wurftaubenpresse"), geheimgehalten werden soll" (BGH GRUR 55 S. 424 „Möbelpaste") oder „was geheimzuhalten für den Geschäftsbetrieb wichtig ist" RG GRUR 39 S. 311 und RArbG GRUR 44 S. 48). Es sind also nicht wahlweise, sondern zusammentreffend zu fordern: der **Wille** des Betriebsinhabers zur Geheimhaltung **und** das **berechtigte wirtschaftliche Interesse** an der Geheimhaltung allgem. Meinung; vgl. B.-Hefermehl S. 1103, Reimer-v. Gamm S. 482).

a) **Offenkundig** ist ein Geheimnis dann, wenn es von jedem Interessenten ohne größere Schwierigkeiten und Opfer in Erfahrung gebracht werden kann (BGH GRUR 58 S. 297 (299) „Petromax"; RG GRUR 36 S. 187, S. 575; JW 39 S. 426). Bei Maschinen, die im allgemeinen Geschäftsverkehr vertrieben werden besteht hinsichtlich der Einzelheiten ihrer Konstruktion keine Offenkundigkeit, sofern man sich mit ihnen unter Schwierigkeiten und Opfern nur durch Zerlegung der Maschine vertraut machen kann (BGH GRUR 69 S. 548 „Abschaltplatte").

b) Eine *offenkundige* Tatsache kann nicht geheim sein. Um geheim sein zu können, darf sie nur einem **eng begrenzten Personenkreis** bekannt sein. Um welche Tatsache es sich dabei handelt, ist gleichgültig. Es braucht sich nicht um solche zu handeln, die einen schöpferischen Inhalt haben, noch braucht es sich um ein Patent oder Gebrauchsmusterrecht zu handeln, die im Gegenteil wegen der Form ihrer notwendigen Bekanntmachung seit dem Tage ihrer Anmeldung offenkundig sind, noch um eine Geheimerfindung, um ein Geheimrezept (RG GRUR 36 S. 573) noch um etwas Wertvolles (RG MuW 12 S. 511). Auch was ein gegenüber dem Stand der Technik nicht neues Herstellungsverfahren betrifft, kann ein Betriebsgeheimnis sein (BGH GRUR 55 S. 424 „Möbelpaste"). Die Ansicht (RGZ 149 S. 334), das Geheimnis müsse einem Gewerbebetrieb so eigentümlich sein, daß es in anderen Kreisen nicht oder doch nur vereinzelt zur Anwendung gelangt, ist überholt. Im Gegenteil kann auch etwas ganz Bekanntes Geheimhaltungsgegenstand sein, z.B. daß die Erfolge eines Unternehmens auf der Verwendung eines bekannten Verfahrens beruhen. Nur auf die Unbekanntheit der **Beziehung** des geheimzuhaltenden Umstandes zum Unternehmen und auf den wirtschaftlich ausreichend begründeten Willen des Betriebsinhabers zur Geheimhaltung kommt es an (vgl. hierzu BGH a.a.O. „Möbelpaste"; 61 S. 40 „Wurftaubenpresse").

c) Wie groß **die Zahl der Mitwisser** sein darf, kann nur im Einzelfall entschieden werden (RGSt. 40 S. 407; 42 S. 394). U.U. schadet auch ein größerer Kreis nicht, wenn die Mitwisser jeweils unter dem Siegel der Verschwiegenheit ins Vertrauen gezogen und vertrauenswürdig sind (RGSt. 42 S. 394). Auch die Veröffentlichung in einer Fachzeitschrift, zu deren Leserkreis die Mitbewerber nicht gehören, soll das Geheimnis noch nicht offenkundig machen (RGSt. 30 S. 407), was heute sicher überholt ist (allg. M.: B.-Hefermehl S. 1104; Reimer-v. Gamm S. 484; Ulmer-Reimer S. 219), auch nicht die Mitteilung von Mustern an zukünftige Abnehmer (RG MuW 9 S. 473; RGSt. 42 S. 396), ebenso in der Regel nicht die Kenntnis von Vorgängen in einer Fabrik, wenn sie nur nicht ohne weiteres anderen **zugänglich** ist (RG 36 S. 575; RG JW 39 S. 426).

d) Voraussetzung für das Geheimnis ist ferner, daß der Geschäftsinhaber den Mitwissern seinen **Willen zur Geheimhaltung** kundgegeben haben muß (BGH GRUR 69 S. 548 „Abschaltplatte; S. 463 „Räumzange"), was ausdrücklich, aber auch stillschweigend geschehen kann (RGSt. 29 S. 430). Eine stillschweigende Mitteilung muß aber unmißverständlich sein, d.h. es muß sich dieser Wille dem Mitwisser selbstverständlich aufdrängen (BGH GRUR 63 S. 367 „Industrieböden"). Es muß der durchschnittliche Beschäftigte erkennen können, daß das, was er sieht, für die Wettbewerbsfähigkeit des Betriebs wichtig und geheimzuhalten ist (RG MuW 10 S. 314).

e) Zum Begriff des Unternehmensgeheimnisses gehört endlich, daß es für das Unternehmen **wichtig** ist, d.h. daß ein **berechtigtes wirtschaftliches Interesse** an ihm besteht (BGH GRUR 61 S. 40 „Wurftaubenpresse"). Es muß zwischen ihm und dem Unternehmen also irgendein Zusammenhang unmittelbarer oder mittelbarer Art bestehen. Für die Erhaltung der Wettbewerbsfähigkeit kann auch die Geheimhaltung von solchen Tatsachen, wichtig sein, die dem Ruf des Inhabers oder auch nur seines Betriebes schaden, z.B. Vorstrafen eines leitenden

Angestellten, die der Personalabteilung bekannt sind, auch z. B. Vergehen gegen das Lebensmittelgesetz. Auch sittenwidrige Geheimnisse genießen grundsätzlich Schutz vor Werkspionage (ebenso Reimer-v. Gamm S. 486, Schramm „Betriebsspionage" und werden ihres Geheimnischarakters nicht etwa entkleidet, wenn der Angestellte durch Geheimhaltung eine Straftat begehen würde, was ihm allerdings nicht zugemutet werden kann, so daß er in solchen Fällen für den Geheimnisverrat einen Rechtfertigungsgrund hätte. Dies gilt aber nur für den Einzelfall, da er das gleiche Geheimnis in anderem Zusammenhang preiszugeben nicht berechtigt ist (hat z.B. ein Angestellter eines überschuldeten Unternehmens den Auftrag, zu dessen Gunsten einen Darlehensvertrag abzuschließen, ist er, wenn er sich nicht des Kreditbetruges mitschuldig machen will, dem Kreditgeber u. U. zur Offenbarung verpflichtet, wenn er die Darlehensaufnahme nicht auf andere Weise verhindern kann, handelt also mit einem Rechtfertigungsgrund; doch fehlt letzterer wenn eine Notwendigkeit zur Unterrichtung nicht besteht). *Mitbewerber* zu unterrichten, wird selten notwendig sein. Besteht der Rechtfertigungsgrund darin, daß der Mitteilungsempfänger berechtigt ist, das Geheimnis zu erfahren, wird der Täter nur dann nicht bestraft, wenn er hiervon weiß (Abs. 4, s. Anm. 17).

f) In keinem Fall kommt es darauf an, wie lange sich ein Geheimnis geheimhalten läßt, sondern allein darauf, daß es bis zum Verrat geheimgehalten wurde und daß sich der Geschäftsinhaber hiervon einen wettbewerblichen Vorsprung oder sonstige wirtschaftliche Vorteile ausreichend begründet versprach; deshalb kann auch ein nur beabsichtigter *Geschäftsabschluß* ein Geschäfts- oder Betriebsgeheimnis sein, mag das Geschäft auch *nach* Abschluß allgemein bekannt werden.

g) Das Geschäfts- oder Betriebsgeheimnis ist ein Immaterialgut und als solches Bestandteil des eingerichteten Gewerbebetriebes (BGH GRUR 55 S. 388 „Düko-Geheimverfahren"). Es ist mit diesem zusammen **übertragbar** (BGH a. a. O.). Man kann es deshalb auch als „sonstiges gewerbliches Schutzrecht", also auch als „sonstiges Vermögen" im Sinne des § 823 Abs. 1 BGB ansehen, dessen schuldhafte Verletzung bereits die bürgerlich-rechtlich vorgesehenen Ansprüche auslöst.

h) **Beispiele** für mögliche Unternehmensgeheimnisse: Kundenlisten, Preisberechnungen (RGSt. 35 S. 136; MuW 10 S. 314); Preislisten, Bilanzen, Kalkulationen (OLG Hamm WRP 59 S. 182), Zahlungsbedingungen (RGSt. 29 S. 428 bzw. GRUR 37 S. 477), Bezugsquellen (RG MuW 14 S. 364), Listen von Zulieferern RGSt MuW 9 S. 323), Agenturverzeichnisse einer Versicherungsgesellschaft (RGSt. HRR 27 S. 1367), Reiseberichte (RGSt. MuW 14 S. 114), Verwendung bestimmter Stoffe für eine Produktion, gleichgültig ob diese bekannt sind (RGSt. MuW 12 S. 511), die Absicht, Waren schlagartig in riesigen Mengen auf den Markt zu werfen oder in dieser Weise aufzukaufen (RGSt. 48 S. 12), das Ergebnis einer monatelangen sorgfältigen Arbeit, das möglicherweise überhaupt nur auf Grund langjähriger Erfahrungen erzielt werden konnte. (RGSt. MuW 13 S. 500), noch nicht für das Publikum freigegebene Muster (RGSt. 11 S. 483), besondere Kunstgriffe bei an sich bekannten Verfahren (RG MuW 34 S. 65), Skizzenhefte über technische Einzelheiten, wie Wirkung, Kraftverbrauch usw. einer Maschine (RG GRUR 27 S. 131), Geheimrezept für die Herstellung eines Fettpräparates (BGH GRUR 55 S. 388 „Düko-Geheimverfahren“), Herstellungsverfahren für Möbelwachspaste (BGH GRUR 55 S. 424), Besonderheiten einer Maschine (BGH GRUR 61 S. 40 „Wurftaubenpresse“; 69 S. 548 „Abschaltplatte“).

[3] **Täter** können nach Abs. 1 Angestellte, Arbeiter oder Lehrlinge eines Geschäftsbetriebes sein. Der Wortlaut des Gesetzestextes ist ungenau. Aus ihm ergibt sich nicht, ob die Angestellten usw. irgendeines oder des Geschäftsbetriebes gemeint sind, dessen Geheimnis verraten wird; daß nur letztere gemeint sein können, zeigt aber der klare Sinn der Vorschrift.

Der Begriff des Angestellten usw. wird von Literatur und Rechtsprechung weit ausgelegt, erfaßt aber nicht mehr den „Beauftragten“ im Sinne des § 13 Abs. 3. Eine **weite Auslegung** jedes Strafgesetzes ist auch heute noch trotz des in Art. 103 Abs. 2 BGG ausgesprochenen Analogieverbots des früheren § 2 StGB vertretbar, da ihre Zulässigkeit allgemein anerkannt und geboten ist, schon weil der Lebenssprachgebrauch immer nur einen ungefähren Anhalt für Sinn und Zweck eines Strafgesetzes gibt (vgl. Jagusch S. 53f. in Leipz.Komm. zum StGB, ferner Schönke § 2 V, Kohlrausch S. 25, Komm. StGB), doch dürfen im Wege der Auslegung nicht Gesetzeslücken geschlossen werden (vgl. Anm. 4 zu § 15). Angestellter ist sonach jeder Beschäftigte, gleichgültig was er verdient oder ob seine Stellung hoch oder niedrig ist. Angestellte im Sinne dieser Vorschrift sind auch Vorstandsmitglieder einer AG, auch Aufsichtsratsmitglieder einer solchen, da auch sie Dienste verrichten, auf die der Gesetzgeber erkennbar abstellen will, da er den Verrat aller im Rahmen des **Dienstverhältnisses** dem Täter bekanntgewordener Geheimnisse bestraft (gl. A. B.-Hefermehl S. 1106; Reimer-v. Gamm S. 488).

Bei nur losen Beschäftigungsverhältnissen wie z.B. bei Agenten ist darauf abzustellen, ob noch eine Treuepflicht des Betreffenden zum Betrieb besteht oder nicht, weil der Agent etwa auch ein Konkurrenzunternehmen vertritt, dessen Leistungssteigerung ihm am Herzen liegen kann; hier wird auf den immer wieder anders liegenden Einzelfall abzustellen sein (vgl. hierzu: Angestellten-Eigenschaft bejahend RG MuW 32 S. 237, verneinend RG JW 27 S. 2378).

Der selbständige Zwischenmeister eines Konfektionsunternehmens ist nicht mehr Angestellter, doch kann er zivilrechtlich in Anspruch genommen werden, wenn er ihm anvertraute Modelle, mit seinen vertraglichen Pflichten unvereinbar, an die Konkurrenz liefert und hierdurch die Wettbewerbslage seines Auftraggebers verschlechtert (BGH NJW 55 S. 460).

Der Täter braucht u.U. nicht Angestellter des das Geheimnis wahrenden Betriebes zu sein; erfährt er z.B. als Angestellter der Muttergesellschaft ein Geheimnis der Tochtergesellschaft oder umgekehrt, und verrät er dieses macht er sich gleichfalls strafbar (gl. A. Reimer-v. Gamm S. 489). Solange der Unternehmer wirtschaftlich derselbe ist — das gleiche gilt auch von Schwestergesellschaften, die in einer Holdinggesellschaft zusammengefaßt sind —, ist die Anerkennung eines Geheimnisverrats unproblematisch. Bei teilweisem Auseinanderfallen der Gesellschafter der einzelnen Gesellschaften wird man auf dem Wege der zulässigen ausdehnenden Auslegung (s. oben) den Täter noch als Angestellten auch des verratenen Unternehmens ansehen können, sofern die wirtschaftlichen Interessen beider Unternehmen die gleichen sind und der Täter seine Dienste zur Förderung derselben zu leisten hat (vgl. hierzu auch RGSt. JW 33 S. 953). Auch die mitarbeitende Ehefrau des Betriebsinhabers kommt als Täterin in Betracht.

[4] Dem Täter muß das Geheimnis **vermöge seines Dienstverhältnisses anvertraut oder zugänglich** geworden sein.

a) **Anvertraut** oder **zugänglich** geworden ist ein Geheimnis, wenn der Angestellte infolge seines Dienstverhältnisses, sei es von dem Geschäftsinhaber, einem Vorgesetzten, Kollegen oder auf sonstige Weise davon erfährt. Auch wenn er zufolge des Dienstverhältnisses auf unrechtmäßige Weise an das Geheimnis herankommt, es z.B. an der Tür erlauscht oder durch Bestechen eines Kollegen erfährt, ist es ihm anvertraut oder zugänglich gemacht wie überhaupt alles, was ohne das Anstellungsverhältnis nicht zu seiner Kenntnis gelangt wäre. Die Verschwiegenheitspflicht braucht dem Täter nicht ausdrücklich aufgegeben worden zu sein, es genügt, wenn sie sich für ihn aus den Umständen ergibt, aber er muß wissen, daß es sich um ein Geheimnis handelt (ebenso Reimer-v. Gamm S. 487; B.-Hefermehl S. 1104). Es genügt schon jeder äquivalente Kausalzusammenhang zwischen Dienstverhältnis und Kenntnisnahme.

b) Ist das Geheimnis dem Täter nur **zufällig zugänglich** geworden — z.B. entnahm er es aus einem in seiner Gegenwart geführten Telefongespräch eines Arbeitskollegen, oder hatte er Einblick in dessen Post u. dgl. —, ist er dann zur Verschwiegenheit verpflichtet, wenn er es vermöge seines Dienstverhältnisses zur Kenntnis nahm; allerdings wird ihm bei solcher Kenntnisnahme sein Wissen um den Geheimhaltungswillen des Inhabers oft nicht nachzuweisen sein; denn seine Pflicht zur Verschwiegenheit erstreckt sich auch auf Angelegenheiten des Betriebes außerhalb seines unmittelbaren Tätigkeitsbereichs (RGSt. 33 S. 354). Man denke z.B. an Fabrikationsvorgänge, die dem Buchhalter, oder Preisberechnungen, die dem Techniker bekannt werden, gleichgültig ob dies mit Willen des Geschäftsinhabers oder durch unkorrektes Verhalten eines anderen oder desselben Angestellten möglich wurde (vgl. RGSt. a.a.O.; Reimer-v. Gamm S. 487).

c) Auch wenn der Angestellte das **Geheimnis selbst erst schafft**, z.B. eine Diensterfindung oder die kaufmännische Planung eines Vorstandsmitgliedes, ist es geheimzuhalten; denn auch diese Dinge werden ihm nur „vermöge des Dienstverhältnisses" bekannt, weil ohne dasselbe Erfindung oder Planung nicht gemacht, dem Angestellten also auch nicht bekanntgeworden wäre, worauf allein es ankommt. Ob der Geschäftsinhaber selbst schon von dem Geheimnis Kenntnis hat, ist gleichgültig, wenn nur sein Wille zur Geheimhaltung für den Fall seiner Kenntnis selbstverständlich ist (BGH GRUR 55 S. 402 „Anreißgerät"; Reimer-v. Gamm a.a.O.; B.-Hefermehl a.a.O.; a. A.Tetzner S. 368, der aber übersieht, daß wegen des Rechts des Unternehmens zur Aneignung der Erfindung bis zur endgültigen Entschließung der Anspruch auf sie zum Vermögen des Unternehmens gehört).

[5] Die Geheimhaltungspflicht erstreckt sich nur auf die **rechtliche Dauer des Dienstverhältnisses** (RGSt. 39 S. 83, 50 S. 131, BGH GRUR 63 S. 367 „Industrieböden"), besteht also fort, auch wenn vor Ablauf der vereinbarten Vertragszeit die eigentliche Tätigkeit des Angestellten eingetellt wird. Das gilt auch dann, wenn der Unternehmer das Dienstverhältnis, infolge Vertragsbruchs des Angestellten provoziert, kündigt (BGH GRUR 55 S. 402 „Anreißgerät"; a.a.O. „Industrieböden"). Die Geheimhaltungspflicht kann schon nach Vertragsabschluß **vor** tatsächlichem Dienstantritt entstehen BAG NJW 57 S. 37. Eine rechts*un*wirksame fristlose Kündigung des Dienstverhältnisses durch den Angestellten beendet sonach das Vertragsverhältnis nicht. Nimmt aber der Prinzipal die ursprünglich unwirksame Kündigung an, und wird das Dienstverhältnis damit nunmehr rechtwirksam aufgehoben, dann ist der Angestellte an seine Schweigepflicht nicht mehr unbedingt gebunden (BGH a.a.O. „Anreißgerät" a.E.). Ob damit der zivilrechtliche Schutz des Geheimnisinhabers gänzlich aufgehoben ist, ist eine andere Frage (hierüber vgl. Anm. 14).

a) Schwierig wird die Entscheidung, wenn der Angestellte, Arbeiter oder Lehrling den Unternehmer zur fristlosen Kündigung provoziert oder zwingt, nur um sodann vermeintlich verraten zu dürfen. Ob damit die vertragliche Dauer der Schweigepflicht auch wirklich beendet ist, muß von Fall zu Fall durch richtige Auslegung des Inhalts des Dienstvertrages selbst beurteilt werden. So kann sich eine über den Tag der fristlosen Entlassung hinausgehende vertragliche Schweigepflicht auf Grund der Stellung oder auf Grund des mit ihr verbundenen, dem Angestellten geschenkten Vertrauens ergeben (vgl. BGH GRUR 55 S. 402 „Anreißgerät" a.E.), wenn man nicht überhaupt sagen will, daß mit der Herbeiführung der aktiven oder passiven Beendigung des Dienstverhältnisses zum Zwecke des risikolosen Geheimnisverrats durch den Angestellten der Geheimnisverrat selbst bereits vollendet ist, weil sich für den Angestellten die vertragswidrige Lösung des Dienstverhältnisses als Mittel des Verrats darstellt, mit dessen Anwendung allein das Geheimnis bereits aus dem Betrieb herausgebracht ist (s. aber Anm. 6). Auch kommt es auf den Zeitpunkt der Kenntnisnahme durch Empfänger des Geheimnisses nicht an (deshalb begeht z.B. der Angestellte einen Geheimnisverrat, wenn er das Geheimnis noch während des Dienstverhältnisses brieflich mitteilt, der Brief aber monatelang ungeöffnet beim Empfänger liegen bleibt). Im Einzelfall kann die offensichtliche Gesetzeslücke auch mit Hilfe das § 266 StGB (Untreue) geschlossen werden. Zu beachten ist aber, daß die Angestellten das während des Verhältnisses auf sittenwidrige Weise erlangte Wissen — z.B. durch heimliche

Abschriftnahme chemischer Formeln (BGH GRUR 60 S. 294 „Kaltfließpreßverfahren") — auch nach Beendigung des Dienstvertrages geheimzuhalten haben.

b) Bei **vertraglichem** über das Dienstverhältnis hinaus dauerndem **Konkurrenzverbot,** für dessen Einhaltung eine Entschädigung gezahlt wird, besteht die Schweigepflicht fort, denn insoweit wird das Dienstverhältnis aufrechterhalten (a. A. Reimer-v. Gamm S. 490). Daß der Angestellte nicht mehr aktiv mitarbeitet, ist dabei ohne Belang; denn ebenso wie man durch Unterlassen handeln kann, läßt sich die Verpflichtung eines Angestellten im Rahmen eines Dienstverhältnisses auch auf Untätigkeit beschränken. In einer **entgeltlichen** Konkurrenzklausel liegt deshalb in der Regel eine vertragliche Verlängerung der für die Schweigepflicht gültigen Dauer des Dienstverhältnisses im S. des § 17. Darüber hinaus läßt sich der strafrechtliche Schutz, den § 17 gibt, nicht über die rechtliche Dauer des Dienstverhältnisses vertraglich verlängern. Denn trotz des Bedürfnisses, den Begriff der Dauer des Dienstverhältnisses weit auszulegen, ist andererseits zu beachten, daß grundsätzlich jeder Arbeitnehmer berechtigt sein soll, erlangte Kenntnisse und Erfahrungen zu seinem Fortkommen nach seinem Ausscheiden aus einem Betrieb unbehindert zu verwenden und in diesem Rahmen anderen mitzuteilen (BGH GRUR 55 S. 388 „Düko-Geheimverfahren").

[6] Die **Mitteilung** ist empfangsbedürftig; sie muß deshalb vom Empfänger so aufgenommen worden sein, daß er entweder imstande ist, sie auszuwerten *oder* weiterzugeben. Ob er das tut, oder ob er das Geheimnis selbst verstandesmäßig erfaßt, ist gleichgültig; es genügt, wenn er es faktisch weiterzugeben vermag (OLG Hamm WRP 59 S. 182; B.-Hefermehl S. 1108; Reimer-v. Gamm S. 491). Auch eine bruchstückhafte Mitteilung kann genügen.

Ebenso ist gleichgültig (Abs. 4), ob der **Mitteilungsempfänger** das Geheimnis schon kennt oder berechtigt ist, es kennenzulernen, denn nur auf die Mitteilung kommt es an, die freilich dem Täter als Offenbarung eines Geheimnisses erscheinen muß. Weiß er dagegen von der Kenntnis oder dem Recht des Mitteilungsempfängers zur Kenntnisnahme, ist er straffrei, weil der Gesetzgeber diese Fälle ausdrücklich von einer Bestrafung ausnimmt („... ohne daß der Täter dies weiß"). Damit ist auch die Mitteilung an den agent provocateur unter Strafe gestellt. Es braucht nur **irgendjemandem** das Geheimnis mitgeteilt zu werden. Auch die Mitteilung an Angestellte desselben Betriebes kann Geheimnisverrat sein (RGJW 36 S. 2081; GRUR 40 S. 315).

Die **Form der Mitteilung** ist ohne Bedeutung. Sie kann mündlich, schriftlich, durch schlüssiges Handeln (Übergabe eines Modells) oder durch Unterlassen (Dulden der Einsichtnahme in Unterlagen oder Dulden von Schwätzereien Untergebener) geschehen (allg. Meinung).

[7] Der Täter muß **„unbefugt"**, d. h. rechtswidrig (über den Begriff vgl. Anm. 51 zu § 1) handeln. Rechtswidrig handelt, wem kein Rechtfertigungsgrund zur Seite steht. Gerechtfertigt kann die Offenbarung sein, wenn sich der Angestellte bei Aufrecht-

erhaltung des Geheimnisses strafbar machen würde (Mitteilung über die Konkursreife des Betriebes gegenüber einem kreditierenden Lieferanten bei Abschluß eines Liefervertrages, dem gegenüber der Angestellte andernfalls strafrechtlich einen Betrug verüben würde), wenn eine öffentliche Pflicht zur Erstattung von Strafanzeige (z. B. beim Münzverbrechen § 139 StGB) besteht, oder vor Gericht als Zeuge auszusagen, sofern, wie z. B. bei Ausschluß der Öffentlichkeit eine Pflicht zur Aussage auch ohne Entbindung von der Schweigepflicht besteht. Macht der Täter von einem ihm etwa zustehenden Zeugnisverweigerungsrecht (§ 384 ZPO) keinen Gebrauch, liegt grundsätzlich ein Geheimnisverrat vor, wenn er in Wettbewerbsabsicht oder aus Eigennutz oder in Schädigungsabsicht (vgl. Anm. 8) gehandelt hat.

[8] Es muß **zu Zwecken des Wettbewerbs** *oder* aus **Eigennutz** *oder* in **Schädigungsabsicht** verraten werden.

a) Über den Begriff **zu Zwecken des Wettbewerbs** vgl. Anm. 4 zu § 1. Mit dem Verrat brauchen Wettbewerbszwecke *nicht ausschließlich* verfolgt zu werden. Es spielt keine Rolle, ob bereits der Mitteilungsempfänger selbst oder erst dessen erster oder zweiter Hintermann der mit dem Verrat zu fördernde Wettbewerber ist, wenn nur irgendjemandes Wettbewerb gefördert werden soll (RGSt. 57 S. 12). Ebenso ist gleichgültig, ob der zu fördernde Wettbewerber zum verratenen Unternehmer in Konkurrenz steht (RG MuW 13 S. 501), wie es ferner nicht auf den Zeitpunkt der Aufnahme des Wettbewerbs durch den Dritten ankommt, vielmehr genügt die Förderungsabsicht als solche (RGSt. 51 S. 192), mag der Wettbewerb selbst in der Zukunft liegen (BGH GRUR 55 S. 402 „Anreißgerät“); auch ist gleich, ob der Wettbewerb des Dritten als solcher ein lauterer ist (RGSt. 51 S. 187). Nicht zu Zwecken des Wettbewerbs handelt, wer planlos aus Mitteilungsbedürfnis schwätzt (z. B. gegenüber Familienangehörigen), oder wer durch fruchtbaren Gedankenaustausch eigene wissenschaftliche Erkenntnisse anstrebt (RGSt. DJZ 32 S. 1150). Doch ist bei letzteren Fällen stets äußerste Skepsis angebracht, da solches Streben meistens nur ein Nebenzweck ist (RGSt. 51 S. 186).

Endlich handelt zu Wettbewerbszwecken auch derjenige, der den Wettbewerb des Konkurrenten fördern will, ohne dies aber wirklich zu tun.

b) **Aus Eigennutz** handelt derjenige, dessen Motiv zur Tat darin liegt, daß er in ihr eine Aussicht auf die Erlangung irgendeines Vorteils, auch eines immateriellen (RGSt. 41 S. 225) sieht. Der Begriff ist derselbe wie der des § 180 StGB. Sonach handelt auch aus Eigennutz, wer die Aussichten seines eigenen Fortkommens bessern will, ja auch der, der den Vorteil für einen nahen Angehörigen erreichen will. Der Begriff des Vorteils ist ganz weit zu verstehen. Das Erstreben desselben genügt; es ist nicht notwendig, daß er wirklich erlangt wird. Auch wer den Vorteil nur irrtümlich für erreichbar hielt, obwohl er überhaupt nicht ereichbar war, handelt sonach aus Eigennutz (ebenso Mezger, Leipz.Komm. Anm. 6 zu § 180 StGB; Schönke II Ziff. 2 zu § 181, B.-Hefermehl S. 1109, Callmann Anm. 15 zu § 17).

c) Eine **auf Schadenszufügung** gerichtete Absicht kann nur unbedingt sein. Absicht im engeren Sinn ist ein Sonderfall des Vorsatzes. Sie ist das bestimmte Ziel, das der Täter mit seiner gewollten Handlung verfolgt (dolus directus). Sein Handeln war zweckbestimmt, d.h. auf dieses Ziel ausgerichtet, und sein Wille, dieses Ziel zu erreichen, ist in der Regel das Motiv seiner Handlung, wenn es auch nicht sein ausschließliches Ziel zu sein braucht (RGSt. 51 S. 194). Ob das Ziel — die Schädigung — erreicht wird, ist gleichgültig, da es nur darauf ankommt, daß es das Motiv zur Tat war. Das bloße Bewußtsein der Schädigungsmöglichkeit reicht dagegen nicht, weil die Absicht als die schwerste Schuldform dolus eventualis ausschließt (allg. Meinung). Das Bewußtsein der Rechtswidrigkeit wird nicht gefordert.

Schaden ist eine erlittene nachteilige Veränderung, Einbuße an einem Rechtsgut. Auch an einem Immaterialgut kann ein Schaden entstehen, z.B. durch Verlust an Ruf und Ansehen (Kreditschädigung). Vgl. hierüber Anm. 281 zu § 1.

[9] **Subjektiv** ist **Vorsatz** erforderlich, bedingter Vorsatz reicht aus, nicht aber für den Wettbewerbszweck und/oder die Schädigungsabsicht; für diese Tatmotive muß dolus directus vorliegen (ebenso Reimer-v. Gamm S. 493f.).

Der Vorsatz entfällt bei Irrtum über die Existenz des Dienstverhältnisses, bei Unkenntnis, daß die verratene Tatsache ein Unternehmensgeheimnis war, daß die Tatsache „anvertraut" oder „vermöge des Dienstverhältnisses zugänglich" wurde, oder wenn sich der Täter für befugt hielt, mitzuteilen. Doch zu hohe Anforderungen dürfen an den Nachweis des Vorsatzes nicht gestellt werden (BGH GRUR 63 S. 367 „Industrieböden").

[10] a) **Vollendet** ist die Tat, sobald der Mitteilungsempfänger von dem verratenen Geheimnis Kenntnis nehmen kann, wenn nur der Täter von sich aus alles erforderliche getan hat, um dies zu ermöglichen; ob der Empfänger sofort oder später Kenntnis nimmt (er läßt z.B. die briefliche Mitteilung eine Weile liegen, oder versteht sie überhaupt erst nach einer viel später erfolgenden Rücksprache mit seinen Technikern) hat auf die Vollendung keinen Einfluß, denn auf den Empfang der Mitteilung, die die Kenntnisnahme ermöglicht, nicht auf die Kenntnisnahme selbst kommt es an. Strafloser Versuch liegt vor, wenn die Kenntnisnahme nicht möglich ist (über den untauglichen Versuch vgl. Anm. 16).

b) Die Tat ist ein **Vergehen,** ihr Versuch ist **straffrei,** weil er nicht ausdrücklich mit Strafe bedroht wird (§ 43 Abs. 2 StGB). Zu beachten ist aber § 20 UWG (s. dort), wonach manche versuchte Tat im Sinne des § 17 ein selbständiges vollendetes Delikt sein kann.

Bestraft wird mit Freiheitsstrafe bis zu 3 Jahren oder mit Geldstrafe von 5 bis 10000 DM (§ 27 StGB), bei Gewinnsucht (Begriff s. Anm. 5 zu § 15) bis zu 100000 DM (§ 27a StGB). Gewinnsucht ist die Steigerung des berechtigten Erwerbssinns auf ein ungewöhnlich ungesundes sittlich anstößiges Maß (RGSt. 60 S. 306, 389).

c) Die Strafverfolgung tritt nur **auf Antrag** ein (§ 22). Antragsberechtigt ist allein der Verletzte, d. h. der verratene Geschäftsherr, dessen Geheimnis preisgegeben worden ist; ein nachfolgender Erwerber des Unternehmens ist nicht mehr Inhaber des „Geheimnisses“, das inzwischen offenkundig geworden ist. Er ist deshalb nicht der Verletzte und nicht antragsberechtigt (allg. Meinung). Über Übertragbarkeit des Geheimnisses vgl. im übrigen Anm 2g.

d) Den **Bußanspruch** ergibt § 26; über die Zivilansprüche vgl. unten Anm. 17.

II. Die Verwertung oder Weitergabe des verratenen Geheimnisses

[11] Abs. 2 behandelt die Verwertung oder Weitergabe eines Geheimnisses, das durch eine der in Abs. 1 bezeichneten Mitteilungen (a) oder — völlig unabhängig von einer solchen — durch eigene gegen das Gesetz oder gegen die guten Sitten verstoßende Handlung (b) dem Täter zur Kenntnis gekommen ist. **Kenntnis** ist jedes zuverlässige Wissen von Tatumständen, das gedanklich oder schriftlich festgehalten wird, gleichgültig ob man es selbst oder nur durch Inanspruchnahme fremder Hilfsmittel oder dritter Personen auswerten kann; wesentlich ist, daß man das Wissen auswerten kann, weil es bleibend ist (allg. Meinung).

a) Eine solche Kenntnis kann die Mitteilung der in Abs. 1 bezeichneten Art verschafft haben. Streitig ist, ob sich der Mitteilende nach Abs. 1 auch strafbar gemacht, also auch alle subjektiven Tatbestandsmerkmale erfüllt haben muß (verneinend Reimer-v.Gamm S. 495/6, offenbar bejahend B.-Hefermehl S. 1111, Rosenthal S. 513/14 und Tetzner S. 371). Der Wortlaut des Gesetzes verneint diese Frage, da er nur objektiv von *Mitteilungen* der in Abs. 1 bezeichneten Art, nicht aber von (strafbaren) Handlungen spricht. Hätte der Gesetzgeber eine echte Akzessorietät der Nachtat von der Vortat gewollt, hätte er dies ähnlich wie bei den §§ 257, 259 StGB dadurch zum Ausdruck gebracht, daß er auf ein Erfordernis der Strafbarkeit ausdrücklich Bezug genommen hätte (§ 257: „nach Begehung eines Verbrechens . .“ oder § 259: „. . . mittels einer **strafbaren** Handlung erlangt . . .“). Nach Sinn und Zweck des Gesetzes besteht auch keine Veranlassung, jemanden, der in Erkenntnis des objektiven Geheimnisverrats eines anderen die mitgeteilten Tatsachen von diesem oder gar von einem unbefangenen Zwischenträger aufnimmt und verwertet, mehr zu schonen, nur weil der Zuträger nicht aus Eigennutz usw. gehandelt hat.

b) Die gesetz- oder sittenwidrige Kenntnisnahme muß durch **eigene Handlung** erfolgt sein. Eigene Handlung liegt nicht nur vor, wenn der Täter das Geheimnis durch Diebstahl von Unterlagen, durch Bestechung, Erpressung, Nötigung usw. an sich bringt, vielmehr handelt er auch dann selbst, wenn er sich bezahlter Agenten als Werkzeuge bedient, sei es in mittelbarer Täterschaft oder nur als Mittäter. Anstifter oder Gehilfe. Auch ein Angestellter kann während der Dauer seines Dienstverhältnisses gegen Abs. 2 verstoßen, wenn er einem Kollegen das Geheimnis entlockt und dieses später für sich selbst verwertet; dann handelt er als außenstehender Dritter.

c) **Gesetzwidrig** erlangt der Täter Kenntnis, wenn er hierbei irgendein deutsches Gesetz verletzt. Auch die Verletzung eines Zivilgesetzes genügt. Auch wo die Kenntnis zufällig erlangt ist, z. B. durch Unterschlagung einer gefundenen Dokumententasche, kann durch eigene Handlung, die im Unterlassen der Ablieferung besteht (Fundunterschlagung) ein Gesetz verletzt sein.

d) **Sittenwidrige Kenntnisnahme** liegt immer vor, wenn sie durch Verstoß gegen die guten Sitten (über den Begriff vgl. Anm. 57 zu § 1) ermöglicht worden ist; d. h. die Handlung des Kenntnisnehmenden selbst muß gegen die guten Sitten verstoßen, z. B. gibt er sich fälschlich als Kunde aus und läßt sich belehren oder forscht die Kenntnisse von Angestellten eines fremden Betriebes aus (RG GRUR 38 S. 906), oder er beauftragt Dritte oder gar eigene Angestellte, die Betriebsanlagen des Mitbewerbers auszukundschaften und darüber zu berichten (RG GRUR 43 S. 256), oder er erwirbt eine Maschine, um sie auseinanderzunehmen und nachzubauen (BGH GRUR 69 S. 548 „Abschaltplatte"). Auch wer sich von einem Gemeinschuldner ein Betriebsgeheimnis mitteilen läßt, das vom Konkursverwalter zusammen mit dem Betrieb an einen Dritten verkauft wurde, erlangt die Kenntnis auf sittenwidrige Weise (BGH WRP 65 S. 196), ebenso das heimliche Aufzeichnen und planmäßige Sammeln von Unterlagen (BGH GRUR 60 S. 294 „Kaltfließpreßverfahren"; 63 S. 367 „Industrieböden").

e) Auch die Angestellten des bedrohten Betriebes selbst können sittenwidrig Kenntnis erwerben und gegen Abs. 2 verstoßen, z. B. durch Abschreiben von Rezepten (RG JW 28 S. 1227; RG MuW 33 S. 12), durch planmäßiges Auswendiglernen komplizierter Formeln oder sonstiger Vorgänge (RG GRUR 36 S. 577; 38 S. 140), oder durch Erfahrungsaustausch mit Angestelltenkollegen (RGSt. 51 S. 199). Sittenwidrig ist überhaupt jedes Kenntniserlangen, welches auf einem den Interessen des Dienstherrn dienlichen und unüblichen Weg erfolgt. In diesen Fällen kann auch der Angestellte, der erst nach Beendigung seines Dienstverhältnisses „mitteilt", strafrechtlich erfaßt werden; denn zur Geheimhaltung auf unredliche Weise erlangter Kenntnisse sind die Angestellten usw. auch noch nach Beendigung des Dienstverhältnisses verpflichtet (RGSt. 39 S. 83).

[12] Verboten ist das **vorsätzliche Mitteilen** an jemanden (hierüber s. oben Anm. 6a, b) und das **vorsätzliche Verwerten** zu Wettbewerbszwecken oder aus Eigennutz. Das Bewußtsein des Täters, sich strafbar zu machen, ist nicht erforderlich.

a) **„Verwerten"** heißt: den Wert einer Sache wirtschaftlich ausnutzen.) Schon die bloße Herstellung einer Maschine ist Verwertung (BGH GRUR 69 S. 548 „Abschaltplatte"), auch wenn sie nicht verwendet wird, ebenso der Verkauf des erfahrenen Geheimnisses. Dagegen reicht die Aufzeichnung des Geheimnisses zur Sicherung der Kenntnis des Geheimnisses für die Verwertung noch nicht aus; dies wäre nur eine straflose Vorbereitungshandlung. Es reicht also auch nicht, wenn in der Absicht späterer Verwertung zur Stützung des Gedächtnisses niedergeschrieben wird (RGSt. 51 S. 184). Andererseits braucht der Täter nicht persönlich zu handeln, er kann auch einen Dritten als Werkzeug benutzen.

b) Die Verwertung muß **zu Zwecken des Wettbewerbs** (hierüber s. Anm. 4 zu § 1) oder aus **Eigennutz** (vgl. oben Anm. 8 b) und **unbefugt** (vgl. oben Anm. 7) geschehen; das gleiche gilt für das Mitteilen. Aus einem dieser Motive wird in der Regel immer verwertet. Müßig ist, die Streitfrage zu klären, ob nach Abs. 2 auch bestraft werden kann, wer weder zu Wettbewerbszwecken noch aus Eigennutz, sondern nur in der Absicht verwertet hat, dem Verratenen einen Schaden zuzufügen (verneinend offenbar Reimer-v. Gamm S. 499, bejahend Schramm „Betriebsspionage" S. 39). weil eine Verwertung ohne Wettbewerbszwecke oder Eigennutz nicht denkbar ist. Auch die Weiterreichung des unzulässig erlangten Wissens von dem Betriebsgeheimnis geschieht zumindest sekundär zur Förderung des Wettbewerbs des Empfängers, was bereits für die Tatbestandsvoraussetzung des Handelns zu Wettbewerbszwecken genügt.

[13] Auch die Tat des Abs. 2 ist ein Vergehen. Über die **Vollendung** der Tat gilt für das Tatbestandsmerkmal des „Mitteilens" das zu Anm. 10 a Gesagte. Die Verwertung ist vollendet, sobald der Täter das Geheimnis verkauft oder den mit ihm gehüteten Gegenstand nachbaut bzw. verwendet oder benutzt oder solches durch Dritte geschehen läßt.

Der Versuch ist straffrei mit Ausnahme der Fälle des Abs. 4, der bei vorheriger Kenntnis des Mitteilungsempfängers von dem Geheimnis die Mitteilung desselben an diesen, also den Versuch am untauglichen Objekt unter Strafe stellt, und mit Ausnahme der Fälle des § 20 (vgl. dort), der manchen Versuch des § 17 mit Strafe bedroht.

Über Strafmaß, Antragsdelikt und Buße vgl. oben Anm. 10 b—d.

III. Die Zivilansprüche

[14] Die **Zivilansprüche,** die sich aus einer Verletzung des § 17 ergeben, sind auf Unterlassung und Schadensersatz gerichtet (über die Begriffe vgl. Anm. 238ff., 260 zu § 1). Die Ansprüche ergeben sich einmal daraus, daß jeder zu Zwecken des Wettbewerbs usw. unternommene Geheimnisverrat und seine Verwertung in der Regel einen Verstoß gegen die guten Sitten darstellt (BGH GRUR 55 S. 388 „Düko-Geheimverfahren"; 61 S. 40 „Wurftaubenpresse"; 73 S. 483 „Betriebsspionage") und deshalb, wenn dies im geschäftlichen Verkehr geschieht, zugleich § 1 UWG, jeder andere schuldhafte Verrat — da das Geschäftsgeheimnis ein „sonstiges Vermögen" ist —, sogar auch § 823 Abs. 1 BGB verletzt, weil eine auch außergeschäftliche Verletzung des Geschäftsgeheimnisses mit ihm die Verletzung eines Bestandteils eines eingerichteten Gewerbebetriebes, also eines sonstigen Vermögens im Sinne dieser Vorschrift bedeutet. Auch ist § 17 eine Schutzvorschrift

i. S. des § 823 Abs. 2 (BGH GRUR 66 S. 152 „Vitrolingual"). Sonach hat der Verletzte die allgemeinen Ansprüche auf Unterlassung (Anm. 238 zu § 1), Beseitigung (Anm. 248 zu § 1), Schadensersatz (Anm. 260 zu § 1) auch dann, wenn der Täter strafrechtlich nicht verantwortlich ist.

Der **Beseitigungsanspruch** kann auf Herausgabe der das Geheimnis offenbaren den Unterlagen des Täters gerichtet sein (RG GRUR 29 S. 234). Endlich ergeben sich ausdrücklich Schadensersatzansprüche wegen strafrechtlich verantwortlicher Zuwiderhandlung gegen die §§ 17, 18 überflüssigerweise, weil sie schon von § 823 Abs. 2 voll gewährt werden, aus § 19 UWG.

Für den **Unterlassungsanspruch** ergibt sich die Besonderheit, daß das Geheimnis trotz des Verrats in der letzten mündlichen Verhandlung noch als solches bestehen muß, d.h. durch den Verrat noch nicht zerstört sein darf, sowie ferner, daß es für die Vollstreckungsfähigkeit im Urteil, das öffentlich verkündet wird, konkret bezeichnet werden muß (BGH GRUR 61 S. 40 „Wurftaubenpresse"). In vielen Fällen kann die Verfolgung des Unterlassungsanspruchs das Geheimnis erst zerstören.

IV. Auslandsverwertung

[15] Auslandsverwertung und -verrat bringt eine Strafverschärfung von 3 auf 5 Jahre Freiheitsentzug. Unter Ausland sind alle Länder außerhalb des Hoheitsgebietes der Bundesrepublik zu verstehen, also auch die DDR.

Der Täter muß Kenntnis von der Absicht der Verwertung im Ausland haben, bedingter Vorsatz genügt. Ob später auch wirklich im Ausland verwertet wird, ist für die Bestrafung des Verräters ohne Bedeutung. Denn der Gesetzgeber stellt bei der Bestimmung der Strafbarkeit des Verräters nur auf das Vorhaben, den Plan ab, ohne Rücksicht darauf, ob er ausgeführt wird oder nicht, oder ob er gar unausführbar ist. Der Verräter kann trotzdem im Inland „mitteilen", womit er seine strafbare Handlung vollendet haben würde. Der im Ausland *verwertende* Täter muß dagegen die Verwertung natürlich dort auch vollenden, damit er die Strafe verwirkt. Gleichgültig ist, ob der Verwertende eine inländische oder ausländische Staatsangehörigkeit hat; denn der Inländer kann genau so gut im Ausland wie der Ausländer im Inland verwerten wollen; ausschließlich auf den Ort der beabsichtigten Verwertung kommt es an (allg. Meinung).

V. Der untaugliche Versuch

[16] Der vermeintliche Geheimnisverrat. Die Strafbarkeit der Handlung gemäß der Abs. 1—3 wird nicht dadurch ausgeschlossen, daß der Mitteilungsempfänger das Geheimnis schon kennt oder berechtigt ist, es kennenzulernen. Es kommt hier ausschließlich auf die subjektive Auffassung des Täters an. Weiß er von der Kenntnis des Mitteilungsempfängers nichts, wird er dennoch bestraft, obwohl er diesem objektiv nichts „verrät", denn „verraten" läßt sich an jemand nur, was diesem bislang unbekannt war. Der Straftatbestand wird also auf den Versuch am untauglichen Objekt ausgedehnt (vgl. oben Anm. 6b).

[Vorlagenverwertung]

§ 18

Mit Freiheitsstrafe bis zu zwei Jahren und mit Geldstrafe oder mit einer dieser Strafen wird bestraft, wer die ihm im geschäftlichen Verkehr anvertrauten Vorlagen oder Vorschriften technischer Art, insbesondere Zeichnungen, Modelle, Schablonen, Schnitte, Rezepte zu Zwecken des Wettbewerbs oder aus Eigennutz unbefugt verwertet oder an jemand mitteilt. § 17 Abs. 4 gilt entsprechend.

Übersicht

[1] Allgemeines. Den Zweck der Bestimmung ergibt ihre amtliche Begründung:

„Aus den Kreisen der Stickerei- und Spitzenindustrie ist über den Mißbrauch Klage geführt worden, der von Unternehmern mit den ihnen von den Fabrikanten zur Ausführung von Aufträgen übergegebenen Schablonen getrieben wird. Diese Unternehmer, meist sog. Lohnmaschinenbesitzer, benutzen die Schablonen zur Herstellung von Waren, die sie zum Schaden des Auftraggebers auf eigene Rechnung vertreiben. Es wird berichtet, daß Aufkäufer die Betriebsräume der Lohnmaschinenbesitzer besuchen, von den dort für die Fabrikanten in Arbeit befindlichen Spitzen und Stickereien die ihnen am gangbarsten erscheinenden Muster auswählen und diese von dem Unternehmer mit der Schablone der Fabrikanten ausführen lassen. Ähnliche Mißbräuche kommen auch auf anderen Industriegebieten vor. Da die bestehenden Gesetze nicht ausreichen, um solche Verfehlungen gegen Treu und Glauben, welche ebenso verwerflich sind wie der im Wettbewerbsgesetz bereits unter Strafe gestellte Verrat von Geschäfts- und Fabrikgeheimnissen, wirksam entgegenzutreten, hat der Entwurf darüber durch Gewährung strafrechtlicher und zivilrechtlicher Rechtsbehelfe ausdrücklich Bestimmung getroffen."

Es sollen die Inhaber nicht allgemein bekannter Gedanken dagegen geschützt werden, daß sie durch einen Vertrauensbruch im geschäftlichen Verkehr um die Früchte ihrer Tätigkeit gebracht werden (RG GRUR 42 S. 354), z. B. dagegen, daß jemand über die Überlassung eines ungeschützten Geheimverfahrens verhandelt, nach Kenntnisnahme von demselben die Verhandlungen scheitern läßt, um nun ohne irgendwelche Verpflichtungen gegenüber seinem Verhandlungspartner das Verfahren selbst zu verwerten. Die Vorschrift richtet sich mithin nicht gegen Betriebsangehörige sondern nur gegen Außenstehende (RG GRUR 44 S. 46).

[2] Unter **Vorlagen** ist alles zu verstehen, was bei der Herstellung neuer Sachen als Vorbild dienen soll (RGSt. 45 S. 386, B.-Hefermehl S. 1116; Reimer-v. Gamm S. 503; Rosenthal S. 519). Ob sog. Ausfallmuster, mit denen der spätere Ausfall der Ware gezeigt werden soll, „Vorlagen" sind, kann nur für den Einzelfall entschieden werden. Es kommt darauf an, ob sie von dem Unternehmer als Vorlagen gedacht waren oder nicht. Sie können z. B. die Aufgabe haben, den Arbeiterinnen als beispielshaftes Arbeitsergebnis vorgeführt zu werden, oder der Kundschaft die Aufgabe ihrer Bestellung zu erleichtern; dann sind sie „Vorlagen" im Sinne der Vorschrift. Nicht genügt, daß sie allein dem Täter, der sie nachahmt und verwertet, als Vorlagen dienen, denn auf dessen Bestimmung kommt es nach dem Gesetzestext nicht an (RGSt. 45 S. 386).

Auch wissenschaftliche oder künstlerische Arbeiten sind Vorlagen, wenn sie als solche benutzt werden (ebenso B.-Hefermehl, Rosenthal a. a. O., Tetzner S. 181). **Vorschriften technischer Art,** wie Zeichnungen, Modelle, Schablonen, Schnitte, Rezepte (das Gesetz gibt keine erschöpfende Aufzählung, sondern nur Beispiele) können bei der Herstellung neuer Sachen als Vorbild zu diesen bestimmt sein und sind dann gleichfalls Vorlagen (allg. Meinung). Sie brauchen keinen patentrechtlich neuen Gedanken zu beinhalten, entscheidend ist, ob der Gedanke dem Täter ohne Opfer und Schwierigkeiten unzugänglich ist (BGH GRUR 58 S. 297 „Petromax"; 60 S. 554 „Handstrickverfahren"). Eine identische Benutzung wird nicht vorausgesetzt, es genügt die Entnahme der wesentlichen, der Allgemeinheit nicht ohne weiteres zugänglichen Gedanken aus der Vorlage, auch unter Abwandlungen (BGH a. a. O. „Handstrickverfahren").

[3] In den Fällen des § 18 wird die Unlauterkeit gegenüber den gewöhnlichen Fällen der Ausnutzung fremder Arbeit dadurch besonders gesteigert, daß hier der Täter ein ihm geschenktes Vertrauen mißbraucht. Kein Geschäftsmann will und wird wissentlich seiner Konkurrenz, sei es seiner gegenwärtigen oder zukünftigen, unmittelbar oder durch Zuträger das Plagiieren erleichtern, sondern vor dieser seine Geheimnisse auch dann noch zu verbergen trachten, wenn schon weite Kreise Kenntnis haben. Ein so weitgehendes Interesse vermag die Vorschrift jedoch nicht zu schützen; aber es braucht sich deshalb nicht unbedingt um ein gewahrtes Geschäftsgeheimnis zu handeln, wenn es auch meist solche sein werden. Für die

Vorschrift des § 18 genügt der beim Anvertrauen zum Ausdruck kommende Wille zur Geheimhaltung und zur Bindung des Geschäftspartners, außerhalb des Rahmens der geknüpften Vertragsbeziehungen nicht zu plagiieren (BGH GRUR 64 S. 31 „Petromax II") — ähnlich wie hier B.-Hefermehl S. 1116; a. A. Reimer-v. Gamm S. 504 und Ulmer-Reimer S. 233, die ein Betriebsgeheimnis für erforderlich halten. Nach den Motiven der Vorschrift (vgl. Anm. 1) sollte aber eigens ein weitergehender Schutz geschaffen werden.

a) Die Vorlage muß **anvertraut** sein. Anvertrauen bedeutet dasselbe wie der gleichlautende Begriff im Sinne des § 17. Dem Vertrauensempfänger muß die anvertraute Vorlage usw. unbekannt sein, sie muß ihm etwas offenbaren; wenn er schon Kenntnis von ihr hat, ist für eine Offenbarung natürlich kein Raum (BGH GRUR 55 S. 468 „Kokillenguß"). Zum Anvertrauen gehört ferner, daß der Vertrauensempfänger vertraglich oder außervertraglich die Vorlage mit ausdrücklichem oder aus den Umständen zu entnehmenden Hinweis auf das vielleicht erst hierdurch geschaffene Vertrauensverhältnis, das zur Verschwiegenheit verpflichtet, erhalten hat. Es kann immer nur durch individuelle, niemals durch allgemeine Mitteilungen mit Anspruch auf Verschwiegenheit anvertraut werden, weil für einen solchen Anspruch, auch wenn er vertraglich vereinbart wird, bei Offenkundigkeit der mitgeteilten Vorlage usw. kein Rechtsschutzbedürfnis besteht. So wird z. B. mit „vertraulichen Rundschreiben" an die Kundschaft niemals „anvertraut", sondern offenkundig gemacht; ebenso ist niemals anvertraut eine auf den Markt gebrachte Ware.

b) Die **Form** des Anvertrauens ist ohne Bedeutung, es kann mündlich, schriftlich, durch Übergabe von Unterlagen, eines Modelles, mit oder ohne Erläuterungen, außervertraglich oder im Rahmen von Vertragsverhältnissen anvertraut werden.

Ob der *Anvertrauende* **rechtmäßig oder unrechtmäßig** in den Besitz der Vorlage gekommen ist, spielt keine Rolle (allgem. Meinung).

[4] Es muß **„im geschäftlichen Verkehr"** anvertraut sein. **Im geschäftlichen Verkehr handelt, wer im Rahmen irgendeiner Erwerbstätigkeit zur Außenwelt in geschäftliche Beziehung tritt oder solche unterhält oder außerhalb seiner Privatsphäre das Erwerbs- oder Berufsleben anderer berührt** (über den Begriff vgl. im übrigen Anm. 9 zu § 1). Im geschäftlichen Verkehr bewegt sich also auch der private Abnehmer, wenn er das Erwerbs- oder Berufsleben anderer berührt; z. B. verstößt er gegen § 18, wenn er als Bauherr einer Privatvilla nach ihm anvertrauten Plänen eines von ihm beauftragten Architekten ohne Genehmigung desselben sodann allein baut; denn ihm wurde im geschäftlichen Verkehr anvertraut; mag er auch nicht zu Wettbewerbszwecken handeln, so hat er fraglos aus Eigennutz (Begriff vgl. Anm. 8b zu § 17) gehandelt, was für seine Bestrafung genügt (gl. A. B.-Hefermehl S. 1116; Callmann Anm. 2 zu § 18; Reimer-v. Gamm S. 505). Nicht dagegen ist § 18 auf die Beziehungen des Unternehmers zu seinen Betriebsangehörigen anwendbar (RG GRUR 39 S. 308; RArbG GRUR 44 S. 46); denn diese Beziehungen bestehen nicht zur Außenwelt. Natürlich ist dennoch ein geschäftlicher Verkehr auch zwischen dem Unternehmer und seinen eigenen Angestellten denkbar, z. B. wenn zwischen ihnen außerhalb des Dienstverhältnisses weitere Geschäftsbeziehungen bestehen, bei denen sich beide selbständig gegenüberstehen.

Täter des § 18 kann jeder sein, auch wer noch nicht einmal im eigenen sondern im Namen eines Dritten, z. B. zur Förderung des Wettbewerbs desselben handelt. Je nach Lage des Falles kommt er als Haupttäter, Anstifter, Mittäter oder mittelbarer Täter in Betracht. Nur der eigene Beschäftigte des Verletzten kann wegen Fehlens eines geschäftlichen Verkehrs in der Regel nicht Täter sein (RArbG GRUR 44 S. 46).

[5] Der Täter muß **unbefugt** (Begriff s. Anm. 7 zu § 17 — gleichbedeutend mit „rechtswidrig") **verwertet** (Begriff s. Anm. 12a zu § 17) *oder* **an jemand mitgeteilt** (Begriff s. Anm. 6 zu § 17) haben. Die Rechtswidrigkeit kann durch Vertrag (z. B. Lizenz) entfallen.

[6] **Subjektiv** ist **Vorsatz** des Täters erforderlich, bedingter Vorsatz genügt, der sich auf alle objektiven Tatbestandsmerkmale zu erstrecken hat. Doch müssen die Motive der Handlung wahlweise zu Wettbewerbszwecken oder aus Eigennutz vom dolus directus getragen werden; dolus eventualis genügt hier nicht. Die alleinige Schädigungsabsicht des Täters, die § 17 Abs. 1 besonders unter Strafe stellt, reicht für eine Bestrafung nach § 18 nicht aus, sie kann in der Regel nur als Indiz für den Wettbewerbszweck der Handlung dienen.

Wenn der Täter statt zu verwerten sich dadurch strafbar macht, daß er einem Dritten mitteilt, spielt es keine Rolle, ob der Dritte von der Vorlage bereits Kenntnis hat, auch nicht, ob er zur Kenntnisnahme berechtigt ist (vgl. hierzu Anm. 6b und 17 zu § 17).

[7] Über die sich aus einer Verletzung des § 18 ergebenden **Zivilansprüche** vgl. Anm. 14 zu § 17.

[8] Über den Zeitpunkt der **Vollendung** der Tat vgl. Anm. 10 und 15 zu § 17; die Tat ist vollendet, wenn verwertet oder mitgeteilt ist. **Der strafrechtliche Schutz dauert** so lange, wie eine Verwertung oder Mitteilung der anvertrauten Vorlage den berechtigten Interessen des Anvertrauenden zuwiderläuft, d. h. ohne Rücksicht auf die Dauer eines Vertrauens- oder etwa bestehenden Vertragsverhältnisses (BGH GRUR 60 S. 554 „Handstrickverfahren"). Die Tat ist ein Vergehen. Sie ist mit einer Freiheitsstrafe bis zu zwei Jahren oder mit Geldstrafe von 5 bis 10000 DM, bei Gewinnsucht bis zu DM 100000 bedroht und wird nur auf Antrag (§ 22) verfolgt; im übrigen vgl. zum Strafmaß Anm. 10b bis d zu § 17.

Der **Versuch** wird nicht bestraft, weil er nicht ausdrücklich mit Strafe bedroht ist (§ 43 Abs. 2 StGB); zu beachten ist aber § 20, wonach manche versuchte Straftat im Sinne des § 18 ein eigenes vollendetes Delikt ist.

Zur Auslandsverwertung s. Anm. 15 zu § 17.

[Schadensersatzpflicht]

§ 19

Zuwiderhandlungen gegen die Vorschriften der §§ 17, 18 verpflichten außerdem zum Ersatze des entstandenen Schadens. Mehrere Verpflichtete haften als Gesamtschuldner

[1] Die Bedeutung dieser Vorschrift ist nicht erheblich. B.-Hefermehl S. 1119 nennt sie zutreffend „unvollkommen und überflüssig“, weil sie die volle strafrechtliche Verantwortlichkeit des Täters voraussetzt, auf die es aber nach anderen Gesetzesbestimmungen (vgl. Anm. 15 zu § 17) nicht ankommt.

[2] Daß § 19 einen Unterlassungsanspruch nicht ausdrücklich gewährt, schadet nicht, weil mit den §§ 17, 18 zugleich § 1 verletzt wird (BGH GRUR 73 S. 483 „Betriebsspionage“; 55 S. 388 „Düko-Geheimverfahren“). Auch sind die Vorschriften Schutzvorschriften im Sinne des § 823 Abs. 2 BGB und es bedeutet die Verletzung eines Geschäftsgeheimnisses überdies die Verletzung eines absoluten Rechts, so daß auch §§ 823 Abs. 1, 1004 BGB Anwendung finden. Keinesfalls hat der Gesetzgeber den Unterlassungsanspruch ausschließen wollen (allg. Meinung).

[3] Die Bestimmung der **gesamtschuldnerischen** Haftung mehrerer verantwortlicher Personen bringt gegenüber den §§ 830, 840 BGB nichts Neues.

[Verleitung und Erbieten zum Verrat]

§ 20

(1) Wer zu Zwecken des Wettbewerbes oder aus Eigennutz jemand zu einem Vergehen gegen die §§ 17 oder 18 zu verleiten sucht, oder das Erbieten eines anderen zu einem solchen Vergehen annimmt, wird mit Freiheitsstrafe bis zu zwei Jahren oder mit Geldstrafe bestraft.

(2) Ebenso wird bestraft, wer zu Zwecken des Wettbewerbes oder aus Eigennutz sich zu einem Vergehen gegen die §§ 17 oder 18 erbietet oder sich auf das Ansinnen eines anderen zu einem solchen Vergehen bereit erklärt.

Übersicht

I. Allgemeines

[1] Die Vorschrift bestraft vier Fälle des Versuchs bzw. der Vorbereitung des Geheimnis- oder Vorlageverrats.

a) Alle vier Fälle haben folgendes gemeinsam: Handeln im **geschäftlichen Verkehr** (Begriff vgl. Anm. 4 zu § 18) wird **nicht** vorausgesetzt.

Täter kann jeder sein, im Falle des Verleitens (s. Anm. 2) auch jemand, der selbst das Geheimnis oder die Vorlage garnicht erfahren, resp. erlangen will, sondern nur zum Verrat an einen Dritten verleitet, sei es um dessen Wettbewerb zu fördern, sei es um eine Belohnung zu erhalten (Eigennutz), ebenso derjenige, der sich zum Ausspähen des Geheimnisses erbietet.

Eine **Schädigungsabsicht** des Täters wird weder vorausgesetzt, noch reicht sie als alleiniges Tatmotiv für eine Bestrafung aus; aus ihr kann allenfalls darauf geschlossen werden, daß der Täter zu Wettbewerbszwecken gehandelt hat.

Alle vier Fälle setzen als Motiv der Tat alternativ voraus, daß **zu Zwecken des Wettbewerbs** (Begriff s. Anm. 4 zu § 1) *oder* aus **Eigennutz** (Begriff s. Anm. 8b zu § 17) gehandelt wurde.

Die Handlungen müssen ferner **rechtswidrig** (Begriff s. Anm. 51 zu § 1, Anm. 7 zu § 17) sein. Wenn der sich um das Geheimnis bemühende Täter (Fall 1 und 2) einen Rechtsanspruch auf Mitteilung des Geheimnisses oder der Vorlage hat, wie z. B. der Erfinder auf Auskunft über geheim gehaltene Umsatzzahlen, aus denen sich seine Lizenzgebühren errechnen, oder der ausgeschiedene noch auszuzahlende Gesellschafter auf Vorlage der Geschäftsbücher, nach denen er sein Auseinandersetzungsguthaben berechnen will, entfällt die Rechtswidrigkeit seiner § 20 tatbestandsmäßig erfüllenden Handlung nicht ohne weiteres; sie kann nur im Falle *zulässiger* Selbsthilfe (§ 229 BGB) entfallen. Das setzt voraus, daß obrigkeitliche Hilfe nicht rechtzeitig zu erlangen ist (auch nicht durch Erlaß einer einstweiligen Verfügung) und ohne sofortiges Eingreifen die Gefahr besteht, daß die Verwirklichung des Anspruchs vereitelt oder wesentlich erschwert werde.

Für die Verwirklichung jeder der vier Straftaten ist weiter **Vorsatz** erforderlich, bedingter Vorsatz genügt, nicht dagegen Fahrlässigkeit. Für die Tatmotive (Wettbewerbszweck oder Eigennutz) reicht ein nur bedingter Vorsatz nicht, weil die insoweit geforderte Absicht vom dolus directus getragen sein muß.

b) Jeder der vier Verletzungstatbestände der Vorschrift ist ein **Vergehen**; ihre Verfolgung unterliegt daher der fünfjährigen Verjährungsfrist.

Der **Versuch** ist nicht strafbar, weil er nicht ausdrücklich unter Strafe gestellt wird (§ 43 Abs. 2 StGB), auch ist er kaum denkbar, weil bei diesem abgekürzten Tatbestand jede denselben nicht mehr erfüllende Handlung nur noch straflose Vorbereitungshandlung sein kann.

Die Strafverfolgung tritt nur auf **Antrag** ein (§ 22); antrags**berechtigt** ist derjenige, dessen Geheimnis oder Vorlage usw. verraten werden soll; denn die Vorschrift schützt allein seine Rechte gegen Angriffe des Täters (RG GRUR 28 S. 605).

Das Maß der **Freiheitsstrafe** beträgt bis zu 2 Jahre, die Höhe der Geldstrafe 5—10000,— DM (§ 27 StGB), bei Gewinnsucht bis zu 100000 DM (§ 27a StGB). **Gewinnsucht** ist die Steigerung des Erwerbssinns auf ein ungewöhnliches, ungesundes, sittlich anstößiges Maß (RGSt. 60 S. 306, 389). Den **Bußanspruch** ergibt § 26.

c) Zum **Zivilanspruch** vgl. Anm. 14 zu § 17. Freilich werden Schadensersatzansprüche meist nicht bestehen, weil materiell greifbare Schäden durch die *Vorbereitung* eines Geheimnisverrats allein selten praktisch werden, wenn der Verletzte nicht gerade Kosten verursachende Vorkehrungen getroffen hat, um der Gefahr des Verrats zu begegnen; deshalb dürfte hier statt eines Ersatzanspruchs die Geltendmachung des Bußanspruchs (§ 26) zu empfehlen sein. Die Zivilansprüche werden sich daher in der Regel auf den (vorbeugenden) Unterlassungsanspruch (Begriff s. Anm. 238 zu § 1) beschränken.

II. Besonderheiten der vier Einzelfälle

[2] Fall 1: Die versuchte Verleitung.

a) Der Täter sucht **jemand** zu einem Vergehen gegen die §§ 17, 18 zu verleiten. Jemand ist irgendjemand (vgl. Anm. 7a zu § 17). Im Falle der Verleitung zu einem Vergehen gegen § 17 Abs. 1 braucht der Täter, der zu verleiten sucht, nur, dies aber wenigstens, die Vorstellung zu haben, daß er einen Angestellten, Arbeiter oder Lehrling des Geschäftsbetriebes verleitet, dessen Geschäftsgeheimnis verraten werden soll. Ob es sich auch in Wirklichkeit bei dem zu Verleitenden um einen Angestellten handelt, ist ohne Bedeutung, weil gerade der erfolglose Versuch des Verleitens, die erfolglose Anstiftung, d. h. der Versuch am untauglichen Objekt und damit die Gesinnung des Täters, die den lauteren Wettbewerb gefährdet, bestraft werden soll (ebenso RGSt. 50 S. 131, 57 S. 171, Reimer-v. Gamm S. 513; Tetzner S. 383). Strafbar macht sich auch, wer irrtümlich glaubt, zum Verrat eines Betriebsgeheimnisses zu verleiten zu suchen, während es in Wirklichkeit ein solches gar nicht gibt (BGH GRUR 69 S. 548 „Abschaltplatte"). Das gleiche gilt für die irrtümliche Vorstellung des Täters, daß die Vorlagen usw. anvertraut (§ 18) seien (RG GRUR 28 S. 604).

b) Jemanden zu einem Vergehen gegen die §§ 17, 18 **zu verleiten zu suchen** heißt den Versuch unternehmen, den zu Verleitenden zur Verwirklichung der objektiven und subjektiven Tatbestandsmerkmale einer der in den §§ 17, 18 bezeichneten strafbaren Handlung zu *veranlassen*, gleichgültig, woran der Versuch sodann scheitert. Der Begriff des „Verleitens" im Sinne des § 20 erfaßt nicht nur den gleichlautenden Begriff im Sinne des § 160 StGB, der die Vorstellung des Täters, daß der Verleitete gutgläubig sei, voraussetzt, sondern zugleich den des Aufforderns im Sinne des § 49a StGB. Die Verleitung muß nur ernsthaft gemeint sein. Es verstößt gegen § 20 schon, wer auch nach eigener Vorstellung nur zur objektiven und nicht subjektiven Verwirklichung einer der Tatbestände der §§ 17, 18, also zu einer für den Verleiteten straflosen Handlung verleitet (im Ergebnis wie hier Reimer-v. Gamm S. 513).

c) Auf die Mittel, die der Täter des Falles 1 anwendet, kommt es nicht an. Er kann sein Opfer primitiv auffordern, zu überreden versuchen, drohen oder locken.

Als Mittel reichen auch **Fangfragen** aus, z.B. wenn schon in der erwarteten Beantwortung einer Frage der Geheimnisverrat liegen würde (RGSt. 32 S. 310). Nicht genügen aber Vorbereitungshandlungen; z.B. erkundigt sich der Täter zunächst, ob der zu Verleitende die Geheimsache überhaupt kennt, dann würde in dieser Frage allein noch nicht die Verleitung zum Geheimnisverrat liegen, selbst wenn feststünde, daß der Täter vorhatte, bei Bejahung der Frage mit dem Ansinnen des Verrats hervorzutreten (RG GRUR 38 S. 605).

d) Es spielt keine Rolle, ob der Verleitete dem Täter unmittelbar oder über einen Dritten verraten soll, oder ob überhaupt nur an einen Dritten (RGSt. 33 S. 355) verraten werden soll, ob dies mündlich, schriftlich, telefonisch oder durch schlüssiges Handeln erwartet wird; z.B. soll ihm nur Zutritt in die Räume verschafft werden, in denen sich die Geheimdokumente befinden, die sich der Täter selbst abschreiben will.

e) Die Verleitungshandlung ist **vollendet,** wenn die Aufforderung zur Straftat erklärt und dem zu Verleitenden zugegangen ist, und zwar so, daß er ihren Inhalt erkennen konnte, denn die die Verleitung darstellende Handlung ist empfangsbedürftig (vgl. Mezger S. 251 in Leipz. Komm. zum StGB).

Vollendet der **Verleitete** das ihm angesonnene **Vergehen** im objektiven und subjektiven Tatbestand, dann ist für eine Bestrafung des Verleiters nach § 20 kein Raum mehr; er wird solchenfalls gemäß § 48 StGB in Verb. mit §§ 17 oder 18 als **Anstifter** bestraft, es sei denn, er wird aus §§ 17 oder 18 unmittelbar bestraft, weil er verwertet oder selbst wieder an einen Dritten mitteilt, so daß die Verletzung des § 20 ein Teil der Ausführungshandlung einer anderen Straftat ist.

[3] Fall 2 (Abs. 2 Halbsatz 2): Der Täter **erklärt** sich auf ein an ihn gestelltes **Ansinnen** (gemäß Fall 1) als nunmehr Verleiteter zu einem Geheimnis- oder Vorlageverrat **bereit.**

a) **Ansinnen** des Verleiters (Täters des Falles 1) ist jede Aufforderung und jeder Fall des Verleitens, darüber hinaus jedoch schon eine bloße Anregung ohne

Rücksicht auf ihre Ernstlichkeit, die für das Verleiten im Fall 1 gefordert wird. Andererseits muß der Verleitete, Täter des Falles 2, die *Vorstellung* der Ernstlichkeit des Ansinens des Verleiters haben (allg. Meinung). Es ist denkbar, daß im Falle 2 mangels Ernstlichkeit des Ansinnens, also mangels ernsthaften Verleitens der Gegenspieler des Falles 1 nicht strafbar ist.

b) Hält der Täter das Ansinnen des anderen nicht für ernst gemeint, kann in der Erklärung seiner Bereitschaft ein „Erbieten“ liegen (Fall 3); das gleiche gilt, wenn dem Täter das Ansinnen nicht oder noch nicht zugegangen ist, wenn er sich schon bereit erklärt hat; z.B. kreuzen sich sein und das Schreiben des Täters des Falles 1.

Der Täter muß sich ernsthaft auf ein Ansinnen (s. lit. a) **bereit erklären** (RGSt. 26 S. 81, 57 S. 245, 60 S. 23). „Bereit erklären“ ist dasselbe wie die „Annahme“ einer Aufforderung zur Tat im Sinne des § 49a StGB (ebenso Reimer S. 781), d. h. es wird im Gegensatz zum Erbieten (s. Anm. 4a) eine Anregung von einem Dritten vorausgesetzt, die ihrerseits nicht ernsthaft gemeint zu sein braucht, sondern dem sich bereit Erklärenden nur ernsthaft zu erscheinen braucht (ebenso Mezger S. 253 a.a.O. Reimer-v. Gamm S. 514; B.-Hefermehl S. 1121; Tetzner S. 383, Callmann Anm. 6 zu § 20). Die („Bereit-“) Annahmeerklärung muß dem Ansinnenden zugegangen sein (RGSt. 26 S. 81, ebenso Mezger a. a. O., Tetzner a. a. O. und offenbar B.-Hefermehl a. a. O.; a. A. Reimer-v. Gamm a. a. O., der übersieht, daß bei Nichtzugang der Erklärung diese nur ein strafloser Gedanke bleibt und daß solange nichts „*erklärt*“ ist, als niemand Kenntnis nimmt). Freilich kann auch durch schlüssiges Handeln die Annahme erklärt werden, doch braucht nicht in jedem der Aufforderung entsprechenden Verhalten eine solche Erklärung zu liegen; es kommt immer auf den Einzelfall an.

[4] **Fall 3 und 4:** Der Täter **erbietet sich** (Fall 3) oder er **nimmt** das Anerbieten eines Täters des Falles 3 **an** (Fall 4).

a) **Erbieten** (Fall 3) ist ein tatsächliches ernsthaftes Angebot (RGSt. 60 S. 25) zur Tat aus *eigener* Initiative. Das Erbieten setzt ebenso wie das Bereiterklären voraus, daß es dem Empfänger zugegangen ist und daß er die Erklärung zur Kenntnis nimmt; vorher bleibt das Anerbieten nur ein straffreier Gedanke (vgl. Mezger S. 251 a. a. O., ähnlich Tetzner a. a. O.; a. A. Reimer-v. Gamm a. a. O.). Die Form des Erbietens ist ohne Bedeutung. Es kann mündlich, schriftlich, telefonisch usw. geschehen; wie der Empfänger das Erbieten auffaßt, ist gleichgültig. Der sich erbietende Täter ist deshalb auch dann strafbar, wenn der Empfänger das ernstgemeinte Erbieten nicht ernst nimmt. Umgekehrt wird das nicht ernst gemeinte Erbieten nicht bestraft, auch wenn der Empfänger es irrtümlich als ernst gemeinte versteht (vgl. Reimer-v. Gamm, B.-Hefermehl, Tetzner, Mezger a. a. O.). Ernst gemeint erbietet sich zu einem Vergehen, wer dieses mit allen seinen objektiven und subjektiven Tatbestandsmerkmalen erfüllen will. Ob der Täter die Erfüllung der erbotenen strafbaren Handlung von vornherein oder erst später ausdrücklich oder insgeheim von einer Gegenleistung abhängig machen will, ändert an der Strafbarkeit seines Anerbietens nichts.

b) Die **Annahme** (Fall 4) des Angebots des Falles 3, die gleichfalls ernsthaft gemeint sein muß und eine empfangsbedürftige Willenserklärung ist, setzt voraus, daß zuvor ein anderer (nicht erforderlich: gegenüber dem Annehmenden) den Fall 3 wenigstens objektiv verwirklicht hat. Nur in der subjektiven Vorstellung des Annehmenden muß sich der Erbietende (Täter des Falles 3) ernsthaft erboten, d. h. die objektiven und subjektiven Tatbestandsmerkmale des Falles 3 verwirklicht haben (vgl. Mezger S. 253 a. a. O., Frank S. 132, Olshausen Anm. 10 und Schönke IV 3 zu § 49a StGB, Reimer-v. Gamm S. 514). Deshalb macht sich der Täter des Falles 4 (der Annehmende) strafbar, auch wenn sich ein Geisteskranker erbietet. Hält der Annehmende das Erbieten des anderen nicht für ernst, liegt in seiner ernsthaften Annahme ein Versuch des Verleitens (Fall 1).

Natürlich kann auch die Annahme wie jede andere Willenserklärung in jeder möglichen Form, schriftlich, mündlich usw. geschehen.

[Auslandsvergehen]

§ 20a

Auf die Vergehen gegen die §§ 17, 18 und 20 findet die Vorschrift des *§ 4 Abs. 2 Nr. 1 des Strafgesetzbuchs für das Deutsche Reich* **Anwendung, wenn sich die Tat gegen das Geheimnis eines inländischen Geschäfts oder Betriebs richtet.**

[1] Durch §§ 3 Abs. 1, 4 Abs. 3 Ziff. 5 StGB ist diese Vorschrift eigentlich gegenstandslos geworden. Der deutsche Täter wird nach dem geltenden Personalgrundsatz im Inland immer bestraft, gleichgültig, ob er die Tat im Inland oder im Ausland begangen hat; der Ausländer, der im Ausland eine strafbare Handlung begeht, die sich gegen ein im Inland belegenes Betriebs- oder Geschäftsgeheimnis richtet, wird gem. § 4 Abs. 3 Ziff. 5 StGB gleichfalls bestraft.

[2] Ein **inländisches Geschäft** ist ohne Rücksicht auf die Staatsangehörigkeit des Inhabers jedes im Inland belegene Geschäftsunternehmen.

Anm. 3. Der Text der in Anm. 1 in Bezug genommenen Vorschriften des StGB lautet:

§ 3 Abs. 1:

„Das deutsche Strafrecht gilt für die Tat eines deutschen Staatsangehörigen, einerlei, ob er sie im Inland oder Ausland begeht.“

§ 4 Abs. 3 Ziff. 5:

„Unabhängig von dem Recht des Tatorts gilt das deutsche Strafrecht für folgende Straftaten, die ein Ausländer im Ausland begeht:

. . . . . .

Ziff. 5: Verrat eines Geschäfts- oder Betriebsgeheimnisses eines deutschen Betriebes.

. . . .“.

[Verjährung]

§ 21

(1) Die in diesem Gesetz bezeichneten Ansprüche auf Unterlassung oder Schadensersatz verjähren in sechs Monaten von dem Zeitpunkt an, in welchem der Anspruchsberechtigte von der Handlung und von der Person des Verpflichteten Kenntnis erlangt, ohne Rücksicht auf diese Kenntnis in drei Jahren von der Begehung der Handlung an.

(2) Für die Ansprüche auf Schadensersatz beginnt der Lauf der Verjährung nicht vor dem Zeitpunkt, in welchem ein Schaden entstanden ist.

Übersicht

[1] **Allgemeines.** Die Vorschrift behandelt die Verjährung nur der zivil-, nicht auch der strafrechtlichen Ansprüche, die das Gesetz gewährt. Die Strafverfolgung von Vergehen nach diesem Gesetz verjährt in 5 Jahren (§ 67 Abs. 2 StGB). — **Zur Verwirkung** der Zivilansprüche vgl. Anm. 270ff. zu § 1.

[2] Der **Bußanspruch** ist ein Zivilanspruch (s. § 26), mag seine Zuerkennung auch ganz davon abhängig sein, daß der Täter bestraft wird. Die Buße ist nach ihrem Wesen ein besonders geregelter Schadensersatz, der zwar vor dem Strafgericht geltend gemacht werden muß, aber grundsätzlich gleich den sonstigen Schadensersatzforderungen zu behandeln ist (§ 406d StPO). Sie wird in § 26 ausdrücklich als „Entschädigungsanspruch" charakterisiert, ist damit ein in diesem Gesetz bezeichneter (§ 26) Anspruch und unterliegt deshalb der kurzen Verjährungsfrist von 6 Monaten. Die dreijährige Verjährungsfrist des § 852 BGB kommt nicht in Betracht, weil der Bußanspruch aus Wettbewerbsverstößen vom bürgerlichen Recht nicht geregelt wird und ein Anspruch ganz eigener Art ist (gl. A. Tetzner S. 418; a. A. B.-Hefermehl S. 1153, der ihn unter Berufung auf RGSt. 44 S. 294 zugleich mit dem Strafanspruch verjähren läßt, und Reimer-Pastor S. 502, der gleiches aus dem Umstand der Abhängigkeit des Bußanspruchs von dem öffentlich-rechtlichen Strafanspruch folgert. Obwohl der Berechtigte nur alternativ zwischen Buß- und Ersatzanspruch mit der Folge wählen kann, daß ihm nur einer von ihnen verbleibt, wird die Verjährungsfrist für den Bußanspruch nicht durch gerichtliche Geltendmachung des Ersatzanspruchs unterbrochen, wie umgekehrt auch die Geltendmachung des Bußanspruchs die für den Schadensersatzanspruch laufende Verjäh-

rungsfrist nicht unterbricht (ähnlich B.-Hefermehl S. 1152; Callmann Anm. 6 zu § 26; a.A. Reimer-Pastor a.a.O). Denn beide Ansprüche bestehen selbständig nebeneinander und unterscheiden sich in ihren rechtlichen Voraussetzungen. — Ebensowenig wird durch Klage auf Unterlassung die Verjährung des Anspruchs auf Widerruf unterbrochen (BGH GRUR 74 S. 99 „Brünova"). Gleiches gilt in logischer Konsequenz für den umgekehrten Fall.

[3] Außer für den Bußanspruch gilt die kurze 6-monatige Verjährungsfrist des § 21 ferner für **Schadensersatzansprüche,** die aus Wettbewerbsverstößen entstanden sind, die sich nicht zugleich als unerlaubte Handlungen darstellen in dem Sinn, daß für den speziellen Fall die Wettbewerbsvorschrift die erschöpfende und ausschließliche Regelung zu geben hat (BGH GRUR 62 S. 310 „Gründerbildnis"; 64 S. 218 „Düngekalkhandel"), wobei aber stets darauf zu achten ist, daß sich niemand den Konsequenzen einer unerlaubten Handlung entziehen kann, weil er zu Wettbewerbszwecken gehandelt habe. Damit gilt in der Regel die abgekürzte Verjährungsfrist des § 21 für Handlungen, die keine echten unerlaubten Handlungen sind. Tritt man der hier (Anm. 49 zu § 1) vertretenen Ansicht bei, daß auch ohne Verschulden begangene unlautere Wettbewerbshandlungen Schadensersatzansprüche auslösen können, würden diese Ansprüche, vom bürgerlichen Recht ungeregelt, gleichfalls ausschließlich vom UWG gelöst der abgekürzten Verjährungsfrist des § 21 unterliegen.

[4] Die abgekürzte Verjährungsfrist des § 21 findet ferner auch bei **schuldhaften Wettbewerbsverstößen** Anwendung, solange mit ihnen nicht §§ 823 Abs. 1, 824, 826, sondern nur § 823 Abs. 2 oder Abs. 1 BGB — letzterer aus dem Gesichtspunkt des Eingriffs in das Recht am eingerichteten und ausgeübten Gewerbebetrieb — verletzt werden (BGH GRUR 62 S. 310 (314) „Gründerbildnis", 74 S. 99 „Brünova"). § 823 Abs. 2 ist eine unselbständige Blankettvorschrift, die vom verletzten Schutzgesetz vollkommen abhängt, welches allein Charakter, Inhalt und Ausmaß der unerlaubten Handlung bestimmt. Wird ausschließlich gegen eine Vorschrift des UWG verstoßen, dann bleibt es daher bei den diesem Gesetz von vorneherein gegebenen Beschränkungen mit seinen speziellen Verjährungsvorschriften des § 21. § 852 BGB findet keine Anwendung.

Der gleiche Grundgedanke hat in den Fällen des Eingriffs in das Recht am Unternehmen zu gelten, weil hier die Heranziehung des § 823 Abs. 1 BGB in der Regel die Anrechnung einer rein wettbewerbsrechtlichen Norm als Anspruchsgrundlage bedeutet (BGH a.a.O. „Gründerbildnis", „Brünova"; ähnlich B.-Hefermehl S. 1125, Ulmer-Reimer S. 105 FN. 43; a.A. Reimer-Pastor S. 293, der ausnahmslos die dreijährige Verjährungsfrist des § 852 BGB gelten läßt und Tetzner S. 386).

[5] Bei allen Wettbewerbsverstößen, mit denen zugleich selbständige anspruchsbegründende bürgerlich-rechtliche Tatbestände — zu denken ist hier insbesondere

an sonstige **unerlaubten Handlungen der §§ 823, 824, 826 BGB** — verwirklicht werden, ist für die Anwendung des § 21 kein Raum, da er als Spezialvorschrift die Verjährungsfristen nur für die reinen sich aus dem Wettbewerbsrecht ergebenden Ansprüche, nicht aber für die daneben selbständig bestehenden bürgerlich-rechtlichen Ansprüche regelt. Für sie gilt ausnahmslos die dreijährige Verjährungsfrist des § 852 BGB (st. Rspr.: BGH GRUR 64 S. 218 „Düngekalkhandel", a.a.O. „Brünova", „Gründerbildnis"; ebenso B.-Hefermehl S. 1126; Reimer-Pastor S. 293).

Liegt außer dem Wettbewerbsverstoß eine Verletzung des **Warenzeichengesetzes** vor, gilt die dreijährige Verjährungsfrist des § 852 BGB (BGH GRUR 68 S. 367 „Corrida")! Die unterschiedliche Behandlung der Ansprüche aus Warenzeichen- und Ausstattungsverletzungen gegenüber solchen aus Verletzungen von Kennzeichnungsrechten des § 16 UWG, zumal diese Schutzrechte oft ineinander übergehen, ist — weil wohl zufällig und willkürlich — freilich nicht verständlich (gl. A. B.-Hefermehl S. 1126). Deshalb scheint die Rückkehr zur früheren Rechtsprechung (BGH GRUR 59 S. 31 „Feuerzeug") angebracht, wie Pastor a.a.O. sie fordert, wonach alle Ansprüche, die von unerlaubten Handlungen i.S. des § 823 Abs. 1 BGB getragen werden, der dreijährigen Verjährungsfrist des § 852 BGB unterliegen sollten. Warum sollen z.B. Ansprüche aus Firmenverletzungen der kürzeren Verjährungsfrist unterliegen?

Das gilt umso mehr, als bei **Urheberrechtsverletzungen,** die zugleich Wettbewerbsverstöße sind, ebenfalls die dreijährige Verjährungsfrist gilt und der unter dem Gesichtspunkt der eingesparten Lizenzgebühr anerkannte Bereicherungsanspruch, der faktisch wenn auch nicht rechtlich einen Schadensersatzanspruch darstellt, sogar erst in dreißig Jahren verjähren soll (BGH GRUR 71 S. 522 „Gasparone II").

[6] Für die **Beseitigungs-** und **Widerrufsansprüche** gilt das zuvor Gesagte entsprechend. Sind sie von Wettbewerbsverstößen ausgelöst worden, ohne daß eine konkrete Vorschrift des Wettbewerbsrechts verletzt ist, ist § 21 UWG analog anzuwenden. Das gilt auch, wenn ein Anspruch auf Beseitigung andauernder Störungen nur unter analoger Anwendung des § 1004 BGB durchgesetzt werden kann (BGH GRUR 74 S. 99 (100) „Brünova"). Haben diese Ansprüche dagegen ihre rechtliche Grundlage in § 826 BGB, kommt die dreijährige Verjährungsfrist des § 852 BGB in Betracht (BGH wie zuvor).

[7] Die Ansprüche auf **Auskunftserteilung und Rechnungslegung** sind Ansprüche, die die Geltendmachung des Schadensersatzanspruchs vorbereiten. Sie unterliegen unter den gleichen Bedingungen denselben Verjährungsvorschriften wie der Schadensersatzanspruch selbst (vgl. Anm. 3—5), sind aber in ihrer Geltendmachung von ihm unabhängige selbständige Ansprüche, da sie auch erhoben werden können, wenn kein Schaden entstanden ist, solange er nur wahrscheinlich ist (vgl. Anm. 266 zu § 1). Ihre Grundlage ist § 242 BGB (BGH GRUR 72

S. 558 „Teerspritzmaschine"). Daraus ergibt sich, daß mit der Auskunftsklage ein Schadensersatzanspruch noch nicht geltend gemacht und die für diesen laufende Verjährungsfrist deshalb nicht unterbrochen wird (allg. Meinung). Bereitet der Auskunftsanspruch aber einen Beseitigungsanspruch (s. Anm. 9) vor, weil z.B. ohne Auskunft die zur Beseitigung der fortwirkenden Störungen erforderlichen Maßnahmen nicht verwirklicht werden können (BGH GRUR 72 S. 558 „Teerspritzmaschine"), so verjährt der Auskunftsanspruch wie dieser. Ebenso richtet sich seine Verjährung nach der Verjährungsfrist des Bereicherungsanspruchs, wenn er dessen Geltendmachung vorbereiten soll.

Anerkennt man mit BGH GRUR 74 S. 53 („Nebelscheinwerfer") den **Gewinnherausgabeanspruch** (Begriff vgl. Anm. 263b zu § 1), so unterliegt er als Anspruch eigener Art (unter dem Gesichtspunkt der Geschäftsführung ohne Auftrag wie auch unter dem der ungerechtfertigten Bereicherung), als welcher er vom UWG nicht getragen wird, gemäß § 195 BGB einer 30jährigen Verjährung.

[8] Streitig ist, ob der **Unterlassungsanspruch** (Begriff vgl. Anm. 238ff. zu § 1) überhaupt verjähren kann (bejahend Krieger GRUR 72 S. 696; Reimer-Pastor S. 177ff.; verneinend B.-Hefermehl S. 1126; Tetzner S. 387). Nach richtiger Ansicht ist eine Verjährung des Unterlassungsanspruchs **nicht denkbar,** weil er seinem Wesen nach nicht verjährt (BGH GRUR 74 S. 99 (100) „Brünova", 72 S. 721 „Kaffeewerbung"; 66 S. 623 „Kupferberg"). Der Unterlassungsgrund ist — auch als vorbeugender — von vornherein nur dann gegeben, wenn für den Verletzten eine Beeinträchtigungsgefahr besteht. Von dieser hängt ab, ob der Unterlassungsanspruch untergeht oder fortbesteht. Wird ein verletzbares Recht nicht beeinträchtigt, kommt ein Unterlassungsanspruch denkgesetzlich nicht zur Entstehung. Wird die Beeinträchtigungsgefahr beseitigt, wird der Anspruch erfüllt und erlischt damit, um neu zu entstehen, wenn neue Beeinträchtigungsgefahren gesetzt werden. Wird die Beeinträchtigungsgefahr dagegen nicht beseitigt, sondern aufrechterhalten, so daß sie in jedem logischen Augenblick einen neuen gegenwärtigen Angriff gegen das mit dem Unterlassungsanspruch zu schützende Rechtsgut bedeutet, vermag eine Verjährungsfrist für den sich hieraus ergebenden Unterlassungsanspruch ihren Lauf gar nicht erst zu beginnen; denn er entsteht gleichermaßen ständig von neuem. Das gleiche gilt, wenn die Beeinträchtigungsgefahr (Wiederholungsgefahr) fortfällt, weil sodann wegen des im gleichen logischen Augenblick sich vollziehenden Untergangs des Anspruchs für die Verjährung wegen Gegenstandlosigkeit wiederum kein Raum ist. Unter diesem Gesichtspunkt verjährt ein titulierter Unterlassungsanspruch auch nach Ablauf von 30 Jahren nicht (BGH a.a.O. „Kaffeewerbung"). Eine andere Frage ist freilich, ob der Unterlassungsanspruch dauerhaft rechtsbeständig bleibt bzw. bei neuen Beeinträchtigungen immer wieder neu entsteht; das hängt ausschließlich von den im akuten Zeitpunkt gegebenen Tatumständen des Einzelfalles ab. Ein Kennzeichen kann seine Unterscheidungskraft verlieren, ein Betriebsgeheimnis offenkundig werden und die Verkehrsauffassung unterliegt einem ständigen Wandel. Insofern kann morgen zulässig sein, was heute noch unzulässig ist und umgekehrt, weshalb auch sogar titulierte Unterlassungsansprüche, die immer nur aus einem konkreten Tatbestand geboren werden, bei tatbestandlich veränderter Sachlage infolge Gegenstandslosigkeit untergehen können, ebenso wie ein titulierter Leistungsanspruch, z.B. durch Zahlung, Schenkung, Verzicht oder durch Vereinigung von Schuldner und Gläubiger in einer Person infolge gegenseitiger Beerbung.

Über die Verwirkung vgl. Anm. 12 und § 1 Anm. 34.

[9] Die Verjährungsfrist **beginnt ihren Lauf** mit Vollendung der unlauteren Wettbewerbshandlung, aber nicht vor dem Zeitpunkt, zu dem der Anspruchsberechtigte von der Handlung selbst und von der Person des Verpflichteten Kenntnis erlangt. Ist der Anspruch auf Schadensersatz gerichtet, so beginnt die Frist nicht vor dem Zeitpunkt zu laufen, zu welchem der Verletzte Kenntnis von der Schadensentstehung erlangt hat, wie für den Fristbeginn überhaupt die Kenntnis von allen den Anspruch tragenden Tatbestandselementen zu fordern ist. Der Verletzte muß auf Grund der ihm bekannten Tatsachen die Klage auf Schadensersatz, zumindest auf Feststellung der Verpflichtung zu einem solchen mit einigermaßen hinreichenden Erfolgsaussichten erheben können (st. Rspr.: BGH GRUR 64 S. 218 „Düngekalkhandel"). — Für die Beseitigungs- und Widerrufsansprüche gilt nichts anderes. Für sie beginnt die Verjährungsfrist, sobald die fortdauernde Beeinträchtigung voraussehbar ist und zum Gegenstand einer Klage gemacht werden kann (BGH GRUR 74 S. 99 „Brünova"). Bei einmaliger Handlung ist der Beginn der Verjährungsfrist sonach verhältnismäßig einfach zu berechnen.

a) Bei **fortgesetzter** Handlung beginnt die Frist nicht für jede Einzelhandlung besonders zu laufen (so RGZ 134 S. 335), sondern erst nach Vollendung der letzten zur fortgesetzten Handlung gehörigen Einzeltat, weil die mit dem einheitlichen Vorsatz in Fortsetzungszusammenhang begangenen Handlungen auf einen Gesamterfolg gerichtet sind, der sich nicht in Einzelerfolge ohne weiteres aufteilen läßt. So wie der einheitliche Vorsatz auf einen Gesamterfolg des Täters, so ist er auch auf den dem Verletzten als Ganzes entstehenden Schaden gerichtet, weil sich nicht feststellen lassen wird, mit welcher Einzelaktion der Vorsatz des Täters welchen Einzelschaden des Verletzten erfaßt haben wird (ähnlich B.-Hefermehl S. 1127). Nichts anderes gilt für die **Dauerhandlung.** Sie endet von vornherein erst mit Beendigung des durch sie immer wieder neu geschaffenen Zustandes. Deshalb kann erst in diesem Augenblick der Lauf der Verjährungsfrist beginnen (allg. Meinung). Davon zu unterscheiden ist die Handlung mit dauerhafter Wirkung. Auch bei ihr kommt es auf den Zeitpunkt der Beendigung der Handlung an (BGH GRUR 74 S. 99 „Brünova"), wenn aber der Schaden erst später eintritt, z.B. zufolge der Spätwirkung, kommt es wiederum auf diesen Zeitpunkt an. Deshalb kann ein Teil des Anspruchs verjährt, ein anderer noch nicht verjährt sein (ähnlich B.-Hefermehl S. 1127).

b) Von der fortgesetzten Handlung ist die **wiederholte** Handlung zu unterscheiden, bei der der Täter für jede Einzelhandlung einen neuen Entschluß faßt und von der man deshalb nicht sagen kann, daß sie von einem einheitlichen Vorsatz getragen wird. In solchen wiederholten Handlungen äußert sich der Wille des Täters in jeder Einzelhandlung erneut, so daß jede von einem selbständigen Vorsatz getragene Einzelhandlung besondere Ansprüche auslöst, von denen jeder unabhängig von den anderen Handlungen seine eigenen Verjährungsfristen haben muß.

[10] Fristen. Es ist **zwischen** der **Sechsmonats-** und der **Dreijahresfrist zu unterscheiden;** erstere rechnet von dem **Zeitpunkt der Kenntnis** von der vollendeten Handlung und der Person des Verpflichteten an, nicht also erst nach Ablauf des Kalenderjahres, in dem die Handlung begangen wurde, ist aber davon abhängig, daß die Dreijahresfrist noch nicht abgelaufen ist. Die Dreijahresfrist ist unbedingt vom Zeitpunkt der Vollendung der Handlung zu berechnen; ihr Ablauf bringt auch die Sechsmonatsfrist zum Ablauf bzw. verkürzt sie entsprechend. Wenn z.B. die Kenntnis von Handlung und Person erst 2¾ Jahr nach Begehung der Tat erlangt wurde, verjähren die hieraus entstandenen Ansprüche dennoch bereits drei Monate später. Doch können **beide Fristen ihren Lauf immer erst beginnen, wenn der Schaden entstanden ist und zwar ohne Rücksicht auf etwaige Kenntnis von der Handlung** (Abs. 2). Zur Kenntnis von der Schadensentstehung gehört auch die Kenntnis von der Ursächlichkeit der Handlung für den Schaden (RG 76 S. 63) und die Kenntnis solcher objektiven Tatbestandselemente, die auf etwa erforderliche subjektive Tatbestände (Vorsatz, Wettbewerbszweck usw.) schließen lassen (BGH GRUR 64 S. 218 „Düngekalkhandel"). **Kenntnis** heißt positives Wissen; Ahnung oder Vermutung genügen nicht (RG GRUR 36 S. 630/31; 40 S. 461).

[11] Die Verjährung der Ansprüche wird als bloße Einrede nicht von Amts wegen beachtet (§ 222 BGB). Mit verjährten Ansprüchen kann noch aufgerechnet werden, wenn sie sich mit den Gegenansprüchen in unverjährter Zeit aufrechenbar gegenübergestanden haben.

a) Die Frist ist **gehemmt,** solange der Verpflichtete zur Verweigerung der Leistung berechtigt (z.B. wegen Stundung) oder wenn der Berechtigte durch Stillstand der Rechtspflege oder durch höhere Gewalt vorübergehend an der Rechtsverfolgung verhindert ist (§§ 202, 203 BGB). Ferner ist die Verjährung der Ansprüche der Gläubiger in einem Vergleichsverfahren von der Eröffnung des Vergleichsverfahrens bis zur Rechtskraft der Entscheidung, die das Verfahren abschließt, gehemmt (§ 55 VglO). Die Hemmung der Verjährung wirkt nur unter den Personen, zwischen denen der Grund für dieselbe eingetreten ist; sie wirkt deshalb nicht auch zugunsten weiterer (Gesamt-) Schuldner. Die Hemmung bedeutet lediglich Ruhen des Fristenlaufs, der sich nach Fortfall des Hemmungsgrundes fortsetzt. Bei der Fristenberechnung wird die vor Eintritt der Hemmung abgelaufene Zeit mitgerechnet.

b) Die **Unterbrechung** der Verjährung bewirkt, daß die Verjährungsfrist nach Beendigung der Unterbrechung ihren Lauf von neuem beginnt und für die Berechnung derselben die voı der Unterbrechung liegende Zeit nicht mitzählt (§ 217 BGB). (Natürlich kann eine einmal abgelaufene Verjährungsfrist später nicht mehr unterbrochen werden.) Die nun beginnende neue Frist fängt sofort und nicht erst zum Ende eines Kalenderjahres ihren Lauf an (RGZ 128 S. 76). Die Verjährung wird unterbrochen durch Anerkenntnis, durch gerichtliche Geltendmachung des Anspruchs (Antrag auf Erlaß eines Zahlungsbefehls, Klageerhebung, Anmeldung im Konkurs, Aufrechnung im Prozeß, Zwangsvollstreckung usw.). Die gerichtliche Geltendmachung von Teilansprüchen unterbricht die Verjährung der Restansprüche nicht, ebenso nicht die Auskunftsklage die Verjährung des Schadensersatzanspruchs (s. hierzu Anm. 6). Deshalb muß zur Unterbrechung der Verjährung des Schadensersatzanspruchs Klage auf Feststellung der Schadensersatzpflicht erhoben werden, wenn die Höhe des Schadens noch unbekannt ist. Ebenso wird durch gerichtliche Geltendmachung des Unterlassungsanspruchs nicht die Verjährungsfrist für den Widerrufs- und Beseitigungsanspruch unterbrochen. Auch sie stehen selbständig neben dem Unterlassungsanspruch und unterscheiden sich von ihm in ihren rechtlichen Voraussetzungen (BGH GRUR 74 S. 99 „Brünova").

[12] Zur **Verwirkung** (vgl. Anm. 270 zu § 1).

[Strafantrag]

§ 22

(1) Die Strafverfolgung tritt, mit Ausnahme der in den §§ 4, 6, 10, 11 bezeichneten Fälle, nur auf Antrag ein. In den Fällen der §§ 8, 12 hat das Recht, den Strafantrag zu stellen, jeder der im § 13 Abs. 1 bezeichneten Gewerbetreibenden und Verbände.

(2) Die Zurücknahme des Antrags ist zulässig.

(3) Wegen der nach § 4 strafbaren Handlungen ist ebenso wie bei den nur auf Antrag verfolgbaren Handlungen (§§ 8, 12) neben dem Verletzten (§ 374 Abs. 1 Nr. 7 der Strafprozeßordnung) jeder der im § 13 Abs. 1 bezeichneten Gewerbetreibenden und Verbände zur Privatklage berechtigt.

Übersicht

[1] **Allgemeines.** Die Vorschrift unterscheidet zwischen Antrags- und Amtsdelikten. Soweit die strafbaren Handlungen öffentliches Interesse verletzen, sind sie zu Amtsdelikten erhoben. Zu ihnen gehören: die irreführende (betrügerische) Reklame (§ 4), verbotener Konkurswarenverkauf (§ 6), verbotener Ausverkauf und Räumungsverkauf (§ 10) sowie die Verletzung der Vorschriften über Angabe von Warenmengen und -herkunft (§ 11). Zu den Amtsdelikten gehören ferner die Strafvorschriften des WZG und des RabG., während Verstöße gegen die ZugabeVO erstaunlicherweise Antragsdelikte sind. Sobald mit der Verwirklichung eines Antragsdelikts ein Amtsdelikt begangen wird, ist ein Strafantrag auch für die Verfolgung des Antragsdeliktes nicht mehr erforderlich (RGSt. 33 S. 339, 71 S. 286).

[2] **Antragsberechtigt** ist der **unmittelbar Verletzte** (st. Rspr., für viele: RGSt 41 S. 103). Verletzter ist derjenige, der zur Zeit der Vollendung der Tat Inhaber des durch die Straftat verletzten Rechtsgut war (Ebermayer Anm. 3 zu § 22), sei es, daß dieses in einem gewerblichen Schutzrecht oder überhaupt im Recht am eingerichteten und ausgeübten Gewerbebetrieb besteht. Der geschädigte Käufer ist niemals antragsberechtigt im Sinne des § 22 (allg. Meinung). Bei Verletzung der §§ 8 und 12 sind alle in § 13 Abs. 1 genannten Mitbewerber und Verbände (s. Erl. zu § 13) zusätzlich strafantragsberechtigt.

[3] Das Antragsrecht ist nicht vererblich (RGSt. 11 S. 53; 43 S. 335). Es ist ein nicht übertragbares Persönlichkeitsrecht, mag es bei Wettbewerbsverstößen auch wesensbedingt mit dem Unternehmen als solchem, welches dem Berechtigten zugehört, eng zusammenhängen.

Der Berechtigte braucht den Strafantrag nicht selbst, er kann ihn auch durch Vertreter stellen lassen (allg. Meinung; RGSt. 61 S. 47). Vertreter einer Kapitalgesellschaft ist deren geschäftsführender Vorstand. Ist der Verletzte gesetzlich vertreten und der gesetzliche Vertreter mit dem Täter identisch, der Verletzte also rechtlich gehindert, den Strafantrag zu stellen, muß für ihn ein Pfleger bestellt werden, mit dessen Kenntnis von der Straftat die Frist für den Strafantrag erst zu laufen beginnt (RGSt. 73 S. 113).

Das Antragsrecht des Ehemannes (§ 195 StGB), das wettbewerbsrechtlich für Fälle geschäftlicher Ehrenkränkung in Betracht kommt (§§ 14, 15) ist ein selbständiges Persönlichkeits- und nicht etwa ein gesetzliches Vertretungsrecht. Deshalb besteht es nach dem Tode der verletzten Ehefrau fort (vgl. Kohlrausch Anm. 1 zu § 195 StGB).

[4] **Form des Antrags.** Der Strafantrag ist bei einem Gericht oder der Staatsanwaltschaft schriftlich oder zu Protokoll, bei einer anderen Behörde nur schriftlich (§ 158 StPO), und zwar innerhalb von drei Monaten nach zuverlässiger Kenntnisnahme von Tat und Täter (§ 61 StGB) zu erklären. Der Gebrauch des Ausdrucks „Strafantrag“ ist nicht erforderlich, wenn sich nur aus dem Inhalt der Erklärung ergibt, daß mit ihr die Einleitung einer Strafverfolgung beabsichtigt

wird. Bei mehreren Mittätern und/oder mehreren strafbaren Handlungen kann der Strafantrag auch auf eine Handlung und gegen einen oder wenige Täter beschränkt werden.

Die **Zurücknahme** des Strafantrags ist jederzeit bis zur Verkündung eines auf die Strafe lautenden Urteils möglich (§ 22 Abs. 2), jedoch nicht mehr in der Berufungsinstanz, wenn der Täter bereits verurteilt ist, dagegen sehr wohl auch in dieser, wenn in erster Instanz freigesprochen wurde (§ 64 StGB).

[5] Die **Privatklage** kann wegen **aller** nach dem UWG strafbaren Vergehen (§ 374 Abs. 1 Ziff. 7 StPO) von jedem Verletzten erhoben werden, ferner (§ 21 Abs. 3) bei Verstößen gegen die §§ 4, 8, 12 auch von den in § 13 bezeichneten Verbänden. Ein Sühneverfahren ist nicht vorgesehen, es sei denn, daß die Straftat auch eine Beleidigung beinhaltet. Die Durchführung eines Strafverfahrens auf Veranlassung eines Verletzten (durch Strafantrag oder Privatklage) verbraucht den Strafanspruch aller anderen Verfolgungsberechtigten wegen derselben Straftat (§ 375 Abs. 3 StPO). Weitere Privatklageberechtigte können nur ihren Beitritt zum eingeleiteten Verfahren erklären, und zwar in der Lage, in der sich zur Zeit ihrer Beitrittserklärung das Verfahren befindet (§ 375 Abs. 2 StPO). Die Zurücknahme der Privatklage ist bis zur Verkündung des Urteils in der Berufungsinstanz zulässig (§ 391 StPO). Nach Rücknahme kann die Privatklage nicht erneut erhoben werden (§ 392 StPO). Die Rücknahme hat gegenüber weiteren Privatklageberechtigten jedoch keine Wirkung (BayerOberstLG 12 S. 228). Gemäß § 374 Ziff. 8 StPO ist die Privatklage auch bei Zeichenverletzungen möglich.

[6] Die öffentliche Klage soll von der Staatsanwaltschaft nur erhoben werden, wenn dies im öffentlichen Interesse liegt (§ 376 StPO); der Privatkläger kann sich sodann als Nebenkläger anschließen. Ist die Privatklage erhoben, übernimmt die Staatsanwaltschaft die Strafverfolgung und verdrängt den Privatkläger in die Rolle des Nebenklägers.

Ob ein öffentliches Interesse vorliegt, entscheidet der Staatsanwalt nach seinem freien, pflichtgemäßen Ermessen. **Im wesentlichen gelten hierfür die „Richtlinien für das Strafverfahren“:**

Nr. 281. Öffentliches Interesse.

(1) Der Kampf um den Kunden wird im geschäftlichen Wettbewerb oft in unlauteren Formen geführt, die geeignet sind, den anständigen Wettbewerber ungerechtfertigt zu benachteiligen und den Verbraucher wirtschaftlich zu schädigen. Das öffentliche Interesse an der Strafverfolgung wird in der Regel zu bejahen sein, vor allem, wenn durch unrichtige Angaben ein erheblicher Teil der Verbraucher irregeführt werden kann oder wenn durch die Verwendung irreführender Angaben zugleich gegen zwischenstaatliche Abkommen über den Schutz geographischer Bezeichnungen verstoßen wird (§§ 4 UWG, 26 WZG), ferner bei Auswüchsen des Ausverkaufswesens und bei Mißbräuchen, an deren Unterdrückung ganze Gewerbezweige interessiert sind.

(2) Ebenso wird das öffentliche Interesse an der Strafverfolgung von Verstößen gegen § 12 UWG in der Regel anzunehmen sein. Durch Bestechungen wird in besonders gefährlicher Weise Treu und Glauben im geschäftlichen Verkehr und im Verhältnis der Angestellten zum Unternehmer untergraben.

(3) Die Verweisung auf die Privatklage (§ 22 UWG, §§ 374 Abs. 1 Nr. 7, § 376 StPO) ist in der Regel nur angebracht, wenn der Verstoß leichterer Art ist und nur die Interessen eines eng umgrenzten Personenkreises berührt.

(4) Die örtlichen Industrie- und Handelskammern werden meistens sachdienliche Auskünfte geben können. Bei unlauteren Wettbewerbsmethoden von überörtlicher oder grundsätzlicher Bedeutung kommen hierfür die Zentrale zur Bekämpfung unlauteren Wettbewerbs in Frankfurt (Main) — Börse —, die mit den Spitzenverbänden der deutschen gewerblichen Wirtschaft zusammenarbeitet, der Gutachterausschuß für Wettbewerbsfragen beim Deutschen Industrie- und Handelstag in Bonn, Markt 26, sowie der Verein gegen das Bestechungsunwesen e. V. in Bonn, Münsterstraße 9, in Betracht. Auch der Verein „Pro Honore", Verein für Treu und Glauben im Geschäftsverkehr e.V. in Hamburg, Hamburg 1, Chilehaus, ist bereit, Auskünfte zu erteilen.

(5) Lehnt der Staatsanwalt die Verfolgung von Amts wegen mangels eines öffentlichen Interesses ab, so kann er den Antragsteller, falls er Privatklage erheben will, über die bisherigen Ermittlungen unterrichten. Jedoch hat der Staatsanwalt darauf zu achten, daß der Antragsteller nicht unbefugt Betriebsgeheimnisse des Beschuldigten erfährt. Oft wird nur aus diesem Grunde Anzeige erstattet.

(6) Die Bearbeitung von Wettbewerbssachen soll einem bestimmten Staatsanwalt übertragen werden.

282. Unlauterer Wettbewerb zum Nachteil von Ausländern.

Der unlautere Wettbewerb zum Schaden von Ausländern gefährdet den Ruf der deutschen Geschäftssitten im internationalen Verkehr und kann Nachteile hervorrufen, die über den Kreis der unmittelbar Beteiligten hinausgehen. Ob ein öffentliches Interesse an der Strafverfolgung besteht, ist auch unter diesem Gesichtspunkt sorgfältig zu prüfen. Gutachten erstatten die in Nr. 281 Abs. 4 genannten Stellen, die Deutsche Gruppe der Internationalen Handelskammer, oder die Deutsche Landesgruppe der Liga zur Bekämpfung unlauteren Wettbewerbs, beide in Frankfurt (Main) — Börse.

283. Ausländische Schwindelfirmen.

Über ausländische Schwindelfirmen gibt die Bundesauskunftsstelle für den Außenhandel in Köln, Alte Universität, Ubierring, Auskunft.

284. Verstöße gegen die Vorschriften des Zugabe- und Rabattwesens.

(1) Die Regelung des Zugabe- und Rabattwesens will die Allgemeinheit vor Täuschungen über den Wert der Ware schützen. Vorschriften, die diesem Zweck dienen, sind enthalten in

a) der Zugabeverordnung vom 9. 3. 1932 (RGBl. I S. 121), zuletzt geändert durch Gesetz vom 15. 11. 1955 (BGBl. I S. 719),

b) dem Rabattgesetz vom 25. 11. 1933 (RGBl. I S. 1011), zuletzt geändert durch Gesetz vom 11. 3. 1957 (BGBl. I S. 172),

c) dem Gesetz gegen den unlauteren Wettbewerb vom 7. 6. 1909 (RGBl. I S. 499), zuletzt geändert durch Gesetz vom 21. 7. 1965 (BGBl. I S. 625).

(2) Mit den Berufsvertretungen des Handels und des Handwerks ist enge Fühlung zu halten. In Zweifelsfällen kann es sich empfehlen, den Deutschen Industrie- und Handelstag in Bonn, Markt 36, oder den Zentralverband des Deutschen Handwerks in Bonn, Meckenheimer Allee 67, zu hören."

[Urteilsveröffentlichung]

§ 23

(1) Wird in den Fällen des § 15 auf Strafe erkannt, so ist zugleich dem Verletzten die Befugnis zuzusprechen, die Verurteilung innerhalb bestimmter Frist auf Kosten des Verurteilten öffentlich bekannt zu machen.

(2) Ist auf Grund einer der Vorschriften dieses Gesetzes auf Unterlassung Klage erhoben, so kann in dem Urteile der obsiegenden Partei die Befugnis zugesprochen werden, den verfügenden Teil des Urteils innerhalb bestimmter Frist auf Kosten der unterliegenden Partei öffentlich bekannt zu machen.

(3) Die Art der Bekanntmachung ist im Urteil zu bestimmen.

Übersicht

[1] Allgemeines. Das Wesen der öffentlichen Bekanntmachung eines straf- oder zivilrechtlichen Urteils in einem Rechtsstreit, in dem es um verletzte privatrechtliche Rechtsgüter geht, liegt in der Aufgabenstellung, den Ruf und die Ehre des Verletzten und seinen durch die geschehenen Verletzungen angetasteten Lebens- und Interessensbereich wiederherzustellen (BGH GRUR 66 S. 272 „Arztschreiber").

I. Im Strafprozeß

[2] Die Vorschrift sah früher noch die Möglichkeit der Anordnung einer Veröffentlichungsbefugnis von Strafurteilen auch in Fällen von Verstößen gegen die §§ 4, 6, 8, 12 vor, doch ist diese im Zuge der allgemeinen Aufweichung unserer Sitten- und Moralbegriffe aus sozialsentimentalen Erwägungen durch StrRG vom 25. 6. 1969 (BGBl. I S. 645) abgeschafft worden. Übrig geblieben sind für die Veröffentlichung strafrechtlicher Urteile mit dem heutigen Absatz 1 nur noch die Fälle der geschäftlichen Verleumdung des § 15, doch ist hier die Zuerkennung der Veröffentlichungsbefugnis für den Richter zwingend (... „ist zuzusprechen"), und zwar ohne Rücksicht auf das berechtigte Interesse des Verletzten. Für eine Interessensabwägung ist nur für die vom Gericht zu bestimmende Art der Bekanntmachung Raum, wobei darauf besonders zu achten ist, daß der mit der Veröffentlichung Begünstigte keinen *ungerechtfertigten* wettbewerblichen Vorsprung erlangt und der andere keinen unerträglichen, nicht zumutbaren Nachteil erleidet. Nur insoweit liegt im Ermessen des Gerichts, Form, Art und Weise der Veröffentlichung zu bestimmen, z.B. ob nur der Urteilstenor oder auch die Urteilsgründe zu veröffentlichen seien (allg. Meinung). Angesichts der auf die Fälle des § 15 zusammengeschrumpften Möglichkeit der Zuerkennung einer Veröffentlichungsbefugnis im strafrechtlichen Bereich, wo also der Verurteilte *wider besseres Wissen* den Verletzten diffamiert hat, wird der Richter stets zu bedenken haben, daß die Urteilsveröffentlichung als Nebenstrafe auch eine Strafe und dem Verletzten daneben eine Genugtuung sein soll (RGStr. 73 S. 24).

[3] Die Bekanntmachungsbefugnis begründet für den Verletzten nur ein Recht, **nicht eine Pflicht** zur Bekanntmachung. Da Frist und Art der Bekanntmachung im Urteil zu bestimmen sind (Anm. 12), wird die Gefahr ausgeschaltet, daß der Berechtigte mit seiner Befugnis Mißbrauch treibt, indem er z.B. zu einem Zeitpunkt bekanntmacht, in dem er seinen Gegner am härtesten trifft.

Eine **Verwirkung** der Bekanntmachungsbefugnis ist deshalb denkbar. Wenn sie nicht fristgerecht ausgeübt wird, ist das Recht zur Bekanntmachung eben verbraucht.

[4] **Form und Art** der Bekanntmachung sind im Urteilstenor zu bestimmen (Anm 12). Ordnet das Gericht sie trotz Antrags nicht an, oder spricht es keine Bekanntmachungs*befugnis* zu, sind Privat-, Neben- und Zivilkläger dadurch belastet und können, auch wenn ihren übrigen Anträgen voll stattgegeben wird, gegen das Urteil das vorgesehene Rechtsmittel einlegen (Berufung bzw. Revision). Die Frage der Zulänglichkeit einer zugesprochenen Form und Art der Bekanntmachungsbefugnis ist mit Rücksicht auf den Strafcharakter derselben immer revisibel (RGSt 73 S. 24).

Die Meinung, daß bei Tateinheit mit einer unter schwerere Strafe gestellten Handlung, für die nicht ausdrücklich eine Veröffentlichungsbefugnis vorgesehen ist, diese Befugnis entfalle, ist unrichtig und wird seit RGSt. 73 S. 24, wonach bei

Tateinheit eine Unterschreitung der Mindeststrafe des milderen Gesetzes unzulässig ist, auch von der Rechtssprechung als überholt angesehen (RGSt. 73 S. 148). Die Richtigkeit dieser Ansicht ergibt sich auch aus der Überlegung, daß die Bekanntmachung des Urteils für den Verletzten in der Regel von berechtigtem Interesse ist, dessen Wahrnehmung nicht ohne Grund erschwert werden darf.

II. Im Zivilprozeß

[5] Die Bekanntmachungs**befugnis im Zivilprozeß** regelt Abs. 2 als Nebenanspruch. Sie wird aber insofern nach einmal erhobener Unterlassungsklage — nur von der Verwirklichung dieser Prozeßhandlung akzessorisch — selbständig und vielleicht für die Parteien zum Hauptanspruch, wenn sie bei Abweisung der Unterlassungsklage auch dem obsiegenden Beklagten zugesprochen werden kann. Sie kommt nicht nur bei Geltendmachung von Unterlassungsansprüchen aus dem UWG, sondern auch bei Geltendmachung solcher aus dem WZG in Betracht (ebenso B.-Hefermehl S. 1136), welches anerkanntermaßen ein Bestandteil des Wettbewerbsrechts ist. Entfällt der Unterlassungsanspruch, weil die Beeinträchtigungsgefahr fortfällt und ist die Hauptsache damit erledigt, kann gleichwohl noch auf Veröffentlichungsbefugnis erkannt werden (BGH GRUR 67 S. 362 „Spezialsalz I“), freilich jedoch nur dann, wenn der Kläger an ihr ein schutzwürdiges Interesse behalten hat, das in Fällen rein vorbeugender Unterlassungsklagen, wo eine erste Verletzungshandlung noch gar nicht begangen worden ist, in der Regel nicht ohne weiteres angenommen werden kann. Bei Irreführung der Öffentlichkeit ist die Veröffentlichungsbefugnis auch dann noch das geeignete Mittel, wenn der Täter seinen Geschäftsbetrieb bereits eingestellt hat (BGH GRUR 72 S. 550 „Spezialsalz II“).

[6] Für das **Warenzeichenrecht** lehnt die Rechtssprechung (BGH GRUR 56 S. 558 (563) „Regensburger Karmelitengeist“) die Anwendung des § 23 Abs. 2 einstimmig mit der Begründung ab, daß das Gesetz ausdrücklich nur von Unterlassungsansprüchen *dieses* Gesetzes (UWG) spreche. Hiergegen wendet sich zutreffend B.-Hefermehl (S. 1136) mit der Begründung, daß das Zeichenrecht ein Teil des Wettbewerbsrechts ist und jede Zeichenverletzung irgendwie einen Wettbewerbsverstoß darstelle. Ob ein verletztes Warenzeichen zugleich als Firmenabkürzung, -schlagwort oder als sonstiges Kennzeichnungsmittel im Sinne des § 16 UWG oder nicht oder noch nicht wirkt, bei dessen Verletzung die Bekanntmachungsbefugnis zuzusprechen wäre, kann nicht entscheidend sein. Auch Warenzeichenverletzungen können eine Irreführung des Publikums erreichen, die aus der Welt geschafft werden müssen, wofür sich oft nur der Zuspruch der Veröffentlichungsbefugnis als wirksames Mittel anbietet (BGH GRUR 61 S. 538 „Feldstecher“; a. A. Reimer-Pastor S. 460 „FN 5“).

[7] Nichts anderes kann für die **zeichenrechtliche Löschungsklage** gelten; auch hier ist § 23 Abs. 2 analog anzuwenden (gl. A. B.-Hefermehl S. 1137). Der Löschungsanspruch ist nicht nur eine Art Unterlassungsanspruch, sondern er **beinhaltet** ihn mit, ist also ihm gegenüber ein „mehr", wie Rosenthal a.a.O. richtig hervorhebt; er ist auf Unterlassung der Führung eines Warenzeichens in der Zeichenrolle gerichtet. Daß daneben noch weitere Unterlassungsansprüche bestehen (z.B. gegen den Zeichengebrauch), ändert hieran nichts. Ebensowenig wird hieran dadurch etwas geändert, daß in dem Löschungsanspruch nur *zugleich* auch ein Naturalschadensersatzanspruch im Sinne des § 249 BGB liegt (vgl. Anm. 35b zu § 1).

[8] Die Anwendbarkeit des § 23 Abs. 2 wurde früher von der Rechtssprechung (RG GRUR 33 S. 256; 39 S. 556; OLG Hamburg GRUR 55 S. 544) auch **für Schadensersatzansprüche** abgelehnt und wird erst seit BGH GRUR 56 S. 558 (563) „Regensburger Karmelitengeist" in Übereinstimmung mit der überwiegenden Ansicht des Schrifttums bejaht, freilich nur engherzig unter dem Gesichtspunkt des Naturalschadensersatzanspruchs im Sinne des § 249 BGB. Voraussetzung ist die Fortwirkung der Schädigung, wozu insbesondere Verkehrsverwirrung gerechnet wird, so daß auch ohne geltend gemachten Unterlassungsanspruch nur auf Grund der Verletzungshandlung als solcher der Veröffentlichungsanspruch quasi als reiner Beseitigungsanspruch ohne Rücksicht auf Verschulden gemäß §§ 249, 1004 BGB zuzusprechen ist (BGH GRUR 57 S. 231 „Pertussin I").

Für die Bekanntmachungsbefugnis als Schadensersatz ist ferner **Geeignetheit** der Bekanntmachung zur Schadensbeseitigung Voraussetzung, Erforderlichkeit (so OLG Hamburg a.a.O.) sollte nicht verlangt werden; Erforderlichkeit ist nur Voraussetzung für die Zulässigkeit der notwendigen in Selbsthilfe begangenen Abwehrhandlungen, von denen zu vermuten naheliegt, daß sie — da ohne gerichtliche Kontrolle unternommen — zu unlauteren Zwecken mißbraucht werden. Die Härte, mit der ein Wettbewerber den Konkurrenzkampf führt, ist allein noch kein Indiz für die Erforderlichkeit einer Veröffentlichungsbefugnis (BGH GRUR 61 S. 538 „Feldstecher"). Wer aber zum Schadensersatz verpflichtet ist, hat grundsätzlich ohne Rücksicht auf Notwendigkeit den Zustand herzustellen, der bestehen würde, wenn der zum Ersatz verpflichtende Umstand nicht eingetreten wäre. Der *Gläubiger* hat das Wahlrecht, ob er stattdessen Ersatz in Geld verlangen will (§ 249 S. 2). Infolgedessen kann eine Grenze für die Zuerkennung der Bekanntmachungsbefugnis nur in den Grundsätzen **mißbräuchlicher Rechtsausübung** gefunden werden.

[9] Die Entscheidung über die zivilrechtliche Bekanntmachungsbefugnis liegt im **pflichtgemäßen Ermessen** des erkennenden Gerichts, das zu prüfen hat, ob die Bekanntmachung angebracht (etwa im öffentlichen Interesse liegt), und ob sie angemessen und billig ist, oder ob mit ihr der Verurteilte unverhältnismäßige

Schäden erleidet. **Gegenseitige Interessen,** Vor- und Nachteile der Parteien **sind abzuwägen** (allg. Meinung BGH GRUR 54 S. 337 „Radschutz“; 56 S. 558 „Regensburger Karmelitergeist“; a.a.O. „Pertussin“; 61 S. 189„ Rippenstreckmetall“). Stehen die durch die Bekanntmachung zu erwartenden Nachteile in einem auffallenden Mißverhältnis zu den Vorteilen des anderen, die möglicherweise nur in der Schädigung des Verurteilten liegen, ist die Bekanntmachungsbefugnis zu versagen (st. Rspr. BGH a.a.O. „Rippenstreckmetall“). Das Gleiche gilt, wenn der Wettbewerbsverstoß des Verurteilten längst vergessen ist oder ein Irrtum in der Öffentlichkeit in nennenswertem Umfang nicht entstanden ist (BGH a.a.O. „Regensburger Karmelitergeist“) und die Bekanntmachung überhaupt nur mehr demütigt. Hierüber hat sich das Gericht aber hinwegzusetzen, wo Interessen der Allgemeinheit verletzt wurden und die Aufklärung derselben durch eine entsprechende Bekanntmachung angebracht ist (BGH GRUR 67 S. 362 „Spezialsalz“). Daraus ergibt sich, daß nur von Fall zu Fall nach pflichtgemäßem Ermessen entschieden werden kann, ob eine Bekanntmachungsbefugnis zuzusprechen oder zu versagen ist, was in der Revisionsinstanz nachprüfbar ist (BGH a.a.O. „Rippenstreckmetall“; 57 S. 561 „Rei Chemie“).

[10] Anders als im Strafprozeß, wo auf Bekanntmachungsbefugnis auch durch Beschluß erkannt werden kann, kann sie im Zivilprozeß **nur durch Urteil** ausgesprochen werden. Deshalb kann sie im einstweiligen Verfügungsverfahren ohne mündliche Verhandlung nicht erlangt werden, weil hier eine Entscheidung nur in der Form eines Beschlusses ergeht. Das erscheint auch angemessen, weil in diesen Fällen der Gegner oft keine Chance hat, gehört zu werden. — Wird sie versagt, kann allein dieserhalb Berufung, auch Revision (s. Anm. 9) eingelegt werden.

[11] **Der Inhalt** der zuzusprechenden Bekanntmachung ist nach dem Gesetzeswortlaut auf den Urteilstenor beschränkt. Weitergehende Bekanntmachungsinhalte können als Abwehrmaßnahmen gerechtfertigt sein, sprengen aber den Rahmen des § 23 Abs. 2 und wären als Beseitigungs-, Schadensersatz-, auch als bürgerlich-rechtliche Unterlassungsansprüche oder dgl. geltend zu machen. **Die im Urteil zu bestimmende Frist** ist präzise einzuhalten. Wer sie nicht wahrt, verliert die ihm zugegesprochene Bekanntmachungsbefugnis unwiederbringlich. Wer *nach* Fristablauf bekanntmacht, begeht je nach gegebener Sachlage einen eigenen Wettbewerbsverstoß, eine unerlaubte Handlung oder dgl. Die im Urteil ausgesprochene Frist kann jedenfalls nicht verlängert werden.

[12] Im Urteil ist auch **die Art** der Bekanntmachung zu bestimmen (Aushang an Gerichtsstelle, Veröffentlichung in einer Tageszeitung, Zeitschrift usw.).

Fehlerhafte Bekanntmachungen sind niemals solche, auf die die zuerkannte Befugnis gerichtet war. Fehlerhaft sind Bekanntmachungen auch bei Fristüberschreitung. Ihre Kosten hat der Bekanntmachende daher stets selbst zu tragen. U.U. können fehlerhafte Bekanntmachungen selbständige unlautere Wettbewerbshandlungen darstellen, z.B. Irreführung, Behinderung, Mißbrauch usw. (vgl. Anm. 3).

[13] Die Kosten der Bekanntmachung sind — abgesehen von solchen einer fehlerhaften — gewöhnliche Vollstreckungskosten und lassen sich als solche festsetzen und eintreiben.

[Streitwertvorteile]

§ 23a UWG = § 31a WZG

(1) Macht in bürgerlichen Rechtsstreitigkeiten, in denen durch Klage ein Anspruch auf Grund dieses Gesetzes geltend gemacht wird, eine Partei glaubhagft, daß die Belastung mit den Prozeßkosten nach dem vollen Streitwert ihre wirtschaftliche Lage erheblich gefährden würde, so kann das Gericht auf ihren Antrag anordnen, daß die Verpflichtung dieser Partei zur Zahlung von Gerichtskosten sich nach einem ihrer Wirtschaftslage angepaßten Teil des Streitwerts bemißt. Das Gericht kann die Anordnung davon abhängig machen, daß die Partei außerdem glaubhaft macht, daß die von ihr zu tragenden Kosten des Rechtsstreits weder unmittelbar noch mittelbar von einem Dritten übernommen werden. Die Anordnung hat zur Folge, daß die begünstigte Partei die Gebühren ihres Rechtsanwalts ebenfalls nur nach diesem Teil des Streitwerts zu entrichten hat. Soweit ihr Kosten des Rechtsstreits auferlegt werden oder soweit sie diese übernimmt, hat sie die von dem Gegner entrichteten Gerichtsgebühren und die Gebühren seines Rechtsanwalts nur nach dem Teil des Streitwerts zu erstatten. Soweit die außergerichtlichen Kosten dem Gegner auferlegt oder von ihm übernommen werden, kann der Rechtsanwalt der begünstigten Partei seine Gebühren von dem Gegner nach dem für diesen geltenden Streitwert beitreiben.

(2) Der Antrag nach Absatz 1 kann vor der Geschäftsstelle des Gerichts zur Niederschrift erklärt werden. Er ist vor der Verhandlung zur Hauptsache anzubringen. Danach ist er nur zulässig, wenn der angenommene oder festgesetzte Streitwert später durch das Gericht heraufgesetzt wird. Vor der Entscheidung über den Antrag ist der Gegner zu hören.

Übersicht

[1] Die Vorschrift bezweckt, wirtschaftlich Schwächeren finanziell zu ermöglichen, ihre Rechte gegen Angriffe der Großen zu verteidigen bzw. zu verfolgen; die

Notwendigkeit eines solchen Schutzes der Kleinen besteht besondeıs für kennzeichnungsrechtliche Prozesse, weil deren Streitwerte nach dem Interesse des klagenden Mammut oft unermeßlich sein und mit ihren entsprechenden Kostenfolgen kleine, mitunter auch noch mittlere Unternehmen ruinieren können. Eine parallele Vorschrift findet sich deshalb auch im WZG in seinem § 31a sowie im PatG und GebrMG. Auch bei Streitigkeiten um Ansprüche aus bürgerlichrechtlichen Vorschriften mit wettbewerblichem Hintergrund (§§ 12, 823, 824, 826, 1004 BGB) werden §§ 23a UWG bzw. 31a WZG analog anzuwenden sein, z. B. bei geltend gemachten Unterlassungsansprüchen gegen Verwässerungsgefahr (gl. A. B.-Hefermehl S. 1141). Werden Ansprüche aus BGB außer Ansprüchen aus UWG oder WZG geltend gemacht, sind §§ 23a bzw. 31a stets unmittelbar anzuwenden (BGH GRUR 68 S. 333 „Faber"), gleichgültig ob Unterlassungs-, Schadensersatz- oder Feststellungsklage, ob Hauptsacheprozeß oder einstweilige Verfügungsverfahren anhängig sind (allg. Meinung).

[2] Im Gegensatz zum Armenrecht, das nur bei Aussicht auf Erfolg bewilligt wird, ist die Streitwertherabsetzung zugunsten der wirtschaftlich schwachen Partei eine Wohltat, deren Gewährung von den Prozeßchancen der begünstigten Partei nicht abhängt, sondern nur im pflichtgemäßen Ermessen des Gerichts liegt. Die damit erreichte Kostensenkung ist endgültig und erstreckt sich nicht nur auf die Gerichtskosten, sondern auch auf die Anwaltskosten, und zwar beider Parteien im Falle des Unterliegens des Begünstigten, so daß der nicht Begünstigte trotz Obsiegens mit dem Differenzbetrag der Gerichts- und Anwaltskosten zum hohen Streitwert hängen bleibt. Im Falle des Obsiegens des Begünstigten hat die nicht begünstigte unterlegene Partei die vollen Gebühren des Anwalts auch des Begünstigten nach dem für sie gültigen hohen Streitwert zu erstatten.

Neben der Wohltat der Streitwertbegünstigung kann dem Begünstigten außerdem das **Armenrecht** bewilligt werden.

[3] Vorausgesetzt wird, daß es sich um eine Wettbewerbs- oder Warenzeichensache handelt. Daß der Antrag auch mit Vorschriften aus anderen Gesetzen begründet wird, schadet nicht (BGH GRUR 68 S. 333 „Faber"). Die zu begünstigende Partei hat glaubhaft zu machen, daß ihre wirtschaftliche Lage durch die Prozeßkosten nach dem vollen Streitwert erheblich gefährdet würde; daß das eine gewisse Substantiierung erforderlich macht, wie Busse (S. 474) meint, ist nicht zu leugnen, doch mißlich für den Antragsteller, wenn sein Gegner ein unmittelbarer Konkurrent ist, dem sich hierdurch die Möglichkeit eröffnet, dem Antragsteller noch tiefer in die Karten zu schauen, weshalb das Anhörungsrecht des Gegners diesem nicht die Einsicht in die Interna des Antragstellers verschaffen sollte.

Die Gefährdung der wirtschaftlichen Lage bedeutet nicht, daß die Kosten die Existenz des Antragstellers gefährden müßten, sondern nur die Gefahr einer erheblichen negativen Veränderung seiner zum Zeitpunkt der Klageerhebung gegebenen wirtschaftlichen Situation. Das bedeutet, daß ihm das Prozeßkostenrisiko nicht zu Lasten seines Prozeßgegners abgenommen werden darf, solange es sich im Rahmen seines allgemeinen Unternehmerrisikos bewegt und ihm im Verhältnis zu diesem zumutbar ist. In diesem Rahmen sind auch Kreditaufnahmen zu angemessenen Bedingungen zumutbar (BGH GRUR 53 S. 284 „Kostenbegünstigung"). Zu berücksichtigen ist auch, ob der Antragsteller Kläger oder Beklagter ist, ob die objektive Handlung des beklagten Antragstellers zur Klage oder ob er selbst als Kläger eine solche provoziert hat, oder ob sich die Klage seines Gegners oder dessen zur Klage veranlassendes Verhalten zunächst als provozierend mit der Möglichkeit eines hintergründigen Vernichtungskampfes darstellt. Entscheidend ist, ob der Prozeß als solcher in seiner Notwendigkeit bzw. Unausweichlichkeit und mit seinem Kostenrisiko zum normalen Unternehmerrisiko des Antragstellers zu rechnen ist oder nicht. Das zu beurteilen liegt im Ermessensspielraum des Gerichts. Die Prozeßgewinnchancen des Antragstellers spielen dabei keine Rolle (RG 155 S. 129).

[4] Bei **mißbräuchlicher Prozeßführung** hat das Gericht zufolge seines Ermessensspielraums die Möglichkeit, den Streitwertbegünstigungsantrag abzulehnen. Mißbrauch liegt vor bei Offenkundigkeit der Aussichtslosigkeit einer Rechtsverfolgung (RG GRUR 38 S. 325) oder wenn der Antragsteller früher selbst um eine höhere Streitwertfestsetzung nachgesucht hat (OLG Hamburg GRUR 57 S. 146). Mißbräuchlich ist eine Prozeßführung ferner, wenn zwecks Reduzierung des Kostenrisikos ein vermögensloser Strohmann als Prozeßpartei figuriert, was mit der Glaubhaftmachung verhindert werden soll (OLG Hamburg a. a. O.).

[5] **Formelles.** Der Antrag auf Streitwertbegünstigung kann auch ohne Anwalt zur Niederschrift vor der Geschäftsstelle des Gerichts nachgesucht werden, ist aber zeitlich vor den streitigen Sachanträgen zu stellen. Später kann die zu begünstigende Partei nur noch streitwerterhöhende Beschlüsse oder Anträge auf solche unter Berufung auf §§ 23a UWG bzw. 31a WZG mit Gegenanträgen bekämpfen, welch letzteren gegenüber die Gerichte sodann aufgeschlossener zu sein haben, weil nach dem Geschehensablauf bis zu diesem Zeitpunkt wegen des bis dahin gezeigten Verhaltens des Antragstellers in der Regel zu vermuten ist, daß er bislang sein Unternehmerrisiko hinsichtlich dieses Prozesses seriös kalkuliert hat. Wurde von den Parteien bereits mit den streitigen Sachanträgen verhandelt, ohne daß ein wegen seiner Kosten folgenschwerer Streitwert festgesetzt oder angenommen war, so kann der Streitwertbegünstigungsantrag freilich immer noch gestellt werden, spätestens vor der Streitwertfestsetzung (BGH a. a. O. „Kostenbegünstigung"). Ist der Prozeß ohne Verhandlung zur Hauptsache erledigt worden, kann der Streitwertbegünstigungsantrag innerhalb angemessener Frist nach Streitwertfestsetzung gestellt werden (BGH GRUR 65 S. 562 „Teilstreitwert") und analog zu diesem Gedanken nach streitiger Antragstellung auch dann, wenn eine

Streitwertfestsetzung unterblieben und der Prozeß streitig durch Endurteil zuende gegangen ist.

[6] Über den Streitwertbegünstigungs-Antrag wird im Beschlußverfahren entschieden, und zwar nur für die besondere Instanz. Er ist in jeder Instanz erneut zu stellen (BGH GRUR a.a.O. „Kostenbegünstigung"; OLG Karlsruhe GRUR 62 S. 586). Der Beschluß ist mit dem Rechtsmittel der einfachen Beschwerde (binnen 2 Wochen einzulegen) anfechtbar (§ 577 ZPO), und zwar von jeder beschwerten Partei und ihren Anwälten aus eigenem Recht.

[Örtliche Zuständigkeit]

§ 24

(1) Für Klagen auf Grund dieses Gesetzes ist das Gericht zuständig, in dessen Bezirk der Beklagte seine gewerbliche Niederlassung oder in Ermangelung einer solchen seinen Wohnsitz hat. Für Personen, die im Inland weder eine gewerbliche Niederlassung noch einen Wohnsitz haben, ist das Gericht des inländischen Aufenthaltsorts zuständig.

(2) Für Klagen auf Grund dieses Gesetzes ist außerdem nur das Gericht zuständig, in dessen Bezirk die Handlung begangen worden ist.

Übersicht

[1] Die Zuständigkeitsregelung des § 24 Abs. 1 ist nur von geringer Bedeutung, weil sie mit ihrem Abs. 2 dem Kläger einen großen Spielraum gibt, den ihm bequemsten Gerichtsstand zu bestimmen. Klagen auf Grund dieses „Gesetzes" bedeutet, daß Ansprüche, die auf ihm basieren, die ausschließliche örtliche Zuständigkeit des § 24 auch dann begründen, wenn mit derselben Klage weitere aus anderen Gesetzen hergeleitete Ansprüche geltend gemacht werden (gl. A. B.-Hefermehl S. 1145). Werden die Ansprüche aber auch auf die Vorschriften des Warenzeichengesetzes begründet, brauchen sie wiederum nicht im Gerichtsstand des § 24 gerichtlich geltend gemacht zu werden (§ 32 WZG). Insoweit gilt der ausschließliche Gerichtsstand nicht. Es ist deshalb überhaupt fraglich, ob er ein

ausschließlicher ist, weil nicht einzusehen ist, warum er nicht sollte provoziert werden können, zumal die Parteien unter Ausschluß des ordentlichen Rechtsweges auch eine Schiedsvereinbarung treffen dürfen.

[2] Die uneigentliche Ausschließlichkeit des Gerichtsstands nimmt dem Kläger natürlich nicht die Möglichkeit, vor dem ausschließlich zuständigen Gericht Ansprüche auch wegen solcher Handlungen geltend zu machen, für die eine ausschließliche Zuständigkeit nicht bestünde, und den gleichen Anspruch auch unter anderen rechtlichen Gesichtspunkten zu begründen. Die rechtskräftige **Entscheidung eines unzuständigen Gerichts** ist auch gültig, wenn sie wegen ausschließlicher Zuständigkeit eines anderen Gerichts nicht hätte ergehen dürfen.

[3] Kommt ein Gerichtsstand nur nach § 24 Abs. 1 in Betracht, gilt folgendes:

a) Hat der Beklagte seine **gewerbliche Niederlassung** im Inland, ist er dort zu verklagen, und zwar ohne Rücksicht auf einen etwa anderswo gelegenen inländischen Wohnsitz. Unter einer gewerblichen Niederlassung ist alles zu verstehen, was „jemand zum Betriebe einer Fabrik, einer Handlung oder eines anderen Gewerbes unterhält, von wo aus unmittelbar Geschäfte geschlossen werden" (§ 21 ZPO).

b) Hat der Beklagte im Inland keine gewerbliche Niederlassung, so ist für den **Gerichtsstand sein Wohnsitz** maßgebend. Wohnsitz „ist der räumliche Mittelpunkt des gesamten Lebens eines Menschen" (RG 67 S. 193).

c) Sind die Tatbestände a) und b) nicht gegeben, gibt der inländische **Aufenthaltsort** den ausschließlichen Gerichtsstand, der mit dem dauernden oder gewöhnlichen Aufenthaltsort nicht identisch ist; die tatsächliche Anwesenheit genügt, auch wenn sie nur von kurzer Dauer ist.

Wichtig ist von allen diesen Fällen a) bis c), daß Niederlassung, Wohnsitz und Aufenthaltsort noch zum Zeitpunkt der Klageerhebung gegeben sein müssen; auf die „letzte" inländische Niederlassung usw. kommt es nicht an.

d) Nur wenn Niederlassung, Wohnsitz und Aufenthalt des Beklagten im Inland fehlen, kommt auch als ausschließlicher Gerichtsstand der **Begehungsort** in Betracht. In diesem Fall gilt § 32 ZPO entsprechend. Ist die Handlung in Bezirken mehrerer Gerichte begangen worden, so ist solchenfalls jedes dieser Gerichte für die Klage ausschließlich zuständig.

[4] Der Kläger kann statt des Gerichtsstandes des Abs. 1 auch den Gerichtsstand des **Begehungsortes** (Abs. 2) wählen. Das gilt auch für die negative Feststellungsklage des Verletzers. Dieser Gerichtsstand ist mit dem des § 32 ZPO absolut identisch. Damit kann allein auf Grund der — vielleicht unrichtigen — Behauptung, daß die Handlung in seinem Bezirk begangen worden sei, jedes Gericht örtlich zuständig werden.

Eine abgesonderte Verhandlung über die Zuständigkeitsfrage kommt nur insoweit in Betracht, als der Beklagte bestreitet, die Handlung im Zuständigkeitsbereich des angerufenen Gerichts begangen zu haben. Das Bestreiten der Handlung selbst ist gleichbedeutend mit einem Bestreiten des Klagegrundes, rechtfertigt also niemals eine **Unzuständigkeitsrüge** und führt deshalb immer nur zur Verhandlung über die Hauptsache selbst. Die frühere Streitfrage, ob der Klageanspruch, wenn außerhalb der Zuständigkeit des § 24 geklagt wird, trotzdem auch mit der Verletzung von UWG-Vorschriften begründet werden könne, ist wegen der Identität der Gerichtsstände des Abs. 2 mit denen des § 32 ZPO gegenstandslos geworden.

[5] Die Handlung ist überall dort begangen, wo sie in Erscheinung tritt. Geschieht sie in Form von Zeitungsannoncen, die in Bezirken mehrerer Gerichte vertrieben werden, geschieht sie in diesen mehreren Gerichtsbezirken (st. Rspr. für viele: BGH GRUR 71 S. 153 „Tampax"), von denen sich der Kläger das ihm günstigste Gericht aussuchen kann. Jedoch muß die Handlung begangen sein. Es reicht deshalb bei einer nur vorbeugenden Unterlassungsklage nicht aus, daß die nur befürchtete unerlaubte Handlung im Bezirk des angerufenen Gerichts begangen werden könnte (a.A. B.-Hefermehl S. 1146).

Wurde die Handlung im Ausland als Annonce in einer Zeitung begangen, gilt sie nicht als in Deutschland geschehen, wenn nur da und dort Einzelstücke der Zeitungsauflage über die Grenze gelangen (BGH GRUR 71 S. 153 „Tampax"); denn der im Ausland werbende inländische Unternehmer muß in der Lage sein, seine Werbung dem dort gültigen Recht anzupassen (s. a. Erläuterungen zu § 28).

[6] Ob das Gericht seine Zuständigkeit von Amts wegen zu prüfen hat, erscheint fraglich, weil die Ausschließlichkeit der Zuständigkeitsregelung des § 24 nicht absolut ist. Es können die Schiedsstellen des § 27a, aber nach allg. Meinung auch vertragliche Schiedsgerichte entscheiden.

[Einstweilige Verfügungen]

§ 25

Zur Sicherung der in diesem Gesetz bezeichneten Ansprüche auf Unterlassung können einstweilige Verfügungen erlassen werden, auch wenn die in den §§ 935, 940 der Zivilprozeßordnung bezeichneten Voraussetzungen nicht zuutreffen.

Übersicht

[1] Die Vorschrift des § 25 ist anwendbar, was ihrem Wortlaut freilich nicht ohne weiteres entnommen werden kann, wenn die geltend gemachten Unterlassungsansprüche neben dem UWG auch aus anderen Gesetzen begründet werden. Auch bei Unterlassungsansprüchen aus dem Zeichenrecht, das ohnehin nur Bestandteil des Wettbewerbsrechts ist, sowie bei bürgerlich-rechtlichen Abwehransprüchen des § 1004 BGB ist die Vorschrift anzuwenden, wenn sie außerdem wettbewerbsrechtlich begründet sind. Für das Patent- und Urheberrecht gilt dies dagegen nicht (allg. Meinung), wohl aber bei Verstößen gegen die ZugVO und das RabG (allg. Meinung: OLG Bamberg GRUR 73 S. 104).

Aber die Vorschrift gilt nur für **Unterlassungsansprüche,** nicht für Schadensersatzansprüche, auch nicht für den Beseitigungsanspruch und nicht für sonstige die Geltendmachung des Schadensersatzes vorbereitende Ansprüche. Für diese kann auf die Erfüllung der Voraussetzungen der §§ 935, 940 ZPO, d.h. auf den sog. Verfügungsgrund, nicht verzichtet werden, weil eine sie sichernde einstweilige Verfügung in die Belange des Verfügungsgegners u.U. erheblich schadenstiftend eingreift, was sich ohne hinreichende Glaubhaftmachung der Dringlichkeit nicht verantworten läßt.

[2] Bei reinen Unterlassungsansprüchen ist der Eingriff meist nicht so folgenschwer. Aber auch bei ihm wird nicht auf den Verfügungsgrund verzichtet, sondern es kann auf seine Darstellung verzichtet werden, weil der Gesetzgeber ihn in diesen Fällen tatsächlich vermutet (OLG Frankfurt NJW 68 S. 1386; Glücklich GRUR 66 S. 301; v. Gamm GRUR 68 S. 312); denn die Durchsetzung *wettbewerblicher* Unterlassungsansprüche ist ohnehin diesen wesensgemäß vordringlich, so daß es in der Regel einer besonderen Glaubhaftmachung der Dringlichkeit nicht mehr bedarf. Der geschäftliche Verkehr im Wettbewerbsleben ist immer eilig, über Nacht kann für ein Kennzeichen Verkehrsgeltung erworben werden, der Verletzte kann in wenigen Stunden durch Anschwärzungen seinen guten Ruf verlieren und ruiniert sein. Schäden, die dem Verfügungkläger hierdurch entstehen, lassen sich zudem oft gar nicht voraussehen oder nur schwer beziffern, so daß der Erlaß einer nur auf Unterlassung gerichteten einstweiligen Verfügung im Verhältnis hierzu ein geringes Übel ist, auch wenn sie sich später wegen Fehlens der Dringlichkeit als unbegründet erweisen sollte. In diesen Fällen ist der Verfügungskläger gemäß § 945 ZPO zudem schadensersatzpflichtig, was ihn stets zur nötigen Vorsicht mahnen sollte. Der Kläger braucht also grundsätzlich nicht glaubhaft zu machen, es sei zu **besorgen,** daß durch eine Veränderung des bestehenden Zustandes die Verwirklichung seines Rechts vereitelt oder wesentlich erschwert werden könnte (§ 935) und die einstweilige Verfügung sei zur Abwendung wesentlicher Nachteile oder zur Verhinderung drohender Gewalt oder aus anderen Gründen **nötig** (§ 940). Daraus ergibt sich, daß der Verfügungskläger nur mehr den Anspruch selbst **glaubhaft zu machen** braucht, was ihm aber auch nicht auf dem Umweg über §§ 921 Abs. 2, 936 ZPO erlassen werden kann.

[3] Aber die gesetzliche Vermutung des Verfügungsgrundes kann widerlegt werden (OLG Frankfurt, Glücklich, v. Gamm a.a.O.), was durch das eigene Verhalten des Klägers oder des Verfügungsbeklagten geschehen kann, so daß es zur Zurückweisung des Antrags bzw. zur Aufhebung einer bereits erlassenen einstweiligen Verfügung kommt (OLG Frankfurt NJW 68 S. 1386, BB 69 S. 65; WRP 70 S. 29). Doch dürften in der Regel strengste Anforderungen an die Widerlegung der gesetzlichen Vermutung zu stellen sein (OLG Stuttgart GRUR 70 S. 613; KG WRP 70 S. 144), weil Wettbewerbssachen eben immer eilig sind. Zudem sind besonders Verbände des § 13 wie aber wohl auch die verletzten Wettbewerber auf Hinweise, Informationen und Beweismittel angewiesen, deren Ermittlung oft schwierig und zeitraubend ist, so daß ein verzögertes Einschreiten allein die Dringlichkeitsvermutung selten widerlegen dürfte (KG GRUR 72 S. 192).

[4] Ob und welche Verfügungsmaßnahmen zu erlassen sind, liegt im freien pflichtgemäßen **Ermessen** des Gerichts. Wenn es die beantragten Maßnahmen für unzweckmäßig hält, kann es ganz andere anordnen, sofern sich diese im Rahmen der gestellten Anträge halten. Aber die Maßnahmen müssen ihm erforderlich erscheinen und dürfen nicht mehr geben, als der glaubhaft gemachte Anspruch rechtfertigt (allg. Meinung).

[5] **Zuständig** für den Erlaß der einstweiligen Verfügung sind sowohl die Gerichte der Hauptsache (§ 937 ZPO), das sind die Gerichte I. Instanz, bei denen die Hauptsache bereits anhängig oder noch anhängig zu machen ist, und, wenn die Hauptsache in der Berufungsinstanz schwebt, das Berufungsgericht (§ 943 ZPO); zuständig sind ferner auch die Landgerichte, in deren Bezirk die den Anspruch begründende Handlung begangen wurde, und zwar ohne Rücksicht darauf, ob die Dringlichkeit besonders glaubhaft gemacht ist, in besonders dringenden Fällen auch das Amtsgericht unter den Voraussetzungen des § 942 ZPO.

[Buße]

§ 26

Neben einer nach Maßgabe dieses Gesetzes verhängten Strafe kann auf Verlangen des Verletzten auf eine an ihn zu erlegende Buße bis zum Betrage von zehntausend Deutsche Mark erkannt werden. Für diese Buße haften die dazu Verurteilten als Gesamtschuldner. Eine erkannte Buße schließt die Geltendmachung eines weiteren Entschädigungsanspruchs aus.

Übersicht

[1] Die Vorschrift stimmt sinngemäß mit § 29 WZG überein. Mit ihr soll dem Verletzten die Möglichkeit gegeben werden, durch Beschränkung auf den Bußanspruch einen zivilen, oft langwierigen Schadensersatzprozeß zu vermeiden (RGSt. 60 S. 13). Von dieser Möglichkeit wird wenig Gebrauch gemacht.

[2] Der Bußanspruch ist ein Zivilanspruch des Verletzten eigener Art, mag er auch davon abhängig sein, daß der Täter bestraft wird. Die Buße ist nach ihrem Wesen ein besonders geregelter Schadensersatz, der zwar vor dem Strafgericht geltend zu machen ist, aber grundsätzlich gleich den sonstigen Schadensersatzforderungen zu behandeln ist (§ 406 StPO); ihre Geltendmachung im Strafverfahren gibt ihr auch den Charakter einer Genugtuung (RGSt. 44 S. 296, 48 S. 330, B.-Hefermehl S. 1152; Reimer-Pastor S. 501, Tetzner S. 417). Wegen des zivilen Charakters des Bußanspruchs wird er von einer späteren Begnadigung des verurteilten Täters (Strafaussetzung, Amnestie) nicht berührt. Mit der rechtskräftigen Verurteilung zur Buße wird der Anspruch auf Zahlung derselben zu einer gewöhnlichen Forderung, die **übertragbar** ist und auf die Erben übergeht. Der Anspruch auf Zuerkennung der Buße ist jedoch nicht übertragbar, weil er seiner Natur nach höchstpersönlich ist (RGSt, 29 S. 140); er muß vom „Verletzten" geltend gemacht werden. Deshalb können auch die Verbände des § 13 keinen Antrag auf Buße stellen, allenfalls namens des Verletzten als dessen Bevollmächtigte, weil eine Vertretung immer möglich ist. Die Nichtübertragbarkeit hat freilich nichts zu tun mit der gesetzlichen Legitimation des Erben des Verletzten zur Verfolgung eines Bußanspruchs gemäß § 403 StPO, die immer möglich ist.

[3] Wird auf Buße erkannt, kann der Verletzte **weitere Entschädigungsansprüche** wegen derselben Handlung des Täters in einem Zivilprozeß **nicht mehr** verlangen (§ 26 S. 3), wohl aber den Gewinnherausgabeanspruch, wenn man ihn für einen Berechnungsanspruch, nicht jedoch, wenn man ihn für eine Art Entschädigungsanspruch hält (vgl. Reimer-Pastor S. 502). Das gleiche gilt, wenn die beantragte Buße nur teilweise zuerkannt wird. Wird sie dagegen abgelehnt, steht dem Verletzten die Verfolgung seines Ersatzanspruchs im zivilen ordentlichen Verfahren frei (allgem. Meinung).

Da das Gesetz nur den Schadensersatzanspruch nach Zuerkennung der Buße ausschließt, sie aber nicht ausdrücklich davon abhängig macht, daß noch kein Schadensersatz geleistet ist, kann auf Buße auch dann erkannt werden, wenn dem Verletzten im Zivilprozeß ein Schadensersatzanspruch bereits zuerkannt ist (gl. A. B.-Hefermehl S. 1154 Reimer-Pastor a.a.O.; a.A. Tetzner S. 419). Die hier vertretene Ansicht muß deshalb die richtige sein, weil der Bußanspruch dem Verletzten neben dem Ersatz auch Genugtuung geben soll, um die ihn die Gegenmeinung ohne erkennbaren Grund bringen würde. Auch wenn der Täter den Ersatzanspruch schon befriedigt hat, ist die Geltendmachung des Bußanspruchs daher nicht ausgeschlossen; freilich wird sich dieser Umstand auf die Höhe der aufzuerlegenden Buße auswirken; hat nach rechtskräftiger Verurteilung im Zivilprozeß der Täter den Verletzten noch nicht befriedigt, geht durch positive Bußentscheidung die durch rechtskräftiges Zivilurteil erkannte Schadensersatzforderung nicht unter.

[4] Die Zuerkennung des Bußanspruchs hängt weiter davon ab, daß der Angeschuldigte strafrechtlich verurteilt wird (§ 405 StPO). Wird er in I. Instanz verurteilt, in II. Instanz freigesprochen, so ist auch die dem Bußantrag stattgebende Entscheidung aufzuheben (§ 406a StPO), so daß eine etwa bereits entrichtete Buße zurückzuerstatten ist (allgem. Meinung); freilich kann der Verletzte solchenfalls gegen den Rückforderungsanspruch mit seinem wieder auflebenden etwaigen Schadensersatzanspruch aufrechnen (allg. Meinung).

Es ist auch erforderlich, daß die Bestrafung des Angeklagten **wegen** Verletzung einer Vorschrift des UWG erfolgt; wird er z.B. wegen Betrugs bestraft, wegen Irreführung (§ 4 UWG) aber freigesprochen, kann auf die beantragte Buße **nicht** erkannt werden; wohl aber, wenn in Real- oder Idealkonkurrenz mit einem Vergehen aus UWG bestraft wird.

Nicht wird vorausgesetzt, daß dem Verletzten der Ersatzanspruch auf Grund einer Vorschrift des UWG zusteht. Es genügt eine Verletzung der UWG-Strafrechtsnorm als solche, mag der Ersatzanspruch auch mit außerwettbewerbrechtlichen Vorschriften, z.B. mit § 823 Abs. 2 BGB zu begründen sein.

Die zulässige Höchstbuße beträgt 10000 DM, ihre Mindesthöhe 3 DM (Art. IV der VO vom 6. 2. 24 RGBl. I S. 44). Übersteigt der Schaden den Betrag von 10000 DM, ist dem Verletzten mit der Buße oft wenig gedient.

[5] Das Gericht braucht nicht, es **kann** auf Buße erkennen. „Kann" heißt hier nicht, daß das Gericht nach Willkür und Belieben verfahren darf; vielmehr muß es auf Buße erkennen, wenn es nach pflichtgemäßer Prüfung zu der Überzeugung gekommen ist, daß dem Verletzten ein Schaden entstanden ist, dessen Höhe das Gericht ungefähr ermitteln kann (allg. Meinung).

Dagegen **hat** das Gericht von einer Bußentscheidung abzusehen, wenn sich die Schadensermittlung zur Erledigung im Strafverfahren nicht eignet, insbesondere, wenn eine Prüfung das Verfahren ungebührlich verzögern würde (§ 405 Satz 2 StPO).

[6] Ein erheblicher Nachteil liegt im Bußverfahren für den Verletzten insofern, als er seine Ersatzansprüche verliert, wenn seinem Bußantrag nicht in der beantragten Höhe stattgegeben wird, die er — seine Redlichkeit unterstellt — in Höhe seines wirklich erlittenen Schadens bemessen hat. Da er mit einem solchen Urteil belastet ist, kann er als Privat- oder Nebenkläger selbständig Berufung einlegen, nicht aber ohne diese Parteirolle als einfacher Antragsteller, wenn das Gericht von einer Entscheidung überhaupt *absieht* (§ 406a Abs. 1 StPO); in diesem Falle ist er auf den ordentlichen Rechtsweg verwiesen. Anderes gilt, wenn das Gericht den Bußantrag als unbegründet *ablehnt* (§ 406d Abs. 1 in Verb. mit § 406a Abs. 1 StPO). Freilich kann sich der Antragsteller in jeder Lage des Verfahrens als Nebenkläger einschalten, auch noch nach Verkündung, aber nur vor Rechtskraft des Urteils.

Vorteile können im Bußverfahren insofern liegen, als durch den Genugtuungs-Charakter, den die Buße hat, auch für den sonst nicht ersetzbaren immateriellen Schaden Geldersatz erlangt werden kann, und als dem Verletzten die Last des oft sehr schwierigen Schadensnachweises weitgehend erspart bleiben kann. Andererseits liegt in letzterem aber gerade die Gefahr der Unzulänglichkeit des Ersatzes, da nach Zuerkennung auch der geringsten Buße weitere Entschädigungsansprüche nicht mehr verlangt werden können (s. Anm. 3).

[7] Verletzt ist jeder, der durch die Handlung des Täters materiell oder immateriell geschädigt ist. Liegt eine Schädigung offenbar nicht vor, so darf auch auf Buße nicht erkannt werden. Daraus folgt, daß die Buße auch die Schadenshöhe nicht übersteigen darf. Die Wirtschaftsverbände des § 13 sind, wenn sie nicht ausnahmsweise selbst geschädigt sind, zur Antragstellung auf Zuerkennung einer Buße nicht legitimiert.

[8] Über die Verjährung des Bußanspruchs vgl. Anm. 2 zu § 21.

Die Zwangsvollstreckung wegen der zuerkannten Buße erfolgt nach § 463 StPO, §§ 704ff. ZPO.

[Sachliche Zuständigkeit]

§ 27

(1) Bürgerliche Rechtsstreitigkeiten, in welchen durch die Klage ein Anspruch auf Grund dieses Gesetzes geltend gemacht wird, gehören, sofern in erster Instanz die Landgerichte zuständig sind, vor die Kammern für Handelssachen.

(2) Die Landesregierungen werden ermächtigt, durch Rechtsverordnung für die Bezirke mehrerer Landgerichte eines von ihnen als Gericht für Wettbewerbsstreitsachen zu bestimmen, wenn dies der Rechtspflege in Wettbewerbsstreitsachen, insbe-

sondere der Sicherung einer einheitlichen Rechtsprechung, dienlich ist. Die Landesregierungen können diese Ermächtigung auf die Landesjustizverwaltungen übertragen.

(3) Die Parteien können sich vor dem Gericht für Wettbewerbsstreitsachen auch durch Rechtsanwälte vertreten lassen, die bei dem Gericht zugelassen sind, vor das die Klage ohne die Regelung nach Absatz 2 gehören würde. Entsprechendes gilt für die Vertretung vor dem Berufungsgericht.

(4) Die Mehrkosten, die einer Partei dadurch erwachsen, daß sie sich nach Absatz 3 durch einen nicht beim Prozeßgericht zugelassenen Rechtsanwalt vertreten läßt, sind nicht zu erstatten.

Übersicht

[1] § 27 Abs. 1 sagt im Grunde genommen nichts anderes als § 95 Ziff. 5 GVG. Gleichgültig, ob man das Warenzeichenrecht zum Wettbewerbsrecht zählt und somit § 27 auch auf dieses anwendet oder nicht, gehören bürgerliche Rechtsstreitigkeiten aus dem Zeichen-, Firmen- und Ausstattungsrecht gem. § 95 Ziff. 4b, 4c GVG gleichfalls vor die Kammern für Handelssachen. Dies gilt für die Widerklage ebenso wie für die Klage (§§ 97 Abs. 2, 99 GVG) und ohne Rücksicht darauf, ob das Landgericht in erster Instanz oder als Berufungsgericht gegen das Urteil eines Amtsgerichts zuständig ist.

[2] Die Zuständigkeit der KfH für Ansprüche „auf Grund dieses Gesetzes" schließt die Zuständigkeit der ordentlichen Zivilkammern für jene Fälle nicht aus, in denen neben den Ansprüchen aus dem UWG (und WZG) auch Ansprüche aus anderen Gesetzen geltend gemacht werden (ebenso: Reimer-Pastor S. 411, B.-Hefermehl S. 1155). Der Kläger kann also bei entsprechender Anspruchsbegründung zwischen der ordentlichen Zivil- und der Kammer für Handelssachen wählen. Im übrigen gelten die in Anm. 1 bis 4 zu § 24 erläuterten Grundsätze.

[3] Zivil- und Kammern für Handelssachen sind unzuständig, wenn eine **ausschließliche** Zuständigkeit der **Arbeitsgerichte** gegeben ist, d.h. für bürgerliche Rechtsstreitigkeiten zwischen Arbeitgebern und -nehmern aus einem Arbeitsverhältnis, über das Bestehen oder Nichtbestehen eines Arbeitsverhältnisses, aus Vorverhandlungen über die Begründung eines solchen und seiner Nachwirkungen sowie für Ansprüche aus unerlaubter Handlung, soweit diese mit dem Arbeitsverhältnis in Zusammenhang stehen (§ 2 Abs. 1 Ziff. 2 ArbGG). Eine ausschließliche

Zuständigkeit der Arbeitsgerichte ergibt sich sonach auch in Wettbewerbssachen für jeden Rechtsstreit zwischen Arbeitgeber und Arbeitnehmer (gl. A. B.-Hefermehl S. 1156; a.A. Reimer-Pastor S. 414, der solche Prozesse vor die ordentlichen Gerichte bringen will).

§ 3 ArbGG gibt die Möglichkeit, die Zuständigkeit der Arbeitsgerichte in solchen Fällen zu wählen, in denen der Kläger Ansprüche gegen jemanden erhebt, die in rechtlichem oder wirtschaftlichem Zusammenhang mit einem vor dem Arbeitsgericht als ausschließlich zuständigem Gericht bereits rechtshängigen anderen Anspruch stehen. Das können auch Ansprüche aus dem UWG sein. § 24 steht dem nicht entgegen, weil er keinen sachlichen sondern nur einen örtlichen ausschließlichen Gerichtsstand bestimmt (s. Anm. 6 zu § 24; a.A. B.-Hefermehl S. 1156; wie hier mit anderer Begründung Reimer-Pastor S. 414).

[4] Abs. 2 ermöglicht die Konzentration von Wettbewerbssachen auf nur wenige Gerichte der BRD zwecks Vereinheitlichung der Rechtssprechung durch Rechtsverordnungen der Landesregierungen. Die Parteien brauchen sich aber nicht in diesen Prozessen von Anwälten vertreten zu lassen, die bei diesen Gerichten zugelassen sind, sondern dürfen sich auch solcher Anwälte bedienen, die bei einem Gericht zugelassen sind, das ohne diese Sonderregelung für den Prozeß örtlich zuständig gewesen wäre.

[5] Abs. 4 ist nicht von großer Bedeutung, weil die vermeintlich nicht **erstattungsfähigen Mehrkosten** des nicht generell zugelassenen Anwalts in der Regel nur Reisekosten zu den Verhandlungsterminen sind, die gemäß § 91 ZPO in der Höhe doch wieder zu erstatten sind, in der der Partei durch Zuziehung eines Verkehrsanwalts oder durch eigene Informationsreisen zu einem im Gerichtsbezirk ansässig, dort zugelassenen Anwalt sowieso Kosten entstanden wären (OLG Frankfurt GRUR 69 S. 608).

[Einigungsstellen]

§ 27a

(1) Die Landesregierungen errichten bei Industrie- und Handelskammern Einigungsstellen zur Beilegung von Wettbewerbsstreitigkeiten in der gewerblichen Wirtschaft (Einigungsstellen).

(2) Die Einigungsstellen sind mit einem Rechtskundigen, der die Befähigung zum Richteramt nach dem *Gerichtsverfassungsgesetz* hat, als Vorsitzendem und mindestens zwei sachverständigen Gewerbetreibenden als Beisitzern zu besetzen. Der Vorsitzende soll auf dem Gebiete des Wettbewerbsrechts erfahren sein. Die Beisitzer werden von dem Vorsitzenden für den jeweiligen Streitfall aus einer alljährlich für das Kalen-

derjahr aufzustellenden Liste der Beisitzer berufen. Die Berufung soll im Einvernehmen mit den Parteien erfolgen. Für die Ausschließung und Ablehnung von Mitgliedern der Einigungsstelle sind die §§ 41 bis 43 und § 44 Abs. 2 bis 4 der Zivilprozeßordnung entsprechend anzuwenden. Über das Ablehnungsgesuch entscheidet das für den Sitz der Einigungsstelle zuständige Landgericht (Kammer für Handelssachen oder, falls es an einer solchen fehlt, Zivilkammer).

(3) Die Einigungsstellen können bei bürgerlichen Rechtsstreitigkeiten aus § 13 von jeder Partei zu einer Aussprache mit dem Gegner über den Streitfall angerufen werden, soweit die Wettbewerbshandlungen den geschäftlichen Verkehr mit dem letzten Verbraucher betreffen. Bei sonstigen Bürgerlichen Rechtsstreitigkeiten aus § 13 können die Einigungsstellen angerufen werden, wenn der Gegner zustimmt.

(4) Für die Zuständigkeit der Einigungsstellen ist § 24 entsprechend anzuwenden.

(5) Der Vorsitzende der Einigungsstelle kann das persönliche Erscheinen der Parteien anordnen. Gegen eine unentschuldigt ausbleibende Partei kann die Einigungsstelle eine Ordnungsstrafe in Geld festsetzen. Gegen die Anordnung des persönlichen Erscheinens und gegen die Straffestsetzung findet die sofortige Beschwerde nach den Vorschriften der Zivilprozeßordnung an das für den Sitz der Einigungsstelle zuständige Landgericht (Kammer für Handelssachen oder, falls es an einer solchen fehlt, Zivilkammer) statt.

(6) Die Einigungsstelle hat einen gütlichen Ausgleich anzustreben. Sie kann den Parteien einen schriftlichen, mit Gründen versehenen Einigungsvorschlag machen. Der Einigungsvorschlag und seine Begründung dürfen nur mit Zustimmung der Parteien veröffentlicht werden.

(7) Kommt ein Vergleich zustande, so muß er in einem besonderen Schriftstück niedergelegt und unter Angabe des Tages seines Zustandekommens von den Mitgliedern der Einigungsstelle, welche in der Verhandlung mitgewirkt haben, sowie von den Parteien unterschrieben werden. Aus einem vor der Einigungsstelle geschlossenen Vergleich findet die Zwangsvollstreckung statt; § 797a der Zivilprozeßordnung ist entsprechend anzuwenden.

(8) Die Einigungsstelle kann, wenn sie den geltend gemachten Anspruch von vornherein für unbegründet oder sich selbst für unzuständig erachtet, die Einleitung von Einigungsverhandlungen ablehnen.

(9) Durch die Anrufung der Einigungsstelle wird die Verjährung in gleicher Weise wie durch Klageerhebung unterbrochen. Die Unterbrechung dauert bis zur Beendigung des Verfahrens vor der Einigungsstelle fort. Kommt ein Vergleich nicht zustande, so ist der Zeitpunkt, zu dem das Verfahren beendet ist, von der Einigungsstelle festzustellen. Der Vorsitzende hat dies den Parteien mitzuteilen. Wird die Anrufung der Einigungsstelle zurückgenommen, so gilt die Unterbrechung der Verjährung als nicht erfolgt.

(10) Ist ein Rechtsstreit der in Abs. 3 Satz 1 bezeichneten Art ohne vorherige Anrufung der Einigungsstelle anhängig gemacht worden, so kann das Gericht auf Antrag den Parteien unter Anberaumung eines neuen Termins aufgeben, vor diesem

Termin die Einigungsstelle zur Herbeiführung eines gütlichen Ausgleichs anzurufen. In dem Verfahren über den Antrag auf Erlaß einer einstweiligen Verfügung ist diese Anordnung nur zulässig, wenn der Gegner zustimmt. Absatz 8 ist nicht anzuwenden. Ist ein Verfahren vor der Einigungsstelle anhängig, so ist eine erst nach Anrufung der Einigungsstelle erhobene Klage des Antragsgegners auf Feststellung, daß der geltend gemachte Anspruch nicht bestehe, nicht zulässig.

(11) Die Landesregierungen werden ermächtigt, die zur Durchführung der vorstehenden Bestimmungen und zur Regelung des Verfahrens vor den Einigungsstellen erforderlichen Vorschriften zu erlassen, insbesondere über die Aufsicht über die Einigungsstellen, über ihre Besetzung unter angemessener Beteiligung der nicht den Industrie- und Handelskammern angehörenden Gewerbetreibenden (§ 2 Abs. 2 bis 6 des Gesetzes zur vorläufigen Regelung des Rechts der Industrie- und Handelskammern vom 18. 12. 56 — Bundesgesetzbl. I, S. 920) und über die Vollstreckung von Ordnungsstrafen sowie Bestimmungen über die Erhebung von Gebühren und Auslagen durch die Einigungsstelle zu treffen.

Übersicht

[1] Nach der amtlichen Begründung liegt die heutige Aufgabe des § 27a darin, die bei den Industrie- und Handelskammern vor dem 2. Weltkriege geschaffenen Einigungsämter wieder einzuführen und wieder zur Erledigung von Streitigkeiten auf dem Gebiete des UWG heranzuziehen. Sie haben einen gütlichen Ausgleich unter den Parteien zu versuchen, wodurch die Gerichte entlastet werden sollen. Schon der frühere Werberat der deutschen Wirtschaft hatte diese Aufgabe. Wie dieser sind aber auch die heutigen Einigungsstellen keine Spruchbehörden. Sie haben heute statt der früher vorgesehenen Gutachten nur die Möglichkeit den Parteien **einen mit Gründen versehenen schriftlichen Einigungsvorschlag** zu machen, der zwecks Vermeidung von Mißbräuchen nur mit Zustimmung beider Parteien veröffentlicht werden darf. Hierin liegt jedoch nicht das Verbot seiner Verwendung in einem dem Verfahren vor den Einigungsstellen folgenden streitigen Gerichtsverfahren.

[2] **Entscheiden** können die Einigungsstellen **nicht.** Kommt ein Vergleich nicht zustande, haben sie lediglich den Zeitpunkt der Beendigung des Verfahrens festzustellen. Sie haben nur die Möglichkeit, zwei ausdrücklich vorgesehene Verfahrensentscheidungen zu fällen:

a) die Ablehnung, das Einigungsverfahren einzuleiten, wenn sie sich für unzuständig oder den geltend gemachten Anspruch wegen Unschlüssigkeit für unbegründet halten,

b) die Anordnung des persönlichen Erscheinens der Parteien nebst Verhängung einer **Ordnungsstrafe bis zur Höhe von DM 1000** analog § 141 Abs. 3 ZPO im Falle unentschuldigten Fernbleibens. Die unentschuldigt fehlende Partei ist jedoch nicht zu bestrafen, wenn sie zur Verhandlung einen Vertreter entsendet, der zur Aufklärung des Tatbestandes in der Lage und zur Abgabe der gebotenen Erklärungen, insbesondere zu einem Vergleichsabschluß, ermächtigt ist. Auf die Ermächtigung des Vertreters und nicht darauf, ob er den Vergleichsabschluß etwa nicht verantworten will, kommt es an. Eine **Haftstrafe,** für den Fall der Nichtbeitreibbarkeit der Geldstrafe, kommt nicht in Betracht (§ 141 Abs. 3 ZPO). Die Ordnungsstrafe wird von der IHK wie die Mitgliedsbeiträge eingezogen.

Kommt eine Einigung zustande, ist ein von allen Verfahrenbeteiligten inclusive der Mitglieder der Gütestelle zu unterzeichnendes Schriftstück über den Inhalt derselben anzufertigen, das ein **vollwertiger Vollstreckungstitel** ist. Die Vollstrekkungsklausel erteilt gemäß § 797a Abs. 2 ZPO der Urkundsbeamte (je nach Streitwert) desjenigen Land- oder Amtsgerichts, in dessen Bezirk die Einigungsstelle ihren Sitz hat, sofern die Landesjustizverwaltung den Vorsitzenden der Einigungsstelle zur Erteilung der Vollstreckungsklausel nicht ermächtigt hat.

[3] Das Verfahren ähnelt einem solchen vor einem Friedensrichter, da die beklagte Partei nicht verpflichtet ist, sich zur Sache einzulassen; noch nicht einmal eine Wahrheitspflicht besteht. Wer die Einigungsstelle anruft, hat dies in **schriftlicher Form** oder zu Protokoll der Einigungsstelle zu tun, seine Ziele durch formulierte Anträge darzustellen und diese zu begründen. Der Vorsitzende lädt die Parteien von Amts wegen mit dreitägiger Frist, die in besonderen Fällen kürzer wie auch länger sein kann, nicht aber Zeugen oder Sachverständige, die jede Partei zum Termin freilich mitbringen kann, deren Vernehmung jedoch angesichts des Fehlens einer Pflicht zum wahrheitsgemäßen Vortrag und angesichts der Inkompetenz zur Eidesabnahme wenig sinnvoll sein dürfte (ähnlich Reimer-Pastor S. 420).

Während der Anhängigkeit der Sache vor der Einigungsstelle ist eine negative Feststellungsklage des Beklagten vor den ordentlichen Gerichten unzulässig, so daß sich ein Verletzter gegen einen rigorosen Konkurrenten durch Anrufung der Einigungsstelle vor ruinösen Prozeßkosten schützen kann. Auch kann das Prozeßgericht den Prozeß aussetzen und den Parteien aufgeben, das Verfahren vor der Einigungsstelle abzuwarten.

[4] Die **sachliche Zuständigkeit** der Einigungsstellen beschränkt sich auf Streitigkeiten in Bezug auf den „geschäftlichen Verkehr mit dem Letztverbraucher", d. h. auf alle Wettbewerbshandlungen, die das Publikum angehen. Ausgeschlossen sind also Streitfälle über Wettbewerbshandlungen zwischen Groß- und Kleinhandel.

Durch diese Begrenzung der sachlichen Zuständigkeit sind Verstöße gegen §§ 14, 20a von ihrer Kompetenz ausgenommen. Zu den Wettbewerbsstreitigkeiten gehören freilich auch solche aus der ZugVO und dem RabG.

[5] Die **örtliche Zuständigkeit** regelt § 24.

[6] Durch die Anrufung der Einigungsstelle wird die Verjährung des Anspruchs unterbrochen. In den Fällen der Antragsrücknahme gilt die Verjährungsunterbrechung als nicht erfolgt. Doch ist der Antragsteller nicht gehindert, wenn er vor der Einigungsstelle mit seinem Petitum nicht weiterkommt, noch vor Beendigung, d.h. trotz Laufs des Verfahrens vor der Einigungsstelle, das ordentliche Gericht anzurufen, um solche Konsequenzen zu vermeiden, die bei den kurzen Verjährungsfristen des § 21 leicht eintreten können.

[7] **Berechtigt** zur Anrufung der Einigungsstelle sind die Beteiligten und die Verbände des § 13, und zwar auch dann noch, wenn der Streitfall schon vor den ordentlichen Gerichten anhängig ist. Auch kann das Gericht, bei dem die Sache bereits anhängig ist, die nachträgliche Anrufung der Einigungsstelle auf Antrag einer Partei aufgeben.

[Zwischenstaatliches Recht]

§ 28

Wer im Inland eine Hauptniederlassung nicht besitzt, hat auf den Schutz dieses Gesetzes nur insoweit Anspruch, als in dem Staate, in welchem seine Hauptniederlassung sich befindet, nach einer im Bundesgesetzblatt enthaltenen Bekanntmachung deutsche Gewerbetreibende einen entsprechenden Schutz genießen.

[1] **Ausländerrecht.** Die Bedeutung des § 28 ist sehr gering, da er durch zwei- und mehrseitige internationale Verträge ergänzt und ersetzt wird; er regelt den Schutz von Angehörigen nur solcher Staaten, die nicht der Pariser Verbandsübereinkunft oder dem Madrider Marken-Abkommen beigetreten sind.

Ohne Rücksicht auf die Staatsangehörigkeit gewährt das Gesetz dem Inländer wie dem Ausländer Schutz, sofern der Schutzsuchende — sei er Staatenloser oder Inhaber einer ausländischen Staatsangehörigkeit — im Inland eine Hauptniederlassung hat. Hat er eine solche nicht, so kann er Schutz nach diesem Gesetz nur mit Rechtsanspruch darauf bekommen, wenn deutsche Gewerbetreibende in dem Staat seiner Hauptniederlassung nach einer Bekanntmachung im BGBl. ebenfalls Schutz gegen unlauteren Wettbewerb genießen, ohne dort eine Hauptniederlassung zu haben **(Gegenseitigkeitsprinzip).** Die Bekanntmachung im BGBl. setzt keinen völkerrechtlichen Vertrag sondern nur voraus, daß die ausländische Gesetzgebung entsprechenden Schutz tatsächlich gewährt.

[2] Über den Begriff Ausland vgl. Anm. 15 zu § 17.

[3] Soweit bürgerliches Recht (vornehmlich nach dem BGB) in Betracht kommt, genießt der Ausländer ohne Hauptniederlassung im Inland und ohne Rücksicht auf Unionsschutz vollen Rechtsschutz, da das BGB zwischen In- und Ausländern nicht unterscheidet (ebenso Tetzner S. 434; a. A. B.-Hefermehl S. 1166/7).

[4] Die Bedeutung der internationalen Verträge auf dem Gebiete des gewerblichen Rechtsschutzes hat immer mehr zugenommen. Die Gegenseitigkeit, die in § 28 als Voraussetzung für den Einzelfall gedacht war, ist völkerrechtliche Satzung der wesentlich in Betracht kommenden Kulturstaaten geworden. Zahlreiche Übereinkünfte, Abkommen, Beitrittserklärungen usw. haben dazu geführt, daß fast alle Kulturstaaten der Erde dem Unionsvertrag (Pariser Verbandsübereinkunft — PVÜ) angehören, zum Teil aber in unterschiedlichen Fassungen, die sich in ihrem Bedeutungskern nicht voneinander unterscheiden (vgl. Anhang zu § 16).

[5] Durch diese internationalen Abkommen wird die Hoheitsgewalt des Staates jedoch nicht über seine territorialen Grenzen hinaus getragen. Sie führen vielmehr dazu, daß die Rechtsgüter seiner Staatsangehörigen wie Namen, Firmen-, Warenzeichen, Urheberrechte und sonstige Immaterialgüterrechte auch außerhalb seiner territorialen Grenzen unter der Hoheitsgewalt des fremden Staates nach dessen Gesetzen rechtlichen Schutz genießen.

[6] Nach Art. 2 PVÜ (s. Anhang I zu § 16) sind alle Staatsangehörige der Verbandsländer mit oder ohne Niederlassung in der Bundesrepublik dem Inländer gleichgestellt, wo sie freilich Schutz vor nur solchen Handlungen bekommen, die nach deutschem Recht unzulässig sind, so wie umgekehrt im fremden Verbandsland der deutsche Gewerbetreibende dem dortigen Recht unterliegt; denn für sittenwidrige Wettbewerbsverstöße ist immer das Recht des Ortes maßgebend, an dem sie begangen werden (BGH GRUR 62 S. 243 (245) „Kindersaugflaschen"). Wird sie im Inland durch Herstellung eines hier unzulässigen, im Ausland aber zulässigen Werbeträgers vorbereitet, um ausschließlich im Ausland zum Einsatz zu kommen, ist das nicht zu beanstanden, weil es zu einer wettbewerbswidrigen Kollision nicht kommt (ähnlich BGH a. a. O. „Kindersaugflasche"). Auch deutsche Firmen sind untereinander im fremden Verbandsland mit ihren dortigen Handlungen den Wettbewerbsregeln jenes Landes unterworfen mit der Folge, daß sie sich in diesem mit dort zulässigen Handlungen Konkurrenz machen können, die in Deutschland sittenwidrig sind; a. A. BGH GRUR 64 S. 316 „Stahlexport", der bei Zielrichtung der Handlung des deutschen Gewerbetreibenden gegen die schutzwürdigen Interessen des anderen Deutschen das gemeinsame Heimatrecht anwendet, dabei aber das Territorialitätsprinzip unberücksichtigt läßt wie auch, daß der Kampf um

den fremdländischen Markt dessen Verhältnissen anzupassen ist und daß die Konkurrenzfähigkeit eines deutschen Gewerbetreibenden insbesondere im Kampf mit Dritten um den ausländischen Markt unzumutbar beeinträchtigt wird, wenn er sich freiwillig neben den dortigen, zusätzlich den deutschen Wettbewerbsregeln unterwerfen soll, denen Dritte nicht unterliegen. Nur wenn das im Ausland zulässige Verhalten nach deutschen Wettbewerbsregeln einen leichteren Verstoß darstellt, soll er vor einem deutschen Gericht bestehen dürfen (BGH GRUR 58 S. 189 „Zeiß"). Für diese territoriale Ausdehnung des Geltungsbereichs des deutschen Wettbewerbsrechts besteht keinerlei Rechtsgrundlage (gl. A. Reimer-v. Gamm S. 32).

[7] Ist die im Ausland begangene Handlung aber umgekehrt nach ausländischem Recht unzulässig und nach deutschem Recht erlaubt, dann ist der entsprechende Unterlassungsanspruch vor dem ausländischen Gericht sehr wohl, nicht dagegen vor einem deutschen Gericht, dessen Zuständigkeit sich aus der Hauptniederlassung des Verletzers in Deutschland ergeben könnte, durchsetzbar (Art. 12 EGBGB). Schwierig wird es, wenn der Begehungsort der Wettbewerbshandlung durch seine räumliche Weitenwirkung über die territorialen Grenzen eines Staates hinausreicht, wie das durch Fernseh-, Radio- und Zeitschriftenwerbung heute alltäglich sein dürfte; denn der Begehungsort befindet sich überall dort, wo der Handelnde mit seiner Werbung in Erscheinung tritt (BGH GRUR 71 S. 153 „Tampax"; 64 S. 316 „Stahlexport"); das ist freilich auch der Herstellungsort (BGH GRUR 57 S. 37 „Uhrwerk"; 62 S. 243 „Kindersaugflasche"). Bei solcher Breitenwirkung einer einzigen Handlung liegt zugleich auch eine echte inländische Handlung vor, die nach inländischem Recht zu beurteilen ist (BGH a. a. O. „Tampax"). Ob das richtig ist, erscheint insofern fraglich, als diese Ansicht unberücksichtigt läßt, daß die Staaten nicht nur durch Verträge und Vereinbarungen, sondern durch die technische Entwicklung der Kommunikationsmittel in den letzten 50 Jahren auch faktisch auf Kosten ihrer Staatsgewalt einander so nahegerückt sind, daß sie ohne Tolerierung der Lebensgewohnheiten und Kulturen ihrer Nachbarn nicht mehr in Frieden nebeneinander existieren könnten. Zudem könnte mancher z.B. ein ausländischer Versandunternehmer ohne Niederlassung in der BRD nicht zur Unterlassung gezwungen werden, der von seinem Land aus dort zulässige, in der BRD unzulässige Werbung per Fernsehen, Radio und Anzeigen in deutschsprachigen Zeitungen treibt. Deshalb wird bei geringfügigem Ausmaß ein Unterlassungsanspruch auch bereits verneint (BGH GRUR 71 S. 153 (154) „Tampax").

[8] Trotz der internationalen Staatsverträge bleiben die Immaterialgüterrechte der Angehörigen der beteiligten Staaten nationale Güter mit positivem Benutzungsrecht und Schutz in den Vertragsländern.

[9] Zum internationalen Firmen- und Zeichenrecht vgl. Anm. 86 ff. zu § 16.

[Höhere Verwaltungsbehörde]

§ 29

Welche Behörden in jedem *Bundesstaat* unter der Bezeichnung „höhere Verwaltungsbehörde“ im Sinne dieses Gesetzes zu verstehen sind, wird von der Zentralbehörde des *Bundesstaates* bestimmt.

Anmerkung: Es handelt sich hier nur um das Ausverkaufs- und Räumungsverkaufsrecht.

[Inkrafttreten]

§ 30

(1) Dieses Gesetz tritt am 1. Oktober 1909 in Kraft.

(2) Mit diesem Zeitpunkt tritt das Gesetz zur Bekämpfung des unlauteren Wettbewerbes vom 27. Mai 1896 (RGBl. I S. 145) außer Kraft.

Verordnung des Reichspräsidenten zum Schutze der Wirtschaft

Erster Teil: Zugabewesen
(*Zugabeverordnung*)

Vom 9. März 1932 (RGBl. I S. 121) (BGBl. III 43-4-1)
mit allen Ergänzungen

§ 1

Zugabeverbot

(1) Es ist verboten, im geschäftlichen Verkehr neben einer Ware oder einer Leistung eine Zugabe (Ware oder Leistung) anzubieten, anzukündigen oder zu gewähren. Eine Zugabe liegt auch dann vor, wenn die Zuwendung nur gegen ein geringfügiges, offenbar bloß zum Schein verlangtes Entgelt gewährt wird. Das gleiche gilt, wenn zur Verschleierung der Zugabe eine Ware oder Leistung mit einer anderen Ware oder Leistung zu einem Gesamtpreis angeboten, angekündigt oder gewährt wird.

(2) Die Vorschriften im Absatz 1 gelten nicht:

a) wenn lediglich Reklamegegenstände von geringem Wert, die als solche durch eine dauerhafte und deutlich sichtbare Bezeichnung der reklametreibenden Firma gekennzeichnet sind, oder geringwertige Kleinigkeiten gewährt werden;

b) wenn die Zugabe in einem bestimmten oder auf bestimmte Art zu berechnenden Geldbetrage besteht;

c) wenn die Zugabe zu Waren in einer bestimmten oder auf bestimmte Art zu berechnenden Menge gleicher Ware besteht;

d) wenn die Zugabe nur in handelsüblichem Zubehör zur Ware oder in handelsüblichen Nebenleistungen besteht;

e) wenn Zeitschriften belehrenden und unterhaltenden Inhalts, die nach ihrer Aufmachung und Ausgestaltung der Werbung von Kunden und den Interessen des Verteilers dienen, durch einen entsprechenden Aufdruck auf der Titelseite diesen Zweck erkennbar machen und in ihren Herstellungskosten geringwertig sind, unentgeltlich an den Verbraucher abgegeben werden (Kundenzeitschriften);

f) wenn die Zugabe in der Erteilung von Auskünften oder Ratschlägen besteht;

g) wenn zugunsten der Bezieher einer Zeitung oder Zeitschrift Versicherungen bei beaufsichtigten Versicherungsunternehmungen oder Versicherungsanstalten abgeschlossen werden.

(3) Bei dem Angebot, der Ankündigung und der Gewährung einer der in Absatz 2 zugelassenen Zugaben ist es verboten, die Zuwendung als unentgeltlich gewährt (Gratiszugabe, Geschenk und dergleichen) zu bezeichnen oder sonstwie den Eindruck der Unentgeltlichkeit zu erwecken. Ferner ist es verboten, die Zugabe von dem Ergebnis einer Verlosung oder einem anderen Zufall abhängig zu machen.

Übersicht

[1] **Allgemeines.** Die Zugabeverordnung, wie übrigens auch das Rabattgesetz (s. dort), ist mit ihrem auf die Wertreklame beschränkten Tatbestand eine **konkretisierte Ergänzung des allgemeinen Wettbewerbsrechts** (allg. Meinung; für viele: B.-Hefermehl S. 1170; Hoth-Gloy S. 39). Soweit wettbewerbswidrige Tatbestände von ihr nicht erfaßt werden, kann das Rabattgesetz anwendbar sein, das überhaupt als das jüngere der älteren ZugVO im Falle der Unvereinbarkeit letzterer mit ihm

vorgeht (BGH GRUR 59 S. 326 „Kaffeeversandhandel"); aber auch die Generalklausel des § 1 UWG ist neben der ZugVO oder an ihrer Stelle anwendbar (BGH GRUR 61 S. 588 „Einpfennig-Süßwaren"). Die Unangreifbarkeit einer Wettbewerbshandlung mit den Vorschriften der ZugVO bedeutet mithin nicht, daß die Handlung zulässig wäre. Wegen ihres gleichzeitigen Charakters eines Strafgesetzes, für das das allgemeine Analogieverbot gilt, können die Begriffe und Vorschriften der ZugVO **nicht ausdehnend** ausgelegt werden (allg. Meinung; für viele: OLG Düsseldorf GRUR 73 S. 87 Bewegungsanlage"), aber nur, sofern dadurch das Verbot einer konkreten Handlung begründet werden soll. Bezüglich der Ausnahmen von diesem Verbot ist ein Hinderungsgrund für eine ausdehnende Auslegung nicht ersichtlich, solange sie nicht dem Verbot oder anderen Gesetzen widersprechen würde — vgl. auch Anm. 19. (a. A. Reimer-v. Gamm S. 537, Hoth-Gloy S. 207; ähnlich wie hier B.-Hefermehl S. 1214). Da sie das Tatbestandsmerkmal des Handels zu Wettbewerbszwecken (Begriff s. Anm. 4 zu § 1 UWG) nicht stipuliert, kann auch ohne Verfolgung solcher Zwecke gegen sie verstoßen werden; man denke an den Arzt oder Rechtsanwalt, der für seine Praxis einen neuen Wagen kaufen will, zuvor annonciert, seinen Gebrauchtwagen zum Listenpreis zu verkaufen und einem zögernden Interessenten eine zusätzliche Leistung (Koffer, Einbau eines Radios usw.) verspricht. Das nach dem Wortlaut der Vorschrift nicht zu leugnende Verbot eines solchen Handelns ist rechtsphilosophisch ungerechtfertigt und erweist sich insoweit als Überbleibsel des Rechtsdenkens der sozialistischen Diktatur des sog. Dritten Reiches (NS-Regime). Hinsichtlich dieser — freilich sonst kaum denkbaren — und anderer nicht gegen das UWG verstoßenden Fälle stellt sich die VO rein gewerbepolizeiliche Aufgaben (allg. Meinung: B.-Hefermehl, Hoth-Gloy a. a. O.; Junkerstorff S. 3; Reimer-v. Gamm S. 526; Tetzner Z S. 12), Irreführungen des Verkehrs über den wirklichen (kalkulierten) Preis der sog. Hauptware (Begriff s. Anm. 4) sowie über den Wert der jeweils gewährten oder versprochenen Zugabe (Begriff s. Anm. 3) zu verhindern und in Konsequenz dessen ferner auszuschließen, daß der Verkehr durch solche Irreführungen zum Kaufentschluß unsachlich beeinflußt wird. Außerdem stellt sich die VO die Aufgabe, Wettbewerbsübersteigerungen entgegenzuwirken, bei denen der mittelständische Mitbewerber nicht Schritt halten kann und zugrunde gehen muß. So ist das Zugabeverbot des § 1 ein Schutzgesetz i. S. des § 823 Abs. 2 BGB und seine Verletzung eine unerlaubte Handlung (allg. Meinung; für viele: BGH GRUR 63 S. 322 „Mal- u. Zeichenschule").

[2] Der **Grundtatbestand** des Verbots beschränkt sich auf das Anbieten, Ankündigen und Gewähren von Zugaben neben einer gewerblichen Hauptleistung (Ware oder Leistung) im geschäftlichen Verkehr, sei es in offener oder verschleierter Form. Ein Handeln zu Wettbewerbszwecken (Anm. 4 zu § 1 UWG) wird nicht gefordert, so daß es auf irgendwelche Wettbewerbsverhältnisse wie aber auch auf den Verkehr zwischen bestimmten **Handelsstufen** nicht ankommt, (allg. Meinung;

für viele: BGH GRUR 60 S. 558 „Eintritt in Kundenbestellung"). Das Zugabeverbot erstreckt sich auf Rechtsgeschäfte jeder Handelsstufe; auch auf Geschäfte zwischen Hersteller und Großhändler oder letzterem und Einzelhändler oder Hersteller und Einzelhändler (BGH GRUR 72 S. 611 „Cognac-Portionierer").

Zum **Begriff des geschäftlichen Verkehrs** vgl. Anm. 9 zu § 1 UWG. Zu den **Begriffen von Ware und Leistung** vgl. Erläuterungen zu § 2 UWG. Zu den **Begriffen des Anbietens, Ankündigens und Gewährens** vgl. Anm. 7 zu § 12 UWG.

II. Der Begriff der Zugabe

[3] Der Zugabebegriff als solcher ist gesetzlich nicht definiert, aber von der Rechtssprechung (bisher zuletzt: BGH GRUR 72 S. 611 „Cognac-Portionierer") dahin entwickelt worden, daß **als Zugabe** eine Ware oder Leistung dann anzusehen ist, **„wenn sie neben einer entgeltlich angebotenen Hauptware ohne besondere Berechnung angeboten wird, der Erwerb der Nebenware vom Erwerb der Hauptware bzw. vom Erhalt der gewerblichen Hauptleistung abhängig ist und dabei ein innerer Zweckzusammenhang derart besteht, daß die Nebenware mit Rücksicht auf den Erwerb der Hauptware angeboten wird und wegen dieser Abhängigkeit objektiv geeignet ist, den Kunden in seiner Entschließung zum Erwerb der Hauptware zu beeinflussen".** Daß das im geschäftlichen Verkehr zu geschehen hat, ergibt der klare Wortlaut der VO. Scharf zu unterscheiden von der Zugabe sind außergewöhnliche Leistungen des Gewerbetreibenden, die das Gesamtangebot besser machen als das der Konkurrenz, z.B. durch Einräumung zeitlich besonders langer Garantien oder Umtausch- oder Rückgaberechte, die freilich als Pseudorechte entpuppt unter dem Gesichtspunkt der Irreführung gemäß §§ 1, 3 UWG unzulässig sein können.

Wesentlich und erläuterungsbedürftig ist, daß Haupt- und Nebenware (-leistung) einen Bezug zueinander haben müssen:

[4] Unter **Hauptware** bzw. **-leistung** sind Waren oder Leistungen zu verstehen, die entgeltlich (z.B. im Rahmen eines Kauf-, Tausch-, Werk-, Dienstleistungs- usw. Vertrages) abgegeben werden. Schwierig ist die Grenzziehung zwischen Haupt- und Nebenware bzw. -leistung; weil — wie überall im Wettbewerbsrecht — auch hier die Verkehrsauffassung (Begriff vgl. Anm. 84ff. zu § 1 UWG) maßgebend ist (BGH a.a.O. „Cognac-Portionierer"). Diese wiederum wird von der Art des Angebots mitgestaltet und unterliegt insofern wie aber überhaupt auch durch sonstige Einflüsse einem ständigen Wandel; außerdem ist der Vertragsinhalt und der diesen bestimmende Wille der Vertragschließenden zu berücksichtigen (BGH GRUR 69 S. 299 „Probierpaket"), der sich auch von Fall zu Fall ändern kann. Ferner ist nicht jede Nebenleistung eine unzulässige Zugabe, nur weil sie eine Nebenware oder Nebenleistung ist. Auch Handelsüblichkeit und Verkehrswille sind zu berücksichtigen (BGH a.a.O. „Probierpaket"; 64 S. 509 „Wagenwaschplatz"). Ent-

scheidend ist, ob die Nebenware oder -leistung zusammen mit der Hauptware noch ein von den Vertragschließenden gewolltes Äquivalent für die geforderte Gegenleistung ist (BGH wie zuvor), um nicht zur Zugabe zu werden.

[5] Wie jede Wertreklame bezweckt die Zugabe die Förderung des Absatzes der Hauptware. Aber anders als die **Werbegabe,** die nur in Erwartung eines Geschäftsabschlusses oder in der Hoffnung auf einen solchen, oder zur Werbung für einen solchen hingegeben wird und keine Zugabe ist (BGH GRUR 62 S. 415 „Glockenpackung"; 71 S. 322 „Lichdi Center"), erfordert die Zugabe nach ihrem wesensmäßigen Sinn begrifflich einen **zweckbedingten inneren Zusammenhang mit dem Hauptgeschäft,** von dem es abhängig ist (BGH GRUR 71 S. 322 „Lichdi-Center"). Fehlt es an einer solchen Akzessorietät, ist eine Zugabe nicht gegeben, z.B. bei kostenloser Beförderung zum Kaufhaus, wenn der Kunde auch bei Nichtkauf kostenlos zurückbefördert wird (BGH GRUR 72 S. 603 „Kunden-Einzelbeförderung"). Freilich darf die Akzessorietät der Zugabe nicht allein darauf beruhen, daß der zugegebene Gegenstand ein Bestandteil oder Zubehör der Hauptware ist.

Auch die nachträglich und im voraus erbrachte Hingabe einer Nebenware oder -leistung kann noch im Zweckzusammenhang mit dem Hauptgeschäft stehen und Zugabe sein, sofern — im Falle der Vorleistung — das Hauptgeschäft im Zusammenhang hiermit rechtsverbindlich wird oder sofern — bei nachträglicher Zugabe — der Kunde durch Abschluß des Hauptgeschäfts bereits einen rechtlichen zumindest moralischen Anspruch auf die Zugabe erlangt hat. Immer muß der Abschluß eines Hauptgeschäfts konkret greifbar im Raum stehen und die Zugabe auslösen (st. Rspr.; für viele: BGH GRUR 68 S. 649 „Rocroni-Ascher"). Keine Zugaben sind demgemäß die üblichen Weihnachtszuwendungen von Firmen an ihre Kunden (BGH GRUR 54 S. 167 „Kundenzeitschrift"). Der etwaige Zugabe-Charakter einer Nebenleistung (-ware) kann nicht dadurch wieder entfallen, daß der Vertrag später aufgehoben, rückgängig gemacht oder für nichtig erklärt wird, ohne daß auch die Zugabe zurückgegeben zu werden braucht (BGH GRUR 71 S. 361 „Vierfarbkugelschreiber"). An dem Zweckzusammenhang zum Zeitpunkt der Leistung der Zugabe ändert sich dadurch nichts. Das sind vielmehr sog. Werbegaben, die nach den Vorschriften des UWG zu beurteilen sind (vgl. Anm. 212ff. zu § 1 UWG). Wie stets gilt auch hier, daß maßgebend ist, ob der Verkehr den Eindruck von der Abhängigkeit der Zugabe vom Hauptgeschäft hat (BGH GRUR 72 S. 611 „Cognac-Portionierer"; 69 S. 299 „Probierpaket").

[6] Der für die Verwirklichung des Zugabe-Begriffs erforderliche innere Zweckzusammenhang mit dem Hauptgeschäft muß natürlich darauf gerichtet sein, daß letzteres durch die vermeintliche Unentgeltlichkeit des Zugabe-Gegenstandes zustandekommt (st. Rspr.; für viele: BGH GRUR 63 S. 322 „Mal- und Zeichenschule"), daß der umworbene Interessent also glaubt, den Mitgehartikel ohne

Gegenleistung zu erlangen, indem er übersieht, daß sein Gegenwert in dem für die Hauptware geforderten Preis kalkuliert ist. Die Pointe für die Beurteilung, ob es sich um eine unzulässige Zugabe handelt, liegt also in dem **Täuschungsmoment;** entfällt es, liegt keine unzulässige Zugabe vor. Daher ist keine Zugabe, wenn erkennbar ein Gesamtpreis gestaltet und gefordert wird, entgeltliche Zusatz- oder Nebenleistungen angeboten werden, auch wenn das für sie geforderte Entgelt gering ist (BGH GRUR 62 S. 415 „Glockenpackung"), oder wenn ein ganz billiges Lockvogelangebot (vgl. hierzu Anm. 223 § 1 UWG) gemacht wird, was hinsichtlich Zulässigkeit nur nach dem UWG zu beurteilen ist (allg. M.). Auch können Nebenleistungen, die begrifflich Bestandteil der Hauptleistung sind, sei es nach Handelsbrauch, sei es als echte Leistungssteigerung, die von anderen Mitbewerbern nicht erbracht wird, nicht Zugaben sein (BGH GRUR 58 S. 455 „Federkernmatratzen").

[7] **Zugabegegenstand** können Waren, Leistungen und auch Rechte beliebiger Art sein, z.B. die Verbriefung eines Anspruchs (BGH GRUR 54 S. 170 „Orbis-Reisemarken"). Er muß nur sachlich und wirtschaftlich selbständig sein. Er wird in der Regel einen geringeren Wert als die Hauptware haben, weil das der Logik jeder kaufmännischen Kalkulation entspricht, doch muß das nicht so sein. Ist er mit der Hauptware identisch und bedeutet er nur ein Mehr gegenüber der gekauften Hauptware, ist er im landläufigen Sinne der täglichen Umgangssprache zwar auch noch, im Rechtssinn aber keine Zugabe, sondern ein **verschleierter Preisnachlaß** und auf seine Zulässigkeit nach rabattrechtlichen Gesichtspunkten zu beurteilen. Der Zugabegegenstand muß sich als Vergünstigung darstellen, die dem Kunden nicht besonders berechnet wird und ihm als Opfer des anderen erscheint (BGH GRUR 60 S. 558 „Eintritt in Kundenbestellung"); aber er kann nicht Gegenstand des Vertrages selbst sein, auf dessen Erbringung der Kunde einen vertraglichen Anspruch hat (st. Rspr.; für viele: BGH GRUR 59 S. 544 „Modenschau").

[8] Zugabegegenstand können auch **Werbegaben** und **Warenproben** sein, wenn sie zugleich als Zugaben (vgl. Anm. 3) gewährt werden, worüber die Verkehrsauffassung entscheidet (BGH GRUR 72 S. 611 „Cognac-Portionierer"), doch dürfte es bei diesen Darreichungen in der Regel an ihrer Akzessorietät zum Hauptgeschäft (vgl. Anm. 5) fehlen (BGH GRUR 59 S. 544 „Modenschau"), zumal echte Warenproben wettbewerbsrechtlich grundsätzlich erlaubt sind (BGH GRUR 57 S. 365 „Suwa"; 63 S. 197 „Zahnprothesen-Pflegemittel") — über wettbewerbswidrige Werbegaben vgl. Anm. 212ff. zu § 1 UWG.

[9] Im Verkehr zwischen Hersteller und Großhändler einerseits und Einzelhändler andererseits ist die Gewährung von **Verkaufs- und Werbehilfen** üblich, die aber auch unzulässige Zugaben sein können, wenn sie dem Einzelhändler einen nicht nur geringwertigen Vorteil bringen und in Abhängigkeit vom Hauptgeschäft stehen.

Dabei ist gleichgültig, ob die Verkaufshilfe in das Eigentum des Einzelhändlers fällt oder ob er nur leihweise ein Benutzungsrecht mit Rückgabepflicht erlangt (BGH a.a.O. „Cognac-Portionierer"), weil auch abstrakte Leistungen Zugaben zu konkreten Waren wie Waren Zugaben zu abstrakten Leistungen sein können. Das maßgebliche Kriterium dafür, daß Verkaufs- und Werbehilfen nicht zugleich unzulässige Zugaben sind, ist das Fehlen der Akzessorietät zum Hauptgeschäft; denn der Einzelhändler trifft den Kaufentschluß zu dem mit der Erlangung der Zugabe getätigten Hauptgeschäft nicht ihrethalben, sondern Hersteller oder Großhändler geben sie vorwiegend zur Förderung eigener zukünftiger Geschäfte, für die Verkaufs- und Werbehilfen im Geschäftsverkehr des Einzelhändlers mit dem Letztverbraucher dienstbar gemacht werden sollen. Kommen solche Hilfen aber nur dem Einzelhändler selbst zugute, kann unzulässige Zugabe vorliegen (B.-Hefermehl S. 1201; Hoth-Gloy S. 132; Klauer-Seydel Anm. 37 zu § 1).

[10] Als Verkaufs- und Werbehilfen kommen in Betracht: **Werbematerial, Reklameschilder, Lichtreklameanlagen, Dekorationen, Verpackungsmaterial, Bierfilze, -Gläser, Aschenbecher, Werbegeschenke für die Kunden des Einzelhändlers, Werbeveranstaltungen, Werbebeiträge, Warenproben, Verkaufsgeräte** wie Warenautomaten. Die Zulässigkeit aller dieser Leistungen hängt entscheidend davon ab, ob das Interesse an ihnen beim Hersteller bzw. Grossisten oder beim Einzelhändler liegt bzw. wessen Interesse überwiegt und worauf es beruht.

[11] Der Zugabegegenstand kann von geringem und größerem Wert sein. Bei Geringwertigkeit vgl. Anm. 21c ist die Zugabe zulässig, weshalb der sich mit ihr um ein Hauptgeschäft Bemühende bei den argwöhnischen Mitbewerbern und bei der Obrigkeit den Anschein der Geringwertigkeit seiner Zugabe zu erwecken, den umworbenen Kunden aber dennoch mit den Vorteilen der Zugabe zu locken trachten wird. Aus diesem Bestreben ist die sog. **Sammelzugabe** entwickelt worden, bei der geringwertige Einzelkstücke für eine Sammlung zugegeben werden, die als solche nicht mehr geringwertig ist. Dieser Wert des Sammelergebnisses entscheidet über die Zulässigkeit der Zugabe, ob es sich um eine echte oder unechte Sammlung handelt. Unter **echter Sammlung** ist eine solche zu verstehen, bei der das zu sammelnde Einzelstück wertlos ist, weil der Verbraucher es nur verwenden kann, wenn er sich im Besitz sämtlicher zur Sammlung gehörender Einzelstücke befindet, wie z.B. die Figuren eines Schachspiels (allg. Meinung; für viele: BGH GRUR 72 S. 428 „Bilderpunkte"). In solchen Fällen ist nicht das Einzelstück, sondern das Sammelergebnis, d.h. die Sammlung die Zugabe und an ihr zu bemessen, ob sie noch oder nicht mehr geringwertig, also zulässig oder unzulässig ist (BGH wie zuvor). Unter **unechter Sammlung** versteht die Rechtsprechung (BGH wie zuvor), wenn ohne Rücksicht auf das **Sammelergebnis,** mag es für den Verbraucher noch so wertvoll und erfreulich sein, „schon das geringwertige Einzelstück der Sammlung bestimmungsgemäß für sich allein verwendet werden kann, auch wenn es geeignet ist, Bestandteil einer Sammlung zu werden, die als solche gegenüber ihren

Einzelstücken selbstständigen Wert hat". Dann ist als Zugabegegenstand nur das Einzelstück anzusehen, das für die objektive Geringwertigkeit (Anm. 21c) allein maßgebend ist. B.-Hefermehl (S. 1193) und offenbar auch Hoth-Gloy (S. 122ff.) wollen den besonderen, durch das Ergebnis erzeugten Anreiz zum Sammeln bei der Beurteilung des Einzelstücks werterhöhend berücksichtigen, was aber abzulehnen ist. Schon die Rechtssprechung zur echten Sammlung (s. o.) erscheint unrichtig, weil § 1 Abs. 1 ZugVO wegen seines strafrechtlichen Charakters grundsätzlich nicht ausdehnend ausgelegt werden darf (vgl. o. Anm. 1).

[12] Können aber überhaupt nur **Gutscheine** gesammelt werden, sind denkgesetzlich nicht sie die Zugabe, sondern erst als Sammelergebnis der erzielte Anspruch auf Erlangung des versprochenen Gegenstandes (h. L. u. Rspr. für viele: BGH GRUR 63 S. 322 „Mal- und Zeichenschule"). Anderes muß aber wegen des Analogieverbots und wegen des Erfordernisses, die Vorschrift nicht ausdehnend auszulegen, gelten, wenn die Gutscheine jeweils auch einzeln zwecks Erlangung von Einzelstücken aus der Sammlung eingelöst werden können. Dann ist Zugabe nur der einzelne Gutschein bzw. das mit ihm verbriefte Recht (so zutreffend: BGH GRUR 72 S. 428 „Bilderpunkte"; a. A. B.-Hefermehl S. 1194; Hoth-Gloy S. 128; Klauer-Seydel S. 46; Krieger S. 56).

[13] **Die Akteure.** Der die Zugabe Gewährende und der Verkäufer der Hauptware brauchen nicht personengleich zu sein. Zu denken an die Beispiele der Einkaufsmärkte, die sich juristisch selbständige Tochtergesellschaften angliedern, welche gegen ein Scheinentgelt Dienstleistungen, wie Autopflege oder dgl. erbringen, defizitär zu bleiben bestimmt sind, aber Kunden in das Hauptgeschäft locken. Wird von der defizitären Tochter gar noch ein Gutschein zum Kauf im Hauptgeschäft ausgegeben, ist der Zugabecharakter ihrer Leistung nicht mehr zweifelhaft, denn für ihn ist belanglos, ob die Zugabe angeboten, gefordert, angenommen oder ausgeschlagen wird. Wesentlich ist nur, daß beide auf Grund gemeinsamen Interesses handeln (RGZ 154 S. 28; gl. A. B.-Hefermehl S. 1195; Reimer-v. Gamm S. 536). Oder der Einzelhändler gewährt seinem Kunden eine Zugabe in Form eines Nebenartikels, der ihm von seinem Hersteller eigens zu diesem Zweck geliefert worden ist; in diesem Fall gewährt auch der Hersteller die Zugabe in mittelbarer Täterschaft (BGH GRUR 62 S. 415 „Glockenpackung").

Ebenso braucht der Empfänger der Zugabe nicht mit dem Käufer der Hautware identisch zu sein. Der Zugabe-Artikel kann auch einer Begleitperson des Käufers, z. B. einem Kind, übergeben worden sein (allg. M.).

III. Umgehung des Verbots: Abs. 1 S. 2

[14] Eine Zugabe liegt auch dann vor, wenn offenbar bloß **zum Schein ein geringfügiges Entgelt** für den Zugabeartikel gefordert wird. Kriterium für den Charakter des Scheinentgelts ist das Mißverständnis desselben zu dem wirklichen Wert des

Zugabeartikels. Bei Scheinentgelten werden die Einzelpreise für Haupt- und Nebenware zwar gesondert ausgeworfen, aber abgesehen von der erkennbaren Geringfügigkeit des Entgelts für den Zugabeartikel muß dieser nur im Zusammenhang mit dem Hauptartikel erhältlich sein (BGH GRUR S. 588 „Einpfennig-Süßware"), andernfalls ist es ein Lockvogel-Angebot, das nach den §§ 1, 3 UWG zu beurteilen ist.

[15] Wann ein **Entgelt geringfügig** ist, kann nur von Fall zu Fall entschieden werden. Es muß unter dem Einstandspreis des Verkäufers liegen und dem Käufer gemessen an dem Wert der zugegebenen Ware (BGH GRUR 66 S. 214 „Einführungsangebot") als geringfügiges Scheinentgelt erkennbar sein, als welches es ihn zum Abschluß des Hauptgeschäfts bestimmt. Reimer-v. Gamm (S. 533) fordert ein „krasses" Mißverhältnis, was dasselbe ist; wie überall im Wettbewerb ist auch hier wieder die Verkehrsauffassung maßgebend. Aber auch in diesen Fällen können besondere Umstände den Preis rechtfertigen; denn grundsätzlich ist der Kaufmann bei seiner Preisgestaltung frei. Er kann alte Ladenhüter abstoßen wollen oder selbst außergewöhnlich günstig eingekauft haben, wofür er freilich die volle Beweislast hat, an die strengste Anforderungen gestellt werden müssen, weil die Akzessorietät der verbilligten Abgabe der Nebenware zum Zustandekommen des Hauptgeschäftes von vornherein für eine Umgehungs-Zugabe spricht. Auch die Neueinführung von Waren zu verhältnismäßig geringfügigem Preis kann wirtschaftlich vertretbar erscheinen und der Annahme entgegenstehen, daß das Entgelt nur zur Umgehung des Zugabeverbots zum Schein gefordert wird (BGH a.a.O. „Einführungsangebot"). Demnach ist ein geringfügiges Entgelt nur ein widerlegbares Indiz für ein Scheinentgelt.

[16] Zugaben können auch durch sog. **Kopplungsgeschäfte** verschleiert werden, bei denen Haupt- und Nebenware (-leistung) zu einem Gesamtpreis angeboten, angekündigt oder gewährt werden. Grundsätzlich sind Kopplungsgeschäfte nicht verboten (allg. M.) und sind Zugabe- wie auch wettbewerbsrechtlich völlig irrelevant, wenn die gekoppelten Waren zu Einzelpreisen auch unabhängig voneinander verkauft werden, zumindest die Einzelpreise ausgezeichnet sind (gl. A. B.-Hefermehl S. 1207; Hoth-Gloy S. 188; Reimer-v. Gamm S. 534). Dann spricht man vom **offenen Kopplungsgeschäft,** bei dem die Abgabe der Nebenware von dem Erwerb der Hauptware nicht abhängig ist, so daß der Zugabe-Charakter begriffsnotwendig entfällt.

[17] Aber auch das **verdeckte Kopplungsgeschäft** muß zugaberechtlich nicht unzulässig sein, sondern ist es nur dann, wenn durch Kopplung der Artikel und durch ihren Gesamtpreis die Zugabe verschleiert werden soll (BGH GRUR 62 S. 415 „Glockenpackung"), was nur von Fall zu Fall unter Berücksichtigung aller Umstände entschieden werden kann. Maßgebend wird die Relation des Gesamtpreises zum

Wert der Hauptware sein. Entsprechen sie sich beide in etwa, wird in der Regel eine verschleierte Zugabe vorliegen, weil solchenfalls die Nebenware unentgeltlich abgegeben wird; entspricht der Gesamtpreis aber dem Gesamtwert von Haupt- und Nebenleistung, wird der Vorwurf einer verschleierten, unzulässigen Zugabe wegen Entgeltlichkeit entfallen (BGH „Glockenpackung"). Bemerkenswert ist, daß für die Beurteilung dessen nicht die Verkehrsauffassung maßgebend sein soll; auch wenn sie irrtümlich annimmt (s. aber Anm. 18), die Nebenware als unentgeltliche Zugabe zu empfangen, entscheiden die objektiven Umstände (BGH wie zuvor sowie GRUR 67 S. 530 „Fahrschule"), was freilich nichts mit der Maßgeblichkeit der Verkehrsauffassung für die Frage zu tun hat, was Haupt- und was Nebenware (-leistung) ist (o. Anm. 4). Entscheidend ist sonach, ob der Verkäufer einen sach- und wertgemäß kalkulierten Gesamtpreis fordert (gl. A. B.-Hefermehl S. 1210; Hoth-Gloy S. 188). Unter dieser Voraussetzung kann auch eine Verpackung mit **Zweitbenutzungszweck** zulässig sein.

[18] Das zugaberechtlich irrelevante Kopplungsgeschäft kann wettbewerbsrechtlich unzulässig sein, wenn die Gefahr der Irreführung des Verkehrs besteht; hierzu vgl. Erläuterungen zu § 3 UWG.

IV. Ausnahmen vom Zugabeverbot, Abs. 2

[19] Die Vorschrift läßt eine Reihe von Ausnahmen vom grundsätzlichen Zugabeverbot zu, um diese aber wiederum mit ihrem Abs. 3 einzuschränken (s. u. Anm. 20). Die Ausnahmen sind zwar erschöpfend aufgezählt, weshalb nur eine enge Auslegung ihrer Tatbestände (BGH GRUR 57 S. 40 „Puppenservice"); und von der Literatur (Hoth-Gloy S. 205, Klauer-Seydel Anm. 71, Reimer-v. Gamm S. 537, Reimer-Krieger S. 44, Junckerstorff NJW 54 S. 904) für möglich gehalten wird, was jedoch nicht richtig erscheint, weil die enge **Auslegung** wegen des strafrechtlichen Charakters gerade für die gegenteiligen Verbotstatbestände zu gelten hat, so daß die Grundgedanken, die den Gesetzgeber zur Schaffung der Ausnahmetatbestände geführt haben, die Verbotsnormen des Abs. 1 auch insoweit aushöhlen, als sie in den stipulierten Ausnahmetatbeständen einen wörtlichen Ausdruck nicht gefunden haben (nicht so weitgehend B.-Hefermehl S. 1214, der die analoge Anwendung der Ausnahmevorschriften zumindest nicht grundsätzlich ausschließt, und Tetzner S. 38 mit ähnlichem Ergebnis).

[20] Die Zulässigkeit der Ausnahmen **als echte Einschränkung setzt voraus** (Abs. 3), daß die zuzugebenden Zuwendungen nicht als unentgeltliche bezeichnet werden, oder daß auch nicht in sonstiger Weise der Eindruck der Unentgeltlichkeit erweckt wird; auch darf die Zuwendung nicht von dem Ergebnis einer Verlosung oder von einem anderen Zufall abhängig gemacht werden.

a) Das Verbot der **Unentgeltlichkeits-, Gratis-, Geschenk-** usw. **Bezeichnung** beruht auf dem Gedanken, der das Motiv des Gesetzgebers für die Verordnung überhaupt war, daß der Zugabegegenstand wegen seiner Abhängigkeit vom entgeltlichen Hauptgeschäft nie unentgeltlich ist, weil sein Gegenwert im geforderten Preis für die Hauptware einkalkuliert zu sein pflegt, weshalb die Bezeichnung seiner Unentgeltlichkeit als unwahre Werbeangabe schon gemäß §§ 3, 4 UWG irreführend und unzulässig ist. Freilich ist der Eindruck der Unentgeltlichkeit angesichts dessen nicht zu vermeiden, daß der Ausdruck Zugabe beim Anbieten, Ankündigen und Gewähren verwandt werden darf (allg. Meinung) und daß dem Ausdruck in der täglichen Umgangssprache die Unentgeltlichkeit begrifflich anhaftet; aber insoweit ist die Verkehrsauffassung nicht maßgebend (vgl. BGH GRUR 67 S. 530 „Fahrschule"). Deshalb können nur solche auf die Unentgeltlichkeit hinweisenden Angaben unzulässig sein, die einen ohnehin gegebenen Eindruck der Unentgeltlichkeit verstärken und durch diese Verstärkung den Kaufentschluß beeinflussen, zumal die Verstärkung des Unentgeltlichkeitseindrucks häufig auch die Vorstellung erzeugt, daß der Zugabeartikel nicht mehr nur von geringem Wert ist.

In diesem Sinne werden **beispielsweise** für unzulässig etwa folgende zusätzliche Angaben gehalten: „Geschenk", „Belohnung", „Prämie" (obwohl Prämie im österreichischen Deutsch dasselbe wie „Zugabe" bedeutet), „Gratiszugabe", „kostenlos", „umsonst", „geschenkt" usw. Auch durch ganze Sätze und durch Vermittlung von Gedanken-Assoziationen „Abgabe zu Portoselbstkosten", „Wertreklame ist Sparmaßnahme" u. dgl. kann die Unentgeltlichkeit unzulässig betont werden.

b) Die Ausnahmen vom Zugabeverbot gelten ferner bei **Zufallszugaben** nicht, unter denen solche zu verstehen sind, die von dem Hauptgeschäft abhängig, dem Käufer durch einen seinem Einfluß entzogenen Kausalverlauf zufallen. Sie sind immer unzulässig. Fehlt es an der Abhängigkeit vom Hauptgeschäft, kann das Verhalten des Wettbewerbers als sittenwidrige Ausnutzung der Spielleidenschaft, als unzulässiges Anreißen u. dgl. § 1 UWG verletzen.

[21] Reklamegegenstände von geringem Wert gehören zu den Ausnahmen zugelassener Zugabeartikel, sofern sie ihren Charakter als Reklamegegenstand dauerhaft beibehalten.

a) Das setzt voraus, daß die sie als Reklamegegenstände kennzeichnenden Merkmale **deutlich sichtbar** angebracht (OLG Hamburg WRP 62 S. 414), **und als solche erkennbar** sind (OLG Düsseldorf WRP 66 S. 218), wodurch der Wert des Gegenstandes zum geringen Wert reduziert wird; das wiederum bedeutet, daß durch die **Dauerhaftigkeit** der deutlich angebrachten Reklame auch ein etwaiger Gebrauchsgegenstand zum Reklamegegenstand wird (Hoth-Gloy S. 211) und ein solcher auch bleibt. Die Reklamemerkmale dürfen nicht ohne besondere Schwierigkeiten entfernt werden können, um dauerhaft zu sein (BGH GRUR 57 S. 40 „Puppenservice").

b) Die **Reklamemerkmale** müssen auf das Unternehmen hinweisen, mit dem als Eigenhändler, Kommissionär, Makler, Dienstleistender usw. das Hauptgeschäft abgeschlossen wird oder dessen Waren oder Leistungen Gegenstand des Hauptgeschäfts sind; auch Händler, Makler usw. dürfen Reklame mit Zugabeartikeln i. S. dieser Ausnahmevorschrift für ihr Unternehmen treiben (allg. M.; für viele: B.-Hefermehl S. 1215; Hoth-Gloy S. 211). Die das Unternehmen kennzeichnenden Reklamemerkmale brauchen nicht den vollen Firmennamen zu enthalten. Auch Firmenabkürzungen, -schlagworte, sogar Geschäftsabzeichen sind zulässig, sofern sie nur genügend deutlich auf das werbende Unternehmen hinweisen (BGH a.a.O. „Puppenservice"). Unter der Voraussetzung solcher eindeutiger Kennzeichnungsfunktion können die Reklamemerkmale auch ein Warenzeichen oder eine Ausstattung sein (allg. M. wie zuvor).

c) Wichtigste Voraussetzung für die Zulässigkeit der Zugabe von Reklameartikeln ist „ihr **geringer Wert**", was etwas anderes als „geringwertige Kleinigkeit" (s. Anm. 22) ist; doch gelten für seine Feststellung freilich die gleichen Grundsätze (BGH wie zuvor), d. h. es ist der **absolute Wert** maßgebend (BGH GRUR 54 S. 174 „Kunststoff-Figuren"), der dem **Verkehrswert** entspricht, den der Zugabeartikel für den Empfänger hat (BGH 64 S. 509 „Wagenwaschplatz"). Doch ist auf den Herstellungswert oder die Beschaffungskosten abzustellen (OLG Hamm WRP 74 S. 47). Auch hat der **Werbe-** und **Beeinflussungseffekt** außer Betracht zu bleiben (a. A. OLG Hamm, wie zuvor). Da die Erziehung solcher Effekte der Sinn jeder Werbung, auch der Werbung mit zulässigen Zugaben ist, erscheint das unrichtig. Eine Überspannung des Begriffs der Geringwertigkeit läuft auf eine Ausmerzung solcher Werbemaßnahmen hinaus, was contra legem wäre; eine effektlose Werbung wird kein vernünftiger Kaufmann unter Kostenaufwand unternehmen.

Eine Relation des Wertes des Zugabeartikels zur Hauptware wird von der Rspr. und h. L. zu Recht abgelehnt. Da aber die Verkehrsauffassung wie überall im Wettbewerbsrecht auch hier nicht unbeachtlich ist, muß insofern eine gewisse Relativität des Geringswertigkeits-Begriffs angenommen werden, als eine Rolle spielt, wem der Zugabeartikel angeboten, gewährt usw. wird. Zutreffend weist B.-Hefermehl (S. 1218) daraufhin, daß die Zugabe an den Händler anders zu beurteilen sei, als jene an den Letztverbraucher, da bei ersterem eine weit geringere Gefahr unsachlicher Beeinflussung besteht (ebenso Tetzner S. 43; ablehnend offenbar Hoth-Gloy S. 113/114).

Auch das **Affektionsinteresse** beeinflußt den Wert, der bei mit Reklame beschrifteten Zugabeartikeln wieder reduziert werden kann. Zutreffend fordern deshalb Hoth-Gloy (S. 215) die Berücksichtigung nicht nur des vielleicht positiven Gebrauchswertes, sondern auch den für den Empfänger empfundenen negativen Wert des Gegenstandes, Reklameträger zu sein. Jeder Fall liegt anders, und immer sind die Einzelumstände jedes konkreten Sachverhaltes zu berücksichtigen. Zu beachten ist generell, daß Gegenstände von „geringem Wert" nicht wertlos sind und daß **Reklamegegenstände auch ohne Erfüllung der Voraussetzungen zu lit. a) und b) dann zuzulassen sind, wenn sie sowieso nur „geringwertige Kleinigkeiten" darstellen.**

[22] Kleinigkeiten sind Zugabegegenstände (Waren oder Leistungen) dann, wenn sie wirtschaftlich und gegenständlich jederman belanglos erscheinen und nicht sonderlich geachtet werden (BGH GRUR 64 S. 509 „Wagenwaschplatz"). Sie brauchen aber nicht ohne eigenen Verkehrswert zu sein, wie Reimer-v. Gamm (S. 541) und Reimer-Krieger (S. 48) meinen, was sich daraus ergibt, daß nach dem Reg. Entwurf ursprünglich nur die Zulassung von Zugaben „ohne eigenen Verkehrswert" vorgesehen war, um sodann aber „geringwertige Kleinigkeiten" zuzulassen (gl. A. B.-Hefermehl S. 1216; Hoth-Gloy S. 219; zutreffend weisen Hoth-Gloy auch darauf hin, daß völlige Wertlosigkeit den zuzuwendenden Gegenstand jeglicher zugabeıechtlichen Beurteilung entzöge).

Für den Begriff der Geringwertigkeit gelten im übrigen dieselben Grundsätze, wie für den Begriff des geringen Wertes bei Reklamegegenständen, weshalb auf Anm. 22c oben verwiesen werden kann mit der Maßgabe, daß es bei zugegebenen Kleinigkeiten ohne Reklamemerkmale wegen solcher naturgemäß keinen Wertabschlag gibt, weshalb die „Kleinigkeit" von der Anlage des Artikels her geringwertiger sein muß, als der Reklameartikel vor Anbringung der Reklamemerkmale.

[23] Beispiele für zulässige Zugabeartikel: Zigarettenbilder (BGH GRUR 57 S. 378 „Bilderschecks"), Luftballons mit Reklamebeschriftung, Kleinstpackung eines Haarwaschmittels im Wert von 25 Pfennig (OLG Hamm BB 63 S. 112), Zündholzhefte mit Reklamebeschriftung (K.G. BB 62 S. 786), Puppengeschirr mit Reklame (BGH GRUR 57 S. 40), Kunststoff-Figuren im Wert von 2—20 Pfennig (BGH GRUR 57 S. 380 „II").

Beispiele für unzulässige Zugabeartikel: Trinkgläser mit Reklamebeschriftung an Gastwirte (Der W. 51 Nr. 101), Rollfilm (Der W. 49 Nr. 2), Kaffeebeutel im Wert von 20 Pfennig bei Kauf von 1 Pfund Kaffee (OLG Hamburg WRP 59 S. 118), ebenso ein Plastik-Becher in gleichem Wert bei gleicher Gelegenheit (OLG Hamburg WRP 62 S. 414), gepreßte Kunstharzeinzelteile die gesammelt zu einer Eisenbahn im Wert von DM 1,25 zusammengebaut werden können (BGH GRUR 54 S. 174 „Kunststoff-Figuren I"), Überlassung eines „Wagenwaschplatzes" inklusive Wasser u. Gerätschaft zur Selbstbedienung (BGH GRUR 64 S. 509), leihweise Überlassung eines „Cognac-Portionierers" als Verkaufshilfe für den Gastwirt im Werte von DM 60,— bei Kauf von 3 Magnum-Cognac-Flaschen (BGH GRUR 72 S. 611).

[24] Die **Geldzugabe des Abs. 2 lit. b** ist in Wahrheit ein Rabatt und deshalb auf den Verkehr mit dem Letztverbraucher nicht anwendbar, da für diesen das Rabattgesetz als die jüngere gesetzliche Regelung allein maßgebend ist (RGZ 154

S. 28), wenn man von der Klarstellung absieht, daß Rabatte auch in der letzten Wirtschaftsstufe zugaberechtlich unbedenklich sind (allg. M.; für viele: Reimer-v. Gamm S. 542).

Die Vorschrift ist sonach nur auf den Verkehr zwischen dem Hersteller und den Händlern sowie zwischen den Händlern untereinander anzuwenden. In diesen Wirtschaftsstufen (auf die das Rabattgesetz nicht anwendbar ist) ist jeder Rabatt in beliebiger Höhe erlaubt, wenn er sich nur leicht errechnen läßt, sei es durch Abzug eines fest bestimmten Betrages, sei es durch eine Prozent-, Promille- oder Bruchteilsrechnung. Auch ein vereinbarter Umsatzbonus mit bzw. und Gutschriftsverpflichtungen fallen unter die zugelassene Ausnahme von lit. b, solange nicht gegen Abs. 3 (s. o. Anm. 20) verstoßen wird. **Gutscheine** jedoch, die nicht auf Geld, sondern auf Leistung oder Lieferung anderer Waren als der mit dem Hauptgeschäft bezogenen lauten, sind keine Rabatte; auf sie ist diese Ausnahme-Regelung nicht anwendbar (allg. M.; für viele: Reimer-v. Gamm a. a. O). Bei ihnen kommt es stets darauf an, welchen Anspruch sie verbriefen; lauten sie auf einen Geldbetrag kommt lit. b zum Zuge, verbriefen sie einen Anspruch auf Lieferung der Hauptware lit. c.

[25] **Der Mengenrabatt** ist kongruent zur Geldzugabe zu verstehen. Dem Letztverbraucher kann er nur gewährt werden, sofern er kein Verstoß gegen das Rabattgesetz ist (vgl. dort Erläuterungen zu § 7), das als die jüngere gesetzliche Regelung den Verkehr mit dem Letztverbraucher insoweit ausschließlich regelt. Im Verkehr zwischen Hersteller und Händlern bzw. zwischen letzteren untereinander ist der Mengenrabatt quantitätsmäßig unbeschränkt zulässig, sofern er nur bestimmt oder auf eine bestimmte Art errechenbar ist. Die zusätzlich gelieferte Ware muß von absolut identischer Gattung und Qualität der Hauptware sein (all. M.; für viele: Hoth-Gloy S. 227). Ähnlichkeit genügt nicht und auch Abwandlungen der Warensorte (z. B. bei Kaffee, Tee, Stoffen usw.) sind unzulässig; freilich wird man bei Einräumung eines Mengenrabattes oder bei „Zugabe gleicher Ware" (wie der Gesetzgeber sagt) den Begriff der gleichen Ware dann weniger engherzig auslegen können, wenn der Zugabeempfänger Händler ist, bei dem präzise Fachkenntnisse unterstellt und Irreführungen deshalb ausgeschlossen werden können. Zudem wird der Mengenrabatt zwischen Händlern oder zwischen Hersteller und solchen wohl nie eine Nebenleistung sondern in der Regel wesentlicher Vertragsbestandteil sein, so daß ihnen der Zugabecharakter fehlt. Denn was durch einen vereinbarten Preis als abgegolten und vertraglich geschuldet angesehen wird, ist keine Zugabe (BGH GRUR 69 S. 299 „Probierpaket").

Nicht gedacht hat der Gesetzgeber daran, daß **bei Leistungen** die Zugabe auch in gleichen Leistungen bestehen kann. Auf sie ist die Ausnahmevorschrift des lit. c analog anzuwenden. Daß die Ausnahme nur auf Werklieferungsverträge zutreffe (weil bei ihnen immerhin eine „Ware" produziert wird), ist nicht einzusehen. Auch eine Mietzeit bei beweglichen und unbeweglichen Sachen, Fahrkilometer eines Mietauto- oder Fuhrunternehmers, Vorspielstunden eines Orchesters, Arbeitsumsatz eines Verleihers von Zeitpersonal usw. müssen unbeschränkt zugegeben werden können, zumindest wenn die Zugabe nicht dem Letztverbraucher gewährt wird. Warum aber nicht auch ihm? Als handelsübliche Nebenleistungen im Sinne des lit. d werden sie nicht, zumindest nicht immer sanktioniert werden können.

[26] Zubehör und Nebenleistung sind als Zugabe nicht zu beanstanden, wenn sie **handelsüblich** sind. **Handelsüblichkeit** dürfte sich vom **Handelsbrauch** darin unterscheiden, daß auf Leistungen nach letzterem gemäß gewohnheitsrechtlicher Vertragsauslegung ein rechtlich fundierter Anspruch besteht, so daß sie dieserhalb (vgl. BGH a.a.O. „Probierpaket") nie „Zugaben" sein können (gl. A. B.-Hefermehl S. 1223; ähnlich Hoth-Gloy S. 233), während handelsübliche Leistungen vom Verkäufer nicht geschuldet werden; sie dürfen und werden nur nach der Handelsübung zusätzlich (eben als Zugabe) freiwillig erbracht. Was handelsüblich ist, entscheidet — wie stets — die Verkehrsauffassung, die geographisch (OLG Celle GRUR 67 S. 149) und auch branchenmäßig unterschiedlich sein kann. Mit dieser nicht zu übersehenden Betonung auf die Abhängigkeit von der Verkehrsauffassung ist noch heute nach h. L. und Rspr. handelsüblich, was **sich nach allgemeiner Auffassung der (jeweils) beteiligten Verkehrskreise im Rahmen vernünftiger kaufmännischer Gepflogenheiten hält** (BGH GRUR 68 S. 53 „Probetube", 69 S. 299 „Probierpaket"). Handelsüblich kann auch Neuartiges und muß nicht eine bereits geltende Gewohnheit sein (BGH „Probierpaket"), solange die Nebenleistung nur wirtschaftlich einer vernünftigen Auffassung der beteiligten Verkehrskreise entspricht und natürlich den guten Sitten und Grundgedanken der ZugVO nicht zuwiderläuft (ähnlich Hoth-Gloy S. 234; Reimer-v. Gamm S. 544). Als Indiz hierfür können ähnliche Gepflogenheiten in artmäßig vergleichbaren Fällen herangezogen werden, auf deren Linie sich die konkret zu beurteilende Zugabe-Leistung (-Ware) bewegt (BGH GRUR 64 S. 509 „Wagenwaschplatz"; a.a.O. „Probierpaket"). keinesfalls dürfen die **Entwicklungsmöglichkeiten** wettbewerbskonformen Verhaltens durch engherzige Auslegung der VO beschnitten werden (gl. A. Hoth-Gloy S. 234). Steht der Zugabeartikel oder -gegenstand zu der Hauptware (-leistung) in keinem sachlich-logischen Zusammenhang, oder ist er gar ein branchenfremder Artikel, so daß ihm die Eigenschaft einer engen wirtschaftlichen oder funktionellen Zweckbindung an den Hauptgegenstand fehlt, was u.a. auch das Erfordernis der Branchengleichheit bedeutet — wie Hoth-Gloy S. 235 zutreffend bemerken — liegt eine Handelsüblichkeit grundsätzlich nicht vor (gl. A. Reimer-v. Gamm S. 544). Daraus folgt, daß die in Form eines handelsüblichen Zubehörs oder einer handelsüblichen Nebenleistung erbrachte Zugabe nach Auffassung der angesprochenen Verkehrskreise nicht als selbständiger Gegenstand erscheinen und als solcher auch nicht angeboten, angekündigt oder gewährt werden darf.

Die obige von Literatur und Rechtssprechung entwickelte Begriffsdefinition der Handelsüblichkeit schließt endlich denkgesetzlich aus, daß **Unwirtschaftliches** handelsüblich sein kann (gl. A. Hoth-Gloy S. 236).

[27] **Die allgemeine Begriffsdefinition des Zubehörs** gibt § 97 BGB, der es als bewegliche Sachen kennzeichnet, die, ohne Bestandteil der Hauptsache zu sein, dem wirtschaftlichen Zweck der Hauptsache zu dienen bestimmt sind und zu ihr in einem dem entsprechenden räumlichen Verhältnis stehen; doch sie ist für das zugaberechtlich handelsübliche Zubehör denkgesetzlich deshalb nicht maßgeblich, weil letzteres nach der Verkehrsauffassung eine gewisse sachliche und wirtschaftliche Eigenständigkeit haben muß, um überhaupt Zugabe-Artikel sein zu können, die der Zubehörbegriff des § 97 BGB nicht zu haben braucht. Denn sobald der Verkehr den Zubehörgegenstand als Bestandteil einer Sachgesamtheit auffaßt, ist er Bestandteil einer vertraglich geschuldeten Leistung, als welcher er begrifflich nicht Zugabe sein kann. Da eine Zugabe begrifflich auch dann ausscheidet, wenn für Haupt- und Nebenware (-leistung bzw. -Zubehör) erkennbar ein Gesamtpreis gefordert wird, ein Zubehör wiederum dann nicht denkbar ist, wenn es Sach-, Funktions- und Leistungswert einer Hauptware mitbestimmt, so daß es zum Bestandteil derselben wird (gl. A. Hoth-Gloy S. 231), ist der Spielraum für die Anerkennung zugaberechtlich zuzulassender Zubehörartikel bzw. -leistungen praktisch auf das Minimum von geringwertigen Beigaben bzw. Aufmerksamkeiten reduziert, **für die aber die wirtschaftliche Zweckverbundenheit mit der Hauptware (-leistung) das charakteristische Merkmal ist** (BGH GRUR 68 S. 53 „Probetube"); trotz begriffsnotwendiger Eigenständigkeit, darf der Zugabeartikel also keine selbständige Ware sondern muß von einer der Hauptware untergeordneten Zweckbestimmung sein, wenn er zugaberechtliches Zubehör sein soll.

[28] Sonach kommt die Ausnahmevorschrift vom Zugabeverbot gemäß Abs. 2 lit. d für handelsübliches Zubehör praktisch nur bei der **Verpackung** vor, die handelsüblich ist, wenn sie ihren Verpackungszweck nicht verfehlt und solange dieser nach der Verkehrsauffassung unbestritten im Vordergrund steht. Das schließt nicht aus, daß die Verpackung die Eignung haben darf, einer **Zweitnutzung** zugeführt zu werden (allg. Meinung; für viele: B.-Hefermehl S. 1224; Hoth-Gloy S. 239; Reimer-v. Gamm S. 544), sofern sich der für sie getriebene Aufwand noch in dem vom Verpackungszweck bestimmten wirtschaftlichen Rahmen hält (BGH GRUR 69 S. 299 „Probierpaket"; Literatur: wie zuvor). Sobald sich ein für die Verpackung gemachter wirtschaftlicher Mehraufwand objektiv darauf erstreckt, daß sie einer Zweitnutzung zugeführt werden kann, wird sie zum nicht mehr handelsüblichen Zubehör bzw. zur unzulässigen Zugabe (ähnlich Hoth-Gloy a. a. O.). Auf die objektiven Maßstäbe und nicht auf die Verkehrsauffassung kommt es hierbei an, weil es nicht der Sinn der V.O. ist, Weiterentwicklungen i.S. von Leistungssteigerungen zu hemmen (BGH GRUR 58 S. 455 „Federkernmatratzen") — vgl. auch Anm. 26. Wer es z.B. verstünde, ohne Kostenmehraufwand Kaffee, Tee usw. in einer neuartigen Verpackung anzubieten, die sich z.B. als Botanisiertrommel oder dgl. in Zweitnutzung verwenden läßt, muß das unbeanstandet tun und damit auch werben dürfen, weil nicht einzusehen ist, daß sich in

Fällen nur handelsüblichen Aufwands die etwaige Zweitnutzungsmöglichkeit auf die Branche der einstigen Hauptware zu beschränken hat (a. A. z. Zt. noch die **h. L.:** B.-Hefermehl S. 1224; Hoth-Gloy S. 240; Klauer-Seydel Anm. 108 zu § 1; Reimer-v. Gamm S. 544; Reimer-Krieger Anm. 23 zu § 1; ähnlich wie hier nur: LG Hamburg WRP 69 S. 246, Schönherr, Festschrift für Hefermehl S. 170).

Da es nach hiesiger Auffassung nur auf die Handelsüblichkeit des Kostenaufwands ankommt — auch nur unter diesem Gesichtspunkt ist das Zugabeverbot vom Reichstag erlassen worden —, wäre die Wiedergabe von Beispielen aus der Rechtssprechung nichtssagend. Mit Rücksicht auf die h. L. und Rechtssprechung sind aber für den Praktiker folgende Beispiele von der Rechtssprechung für zulässig und unzulässig befundener Einzelfälle zu bringen: **Für zulässig** werden gehalten: Gewürzdosen als Verpackung für verschiedene Kaffeesorten in einem „Probierpaket" (BGH GRUR 69 S. 299), Verpackungen für Kaffee, Tee, Kekse, Tabak in luftdichten Plastik- und Blechdosen (OLG Hamburg WRP 56 S. 142; BB 63 S. 664), Pappkoffer als Verpackung für 36 Flaschen Kölnisch-Wasser für Zwischenhändler (LG Köln GRUR 56 S. 424); **für unzulässig** dagegen: Einweckgläser als Verpackung für Suppenwürfel (LG Köln GRUR 54 S. 213), Kunststoffkanister für Backaroma (OLG Celle GRUR 61 S. 96), Kaffee in Schmuckdosen, wenn ihr Aufwand nicht dem Verpackungs- sondern überwiegend dem Geschenkzweck dient (OLG Hamburg GRUR 64 S. 513).

[29] Für **handelsübliche Nebenleistungen** gilt das soeben zu Anm. 26f. Gesagte entsprechend; sonach hat man es mit solchen bei allem zu tun, was sich nach allgemeiner Auffassung der beteiligten Verkehrskreise im Rahmen wirtschaftlich vernünftiger kaufmännischer Gepflogenheiten als eine zusätzliche Leistung darstellt, die aber zu der Hauptleistung oder -ware — eben als Zugabe — in einem inneren Bedingungs- und Zweckzusammenhang zu stehen hat (BGH GRUR 64 S. 509 „Wagenwaschplatz"). Bestehen letztere nicht, ist zunächst nach dem Vertragsinhalt Gesetz und Handelsbrauch zu prüfen, ob ein Anspruch auf die Nebenleistung besteht; bejahendenfalls ist sie zugaberechtlicher Beurteilung entzogen, und erst verneinendenfalls kommt es auf die Handelsüblichkeit an (allg. M.; für viele: Hoth-Gloy S. 243). Der landläufige Begriff des allgemeinen Verkehrs vom Dienst am Kunden, der mit einem Hauptgeschäft in Zusammenhang steht, kommt der handelsüblichen Nebenleistung am nächsten. Auch für ihn gilt, daß die VO keine Behinderung der Fortentwicklung bringen darf (BGH GRUR 58 S. 455 „Federkernmatratzen"), so daß — scheinbar widersinnig — auch neuartige Nebenleistungen handelsüblich sein können (allg. M.).

[30] **Beispiele: Keinen** Zugabecharakter hatte die kostenlose „Kundeneinzelbeförderung" zum Verkaufsgeschäft, weil wegen zugesagter unentgeltlicher Rückbeförderung auch bei Nichtkauf der Bedingungszusammenhang entfällt (BGH GRUR 72 S. 603; ebenso nicht die unentgeltliche Erstellung von ausschreibungsreifen Planunterlagen, wenn Unentgeltlichkeit im Falle der Auftragserteilung zugesagt wird, weil keine Neben- sondern selbständige Hauptleistung vorliegt (OLG Düsseldorf GRUR 73 S. 87); auch Parkplätze können unbedenklich unentgeltlich zur Verfügung gestellt werden, wenn sie das Betreten des Geschäfts erst möglich machen, weil dies — abgesehen von der Handelsüblichkeit — nicht von dem nur erwarteten und nicht zur Bedingung gestellten Kauf abhängig gemacht wird. Bezahlte Parkgebühren dürfen unter diesem Gesichtspunkt auch erstattet werden (BGH GRUR 71 S. 322 „Lichdi-Center"). Ebenso ist zugaberechtlich nicht zu beanstanden die Einräumung von Teilzahlungsbedingungen ohne die üblichen Kreditkosten, weil begrifflich keine Zugabe vorliegt (BGH GRUR 59 S. 329 „Teilzahlungskauf").

Unzulässig dagegen: Die Finanzierung und Vermittlung der Regulierung aller Unfallschäden durch ein Mietwagenunternehmen (OLG Frankfurt WRP 70 S. 72), die kostenlose Überlassung von einem „Wagenwaschplatz" (BGH GRUR 64 S. 509), das unentgeltliche Anlegen einer Antenne nach Kauf einesFernseh- oder Rundfunkgerätes nebst Antenne (LG Fulda DW 65 S. 30), kostenlose Änderungen von Konfektionskleidung außer Geringfügigkeiten (OLG Celle GRUR 67 S. 149). **Vor nur engherzig-ängstlicher Zulassung handelsüblicher Nebenleistungen ist zu warnen, weil sie dem Leistungswettbewerb entgegenwirkt.** So wie der Großbetrieb der Allgemeinheit mit seinen rationellen Produktionsstätten durch billigste Preise, wegen seiner hohen Lohnzahlungen ihr aber faktisch nicht durch speziell zuzugebende Dienstleistungen zu nutzen vermag, weil er nicht darauf eingerichtet ist, muß die Konkurrenzfähigkeit der Mittel- und Kleinbetriebe zugunsten der Allgemeinheit wiederum dadurch erhalten bleiben, daß ihnen die Chance gegeben wird, sich durch besonders aufmerksamen Dienst am Kunden der Vernichtungsgefahr durch kapitalstarke Konkurrenten zu erwehren. Unter diesem Gesichtspunkt ist der Begriff der Handelsüblichkeit von Zugabe-Nebenleistungen von der Frage abhängig, wer sie gewährt und insofern also relativ.

[31] Die unentgeltliche Zugabe von **Kundenzeitschriften im Sinne des Abs. 2 lit. e,** die als Werbemittel des Verteilers auf dem Titelblatt gekennzeichnet sind, ist als Ausnahme vom grundsätzlichen Verbot gleichfalls zugelassen. Sie dürfen nur an den Letztverbraucher unentgeltlich abgegeben werden, nicht an Wiederverkäufer. Werden sie unterschiedslos an Käufer und Nichtkäufer abgegeben, entfällt die Akzessorietät (Begriff Anm. 5) zum Hauptgeschäft und deshalb auch der Zugabecharakter (BGH GRUR 54 S. 167 „Kundenzeitschrift"). Soweit ihre unentgeltliche Verteilung auf diese Weise nicht wettbewerbswidrig wird (vgl. Anm. 207 zu § 1 UWG), ist sie unbeschränkt zulässig.

a) Ob eine Kundenzeitschrift vorliegt, bestimmt die sich nach ihrem **Gesamteindruck** richtende Verkehrsauffassung (BGH wie zuvor). Auf die Unterscheidbarkeit von käuflich erhältlichen Illustrierten kommt es dabei nicht an, und es dürfen sogar Aufgaben der Zeitschriften-Presse erfüllt werden (BGH GRUR 67 S. 665

„Fernsehprogramm“; 66 S. 338 „Drogisten-Illustrierte“). **Der unterhaltende Teil** darf auch überwiegen, wenn der Werbecharakter der Zeitschrift dadurch nicht verloren geht (BGH GRUR a.a.O. „Kundenzeitschrift“), was bei rein unterhaltendem Inhalt durch besonders stark betonte werbemäßige Aufmachung des Titelblattes verhütet werden kann (BGH a.a.O. „Fernsehprogramm“, wonach zugaberechtlich noch nicht einmal eine Eignung relevant ist, käuflich erhältliche Illustrierten vom Markt zu verdrängen — vgl. aber Anm. 207 zu § 1 UWG; a.A. Hoth-Gloy S. 249; Ulmer-Reimer S. 824f.).

b) **Aus einem Aufdruck auf der Titelseite muß der Werbezweck** für die zugaberechtliche Zulässigkeit der Kundenzeitschrift erkennbar und der werbende Einzelhändler namentlich genannt sein. Doch ist nicht nötig, daß jedes Exemplar mit dem Namen des Werbenden bedruckt ist, wenn auf der Titelseite für den Aufdruck desselben ein genügend großer Raum freigehalten wird (BGH GRUR 67 S. 665 „Fernsehprogramm“). Ob der so zu schaffende Gesamteindruck die Kundenzeitschrift als solche erscheinen läßt, hängt vom Einzelfall ab und wird nicht von dem ersten flüchtigen Anblick, sondern von den Lesern als den angesprochenen Verkehrskreisen bestimmt (BGH wie zuvor). Dabei spielt auch die Unentgeltlichkeit eine den Gesamteindruck beeinflussende Rolle (BGH GRUR 66 S. 338 „Drogisten-Illustrierte“).

c) Sind die Begriffsmerkmale einer Kundenzeitschrift nicht gegeben, kann ihre kostenlose Verteilung als Zugabe gemäß Abs. 2 lit. a dennoch zulässig sein, wenn sie nach den dortigen Voraussetzungen von geringem Wert (Anm. 21c) bzw. eine geringwertige Kleinigkeit (Anm. 22) ist. Soll sie als Zugabe nach Lit. e zulässig sein, muß sie in ihren **Herstellungskosten geringwertig** sein, zu denen alle Kosten zu zählen sind, also auch Honorare und Redaktionskosten (allg. M.; für viele: Hoth-Gloy S. 252). Abzustellen ist auf das Einzelexemplar im Verhältnis zu den Gesamtherstellungskosten und nicht auf den Preis, den der werbende Einzelhändler dem Verleger oder einem Zwischenhändler für die Zeitschrift zu zahlen hat. Eine Geringwertigkeit wird nicht gefordert.

[32] Auskünfte und Ratschläge (Abs. 2 lit. f) dürfen zugegeben werden, wenn sie sich auf die Hauptware (-leistung) beziehen; sonst sollen sie nach h.L. von dem Zugabeverbot des Abs. 1 erfaßt werden (B.-Hefermehl S. 1231; Klauer-Seydel S. 54; Reimer-v. Gamm S. 549; Reimer-Krieger S. 72). Das kann aber deshalb nicht richtig sein, weil solche Auskünfte in der Regel keine Zugaben sind. Denn wer eine Nähmaschine verkauft, muß deren Funktion erklären, wenn das notwendig ist, damit er einen Käufer findet, sei es, daß er das unverbindlich vorher tut, womit der Zugabecharakter schon entfiele, sei es, daß er das vor Abschluß des Hauptgeschäfts nur verspricht, um es sodann später zu tun. Gebrauchsanweisungen sind keine Zugaben, sondern Nebenleistungen (a. A. B.-Hefermehl S. 1231; Reimer-v. Gamm S. 549). Überhaupt werden auf die Hauptware (-leistung) bezogene Auskünfte und Ratschläge immer Nebenverpflichtungen sein, die vertraglich, auch unter dem

Gesichtspunkt der Aufklärungspflicht gemäß § 242 BGB und nach Handelsbrauch, geschuldet werden. Zutreffend weisen Hoth-Gloy (S. 255) auch darauf hin, daß eine enge Auslegung der Vorschrift, wie die h. L. sie fordert, angesichts ihres klaren, auf keine Beschränkungen hinweisenden Wortlauts und insbesondere deshalb auch wegen ihres Strafrechtscharakters unzulässig ist. Die Richtigkeit der mit Hoth-Gloy hier vertretenen Auffassung ergibt sich auch aus der amtlichen Gesetzeserläuterung, wonach die Ausnahme für Auskünfte und Ratschläge vom Zugabeverbot durch das Zeitungsgewerbe veranlaßt war, das solche häufig kostenlos ohne Bezug auf die Hauptware (-leistung) erteilt. Wer ein Fahrzeug oder eine Maschine kauft, hat allerdings keinen Anspruch auf *regulären Unterricht* zur Handhabung des Gegenstandes. Die zugaberechtliche Zulässigkeit sanktioniert nicht Verstöße gegen andere Gesetze, z. B. gegen das Rechtsberatungsmißbrauchsgesetz (v. 13. 12. 1935 RGBl. I 1478), wonach die Erteilung von Rechtsauskünften behördlicher Genehmigung bedarf (BGH GRUR 57 S. 226 „Sprechsaal").

[33] Der Ausnahmefall der **Bezieherversicherung** (lit. g) liegt vor, wenn zugunsten der unmittelbaren oder mittelbaren Bezieher einer Zeitung oder Zeitschrift der Versicherungsvertrag abgeschlossen wird. Unmittelbarer bzw. mittelbarer Bezieher ist, wer eine Zeitung oder Zeitschrift abonniert hat bzw. sie als Mitglied eines Lesezirkels dauerhaft bezieht (allg. Meinung; a. A. nur Klauer-Seydel S. 55, die Mitglieder von Lesezirkeln nicht dazuzählen). Bezieher ist nicht, wer Zeitung oder Zeitschrift außerhalb einer Dauerabnahmeverpflichtung einzeln kauft, und zwar auch dann nicht, wenn er jede Ausgabe kauft.

Die Versicherungen müssen mit solchen Unternehmen abgeschlossen werden, die der **Kontrolle des Bundesaufsichtsamts** für Privat-Versicherungen und Bausparkassen unterstehen.

[34] Zu Sondervorschriften außerhalb der ZugVO vgl. Hoth-Gloy S. 264 ff.

[Unterlassungsanspruch; Schadensersatz; Verjährung]

§ 2

(1) Wer den Vorschriften des § 1 zuwiderhandelt, kann von jedem, der Waren oder Leistungen gleicher oder verwandter Art wie die Haupt- oder Zugabeware oder Haupt- oder Zugabeleistung herstellt oder in den geschäftlichen Verkehr bringt, sowie von Verbänden zur Förderung gewerblicher Interessen, soweit sie als solche in bürgerlichen Rechtsstreitigkeiten klagen können, auf Unterlassung in Anspruch genommen werden. Ist die Zuwiderhandlung im Geschäftsbetriebe von einem Angestellten oder Beauftragten vorgenommen worden, so ist der Unterlassungsanspruch auch gegen den Inhaber des Betriebes begründet.

(2) Wer vorsätzlich oder fahrlässig gegen die Vorschriften des § 1 verstößt, ist zum Ersatze des durch die Zuwiderhandlung entstehenden Schadens verpflichtet.

(3) Ansprüche, die wegen der Gewährung von Zugaben auf Grund anderer Vorschriften, insbesondere des Gesetzes gegen den unlauteren Wettbewerb, begründet sind, bleiben unberührt.

(4) Die in den Absätzen 1, 2 bezeichneten Ansprüche auf Unterlassung oder Schadensersatz verjähren in sechs Monaten von dem Zeitpunkt an, in welchem der Anspruchsberechtigte von der Handlung und von der Person des Verpflichteten Kenntnis erlangt, ohne Rücksicht auf diese Kenntnis in drei Jahren von der Begehung der Handlung an. Für die Ansprüche auf Schadensersatz beginnt der Lauf der Verjährung nicht vor dem Zeitpunkt, in welchem der Schaden entstanden ist.

[1] **Allgemeines.** Die Vorschrift ist eine Nachbildung des § 13 UWG und eine Wiederholung der Verjährungsvorschrift des § 21 UWG. Freilich ist die Aktivlegitimation für Verbraucherverbände bei Verstößen gegen die VO nicht geschaffen worden, wie sie in § 13 Abs. 1 a UWG vorgesehen ist. Zu den Themen der Aktivlegitimation und der Verjährung vgl. im übrigen daher die dortigen Erläuterungen. Zu den Unterlassungs- und Schadensersatzansprüchen vgl. Anm. 238ff. bzw. 260ff. zu § 1 UWG.

[2] Durch einen Verstoß gegen die ZugVO wird die Rechtsgültigkeit des Hauptgeschäfts nicht berührt (allg. M.; für viele: Hoth-Gloy S. 84), weil nicht mit ihm, sondern nur mit der unzulässigen Zugabe gegen ein gesetzliches Verbot verstoßen wird. Auch mit § 139 BGB läßt sich eine Nichtigkeit des Hauptgeschäfts nicht begründen, weil der Verkäufer das Hauptgeschäft auch ohne die Zugabe immer getätigt hätte, und weil dei Erwerber vor diese Frage nicht gestellt wird, da sich das gesetzliche Verbot nicht gegen ihn als Erwerber, sondern nur gegen den Geber richtet. Deshalb kann die bereits gewährte Zugabe auch nicht mehr zurückgefordert werden, ebensowenig ein bereits ausgezahlter Gewinn aus unzulässigen Preisausschreiben oder Verlosungen (gl. A. B.-Hefermehl S. 1236; Reimer-v. Gamm S. 555).

[Strafvorschriften; Antragsdelikt

§ 3

(1) Wer vorsätzlich den Vorschriften des § 1 zuwiderhandelt, wird, sofern die Tat nicht nach anderen Vorschriften mit schwererer Strafe bedroht ist, mit Geldstrafe bestraft.

(2) Die Strafverfolgung tritt nur auf Antrag ein. Das Recht, den Strafantrag zu stellen, hat selbständig jeder der im § 2 Abs. 1 bezeichneten Gewerbetreibenden und Verbände. Die Zurücknahme des Antrags ist zulässig.

[1] Die Vorschrift hat nur **subsidiäre Bedeutung** und kommt bei gleichzeitiger Verletzung anderer Strafvorschriften (§ 4 UWG täuschende Werbung, § 286 StGB verbotene Ausspielung, § 263 StGB Betrug), die mit einer schwereren Strafe bedroht sind, nicht zur Anwendung (allg. M.; für viele: B.-Hefermehl S. 1237; Hoth-Gloy S. 285; Reimer-Krieger S. 118).

[2] Die Tat muß **vorsätzlich** begangen sein, wobei dolus eventualis ausreicht. Der Vorsatz hat sich auf das Anbieten, Ankündigen und Gewähren der Ware oder Leistung als unerlaubte Zugabe zu erstrecken. Hielt der Täter die Zugabe für erlaubt, liegt allenfalls Fahrlässigkeit vor, was zur Straffreiheit führt. Weist er jedoch nicht nach, sorgfältig geprüft zu haben, wird von einem dolus eventualis ausgegangen werden können. Irrtum über den Wert der Zugabe oder über die Herstellungskosten der Kundenzeitschrift schließt den Vorsatz aus.

[3] Die Tat ist ein **Vergehen.** Die Geldstrafe beträgt 5 bis 10000 DM, bei Gewinnsucht bis zu 100000 DM; im Falle der Uneinbringlichkeit tritt ersatzweise Haftstrafe bis höchstens 6 Wochen ein. Die Strafverfolgung tritt nur auf Antrag einer in § 2 bezeichneten Klageberechtigten oder der Staatsanwaltschaft ein; die Antragsrücknahme ist nach Verurteilung des Täters in 1. Instanz nicht mehr möglich, wohl aber noch im Falle des Freispruchs. Die Strafverfolgung des Täters verjährt in drei Jahren.

[Privatklage]

§ 4

Vergehen gegen § 3 können im Wege der Privatklage verfolgt werden. Die allgemeinen Vorschriften über die Privatklage finden Anwendung.

Klageberechtigt sind die in § 2 bezeichneten Verletzten und Verbände, auch Mitbewerber nur verwandter Branchen (gl. A. B.-Hefermehl S. 1238; Hoth-Gloy S. 287). Bei öffentlichem Interesse ist freilich öffentliche Anklage zu erheben und der Privatklageberechtigte auf die Rolle eines Nebenklägers zu verweisen. Eine Mehrzahl von Nebenklägern — auch Privatklägern — ist denkbar, kann sich aber als rechtsmißbräuchliches Kesseltreiben gegen den Täter erweisen und gegen § 1 UWG verstoßen.

[Inkrafttreten]

§ 5

Die Vorschriften dieses Teiles treten drei Monate nach der Verkündung in Kraft.

Die VO ist seit dem 10. 6. 1932 in Kraft.

RABATTGESETZ

Gesetz über Preisnachlässe

vom 25. November 1933 (RGBl. I S. 1011)
(BGBl. III 43-5-1)

Erster Teil, Preisnachlässe

§ 1

[Preisnachlässe]

(1) Werden im geschäftlichen Verkehr Waren des täglichen Bedarfs im Einzelverkauf an den letzten Verbraucher veräußert oder gewerbliche Leistungen des täglichen Bedarfs für den letzten Verbraucher ausgeführt, so dürfen zu Zwecken des Wettbewerbs Preisnachlässe (Rabatte) nur nach Maßgabe der nachfolgenden Vorschriften angekündigt oder gewährt werden.

(2) Als Preisnachlässe im Sinne dieses Gesetzes gelten Nachlässe von den Preisen, die der Unternehmer ankündigt oder allgemein fordert, oder Sonderpreise, die wegen der Zugehörigkeit zu bestimmten Verbraucherkreisen, Berufen, Vereinen oder Gesellschaften eingeräumt werden.

Übersicht

[1] Das Rabattgesetz ist zum Teil von der ZugVO ausgelöst worden, deren Verboten durch übertriebene Rabattgewährungen ausgewichen wurde. Diese Mißstände galt es zu beseitigen, für die Gleichbehandlung aller Verbraucherkreise zu sorgen und zu verhindern, daß gewisse Gruppen eine Vorzugsbehandlung erhalten (BGH GRUR 73 S. 272 „Fahrschul-Rabatt"). Das Gesetz hat also einen gewerbepolizeilichen sowie Strafcharakter, trägt (n.-s.)-sozialistische Grundgedanken, wie sie auch heute wieder von emotionalen Gefühlen der Mißgunst, des Neides, Klassenhasses und dgl. gesteuert werden und ist auch dieserhalb ebenso wie die strafbedrohten Tatbestände der ZugVO **eng auszulegen** (im Ergebnis gl. A. B.-Hefermehl S. 1243 und offenbar auch Hoth-gloy S. 294f.). Eine Reihe von europäischen Kulturstaaten kennen ein solches Gesetz nicht, wie z.B. Frankreich, Italien, Niederlande, Schweiz, Finnland, Großbritannien u.a. Als jüngere gesetzliche Regelung geht es der ZugVO (BGH GRUR 59 S. 326 „Kaffeeversandhandel") und als Spezialgesetz dem UWG vor (RG GRUR 36 S. 513). Es unterscheidet sich von der ZugVO darin, daß letztere den geschäftlichen Verkehr aller Wirtschaftsstufen sowie Waren und Leistungen aller Art trifft, während das RabG auf den Verkehr mit dem Letztverbraucher beschränkt ist; auch wenn Hersteller und Großhändler Waren und Leistungen des täglichen Bedarfs an den Letztverbraucher im Einzelverkauf abgeben, sind sie ebenso wie der Einzelhändler den Bestimmungen des RabG unterworfen. ZugVO und UWG bleiben daneben anwendbar. Die Existenzberechtigung dieses (n. s.) sozialistischem Gedankengut entsprungenen Gesetzes erscheint auch heute noch zweifelhaft, weil es den Grundsätzen des GWB widerspricht. Denn die nach letzterem unzulässigen Preisabsprachen werden durch das Rabattgesetz in gewissem Maße — in gewissen Grenzen — ersetzt. Dem entgegenzuwirken dürfte die Aufgabe der Rspr. sein.

[2] **Der räumliche Geltungsbereich** des Gesetzes beschränkt sich auf das Gebiet der BRD nebst West-Berlin. Auf Verträge, nach denen die Waren direkt an den Letztverbraucher ins Ausland zu liefern sind, wird nach dem Zweck des Gesetzes seine Anwendbarkeit nicht angenommen (B.-Hefermehl S. 1244, Michel-Weber-Gries Einl. Anm. 10, Reimer-v. Gamm S. 563, Reimer-Krieger S. 120, a.A. Hoth-Gloy S. 297). Unzutreffend deshalb auch OLG Düsseldorf (GRUR Int. S. 164), wonach die Rabattankündigung in einer im Inland vertriebenen Tageszeitung für Verkäufe, die im Ausland zulässig von einem ausländischen Unternehmer getätigt werden, nach deutschem Rabattrecht beanstandet wurden. Ob das Rabattgesetz, an dessen Gültigkeit heute allgemein kein Zweifel mehr besteht, unter rechtsethischen und rechtsphilosophischen Gesichtspunkten eine **Existenzberechtigung** hat, soweit es sich nicht auf die Verhinderung von Irreführungen und Täuschungen des Verkehrs beschränkt, erscheint sehr zweifelhaft, zumal bei Irreführungen sowieso schon mit § 3 UWG Abhilfe geschaffen werden könnte. In den meisten europäischen Ländern ist die Rabattgewährung auch gegenüber dem Letztver-

braucher nicht beschränkt, den man in der Tat um solche Vergünstigungen schon aus sozialen Gründen nicht bringen sollte.

[3] Der **sachliche Geltungsbereich** des Gesetzes beschränkt sich auf den Verkehr mit dem Letztverbraucher allerdings ohne Rücksicht darauf, ob Hersteller, Groß- oder Einzelhändler mit dem Letztverbraucher direkt abschließen (BGH GRUR 58 S. 555 „Elektrogeräte"). Der geschäftliche Verkehr zwischen Herstellern und Händlern untereinander wird von dem Rabattgesetz grundsätzlich nicht berührt (BGH GRUR 58 S. 487 „Antibiotika"). Die Erfüllung des Tatbestandes des § 1 ist Voraussetzung für die Realisierung aller anderen Tatbestände dieses Gesetzes.

Darin liegt die Bedeutung der Vorschrift des § 1. Doch sind Hersteller und Großhändler nicht verpflichtet, an den Letztverbraucher zu Einzelhandelspreisen zu verkaufen. Diese unterbietend, brauchen sie nur ihren Normalpreis zu fordern, um nicht gegen das Rabattgesetz zu verstoßen (BGH GRUR 58 S. 487 „Antibiotica", S. 557 „Direktverkäufe").

[4] **Letztverbraucher** können die Gewerbetreibenden auch selbst sein, wenn sie zu eigenem persönlichen Gebrauch erwerben; insoweit unterliegt ein Geschäft auch mit ihnen den Beschränkungen des Gesetzes (BGH NJW 74 S. 460 „Großhandelshaus"; GRUR 69 S. 362 „Rabatt für branchenfremde Wiederverkäufer"; 68 S. 595 „Wiederverkäufer"). Das entscheidende Kriterium für den Begriff des Letztverbrauchers ist, ob bei dem Erwerber der gewerbsmäßige Umsatz mit der Ware abgeschlossen ist, und zwar auch bei Erwerb von Ware in etwa unverarbeitetem Zustand. Letztverbraucher ist auch der Hauswirt, der Heizmaterial zur Erfüllung seiner Vertragspflicht der Beheizung der Mietwohnungen einkauft (ebenso Hoth-Gloy. Reimer-v. Gamm a. a. O.), nicht aber der Taxi- oder Fuhrunternehmer hinsichtlich des Einkaufs von Treibstoff, weil mit ihm ein weiteres Umsatzgeschäft getätigt wird; aus demselben Grund ebenso nicht der Mietwagenunternehmer hinsichtlich des Wagenkaufs, wenn er den Wagen an Selbstfahrer vermietet (a. A. B.-Hefermehl S. 1253; Hoth-Gloy S. 315), wohl aber wenn er selbst fährt, da er dann nicht mit dem Wagen, sondern mit seiner Dienstleistung Umsätze tätigt. Wer die Ware weiterverarbeiten und sodann gewerbsmäßig weitervertreiben will, ist nicht Letztverbraucher, nicht also der Gärtner, der Samen zur Pflanzung und deren weiteren Vertrieb erwirbt (OLG Düsseldorf GRUR 61 S. 370), auch nicht der Bäcker beim Kauf des Mehls für sein Backwerk (Bielefeld WRP 58 S. 30), dagegen sehr wohl aber die Hausfrau, die ihr zu Backwerk verarbeitetes Mehl nicht mehr gewerbsmäßig umsetzt, auch wenn sie das Backwerk hergestellt hat, um es als Geschenk oder dgl. weiterzugeben. Auch wer im eigenen oder fremden Namen für Rechnung eines Dritten erwirbt, bei dem weitere Umsätze mit dem zu erwerbenden Gegenstand enden sollen, ist Letztverbraucher. Ebenso, wer eine Ware kauft, um sie zu verschenken (BGH GRUR 68 S. 595 „Wiederverkäufer"). Nichts anderes gilt für Vereine, Warenbezugs- oder Einkaufsgemeinschaften, die auf eigene Rechnung kaufen, wenn ihre Mitglieder ihren Bezug sodann nur nachträglich bezahlen und ihrerseits die endlichen Letztverbraucher sind. **Sonach ist Letztverbraucher, wer eine Ware ohne die Absicht einer gewerbsmäßigen Weiterveräußerung bzw. -verarbeitung erwirbt** (ähnlich B.-Hefermehl S. 1252; Hoth-Gloy S. 313; Michel-Weber-Gries S. 55; Reimer-v. Gamm S. 564; Reimer-Krieger S. 138).

[5] Die vom Gesetz behandelten Tatbestände müssen sich **im geschäftlichen Verkehr** und zu **Wettbewerbszwecken** ereignen. Ohne diese Tatbestandsmerkmale kann gegen das Gesetz nicht verstoßen werden. Beide Begriffe stimmen mit den gleichbenannten Begriffen des UWG überein, weshalb auf die dortigen Erläuterungen (Anm. 9 und 4 zu § 1 UWG) verwiesen werden kann.

[6] **Im Einzelverkauf** braucht nicht nur über den Einzelhandel erworben zu werden; mit diesem Tatbestandselement bringt der Gesetzgeber zum Ausdruck, daß das Gesetz auch Geschäfte erfaßt, die von Verkäufern anderer Wirtschaftsstufen und von Repräsentanten anderer Vertriebssysteme mit dem Letztverbraucher abgeschlossen werden, z.B. Versandhandel, Direktverkäufe durch Vertreter-Organisationen usw. (allg. M.; für viele: B.-Hefermehl S. 1250; Hoth-Gloy S. 318; Tetzner S. 43). Darüber hinaus bedeutet die Kennzeichnung der Geschäfte als solche des „Einzelverkaufs" eine weitere Einengung des Anwendungsbereichs des Gesetzes. Es müssen nicht nur Geschäfte mit dem Letztverbraucher sein, sondern sie müssen auch denen des Einzelhandels entsprechen (gl. A. Hoth-Gloy S. 319; Tetzner S. 43; OLG Düsseldorf GRUR 69 S. 227; a.A. B.-Hefermehl S. 1250; Michel-Weber-Gries S. 43, die aber übersehen, daß bei Großeinkäufen von Letztverbrauchern z.B. von Einkaufsgemeinschaften, so wie sie Händler bei gleich großen Einkäufen genießen, das Verbot der Rabattgewährung keine innere Rechtfertigung hat, und daß das Gesetz wegen seines Strafcharakters eng auszulegen ist, angesichts seiner ausdrücklichen Beschränkung auf Geschäfte „im Einzelhandel" jedenfalls nicht extensiv). Zutreffend weisen Hoth-Gloy (a.a.O.) darauf hin, daß auch nach der amtlichen Gesetzesbegründung nur solche Umsatzgeschäfte dem Gesetz vernünftigerweise unterworfen werden können, die in ihrer Ausführung den Bedingungen des Einzelhandels entsprechen, und nur solche, bei denen sich die Preisnachlässe wettbewerblich ebenso auswirken, wie bei echten Einzelhandelsgeschäften. Auch **Sukzessivlieferungen, Dauerleistungen im Kontokorrentverhältnis** oder im Rahmen eines Abonnements an den Letztverbraucher können im „Einzelverkauf" geschehen (BGH GRUR 69 S. 227 „WAZ").

[7] Der sachliche Anwendungsbereich des Gesetzes beschränkt sich ferner auf Geschäfte mit Waren oder gewerblichen Leistungen **des täglichen Bedarfs,** unter welchen man solche versteht, **an denen bei der Bevölkerung jederzeit ein Bedarf entstehen kann** (allg. M.; für viele: B.-Hefermehl S. 1247; Hoth-Gloy S. 304; Reimer-v. Gamm S. 574). Darüber, was dazu konkret zu rechnen ist, besteht in der Literatur

keine Einigkeit. Überwiegend wird angenommen, daß der „tägliche Bedarf" über den täglichen Lebensbedarf und hauswirtschaftlichen Verbrauch hinausgeht; auch braucht der Bedarf für die Lebensführung nicht für erforderlich gehalten zu werden (BGH GRUR 71 S. 516 „Brockhaus-Enzyklopädie"), so daß dazu auch gezählt wird, wessen nur begüterte Kreise bedürfen (B.-Hefermehl, Hoth-Gloy, Reimer-v. Gamm a. a. O.), nicht aber wiederum Austern, Kaviar und auserlesene ausländische Liqueure (so Reimer-v. Gamm a. a. O.), wobei nicht zu verstehen ist, wo hier eine logische Grenze soll gezogen werden können. Daß Gebrauchsgegenstände wie Kleidung, Bücher, Möbel (BGH GRUR 67 S. 433 „Schrankwand"; 64 S. 274 „Möbelrabatt") dazu zu zählen sind, ist einleuchtend, weil nicht das ganze Jahr über ein Anschaffungsbedarf zu bestehen braucht. Abzustellen ist aber nicht nur auf die Bedürfnisse des normalen Durchschnittsverbrauchers, sondern auch auf das immer wiederkehrende Ver- und Gebrauchsbedürfnis. Es ist deshalb stets zu prüfen, **ob nach der Verkehrsauffassung des Durchschnitts der Bevölkerung eine Ware oder gewerbliche Leistung nach Verbrauch bzw. Inanspruchnahme bei Aufrechterhaltung des Lebensstandards in ähnlicher Art und Weise normalerweise wieder bezogen wird.** Mit Rücksicht auf die strafrechtliche Notwendigkeit engster Auslegung des Gesetzes sind Waren und gewerbliche Leistungen im Zweifelsfall nicht solche des täglichen Bedarfs.

Dazu gehören nach der Rspr. u. a.:

Bücher (BGH GRUR 71 S. 264 „Brockhaus Enzyklopädie"), Möbel (BGH GRUR 70 S. 563 „Beiderseitige Rabattverstöße"), Radio- und Fernsehgeräte (BGH GRUR 64 S. 88 „Verona-Gerät"), optische Geräte (BGH GRUR 63 S. 438 „Fotoapparat"), Lebens- und Arzneimittel (BGH GRUR 61 S. 367 „Schlepper"), Lederwaren (BGH GRUR 60 S. 495 „WIR-Rabatt"), Kaffee (GRUR 59 S. 326 „Kaffeeversandhandel").

Für gewerbliche Leistungen des täglichen Bedarfs gelten die gleichen Maßstäbe; zu ihnen zählen handwerkliche Leistungen aller Art, Leistungen von Beherbergungs- und Restaurant-Betrieben, Reisebüros (OLG Stuttgart BB 60 S. 1359), Privatschulen wie insbesondere Fahrschulen (BGH GRUR 73 S. 272 „Fahrschulrabatt") sowie ärztliche, nicht aber auch rechtliche Betreuung bzw. Beratung (a. A. B.-Hefermehl S. 1249, der auch die ärztliche nicht dazu rechnen will und Hoth-Gloy, die wiederum nicht nur ärztliche sondern sogar rechtliche Betreuung zu den Leistungen des täglichen Bedarfs zählen).

[8] Die **Gegenleistung muß in Geld** erbracht werden. Auf unentgeltliche und auf Tauschgeschäfte findet das Gesetz denknotwendig keine Anwendung (BGH GRUR 65 S. 489 „Kleenex"). Freilich können auch gebrauchte Gegenstände, wie das hauptsächlich beim Handel mit Autos und technischen Geräten üblich ist, in Zahlung gegeben werden. In solchen Fällen sind Rabattverstöße zwar selten nachweisbar, doch durch Überbewertung des in Zahlung gegebenen Gegenstandes sehr wohl denkbar (BGH GRUR 60 S. 558

„Eintritt in Kundenbestellung“). Grundsätzlich bildet der zu zahlende Geldbetrag den für die Ware oder gewerbliche Leistung zu erbringenden sog. Preis, auf den die Nachlässe durch Gewährung von Rabatten oder Sonderpreisen gegeben werden. **Er ist der allgemein geforderte und angekündigte Normalpreis.** Ob er als solcher auch wirklich angekündigt bzw. gefordert wird, richtet sich nach der Auffassung der mit der Ankündigung oder dem Preisangebot angesprochenen Verkehrskreise (Letztverbraucher — BGH GRUR 58 S. 555 „Elektrogeräte I“; 61 S. 367 „Schlepper“). Der auf einer Verpackung aufgedruckte Preis wird immer als der geforderte Normalpreis verstanden, auch wenn er nur der vom Hersteller angebrachte empfohlene Richtpreis ist und der Händler zu einem anderen Preis verkaufen will (BGH GRUR 63 S. 306 „Verona-Gerät“, sowie a.a.O. „Elektrogerät I“). Verkauft der Händler ohne Beseitigung des aufgedruckten Preises zu seinem niedrigeren — vermeintlich normalen — Preis, kündigt er einen Rabatt an bzw. gewährt er einen solchen (BGH wie zuvor).

[9] Der Unternehmer kann auch **zwei und mehr Normalpreise** haben, z.B. Werktags-, Abend- und Wochenendeintrittspreise eines Theaters, Gesamtpreis für eine Bücherreihe und Einzelpreis oder Subscriptionspreis eines in Erscheinung begriffenen Werkes (BGH GRUR 71 S. 516 „Brockhaus-Enzyklopädie“). Entscheidend ist nur, daß er sie erkennbar jedermann gewährt. Zulässig muß auch sein, statt einer unzulässigen Preisermäßigung für Schüler und Studenten (BGH GRUR 73 S. 272 „Fahrschulrabatt“) diesen niedrigeren Preis als Normalpreis anzukündigen und zu fordern, bei älteren Fahrschülern eine Risiko-Prämie als wirtschaftlich kalkulierten zweiten Normalpreis aufzuschlagen. Ebenso sind bei unterschiedlicher Beschaffenheit der Ware mehrere Normalpreise zulässig, wenn sie unmißverständlich jedermann unterschiedslos angeboten werden (BGH GRUR 67 S. 433 „Schrankwand“), z.B. ein herabgesetzter Preis für Vorführgeräte, für Gegenstände zweiter Wahl, oder bei gewerblichen Leistungen: niedrigere Preise für **Lehrlings oder Gesellenarbeiten** usw. Ebenso können mehrere Normalpreise bei **unterschiedlichen Mengenabnahmen** von Waren oder Leistungen angekündigt und gefordert werden; z.B. für ein paar Damenstrümpfe DM 1,95 und für drei miteinander packungsmäßig verbundene Paare DM 3,90 (OLG München WRP 69 S. 391) oder für 120g Kaffee DM 1,50 und für 1 kg DM 11,— (OLG Hamm WRP 60 S. 284). Die Verwendung des Ausdrucks „Rabatt“ ist in allen diesen Fällen als irreführend unzulässig (gl. A. B.-Hefermehl S. 1264; a.A. Hoth-Gloy S. 349; Tetzner S. 62).

[10] Das Verbot von **Preisnachlässen** bedeutet nicht das Verbot einer allgemeinen **Preissenkung,** die keine Rabattgewährung ist, wenn sie nur allgemeingültig ist und für jedermann gilt, womit der Zweck des Gesetzes bereits erreicht ist, die Gleichbehandlung aller Verbraucherkreise zu sichern (BGH GRUR 73 S. 272 „Fahrschul-Rabatt“). Das Recht des Unternehmers zur freien Preisgestaltung wird von dem Rabattgesetz nicht angetastet (BGH GRUR 67 S. 433 „Schrankwand“; 61

S. 367 „Schlepper"). Die Preissenkung darf als solche auch bezeichnet und angekündigt werden, auch wenn sie nur für einen bestimmten Zeitabschnitt gilt, was zulässig ist — z. B. bei Werktagspreisen für Eintritt in Veranstaltungen, Subscriptionspreisen der Verlage (BGH GRUR 71 S. 516 „Brockhaus-Enzyklopädie"). In letzteren Fällen hat der Unternehmer zulässigerweise eben zwei Normalpreise. Da aber schon das *Ankündigen* von Rabatten nach diesem Gesetz unzulässig ist, auch wenn die Rabatte in Wirklichkeit nicht gewährt werden, verstößt gegen das Verbot schon, **wer mit seiner Ankündigung einer Preisherabsetzung fälschlich den Eindruck einer Rabattgewährung erweckt** (allg. M.; für viele; BGH GRUR 61 S. 367 „Schlepper"; B.-Hefermehl S. 1259; Hoth-Gloy S. 331; Reimer-v. Gamm S. 566). Ob er sich dabei des Wortes Rabatt bedient, spielt keine Rolle (BGH GRUR 64 S. 274 „Möbelrabatt"), entscheidend ist die Auffassung, die sich bei den angesprochenen Verkehrskreisen (Letztverbraucher) durch den Gesamteindruck der Ankündigung bildet (BGH GRUR 66 S. 382 „Jubiläum"; 67 S. 433 „Schrankwand"). Da die Auffassung der Angesprochenen entscheidet, kommt es nicht darauf an, wie der Werbende verstanden werden wollte oder geglaubt hat, verstanden zu werden (BGH wie zuvor).

Sonach ist jede Ankündigung einer Preissenkung eine Rabattankündigung, die nicht unmißverständlich als allgemeingültige Preissenkung zu verstehen ist, sofern nicht zulässige Sonderpreise in Betracht kommen, die aber als solche mit gleicher Klarheit zu kennzeichnen sind. Solange die Ankündigung aber unmißverständlich ist, darf die Preissenkung auch in Prozentsätzen ausgedrückt werden (gl. A. Hoth-Gloy S. 334; B.-Hefermehl S. 1259; Tetzner S. 61; a. A. OLG Karlsruhe NJW 59 S. 1974; OLG Celle BB 64 S. 16, die aber durch BGH GRUR 66 S. 382 „Jubiläum; überholt sein dürften, wo die Ankündigung „bis zu 20% im Preise herabgesetzt" für zulässig gehalten wurde).

Die Verwendung des Wortes „Nachlaß" für Preissenkungen weist immer auf Rabatt-Gewährung hin und ist demzufolge unzulässig, weil hieraus auf weitere Gültigkeit des alten Normalpreises geschlossen wird; erst recht gilt das für die Verwendung des Wortes „Saison"- oder „Winterrabatt" (BGH GRUR 61 S. 367; „Schlepper"; B.-Hefermehl S. 1259; Hoth-Gloy S. 335). Letztlich stellt der Unternehmer mit seiner eigenen Ankündigung selbst das Netz her, indem er sich verfängt (BGH GRUR 58 S. 487 „Antibiotika").

[11] Rabatte sind zum Unterschied von allgemeingültigen Preissenkungen, soweit keine Sonderpreise vorliegen, **Nachlässe von dem vom Unternehmer angekündigten und/oder allgemein geforderten Normalpreis** (BGH a. a. O. „Jubiläum"; GRUR 69 S. 326 „Kaffeeversandhandel"), also der Differenzbetrag zwischen dem Normalpreis und dem geforderten niedrigeren Nettobetrag (BGH GRUR 61 S. 367 „Schlepper"), so daß für den Rabatt die Existenz zweier sich gegenüberstehender Preise vorauszusetzen ist, d. h. die Existenz des Normalpreises und die des niedrigeren Ausnahmepreises. Der herabgesetzte Preis ist dem Letztverbraucher aber (s.o.) unmißverständlich erkennbar zu machen (BGH GRUR 66 S. 382 „Jubiläuum"; 67 S. 433 „Schrankwand"), wie im Zweifelsfall jeder reduzierte Preis einen Preisnachlaß i.S. des Gesetzes enthält. Das gilt auch bei grundsätzlich zulässiger Gegenüberstellung vom neuen Normalpreis zu dem alten, wenn letzterer z.B. nicht eindeutig durchgestrichen und dadurch nicht der Eindruck einer allgemeinen Preissenkung, sondern eines Preisnachlasses erweckt wird (BGH a.a.O. „Jubiläum"). Preisnachlaß kann auch die Einräumung eines Skontos sein, wenn er nicht handelsüblich oder überhöht ist (gl. A. Hoth-Gloy S. 344).

[12] Die empfohlenen **Richt-, Listen-, Katalog-** u. dgl. **Preise** werden in der Regel vom Hersteller und nicht vom Einzelhändler bestimmt. Wirbt dieser mit einem konkreten Prozentsatz, mit dem er unter diesen Preisen bleibt, kann das zulässig sein, wenn die Ankündigung unmißverständlich ist, z.B. **„20% unter dem empfohlenen Richtpreis"** (BGH GRUR 65 S. 96), weil der Verkehr den sonach zu berechnenden Preis für den Normalpreis des Händlers hält; doch kann das bei unklarer Druckanordnung auch als Ankündigung eines Preisnachlasses verstanden werden. Z.B. durch besonderes blickfangmäßiges Herausstellen des Prozentsatzes, durch Fortlassen des Wortes „empfohlen" bei der Verwendung der Ausdrücke „Listen-" oder „Katalog-Preis" u. dgl.; denn diese Ausdrücke sind mehrdeutig und irreführend (BGH wie zuvor). Ist aber diese Art von Preisen gar ziffernmäßig an den Einzelstücken ausgezeichnet, halten die angesprochenen Verkehrskreise sie ohne Rücksicht auf etwaige zusätzliche Hinweise, daß sie unverbindliche Richt-, Listen- usw. Preise seien, für den Normalpreis (BGH GRUR 69 S. 620 „Auszeichnungspreis").

[13] Alle diese **mehrsinnigen Ankündigungen** bzw. effektiv gewährten Nachlässe sind auch dann rabattrechtlich unzulässig, wenn sie allen Käufern in gleicher Weise eingeräumt werden, so daß der Händler tatsächlich mit einem um einen solchen Nachlaß reduzierten Preis als Normalpreis kalkulieren muß, weil der Letztverbraucher den höheren ausgezeichneten Preis für den Normalpreis hält und getäuscht wird, indem er eine Vorzugsbehandlung seiner Person unrichtig zu erfahren glaubt (gl. A. B.-Hefermehl S. 1259). Insofern ist das Rabattgesetz auch eine Ergänzung zu § 3 UWG. Ebenso geht das Publikum bei einem erkennbar jedermann angekündigten „Rabatt von 10%" irrtümlich von einem sonst höheren Normalpreis aus (BGH GRUR 61 S. 367 „Schlepper"). Wer mit Preisherabsetzungen einen Kaufentschluß des Letztverbrauchers herbeiführen will, muß zwecks Vermeidung eines Rabattverstoßes unmißverständlich erklären, einen neuen niedrigeren Normalpreis festgesetzt zu haben. Doch hat die klarste in diesem Sinn **unmißverständliche Preisgegenüberstellung auch ihre zeitliche Grenze,** weil nach gewisser Weile der neue niedrigere Normalpreis nicht mehr neu und der alte höhere Preis eindrucks- und erinnerungsmäßig nicht mehr wirksam und demzufolge nicht mehr wirklich ist, so daß eine unmittelbare Werbung mit ihm wieder nach § 3 UWG

irreführend sein kann (gl. A. offenbar B.-Hefeımehl S. 1261). Die angemessene Dauer eines solchen Zeitraums wird vom konkreten Einzelfall bestimmt, für den Branchen-Zugehörigkeit, Saison, Kundenkreis, Urlaubszeit und Jahreszeit relevant sind.

[14] Nach seiner amtlichen Begründung ist der Grundgedanke des Gesetzes die Verhinderung unterschiedlicher Behandlung von Käufern und Käufergruppen, wenn man von dem Ausnahmefall des § 9 (s. dort) absieht. Deshalb sind auch **Sonderpreise und -nachlässe** grundsätzlich verboten. Sonderpreise im Sinne des Abs. 2 entstehen durch Nachlässe vom Normalpreis. Sie werden bestimmten Verbrauchergruppen eingeräumt, die sich durch ihre Zugehörigkeit zu bestimmten Berufen, Vereinigungen, Altersstufen usw. auszeichnen. Da das Gesetz eine Diskriminierung von Letztverbrauchern verhindern und eine Gleichbehandlung aller erreichen will, können solche Preise nicht als geforderte Normalpreise von dem Verkehr aufgefaßt werden; denn Normalpreis bleibt in solchen Fällen immer derjenige, den der Unternehmer ohne Berücksichtigung eines Sondertatbestands allgemein fordert (BGH GRUR 58 S. 487 „Antibiotica"). Anderes muß gelten, wenn der Einzelhändler von vornherein nur an einen bestimmten Personenkreis ausschließlich verkauft; dann sind die von ihm geforderten Preise Normalpreise und keine Sonderpreise, auch wenn letztere Bezeichnung in der täglichen Umgangssprache häufig gebraucht wird. Der rabattrechtliche Begriff eines Sonderpreises setzt hingegen voraus, daß der Unternehmer einen zweiten Preis als Normalpreis fordert oder einen solchen durch den Gebrauch des Ausdrucks „Sonderpreis" zu fordern nur vorgibt.

Unzulässige Sonderpreise waren **zum Beispiel:** Niedrigere Fahrschulpreise für Schüler und Studenten (BGH GRUR 73 S. 272 „Fahrschulrabatt"), Einräumung eines zusätzlichen Pıeisnachlasses zum Subscriptionspreis eines Verlagswerks (BGH GRUR 71 S. 516 „Brockhaus-Enzyklopädie"), Verteilung von Geldgutscheinen an Erstbezieher (BGH GRUR 59 S. 326 „Kaffeeversand"). Unzulässig ist auch die Ankündigung verbilligter Erholungsreisen für Mitglieder bestimmter Berufsgruppen (OLG Stuttgart BB 60 S. 1359), oder eines Zeitungsabonnements für Erst- oder Wiederbezieher (OLG Düsseldorf GRUR 69 S. 227). Zweifelsfrei zulässig ist aber der Sonderpreis für den Fall der Selbstbedienung z. B. beim Tanken als zweiter Normalpreis.

[15] Zum Unterschied von unzulässigen (echten) Sonderpreisen gibt es auch sog. **unechte Sonderpreise,** die rabattrechtlich nicht, u. U. jedoch wegen irreführender Angabe (§ 3) UWG) wettbewerbsrechtlich zu beanstanden sind. Beim unechten Sonderpreis liegt der Grund für die Preisermäßigung in der Qualität der Ware oder auch in Kalkulations- oder vielleicht nur in Dispositionsänderungen des Unternehmers. In solchen Fällen ist der Sonderpreis der normal geforderte Preis, sofern er von allen Käufern unterschiedlos gefordert wird.

Wem mehr geboten wird (z.B. durch Bedienung, Haltbarkeitsgarantie u. dgl.), dem darf eine höhere Gegenleistung abgefordert werden, ohne daß deshalb der billigere Normalpreis für die Leistung ohne solche Zusätze zum unzulässigen Sonderpreis wird. Aber die Preisdifferenz muß, wenn der höhere Preis als Normalpreis ausgezeichnet wird, wertmäßig der Nebenleistung entsprechen, wenn kein versteckter Rabatt gewährt werden soll (BGH GRUR 70 S. 563 „Beiderseitige Rabattverstöße“). Anderes dürfte gelten, wenn der niedrigere Preis als Normalpreis ausgezeichnet und für die Nebenleistung ein überhöhter Aufschlag gefordert wird.

[16] Unechte Sonderpreise sind auch die **Ausverkaufs-, Räumungs- und Saisonschlußverkaufspreise** (vgl. Erläuterungen zu §§ 7—9 UWG) oder Sonderpreise bei erlaubten Sonderveranstaltungen; denn sie sind zwar ermäßigte Preise, aber doch Normalpreise, weil sie herabgesetzte Preise sind und unterschiedslos jedermann geboten werden, wenn auch nur für eine bestimmte Zeitdauer. Da das Publikum bei allen diesen Verkaufsveranstaltungen durch geeignete Werbemaßnahmen auf deren Charakter als Aus-, Räumungs- usw. Verkauf allgemein hingewiesen zu werden pflegt, ist es zulässig, die Preisreduzierung durch Prozentangaben auszudrücken. Die Gefahr, daß der Verkehr aus der Angabe von Prozentsätzen auf Rabattgewährungen schließt, besteht hier nicht (BGH GRUR 66 S. 382 „Jubiläum“; B.-Hefermehl S. 1268; Hoth-Gloy S. 347; Tetzner S. 62; a. A. Michel-Weber-Gries S. 33). Da der Kaufmann bei seiner Preisgestaltung grundsätzlich frei ist, darf er seine Preise laufend, sich nach der jeweiligen Nachfrage richtend, ändern. Er darf auch jeweils die Änderungen bekanntgeben und muß nur vermeiden, hierbei den Eindruck einer Rabattgewährung zu erwecken, der z.B. entsteht, wenn ein verbilligter Preis nur bestimmten Käufergruppen eingeräumt wird (BGH GRUR 66 S. 214 „Einführungsangebot“).

[17] Ein rabattrechtlich unzulässiger Preisnachlaß kann auch in einem **Zinsgewinn** liegen, wenn der Kaufpreis ohne Zinsaufschlag gestundet wird (BGH GRUR 59 S. 329 „Teilzahlungskauf“), es sei denn, daß die Abzahlungsraten ohne Zinsen allgemein angekündigt und gefordert werden; denn solchenfalls ist die Zinsfreiheit im Preis kalkuliert. Hieran ändert sich nichts, wenn von Barzahlern derselbe Preis gefordert wird (allg. M.); dem Barzahler einen niedrigeren Preis zu berechnen ist dann zulässig, wenn sich beide Preise unmißverständlich als Normalpreise gegenüberstehen, andernfalls liegt ein Rabattverstoß, u. U. auch ein Verstoß gegen § 3 UWG vor.

Unzulässig wegen Irreführung, „Bei Barzahlung x% Rabatt“, wenn der ausgezeichnete Preis der Abzahlungspreis ist, ebenso die Rabattankündigung bei Vorkasse (B.-Hefermehl a.a.O.; Hoth-Gloy S. 343).

[18] **Provisionen und Werbeprämien** sind nicht Rabatte bzw. unzulässige Preisnachlässe, die jemand seinen Kunden für von diesen vermittelte Verkäufe

zahlt, auch nicht, wenn sie mit den Eigenkäufen des Kunden verrechnet werden, und auch dann nicht, wenn sich bei einer Sammelbestellung die Provision aus der Gesamtbestellung inklusive der vom Kunden für sich selbst bezogenen Ware errechnet (BGH GRUR 63 S. 578 „Sammelbesteller"). Dasselbe gilt zugunsten von Einkaufs-Vereinigungen u. dgl. (BGH GRUR 67 S. 371 „BSW"). Natürlich muß es sich um eine echte und darf es sich nicht um eine Scheinprovision handeln, mit der ein Rabatt verschleiert wird, wenn z. B. eine Mittelsperson vorgeschoben wird, die dem Käufer die Provision nur weitergibt (BGH wie zuvor und GRUR 64 S. 88 „Verona"). Denn Provisionen und Werbeprämien werden für echte Leistungen gezahlt.

[19] Bei **Direktverkäufen** des Herstellers oder Großhändlers kommt es zunächst darauf an, was als Normalpreis der Verkäufer zu gelten hat und ob im Rahmen des sog. „Einzelverkaufs" (s. Anm. 6) abgegeben wird. Wird nicht im Einzelverkauf an den Letztverbraucher abgegeben, findet das Rabattgesetz keine Anwendung (bestritten!), so daß Rabatte gegeben werden können. In jedem Fall kann aber zum Großhandelspreis auch an den Letztverbraucher abgegeben werden, wenn es der Normalpreis ist (BGH GRUR 58 S. 555 „Elektrogeräte"). Anderes gilt freilich, wenn als Normalpreis des Großhändlers oder Herstellers für Letztverbraucher der Einzelhandelspreis zu gelten hat. Das wird gegen das Rabattgesetz verstoßen, wenn mehr als 3% Preisnachlaß gewährt werden (gl. A. B.-Hefermehl S. 1273; Hoth-Gloy S. 340), es sei denn, daß nicht im Einzelverkauf abgegeben wird. Wenn Hersteller oder Großhändler den Letztverbraucherpreis nennen, um mit ihren billigeren Preisen zu werben, wird der Verkehr auf den Letztverbraucherpreis als Normalpreis schließen (BGH a. a. O. „Elektrogeräte"). Auf die Unmißverständlichkeit dessen, was als Normalpreis zu gelten hat, kommt es an.

[20] **Gewähren** ist derselbe Begriff wie in § 12 UWG; vgl. daher die dortige Anm. 7c. **Ankündigen** ist derselbe Begriff wie der gleichlautende des § 4 UWG. Er bedeutet, daß etwas öffentlich bekannt gemacht wird. Da das Rabatt-Angebot einem einzelnen Kunden gegenüber nicht ausdrücklich vom Gesetz erwähnt wird, ist es nicht verboten. Es ist keine Ankündigung eines Rabatts, sondern das Fordern eines niedrigeren Normalpreises gleichbedeutend mit einer Preisherabsetzung (BGH GRUR 67 S. 433 „Schrankwand"; Hoth-Gloy S. 358; Tetzner S. 28; a. A. B.-Hefermehl S. 1274, Michel-Weber-Gries S. 65; Reimer-Krieger S. 141; Ulmer-Reimer S. 839). Die Gegenmeinung übersieht, daß Anbieten und Ankündigen so verschiedene Begriffe sind, daß keiner als Ersatz für den anderen genommen werden kann. Anbieten kann auch als strafloser Versuch der erste Akt des Gewährens sein, aber wer ankündigt, braucht nicht ernsthaft gewähren zu wollen, er kann auch täuschen wollen. Den Grundgedanken des Gesetzes zur Begründung der Gegenmeinung heranzuziehen (so Ulmer-Reimer a. a. O.), ist wegen des Analogieverbots für das Strafrecht nicht möglich (gl. A. Hoth-Gloy S. 359). Freilich löst das alleinige

Anbieten von Rabatten eine Beeinträchtigungsgefahr aus, die eine vorbeugende Unterlassungsklage hinreichend begründet (BGH a.a.O. „Schrankwand").

[21] Das Gesetz sagt nichts über die **Person des Täters.** Ob der verkaufende Unternehmer der Täter sein muß (so st. Rspr.: BGH GRUR 60 S. 495 „WIR-Rabatt"; 67 S. 371 „BSW I"; 68 S. 254 „BSW II", S. 707 „Rheinkaffee"), erscheint fraglich. Wenn der Rabatt von einem Dritten im Auftrag des Verkäufers oder für dessen Rechnung gewährt wird, hält die Rechtssprechung die geforderte Identität von Verkäufer und Rabattgeber bereits für gewahrt, verlangt trotz dieses Erfordernisses aber nicht, daß der Nachlaß auf Kosten des Verkäufers geht (BGH GRUR 63 S. 322 „Mal- u. Zeichenschule"; 67 S. 371 „BSW I"). Hersteller und Großhändler können denkgesetzlich die Preise und Rabatte des Einzelhändlers in eigenem Namen ankündigen, was rabattrechtlich nicht weniger unzulässig ist, als wenn solches vom Einzelhändler selbst geschieht. Auch in seinem Abs. 2 bezeichnet § 1 des Gesetzes denjenigen nicht, der die Nachlässe von den vom Verkäufer angekündigten oder geforderten Normalpreisen gewähren oder ankündigen muß. Demzufolge muß nicht der Verkäufer einen Rabattverstoß begehen, wenn Preisnachlässe für den Letztverbraucher vom Hersteller angekündigt oder wirtschaftlich getragen werden. Wenn Hersteller oder Großhändler an Letztverbraucher Gutscheine oder Ähnliches verteilen, die diese berechtigen, verbilligt einzukaufen, gewähren Hersteller oder Großhändler, nicht aber der Verkäufer den Rabatt, wenn er wirtschaftlich von ihnen zu tragen ist. Dann begehen sie den Rabattverstoß. Freilich ist der Verkäufer je nach Sachlage Gehilfe, Mittäter, Anstifter usw. Wirkt der Verkäufer bei dem Preisnachlaß mit, was der Regelfall sein wird, trifft ihn die volle rabattrechtliche Verantwortung. So z.B. bei Entgegennahme von **Einkaufsschecks** einer Einkaufsorganisation zu 100%, die sie an den Letztverbraucher mit einem Disagio von 5% ausgegeben hat (BGH GRUR 60 S. 495 „WIR-Rabatt"). Ob der Verkäufer den Rabatt auch wirtschaftlich trägt oder ob ihm dieser vom Hersteller abgenommen wird, bleibt gleich, wenn nur irgendwelche rechtliche oder wirtschaftliche Beziehungen zwischen beiden bestehen (BGH GRUR 68 S. 266 „BSW II"; 67 S. 371 „BSW I"). Kein Rabattverstoß ist feststellbar, wenn eine **Einkaufsorganisation** für die Zuführung ihrer Mitglieder als Kunden vom Verkäufer Provisionen erhält, die sie an ihre Mitglieder verteilt (BGH a.a.O. „BSW I"); denn die Vermittlertätigkeit ist eine echte Leistung, die ihren Preis wert ist.

[22] Die Richtigkeit der hier vertretenen These ergibt sich nicht nur aus dem wegen § 2 StGB eng auszulegenden Wortlaut der Vorschrift, sondern auch aus § 13 der 1. DVO des Gesetzes über die ausdrückliche Zulassung der **Treuvergütung, die der Hersteller von in verschlossenen Packungen abzugebenden Markenwaren dadurch gewähren kann, daß er der Ware einen Gutschein beipackt und gegen eine bestimmte Anzahl gesammelter Gutscheine einen Barbetrag auszahlt.** Dieser Zulassung hätte es nicht bedurft, würde der nicht in das Geschäft mit dem Letztverbraucher eingeschaltete Hersteller vom Rabattgesetz sowieso grundsätzlich nicht betroffen sein (Näheres zu § 13 DVO vgl. Anhang zu § 4).

Erster Abschnitt. Barzahlungsnachlässe

[Höchstgrenze]

§ 2

Der Preisnachlaß für Barzahlung (Barzahlungsnachlaß) darf drei vom Hundert des Preises der Ware oder Leistung nicht überschreiten. Er darf nur gewährt werden, wenn die Gegenleistung unverzüglich nach der Lieferung der Ware oder der Bewirkung der gewerblichen Leistung durch Barzahlung oder in einer der Barzahlung gleichkommenden Weise, insbesondere durch Hingabe eines Schecks oder durch Überweisung, erfolgt.

[1] Unter **Barzahlung** ist Geldhingabe zu verstehen. Da das Gesetz auf die Unverzüglichkeit der Bewirkung der Gegenleistung abstellt, sind zulässige Barzahlungssurrogate nur solche, die sofort realisierbar sind. Das Gesetz zählt beispielhaft Schecks und Überweisungen auf, die aber nicht wesentlich vordatiert sein dürfen. Auch Postwertzeichen kommen Barzahlungen gleich, ebenso fällige Wechselakzepte, an deren Bonität kein Zweifel besteht, nicht aber vom Kunden selbst akzeptierte später fällig werdende Wechsel (gl. A. B.-Hefermehl S. 1284; Hoth-Gloy S. 365; Michel-Weber-Gries S. 79; Reimer-v. Gamm S. 578; Tetzner S. 90). Ebenso ist die in Zahlung gegebene Sachleistung Barzahlungssurrogat (allg. M.).

[2] **Unverzüglich** bedeutet ohne schuldhaftes Zögern. In diesem Rahmen ist ganz kurze Stundung erlaubt. Der Grundgedanke ist, daß der Kunde für sofortige Bezahlung des Kaufpreises mit dem Rabatt belohnt wird, so daß die Frist der Unverzüglichkeit kaum einen Ausdehnungsspielraum hat.

[3] Die Rabatthöhe von 3% darf nicht überschritten werden, was teilweise von der Rechtssprechung sehr engherzig angewandt wird, die einen Rabattverstoß schon annimmt, wenn durch Aufrundung von Bruchteilen eines Pfennigs auf einen ganzen Pfennig die Höchstgrenze von 3% überschritten wird (vgl. Hoth-Gloy S. 367; — wie hier: B.-Hefermehl S. 1284). Unzulässig ist, unentgeltlich verteilte Geldgutscheine von DM 1,— bei Einkäufen unter DM 33,33 in Zahlung zu nehmen, ebenso die Ausgabe bereits mit Rabattmarken beklebter Rabattbücher, wenn damit die 3%-Grenze überschritten wird (Bayer. ObLG BB 62 S. 904). Auch bei **Vorauszahlung** soll der Rabatt 3% nicht überschreiten dürfen (B.-Hefermehl, Hoth-Gloy a.a.O.), was nicht richtig erscheint, wenn der Zeitraum zwischen Zahlung und Lieferung beachtlich ist, weil der dem Verkäufer zufallende Zinsgewinn als Leistung des Kunden wie ein **Barzahlungssurrogat** zu bewerten ist (ähnlich LG Düsseldorf WRP 65 S. 116). Ausnahmen von diesem strengen Verbot enthalten § 7 für die Fälle des **Mengenrabatts,** § 9 für dort zugelassene Sondernachlässe, § 13 der 1. DVO für die Fälle der Treuevergütung (s. Anm. 7 zu § 4).

[4] Bei der Abgabe von **Tabakwaren** an den Verbraucher dürfen nach § 17 TabStG. keinerlei Rabatte gegeben werden. Auch sind hier Preissenkungen ausdrücklich verboten, es sei denn, daß ein neuer Preis auf neuem Steuerzeichen vom Hersteller angegeben wird. Unter dem auf dem Steuerzeichen ausgewiesenen Preis darf an den Letztverbraucher nicht abgegeben werden.

Die Zahlung von Vergütungen an Mitglieder einer Genossenschaft nach Maßgabe ihrer Geschäftsanteile ist freilich kein Rabatt (BGH GRUR 65 S. 616 „Eßlinger Wolle"; Hoth-Gloy S. 370). Tabaksteuerrechtlich ist nur der sog. Kistenrabatt bei der Abgabe von Zigarren als eine Art Mengenrabatt zulässig. Auch dürfen Zugaben von geringem Wert und geringfügigen Kleinigkeiten, wie z.B. ein Streichholzheft, zulässig sein (gl. A. Reimer-v.Gamm S. 580; a. A. der M.d.F. MA 53 S. 465).

[5] Innerhalb des Rahmens von 3% bestimmt der Verkäufer nach eigenem Ermessen, welchen Rabattsatz er gewähren will. Einen Rechtsanspruch auf einen solchen hat der Käufer nicht (allg. M.).

[Verrechnungsgeschäft]

§ 3

Werden während eines bestimmten Zeitabschnitts unter Stundung der Gegenleistung Waren geliefert oder Leistungen bewirkt, so kann bei der nach Ablauf des Zeitabschnitts erfolgenden Bezahlung ein Barzahlungsnachlaß gewährt werden, sofern der Zeitabschnitt nicht länger als einen Monat dauert. Die Vorschrift des § 2 gilt entsprechend.

Die Vorschrift durchbricht den Grundsatz, daß Rabatte nur bei unverzüglicher Zahlung gewährt werden dürfen. Gedacht wird an die Einkäufe des Letztverbrauchers, der beim Händler Dauerkunde ist und seine Einkäufe aufschreiben läßt, um zu jedem Monatsultimo zu zahlen. Ihm soll die Chance des Rabattgenusses erhalten bleiben.

Die Dauer der Stundung der Kaufpreise darf aber nicht mehr als einen Monat, gerechnet vom ersten nicht bar bezahlten Einkauf, betragen und muß vorher vereinbart sein.

[Barzahlung oder Gutscheine]

§ 4

(1) Wer einen Barzahlungsnachlaß gewährt, muß den Nachlaßbetrag sofort vom Preise abziehen oder Gutscheine (Sparmarken, Kassenzettel, Zahlungsabschnitte) ausgeben, die in bar einzulösen sind. Der Umsatz an Waren oder Leistungen, von dem die Einlösung der Gutscheine abhängig gemacht wird, darf auf keinen höheren Betrag als fünfzig Deutsche Mark festgesetzt werden.

(2) Gutscheine, die von einer Vereinigung nachlaßgewährender Gewerbetreibender (Rabattsparvereine und dergleichen) eingelöst werden, dürfen nur ausgegeben werden, sofern sich die Vereinigung alljährlich einer unabhängigen Prüfung durch einen sachverständigen Prüfer unterzieht. Die Prüfung muß sich auf die gesamte Geschäftsgebarung der Vereinigung während der Dauer des Geschäftsjahres erstrecken, insbesondere darauf, daß die Einlösung der ausgegebenen Gutscheine gesichert ist. Der Prüfer muß einen schriftlichen Bericht erstatten, den die Vereinigung ihren Mitgliedern zugänglich zu machen hat. Die Vorschrift des Absatzes 1 Satz 2 findet keine Anwendung.

Übersicht

[1] Der Barzahlungsrabatt ist nur in den zwei von § 4 **vorgeschriebenen Formen zulässig**

a) durch Hingabe eines Geldgutscheines, b) durch sofortigen Preisabzug in bar. Jede andere Form des Barrabatts ist unzulässig.

[2] Beim **Gutscheinrabatt** erhält der Kunde den Rabatt erst später bei der Gutscheineinlösung. Der Gutschein muß aber, anders als der sofort durch Preisabzug zu gewährende Rabatt, **nicht sofort** übergeben werden, obwohl das dem Willen des Gesetzgebers nicht entspricht. Der klare Gesetzeswortlaut läßt eine andere Deutung aber nicht zu, so daß wegen des Analogieverbots für Strafgesetze, zu welchen das Rabattgesetz zu zählen ist, nur der vom Gesetzestext wirklich getroffene Tatbestand maßgebend ist (gl. A. Hoth-Gloy S. 379; Reimer-Krieger S. 158; Tetzner S. 99; a. A. B.-Hefermehl S. 1286; Michel-Weber-Gries S. 93; Reimer-v. Gamm S. 587). Sonach kann der Verkäufer die Gutscheinausgabe von der Erreichung eines bestimmten Umsatzes abhängig machen, der freilich wegen des Absatzes 1 Satz 2 nach oben mit DM 50,— begrenzt ist.

[3] Auch die **Gültigkeitsdauer** der Gutscheine hat das Gesetz nicht geregelt, weshalb ihre Festsetzung im Belieben des Verkäufers steht; sie muß nur eine so angemessene Zeit währen, daß der Rabattgenuß nicht unmöglich wird und die Rabattankündigung dieserhalb nicht irreführend ist; solchenfalls kämen Verstöße gegen die §§ 1, 3 UWG in Betracht. Da der Verkäufer gegenüber dem Inhaber des Gutscheins nur die Einwendungen aus § 796 BGB erheben kann, ist eine einseitige Verkürzung der verbrieften Gültigkeitsdauer nicht möglich.

[4] Der **Gesamtumsatz,** von dem die Einläösung des Gutscheins abhängig gemacht wird, darf geringer, nicht aber höher als DM 50,— sein, was angesichts der enormen Geltentwertung seit dieser Grenzziehung überholungsbedürftig erscheint.

Wird die Ausstellung des Gutscheins von dem Einkauf zu einem Mindestbetrag dergestalt abhängig gemacht, daß der Käufer praktisch mehr Umsatz als DM 50,— machen muß, um zum Einlösungsbetrag zu kommen (so werden z. B. nur 5,— DM Gutscheine ausgegeben), liegen eine unzulässige Umgehung des Gesetzes und ein Rabattverstoß vor (allg. M.: B.-Hefermehl S. 1287; Hoth-Gloy S. 380; Michel-Weber-Gries S. 95; Reimer-v. Gamm S. 588).

Ist der Umsatz erreicht, ist der Verkäufer gegen Vorlage der entsprechenden Gutscheine zur sofortigen Bareinlösung verpflichtet.

[5] Unproblematisch ist der **Barrabatt;** er muß **durch sofortigen Preisabzug** bei Zahlung des Kaufpreises durch den Kunden als Letztverbraucher stattfinden. Eine spätere Vergütung ist unzulässig, es sei denn, sie erfolgt auf Grund nachträglich hingegebener Gutscheine (vgl. Anm. 2).

[6] Der **organisierte Preisnachlaß** durch sog. Rabattsparvereine wird von den §§ 1 bis 10 der als Anlage zu § 4 abgedruckten DVO eingehend geregelt. Dem Verein gehören Einzelhändler als Mitglieder an, bei denen die Umsätze getätigt und von denen daher die Preisnachlässe in Form von Gutscheinen gewährt werden, welche aber an ihrer Stelle und auf ihre Rechnung von dem Verein eingelöst werden. Das sich diese Vereine jährlich der unabhängigen Prüfung eines sachverständigen Prüfers zu unterziehen haben, so daß das Risiko der Letztverbraucher hinsichtlich ihrer nicht eingelösten Rabatt-Gutscheine gering erscheint, findet die strenge Vorschrift des Abs. 1 S. 2 hier keine Anwendung; die Umsatzgrenze von DM 50,—, bei deren Erreichen die Gutscheine des Einzelhändlers einzulösen sind, gilt nicht. Es können auch höhere Umsätze gefordert und die Gutscheineinlösung auch von der Bedingung des Ablaufs von Zeitabschnitten abhängig gemacht werden.

[7] Die **Treuevergütung** des § 143 DVO gewähren dem Letztverbraucher nicht die Einzelhändler sondern die Hersteller. Sie ist zulässig für Hersteller von Markenartikeln, welche in verschlossenen Packungen abgegeben werden, denen sie in Form eines Gutscheins beigepackt ist, für den in bestimmter Anzahl gesammelt, ein

Bargeldbetrag ausbezahlt wird. Streitig ist, ob die Vergünstigung des § 13 DVO auch bei Direktverkauf des Herstellers an Letztverbraucher gilt. Der BGH (GRUR 68 S. 707 „Rheinkaffee") verneint das; ebenso Hoth-Gloy S. 382, Michel-Weber-Gries S. 175, Tetzner S. 104, Reimer-v. Gamm S. 590. Da die Vorschrift das den Herstellern eingeräumte Recht auf Gewährung einer Treuevergütung jedoch nicht einschränkt, erscheint diese Auffassung unrichtig und mit dem strafrechtlichen Analogieverbot nicht vereinbar, zumal der Wortlaut der Vorschrift unmißverständlich ist, und auch dieserhalb eine extensive Auslegung scheitern muß. Da § 13 DVO zudem nur eine reglementierende Ordnungsvorschrift ist, die sich nicht zur Aufgabe macht, übergeordnetes Recht im Sinne von Gerechtigkeit nachzuvollziehen, muß hingenommen werden, daß der Gesetzgeber seinen Willen nur teilweise verwirklicht hat (im Ergebnis mit anderer Begründung gl. A.: B.-Hefermehl S. 1280; Reimer-Krieger S. 158; Reimann WRP 57 S. 71; Seydel GRUR 68 S. 708; Böttcher BB 70 S. 688).

a) Markenwaren sind alle Erzeugnisse, die von ihren Herstellern mit einem auf die betriebliche Herkunft hinweisenden Kennzeichnungsmittel versehen sind; das können Firma, Firmenabkürzungen, Geschäftsausstattung, Warenzeichen, Ausstattung u. dgl. sein (BGH GRUR 66 S. 45 „Markenbenzin"). Weder ist erforderlich, daß das Produkt bekannt oder eingeführt ist, noch braucht es unter einem Vertriebs- oder Preisbindungssystem vertrieben zu werden (gl. A. Hoth-Gloy S. 384). Der Gesetzgeber definiert den Begriff nicht.

b) Der Gutschein muß, damit die Treuevergütung zulässig ist, in **verschlossener** — d. h. auch unveränderter, unbeschädigter und nicht schon einmal geöffneter — **Verpackung beigepackt** sein, wonach eine solche Beifügung zu verstehen ist, daß seine Entnahme ohne Beschädigung der Verpackung nicht möglich ist. Er kann auch Bestandteil der Verpackung selbst sein (gl. A. B.-Hefermehl S. 1281; Hoth-Gloy S. 384).

c) Die Vergütung darf sich nach dem unmißverständlichen Wortlaut der Vorschrift **nur in Geld** ausdrücken (BGH GRUR 63 S. 322 „Mal- und Zeichenschule"). Die Berechtigung auf Warenbezug ist unzulässig, auch die Einräumung eines Wahlrechts auf Geld- oder Warenvergütung (BGH wie zuvor), weil der Gutscheininhaber über den Bargeldbetrag völlig frei soll verfügen können. Zulässige Warenrabatte gibt es nur im Rahmen des § 7.

d) Die **Höhe der Vergütung** ist unbegrenzt zulässig und findet ihre Schranken nur nach den §§ 1, 3 UWG. Auch ist der Hersteller bei der Bestimmung der Anzahl der bis zur Einlösbarkeit zu sammelnden Gutscheine frei, aber Gutscheine und mindestens zwei müssen es sein (allg. M. für viel: Hoth-Gloy S. 384/5).

e) Die Treuevergütung hindert den Einzelhändler nicht, auch seinerseits Rabatt zu gewähren, so daß der umworbene Letztverbraucher im Glücksfall Treuevergütung, Barzahlungsnachlaß, Mengenrabatt und vielleicht auch eine zulässige Zugabe bei ein und demselben Einkauf bekommen kann (allg. M. für viele: B.-Hefermehl S. 1282).

ANHANG

Verordnung zur Durchführung des Gesetzes über Preisnachlässe

vom 21. Februar 1934
(RGBl. I S. 120; BGBl. III 60 S. 152)

§ 1

Wird ein Barzahlungsnachlaß durch Ausgabe von Gutscheinen gewährt, so müssen die Gutscheine entweder von dem nachlaßgewährenden Gewerbetreibenden selbst oder von einer Vereinigung im Sinne des § 4 Abs. 2 Satz 1 des Rabattgesetzes eingelöst werden, deren Mitglied der nachlaßgewährende Gewerbetreibende sein muß.

§ 2

(1) Vereinigungen nachlaßgewährender Gewerbetreibender im Sinne des § 4 Abs. 2 des Rabattgesetzes müssen entweder rechtsfähige Vereine oder Genossenschaften im Sinne des Gesetzes über die Erwerbs- und Wirtschaftsgenossenschaften sein, Bei den Vereinen kann die Rechtsfähigkeit entweder auf der Eintragung in das Vereinsregister (§ 21 BGB) oder auf staatlicher Verleihung (§ 22 BGB) beruhen.

(2) Vereinigungen Gewerbetreibender, bei denen die Gewährung von Barzahlungsnachlässen nicht den Hauptzweck bildet, müssen den Geschäftsbetrieb und die Kassenführung für die Gewährung der Barzahlungsnachlässe von dem übrigen Geschäftsbetrieb getrennt halten.

§ 3

Die Vereinigungen haben die aus dem Verkauf der Gutscheine eingehenden Beträge als zweckgebundenes, ihnen zu treuen Händen anvertrautes Vermögen zu verwalten. Sie haben die Beträge zur Einlösung der ausgegebenen Gutscheine bereitzuhalten und zu verwenden. Die Beträge sind bei Sparkassen oder Banken sicher anzulegen; sie dürfen weder langfristig festgelegt noch zu wirtschaftlichen oder gewerblichen Zwecken (z. B. als Betriebsvermögen oder in Warenbeständen) angelegt werden.

§ 4

Die jeweiligen Kassen- und Gutscheinbestände sind sicher aufzubewahren und mit der Sorgfalt eines ordentlichen Kaufmannes zu verwalten. Die Unternehmungen (Sparkassen, Banken), denen die Beträge anvertraut werden, sind gleichfalls mit der Sorgfalt eines ordentlichen Kaufmanns auszuwählen.

§ 5

Der Vorstand der Vereinigung ist für die Erfüllung der im § 2 Abs. 2 und in den §§ 3 und 4 vorgeschriebenen Verpflichtungen verantwortlich. Er hat insbesondere jedes Verschulden bei der Verwaltung und Anlegung der anvertrauten Beträge oder bei der Auswahl der Unternehmungen, denen die Beträge anvertraut werden, zu vertreten.

§ 6

(1) Die im § 4 Abs. 2 des Rabattgesetzes vorgeschriebene Pflichtprüfung hat sich auf die gesamte Geschäftsgebarung der Vereinigung während der Dauer des Geschäftsjahres, insbesondere darauf zu erstrecken, daß die Einlösung der ausgegebenen Gutscheine gesichert ist. Ferner ist darauf zu achten, daß den in den §§ 2, 3 und 4 dieser Verordnung aufgestellten Erfordernissen genügt ist und daß die sachlichen und persönlichen Unkosten möglichst niedrig gehalten werden und zu dem Geschäftsumfang und Aufgabenkreis der Vereinigung in einem angemessenen Verhältnis stehen.

(2) Die Prüfung hat für jedes Geschäftsjahr besonders zu erfolgen. Als Geschäftsjahr gilt das Kalenderjahr.

(3) Die Prüfer sind zur gewissenhaften und unparteiischen Prüfung und zur Verschwiegenheit verpflichtet.

§ 7

Sachverständige Prüfer im Sinne des § 4 Abs. 2 des Rabattgesetzes sind:

a) die öffentlich bestellten Wirtschaftsprüfer oder die Gesellschaften, die in die bei der Hauptstelle für die öffentlich bestellten Wirtschaftsprüfer geführte Liste der zur Wirtschaftsprüfertätigkeit zugelassenen Gesellschaften eingetragen sind;

b) die beeidigten Bücherrevisoren;

c) die Diplombücherrevisoren;

d) diejenigen, welche die Prüfung als Diplomkaufmann oder Diplomvolkswirt oder eine gleichartige Prüfung bestanden und mindestens ein Jahr lang im Prüfungswesen gearbeitet haben.

§ 8

(1) Die Prüfung kann auch einem Prüfungsverband von Rabattsparvereinigungen oder einem Revisionsverband gewerblicher Genossenschaften (§ 54 des Genossenschaftsgesetzes) übertragen werden. In diesem Fall muß der Verbandsprüfer die Voraussetzungen zu a, b, c oder d des § 7 erfüllen oder eine mehrjährige Tätigkeit als Verbandsprüfer nachweisen. Der Reichswirtschaftsminister kann gegen die Übertragung der Prüfung an einen der im Satz 1 genannten Prüfungsverbände Einspruch erheben. Der Prüfungs- oder Revisionsverband haftet für einen durch eine Pflichtverletzung seines Verbandsprüfers etwa entstehenden Schaden.

(2) Der Reichswirtschaftsminister kann die Vereinigungen zu einem Prüfungsverband zusammenschließen oder einzelne Vereinigungen an einen bereits bestehenden derartigen Verband anschließen, die Rechte und Pflichten der Mitglieder und die übrigen Rechtsverhältnisse des Verbandes regeln und ihn seiner Aufsicht unterstellen.

§ 9

Die Vereinigung hat den Bericht des Prüfers gemäß § 4 Abs. 2 Satz 3 des Rabattgesetzes ihren Mitgliedern dadurch zugänglich zu machen, daß sie ihnen einen Abdruck übersendet oder die Urschrift oder Abschrift in ihren Geschäftsräumen mindestens einen Monat lang auslegt. Der Zeitraum, während dessen der Bericht ausliegt, ist den Mitgliedern schriftlich bekanntzugeben.

§ 10

(1) Ist die Vereinigung in das Vereins- oder Genossenschaftsregister eingetragen, so hat sie jeweils dem zuständigen Registergericht einen Abdruck des Prüfungsberichtes zu übersenden und mitzuteilen, wann die Prüfung stattgefunden hat. Das Registergericht hat darüber zu wachen, daß die Pflichtprüfung alljährlich stattfindet. Es kann nach Ablauf des Geschäftsjahres den Beteiligten unter Androhung einer Ordnungsstrafe aufgeben, innerhalb einer bestimmten Frist den Bericht einzureichen. Die Vorschriften der §§ 132 bis 139 des Reichsgesetzes über die Angelegenheiten der freiwilligen Gerichtsbarkeit gelten entsprechend.

(2) Ist die Vereinigung durch staatliche Verleihung rechtsfähig, so hat sie der zuständigen Verwaltungsbehörde einen Abdruck des Prüfungsberichtes zu übersenden und mitzuteilen, wann die Prüfung stattgefunden hat. Die Vorschriften des Abs. 1 Satz 2 und 3 gelten entsprechend. Wird innerhalb der bestimmten Frist der Verpflichtung nicht genügt, so ist die angedrohte Strafe festzusetzen; gegen die Festsetzung der Ordnungsstrafe ist die Aufsichtsbeschwerde zulässig.

(3) Vereinigungen im Sinne des Abs. 1 haben dem zuständigen Registergericht, Vereinigungen im Sinne des Abs. 2 der zuständigen Verwaltungsbehörde ihren Geschäftsbetrieb unverzüglich anzumelden.

§ 11

Konsumvereine dürfen außer der Rückvergütung gemäß § 5 des Rabattgesetzes einen etwaigen weiteren Gewinn nur nach Maßgabe der Geschäftsanteile ausschütten. Der über die Rückvergütung hinaus errechnete Gewinnanteil darf erst dann ausgezahlt werden, wenn das Mitglied seinen Geschäftsanteil in voller Höhe eingezahlt hat (§ 19 des Genossenschaftsgesetzes). Entgegenstehende Satzungsbestimmungen (§ 19 Abs. 2 des Genossenschaftsgesetzes) sind insoweit unwirksam.

§ 12

Bei Lieferungen an Behörden oder Einrichtungen des Reichs, der Länder, der Deutschen Reichsbahn-Gesellschaft, an die Reichsbank oder an Gemeinden oder Gebietskörperschaften kann ein Sondernachlaß oder Sonderpreis gemäß § 9 Ziffer 2 des Rabattgesetzes auch dann gewährt werden, wenn die Lieferung unter den von der zuständigen Beschaffungsstelle aufgestellten Bedingungen erfolgt.

§ 13

(1) Bei Markenwaren, die in verschlossenen Packungen abgegeben werden, kann deren Hersteller eine Vergütung dadurch gewähren, daß er der Ware einen Gutschein beipackt und gegen eine bestimmte Anzahl gesammelter Gutscheine einen Barbetrag auszahlt (Treuevergütung). Der Reichswirtschaftsminister kann die Gewährung einer Treuever-

gütung nach Satz 1 untersagen, wenn sie nach Art und Umfang unter Berücksichtigung der Verhältnisse in dem Geschäfts- oder Warenzweig nicht angemessen erscheint.

(2) Die Gewährung von Preisnachlässen durch den Wiederverkäufer einer Markenware wird durch die Gewährung einer Treuevergütung nach Abs. 1 nicht berührt.

§ 14

Der Unterlassungsanspruch (§ 12 des Rabattgesetzes) verjährt in sechs Monaten von dem Zeitpunkt an, in dem der Anspruchsberechtigte von der Handlung und von der Person des Verpflichteten Kenntnis erlangt, ohne Rücksicht auf diese Kenntnis in drei Jahren von der Begehung der Handlung an.

§ 15

Diese Verordnung tritt am Tage ihrer Verkündung in Kraft.

[Konsumvereine]

§ 5

(1) Warenrückvergütungen, die Genossenschaften im Sinne des § 1 Abs. 1 Nr. 5 des Genossenschaftsgesetzes (Konsumvereine) ihren Mitgliedern gewähren, dürfen zusammen mit Barzahlungsnachlässen im Geschäftsjahr drei vom Hundert der mit den Mitgliedern erzielten Umsätze nicht übersteigen; Nichtmitgliedern dürfen Warenrückvergütungen nicht gewährt werden.

(2) Der Anspruch auf die Warenrückvergütung ist mit der Beschlußfassung über den Jahresabschluß fällig. Die Fälligkeit kann durch das Statut oder einen Beschluß der Generalversammlung nicht über sechs Monate nach Ablauf des Geschäftsjahres hinausgeschoben werden.

[1] **Genossenschaften** sind Gesellschaften von nicht geschlossener Mitgliederzahl zur Förderung des Wettbewerbs oder der Wirtschaft ihrer Mitglieder durch gemeinschaftlichen Geschäftsbetrieb. **Konsumvereine** sind nach § 1 Abs. 1 Ziff. 5 GenG eine Unterart davon, die den gemeinschaftlichen Einkauf von **Lebens-** oder **Wirtschaftsbedürfnissen** im großen und die Abgabe im kleinen zur Befriedigung der außergewerblichen Bedürfnisse ihrer Mitglieder bezwecken. Zu den Lebens- und Wirtschaftsbedürfnissen zählen wohl alle Waren und Leistungen des täglichen Bedarfs (Begriff vgl. Anm. 7 zu § 1). Nicht betroffen werden von der Vorschrift Genossenschaften, in denen sich Genossen zur Förderung ihres Erwerbslebens zusammengeschlossen haben und die den gemeinsamen Einkauf von Waren oder Leistungen organisieren, um sie in ihrem Erwerbsleben einzusetzen. Denn sie sind hinsichtlich dieser Güter nicht Letztverbraucher, weil sie mit ihnen noch einen Umsatz tätigen. Wohl aber ist eine Genossenschaft Konsumverein, wenn sich der bei ihr organisierte gemeinschaftliche Einkauf auf Waren erstreckt, mit denen die

Genossen den außergewerblichen letzten Umsatz tätigen, auch wenn er zu Erwerbszwecken geschieht, weil sie in diesen Fällen Letztverbraucher sind. Deshalb wurde zutreffend eine Genossenschaft von Hauswirten, die den gemeinsamen Einkauf von Heizstoffen zum Ziele hatte, vom RG (Bd. 153 S. 139) als Konsumverein angesehen (a. A. Hoth-Gloy S. 390; Tetzner S. 109; wie hier zustimmend B.-Hefermehl S. 1290; Michel-Weber-Gries S. 107; Reimer-Krieger S. 165). Das Ergebnis der Gegenmeinung ist freilich nicht wesentlich, weil auf jeden Fall auch der gewerbsmäßige Hauswirt hinsichtlich der Heizmaterialien Letztverbraucher ist (vgl. Anm. 4 zu § 1), so daß die Strenge des Gesetzes dieses Geschäft auch dann trifft, wenn zu Zwecken seiner Umgehung eine Genossenschaft zwischengeschaltet ist (vgl. Anm. 21 zu § 1).

[2] **Waren- oder Umsatzrückvergütungen** im Sinne der Vorschrift sind den Rabattleistungen gleichzuachten. Obwohl diese Rückvergütungen keine Preisnachlässe sind (BGH GRUR 64 S. 146 „Genossenschaftliche Rückvergütung", wirken sie sich wirtschaftlich und in der Werbung als solche aus, weil sie aus den Umsätzen des einzelnen Genossen errechnet werden. Deshalb dürfen sie zusammen mit den als Barrabatte gewährten Nachlässen, die aus dem Jahresumsatz zu errechnende 3%-Grenze nicht übersteigen. Eine zulässige Rückvergütung kommt also nur insoweit in Betracht, als die gewährten Barrabatte unter 3% des Jahresumsatzes gelegen haben.

[3] Nicht anrechenbar ist der Rabatt auf die **Gewinnausschüttungen** auf die Geschäftsanteile der Mitglieder an dem Konsumverein, sofern der Geschäftsanteil voll eingezahlt ist und der Gewinnanteil sich aus ihm, d.h. als Kapitaldividende, und nicht aus dem Umsatz des Genossenschaftsmitglieds errechnet (§ 11 der DVO — Anhang zu § 4).

[4] Die heutige Vorschrift ist nach früherer Aufhebung des alten § 5 des Gesetzes durch das Änderungsgesetz vom 21. 7. 54 (RGBl. I S. 212) in neuer Fassung geschaffen worden und **widerspricht nicht der Verfassung** (OLG Nürnberg GRUR 72 S. 661), ebenso nicht § 11 der DVO (gl. A. B.-Hefermehl S. 1292; Hoth-Gloy S. 392).

[Großbetriebe]

§ 6

Warenhäuser, Einheits-, Klein- oder Serienpreisgeschäfte oder ähnliche, durch die besondere Art der Preisstellung gekennzeichnete Geschäfte und Werkskonsumanstalten dürfen Barzahlungsnachlässe nicht gewähren.

Die Vorschrift ist wegen Ungleichbehandlung der Warenhäuser vom Bundesverfassungsgericht (GRUR 67 S. 605 „Warenhaus-Rabatt") für nichtig erklärt, so daß sich Erläuterungen zu derselben erübrigen.

Zweiter Abschnitt. Mengennachlässe

[Mengennachlässe]

§ 7

(1) Werden mehrere Stücke oder eine größere Menge von Waren in einer Lieferung veräußert, so kann ein Mengennachlaß gewährt werden, sofern dieser nach Art und Umfang sowie nach der verkauften Stückzahl oder Menge als handelsüblich anzusehen ist.

(2) Der Mengennachlaß kann entweder durch Hingabe einer bestimmten oder auf bestimmte Art zu berechnenden Menge der verkauften Ware oder durch einen Preisnachlaß gewährt werden.

Übersicht

[1] Im Rahmen des dehnbaren Begriffs der Handelsüblichkeit (vgl. Anm. 6) ist der **Mengennachlaß unbeschränkt** zulässig. Er wird nicht als Prämie für die Barzahlung des Käufers sondern dafür gewährt, daß der Verkäufer von einer größeren Warenmenge auf einen Schlag befreit wird, so daß seine Unkosten durch Lagerhaltung und Einzelvertrieb reduziert werden. Den gleichen Vorteil genießt auch der Verkäufer von Dienst- und/oder Werklieferungs- also gewerblicher Leistungen bei Bestellungen in größerem Rahmen (oder Ausmaß), da er sich Akquisitionskosten und dergleichen Kosten spart.

Der Mengenrabatt liegt also im Interesse der Volkswirtschaft und ist dieserhalb vom Gesetzgeber von den grundsätzlichen Rabattbeschränkungen ausgenommen worden. Er kann in Geld- oder in Warenrabatt gewährt werden und ist streng von den Fällen zu unterscheiden, in denen der Einzelhändler für verschiedene Warenmengen verschiedene Normalpreise fordert. Der Preis von DM 3,90 für 3 Paar zusammengepackter Damenstrümpfe ist ein zweiter Normalpreis und kein Mengenrabatt, wenn ein Einzelpaar DM 1,50 kostet; ein Mengenrabatt ist vielmehr immer der individuell ausgehandelte Preis für die Abnahme einer größeren Menge. Wer ab einer bestimmten Menge einen konkret bezeichneten niedrigeren Einzelpreis als Rechnungsfaktor allgemein anbietet, bietet einen Normalpreis und keinen Mengenrabatt mithin ohne Gefahr eines Rabattverstoßes an. Es muß von dem Normalpreis für die angebotene Verkaufseinheit der Nachlaß für den Fall der Abnahme einer größeren Menge gewährt werden, so daß der Nachlaß i. S. des § 7 zulässig wird. Da auch hier die Verkehrsauffassung maßgebend ist, wird ein als Geschenk bezeichneter Mengenrabatt nicht zulässig sein (allgem. Meinung).

[2] Die Vorschrift gestattet **nur das Gewähren** von Mengenrabatten, angekündigt werden dürfen sie deshalb nicht, es sei denn, daß in der Ankündigung der niedrigere Mengenpreis unmißverständlich als allgemein gültiger (zweiter) Normalpreis gekennzeichnet wird; dann wird ein Rabatt nicht angekündigt.

[3] Die Vorschrift stellt nicht ausdrücklich klar, daß sich ihre Ausnahme von der allgemeinen Rabattbeschränkung auf die Fälle des Verkaufs von Waren oder gewerblichen Leistungen **des täglichen Bedarfs** (Begriff Anm. 7 zu § 1) für den Letztverbraucher beschränkt, doch ergibt sich das aus § 1, in dessen Tatbestandszusammenhang die Ausnahmevorschrift des § 7 zu lesen ist. Beim Verkauf von Waren anderer Art findet das Rabattverbot des Gesetzes sowieso keine Anwendung. Die Beschränkung der Zulässigkeit von Mengenrabatten auf die Tatbestände des Veräußerns macht auch die **Durchführung des Geschäfts** erforderlich. Der Verkäufer muß das Geschäft also erfüllt haben (gl. A. B.-Hefermehl S. 1294; abweichend Hoth-Gloy S. 397; Reimer-Krieger S. 175, die die Verschaffung von Besitz und Eigentum fordern).

[4] Die Waren müssen **in einer Lieferung** veräußert werden, was nicht einen einzigen Erfüllungsakt erforderlich macht (allg. M.). Streitig ist aber, ob es genügt, wenn die Lieferung auf Grund eines einzigen einheitlichen Vertrages in mehreren Einzelpartien in zeitlichen Abständen voneinander geschieht (so zutreffend Hoth-Gloy a.a.O.; Reimer-v. Gamm S. 600), oder ob darüber hinaus auch die Erfüllungshandlung ein einheitlich rechtlicher Akt sein muß, so daß bei einem in Teilleistungen zu erfüllenden Vertrag die Gewährung von Mengenrabatt unzulässig wäre, wenn erst die Gesamtheit der Teilleistungen mehrere Stücke bzw. eine größere Menge ausmachen (so Michel-Weber-Gries S. 127; Reimer-Krieger S. 175). Entscheidend ist, ob die Gesamtabnahme vertraglich vorher feststeht; wenn der Kunde von vornherein zur Abnahme einer bestimmten Menge verpflichtet ist, schadet die Durchführung in Teillieferungen auch über größere Zeiträume hinweg nicht, die wegen Lieferschwierigkeiten des Verkäufers, Lager-, Verarbeitungsschwierigkeiten des Kunden oder dgl. gerechtfertigt sein können. Auch wenn der Kunde den Kaufpreis den Teillieferungen entsprechend in Raten zahlt, ist die Gewährung des Mengenrabatts immer noch gerechtfertigt.

Ebenso ist es zulässig, bei Sammelbestellungen für verschiedene Verbraucher Mengenrabatt zu gewähren, solange die Lieferung durch die Art ihrer Ausführung nicht zu einer Fülle von Einzellieferungen wird, da ein **Zusammenrechnen** von Lieferungen aus einer Mehrzahl rechtlich selbständiger Einzelgeschäfte zur Rechtfertigung eines Mengenrabatts unzulässig ist (allg. M.). Das würde zu einem Treuerabatt führen, den der Händler dem Letztverbraucher aber gerade nicht geben darf.

[5] Um den Mengenrabatt zu rechtfertigen, müssen **mehrere Stücke** Waren oder eine **größere Menge** von solchen veräußert sein, wobei man unter „mehr" und „größer" eine solche Quantität versteht, die größer als üblich ist (vgl. B.-Hefermehl S. 1295; Hoth-Gloy S. 396; Michel-Weber-Gries S. 126). Was das wiederum ist, ist nicht definibel und streitig. Hoth-Gloy, Michel-Weber-Gries, Reimer-Krieger (a.a.O.) schließen die Zulässigkeit eines Mengenrabatts aus, wenn die gelieferte Menge einem Quantum entspricht, das von dem Letztverbraucher durchschnittlich gekauft wird und lassen einen Rabatt für solche Mengen nicht zu, die durch verschiedene Warensorten gebildet werden. Da der Gesetzgeber hierzu aber schweigt, darf die Warenmenge sicher auch aus verschiedenen Warensorten gebildet werden, damit ein Mengenpreisnachlaß zulässig wird (gl. A. B.-Hefermehl S. 1295; Reimer-v. Gamm S. 599). Was mehr als üblich ist, richtet sich nach der Verkehrsauffassung, die ihrerseits absolut relativ ist, weil jeder Einzelhändler nur potentielle Käufer seines Einzugsgebietes als seine Verkehrskreise anspricht; so können 25 Flaschen Sekt bei einem Einzelhändler in einem kleinen Bauerndorf im Bayerischen Wald eine große Menge, in einem Villen-Stadtteil aber ein üblicher Einkauf sein. Niemals machen eine größere Menge oder mehrere Stücke einen Mengenrabatt zulässig, die in der abgenommenen Menge eine vom Verkäufer kalkulierte **Verkaufseinheit** darstellen (gl. A. OLG Hamburg WRP 58 S. 27). Denn der für sie geforderte Preis ist ein Normalpreis, sei es der einzige, weil nur in dieser Mindestmenge verkauft wird, sei es ein zweiter, weil beim Kauf von geringeren Mengen (Packungen) relativ höhere Preise gefordert werden.

[6] Es muß nicht nur die abgenommene Stückzahl oder Menge größer als üblich, vielmehr muß auch **handelsüblich** sein, angesichts der unüblich großen Stückzahl oder Menge einen Mengenrabatt zu gewähren. Was handelsüblich ist, richtet sich nach dem Verhalten der Mehrzahl der Unternehmer desselben Geschäftszweiges derselben Gegend in Bezug auf die bestellte Menge. Der Rabatt muß sich im Rahmen einer vernünftigen kaufmännischen Kalkulation halten (BGH GRUR 68 S. 53 „Probetube"; 64 S. 509 „Wagenwaschplatz"), aber auch **nach der allgemeinen Verkehrsauffassung** außerdem im Rahmen vernünftiger Gepflogenheiten (BGH a.a.O. „Probetube"), womit die Relativität der Handelsüblichkeit insofern statuiert ist, als die Verkehrsauffassung von dem von den Einzelhändlern jeweils angesprochenen Verkehrskreis gebildet wird, der sich denkgesetzlich nur aus dem Publikum des Einzugsgebietes der in gleicher Gegend ansässigen Einzelhändler bilden kann (gl. A. Tetzner S. 131; a. A. B.-Hefermehl S. 1296; Hoth-Gloy S. 400; Michel-Weber-Gries S. 130). Daß bei unterschiedlichen Vertriebsformen (Versandhandel — Einzelhandel — Direktverkauf) unterschiedliche Handelsüblichkeiten herrschen, wird allgemein anerkannt (OLG Köln GRUR 60 S. 389 „Schokoladenversandhandel").

[7] Der **Mengennachlaß** kann in Gestalt eines echten Preisnachlasses bestehen, der sich in einer echten Preisreduzierung oder in Nichtberechnung üblicherweise zu

bezahlender Nebenleistungen (Fracht, Verpackung usw.) oder in sofort einlösbaren Geldgutscheinen ausdrückt (gl. A. B.-Hefermehl S. 1297; Hoth-Gloy S. 401), aber auch in der Lieferung einer bestimmten auf vertraglich bestimmte Art zu berechnenden zusätzlichen Warenmenge („Warenrabatt"). Dabei muß es sich um Waren gleicher Art und Güte handeln. Bei Einkauf verschiedener Warensorten, die erst durch ihre Zusammenzählung die rabattzulässige Menge ausmachen, muß die als Rabatt hingegebene zusätzliche Ware nicht mit einer der eingekauften Sorten identisch, sondern braucht nur ein Artikel des täglichen Bedarfs zu sein (a. A. die h. L., die aber die Bedeutung dessen unterschätzt, daß Mengenrabatte ohnehin nur durch Individualverträge geschlossen werden, weil sie nicht „angekündigt" werden dürfen — vgl. oben Anm. 2).

[Leistungsmengen]

§ 8

Werden bei Aufträgen für mehrere gewerbliche Leistungen oder für eine gewerbliche Leistung größeren Umfanges oder beim Kauf von Dauer- oder Reihenkarten, die einen Anspruch auf eine bestimmte Zahl von Leistungen begründen, Mengennachlässe gewährt, so gilt die Vorschrift des § 7 entsprechend.

[1] § 7 gilt analog für gewerbliche Leistungen (des täglichen Bedarfs); bei **Abnahme von Leistungen großen Umfanges,** wie auch bei Aufträgen zur Verrichtung mehrerer Leistungen sind handelsübliche Rabatte zulässig. Ebenso wie für die Fälle des § 7 gilt, daß der Anspruch auf die mehreren gewerblichen Leistungen durch ein einheitliches Rechtsgeschäft erworben werden muß. Der relativ niedrigere Preis von Dauerkosten, z. B. zur Benutzung eines Schwimmbades, Zehnerkarten für 10 Autoreinigungen in einer Waschstraße, Reihenkarten für mehrere Mahlzeiten etc. enthält streng genommen keinen Mengenrabatt, sondern ist ein allgemein verbindlich zweiter Normalpreis, wenn er — wie in der Regel — als solcher angekündigt und gefordert wird. Es hätte der Erwähnung der Dauer- und Reihenkarten im Gesetz deshalb nicht bedurft, da sie nur sinngebend wäre, wenn zum niedrigeren Dauerkarten-Preis im Falle der einmaligen Abnahme einer größeren Zahl von solchen zusätzlich ein Mengenrabatt hätte zugelassen werden sollen.

[2] Echte Mengenrabatte sind unter Berücksichtigung des Vorgesagten bei gewerblichen Leistungen nur denkbar, wenn auch sie ohne angekündigt zu sein, unter den Voraussetzungen des § 7 im Einzelfall vereinbart werden. Da meistens Ansprüche auf reine gewerbliche Leistungen nur von Fall zu Fall erworben werden, wird es sich in der Regel bei Vereinbarungen von Preisen für solche um konkret kalkulierte Normalpreise handeln, so daß Mengenrabatte hier nie praktisch werden. Werden sie aber einmal gewährt, müssen sie handelsüblich sein, können sie als Geld- oder Leistungsrabatt gewährt werden und müssen in letzterer Form der Hauptleistung entsprechen (gl. A. Hoth-Gloy S. 405; Reimer-Krieger S. 183).

[3] Meist liegt keine reine Leistung, sondern eine **Werklieferung** vor, wenn ein Mengenrabatt zur Diskussion steht, z. B. beim Anzeigengeschäft der Werbeagenturen, die zum Teil von diesen Rabatten existieren.

Dritter Abschnitt. Sondernachlässe

[Sondernachlässe]

§ 9

Sondernachlässe oder Sonderpreise dürfen gewährt werden

1. an Personen, die die Ware oder Leistung in ihrer beruflichen oder gewerblichen Tätigkeit verwerten, sofern dieser Nachlaß seiner Art und Höhe nach orts- oder handelsüblich ist;

2. an Personen, die auf Grund besonderen Lieferungs- oder Leistungsvertrages Waren oder Leistungen in solchen Mengen abnehmen, daß sie als Großverbraucher anzusehen sind;

3. an die Arbeiter, Angestellten, Leiter und Vertreter des eigenen Unternehmens, sofern die Ware oder Leistung für deren Bedarf, den Bedarf ihrer Ehegatten, ihrer Abkömmlinge oder der mit ihnen in häuslicher Gemeinschaft lebenden Personen bestimmt ist (Eigenbedarf) und in dem Unternehmen hergestellt, vertrieben oder bewirkt wird.

Übersicht

[1] **Sonderpreise entstehen durch Nachlässe vom Normalpreis** und sind grundsätzlich unzulässig (vgl. Anm. 14 zu § 1). Da sich das mit dem absoluten, nicht gesetzten Recht nicht vereinbaren läßt, übrigens auch schon gar nicht mit den Grundgedanken des GWB, hat der Gesetzgeber hinsichtlich der hier von ihm fixierten Ausnahmetatbestände Sonderpreise ausdrücklich zulassen müssen, die wegen der

Grundsätzlichkeit des allgemeinen Rabatt-Verbots einerseits und wegen des nicht beispielhaften, sondern abschließend aufzählenden Charakters andererseits freilich keiner Erweiterung fähig, vielmehr eng auszulegen sind (im Ergebnis ebenso BGH GRUR 59 S. 326 „Kaffee-Versandhandel"; B.-Hefermehl S. 1298; Hoth-Gloy S. 407; Michel-Weber-Gries S. 139; Ulmer-Reimer Nr. 1236), wenn man von den Fällen des Großverbrauchs absieht (Anm. 6).

[2] Unter **Sondernachlaß** ist der Abschlag vom Normalpreis zu verstehen. Begrifflich ergibt er den Sonderpreis, wenn er vom Normalpreis abgezogen wird. Er ist ein Barzahlungs- oder Mengenrabatt.

[3] Trotz der Ausschließlichkeit der Aufzählung der durch § 9 gegebenen Ausnahmefälle von dem allgemeinen Rabattverbot, ist **zugunsten** der Vertragskontrahenten die Ausnahmevorschrift immer dann analog anzuwenden, wenn Grundgedanke und Zweck derselben es erheischen; § 2 StGB steht dem nicht im Wege. Da die Vorschrift insoweit schweigt, können unter ihren Tatbestandsvoraussetzungen — mit Ausnahme der Fälle der Ziff. 1 — auch handelsunübliche Sondernachlässe gewährt werden (gl. A. Hoth-Gloy S. 407; Reimer-v. Gamm S. 607; Reimer-Krieger S. 184; a. A. B.-Hefermehl S. 1299); ebenso besteht keine Verpflichtung zur gleichmäßigen Rabatt-Gewährung an jeden der von der Vorschrift bezeichneten Kunden (a. A. Hoth-Gloy S. 407; Reimer-v. Gamm S. 608), weil eine solche für den Handelnden ungünstige Auslegung wegen § 2 StGB wiederum unzulässig ist.

Ebenso wie § 7 läßt § 9 nur das Gewähren, nicht aber auch das Ankündigen der Rabatte zu.

[4] **Die Käufer der Ziff. 1 (Verwerterrabatt)** müssen die Ware oder gewerbliche Leistung in ihrer beruflichen oder gewerblichen Tätigkeit, d. h. als Letztverbraucher erwerben. Erzielen sie mit ihr abermals einen Umsatz, unterliegt das Geschäft dem Rabattgesetz ohnehin nicht; so z. B. nicht der Einkauf von Schreibpapier eines Anwalts, auf dem für dessen Klienten Briefe und Schriftsätze geschrieben werden, weil auch das Material von dem Klienten bezahlt wird (§ 26 BRAGO), oder der Einkauf eines Anzugsstoffes eines Schneiders, der diesen zu einem Maßanzug für seinen Kunden verarbeitet — s. Anm. 4 zu § 1 — (a. A. Reimer-v. Gamm S. 608, die bei diesen Einkäufen § 9 anwenden wollen). Gemeint sind Waren und gewerbliche Leistungen, die bei der Berufsausübung letztverbrauchend benutzt werden, gleichgültig, ob das in einer für die jeweilige gewerbliche oder berufliche Tätigkeit typischen oder atypischen Weise geschieht. Die Beschränkung der Zulassung des Sondernachlasses auf Wareneinkäufe für berufstypische Verwendung (so OLG Düsseldorf NJW 65 S. 641; B.-Hefermehl S. 1298; Hoth-Gloy S. 408; Michel-Weber-Gries S. 141), wird vom Gesetzeswortlaut nicht gedeckt und führt — abgesehen von der Unvereinbarkeit mit § 2 StGB — zu wenig sinnvollen

Ergebnissen: So soll ein Vervielfältigungsbüro sehr wohl, nicht aber ein Anwalt eine Schreibmaschine mit Sonderrabatt kaufen dürfen, weil letzterer mit ihr seinen Bürobetrieb nur technisch vervollkommnet (LG Hamburg GRUR 54 S. 36; Michel-Weber-Gries S. 141), auch nicht der Friseur die Glühbirnen für seinen Frisiersalon bzw. der Ladenbesitzer für seinen Modesalon (LG Hamburg GRUR 54 S. 36), obwohl beide die Glühbirnen den ganzen Tag über benutzen und sie i. S. der vom Gesetzeswortlaut gleichfalls nicht gedeckten Rechtssprechung des OLG Düsseldorf (NJW 65 S. 641) dadurch mit besonderer Intensität abnutzen. Sicher unzutreffend läßt deshalb OLG Düsseldorf (a.a.O.) den Sondernachlaß des § 9 beim Einkauf von Büromaschinen für Banken, Versicherungen und Industriebetriebe nicht zu.

Als gewerbliche Leistungen mit zulässigem Sonderrabatt kommen die „soft wares" von vollautomatischen Buchungsmaschinen, Buchungsservices von Computern für Gewerbebetriebe in Betracht; die Lieferung solcher Leistungen an selbständige Steuerberater, -bevollmächtigte u. dgl. unterliegen nicht dem Rabattgesetz, weil Steuerberater in Bezug auf diese Leistungen für ihre Klienten nicht Letztverbraucher sind.

[5] Der Verwerterrabatt muß auch **orts- oder handelsüblich** sein, worunter jede übliche Gepflogenheit eines Gewerbezweiges verstanden wird (Anm. 6 zu § 7). **Ortsüblichkeit** ist nichts anderes als lokale Handelsüblichkeit; wer sich auf sie beruft, muß zu dem lokalen Kreis der Händler gehören, in dem der Brauch gepflogen wird. Die Üblichkeit muß sich auf die konkret gewährte Rabatt-Art und -Höhe beziehen. Unter dieser Voraussetzung ist der Rabatt unbegrenzt zulässig; ebenso kann der Kaufpreis gestundet, braucht also anders als nach § 2 nicht unverzüglich gezahlt zu werden und es kann der Nachlaß auch in Form von Gutscheinen gewährt werden. Die Einschränkungen des Zulässigen gemäß §§ 7, 8 gelten hier nicht, wenn anderes üblich ist.

[6] Der **Großverbrauch der Ziff. 2** ist ein Unterfall des Mengenrabatts und kann einen gewerblichen wie auch einen privaten Bedarf betreffen; entscheidendes Kriterium für die Zulässigkeit des Sonderpreises bzw. -nachlasses ist hier die Großabnahme zum Verbrauch auf Grund besonderen Vertrages. Daß der Großabnehmer selbst verbraucht, wird nach dem Gesetzeswortlaut nicht gefordert, das Gesetz fingiert vielmehr unwiderleglich bei Abnahme großer Mengen auf Grund besonderen Vertrages lediglich die Großverbrauchereigenschaft als solche („... in solchen Mengen abnehmen, das sie als Großverbraucher anzusehen sind") und läßt sie für eine höhere als 3% tige Rabattgewährung genügen. Demzufolge ist auch der Sammelbesteller als Großverbraucher anzusehen (a. A. die herrschende, aber wohl unrichtige Lehre und Rspr : BGH GRUR 63 S. 578 „Sammelbesteller", wo ein Mengenrabatt jedoch zugelassen wird; ebenso wie zuvor jedoch: Hoth-Gloy S. 410; Michel-Weber-Gries S. 145; Reimer-Krieger S. 189; Tetzner S. 145), sofern

er selbst der alleinige Käufer und Zahlungsverpflichtete ist; ob sein Wagnis groß oder gering ist, spielt keine Rolle. Diese Auslegung gebietet nicht nur § 2 StGB, sondern entspricht auch dem Grundgedanken der Vorschrift, wie er in der amtlichen Gesetzesbegründung durch die Erwähnung von „Arbeitslagern u. dgl." und dadurch zum Ausdruck kommt, daß dort nur von dem Großabnehmer, nicht aber vom Großverbraucher die Rede ist. Ersichtlich sollte den Mitgliedern von „Arbeitslagern u. dgl." die Möglichkeit, in den Genuß der Vorteile des Großeinkaufs zu kommen, nicht verwehrt werden (wozu auch?).

[7] **Ab welcher Größe oder Menge** auf einen Großverbraucher geschlossen werden darf, kann nur von Fall zu Fall entschieden werden. Maßgebend hierfür dürfte der Handelsbrauch sein (gl. A. B.-Hefermehl S. 1300), da auch die amtliche Gesetzesbegründung auf den „Brauch" abstellt; es auf die Verkehrsauffassung abzustellen (so Hoth-Gloy S. 410; Reimer-Krieger S. 190; Tetzner S. 144), ließe außer acht, daß nur der Händler und nicht der Verbraucher von seinem subjektiven Gesichtswinkel Vergleiche mit anderen Mengeneinkäufen einigermaßen objektiv ziehen kann. Gedacht hat der Gesetzgeber namentlich an Großabnehmer wie „Gaststätten, Krankenhäuser, Behörden, Arbeitslager u. dgl."; aber auch der Sammelhersteller gehört dazu. Bei Großabnahme von Büchern braucht nicht stets derselbe Titel erworben zu werden, es genügt, daß sich die Abnahme auf laufend größere Büchermengen verschiedenster Titel erstreckt (BGH GRUR 68 S. 95 „Büchereinachlaß").

[8] Die Großabnahme hat für die Zulässigkeit der Rabattgewährung auf Grund **besonderen Lieferungs- oder Leistungsvertrages** zu geschehen, d. h. daß die Großabnahme vor ihrer Durchführung vertraglich vereinbart ist. Der Preisnachlaß selbst kann auch nachträglich gewährt werden, wenn nur die Mindestabnahme, die sich als Großverbrauch darstellt, vorher fest vereinbart ist. Das Zusammenaddieren von laufenden Einzelabnahmen ohne vorherige Mengenabnahme-Vereinbarung reicht zur Begründung der Zulässigkeit einer Rabattgewährung nicht aus (allg. M.).

[9] Gemäß § 12 DVO (vgl. Anhang zu § 4) darf unter Mißachtung des Voraussetzungserfordernisses eines vorher geschlossenen besonderen Liefervertrages an **Behörden,** an **Institutionen** des Bundes, der Länder, Gemeinden, der Bundesbahn, Bundesbank und Gebietskörperschaften der Großverbraucher-Rabatt dann eingeräumt werden, wenn die Lieferung unter den Bedingungen der jeweils zuständigen Beschaffungsstellen erfolgt.

[10] Im Interesse der Erhaltung eines angenehmen Arbeitsklimas sollen den **Betriebsangehörigen** die Vorteile des Unternehmens durch Gewährung von Sonderpreisen bzw. -nachlässen gleichfalls zugute kommen, wie es weitverbreiteter Brauch ist. Auch den ihnen gewährbaren Rabatten, sind keine Grenzen gesetzt; nur muß es sich um Waren oder Leistungen handeln, die **aus dem Unternehmen selbst**

stammen („hergestellt, vertrieben oder bewirkt"). Zu dem Kreis der Begünstigten gehören nicht nur festangestellte Arbeiter, Angestellte, Leiter und Vertreter des Unternehmens, sondern alle Beschäftigten desselben: Vorstandsmitglieder, Handelsvertreter — seien sie nur zur Vermittlung, seien sie zum Abschluß berechtigt (allg. M.) — auch Vertreter im Nebenberuf, wenn er dauerhaft nebenberuflich mitarbeitet (a. A. Hoth-Gloy S. 414); das Gleiche gilt für den nebenberuflichen Versandhausmitarbeiter (a. A. OLG Hamburg WRP 64 S. 247 — wie hier: B.-Hefermehl S. 1302), ja auch für den freien Mitarbeiter, wenn dieser an den Betrieb nur enger gebunden ist (gl. A. B.-Hefermehl S. 1302; Hoth-Gloy S. 414; Tetzner S. 146).

[11] Die Waren oder Leistungen dürfen nur für den **Eigenbedarf,** d. h. persönlichen Bedarf der Werksangehörigen oder deren Ehegatten, Abkömmlinge oder in häuslicher Gemeinschaft mit denselben lebenden Personen zu Sonderpreisen bzw. -nachlässen abgegeben werden. Für Eltern oder Großeltern, geschweige denn Geschwister, die nicht in häuslicher Gemeinschaft leben, dürfen den Werksangehörigen Sonderpreise nicht eingeräumt werden, wohl aber für großjährige Kinder und Enkelkinder außerhalb der häuslichen Gemeinschaft, auch für die getrennt lebende Ehefrau, solange die Ehe nicht geschieden ist; freilich sind das alles Grenzen, an die sich in Wirklichkeit niemand halten dürfte.

Vierter Abschnitt

§ 10

Treffen bei einem Rechtsgeschäft im Sinne des § 1 mehrere Preisnachlaßarten zusammen, so darf der Nachlaß nur für zwei Arten gewährt werden.

Die Gewährung von Zugaben wird durch § 10 nicht eingeschränkt; sie bleibt neben der höchstmöglichen Zahl zugelassener Rabatte zusätzlich erlaubt. Demzufolge können bei einem Geschäft für den Käufer vier Vergünstigungen zusammentreffen: Eine Zugabe, eine Treuevergütung des Herstellers und zwei Rabattarten nach Wahl des Verkäufers (allg. M.). Die Gewährung einer dritten Rabattart verbietet die Vorschrift des § 10. Vertreibt der Hersteller unmittelbar an den Letztverbraucher, wird die Treuevergütung als eine Rabattart dieses Verkäufers mitgezählt; sie wird nicht schlechthin unzulässig, wie Hoth-Gloy (S. 416), Michel-Weber-Gries (S. 175), Tetzner (S. 104) und in der Konsequenz seiner „Rheinkaffee"-Entscheidung (GRUR 68 S. 707) der BGH meinen (gl. A. B.-Hefermehl S. 1303), weil das Gesetz die Treuevergütung für den Fall des Direktverkaufs nicht ausdrücklich verbietet (vgl. Anm. 7 zu § 4).

Zweiter Teil. Schlußvorschriften

[Strafvorschrift]

§ 11

Wer vorsätzlich oder fahrlässig einer der Vorschriften dieses Gesetzes zuwiderhandelt, wird mit Geldstrafe bestraft. Ist der Täter wegen Zuwiderhandlung gegen dieses Gesetz bereits wiederholt rechtskräftig verurteilt worden, so kann auf Freiheitsstrafe bis zu fünf Jahren erkannt werden.

[1] Als **Täter** kommt nur der Unternehmer in Betracht, und zwar in seiner Unternehmerrolle als Inhaber eines Einzelhandelsgeschäfts, als persönlich haftender Mitarbeiter einer o.H.G. oder K.G., als Geschäftsführer einer GmbH, eines Vereins usw. sowie als Vorstandsmitglied einer AG oder einer KG aA Aufsichtsratsmitglieder können nicht Täter sein, auch nicht die risikolos mitbestimmenden Arbeitnehmer-Aufsichtsratsmitglieder. Diese können nach dem gegenwärtigen Stand der Gesetzgebung allenfalls Anstifter sein. Der Verbraucher kommt als Täter nicht in Betracht.

[2] Jeder Verstoß gegen eine von dem Gesetz verbotene Handlung ist ohne Rücksicht auf Erfolg derselben mit Strafe bedroht, auch die unzulässige Ankündigung in den Fällen, in denen nur diese selbst trotz Zulässigkeit einer Rabattgewährung unzulässig bleibt (§§ 7, 9). Nicht nur der vorsätzliche, sondern schon der fahrlässige Verstoß reicht für die Strafbarkeit der Handlung aus, so daß nach den heutigen Regeln der Unternehmer wegen fahrlässigen Gesetzesverstoßes schon dann bestraft werden kann, wenn er nicht das Durchsetzvermögen oder nicht die Kraft gehabt hat, die Realisierung ungesetzlicher Bestrebungen risikolos als Aufsichtsratsmitglieder mitbestimmender Gewerkschaftsfunktionäre zu inhibieren. Andere am Rabattverstoß mitwirkende Personen kommen als Mittäter, Gehilfen oder Anstifter in Betracht. Der Käufer kann Anstifter sein.

[3] Wegen der Strafbarkeit auch fahrlässigen Handelns ist der Irrtum über die Begriffe des geschäftlichen Verkehrs, des Wettbewerbszwecks, des täglichen Bedarfs usw. als Verbotsirrtum nur dann beachtlich, wenn der Unternehmer beim Einsatz aller seiner Erkenntniskräfte und sittlichen Wertvorstellungen das Unrecht seines Verhaltens nicht hat erkennen können. Reine Tatbestandsirrtümer wie z.B. über Orts- oder Handelsüblichkeit sind rechtserheblich und führen zum Freispruch (allg. Meinung).

[4] Die Strafen betragen 5 bis 10000 DM, bei Gewinnsucht i.S. des § 27b StGB sogar bis zu DM 100000 und im Falle einschlägiger Vorstrafen bis zu 5 Jahren

Freiheitsstrafe. Dabei bleibt gleich, ob der Täter die Vortat unter derselben Firma oder unter einem anderen Namen begangen hat. Die Strafverfolgung wird von Amts wegen unternommen. Die Verjährung der Strafverfolgung richtet sich nach den Vorschriften des § 67 StGB.

[Unterlassungsansprüche]

§ 12

(1) Wer einer der Vorschriften dieses Gesetzes zuwiderhandelt, kann von jedem Gewerbetreibenden, der Waren oder Leistungen gleicher oder verwandter Art herstellt oder in den geschäftlichen Verkehr bringt, oder von Verbänden zur Förderung gewerblicher Belange, soweit sie als solche in bürgerlichen Rechtsstreitigkeiten klagen können, auf Unterlassung in Anspruch genommen werden.
(2) Nimmt in einem geschäftlichen Betriebe ein Angestellter oder Beauftragter Handlungen vor, die nach diesem Gesetz unzulässig sind, so ist der Unterlassungsanspruch auch gegen den Inhaber des Betriebes begründet.

[1] **Schadensersatzansprüche** gibt das Gesetz nicht. Da es sich bei ihm aber um ein Schutzgesetz handelt (BGH GRUR 64 S. 88 „Verona-Gerät“), können bei Verstößen gegen dasselbe Ersatzansprüche in Verbindung mit § 823 Abs. 2 BGB begründet sein. In der Regel wird unter dem Gesichtspunkt des gesetzwidrigen Wettbewerbsvorsprungs gegenüber den gesetzestreuen Mitbewerbern auch § 1 UWG mitverletzt sein, so daß sich aus ihm Schadensersatzansprüche ergeben; im Falle beiderseitigen Rabattverstoßes werden dagegen Ersatzansprüche in der Regel entfallen (BGH GRUR 70 S. 563 „Beiderseitiger Rabattverstoß“). Die Verjährung des Ersatzanspruchs unterliegt nach dem Grundgedanken des Gesetzes, da es ein Teil des Wettbewerbsrechts ist, der kurzen Sechsmonatsfrist des § 21 UWG (vgl. dort Anm. 4), zumal das Gesetz selbst einen Ersatzanspruch nicht gibt und dieser immer nur in Verbindung mit dem allgemeinen Wettbewerbsrecht entstehen kann (a. A. Hoth-Gloy S. 423, die die dreijährige Verjährungsfrist des § 852 BGB gelten lassen). Zum Wesen der Ersatzansprüche vgl. Anm. 260ff. zu § 1 UWG.

Der **Unterlassungsanspruch** ist derselbe, wie er das gesamte Wettbewerbsrecht beherrscht; über sein Wesen vgl. daher Anm. 238ff. zu § 1 UWG. Nach § 14 der D.V.O. (vgl. Anhang zu § 4) verjährt er in 6 Monaten, wenn er denkgesetzlich überhaupt verjähren kann (vgl. Anm. 7 zu § 21 UWG).

[2] Die Klageberechtigten sind dieselben wie in § 13 Abs. 1 UWG (vgl. daher die dortigen Erläuterungen Anm. 2—4a).

[3] Auch die **Haftung für Angestellte und Beauftragte** des Abs. 2 ist § 13 UWG nachgebildet, weshalb auf Anm. 10 zu § 13 UWG verwiesen werden kann. Wenn mehrere Personen an der Gewährung des Rabatts mitwirken, muß mindestens eine von ihnen Unternehmer sein (BGH GRUR 64 S. 88 „Verona-Gerät"), weil ein Rabattverstoß ohne Mitwirkung eines Unternehmens denkgesetzlich nicht möglich ist; aber es können bei solchen Verstößen auch diejenigen auf Unterlassung in Anspruch genommen werden, die ohne selbst der Unternehmer gewesen zu sein, nur mitgewirkt haben (BGH wie zuvor; GRUR 63 S. 438 „Fotorabatt"). Auch der Großhändler kann bei engen Beziehungen zum Einzelhändler dessen Verkäufe so beeinflussen, daß er selbst den Rabattverstoß als Haupttäter begeht (BGH a.a.O. „Verona-Gerät").

Dagegen kommt der den Rabatt empfangende Käufer als Unterlassungs-Verpflichteter wohl niemals in Betracht, wenn er sich auf die ihm zugewiesene Rolle des Rabattempfangs und auf die bloße Vorbereitung einer solchen notwendigen Teilnahme beschränkt, d.h. auch wenn er den Rabatt nachsucht, so daß er strafrechtlich Anstifter sein könnte (ähnlich OLG München GRUR 65 S. 197).

[Einigungsstellen]

§ 13

Die in § 27a des Gesetzes gegen den unlauteren Wettbewerb vorgesehenen Einigungsstellen können bei bürgerlichen Rechtsstreitigkeiten aus diesem Gesetz angerufen werden.

Die Vorschrift ist durch das Gesetz vom 11. 3. 57 (BGBl. I S. 172) neu gefaßt. (Vgl. Erläuterungen zu § 27a UWG).

[Inkrafttreten]

§ 14

Dieses Gesetz tritt am 1. Januar 1934 in Kraft.

[Tabakerzeugnisse]

§ 15

Die Vorschriften des *Gesetzes über das Verbot des Verkaufs von Tabakerzeugnissen unter Steuerzeichenpreis vom 21. September 1933* (*RGBl. I S. 653*) **bleiben, soweit sich aus ihnen etwas anderes ergibt, unberührt.**

Das Tabaksteuergesetz geht als Spezialgesetz dem Rabattgesetz vor. Nach ihm ist die Gewährung jeglicher Rabatte und Rückvergütungen verboten, wenn man vom

Kisten-Rabatt für Zigarren absieht, der bis zu 3% Nachlaß betragen darf, und von den Preisherabsetzungen bei Konkursen und Wertminderung durch Verderb u. dgl., die aber einer für jeden Einzelfall nachzusuchenden Sondergenehmigung des BFM bzw. der von ihm bestimmten Stellen bedürfen (vgl. auch Anm. 4 zu § 2). Bei solchen Sonderpreisen bzw. — nachlässen bleibt freilich § 9 RabG anwendbar (allg. M.).

[Kein Schadensersatz]

§ 16

Zum Ersatz eines Schadens, der durch die in diesem Gesetz bestimmten Maßnahmen entsteht, sind weder das Reich noch die Länder verpflichtet.

[Durchführungsermächtigung]

§ 17

Der Reichswirtschaftsminister erläßt die zur Durchführung dieses Gesetzes erforderlichen Rechts- und Verwaltungsverordnungen. *Er kann auch Vorschriften ergänzenden oder abändernden Inhalts erlassen.*

Die Ermächtigung ist gemäß Art. 129 Abs. 3 GG auf den Bundeswirtschaftsminister übergegangen. Die vom RWM erlassene DVO ist als Anhang zu § 4 abgedruckt (s. dort). S. 2 der Vorschrift ist verfassungswidrig.

ANHANG I

Erläuterungen zur Verordnung des Reichspräsidenten zum Schutze der Wirtschaft vom 9. März 1932 (RGBl. I S. 121)

(Reichsanzeiger Nr. 61 vom 12. März 1932)

Als Begleiterscheinungen der Wirtschaftskrise haben sich seit längerer Zeit erhebliche Ausartungen des Wettbewerbs auf dem Gebiet des Zugabe- und Ausverkaufswesens und bei dem Betrieb von Einheitspreisgeschäften bemerkbar gemacht, unter denen namentlich der gewerbliche Mittelstand zu leiden hat. Um die bedrohlichen Wirkungen dieser Mißstände rechtzeitig abzuwenden, war es erforderlich, die bereits seit längerem im Reichsrat und Reichswirtschaftsrat sowie mit den Wirtschaftsverbänden erörterten Schutzmaßnahmen unverzüglich in Kraft zu setzen...

Zur Erläuterung der Vorschriften wird folgendes bemerkt:

Zugabewesen

In immer steigendem Maße bedienen sich seit Beendigung der Inflationszeit Gewerbetreibende des Reklamemittels der Zugabegewährung, um Kunden anzulocken und sie zu möglichst fortgesetztem Warenbezug an den zugabegewährenden Geschäftsbetrieb zu binden. Das geschieht in der Hauptsache bei dem Verkauf von Lebens- und Genußmitteln, wie Kaffee, Kaffee-Ersatzmitteln, Margarine, Zigaretten usw., und bei Haushaltswaren des täglichen Gebrauchs, wie Seife und Waschmitteln, besonders aber bei Markenartikeln jeglicher Art. Regelmäßig werden solche Zugaben in der Form gewährt, daß der Käufer nicht gleichzeitig mit der eigentlichen Ware auch die Zugabe erhält, sondern zunächst nur einen der Ware beigefügten Gutschein und erst später gegen Ablieferung einer bestimmten Anzahl von Gutscheinen die Zugabe. Die Zugabeartikel selbst stammen vorzugsweise aus der Porzellan-, Glas-, Textil-, Leder- und aus der graphischen Industrie.

Allgemeines

Zur Erklärung der an sich eigenartigen Erscheinung, daß dem Käufer zu der Ware, deren Erwerb der Kauf bezweckt, Dinge mitgegeben werden, die dem eigentlichen Kaufgegenstand ganz fremd sind, wird von den Anhängern des Zugabewesens eine Reihe von Gründen angeführt. So namentlich, daß die Zugabe ein besonders zugkräftiges Reklamemittel (sogenannte „Wertreklame") darstelle und als solches ebenso berechtigt sei, wie die Zeitungs- oder jede sonstige Wort- oder Anschauungsreklame; wie diese könne sie lauter oder unlauter sein. Die

Zugabegewährung ersetze die Wort- oder Anschauungsreklame und sei wirtschaftlich wertvoll, da sie dem kaufenden Publikum an Stelle der sonst für Wort- und Anschauungsreklame aufgewendeten Ausgaben wirkliche Werte als Zugabeartikel gebe. Sie sei für kleinere und mittlere Betriebe das einzige Mittel, sich gegen die Konkurrenz kapitalkräftiger Firmen, die hohe Summen auf die Wort- und Anschauungsreklame verwenden können, zu behaupten. Denn die Wertreklame werde nur für wirklich abgesetzte Waren aufgewendet; sie stehe in einem festen Verhältnis zum Absatz, da man nichts für Reklame ausgebe, ohne Ware zu verkaufen. Die Wertreklame habe bedeutenden, für das Zugabewesen arbeitenden Industrien Aufschwung und vermehrten Absatz verschafft.

Diesen zugunsten des Zugabewesens geltend gemachten Gründen stehen überwiegende Bedenken entgegen. Zunächst trifft es im allgemeinen nicht zu, daß die sogenannte Wertreklame das Inserieren in den Zeitungen und sonstige Ankündigungen entbehrlich mache. Tatsächlich wirkt sich die Gewährung von Zugabemitteln als Reklame doch erst aus, wenn in größerem Umfang durch Ankündigungen darauf aufmerksam gemacht wird. Ferner ist die Annahme nicht gerechtfertigt, daß die Produktion und der Umsatz solcher Waren, wie sie als Zugabeartikel gegeben werden, infolge des Zugabesystems regelmäßig vergrößert werden; denn es handelt sich bei den Zugaben zumeist um Waren, die vom Publikum ohnehin benötigt werden und die in den betreffenden Spezialgeschäften gekauft werden müßten, wenn sie nicht als Zugabeartikel gegeben würden. Vor allem aber kommen die Auswirkungen in Betracht, die das Zugabewesen für das kaufende Publikum und die Entwicklung des wirtschaftlichen Wettbewerbs im ganzen mit sich bringt. Unter diesem Gesichtspunkt ergibt sich, daß das Zugabesystem Nachteile schwerwiegender Art im Gefolge hat.

In dieser Hinsicht wird von den Gegnern des Zugabewesens ausgeführt, daß die Wertreklame im Gegensatz zur Wort- und Anschauungsreklame die Aufmerksamkeit des Käufers von der anzukaufenden Hauptware fortziehe und sie auf einen für den Kauf ganz unwesentlichen Nebenvorgang, die Zugabe, lenke. Die Gefahr liege außerordentlich nahe, daß die zum Ankauf reizende Zugabe nur auf Kosten der Qualität der eigentlichen Ware geliefert werden könne und daß der Käufer diese in Wirklichkeit zu teuer bezahle. Mit Vorliebe werde deshalb von dem Zugabesystem bei Waren Gebrauch gemacht, bei denen es viele, nur schwer erkennbare Qualitätsunterschiede gebe, die leicht verschleiert werden könnten, ohne daß der Käufer dessen gewahr werde. Für den Käufer bedeute die Zugabe vielfach eine Verleitung zu unwirtschaftlicher Haushaltsführung. Er werde sich bei der Auswahl der Ware und der Verkaufsstelle häufig durch die in Aussicht gestellte Zugabe bestimmen lassen und nur um die Zugabe zu erlangen, Waren über den Bedarf und ohne Rücksicht auf ihre Beschaffenheit und Preiswürdigkeit anschaffen. Das gelte namentlich für die im Haushalt Angestellten, für die die Zugabe wie eine Bestechung wirke. Wie der Käufer durch das Gutscheinsystem unzweckmäßig an eine Verkaufsstelle gebunden werde, trete dasselbe auch für den Händler gegenüber dem Hersteller und Lieferanten der Ware ein. Daneben bringe das Zugabewesen eine überflüssige und unwirtschaftliche Inanspruchnahme von besonderen Lagerräumen sowohl beim Produzenten wie beim Händler mit sich. Es müsse zudem mit der Möglichkeit gerechnet werden, daß das sehr viel kapitalkräftigere Ausland sich Teile des deutschen Marktes mit dem Mittel der Zugabereklame erobern werde. Eine besonders unerwünschte Folge sei es auch, daß die Zugabewaren oft von nicht fachkundigen Persönlichkeiten eingekauft würden und daß dem branchekundigen Einzelhandel der Absatz eines Teils jener Artikel entzogen werde, die als Zugaben in die Hände der Verbraucher gelangten.

Wie das Gutachten des Vorläufigen Reichswirtschaftsrats vom 12. Mai 1930 — Druckausgabe des Vorläufigen Reichswirtschaftsrats Nr. 367 — ergibt, sind die gegen das Zugabewesen vorgebrachten Bedenken zum großen Teil gerechtfertigt. Dabei stehen zwei Momente im Vordergrund, die ein gesetzgeberisches Vorgehen geboten erscheinen lassen. Einmal trägt das Zugabewesen notwendig die Gefahr einer Übersteigerung in sich, die sich wirtschaftlich auf die Dauer höchst nachteilig auswirken muß. Da die Zugabe eine Reklameart darstellt, die stärker in die Augen springt als die Anschauungsreklame und gerade auf die Augen springt als die Anschauungsreklame und gerade auf die breiten und weniger geschäftskundigen Massen Anziehungskraft ausübt, so muß damit gerechnet werden, daß mehr und mehr auch solche Firmen, die bisher von der Zugabereklame keinen Gebrauch gemacht habe, gezwungenermaßen dazu übergehen, um sich der Konkurrenz zu erwehren. Damit wäre die Zuverlässigkeit des Geschäftsverkehrs in hohem Maße in Frage gestellt. Denn zweifellos würde ein Verkäufer den anderen mit dem Hinweis auf den hohen Wert seiner Zugabe zu übertrumpfen suchen und der Güte der Verkaufsware selbst immer geringere Aufmerksamkeit schenken, so daß eine Verschlechterung ihrer Qualität nicht ausbleiben könnte. Dann aber ist diese Reklameart deshalb zu beanstanden, weil sie das Publikum außerordentlich leicht über den Wert der eigentlichen Ware in Irrtum versetzt. Mit dem Zugabewesen ist die Unklarheit über den Wert der Hauptware und der Nebenleistungen unvermeidlich verbunden.

Das geltende Recht hat sich für die Bekämpfung der mit dem Zugabesystem zusammenhängenden Mißbräuche nicht als ausreichend erwiesen. In dieser Hinsicht ist in dem Gutachten des Reichswirtschaftsrats zutreffend dargelegt, daß die Vorschriften des § 1 des Gesetzes gegen den unlauteren Wettbewerb und die §§ 823, 826 BGB eine genügend sichere Handhabe nicht bieten. Die Rechtssprechung hat auf dieser Grundlage darüber, ob und inwieweit die Gewährung von Zugaben gegen die guten Sitten verstößt, ausreichend feste Ergebnisse nicht zu zeitigen vermocht; Rechtssicherheit ist aber sowohl für die Gewerbetreibenden wie für das kaufende Publikum das erste Gebot. Das gilt gleicherweise für die Bewertung der gegen unrichtige und betrügerische Reklame gerichteten Vorschriften der §§ 3 und 4 des Wettbewerbsgesetzes, soweit die Bekämpfung unlauterer Zugaben in Frage steht. Mit gutem Grunde wird in dem Gutachten des Reichswirtschaftsrats auf die ungemeinen Schwierigkeiten hingewiesen, die sich für die Feststellung des vom Reichsgericht für die Lauterkeit von Zugaben aufgestellten Merkmals („Verkauf der eigentlichen Ware zu einem Preis, der sich innerhalb der Grenzen hält, in denen Waren von gleicher Art und Güte von Geschäften ähnlichen Ranges am gleichen Platz zur selben Zeit verkauft zu werden pflegen") regelmäßig ergeben. Die Preisbemessung ist eine dem einzelnen Gewerbetreibenden zu überlassende Frage der Kalkulation, die sich nach den besonderen Bedingungen, unter denen jeder Geschäftsbetrieb arbeitet, verschieden gestalten wird. Ein Eindringen in alle Einzelheiten der Preisrechnung beim zugabegewährenden Händler und seinen Konkurrenten wird deshalb in den seltensten Fällen durchführbar sein.

Um den geschilderten Mißständen zu begegnen, sind klare Bestimmungen erforderlich, die den Gerichten bestimmte, nachprüfbare Voraussetzungen an die Hand geben. Mit dem Gutachten des Reichswirtschaftsrats wird davon auszugehen sein, daß Voraussetzung für die Zulassung von Zugaben zu sein hat, daß die Konsumenten über den wirklichen Wert der Zugabe nicht im unklaren gehalten werden. Es muß eine feste Berechnung für sie möglich sein, welcher Teil des ihnen abverlangten Preises auf die eigentliche Ware und welcher Teil auf die Nebenleistungen entfällt. Nur dadurch wird die Zugabereklame durchsichtig gemacht und die Gefahr einer Täuschung der Kundschaft beseitigt. Von dieser Erwägung geht die Verordnung aus, in dem sie grundsätzlich Zugaben verbietet und die im Interesse des Verkehrs vorzusehenden Ausnahmen auf die Fälle beschränkt, in denen die gebotene Klarheit für das Publikum gewährleistet bleibt.

Im einzelnen ist folgendes zu bemerken:

§ 1 Abs. 1 enthält das grundsätzliche Verbot der Zugabe. Das Verbot ist nicht auf die im Einzelhandel gegebenen Zugaben beschränkt, vielmehr auf den geschäftlichen Verkehr im allgemeinen ausgedehnt. Es sollen also auch die Zugaben getroffen werden, die vom Fabrikanten oder Großhändler an die Zwischenhändler gegeben werden, ferner die Zugaben in Gastwirtschaften, in Handwerksbetrieben und dergleichen.

Das Verbot der Zugabe beschränkt sich nicht nur auf die Fälle des Verkaufs einer Ware. Die beim Zugabewesen hervorgetretenen Mißbräuche können ebenso in Geschäftsbetrieben eintreten, die bestimmte Leistungen für ihre Kunden gewerbsmäßig vornehmen (wie z.B. Färbe- und Reinigungsanstalten). Es macht ferner keinen Unterschied aus, ob die Zugabe selbst in einer Ware oder in einer Leistung besteht; Leistungszugabe wie z.B. Photoschecks, wirken sich wirtschaftlich ebenso aus wie die Warenzugabe. Um Umgehungen des Verbots vorzubeugen, ist im Abs. 1 ausdrücklich hervorgehoben, daß als Zugabe auch solche Zuwendungen anzusehen sind, für die zwar ein Entgelt verlangt wird, jedoch nur in so geringer Höhe, daß dies offenbar bloß zum Schein geschieht. Dazu wird allgemein zu bemerken sein, daß der Verdacht einer verschleierten Zugabe dann naheliegt, wenn der als Zugabe in Betracht kommende Gegenstand gegen ein Entgelt abgegeben wird, das hinter dem ortsüblichen Preise für gleichartige Waren (oder

Leistungen) wesentlich zurückbleibt. Weiter ist es zur Vermeidung von Umgehungen angezeigt, durch eine ausdrückliche Bestimmung den Fall zu erfassen, daß die Zugabe zur Verschleierung ihres Wesens mit der Hauptware oder Hauptleistung zu einem Gesamtpreis angeboten, angekündigt oder gewährt wird.

Das Verbot des Abs. 1 beschränkt sich nicht auf das Angebot oder die Ankündigung von Zugaben, wie dies das österreichische Gesetz vom 20. Juli 1929 (Bundesgesetzblatt Seite 899) tut. Wenn auch der Zugabe mit dem Ankündigungsverbot ein großer Teil ihrer werbenden Kraft genommen wird, erscheint dies doch zur Unterdrückung der Mißbräuche allein nicht ausreichend. Neben der Ankündigung und dem Angebot ist vor allem die Gewährung der Zugabe selbst zu verbieten.

§ 1 Abs. 2 macht von dem generellen Verbot die Ausnahmen, die erforderlich sind, um den Handel die Bewegungsfreiheit zu lassen, deren er bedarf, und die ohne Gefahr für das kaufende Publikum eingeräumt bleiben.

So sind unter a solche Gegenstände freigelassen, die unter dem Schlagwort der Kundenbelohnung zusammengefaßt werden können. Reklamegegenstände geringen Wertes, auf denen auffällig und unverwischbar eine Reklameinschrift angebracht ist, wie der Hergabe von Fähnchen und Luftballons mit Firmenaufdruck, Taschenkalendern mit gleicher Reklameaufschrift, Kundenzeitschriften usw., spielen wirtschaftlich keine Rolle und beruhigen den lauteren Geschäftsverkehr nicht. Dasselbe gilt von den geringwertigen Kleinigkeiten, die beim Warenverkauf gegeben werden, wie eine Schreibfeder beim Einkauf von Schulheften, einzelne Zuckerwerkstückchen für Kinder, ferner gewebte Etiketten, Wappen, Flaggen, die den Zigarettenpackungen beigelegt werden und dergleichen.

Die zu b und c aufgeführten Ausnahmen betreffen den Bar- und den Warenrabatt. Beide Formen des Rabatts lassen ohne weiteres den Wert der Zuwendung erkennen und schließen daher eine Täuschung über das Maß der gebotenen Begünstigung und damit eine Verschleierung des Preises aus.

Wenn unter d handelsübliches Zubehör zur Ware und handelsübliche Nebenleistungen gestattet werden, so wird dadurch einer bestehenden unbedenklichen Gepflogenheit im geschäftlichen Verkehr Rechnung getragen. Eine dem Üblichen entsprechende Verpackung der Ware, eine Nebenleistung wie die unentgeltliche Zusendung der Ware und dergleichen sind nicht zu beanstanden; ihre Zulassung gibt zu Mißbräuchen keinen Anlaß.

Die Ausnahme unter e, die Zugaben zulassen will, wenn dem Käufer das Recht eingeräumt wird, statt der Zugabe einen bestimmten baren Geldbetrag zu verlangen, ist die praktisch wichtigste. Die Ausnahme entspricht dem gutachtlichen Vorschlag des Reichswirtschaftsrats. Wie bereits hervorgehoben, ist für die Zulassung dieser Ausnahme der Gesichtspunkt maßgeblich, daß bei der Einräumung eines Anspruchs auf einen baren Geldbetrag jede Unklarheit in der Preisberechnung für den Käufer schwindet. Dem Verkäufer soll es überlassen bleiben, den Barbetrag ziffernmäßig zu bestimmen, jedoch mit der Maßgabe, daß er nicht geringer sein darf als der Einstandspreis der Zugabe. Diese Einschränkung erscheint erforderlich, um zu verhüten, daß der Barbetrag so gering bemessen wird, daß in ihm auch nicht annähernd eine Abfindung für die Zugabe gesehen werden kann. Eine solche Möglichkeit würde der Ausnahme unter e ihren Sinn nehmen; denn bei einem Barbetrag, mit dessen Annahme sich der Käufer offenbar schädigen würde, käme eine Wahl zwischen Zugabe und Barbetrag in Wirklichkeit nicht mehr in Betracht. Eine Begrenzung des Barbetrags nach oben erscheint entbehrlich, da der Verkäufer ein Interesse daran hat, sich durch die Bezahlung nicht zu stark zu belasten. Um die nötige Sicherung des kaufenden Publikums herbeizuführen, ist es nötig, daß beim Angebot oder der Ankündigung einer Zugabe auf die Wahlbefugnis und auf die in Betracht kommenden Geldbeträge ausdrücklich hingewiesen wird. Der Verkäufer ist jedoch nicht gehalten, bei der Bezeichnung des Barbetrags Angaben über seine Errechnung zu machen. Von einer Vorschrift dieser Art ist mit Bedacht abgesehen worden, weil die Befürchtung nicht von der Hand zu weisen ist, daß das kaufende Publikum durch Angaben über die Erstehungskosten zu irrtümlichen und nachteiligen Schlüssen über die Preisbildung in anderen Geschäften veranlaßt werden könnte, die als Fachgeschäfte Waren ähnlicher Art, wie sie als Zugabe dienen, in den Verkehr bringen.

Die Ausnahme zu f ist in erster Linie mit Rücksicht auf das Zeitungsgewerbe aufgenommen worden. Erfahrungsgemäß erteilen Zeitungen, ganz besonders die Fachzeitungen, den Beziehern häufig kostenlos Auskünfte und Ratschläge; in manchen Fällen ist diese Auskunftserteilung geradezu die Voraussetzung für die Aufnahme und Aufrechterhaltung des Bezugs. Die Ausnahme ist indessen nicht auf den Fall des Zeitungserwerbs beschränkt, sondern allgemein gefaßt, da es im Einzelhandel häufig begegnet, daß die Verkäufer von Gebrauchsgegenständen den Käufern eine nähere unentgeltliche Unterweisung über den Gebrauch des Gegenstandes zusichern. Mögen solche Unterweisungen auch zumeist handelsüblich sein (zu vgl. Ausnahme unter d), so soll die Vorschrift unter f doch zweifelsfrei feststellen, daß alle Fälle der Auskunftserteilung ohne Rücksicht auf die Frage ihrer Handelsüblichkeit von dem Zugabeverbot ausgenommen sind.

Die Ausnahme unter g betrifft Versicherungsgeschäfte, die von Zeitungs- und Zeitschriftenunternehmungen zugunsten der Bezieher der Zeitungen oder Zeitschriften abgeschlossen werden, und berücksichtigt damit eine Gepflogenheit im Zeitungsgewerbe die zu wirtschaftlichen Schäden bisher nicht geführt hat. Voraussetzung ist dabei, daß es sich um gesetzlich zulässige Versicherungen handelt, insbesondere also um solche, die vom Reichsaufsichtsamt für Privatversicherung oder der sonst zuständigen Stellen genehmigt worden sind.

Der Abs. 3 entspricht den Vorschlägen des Reichswirtschaftsrats, die besonderes Gewicht darauf legen, daß unter allen Umständen bei dem Publikum der Eindruck vermieden werden muß, als sei die Zugabe ein Geschenk, da dies in jedem Falle eine Irreführung bedeuten würde. Die dem Verkäufer durch die Zugabe entstehenden Unkosten werden in jedem Falle in die Preiskalkulation der Ware mit eingeschlossen; die Zugabe stellt also niemals eine unentgeltliche Zuwendung dar. Für die in einer großen Zahl von Fällen hervorgetretenen Mißbräuche der Ankündigung von Geschenken, Gratiszugaben und dergleichen darf kein Raum bleiben.

Weiterhin ist im Abs. 3 verboten, die Zugabe von dem Ergebnis einer Verlosung oder einem anderen Zufall abhängig zu machen. Dabei ist hauptsächlich an solche Fälle gedacht, in denen dem Käufer z.B. versprochen wird, daß in jedem fünften Paket eine Zugabe enthalten sei oder daß bei einem Einkauf über einen bestimmten Betrag hinaus durch Ziehung eines Loses ein Gewinn erlangt werden kann und dergleichen. In Fällen dieser Art wird es oft nicht möglich sein, das Vorliegen einer nach § 286 des Strafgesetzbuchs strafbaren Lotterie oder Ausspielung festzustellen, da es an der Voraussetzung des Einsatzes auf seiten des Käufers fehlen wird. Vielfach wird schon unter Heranziehen des § 1 des Wettbewerbsgesetzes gegen Geschäftspraktiken dieser Art, als mit den anständigen kaufmännischen Gepflogenheiten nicht vereinbar, eingeschritten werden können. Zur Erhöhung der Rechtssicherheit ist aber ausdrücklich festgestellt, daß Zugaben, die derart vom Zufall abhängig sind, zu den durch das vorliegende Gesetz verbotenen gehören.

§ 2 regelt die bürgerlich-rechtlichen Folgen einer Übertretung der Vorschriften des § 1. Bei einer bloß objektiven Zuwiderhandlung, bei der dem Gewerbetreibenden weder Vorsatz noch Fahrlässigkeit zur Last fällt, ist auf jedem Fall ein Unterlassungsanspruch begründet. Wie bei den entsprechenden Tatbeständen im Gesetz gegen den unlauteren Wettbewerb ist der Unterlassungsanspruch den Wettbewerbern gegeben, die Waren gleicher oder verwandter Art herstellen oder vertreiben (zu vgl. § 13 des Wettbewerbsgesetzes), mit der Besonderheit, jedoch, daß hierbei auch Waren berücksichtigt werden, die von den Zuwiderhandelnden als Zugabeartikel gegeben werden. Denn es ist von Wichtigkeit, daß auch die durch die Gewährung von Zugabeartikeln benachteiligten Spezialgeschäfte, die solche Artikel als Hauptware vertreiben, sich gegen diese Beeinträchtigungen wehren können. Die übrigen Vorschriften im § 2 entsprechen der in §§ 13, 21 des Wettbewerbsgesetzes für ähnliche Fälle bestehenden Regelung.

§ 3 sieht, um dem Zugabeverbot den nötigen Nachdruck zu geben, eine Strafandrohung vor, die sich jedoch nach Lage der Dinge auf Geldstrafe beschränken kann. Auch soll die Strafverfolgung nur auf Antrag eintreten.

§ 4 eröffnet für die Verfolgung der Vergehen des § 3 den Weg der Privatklage.

§ 5 nimmt, um möglichst schnell zu einer Beruhigung des durch die Zugabemißbräuche gestörten Geschäftsleben zu gelangen einen verhältnismäßig naheliegenden Termin für das Inkrafttreten der Vorschriften in Aussicht, der andererseits für die beteiligten Gewerbetreibenden ausreichen wird, um sich auf die neue Rechtslage umzustellen. Die im Anschluß daran gegebenen Übergangsvorschriften sollen den Bedürfnissen der zugabegewährenden Firmen und des Publikums in bezug auf die Abwicklung laufender Zugabegeschäfte Rechnung tragen. Namentlich wird der Fall in Betracht kommen, daß der Käufer im Zeitpunkt des Inkrafttretens der Vorschriften erst einen Teil der zur Forderung der Zugabe berechtigenden Gutscheine erworben hat.

ANHANG II

Begründung zum Gesetz über Preisnachlässe (Rabattgesetz) vom 25. November 1933 (RGBl. I S. 1011)

(Veröffentlicht vom Reichswirtschaftsministerium)
(Reichsanzeiger Nr. 284 vom 5. Dezember 1933)

Der Umfang der im Einzellhandel gewährten Preisnachlässe (Rabatte) hat seit Eintritt fester Währungsverhältnisse immer mehr zugenommen. Nach den Feststellungen der Forschungsstelle für den Handel in Berlin betrugen im Jahre 1931 die mit einem Preisnachlaß verbundenen Umsätze im Einzelhandel 6,8 Milliarden Reichsmark, die zurückvergüteten Preisnachlaßbeträge etwa 250 Millionen Reichsmark. Im einzelnen hat diese Entwicklung in den letzten Jahren zu Ausartungen geführt, die ein gesetzgeberisches Eingreifen notwendig machen. Das Gesetz über Preisnachlässe soll diese auf dem Gebiet des Preisnachlaßwesens im Einzelhandel hervorgetretenen starken Mißstände beseitigen.

Diese Mißstände liegen einmal darin, daß vielfach Nachlässe in einer Höhe gewährt werden, die mit einer normalen kaufmännischen Betriebsrechnung nicht mehr in Einklang steht. Im einzelnen schwankt die Höhe des Preisnachlasses zwischen 2 und 10 v.H. Ferner werden in sich steigerndem Umfange Nachlässe an alle möglichen Käuferschichten gegeben. Da diese Sondernachlässe in der Regel mit einer gewissen Werbung für die den Nachlaß gewährenden Unternehmungen verbunden sind, ist auch hier der Nachlaßsatz vielfach auf eine Höhe hinaufgetrieben worden, die die Grenzen der Wirtschaftlichkeit überschreitet. Weitere Klagen beziehen sich auf die ebenfalls immer stärker hervortretenden wilden Nachlässe mehrerer zum Zweck der Herausgabe gemeinsamer Spar-(Rabatt-)Marken zusammengeschlossener Einzelhandelsunternehmungen, bei denen vielfach die spätere Einlösung der Sparmarken nicht genügend gesichert ist. Dazu kommt die Gefahr, daß, nachdem das Gesetz über das Zugabewesen vom 12. 5. 33 (RGBl. I S. 264) die Möglichkeit, Zugaben zu gewähren, mit Wirkung v. 1. 9. 33 ab beseitigt hat, die Unternehmungen, die bisher Zugaben gewährt haben, nunmehr auf dem Gebiet der Preisnachlässe einen Ausgleich suchen. Die den Preisnachlässen dadurch zukommende erhöhte Bedeutung einerseits, die Forderungen nach Abschaffung oder Einschränkung der Nachlaßgewährung und schließlich die sich in dieser Richtung häufenden Einzeleingriffe örtlicher Stellen andererseits, machen eine einheitliche reichsgesetzliche Regelung notwendig.

Die gesetzliche Regelung kann nicht zum Ziel haben, die Preisnachlässe völlig auszuschließen und zu beseitigen, vielmehr muß das Bestreben dahin gehen, die Nachlaßgewährung entsprechend dem in ihr steckenden gesunden Kern auf den erzieherischen Grundgedanken zurückzuführen: „Kein Preisnachlaß ohne Gegenleistung". Ferner ist in Betracht zu ziehen, daß die Preisnachlässe Abwehrmaßnahmen darstellen, die besonders in den Kreisen des mittelständischen Gewerbes gegen die Rückvergütung der Konsumvereine getroffen worden sind. Auch gegenüber den Preisen und Werbemöglichkeiten der Warenhäuser und Großbetriebe im Einzelhandel wird in dem mittelständischen Gewerbe mit Hilfe der Preisnachlässe eine wirksame Abwehr versucht. Grundsätzlich ist gegen den Preisnachlaß als Wettbewerbsmittel nichts einzuwenden, solange er sich innerhalb einer vernünftigen und gesunden kaufmännischen Preisrechnung bewegt. Die vorgeschlagene gesetzliche Regelung beschränkt sich daher auf die Bekämpfung der verschiedenen Auswüchse. Sie sieht ferner davon ab, die beim Warenverkehr zwischen den verschiedenen Wirtschaftsstufen üblichen Preisnachlässe in ihr Anwendungsgebiet einzubeziehen, weil sowohl die Bedingungen, unter denen sie zustande kommen, wie ihre wettbewerbsmäßigen Auswirkungen grundsätzlich anders sind als beim Preisnachlaß des Einzelhandels an den Verbraucher. Deshalb beschränkt sich der Entwurf auf den in § 1 bezeichneten Geschäfts- und Personenkreis. Dabei ist es gleichgültig, ob der Gewerbetreibende, der die Waren verkauft oder die Leistungen bewirkt, ein Einzelhandels-, Herstellungs- oder Einfuhrunternehmen betreibt; es genügt, daß gewerbsmäßig an den letzten Verbraucher Waren verkauft oder Leistungen bewirkt werden. Auch Versandgeschäfte und ähnliche Unternehmungen werden also im geschäftlichen Verkehr mit dem letzten Verbraucher von den Vorschriften des Gesetzes erfaßt werden; dagegen werden Leistungen eines Versicherers auf Grund von Versicherungsverträgen nicht betroffen, da sie nicht als gewerbliche Leistungen im Sinne dieses Gesetzes anzusehen sind.

In § 1 Abs. 2 werden die Preisnachlässe im Sinne des Gesetzentwurfes gekennzeichnet als Nachlässe von den Preisen, die der Unternehmer ankündigt oder allgemein fordert, oder als Sonderpreise, die wegen der Zugehörigkeit zu bestimmten Verbraucherkreisen, Berufen, Vereinen oder Gesellschaften (Sondernachlässe) gewährt werden. Gerade die Gruppe der Sondernachlässe und -preise gehört zu den Fällen, in denen Nachlässe ohne eigentliche Gegenleistung gewährt werden. Diese verfolgen den Zweck, bestimmte Verbraucherkreise, Vereinsmitglieder oder Berufsgruppen, z.B. Beamte oder Festangestellte, als Kunden heranzuziehen und damit eine Umsatzvermehrung zu erzielen. Zu ihrer Begründung wird gelegentlich geltend gemacht, eine gewisse Gegenleistung liege darin, daß die Bezahlung, und zwar auch bei Teilzahlungen, durch das feste Einkommen der in Betracht kommenden Kundschaft gesichert sei. Auch führe die Werbewirkung in den betreffenden Berufsständen zu einem stärkeren Absatz. Die Sondernachlässe und -preise sind jedoch nicht nur in den Kreisen von Einzelhandel, Handwerk und Gewerbe je länger desto stärker abgelehnt und bekämpft worden, sondern auch in den Kreisen der Abnehmer und Verbraucher hat sich im Laufe der Jahre ein immer stärkerer Widerstand geltend gemacht, weil die unterschiedliche Behandlung der Kunden mit dem Grundsatz gleicher Preisstellung nicht vereinbar ist. Der Entwurf glaubt dehalb, die Sondernachlässe und ebenso die Einräumung von Sonderpreisen an bestimmte Gruppen und Schichten von Verbrauchern grundsätzlich beseitigen zu sollen. Die sich als notwendig erweisenden Ausnahmen von dem allgemeinen Verbot bringt § 9 im dritten Abschnitt (vgl. dort).

Durch das Verbot der Sondernachlässe und -preise wird die Möglichkeit, im Wert geminderte Ware billiger zu verkaufen, nicht ausgeschlossen, da der Entwurf eine Herabsetzung der Preise allgemein oder für einzelne Stücke nicht ausschließt. In diesen Fällen wird der Preis nicht wegen der Zugehörigkeit des Abnehmers zu bestimmten Verbraucherkreisen geändert, sondern aus Gründen, die im Geschäft des Unternehmers liegen, so zum Beispiel wegen der Beschaffenheit der Ware oder aus Gründen des Geschmackswechsels. Der Unternehmer muß den herabgesetzten Preis für die betreffenden Stücke dann aber auch als den allgemeinen, tatsächlichen Preis und nicht als einen Nachlaß in Hundertsätzen ankündigen oder fordern.

Zu § 2: Eine besondere Stellung unter den Preisnachlässen nehmen die für sofortige Barzahlung gewährten Nachlässe (Barzahlungsnachlässe) ein. Sie haben den Zweck, den Kunden zur Barzahlung zu erziehen und das Borgen der Kundschaft mit seinen Verlusten und Ausfällen einzuschränken. Die Barzahlung, die bei den Großbetrieben eine wesentliche Voraussetzung ihres Geschäfts und ihrer Berechnung ist, soll auch dem Einzelunternehmer zugute kommen, die Flüssigkeit seines Unternehmens stärken und ihm die Ausnutzung der von den Lieferanten gewährten Barzahlungsvorteile (Nachlässe), Skonti) ermöglichen. In den letzten Jahren haben aber die Barzahlungsnachlässse zuerst in langsamer, später in geradezu stürmischer Entwicklung eine solche Höhe angenommen, daß eine gesetzgeberische Begrenzung notwendig erscheint. Die zum Teil wilde Steigerung der Preisnachlaßhöhe führt zu einer solchen Verminderung des Rohgewinns, daß die Lebensfähigkeit vieler — besonders kleinerer — Geschäfts-, Gewerbe- und Handwerksbetriebe in Frage gestellt wird. Damit würde das Gegenteil von dem erreicht sein, was der Barzahlungsnachlaß bezweckt. Aus diesen Gründen ist die Festsetzung eines Höchstsatzes geboten. Dieser erscheint nach den bisherigen Erfahrungen mit 3 v.H. angemessen. Höhere Preisnachlässe sind in der Mehrzahl der Fälle ohne Verminderung des Reingewinns und ohne Verzehr des Betriebsvermögens nicht möglich und daher schädlich.

Zu § 3: § 3 enthält eine Gleichstellung der Preisnachlässe bei Lieferungen und Leistungen, die für einen bestimmten Zeitabschnitt abgerechnet werden. In vielen Gegenden werden Lebensmittel, insbesondere Kolonialwaren, Fleisch- oder Backwaren, aber auch andere Haushaltsgegenstände vielfach mit oder ohne Eintragung in ein Liefer-(Konto-)Buch wöchentlich oder monatlich abgerechnet und beglichen. Es erscheint angebracht, in solchen Fällen die Gewährung eines Barzahlungsnachlasses nicht auszuschließen. Die Begrenzung des Zeitabschnittes auf längstens einen Monat soll verhindern, daß durch zu lange Abrechnungszeiträume der Zweck des §2 umgangen und daß trotz der in dieser Abrechnungsweise liegenden Kreditgewährung noch ein Barzahlungsnachlaß bei späterer Zahlung in Anspruch genommen wird.

Zu § 4: § 4 schreibt den sofortigen Abzug des Nachlasses vom Preis oder die sofortige Hingabe bar einzulösender Gutscheine vor. Dadurch soll sichergestellt werden, daß dem Barzahlungsnachlaß auch tatsächlich eine Gegenleistung, nämlich die Barzahlung, gegenübersteht. Nach Abs. 1 Satz 2 soll bei den genannten „Eigennachlässen" der für die Einlösung der ausgegebenen Scheine erforderte Mindestumsatzbetrag an Waren oder Leistungen 50 RM nicht überschreiten. Diese Regelung will nach Möglichkeit den Mißstand einschränken, daß die Kunden des Vorteils der Auszahlung der Nachlaßbeträge durch in der Zwischenzeit eingetretene Zahlungsunfähigkeit des Unternehmers verlustig gehen. Bei einem Nachlaßsatz von 3 v.H. wird nach der vorgeschlagenen Regelung das Risiko des Kunden jeweils nur 1,50 RM betragen. Nach Abs. 2 soll ferner auch die Nachlaßgewährung, die zu diesem Zweck gebildete Vereinigungen durch Hingabe von Gutscheinen, Marken und dergleichen gewähren (sogenannter „organisierter Preisnachlaß", z. B. durch Rabattsparvereine), nur zulässig sein, wenn sich solche Vereinigungen jährlich einer unabhängigen Pflichtprüfung unterwerfen. Dadurch soll verhindert werden, daß die Verbraucher durch schlechte Geschäftsführung und Zusammenbrüche der nachlaßgewährenden Vereinigungen um die ihnen zustehenden Nachlaßbeträge gebracht oder sonst in unlauterer Weise geschädigt werden. Angesichts dieser Pflichtprüfung erscheint die Festsetzung einer Höchstgrenze für den geforderten Mindestumsatzbetrag bei dem organisierten Preisnachlaß entbehrlich.

Den verschiedenen Vorschlägen, eine staatliche Reichssparmarke zu schaffen (Einheitsrabattsystem), die die nachlaßgewährenden Unternehmer bei staatlichen Stellen (etwa den Postämtern) zu kaufen hätten, konnte nicht zugestimmt werden. Eine solche Regelung würde einmal zu einer erheblichen Belastung der öffentlichen Verwaltung und ferner zu einer starren Vereinheitlichung des Preisnachlaßwesens führen. Demgegenüber stellt die vorgeschlagene Einschränkung des Eigennachlasses und die Überwachung des organisierten Preisnachlasses die nachgiebigere, den wirtschaftlichen Bedürfnissen eher gerecht werdende Regelung dar, da sie dem einzelnen einen größeren Spielraum läßt.

Zu § 5 (wurde am 21. 7. 54 neu gefaßt): Wenn § 5 die Rückvergütung der Konsumvereine in die Regelung einbezieht, so erscheint das gerechtfertigt, weil sich die Rückvergütung im Wettbewerb praktisch ebenso auswirkt wie ein Preisnachlaß. Wie sie einst der Anstoß zur Nachlaßgewährung überhaupt gewesen ist, wurde sie vielfach der Anlaß für die übergroße Höhe der Nachlaßsätze. Etwaige weitere Beträge sollen die Konsumvereine künftig als Gewinnanteile nach Maßgabe der Geschäftsanteile ausschütten.

Zu § 6: Die Vorschrift des § 6 ist notwendig, um zu verhindern, daß die Großbetriebe künftig über die billige Preisstellung hinaus auch noch Barzahlungsnachlässe, etwa durch ein besonderes Markensystem, einführen. Das gleiche gilt für Konsumvereine („Konsumvereine" wurde gestrichen durch Gesetz vom 21. 7. 54) und Werkskonsumanstalten; gerade die letzteren geben vielfach über die günstige Preisstellung hinaus auch noch Rabattmarken aus.

Zu §§ 7 u. 8: Neben dem Barzahlungsnachlaß spielt der Mengennachlaß eine praktisch besonders wichtige Rolle. Ebenso wie der Barzahlungsnachlaß ist er grundsätzlich gerechtfertigt, weil bei der Abnahme einer größeren Menge die Unkosten entsprechend geringer sind. Außerdem wird durch den Mengennachlaß eine volkswirtschaftlich nützliche Nebenwirkung ausgeübt, die die Läger verringert und den Umsatz vergrößert (z. B. Abnahme einer ganzen Kiste Zigarren, eines Kastens Seife oder Anstrich eines ganzen Hauses). Die §§ 7 u. 8 treffen nur die wirklichen Mengennachlässe durch Preisabschlag und Hingabe gleicher Waren. Sie finden also auf eine von vornherein berechnete günstigere Preisstellung für größere Mengen keine Anwendung; eine derartige besondere Preisstellung ist vielfach bei solchen Waren üblich, die bei Abnahme größerer Mengen geringere Verpackungskosten verursachen und schon dadurch die Preisstellung beeinflussen, wie z.B. bei Waren, die in Dosen, Tuben, Flaschen und dgl. abgegeben werden. Für den Mengennachlaß, soweit er vom Preise abgezogen wird, einen dem Barzahlungsnachlaß entsprechenden Höchstsatz von 3 v.H. festzusetzen, ist bei der Verschiedenheit und Vielgestaltigkeit des Mengennachlasses in den einzelnen Geschäfts- und Warenzweigen nicht möglich. Der Entwurf stellt daher Art und Umfang des Mengennachlasses auf die Handelsüblichkeit ab. Eine solche Regelung erscheint ausreichend, um wirtschaftlich falsche und schädliche Mengennachlässe zu verhindern. Das gilt vor allem von der neuerdings gelegentlich vorkommenden Verkaufsart „1 + ½ = 2“, nach der das zweite Stück eine Ware zum halben Preis verkauft wird. Diese Art des Anreißertums, die einem Mengennachlaß von 25 v.H. gleichkommt, steht mit einer sachgemäßen kaufmännischen Berechnung nicht mehr im Einklang und ist deshalb nicht zu billigen.

Für den Mengennachlaß, der durch Hingabe gleichartiger Waren gewährt wird (z.B. Abgabe von 11 oder 12 bei Zahlung von 10 Stück), würde die Festsetzung eines bestimmten Hundertsatzes als Höchstgrenze gleichfalls unbrauchbar sein. Deshalb glaubt der Entwurf auch für diese Fälle von dem Höchstsatz von 3 v.H. absehen zu können, zumal die Berechnung (nach dem Einkaufs- oder dem Verkaufspreis?) Schwierigkeiten bereiten und eine solche Regelung auch in Handelsbräuche eingreifen würde, die zum Teil seit langem bestehen und nicht zu beanstanden sind. Die Grenze der Zulässigkeit glaubt der Entwurf daher ebenso wie bei dem durch Preisabschlag gewährten Mengennachlaß in der „Handelsüblichkeit“ zu finden. Durch diese Bindung wird gleichzeitig etwaigen neuen Arten einer Nachlaßgewährung, die eine Umgehung oder einen Mißbrauch darstellen, ein Riegel vorgeschoben. Die Fassung des § 7 Abs. 2, daß der Mengennachlaß „in einer bestimmten oder auf bestimmte Art zu berechnenden Menge der **verkauften** Ware bestehen“ muß, beendigt gleichzeitig den im Anschluß an § 1 Abs 2 Ziff. c der Notverordnung zum Schutze der Wirtschaft vom 9. 3. 32 entstandenen Zweifel im Sinne der herrschenden Lehre. Es darf also nur dieselbe Ware und von derselben Ware nur die gleiche Qualität gegeben werden, z.B. zu Kaffee Sorte I nur die Sorte I usw.

Die gleiche Regelung wie in § 7 ist in § 8 bei Aufträgen für mehrere gewerbliche Leistungen oder für den Kauf von Dauer- oder Reihenkarten (Abonnements) vorgesehen, zum Beispiel Reihenkarten für Mahlzeiten oder für gewisse handwerkliche Leistungen (Friseurarbeiten), ferner Theatervormieten und dergleichen.

Zu § 9: § 9 behandelt die von dem grundsätzlichen Verbot (§ 1 Abs. 2) der Sondernachlässe und -preise notwendigen Ausnahmen. Die Nachlässe, wie sie Abnehmern gewährt werden, die die betreffende Ware oder Leistung in ihrer beruflichen oder gewerblichen Tätigkeit verwerten, sind seit langem gebräuchlich. So werden z.B. Ärzten für Arznei- und Verbandsmittel und Handwerkern, zum Beispiel Schneidern oder Anstreichern, für Arbeitsgerät und Werkstoff besondere Preise oder Nachlässe gegeben (Verarbeiternachlaß). Die Gegenleistung besteht hier vielfach in der Verpflichtung, innerhalb eines Jahres eine bestimmte Menge zu beziehen oder den Bedarf ausschließlich oder vorzugsweise bei einem Unternehmen zu decken. Zwar gilt das Gesetz nach § 1 nur für den geschäftlichen Verkehr im Einzelverkauf an den letzten Verbraucher. Da die genannten Abnehmer jedoch zum Teil letzte Verbraucher sind (z.B. für die Arbeitsgeräte) und andererseits vielfach ihren Bedarf im Einzelhandel decken, so hält der Entwurf eine besondere Hervorhebung dieser Fälle in § 9 Ziff. 1 für erforderlich. Eine weitere Ausnahme ist notwendig und in § 9 Ziff. 2 vorgesehen für die Lieferung an Großabnehmer gewerblicher oder anderer Art (z.B. Gaststätten, Krankenhäuser, Behörden, Arbeitslager u. dgl.), denen üblicherweise Sonderpreise oder Sondernachlässe eingeräumt werden, ohne daß darin ein Mißbrauch gesehen werden könnte. Schließlich entspricht der Brauch, den Angestellten und Arbeitern des eigenen Unternehmens Preisnachlässe oder Sonderpreise zu gewähren, dem Gedanken der Betriebsgemeinschaft, der die Vorteile des Unternehmens allen seinen Mitgliedern zugute kommen lassen will. Diesem Brauch will der Entwurf in Ziff. 3 des § 9 Rechnung tragen mit der Maßgabe, daß die Waren oder Leistungen für den Eigenbedarf des Arbeitnehmers abgegeben und in dem Unternehmen selbst hergestellt, vertrieben oder bewirkt werden.

Zu § 10: Da mehrere Preisnachlaßarten zusammentreffen können, so hält der Entwurf auch für sie eine Begrenzung für erforderlich. Es sollen nur zwei Preisnachlaßarten gewährt werden können.

Zu § 11 bis 17: Da die Strafbestimmungen des § 11 nicht ausreichend sein dürften und unter Umständen Verstöße nicht sofort abstellen, sieht § 12 einen dem § 13 UWG entsprechenden Unterlassungsanspruch vor. § 13 ermöglicht die Anrufung der Einigungsämter, wie sie der Vorschrift des § 27a des Gesetzes gegen den unlauteren Wettbewerb (Fassung der Notverordnung v. 9. 3. 32, Zweiter Teil Artikel 1 — RGBl. I S. 122 —) entspricht. Diese Ämter zu den im Zusammenhang mit den Preisnachlässen auftauchenden Fragen zuzuziehen, hält der Entwurf deshalb für gerechtfertigt, weil sich die Einrichtung dieser Ämter im allgemeinen bewährt hat und sie auch für diese Frage besonders geeignet erscheinen.

Das Gesetz soll nach § 14 am 1. 1. 34 in Kraft treten. Abs. 2 schreibt die Einreichung der jetzt geltenden, den Bestimmungen dieses Gesetzes nicht entsprechenden Preisnachlaßgutscheine bis zum 31. 3. 34 vor. Von diesem Zeitpunkt ab sollen nur noch Gutscheine im Umlauf sein, die den Bestimmungen des § 4 Rechnung tragen.

ANHANG III

Tabaksteuergesetz

v. 6. Mai 1953 in der Fassung des Elften Gesetzes
zur Änderung des Tabaksteuergesetzes vom 3. März 1972
BGBl. I S. 261/Neufassung BGBl. 1972 I S. 1633)

Steuergegenstand, Erhebungsgebiet, Begriffsbestimmungen

§ 1

(1) Der Tabaksteuer unterliegen

1. **Zigaretten, Zigarren und Rauchtabak (Tabakerzeugnisse) und Zigarettenhüllen, die im Erhebungsgebiet hergestellt oder in das Erhebungsgebiet eingeführt werden;**
2. **Rohtabak und Zigarettenpapier, die der zollamtlichen Überwachung vorenthalten oder entzogen werden;**
3. **Rohtabak, der zu Kautabak oder zu Schnupftabak verarbeitet werden soll;**
4. **Kautabak und Schnupftabak, die in das Erhebungsgebiet eingeführt werden.**

(2) Die Tabaksteuer ist eine Verbrauchsteuer im Sinne der Reichsgabenordnung.

(3) Erhebungsgebiet für die Tabaksteuer ist der Geltungsbereich dieses Gesetzes ohne die Zollausschlüsse und Zollfreigebiete.

§ 2

(1) Zigaretten sind Tabakerzeugnisse, die aus einem umhüllten Feinschnittstrang bestehen. Tabakerzeugnisse mit einem Strang aus anderem Tabak als Feinschnitt gelten als Zigaretten, wenn

1. **die äußere Hülle aus anderen Stoffen als Rohtabak (§ 21) besteht oder**
2. **das Stückgewicht unter 2,3 g liegt und der Tabakstrang mit einer äußeren Hülle aus Tabakfolie (§ 21 Abs. 2 Satz 2) so umhüllt ist, daß die Naht der Tabakfolie parallel zur Längsachse des Tabakstrangs verläuft.**

(2) Zigarren sind Tabakerzeugnisse aus anderem Tabak als Feinschnitt mit einem Umblatt und einem aus Tabak bestehenden Deckblatt oder nur mit einem solchen Deckblatt. Besteht das Deckblatt aus Tabakfolie, so sind die Erzeugnisse nur dann Zigarren, wenn sie nicht nach Absatz 1 Satz 2 als Zigaretten gelten.

(3) Feinschnitt ist geschnittener oder auf andere Weise zerkleinerter Tabak, dessen Teile ein Mindestmaß oder beide Mindestmaße für Pfeifentabak (Absatz 4 Satz 1) unterschreiten. Kau-Feinschnitt ist Feinschnitt, der so stark gesoßt ist, daß er sich ungetrocknet nicht zum Rauchen, sondern nur zum Kauen eignet. Gemische aus Feinschnitt und Pfeifentabak, die nicht nach Absatz 4 Satz 2 Pfeifentabak sind, gelten als Feinschnitt.

(4) Pfeifentabak ist geschnittener oder auf andere Weise zerkleinerter Tabak, auch in Platten gepreßt, dessen Teile mindestens 1,4 mm lang und breit sind. Kleinere Teile sind unerheblich, wenn ihr Anteil bei Pfeifentabak nur aus gefaserten Tabakrippen 40 vom Hundert, sonst 10 vom Hundert nicht übersteigt. In Stränge gesponnener Tabak (Strangtabak) gilt im Sinne dieses Gesetzes als Pfeifentabak. Nicht als Pfeifentabak im Sinne dieses Gesetzes gilt Zigarreneinlage, die ausschließlich aus entrippten Tabakblättern oder aus einem Gemenge von solchen Blättern und bearbeiteten Tabakrippen besteht.

(5) Tabakabfälle sind nur dann Feinschnitt oder Pfeifentabak, wenn sie zum Rauchen hergerichtet oder zur Abgabe an Verbraucher verpackt sind.

(6) Zigaretten, Zigarren und Rauchtabak können an Stelle von Tabak teilweise andere Stoffe enthalten oder nur aus anderen Stoffen als Tabak bestehen.

Kleinverkaufspreis, Steuerbemessung

§ 5

(1) Kleinverkaufspreis ist der Preis, den der Hersteller von Tabakerzeugnissen als Einzelhandelspreis für Zigaretten und Zigarren je Stück und für Rauchtabak je Kilogramm bestimmt. Bestimmt der Hersteller nur einen Packungspreis, so gilt als Kleinverkaufspreis der Preis, der sich im Durchschnitt für das Stück oder das Kilogramm aus dem Packungspreis und dem Packungsinhalt ergibt. Der Packungspreis darf nicht auf Bruchteile eines Pfennigs lauten.

(2) Gibt der Hersteller Tabakerzeugnisse an Verbraucher unentgeltlich oder zu Gefälligkeitspreisen ab oder verbraucht er sie selbst, so gilt als Kleinverkaufspreis der Preis, den er für die Erzeugnisse derselben Marke oder entsprechenden Bezeichnung in mengengleichen Packungen für Einzelhändler als Kleinverkaufspreis bestimmt.

(3) ...

(4) ...

(5) ...

(6) ...

Verpackungszwang

Verpackungszwang

§ 9

Tabakerzeugnisse dürfen nur in vollständig geschlossenen, verkaufsfertigen Kleinverkaufspackungen aus dem Herstellungsbetrieb entfernt oder zum Verbrauch im Herstellungsbetrieb entnommen werden. Die Kleinverkaufspackungen dürfen andere Gegenstände als die Tabakerzeugnisse nicht enthalten. Derartige Gegenstände dürfen der Packung auch nicht außen beigepackt werden. Das Beipacken von Wechselgeld ist zulässig.

Zigarettenhüllen

§ 12

(1) ...

(2) Für Zigarettenhüllen gelten die §§ 3, 6, 7 und 9 bis 11 sinngemäß. ...

Handel mit Tabakerzeugnissen und Zigarettenhüllen

§ 16

(1) Der Händler muß die Kleinverkaufspackungen verschlossen halten und die Steuerzeichen an den Packungen unversehrt erhalten. Er darf die Packungen jedoch öffnen, um den Inhalt zu prüfen, vorzuzeigen oder unentgeltlich als Werbeproben zu verteilen. Packungen mit Zigaretten, Zigarren und verpackten Teilmengen von Kau-Feinschnitt darf er außerdem zum Stückverkauf öffnen. Er darf die Packungen nur so öffnen, daß die Steuerzeichen durchtrennt oder deutlich sichtbar eingerissen werden.

(2) Der Stückverkauf ist nur zulässig, wenn der Preis für die abgegebene Menge, der sich aus dem Kleinverkaufspreis ergibt, nicht auf Bruchteile eines Pfennigs lautet.

§ 17

(1) Der Händler darf Tabakerzeugnisse an Verbraucher nicht unter dem Kleinverkaufspreis oder Packungspreis abgeben, der auf dem Steuerzeichen angegeben ist. Er darf bei der Abgabe von Tabakerzeugnissen an Verbraucher auch keinen Rabatt gewähren. Dem Rabatt stehen Rückvergütungen aller Art gleich, die auf der Grundlage des Umsatzes gewährt werden.

(2) Der Händler darf bei der Abgabe von Tabakerzeugnissen und Zigarettenhüllen an Verbraucher keine Gegenstände zugeben.

(3) Die Absätze 1 und 2 gelten auch für Personenvereinigungen, Gesellschaften, Anstalten und natürliche oder juristische Personen, die Tabakerzeugnisse und Zigarettenhüllen entgeltlich abgeben, jedoch kein Handelsgewerbe betreiben.

(4) Die Absätze 1 und 2 gelten nicht, wenn der Hersteller Tabakerzeugnisse oder Zigarettenhüllen an Verbraucher abgibt, die ihm aus persönlichen Gründen eng verbunden sind. Absatz 1 gilt außerdem nicht, wenn Tabakerzeugnisse zur Durchführung öffentlicher Aufgaben an den Bund oder die Länder abgegeben werden.

§ 18

Von dem Verbot des Verkaufs von Tabakerzeugnissen unter Kleinverkaufspreis oder Packungspreis (§ 17 Abs. 1) sind ausgenommen

1. ein Preisnachlaß bis zu 3 vom Hundert bei der Abgabe von Zigarren in vollen Packungen, wenn bar bezahlt wird und wenn der Preisnachlaß handelsüblich ist;
2. Preisermäßigungen, die sich als notwendig erweisen,
   a) um den Hersteller oder dem Händler im Falle des Konkurses oder bei Einstellung der Herstellung oder des Handels die Räumung der Bestände zu ermöglichen,
   b) weil sich der Wert der Tabakerzeugnisse erheblich gemindert hat.

   Die Preisermäßigung bedarf der Genehmigung des Bundesministers für Finanzen oder der von ihm bestimmten Stellen.

Straf- und Bußgeldvorschriften

§ 33

(1) Ordnungswidrig handelt, wer vorsätzlich oder fahrlässig

1. . . .
2. . . .
3. als Händler
   a) einer Vorschrift des § 16 über das Verschlossenhalten der Packungen oder das Erhalten der Steuerzeichen an den Packungen oder den Stückverkauf zuwiderhandelt,
   b) einem Verbot des § 17 Abs. 1 oder 2 über die Abgabe von Tabakerzeugnissen unter dem Kleinverkaufspreis oder Packungspreis oder über die Rabattgewährung oder die Gewährung von Zugaben zuwiderhandelt;
4. . . .
5. . . .

§ 34

Eine Ordnungswidrigkeit im Sinne des § 407 der Reichsabgabenordnung begeht, wer vorsätzlich oder leichtfertig

1. entgegen § 9 Satz 2 oder 3 Kleinverkaufspackungen mit Tabakerzeugnissen oder entgegen § 9 Satz 2 oder 3, § 12 Abs. 2 Kleinverkaufspackungen mit Zigaretten-

hüllen in den Verkehr bringt, die auch einen anderen Gegenstand enthalten oder denen ein anderer Gegenstand außen beigepackt ist;

2. . . .

Durchführungsbestimmungen zum Tabaksteuergesetz

(TabStDB) v. 5. Juni 1953 (Bundesgesetzbl. I S. 281) in der Fassung der 15. VO zur Änderung der DB zum TabstG vom 31. 7. 1972 (BGBl. I S. 1342/Neufassung BGBl. I S. 1645).

Zu § 17 des Gesetzes

§ 27

Zugaben an Verbraucher

Der Händler darf dem Verbraucher bei der Abgabe von Zigarren Zigarrenspitzen von geringem Wert und bei der Abgabe von Kau-Feinschnitt kleine Dosen von geringem Wert zugeben.

ANHANG IV

Preisauszeichnungsverordnung
(Verordnung PR Nr. 1/69)
Vom 18. September 1969
BGBl. I S. 1733

Auf Grund des § 2 des Preisgesetzes vom 10. April 1948 (Gesetz- und Verordnungsblatt des Wirtschaftsrates des Vereinigten Wirtschaftsgebietes S. 27), zuletzt geändert durch § 37 des Gesetzes über die Investitionshilfe der gewerblichen Wirtschaft vom 7. Januar 1952 (Bundesgesetzbl. I S. 7), wird verordnet:

Grundvorschriften

§ 1

(1) Wer nach den Vorschriften dieser Verordnung zur Preisauszeichnung verpflichtet ist, hat die von ihm allgemein geforderten Preise anzugeben.

(2) Die Aufgliederung der Preise ist nur zulässig, soweit sie sich auf Waren oder Leistungen bezieht, die auch gesondert erbracht werden.

(3) Preisauszeichnungen müssen leicht erkennbar, dem Angebot eindeutig zugeordnet und deutlich lesbar sein.

Handel

§ 2

(1) Wer Letztverbrauchern gewerbs- oder geschäftsmäßig Waren zum Kauf anbietet, hat die Waren unter Angabe der Verkaufseinheit und Gütebezeichnung auszuzeichnen, die der allgemeinen Verkehrsauffassung entsprechen.

(2) Die Auszeichnung von Fertigpackungen mit den Grundpreisen richtet sich nach den Vorschriften des Eichgesetzes vom 11. Juli 1969 (Bundesgesetzblatt I S. 759) und der nach diesem Gesetz erlassenen Rechtsverordnungen.

(3) Die Preisauszeichnung ist vorzunehmen

1. bei Waren, die in Schaufenstern, Schaukästen, innerhalb oder außerhalb des Verkaufsraumes auf Verkaufsständen oder in sonstiger Weise sichtbar ausgestellt werden, und bei Waren, die vom Verbraucher unmittelbar entnommen werden können, durch Preisschilder oder Beschriftung der Ware;
2. bei Waren, die nicht unter den Voraussetzungen der Nummer 1 im Verkaufsraum zum Verkauf bereitgehalten werden, entweder nach Nummer 1 oder dadurch, daß die Behältnisse oder Regale, in denen sich die Waren befinden, beschriftet werden oder dadurch, daß Preisverzeichnisse angebracht oder Preislisten zur Einsichtnahme aufgelegt werden;
3. bei Waren, die nach Musterbüchern angeboten werden, dadurch, daß die Preise für die Verkaufseinheit auf den Mustern oder damit verbundenen Preisschildern oder Preisverzeichnissen angegeben werden;
4. bei Waren, die nach Katalogen oder Warenlisten, insbesondere im Versandhandel, angeboten werden, dadurch, daß die Preise neben den Warenabbildungen oder Warenbeschreibungen, in Anmerkungen oder in mit den Katalogen oder Warenlisten im Zusammenhang stehenden Preislisten angegeben werden.

(4) Die Absätze 1 bis 3 gelten auch für die Waren, die in den in den §§ 3 bis 7 aufgeführten Betrieben Letztverbrauchern angeboten werden.

Dienstleistungen

§ 3

(1) Friseure, Schuhmacher, Wäschereien, Plättereien und Chemischreinigungsbetriebe haben die Preise für ihre wesentlichen Leistungen in Preisverzeichnisse aufzunehmen, von denen je eins im Geschäftslokal und im Schaufenster anzubringen ist.

(2) Dies gilt auch, wenn die Leistungen in Betrieben des Handels oder in Annahmestellen angeboten werden.

(3) Werden die Leistungen in Fachabteilungen des Handels angeboten, so genügt die Anbringung des Preisverzeichnisses in der Fachabteilung.

Gaststättenbetriebe

§ 4

(1) Inhaber von Gaststättenbetrieben haben Preisverzeichnisse für Speisen und Getränke in hinreichender Zahl auf den Tischen aufzulegen und jedem Gast vor Entgegennahme von Bestellungen und bei Abrechnung auf Verlangen vorzulegen.

(2) Inhaber von Gaststättenbetrieben, in denen regelmäßig warme Speisen für jedermann angeboten werden, haben außen neben dem Eingang ein Preisverzeichnis anzubringen, auf dem die Gedecke und die Tagesgerichte aufgeführt sind. Ist der Gaststättenbetrieb Teil eines Handelsbetriebes, so genügt die Anbringung des Preisverzeichnisses am Eingang des Gaststättenteils.

(3) Inhaber von Selbstbedienungsgaststätten, Erfrischungshallen, Kiosken, Stehbierhallen, Bierzelten und ähnlichen Betrieben haben Preisverzeichnisse anzubringen, aus denen die Preise der angebotenen Speisen und Getränke ersichtlich sind. Absatz 2 bleibt unberührt.

(4) Die Preisverzeichnisse müssen die Bedienungsgeld und sonstige Zuschläge einschließenden Preise der jeweils angebotenen Speisen und Getränke enthalten. Beim Ausschank von Getränken in Behältnissen mit gesetzlich festgelegten Volumen ist in den Preisverzeichnissen das Volumen, auf das sich der Preis bezieht, anzugeben.

Beherbergungsbetriebe

§ 5

Inhaber von Betrieben, die gewerbsmäßig Gäste beherbergen, haben unbeschadet des § 4 in jedem zur Beherbergung dienenden Zimmer ein Verzeichnis anzubringen, das den jeweiligen Bedienungsgeld und sonstige Zuschläge einschließenden Zimmerpreis je nach Art der Vermietung und gegebenenfalls den Frühstückspreis sowie den bei Benutzung der Fernsprechanlage geforderten Preis für eine Gebühreneinheit enthält.

Garagen

§ 6

(1) Wer Garagen oder Einstellplätze in Parkhäusern für die Dauer von nicht mehr als einem Monat vermietet, hat am Anfang der Zufahrt ein Preisverzeichnis anzubringen, das je nach Art der Vermietung die Preise für den Monat, den Tag oder die Stunde für die Einstellung eines Kraftfahrzeuges enthält.

(2) Absatz 1 gilt für die Vermietung oder Bewachung von Parkplätzen entsprechend.

Tankstellen

§ 7

Inhaber von Tankstellen haben ihre Kraftstoffpreise so auszuzeichnen, daß sie
— innerhalb geschlossener Ortschaften von der Straße her,
— außerhalb geschlossener Ortschaften für den in den Tankstellenbereich eingefahrenen Kraftfahrer

deutlich lesbar sind. Dies gilt nicht für Kraftstoffmischungen, die erst in der Tankstelle hergestellt werden.

Werbung

§ 8

Wer in Zeitungen, Zeitschriften, Prospekten, auf Plakaten, in Rundfunk oder Fernsehen oder auf sonstige Weise unter Angabe von Preisen für Waren oder Leisten gegenüber Letztverbrauchern wirbt, hat die Preise entsprechend § 1 Abs. 1 und 2 anzugeben.

Straf- und Bußgeldvorschrift

§ 9

Zuwiderhandlungen gegen diese Verordnung werden nach den Straf- und Bußgeldvorschriften des Wirtschaftsstrafgesetzes 1954 geahndet.

Ausnahmen

§ 10

(1) Die Vorschriften dieser Verordnung finden keine Anwendung, wenn Angebote (§§ 2 bis 7) oder Werbung (§ 8) ausschließlich Letztverbraucher erreichen, die die Ware oder Leistung in ihrer beruflichen oder gewerblichen Tätigkeit verwerten.

(2) § 2 findet keine Anwendung
1. auf Kunstgegenstände, Sammlerstücke und Antiquitäten im Sinne des Kapitels 99 des Deutschen Zolltarifs 1968;
2. auf Waren, die in Werbevorführungen angeboten werden, sofern der Preis der jeweiligen Ware bei deren Vorführung und unmittelbar vor Abschluß des Kaufvertrages genannt wird;
3. auf Blumen und Pflanzen, die unmittelbar vom Freiland, Treibbeet oder Treibhaus verkauft werden;

4. auf Waren, die ein Unternehmer Letztverbrauchern ausschließlich im Namen und für Rechnung anderer Gewerbetreibender anbietet, die diese Waren nicht vorrätig haben und aus diesem Grunde die Letztverbraucher an den Unternehmer verweisen.

Schlußvorschriften

§ 11

(1) Diese Verordnung tritt am 1. Januar 1970 in Kraft.

(2) Gleichzeitig treten außer Kraft:

1. die Verordnung über Preisauszeichnung vom 16. November 1940 (Reichsgesetzbl. I S. 1535) in der Fassung der Bekanntmachung vom 6. April 1944 (Reichsgesetzbl. I S. 98) und der Anordnung PR Nr. 21/47 vom 29. März 1947 (Mitteilungsblatt des Verwaltungsamts für Wirtschaft des amerikanischen und britischen Besatzungsgebiets S. 231);
2. Ausnahmen, die auf Grund des § 11 der Verordnung über Preisauszeichnung vom 16. November 1940 oder auf Grund sonstiger Rechtsgrundlagen von den Vorschriften der Verordnung über Preisauszeichnung bewilligt oder angeordnet worden sind;
3. die Anordnung PR Nr. 103/48 über Preisauszeichnung bei Obst, Gemüse und Südfrüchten vom 24. September 1948 (Mitteilungsblatt der Verwaltung für Wirtschaft des Vereinigten Wirtschaftsgebietes II S. 157).

Stichwortverzeichnis

Fette Ziffern bedeuten Paragraphen, magere Ziffern die Anmerkungen zu denselben; U bedeutet Gesetz gegen den unlauteren Wettbewerb, R bedeutet Rabattgesetz und Z bedeutet die Zugabe-Verordnung.

B

C

D

E

F

H

L

M

N

O

P

Q

R

V

W

Z